O Espiritismo de A a Z

O Espiritismo de A a Z

Coordenação

Geraldo Campetti Sobrinho

FEB

5ª edição – Impressão pequenas tiragens – 4/2025

ISBN 978-85-9466-250-7

FEDERAÇÃO ESPÍRITA BRASILEIRA – FEB
SGAN 603 – Conjunto F – Avenida L2 Norte
70830-106 – Brasília (DF) – Brasil
www.febeditora.com.br
editorial@febnet.org.br
+55 61 2101 6161

Pedidos de livros à FEB
Comercial
Tel.: (61) 2101 6161 – comercial@febnet.org.br

Adquirindo esta obra, você está colaborando com as ações de assistência e promoção social da FEB e com o Movimento Espírita na divulgação do Evangelho de Jesus à luz do Espiritismo.

Dados Internacionais de Catalogação na Publicação (CIP)
(Federação Espírita Brasileira – Biblioteca de Obras Raras)

C195e Campetti Sobrinho, Geraldo (Coord.), 1966–

O espiritismo de A a Z / Coordenação de Geraldo Campetti Sobrinho – 5. ed. – Impressão pequenas tiragens – Brasília: FEB, 2025.

680 p.; 23 cm

Inclui referências e índice dos vocábulos

ISBN 978-85-9466-250-7

1. Espiritismo – Dicionários. I. Federação Espírita Brasileira. II. Título.

CDD 133.9
CDU 133.7
CDE 00.05.05

"[...] recordemos que o Espiritismo nos solicita uma espécie permanente de caridade – a caridade da sua própria divulgação."

EMMANUEL
(*Estude e viva*, cap. 40.)

Sumário

LISTA DE SIGLAS E ABREVIATURAS

ABNT – Associação Brasileira de Normas Técnicas
cap. – Capítulo
Comp. – Compilador
Coord. – Coordenador
ed. – Edição
Epíl. – Epílogo
et. al. – Et all
FEB – Federação Espírita Brasileira
Glos. – Glossário
il. – Ilustração, Ilustrado
Introd. – Introdução
it. – Item
L. – Livro
NBR – Norma Brasileira
Org. – Organizador
pt. – Parte
Pref. – Prefácio
Ról. – Prólogo
q. – Questão
seç. – Seção
t. – Tomo
trad. – Tradutor
últ. – Última
v. – Volume

APRESENTAÇÃO DA PRIMEIRA EDIÇÃO EM 1995

Ganha dimensões impressionantes a literatura espírita no mundo.

No Brasil, aproxima-se de 2.000 o número de livros ditos espíritas, dos quais somente a Federação Espírita Brasileira detém em seu acervo cerca de 400 títulos.

Como seria possível alguém, por melhor dotado que seja, dominar ou reter essa gama imensurável de ideias, pensamentos, descrições, teorias e sensações expressos nessa vasta literatura, máxime considerando-se que, no decorrer de uma existência na Terra, há que se deduzir o período da infância e o tempo destinado a atender às inúmeras obrigações de ordem pessoal impostas pela vida?

Dir-se-ia tarefa impossível.

Diante da vastidão dos conhecimentos expressos nos livros e das limitações naturais de cada um de nós, impunha-se encontrar um método prático capaz de obviar os inconvenientes de não se dispor de nenhuma informação sintética a respeito de cada obra espírita.

Na vida moderna generalizou-se a especialização, com suas conveniências e inconveniências.

A complexidade dos conhecimentos, o progresso contínuo das ciências e da tecnologia, a necessidade de prontas soluções de problemas variados impuseram a especialização na Medicina, no Jornalismo, na administração pública e privada, nos estudos científicos e, praticamente, nas diversas atividades humanas.

Entretanto, o processo da divisão dos conhecimentos para sua melhor aplicação não exclui o conhecimento genérico dos assuntos, pelos especialistas.

Do mesmo modo, a leitura ou o estudo mais aprofundado de muitas obras essenciais para o conhecimento da Doutrina Espírita, o que é imprescindível, não impede que o estudioso perlustre centenas de outras, através de notícias sintéticas a respeito de cada uma, elegendo o próprio leitor, de acordo com seu interesse ou necessidade, aquelas que pretenda conhecer mais a fundo.

Daí a ideia, na FEB, de facilitar aos estudiosos espíritas o conhecimento de suas obras, pelo menos através de alguma notícia a respeito de cada título, que lhes facilite um contato sumário, do qual possa surgir um aprofundamento em cada caso específico.

O *Projeto Série Bibliográfica* surgiu, assim, do objetivo de indexar as informações contidas nos livros publicados pela Federação Espírita Brasileira, "facilitando o acesso a elas por parte daqueles que estudam o Espiritismo".

O livro espírita na FEB – compreendendo o Catálogo Geral das obras febianas – foi a primeira etapa do Projeto, publicado em 1994.

Agora surge *O espiritismo de A a Z*, dentro do cronograma do referido Projeto.

É um alentado trabalho constituído de conceitos e definições compilados das obras mediúnicas e de autores encarnados publicados pela FEB, nesse século de sua existência a serviço da divulgação da Doutrina Espírita.

Para sua elaboração, foi necessária a leitura atenta de cada obra, com a identificação e levantamento dos conceitos e definições transcritos na indexação.

A ordem alfabética e a indicação da obra, seções e capítulos tornam fácil e produtiva a consulta, como convém a todos os leitores.

Às vésperas do início do terceiro milênio da Era Cristã, decorrido quase século e meio do Consolador no mundo, espalhando, por toda parte, conhecimento e consolação, parece ser hora de preparar o terreno para a semeadura que compete às novas gerações de obreiros que já estão a caminho.

As obras auxiliares para o conhecimento da vasta literatura espírita serão de proveito evidente para oradores, escritores, pesquisadores e todos os estudiosos do Espiritismo.

Resta-nos a grata satisfação de agradecer aos que tornaram possível esta realização. Não somente a Direção da FEB, por seu Presidente, mas todos os que se beneficiarão, no futuro, desta obra que ora entregamos ao público, expressam aqui seu reconhecimento.

Seus autores, na maioria jovens, coordenados por Geraldo Campetti Sobrinho, colocaram-se a serviço da FEB movidos pelo ideal de servir, no anonimato. Servir, no caso, significa dedicação e amor a uma Causa de excepcional importância.

Rio de Janeiro (RJ), 20 de agosto de 1995.

JUVANIR BORGES DE SOUZA
Presidente da Federação Espírita Brasileira

INTRODUÇÃO

O *Projeto Série Bibliográfica* foi elaborado com o propósito de selecionar e indexar as informações espíritas contidas nos livros publicados pela editora da FEB.

O cronograma do referido Projeto definiu o desenvolvimento dos índices temático e onomástico simultaneamente ao do glossário, que ora é colocado à disposição do leitor com o título de *O espiritismo de A a Z*.

Este trabalho foi realizado inteiramente com conceitos/definições compilados de obras não mediúnicas, escritas por estudiosos, quando encarnados, sobre a Doutrina Espírita e seus postulados, bem como da rica produção literária de autores espirituais.

Excluídas as obras em outros idiomas, a equipe responsável pela seleção de textos, referentes aos aspectos científico, filosófico e religioso da *Terceira Revelação*, examinou mais de 350 (trezentos e cinquenta) títulos de circulação corrente editados pela FEB até dezembro de 2017.

As fases pelas quais, impreterivelmente, a elaboração transcorreu, permitiram períodos de reexame dos conceitos/definições a compilar, compreendendo:

- leitura das obras selecionadas para estudo;
- identificação e levantamento dos conceitos/definições constantes nessa literatura (indexação);
- avaliação preliminar dos dados;
- transcrição;
- digitação e controle de qualidade; e
- avaliação final.

Do ponto de vista metodológico, evitou-se a criação ou introdução de conceitos/definições estranhos ao estudo do Espiritismo, ressalvadas apenas as correções de ordem ortográfica ou tipográfica, bem assim qualquer referência contrária à temática doutrinária.

Em sua estrutura, o *Glossário* desenvolve-se por meio de *vocábulos*, *definições* e *fontes*.

Os *vocábulos* aparecem, algumas vezes, seguidos de desdobramentos. Os primeiros estão registrados em letras maiúsculas e em negrito; os segundos, em letras minúsculas, também em negrito. Utilizou-se o singular preferencialmente ao plural e preservaram termos simples ou compostos conforme aparecem na literatura compilada. A adjetivação dos vocábulos só foi utilizada quando realmente necessária à clareza da definição. Em caso de dois ou mais vocábulos referentes à mesma definição, optou-se por um deles, sem prejuízo de os demais serem registrados na ordenação alfabética do termo empregado (Exemplo: LEI DE AÇÃO E REAÇÃO *ver* LEI DE CAUSA E EFEITO). Vocábulos referentes a conceitos inter-relacionados surgem ali, também, com a indicação dos seus correspondentes em significação (Exemplo: LIBERDADE *ver também* LIVRE-ARBÍTRIO; LIVRE-ARBÍTRIO *ver também* LIBERDADE).

As *definições* ou *conceitos* estão registrados em letras minúsculas, exceção feita aos nomes próprios, cujas iniciais foram anotadas em maiúsculas. Os destaques em negrito e sublinhado dos originais foram substituídos por itálico, com o objetivo de manter a padronização e identidade visual desta obra. Mantiveram-se as aspas internas às citações; as demais aspas foram dispensadas, uma vez que o trabalho constituiu-se integralmente de transcrição. Houve inserção de reticências entre colchetes quando da omissão de dados considerados desnecessários. Para facilitar o entendimento, as interpolações foram inseridas entre colchetes, em obediência à normalização técnica sugerida pela Associação Brasileira de Normas Técnicas (ABNT).

Por exemplo, no conceito de REENCARNAÇÃO abaixo:

[...] o maravilhoso instrumento que Ele [Deus] nos oferece para nossa própria redenção. [...] (147, cap. 21)

A omissão [...] refere-se a informações constantes do mesmo parágrafo de onde se extraiu o conceito, e a interpolação [Deus] visa a esclarecer o sentido do pronome Ele.

As *fontes* estão anotadas entre parênteses logo após a definição ou conceito. Os principais elementos indicadores das fontes de onde se extraíram as definições/ conceitos são: número relativo ao título do livro examinado, cujas referências figuram no final desta publicação; e número ou título do capítulo (para sintetizar esse campo, optou-se em adotar o número, incluindo a designação do título apenas quando a obra não apresenta numeração de capítulo). Além desses, outros elementos foram inseridos, sempre que necessários, para tornar instantânea a busca do que se pretende encontrar, tais como, parte, seção, tomo, livro, item e questão.

Prestando-se o vocábulo a inúmeras definições, dentre as quais alguma originada da obra de Kardec, esta foi sempre relacionada em primeiro lugar. As demais, desse vocábulo, foram registradas na sequência numérica determinada pelas referências. Por exemplo:

PRECE

[...] é o orvalho divino que aplaca o calor excessivo das paixões. Filha primogênita da fé, ela nos encaminha para a senda que conduz a Deus. [...] (105, cap. 27, it. 23).

A prece é verdadeiro alimento espiritual (163, cap. 10).

A prece é silêncio que inspira (262, Ora e Serve).

Em caso de a mesma definição ter constado de inúmeras obras, registrou-se a fonte em que esta aparece em primeira mão (fonte primária), dispensando-se as demais (fontes secundárias).

Esperamos que *O espiritismo de A a Z* possa constituir-se em instrumento de pesquisa para todos aqueles que desejam estudar o Espiritismo mais profundamente e, ao mesmo tempo, inspirar iniciativas semelhantes, com a finalidade de catalogar o vasto conteúdo da Doutrina Espírita.

Agradecemos as sugestões do prezado leitor no sentido de aperfeiçoarmos este trabalho.

Brasília (DF), 1° de outubro de 2018.

GERALDO CAMPETTI SOBRINHO
Coordenador

A

ABISMO

[...] O abismo é a imensidade. Para os Espíritos impuros, semelhante locução tinha uma significação precisa: a imensidade onde o Espírito criminoso erra isolado, condenado às trevas e às angústias causticantes do remorso, [...] abismo que a vossa imaginação vos representa como sendo uma fornalha ardente a devorar carnes fictícias, sem jamais as consumir (182, v. 2).

Ver também GEENA, INFERNO, REGIÃO INFERIOR *e* UMBRAL

ABNEGAÇÃO

A abnegação, em toda parte, é sempre uma estrela sublime. Basta mostrar-se para que todos gravitemos em torno de sua luz (231, cap. 16).

O amor em sua maior compreensão se manifesta pela abnegação, que é o oposto do egoísmo. [...] (323, cap. 14).

A abnegação é um sentimento altruísta, que leva o ser à renúncia de si mesmo, ao esquecimento das coisas imediatas, de sua própria dor, [...] (342, cap. 43).

ABORRECER

Aborrecer é uma expressão que, na vossa linguagem, tem uma força, um vigor de que carece o termo que lhe corresponde no idioma hebraico e que neste passo foi empregado, significando *apenas* não fazer da vida objeto de culto, não sacrificar o que a honra, o respeito e o amor a Deus concitam o homem a ter em conta. O que Jesus quis dizer, servindo-se daquele vocábulo, foi que cumpre ao homem conservar a sua vida *espiritual*, para caminhar nas sendas que conduzem à perfeição (182, v. 4).

ABORTO

Dado o caso que o nascimento da criança pusesse em perigo a vida da mãe dela, haverá crime em sacrificar-se a primeira para salvar a segunda?

Preferível é se sacrifique o ser que ainda não existe a sacrificar-se o que já existe (106, q. 359).

O receio de não gerar um filho saudável e perfeito é comum a todos os casais. A evolução da Ciência permite hoje que se façam exames detalhados sobre a saúde do bebê, mesmo antes do nascimento. O que provoca apreensão nos que compreendem a vida como algo que vai além dos limites de uma única encarnação, é o fato de alguns pais, assim que detectam, através dos exames preventivos, que seu futuro filho tem problemas de ordem genética ou de qualquer outra espécie, decidem provocar o aborto programado, para não terem de sofrer com a presença de uma criança deformada e carente de atenção por longos anos de existência.

Não poderia ser pior essa forma de lidar com os recursos tecnológicos. A Ciência avança para ampliar, sobretudo, a consciência do homem, tornando-o capaz de assimilar a grandeza do que significa viver. Ter nas mãos a possibilidade de decidir sobre o nascimento ou não de uma criança é sempre um ato de extrema responsabilidade, o que, por si só, justifica a necessidade da busca permanente de conhecimentos sobre o que existe além da vida, para que nossas decisões não sejam caracterizadas pelo imediatismo e pela pequenez de um horizonte egoísta, que permite vejamos somente até a ponta de nossos próprios dedos (1, O presente é minha realidade).

A visão materialista da vida e a ausência dos princípios de fraternidade legítima concorrem para a onda sombria e crescente do *aborto injusto*.

Este ato abominável é a prova mais contundente do desprezo pela vida, a qual vem de Deus, que é a sua causa primeira. Neste crime a vítima é totalmente indefesa, pois não tem condição nenhuma de se proteger, defender ou fugir das mãos dos algozes. [...]

O aborto provocado destrói não somente o corpo do bebê, mas também o santuário divino das formas humanas na mulher. [...]

O aborto provocado não será crime ante a Justiça Divina, quando se tem por finalidade salvar a vida da mãe, quando seu organismo não possuir condições de dar sequência ao desenvolvimento fetal. [...] O crime do aborto não é simplesmente o de destruir um corpo que está se formando, mas também o de interferir no direito do Espírito reencarnante que realmente está dando vida ao feto, pois a partir do momento da concepção, o Espírito passa a atuar profundamente no crescimento do embrião. [...]

A mulher que cometeu aborto delituoso passa a sofrer consequências desagradáveis imediatas em seu próprio organismo, seja pelo surgimento de enfermidades variadas ou pelos processos sombrios da obsessão, em virtude da *antipatia nascida no Espírito reencarnante*, que vê seu tentame frustrado. [...] (12, cap. 20).

[...] o aborto é crime, que pode ter atenuantes ou agravantes, como todo desrespeito à lei. Antes de ser transgressão à lei humana, o abortamento provocado constitui crime perante a Lei Divina ou Natural, ficando os infratores sujeitos à infalível Lei de Ação e Reação.

Interromper a gestação de um filho é decisão de grande responsabilidade. Entretanto, há quem o faça sem quaisquer considerações de natureza médica, legal, moral ou espiritual, porque considera a gestação um fato meramente biológico e que somente as pessoas nela diretamente envolvidas têm o direito de decidir pelo seu desenvolvimento natural ou pela interrupção, sem culpa legal ou moral.

Com a prática do aborto, os envolvidos assumem débitos perante a Lei Divina, por impedir a reencarnação de um Espírito necessitado da oportunidade de progresso que a ele é concedida (54, Introdução).

[...] o *aborto é um verdadeiro infanticídio* que se abriga nas malhas do materialismo e dos interesses inconfessáveis (54, cap. 1).

[...] o *aborto é uma desencarnação violenta*. A partir do momento em que o óvulo, fecundado por um espermatozoide, se transforma num embrião verifica-se sua ligação com um Espírito reencarnante que vem habitar o ventre materno, onde, por cerca de nove meses, estará abrigado e protegido, em face da sua fragilidade, até que ganhe condições de enfrentar o mundo exterior. Ao desalojar o feto, o aborto provoca, de forma violenta, sua desencarnação. [...] o *aborto é a violação do direito básico da vida*. Se o analisarmos, criteriosamente, o aborto é um crime da pior espécie, uma vez que é cometido contra um ser frágil que não tem nenhuma condição de defesa. É a violação total daquilo que está prescrito na Constituição brasileira: *o direito à vida* (54, cap. 1).

Sobre o aborto, André Luiz [*Evolução em dois mundos*, pt. 2, cap. 14], nos assegura que "o aborto provocado, sem necessidade terapêutica, revela-se matematicamente seguido por choques traumáticos no corpo perispiritual [...], mergulhando as mulheres que o perpetram em angústias indefiníveis, além da morte [...]". E, mais adiante, complementa, aquele autor espiritual, que as consequências mais comuns daí resultantes são a ocorrência, em encarnações posteriores, da gravidez tubária, das hemorragias gestacionais, da maior propensão para as infecções do sistema genital, dos tumores de útero e ovários e, muitas vezes, da impossibilidade total para a procriação (94, pt. 2, cap. 6).

A Doutrina Espírita preceitua que o aborto é um crime horripilante, tão condenável quanto o em que se elimina a existência de um adulto (161, cap. 14).

Aborto delituoso – ignominioso ato de anular, consciente e brutalmente, uma vida que se inicia, prenhe de esperanças, e que encontra formal repulsa em todos os princípios espírita-cristãos.

[...] O aborto delituoso é a negação do amor (164, cap. 18).

[...] o aborto provocado [...] [é] doloroso crime. Arrancar uma criança ao materno seio é infanticídio confesso. A mulher que o promove ou que venha a coonestar semelhante delito é constrangida, por leis irrevogáveis, a sofrer alterações deprimentes no centro genésico de sua alma, predispondo-se geralmente a dolorosas enfermidades, quais sejam a metrite, o vaginismo, a metralgia, o enfarte uterino, a tumoração cancerosa, flagelos esses com os quais, muita vez, desencarna, demandando o Além para responder, perante a Justiça Divina, pelo crime praticado. [...] (231, cap. 15).

Crime estarrecedor, porque a vítima não tem voz para suplicar piedade e nem braços robustos com que se confie aos movimentos da reação.

Referimo-nos ao aborto delituoso, em que pais inconscientes determinam a morte dos próprios filhos, asfixiando-lhes a existência, antes que possam sorrir para a bênção da luz (266, cap. 19).

O aborto voluntário é uma violência de consequências dolorosas para o Espírito, que, ante o sofrimento e a interrupção da vida, deixará o ódio florescer e, enquanto não vir a justiça feita com as próprias mãos, não terá sossego. [...] (312, cap. 2).

[...] o abortamento é condenado pela Doutrina Espírita, e os argumentos se multiplicam contra esse procedimento que lesa a alma de quem o pratica e elimina a vida de um ser indefeso, contrariando e anulando todo o planejamento espiritual [...] (339, Planejamento familiar e abortamento na visão espírita).

ABSTINÊNCIA

Abstinência, em matéria de sexo e celibato, na vida de relação pressupõe experiências da criatura em duas faixas essenciais – a daqueles Espíritos que escolhem semelhantes posições voluntariamente para burilamento ou serviço, no curso de determinada reencarnação, e a daqueles outros que se veem forçados a adotá-las, por força de inibições diversas (294, cap. 23).

Ver também EUNUCO

ABUSO

[...] Toda destruição que excede os limites da necessidade é uma violação da Lei de Deus. Os animais só destroem para satisfação de suas necessidades; enquanto que o homem, dotado de livre-arbítrio, destrói sem necessidade. Terá que prestar contas do abuso da liberdade que lhe foi concedida, pois isso significa que cede aos maus instintos (106, q. 735).

[...] o abuso [da alimentação] é o pior mal que o homem pode fazer a si mesmo (2, cap. 9).

[...] Tudo o que está fora da Lei de Amor e da Caridade é *abuso*. É *abuso* tudo o que esteja fora da Lei de Fraternidade, de Igualdade e de Liberdade [...] (182, v. 3).

Abuso é desequilíbrio (304, cap. 7).

AÇÃO

[...] A ação inteligente do homem é um contrapeso que Deus dispôs para restabelecer o equilíbrio entre as forças da Natureza e é ainda isso o que o distingue dos animais, porque ele obra com conhecimento de causa. [...] (106, q. 693).

[...] a ação edificante é geratriz da mecânica do progresso e da felicidade dos povos. [...] (76, cap. 36).

As ações humanas são resultantes do pensamento. Pensar em desacordo com o que se faz é um contrassenso. Nossas experiências exteriores passam antes por nossa mente (207, cap. 44).
A boa ação é sempre aquela que visa ao bem de outrem e de quantos lhe cercam o esforço na vida (273, q. 185).
Ação é voz que fala à razão (292, O argumento).

ACASO

[...] O acaso é a ausência de plano, de direção inteligente, é a própria negação de toda lei. [...] (45, cap. 10).

[...] o acaso é a falta de direção e a ausência de toda inteligência atuante. É, pois, o acaso inconciliável com a noção de ordem e de harmonia (50, cap. 6).

É este um enigma que nenhum Édipo conseguirá decifrar; uma interrogação a que nenhum sábio saberá responder. O acaso é a força inteligente que tudo rege; é a origem providencial de onde tudo mana.
O acaso é uma palavra; debaixo dessa palavra está uma incógnita.
Os crentes chamam a essa incógnita Deus; os ecléticos, Providência; os fatalistas, Destino; os descrentes, Lei (117, v. 3, cap. 15).

[...] O acaso é a vossa ignorância da razão de ser, da causa do fato que observais (182, v. 4).

[...] O acaso é uma palavra inventada pelos homens para disfarçar o menor esforço. [...] (269, cap. 16).

ACEITAÇÃO

Aceitação é a prática da humildade. Cumpre-nos amar ao Criador e aceitar sua criação, tal como se apresenta. Toda a grandeza do Universo, embora não a compreendamos integralmente ainda, toda a diversificação da Criação, nos diversos reinos da Natureza, estão contidas na aceitação. Nela incluimos nós mesmos, como somos; nela respeitaremos sempre nosso semelhante, qualquer que seja sua condição evolutiva, sua posição na sociedade, sua crença, sua cor, sua raça, seu sexo, sua idade (208, cap. 31).

Ver também RESPEITO

ACERTO

[...] os acertos [são] um acréscimo da Misericórdia Divina a beneficiar-nos (100, Acertos).

Ver também ERRO

ACREDITAR

Acreditar é uma expressão de crença, dentro da qual os legítimos valores da fé se encontram embrionários (273, q. 355).

ADÃO

Adão personifica a Humanidade [...]. Está hoje perfeitamente reconhecido que a palavra hebreia *haadam* não é um nome próprio, mas significa: o homem em geral, a Humanidade, o que destrói toda a estrutura levantada sobre a personalidade de Adão (101, cap. 12, it. 16).

O homem, cuja tradição se conservou sob o nome de Adão, foi dos que sobreviveram, em certa região, a alguns dos grandes cataclismos que revolveram em diversas épocas a superfície do globo, e se constitui tronco de uma das raças que atualmente o povoam. As Leis da Natureza se opõem a que os progressos da Humanidade, comprovados muito tempo antes do Cristo, se tenham realizado em alguns séculos, como houvera sucedido se o homem não existisse na Terra senão a partir da época indicada para a existência de Adão. Muitos, com mais razão, consideram Adão um mito ou uma alegoria que personifica as primeiras idades do mundo (106, q. 51).

Ver também RAÇA ADÂMICA

ADIVINHAÇÃO

[...] nesse tempo [de Moisés] as evocações tinham por fim a adivinhação, ao mesmo tempo que constituíam comércio, associadas às práticas da magia e do sortilégio, acompanhadas até de sacrifícios humanos. Moisés tinha razão, portanto, proibindo tais coisas e afirmando que Deus as abominava (104, pt. 1, cap. 11, it. 4).

A clarividência ou adivinhação é essa faculdade, que possui a alma, de perceber no estado de vigília os acontecimentos passados e futuros, no mundo intelectual como no domínio físico. Esse dom se exerce através do tempo e da distância, independentemente de todas as causas humanas de informação (48, pt. 2, cap. 13).

[...] do respeito aos irmãos de Humanidade que se consagram ao mister da adivinhação, não se infere que devemos aceitar-lhes cegamente as afirmativas. Especialmente no que se reporte a profecias inquietantes, é imperioso ouvi-los [os adivinhadores] com reserva e discrição, porquanto estamos informados pela Doutrina Espírita de que não existe a predestinação para o mal (251, cap. 6).

Ver também CLARIVIDÊNCIA

ADOLESCÊNCIA

A adolescência é o período que se estende desde a puberdade – 12/13 anos, até atingir o estado adulto pleno – 22/25 anos. É variável entre os pesquisadores da personalidade juvenil, em virtude das diferenças na idade emocional e mental nos adolescentes. Período da existência que se caracteriza por transformações acentuadas de comportamento, acompanhando as mutações físicas, apresenta, muitas vezes, dificuldades de relacionamento com os pais e problemas complexos no caráter e no sentimento, desafiando orientadores e psicólogos.

[...] O Espírito, ao sair da fase infantil e penetrar na adolescência, passa a apresentar mudanças bruscas e imprevisíveis no seu comportamento, em virtude do fardo de estímulos sexuais que já carrega em si mesmo, como herança de si próprio, oriunda de séculos de experiência. Na fase da adolescência, o organismo passa a dar melhores condições para a manifestação mais profunda da alma. Começa a funcionar com mais intensidade o instinto sexual. A libido, de que fala a Psicanálise, não é nada mais do que a carga dos impulsos sexuais arquivados no Espírito imortal. [...]

Os problemas psicológicos de solução difícil nos jovens adolescentes são o resultado das transgressões morais e dos abusos sexuais de vidas passadas, que naturalmente surgem no hoje, requisitando reeducação, a fim de aprender a dirigir suas próprias emoções e desejos. [...] Na atualidade, a fase da adolescência caracteriza-se por uma maior liberdade que o progresso da civilização proporcionou com as mudanças rápidas dos costumes, as facilidades dos meios de comunicação de massa universalizando novos hábitos, a complexidade social com os conglomerados humanos, a imprensa materialista, a pregação sistemática de liberdade por parte de escritores e filósofos, o conforto excessivo das horas livres sem ocupação edificante, o requinte nas diversões e no lazer. O mundo das novidades, hoje, cativa muito mais os jovens do que a vida afetiva dos pais, no calor humano do reduto doméstico. O mundo mental do jovem não está aprisionado às fronteiras do recinto familiar, como se encontrava na fase infantil.

A fase da adolescência é muito mais perigosa do que a infantil. O jovem é como um filhote de pássaro que abandona o seu ninho, ensaiando os primeiros voos, e passa a enfrentar maiores perigos, em virtude dos voos baixos da fraqueza, da incompetência e inexperiência. A criança pode ser vigiada, corrigida e limitada nas suas liberdades, o que não é possível junto aos adolescentes, principalmente agora, no mundo das facilidades atuais. [...]

A fase da adolescência precisa assim, não mais de sentinelas vigiando e amparando seus passos, mas, sim, *de muito apoio e orientação dos pais no sentido de esclarecimento espiritual e diálogo evangelizado.* O que acontece, normalmente, é o abandono dos pais, no campo da orientação, julgando que os filhos com essa idade já possuem condições para enfrentar e superar, por si mesmos, todas as circunstâncias da vida, dispensando até mesmo o simples diálogo (12, cap. 12).

[...] período de desenvolvimento orgânico e mental do Espírito encarnado, que segue ao da infância, e, após o qual, esse "Espírito retoma a natureza que lhe é própria e se mostra qual era" na encarnação precedente. [...] (129, v. 1).

Adolescência e puberdade

Precisamos distinguir a puberdade da adolescência. O fenômeno da puberdade é algo que acompanha o ser humano desde os seus primórdios, pois resulta de determinações naturais. A adolescência, ao contrário, não é algo determinado pela nossa própria natureza, mas resulta de condições sociais. Embora a adolescência já fosse delimitada pelos gregos e romanos na época clássica, alguns estudiosos afirmam que, antigamente, as pessoas não tinham ideia do que chamamos adolescência. O fenômeno, como nós o caracterizamos, só se tornou amplamente comentado após a Primeira Guerra Mundial (204, Adolescência – tempo de transformações).

ADOLFO BEZERRA DE MENEZES

ver BEZERRA DE MENEZES

ADORAÇÃO

[A adoração consiste] na elevação do pensamento a Deus. Deste, pela adoração, aproxima o homem sua alma.

[...] A adoração verdadeira é do coração. Em todas as vossas ações, lembrai-vos sempre de que o Senhor tem sobre vós o seu olhar (106, q. 649 e 653).

A adoração está na Lei Natural, pois resulta de um sentimento inato no homem. [...] (106, q. 652).

Ver também LOUVAÇÃO

ADORAÇÃO A DEUS

A adoração a Deus, no conceito espírita, tem uma ação política dentro da sociedade, ou de forma mais ampla, no planeta em que se vive: fazer o bem e evitar o mal. [...]

Por isso, o conceito espírita de adoração infunde um profundo respeito pela vida, uma permanente indagação sobre o universo e o homem, um intrínseco amor pelo semelhante. [...] (332, cap. 2).

ADORADOR

Os *verdadeiros* adoradores que o *Pai reclama*, seus adoradores *em espírito e verdade*, são todos aqueles que, seja qual for o rito que a encarnação os tenha levado a praticar, fazendo-os nascer em tal ou tal meio, repelem a *materialização* do culto, não reconhecendo, como templo único do *Pai*, senão o coração do homem, nem outro santuário que não a consciência do homem. São todos os que se elevam para o *Pai*, prestando-lhe as homenagens do pensamento, do coração e dos atos, empregando sérios e porfiados esforços por praticar o amor a Deus acima de tudo e o amor ao próximo como a si mesmos. São todos os que, *vendo nos outros* homens *irmãos* seus, têm fé em Deus e praticam a caridade sob todas as formas, segundo a lei do amor. São todos os que se esforçam sempre, com sinceridade, por não fazer aos outros, no terreno físico, como no terreno moral e intelectual, seja por palavras, seja por atos, o que não quereriam que lhes fizessem e se esforçam igualmente por fazer aos outros, do ponto de vista do bem, do que é justo, verdadeiro e bom, seja por palavras, seja por atos, tudo o que desejariam que lhes fosse feito (182, v. 4).

ADORAR

Adorar a Deus em espírito e verdade é adorá-lo conforme a sua verdadeira natureza, isto é, adorá-lo no íntimo de nossos corações, no recôndito de nossas almas.

Adorar a Deus em espírito e verdade é cultivar a sinceridade e a pureza de sentimentos, requisitos indispensáveis à revelação de Deus em nós mesmos. Adorar a Deus em espírito e verdade é viver segundo as grandes Leis Divinas, gravadas em caracteres indeléveis no âmago das nossas consciências, e que se traduzem em *amor* e *justiça*.

Adorar a Deus em espírito e verdade é colaborar, por pensamentos, palavras e obras, no estabelecimento do seu reino neste mundo; reino de fraternidade, de igualdade e de liberdade.

Adorar a Deus em espírito e verdade é tornar-se progressivamente melhor, opondo embargos às expansões do egoísmo, cultivando a mente e o coração. Adorar a Deus em espírito e verdade é reconhecê-lo em todas as manifestações da vida, em todos os esplendores da sua infinita criação.

Adorar a Deus em espírito e verdade é sentir-se ligado à Fonte Geradora da Vida, reconhecendo, ao mesmo tempo, que a vida que em nós palpita é a mesma que palpita em todos os indivíduos.

Adorar a Deus em espírito e verdade é servir à Humanidade, é querer o bem de todos os homens, é renunciar à sua personalidade em favor da coletividade.

[...] adorar a Deus em espírito e verdade é adorá-lo no templo vivo, que somos nós próprios; é escoimar o nosso coração de toda a impureza, transformando-o em custódia sagrada, onde se ostente, em realidade, sua augusta imagem, a cuja semelhança fomos criados (220, Em Espírito e Verdade).

ADEPTO

Há [...] três categorias de adeptos: os que se limitam a acreditar na realidade das manifestações e que, antes de mais, buscam os fenômenos. Para eles o Espiritismo é uma série de fatos mais ou menos interessantes.

Os segundos veem algo mais do que fatos; compreendem o seu alcance filosófico; admiram a moral que dele resulta, mas não a praticam. Para eles a caridade moral é uma bela máxima, e eis tudo. Os terceiros, enfim, não se contentam em admirar a moral: praticam-na e aceitam todas as suas consequências. Bem convencidos de que a existência terrena é uma prova passageira, tratam de aproveitar esses curtos instantes para marchar na senda do progresso que lhes traçam os Espíritos, esforçando-se por fazer o bem e reprimir suas inclinações más. Suas relações são sempre seguras, porque suas convicções os afastam de todo pensamento mal. Em tudo a caridade lhes é regra de conduta. São estes os *verdadeiros espíritas*, ou melhor, os *espíritas cristãos* (110, Resposta de Allan Kardec...).

ADULTÉRIO

A palavra *adultério* não deve absolutamente ser entendida aqui no sentido exclusivo da acepção que lhe é própria, porém num sentido mais geral.

Muitas vezes Jesus a empregou por extensão, para designar o mal, o pecado, todo e qualquer pensamento mau [...] (105, cap. 8, it. 6).

O ensino moral [...] é que não basta nos abstenhamos do mal; que precisamos praticar o bem e que, para isso, mister se faz destruamos em nós tudo o que possa ser causa de obrarmos mal, seja por atos, seja por palavras, seja por pensamentos, sem atendermos ao sacrifício que porventura nos custe a purificação dos nossos sentimentos.

[...] a concupiscência, no dizer de Jesus, [está] equiparada ao adultério. Para Deus, o Espírito, em quem ela se manifestou, cometeu falta idêntica à que teria caído se houvera consumado o adultério, mesmo porque, as mais das vezes, só uma dificuldade material qualquer impede que o pensamento concupiscente se transforme em ato (190).

Ver também MAL *e* PECADO

Adultério quer dizer tudo o que está errado, tudo o que é mal praticado, o que é realizado contrariamente às Leis da Moral, do Dever, do Bem e da Justiça. [...] (334, pt. 1, cap. 4).

ADÚLTERO

[...] O homem pode ser enquadrado como adúltero, não apenas quando desrespeita os compromissos conjugais, mas também quando alimenta o desejo de fazê-lo, cobiçando outra mulher (199, O quarto mandamento).

ADVERSÁRIO

[...] significa o solo a trabalhar, esperando por nós [...] (80, L. 1, cap. 3).

O adversário, para o espírita, não é um inimigo, mas um irmão colocado, temporariamente, em posição de antagonismo, e com o qual, mais cedo ou mais tarde, tem o dever de reconciliar-se (164, cap. 12).

[...] em relação à vida na Terra, o começo é sempre o berço, mas, na verdade, na ótica espírita, nascer é renascer, reencontrar antigos afetos. Alguém poderia objetar que se pode também encontrar antigos desafetos, renascendo entre os adversários do passado. Isso é verdadeiro, mas repetindo algo que André Luiz afirmou certa feita, diríamos que "o ódio é o amor que adoeceu", então os desafetos são, na realidade, afetos que se contaminaram pela mágoa, ressentimento e outros sentimentos negativos. [...] (204, Para encontrar o caminho...).

O adversário é tudo o que nos afaste a energia do serviço real com o Cristo (248).

[...] é justo considerar nossos adversários como instrutores. O inimigo vê junto de nós a sombra que o amigo não deseja ver e pode ajudar-nos a fazer mais luz no caminho que nos é próprio. [...] (244, cap. 4).

Ver também INIMIGO

Adversários do Espiritismo

Se uns combatem o Espiritismo por ignorância, outros o fazem precisamente porque lhe sentem toda a importância, pressentem o seu futuro e nele veem um poderoso elemento regenerador. Há que se persuadir de que certos adversários estão perfeitamente convertidos. Se estivessem menos convencidos das verdades que ele encerra, não lhe fariam tanta oposição. Sentem que o penhor de seu futuro está no bem que faz. Fazer ressaltar esse bem aos seus olhos, longe de os acalmar, é aumentar a causa de sua irritação. [...]

[...] Há um fato constante: *os adversários do Espiritismo consumiram mil vezes mais forças para o abater, sem o conseguir, do que seus partidários para o propagar.* [...] (103, cap. 22).

[...] podemos classificá-los em três categorias. 1ª) A dos que negam sistematicamente tudo o que é novo, ou deles não venha, e que falam sem conhecimento de causa. A esta classe pertencem todos os que não admitem senão o que possa ter o testemunho dos sentidos. Nada viram, nada querem ver e ainda menos aprofundar. Ficariam mesmo aborrecidos se vissem as coisas muito claramente, porque forçoso lhes seria convir em que não têm razão. Para eles, o Espiritismo é uma quimera, uma loucura, uma utopia, não existe: está dito tudo. São os incrédulos de caso pensado. Ao lado desses, podem colocar-se os que não se dignam de dar aos fatos a mínima atenção, sequer por desencargo de consciência, a fim de poderem dizer: Quis ver e nada vi. Não compreendem que seja preciso mais de meia hora para alguém se inteirar de uma ciência. 2ª) A dos que, sabendo muito bem o que pensar da realidade dos fatos, os combatem, todavia, por motivos de interesse pessoal. Para estes, o Espiritismo existe, mas lhe receiam as consequências. Atacam-no como a um inimigo. 3ª) A dos que acham na moral espírita uma censura por demais severa aos seus atos ou às suas tendências. Tomado ao sério, o Espiritismo os embaraçaria; não o rejeitam, nem o aprovam: preferem fechar os olhos. Os primeiros são movidos pelo orgulho e pela presunção; os segundos, pela ambição; os terceiros, pelo egoísmo. [...] (106, Conclusão).

ADVERSIDADE

[...] A adversidade é uma grande escola, um campo fértil em transformações. Sob seu influxo, as paixões más convertem-se pouco a pouco em paixões generosas, em amor do bem. [...] (46, pt. 5, cap. 50).

A adversidade é uma excelente escola! (323, cap. 26).

AERÓBUS

[...] Não era máquina conhecida na Terra. Constituída de material muito flexível, tinha enorme comprimento, parecendo ligada a fios invisíveis, em virtude do grande número de antenas na tolda. [...] Carro aéreo, que seria na Terra um grande funicular (270, cap. 10).

AFEIÇÃO

Duas espécies há de afeição: a do corpo e a da alma, acontecendo com frequência tomar-se uma pela outra. Quando pura e simpática, a afeição da alma é duradoura; efêmera a do corpo. Daí vem que, muitas vezes, os que julgavam amar-se com eterno amor passam a odiar-se, desde que a ilusão se desfaça (106, q. 939).

AFETIVIDADE

Provavelmente a função mental mais abrangente e importante para a vida psíquica seja a afetividade. É a faculdade de se experimentar emoções e sentimentos. Segundo Delay, "na esfera tímica, que engloba todos os afetos, o humor representa um papel similar ao que a consciência tem na esfera noética, que engloba todas as representações". Essa afirmação peca por uma excessiva redução do significado do conceito de consciência que de modo algum exclui os afetos. Com essa assertiva concorda Bleuler ao dizer que "o humor ou afetividade consiste na soma total dos sentimentos presentes na consciência em dado momento". [...] (9, cap. 2).

AFINIDADE

A afinidade é *uma faixa de união* em que nos integramos uns com os outros (248).

Ver também SINTONIA

Afinidade eletiva

Explica Bozzano, com irresistível lógica, que o médium entrará em relação com os fatos ligados àquele (possuidor) cujo fluido se evidenciar mais ativo em relação com o sensitivo.

A esse aspecto do fenômeno psicométrico, Bozzano denominou de "afinidade eletiva" (161, cap. 39).

Ver também PSICOMETRIA

Afinidade espiritual

A afinidade espiritual é essencial para que todos se sintam bem. Ameniza os conflitos de gerações, os modismos que os mais velhos estranham e aos quais não se adaptam, gerando algumas discussões ou inquietações, [...] (339, O idoso na família: conflito de gerações).

AFLIÇÃO

[...] as aflições constituem fenômenos normais da maquinaria em que se transita, projetando para a realidade as construções mentais e emocionais edificadas (75, O sofrimento).

Aflição, na essência, é reflexo intangível do mal forjado pela criatura que a experimenta, e todo mal representa vírus da alma, suscetível de alastrar-se ao modo de epidemia mental devastadora (219, Sê um reflexo do Cristo).

[...] Às vezes, a aflição é véspera da felicidade [...] (236, pt. 2, cap. 4).

[...] é um incêndio que nos consome [...] (252, cap. 37).

Frequentemente, aflição é a nossa própria ansiedade, respeitável mas inútil, projetada no futuro, mentalizando ocorrências menos felizes que, em muitos casos, não se verificam como supomos e, por vezes, nem chegam a surgir (291, cap. 51).

A aflição sem revolta é paz que nos redime. [...] (298, cap. 18).

AFLORAÇÃO

Alguns autores chamam [...] afloração [em magnetismo, à ação de passar a mão sobre o corpo] quando feita por meio de um contato muito superficial e por cima das roupas (141, cap. 12).

AGAPÊ

[...] é o amor – benevolência, que se dirige, como força construtiva do bem, em favor do próximo, diferente, portanto, do amor passional e egoísta (145, cap. 2).

Ver também AMOR *e* CARIDADE

AGÊNERE

[...] é uma variedade de aparição tangível. É o estado de certos Espíritos que podem revestir momentaneamente as formas de uma pessoa viva, ao ponto de causar completa ilusão (Do grego *a*, privativo, e – *geine*, *geinomaï*, gerar; que não foi gerado) (107, it. 125).

A palavra, então cunhada pela *Societé Parisienne des Études Spirites*, já pertence, hoje, igualmente ao nosso idioma. O Dicionário de Laudelino Freire define-a assim: "*S. f. Espiritismo*. Aparição tangível, em que o espírito assume a forma de pessoas vivas".
O *Vocabulário Ortográfico* também dá como *s. f.*, isto é, substantivo feminino, mas nos parece que o certo deve ser s. m., por isso escrevemos Os Agêneres, como escreveu Kardec: *un Agénère*; porque está subentendido o substantivo *homem* no artigo de Kardec, e não *forma*, como supuseram os dicionaristas do Brasil e Portugal. Trata-se de *um homem não-gerado* como os outros, e não de *forma não-gerada*. Guillon Ribeiro empregou o substantivo como masculino.
[...] é somente um homem como os outros; sua aparição corporal, quando necessário, pode ser de duração bastante longa para que ele possa estabelecer relações sociais com um ou diversos indivíduos.

[...] Os exemplos clássicos na *Bíblia* são o do anjo que viajou com Tobias e o do aparecimento de Jesus Cristo sobre a Terra (26, cap. 4).

[...] um Espírito materializado em plena luz, com toda a aparência de um homem normal (26, cap. 12).

Há, porém, agêneres e agêneres. Tais seres são, por definição, criaturas fisiologicamente não geradas como o normal dos encarnados. Noutras palavras seres que se mostram materializados aos olhos humanos, às vezes por longos períodos, que são sempre interrompidos, necessariamente, por variáveis interregnos de tempo. Em casos especiais, a frequência com que aparecem dá uma poderosa impressão de continuidade (188, cap. 7).

Ver também APARIÇÃO TANGÍVEL

AGIR

Falar é força importante, / Todavia o verbo agir / É base fundamental / Da redenção no porvir (248).

AGONIA

Agonia é o prelúdio da separação da alma e do corpo. Pode dizer-se que, nesse momento, o homem tem um pé neste mundo e um no outro. [...] (105, cap. 28, it. 57).

[...] A agonia representa a soma de esforços realizados pelo perispírito a fim de se desprender dos laços carnais (46, pt. 3, cap. 21).

[...] o anjo libertador que vem desatar um a um os liames que nos mantinham em cativeiro, desde tantos anos. Essa operação, mais ou menos demorada, mais ou menos dolorosa, é o que se chama – agonia. [...] (134, 36ª efusão).

AGRADECER

[...] agradecer significa aplicar proveitosamente as dádivas recebidas, tanto ao próximo, quanto a si mesmo.

[...] Agradecer não será tão somente problema de palavras brilhantes; é sentir a grandeza dos gestos, a luz dos benefícios, a generosidade da confiança e corresponder, espontaneamente, estendendo aos outros os tesouros da vida (279, cap. 163).

ÁGUA

A água, em face da sua constituição molecular, é elemento que absorve e conduz a bioenergia que lhe é ministrada. Quando magnetizada e ingerida, produz efeitos orgânicos compatíveis com o fluido de que se faz portadora. [...] (77, cap. 3).

A água é dos corpos mais simples e receptivos da Terra. É como que a base pura em que a medicação do Céu pode ser impressa, através de recursos substanciais de assistência ao corpo e à alma, embora em processo invisível aos olhos mortais (141, cap. 15).

[...] a água é o agente da Natureza que mais rápida e completamente absorve os fluidos. Daí, o grande valor terapêutico da água magnetizada, tanto para as moléstias internas como para as externas (141, cap. 16).

[...] princípio primitivo, gerador e organizador do corpo humano [...] (182, v. 4).

[...] é o símbolo mais perfeito da essência de Deus, que tanto está nos céus como na Terra (237, cap. 19).

[...] a água é veículo dos mais poderosos para os fluidos de qualquer natureza. [...] (270, cap. 10).

[...] a água, como fluido criador, absorve, em cada lar, as características mentais de seus moradores. A água, no mundo, [...] não somente carreia os resíduos dos corpos, mas também as expressões de nossa vida mental. Será nociva nas mãos perversas, útil nas mãos generosas e, quando em movimento, sua corrente não só espalhará bênção de vida, mas constituirá igualmente um veículo da Providência Divina, absorvendo amarguras, ódios e ansiedades dos homens, lavando-lhes a casa material, purificando-lhes a atmosfera íntima (270, cap. 10).

A água significa o sangue do organismo terrestre (307, cap. 42).

Água do poço de Jacob

A água do poço de Jacob era o *símbolo da matéria* que alimenta o corpo. [...] (182, v. 4).

Água fluidificada

A fluidificação da água deve ser sempre realizada no ambiente dedicado ao passe, ou em local reservado e devidamente preparado para tal finalidade. Essa fluidificação pode ser feita espiritualmente ou através de um passista encarnado. Na fluidificação espiritual o recipiente com água é simplesmente posto sobre uma mesa, ou outro móvel qualquer, num ambiente em que se faz a leitura de uma página evangélica, seguida de uma prece em que se pede aos Espíritos Superiores que fluidifiquem aquela água, dizendo-se sempre a finalidade a que se destina.
Quando a fluidificação for realizada através de um passista, ele deve sempre ser escolhido entre os que se apresentem mais equilibrados, física e psiquicamente.
A fluidificação pode ser coletiva, embora, quando possível, seja preferível a individual. Se coletiva, o passista faz a imposição de mãos de modo a atingir a todos os recipientes, rogando a ajuda do alto para todos aqueles a quem se destinam aquelas porções de água.
Na fluidificação individual, o passista toma com uma das mãos cada recipiente, enquanto com a outra faz a imposição, sempre pedindo a Deus ajuda para aquele irmão a quem aquela água se destina. É interessante que, nestes casos, o nome do paciente seja mentalmente referido, pelo passista, durante a fluidificação, principalmente se for pessoa do seu conhecimento (94, pt. 3, cap. 2).

[...] água que recebe os eflúvios magnéticos dos planos espirituais através das nossas rogativas fervorosas e sinceras (141, cap. 15).

[...] [Água acrescida de] recursos magnéticos de subido valor para o equilíbrio psicofísico dos circunstantes. [...] Por intermédio da água fluidificada, [...] precioso esforço de medicação pode ser levado a efeito. Há lesões e deficiências no veículo espiritual a se estamparem no corpo físico, que somente a intervenção magnética consegue aliviar, até que os interessados se disponham à própria cura (269, cap. 12).

Ver também FLUIDOTERAPIA

Água viva

[...] A *água viva*, que Jesus teria dado à Samaritana se, conhecendo o *dom de Deus* e, conhecendo-o, ela lha houvesse pedido, e que dá a todo aquele que o conheça e conheça o dom de Deus, é o *símbolo das verdades eternas*, do progresso moral, que alimentam a alma e a elevam, que asseguram a predominância do espírito sobre a matéria, de tal maneira que aquele nunca mais se tornará escravo desta (182, v. 4).

[...] é aquela que sacia toda sede; vem do amor infinito de Deus e santifica as criaturas (237, cap. 17).

AIDÉTICO

O indivíduo, depois de declarado enfermo da Aids pela Medicina e tornar-se conhecido pela sociedade como portador desta nova moléstia, padecerá, além dos terríveis sintomas da enfermidade, todos os tipos de preconceitos, incompreensão e abandono por parte de familiares, amigos e colegas, por ser ela por enquanto incurável, bem como pelo receio e pavor natural que assola todo mundo, quanto aos riscos de contágio e transmissão para os cônjuges e filhos. Esse terror que toma conta da população é, de certa forma, benéfico, porque coloca um freio nos instintos sexuais desequilibrados.

As doenças físicas, por mais difíceis e dolorosas que sejam, não superam os traumas morais, que são muito mais profundos e consequentemente mais torturantes ao Espírito, por atingir de forma cruciante a sua sensibilidade total. Com o exílio afetivo decretado pelos familiares, amigos e colegas, vivendo o abandono geral dos corações queridos e recebendo até mesmo críticas sobre seu comportamento, experimenta uma solidão imensa, superável apenas com muita força interior, sustentada pela fé na luz superior, que é DEUS, fonte inesgotável de Amor para o nosso fortalecimento espiritual.

O aidético, quando banhado pela fé superior, passa a compreender suas dores e isolamento com o devido perdão e humildade, beneficiando-se em todos os aspectos físicos e psíquicos, pela eliminação da revolta, condenação, tristeza e desespero, que poderiam indubitavelmente lesar ainda mais o seu sistema mental (12, cap. 6).

AIDS

Surge, na segunda metade deste século [séc. XX], uma nova moléstia: a Aids (Síndrome da Imunodeficiência Adquirida), causada pelo vírus do tipo HIV, responsável pela extinção de milhões de vidas na África, desde 1950. Difundindo-se pelo mundo, foi identificada nos Estados Unidos da América do Norte no ano de 1978.

Desde o seu conhecimento, a Aids vem apavorando o mundo, por duas razões principais. A primeira delas por ser uma doença sexualmente transmissível e a segunda pelo seu poder de destruição e desafio da Medicina. Como agravante, despontou justamente no momento em que a liberação sexual estava cada vez mais difundida e espontânea na sociedade, com a dissolução dos usos e costumes no mundo. Esta moral ilícita fez do *amor livre* a moda moral dos tempos modernos, a qual se caracteriza pela busca do prazer pelo prazer, de forma irracional. O vírus da Aids encontrou, portanto, um meio fácil de propagação e multiplicação, difundindo-se assustadoramente através das relações sexuais, principalmente entre homossexuais masculinos. A Aids transmite-se, essencialmente, através da relação sexual e da transfusão de sangue.

Salientando mais uma vez, o contato sexual é a principal via de contaminação, constatada em cerca de 73% dos casos. É este o meio mais fácil de disseminação da doença, por ser o esperma constituído de milhões de células vivas, veículo predileto e indispensável para o vírus HIV, sem as quais ele se desintegra. Como existe uma grande promiscuidade sexual entre os homossexuais masculinos, o vírus da Aids encontrou aí um processo natural de multiplicação e desenvolvimento.

Os heterossexuais e bissexuais promíscuos estão igualmente sujeitos à contaminação, bem como os toxicômanos que usam drogas por via venosa, utilizando a mesma seringa.

Os índices de contaminação da Aids são também comprovadamente altos nos hemofílicos, periodicamente obrigados a receber transfusões sanguíneas, o que os torna presas fáceis da doença. Outro meio não muito comum é a transmissão do vírus de mãe para filho, verificada tanto antes, quanto durante ou logo após o nascimento (12, cap. 6).

AJUDAR

Ajudar não é impor. É amparar, substancialmente, sem pruridos de personalismo, para que o beneficiado cresça, se ilumine e seja feliz por si mesmo (232, cap. 28).
Ajudar é a honra que nos compete (248).

AJUNTAR TESOUROS NO CÉU

[...] quer dizer "acumulemos valores íntimos para comungar a glória eterna!" (256, cap. 177).

ALAVANCA PSÍQUICA

ver ECTOPLASMA

ÁLCOOL

[...] o álcool, que destrói milhares de criaturas, é veneno livre, onde quer que vá, e, em muitos casos, quando se fantasia de champanha ou de uísque, chega a ser convidado de honra, consagrando eventos sociais. Escorrega na goela de ministros com a mesma sem-cerimônia com que desliza na garganta dos malandros encarapitados na rua. Endoidece artistas notáveis, desfibra o caráter de abnegados pais de família, favorece doenças e engrossa a estatística dos manicômios; no entanto, diga isso num banquete de luxo e tudo indica que você, a conselho dos amigos mais generosos, será conduzido ao psiquiatra, se não for parar no hospício (240, cap. 18).

ALCOÓLATRA

Alcoolafilia – [...] pelas consequências sociomorais que acarreta, quando se perverte em viciação criminosa, simples em começo e depois aberrante, é veículo de obsessores cruéis, ensejando, a alcoólatras desencarnados, vampirismo impiedoso, com consequentes lesões do aparelho fisiopsíquico (78, Examinando a obsessão).

O alcoólatra não é somente o destruidor de si mesmo. É o perigoso instrumento das trevas, ponte viva para as forças arrasadoras da lama abismal (298, cap. 30).

Alcoólatra e toxicômano

[...] Representam um grupo de personalidades psicopáticas, variando de acordo com o grau de intoxicação em que se encontram e das lesões desencadeadas pelo abuso. Mais graves que as lesões físicas são as de caráter psicológico, sempre presentes nos chamados dependentes (190, cap. 3).

ALEGRIA

[...] Alegria é saúde espiritual [...] (246, cap. 41).

Não te mergulhes na ilusória taça / Em que o vinho da carne se avoluma. / A alegria da Terra é cinza e bruma, / Mentirosa visão que brilha e passa (248).
Não arruínes o bom humor de quem segue ao teu lado, porque a alegria é sempre um medicamento de Deus (255, Reflexões).

[...] a alegria é o nosso dever primordial, no desempenho de todos os deveres que a vida nos assinala (286, Alegria).

[...] a alegria e a esperança, expressando créditos infinitos de Deus, são os motivos básicos da vida a erguer-se, cada momento, por sinfonia maravilhosa (307, cap. 66).

Alegria serena, em marcha uniforme, é a norma ideal para atingir-se a meta colimada (307, cap. 92). Jesus foi otimista nas suas pregações, ensinando as criaturas a se alegrarem com a vida, reconciliando-se com DEUS através da prática de ações puras e da emissão de pensamentos nobres e renovadores. A alegria é índice de boa saúde espiritual. Quem ama a Deus não se entrega à tristeza, ao desânimo, à desesperança, porque estes três estados d'alma denunciam falta de fé, ausência de confiança nos desígnios do Pai que está nos Céus. O Apóstolo Paulo afirmou que "os frutos do Espírito são amor, alegria e paz". Na verdade, sem amor, sem alegria, sem paz, o Espírito não pode evoluir. [...]

A sã alegria não espouca em gargalhadas perturbadoras e escandalosas. É discreta, deixa o coração confortado e o Espírito pode fruir suave tranquilidade. Embeleza-se com sorrisos bondosos, onde brincam a tolerância e o amor. O Espiritismo, que é o Paracleto, o

Consolador prometido por Jesus, é a religião do amor, da caridade, da paz, da justiça, da humildade, e, consequentemente, da alegria, porque, onde imperem sentimentos tão delicados, a alegria domina, visto estabelecer-se, aí, a vontade de Deus.

[...] Jesus era alegre com dignidade. Possuía a alegria pura e santa que identificava Sua grandeza espiritual. A alegria é um estado que aproxima de Deus as criaturas, quando alicerçada na pureza de pensamento. É alegre, não aquele que gargalha por nonadas, mas o que, naturalmente, traz Deus no coração. Todos nós fomos criados para sermos felizes, embora a felicidade não seja, as mais das vezes, o que supomos. As dores que nos afligem são reflexos do mau emprego que temos feito do nosso livre-arbítrio. A tristeza pode ser consequente do vazio dos corações sem amor e sem fé. A alegria vive no íntimo do ser humano que ama o bem, com ele respondendo ao mal. [...] (138, Amemos a vida).

ALÉM

ver PLANO ESPIRITUAL

Além da vida

Assim, depois da morte, o homem *encontra-se* naquilo a que chamarei o além da vida, num estado que é, sem dúvida, seu estado normal, sendo apenas transitório este em que vivemos presentemente, enquanto o não suponha sem objetivo (91, pt. 3, cap. 7).

ALFA

[...] Propomos denominar alfa aos fenômenos de dissociação funcional da atividade psíquica (personismo), porque constituem um mecanismo primário da mediunidade e se relacionam, a nosso ver, com o estágio inicial do transe mediúnico (35, cap. 3).

ALIENAÇÃO MENTAL

Sendo todo alienado, conforme o próprio verbete denuncia, *um ausente*, a alienação mental começa, muitas vezes, quando o espírito retoma o corpo pela reencarnação em forma de limitação punitiva ou de corrigenda, ligado a credores dantanho, em marcha inexorável para o aniquilamento da razão, quando não se afirma nas linhas do equilíbrio moral.. (78, Examinando a obsessão).

Ver também ESQUIZOFRENIA *e* LOUCURA

ALIENADO MENTAL

ver LOUCO

ALIMENTAÇÃO

A alimentação bem adequada, conforme a natureza, é o agente principal da saúde [...] (2, cap. 9).

Através da alimentação ingerimos os componentes nutritivos de que o nosso organismo necessita, mas, além deles, assimilamos também uma significativa carga fluídica que, incorporando-se ao nosso duplo etérico, vai influir na qualidade da energia que irradiamos. Aí está uma das razões por que o passista necessita manter-se atento quanto ao tipo, quantidade e horário de sua alimentação, pelo menos nas 24 horas que antecedem o trabalho do passe.
Uma outra razão que justifica os cuidados do passista com a sua alimentação é o fato de que certos alimentos são de difícil digestão, enquanto outros apresentam componentes tóxicos, o que, num caso ou noutro, irá sobrecarregar os aparelhos digestivo e excretor (94, pt. 3, cap. 3).

Alimentação da alma

[...] constitui o pão de vida eterna legado ao mundo pelos redentores [...] (2, cap. 9).

Alimentação psíquica

Um detalhado estudo realizado nos Estados Unidos [BUSCAGLIA, Léo. *Amor*, p. 64], mostra ainda de maneira mais contundente a necessidade imperiosa de *alimentação psíquica* no começo da vida. [...] [...] a *alimentação psíquica* pode efetuar-se pela interação com outras pessoas, não só com a mãe, basta que se estabeleça uma ligação afetuosa que permita a passagem das energias perispirituais. Precisamos enfatizar, todavia, que, para a criança, a ligação com aquela que lhe deu o ser e que a abrigou em seu próprio corpo, representa a alimentação afetiva mais preciosa e sua ausência significa sempre uma situação de prova que o Espírito, ao reencarnar, precisará vencer.

[...] Quando a mulher consegue criar uma psicosfera positiva para fornecer ao filho a *alimentação psíquica* de que ele precisa, ela estará fornecendo os recursos de que ele necessitará para vencer a batalha do seu projeto encarnatório. A mãe/fada consegue transformar os Espíritos, tira-os da indigência de sua inferioridade moral, transformando-os em príncipes e princesas (204, Mulher-mãe).

ALLAN KARDEC

Allan Kardec foi o pseudônimo adotado pelo ilustre professor Hippolyte Léon Denizard Rivail, nascido em 3 de outubro de 1804, em Lyon, na França, onde desencarnou em 31 de março de 1869, na cidade de Paris, para realizar a tarefa, missionária, de *codificar*, isto é, apresentar em livros, metódica, didática e logicamente organizados, comentados e explicados, os postulados da Doutrina Espírita (11, pt. 2, Postulados e ensinamentos).

[Suas obras como codificador do Espiritismo são]: [...] *O livro dos espíritos* (18-4-1857), *Revue Spirite* (1858), *O que é o espiritismo* (1859), *O livro dos médiuns* (1861), *O espiritismo na sua expressão mais simples* (1862), *O evangelho segundo o espiritismo* (1864), *O céu e o inferno* (1865), *A gênese* (1868), *Obras póstumas* (1890) (11, pt. 3, Literatura Espírita).

[...] Allan Kardec é da estirpe daquelas Entidades que vieram trazer as respostas, só que necessitavam do instrumento encarnado para as indagações. Daí, ele estava em perfeita sintonia com o Mundo Espiritual. Eles, antes da encarnação de Allan Kardec, ou da sua reencarnação, dialogaram, estabeleceram as bases, para que o próprio Codificador direcionasse as perguntas. Nos seus desprendimentos pelo sono, ele voltava à equipe, era elucidado e trazia as interrogações. [...]

[...] Allan Kardec faz parte dessa elite espiritual, no bom sentido da palavra, dos Espíritos nobres da Codificação, só que estava no plano físico, mas em igualdade de condições com São Luís, com esse, com aquele, sob os auspícios do Espírito da Verdade. [...] (73, q. 4).

[...] foi o missionário escolhido para trazer *O Consolador*, unir a Ciência à Religião, colocar a ponte entre a Razão e a Fé, legando à Humanidade essa obra ímpar, que é o Espiritismo. [...] (77, cap. 17).

ALMA

[...] ser imaterial e individual que em nós reside e sobrevive ao corpo. [...] (106, Introd.).

A alma é um Espírito encarnado, sendo o corpo apenas o seu envoltório. [...] (106, Introd.).

[...] a alma, Espírito encarnado que tem no corpo a sua habitação [...] (106, q. 135).

[...] o Espiritismo nos apresenta a alma, como um ser circunscrito, semelhante a nós, menos o envoltório material de que se despojou, mas revestido de um invólucro fluídico, o que já é mais compreensível e faz que se conceba melhor a sua individualidade. [...] As relações da alma com a Terra não cessam com a vida; a alma, no estado de Espírito, constitui uma das engrenagens, uma das forças vivas da Natureza; não é mais um ser *inútil*, que não pensa e já não age senão para si durante a eternidade; é sempre e por toda parte um agente ativo da vontade de Deus. [...] (110, Discursos..., 2).

O principal agente da saúde, que a restitui quando perdida e a preserva, impedindo o desenvolvimento de qualquer enfermidade [...] é a alma (2, cap. 9).

[...] A alma, no curso da sua existência terrena e ainda por muito tempo após a morte do corpo, está bem revestida de uma forma, guarda bem uma identidade pessoal (e neste sentido é limitada), mas isso não impede que sua atividade seja, apesar de tudo, *radiante* e que esse estado de incessante irradiação se estenda desmedidamente na existência espiritual. [...] (16).

[...] a alma, tal como o átomo, longe de ser uma estrutura simples, é um sistema dinâmico, formado por múltiplos elementos que, por assim dizer, gravitam em torno de um núcleo central (Aksakof) (35, cap. 2).

[...] ser concreto, dono de um organismo físico perfeitamente delimitado (40, Introd.).

[...] é una, e cada essência espiritual é individual, é pessoal. Nenhuma alma pode transmutar-se noutra, substituir outra. Portanto, uma unidade irredutível, que tem a existência em si (40, cap. 6).

A alma é um ser transcendental (41, cap. 13).

[...] um ser concreto, com individualidade, porque, mesmo durante a vida, é esse ser ao qual se deu o nome de alma ou de espírito, que pode separar-se do corpo e manifestar sua realidade objetiva nos fenômenos de desdobramento (41, cap. 13).

[...] princípio independente da matéria, que dirige o corpo, e a que chamamos alma (42, pt. 1, cap. 1).

[...] é uma realidade que se afirma pelo estudo dos fenômenos do pensamento; que jamais se a poderia confundir com o corpo, que ela domina; e que, quanto mais se penetra nas profundezas da fisiologia, tanto mais se revela, luminosa e clara, aos olhos do pesquisador imparcial, a existência de um princípio pensante (42, pt. 1, cap. 1).

[...] a esta força que vela sobre o corpo e o conduz, chamamos alma (42, pt. 2, cap. 2).

É o eu consciente que adquire, por sua vontade, todas as ciências e todas as virtudes, que lhe são indispensáveis para elevar-se na escala dos seres. [...] (42, pt. 3, cap. 3).

[...] A alma do homem é que é o seu *eu* pensante e consciente (45, cap. 10).

A *alma* é o princípio da vida, a causa da sensação; é a força invisível, indissolúvel que rege o nosso organismo e mantém o acordo entre todas as partes do nosso ser. [...] (46, pt. 2, cap. 10).

A alma, princípio inteligente, centro da força, foco da consciência e da personalidade (46, pt. 4, cap. 29).

[...] [é] um centro imperecível de força e de vida, inseparável de sua forma sutilíssima. [...] (47, pt. 1, cap. 4).

A alma [...] vem de Deus; é, em nós, o princípio da inteligência e da vida. Essência misteriosa, escapa à análise, como tudo quanto dimana do Absoluto. Criada por amor, criada para amar, tão mesquinha que pode ser encerrada numa forma acanhada e frágil, tão grande que, com um impulso do seu pensamento, abrange o Infinito, a alma é uma partícula da essência divina projetada no mundo material (52, pt. 1, cap. 9).

Cada alma é um foco de vibrações que a vontade põe em movimento. [...] (52, pt. 3, cap. 20).

A palavra alma e seus equivalentes em nossas línguas modernas (*espírito*, por exemplo) ou nas línguas antigas, como *anima*, *animus* (transcrição latina do grego), *spiritus*, *atma*, alma (vocábulo sânscrito ligado ao grego, vapor), etc. implicam todas a ideia de sopro; e não há dúvida de que a ideia de alma e de espírito exprimiu primitivamente a ideia de sopro nos psicólogos da primeira época. *Psyche*, mesmo, provém do grego, soprar (64, v. 1, cap. 3).

[...] a alma não é um *sopro*; é uma entidade intelectual (64, v. 1, cap. 3).

[...] *a alma é uma substância que existe por si mesma* (64, v. 1, cap. 9).

A alma é uma substância invisível, impalpável, imponderável, fora das nossas condições de observação física. Nossas medidas de espaço não lhe podem ser aplicadas do mesmo modo que as do tempo. Ela pode manifestar-se a centenas e milhares de quilômetros de distância. [...] (64, v. 3, cap. 12).

[...] a alma não é uma sucessão de pensamentos, uma série de manifestações mentais e, sim, um ser pessoal com a consciência de sua permanência (66, t. 3, cap. 2).

Nossas almas não são puros Espíritos. São substâncias fluídicas. Agem e se comunicam entre si por meios materiais, porém matéria sutil, invisível, imponderável (67, No domínio do desconhecido).

A alma é um ser intelectual, pensante, imaterial na essência. [...] (68, 1ª narrativa).

[...] imaterial, imensurável, intransmissível, consciente. [...] (68, 1ª narrativa).

[...] a alma é uma entidade individual, [...] é ela quem rege as moléculas para organizar a forma vivente do corpo humano (71, pt. 3, cap. 1).

[...] A alma é uma chama velada. Quando lhe colocamos os santos olhos do amor, ela esplende e ilumina. Quando a descuidamos, ela se entibia e morre.. (75, Autoiluminação).

É a faculdade que Deus deu ao homem de se perpetuar pelo tempo afora e pelo Universo (117, v. 2, cap. 8).

[...] a alma é atributo divino, criado por Deus, e espalhado, fragmentado, pelo Universo, tendo cada fragmento individualidade própria, ação independente, função definida, trajetória certa, e missão determinada [...] (117, v. 2, cap. 28).

A alma é que sente, que recebe, que quer, segundo as impressões que recebe do exterior, e mesmo independente delas, pois que também recebe impressões morais, e tem ideias e pensamentos sem a intervenção dos sentidos corporais (139, cap. 2).

A alma é o princípio causal do pensamento; ou, antes, é ela quem pensa e o transmite pelo cérebro, seu instrumento (139, cap. 3).

[...] a alma, o princípio inteligente que subsiste à morte da carne, que zomba das investigações materialistas, que escapa ao trabalho grosseiro das necropsias, que se não deixa encerrar nas quatro paredes negras do caixão funerário (155, cap. 15).

A *Alma* ou *Essência*, parcela do Poder Absoluto, e, como este, eterna, imortal; sede de potências máximas, ou faculdades, que exatamente denunciam a sua origem, funções tais como a *Inteligência*, a *Consciência*, o *Pensamento*, a *Memória*, a *Vontade*, o *Sentimento*, e demais atributos que sobrevivem através da Eternidade e que da criatura humana fazem a *imagem* e a *semelhança* do seu Criador, pois Deus, o Ser Absoluto, possui estes mesmos atributos (além de muitos outros que ainda ignoramos), em grau supremo, enquanto que a criatura os possui em grau relativo, visto que é essência sua, sendo, portanto, a *Alma*, sede de tais atributos, o verdadeiro ser! (176, cap. 8).

[...] a alma é luz que se eleva à grandeza divina (184, Mensagem).

[...] A alma não é uma entidade metafísica, mas, sim, um centro imperecível de força e de vida, inseparável de sua forma sutilíssima. Preexistia ao nosso nascimento e a morte carece de ação sobre ela. [...] (202, Joana D'arc).

Nossa alma é um universo de sombras e claridades. Seu destino é a perfeição. [...] (207, cap. 8).

A alma é a sede da vida. É ela que pensa, que sente, que imprime à matéria esta ou aquela forma, que dá ao rosto esta ou aquela expressão (222, A letra e o espírito).

[...] a alma humana é uma consciência formada, retratando em si as leis que governam a vida e, por isso, já dispõe, até certo ponto, de faculdades com que influir na genética, modificando-lhe a estrutura, porque a consciência responsável herda sempre de si mesma, ajustada às consciências que lhe são afins. [...] (231, cap. 7).

Toda alma é templo vivo, que guarda ilimitada reserva de sabedoria e amor (255, O tempo).

A alma humana, nestes vinte séculos de Cristianismo, é uma consciência esclarecida pela razão, em plena batalha pela conquista dos valores iluminativos (256, cap. 25).

[...] a alma é a sede viva do sentimento [...] (263, cap. 9).

[...] Intimamente justaposta ao campo celular, a alma é a feliz prisioneira do equipamento físico, no qual influencia o mundo atômico e é por ele influenciada, sofrendo os atritos que lhe objetivam a recuperação (269, cap. 25).

O que se propõe aqui não é a antiga confusão que alguns filósofos fizeram entre corpo e alma, na qual um não se distinguia do outro. Pelo contrário, o Espiritismo nos mostra que a alma é o Espírito adaptado à encarnação, [...] (315, pt. 2, 6).

A filosofia espírita entende que a alma não é uma essência abstrata que se liga ao corpo para gerar o ser. A alma, ao contrário, é o próprio ser e tudo que se remete a ele, desde as paixões e sensações até a quintessência do pensamento (315, pt. 2, 9).

A alma se aperfeiçoa a si mesma, vivendo na Terra as qualidades do corpo espiritual, veículo por meio do qual ela continuará a existir depois da morte do corpo material e que lhe servirá de órgão para conceber, sentir e agir na sua nova existência (326, cap. 8.3).

[...] Ele possui uma alma imortal, criada à semelhança do seu Criador e Pai. Essa alma é o verdadeiro ser do homem, é construída da própria luz que emana de Deus e por isso é eterna. [...] (335, cap. 7.2).

Ver também ESPÍRITO

Alma a penar

Uma alma errante e sofredora, incerta de seu futuro e à qual podeis proporcionar alívio, que muitas vezes solicita, vindo comunicar-se convosco (106, q. 1015).

Alma da Terra

[...] conjunto dos Espíritos abnegados, que dirigem para o bem as vossas ações, quando os escutais, e que, de certo modo, são os lugares-tenentes de Deus com relação ao vosso planeta (106, q. 144).

Alma decaída

As almas decaídas, contudo, quaisquer que sejam, não constituem uma raça espiritual sentenciada irremediavelmente ao satanismo, integrando, tão somente, a coletividade das criaturas humanas desencarnadas, em posição de absoluta insensatez. Misturam-se à multidão terrestre, exercem atuação singular sobre inúmeros lares e administrações e o interesse fundamental das mais poderosas inteligências, dentre elas, é a conservação do mundo ofuscado e distraído, à força da ignorância defendida e do egoísmo recalcado, adiando-se o Reino de Deus, entre os homens, indefinidamente.. (264, cap. 1).

Alma e perispírito

Alma e perispírito não fazem mais que um todo indissolúvel, e, se nós os distinguimos, é porque só a alma é inteligente, quer e sente. O invólucro é a sua parte material, o que vale dizer passiva: é a sede dos estados conscienciais pretéritos, o armazém das lembranças, a retorta em que se processa a memória de fixação, e é nele que o espírito se abastece, quando necessita de cabedais intelectuais para raciocinar, imaginar, comparar, deduzir, etc. Também receptáculo de imagens mentais, é nele que reside, finalmente, a memória orgânica e inconsciente.

O espírito é a forma ativa, o perispírito, a passiva, e ambas, em seus aspectos, nos representam todo o princípio pensante (40, cap. 4).

Alma impura

[...] [Almas impuras] são aquelas em quem nunca despontou o desejo de purificar-se, de corrigir-se, de aperfeiçoar-se. [...] são aquelas que jamais se curvaram ao elevado princípio do desinteresse, aquelas que se constituíram o centro único de todos os seus desejos e de todas as suas ideias, aquelas que se consideram o objetivo de tudo o que existe e que somente procuram o meio de satisfazer suas paixões e seus sentidos, aquelas, enfim, em quem dominam o orgulho, o egoísmo, o amor-próprio, o interesse pessoal e querem, ao mesmo tempo, servir a dois senhores que se contradizem (51).

Alma nobre

Alma nobre é como nuvem, / Sem ponto de vista algum, / Recebendo benefícios / Para dar ao bem comum (257, cap. 16)

Almas gêmeas

O primeiro ponto de estudo surge na nota da Editora inserida ao final do livro mencionado [*O Consolador*]. A equipe responsável pela edição e divulgação da obra, preocupada com a fidelidade aos princípios codificados por Allan Kardec, propõe a Emmanuel, autor da tese, um questionamento em que identificam a *tese das almas gêmeas* à *teoria das metades eternas*, que é examinada em *O livro dos espíritos* [q. 298 a 302]. Lembramos, a propósito desse tema, que os Espíritos reveladores não ratificam a teoria das *metades eternas*, considerando que não existe união particular e fatal entre duas almas. Allan Kardec acrescenta um comentário ao final das perguntas, afirmando que a expressão *metades eternas* deve ser tomada como uma metáfora, uma figura que simboliza a união de dois Espíritos simpáticos.

Nesse ponto, é preciso concordar com o texto da referida nota de questionamento ao autor espiritual inserida ao final do livro *O consolador*, mas existe também ali uma argumentação que merece análise mais detalhada. Argumenta-se que *"esta teoria, ou hipótese* (das almas gêmeas), *afigura-se-nos aqui algo obscura. Não satisfaz, e, da forma por que é apresentada, parece-nos ilógica e contraditória. De fato, essa criação original, dúplice, induz a concluir que as almas surgem incompletas. É ilação incompatível com a onisciência de Deus"*. Acrescenta a nota que tal ideia é recusada por Kardec, que a afinidade espiritual deve ser extensiva a todas as criaturas e, ao final da argumentação, afirma que, se a teoria não se aplica a Jesus, deixa de ter cunho universal e, por isso, seu equacionamento torna-se desnecessário.

A resposta de Emmanuel a esse questionamento revela a envergadura desse Espírito, que vem orientando a mediunidade de Chico Xavier há tantos anos. Ele não se agasta com as observações críticas, reconhece a possibilidade de erro no trabalho a que se dedica, tanto que aponta um a ser corrigido em outro texto do mesmo livro, mas humildemente solicita a conservação da tese, asseverando que ela é mais complexa do que parece a princípio e que pode oferecer material valioso para estudos que interessam muito às criaturas na época em que vivemos. Em determinado ponto de sua resposta, ele diz: "[...] mesmo porque, com a expressão *almas gêmeas*, não desejamos dizer *metades eternas* [...]" (os destaques são meus) (204, Juventude – tempo de fazer escolhas).

Ao analisar a afirmativa de Emmanuel de que com a expressão *almas gêmeas* não pretende dizer *metades eternas*, precisamos partir da percepção de que as duas expressões são, na realidade, metáforas que representam a ligação entre homem e mulher pelo amor. Não se pode deixar de perceber a diferença acentuada entre uma e outra. O numeral *metade* sugere algo incompleto, que só se torna um inteiro se reunido à outra parte igual. Então, a teoria das metades eternas, realmente, não dá conta de explicar a questão da aproximação das almas e de sua união pelo amor, razão por que os Espíritos a rejeitaram e o Codificador apenas a admite como uma figura que pode simbolizar a afinidade entre dois Espíritos: *são tão afins, que parece que um completa o outro, formando uma só individualidade*. Mas não se pode ir além disso e pretender que Deus tenha criado os seres pela metade.

Já o adjetivo *gêmea* traduz semelhança, identidade e simboliza mais apropriadamente a ideia da união de dois seres pela simpatia e pela afinidade. Os dois seres são individualidades completas, mas se assemelham e, por isso, se identificam e se sentem atraídos um para o outro – essa é a ideia que se depreende da tese de Emmanuel e não há nela nenhuma contradição com a ideia expressa pelos Espíritos reveladores. Ao contrário, essa ideia está implícita no texto da resposta à questão 301 de *O livro dos espíritos*, em que os Espíritos assim se expressam: *"A simpatia que atrai um Espírito para o outro resulta da perfeita concordância de seus pendores e instintos"*. Precisamos lembrar aqui que, além dessa simpatia pela identidade de nível evolutivo, há afeições particulares entre os Espíritos como está explícito na questão 291 de *O livro dos espíritos*. O afeto mencionado na tese das almas gêmeas é um sentimento desse tipo (204, Juventude – tempo de fazer escolhas).

ALOSCOPIA

[...] visão macroscópica e microscópica no interior dos corpos (23, Os fenômenos de telestesia)

ALTRUÍSMO

[...] amor ao próximo (28, Esmola e caridade)

O altruísmo arrebata pelo entusiasmo que proporciona, sendo a força que estimula o fraco e dá-lhe mais valor, a fim de que alcance o objetivo do amor, que ergue o santo ao simbólico monte Tabor onde espera ocorrer a sua transfiguração diante do Mestre Sublime, que enriquece de humildade o discípulo que pretende conquistar o conhecimento para esparzi-lo em luz por toda parte combatendo a treva da ignorância. (75, O altruísmo).

Ver também AMOR AO PRÓXIMO

ALUCINAÇÃO

[...] exprime o erro, a ilusão de uma pessoa que julga ter percepções que realmente não tem. Origina-se do latim *hallucinari*, errar, que vem de *ad lucem*. Mas, que saibamos, os sábios ainda não apresentaram a razão fisiológica desse fato (107, it. 111).

[...] sabe-se que as alucinações nada mais são do que falsas percepções. Segundo Baillarger, são fruto de uma sensação de origem interna, de mecanismo cerebral e não periférico, produzida de dentro para fora, embora seja vivenciada pelo eu, de modo errôneo e, consequentemente, patológico, como proveniente do mundo objetivo, sendo, portanto, secundadariamente projetada no mundo exterior (9, cap. 1).

Alucinações são distúrbios senso-perceptivos quase sempre de natureza patológica, com raras exceções, tais como as alucinações hipnagógicas e hipnopômpicas, relacionadas ao adormecimento e ao acordar. Se os fenômenos mediúnicos fossem considerados de natureza patológica, o número de doentes mentais seria incrementado em progressão geométrica. Daí a importância do bom senso na delimitação entre o normal e o patológico.
As alucinações já eram conhecidas desde a Antiguidade, e Asclepíades afirmava que elas eram reais para os pacientes. O termo provém do latim *aluo* que significa ter o espírito extraviado. Entre os povos primitivos, dizer que se perdeu a alma é sinônimo de doença mental. Esquirol definiu, erradamente, as alucinações como sendo uma *percepção sem objeto*. Os fenômenos alucinatórios não são fruto de percepções e, para os pacientes, representam um objeto real. A posição espírita acrescenta aqui a hipótese das percepções extra-sensoriais, como já foi dito, para explicar uma minoria de casos (9, cap. 6).

[...] A alucinação poderia ser definida como um sonho em estado de vigília, é a percepção de uma imagem ilusória, de um som que não existe realmente, que não tem valor objetivo. [...] a causa eficiente da alucinação existe no aparelho nervoso sensorial e deve ser atribuída a um trabalho particular do cérebro. [...] (42, pt. 5, cap. 3).

As alucinações são *ilusões* do cérebro e do pensamento [...]. Desde o momento que a impressão experimentada é considerada como real, como o resultado de uma causa exterior, agindo sobre o cérebro ou sobre o espírito, perde ela o seu caráter alucinatório e entra na categoria dos fatos.

[...] a alucinação é uma sensação essencialmente *subjetiva* e errônea, uma percepção falsa (69, v. 1, cap. 5).

[...] alucinação, *que é uma criação do cérebro, a aparência de um objeto exterior que não existe, ou a reaparição de impressões conservadas na memória* (97, Visão).

A alucinação é sempre um fenômeno intrinsecamente espiritual, mas pode nascer de perturbações estritamente orgânicas, que se façam reflexas no aparelho sensorial, viciando o instrumento dos sentidos, por onde o espírito se manifesta (273, q. 52).

Alucinação espírita

[...] Por alucinações espíritas entendemos efeitos espíritas representando, para olhos humanos, uma coisa qualquer que não existe realmente, nem do ponto de vista material, nem do espiritual, e que não passa de ilusão produzida, sob a ação espírita, por uma simples combinação de fluidos. [...] (182, v. 1).

ALVORADA

A alvorada é maravilha do céu que vem após a noite na Terra (256, cap. 11).

AMAMENTAR

Se dar vida é atributo da Natureza, amamentar é transvazar nossa vida noutra vida, derramar nossa alma, a cada instante, para que outra alma se erga e viva de nós (218, cap. 2).

AMANHÃ

Amanhã, invariavelmente, é o dia de resultado de nossas próprias ações (248).

Será o amanhã segundo idealizamos hoje [...] (248).

O amanhã será o que hoje projetamos (255, Um dia).

AMAR

Amar, no sentido profundo do termo, é o homem ser leal, probo, consciencioso, para fazer aos outros o que queira que estes lhe façam; é procurar em torno de si o sentido íntimo de todas as dores que acabrunham seus irmãos, para suavizá-las; é considerar como sua a grande família humana, porque essa família todos a encontrareis, dentro de certo período, em mundos mais adiantados [...] (105, cap. 11, it. 10).

Amar é também compreender o estado espiritual de cada criatura, buscando não perturbar de modo algum sua vida íntima, fazendo sempre o melhor em palavras e atos como nos ensinou Jesus (12, cap. 21).

Amar é sentir-se viver em todos e por todos, é consagrar-se ao sacrifício, até a morte, em benefício de uma causa ou de um ser. [...] (46, pt. 5, cap. 49).

[...] Amar é o segredo da felicidade. Com uma só palavra o amor resolve todos os problemas, dissipa todas as obscuridades. [...] (52, pt. 3, cap. 25).

[...] *Amar é plantar a felicidade na Terra! Ama e seguirás fielmente os luminosos passos de Jesus* (55, Recordações).

[...] Amar, no mais puro sentido, é um programa de ação, é um roteiro de lutas, porque implica, em primeiro lugar, o combate ao nosso comodismo e às tendências egoísticas, incrustadas em nosso espírito através dos milênios. [...] (135, cap. 4).

O termo *amar*, tratando-se do Criador, se entende do ponto de vista da purificação do Espírito e em relação ao grau de pureza já por este atingido. [...] (182, v. 4).

[...] É compreender sempre, dar de si mesmo, renunciar aos próprios caprichos e sacrificar-se para que a luz divina do verdadeiro amor resplandeça (232, cap. 28).

[...] Amar é fazer a doação de nós mesmos [...] (236, pt. 1, cap. 7).

Presa à altura terrestre / Jamais olvides, porém, / De que *amar* com Jesus Cristo / É a chave de todo bem (248).

Amar a Deus

Amar a Deus acima de tudo é submeter-se a todas as suas leis, que todas se resumem na do amor; é amar o próximo como a si mesmo (182, v. 3).

Amar a Deus é fundir-se na humanidade, é absorver-se no amor fraternal, por isso que todo homem – como todas as criaturas do Senhor – provém do mesmo princípio, tende ao mesmo fim [...] (182, v. 4).

Certo é que amar a Deus, nosso Pai e Criador, é a maior de todas as felicidades [...] (186, Sublime vocação).

Amar a Deus é buscar o Bem Supremo. É reconhecer sua bondade infinita. É cumprir suas leis eternas (208, cap. 31).

Amar ao próximo

[...] Qual o sentimento no qual se deve confundir todos os pensamentos? É um sentimento todo moral, todo espiritual, todo humanitário: o da caridade para com todos ou, em outras palavras, o amor do próximo, que compreende os vivos e os mortos, pois sabemos que os mortos sempre fazem parte da Humanidade (103, cap. 23).

Amar ao próximo é, pois, abjurar todo sentimento de ódio, de animosidade, de rancor, de inveja, de ciúme, de vingança, numa palavra, todo desejo e todo pensamento de prejudicar; é perdoar aos inimigos e retribuir o mal com o bem; é ser indulgente para as imperfeições de seus semelhantes e não procurar o argueiro no olho do vizinho, quando não se vê a trave no seu; é esconder ou desculpar as faltas alheias, em vez de se comprazer em as pôr em relevo, por espírito de maledicência; é ainda não se fazer valer à custa dos outros, não procurar esmagar ninguém sob o peso de sua superioridade; não desprezar ninguém pelo orgulho. [...] (103, cap. 23).

[...] amar ao próximo, ainda quando ele se nos apresente vestido com a túnica da inimizade, é a maior e a mais venturosa de todas as honrarias (186, Sublime vocação).

[...] amar ao semelhante é o caminho do supremo bem, que nos conduz a amar a Deus (207, cap. 23).

Amar ao próximo é servir, é praticar a caridade essencial, é doar-se, cumprindo os deveres de fraternidade e de solidariedade. [...] (207, cap. 43).

Amar os inimigos

[...] Amar os inimigos é não lhes guardar o ódio, nem rancor, nem desejos de vingança; é perdoar-lhes, *sem pensamento oculto e sem condições*, o mal que nos causem; é não opor nenhum obstáculo à reconciliação com eles; é desejar-lhes o bem e não o mal; é experimentar júbilo, em vez de pesar, com o bem que lhes advenha; é socorrê-los, em se apresentando ocasião; é abster-se, *quer por palavras, quer por atos*, de tudo o que os possa prejudicar; é finalmente, retribuir-lhes sempre o mal com o bem, *sem a intenção de os humilhar*. Quem assim procede preenche as condições do mandamento: Amai os vossos inimigos (105, cap. 12, it. 3).

AMBIÇÃO

[...] a ambição é, e tão cedo não deixará de sê-lo, um dos mais fortes sentimentos humanos, constituindo-se, mesmo, em mola propulsora do progresso (28, O direito de propriedade).

A ambição é um impulso natural que, até certo ponto, nada tem de censurável, constituindo-se, mesmo, num elemento indispensável ao progresso individual e social. [...] A ambição deixa, todavia, de ser um bem, e assume a feição de vício detestável, quando excede determinados limites, caindo no exagero. Em outras palavras, quando, ao invés de ser governada por nós, passa a nos governar (30, cap. 2).

AMBIENTE

O ambiente por si só não pode resolver o problema de uma prova, como não pode destruir resíduos espirituais de vingança ou compromissos de existências anteriores, como se observa em muitas formas de obsessão. Se, no entanto, o ambiente está purificado por sentimentos elevados e por um padrão de procedimento equilibrado, se o teor de moralidade é sadio, naturalmente há melhores condições para o tratamento espiritual. Por isso mesmo, muitas vezes os Espíritos orientadores preferem chamar atenção para o foco, isto é, o meio, o local em que a pessoa vive e onde recebe vibrações pesadas, como se diz popularmente. Isto não quer dizer que não possa ocorrer obsessões entre pessoas de bom nível moral. Já muitos casos houve, e não podemos estranhar, desde que levemos em conta os vínculos da vítima com um passado devedor. Entretanto, no ambiente onde há trabalho desinteressado, onde não falta a prece sincera, onde se cultiva o amor, com suficiente dose de humildade e espírito de serviço, a ação das obsessões geralmente encontra alguma barreira e, por isso mesmo, o trabalho de assistência, pelo passe ou pela mensagem verbal, penetra mais a fundo, não fica na superfície, vai ao centro de receptividade, que é justamente o Espírito (6, cap. 27).

[...] Os ambientes do mundo etéreo são, em grande parte, condicionados pelos pensamentos dos seus habitantes, de forma que, por exemplo, suas casas e modo de viver são, em larga escala, obra deles. [...] (63, cap. 9).

Ver também CRIAÇÃO FLUÍDICA

AMIGO

Um amigo chega e socorre, antes de sentir pena do outro. Um amigo esforça-se para entender a verdade que se oculta no que o companheiro não disse. Um amigo não constrange o parceiro nem se esforça por lhe arrancar confissões dolorosas; apenas espera, porque o tempo de uma relação fraterna é infinito, e a pressa pode afastar a oportunidade de novas e profundas descobertas (1, O amigo é meu companheiro).

[...] o amigo é dádiva de que nos devemos utilizar com respeito e elevação (80, L. 1, cap. 3).

Amigo – é o que ampara em silêncio (232, cap. 16).

Amigo é alguém que te merece inteira confiança, é alguém que mais se parece a um desdobramento de ti mesmo. [...] (350, cap. 25).

Amigo de Jesus

É amigo de Jesus todo aquele que, como os discípulos, pratica a moral que ele pregou, caminha cumprindo suas provas, suas missões, pela senda que ele indicou. [...] Os a quem Jesus chama amigos são os que, servindo-se, como os discípulos, da razão, para desenvolverem o coração, sentem que neste lhes crescem o amor e o zelo, à medida que melhor compreendem as intenções e a paternal bondade do soberano a cuja lei amorosamente obedecem (182, v. 4).

Amigo do esposo

A expressão – *o amigo do esposo* – também João [Batista] a empregava figuradamente, para designar-se a si mesmo, pela razão de que o amigo do esposo é o que deste mais se aproxima e mais caro lhe é.
Falando do *amigo do esposo que com ele está e o ouve e muito se regozija por escutar a voz do esposo,* João ainda se designa a si mesmo como precursor de Jesus, seu devotado auxiliar, cheio de respeito e de amor para com ele e obedecendo-lhe à voz, jubiloso por tê-la ouvido, isto é, por ter visto começada a missão terrena do Mestre (182, v. 4).

Amigo espiritual

[...] amigos espirituais [...] são os Mensageiros da Esperança e da Consolação. [...] (80, L. 1, cap. 7).

Ver também ANJO DA GUARDA
e ESPÍRITO PROTETOR

AMIZADE

Preciosa conquista, a amizade é o pólen do amor, a medrar onde quer que as flores do sentimento desabrochem na árvore generosa da dignidade humana. [...] (80, L. 2, cap. 1).

Nem sempre possuímos a bolsa farta, suscetível de garantir a longa despesa; entretanto, a bênção da amizade que suporta e ajuda, que ampara e incentiva o bem, é recurso que sobra invariavelmente no cofre vivo e milagroso da boa vontade.. (246, cap. 7).
A amizade pura é uma flor que nunca fenece (248).
Na gradação dos sentimentos humanos, a amizade sincera é bem o oásis de repouso para o caminheiro da vida, na sua jornada de aperfeiçoamento.
Nos trâmites da Terra, a amizade leal é a mais formosa modalidade do amor fraterno, que santifica os impulsos do coração nas lutas mais dolorosas e inquietantes da existência (273, q. 174).

[...] A amizade é uma fonte de água cristalina, a refazer-nos as energias na longa peregrinação espiritual para Jesus (286, Mãe, não chores mais!).

O valor da amizade é inestimável quando nos apoiamos mutuamente e atendemos nosso amigo nos momentos de dificuldades, de dores e dissensões (338, O valor da amizade).

AMOR

O amor resume a doutrina de Jesus toda inteira, visto que esse é o sentimento por excelência, e os sentimentos são os instintos elevados à altura do progresso feito. [...] (105, cap. 11, it. 8).

[...] O amor é a Lei de Atração para os seres vivos e organizados. [...] (106, q. 888a).

[...] O amor é sentimento tão sublime que, na vivência de seu infinito panorama de realizações, acaba por consumar a moral, libertando o homem da necessidade dela. *Somente quem ama não precisa mais agir como se amasse* [...] (1, O amor é a minha lei).

[...] o amor é a melhor das religiões, e a única que pode conduzir à felicidade celeste (5, pt. 2).

[...] é a chama que purifica e o bálsamo que consola. [...] (5, pt. 2).

[...] O amor não está limitado aos momentos fugazes da relação sexual. Pode surgir o amor, porque são dois corações e não somente dois corpos em comunhão, mas uma fração muito diminuta do amor, pois a união sexual não tem a capacidade de manifestar toda a amplitude do amor de que as almas necessitam para viverem em paz e alegria, em meio às lutas e trabalhos. Toda afetividade sexual é como se fora uma única gota de amor, diante do oceano de amor de que precisamos para vivermos e sermos mais felizes. Quem procura manifestar o amor somente na relação sexual é como alguém que quisesse sobreviver recebendo somente um raio de sol por um minuto diário, ficando o resto do tempo na escuridão e no congelamento. [...] (12, cap. 16).

[...] é a Suprema Lei Divina [...] (30, cap. 12).

[...] o único dogma de redenção: o Amor (45, Pref. da nova ed. francesa).

[...] verdadeiro princípio do Cristianismo – o amor, sentimento que fecunda a alma, que a reergue de todo o abatimento, franqueia os umbrais às potências afetivas que ela encerra, sentimento de que ainda pode surgir a renovação, a regeneração da Humanidade (45, cap. 8).

O amor é a celeste atração das almas e dos mundos, a potência divina que liga os Universos, governa-os e fecunda; o amor é o olhar de Deus!

[...] O amor é o sentimento superior em que se fundem e se harmonizam todas as qualidades do coração; é o coroamento das virtudes humanas, da doçura, da caridade, da bondade; é a manifestação na alma de uma força que nos eleva acima da matéria, até alturas divinas, unindo todos os seres e despertando em nós a felicidade íntima, que se afasta extraordinariamente de todas as volúpias terrestres (46, pt. 5, cap. 49).

[...] amor é a juventude da Criação. Em amando, todos os seres adquirem a candura das crianças. Nada tão puro, confiante, nobre, simples, simultaneamente, como as aspirações do amor, é ele a igualdade, a fraternidade, o progresso; é a união das raças inimigas; é a lei do Universo, porque é também atração. [...] (55, cap. 11).

Nas bases de todo programa educativo, o amor é a pedra angular favorecendo o entusiasmo e a dedicação, a especialização e o interesse, o devotamento e a continuidade, a disciplina e a renovação [...] (58, q. 5).

O amor, sem dúvida, é hálito divino fecundando a vida, pois que, sem o amor, a Criação não existiria.

Nos vórtices centrais do Universo, o amor tem caráter preponderante como força de atração, coesão e repulsão que mantém o equilíbrio geral.

[...] Inserto no espírito por *herança divina*, revela-se a princípio como posse que retém, desejo que domina, necessidade que se impõe, a fim de agigantar-se, logo depois, em libertação do ser amado, compreensão ampliada, abnegação feliz, tudo fazendo por a quem ama, sem imediatismo nem tormento, nem precipitação. Sabe esperar, consegue ceder, lobriga entender sempre e sempre desculpar.

O amor é tudo. Resume-se em amar (74, cap. 21).

Somente o amor, portanto, possui o elemento de sustentação e fortalecimento para dar vida e manter o brilho, o calor que a aquece e a mantém. Este recurso indispensável apresenta-se em forma de autocompreensão em torno dos deveres que devem ser atendidos em relação a si mesmo, ao próximo e a Deus (75, Impedimentos à iluminação).

O Mestre Nazareno [...] preceituou o amor como fundamental e situou-o na mais elevada condição de mediador entre os homens e o Pai, sendo a força transformadora que tudo modifica e salva.

Através do amor o Espírito logra domar a inquietude da mente, submetendo-a aos ditames do sentimento, por que ele ajuda a superar a razão fria, os cálculos dos interesses vis.

Mediante a óptica do amor, o vitorioso é sempre aquele que cede em favor do seu próximo desde que se sinta envolvido pela necessidade de ajudá-lo. [...]

O amor altera os paradigmas da mente, que se apoia em pressupostos falsos que elege como refúgio, como recurso de segurança, longe dos interesses da solidariedade e do progresso geral.

O amor proporciona à compaixão as excelentes alegrias do bem-fazer e do seguir adiante sem aguardar qualquer tipo de recompensa, qual ocorreu na referida Parábola do Bom Samaritano. Além de auxiliar o caído, levou-o no seu animal, seguindo, porém, a pé, hospedou-o, pagando as despesas e comprometendo-se a liberar outras quaisquer, que porventura viessem a existir, ao retornar da viagem...

A compaixão converteu-se em amor ao seu próximo como a si mesmo (75, Compaixão, amor e caridade).

O amor é luz inapagável que dimana do Pai. Somente através do amor o ser humano encontrará a razão fundamental da sua existência e do processo da sua evolução (75, Compaixão, amor e caridade).

O amor, no período das dependências fisiológicas, é possessivo, arrebatado, físico, enquanto que, no dos anelos espirituais, se compraz, libertando; torna-se, então, amplo, sem condicionamentos, anelando o melhor para o outro, mesmo que isto lhe seja sacrificial. Um parece tomar a vida e retê-la nas suas paixões, enquanto o outro dá a vida e libera para crescer e multiplicar-se em outras vidas (77, cap. 19).

[...] o amor é fonte inexaurível, à disposição de quantos desejam felicidade e paz. [...] (79, L. 1, cap. 7).

[...] sendo sol, o amor é vida que anula e subtrai as forças nefastas, transformando-as (79, L. 1, cap. 9).

[...] é geratriz de paz a engrandecer e libertar as almas para os voos sublimes da vida.. (79, L. 3, cap. 1).

[...] O amor, sempre presente, é carga santificante que reduz o peso das dores e ameniza o ardor das aflições, chegando de mansinho e agasalhando-se no ser (79, L. 3, cap. 7).

[...] é o permanente haver, em clima de compensação de todas as desgraças que

por acaso hajamos semeado, recompensando-nos o espírito pelo que fizermos em nome do bem e realizarmos em prol de nós mesmos (80, L. 1, cap. 3).

[...] O amor, em qualquer esfera de expressão, é bênção de Deus. [...] (80, L. 1, cap. 6).

O amor é a força motriz do universo: a única energia a que ninguém opõe resistência; o refrigério para todas as ardências da alma: o apoio à fragilidade e o mais poderoso antídoto ao ódio (83, Terapia desobsessiva).

O Amor é qual primavera: / Chega e espalha pelo chão / Gotas de sol indicando / O homem velho em redenção (93, cap. 28).

Meu amigo, guarde bem: / Amor é boa vontade; / Não se mede no relógio, / Nem guarda expressão de idade (93, cap. 48).

[...] O amor, em que a paz canta o seu hino, é o oásis onde o viandante, sequioso de bondade, mitiga a sua sede; onde o desgraçado, ansioso de perdão encontra o seu sossego; onde o infeliz, faminto de carinho, satisfaz a sua fome. É o céu azul que cobre o deserto da vida, onde o orgulho, o egoísmo, a vaidade, o ódio, não são estrelas que norteiam o incauto viajante humano (117, v. 4).

Deus criou o homem para a felicidade. Entretanto, para alcançar essa felicidade o homem tem de amar, tem de sentir dentro do coração os impulsos espontâneos do bem em suas múltiplas manifestações, porque *tudo quanto existe, por ser obra de Deus, é expressão do amor divino, que, assim, está na essência de cada coisa e de cada ser, dando-lhes a feição própria do seu valor, no conjunto da criação* (138, Amemos a vida).

Ver também AGAPÊ e CARIDADE

[...] o amor é um milagre que podemos realizar em nome do Cristo (145, cap. 4).

[...] o amor é a resposta a todas as nossas especulações e mazelas. [...] (147, cap. 23).

[...] Sabemos hoje, no contexto do Espiritismo, que o reinado do amor é mais do que uma esperança, por mais bela que seja; é uma fatalidade histórica da evolução, que vai emergindo lentamente, à medida que o Espírito se desembaraça das suas imperfeições. [...] (147, cap. 23).

[...] o Amor é símbolo de fraternidade e beleza de sentimentos [...] (152, pt. 1, cap. 3).

[...] o amor é a lâmpada maravilhosa que ilumina a consciência, é o elixir da eterna beleza, é o filtro do esquecimento de nós mesmos e que cria, ao mesmo tempo, em nossas almas, sentimentos de mais justiça e equidade para a grande família humana. [...] (155, cap. 2).

[...] Este é que é o nosso principal guia em todo o nosso trabalho (157, cap. 5).

O amor é a emanação do infinito amor de Deus; é o sentimento que nos sobreleva ao nível ordinário da vida, neste planeta de provações, purificando nossas almas para merecermos as graças do Eterno Pai [...] (159, pt. 2, cap. 2).

Entre os seres racionais – é o Amor o mais perfeito construtor da felicidade interna, na paz da consciência que se afeiçoa ao Bem. Nas relações humanas, é o Amor o mais eficaz dissolvente da incompreensão e do ódio (164, cap. 14).

[...] o Amor é, com efeito, o supremo bem que redime a Humanidade (175, cap. 8).

O amor – eis a lei; os Evangelhos, a prática do amor – eis os profetas, os intérpretes dos Evangelhos. [...] (182, v. 1).

[...] O amor é a fonte donde brotam todas as virtudes com que deveis fertilizar a vossa existência, tornando-a capaz de dar bons frutos. [...] (182, v. 3).

Amemos esse Amor – clarão divino / em cuja claridade excelsa e pura / veremos, ouviremos, sentiremos / o Espírito de Deus! (186, Amor).

O amor é sempre a força milagrosa / Que, embora o mal, reergue, educa e exprime / O futuro da Terra lacrimosa (186, Pelo amor).

O amor é a Lei Divina que governa a vida... / Afasta o preconceito e vibra,
alma querida, / na luz do coração! (186, Amor no céu).

[...] O amor é um princípio divino da nossa natureza, crescendo à medida que dá e reparte, e é a fonte de uma sã e perene alegria [...] (191, cap. 2).

[...] é o único antídoto contra esse mal que grassa de maneira tão avassaladora: a obsessão. [...] a necessidade primordial do espírito é o *amor*, para se ver curado das enfermidades que o prejudicam (195, pt. 4, cap. 2).

O amor, como comumente se entende na Terra, é um sentimento, um impulso do ser, que o leva para outro ser com o desejo de unir-se a ele. Mas, na realidade, o amor reveste formas infinitas, desde as mais vulgares até as mais sublimes. Princípio da vida universal, proporciona à alma, em suas manifestações mais elevadas e puras, a intensidade de radiação que aquece e vivifica tudo em roda de si; é por ele que ela se sente estreitamente ligada ao Poder Divino, foco ardente de toda a vida, de todo amor.

O amor é uma força inexaurível, renova-se sem cessar e enriquece ao mesmo tempo aquele que dá e aquele que recebe. [...] (202, O amor).

[...] O amor é um fenômeno que se aprende e de que o homem pode ser educado para descobrir dentro de si mesmo seu potencial de afetividade. *Cada pessoa tem o potencial para o amor. Mas o potencial nunca é percebido sem esforço.* [BUSCAGLIA, Léo. *Amor*, p. 60.] O modelo já foi dado por Jesus, precisaremos aprender com a criança a libertar a criança que guardamos dentro de nós mesmos (204, Infância – tempo de semear).

[...] O simples fato de que o amor seja, no dizer de Jesus, a síntese de todos os ensinos que conduzem à plenitude de ser e, consequentemente, à felicidade, pode nos facultar a compreensão precisa da importância dele em nossas vidas. A ausência da interação amorosa na infância é calamitosa para o desenvolvimento do indivíduo, como pudemos constatar. É na inter-relação afetiva com os nossos semelhantes que podemos tornar-nos capazes de amar conforme o modelo exemplificado pelo Cristo (204, Um velho caminho).

Amor é o princípio que emana de Deus, a causa da vida. Inspira a gratidão e o reconhecimento ao Criador, espraiando-se por todas as coisas, pela criação inteira, sob múltiplas formas. Amar ao próximo é uma consequência do amor a Deus. Toda a doutrina ensinada pelo Cristo resume-se no Amor, a Lei Divina que abrange todas as outras (208, cap. 31).

[...] O amor é sempre um sentimento digno, e enobrece todo aquele que o sente no íntimo do coração. [...] (209, cap. 1).

[...] O Amor é a fonte divinal, cuja linfa, pura e cristalina, atravessa a correnteza bravia das paixões materiais. [...] (209, cap. 1).

O amor vitorioso na esperança e no entendimento é o sol de Deus, dentro da vida.. (218, cap. 14).

[...] O amor puro é abastança para o necessitado, saúde para o enfermo, vitória para o vencido!... [...] (218, cap. 28).

A lei por excelência, da qual decorrem as demais, como simples modalidades, é o Amor (222, Vinde a mim).

[...] O amor é o sentimento por excelência. [...] (222, Culto à virtude).

[...] O amor é o eterno fundamento da educação. [...] (226, v. 1, cap. 19).

[...] é a sagrada finalidade da vida. [...] (230, cap. 15).

[...] Nosso amor é, por enquanto, uma aspiração de eternidade encravada no egoísmo e na ilusão, na fome de prazer e na egolatria sistemática, que fantasiamos como sendo a celeste virtude. [...] (231, cap. 14).

[...] Divino é o amor das almas, laço eterno a ligar-nos uns aos outros para a imortalidade triunfante, mas que será desse dom celeste se não soubermos renunciar? O coração incapaz de ceder a benefício da felicidade alheia é semente seca que não produz (236, pt. 1, cap. 6).

[...] é o meio de cooperarmos na felicidade daqueles a quem nos devotamos [...] (236, pt. 1, cap. 7).

[...] é entendimento, carinho, comunhão, confiança, manifestação da alma que pode perdurar sem qualquer compromisso de ordem material [...] (236, pt. 2, cap. 2).

[...] o amor é a única dádiva que podemos fazer, sofrendo e renunciando por amar.. (244, cap. 13).

A Lei de Deus é sempre o Amor. Amor é luz que envolve o Universo, é o éter vivificador, é a afeição dos espíritos dedicados, é a alegria dos bons, é a luta que aperfeiçoa (248).

O amor é o sol que nos aquece e ilumina (248).

Não vale a existência pelo simples viver. Vale a vida pelo aperfeiçoamento, pela amplitude, pela ascensão. E o guia de nossa romagem para os cimos a que nos destinamos é sempre o Amor, que regenera, balsamiza, ajuda, esclarece, educa e santifica (248).

O acaso não nos atira nos braços uns dos outros. Todos estamos unidos para determinados fins, salientando que o amor puro é sempre meta invariável que nos compete atingir (248).

O amor é a divina moeda que garante os bens do céu (248).

Amor que salva e levanta / É a ordem que nos governa. / Na lide em favor de todos, / Teremos a vida eterna (248).
Os amores no santuário doméstico são raízes inextirpáveis no coração (248).

[...] O amor é a força divina, alimentando-nos em todos os setores da vida [...] (252, cap. 8).

O Amor, sublime impulso de Deus, é a energia que move os mundos:
Tudo cria, tudo transforma, tudo eleva. Palpita em todas as criaturas.
Alimenta todas as ações.

[...] É a religião da vida, a base do estímulo e a força da Criação (255, Amor).

Amor é perdão infinito, esquecimento de todo mal, lâmpada de silencioso serviço a todos, sem distinção, alimentada pelo óleo invisível da renúncia edificante... (255, De longe).
Jesus veio até nós a fim de ensinar-nos, acima de tudo, que o Amor é o caminho para a Vida Abundante (256, cap. 67).

[...] o amor é o laço de luz eterna que une todos os mundos e todos os seres da imensidade; sem ele, a própria criação infinita, não teria razão de ser, porque Deus é a sua expressão suprema... [...] (258, pt. 2, cap. 6).

[...] A severidade pertencerá ao que instrui, mas o amor é o companheiro daquele que serve. [...] (264, cap. 1).

[...] O amor é sol divino a irradiar-se através de todas as magnificências da alma (268, cap. 13).

[...] O verdadeiro amor é a sublimação em marcha, através da renúncia. Quem não puder ceder, a favor da alegria da criatura amada, sem dúvida saberá querer com entusiasmo e carinho, mas não saberá coroar-se com a glória do amor puro. [...] (269, cap. 14).

[...] o maior sustentáculo das criaturas é justamente o amor. [...] Todo sistema de alimentação, nas variadas esferas da vida, tem no amor a base profunda. [...] (270, cap. 18).

O amor é a lei própria da vida e, sob o seu domínio sagrado, todas as criaturas e todas as coisas se reúnem ao Criador, dentro do plano grandioso da unidade universal.
Desde as manifestações mais humildes dos reinos inferiores da Natureza, observamos a exteriorização do amor em sua feição divina. [...] (273, q. 322).

[...] O amor é luz de Deus, ainda mesmo quando resplandeça no fundo do abismo (276, cap. 31).

O amor puro é o reflexo do Criador em todas as criaturas.
Brilha em tudo e em tudo palpita na mesma vibração de sabedoria e beleza. É fundamento da vida e justiça de toda a Lei (282, cap. 30).
Guarda, porém, o amor puro e esplendente, / Que o nosso amor, agora e eternamente, / É o tesouro que o tempo nunca leva... (286, Tempo e amor).
[...] divina herança do Criador para todas as criaturas [...] (291, cap. 57).

O amor é assim como um sol / De grandeza indefinida, / Que não dorme, nem descansa / No espaço de nossa vida.
Amor é devotamento, / Nem sempre só bem-querer. [...] (293, cap. 2).

O amor a que se refere o Evangelho é antes a divina disposição de servir com alegria, na execução da Vontade do Pai, em qualquer região onde permaneçamos (295, cap. 90).
O amor, porém, é a luz inextinguível (295, cap. 162).
Toda criatura necessita de perdão, como precisa de ar, porquanto o amor é o sustento da vida (307, cap. 77).

Na marcha ascendente para o Reino Divino, o Amor é a Estrada Real. [...] [...] o Amor é Deus em tudo.

[...] o amor é a base da própria vida (307, cap. 78).

[...] é a essência do Universo [...] (309, Prece no limiar).

[...] O amor é a síntese da Lei Divina, é a própria lei em sua expressão máxima. [...] (313, Posf.).

[...] O amor é a negação do orgulho e do egoísmo e precisamos dos outros para exercitar tal negação. [...] (327, cap. 2.3).

[...] o Amor, base de sustentação do equilíbrio e da harmonia do Universo, [...] (345, cap. 1).

Já o Amor resume toda a doutrina de Jesus, por ser esse o sentimento mais sublime, que não se restringe apenas à família, à seita, à nação, mas abrange a humanidade inteira. [...] (345, cap. 20).

Amor ao próximo

[...] Esse preceito encerra todos os deveres dos homens uns para com os outros. [...] (106, q. 647).

[...] amar o próximo é fazer-lhe todo o bem que nos seja possível e que desejaríamos que nos fosse feito. [...] (317, cap. 7.1).

Ver também ALTRUÍSMO

Amor-atração

No reino mineral – as Leis de Afinidade são manifestações primaciais do Amor-atração (164, cap. 14).

Amor-cooperação

No reino vegetal – *as árvores oferecem maior coeficiente de produção se colocadas entre companheiras da mesma espécie*, porque o Amor-cooperação ajuda-as a produzirem mais e melhor (164, cap. 14).

Amor de mãe

Muito se há exaltado o amor de mãe, que se considera o mais puro dos amores, o mais abnegado, o mais heróico. [...] (2, cap. 3).

Dizem os Espíritos que o amor materno é um sentimento instintivo e uma virtude. Como função do instinto, existe também no reino animal, mas aí se circunscreve às necessidades materiais. Isso significa que, quando o animal se torna apto a prover a própria subsistência, a mãe já não se ocupa dele, seu papel já foi cumprido. Entre os seres humanos, contudo, não há apenas a função do instinto, os laços que unem mãe e filho são mais fortes, duram uma vida inteira e sobrevivem ao fenômeno da morte. Quando nasce na mulher o sentimento de abnegação e devotamento em relação àqueles que a vida lhe situou como filhos consanguíneos, essa energia psíquica, inicialmente instintiva, atinge o grau de virtude e é o bem mais precioso que alguém pode obter na situação de recém-encarnado, porque representará importante passo na sua aprendizagem do amor que é a meta da encarnação (204, Mulher-mãe).

Amor divino

[...] fonte por excelência da Luz e do Poder Eternos (186, Energia do amor).

[...] O amor de Deus é a força da alma, a quem Ele deu a esperança da vida eterna. É esse amor que nos aquece os corações, engendra a fé e produz a caridade (193).

Amor do Cristo

[...] o seu amor infinito no orbe terrestre é o fundamento divino de todas as verdades da vida (239, cap. 54).

E o amor do Cristo é luz que se estende a todos (254).

Amor-egoísmo

[...] é um misto de ódio e loucura, porque odeia e fere impiedosamente a quem procura o objeto de seu amor. Com a mesma intensidade feroz com que *defendem* a criatura amada, odeia e maltrata a quem se aproxima daquele que é o seu amor. O homem ou a mulher, conforme o caso ou a situação, defendem o seu amor, como os latifundiários defendem a sua propriedade, a sua posse e o seu domínio (151, cap. 3).

No amor-egoísmo, situamos paixões desvairadas, fruto, exclusivamente, do incontido desejo de posse (164, cap. 14).

Amor e instrução

O Amor é o Trabalho, a Ação, o Serviço. A Instrução é a leitura, o Estudo, o Conhecimento.

Amor e Instrução constituem, por conseguinte, duas alavancas, duas ferramentas que devem estar, noite e dia, nas mãos dos espíritas.
Através do Amor, exerceremos a solidariedade.
Identificar-nos-emos com o sofrimento do próximo.
Visitaremos o enfermo e o encarcerado. Despertaremos, enfim, no âmago de nossa individualidade eterna, a centelha de bondade que existe, potencialmente, em cada ser.
Através do estudo, aprenderemos a discernir o erro da verdade; a claridade da sombra, e a sinceridade da hipocrisia (162, cap. 45).

Amor-elevação

No amor-elevação, identificamos amores santificantes na órbita conjugal e, ainda, na maternidade, na filiação, na fraternidade legítima (164, cap. 14).

Amor e ódio

O amor é pólen que fecunda a vida, enquanto o ódio é gás que a interrompe... (78, cap. 13).
O amor e o ódio são grilhões que os sentimentos forjam, um fundido de estilhas de astros, outro de bronze caliginoso, ambos algemando as almas
através do galopar vertiginoso dos séculos, até que a luz triunfe da Treva [...] (88, L. 2, cap. 1).

Amor-equilíbrio

Entre os astros, famílias de mundos viajando na amplidão cósmica, em obediência às leis da mecânica celeste, indicam-nos outra singular expressão do Amor – o Amor-equilíbrio, que mantém unidos astros e planetas no fabuloso espetáculo das constelações que cintilam, ofuscantes, na abóbada infinita (164, cap. 14).

Amor e sabedoria

Sentir, para saber com amor, e saber, para sentir com sabedoria, porque o amor e a sabedoria são as asas dos anjos que já comungam a glória de Deus (260, cap. 30).

Amor espiritualizado

O amor espiritualizado é fruto da dedicação e do esforço constante da criatura em educar a si mesma, dominando seu orgulho e egoísmo ferozes, nas regras libertadoras do Evangelho de Jesus, para poder amar sem se preocupar em ser amada. Na floresta imensa das imperfeições e defeitos, a lavoura abençoada do amor não poderá nascer sem proteção e cultivo constante na *terra do coração*. O *amor espiritualizado* começará a surgir com o desenvolvimento das sementes das virtudes: a humildade, a bondade, a paciência, o perdão, a tolerância, a indulgência, a ternura, a delicadeza, o entendimento e o respeito. Sem os tesouros da fé sincera, guardada no cérebro e no coração, essas plantas divinas não germinarão no canteiro sublime da alma.
Não basta ficar esperando pelo amor do companheiro ou da companheira: o importante é aprender a amar sem exigência, a fim de materializá-lo no dia a dia da convivência conjugal. [...] (12, cap. 16).

Amor livre

O amor livre, constituindo as relações sexuais irresponsáveis, é costume milenar da Humanidade, somente com a diferença de que, na atualidade, tomou proporções gigantescas, transformando-se em costume não censurado e até mesmo aprovado no seio das organizações familiares e da sociedade. [...]
O amor livre é a relação sexual sem compromisso, sem vínculo jurídico e afetivo duradouro, tendo por única finalidade a satisfação dos desejos e instintos sexuais, seja por parte do homem ou da mulher. Neste relacionamento de prazeres inferiores, momentâneos e passageiros, nem o homem nem a mulher interessam-se pela formação de laços afetivos que possam decretar uma vida conjugal responsável e permanente. Nesta ligação não entra o sentimento sincero de ambos os parceiros, nem procuram desenvolvê-lo. O romance amoroso existe e perdurará enquanto

os impulsos genésicos entre ambos forem bastante fortes, pois, caso contrário, havendo diminuição da atração e dos desejos sexuais, extingue-se a já frágil união carnal e surge daí a separação natural. A expansão do amor livre é também resultado da divulgação da filosofia materialista que ensina a buscar o máximo de prazer enquanto há vida, saúde e tempo, não importando os meios para chegar-se aos fins colimados (12, cap. 11).

No amor livre, sendo a satisfação do instinto sexual o objetivo único, procura-se fazer sempre do parceiro ou parceira *mero instrumento do prazer sensual.* Na busca incessante das sensações inferiores, as criaturas desinteressam-se pelos valores do sentimento, os quais são os únicos que poderão formar uma união ideal, que trará a paz, a alegria e a segurança relativas para a dupla de corações. A prática do amor livre pode atender à volúpia dos desejos e sensações inferiores da criatura, mas não fará bem para a alma de ninguém, pois todo coração somente alimentará alegria, através da afeição que garanta a estabilidade emocional e psíquica (12, cap. 11).

Amor livre, uma expressão / Que vive a se contrapor: / Amor em si não é livre; / Se é livre não é amor! (12, cap. 11).

Se conseguimos um diálogo franco e aberto com nossos filhos, poderemos apresentar-lhes essas informações [sobre sexo e responsabilidade] e discutir com eles a questão tão controvertida e propagada do *amor livre.* Bem disse o Chico Xavier. *"Se é livre, não pode ser amor, porque o Amor é com responsabilidade."* [SILVEIRA, Adelino da. *Chico de Francisco* – A Terceira Resposta]. O melhor caminho é o uso da sexualidade com a consciência dessa responsabilidade. E é exatamente a atitude responsável dos jovens enamorados que mostrará aos Espíritos a eles ligados que haverá uma oportunidade para a reencarnação mais à frente, em condições muito mais propícias ao bom êxito do projeto que os traz de volta à vida carnal (204, Adolescência – tempo de transformações).

Amor romântico

Precisamos mostrar a eles [aos jovens], em primeiro lugar, que o amor é uma realidade no Universo, mas que esse envolvimento afetivo apresentado pela nossa cultura como amor está longe dele. Robert Johnson [*We: a chave da psicologia do amor romântico*, p. 13], partindo dos estudos iniciados por Jung, escreveu um livro para mostrar as diferenças entre o que ele chama de *amor romântico* e o verdadeiro amor. Ele apresenta o *amor romântico* como um fenômeno de massa peculiar ao Ocidente, composto por uma combinação de ideais, crenças, atitudes e expectativas que irromperam durante a Idade Média e coexistem em nosso inconsciente, dominando nosso comportamento e nossas reações. Isso nos leva a predeterminar *como deve ser um relacionamento com outra pessoa, o que devemos sentir e mesmo o que devemos lucrar com isso* [...] (204, Adolescência – tempo de transformações).

Ver também AMOR VERDADEIRO

Amor sexual

Não devemos esquecer que o amor sexual deve ser entendido como o impulso da vida que conduz o homem às grandes realizações do amor divino, através da progressividade de sua espiritualização no devotamento e no sacrifício (273, q. 184).

Amor-solidariedade

Entre os seres irracionais – a ternura, as providências de alimentação e defesa e a própria formação em grupos falam-nos no Amor-solidariedade (164, cap. 14).

Amor-sublimação

[...] Atributo das almas angelicais, nele pairando, acima do amor às criaturas, o Amor a Deus sobre todas as coisas (164, cap. 14).

Amor verdadeiro

O amor verdadeiro é, por sua própria natureza, o oposto do egoísmo, ninguém o caracterizou melhor que Paulo de Tarso, na *I epístola aos coríntios*, ao falar da fé, da esperança e da caridade. De seu texto, podemos depreender que o amor é paciente, é bom; o amor não inveja; o amor não se vangloria e não se envaidece... O amor não procura seus próprios interesses, não se irrita, não folga com a injustiça... Suporta todas as coisas, crê em todas as coisas, espera por todas as coisas, resiste a todas as coisas.

Ele permite que as pessoas envolvidas vejam o valor uma da outra, compartilhem experiências, encontrem significado nas tarefas simples da vida em comum, encorajem-se mutuamente a serem elas mesmas (204, Adolescência – tempo de transformações).

ANESTESIA

A anestesia é, pura e simplesmente, uma paralisia dos nervos que servem de condutores às impressões externas para o aparelho cerebral, o qual, por sua vez, as transmite ao perispírito, onde o Espírito, agente inteligente, lê e traduz as imagens que elas aí imprimem (139, cap. 3).

ANIMA E *ANIMUS*

[...] O lado feminino no homem, Jung chamou-o de *anima*, e o lado masculino na mulher, *animus*. Em linguagem espírita, podemos entender que, quando um Espírito encarna em um corpo masculino, toda sua bagagem de experiência feminina anterior passa a constituir esse elemento psicológico secundário, minoritário a que Jung chamou *anima* e, do outro lado da moeda, quando o Espírito encarna em corpo feminino, é a bagagem de experiência masculina que se torna secundária em seu psiquismo, constituindo o que Jung chamou *animus* (204, Mulher-mãe).

ANIMAL

[...] Os animais são seres criados por Deus e por isso merecem nosso amor, nosso respeito e proteção (62, cap. 4).

ANIMISMO

Fenômenos psíquicos inconscientes se produzidos *fora dos limites* da esfera corpórea do médium, ou *extramediúnicos* (transmissão do pensamento, telepatia, telecinesia, movimentos de objetos sem contato, materialização). Temos aqui a manifestação culminante do desdobramento psíquico; os elementos da personalidade transpõem os limites do corpo e manifestam-se, a distância, por efeitos, não somente psíquicos, porém ainda físicos e mesmo plásticos, e indo até a plena exteriorização ou objetivação, provando por esse meio que um elemento psíquico pode ser, não somente um simples fenômeno de consciência, mas ainda um centro de força substancial pensante e organizadora, podendo também, por conseguinte, organizar temporariamente um simulacro de órgão, visível ou invisível, e produzindo efeitos fisicos (3, v. 1).

Para maior brevidade, proponho designar pela palavra *animismo* todos os fenômenos intelectuais e físicos que deixam supor uma atividade extracorpórea ou a distância do organismo humano, e mais especialmente todos os fenômenos mediúnicos que podem ser explicados por uma ação que o homem vivo exerce além dos limites do corpo (3, v. 2, cap. 4).

[...] de acordo com Aksakof, haveria aqui uma exteriorização de elementos da própria personalidade do sensitivo, provocando efeitos psíquicos, físicos ou plásticos. Aqui o pensamento Aksakofiano se aproxima muito da Escola Fluidista de Mesmer. Segundo ele, o fenômeno da bicorporeidade atribuída a Santo Antônio seria um exemplo extremo de animismo. Aksakof usa o termo animismo por ser derivado de *anima* ou alma, que não seria o eu individual, que pertence ao espírito, porém apenas o envoltório ou corpo fluídico desse *eu* espiritual. Allan Kardec usa aqui o termo perispírito. A. Luiz usa psicossoma, e Hellenbach denomina-o metaorganismo.[...] (9, cap. 5).

[...] existência latente de faculdade de significação espiritual na subconsciência humana [...] (22, cap. 10).

[...] poderes inerentes à subconsciência humana. [...] (25, Casos de xenoglossia).

[...] ação extracorpórea da alma [...] (39, pt. 2, cap. 1).

Animismo é o fenômeno pelo qual a pessoa arroja ao passado os próprios sentimentos, *de onde recolhe as impressões de que se vê possuída* (161, cap. 36).

[...] O automatismo mental, ou seja, o animismo, é a obsessão da própria mente e poderá ocasionar consequências desagradáveis para quem a cultiva (175, cap. 10).

[...] conjunto dos fenômenos psíquicos produzidos com a cooperação consciente ou inconsciente dos médiuns em ação (306, cap. 23).

[...] É esse o entendimento que tem o Espírito André Luiz, quando ensina que animismo é o "[...] conjunto dos fenômenos psíquicos produzidos com a cooperação consciente ou inconsciente dos médiuns em ação" (311, pt.2, cap. 5).

[...] Assim define o psiquista russo: Animismo — Fenômenos psíquicos inconscientes se produzidos fora dos limites da esfera corpórea do médium, ou extramediúnicos (transmissão do pensamento, telepatia, telecinesia, movimentos de objetos sem contato, materialização). [...] (347, p. 1, cap. 15).

[...] O animismo é natural e existe na essência de toda ocorrência mediúnica, pois não existe fenômeno anímico ou mediúnico puros. Há sempre uma positiva interdependência entre ambos (347, p. 1, cap. 15.4).

Ver também FATO ANÍMICO

ANIMISMO E ESPECIALIZAÇÃO MEDIÚNICA

[...] Conforme a necessidade do serviço que presta, os mentores espirituais especializam as faculdades mediúnicas do médium, que passa a incorporar mais comumente uma determinada categoria de Espíritos. Em função disso, pode o dirigente da sessão tomar o fenômeno por anímico. No entanto, se bem observar, é possível identificar a diversidade de personalidades comunicantes, demonstrando ser mediúnico o fenômeno. [...] (347, p. 1, cap. 15.3).

Animismo e Espiritismo

Com efeito, Animismo e Espiritismo representam o duplo aspecto pelo qual se apresenta a mesma fenomenologia, que provém de uma causa única, constituída pelo espírito humano, na sua dupla fase de existência: a *encarnada* e a *desencarnada* (22, cap. 4).

ANJO

Todas as religiões têm tido anjos, sob vários nomes, isto é, seres superiores à Humanidade, intermediários entre Deus e os homens (104, pt. 1, cap. 8, it. 1).

[...] Os anjos são, pois, as almas dos homens chegados ao grau de perfeição que a criatura comporta, fruindo em sua plenitude a prometida felicidade. [...] (104, pt. 1, cap. 8, it. 13).

[Anjos] [...] são os Espíritos puros: os que se acham no mais alto grau da escala e reúnem todas as perfeições.

A palavra *anjo* desperta geralmente a ideia de perfeição moral. Entretanto, ela se aplica muitas vezes à designação de todos os seres, bons e maus, que estão fora da Humanidade. Diz-se: o anjo bom e o anjo mau; o anjo de luz e o anjo das trevas. Neste caso, o termo é sinônimo de *Espírito* ou de *gênio*. [...] (106, q. 128).

[...] os anjos são almas que galgaram o último grau da escala, grau que todas podem atingir, tendo boa vontade; [...] são os mensageiros de Deus, encarregados de velar pela execução de seus desígnios em todo o Universo, que se sentem ditosos com o desempenho dessas missões gloriosas [...] (107, pt. 1, cap. 1, it. 2).

[...] Os anjos são seres que chegaram à perfeição, depois de haverem passado, como todas as criaturas, por todos os graus de inferioridade. As almas ou Espíritos progridem mais ou menos rapidamente, mediante o uso do livre-arbítrio, pelo trabalho e pela boa vontade (109, pt. 1, As cinco alternativas da Humanidade).

Anjo significa, etimologicamente, *mensageiro*; por extensão *mensageiro de Deus*. Alguns séculos mais cedo, no domínio do politeísmo, eram chamados *deuses*. [...] (27, Notas).

Os anjos são os mentores espirituais deste planeta, que velam pelo seu destino, aos quais estará afeta a expulsão dos maus [...] (31, Parábola da rede).

Em hebraico o verdadeiro sentido da palavra anjo, *melach*, é *mensageiro* (45, cap. 5).

[...] o anjo é um Espírito purificado [...] (139, cap. 2).

Anjo, segundo a acepção justa do termo, é mensageiro. Ora, há mensageiros de todas as condições e de todas as procedências e, por isso, a Antiguidade sempre admitiu a existência de anjos bons e anjos maus. [...] (252, cap. 33).

Ver também ESPÍRITO PURO

Anjo caído

[...] os que, apesar da sua inteligência e do seu saber, perseveraram no mal, sempre revoltados contra Deus e suas leis, se tornariam daí em diante um embaraço ao ulterior progresso moral, uma causa permanente de perturbação para a tranquilidade e a felicidade dos bons, pelo que são excluídos da Humanidade a que até então pertenceram e tangidos para mundos menos adiantados, onde aplicarão a inteligência e a intuição dos conhecimentos que adquiriram ao progresso daqueles entre os quais passam a viver, ao mesmo tempo que expiarão, por uma série de existências penosas e por meio de árduo trabalho, suas passadas faltas e seu *voluntário* endurecimento (101, cap. 11, it. 43).

Os *anjos caídos* não passam de grandes gênios intelectualizados com estreita capacidade de sentir.
Apaixonados, guardam a faculdade de alterar a expressão que lhes é própria, fascinando e vampirizando nos reinos inferiores da Natureza (290, cap. 6).

Ver também QUEDA

Anjo das trevas

[...] possui, como parte de sua natureza, um misto de saber, de bondade e de maldade. Ele aí se conserva, em primeiro lugar, por causa de sua maldade, que o torna incapaz de habitar uma região de luz. Também aí se acha porque, podendo progredir, se quisesse, não o deseja por enquanto; e isso, em parte, porque ainda odeia a luz; julga que os que se aventuram a subir, na terrível ladeira, erram, visto como as dores e as agonias são mais agudas em razão do contraste entre a luz e a escuridão (157, cap. 1).

Anjo da guarda

[...] Todos temos, ligado a nós, desde o nosso nascimento, um Espírito bom, que nos tomou sob a sua proteção. Desempenha, junto de nós, a missão de um pai para com seu filho: a de nos conduzir pelo caminho do bem e do progresso, através das provações da vida. [...]

Deus, em o nosso anjo guardião, nos deu um guia principal e superior e, nos Espíritos protetores e familiares, guias secundários. [...] (105, cap. 28, it. 11).

O Espírito protetor, pertencente a uma ordem elevada.
[A missão do Espírito protetor é a] de um pai com relação aos filhos; a de guiar o seu protegido pela senda do bem, auxiliá-lo com seus conselhos, consolá-lo nas suas aflições, levantar-lhe o ânimo nas provas da vida.
[...] Cada anjo da guarda tem o seu protegido pelo qual vela, como o pai pelo filho. Alegra-se, quando o vê no bom caminho; sofre, quando ele lhe despreza os conselhos (106, q. 490, 491 e 495).

Anjo da guarda nada mais é que um Espírito de ordem elevada que nos assiste a permanência como encarnados na Terra e que nos aconselha através da nossa consciência (7, cap. 73).
[...] é sempre um Espírito Superior [...] Chefe da falange ou da legião espiritual a que pertencemos, Espírito de alta elevação moral e intelectual (175, cap. 7).

[...] são Espíritos da categoria dos vossos, mais depurados, como dizeis, do que seus protegidos e os quais têm, por protetores e guias, outros Espíritos de ordem mais elevada. [...] (182, v. 1).

[...] desde as concepções religiosas mais antigas, é uma expressão que define o Espírito celeste que vigia a criatura em nome de Deus ou pessoa que se devota infinitamente a outra, ajudando-a e defendendo-a. [...] (252, cap. 33).

[...] Esse auxiliar, que nos toma no berço e só nos deixa na tumba, e que conversa conosco pelo pensamento, pela razão, pela consciência, é o que vulgarmente chamam anjo da guarda, e que nós sabemos ser um espírito da nossa espécie, [...] (324, pt. 2, cap. 6).

Ver também AMIGO ESPIRITUAL, ESPÍRITO PROTETOR, GÊNIO FAMILIAR *e* GUIA ESPIRITUAL

ANO NOVO

É a bênção de Deus que se refaz na bênção das horas (260, cap. 43).

ANONIMATO

Trabalhadores de Deus desejamos ser e o seremos toda vez que apagarmos o nosso nome na glória suprema do anonimato, para que o nosso trabalho seja de Deus, que faz germinar a semente e crescer a árvore, e não nosso, que apenas confiamos a semente ao solo. Somos portadores da mensagem, não seus criadores, porque nem homens nem espíritos criam; apenas descobrem aquilo que o Pai criou (146, cap. 1).

Por vezes, o anonimato é o filho do legítimo entendimento e do verdadeiro amor. [...] (270, Novo amigo).

ANSIEDADE

A ansiedade é inimiga do trabalho frutuoso (295, cap. 19).

ANTICRISTO

Podemos simbolizar como Anticristo o conjunto das forças que operam contra o Evangelho, na Terra e nas esferas vizinhas do homem, mas, não devemos figurar nesse Anticristo um poder absoluto e definitivo que pudesse neutralizar a ação de Jesus, porquanto, com tal suposição, negaríamos a previdência e a bondade infinitas de Deus (273, q. 291).

ANTIGO TESTAMENTO

O *Velho Testamento* é a história da preparação do mundo para o advento do Cristo. [...] (193, Introd.).

[...] é um repositório de conhecimentos secretos, dos iniciados do povo judeu, e que somente os grandes mestres da raça poderiam interpretá-lo fielmente, nas épocas mais remotas (230, cap. 7).

No quadro de valores da educação religiosa, na civilização cristã, o *Velho Testamento*, apesar de suas expressões altamente simbólicas, poucas vezes acessíveis ao raciocínio comum, deve ser considerado como a pedra angular, ou como a fonte-máter da revelação divina (273, q. 267).

O *Velho Testamento* é a revelação da Lei. [...] (248).

ANTIPATIA

A antipatia é delituosa displicência (248).

APARIÇÃO

[...] como é formado de substância etérea, o Espírito, em certos casos, pode, por ato da sua vontade, fazê-lo passar por uma modificação molecular que o torna momentaneamente visível. É assim que se produzem as *aparições* [...] (101, cap. 14, it. 35).

As aparições propriamente ditas se dão quando o vidente se acha em estado de vigília e no gozo da plena e inteira liberdade das suas faculdades. Apresentam-se, em geral, sob uma forma vaporosa e diáfana, às vezes vaga e imprecisa. A princípio é, quase sempre, uma claridade esbranquiçada, cujos contornos pouco a pouco se vão desenhando. Doutras vezes, as formas se mostram nitidamente acentuadas, distinguindo-se os menores traços da fisionomia, a ponto de se tornar possível fazer-se da aparição uma descrição completa. Os ademanes, o aspecto, são semelhantes aos que tinha o Espírito quando vivo (107, cap. 6, it. 102).

Ainda que invisível para nós no estado normal, o perispírito é matéria etérea. Em certos casos, o Espírito pode fazê-lo sofrer uma espécie de modificação molecular que o torna visível e mesmo tangível; é como se produzem as aparições – fenômeno que não é mais extraordinário que o do vapor que, invisível quando muito rarefeito, se torna visível por condensação (108, cap. 2, it. 28).

O Espírito que quer ou pode realizar uma aparição toma por vezes uma forma ainda mais precisa, de semelhança perfeita com um sólido corpo humano, de sorte a causar ilusão completa e dar a crer que está ali um ser corpóreo (109, pt. 1, Manifestações dos Espíritos).

As aparições propriamente ditas se dão no estado de vigília, quando, então, desfrutamos da plenitude e da inteira liberdade de nossas faculdades. É, sem contradita, o gênero de manifestação mais adequado para excitar a curiosidade, mas é, também, o menos fácil de ser obtido. [...] (319, cap. 2).

Aparição corporal

Se a aparição corporal é limitada para alguns Espíritos, podemos dizer que, em princípio, ela é variável e pode persistir por tempo mais ou menos longo; que ela pode produzir-se sempre e a qualquer hora. [...] (26, cap. 4).

Aparição de defuntos no leito de morte

[...] Geralmente é o moribundo que vê, em torno de si, pessoas já falecidas. O fenômeno também pode ser visto por pessoas presentes ou, concomitantemente, pelos vivos e pelos moribundos. É ele uma das provas patentes da sobrevivência (98, Dos fenômenos subjetivos).

Aparição tangível

[...] Em alguns casos, finalmente, e sob o império de certas circunstâncias, a tangibilidade pode se tornar real, isto é, possível se torna ao observador tocar, palpar, sentir, na aparição, a mesma resistência, o mesmo calor que num corpo vivo, o que não impede que a tangibilidade se desvaneça com a rapidez do relâmpago. Nesses casos, já não é somente com o olhar que se nota a presença do Espírito, mas também pelo sentido tátil (107, pt. 2, cap. 6, it. 104).

Ver também AGÊNERE

APEGO

Todo apego que não seja / O apego do afeto irmão, / É uma algema dolorosa / No instante da transição (248).

Ver também AVAREZA

APERFEIÇOAMENTO

[O aperfeiçoamento moral do homem] [...] é o pré-requisito da renovação social, política e jurídica das sociedades, uma vez que se tornará *crença geral* na universalidade dos homens. [...] (128).

Ver também EDUCAÇÃO

APOCALIPSE

[...] o último dos belos volumes de que se compõe o Novo Testamento de Jesus Cristo, obra essencialmente mediúnica não muito clara à compreensão vulgar, em virtude de sua feição esotérica e das dificuldades com que o Divino Mestre, ou um dos seus agentes, teria lutado para tentar transmitir o transcendentalismo profético servindo-se do vocabulário e das imagens da época, bem mais deficientes do que as atuais, como foi o caso, por exemplo, para descrever a aviação moderna, tão claramente ali revelada, não obstante a deficiência das imagens. [...] (168, cap. 6).

APOLINARISMO

[...] Doutrina criada por Apolinário, bispo de Laodiceia, por volta de 350, negando a existência de uma mente humana em Jesus Cristo, etc. Será útil conhecer dois importantes artigos de Zêus Wantuil: "Docetismo", publicado em *Reformador* de novembro de 1948, e "Apolinário, Cerinto e o Corpo de Jesus", no número dessa revista, em julho de 1953 (178, Glos.).

APOSTOLADO DAS MÃES

O apostolado das mães é o serviço silencioso com o Céu, em que apenas a Sabedoria Divina pode ajuizar com exatidão (248).

Ver também MÃE *e* MATERNIDADE

APÓSTOLO

Os Apóstolos [...] são os condutores do espírito (256, cap. 57).

APRENDER

[...] *aprender* é *recordar* o que a alma já sabe de passadas existências (139, cap. 1).

[...] Aprender é uma bênção e há milhares de irmãos, não longe de você, aguardando uma bolsa de estudos na reencarnação (232, cap. 14).

Quem sabe melhora a vida: / Aprender é iluminar. / O mundo é bendita escola: / Vamos todos estudar (242, Mensagem).

Aprender é conquistar novos horizontes (290, cap. 26).

Aprender sempre para melhor conhecer e servir é a destinação de quem se consagra fielmente ao Mestre Divino (295, cap. 159).

APRENDIZ

O aprendiz de Jesus, que ama e auxilia, esclarece e perdoa, guardando a visão da eternidade, é a garantia da regeneração do mundo (248).

[...] O aprendiz leal do evangelho é uma carta viva do Mestre. Todos poderão ler-lhe os caracteres e afeiçoar a experiência própria pelo padrão da conduta dele. [...] (289, cap. 35).

[...] aprendizes do Cristo são expoentes da filosofia edificante da renúncia e da bondade, revelando em suas obras isoladas a experiência divina daquele que preferiu a crucificação ao pacto com o mal (295, cap. 7).

APRENDIZAGEM

[...] é um processo dinâmico e pessoal que implica na modificação de comportamento (62, cap. 3).

Diante do fato de que o corpo físico que o Espírito recebe para uma nova vida lhe oferece a chance de recomeço, poder-se-ia, então, considerar válido o processo preconizado pelo behaviorismo, tendo em vista que o córtex cerebral "está em branco" no início da vida? A resposta mais coerente é *não*, porque, como já constatamos, a aprendizagem resulta de uma síntese em que é preciso considerar dois elementos: ação exterior e reação interior. A ação exterior é, portanto, apenas uma parte do processo, a outra parte, a interior, depende dos arquivos perispirituais do indivíduo reencarnado e isso não é acessível a uma observação superficial, dificultando qualquer previsão que possa apoiar a ação subsequente do educador, ainda mais considerando-se que os resultados do processo não são imediatos, podendo repercutir muito mais tarde, sem que se possa estabelecer uma ligação muito clara de causalidade entre a ação do educador e a reação do educando (204, Infância – tempo de semear).

Ver também EDUCAÇÃO

APRIMORAMENTO

O aprimoramento íntimo é obra de autoeducação, reclamando, entre outros recursos, o tempo e a virtude da perseverança (208, cap. 32).

AR

Nunca invejes a cidade / Tanta vez desiludida... / O ar doce e puro do campo
/ É a santa essência da vida (248).

ARADO

O arado é precioso, mas inútil, se não possui a mão lavradora que o dirige (248).

O arado é aparelho de todos os tempos. É pesado, demanda esforço da colaboração entre o homem e a máquina, provoca suor e cuidado e, sobretudo, fere a terra para que produza. Constrói o berço das sementeiras [...] (279, cap. 3).

ARCO-ÍRIS

O arco que se forma nas nuvens e a que dais o nome de arco-íris, arco que Deus, por intermédio de Moisés, seu enviado, indicou aos hebreus como sendo *o sinal da aliança perpétua entre ele e todas as criaturas vivas da terra*, é, em *espírito e verdade*, tirado da letra, que o vela, o espírito: o emblema – do progresso, dentro da unidade e da solidariedade, de todos os mundos e de *todas as essências espirituais* em todos os Reinos da Natureza, quer *materializadas*, quer *encarnadas* no estado material ou no estado fluídico, quer perispiriticamente *incorporadas*, quer errantes na imensidade; é o emblema da marcha ascendente, una e solidária, de todos os mundos e de todas as essências espirituais a todos os graus da escala. [...] (182, v. 2).

ARISTOCRACIA

Aristocracia vem do grego *aristos*, o melhor, e *kratos*, poder. Aristocracia, pois, em sua acepção literal, significa: *poder dos melhores*. [...] (109, pt. 1, As aristocracias).

ARQUÉTIPO

[...] São os *arquétipos*, reminiscências de caráter genérico que remontam a fases muito primitivas da evolução. [...] (35, cap. 2).

Modelo de seres criados; padrão; exemplar (178, Glos.).

Os arquétipos, *"les éternels incréés"* de Bergson, seriam imagens de energias psíquicas a se manifestarem na zona consciente como uma necessidade de expansão. [...] (190, cap. 1).

ARREPENDIMENTO

[...] é apenas a *preliminar indispensável à reabilitação*, mas não é o bastante para libertar o culpado de todas as penas. [...] (104, pt. 2, cap. 5).

[...] é o prelúdio do perdão, o alívio dos sofrimentos, mas porque Deus não absolve incondicionalmente, faz-se mister a expiação, e principalmente a reparação. [...] (104, pt. 2, cap. 6).

[...] arrepender-se significa sentir dor ou pesar (por faltas ou delitos cometidos); mudar de parecer ou de propósito; emendar-se; corrigir-se (30, cap. 41).

O arrependimento não é a remissão total da dívida, é a faculdade, o caminho para redimi-la. E é nisso que consiste, segundo o código de Kardec, o perdão do Senhor (99, O Paracleto).

O arrependimento é, com efeito, um meio de chegar ao fim, de chegar à expiação produtiva, à atividade nas provações, à perseverança no objetivo. É uma venda que se rasga e que, permitindo ao cego ver a luz brilhante que tem diante de si, o enche do desejo de possuí-la. Mas, isso não o exime de perlustrar o seu caminho. Ele passa a ver melhor os obstáculos, consegue transpô-los mais rapidamente e com maior destreza e atinge mais prontamente o fim colimado. Nunca, porém, vos esqueçais desta sentença. *A cada um de acordo com as suas obras*. As boas apagam as más. Todavia, o Espírito culpado não pode avançar, *senão mediante a reparação* (182, v. 3).

[...] caminho para a regeneração e nunca passaporte direto para o céu [...] (268, cap. 3).

ARTE

A concepção instrumental do tipo ético é a que compreende a arte como um instrumento de elevação moral. [...] (214, Ética estética).

[...] no plano da cultura, a Arte será sempre, e cada vez mais, a livre criação do ser humano em busca da beleza (214, Epíl.).

[...] A Arte é a mediunidade do Belo, em cujas realizações encontramos as sublimes visões do futuro que nos é reservado (269, cap. 30).

A arte pura é a mais elevada contemplação espiritual por parte das criaturas. Ela significa a mais profunda exteriorização do ideal, a divina manifestação desse *mais além* que polariza as esperanças da alma (273, q. 161).

ARTISTA

O artista verdadeiro é sempre o *médium* das belezas eternas e o seu trabalho, em todos os tempos, foi tanger as cordas mais vibráteis do sentimento humano, alçando-o da Terra para o Infinito e abrindo, em todos os caminhos, a ânsia dos corações para Deus, nas suas manifestações supremas de beleza, de sabedoria, de paz e de amor (273, q. 161).

ÁRVORE

A árvore é doadora constante de utilidade e benefícios.

Seu trabalho não se circunscreve ao plano visível. Movimentando todas as suas possibilidades, a árvore preciosa esforça-se e respira, para que as criaturas respirem melhor, em atmosfera mais pura (248).

Árvore do Espiritismo

Por *Árvore do Espiritismo* simbolizamos aquela aludida no contexto das Revelações, sem demasiado apego à letra, na variedade de maneiras com que o Alto vem exprimindo a ideia central do *foco* ou *núcleo* irradiador dos ensinos superiores de natureza espiritual e moral. Jesus referiu-se a *o Reino de Deus* (Mateus, 21:43), em palavras fortes; o *Espírito da Verdade*, em reunião pública da Federação Espírita Brasileira, em 1920, reportou-se à *Árvore do Evangelho*, expressão que posteriormente Humberto de Campos também usaria no seu livro, por nós aqui examinado [*Brasil, coração do mundo, pátria do Evangelho*]. Repetimos que se trata de um símbolo. *Árvore do Cristianismo Redivivo* seria uma feliz alternativa. Pensamos, entretanto, que *Árvore do Evangelho* pode ter maior abrangência e exceder, mesmo, o conceito de Espiritismo, em face do sentido de movimento contido neste último e não necessariamente estereotipado no significado profundo e intemporal, universal e de ilimitada grandeza, do Código Crístico, que, no dizer de André Luiz (*Mecanismos da mediunidade*), por F. C. Xavier, tem a conotação iniludível de "Religião Cósmica do Amor e da Sabedoria". [...] (226, v. 3, cap. 6, it. 4).

Árvore que não dá bons frutos

A árvore que não dá bons frutos é o Espírito encarnado que sucumbe nas provas. [...] (182, v. 1).

ASCENSÃO

A ascensão é sempre trabalho individual, de sacrifício, de incomparável renunciação, que todos nos devemos impor. [...] (79, L. 1, cap. 5).

[...] A ascensão [é simbolicamente]: a obra acabada (149, sec. 30).

ASSASSÍNIO

[...] o assassínio constitui grande crime, "[...] pois que aquele que tira a vida ao seu semelhante corta o fio de uma existência de expiação ou de missão. [...]" (KARDEC, 2013a, q. 746, p. 340)... [...] (332, cap. 6).

ASSEMBLEIA

[...] Uma assembleia um foco de irradiação de pensamentos diversos. É como uma orquestra, um coro de pensamentos, onde cada um emite uma nota. Resulta daí uma multiplicidade de correntes e de eflúvios, cuja impressão cada um recebe pelo sentido espiritual, como num coro musical cada um recebe a impressão dos sons pelo sentido da audição (101, cap. 14, it. 19).

ASSISTÊNCIA SOCIAL

A assistência social é a fraternidade em ação. Sem ela, indiscutivelmente, os nossos mais preciosos arrazoados verbalísticos não passariam de belos mostruários sonoros (248).

Ver também FRATERNIDADE

ASSOCIAÇÃO

[...] Onde há pensamentos, há correntes mentais e onde há correntes mentais existe associação. E toda a associação é interdependência e influenciação recíproca. Daí concluirmos quanto à necessidade de vida nobre, a fim de atrairmos pensamentos que nos enobreçam. [...] (269, cap. 15).

Associação de ideias

Sabemos que as associações de ideias não têm causa nas células nervosas, constituindo antes ações espontâneas do espírito dentro do vasto mecanismo circunstancial; ações essas, oriundas do seu esforço incessante, projetadas através do cérebro material, que não é mais que um instrumento passivo (273, q. 46).

ASTRAL

O astral é, segundo Stanislas de Guaíta, o suporte hiperfísico do mundo sensível; o virtual indefinido de que os seres corporais são, no plano inferior, as manifestações objetivas. [...] (181, Pref. do Trad.).

[...] laço físico, embora parcialmente imaterial, que liga o mundo material ou físico ao Mundo Invisível ou espiritual (181, Pref. do Trad.).

ASTRO

[...] astros [são] famílias de mundos viajando na amplidão cósmica, em obediência às leis da mecânica celeste [...] (164, cap. 14).

ATEÍSMO

[...] A negação do Amor e da Paternidade de Deus [...] É o envenenamento da própria Natureza e da razão de ser do nosso espírito interior da vida, do Santuário do Espírito de Deus. [...] (157, cap. 5).

Até o ateísmo – por mais impossível que pareça – até o ateísmo não raro se manifesta naqueles pobres cegos colocados no centro mesmo da luz. E nunca, como aí, o ateísmo nasce tão diretamente do orgulho (182, v. 1).

ATENÇÃO

De fundamental importância para a aquisição dos estados mais elevados de consciência, bem como para as altas produções artísticas, intelectuais ou mesmo para os fenômenos mediúnicos é a atenção. Através dela a mente concentra a sua atividade psíquica sobre o objeto que a solicita, seja esse uma sensação, uma percepção, uma representação, um afeto, um desejo etc. Muitos autores não a consideram uma atividade psíquica autônoma, sendo determinada pelo interesse, pela motivação ou pela deliberação consciente. Segundo Paim, a atenção, a concentração, a consciência, a distração e a subconsciência estão estreitamente relacionadas. Sem a atenção, a atividade psíquica se processaria como num sonho vago e difuso, como no delírio oniroide ou nos estados crepusculares da consciência.

A atenção seria um dos fatores delimitadores do que Freud denominou processo primário e processo secundário. Contudo, é bom recordar que mesmo nos sonhos a atenção pode operar, e difíceis problemas podem ser resolvidos durante a atividade onírica, tais como as clássicas descobertas do núcleo benzeno, da insulina, etc. Nesse campo a Posição Espírita lança intensas claridades ao ensinar que alguns sonhos são frutos da atividade do espírito emancipado da carne, atuando no Plano Espiritual. [...]

Jung considera a focalização da atenção como o elemento essencial da consciência, como se um jato de luz focalizasse certo número de objetos. Em geral, considera-se o número de objetos passíveis de ser focalizados pelo foco da consciência como sendo igual a quatro. Bleuler, por exemplo, considera a atenção como uma das manifestações da afetividade. Diz Alonso Fernandez: "a faculdade da atenção vem a ser uma espécie de raio luminoso constitutivo da consciência". De acordo com a Posição Espírita, o maior desenvolvimento espiritual é expresso, no Mundo Espiritual, em irradiação de luz. Os Espíritos Superiores são também denominados Espíritos de luz. No nível mental, a luz simboliza a intensidade da atenção, a maior clareza dos processos intelectuais e o maior refinamento dos sentimentos. Aliás, a qualidade predominante da atmosfera psíquica, no Plano Espiritual, é expressa pela cor da denominada aura espiritual, e exprime com exatidão o grau de evolução espiritual da personalidade. [...] (9, cap. 2).

[...] a atenção redunda no aumento de capacidade motomuscular, ao passo que diminui o tempo de reação. Quando, voluntariamente, concentramos o pensamento numa coisa que desejamos recordar, enviamos na sua direção uma série de influxos sucessivos, que objetivam dar ao movimento perispirítico o mesmo período vibratório que ele tinha, pode dizer-se, um tanto mais fraco, no momento em que fora registrado, isto é, percebido. Essa repetência de excitação, provocando, por superatividade funcional, uma espécie de congestionamento do órgão material, produz, abaixo mesmo dos limites da consciência, uma espécie de atenção passiva. Depois de uma série de excitações da mesma intensidade, com exclusão das primeiras, naturalmente insensíveis, a recordação torna-se nítida, muito embora momentos antes a lembrança não existisse (40, cap. 4).

A atenção deve ser total e não fragmentada conforme é habitual entre as pessoas distraídas. Estas reservam apenas alguns momentos para fixá-la em determinados acontecimentos, sentindo dificuldade em aprofundar o raciocínio em torno do que observam. Logo fugindo à observação desviam-se para outras faces dos movimentos mentais e físicos não auferindo os benefícios da paz interior de que poderiam desfrutar (75, Inconsciência de si mesmo).

Nas ocorrências de sofrimento e de desagrado, de frustração e tudo quanto antes era considerado como infelicidade, a atenção bem aplicada penetrará nas suas razões desencadeadoras e oferecerá compreensão para as mesmas, articulando atividades que tomadas com cuidado modificarão os efeitos danosos. Entre outras, a meditação, a conversação saudável com o órgão enfermo ou mentalmente com o insucesso perturbador, em se tratando de natureza moral, emocional ou mesmo a pessoa que a desencadeou. E nos casos mais graves, como a morte ou desencarnação, deixando-se arrastar pela certeza da imortalidade e do reencontro feliz com os afetos que o anteciparam na viagem à Espiritualidade, passado algum tempo terá estímulos para lutar e crescer, a fim de merecer a continuação ditosa da experiência afetiva, no momento interrompida somente no campo das sensações físicas. [...]

Em razão dessa atenção que leva ao conhecimento das causas, da conscientização da realidade como ser imperecível, também os significados existenciais se alteram e a visão em torno do que é bom e aprazível, compensador e feliz, se modifica em relação àquilo que o ego elegia como fundamental para o ser, prazer e gozo, por estar sempre envolto em dificuldade e conflito, ansiedade e desconfiança (75, Inconsciência de si mesmo).

ATENDIMENTO FRATERNO

[...] o aspecto principal de sua tarefa [trabalhador do Centro Espírita] é o de ouvir e orientar, carinhosamente, as pessoas que procuram o Centro Espírita em busca de lenitivos para suas dores e necessidades [...] (61, cap. 5).

ATEU

Ateu – enfermo que sonha / Na ilusão em que persiste, / Um filho que tem vergonha / De dizer que o pai existe (310, cap. 50).

ATITUDE

Cada atitude é uma causa (248).

[...] é alavanca invisível de ligação (292, Palavra).

ATIVIDADE ESPIRITUAL

[...] A atividade espiritual legítima é aquela que *enriquece e eleva a mente, conduzindo-a a um conhecimento superior, à mais ampla compreensão da verdade divina* (148, cap. 8).

ATIVIDADE MENTAL

[...] existem três compartimentos distintos na atividade mental: a consciência, a pré-consciência e a inconsciência. A primeira corresponde ao estado normal de vigília contendo os pensamentos e sensações que nos ocupam no momento presente. A segunda área abrange o conhecimento acumulado na memória e que pode ser, com relativa facilidade, trazido ao consciente; o terceiro compartimento, que mais de perto interessa ao psiquiatra - é o inconsciente, onde se acham arquivadas as memórias de acesso bem mais difícil (147, cap. 11).

ATMOSFERA ESPIRITUAL DA TERRA

[...] Os fluidos mais próximos da materialidade, os menos puros, conseguintemente, compõem o que se pode chamar *a atmosfera espiritual da Terra.* [...] (101, cap. 14, it. 5).

ATOS

[...] São sempre os atos, os agentes da realidade de cada Espírito, na Terra ou fora dela. [...] (77, cap. 10).

ATOS DOS APÓSTOLOS

[...] Os *Atos dos apóstolos*, em que se exprime este primeiro despertar da consciência cristã, são um livro de felicidade, de entusiasmo sem sobressaltos. Depois dos poemas homéricos, não havia aparecido ainda outra obra tão cheia de sensações agradáveis. [...] (331, cap. 14).

ATRAÇÃO

ver LEI DE ATRAÇÃO

ATRIBUTOS DA ALMA

Tais *potências*, ou forças, são, segundo sabemos até o momento [...] e conforme denominação da Psicologia moderna, as *funções conscienciais*, que poderemos agrupar em quatro categorias básicas a saber: funções intelectivas, funções sensoriais, funções afetivo-emocionais e funções perceptivas, das quais se salientam, então, a Memória, a Razão, o Discernimento, a Atenção, o Pensamento, a Vontade, o Sentimento, a Imaginação, etc. [...] (168, cap. 8).

AULAS DE EVANGELIZAÇÃO ESPÍRITA

Frequentar as aulas de evangelização espírita é realizar, de forma sequencial, um bom aprendizado da Doutrina Espírita, em primeiro lugar e, em segundo, participar de experiências de aprendizagem capazes de levar à vivência dos conhecimentos adquiridos (59, cap. 1).

AURA

João T. de Paula, em sua *Enciclopédia de parapsicologia, metapsíquica e espiritismo*, define a aura como "Emanação fluídica do corpo humano e dos demais corpos, sejam orgânicos, sejam inorgânicos" [...] (11, Denominações do perispírito).

A aura é uma espécie de chapa fotográfica sensível em que todos os estados de espíritos se fixam com suas mínimas características. Ela é a nossa *fotosfera psíquica*, que, apresentando coloração variável, de conformidade com o teor da onda mental que emitimos, retrata, através de cores e imagens, todos os nossos sentimentos e pensamentos, mesmo os mais secretos (94, pt. 2, cap. 4).

[...] revela condições de saúde física, estado de espírito, nível mental e caráter das pessoas. [...] (147, cap. 12).

[...] Esta não seria constituída, tão somente, pelas expansões do duplo etérico, mas como sendo uma combinação desse campo com as irradiações perispirituais e aquelas do próprio corpo físico, de modo a formar um campo difuso, extrafísico, bem definido (190, cap. 1).

Com as compreensíveis vibrações e irradiações do psiquismo que transcendem as fronteiras do corpo físico, observa-se a existência de um verdadeiro campo de difusão de energias, conhecido pelo nome de aura.

A aura seria o resultado da difusão dos campos energéticos que partem do perispírito, envolvendo-se com o duplo etérico e o manancial de irradiações das células físicas. [...] (190, cap. 1).

A aura, na espécie humana, reflete os diversos estados de consciência que o ser pode apresentar, desde os graus instintivos mais primitivos até os voos mais expressivos do altruísmo. [...]

A aura é um campo biológico bem estruturado, não apresentando um sistema desordenado de emissões e recepções. [...] (190, cap. 1).

[...] as criaturas vivem cercadas pelo halo vital das energias que lhes vibram no âmago do ser e esse halo é constituído por partículas de força a se irradiarem por todos os lados, impressionando-nos o olfato, de modo agradável ou desagradável, segundo a natureza do indivíduo que as irradia. Assim sendo, qual ocorre na própria Terra, cada entidade aqui [no Plano Espiritual] se caracteriza por exalação peculiar (231, cap. 5).

[...] A aura é, portanto, a nossa plataforma onipresente em toda comunicação com as rotas alheias, antecâmara do Espírito, em todas as nossas atividades de intercâmbio com a vida que nos rodeia, através da qual somos vistos e examinados pelas Inteligências Superiores, sentidos e reconhecidos pelos nossos afins, e temidos e hostilizados ou amados e auxiliados pelos irmãos que caminham em posição inferior à nossa.

[...] É por essa couraça vibratória, espécie de carapaça fluídica, em que cada consciência constrói o seu ninho ideal, que começaram todos os serviços da mediunidade na Terra, considerando-se a mediunidade como atributo do homem encarnado para corresponder-se com os homens liberados do corpo físico (305, pt. 1, cap. 17).

Assim é que o halo vital ou aura de cada criatura permanece tecido de correntes atômicas sutis dos pensamentos que lhe são próprios ou habituais, dentro de normas que correspondem à lei dos *quanta de energia* e aos princípios da mecânica ondulatória, que lhes imprimem frequência e cor peculiares.
Essas forças, em constantes movimentos sincrônicos ou estado de agitação pelos impulsos da vontade, estabelecem para cada pessoa uma onda mental própria (306, cap. 4).

[...] Articulando, ao redor de si mesma, as radiações das sinergias funcionais das agregações celulares do campo físico ou do psicossomático, a alma encarnada ou desencarnada está envolvida na própria aura ou túnica de forças eletromagnéticas, em cuja tessitura circulam as irradiações que lhe são peculiares (306, cap. 10). *Ver também* CORPO ASTRAL, DUPLO, HÁLITO PSÍQUICO *e* PERISPÍRITO

Denomina-se aura a carapaça existente em torno do corpo físico em formato ovoide, resultante de forças físico-químicas e mentais produzidas pelos nossos pensamentos e sentimentos; é fulcro energético, peculiar a cada indivíduo, revelando o campo magnético em que ele se situa. [...] (311, pt.2, cap. 2.3).

O processo de autoconhecimento é o primeiro passo na grande descoberta de um mundo até então desconhecido. [...] (338, Sublime amor).

Essa aura individual, no dizer de André Luiz, é o halo energético. É o nosso cartão de visita e a primeira sinalização para que almas afins se aproximem de nós, sejam encarnadas ou desencarnadas, [...] (339, O lar e as influências espirituais).

AUTENTICIDADE

[...] É o resultado da soma algébrica das qualidades e das imperfeições do ser reencarnante que desemboca no estuário de determinada existência física a partir da idade axial. É a sua mais profunda intimidade anímica. É o conteúdo do seu perispírito. [...] (129, v. 2).

AUTO DE FÉ

[...] O auto de fé teve lugar em Barcelona, Espanha, a 9/10/1861, quando foram queimados em praça pública 300 volumes de obras e opúsculos espíritas – tremendo atentado que comoveu a opinião pública da cidade, do país e do mundo (82, cap. 14).

AUTODESOBSESSÃO

Autodesobsessão: Ato de promover a própria pessoa a sua desobsessão, através da reforma íntima, tal como esclarece a Doutrina Espírita.

Autodesobsessão, sinônimo de autoevangelização, de autorreforma. É o ser humano lutando para dominar as suas más tendências e inclinações (195, pt. 2, cap. 2).

AUTODIDATISMO

Autodidata, como ensinam os dicionários, é aquele que aprende por si mesmo, sem mestre e sem escola. [...]

[...] Vamos considerar, porém, o autodidatismo perante a reencarnação. Há dois tipos de autodidatas: o que estuda sem professor, mas tem método, escolhe boas fontes, faz uma cultura sistematizada e, por isso, vai muito longe; e o outro tipo do autodidata, que lê a esmo, sem método, e não se fixa em qualquer assunto, não tem propriamente uma linha intelectual bem definida. Mas ainda podemos apontar um tipo especial de autodidata, e esse interessa muito ao ponto de vista reencarnacionista. É o caso das pessoas que se recordam prontamente de assuntos que lhes eram de todo estranhos, nesta existência. A recordação tanto pode ocorrer nas letras como nas matemáticas e até no campo restrito de algumas ciências. O indivíduo abre um tratado pela primeira vez e, sem explicador, sem formação regular, acha tudo fácil, como se já soubesse a matéria. Descobre a sua vocação para o assunto e, em pouco tempo, domina o terreno por si mesmo, sem frequentar escola. É uma forma de autodidatismo com a qual muito tem que ver a reencarnação (6, cap. 7).

AUTODISCIPLINA

[...] disciplinar-se é definir-se, aplicar-se na conquista de valores íntimos sempre melhores, sem perder de vista que, como individualidade, fazemos parte de um todo, da criação universal que nos cumpre compreender e admitir (208, cap. 28).

A autodisciplina compreende, pois, a consciência de que o aprendiz é um Espírito imperfeito, sujeito a erros. O importante é o propósito de recomeçar sempre que ocorrer a falha. Ela é, sobretudo, o permanente antídoto contra o *desculpismo* a respeito de nossas fraquezas, nas horas dos testemunhos e das experiências marcantes (208, cap. 34).

AUTOEDUCAÇÃO

A autoeducação é, com suas componentes, esforço pessoal, mérito próprio, trabalho individual, o longo caminho perlustrado pelo Espírito em sua romagem para a perfeição, o puro Espírito, fim supremo subjetivo da educação espírita. Por ela, compreende-se e justifica-se perante Deus a fruição da felicidade integral daqueles Espíritos: o seu irrecusável *mérito moral* (129, v. 2).

A autoeducação consiste em adquirir valores novos e inventariar os existentes, aperfeiçoando-os sempre. [...]

A autoeducação é um processo de busca da perfeição. [...] (207, cap. 13).

AUTO-HEREDITARIEDADE

[...] o legado do Espírito para si mesmo, chegado de outras encarnações dele (129, v. 1).

AUTOILUMINAÇÃO

A autoiluminação é um processo de busca silenciosa e complexa, mediante o mergulho no oceano do Eu profundo do *Cristo interno*, onde [o ser humano] encontrará a realização pessoal, descobrindo o essencial e compreendendo a futilidade dos fenômenos secundários, que lhe entorpecem o discernimento a desserviço da sua plenitude.

[...]

A autoiluminação desenvolve o fulcro divino existente em todos os seres e expande a claridade sublime do amor e da compaixão, da misericórdia e do crescimento interior no rumo da vitória sobre os contingentes de prova e expiação, ensejando a conquista da percepção elevada do destino.

[...]

A autoiluminação é conquista paulatina que merece total empenho, conseguida somente através do investimento da reencarnação.

[...] a iluminação é um processo interno, que emerge do ser profundo ao exterior, facultando ao *Cristo interno* desenvolver todas as aptidões latentes, de forma que se sobreponha aos subterrâneos da mente atual e das emoções, escalando-se e priorizando aquelas que facultam plenitude, conduzindo o ser às regiões ignotas de inefáveis alegrias e venturas.

[...]

À medida que a autoiluminação tem início, o ego esmaece por falta das emulações a que se fixa, embora se duelem nos primeiros tentames, como decorrência do impositivo animal da matéria e a tendência de angelitude que traz em si o Espírito, viajor que é da Eternidade (75, Autoiluminação).

A iluminação interior funciona como sendo o objetivo essencial da reencarnação, que facilita o roteiro para a ação libertadora (75, Iluminação para a ação).

AUTOLIBERTAÇÃO

[...] A autolibertação é um longo caminhar em direção ao Bem, no curso do qual há muito que aprender. [...] (207, cap. 36).

AUTOMATISMO

Entendemos por dissociação ou automatismo o fato de uma área mais ou menos extensa do cérebro agir desvinculada da consciência "normal". [...] (35, cap. 1).

Automatismo fisiológico

[...] [Possibilita ao princípio inteligente executar] todos os atos primários de manutenção, preservação e renovação da própria vida (305, pt. 1, cap. 4).

AUTOMELHORIA

O homem, para renovar-se, tem que estabelecer um programa tríplice, como ponto de partida para a sua realização íntima, para que *brilhe a sua luz*, baseado no Estudo, na Meditação e no Trabalho (162, cap. 3).

AUTO-OBSESSÃO

O homem não raramente é o obsessor de si mesmo [...] Alguns estados doentios e certas aberrações que se lançam à conta de uma causa oculta, derivam do Espírito do próprio indivíduo (195, pt. 1, cap. 5).

AUTOPASSE

Ao iniciar e ao concluir a aplicação de passes, é importantíssimo que o passista proceda à limpeza do seu próprio envoltório fluídico, através do que se costuma chamar *autopasse*.

O autopasse inicial tem o objetivo de retirar componentes fluídicos inadequados que se tenham agregado ao organismo do passista, em virtude das suas atividades anteriores. No final, o autopasse visa a libertar o passista de fluidos que tenha, inadvertidamente, captado dos pacientes. [...]

O autopasse é muito simples e pode ser realizado sem a necessidade de qualquer movimento, bastando ao passista mentalizar firmemente o deslocamento dos fluidos inconvenientes. Deve-se partir da região superior do corpo, imaginando-se que os fluidos prejudiciais vão se deslocando progressivamente para baixo, à proporção que vão sendo empurrados mentalmente, até "saírem" pelas extremidades inferiores do corpo.

Para concluir o autopasse, deve o passista estabelecer uma ligação mental (magnética) com as regiões vibratórias superiores e imaginar que está sendo banhado por uma luminosidade suave que vai envolvendo-o lentamente, primeiro a cabeça, depois o tronco e os braços, e assim progressivamente, até atingir os pés. O passista deve procurar manter-se por alguns momentos dentro desse verdadeiro "banho restaurador", deixando que essas vibrações superiores restabeleçam seu equilíbrio e harmonia funcional (94, pt. 3, cap. 2).

AUTORIDADE

A autoridade [...] é uma delegação de que terá de prestar contas aquele que se ache dela investido. [...] Deus confere a autoridade a título de *missão*, ou de prova, quando o entende, e a retira quando julga conveniente (105, cap. 18, it. 9).

AUTORIDADE MORAL

[...] a autoridade moral é o respeito pelo ser cujo caráter é evidentemente mais nobre que nos faz curvar em Espírito, queiramos ou não (315, pt. 3, 18).

AUTOSCOPIA OU HETEROSCOPIA

[...] desdobramento apenas esboçado, em que a pessoa percebe o seu próprio fantasma a distância, continuando embora a guardar integral a própria consciência [...] (22, cap. 10).

[...] *autoscopia*, ou visão do *eu*, visão de si próprio [...].

Por essa faculdade, a pessoa vê seus órgãos internos, descreve-os, percebe-lhes as lesões ou anomalias. [...] (97, Comentários ao Código Penal).

[...] O sensitivo pode descobrir não só as doenças próprias como as alheias, vendo, por lucidez, os órgãos do corpo e lhes percebendo a lesão ou a anormalidade (98, Dos fenômenos subjetivos).

AUTOSSUGESTÃO

[...] *autossugestão*, ou sugestão por si mesmo, [...] pode ser voluntária e consciente, como quando se formula em plena vigília e em condições normais de saúde, ou então involuntária e inconsciente, quando se estabelece no sonho, durante o sono, ou no meio de um delírio mórbido, ou sob a influência de ilusões ou alucinações mais ou menos transitórias (121, cap. 2).

AUXÍLIO

Os auxílios fraternais são as mãos do amor modificando a paisagem da aflição (76, cap. 7).

[...] auxílio prestado desinteressadamente aos outros, nas lutas da Terra, é investimento de paz e vitória, felicidade e luz, para glória do Céu (246, cap. 3).

Auxiliar espontaneamente é refletir a Vida Divina por intermédio da vida de nosso *eu*, que se dilata e engrandece, à proporção que nos desdobramos no impulso de auxiliar (282, cap. 23).

AVAREZA

A avareza, ou seja, o apego exagerado aos bens terrenos, é um resquício de animalidade que o homem, malgrado séculos e séculos de civilização, ainda não conseguiu vencer (30, cap. 3).

A avareza é uma das mais repugnantes formas do egoísmo, pois demonstra a baixeza da alma que, monopolizando as riquezas necessárias ao bem comum, nem mesmo sabe delas aproveitar-se. [...] (46, pt. 5, cap. 46).

Avareza é a paixão que se apodera do infeliz cuja única preocupação consiste em acumular riquezas. [...] (193, A avareza).

Quando um homem se devota, de maneira absoluta, aos seus cofres perecíveis, essa energia, no coração dele, denomina-se *avareza* [...] (256, cap. 91).

Toda avareza é centralização doentia, preparando metas de sofrimento (295, cap. 52).

Ver também APEGO *e* EGOÍSMO

AVERSÃO

Não cultive desafetos.

Aversão é calamidade vibratória (307, cap. 53).

AZEDUME

[...] é clima de enfermidade [...] (292, Palavra).

B

BAJULAÇÃO

[...] A bajulação é hipocrisia, quando não tem a escusá-la a boa-fé, e passa a ser de todo ponto condenável quando é exagero da condescendência. [...] (2, cap. 4).

BAQUETA ADIVINHATÓRIA

[...] é apenas um duplo pêndulo que, para ser posto em movimento, só precisa duma força superior àquela que produz os movimentos do pêndulo simples. [...] (181, Adendo).

BATEDOR

ver ESPÍRITO BATEDOR BATISMO

João batizava os homens na água, e Jesus no Espírito – e o batismo de Jesus é a vida do Espírito, porque seu batismo é a palavra – e as palavras de Jesus são espírito e vida (5, pt. 2).

Esse batismo de fogo, pelo qual Jesus se mostrava ansioso, não era outra coisa senão a luta que os belos e nobres ideais do Cristianismo precisou enfrentar, e continua enfrentando, para que os privilégios, a tirania e o fanatismo venham a desaparecer da face da Terra, cedendo lugar a uma ordem social fundada na justiça, na liberdade e na concórdia (30, cap. 42).

O batismo com o *Espírito Santo* é a comunhão com os *Espíritos elevados que velam por vós*; mas, para chegar a essa comunhão, era preciso, ao tempo da missão terrena de Jesus, e o é ainda, ser puro, cheio de zelo, de amor e de fé, como o eram os Apóstolos fiéis (182, v. 1).

O batismo em *Espírito Santo* é a assistência, a inspiração dos Espíritos purificados, concedidas pelo Cristo, em nome do Senhor, aos homens, que então as recebem mediunicamente e mesmo se comunicam com aqueles Espíritos nas condições e na proporção das mediunidades que lhes são outorgadas. [...] (182, v. 1).

O batismo por meio da água, que João Batista administrou e que Jesus recebeu para ensinar pelo exemplo, comprovando assim que esse batismo não passava de uma figura, era, a um tempo, material e simbólico; material pela ablução do corpo; simbólico pelo arrependimento e pela humildade que a ablução consagrava e que tinham a proclamá-los a confissão pública que, diante de todos, cada uma fazia, em voz alta, dos seus pecados, isto é, de suas faltas, de suas torpezas, de todas as infâmias que podem germinar no coração humano. O batismo pela água era, pois, *uma preparação* para o batismo pelo *Espírito Santo* e pelo *fogo*, batismo este que vem de Deus e que o Cristo defere aos que dele se tornam dignos, concedendo-lhes a assistência e o concurso dos Espíritos purificados (182, v. 1).

O batismo era o símbolo *material* da aliança entre os cristãos. [...]

Ser *batizado* [...] é colocar-se a criatura, verdadeiramente, sob a proteção de Deus, sob a do Mestre, protetor e governador do planeta, e sob a influência, a inspiração dos bons Espíritos do Senhor. [...] (182, v. 3).

Os espiritistas sinceros, na sagrada missão de paternidade, devem compreender que o batismo, aludido no Evangelho, é o da invocação das bênçãos divinas para quantos a eles se reúnem no instituto santificado da família (273, q. 298).

BATISMO

[...] o batismo não era um ato mágico ou ritual que removia o pecado, mas uma limpeza física e externa disponível somente depois de uma purificação espiritual e interna já efetuada. [...] (313, cap. 13).

Se Mateus faz alusão ao batismo que, segundo "tradução de conveniência", Jesus teria recomendado (*Mateus*, 28:19)., Paulo esclarece que o Cristo não o mandou a batizar, mas a evangelizar (*I Coríntios*, 1:17), [...] (329, cap. 6).

BELEZA

[...] a beleza real consiste na forma que mais afastada se apresenta da animalidade e que melhor reflete a superioridade intelectual e moral do Espírito, que é o ser principal. [...] (109, pt. 1, Teoria da beleza).

Beleza é bondade fecunda, compreensão permanente, inalterável serenidade da alma para ajudar, sem restrições, a todos os romeiros da regeneração e da dor. (255, De longe).

BELO

[...] o belo é o esplendor da verdade. [...] (66, t. 4, cap. 2).

BELZEBU

ver SATANÁS

BEM

[...] O bem é uma couraça contra o qual virão sempre se quebrar as armas da malevolência (103, cap. 5).

[...] para fazer o bem, o espírita não deve sondar a consciência e a opinião e, ainda que tivesse à sua frente um inimigo de sua fé, mas infeliz, deve vir em seu auxílio nos limites de suas faculdades. É agindo assim que o Espiritismo mostrará o que é e provará que vale mais do que o que lhe opõem (103, cap. 21).

O bem é tudo o que é conforme à Lei de Deus [...]. Assim, fazer o bem é proceder de acordo com a Lei de Deus. [...] (106, q. 630).

[...] fazer o bem não consiste, para o homem, apenas em ser caridoso, mas em ser útil, na medida do possível, todas as vezes que o seu concurso venha a ser necessário (106, q. 643).

[...] é uma couraça contra a qual sempre se quebrarão as manobras da malevolência!... (109, pt. 1, Os desertores).

[...] O bem que fazemos é conquista pessoal, mas ele vem partilhado pelos empréstimos de talentos da Bondade Divina, a fim de que nossos esforços não sucumbam diante da história de sombras que trazemos de experiências passadas.

Para realizar o bem, é preciso a decisão íntima – *eu quero fazer*. Mas os resultados que porventura venham dessa prática, segundo Paulo, não nos pertencem. Uma visita fraterna, uma aula bem preparada em favor da evangelização infantojuvenil, uma palestra amorosa que toque o coração dos ouvintes – tudo são ações cometidas pelo empenho individual, por uma decisão particular, mas cujas consequências devem ser depositadas na conta do Cristo, Fonte geradora dos recursos sutis em que nos apoiamos para realizar a tarefa (1, A luz é minha realização).

[...] é a única realidade eterna e absoluta em todo o Universo [...] (28, O problema do mal).

[...] é a única Realidade Absoluta, o destino final da Criação [...] (28, Os Espíritos podem retrogradar?).

O bem é a Lei Suprema do Universo e o alvo da elevação dos seres. [...] (46, Resumo).

[...] Todo bem que se pode produzir é felicidade que se armazena (74, cap. 17).

O bem é tudo quanto estimula a vida, produz para a vida, respeita e dignifica a vida (76, cap. 34).

O bem [...] não se circunscreve a limites nem se submete a nominações, escolas ou grupos. Como o oxigênio puro, a tudo vitaliza e, sem ele, a vida perece (77, cap. 18).

[...] O bem que distendemos pelo caminho é eterna semente de luz que plantamos no solo do futuro, por onde um dia chegarão nossos pés. [...] (79, L. 3, cap. 8).

[...] saneador divino [...] (85, L. 8).

[...] É uma consequência inevitável do que traz uma das características divinas: a imutabilidade (100, Tempo).

O bem é, por conseguinte, valioso recurso autopsicoterápico, que merece experimentado pelos encarnados (164, cap. 33).

[...] é a substância intrínseca de tudo quanto existe. [...] (188, cap. 5).

O Bem Eterno é bênção de Deus à disposição de todos (217, cap. 28).

[...] todo bem realizado, com quem for e seja onde for, constitui recurso vivo, atuando em favor de quem o pratica (231, cap. 6).

[...] é o progresso e a felicidade, a segurança e a justiça para todos os nossos semelhantes e para todas as criaturas de nossa estrada [...], nossa decidida cooperação com a Lei, a favor de todos, ainda mesmo que isso nos custe a renunciação mais completa [...] (231, cap. 7).

[...] constitui sinal de passagem livre para os cimos da Vida Superior [...] (231, cap. 19).

[...] é o verdadeiro antídoto do mal (231, cap. 19).

[...] é o único determinismo divino dentro do Universo, determinismo que absorve todas as ações humanas, para as assinalar com o sinete da fraternidade, da experiência e do amor. [...] (238, cap. 15).

[...] é o movimento evolutivo na escala ascensional para a Divindade [...] (239, cap. 35).

Não olvides, portanto, / Que possuis tão somente / O que dás de ti mesmo / No amparo aos semelhantes, / Porque o bem que ofereces / Aos irmãos de jornada / É crédito de luz / A enriquecer-te a vida, / Nos caminhos da Terra / E nas bênçãos do Céu (246, cap. 20).

O Bem é a luz que deve consolidar as conquistas substanciais do nosso esforço e onde estiver o bem, aí se encontra o Espírito do Senhor, auxiliando-nos a soerguer os corações para as Esferas Superiores (248).

O Bem é o trabalho que aperfeiçoa (248).

O bem é porto seguro / Neste globo de escarcéus, / Pague o seu débito ao mundo / E seja credor nos céus (248).

[...] é o inamovível fundamento da Lei. [...] (252, cap. 1).

[...] o bem real para nós será sempre fazer o bem aos outros em primeiro lugar (254, 2ª reunião-conversação).

Em suma, o bem é o Amor que se desdobra, em busca da Perfeição no Infinito, segundo os Propósitos Divinos [...] (255, Amor).

Estende a bondade a todos. / O bem é a glória da vida. / Enfermeiro sem cuidado / Alarga qualquer ferida (257, cap. 5).

Nunca te afastes do bem, / Que é a base da Lei Divina. / O desejo é sempre nosso, / Mas Deus é quem determina (257, cap. 30).

Todo bem, qualquer que ele seja, é bênção creditada a favor de quem o pratica (262, Merecimento maior).

[...] o bem genuíno será sempre o bem que possamos prestar na obra do bem aos outros. [...]

O bem é luz que se expande, na medida do serviço de cada um ao bem de todos, com esquecimento de todo mal (262, Na lei do bem).

[...] A prática do bem ainda é a maior escola de aperfeiçoamento individual, porque conjuga em seus cursos a experiência e a virtude, o raciocínio e o sentimento (263, cap. 31).

[...] é a nossa porta redentora. [...] (264, cap. 17).

[...] é o crédito infalível no livro da eternidade [...] (287, Amanhã).

O bem é o único dissolvente do mal, em todos os setores, revelando forças diferentes (295, cap. 62).

[...] praticar o bem, dando alguma coisa de nós mesmos, nas aquisições de alegria e felicidade para os outros, é o dom sublime por excelência [...] (297, cap. 20).

O bem é uma ideia-luz, descerrando à vida caminhos de elevação (298, cap. 20).

[...] o bem [...] possui caráter divino e semelhante aos atributos do Pai Excelso, traz em si a qualidade de ser infinito em qualquer direção (307, cap. 44).

[...] O bem é tudo o que é compatível com a Lei de Deus, e o mal é tudo aquilo que não se harmoniza com ela. [...] (345, cap. 2).

Reconhecerás sempre que a prática do bem é a bússola indispensável à sua orientação (352, cap. 32).

Bem e mal

O bem semeia a vida, o mal semeia a morte. O primeiro é o movimento evolutivo na escala ascensional para a Divindade, o segundo é a estagnação (248).

[...] todo bem é expansão, crescimento e harmonia e todo mal é condensação, atraso e desequilíbrio.

O bem é a onda permanente da vida a irradiar-se como o Sol e o mal pode ser considerado como sendo essa mesma onda, a enovelar-se sobre si mesma, gerando a treva enquistada.
Ambos personalizam o amor que é libertação e o egoísmo, que é cárcere (260, cap. 60).

Bem maior

[...] é sempre aquele que ainda está por fazer, à espera da nossa disposição (307, cap. 70).

Bem material

[...] Por bens da Terra se deve, pois, entender tudo de que o homem pode gozar neste mundo (106, q. 706).

BEM-AVENTURADO

[...] é aquele que dá com alegria. [...] (245, cap. 27).

BEM-AVENTURADOS OS HUMILDES DE ESPÍRITO, PORQUE DELES É O REINO DOS CÉUS

[...] Bem-sucedidos, na experiência terrena, os que cultivam a humildade pelos benefícios que essa sublime virtude proporciona ao seu progresso espiritual, impulsionando-lhes os passos para a conquista do Céu que simboliza toda a perfeição de que são suscetíveis (59, cap. 10).

BEM-AVENTURADOS OS LIMPOS DE CORAÇÃO, PORQUE VERÃO A DEUS

[...] bem-sucedidas na conquista dos dons espirituais, todas as criaturas em cujos corações só vicejam sentimentos superiores, pois fácil se lhes tornará a caminhada para Deus. [...] (59, cap.10).

Jesus asseverou com propriedade: *Bem-aventurados os limpos de coração, porque eles verão a Deus*, conforme anotou Mateus no capítulo 5, versículo 8 do seu *Evangelho*. Ter *limpo* o coração significa possuí-lo impecável (*impeccabili*), sem qualquer pecado ou mancha, tormento ou ansiedade (75, Corpo e mente).

BEM-AVENTURADOS OS MANSOS, PORQUE HERDARÃO A TERRA

[...] bem-sucedidos no seu esforço evolutivo todos aqueles que usam a paciência, a brandura, a afabilidade nos embates e nas dificuldades da vida terrena, que têm por característica pessoal a mansuetude, sem prejuízo da firmeza de convicções, porque bem cedo alcançarão os planos mais elevados do Espírito (59, cap. 10).

BEM-AVENTURADOS OS MISERICORDIOSOS, PORQUE ALCANÇARÃO MISERICÓRDIA

[...] bem-sucedidos, nos caminhos difíceis do mundo, todos os que, reconhecendo suas próprias dificuldades, seus defeitos e deficiências, suas falhas grandes ou pequenas, desenvolvem sentimentos de compreensão, de solidariedade, de benemerência, ensinando sem censurar e granjeando para si próprios o retorno desses sentimentos na longa caminhada pelas estradas pedregosas da evolução espiritual (59, cap. 10).

BEM-AVENTURADOS OS QUE TÊM FOME E SEDE DE JUSTIÇA, PORQUE SERÃO FARTOS

[...] Bem-sucedidos os que procuram, com empenho, aprender o sentido da Justiça Divina que concede a cada um conforme suas necessidades e merecimentos (59, cap. 10).

BEM-AVENTURADOS OS QUE SOFREM PERSEGUIÇÃO POR CAUSA DA JUSTIÇA

Estas palavras não parecem ter sido ditas para os espíritas de hoje, como para os Apóstolos de então? É que as palavras do Cristo têm isto de particular: são para todos os tempos, porque sua missão era para o futuro, como para o presente (103, cap. 15).

BEM-AVENTURANÇA

As bem-aventuranças com que o Excelso Mestre preambulou o Sermão da Montanha constituem, sem dúvida, uma mensagem divina aos homens de todas as raças e de todas as épocas, destinada a servir-lhes de roteiro, rumo à perfeição (29, Quando vos injuriarem...).
A bem-aventurança é a paga espontânea da caridade.. (218, cap. 10).

BEM-ESTAR

[...] o verdadeiro bem-estar consiste em cada um empregar o seu tempo como lhe apraza e não na execução de trabalhos pelos quais nenhum gosto sente. [...] (106, q. 812).

Na conceituação espírita, o bem-estar é relativo e todos poderiam desfrutá-lo se houvesse um entendimento conveniente, pois o verdadeiro bem-estar existe quando a pessoa pode aplicar seu tempo conforme sua vontade. [...] (332, cap. 9).

Bem-estar social

[...] [Equivale] aos graus de satisfação das necessidades materiais (alimento, teto, agasalho, saúde, educação, salário, lazer). [...] (128).

BEM-VIVER

[...] A ciência do bem-viver não está somente em nos não incomodarmos com os pensamentos e atos de quem quer que seja, mas em deixar, também, que os outros se importem constantemente com a nossa própria vida (229, pt. 1, cap. 5).

BENEFICÊNCIA

[...] A beneficência coletiva tem vantagens incontestáveis e, bem longe de desestimulá-la, nós a encorajamos. Nada mais fácil do que praticá-la em grupos, recolhendo por meio de cotizações regulares ou de donativos facultativos os elementos de um fundo de socorro. [...] (103, cap. 21).

A beneficência praticada sem ostentação tem duplo mérito. Além de ser caridade material, é caridade moral, visto que resguarda a suscetibilidade do beneficiado, faz-lhe aceitar o benefício, sem que seu amor-próprio se ressinta e salvaguardando-lhe a dignidade de homem, porquanto aceitar um serviço é coisa bem diversa de receber uma esmola. [...] (105, cap. 13, it. 3).

A beneficência é auxiliar da filantropia, sua irmã gêmea. [...]

A beneficência é outra fada ao serviço da caridade, a qual se compraz em converter em obra viva e visível os sentimentos das pessoas piedosas (2, cap. 7).

[...] simples faceta da caridade que, em si mesma, é o sol do Divino Amor, a sustentar o Universo (219, A caridade e o porvir).

[...] é o cofre que devolve patrimônios temporariamente guardados a distância das necessidades alheias [...] (287, Dizes-te).

Beneficência não é tão só o dispensário de solução aos problemas de ordem material; é também e muito mais, o pronto socorro à penúria de espírito (291, cap. 50).

Por outro lado, a beneficência, além de ser caridade material, é caridade moral, "visto que resguarda a suscetibilidade do beneficiado" (ESE, cap. 13, it. 3).. [...] (327, cap. 2.2).

Ver também CARIDADE MATERIAL

BENEFÍCIO

[...] o benefício é sempre um tesouro para quem o recebe com sabedoria [...] (289, cap. 34).

BENFEITOR

[...] Benfeitor é o que se sacrifica pelo seu próximo [...] (87, L. 8, cap. 6).

BENZEDEIRA

[Benzedeiras] [...] são médiuns *involuntárias* ou *naturais*, e os seus gestos correspondem perfeitamente à aplicação de passes ou imposições das mãos. As preces são poderosos meios de evocação aos Espíritos bons que as assistem (215, cap. 5).

Ver também MÉDIUM NATURAL

BENZEDURA

As chamadas *benzeduras*, tão comuns no ambiente popular, sempre que empregadas na caridade, são expressões humildes do passe regenerador vulgarizado nas instituições espiritistas de socorro e de assistência (273, q. 100).

BERÇO

[...] Primeiro asilo que protege um minúsculo invólucro tangível da Alma, vinda das paragens siderais, qual andorinha emigrada de longínqua região e que, depois de exaustiva jornada, pousa, cheia de fadiga, no primeiro ninho que se lhe depare (88, L. 2, cap. 1).

Ajudemos a criança! O berço é o ponto vivo em que a educação começa a brilhar (248).

[...] nosso berço no mundo é o reflexo de nossas necessidades, cabendo a cada um de nós, quando na reencarnação, honrá-lo com trabalho digno de restauração, melhoria ou engrandecimento, na certeza de que a ele fomos trazidos ou atraídos, segundo os problemas da regeneração ou da mordomia de que carecemos na recomposição de nosso destino, perante o futuro (282, cap. 11).

Berço e túmulo

[...] berço e túmulo são, simultaneamente, entradas e saídas em Planos da Vida Eterna (307, cap. 82).

BEZERRA DE MENEZES

Bezerra de Menezes é o Apóstolo e mentor que todos nos habituamos a respeitar na Seara do Cristianismo Redivivo (13, cap. 22).

[...] a 29 de agosto de 1831, esse missionário nascia no Riacho do Sangue, na então Província do Ceará, recebendo o nome de Adolfo Bezerra de Menezes. [...] A data de 16 de agosto de 1886 tornou-se memorável na história do Espiritismo no Brasil, por um acontecimento que, nos meios políticos, religiosos e médicos, ecoou de maneira estrondosa, causando mesmo surpresa e desapontamento para muitos, principalmente para os da classe médica. É que numa das costumeiras tertúlias espíritas que então se realizavam no grande salão da Guarda Velha, em que compareceram cerca de duas mil pessoas da melhor sociedade, Bezerra de Menezes, então presente, pedindo a palavra, proclamou solenemente a sua adesão ao Espiritismo. Essa sua filiação, à nova corrente religiosa, foi como uma transfusão de sangue novo para a Doutrina, no Brasil, a qual daí por diante entrou em ritmo mais acelerado (203).

BÍBLIA

[...] é uma compilação de narrativas históricas ou legendárias, de ensinamentos sublimes, de par com pormenores às vezes triviais (45, Notas complementares).

[...] A *Bíblia* é, assim, a narrativa de como um grupo de Espíritos desencarnados guiou uma nação inteira de irmãos encarnados, [...] (326, cap. 4.4).

BIBLIOTECA ESPÍRITA

Por se tratar de uma biblioteca especializada em Espiritismo, as obras [do seu acervo] naturalmente deverão: ser espíritas, isto é, fundamentadas nos ensinos da Doutrina codificada por Allan Kardec; ser mediúnicas ou redigidas por encarnados, estudiosos do Espiritismo; contemplar simultânea ou isoladamente os aspectos científico, filosófico e religioso da Doutrina Espírita; propiciar ao leitor o conhecimento dos princípios espíritas, estimulando-o à reforma íntima; apresentar a realidade espiritual que nos aguarda após a desencarnação; registrar a história do Movimento Espírita (32, cap. 4).
A biblioteca espírita é viveiro de luz (217, cap. 41).

BICORPOREIDADE

[...] Isolado do corpo, o Espírito de um vivo pode, como o de um morto, mostrar-se com todas as aparências da realidade. [...] pode adquirir momentânea tangibilidade. Este fenômeno, conhecido pelo nome de *bicorporeidade*, foi que deu azo às histórias de homens duplos, isto é, de indivíduos cuja presença simultânea em dois lugares diferentes se chegou a comprovar. [...]

Tem, pois, dois corpos o indivíduo que se mostra simultaneamente em dois lugares diferentes. Mas, desses dois corpos, um somente é real, o outro é simples aparência. Pode-se dizer que o primeiro tem a vida orgânica e que o segundo tem a vida da alma. Ao despertar o indivíduo, os dois corpos se reúnem e a vida da alma volta ao corpo material. Não parece possível, pelo menos não conhecemos disso exemplo algum, e a razão, ao nosso ver, o demonstra, que, no estado de separação, possam os dois corpos gozar, simultaneamente e no mesmo grau, da vida ativa e inteligente. [...] (107, it. 119 e 121).

A faculdade que a alma possui de emancipar-se e de desprender-se do corpo durante a vida pode dar lugar a fenômenos análogos aos que os Espíritos desencarnados produzem. Enquanto o corpo se acha mergulhado em sono, o Espírito, transportando-se a diversos lugares, pode tornar-se visível e aparecer sob forma vaporosa, quer em sonho, quer em estado de vigília. Pode igualmente apresentar-se sob forma tangível, ou, pelo menos, com uma aparência tão idêntica à realidade, que possível se torna a muitas pessoas estar com a verdade, ao afirmarem tê-lo visto ao mesmo tempo em dois pontos diversos. Ele, com efeito, estava em ambos, mas apenas num se achava o corpo verdadeiro, achando-se no outro o Espírito. Foi este fenômeno, aliás muito raro, que deu origem à crença nos homens duplos e que se denomina de *bicorporeidade* (109, pt. 1, Manifestações dos Espíritos).

[...] fenômenos de desdobramento do ser humano [...] (39, Introd.).

A bicorporeidade é a faculdade, ou dom, que têm certos indivíduos de se apresentarem ao mesmo tempo em dois lugares distintos (139, cap. 2).

[...] Por força desta propriedade, dá-se o fenômeno da bicorporeidade ou bilocação, quando o médium pode ser visto em dois lugares ao mesmo tempo. Em um deles vê-se o corpo físico, geralmente em transe; em outro, o seu perispírito em estado mais denso, com todas as características do seu corpo material. [...] (311, pt.2, cap. 1.3.11).

BILOCAÇÃO

Pela denominação genérica de "fenômenos de bilocação" se designam as múltiplas modalidades sob que se opera o misterioso fato do *desdobramento fluídico* do organismo corpóreo. Daí vem que os fenômenos de *bilocação* revestem fundamental importância para as disciplinas metapsíquicas, porquanto servem a revelar que as manifestações *anímicas*, conquanto inerentes às funções do organismo físico-psíquico de um vivo, têm como sede um certo quê qualitativamente diverso do mesmo organismo. Assumem por isso um valor teórico resolutivo, para a demonstração experimental da existência e sobrevivência do espírito humano.

Por outras palavras: os fenômenos de bilocação demonstram que no *corpo somático* existe imanente um *corpo etéreo* que, em circunstâncias raras de diminuição vital nos indivíduos (sono fisiológico, sono hipnótico, sono mediúnico, êxtase, delíquio, narcose, coma), é suscetível de afastar-se temporariamente do *corpo somático*, durante a existência encarnada. [...] o *corpo etéreo* é suscetível de separar-se temporariamente do *corpo somático*, conservando íntegra a consciência de si [...] (20, cap. 4).

Ver também DESDOBRAMENTO
e EXTERIORIZAÇÃO

Bilocação no leito de morte

[...] A exteriorização, proveniente do corpo do moribundo, de uma substância semelhante ao vapor que se condensa e paira sobre o mesmo, tomando-lhe a forma e o aspecto; a vitalização e a animação desta forma, logo que a vida se apaga no organismo corporal; a intervenção de entidades, geralmente familiares e amigos do moribundo, que vêm assistir o Espírito na crise suprema (22, cap. 10).

BIOGRAFIA APOLOGÉTICA

Comumente ouvimos louvores nas homenagens a Allan Kardec, quando não se faz a defesa do Codificador. Mas a esta altura da experiência histórica, Allan Kardec não precisa mais de louvores nem defesa. É a biografia apologética aquela que consiste em defender ou justificar os atos e os acontecimentos. Não há mais necessidade porque Kardec já atravessou a experiência de mais de um século e, por isso, ninguém conseguiria ocultar ou empanar a luminosidade da obra que realizou e legou à Humanidade (6, cap. 13).

BIOGRAFIA INTERPRETATIVA

A biografia narrativa apenas conta o fato, mas a biografia interpretativa, que é mais analítica, procura explicar as circunstâncias em que se deu o fato, o que é, realmente, muito mais importante. [...]

A biografia interpretativa preocupa-se com a explicação dos fatos e das atitudes, levando em conta a época, o meio e as circunstâncias. Não se pode compreender e muito menos apreciar o procedimento dos homens à luz da História sem levar em consideração o momento em que viviam (6, cap. 13).

BIOGRAFIA NARRATIVA

A biografia narrativa descreve secamente os fatos, alinha as datas em rigorosa ordem cronológica, como se estivesse fazendo um relatório. Este tipo de biografia, embora usual e valiosa, por ser informativa, nem sempre dá uma ideia exata da verdadeira dimensão do biografado. É o caso de Allan Kardec. Do ponto de vista cronológico, que é o gênero biográfico mais corrente, não se pode deixar de citar o que é básico e essencial: data do nascimento, lugar onde nasceu, seus estudos, sua conversão às ideias espíritas, etc. Mas não se deve ficar somente nisto, pois há sempre o que interpretar (6, cap. 13).

BIOGRAFIA ROMANCEADA

[...] A biografia romanceada, por exemplo, pode ser muito agradável ou menos fastidiosa, como às vezes se diz, mas pode exagerar o perfil, transformando um homem de carne e osso em santo de imaginação... O biógrafo não pode *inventar* porque tem o dever de cingir-se aos fatos históricos, devendo ter, ao mesmo tempo, sem deixar de ser fiel aos fatos, a necessária argúcia de análise para sondar a fundo as razões e a importância de procedimentos verdadeiramente decisivos na vida de um homem (6, cap. 13).

BIOLOGIA

[...] ciência da vida em suas profundezas, revelando a transcendência da origem – o Espírito, o Verbo Divino (273, q. 2).

BISSEXUALIDADE

[...] O fenômeno da bissexualidade é a pessoa apresentar em sua personalidade, em seus hábitos, em suas aptidões e tendências, qualidades tanto femininas quanto masculinas. Quanto mais virtudes de ambos os sexos possuir o Espírito, maior será o seu grau de evolução na hierarquia espiritual. [...]

Na sucessão ininterrupta das reencarnações, o Espírito é chamado pela Lei de Evolução a conquistar qualidades divinas, executando funções tanto na condição de feminilidade quanto de masculinidade. O Espírito não pode ficar estacionado numa única característica, pois ficará sempre deficiente e não se alçará a voos mais altos, na caminhada de ascensão para Deus. Se o Espírito tem características marcadamente femininas e não reencarnar em corpo de homem, para novas experiências, ficará impossibilitado de enriquecer de virtudes que somente em corpo de homem poderá o Espírito adquirir, e assim também no caso inverso. Para o Espírito chegar à perfeição, é necessário que acumule qualidades que ambos os sexos oferecem, no campo da existência humana [...].

À medida que o Espírito vai alcançando graus mais altos na hierarquia do aperfeiçoamento espiritual, vai ele perdendo as características acentuadas dos dois sexos, porque elas vão se fundindo para surgirem muito mais belas e superiores às qualidades humanas. [...]

O Espírito, em chegando à perfeição, não apresentará, portanto, características masculinas ou femininas, como as conhecidas na Terra, mas, sim, a síntese gloriosa dessas virtudes desenvolvidas infinitamente, em plenitude de luz, sabedoria e amor (12, cap. 3).

BISSEXUALISMO

[...] essas barreiras que distinguem claramente os gêneros se confundem, os traços marcantes se enfraquecem e, por fim, o indivíduo manifesta ambas as energias, masculinas e femininas, dando gênese ao que se denomina homossexualismo ou, em outros casos, o bissexualismo (315, pt. 2, 10).

BLASFÊMIA

Consiste a blasfêmia em negar a Deus, em acusar de injustiça ou erro aquele que é todo amor, ciência e justiça, que é a verdade absoluta. [...] (182, v. 2).

BOA-NOVA

A Boa-Nova é o fundamento da evolução e o campo de trabalho ideal para a mocidade (162, cap. 29).

A Boa-Nova é a mensagem de Paz que o Mestre dirige, também, ao coração da mocidade, convidando-a a colaborar na edificação do seu Reino, a contribuir no esforço de transformação da fisionomia moral do mundo (162, cap. 31).

[...] é mensagem de confiança e de amor universal. [...] (268, cap. 9).

Ver também EVANGELHO

BOA TERRA

A boa terra são os que, de conformidade com o seu desenvolvimento intelectual e moral, se esforçam por pôr *em prática* a palavra de Deus semeada primeiro pelo seu Cristo, *depois* pelo Espírito da Verdade. São os que a fazem germinar pela paciência, isto é: são os que, tendo maus pendores a combater, se aplicam com toda a perseverança em os combater e substituir pela boa semente (182, v. 2).

[...] é quem ouve a palavra divina e a entende, para que ela frutifique, produzindo a cento, a sessenta e a trinta por um. [...] (187, cap. 4).

BOA VONTADE

[...] é um dos principais elementos do progresso moral e intelectual. [...] (164, cap. 19).

A boa vontade é o tijolo firme que todas as criaturas podem ceder ao edifício do progresso comum (255, Reflexões).

A boa vontade é a luz que alimenta a harmonia entre as criaturas (260, cap. 45).

A boa vontade é nosso recurso de cada hora (261, cap. 30).

BOAS MANEIRAS

Ter boas maneiras é tratar bem a todos (62, cap. 4).

BOM ESPÍRITO

[Bons Espíritos] – Predominância do Espírito sobre a matéria; desejo do bem. Suas qualidades e poderes para o bem estão em relação com o grau de adiantamento que hajam alcançado; uns têm a ciência, outros a sabedoria e a bondade. Os mais adiantados reúnem o saber às qualidades morais. Não estando ainda completamente desmaterializados, conservam mais ou menos, conforme a categoria que ocupem, os traços da existência corporal, assim na forma da linguagem, como nos hábitos, entre os quais se descobrem mesmo algumas de suas manias. De outro modo, seriam Espíritos perfeitos (106, q. 107).

[...] não é somente aquele que te faz bem, mas, acima de tudo, o que te ensina a fazer bem aos outros para que sejas igualmente um Espírito bom (292, Bons Espíritos).

BOM MÉDIUM

O médium *seguro*, aquele que pode ser realmente qualificado de *bom médium*, é o que aplica a sua faculdade, buscando tornar-se apto a servir de intérprete aos bons Espíritos.

[...] o *bom médium* [...] tem sempre uma salutar desconfiança do merecimento do que recebe e não se fia no seu próprio juízo [...]. Deixa que terceiros, desinteressados, julguem do seu trabalho, sem que o seu amor-próprio se ofenda por qualquer decisão contrária, do mesmo modo que um ator não se pode dar por ofendido com as censuras feitas à peça de que é intérprete.

O seu caráter distintivo é a simplicidade e a modéstia; julga-se feliz com a faculdade que possui, não por vanglória, mas por lhe ser um meio de tornar-se útil, o que faz de boamente sem jamais incomodar-se por não o preferirem aos outros (108, cap. 2, it. 84 a 87).

Pondo de lado o grau da faculdade, as qualidades essenciais de um bom médium são a modéstia, a simpatia e o devotamento. Deve oferecer seu concurso tendo em vista tornar-se útil, e não para satisfazer à sua vaidade; jamais deve tomar partido das comunicações que recebe, pois, de outra forma, poderia fazer crer que nelas põe algo de si, e que tem interesse em defendê-las; deve aceitar a crítica, mesmo solicitá-la, e submetê-la ao parecer da maioria, sem ideias premeditadas; se o que escreve é falso, é mau, detestável, devem dizê-lo sem temor de o magoar, porque ele não é responsável por nada. Eis os médiuns realmente úteis numa reunião e com os quais jamais teremos contrariedade, porque compreendem a Doutrina; os outros não a compreendem ou não a querem compreender. São estes que recebem as melhores comunicações, porque não se deixam dominar por Espíritos orgulhosos; os Espíritos mentirosos os temem, pois se reconhecem impotentes para deles abusar (110, Discursos..., 1).

O bom médium, pois, não é aquele que comunica facilmente, mas aquele que é simpático aos bons Espíritos e somente deles tem assistência. [...] (314, pt.1, cap. 4.2.1).

Ver também MÉDIUM

BONDADE

[...] é a virtude superior, que mais agrada ao espírito divino. [...] (38).

[...] A bondade também é força, e a mais poderosa e fecunda de todas, porque é força que constrói, é força que edifica. É com ela que removeremos os obstáculos e as pedras de tropeço do caminho da nossa evolução, na conquista de todos os bens, na escalada às regiões luminosas onde a Vida é eterna, e o amor, sem restrições nem intermitências, reina em todas as almas. [...] (223, cap. 2).

Ajuda-te! Em toda parte, / Bondade é sol que abençoa. / Planta nobre não prospera / Sem bases na terra boa (248) A bondade é o princípio da elevação (255, Reflexões).

[...] é um dom precioso, mas não pode excluir a verdade (288, pt. 2, cap. 2).

A bondade é moeda que enriquece a vida e é mensagem delicada que todos escutam e identificam (317, cap. 5.2).

BÔNUS-HORA

Moeda simbólica a que faz referência André Luiz, no livro *Nosso lar* (200, Do egoísmo ao amor).

Ponto relativo a cada hora de serviço (270, cap. 13).

Tal como se dá na Terra, a propriedade aqui [em Nosso Lar] é relativa. Nossas aquisições são feitas à base de horas de trabalho. O bônus-hora, no fundo, é o nosso dinheiro. Quaisquer utilidades são adquiridas com esses cupons, obtidos por nós mesmos, à custa de esforço e dedicação.

[...] Não é propriamente moeda, mas ficha de serviço individual, funcionando como valor aquisitivo.

[...] Os que trabalham, porém, adquirem direitos justos. Cada habitante de *Nosso Lar* recebe provisões de pão e roupa, no que se refere ao estritamente necessário; mas os que se esforçam na obtenção do bônus-hora conseguem certas prerrogativas na comunidade social. O espírito que ainda não trabalha, poderá ser abrigado aqui; no entanto, os que cooperem podem ter casa própria. O ocioso vestirá, sem dúvida; mas o operário dedicado vestirá o que melhor lhe pareça [...]. Cada um de nós, os que trabalhamos, deve dar, no mínimo, oito horas de serviço útil, nas vinte e quatro de que o dia se constitui. Os programas de trabalho, porém, são numerosos e a Governadoria permite quatro horas de esforço extraordinário, aos que desejem colaborar no trabalho comum, de boa vontade. Desse modo, há muita gente que consegue setenta e dois bônus-hora, por semana, sem falar dos serviços sacrificiais, cuja remuneração é duplicada e, às vezes, triplicada. [...] O verdadeiro ganho da criatura é de natureza espiritual e o bônus-hora, em nossa organização, modifica-se em valor substancial, segundo a natureza dos nossos serviços. No Ministério da Regeneração, temos o bônus-hora-regeneração; no Ministério do Esclarecimento, o bônushora-esclarecimento, e assim por diante. [...] (270, cap. 21 e 22).

Conhecemos, aqui [em Nosso Lar], na maioria das colônias espirituais, a remuneração de serviço do bônus-hora.

Nossa base de compensação une dois fatores essenciais. O bônus representa a possibilidade de receber alguma coisa de nossos irmãos em luta, ou de remunerar alguém que se encontre em nossas realizações; mas o critério quanto ao valor da hora pertence exclusivamente a Deus (270, cap. 36).

BOSQUE DAS ÁGUAS

[...] uma das mais belas regiões de *Nosso Lar*. Trata-se de um dos locais prediletos para as excursões dos amantes, que aqui vêm tecer as mais lindas promessas de amor e fidelidade, para as experiências da Terra (270, cap. 10).

BRAMANISMO

Há muitos séculos, floresceu na Índia uma religião, que ainda hoje se mantém com o nome de bramanismo. [...] O bramanismo [...] ensina a reencarnação. Sua filosofia sobre a existência assenta na peregrinação das almas através das vidas sucessivas, onde elas colhem o fruto de suas ações, se depuram, se elevam, se divinizam (99, Brama).

BRANCO

[...] é símbolo de pureza, segundo algumas tradições e em determinados povos. Superstição destituída de base racional, porque, embora seja um tom mais higiênico, que absorve menos raios caloríferos, nenhuma influência vibratória exerce em relação aos Espíritos, que sintonizam com as emanações da mente, as irradiações da conduta. Talvez que, desencarnados, igualmente supersticiosos, se afeiçoem àqueles que trajam com essa cor, sendo, no entanto, ainda atrasados. Tivesse fundamentação e seria cômodo para os maus e astutos manterem a sua conduta interior irregular, enquanto ostentariam trajes alvinitentes que os credenciariam a valores que não possuam, atribuindo-lhes méritos que estão longe de conseguir (77, cap. 10).

BRANDO E PACÍFICO

Bem-aventurados os brandos e pacíficos – os que tratam a todos com afabilidade, doçura e piedade, sem jamais usar de violência –, pois serão chamados filhos de Deus.. (28, A progressividade da revelação divina).

BRANDURA

[...] a brandura é apanágio das almas que, havendo conquistado a si mesmas, adquiriram tão grande fortaleza moral que ninguém as pode atingir, nem perturbar-lhes a doce tranquilidade interior, muito menos a golpes de ignorância e brutalidade (30, cap. 5).

BRASIL

[...] é a Terra da Promissão, consoante a figura bíblica (127, Exórdio).

[...] é a Terra Prometida, a Pátria dos Evangelhos, o seio de Abraão (127, Natureza de Jesus).

[...] é a Terra da Promissão para onde emigram desde já os filhos de Israel (127, A terra da promissão).

[...] é o coração pulsante do mundo e a terra bendita de onde a Árvore do Evangelho distende os seus ramos generosos, refertos de pomos de bondade e de luz, para dar sombra e alimento a todos os povos da Terra (186, Dia da Pátria).

[...] O Brasil é realmente, por decreto divino, o país escolhido para ser o Grande Evangelizador do planeta e esta Sublime Oficina é a feliz depositária deste legado crístico. [...] (186, A hora é avançada).

[...] a Grande Pátria Mundial dos homens, expressão confortadora de universalidade e de unidade com pertinência à unificação geral com que nos acena o próximo milênio, o qual será de lutas árduas, durante séculos, de esforço na reconstrução da fé e da civilização (226, v. 3, cap. 6, it. 1).

[...] Instalaremos aqui [no Brasil] uma tenda de trabalho para a nação mais humilde da Europa, glorificando os seus esforços na oficina de Deus. Aproveitaremos o elemento simples de bondade, o coração fraternal dos habitantes destas terras novas, e, mais tarde, ordenarei a reencarnação de muitos Espíritos já purificados no sentimento da humildade e da mansidão, entre as raças oprimidas e sofredoras das regiões africanas, para formarmos o pedestal de solidariedade do povo fraterno que aqui florescerá, no futuro, a fim de exaltar o meu Evangelho, nos séculos gloriosos do porvir. Aqui, Helil, sob a luz misericordiosa das estrelas da cruz, ficará localizado o coração do mundo! (238, cap. 1).

O Brasil é o pacífico celeiro / De nova luz aos povos sofredores, / Onde a Fraternidade espalha as flores, / Da imortal primavera do Cordeiro (248).
Exultai! que o Brasil, desde o passado, / É a Pátria do Evangelho restaurado / E o coração de Paz do Novo Mundo (286, Brasil – Pátria do Evangelho).

Ver também TERRA DE SANTA CRUZ

BRILHE A VOSSA LUZ

O *Brilhe a vossa luz* significa estimular o amor nos outros, porque em nós ele tem feito maravilhas; é inspirar humildade nos companheiros, pelo fato deles descobrirem em nossa conduta a coragem de sermos humildes; traduz-se na paz que ajudaremos a construir no próximo, a partir da que já se faz realidade em nosso íntimo; significa garantir a fé e a simpatia ao redor de nós pela vida convicta que levamos, com base nos valores abraçados como legítimos.
O trabalho da luz pede vigilância e atenção, para que as reclamações do caminho não atrapalhem a continuidade da jornada. É preciso não dar atenção exagerada às sombras que ainda carregamos, mas sobretudo estudar, planejar, atuar incessantemente na elaboração do homem de bem que chegaremos a ser – atuantes, dedicados, interessados no aspecto positivo da vida – iluminados, enfim. Só assim as características infelizes que ainda trazemos, devidamente estudadas, poderão ser substituídas pela confiança em um futuro melhor.
Por essa razão Paulo afirmou, na carta endereçada aos efésios (5:8): “Porque noutro

tempo éreis trevas, mas agora sois luz no Senhor; andai, portanto, como *filhos da luz*" (1, A luz é minha realização).

BRINCADEIRA

A brincadeira é a dramatização dos pensamentos que emergem do mundo íntimo da criança, e sua realização vai permitir a interação com conteúdos que precisam ser trabalhados. *A brincadeira, o jogo, não é uma simples recordação de impressões vividas, mas uma reelaboração criativa delas, em processo através do qual a criança combina entre si os dados da experiência no sentido de construir uma nova realidade, correspondente às suas curiosidades e necessidades* (204, Infância – tempo de semear).

BUDA

O Buda apareceu 50 anos depois de Jeremias [profeta israelita que viveu 650 a.C.]. Seu nome era Sidarta Sakia Muni Gautama. Nasceu na Índia, *às sombras do Himalaia*.

[...] Passou a ser o Buda, o Esclarecido (99, O Buda).

BUDISMO

[...] as doutrinas básicas do Budismo repousam no Karma e na reencarnação. Ele procurava extirpar dos homens a superstição, o temor, o sofrimento.

Eles [os ensinos do Budismo] trazem aos homens o ideal moral mais elevado e mais completo que já se lhes ofereceu, e, excetuado o Sermão da Montanha, não se pode, em teoria, sustentar que o ideal moral búdico seja materialmente inferior ao ideal cristão (99, O Buda).

BULLYING

O *bullying*, palavra de origem inglesa, tem como conceituação básica a agressão que se manifesta de forma cruel no relacionamento de pessoas do mesmo grupo em que existe o predomínio do mais forte sobre o mais fraco, oprimindo-o e humilhando-o. [...] (339, *Bullying* escolar: uma análise espírita).

C

CADÁVER

O cadáver é carne sem vida, enquanto que um morto é alguém que se ausenta da vida (256, cap. 143).

[...] retalho de matéria gasta que [...] vestira o espírito [do homem quando encarnado] e que passa a ajudar, sem querer, no adubo às ervas bravas (307, cap. 12).

Ver também MORTO

CALMA

[...] É valor substancial para os seus entendimentos difíceis (232, cap. 29).

CALÚNIA

[...] a calúnia é uma arma perigosa e pérfida, mas tem dois gumes e fere sempre a quem dela serve. [...] (103, cap. 11).

Os léxicos definem a calúnia como "imputação falsa, ofensiva da reputação e crédito de alguém: a *calúnia é a arma dos cobardes*".

[...] A calúnia é crime de difícil reparação nos tribunais da ordem divina (76, cap. 46).

[...] A calúnia é monstro invisível, que ataca o homem através dos ouvidos invigilantes e dos olhos desprevenidos (276, cap. 17).

[...] é uma serpente que ameaça o coração; entretanto, se a encararmos de frente, fortes e tranquilos, veremos, a breve tempo, que a serpente não tem vida própria. É víbora de brinquedo a se quebrar como vidro, pelo impulso de nossas mãos. E, vencido o espantalho, em lugar da serpente, teremos conosco a flor da virtude. [...] (276, cap. 38).

Ver também FALATÓRIO

CALUNIADOR

O caluniador é um teste de paciência (245, cap. 28).

CÂMARA MORTUÁRIA

[...] as câmaras mortuárias não devem ser pontos de referência à vida social, mas recintos consagrados à oração e ao silêncio (274, cap. 14).

CAMINHO

O caminho celeste é o dia que o Pai nos concede, quando aproveitado por nós na prática do bem. Cada hora, desse modo, transforma-se em abençoado trecho dessa estrada divina, que trilharemos até o encontro com a grandeza e a perfeição do Supremo Criador, e cada oportunidade de bom serviço, durante o dia, é um sinal da confiança de Deus, depositada em nós. [...] (272, cap. 19).

CAMPO

O campo [a que Jesus se refere na parábola do Joio] simboliza o mundo, isto é: o [...] planeta e a humanidade terrena [...] (182, v. 2).

O campo é o celeiro vivo do pão que sustenta a mesa [...] (246, cap. 19).

Campo de força

[...] Faraday e Maxwell, investigando os fenômenos elétricos e magnéticos, descobriram que envolviam um novo tipo de força, que não poderia ser descrita pelo modelo mecanicista de Newton, até então encarado como a teoria última dos fenômenos naturais. Esses autores substituíram o conceito de força pelo de campo de força: ao fazê-lo, foram os primeiros a ultrapassar os limites da Física newtoniana. Descobriram que cada carga gera uma perturbação no espaço, que apresenta o potencial de gerar uma força e é denominada de campo. É exatamente a partir do conceito de campo, que o autor A. Luiz introduz as interações entre o espírito e a matéria; segundo esse autor, o conceito de campo ainda não é a última descoberta em Física, porquanto "[...] a matéria de base para o campo continua desafiando o raciocínio, motivo pelo qual, escrevendo da esfera extrafísica, na tentativa de analisar, mais acuraradamente, o fenômeno da transmissão mediúnica, definiremos o meio sutil em que o Universo se equilibra como sendo o Fluido Cósmico ou Hálito Divino, a força para nós inabordável que sustenta a Criação". [*Mecanismos da mediunidade*]

Ao descobrir o conceito de campo, a Física praticamente extrapolou a matéria, pois o campo possui a sua própria realidade, podendo ser estudado sem qualquer referência a corpos materiais. O campo possui peculiaridades estranhíssimas, completamente absurdas, parecendo ser a porta de entrada para as outras dimensões do Universo. [...] (9, cap. 3).

Campo de saída

A expressão *campos de saída* define lugares-limites, entre as esferas inferiores e superiores (264, cap. 3).

Campo mórfico

Aquilo que Rupert Sheldrake definiu como campo mórfico é exatamente o que o Espiritismo nomeou de princípio vital mais de cem anos antes. [...] (315, pt.4, 23).

CANIÇO JÁ QUEBRADO

O *caniço já quebrado*, a *mecha ainda fumegante* significam *os Espíritos culpados*, nos quais uma tendência, por muito fraca que seja, há sempre para se melhorarem (182, v. 2).

CÃO

Os cães [...] são auxiliares preciosos nas regiões obscuras do Umbral [...] (270, cap. 33).

Ver também ANIMAL

CAPACITÂNCIA MEDIÚNICA

Sobre a capacitância mediúnica, André Luiz registra: Os elementos suscetíveis de condensar essas possibilidades, no campo magnético da conjunção mediúnica, expressam-se na capacidade conceptual e interpretativa na região mental do médium, [...] (347, p. 2, cap. 28.3).

CAPITAL

[...] O capital é um recurso de sofrimento purificador, não somente para os que o possuem, mas para quantos se esforçam pelo obter. É o meio através do qual o amor de Deus opera sobre toda a estruturação da vida material no globo; sem sua influência, as expressões evolutivas do mundo deixariam a desejar, mesmo porque os Espíritos encarnados estariam longe de compreender os valores legítimos da vida, sem a verdadeira concepção da dignidade do trabalho (285, cap. 28).

Ver também DINHEIRO

CARÁTER

As aquisições do passado permanecem latentes, não são destruídas; e como têm o seu fulcro, as suas raízes, no inconsciente, serão tanto mais opulentas e brilhantes, quanto mais longa tenha sido a trajetória da alma. Essas aquisições é que fazem o substrato do Espírito, isso que denominamos o caráter, a marca própria de cada qual, assim como os seus pendores cada vez mais amplos para as ciências, artes, letras, indústrias, etc. Há fatos irrecusáveis que o atestam, sem sombra de quaisquer dúvidas (40, cap. 5).

O caráter é a manifestação do poder da individualidade sobre a personalidade; sobrepondo-se aos desejos e às cobiças, que são preconceitos e vícios da personalidade, o caráter forma-se e consolida-se. [...] (222, Caráter).

CARAVANA DA FRATERNIDADE

Constitui etapa gloriosa da marcha da Unificação [da Doutrina Espírita], galhardamente vencida pelo sadio idealismo dos espíritas patrícios, a tarefa cumprida pela *Caravana da Fraternidade.*

[...] A Caravana da Fraternidade teve a seguinte composição: pelo estado do Paraná, o Dr. Lins de Vasconcelos Lopes; pelo estado de São Paulo, Carlos Jordão da Silva e Ary Casadio; pelo estado do Rio, prof. Leopoldo Machado; pelo estado do Rio Grande do Sul, Francisco Spinelli; em Pernambuco, a Caravana foi engrossada com a inclusão do confrade Luiz Burgos Filho, representante daquele estado. [...]

Além desta *Caravana*, outra – uma *Caravana invisível*, entregou-se à idêntica tarefa, sendo ela supervisionada por Bezerra de Menezes [...] (13, cap. 24).

Espíritas do Sul do país organizaram um movimento de aproximação a que se deu o nome de "Caravana da Fraternidade", com o propósito de visitar todos os estados do Norte (321, cap. 1, Síntese da Excursão).

CARIDADE

[...] a caridade, aliás, faz da moderação um dever, mesmo para os que estão contra nós. [...] (103, cap. 18).

[...] A caridade que alivia um mal presente é uma caridade santa, que encorajo com todas as minhas forças; mas a caridade que se perpetua nas fundações imortais, destinada a aliviar as misérias, é a caridade inteligente [...] (103, cap. 21).

A caridade é a alma do Espiritismo; ela resume todos os deveres do homem para consigo mesmo e para com os seus semelhantes, razão por que se pode dizer que não há verdadeiro espírita sem caridade.

[...]

O campo da caridade é muito vasto; compreende duas grandes divisões que, em falta de termos especiais, podem designar-se pelas expressões *caridade beneficente* e *caridade benevolente.* Compreende-se facilmente a primeira, que é naturalmente proporcional aos recursos materiais de que se dispõe; mas a segunda está ao alcance de todos, do mais pobre como do mais rico. Se a beneficência é forçosamente limitada, nada além da vontade poderia estabelecer limites à benevolência (103, cap. 23).

"Benevolência para com todos, indulgência para as imperfeições dos outros, perdão das ofensas."

[...] A caridade, segundo Jesus, não se restringe à esmola, abrange todas as relações em que nos achamos com os nossos semelhantes, sejam eles nossos inferiores, nossos iguais, ou nossos superiores. Ela nos prescreve a indulgência, porque de indulgência precisamos nós mesmos, e nos proíbe que humilhemos os desafortunados, contrariamente ao que se costuma fazer. [...] (106, q. 886).

[...] a Lei da Caridade ensinada pelo Cristo é a fonte da felicidade, mesmo neste mundo [...] (108, cap. 2, it. 100).

[...] origem de todas as virtudes e base da ordem social [...] (109, pt. 1).

[...] a palavra *caridade* tem uma acepção muito ampla. Há caridade em pensamentos, em palavras, em ações; não consiste apenas na esmola. Alguém é caridoso em pensamentos sendo indulgente para com as faltas do próximo; caridoso em palavras, nada dizendo que possa prejudicar a outrem; caridoso em ações quando assiste o próximo na medida de suas forças. O pobre, que partilha seu naco de pão com outro mais pobre que ele, é mais caridoso e tem mais mérito aos olhos de Deus do que aquele que dá do supérfluo, sem de nada se privar.

[...] A caridade é a antítese do egoísmo; a primeira é a abnegação da personalidade, o segundo é a exaltação da personalidade. Uma diz: Para vós em primeiro lugar, para mim depois; e o outro: Para mim antes, para vós se sobrar. A primeira está toda inteira nestas palavras do Cristo: "Fazei aos outros o que quereríeis que vos fizessem". Numa palavra, aplica-se sem exceção a todas as relações sociais. [...] (110, Discursos..., 3).

[...] *A caridade é a base, a pedra angular de todo o edifício social*; sem ela o homem só construirá sobre a areia. [...] (110, Discursos..., 3).

Sem a caridade, não há instituição humana estável; e não pode haver caridade nem fraternidade possíveis, na verdadeira acepção da palavra, sem a crença. [...] (110, Discursos..., 3).

O caminho traçado pela caridade é claro, infalível e sem equívocos. Poder-se-ia defini-lo assim: "Sentimento de benevolência, de justiça e de indulgência para com o próximo, baseado no que quereríamos que o próximo nos fizesse." Tomando-a por guia, podemos estar certos de não nos afastar do reto caminho, daquele que conduz a Deus; quem quer que deseje, de maneira sincera e séria, trabalhar por sua própria melhoria, deve analisar a caridade em seus mais minuciosos detalhes e por ela conformar sua conduta, pois ela se aplica a todas as circunstâncias da vida, pequenas ou grandes. [...] (110, Discursos..., 3).

[...] a ideia de caridade está intimamente ligada à ideia de Bem, vindo a ser ambos a mesma coisa (2, cap. 7).

[...] é essencialmente *amor*, não amor a nós mesmos (egoísmo), mas amor ao próximo (altruísmo) (28, Esmola e caridade, 1).

[...] caridade é o amor no seu sentido mais elevado (73, q. 6).

[...] Virtude por excelência, constitui a mais alta expressão do sentimento humano, sobre cuja base as construções elevadas do espírito encontram firmeza para desdobrarem atividades enobrecidas em prol de todas as criaturas (74, cap. 16).

A caridade é o sentimento que se aureola de sublimidade, por sintetizar a compaixão e o amor no seu mais elevado significado, sendo discreta e misericordiosa, rica de abnegação e de paz. Quem a oferece tem as mãos vestidas de bondade, o coração banhado de ternura e a mente dominada pelas luzes do bem que penetra e liberta todos quantos se encontrem escravos de qualquer situação penosa ou afligente. Ante a caridade, a mente deixa de engendrar mecanismos desculpistas para não servir, abrindo-se para o conhecimento da verdade que já a ilumina, rompendo os grilhões da ignorância que a encarcerava. Em lugar das intempestivas mudanças de ideias, que se sucedem sem profundidade nem benefício emocional para o ser, surgem as paisagens de alegria e de bem-estar, as visões dos tesouros dantes não detectados (75, Compaixão, amor e caridade).

[...] resulta das experiências e ações da compaixão irrestrita e do amor abnegado, que se entrelaçam num único objetivo: tornar felizes todos os seres do mundo e a Terra um verdadeiro paraíso (75, Compaixão, amor e caridade).

A caridade [...] constitui o momento de sabedoria máxima, quando ser, libertando-se dos liames que o retêm na retaguarda, como decorrência da larga jornada evolutiva, aspira por alcançar o monte da sublimação espiritual, livre de quaisquer impedimentos e leve como a paz em que se transformar.

A caridade desvela-lhe o *Cristo interno*, porque o torna essência da realidade, superior aos fenômenos orgânicos, pairando nas áreas sutis das vibrações sublimes da Espiritualidade (75, Compaixão, amor e caridade).

Caridade é bênção sublime a desdobrar-se em silencioso socorro (76, cap. 30).

A caridade é uma escada de luz, o próximo é o degrau evolutivo que faculta a ascensão e o auxílio fraternal é ensejo iluminativo (76, cap. 47).

A caridade – alma da vida – é a mais alta conquista que o homem poderá lobrigar. Mais nobre do que a generosidade e a filantropia é o coroamento de ambas, quando o espírito valoroso, em labor incessante, consegue atingi-la.

[...] é resultado do exercício do amor em jornadas de sublimação pessoal, intransferível.

[...] é o estímulo vivo da fraternidade, que ligará homens e nações numa só família, qual imenso *rebanho sob o comando de um único Pastor* (76, cap. 53).

[...] a caridade maior, que é a de iluminar as consciências humanas, a fim de não mais se comprometerem (77, cap. 17).

[...] é um esporte da alma, pouco utilizado pelos canditados à *musculação* moral e inteireza espiritual. [...] (77, cap. 23).

A caridade é luz na estrada, abençoando as sombras e tornando-as claridade (80, L. 3, cap. 6).

Caridade, meu amigo, / É a verdade nua e crua, / É um gigante no silêncio, / Pequenina pela rua (93, cap. 73).

Caridade é amor que se materializa (100, Em verdade).

Caridade é amor ao semelhante (100, Liberando).

A caridade é o bálsamo que consola todas as dores; o manto que tapa toda a nudez; o auxílio que socorre toda a miséria; o pão que mitiga toda a fome; a água que sacia toda a sede; a luz que ilumina toda a treva; a força que anima toda a fraqueza; o sentimento que penetra todos os corações; a riqueza ao alcance de todos os mendigos (117, v. 2, cap. 24).

Caridade é fazer justiça, é corrigir o defeito, é animar o tímido, é proteger o ousado, é exalçar a verdade, é enobrecer o humilde, é semear a paz, é pugnar pelo bem, é estabelecer a concórdia, é servir o amor, é esquecer agravos, é desculpar as faltas alheias, e é, acima de tudo, adorar a Deus (117, v. 2, cap. 24).

Se é caridade tudo que se pense, de que se obre, que se deseje, que se peça, em benefício dos outros, não é menos caridade a que se tiver para conosco próprios. E amar a Deus é ter caridade para conosco (117, v. 2, cap. 24).

A verdadeira caridade é *aquela em que procuramos nosso irmão, seja quem seja, amigo ou inimigo, conhecido ou desconhecido* (163, cap. 44).

[...] caridade é prática do bem, a favor de nós e dos outros, preservando-nos, assim, de todos os males que nos possam prejudicar a marcha ascensional (164, cap. 33).

[...] é o próprio amor de Deus irradiando virtudes sobre nós, suas criaturas, inspirando-nos a prática do Bem [...]. [...] é Amor e o Amor é infinito e indefinível. [...] (175, cap. 8).

[...] é a providência oculta *no fundo* do coração do homem, a espalhar de lá seus benefícios por sobre a natureza inteira. [...] (182, v. 3).

A caridade está no socorro que deveis prestar aos vossos irmãos pela vossa inteligência, pelo vosso coração, pela vossa mão direita, deixando esta a outra na ignorância do que fez (182, v. 3).

A caridade verdadeira é a que não se detém diante do sacrifício (182, v. 3).

[...] a única via de salvação é a caridade. [...] (193).

Caridade – irmã gêmea da fé que montanhas transporta; caridade que em todas as formas se desdobra, porque em todas as formas o amor existe; caridade que bem podemos denominar a soberana do infinito, porque é no infinito que se escondem todos os seus segredos. [...] (197, cap. 19).

A caridade é dever para todo clima (217, cap. 36).

A caridade real é essa doação de algo pessoal e único que trazemos dentro de nós e que somente nós podemos oferecer.

É o esforço de esquecimento do *eu* para louvar os outros.

É a anulação do direito que nos compete para consagrar o direito de alguém. É o silêncio de nossa voz para que se faça ouvir uma voz mais frágil que a nossa.

É a luta contra os incômodos pessoais para dilatar o bem-estar alheio.

É a muda sufocação de toda tristeza nossa para acentuar a alegria no coração de outrem.. (219, Caridade real).

A caridade é a presença do Cristo (219, Em vossas artérias).

[...] é o sol do Divino Amor, a sustentar o Universo.

[...] Com Jesus, aprendemos que a caridade é semelhante ao ar que respiramos – agente da vida que atinge a tudo e a todos (219, A caridade e o porvir).

Além disso, a caridade é ingrediente da paz em todos os climas da existência, não apenas aliviando os sofredores ou soerguendo caídos, mas também frustrando crimes e arredando infortúnios (240, cap. 17).

Caridade é servir sem descanso, ainda mesmo quando a enfermidade sem importância te convoque ao repouso; é cooperar espontaneamente nas boas obras, sem aguardar o convite dos outros; é não incomodar quem trabalha; é aperfeiçoar-se alguém naquilo que faz para ser mais útil; é suportar sem revolta a bílis do companheiro; é auxiliar os parentes, sem reprovação; é rejubilar-se com a prosperidade do próximo; é resumir a conversação de duas horas em três ou quatro frases; é não afligir quem nos acompanha; é ensurdecer-se para a difamação; é guardar o bom humor, cancelando a queixa de qualquer procedência; é respeitar cada pessoa e cada coisa, na posição que lhes é própria.. (240, cap. 27).

No estudo da caridade, não olvides a esmola maior que o dinheiro não consegue realizar. Ela é o próprio coração a derramar-se, irradiando o amor por sol envolvente da vida (243, cap. 30).

[...] é e será constantemente o mais alto clima da existência, para o encontro de nossa necessidade com o suprimento de Deus (251, cap. 7).

A caridade é luz da Vida Superior, cujos raios reconstituem a saúde e a alegria da alma, na condição de terapia divina. [...] (251, cap. 11).

Caridade é o ar que respiramos, a luz que nos aclara os caminhos, o grão que nos supre de forças, o pano que nos envolve, a afeição que nos acalenta, o trabalho que nos aperfeiçoa e a experiência que nos aprimora (255, Caridade).

A caridade não depende da bolsa. É fonte nascida no coração (256, cap. 9).

A caridade fraternal é a chave de todas as portas para a boa compreensão (256, cap. 138).

Caridade, a lei do bem. / Aqui, além, acolá, / Tanto dá, quanto mais tem, / Tanto, mais tem, quanto dá (259, cap. 8).

A caridade, acima de tudo, é infatigável amor para todos os infelizes (259, cap. 27).

A caridade é muito maior que a esmola. Ser caridoso é ser profundamente humano e aquele que nega entendimento ao próximo pode inverter consideráveis fortunas no campo de assistência social, transformar-se em benfeitor dos famintos, mas terá de iniciar, na primeira oportunidade, o aprendizado do amor cristão, para ser efetivamente útil.

Calar a tempo, desculpar ofensas, compreender a ignorância dos outros e tolerá-la, sofrer com serenidade pela causa do bem comum, ausentar-se da lamentação, reconhecer a superioridade onde se encontre e aproveitar-lhe as sugestões é exercer o ministério sagrado da divina virtude (263, cap. 19).

A caridade é a virtude sublime que salva, aprimora, enaltece e aperfeiçoa [...] (263, cap. 39).

[...] é o próprio Jesus, de braços abertos, induzindo-nos à renúncia de nós mesmos para que prevaleça a Divina Vontade (286, Em louvor da caridade).

[...] caridade, lídima e pura, é amor sempre vivo, a fluir, incessante, do amor de Deus (287, Dizes-te).

[...] é luminoso caminho de redenção. [...] (289, cap. 16).

A primeira caridade da dona de casa [...] é atender ao lar; a da esposa é ajudar o companheiro; a da mãe é amamentar e nortear os filhos. [...] (289, cap. 16).

Caridade verdadeira – / Bondade constante e muda – / É como o céu que se entrega, / Sem saber a quem ajuda (293, cap. 23).

Antes, porém, da caridade que se manifesta exteriormente nos variados setores da vida, pratiquemos a caridade essencial, sem o que não poderemos efetuar a edificação e a redenção de nós mesmos. Trata-se da caridade de pensarmos, falarmos e agirmos, segundo os ensinamentos do Divino Mestre, no Evangelho. É a caridade de vivermos verdadeiramente nele para que Ele viva em nós. Sem esta, poderemos levar a efeito grandes serviços externos, alcançar intercessões valiosas, em nosso benefício, espalhar notáveis obras de pedra, mas dentro de nós mesmos, nos instantes de supremo testemunho na fé, estaremos vazios e desolados, na condição de mendigos de luz (295, cap. 110).

[...] é dinamismo do amor. [...] (307, cap. 38).

Filhos, a estrada real para Deus chama-se Caridade (307, cap. 91).

[...] A caridade é a virtude fundamental sobre que há de repousar todo o edifício das virtudes terrenas. [...] (313, cap. 18).

A caridade pode ser realizada por meio do passe, da água fluidificada, também se pode visitar os enfermos, dialogar pacientemente e, sobretudo, exercer a educação da mediunidade no lar, [...] (318, pt.1, cap. 1.1).

Entre todas as virtudes, a que mais aproxima o homem de Deus, a criatura de seu Criador é a caridade, filha do amor, laço místico que une, em sacrossanto amplexo, o homem, a Natureza e Deus (325, cap. 29).

[...] O verdadeiro sentido da palavra caridade, tal como entendia Jesus: "benevolência para com todos, indulgência para as imperfeições dos outros, perdão das ofensas" (LE, q. 886). [...]

[...] Caridade é uma palavra de origem latina, tendo o sentido de estima, cuidado, afeto, exaltado no Cristianismo nascente, pelo Apóstolo Paulo. [...] (327, cap. 2.2).

A caridade, virtude excelsa, é luz no caminho dos que buscam Jesus na pessoa dos infortunados, dos tristes e oprimidos pela miséria social. [...] (338, Moedas de amor).

A Caridade é a maior das virtudes, porque proporciona aos homens vivenciar o preceito fundamental que resume os demais: "Amar o próximo como a si mesmo" (Mateus, 22:37) (345, cap. 20).

Ver também AGAPÊ, AMOR, ESMOLA *e* FORA DA CARIDADE NÃO HÁ SALVAÇÃO

Caridade benevolente

[...] a verdadeira caridade benevolente, a caridade prática, sem a qual a caridade é palavra vã; é a caridade do verdadeiro espírita, como o verdadeiro cristão; aquela sem a qual aquele que diz: *Fora da caridade não há salvação*, pronuncia sua própria condenação, tanto neste quanto no outro mundo (103, cap. 23).

Caridade espiritual

[...] aquela que, para ser praticada, não reclama a existência de coisa alguma que represente valor material entre os homens [...] (2, cap. 7).

Caridade espiritual independe dos valores terrenos: perdão, tolerância, entendimento, indulgência, preces e vibrações em favor de outrem não têm preço na moeda terrena (163, cap. 44).

Caridade material

[...] a que se traduz pela dádiva representativa de algum desses valores [materiais] (2, cap. 7).

Caridade material é representada pelo alimento, o vestuário, o remédio e outros bens que dependem do recurso financeiro (163, cap. 44).

Ver também BENEFICÊNCIA

Caridade moral

Desejo compreendais bem o que seja a *caridade moral*, que todos podem praticar, que *nada custa*, materialmente falando, porém, que é a mais difícil de exercer-se.
A caridade moral consiste em se suportarem umas às outras as criaturas e é o que menos fazeis nesse mundo inferior, onde vos achais, por agora, encarnados. Grande mérito há, crede-me, em um homem saber calar-se, deixando fale outro mais tolo do que ele. É um gênero de caridade isso. Saber ser surdo quando uma palavra zombeteira se escapa de uma boca habituada a escarnecer; não ver o sorriso de desdém com que vos recebem pessoas que, muitas vezes erradamente,

se supõe, acima de vós, quando na vida espírita, a *única real*, estão, não raro, muito abaixo, constitui merecimento, não do ponto de vista da humildade, mas do da caridade, porquanto não dar atenção ao mau proceder de outrem é caridade moral (105, cap. 13, it. 9).

CARMA

[...] débitos ou créditos perante a Justiça Divina, resultantes de nosso procedimento em encarnações anteriores [...] (28, Conhecimento do futuro).

No ponto de vista cármico, cada vida planetária contém, em última análise, o fruto das vidas passadas, cristalização dos nossos atos e pensamentos, dos nossos desejos e aspirações, bons e maus e o embrião de vidas futuras na lógica sequência e encadeamento de causas e efeitos, dinamizados dentro do psiquismo de cada alma. O passado determina o presente, como o presente determinará o futuro dentro do princípio da causalidade cármica. Não existem, pois, favoritismos, predestinações ou arbítrios divinos. Para cada vida, quer no plano terrestre, quer nos mundos intermediários (astral) e espirituais, o homem é o árbitro do seu destino, subordinado ao determinismo cósmico, essencialmente complacente e progressivo, transcendendo o espaço e o tempo.

[...] O carma registra com precisão matemática toda atividade mental e emocional – pensamentos e sentimentos, atos e aspirações – que vão do subconsciente ao superconsciente do psiquismo humano, procurando equilibrar duma forma oportuna, justa e sábia o débito ou crédito de cada alma perante o cumprimento ou não cumprimento das Leis Divinas, imutáveis e eternas, inscritas na consciência humana (84, Da evolução e da divindade).

O carma, que exprime fielmente a Lei de Causa e Efeito, porque é ela mesma, é a cruz que todos carregamos no dia a dia da vida terrena e espiritual. Irá ficando mais leve à medida que formos reduzindo a parte negativa da nossa personalidade moral e aumentando a parte positiva que nos levará à redenção. Irá ficando mais pesada, entretanto, à proporção que a nossa imprevidência, preguiça, displicência ou invigilância se for multiplicando sem que nos apercebamos do mal que a nós mesmos fazemos (138, A luta gloriosa).

Os livros doutrinários espíritas, quer os clássicos, quer as contribuições mediúnicas, apreciam de forma edificante essa atraente questão, destacando os infortúnios atraídos pelas ações do presente, para a nossa vida, daqueles provenientes de existências anteriores, como herança de um passado criminoso, a constituir o chamado *carma* inevitável (165, Tormentos voluntários).

Sim, o *carma*, expressão vulgarizada entre os hindus, que em sânscrito quer dizer *ação*, a rigor, designa *causa e efeito*, de vez que toda ação ou movimento deriva de causa ou impulsos anteriores. Para nós expressará a conta de cada um, englobando os créditos e os débitos que, em particular, nos digam respeito. Por isso mesmo, há conta dessa natureza, não apenas catalogando e definindo individualidades, mas também povos e raças, estados e instituições.

[...] *carma* ou *conta do destino criada por nós mesmos* [...] (231, cap. 7).

Ver também LEI DE CAUSA E EFEITO

CARNE

A carne é veículo transitório e abençoado instrumento para o espírito aprender na Academia terrestre através do processo incessante da evolução (76, cap. 10).

A carne, de certo modo, em muitas circunstâncias não é apenas um vaso divino para o crescimento de nossas potencialidades, mas também uma espécie de carvão milagroso, absorvendo-nos os tóxicos e resíduos de sombra que trazemos no corpo substancial (252, cap. 10).

[...] A carne, em muitos casos, é assim como um filtro que retém as impurezas do corpo perispiritual, liberando-o de certos males nela adquiridos (252, cap. 33).

A carne é a sagrada retorta em que nos demoramos nos processos de alquimia santificadora, transubstanciando paixões e sentimentos ao calor das circunstâncias que o tempo gera e desfaz (255, Evangelho).

A carne terrestre, onde abusamos, é também o campo bendito onde conseguimos realizar frutuosos labores de cura radical, quando permanecemos atentos ao dever justo (270, cap. 5).

Ver também CORPO

CASA

[...] Aqui [no mundo etéreo], temos o poder de moldar a substância etérea, conforme pensamos. Assim, também as nossas casas são produtos das nossas mentes. Pensamos e construímos. É uma questão de vibração do pensamento e, enquanto mantivermos essas vibrações, conservaremos o objeto que, durante todo esse tempo, é objetivo para os nossos sentidos (63, cap. 10).

Ver também AMBIENTE *e* CRIAÇÃO FLUÍDICA

Casa assombrada

As casas assombradas, parece-me, devem subdividir-se em dois grandes grupos: as que assim se manifestam por tempo circunscrito e costumeiro e em que quase sempre se pode encontrar a influência de um médium, e estas se devem denominar melhor *casas mediúnicas*; e aquelas onde o fenômeno perdura ou em que toda influência parece, ao menos em aparência, se deva excluir. [...]

No maior número de casas assombradas, que denominarei trágicas, o médium aparentemente ali não se acha, e os fenômenos persistem, às vezes, por séculos. Lendas populares e ainda as crônicas atribuem os ruídos e a aparição de fantasmas, não raro sangrentas, a cenas de violência mortais acontecidas muitos anos ou muitos séculos antes e que se conexam com a observação de uma maior energia nas Almas dos mortos violentamente na flor da vida e com a tendência neles prevalecente, ao que parece, de continuar nos velhos hábitos (Espíritos de marinheiros de nave submergida que continuam as manobras navais no fundo do mar) e nos sítios onde foram mortos ou sepultados, pelo que o fenômeno é mais ligado a certas casas. [...]

Em outras casas perturbadas, e são as em maior número, não se encontra sequer vestígios de médium. [...] (130, pt. 2, cap. 12).

Casa de Deus

[...] é aquela em que o faminto e o sedento matam a fome e a sede, onde o desnudo acha abrigo, consolo o aflito, conselho eficaz o espírito flutuante; aí, sim, está a tua verdadeira casa (55, cap. 4).

CASA DO PAI

ver UNIVERSO

Casa transitória de Fabiano

Tratava-se de grande instituição piedosa, no campo de sofrimentos mais duros em que se reúnem almas recém-desencarnadas, nas cercanias da crosta terrestre, a qual [...] fora fundada por Fabiano de Cristo, devotado servo da caridade entre antigos religiosos do Rio de Janeiro, desencarnado há muitos anos. Organizada por ele, era confiada, periodicamente, a outros benfeitores de elevada condição, em tarefa de assistência evangélica, junto aos Espíritos recém-desligados do plano carnal (274, cap. 4).

CASAMENTO

É um progresso na marcha da Humanidade.

[...] o casamento constitui um dos primeiros atos de progresso nas sociedades humanas, porque estabelece a solidariedade fraterna e se observa entre todos os povos, se bem que em condições diversas. [...] (106, q. 695 e 696).

O casamento é a união permanente de um homem e uma mulher, atraídos por interesses afetivos e vínculos sexuais profundos. Esta união não é uma invenção humana, mas, sim, o resultado da Lei Divina que nos criou para o regime de interdependência. [...]

Com a união conjugal, nasce automaticamente o compromisso de um para com o outro, pois ambos viverão na dependência um do outro. [...]

O casamento não é, pois, somente um contrato de compromisso jurídico, mas, muito mais, um contrato espiritual de consciência para consciência, de coração para coração, onde surgem compromissos mútuos: materiais, afetivos, morais, espirituais e cármicos, determinando responsabilidades intransferíveis de apoio mútuo.

A responsabilidade conjugal não se resume simplesmente em adquirir um título de mulher e de marido, de mãe e de pai, mas, muito mais, o desenvolvimento da compreensão precisa, do desejo sincero e do esforço constante para cumprir da melhor maneira possível os compromissos individuais, visando a um fim único, que é a sustentação da união para a felicidade mútua dos cônjuges e, consequentemente, a dos filhos. [...] (12, cap. 18).

A união conjugal será sempre oportunidade bendita a todas as criaturas humanas, no processo contínuo das reencarnações redentoras, de desenvolver, aperfeiçoar, purificar e sublimar as energias criadoras do sexo, tendo por base a força motriz do *coração renovado* no amor de Jesus Cristo (12, cap. 22).

[...] uma instituição divina, destinada, não só à conservação da Humanidade, como também a oferecer aos espíritos, que se unem no grupo familiar, apoio recíproco para suportarem as provas da existência [...] (29).

[...] o casamento é um compromisso assumido por dois seres, que se predispõem a uma assistência mútua (62, cap. 4).

Os liames conjugais [...] são, em verdade, abençoada escola onde almas que já descortinaram horizontes mais luminosos realizam o aprendizado superior (164, cap. 14).

[...] o casamento, aos olhos de Deus, consiste no acordo livre, livremente aceito e, até à morte de um dos cônjuges, mantido pela união dos dois corpos para a reprodução e pela das almas para a execução da Lei de Amor e de Caridade e cumprimento de todos os deveres que aquela união lhes impõe reciprocamente e com respeito aos filhos, que ambos terão de encaminhar na vida (182, v. 3).

[...] consenso de duas almas que se ligam pelos sentimentos recíprocos de afeto e de amor para a constituição da família [...] (198, cap. 7).

A Doutrina Espírita é bastante clara quanto à seriedade do vínculo matrimonial demonstrando que ele é, geralmente, fruto de planejamento espiritual, e que, ao se ligarem, os cônjuges assumem compromissos muito sérios, não tão somente em relação ao próprio ajuste, mas, particularmente, no concernente aos filhos (199, O problema do divórcio).

[...] há casamento de amor, de fraternidade, de provação, de dever. [...] O matrimônio espiritual realiza-se, alma com alma, representando os demais simples conciliações indispensáveis à solução de necessidades ou processos retificadores, embora todos sejam sagrados (270, cap. 38).

[...] Os Espíritos, na já citada obra, nas questões 695 e 696, apresentam o casamento como um progresso alcançado pela Humanidade. Ao mesmo tempo, exortam que sua abolição seria um retrocesso à vida animal. [...] (332, cap. 4).

O casamento independe de formalismos, embora esses tenham sua utilidade do ponto de vista jurídico, mas o que prevalece mesmo é a união dos sentimentos do amor verdadeiro. [...] (345, cap. 6).

De acordo com a legislação brasileira, o casamento — vínculo conjugal entre duas pessoas — só é possível entre homem e mulher. [...] (345, cap. 8).

Ver também MATRIMÔNIO

Casamento acidental

[...] Encontro de almas inferiorizadas, por efeito de atração momentânea, sem qualquer ascendente espiritual.

[...] Nos casamentos acidentais teremos aquelas pessoas que, defrontando-se um dia, se veem, se conhecem, se aproximam, surgindo, daí, o enlace acidental, sem qualquer ascendente espiritual (161, cap. 18).

Casamento afim

[...] Reencontro de corações amigos, para consolidação de afetos.

[...] no sentido superior, são os que reúnem almas esclarecidas e que muito se amam (161, cap. 18).

Casamento provacional

[...] Reencontro de almas, para reajustes necessários à evolução de ambos. [...] duas almas que se reencontram em processo de reajustamento, necessário ao crescimento espiritual, esses são os mais frequentes (161, cap. 18).

Sabemos que os casamentos na Terra não se dão unicamente pela aproximação de Espíritos simpáticos, há uniões provacionais, em que se aproximam, pelos laços conjugais, individualidades comprometidas por sérios desvios afetivos de vidas anteriores. O objetivo é que essas criaturas se rearmonizem pela vivência em comum. Dentro da família, vamos encontrar credores e devedores do passado. Aquele que lesou afetivamente o outro recebê-lo-á junto de si, na posição de filho(a) ou de companheiro(a), a fim de reescrever a história desse afeto. [...]

No dia a dia dos relacionamentos conjugais, algumas atitudes caracterizam a posição de devedor: ele tem mais dificuldade de ajustar-se aos limites rígidos que são culturalmente impostos pelo casamento, sente irresistível necessidade de olhar para fora desse ambiente em que sente ter-se inadvertidamente aprisionado. E o devedor é, por isso mesmo, quem está mais aberto a outras relações, sejam sociais, sejam extraconjugais. É aquele que se dedica, às vezes compulsivamente, a alguma atividade fora do lar, envolvendo-se com a realização profissional, cultivando um tipo de lazer ou de esporte, ou realizando uma função no âmbito religioso. Geralmente, é aquele que se esquece das datas de aniversário do cônjuge, de casamento e outras.

A posição do credor está caracterizada por uma maior capacidade de ajustar-se aos limites de casamento tradicional. O credor é aquele que se volta inteiramente para o outro, dedica-se com empenho ao grupo familiar, não encontrando nada importante que o desvie para fora dessa relação. É geralmente fiel ao parceiro(a) e tem pouco espaço psíquico para outros afetos, manifestando ciúme do relacionamento do cônjuge com qualquer pessoa, até mesmo com os seus parentes e, em casos extremos, com os próprios filhos. Tem dificuldade de aceitar a necessidade que o outro manifesta de maiores espaços, por isso demonstra desagrado pelo fato de que o outro esteja dedicando tempo a atividades profissionais, sociais, esportivas ou religiosas [...]. Tem necessidade de exercer um certo controle sobre o outro, saber onde está, com quem está, o que está fazendo, etc. Quando o credor é o homem, ele tem dificuldade de admitir que a mulher trabalhe fora, pois controlar as finanças da família é uma maneira de manter o outro sob controle rígido. Se o(a) companheiro(a) fica doente, é capaz de uma dedicação sem limites e pode-se perceber a felicidade que intimamente sente, porque assim tem o outro só para si (204, Juventude – Tempo de fazer escolhas).

Casamento sacrificial

[...] Reencontro de alma *iluminada com alma inferiorizada*, com o objetivo de redimi-la. [...] reúnem almas possuidoras de virtudes e sentimentos opostos. É uma alma esclarecida, ou iluminada, que se propõe a ajudar a que se atrasou na jornada ascensional.

Como a própria palavra indica, é o casamento de sacrifício, para um dos cônjuges (161, cap. 18).

Casamento transcendente

[...] Almas engrandecidas no Bem e que se buscam para realizações imortais.

[...] São constituídos por almas engrandecidas no amor fraterno e que se reencontram, no plano físico, para as grandes realizações de interesse geral (161, cap. 18).

CASTIDADE

A verdadeira castidade e nobre conduta sexual não se restringem ao não uso do aparelho genésico, mas sim, à atitude mental e ao comportamento emocional. A simples abstenção física, acompanhada de tormento interior, é somente uma fuga da realidade, uma transferência no tempo (83, Sexo e responsabilidade).

CASTIGO

[...] A consequência natural, derivada desse falso movimento [da alma]; uma certa soma de dores necessária a desgostá-lo [o culpado] da sua deformidade, pela experimentação do sofrimento. O castigo é o aguilhão que estimula a alma, pela amargura, a se dobrar sobre si mesma e a buscar o porto de salvação. O castigo só tem por fim a reabilitação, a redenção. Querê-lo eterno, por uma falta não eterna, é negar-lhe toda a razão de ser. [...] (106, q. 1009).

O castigo, depois do arrependimento, é um martírio bárbaro e improfícuo. A suspensão do castigo, à hora do arrependimento, é o orvalho que lava a alma do pó do crime e que lhe dá vigor para perseverar no repúdio do mal (324, pt. 3, cap. 10).

CATALEPSIA

Na catalepsia simples ou vulgar, que é a mais comum entre as catalepsias provocadas, a pessoa se imobiliza, com a fisionomia impassível, com os olhos abertos e fixos. Nenhum batimento de pálpebras. Quase sempre fica absolutamente abolida, ou, quando menos, consideravelmente diminuída, toda espécie de excitabilidade muscular reflexa. As extremidades articuladas, por falta de resistência, assumem extrema leveza; prestam-se a todos os movimentos possíveis que se lhes queira imprimir (*flexibilidade cérea*), e conservam, por tempo notável, a atitude que se lhes deu, embora sumamente incômoda e penosa (121, cap. 2).

Ver também LETARGIA

Catalepsia com fascinação

Se a atividade funcional do órgão da vista prevalece sobre a do sentido muscular, ou então se, durante a catalepsia, ou com uma luz viva, com um olhar imperioso, com um ruído ou por algum outro meio se consegue atrair, para si ou para alguma pessoa da reunião, a atenção do paciente, a dominá-la com o olhar, como diz Bremaud, ter-se-á então a *catalepsia com fascinação* (121, cap. 2).

Catalepsia extática

Às vezes, na catalepsia persiste a atividade passiva da mente, conjunta a um certo grau de consciência e de memória, e exagerada atividade da imaginação. Tem-se então aquela forma de catalepsia que se denomina extática ou catochus ou catalepsia espúria.

As imagens que a imaginação, operando de modo espontâneo neste estado, apresenta à mente, não influem grandemente sobre a atitude da pessoa; ao contrário, o rosto conserva a expressão apática e imóvel que se observa na catalepsia ordinária. A sensibilidade geral e especial é abolida ou diminuída, em um mesmo grau, nos diversos órgãos do corpo. A respiração é lenta e superficial; lento e pequeno o pulso; fria e descorada a superfície do corpo; coexiste, porém não no grau típico, a flexibilidade cérea dos membros ou a ela se substitui uma particular contratura tônica transitória (121, cap. 2).

CATOLICISMO

[...] Herdando os costumes romanos e suas disposições multisseculares, [a Igreja de Roma] procurou um acordo com as doutrinas consideradas pagãs, pela posteridade, modificando as tradições puramente cristãs, adaptando textos, improvisando novidades injustificáveis e organizando, finalmente, o Catolicismo sobre os escombros da doutrina deturpada. [...] (230, cap. 16).

CAUSA

A Causa é a mola oculta que aciona a vida universal (117, v. 3, cap. 15).

CEFAS

Vocábulo do aramaico (língua semítica falada pelos arameus. É a língua em que Jesus e seus discípulos pregaram, e nela se acha escrita uma parte da *Bíblia*). Cefas significa *rocha* ou *pedra*: O mesmo que *Pedro*, nome dado por Jesus a Simão, que se tornou o Apóstolo Simão Pedro. O termo designa firmeza. Quando Pedro se mostrava fraco ou vacilante, Jesus dirigia-se a ele pelo nome original, *Simão*, antes do nome que significa Rocha (178, Glos.).

CEGOS QUE CONDUZEM CEGOS

Estas palavras do Mestre se aplicam também aos fariseus dos vossos dias. Os que se obstinam em caminhar nas trevas, arrastando consigo seus irmãos, sofrerão as mesmas penas que estes, até que abram os olhos. [...] (182, v. 2).

CEGUEIRA

A cegueira do espírito é fruto da espessa ignorância em manifestações primárias ou do obnubilamento da razão nos estados de aviltamento do ser. [...] (268, cap. 3).

CELIBATO

Uma parte de Espíritos escolhe a vida celibatária, a fim de terem condições e tempo suficiente para o cumprimento integral de determinada tarefa em auxílio à Humanidade, outros para educar melhor os seus sentimentos e outros, ainda, não alcançam a união matrimonial, na Terra, em virtude de inibições psicológicas e físicas nascidas da consciência culpada, torturada por erros e crimes da afeição mal dirigida, em vidas pretéritas. [...]

Uma pequena parte dos Espíritos em vida celibatária, seja em atividades nas diversas ordens religiosas do mundo ou fora dela, em outras realizações nobres, são almas já com respeitáveis conquistas evolutivas de sabedoria e amor, que buscam aproveitar o máximo de suas vidas no serviço à Humanidade. Estes fazem de suas existências um serviço constante de amor e abnegação, embora não deixem também de sofrer duras e difíceis carências para testar e ratificar seus valores espirituais. [...] (12, cap. 21).

A palavra celibato provém do latim *caelibatus*, definido literalmente como "não casado", nome utilizado para designar uma pessoa que se mantém solteira, mas que não está compromissada com a castidade ou impedida de ter relações sexuais. [...] (345, cap. 7).

CÉLULA

[...] a célula é bem um ser vivo: organiza-se, reproduz, alimenta-se e evolui, tal como o animal superior (40, cap. 1).

[...] essa menor e tão poderosa unidade morfológica e fisiológica dos seres vivos, que possui todas as características básicas da vida, o metabolismo, o anabolismo, a respiração, a reprodução e a capacidade de reagir de imediato a todas as modificações ambientais [...] (187, Transferência de tecnologia).

[...] as células são tijolos vivos na construção da forma [...] (290, cap. 2).

[...] princípios inteligentes de feição rudimentar, a serviço do princípio inteligente em estágio mais nobre nos animais superiores e nas criaturas humanas, renovando-se continuamente, no corpo físico e no corpo espiritual, em modulações vibratórias diversas, conforme a situação da inteligência que as senhoreia, depois do berço ou depois do túmulo (305, cap. 5).

Ver também MONISMO

Célula nervosa

[...] é a unidade primordial do tecido cerebral [...] (42, pt. 1, cap. 2).

[...] é o obreiro silencioso e infatigável que elabora discretamente as forças nervosas necessárias à atividade psíquica, que se consome incessantemente [...] (42, pt. 1, cap. 2).

[...] A célula nervosa é entidade de natureza elétrica, que diariamente se nutre de combustível adequado. Há neurônios sensitivos, motores, intermediários e reflexos. Existem os que recebem as sensações exteriores e os que recolhem as impressões da consciência. Em todo o cosmo celular agitam-se interruptores e condutores, elementos de emissão e de recepção. [...] (268, cap. 3).

CENSURA

A censura é choque nos agentes da afinidade (307, cap. 53).

CENTRO DE FORÇA

O corpo espiritual, ou perispírito, *possui sete centros de força*, conjugados com as glândulas endócrinas, de importância fundamental para o funcionamento e sustentação da organização física, pois, através deles, o Espírito gerencia todas as suas funções, a partir das mais simples. O Instrutor Clarêncio enumera esses sete centros vitais:

1. CENTRO CORONÁRIO;
2. CENTRO CEREBRAL;
3. CENTRO LARÍNGEO;
4. CENTRO CARDÍACO;
5. CENTRO ESPLÊNICO;
6. CENTRO GÁSTRICO;
7. CENTRO GENÉSICO. [...] (12, cap. 19).

Na superfície do duplo etérico, podem ser observadas certas regiões de características bem singulares. Elas são geralmente descritas como tendo a aparência dos redemoinhos que algumas vezes se formam na superfície dos líquidos. São os chamados *centros vitais*. Seus diâmetros variam de caso a caso, mas, de um modo geral, medem de um a cinco centímetros. Verificações mais atentas mostram que eles apresentam, em sua superfície, altos e baixos, como uma onda. Para muitos, lembram uma flor, sendo que o número de *pétalas* parece ser uma característica de cada centro. Os centros vitais do duplo etérico são pontos por excelência de absorção energética do organismo e todos eles interagem, diretamente ou indiretamente, uns com os outros, em processo de constante permuta energética. Além disso, todos eles apresentam ainda uma certa conexão com o funcionamento de determinado grupo de órgãos do corpo físico. [...] (94, pt. 2, cap. 5).

[...] o nosso corpo de matéria rarefeita está intimamente regido por sete centros de força, que se conjugam nas ramificações dos plexos e que, vibrando em sintonia uns com os outros, ao influxo do poder diretriz da mente, estabelecem, para nosso uso, um veículo de células elétricas, que podemos definir como sendo um campo eletromagnético, no qual o pensamento vibra em circuito fechado. [...] (252, cap. 20).

Centros vitais são fulcros energéticos existentes no perispírito, cuja função é a de assimilar e distribuir a carga de fluido vital necessária à manutenção regular das funções orgânicas. [...] (311, pt.2, cap. 2.3).

O Espírito André Luiz utiliza as expressões centros de força ou centros vitais para conceituar sete estruturas localizadas em pontos específicos do perispírito, [...] (328, cap. 3.4).

Ver também CHAKRA *e* DISCO ENERGÉTICO

Centro cardíaco

Está localizado na região do coração, dirigindo a emotividade e a distribuição das energias vitalizantes no organismo. Em virtude das tensões características do mundo moderno, e da dificuldade que ainda temos em controlar as nossas emoções, é hoje um dos centros que, no adulto, comumente apresenta desequilíbrios (94, pt. 2, cap. 5).

[...] sustenta os serviços da emoção e do equilíbrio geral. [...] (252, cap. 20).

Centro cerebral

Encontra-se localizado na região situada entre as sobrancelhas, atuando sobre o córtex cerebral, com ação predominante sobre o funcionamento global do sistema nervoso. Exerce forte ação sobre a hipófise, controlando, por esse meio, todo o sistema endócrino. Está ligado às atividades intelectuais e à vivência mediúnica, sendo por isso muitas vezes denominado *terceiro olho* (94, pt. 2, cap. 5).

[...] anotamos o *centro cerebral*, contíguo ao *centro coronário*, que ordena as percepções de variada espécie, percepções essas que, na vestimenta carnal, constituem a visão, a audição, o tato e a vasta rede de processos da inteligência que dizem respeito à Palavra, à Cultura, à Arte, ao Saber. É no *centro cerebral* que possuímos o comando do núcleo endocrínico, referente aos poderes psíquicos. [...] (252, cap. 20).

Centro coronário

Está localizado na parte superior da cabeça, mantendo relacionamento funcional com os órgãos situados no interior do crânio, principalmente a epífise. Constitui-se no principal ponto da assimilação dos estímulos provenientes do Plano Espiritual. Ele coordena o funcionamento dos demais centros e torna-se assim responsável pela estabilidade de todo o metabolismo orgânico, sendo ainda o mais significativo dos pontos de conexão entre o corpo físico e o perispírito. O centro coronário merece atenção especial por ocasião do passe destinado a portadores de processos obsessivos.

Nas palavras de André Luiz, [*Evolução em dois mundos*, pt. 1, cap. 2], do centro coronário parte "[...] corrente de energia vitalizante formada de estímulos espirituais [...]" que transmite "aos demais centros [...] os reflexos vivos de nossos sentimentos, ideias e ações, tanto quanto esses mesmos centros, interdependentes entre si, imprimem semelhantes reflexos nos órgãos [...]" do nosso corpo (94, pt. 2, cap. 5).

[...] é considerado pela filosofia hindu como sendo o lótus de mil pétalas, por ser o mais significativo em razão do seu alto potencial de radiações, de vez que nele assenta a ligação com a mente, fulgurante sede da consciência. Esse centro recebe em primeiro lugar os estímulos do espírito, comandando os demais, vibrando, todavia, com eles em justo regime de interdependência. [...] dele emanam as energias de sustentação do sistema nervoso e suas subdivisões, sendo o responsável pela alimentação das células do pensamento e o provedor de todos os recursos eletromagnéticos indispensáveis à estabilidade orgânica. É, por isso, o grande assimilador das energias solares e dos raios da Espiritualidade Superior capazes de favorecer a sublimação da alma. [...] (252, cap. 20).

Centro esplênico

Situado na região anterior esquerda do organismo, onde se localiza a última costela, ele controla o equilíbrio de todo o sistema hemático, sendo o principal elemento de captação das energias do Plano Espiritual, principalmente do fluido cósmico universal, daí sua grande influência sobre a vitalidade do indivíduo (94, pt. 2, cap. 5).

[...] no corpo denso, está sediado no baço, regulando a distribuição e a circulação adequada dos recursos vitais em todos os escaninhos do veículo de que nos servimos. [...] (252, cap. 20).

CENTRO FRONTAL

ver CENTRO CEREBRAL

Centro gástrico

É também denominado solar e está situado um pouco acima do umbigo. Age fundamentalmente sobre os órgãos da digestão e apresenta, também, certa ligação com o estado emocional do indivíduo (94, pt. 2, cap. 5).

[...] se responsabiliza pela penetração de alimentos e fluidos em nossa organização. [...] (252, cap. 20).

Centro genésico

É muitas vezes denominado de *sagrado* e situa-se na região do baixo ventre. Suas energias agem sobre os órgãos ligados à reprodução, às atividades sexuais [...] (94, pt. 2, cap. 5).

[...] em que se localiza o santuário do sexo, como templo modelador de formas e estímulos (252, cap. 20).

Centro laríngeo

Apresentando-se na região anterior do pescoço é ele que exerce controle sobre a respiração e fonação, estando também ligado ao mecanismo da audição. É um centro muito

importante, pois a materialização das ideias através da palavra reforça, em muito, a precisão das formas que estão sendo plasmadas por ação do pensamento.
Merece especial atenção nos médiuns, pois também tem ligação com a audição mediúnica (94, pt. 2, cap. 5).
[...] preside aos fenômenos vocais, inclusive às atividades do timo, da tireoide e das paratireoides. [...] (252, cap. 20).

CENTRO ESPÍRITA

[...] os Centros e demais entidades espíritas [...] [são] escolas de formação espiritual e moral [...].

[...] o Centro Espírita deve ser núcleo de estudo, de fraternidade, de oração e de trabalho, com base no Evangelho de Jesus, à luz da Doutrina Espírita.

[...] o Centro Espírita deve ser compreendido como a casa de grande família, onde as crianças, os jovens, os adultos e os mais idosos tenham oportunidade de conviver, estudar e trabalhar.

[...] o Centro Espírita [é] recanto de paz construtiva [...].

[...] o Centro Espírita deve caracterizar-se pela simplicidade própria das primeiras casas do Cristianismo nascente [...]. [...] o Centro Espírita [...] [é] uma sociedade civil.

[...] unidade fundamental do Movimento Espírita (61, cap. 1).

[...] é o local onde se aprende o Espiritismo e a Moral Cristã (62, cap. 4).

O Centro Espírita é o lugar em que se desenvolvem as tarefas do Movimento Espírita. [...] é dirigido por uma diretoria composta, na maioria dos casos, por um Presidente, um Vice-presidente, um Secretário, um Tesoureiro e Diretores de Departamentos (62, cap. 4).

[...] A Sociedade Espírita é lugar de iluminação da consciência, de enobrecimento moral e ação caridosa, sem cujas vivências descaracteriza-se, mundaniza-se e torna-se um clube onde predominam a insensatez, o engodo, a exploração (83, O médium Davi e o Dr. Hermann Grass).

Certamente, a função da mediunidade não é de promover curas, como arbitrariamente supõem e pretendem alguns desconhecedores da missão do Espiritismo na Terra. Fossem eles vinculados à Doutrina e seria incompreensível tal comportamento. Entretanto, em uma Sociedade Espírita, a tarefa primacial é a de iluminação da consciência ante a realidade da vida, seus fins, sua melhor maneira de agir, preparando os indivíduos para a libertação do jugo da ignorância, a grande geradora de males incontáveis. [...] (83, O desafio).

O local por excelência para o exercício do passe é sempre a casa espírita. Qualquer outro ambiente, em princípio, deve ser evitado. Deve-se sempre insistir na ida do paciente ao núcleo espírita. Lá, as condições físicas e fluídicas são sempre mais adequadas. Lá, contaremos sempre, mais facilmente, com toda a assistência espiritual de que necessitarmos (94, pt. 3, cap. 4).
Devemos lembrar sempre que uma casa espírita é um templo sem imagem nem rituais, sem sacerdócio militarmente organizado, mas dispondo de hierarquia funcional imprescindível ao estabelecimento da ordem, da disciplina e do amor à Doutrina codificada por Allan Kardec. Essa hierarquia, no entanto, terá de ser rigorosamente subordinada aos princípios doutrinários. Quanto maior for a obediência a esses princípios, mais seguros serão os resultados da colaboração entre os médiuns e os Espíritos, porque estes sentirão menos empecilhos para levar a bom termo seus elevados desígnios. [...] (138, O método nas tarefas mediúnicas).

Um templo espírita é um santuário de prece e de trabalho. [...] (161, cap. 12).

[...] é, para todos esses desencantados, o refúgio e a consolação.

É o oásis de paz e esperança onde esperam encontrar Jesus de braços abertos, para a doce e suave comunhão da fraternidade e da alegria (161, cap. 41).

O templo é local previamente escolhido para encontro com as Forças Superiores (217, cap. 11).

O templo espírita é uma casa do Cristo [...] (219, Meio-companheiro).

[...] é o lar da palavra doutrinária [...] (240, cap. 9).

Um templo espírita não é simples construção de natureza material. É um ponto do planeta onde a fé raciocinada estuda as Leis Universais, mormente no que se reporta à consciência e à justiça, à edificação do destino e à imortalidade do ser. Lar de esclarecimento e consolo, renovação e solidariedade, em cujo equilíbrio cada coração que lhe compõe a estrutura moral se assemelha a peça viva de amor na sustentação da obra em si (304, cap. 36).

Um templo espírita é, na essência, um educandário em que as Leis do Ser, do Destino, da Evolução e do Universo são examinadas claramente, fazendo luz e articulando orientação, mas, por isso, não deve converter-se num instituto de mera preocupação academicista (304, cap. 39).

Um templo espírita, revivendo o Cristianismo, é um lar de solidariedade humana, em que os irmãos mais fortes são apoio aos mais fracos e em que os mais felizes são trazidos ao amparo dos que gemem sob o infortúnio (304, cap. 39).

Quando um Centro Espírita, por distintos motivos, adia indefinidamente a implantação de um grupo mediúnico, está negando aos seus frequentadores excelente oportunidade de educação, de adestramento de suas potencialidades e de prestar serviço ao próximo. [...] (314, pt.1, cap. 1.2.3).

[...] A casa espírita, a instituição, a associação, a entidade, o centro, como se queira denominar, é a célula básica do Movimento Espírita na Terra. [...]

[...] Mas é também uma oficina, é uma oficina de trabalho, onde nos aprimoramos para bem servir à Divindade, por meio da nossa transformação moral e do socorro, a nós e aos nossos irmãos. É também o hospital das almas, porque Espíritos enfermos todos somos. [...]

[...] É necessário que transformemos o Centro Espírita numa escola, mas não numa academia, nem numa universidade, a ponto de em alguns lugares dar-se diploma e dar-se também anéis de conclusão de curso de médiuns. [...] (318, pt.1, cap. 1.1).

Ver também SANTUÁRIO

CENTRO VITAL

ver CENTRO DE FORÇA

CÉREBRO

[...] instrumento do pensamento; estando o instrumento desorganizado, o pensamento fica alterado (108, cap. 1).

[...] é exato que a razão de ser do cérebro, como órgão do pensamento, consiste no fato de realizar-se, por seu intermédio, uma dupla função psíquica indispensável a que o *espírito* entre em relação com o ambiente terreno: de um lado, a função de *traduzir* as inúmeras vibrações físicas, que chegam ao cérebro por meio dos sentidos, em vibrações psíquicas *perceptíveis* ao *espírito*; de outro lado, a função de *transmitir* à periferia as *imagens psíquicas* com que o espírito responde às vibrações específicas que lhe chegam do ambiente terreno. [...] (20, cap. 4).

[...] para entrar em relação com as manifestações do Universo Fenomênico, o Espírito precisa de um órgão *transformador* apropriado e esse órgão é o cérebro. [...] (20, cap. 4).

[...] o cérebro é o órgão do pensamento, do espírito [...] (42, pt. 1, cap. 2).

[...] é o verdadeiro receptáculo, que arquiva as sensações e as transmite à consciência. [...] (48, pt. 2, cap. 12).

[...] Em nós, o cérebro real é o etéreo, através do qual funciona a mente, quer estejamos neste mundo, quer no outro. Ela atua sobre o cérebro etéreo e este sobre a cobertura material a que chamamos cérebro físico. [...] (63, cap. 14).

O cérebro é, sem contradita, associado a todos os nossos pensamentos. O sentimento da virtude mais pura, o espírito de sacrifício, a abnegação absoluta, a adoração mística da divindade, tudo o que pudermos imaginar de mais desprendido da matéria, não é pensado pelo ser humano senão com auxílio do cérebro. Mas o cérebro não é o autor dos pensamentos: é apenas o instrumento. Se quero levantar o braço, se pretendo fazer um juramento, se tomo uma deliberação, é o meu espírito que atua. A causa da ação está nele e não no sistema nervoso e muscular que lhe obedece automaticamente (64, v. 1, cap. 7).

[...] é o equipamento orgânico de maior complexidade que se conhece, cujas funções múltiplas deslumbram ainda os maiores conhecedores dos seus mecanismos. Não apenas responde pela exteriorização da vida mental, mas é responsável também por quase todas, senão todas, as manifestações e ocorrências físicas. Resistente e delicado ao mesmo tempo, é o conjunto eletrônico mais sensível e completo que o homem jamais conheceu (83, Prejuízos e conquistas espirituais).

O cérebro – onde se impregna a mente, o cerne da alma – é a jazida inesgotável dos pensamentos (86, L. 5, cap. 2).

[...] instrumento das manifestações, dos produtos da faculdade pensante (139, Introd.).

[...] o cérebro ativo é um centro de ondas em movimento constante [...] (163, cap. 34).

As células do cérebro humano são reservatórios de ideias, conceitos, palavras e frases ali armazenadas pela educação intelectual do médium, ou conservadas do labor de existências anteriores. [...] (209, Mártires do Cristianismo).

[...] Todo cérebro é repositório de sugestões de vários cérebros espirituais, bastando, para isso, os fatores da semelhança e reflexão (219, Nem mesmo Jesus).

[...] o cérebro de carne é um instrumento delicado, incapaz de suportar a carga de duas vidas. [...] (264, cap. 13).

[...] é aparelho de potencial reduzido, dependendo muito da iluminação de seu detentor, no que se refere à fixação de determinadas bênçãos divinas. [...] (267, cap. 8).

[...] Ora, o cérebro é o instrumento que traduz a mente, manancial de nossos pensamentos. Através dele, pois, unimo-nos à luz ou à treva, ao bem ou ao mal (268, cap. 3).

[...] O cérebro real é aparelho dos mais complexos, em que o nosso *eu* reflete a vida. Através dele, sentimos os fenômenos exteriores segundo a nossa capacidade receptiva, que é determinada pela experiência; por isto, varia ele de criatura a criatura, em virtude da multiplicidade das posições na escala evolutiva. [...] (268, cap. 4).

[...] O cérebro é o órgão sagrado de manifestação da mente, em trânsito da animalidade primitiva para a espiritualidade humana (268, cap. 4).

O cérebro é o dínamo que produz a energia mental, segundo a capacidade de reflexão que lhe é própria; no entanto, na Vontade temos o controle que a dirige nesse ou naquele rumo, estabelecendo causas que comandam os problemas do destino (282, cap. 2).

O cérebro físico é um gabinete escuro, proporcionando [...] [ao Espírito] ensejo de recapitular e reaprender (290, cap. 2).

[...] O cérebro é instrumento de transmissão do pensamento e da vontade assim como o aparelho de TV é mecanismo transmissor da imagem e do som (312, cap. 2).

Podemos partir para novas conclusões que nos aproximarão da proposta que a Doutrina Espírita nos oferece, que é a de que o cérebro não passa de mecanismo de ligação e manifestação do Espírito no corpo carnal. [...] (315, pt. 2, 9).

[...] O cérebro é o dínamo que produz energia mental, segundo a capacidade de reflexão que lhe é própria; [...] (328, cap. 3.1).

Cérebro etéreo

[...] *cérebro etéreo*, sede da personalidade integral subconsciente, provida de faculdades de sentido supranormal (20, cap. 4).

CESTA DE BICO

[...] consiste em adaptar-se à cesta uma haste inclinada, de madeira, prolongando-se dez a quinze centímetros para o lado de fora, na posição do mastro de gurupés, numa embarcação. Por um buraco aberto na extremidade dessa haste, ou bico, passa-se um lápis bastante comprido para que sua ponta assente no papel. Pondo o médium os dedos na borda da cesta, o aparelho todo se agita e o lápis escreve, como no caso [da cesta-pião], com a diferença, porém, de que, em geral, a escrita é mais legível, com as palavras separadas e as linhas sucedendo-se paralelas, como na escrita comum, por poder o médium levar facilmente o lápis de uma linha a outra. Obtém-se assim dissertações de muitas páginas, tão rapidamente como se se escrevesse com a mão (107, it. 154).

Vários outros dispositivos foram imaginados para alcançar o mesmo objetivo. O mais cômodo é o que denominaremos cesta de bico, e que consiste em adaptar sobre a cesta uma haste de madeira inclinada, fazendo saliência de 10 a 15 centímetros de lado, na posição do mastro da proa de um navio. [...] (319, cap. 4).

CESTA-PIÃO

[...] [É] uma cestinha de 15 a 20 centímetros de diâmetro (de madeira ou de vime, a substância pouco importa). Se fizermos passar pelo fundo dessa cesta um lápis e o prendermos bem, com a ponta de fora e para baixo; se mantivermos o aparelho assim formado em equilíbrio sobre a ponta do lápis, apoiado este sobre uma folha de papel, e apoiarmos os dedos nas bordas da cesta, ela se porá em movimento; mas, em vez de girar, fará que o lápis percorra, em diversos sentidos, o papel, traçando riscos sem significação ou letras. Se se evocar um Espírito que queira comunicar-se, ele responderá não mais por meio de pancadas, como na tiptologia, porém, escrevendo palavras. O movimento da cesta já não é automático, como no caso das mesas girantes; torna-se inteligente. Com esse dispositivo, o lápis, ao chegar à extremidade da linha, não volta ao ponto de partida para começar outra, continua a mover-se circularmente, de sorte que a linha escrita forma uma espiral, tornando necessário voltear muitas vezes o papel para se ler o que está grafado. Nem sempre é muito legível a escrita assim feita, por não ficarem separadas as palavras. Entretanto, o médium, por uma espécie de intuição, facilmente a decifra. [...] (107, it. 153).

No começo deste capítulo dissemos que uma pessoa dotada de uma aptidão especial pode imprimir um movimento de rotação a um objeto qualquer. Tomemos por exemplo, [...]. Designaremos esta cesta pelo nome de cesta-pião (319, cap. 4).

CETICISMO

[...] uma doença do Espírito. Destrói, aniquila a confiança que devemos depositar em nós mesmos, em nossos recursos ocultos [...] (47, cap. 21).

Doutrina filosófica que induz o homem a duvidar de tudo (178, Glos.).

CÉU

Em geral, a palavra céu designa o espaço indefinido que circunda a Terra, e mais particularmente a parte que está acima do nosso horizonte. Vem do latim *coelum*, formada do grego *coilos*, côncavo, porque o céu parece uma imensa concavidade.
Os antigos acreditavam na existência de muitos céus superpostos, de matéria sólida e transparente, formando esferas concêntricas e tendo a Terra por centro.
[...] Segundo a opinião mais comum, havia sete céus e daí a expressão – *estar no sétimo céu* – para exprimir perfeita felicidade.

[...] A teologia cristã reconhece três céus: o primeiro é o da região do ar e das nuvens; o segundo, o espaço em que giram os astros, e o terceiro, para além deste, é a morada do Altíssimo, a habitação dos que o contemplam face a face. [...]

As diferentes doutrinas relativamente ao paraíso repousam todas no duplo erro de considerar a Terra centro do Universo, e limitada a região dos astros (104, pt. 1, cap. 3, it. 1 e 2).

[...] é o espaço universal; são os planetas, as estrelas e todos os mundos superiores, onde os Espíritos gozam plenamente de suas faculdades, sem as tribulações da vida material, nem as angústias peculiares à inferioridade (106, q. 1016).

[...] O Céu é o espaço infinito, a multidão incalculável de mundos [...] (66, t. 4, cap. 1).

[...] o Céu que Deus prometeu aos que o amam é também um livro, livro variado, magnífico, cada uma de cujas páginas deve proporcionar-nos emoções novas e cujas folhas os séculos dos séculos mal nos consentirão voltar até a última (134, 6ª efusão).

O Céu de Jesus é o reinado do Espírito, é o estado da alma livre, que, emancipando-se do cativeiro animal, ergue altaneiro voo sem encontrar mais obstáculos ou peias que a restrinjam (222, O Céu de Jesus).

O Céu representa uma conquista, sem ser uma imposição (231, cap. 2).

[...] em essência, é um estado de alma que varia conforme a visão interior de cada um (262, Céu).

[...] o céu começará sempre em nós mesmos [...] (262, Céu e inferno).

Toda a região que nomeamos não é mais que uma saída gloriosa com milhões de portas abertas para a celeste ascensão (291, cap. 57).

Céu – esferas espirituais santificadas onde habitam Espíritos Superiores que exteriorizam, do próprio íntimo, a atmosfera de paz e felicidade (307, cap. 8).

Céu ou inferno

Céu ou inferno, portanto, são dependências que construímos em nosso íntimo, vitalizadas pelas aspirações e mantidas a longo esforço pelas atitudes que imprimimos ao dia a dia da existência. [...] (78, cap. 4).

CHAKRA

Palavra sânscrita que significa roda. Igualmente conhecida, em páli, como *Chakka*. [...] centros vitais que se encontram em perfeito comando dos órgãos fundamentais da vida, espalhados na fisiologia somática, a saber: *coronário*, também identificado como a *flor de mil pétalas*, que assimila as energias divinas e comanda todos os demais, instalado na parte central do cérebro, qual santuário da vida superior – sede da mente –, responsável pelos processos da razão, da morfologia, do metabolismo geral, da estabilidade emocional e funcional da alma no caminho evolutivo; *cerebral* ou *frontal*, que se encarrega do sistema endocrínico, do sistema nervoso e do córtice cerebral, respondendo pela transformação dos neuroblastos em neurônios e comandando desde os neurônios às células efetoras; *laríngeo*, que controla os fenômenos da respiração e da fonação; *cardíaco*, que responde pela aparelhagem circulatória e pelo sistema emocional, sediado entre o externo e o coração; *esplênico*, que se responsabiliza pelo labor da aparelhagem hemática, controlando o surgimento e morte das hemácias, volume e atividade na manutenção da vida; *gástrico*, que conduz a digestão, assimilação e eliminação dos alimentos encarregados da manutenção do corpo; *genésico*, que dirige o santuário da reprodução e engendra recursos para o perfeito entrosamento dos seres na construção dos ideais de engrandecimento e beleza em que se movimenta a Humanidade (74, cap. 4).

Ver também CENTRO DE FORÇA
e DISCO ENERGÉTICO

CHAVE DO REINO DOS CÉUS

[...] o conhecimento exato dos meios de chegar-se à perfeição moral (182, v. 2).

CHEFE DO ESPIRITISMO

[...] Se nos consideram como seu chefe [do Espiritismo], é devido à posição que nos dão nossos trabalhos, e não em virtude de uma decisão qualquer. Nossa posição é a que qualquer um de nós poderia tomar antes de nós; nosso direito, o que tem todo mundo de trabalhar como entende e de correr o risco do julgamento do público (103, cap. 20).

CHICO XAVIER

ver XAVIER, FRANCISCO CÂNDIDO

CHOQUE ANÍMICO

[...] Da mesma forma que, na terapia do eletrochoque, aplicada a pacientes mentais, os Espíritos que se lhes imantam recebem a carga de eletricidade, deslocando-se, com certa violência dos seus *hospedeiros*, aqui o aplicamos, através da psicofonia atormentada, que preferimos utilizar com o nome de *incorporação*, por parece-nos mais compatível com o tipo de tratamento empregado, e colhemos resultados equivalentes.

[...] Trazido o Espírito rebelde ou malfazejo ao fenômeno da incorporação, o perispírito do médium transmite-lhe alta carga fluídica *animal*, chamemo-la assim, que bem comandada aturde-o, fá-lo quebrar algemas e mudar a maneira de pensar [...] (77, cap. 11).

CHOQUE DE RETORNO

ver LEI DE CAUSA E EFEITO

CHORO E RANGER DE DENTES

As locuções – *choro, ranger de dentes* – são empregadas em sentido alegórico. Exprimem as torturas morais por que forçosamente tem de passar o Espírito endurecido e consciente de que esse endurecimento é a causa única de seu sofrer (193).

O choro e o ranger de dentes simbolizam as torturas morais na erraticidade e os sofrimentos da encarnação em mundos inferiores à Terra (193).

CIDADES DE ISRAEL

As cidades de Israel são, sob o *véu da alegoria*, todas as nações da Terra [...] (182, v. 2).

CIDADES ESPIRITUAIS

As cidades espirituais elevadas possuem atividades avançadas de aprendizagem e de trabalhos que as criaturas da Terra estão muito longe de imaginar e mais distantes ainda da possibilidade de realização semelhante aqui, na vida física. Dentre os trabalhos organizados e eficientes na área do esclarecimento, para um grande número de espíritos desencarnados, encontram-se também os estudos quanto ao tema *sexo*, o qual é tratado com seriedade, profundidade e disciplina, obedecendo a um programa preestabelecido (12, cap. 15).

CIÊNCIA

[...] O conjunto dos raciocínios sobre os quais se apoiam os fatos constitui a Ciência, Ciência ainda muito imperfeita, é verdade, cujo apogeu ninguém pretende ter atingido; enfim, uma Ciência em seus primórdios, e vossos estudos se dirigem para a pesquisa de tudo quanto possa alargá-la e constituí-la. [...] (103, cap. 5).

[...] a Ciência procura demonstrar a relatividade do conhecimento em torno da verdade que está além do campo da percepção finita do ser humano (75, Incerteza).

[...] é fonte de luz para o desenvolvimento da nossa inteligência, fator importante de progresso intelectual. [...] (193).

[...] a Ciência não é mais que o conjunto das concepções de um século, que a Ciência do século seguinte ultrapassa e submerge. [...] (202, Cristianismo e Espiritismo).

[...] A Ciência legítima é a conquista gradual das forças e operações da Natureza, que se mantinham ocultas à nossa acanhada apreensão. E como somos filhos do Deus Revelador, infinito em grandeza, é de esperar tenhamos sempre à frente ilimitados campos de observação, cujas portas se abrirão ao nosso desejo de conhecimento, à maneira que engrandeçam nossos títulos meritórios. [...] (268, cap. 9).

Ciência Espírita

[...] Desenvolvida, a ciência espírita, nada mais faz que formular, tirar do nevoeiro ideias já existentes em seu foro íntimo; daí por diante o futuro se apresenta com objetivo claro, preciso, perfeitamente definido; já não marcha ao sabor das ondas: vê o seu caminho. Não é mais esse futuro de felicidade ou de desgraça que a razão não podia compreender e que, por isso mesmo, o repelia; é um futuro racional, consequência das próprias Leis da Natureza, capaz de suportar o exame mais severo. [...] (103, cap. 7).

A ciência espírita compreende duas partes: experimental uma, relativa às manifestações em geral; filosófica, outra, relativa às manifestações inteligentes. [...] (106, Introd.).

Ver também ESPIRITISMO

Ciência materialista

A ciência materialista é um antemural às indagações do pensamento ainda preso aos velhos prejuízos da Humanidade (151, Pról.).

CIRCUITO MEDIÚNICO

[...] O circuito mediúnico se forma no momento em que a vontade-apelo ou adesão-ativa dirigida ao médium é acolhida e este emite de volta ao comunicante uma adesão-passiva ou vontade-resposta, [...] (347, p. 2, cap. 28).

CIRCUNCISÃO

O ritual que marcava a ligação com Deus era a circuncisão, desde os tempos remotos de Abraão (330, cap. 5).

CIRCUNSTÂNCIA REFLEXA

[...] as imagens destrutivas que [o homem] arquivou em sua mente, se desdobrarão, diante dele, através do fenômeno a que podemos chamar de *circunstâncias reflexas*, dando azo a recônditos desequilíbrios emocionais que o situarão, logicamente, em contato com as forças desequilibradas que se lhe ajustam ao temporário modo de ser. [...] (231, cap. 7).

CIÚME

[...] ter ciúme é sofrer por perceber a felicidade do outro quando a gente não está perto. [...] (204, Juventude – tempo de fazer escolhas).

CIVILIZAÇÃO

A história das civilizações terrestres é a da lenta evolução de um conjunto heterogêneo de Espíritos falidos, em regime de provas e expiações. [...] (188, cap. 6).

[...] a civilização é a grande oficina onde cada um deixa estereotipada a própria obra (250, cap. 17).

Cada civilização é precioso curso de experiências [...] (262, Evolução e livre-arbítrio).

CLARIAUDIÊNCIA / clariaudição

Clariaudiência é a faculdade pela qual a pessoa ouve os Espíritos com nitidez (161, cap. 16).

[...] clariaudição, ou seja, o poder de ouvir aquilo que o ouvido físico normal não pode abranger. [...] (344, cap. 2).

A clariaudiência é a percepção suprassensória de sons ou vozes que estão fora do alcance da acuidade auditiva fisiológica. [...] (344, cap. 3).

Clariaudiência e clarividência

[...] Os termos clariaudiência e clarividência traduzem a faculdade, que algumas pessoas têm, de ouvir o que para os outros é inaudível, e de ver o que normalmente ninguém vê. [...] (63, cap. 4).

CLARIVIDÊNCIA

[...] É um atributo da alma, uma faculdade inerente a todas as partes do ser incorpóreo que existe em nós e cujos limites não são outros senão os assinados à própria alma. O sonâmbulo vê em todos os lugares aonde sua alma possa transportar-se, qualquer que seja a longitude (106, q. 455).

[...] antes de classificar entre os fenômenos telestésicos um caso de clarividência, é preciso indagar se ele se pode esclarecer por meio de modalidades outras, mediante as quais se verificam os fenômenos telepáticos e também, às vezes, os de *criptomnesia*, como, por exemplo, nos de encontro de objetos perdidos, graças a um sonho revelador. Segue-se daí que, aplicando esta regra às manifestações da clarividência em geral, verificamos poderem ser os fenômenos presumidos de *visão ou percepção supranormal* reduzidos à transmissão ou leitura de pensamento, e, em parte, a fenômenos de *criptomnesia* (23, Os fenômenos de telestesia).

Sob o nome de clarividência ou lucidez, designa-se a faculdade de adquirir conhecimentos precisos *sem o socorro dos sentidos normais e sem leitura de pensamentos* (90, pt. 1, cap. 2).

Clarividência é a faculdade pela qual a pessoa vê os Espíritos com grande clareza (161, cap. 16).

A causa da clarividência do sonâmbulo magnético e do sonâmbulo natural é exatamente a mesma: é um atributo da alma, uma faculdade inerente a todas as partes do ser incorpóreo que existe em nós. O sonâmbulo vê em todo lugar onde sua alma possa transportar-se, seja qual for a distância (311, pt.3, cap. 3.1).

Clarividência, segundo o Dr. Lobo Vilela (1958, p. 172), é a percepção de objetos ou de acontecimentos em condições que a tornam inexplicável por processos normais. [...]

Ernesto Bozzano, em seu magnífico *Animismo ou espiritismo?*, fala, com muita propriedade, nos "sentidos espirituais da personalidade humana". A clarividência é, [...].

A clarividência é, pois, uma faculdade psicossensória supranormal, é um sentido espiritual do ser humano. É a visão do Espírito, também chamada lucidez por antigos magnetizadores, [...] (344, cap. 2).

Ver também ADIVINHAÇÃO, PRECOGNIÇÃO *e* RETROCOGNIÇÃO

CLONAGEM

Clonagem é a técnica em cultura de tecidos, pela qual todas as células obtidas provêm de uma só delas, podendo todas se reproduzirem sob a forma de células idênticas – clones (*Clone* do grego *klon* = broto).

Tais organismos são produzidos por um único indivíduo, através de multiplicação vegetativa ou assexuada. Um exemplo de clone é uma colônia de bactérias, pois uma única bactéria, dividindo-se, produz milhões de descendentes.

Essa técnica é do domínio científico há muitos anos (desde 1952), sendo utilizada apenas em animais – sapos, ratos de laboratório, coelhos, ovelhas e vacas – e plantas de interesse econômico. Isso até out. 1993. (116, Clonagem).

CLONIZAÇÃO

Clonização deriva do termo grego *klon*, broto, ramo, galho. É, portanto, basicamente, um processo de enxertia (146, cap. 12).

CODIFICAÇÃO

Não precisamos ser passadistas ou tradicionalistas incondicionais, o que seria muito exagero, mas não podemos abraçar tudo quanto apareça, pelo fato de ser novo, ou trazer rótulo novo, em detrimento da espinha dorsal da construção espírita: a Codificação de Allan Kardec. Tem ela mais de cem anos, no entanto, o pensamento está bem vivo, não se apagou nem se confundiu na voragem das ideias tumultuárias. Devemos apreciar e estimular os trabalhos novos, mas temos de reconhecer uma realidade – para que possamos compreender, por exemplo, André Luiz, Emmanuel e tantos outros autores, do Mundo Espiritual, e do mundo terreno também, precisamos conhecer, antes de tudo, a Codificação de Allan Kardec (6, cap. 12).

A Codificação de Allan Kardec continua a ser fonte principal. As obras dos chamados autores clássicos de literatura espírita, como Delanne, Denis, Aksakof, Bozzano, Imbassahy, não perderam a consistência e ainda têm respostas convincentes.

Quanta coisa se ouve e lê, por aí, como inteiramente nova ou como se fosse a última palavra, mas já foi dita por autores que representam, de fato, a cultura espírita no tempo e no espaço (6, cap. 35).

[...] O surto de literatura mediúnica também provocou uns tantos arrebatamentos no meio espírita, chegando-se a falar até em *nova doutrina*, como também se disse que

André Luiz teria dado a *quarta revelação,* e assim por diante. Claro que a literatura mediúnica, fonte de conhecimento e consolo, trouxe luminosos enriquecimentos à nossa experiência, mas a base da cultura espírita continua a ser a Codificação de Kardec, pois é através dela que se adquire o lastro de noções que nos permitem chegar ao pensamento de André Luiz, de Emmanuel e outros Espíritos missionários.. (6, cap. 36).

A Codificação realizada por Allan Kardec é a moral superior do Cristo ativando a reeducação das possibilidades humanas para a aceitação do divino convite (165, Um pouco de raciocínio).

O trabalho de Allan Kardec não foi somente o de codificar os ensinos dos Espíritos; é preciso enfatizar a sua condição de autor, ou co-autor, da Codificação Espírita. A elaboração do Espiritismo expressa o pensamento de Kardec e da Falange do Espírito de Verdade, pois sabemos que Espíritos Superiores têm uma sintonia e interação tão perfeitas que podem falar uns com os outros (194, Kardec: A missão).

COLABORAR

[...] Colaborar é ajudar ao semelhante nas suas tarefas [...].

Colaborar é ser gentil, prestar favores, ainda que pequenos (62, cap. 4).

CÓLERA

[...] a cólera, a malquerença, o ódio, o rancor e os pensamentos de vingança são forças negativas que destroçam o equilíbrio mental, espiritual e até mesmo físico de quem as alimenta [...] (29, O amor aos inimigos).

A cólera é, sem dúvida, filha do orgulho. Com efeito, basta que se faça uma alusão a certo defeito nosso; uma comparação que nos rebaixe ou simplesmente nos seja desfavorável; uma crítica, ainda que sincera e construtiva, a qualquer realização de que tenhamos sido responsáveis; ou que alguém desatenda a uma ordem, esqueça uma recomendação ou contrarie uma opinião nossa, para que a irritação se instale em nosso espírito, nos faça perder a razão e nos impila à violência verbal ou física. [...]

A verdade, porém, é que a cólera, como de resto todos os vícios, é uma imperfeição de nosso espírito, respondendo cada um por todos os desatinos que venha a praticar nesse estado (30, cap. 5).

[...] é um perseguidor cruel (265, Os maiores inimigos).

O grito de cólera é um raio mortífero, que penetra o círculo de pessoas em que foi pronunciado e aí se demora, indefinidamente, provocando moléstias, dificuldade e desgostos. [...]

A cólera é a força infernal que nos distancia da paz divina (266, cap. 27).

[...] é gatilho à violência [...] (292, Palavra).

COLÔNIA PERTURBADORA

Para muitas criaturas, é difícil compreender a arregimentação inteligente dos espíritos. Entretanto, é lógica e natural. Se ainda nos situamos distantes da santidade, não obstante os propósitos superiores que já nos orientam, que dizer dos irmãos infelizes que se deixaram prender, sem resistência, às teias da ignorância e da maldade? Não conhecem região mais elevada que a esfera carnal, a que ainda se ajustam por laços vigorosos. Enleados em forças de baixo padrão vibratório, não apreendem a beleza da vida superior e, enquanto mentalidades frágeis e enfermiças se dobram humilhadas, os gênios da impiedade lhes traçam diretrizes, enfileirando-as em comunidades extensas e dirigindo-as em bases escuras de ódio aviltante e desespero silencioso. Organizam, assim, verdadeiras cidades, em que se refugiam falanges compactas de almas que fogem, envergonhadas de si mesmas, ante quaisquer manifestações da divina luz. Filhos da revolta e da treva aí se aglomeram, buscando preservar-se e escorando-se, aos milhares, uns nos outros [...]. Tais colônias perturbadoras devem ter começado com as primeiras inteligências terrestres entregues à insubmissão e à indisciplina, ante os ditames da Paternidade Celestial. A alma caída em vibrações desarmônicas, pelo abuso da liberdade que lhe foi confiada, precisa tecer os fios do reajustamento próprio e milhões de irmãos nossos se recusam a semelhante esforço, ociosos e impenitentes, alongando o labirinto em que muitas vezes se perdem por séculos. Inabilitados para a jornada imediata, rumo ao céu, em virtude das paixões devastadoras que os magnetizam, arrebanham-se de conformidade com as tendências inferiores em que se afinam, ao redor da crosta terrestre, de cujas emanações e vidas inferiores ainda se nutrem, qual ocorre aos próprios homens encarnados. O objetivo essencial de tais exércitos sombrios é a conservação do primitivismo mental da criatura humana, a fim de que o planeta permaneça, tanto quanto possível, sob seu jugo tirânico (264, cap. 2).

COMEÇO DOS TEMPOS

[...] Esta expressão, *começo dos tempos*, é antes uma figura que implica a ideia de uma anterioridade *ilimitada*. [...] (104, pt. 1, cap. 8, it. 4).

COMISSÃO CENTRAL

Em vez de um chefe único, a direção será confiada a uma *comissão central* permanente, cuja organização e atribuições se definam de maneira a não dar azo ao arbítrio. [...]

A comissão central será, pois, a cabeça, o verdadeiro chefe do Espiritismo, chefe coletivo, que nada poderá sem o assentimento da maioria. Suficientemente numeroso para se esclarecer por meio da discussão, não o será bastante para que haja confusão (109, pt. 2).

COMPAIXÃO

[...] é o sentimento que melhor a ela [caridade] conduz, porque a compaixão, quando real, provoca a ação, tendo por impulsores a abnegação e o sacrifício, degraus maravilhosos que suavemente elevam o ser às alturas da perfeição e que ele sobe auxiliado pelas asas das virtudes que caracterizam a caridade (2, cap. 7).

A compaixão é um sentimento enriquecedor, especialmente para aquele que a sente, porque se amplia na direção de todos sem qualquer reserva ou discriminação. A vida é o seu campo de ação, no qual se expande como um recurso de paciência e de misericórdia em relação às demais formas consoante se expresse.

Acima da piedade fraternal, a compaixão é mais ampla, podendo ser essa *virtude* ampliada a um grau maior, sem a pena que se dedica a alguém, tornando-o incapaz de levantar-se, quando caído, ou de prosseguir, se desfalecente [...] (75, Compaixão, amor e caridade).

A compaixão irrompe a qualquer momento especial, em situação específica de dor que chama a atenção, necessitando de expressar-se em solidariedade e entendimento acima das paixões servis.

Enternece, sem diminuir a força de seu poder espiritual, apaziguando as ansiedades pessoais e as do outro (75, Compaixão, amor e caridade).

Compaixão é a porta que se nos abre no sentimento para a luz do verdadeiro amor, entretanto, notemos: ninguém adquire a piedade sem construí-la (243, cap. 15).

A compaixão é um sentimento nobre que sensibiliza primeiro a quem o sente e depois toca o coração do outro, alterando sentimentos e posições no relacionamento humano. [...] (338, A compaixão).

A compaixão é apanágio da evolução, que todos devem vivenciar a qualquer custo. Quanto mais é postergada, tanto mais difícil torna-se de ser praticada (341, p. 1, cap. 3).

Ver também PENA

COMPANHEIRO

Companheiro é o que colabora sem constranger (232, cap. 16).

COMPLETISTA

É o título que designa os raros irmãos que aproveitaram todas as possibilidades construtivas que o corpo terrestre lhes oferecia. [...] O *completista* na qualidade de trabalhador leal e produtivo, pode escolher, à vontade, o corpo futuro, quando lhe apraz o regresso à crosta em missão de amor e iluminação, ou recebe veículo enobrecido para o prosseguimento de suas tarefas, a caminho de círculos mais elevados de trabalho (267, cap. 12).

COMPREENDER

Compreender, no bom sentido, é ver para abençoar, aliviar, amparar, construir ou reconstruir (291, cap. 4).

COMPREENSÃO

Essas palavras: *Que entre vós haja compreensão*, encerram todo um ensinamento. Devemos compreender, e procuramos compreender, porque não queremos crer como cegos: o raciocínio é o facho luminoso que nos guia. Mas o raciocínio de uma só pessoa pode transviar-se, razão por que quisemos nos reunir em sociedade, a fim de nos esclarecer mutuamente pelo concurso recíproco de nossas ideias e observações. [...] (103, cap. 5).

COMPORTAMENTO

Um comportamento dinâmico sob inspiração dos sentimentos dignos do ser profundo não opera cansaço nem sofreguidão, não produz inquietação nem marasmo, porque é sempre renovador, em face da vitalidade que possui (75, Inconsciência de si mesmo).

COMUNHÃO

[...] O termo comunhão significa mesmo correspondência íntima entre dois ou mais indivíduos identificados num determinado propósito (223, cap. 1).

Comunhão dos Santos

[...] Atualmente é esta comunicação dos Espíritos reconhecida no Credo da Cristandade sob a denominação de *Comunhão dos Santos* (157, Notas gerais).

Ver também MEDIUNIDADE

COMUNICAÇÃO

[...] A comunicação de um com outro aqui [no mundo etéreo] se faz mentalmente e não mediante o emprego de palavras como na Terra. É precisamente como se disséssemos que a mente de um Espírito se põe em contato telepático com a mente de outro com quem se comunica (63, cap. 10).

A comunicação dos Espíritos é a Mensagem da Luz convidando o homem ao preparo para a união com Deus (165, Um pouco de raciocínio).

Comunicação dos Espíritos

É notável que as comunicações dos Espíritos tenham tido um caráter especial em cada período [do Espiritismo]: no primeiro eram frívolas e levianas; no segundo foram graves e instrutivas; a partir do terceiro eles pressentiram a luta e suas diferentes peripécias. A maior parte das que se obtém hoje nos diversos centros tem por objetivo prevenir os adeptos contra as intrigas de seus adversários. Assim, por toda parte são dadas instruções a este respeito, como por toda parte é anunciado um resultado idêntico. [...] (103, cap. 15).

Comunicação frívola

As *comunicações frívolas* emanam de Espíritos levianos, zombeteiros, ou brincalhões, antes maliciosos do que maus, e que nenhuma importância ligam ao que dizem. Como nada de indecoroso encerram, essas comunicações agradam a certas pessoas, que com elas se divertem, porque encontram prazer nas confabulações fúteis, em que muito se fala para nada dizer. Tais Espíritos saem-se às vezes com tiradas espirituosas e mordazes e, por entre facécias vulgares, dizem não raro duras verdades, que quase sempre ferem com justeza. [...] (107, it. 135).

Comunicação grosseira

[...] As comunicações grosseiras e inconvenientes, ou simplesmente falsas, absurdas e ridículas, não podem emanar senão de Espíritos inferiores: o simples bom senso o indica. Esses Espíritos fazem o que fazem os homens que são ouvidos complacentemente: ligam-se àqueles que admiram as suas tolices e, frequentemente, se apoderam deles e os dominam a ponto de os fascinar e subjugar. [...] (103, cap. 6).

Comunicações grosseiras são as concebidas em termos que chocam o decoro. Só podem provir de Espíritos de baixa estofa, ainda cobertos de todas as impurezas da matéria, em nada diferem das que provenham de homens viciosos e grosseiros. Repugnam a quem quer que não seja inteiramente baldo de toda a delicadeza de sentimentos, pela razão de que, acordemente com o caráter dos Espíritos, elas serão triviais, ignóbeis, obscenas, insolentes, arrogantes, malévolas e mesmo ímpias (107, it. 134).

Comunicação instrutiva

Instrutivas são as comunicações sérias cujo principal objeto consiste num ensinamento qualquer, dado pelos Espíritos, sobre as ciências, a moral, a filosofia, etc. São mais ou menos profundas, conforme o grau de elevação e de desmaterialização do Espírito.

[...] Qualificando de *instrutivas* as comunicações, supomo-las *verdadeiras*, pois o que não for *verdadeiro* não pode ser *instrutivo*, ainda que dito na mais imponente linguagem. [...] (107, it. 137).

Comunicação inteligente

[...] Dirigimos nossas investigações sobre tudo quanto possa esclarecer a nossa marcha, fixando-nos de preferência às comunicações inteligentes, fontes da filosofia espírita, cujo campo é ilimitado e bem mais amplo do que as manifestações puramente materiais, que só despertam interesse momentâneo (103, cap. 5).

[...] [consiste] na troca regular de pensamentos por meio de sinais, da palavra e, principalmente, da escrita (108, cap. 1, it. 34).

Ver também EFEITOS INTELIGENTES
e MANIFESTAÇÃO INTELIGENTE

Comunicação mediúnica entre vivos

[...] as comunicações mediúnicas entre vivos constituem a fundamental base fenomênica das pesquisas metapsíquicas, uma vez que somente por meio de tais comunicações se chega a penetrar na gênese da fenomenologia supranormal, visto que assim se fica em condições de considerar a um tempo a causa e o efeito, o agente e o percipiente do fenômeno que se tenta investigar (20, cap. 3).

Comunicação séria

As comunicações sérias são ponderosas quanto ao assunto e elevadas quanto à forma. Toda comunicação que, isenta de frivolidade e de grosseria, objetiva um fim útil, ainda que de caráter particular, é, por esse simples fato, uma comunicação séria. [...]

No tocante a comunicações *sérias*, cumpre se distingam *as verdadeiras das falsas*, o que nem sempre é fácil, porquanto, exatamente à sombra da elevação da linguagem, é que certos Espíritos presunçosos, ou pseudossábio, procuram conseguir a prevalência das mais falsas ideias e dos mais absurdos sistemas. [...] (107, it. 136).

COMUNIDADE

[...] É uma reunião de indivíduos, muitas vezes numerosíssima, e, no entanto, pode ser considerada em si mesma como um só indivíduo, como um ser uno e, não obstante, composto. [...] (40, cap. 3).

A comunidade é um conjunto de serviço, gerando a riqueza de experiência. E não podemos esquecer que a harmonia dessa máquina viva depende de nós (256, cap. 122).

CONCEITO

Os conceitos constituem a unidade estrutural do pensamento. Segundo a Lógica Formal, o conceito é uma forma de pensamento mediante a qual se exprimem as qualidades essenciais de um objeto. Pela sua própria natureza, o conceito é universal, mas alberga também as características particulares e as singularidades dos objetos. Os conceitos se originam a partir das imagens representativas, através dos processos de abstração e de generalização. Exemplificando, ao se afirmar que Sócrates é um homem, o conceito homem perde as características singulares que identificam o indivíduo Sócrates, e passa a simbolizar todos os indivíduos da espécie humana. Houve aqui a abstração dos caracteres singulares e a generalização, tornando a ideia universal.

Pela abstração perdem os conceitos as características elementares de sensorialidade. Segundo Spearman, "os conceitos vão desde ideias sobre coisas muito simples até as abstrações de alto nível, bastante distanciadas do nível do objeto". Russell afirma que "os conceitos do adulto determinam razoavelmente o que ele sabe, o que ele crê e assim, em grande parte, o que ele faz". É claro que se devem também levar em conta os outros componentes da personalidade, tais como as emoções, sentimentos, ideais, objetivos e propósitos existenciais.

Outra discriminação importante foi feita por Pfander, ao afirmar que não se deve confundir o conceito com a palavra, nem com o objeto. [...] (9, cap. 2).

CONCENTRAÇÃO

[...] A concentração é primordial condição para que a prece alcance os seus objetivos. Consiste em fixarmos a atenção num objetivo situado em nosso íntimo. A disciplina mental é a chave de uma boa concentração (62, cap. 4).

[...] é uma como disposição de espírito, a que os observadores se habituam por longa prática; é a homogeneidade do ambiente, a identidade de aspirações, com fim científico, ou moral, são as vibrações uníssonas do pensamento, é a serenidade do meio, a expectativa tranquila (98, Da fraude).

A concentração consiste na união dos pensamentos de todos num determinado assunto. Deve ser feita de olhos fechados para impedir possíveis distrações, especialmente dos que se encontram à mesa [na reunião mediúnica]. Para fazermos uma boa concentração, exercitemos o pensamento em horas determinadas, educando-o, disciplinando-o (215, cap. 4).

São muitos os fatores que contribuem para a harmonia do ambiente. Um deles é o uso da concentração, que deve caracterizar a contribuição individual, favorecendo um conjunto compenetrado da tarefa, da responsabilidade a ser cumprida. [...] (314, pt.1, cap. 3.5.3).

CONCEPÇÃO EGÍPCIA DO SER HUMANO

[...] O homem, diziam eles, é um ser tríplice: em primeiro lugar, o corpo físico, em seguida, o "ba", equivalente à alma, em terceiro, o "ka", correspondente ao perispírito na terminologia kardequiana. Inúmeras figuras humanas são representadas em duplicata nos desenhos e gravações em pedra, pelos artistas do Antigo Egito. A segunda figura é o "ka". Este é que era responsável pela vida póstuma. [...] (326, cap. 3.1).

CONCÍLIO ECUMÊNICO DE NICEIA

Primeiro Concílio ecumênico, realizado no ano 325, na cidade de Constantinopla, que condenou a doutrina arianista, o livre exercício da mediunidade e outros pontos mantidos pelos cristãos primitivos, do que redundou constituir-se marco inicial da desagregação e decomposição do Cristianismo nas suas legítimas bases de que se fizeram paradigmas Jesus, os discípulos e os seus sucessores (74, cap. 18).

[...] nos únicos Concílios de Niceia, efetuados em 325, 326 e 787, não se cogitou da veracidade dos Evangelhos. No primeiro, convocado por Constantino [...], foi imposto por violência e ameaça de excomunhão o dogma da Divindade de Jesus ou consubstancialidade do Filho de Deus com o Pai. [...] Nessa reunião também se ocuparam da celebração da Páscoa e do celibato dos padres. Em 326, só se tratou da deposição de Eusébio de Nicomédia e de Teóguis de Niceia, suspeitos de arianismo. O de 787 teve por fim anatematizar os iconoclastas e restabelecer o culto das imagens nos templos [...] (127, Veracidade dos Evangelhos).

Com influência do vencedor da ponte de Mílvius, efetua-se o Concílio Ecumênico de Niceia para combater o cisma de Ário, padre de Alexandria, que negara a divindade do Cristo. Os primeiros dogmas católicos saem, com força de lei, desse parlamento eclesiástico de 325 (230, cap. 16).

CONCÓRDIA

A concórdia é o hábito da vida em comum (219, Unânimes em Cristo).

CONDENAR

Condenar é cristalizar as trevas, opondo barreiras ao serviço da luz (256, cap. 135).

CONDESCENDÊNCIA

A condescendência é a característica mais atraente da benevolência. O condescendente consegue amizade de valia e se torna senhor de muitas almas. Mas, é uma virtude muito difícil de ser praticada com resultado, pelo cair muitas vezes a criatura no excesso, que consiste em supor que condescender significa cumplicidade com coisas e fatos inconfessáveis (2, cap. 4).

CONDICIONAMENTO PSÍQUICO

Quando há um processo de obsessão desta ou daquela natureza, o paciente possui os *condicionamentos psíquicos* – lembranças inconscientes do débito através das quais se vincula ao perseguidor –, que facultam a sintonia e a aceitação das ideias sugeridas e constrangentes que chegam do Plano Espiritual. [...] (78, cap. 4).

CONFIANÇA

A confiança não é um néctar para as suas noites de prata. É refúgio certo para as ocasiões de tormenta (232, cap. 29).

CONFISSÃO

[...] *"Confessai-vos uns aos outros"*, palavras cujo sentido era: *"Dai, uns aos outros, abertamente, testemunho da vossa fé, nada ocultando, a fim de que mutuamente vos ampareis"*. [...] significavam que, *praticando a igualdade humana, a fraternidade completa*, aquele que acabava de fazer a sua confissão sincera diante de seus irmãos reunidos ouvia em seguida, *por sua vez*, a confissão de cada um dos assistentes: de réu passava a ser juiz. Semelhante confissão, feita com *sinceridade*, refreava os homens, pelo temor que lhes causava o terem de desvendar um pensamento duvidoso que fosse, inspirava-lhes recíproca indulgência. Cada um temia o julgamento dos seus irmãos e, conseguintemente, pregava pelo exemplo a caridade fraternal. [...] (182, v. 2).

CONFLITO

Dizia Alexander que o desencadeamento de doenças psicossomáticas estariam ligadas a *conflito específico*, [...] *conflito específico*, para nós, faz parte de estrutura espiritual construída em desarmonias de outras vivências passadas e que, em posterior romagem, exteriorizam os sintomas elaborados. [...] (190, cap. 2).

CONFORMIDADE

A conformidade! Trabalhai por adquirir essa ciência divina, que nela reside toda a sabedoria moral que possais imaginar. É, sim, a Ciência das ciências, a Sabedoria das sabedorias. Porém, não espereis que isso vos venha do exterior; tem que sair de vós mesmos. A conformidade, estado glorioso, está em potência no mais íntimo do vosso ser e se vai desenvolvendo à medida que ides adquirindo maior conhecimento da Verdade Divina, à medida que vos ides emancipando de vossos vícios e defeitos e esgotando o fardo de vossas responsabilidades, que diminuem com os sofrimentos expiatórios e com as demais provas a que a Providência vos submete (2, cap. 5).

CONHECER

Conhecer é patrocinar a libertação de nós mesmos, colocando-nos a caminho de novos horizontes na vida (282, cap. 4).

CONHECIMENTO

O pensamento espírita, neste ponto, não deixa margem para muita divagação. O conhecimento há de ser limitado, porque somos naturalmente limitados. Mas o Espírito progride em conhecimento e em moralidade, cedo ou tarde, como aprendemos em *O livro dos espíritos* – questão 192. Então, à medida que o Espírito desenvolve todo o seu potencial, não apenas intelectual, mas também moralmente, tem mais possibilidades de avançar no conhecimento. Se não pode chegar à essência absoluta das coisas porque não tem instrumentos adequados a este tipo de inquirição, pelo menos adquire uma visão mais lúcida e cada vez mais profunda e ampliada.
O velho problema do conhecimento da coisa em si mesma dividiu muito os círculos filosóficos. Para uns, o conhecimento humano é todo exterior, pois ninguém chega à essência. Para outros, há possibilidades de ir além do aspecto formal. E onde a Doutrina Espírita nos deixa, a este respeito? Ela nos deixa exatamente neste ponto: embora reconhecendo a nossa incapacidade para chegar às últimas causas, temos meios de progredir no conhecimento e ultrapassar as restrições pela matéria. É questão de maturidade e perseverança, pois a verdade não está nos objetos nem tampouco nas fórmulas e nos conceitos: a verdade é luz interior! (6, cap. 34).

[...] O conhecimento é progressivo, o que significa, em última análise, que se enriquece de experiências do passado e aquisições do presente. Os fatos são os mesmos, como são as mesmas as leis e a matéria-prima da experiência científica. Mas em cada época se aplicam reflexões novas ou se aduzem elementos renovadores.

É o enriquecimento, de etapa em etapa (6, cap. 35).

[...] é fruto de longa paciência, de ardorosa boa vontade e de profunda meditação (38).

[...] [A aquisição do] conhecimento da verdade e do dever, que é o sustentáculo supremo, a mais necessária arma para as lutas da existência (45, cap. 8).

[...] é claridade que deve derruir a ignorância, começando em quem o conduz, e é sombra que se disfarça com certas excrescências morais que atestam a pequena evolução real do ser. [...] (77, cap. 8).

Asas da evolução, o conhecimento e o amor constituem a força da sabedoria que liberta a criatura (77, cap. 8).
O conhecimento real não é construção de alguns dias. É obra do tempo (232, cap. 43).

Conhecimento de si mesmo

O conhecimento de si mesmo é, portanto, a chave do progresso individual. [...] (106, q. 919).
[*Nosce te ipsum*]. Conceito que se encontra inscrito no pórtico do Santuário de Delfos, em grego: *"Gnôthi seauton"* e que significa: *Conhece-te a ti próprio*, estrutura moral da filosofia de Sócrates, na sua escola maiêutica (79, L. 1, cap. 9).

Conhecimento espírita

Ensinar a viver é a função maior do conhecimento espírita que envolve toda uma filosofia de vida capaz de garantir ao Espírito reencarnado o pleno sucesso de sua existência terrena (59, cap. 9).

[...] constitui o repositório de sabedoria que ampara o indivíduo e o impulsiona montanha acima, no rumo dos acumes (77, cap. 17).

O conhecimento espírita é orientação para a vida essencial e profunda do ser. Claro que a evolução é lei para todas as criaturas, mas o Espiritismo intervém no plano da consciência, ditando normas de comportamento, suscetíveis de traçar caminhos retos à ascensão da alma, sem necessidade de aventuras nos labirintos da ilusão que correspondem a curvas aflitivas de sofrimento (303, cap. 5).

CONSANGUINIDADE

Muitas vezes a consanguinidade constitui o cadinho purificador (263, cap. 5).

Ver também FAMILÍA *e* PARENTELA

CONSCIÊNCIA

A consciência é um pensamento íntimo, que pertence ao homem, como todos os outros pensamentos (106, q. 835).

É uma recordação intuitiva do progresso feito nas precedentes existências e das resoluções tomadas pelo Espírito antes de encarnar, resoluções que ele, muitas vezes, esquece como homem (108, cap. 3, it. 127).

Segundo o Espiritismo, os estados de consciência, que estão impregnados pela tonalidade afetiva fundamental da alma, representam, na vida espiritual, os graus de evolução espiritual da personalidade e são prontamente reconhecíveis na tonalidade da aura bem como na densidade do corpo espiritual. Isso se deve ao fato de o corpo espiritual ser muito mais psíquico que somático, se é que se possa usar esse termo por analogia (9, cap. 2).

[...] A consciência total, a verdadeira consciência engloba a lembrança das nossas passadas existências e o conhecimento das nossas existências futuras. [...] (38).

[...] consciência vigilante [...] é *Deus conosco* (86, L. 1).

[...] A única ventura real que existe na Terra, [...] a felicidade incorruptível que os bandidos não usurpam, e Deus valoriza, que o tempo não destrói, e os vermes não corroem [...] é a *pureza da consciência*, é a satisfação íntima por não haveres transgredido nenhum dos teus deveres morais, sociais e espirituais! (87, L. 3, cap. 8).

[...] representa apenas a zona da personalidade onde se realiza o *labor da construção do Eu* e de seu ulterior progresso. [...] (188, cap. 4).

A consciência é um registro da Direção Divina, impelindo-nos a regular os batimentos do coração pelo ritmo da verdadeira fraternidade (219, Equação da felicidade).

A consciência é o juiz íntegro cuja toga não se macula, e cuja sentença ouviremos sempre, quer queiramos, quer não, censurando nossa conduta irregular. Esse juiz, essa voz débil, mas insopitável, é a centelha divina que refulge através da escuridão de nossa animalidade, é o diamante que cintila a despeito da negrura espessa do rude invólucro que o circunda (223, cap. 8).

É a consciência, centelha de luz divina, que faz nascer em cada individualidade a ideia da verdade, relativamente aos problemas espirituais, fazendo-lhe sentir a realidade positiva da vida imortal, atributo de todos os seres da Criação (250, cap. 15).

[...] é Justiça Divina dentro de nós. [...] (303, cap. 35).

[...] [Situa-se] à feição de porta-voz do roteiro exato (307, cap. 84).

A consciência é o olho da justiça indefectível posto ao lado do espírito humano, e inseparável dele como a sombra é inseparável do corpo. [...] (323, cap. 35).

[...] A consciência é o verdadeiro juiz no nosso tribunal interior. [...] (330, cap. 28).

Consciência adormecida

A consciência adormecida nos painéis cerebrais, sem experiências fora das suas ramificações, permanece sempre no campo do palpável e do limitado, sem capacidade de expansão no rumo de áreas inexploradas e significativas (75, Consciência).

Consciência alterada

O nível alterado de consciência propicia ao indivíduo o registro de inúmeros acontecimentos fora da área denominada como normal, para ensejar o conhecimento da exuberante vida espiritual e a responsabilidade em torno dos compromissos existenciais que o promovem a níveis sempre mais elevados e sutis, com a eliminação das ilusões e fixações nos atavismos da extravagância e do primitivismo que remanescem na conduta, gerando perturbação, impedimento ao avanço, tédio em torno dos valores éticos já conquistados ou por adquirir (75, Consciência).

Consciência culpada

A consciência culpada é sempre porta aberta à invasão da penalidade justa ou arbitrária. E o remorso, que lhe constitui dura clave, faculta o surgimento de ideias-fantasmas apavorantes que ensejam os processos obsessivos de resgate das dívidas. [...] (78, cap. 4).

Consciência normal

O que se chama de consciência normal é o resultado da colaboração dos dois psiquismos; colaboração na qual o psiquismo superior desempenha o papel diretor e centralizador. [...] (90, pt. 1, cap. 4).

Consciência reta

O maior restaurador de forças é a consciência reta que asserena as emoções (307, cap. 32).

CONSCIENTE

O consciente (zona intermediária) [da mente], campo de atividade da vida presente, contém energias utilizáveis para as manifestações peculiares ao nosso *modo de ser* atual (164, cap. 21).

[...] O consciente é a instância da mente que alberga tudo o que estamos percebendo com os sentidos físicos; tudo do que estamos cientes em determinado momento, embora esse tudo seja um "quase nada", já que o consciente é apenas uma pequena parte do aparelho psíquico, como veremos mais adiante. [...] (311, pt.2, cap. 4).

Ver também ZONA CONSCIENTE

CONSELHO FEDERATIVO NACIONAL

O Conselho Federativo Nacional, criado pela Federação Espírita Brasileira por força do item 2º do "Pacto Áureo" - Acordo de Unificação do Movimento Espírita Brasileiro –, assinado em 5 de outubro de 1949, foi instalado em 1º de janeiro de 1950 e já completou [mais de] 50 anos de ininterrupto funcionamento. Integram-no, atualmente, as Entidades Federativas dos 26 Estados brasileiros e do Distrito Federal [...], que participam de suas reuniões ordinárias, anualmente, na sede da FEB, em Brasília. [O CFN é responsável pela coordenação do Movimento Espírita brasileiro.] (73, Apresentação).

CONSOLADOR

O Consolador, assim, personifica uma *doutrina eminentemente consoladora*, que, na época oportuna, viria trazer aos homens as consolações de que iriam precisar, pois não as encontrariam nas religiões materializadas erigidas à sombra da cruz (28, A progressividade da revelação divina 4).

É o Espiritismo, que se encontra na Terra para moralizar os homens, através do esclarecimento da verdade que liberta e salva. [...] (77, cap. 4).

O consolador é o Espiritismo [...] (59, Apresentação).

[...] entre vós já se acha o *Consolador Prometido* – a Doutrina Espírita –, fonte abundante de todas as verdades que devem substituir o edifício carcomido das vossas crenças, mostrando-vos a rota segura, a porta estreita, o coração, a alma do Divino Mestre que, perdoando os vossos erros, vos cobre com o seu divino manto de amor, conduzindo-vos à felicidade suprema! (198, cap. 9).

[...] que não é uma entidade, não é um profeta, não é um missionário, que é a essência mesma dos ensinos do Cristo, a virtude do Evangelho plantada no coração do homem, a produzir frutos pela exemplificação cotidiana (212, pt. 1, cap. 2).

[...] significa a doutrina luminosa e santa de esperança de redenção suprema das almas [...] (271, O Espiritismo no Brasil).

[...] é a escola divina destinada ao levantamento das almas. [...] (289, Do noticiarista desencarnado).

O Consolador é a onipresença de Jesus, na Terra (307, cap. 22).

O Consolador Prometido por Jesus em seu Evangelho, o qual outro não é senão o Espiritismo, [...] (335, cap. 2.4).

Ver também ESPIRITISMO

CONSTRUÇÃO DO MEIO INVISÍVEL

As construções do meio invisível são edificadas com as essências disseminadas pelo Universo infinito, para a realização dos desígnios da Providência a nosso respeito, isto é, para a criação de quanto seja útil, necessário e agradável ao nosso Espírito, quer se encontre este sobre a Terra, reencarnado, ou fruindo os gozos da Pátria Espiritual; trata-se do fluido cósmico universal, ou de certas modificações deste, de que se origina o fluido espiritual; do éter fecundado, fonte geradora de tudo quanto há dentro da Criação, inclusive os próprios planetas materiais e o nosso perispírito (168, cap. 1).

Ver também FLUIDO CÓSMICO UNIVERSAL

CONTENDA

A contenda estéril é resultado da imposição (256, cap. 49).

CONTROLE

O controle é um Espírito incumbido de supervisionar não apenas o trabalho do médium, mas também a policiar as manifestações, evitando tumultos, e disciplinando o desenrolar da tarefa mediúnica. É termo típico da terminologia inglesa (146, cap. 5).

CONVERSAÇÃO

[...] a nossa conversação [dos espíritos], por meio da palavra, não constitui mais do que uma espécie de superestrutura artificial, substancialmente inútil para a permuta das nossas ideias, que, na realidade, se opera diretamente, pela transmissão dos pensamentos... (19).

Conversação, na essência, é permuta de almas. Através da palavra, damos e recebemos. [...] (251, cap. 8).

Toda conversação prepara acontecimentos de conformidade com a sua natureza. Dentro das leis vibratórias que nos circundam por todos lados, é uma força indireta de estranho e vigoroso poder, induzindo sempre aos objetivos velados de quem lhe assume a direção intencional. [...] (274, cap. 2).

CONVICÇÃO

[...] a convicção só é adquirida em observações seguidas, e não por meio de alguns fatos isolados, sem continuidade e sem raciocínio, contra os quais a incredulidade sempre poderá levantar objeções. [...] (103, cap. 5).

[...] a observação dos fatos sem o raciocínio é insuficiente para levar a uma completa convicção, sendo considerada leviana a pessoa que se declarasse convencida de um fato cuja compreensão lhe escapasse. Essa maneira de proceder tem outro inconveniente que deve ser assinalado e do qual cada um de nós pode dar testemunho: é a mania de experimentação, que é a sua consequência natural. [...] (103, cap. 5).

[...] a verdadeira convicção só se adquire pelo estudo, pela reflexão e por uma observação contínua [...] (103, cap. 9).

[...] A verdadeira convicção é calma, refletida, motivada; revela-se, como a verdadeira coragem, pelos fatos, isto é, pela firmeza, pela perseverança e, sobretudo, pela abnegação. [...] (103, cap. 24).

Convicção espírita

[...] A convicção não se transmite, forma-se com o tempo, através da observação, do estudo, da crítica e da meditação. Quem já é convicto, porque absorveu bem os princípios espíritas e tirou as suas conclusões; quem já sabe em que terreno está pisando; quem já traçou a sua diretriz na vida pela rota do pensamento espírita, não se desencanta nem muito menos se desorienta por causa de pessoas, pois já sabe o que quer e também sabe que os homens, como as instituições, estão sujeitos a surpresas e altos e baixos do mundo terreno. Seria o caso de perguntar: Onde está a fé? Nesta ou naquela pessoa ou na mensagem espírita, que é impessoal no tempo e no espaço? [...]

Convicção é segurança interior, não é crença vacilante ou condicional por pessoas ou situações transitórias. Quem é convicto, finalmente, vê o Espiritismo pelo seu conteúdo de princípios, nunca pelas discrepâncias de ordem pessoal, nesta ou naquela parte. É a convicção que sustenta a criatura humana, exatamente nas horas mais difíceis (6, cap. 4).

Convicção espírita é galardão abençoado no aprendizado multimilenar da evolução (307, cap. 92).

Ver também FÉ RACIOCINADA

COOPERAÇÃO

A boa cooperação não é processo fácil de receber concurso *alheio*. É o meio de você ajudar ao companheiro que necessita (232, cap. 29).

[...] é o fator essencial na produção da harmonia e do bem para todos (256, cap. 130).

A cooperação espontânea é o supremo ingrediente da ordem. [...]

Cooperação significa obediência construtiva aos impositivos da frente e socorro implícito às privações da retaguarda (282, cap. 3).

CORAÇÃO

[...] O coração, por exemplo, é o recanto por onde flui o calor suave e generoso das boas impressões que ele guarda acerca da vida e das esperanças por tempos melhores. É o espaço interior propício a que se realize sua capacidade de acolher em plenitude a Lei do Amor e suas manifestações (1, O coração é o meu templo).

[...] O coração é o terreno que mais deveremos cultivar, pois é dele que nascem as forças de nossa vida. [...] (12, cap. 5).

Espontaneidade do sentimento nos nossos atos, nas ideias e em sua expressão (43, Mediunidades diversas).

[...] o coração é mais do que a bomba que impulsiona o sangue por todo o organismo.

Sendo o órgão fisiológico mais resistente que se conhece no ser pensante, porquanto começa a pulsar a partir do vigésimo quinto dia de vida do feto, continua em ação palpitando cem mil vezes diariamente, no que resultam quarenta milhões de vezes por ano, e quando cessa a vida se desorganiza, advindo a morte dos equipamentos orgânicos com a sua consequente degenerescência.

A pouco e pouco, alguns cientistas dão-se conta de que ele é portador de uma energia vital, que o mantém e o impulsiona ininterruptamente. Essa energia seria permutável, podendo ser intercambiada com outros indivíduos que se beneficiariam ou não, conforme o teor de que se constitua, positiva ou negativa, cálida ou fria, estimuladora ou indiferente.

Seguindo essa linha de raciocínio, estão concluindo que esse órgão é portador da faculdade de *pensar*, tornando afirmativa a tradicional *voz do coração* a que se referem poetas, escritores, artistas, amantes e... Jesus (75, Cérebro e coração).

Nosso coração é um templo que o Senhor edificou, a fim de habitar conosco para sempre (264, cap. 18).

Coração materno

O coração materno é uma taça de amor em que a vida se manifesta no mundo (266, cap. 3).

CORAGEM

[...] Há mais coragem e grandeza em reconhecer abertamente que se enganou, do que persistir, por amor próprio, no que se sabe ser falso, e para não se dar um desmentido a si próprio, o que acusa mais obstinação do que firmeza, mais orgulho do que razão, e mais fraqueza do que força. É mais ainda: é hipocrisia, porque se quer parecer o que não se é; além disso é uma ação má, porque é encorajar o erro por seu próprio exemplo (103, cap. 23).

CORAJOSO

Corajoso é o que nada teme de si mesmo (232, cap. 16).

CORDÃO FLUÍDICO

É interessante notar que também existem, no perispírito, estruturas semelhantes às dos centros vitais do duplo etérico. Entre cada centro do duplo etérico e o seu correspondente no perispírito observa-se a existência de laços fluido-magnéticos permanentes que os interligam e que só se rompem com a morte do corpo físico. São esses laços que, juntos, formam o geralmente denominado *cordão fluídico* ou *cordão prateado*. O cordão fluídico é elo fundamental entre corpo físico e perispírito (94, pt. 2, cap. 5).

CORPO

[...] O corpo é o invólucro material que reveste o Espírito temporariamente, para preenchimento da sua missão na Terra e execução do trabalho necessário ao seu adiantamento. [...] (104, pt. 1, cap. 3, it. 5).

[...] O corpo é apenas instrumento da alma para exercício das suas faculdades nas relações com o mundo material [...] (104, pt. 1, cap. 8, it. 10).

[...] os corpos são a individualização do princípio material. [...] (106, q. 79).

[...] é a máquina que o coração põe em movimento. [...] (106, q. 156).

[...] O corpo não passa de um acessório seu, de um invólucro, uma veste, que ele [o Espírito] deixa, quando usada. [...] (107, it. 3).

[...] invólucro material que põe o Espírito em relação com o mundo exterior [...] (108, cap. 2, it. 10).

[...] apenas um segundo envoltório mais grosseiro, mais resistente, apropriado aos fenômenos a que tem de prestar-se e do qual o Espírito se despoja por ocasião da morte (109, pt. 1, it. 10).

[...] o corpo não é somente o resultado do jogo das forças químicas, mas, sim, o produto de uma força organizadora, persistente, que pode modelar a matéria à sua vontade (4, cap. 5).

Máquina delicada e complexa é o corpo humano; os tecidos que o formam originam-se de combinações químicas muito instáveis, devido aos seus componentes; e nós não ignoramos que as mesmas leis que regem o mundo inorgânico regem os seres organizados. Assim, sabemos que, num organismo vivo, o trabalho mecânico de um músculo pode traduzir-se em equivalente de calor; que a força despendida não é criada pelo ser, e lhe provém de uma fonte exterior, que o provê de alimentos, inclusive o oxigênio; e que o papel do corpo físico consiste em transformar a energia recebida, albergando-a em combinações instáveis que a emanciparão à menor excitação apropriada, isto é, sob ação volitiva, ou pelo jogo de irritantes especiais dos tecidos, ou de ações reflexas (40, cap. 1).

O corpo de um animal superior é organismo complexo, formado por um agregado de células diversamente reunidas no qual as condições vitais de cada elemento são respeitadas, mas cujo funcionamento subordina-se ao conjunto. É como se disséssemos – independência individual, mas obediente à vida total (40, cap. 1).

[...] o invólucro corporal é construído mediante as leis invariáveis da fecundação, e a hereditariedade individual dos genitores, transmitida pela força vital, opõe-se ao poder plástico da alma. É ainda por força dessa hereditariedade que uma raça não produz seres doutra raça; que de um cão nasça um coelho, por exemplo, e mesmo, para não irmos mais longe, que uma mulher de [...] raça branca possa gerar um negro, um pele-vermelha, e vice-versa. [...] (40, cap. 5).

[...] é um todo, cujas partes têm um papel definido, mas subordinadas ao lugar que ocupam no plano geral. [...] (41, cap. 3).

[...] não passa de um vestuário de empréstimo, de uma forma passageira, de um instrumento por meio do qual a alma prossegue neste mundo a sua obra de depuração e progresso. [...] (51, cap. 3).

[...] O corpo material é apenas o instrumento ao agente desse corpo de essência espiritual [corpo psíquico]. [...] (57, pt. 2, cap. 1).

[...] Nosso corpo é o presente que Deus nos deu para aprendermos enquanto estamos na Terra.

Ele é nosso instrumento de trabalho na Terra, por isso devemos cuidar da nossa saúde e segurança física (62, cap. 4).

[...] Em o nosso mundo físico, o corpo real, ou duradouro, é um corpo etéreo ou espiritual que, no momento da concepção, entra a cobrir-se de matéria física, cuja vibração é lenta, ou, por outras palavras, se reveste dessa matéria. [...] (63, cap. 9).

Neste mundo, são duais os nossos corpos: físico um, aquele que vemos e tocamos; etéreo outro, aquele que não podemos perceber com os órgãos físicos. Esses dois corpos se interpenetram, sendo, porém, o etéreo o permanente, o indestrutível [...] (63, cap. 14).

[...] O corpo físico é apenas a cobertura protetora do corpo etéreo, durante a sua passagem pela vida terrena. [...] (63, cap. 14).

Esse corpo não é, aliás, uma massa inerte, um autômato; é um organismo vivo. Ora, a organização dum ser, dum homem, dum animal, duma planta, atesta a existência duma força organizadora, dum espírito na Natureza, dum princípio intelectual que rege os átomos e que não é propriedade deles. Se houvesse somente moléculas materiais desprovidas de direção, o mundo não caminharia, um caos qualquer subsistiria indefinidamente, sem leis matemáticas, e a ordem não regularia o Cosmos (64, v. 1, cap. 2).

[...] O nosso corpo não é mais do que uma corrente de moléculas, regido, organizado pela força imaterial que nos anima. [...] (64, v. 2, cap. 12).

[...] complexo de moléculas materiais que se *renovam* constantemente (68).

[...] é toda e qualquer quantidade de matéria, limitada, que impressiona os sentidos físicos, expressando-se em volume, peso... Aglutinação de moléculas – orgânicas ou inorgânicas – que modelam formas animadas ou não, ao impulso de princípios vitais, anímicos e espirituais. Estágio físico por onde transita o elemento anímico na longa jornada em que colima a perfeição, na qualidade de espírito puro.. (74, cap. 5).

O corpo humano [...] serve de domicílio temporário ao espírito que, através dele, adquire experiências, aprimora aquisições, repara erros, sublima aspirações.

Alto empréstimo divino, é o instrumento da evolução espiritual na Terra, cujas condições próprias para as suas necessidades fazem que a pouco e pouco abandone as construções grosseiras e se sutilize [...] serve também de laboratório de experiências, pelas quais os construtores da vida, há milênios, vêm desenvolvendo possibilidades superiores para culminarem em conjunto ainda mais aprimorado e sadio.

Formado por trilhões e trilhões de células de variada constituição, apresenta-se como o mais fantástico equipamento de que o homem tem notícia, graças à perfeição dos seus múltiplos órgãos e engrenagens [...] (74, cap. 5).

[...] Vasilhame sublime, é o corpo humano o depositário das esperanças e o veículo de bênçãos, que não pode ser desconsiderado levianamente (74, cap. 5).

O corpo é veículo, portanto, das propostas psíquicas, porém, por sua vez, muitas necessidades que dizem respeito à constituição orgânica refletem-se no campo mental. [...] o corpo é instrumento da aprendizagem do Espírito, que o necessita para aprimorar as virtudes e também para desenvolver o *Cristo interno*, que governará soberano a vida quando superar os impedimentos colocados pelas paixões desgastantes e primitivas. [...] (75, Corpo e mente).

O corpo é sublime instrumento elaborado pela Divindade para ensejar o desabrolhar da vida que se encontra adormecida no cerne do ser, necessitando dos fatores mesológicos no mundo terrestre, de forma que se converta em santuário rico de bênçãos (75, Culto ao sofrimento).

[...] Constituído por trilhões de células que, por sua vez, são universos miniaturizados [...].

[...] Um corpo saudável resulta também do processo respiratório profundo, revitalizador, de nutrição celular (75, Conquista interna).

Abafadouro das lembranças, é também o corpo o veículo pelo qual o espírito se retempera nos embates santificantes, sofrendo-lhe os impositivos restritivos e nele plasmando as peças valiosas para mais plena manifestação (76, cap. 22).

[...] é sempre para o espírito devedor [...] sublime refúgio, portador da bênção do olvido momentâneo aos males que praticamos e cuja evocação, se nos viesse à consciência de inopino, nos aniquilaria a esperança da redenção. [...] (78, cap. 7).

Sobre o corpo físico, o que se pode dizer logo de início é que ele constitui *mecanismo* extremamente sofisticado, formado de grande número de órgãos, que em geral trabalham em grupo, exercendo funções complementares, visando sempre a atingir objetivos bem determinados. Estes agrupamentos de órgãos são denominados *aparelhos* ou *sistemas* que, por sua vez, trabalham harmonicamente, seguindo a diretriz geral de manter e preservar a vida do organismo (94, pt. 1).

O corpo carnal é feito de limo, isto é, compõe-se dos elementos sólidos existentes no planeta que o Espírito tem que habitar provisoriamente. Em se achando gasto, desagrega-se, porque é matéria, e o Espírito se despoja dele, como nós nos desfazemos da roupa que se tornou imprestável. A isso é que chamamos morte. [...] (134, 9ª efusão).

[...] o corpo físico é mero ponto de apoio da ação espiritual; simples instrumento grosseiro de que se vale o Espírito para exercer sua atividade física. [...] (148, cap. 4).

[...] O corpo físico nada é senão um instrumento de trabalho; uma vez abandonado pelo Espírito, é matéria que se decompõe e deixa de oferecer condições para abrigar a alma. [...] (148, cap. 16).

[...] O nosso corpo – além de ser a vestimenta e o instrumento da alma neste plano da Vida, onde somente nos é possível trabalhar mediante a ferramenta pesada dos órgãos e membros de nosso figurino carnal – é templo sagrado e augusto. [...] (153, cap. 4).

[...] O corpo é o escafandro, é a veste, é o gibão que tomamos de empréstimo à Vida para realizarmos o nosso giro pelo mundo das formas. [...] (156, cap. 3).

A bênção de um corpo, ainda que mutilado ou disforme, na Terra [...] é como preciosa oportunidade de aperfeiçoamento espiritual, o maior de todos os dons que o nosso planeta pode oferecer (164, cap. 17).

[...] o corpo humano é apenas um aparelho delicado, cujas baterias e sistemas condutores de vida são dirigidos pelas forças do perispírito, e este, por sua vez, comandado será pela vontade, isto é, a consciência, a mente (175, cap. 10).

O *corpo carnal*, ou *corpo material terreno*, o único a constituir passageira ilusão, pois é mortal e putrescível, uma vez, que se origina de elementos exclusivamente terrenos. [...] (176, cap. 8).

[...] [no corpo] distinguimos duas coisas: a matéria animal (osso, carne, sangue, etc.) e um agente invisível que transmite ao espírito as sensações da carne, e está às ordens daquele (181, Os limites da Física).

[...] Tradicionalmente visto pelas religiões instituídas como fonte do pecado, o corpo nos é apresentado pela Doutrina Espírita como precioso instrumento de realizações, por intermédio do qual nos inscrevemos nos cursos especializados que a vida terrena nos oferece, para galgarmos os degraus evolutivos necessários e atingirmos as culminâncias da evolução espiritual. [...] (204, Adolescência – tempo de transformações).

O corpo é o primeiro empréstimo recebido pelo Espírito trazido à carne (217, cap. 34).

O corpo físico é apenas envoltório para efeito de trabalho e de escola nos planos da consciência (219, Museu de cera).

[...] é passageira vestidura de nossa alma que nunca morre. [...] (236, pt. 1, cap. 2).

O veículo orgânico para o espírito reencarnado é a máquina preciosa, capaz de ofertar-lhe às mãos de operário da Vida Imperecível o rendimento da evolução (243, cap. 33).

O corpo nada mais é que o instrumento passivo da alma, e da sua condição perfeita depende a perfeita exteriorização das faculdades do espírito. [...] (250, cap. 36).

[...] O corpo de carne é uma oficina em que nossa alma trabalha, tecendo os fios do próprio destino. Estamos chegando de longe, a revivescer dos séculos mortos, como as plantas a renascerem do solo profundo [...] (252, cap. 35).

O corpo é um batel cujo timoneiro é o espírito. À maneira que os anos se desdobram, a embarcação cada vez mais entra no mar alto da experiência e o timoneiro adquire, com isto, maior responsabilidade (255, Reflexões).

O corpo físico é máquina viva, constituída pela congregação de miríades de corpúsculos ativos, sob o comando do espírito que manobra com a rede biológica dentro das mesmas normas que seguimos ao utilizar a corrente elétrica (255, Mentalismo).

[...] o corpo físico na crosta planetária representa uma bênção de Nosso Eterno Pai. Constitui primorosa obra da Sabedoria Divina, em cujo aperfeiçoamento incessante temos nós a felicidade de colaborar. [...]

[...] O corpo humano não deixa de ser a mais importante moradia para nós outros, quando compelidos à permanência na crosta. Não podemos esquecer que o próprio Divino Mestre classificava-o como templo do Senhor (267, cap. 12).

[...] O corpo carnal é também um edifício delicado e complexo. Urge cuidar dos alicerces com serenidade e conhecimento (267, cap. 14).

[...] o corpo do homem é uma usina de forças vivas, cujos movimentos se repetem no tocante ao conjunto, mas que nunca se reproduzem na esfera dos detalhes. [...] (289, cap. 29).

[...] O corpo humano é campo de forças vivas. Milhões de indivíduos celulares aí se agitam, à moda dos homens nas colônias e cidades tumultuosas. [...] esse laboratório corporal, transformável e provisório, é o templo onde poderás adquirir a saúde eterna do Espírito. [...] (289, cap. 30).

No corpo humano, temos na Terra o mais sublime dos santuários e uma das supermaravilhas da Obra Divina (290, cap. 3).

O corpo é para o homem santuário real de manifestação, obra-prima do trabalho seletivo de todos os reinos em que a vida planetária se subdivide (290, cap. 4).

O corpo de quem sofre é objeto sagrado (307, cap. 53).

O corpo é a máquina para a viagem do progresso e todo relaxamento corre por conta do maquinista (307, cap. 55).

Ver também CARNE

Corpo astral

[...] o corpo astral ou psíquico é o mais importante de todos os corpos da Natureza, apesar de as ciências experimentais o ignorarem.

[...] Esse corpo constitui a única parte material do corpo humano, que é *imperecível*. É o *zoo-éter*, matéria primordial ou força-vital (37).

O corpo astral é, por assim dizer, imaterial, etéreo, fluídico. É por ele que o Espírito está associado ao corpo material; é o envelope da Alma, a substância física do Espírito (68).

O *corpo astral*, ou *corpo celeste*, de que tratam as Escrituras sem contudo explicá-lo, assim como muitos sábios e filósofos da Antiguidade, é a sede das sensações e das impressões que afetam a mente, é também o servo, o instrumento de que se serve a *Alma*, essência divina, para se manifestar e agir onde quer que a levem as suas múltiplas e inconcebíveis operosidades; exatamente este, com que nós ambos nos falamos neste momento, corpo que nos permite cumprir as ordenações da nossa *Alma*, da nossa vontade, e que nos torna visíveis uns aos outros na vida espiritual e até mesmo aos homens, em determinadas circunstâncias. Ora, esse *corpo astral*, delicado e sutil a tal ponto que em suas fibras luminosas se decalcam todos os nossos pensamentos, impressões, atos e realizações, tão sutil que é invisível na Terra, e só em determinadas circunstâncias será visível, é composto, por sua vez, de três elementos indestrutíveis, embora imponderáveis em relação à matéria terrena, magníficos elementos, esses, que justamente o tornam eterno como a própria *Alma*, pois ele não se corromperá jamais, jamais desaparecerá! e é ainda, por natureza, invisível como a luz, e só se alterará através da evolução, atingindo maiores possibilidades para a irradiação plena da *Alma*, ou seja, da transmissão dos pensamentos, das vontades e dos sentimentos desta. Tais elementos são: a) O fluido magnético; b) A eletricidade; c) O fluido cósmico universal [...] (176, cap. 8).

Para resumir, diremos que corpo *astral* é o duplo perfeito do nosso corpo físico; contribui para moldar este no ato do nascimento e é amoldado conforme o progresso que o Espírito tiver operado na vida. Após a morte, subsiste ainda, possuindo mesmo todas as sensações, todos os apetites do corpo físico, de acordo com a depuração do Espírito (181, Pref. do trad.).

[...] o corpo astral exteriorizado não constitui somente o suporte de uma força motora, porém que é também o portador da força vital, da força formativa, da sensibilidade e da consciência. Ele pode existir independentemente do corpo material e estar dele separado, o que equivale a afirmar a sua imortalidade [...] (181, A levitação).

Ver também PERISPÍRITO

Corpo celeste

Os corpos celestes são a expressão material das ideias originadas entre os que se acham altamente colocados nas Esferas Celestes do Poder Criador. Eles são todos e cada qual o resultado dos pensamentos e impulsos procedentes daquelas Esferas. [...] (157, cap. 6).

Ver também MUNDO *e* PLANETA

Corpo de Jesus

Segundo essa revelação [*Os quatro evangelhos*, J. B. Roustaing], Jesus não revestiu um corpo material igual ao nosso, incompatível que era, por sua pureza absoluta, com as Leis da Encarnação humana, mas, longe disso, apropriando ao nosso mundo as leis que regem a incorporação nos planetas superiores, assimilou no seu ambiente os fluidos apropriados a dar ao seu perispírito uma longa tangibilidade, não tendo, por conseguinte, da corporeidade humana mais que a aparência, suficiente aos fins messiânicos que entre nós o fizeram baixar (36, O corpo de Jesus).

[...] era celeste, perispiritual, fluídico ou divino, se assim o quiserem classificar (142, cap. 18).

Ver também INFÂNCIA DE JESUS

CORPO ESPIRITUAL

ver PERISPÍRITO

CORPO ETÉREO

ver PERISPÍRITO

CORPO FLUÍDICO

ver PERISPÍRITO

Corpo físico

O corpo físico pode ser comparado a uma indumentária de aluguel, cuja finalidade primordial é ensejar equipamento próprio para apresentação social. No caso em tela, para a experiência de evolução na Terra.

Portador de complexos equipamentos, possui mecanismos automatistas que remanescem da sua constituição em atavismo de segurança, logrados através de milênios, quando organizou e desenvolveu os recursos próprios para a sua finalidade, tornando-se portador de incoercível resistência que se reflete na conduta do Espírito que o utiliza.

Caracterizado por necessidades que se encarregam de preservar-lhe a existência, os seus são impulsos e reflexos condicionados uns e naturais outros, que, não poucas vezes, predominam na existência humana, quando o ser se permite estacionar no primarismo da condição em que se encontra.

O mundo que o cerca tem sido trabalhado de forma a proporcionar-lhe longevidade, melhor qualidade de vida, acenando-lhe prazeres e comodidades que atraem e agradam, por fazerem parte do campo das múltiplas sensações que o assinalam.

Embora caiba ao Espírito direcionar-lhe a marcha, conduzindo-o no rumo dos objetivos enobrecedores, não pode fugir às suas injunções imperiosas, que são as heranças ancestrais agora transformadas em tendências de gozo e satisfação imediatas, centralizando a atenção nesta busca desesperada.

Como consequência exige cuidados especiais e contínuos, a fim de melhor desincumbir-se das relevantes funções para as quais foi estruturado ao largo dos milhões de anos.

Resistente a situações penosas e desgastantes é, ao mesmo tempo, frágil, diante de conflitos e contaminações que o desgastam com muita facilidade. Alimentando-se do ar, da água e dos nutrientes que o revigoram e restauram o equilíbrio, também se sustenta das energias psíquicas que o irrigam de vida ou o vergastam penosamente levando-o à consumpção.

A predominância dos seus impulsos sobre o ser real que o habita tem sido responsável, pela ignorância deste, por quedas espetaculares no abismo dos vícios e das perversões mais cruéis, em cujas labaredas arde dolorosamente.

Submetê-lo a disciplinas educativas, ensejando-lhe mais valiosas possibilidades de preservação dos seus constituintes celulares é dever da consciência, que elabora os métodos de correta aplicação, do que defluem o equilíbrio e o enriquecimento dos significados morais que elevam o ser às cumeadas do progresso (75, Aflições do mundo).

Enquanto se vos concede no mundo a felicidade de permanência no corpo físico — templo de formação das nossas asas espirituais para a vida eterna — não procureis o escândalo, a distância de vosso círculo individual! (349, cap. 26).

Corpo mental

Corpo mental – Por revestir todas as camadas do inconsciente, representaria o envoltório da mente ou espírito propriamente dito. Com isso, seria zona possuidora, em grau elevado, de todas as características funcionais do superconsciente e zona divisória entre o Mundo Espiritual e material. Bem claro que para esta zona vibratória atingir a matéria ainda existiriam camadas adaptatórias, campos vibracionais específicos, [...] descritos como sendo o psicossoma e o duplo etérico (190, cap. 1).

CORRENTE MENTAL

[...] temos também as correntes de elétrons mentais, por toda a parte, formando cargas que aderem ao campo magnético dos indivíduos, ou que vagueiam, entre eles, à maneira de campos elétricos que acabam atraídos por aqueles que, excessivamente carregados, se lhes afeiçoem à natureza.

[...] toda compressão de agentes mentais, através da atenção, gera em nossa alma estados indutivos pelos quais atraímos cargas de pensamentos em sintonia com os nossos (306, cap. 15).

Corrente mental construtiva

Quanto mais enobrecida a consciência, mais se lhe configurará a riqueza de imaginação e poder mental, surgindo, portanto, mais complexo o cabedal de suas cargas magnéticas ou correntes mentais, a vibrarem ao redor de si mesmo e a exigirem mais ampla quota de atividade construtiva no serviço em que se lhe plasmem vocação e aptidão (306, cap. 15).

Corrente mental destrutiva

[As correntes mentais destrutivas são geradas por] [...] estados de tensão, devidos a *núcleos de força na psicosfera pessoal* [...].

Acumulando em si mesma as forças autogeradas em processos de profundo desequilíbrio, a alma exterioriza forças mentais desajustadas e destrutivas, pelas quais atrai as forças do mesmo teor, caindo frequentemente em cegueira obssessiva, da qual muitas vezes se afasta, desorientada, pela porta indesejável do remorso, após converter-se em intérprete de inqualificáveis delitos (306, cap. 15).

Corrente mental humana

No homem a corrente mental assume feição mais elevada e complexa.

No cérebro humano, gabinete da alma erguida a estágios mais nobres na senda evolutiva, ela não se exprime tão só à maneira de impulso necessário à sustentação dos circuitos orgânicos, com base na nutrição e reprodução. É pensamento contínuo, fluxo energético incessante, revestido de poder criador inimaginável (306, cap. 10).

Corrente mental subumana

Nos reinos inferiores da Natureza, a corrente mental restringe-se a impulsos de sustentação nos seres de constituição primária, a começar dos minerais, preponderando nos vegetais e avançando pelo domínio dos animais de formação mais simples, para se evidenciar mais complexa nos animais superiores que já conquistaram bases mais amplas à produção do pensamento contínuo (306, cap. 10).

CORRESPONDÊNCIA CRUZADA

Consiste em várias mensagens, escritas por intervalos ou simultaneamente, mas por médiuns diversos e em lugares diversos; os médiuns, muitas vezes, nem se conhecem. Essas mensagens parecem não ter significação, ou por lhes faltar o princípio, ou por lhes faltar o meio, ou por lhes faltar o fim. Dir-se-iam pedaços rasgados de uma página, pensamentos sem fecho, sentenças desarrazoadas. Unidas, porém, justapostas as diversas peças, logo se completam, logo se lhes percebe o sentido, tendo muitas admirável estilo, enredo empolgante ou erudição profunda (98, Dos fenômenos subjetivos).

CORRIGIR

Corrigir é ensinar e ensinar será repetir a lição, com bondade e entendimento, tantas vezes quantas se fizerem necessárias (287, Corrigir).

CÓRTEX CEREBRAL

O encéfalo superior constitui a região mais externa do cérebro, o córtex cerebral, e é justamente por isso que essas reações são também chamadas de reações corticais.

É no córtex cerebral que, segundo o Guyton [A.C. Guyton. *Tratado de fisiologia médica*. Ed. Guanabara Koogan, cap. 46], "aproximadamente três quartos de todos os corpos celulares dos neurônios de todo o sistema nervoso estão localizados...".

Nas ações corticais o Espírito desempenha um papel fundamental. Nelas, os diferentes estímulos sensoriais que atingem o córtex são transferidos ao perispírito, permitindo assim, ao espírito, ter conhecimento delas. No perispírito as informações sofrem um complexo processo de integração, de forma a que venham possibilitar um adequado delineamento da ocorrência vivenciada, pelo indivíduo. Cabe ao Espírito, após análise e julgamento da situação, emitir, ou não, comandos a serem viabilizados, no corpo físico, através de estímulos motores a serem gerados pelos centros nervosos corticais. [...]

O córtex cerebral, que também recebe os estímulos originados nos sensores térmicos da pele da mão, transfere-os ao Espírito que, por sua vez, de posse de dados provenientes de outras fontes, tais como sensação de dor e informação visual, além da informação sobre a contração muscular já comandada pela medula, e sempre com base em experiências anteriores, julga quanto à necessidade de serem adotadas medidas complementares para a efetiva proteção do organismo. Caso julgadas necessárias, essas medidas serão comandadas, ao nível do corpo físico, pelo córtex cerebral (94, pt. 1, cap. 6).

Os estudos mais recentes informam que há fenômenos psíquicos conscientes e inconscientes. Algumas áreas cerebrais parecem estar relacionadas com os processos conscientes (o córtex) e outras com os processos inconscientes (o subcórtex). A consciência consta daquele conjunto de imagens que estão associadas ao *eu*, são conteúdos psíquicos dotados de certa intensidade. Tanto o consciente como o inconsciente não representam estruturas estáveis, cada um é algo vivo em contínua atuação sobre o outro. Conteúdos conscientes podem perder a intensidade e mergulhar no inconsciente, num processo que denominamos de esquecimento. Conteúdos inconscientes podem emergir em forma de tendências e impulsos que invadem a consciência (204, Adolescência – tempo de transformações).

Córtex motor

[...] Na região do córtex motor, zona intermediária entre os lobos frontais e os nervos, temos o cérebro desenvolvido, consubstanciando as energias motoras de que se serve a nossa mente para as manifestações imprescindíveis no atual momento evolutivo do nosso modo de ser. [...] (188, cap. 4).

CREMAÇÃO

[...] em tese geral, a cremação provoca desprendimento mais rápido, mais brusco e violento, doloroso mesmo para a alma apegada à Terra por seus hábitos, gostos e paixões. É necessário certo arrebatamento psíquico, certo desapego antecipado dos laços materiais, para sofrer sem dilaceração a operação crematória. [...] (52, pt. 1, cap. 10).

Ver também INUMAÇÃO

CRENÇA

[...] reconhecemos que o *fundamento da caridade é a crença*; que a falta de crença conduz ao materialismo e o materialismo leva ao egoísmo. Um sistema que, por sua natureza e para a sua estabilidade, requer virtudes morais no mais supremo grau, deve tomar seu ponto de partida no elemento espiritual. Pois bem! Já que o lado material é o seu objetivo exclusivo, não só o elemento espiritual não é levado em consideração, como vários sistemas são fundados sobre uma doutrina materialista altamente confessada, ou sobre o panteísmo, espécie de materialismo disfarçado [...] (110, Discursos..., 3).

A crença é resultado de esforço intelectual, nasce das meditações, das experiências por vezes amargas e dolorosas, do recolhimento e da concentração de esforços dos poderes anímicos na pesquisa e investigação dos fatos que nos interessam (221, A razão e a fé à luz dos Evangelhos).

Crença! Luminosíssima riqueza / que enche a vida de paz e de beleza, / Mas que chega no mundo muito tarde (280, Crença).

[...] a crença fiel deve ser lição viva do espírito de serviço. [...] (289, cap. 32).

CRER

[...] Crer cegamente, sem se dar ao trabalho de refletir, é negar a centelha divina que Deus nos pôs nas almas. [...] (38).

[...] é perceber, é sentir uma realidade; é função do raciocínio, é, numa palavra, ato de assimilação consciente. [...] (221, A razão e a fé à luz dos Evangelhos).

CRESCER

Crescer em bondade e entendimento é estender a visão e santificar os objetivos na experiência comum (256, cap. 67).

CRIAÇÃO

A Criação é o campo de vosso labor, nela vos moveis; dela viestes à existência, obrigados a contribuir para a realização integral do plano divino, latente, em toda a sua potencialidade, no grande Todo (2, cap. 10).

[...] A Eterna Criação, a eterna renovação dos seres e das coisas é tão somente a projeção constante do pensamento divino no Universo (50, pt. 1, cap. 1).

A Criação Universal é uma imensa harmonia na qual a Terra é um insignificante fragmento, bastante pesado e incompreensível (71, pt. 3, cap. 6).

CRIAÇÃO DO ESPÍRITO

Que todos somos criados em inocência e ignorância, isto é, dotados de todas as faculdades afetivas e intelectuais, porém em estado latente, para desabrocharem à medida que vamos fazendo nossa evolução — e desenvolverem- se à medida que se for acentuando nosso progresso; [...] (324, pt. 2, cap. 5).

Deus poderia, se quisesse, ter feito o Espírito pronto e acabado, mas o criou simples e ignorante, [...] (345, cap. 2).

Deus criou o Espírito simples e ignorante que, ao encarnar, toma a forma de mulher ou de homem, conforme as circunstâncias e as necessidades, [...] (345, cap. 17).

Criação fluídica

Os Espíritos atuam sobre os fluidos espirituais [...].

[...] Pelo pensamento, eles imprimem àqueles fluidos tal ou qual direção, os aglomeram, combinam ou dispersam, organizam com eles conjuntos que apresentam uma aparência, uma forma, uma coloração determinadas; mudam-lhes as propriedades [...].

Por análogo efeito, o pensamento do Espírito cria fluidicamente os objetos que ele esteja habituado a usar. [...] (101, cap. 14, it. 14).

Ver também AMBIENTE

Criação material

Os fenômenos de criação orgânica são atos plásticos, que se completam nos órgãos em repouso, e os regeneram. A síntese assimiladora reúne os materiais e as reservas que o funcionamento deve despender. É um trabalho íntimo, silencioso, esconso, nada havendo que o possa trair exteriormente (40, cap. 1).

[...] A criação material é simplesmente um imenso laboratório onde os mundos se formam e depuram por meio de incessante trabalho. [...] (134, 16ª efusão).

Toda a criação material não é nada por si nem em si. Nada é mais que o reflexo em um plano inferior, de personalidades de planos superiores; a força de vontade dessas personalidades é a causa de todos os efeitos. [...] (157, cap. 6).

CRIANÇA

As crianças são os seres que Deus manda a novas existências. Para que não lhe possam imputar excessiva severidade, dá-lhes Ele todos os aspectos da inocência. Ainda quando se trata de uma criança de maus pendores, cobrem-se-lhe as más ações com a capa da inconsciência. Essa inocência não constitui superioridade real com relação ao que eram antes, não. É a imagem do que deveriam ser [...] (106, q. 385).

[...] a personalidade da criança alberga um Espírito reencarnante, com vastíssimo repositório de material psíquico, formado através da evolução da alma, ao passar, por eras incontáveis, pelos vastos reinos mineral, vegetal e animal. Essa evolução culminou com a espécie humana, mas não pára aí, estando destinada a atingir os níveis denominados angélicos. Sim, o Espiritismo ensina que a mente humana ainda está nos seus primórdios evolutivos e alberga em si as forças teleológicas que a impulsionarão para as culminâncias das consciências cósmicas, após milênios de futura evolução (9, cap. 10).

[...] As crianças são a esperança do mundo, a encarnação do progresso, uma vez que tenham quem as guie pela espinhosa senda da vida (55, cap. 10).

[...] A meninice é o símbolo da pureza, excetuados alguns espíritos rebeldes. As crianças, na sua generalidade, são as formosas flores da vida. O delicado aroma de suas almas purifica a atmosfera deste mundo, infeccionada pelos vícios e crimes do homem (55, cap. 22).

À frase de Emmanuel: – "A criança é o futuro", acrescentamos: – "Será o que dela fizermos, tornando-se o futuro que teremos" (73, q. 8).

[...] um espírito em recomeço, momentaneamente em esquecimento das realizações positivas e negativas que traz das vidas pretéritas, empenhado na conquista da felicidade (74, cap. 23).

A criança é um Espírito portador de muitas experiências transitando no reino infantil, com tendências boas e más, com equipamentos saudáveis ou não, muito necessitada de assistência continuada e de orientação incessante (75, Violência humana).

[...] Para nós, uma criança que sofre é um Espírito encarnado a expiar faltas cometidas em anterior existência. Uma criança que vem ao mundo, ainda que por efeito de um crime, é um Espírito criado desde muito tempo, que tenta o desempenho de nova tarefa e sofre nova prova. Uma criança que morre é um Espírito cujo envoltório se destrói e que procurará outro, seja aqui, seja algures, depois de ter sido para seus pais motivo da conquista de novos méritos, pelas aflições que lhes causou (134, 11ª efusão).

A criança é o futuro da Doutrina Espírita. Cumpre-nos orientá-la muito seriamente, com o máximo de responsabilidade e critério doutrinário, a fim de que, em vez de espírita fiel e útil, não a tornemos espírita personalista e sofisticado com os ensinos adulterados que lhe fornecermos. [...] (165, O grande compromisso).

[...] A criança é o símbolo da inocência.

[...] (193).

A criança é uma lúcida promessa, / Convidando-te ao templo do amor puro. / Em todo berço a vida recomeça, / Procurando a vitória do futuro (266, cap. 18).

Parece-me que a capacidade de aprender e a de idealizar, muito mais do que a ausência de impulsos sexuais, como querem alguns, é que tornaram a criança, aos olhos de Jesus, um modelo ideal para nos ensinar a abrir as portas do crescimento individual. A intenção de Jesus, ao apresentar-nos a criança por modelo, não era, portanto, recomendar a abstinência sexual como roteiro para o céu. Era, na verdade, mostrar-nos como cultivar um estado mental compatível com a aprendizagem do amor. [...] (204, Infância – tempo de semear).

[...] A criança é um Espírito reencarnado, possui uma extensa bagagem de conhecimentos e experiências e, além disso, sua ligação com os pais antecede o seu nascimento. [...] (204, Infância – tempo de semear).

[...] entendemos que a criança é um Espírito que possui seus próprios arquivos internos, compostos de experiências de muitas existências, somadas às impressões colhidas da psicosfera em que se encontra imersa na encarnação atual, psicosfera esta criada, predominantemente, pela qualidade dos pensamentos dos adultos que a rodeiam. Dessa ambiência invisível aos nossos olhos físicos, convém destacar a importância das energias que emanam dos pais, pela ligação psíquica forte que existe entre a criança e seus genitores (204, Infância – tempo de semear).

Segundo Emmanuel [*O consolador*, q. 109], até aos 7 anos de idade, o Espírito reencarnado se encontra em fase de adaptação à nova vida, e, por não existir uma integração perfeita entre ele e a matéria orgânica, é uma individualidade extremamente suscetível de receber as influências exteriores, a fim de consolidar os princípios renovadores para trilhar um caminho novo na vida. Daí a responsabilidade maior dos pais que precisam estar atentos às necessidades de seus filhos nessa fase. O que precisa ficar bem claro, contudo, é que não é a quantidade de tempo junto à criança que determina a qualidade do relacionamento com ela. A mãe que trabalha fora pode estabelecer uma relação rica e produtiva com seu filho, mesmo no limitado tempo que tem para estar com ele (204, Infância – tempo de semear).

A criança é a sementeira do porvir (286, A criança).

A criança é o dia de amanhã, solicitando-nos concurso fraternal.

Planta nascente – é a árvore do futuro, que produzirá segundo o nosso auxílio à sementeira. Livro em branco – exibirá, depois, aquilo que gravarmos agora nas páginas.

Luz iniciante – brilhará no porvir, conforme o combustível que lhe ofertarmos ao coração. Barco frágil – realizará a travessia do oceano encapelado da Terra, de acordo com as instalações de resistência com que lhe enriquecermos a edificação (286, A criança).

Para Jesus, a criança e suas características momentâneas encerram o modelo de pureza íntima que elevará o indivíduo à vida espiritual superior. [...] (313, cap. 12).

[...] a criança é o símbolo da pureza absoluta, por se esquecer do acervo cultural e moral em que o Espírito edificou o próprio caráter, devendo-se, por isso, compreender que não é à criança que Jesus promete o reino do Céu, [...] (329, cap. 113).

[...] a criança como uma personalidade preexistente, traz de vidas passadas, subsídios, tendências, aptidões, conhecimentos latentes e, como tal, sua educação e seu desenvolvimento moral são gradativos e constantes, acompanhando sua evolução espiritual. [...] (342, cap. 25).

CRIANÇA ESPECIAL

Muitos pensam que as crianças especiais não têm uma forma segura de aprendizado. Entretanto, muitas crianças assimilam normalmente os ensinamentos que lhes são ministrados. Outras, mesmo com dificuldades, incorporam o conhecimento pela repetição. [...] (339, A família e a inclusão social da criança especial).

CRIATURA

As criaturas são instrumentos de que Deus se serve para chegar aos fins que objetiva. [...] (106, q. 728).

[...] Todas as criaturas são filhas de Deus, portanto irmãs; assim, cor, posição social, religião não as devem separar (62, cap. 4).

[...] Espíritos criados, todos provindos do mesmo princípio, tendo tido no ponto inicial a mesma origem, sendo todos filhos do Altíssimo, filhos de Deus, [...] todos irmãos entre si (180).

Ainda mesmo por instantes, toda criatura ao exteriorizar-se, seja imaginando, falando ou agindo, em movimentação positiva, é um emissor atuante na vida, e, sempre que se interioriza, meditando, observando ou obedecendo, de modo passivo, é um receptor em funcionamento (251, cap. 41).

Toda criatura, em verdade, é uma planta espiritual, objeto de minucioso cuidado por parte do Divino Semeador (256, cap. 78).

Dos pés à cabeça e de braço a braço, cada criatura é um mundo por si, gravitando para determinadas metas evolutivas, em órbitas diferentes (291, cap. 47).

Cada criatura é um mundo particular de trabalho e experiência (307, cap. 16).

Ver também HOMEM

CRIMINOSO

[...] O criminoso é um atrasado mental; falta-lhe o sentimento moral, e o crime está na violação desse sentimento. É quase sempre um primitivo; recorda as raças inferiores (97, O curandeirismo e a repressão).

[...] Quem se rende às sugestões do crime é um doente perigoso que devemos corrigir com a reclusão e com o tratamento indispensável. [...] (244, cap. 4).

Ver também DELINQUENTE

CRIPTOMNESIA

[Hipótese] [...] segundo a qual os médiuns teriam aprendido de antemão os informes que dão sobre o Mundo Espiritual. [...] (16).

CRIPTOSCOPIA

[...] Vê-se sem os olhos. A *Criptoscopia* deve ser aceita como um novo ramo da árvore da Ciência (64, v. 1, cap. 7).

Ver também CLARIVIDÊNCIA

CRISE

[...] a crise é a época de exame, na qual nos assinalamos, quanto ao proveito no trato da experiência (291, cap. 16).

A crise, por si mesma, não tem por objetivo perturbar, mas purificar, porquanto, nas raízes linguísticas, ela significa depuração, acrisolamento (318, pt.3, cap. 3.8).

Crise de consciência

A crise de consciência que envolve o planeta terrestre é resultado da sua perda de significado espiritual, porque o ser humano, saturando-se de tecnologia em fuga declarada à própria espiritualização, já não encontra razão de felicidade nos engenhos em que se emaranha, repetindo-se diariamente sem que possa romper o estreito círculo do poder em que se encarcerou (75, Consciência).

CRISTAL

[...] O cristal é quase um ser vivente, visto que difere completamente da matéria amorfa, tendo as moléculas orientadas por uma ordem geométrica, fixa e, portanto, uma tal ou qual individualidade. Nele existem os primeiros lineamentos da reprodução, visto como a mínima de suas parcelas, mergulhada num soluto idêntico, permitirá o desenvolvimento regular e indefinido dessa partícula, constituindo um cristal semelhante ao primeiro. Não há, finalmente, uma só parte do seu bloco, cuja avaria não se possa reparar (40, cap. 5).

Cristais! São eles a primeira morada terrena do Princípio Espiritual em formação. [...] (187, Pó da Terra).

CRISTÃO

[...] é todo homem que segue as Leis do Cristo, mesmo sem conhecê-lo [...] (104, pt. 2, cap. 2).

[...] só é digno desse nome aquele que, a exemplo do Cristo, já se tornou capaz de oferecer a todos, indistintamente, as suas mãos amigas, a sua palavra consoladora e o seu coração estuante de amor... (28).

[...] O cristão é alguém que marcou um encontro com a verdade [...] (79, L. 3).

[...] cristão é não aquele que se acha filiado a qualquer religião ou seita dita cristã, mas aquele, seja quem for, seja qual for a sua crença religiosa, que põe em prática a doutrina evangélica (138, Espiritismo Cristão – força atuante do bem).

Cristãos verdadeiros, portanto, são somente aqueles que se reformam continuadamente. [...] (222, Os verdadeiros cristãos).

Um cristão sem atividade no bem é um doente de mau aspecto, pesando na economia da coletividade (256, cap. 126).

Até então os cristãos eram chamados pelos judeus de nazarenos ou caminheiros, e estes, entre si, conheciam-se por irmãos, crentes, santos ou fiéis. Lucas julgou oportuno dar uma designação aos seguidores do Cristo, sugerindo a expressão cristãos. [...] (331, cap. 8).

Ver também ESPÍRITA

Cristão-espírita

O cristão-espírita é o garimpeiro que distingue na ganga da vida as gemas da verdade, embora ainda não fulgentes (82, cap. 13).

CRISTIANISMO

[...] a pedra basilar da Nova Revelação (127, Veracidade dos Evangelhos).

[...] é o transunto, a substância dos ensinos de Rãma, Buda, Moisés, Confúcio e outros legisladores, mas com um vínculo mais acentuado, com uma recomendação mais enérgica, com um clamor mais vibrante sobre as necessidades imperativas do homem até então indolente, descuidado, perverso, egoísta e idólatra, quando não irreverente e blasfemo (127, Veracidade dos Evangelhos).

O Cristianismo decalcado no maravilhoso foi, é e será o pábulo da Humanidade, como para justificar que o legado era verdadeiramente divino para todos os tempos (178, cap. 3).

O Cristianismo do Cristo é um só e único para a Humanidade que habita o nosso planeta e consiste na prática da caridade sob todas as formas. Aquele que atinge esse ponto difícil é *cristão*, *cristão* segundo o *Cristo*, e do número dos que verdadeiramente caminham nas sendas por Ele traçadas (193).

[...] é, por excelência, uma doutrina de amor, uma religião de piedade, de misericórdia, de fraternidade entre os homens. [...] (202).

[...] O Cristianismo é o arauto da Lei Divina que se cumpre através dos tempos, pela eternidade em fora (212, pt. 3, cap. 19).

O Cristianismo puro, tal como Jesus pregou e exemplificou, é a força, é o fermento que há de reformar a sociedade, agindo nos corações e nos lares. É do coração renovado, é do lar convertido em templo de luz e de amor que surgirá a aurora de uma nova vida para a Humanidade (223, cap. 26).

[...] É fruto de uma revelação contínua, progressiva, eclética [...] (222, O céu de Jesus).

[...] é a verdadeira doutrina positiva, visto como éa doutrina da prova e da experiência pessoal (222, Os verdadeiros cristãos).

O Cristianismo é a revelação do amor. [...] (222, A soberania do amor).

[...] é a religião do amor objetivada na solidariedade humana (222, A religião de Jesus).

O Cristianismo é um corpo doutrinário sem remendos, sem peças justapostas. É um todo harmônico, inteiriço, perfeito. A moral do Crucificado não tem aspectos divergentes, não tem ambiguidade, não tem contradições. É uma moral pura, sã, completa, imaculada. [...] (222, A túnica inconsútil).

[...] é a força libertadora da Humanidade, nos quadrantes do mundo inteiro (290, cap. 17).

Ver também DOUTRINA DE JESUS
e HOMENS DO CAMINHO

CRISTIANIZAR

[...] Que é preciso cristianizar a Humanidade é afirmação que não padece dúvida; entretanto cristianizar, na Doutrina Espírita, é raciocinar com a verdade e construir com o bem de todos, para que, em nome de Jesus, não venhamos a fazer sobre a Terra mais um sistema de fanatismo e de negação (13, cap. 24).

CRISTO

[...] o Mestre, o Modelo, o Redentor (102).

O Cristo [...] é o Redentor do mundo, mas não o único Messias de cujas obras há sido testemunha a Terra. Uma multidão de Espíritos Superiores, encarnados entre nós, havia ele de ter por auxiliares na sua missão libertadora. [...] (134, 24a efusão).

Cristo, pedra angular da civilização do porvir. [...] (161, cap. 23).

[...] arquétipo do Amor Divino [...] (178, cap. 2).

[...] modelo, paradigma de salvação (178, cap. 5).

[...] *médium de Deus* [...] (178, cap. 8).

Cristo é o mensageiro da Eterna Beleza, gravando, ainda e sempre, poemas de alegria e paz, consolação e esperança nas páginas vivas do coração humano (185, Mensagem a Hernani).

Para nós, calcetas deste mundo, Cristo é a luz Espiritual que nos desvenda a glória da vida superior e nos revela a Paternidade Divina. Em razão disso Ele foi e é a luz dos homens, que resplandece nas trevas da nossa ignorância, para que nos tornemos dignos filhos do Altíssimo (187, A criação da Terra).

O Cristo é o candeeiro de ouro puríssimo e perfeito, e esse ouro foi estendido a martelo na cruz, que se tornou o símbolo da nossa redenção. Sua luz é a vida, a alegria e a graça que nos inundam as almas. Façamos do nosso coração um tabernáculo e essa luz brilhará nele eternamente (193).

[...] Cristo é o leme nas tempestades emocionais, o ponto de segurança em toda crise da alma (219, Ao encontro da paz).

[...] Cristo Jesus é e será o *alfa* e o *ômega* deste orbe que hospeda a família humana (222, Alfa e ômega).

Cristo é o Sol Espiritual dos nossos destinos (236, pt. 1, cap. 1).

O Cristo, porém, é a porta da Vida Abundante (256, cap. 172).

[...] Filho de Deus e emissário da sua glória, seu maior mandamento confirma Moisés, quando recomenda o amor a Deus acima de todas as coisas, de todo o coração e entendimento, acrescentando, no mais formoso decreto divino, que nos amemos uns aos outros, como Ele próprio nos amou. [...]

[...] O Cristo é vida, e a salvação que nos trouxe está na sagrada oportunidade da nossa elevação como filhos de Deus, exercendo os seus gloriosos ensinamentos (281, pt. 1, cap. 5).

[...] O Cristo é o amor vivo e permanente (281, pt. 1, cap. 6).

[...] O Cristo é um roteiro para todos, constituindo-se em consolo para os que choram e orientação para as almas criteriosas, chamadas por Deus a contribuir nas santas preocupações do bem (281, pt. 1, cap. 9).

[...] Divino Amigo de cada instante, através de seus imperecíveis ensinamentos (289, cap. 5).

O Cristo é o nosso Guia Divino para a conquista santificante do Mais Além... (290, Definindo rumos).

Os judeus sabiam que as referências "Filho de Deus", "Filho unigênito" ou "Ungido de Deus" pertenciam ao grande Esperado, ao Cristo, a que os profetas e os salmos faziam alusão. [...] (329, cap. 39).

Ver também JESUS *e* MESTRE

CRÍTICA

[...] há duas espécies de crítica: uma que é malévola, acerba, envenenada, onde a inveja se trai em cada palavra; a outra, que visa à sincera pesquisa da verdade, tem características completamente diversas. A primeira não merece senão o desdém; jamais com ela me incomodei. Somente a segunda é discutível (103, cap. 5).

Para criticar é necessário poder opor raciocínio a raciocínio, prova a prova. Será isto possível, sem conhecimento aprofundado do assunto de que se trata? Que pensaríeis de quem pretendesse criticar um quadro, sem possuir, pelo menos em teoria, as regras do desenho e da pintura? Discutir o mérito de uma ópera, sem saber música? Sabeis a consequência de uma crítica ignorante? É ser ridícula e revelar falta de juízo. Quanto mais elevada a posição do crítico, quanto mais ele se põe em evidência, tanto mais seu interesse lhe exige circunspeção, a fim de não vir a receber desmentidos, sempre fáceis de dar a quem quer que fale daquilo que não conhece. É por isso que os ataques contra o Espiritismo têm tão pouco alcance e favorecem o seu desenvolvimento, em vez de o deter. [...] (103, cap. 7).

A crítica construtiva é uma necessidade em qualquer setor da atividade humana. Devemos prezá-la, quando feita com evidente superioridade de ânimo, porque nos ajuda a tirar o argueiro do olho, a enxergar o que não vemos com os olhos abertos. O censurável, consoante os princípios evangélicos e a moral espírita, não é a crítica sã, impessoal, que objetiva mostrar o erro para facilitar sua correção, mas a crítica balofa, sem finalidade elevada, destrutiva, porque inspirada no malévolo desejo de indispor (138, Progredir, progredir sempre: esta é a lei).

[...] A crítica destrutiva é um martelo que usamos criminosamente, ante o respeitável esforço alheio. [...] (233, cap. 19).

CRITICAR

É somente por extensão que a palavra *criticar* se tornou sinônima de *censurar*, em sua acepção própria e segundo a etimologia, ela significa *julgar*, *apreciar*. A crítica, pode, pois, ser aprobativa ou desaprobativa.

Fazer a crítica de um livro não é necessariamente condená-lo; quem empreende essa tarefa, deve fazê-lo sem ideias preconcebidas; porém, se antes de abrir o livro, já o condena em pensamento, o exame não pode ser imparcial (108, cap. 1).

CRÍTICO SÉRIO

[...] aquele que tudo tenha visto, estudado e aprofundado com a paciência e perseverança de observador consciencioso; que do assunto saiba tanto quanto qualquer adepto instruído; que haja, por conseguinte, haurido seus conhecimentos algures, que não nos romances da ciência; aquele a quem não se possa opor *fato algum* que lhe seja desconhecido, nenhum argumento de que já não tenha cogitado e cuja refutação faça, não por mera negação, mas por meio de outros argumentos mais peremptórios [...] (107, it. 14).

CROMOSSOMOS

No núcleo de cada célula estão os cromossomos, em número de 46, agrupados em 23 pares; em cada par de cromossomos, um vem do pai e outro da mãe; os cromossomos, por sua vez, são compostos de cordões helicoidais de DNA [...].

Os cromossomos, formados por longas cadeias de DNA, decidem a cor dos olhos e cabelos, estatura, estrutura física, etc. Eventuais anomalias dos cromossomos respondem pelas anormalidades orgânicas, tais como o mongolismo, hermafroditismo, e outras (116, Genética).
Em *Evolução em dois mundos*, cap. 6 [André Luiz afirma:] "Os cromossomas, estruturados em grânulos infinitesimais de natureza fisiopsicossomática, partilham do corpo físico pelo núcleo da célula em que se mantêm e do corpo espiritual pelo citoplasma em que se implantam."
"[...] Os cromossomas permanecem imorredouros, através dos centros genésicos de todos os seres, encarnados e desencarnados, plasmando alicerces preciosos aos estudos filogenéticos (relativos à evolução das formas vivas inferiores) do futuro".

(cap. 7, consta interpretação dos cromossomas, como caracteres inscritos nos corpúsculos celulares mentais, contendo as "disposições e significados dos seus próprios destinos", através dos genes) (116, Perispírito: matrizes genéticas).

CRUELDADE

[...] é câncer n'alma, já instalado (76, cap. 44).

CRUZ

A cruz é também o símbolo dos delitos, que vergam, para um sorvedouro, os pecadores, não os deixando alarem-se ao Firmamento; é o emblema das provas por que têm de passar todos os seres humanos. [...] é o ascensor das almas para as regiões consteladas do Universo [...] (87, L. 7, cap. 8).

A cruz é também a companheira imprescindível daqueles que empenham a própria vida pelo desenvolvimento da Humanidade (196, Certas Cruzes – marteladas).
A cruz do Cristo é a do exemplo e do sacrifício, induzindo-nos à subida espiritual, nos domínios da elevação (291, cap. 59).

CULPA

[...] é sempre uma nesga de sombra eclipsando-nos a visão. [...] (231, cap. 2).

O sentimento de culpa é sempre um colapso da consciência e, através dele, sombrias forças se insinuam [...] (252, cap. 3).

CULPADO

[...] É aquele que, por um desvio, por um falso movimento da alma, se afasta do objetivo da Criação, que consiste no culto harmonioso do belo, do bem idealizados pelo arquétipo humano, pelo Homem-Deus, por Jesus Cristo [. . .] (106, q. 1009).

CULTO DO EVANGELHO

[...] Sempre que uma família se reúne com propósito de estudar e pensar nos problemas espirituais, sem a preocupação de provocar fenômenos ou fazer consultas particulares aos Espíritos, muitas vezes sobre assuntos terra a terra, cria um campo de vibrações renovadoras dentro de casa. Por isso mesmo, uma casa onde se absorve a Mensagem do Cristo, explicada em espírito e verdade, pela Doutrina Espírita, é uma casa bem protegida, não porque haja algum Espírito à disposição – *tomando conta da porta*, mas porque os bons pensamentos iluminam o ambiente e, por isso, formam invisivelmente uma espécie de sistema de defesa contra influências negativas ou perturbadoras. Muitos problemas já se resolveram e muitas situações difíceis já foram atenuadas ou removidas através do culto familiar da prece, com o pensamento voltado para o Cristo. Fiquemos certos de que o culto doméstico, praticado regularmente, sem pressa, sem desvios nem formalismos, mas com todo o sentimento de amor e caridade no coração, sempre nos dá forças e ainda irradia boas vibrações pela vizinhança (6, cap. 1).

Entende-se por culto do Evangelho a reunião da família em dia e hora certos, para estudo do Evangelho e oração em conjunto (61, cap. 12).

O culto do Evangelho no lar, prática incentivada pelas instituições espíritas, pode ser um momento de interação familiar voltado para essa conversa produtiva, em vez de se limitar à recitação de preces e leituras enfadonhas, ou, o que é ainda pior, tornar-se ocasião que os pais aproveitam para criticarem atitudes do filho, confrontando-as com os ensinamentos lidos. O culto cristão espírita no lar deve ser momento de prece, leitura, reflexão e interação verbal significativa e fraterna, precisa ser planejado pelos pais para atender às necessidades dos filhos, por isso a leitura deve ser escolhida, tendo em vista a capacidade de entendimento deles. À medida que criarmos um clima de receptividade, o hábito de conversar se estabelecerá no dia a dia da família e não só os filhos se beneficiarão desse hábito saudável, também os pais encontrarão, nesse intercâmbio de ideias, momentos de rica troca afetiva e cultural (204, Adolescência - tempo de transformações).

[...] escola de preparação para o esforço terrestre [...] (288, cap. 3).

CULTURA

Cultura científica e espírito científico são expressões distintas. Embora se tenha a impressão de que seja apenas sutileza verbal, o certo é que nem sempre a cultura científica em determinadas pessoas demonstra reações compatíveis com o verdadeiro espírito científico. Cultura científica é a que se adquire através de uma formação sistematizada, nos livros e na experiência. Já o espírito científico é uma atitude inerente a predisposições naturais e muito íntimas. Na prática, por exemplo, há pessoas que têm cursos regulares, feitos em universidades, têm boa cultura científica, são capazes de sustentar teses de grande envergadura cultural, mas o modo de proceder em determinadas situações não se combina com a legítima formação de quem faz ciência profissionalmente! São elementos, por exemplo, que discutem profundamente as forças da Natureza, dão explicações convincentes mas têm medo de muita coisa e revelam até um fundo psicológico um tanto supersticioso. Têm muita ciência como conhecimento acumulado, mas não têm espírito científico, porque chegam até ao misticismo comum com relação *às coisas do outro mundo*, como dizem.

Há elementos, por exemplo, que não tiveram uma formação regular, do ponto de vista científico, mas têm muita racionalidade e objetividade nos raciocínios e, por isso mesmo, não se impressionam facilmente nem se precipitam em seus julgamentos. A prudência e a reação moderada são características do espírito científico, que é muito individual, muito próprio da estrutura psíquica, não é fruto puro e simples de currículo acadêmico (6, cap. 25).

[...] A cultura é o conjunto de valores, técnicas, hábitos, crenças, traços de ação do homem. Quando ele começa a modificar o ambiente, principia a intervir e a criar, aí se esboça a *cultura*. O estágio de animalidade logo se segue ao estágio da racionalidade, sem que, todavia, o homem deixe de ter seus vínculos com a natureza animal, conforme preceitua a Doutrina Espírita (6, cap. 37).

[...] A cultura tem a finalidade de dilatar o campo de compreensão do homem, concedendo-lhe mais clara visão da vida, antes que intoxicá-lo de informações que nem a ele próprio aproveitam. São diferentes, o homem culto do sábio, pela simples razão de que o primeiro armazena conhecimentos e o outro vive-os de forma edificante, promovendo aqueles que o cercam (77, cap. 8).

Sabemos que a cultura é uma criação coletiva do homem e que ela está sujeita à Lei do Progresso, não podendo permanecer estacionária, mas temos que reconhecer que há uma força de inércia em funcionamento no meio social, tendente a manter o *statu quo*. Para manter-se, a sociedade estabelece normas e padrões, a partir dos quais se cria uma visão de mundo, um conjunto de ideias que é transmitido a todos os indivíduos, pela educação. [...] (204, Adolescência - tempo de transformações).

Cultura é a soma de lições infinitamente repetidas no tempo (291, cap. 23).

CURA

[...] A cura se opera mediante a substituição de uma molécula *malsã* por uma molécula *sã*. O poder curativo estará, pois, na razão direta da pureza da substância inoculada; mas, depende também da energia da vontade que, quanto maior for, tanto mais abundante emissão fluídica provocará e tanto maior força de penetração dará ao fluido. Depende ainda das intenções daquele que deseje realizar a cura, *seja homem ou Espírito*. [...] (101, cap. 14, it. 31).

O princípio das curas tem origem nas propriedades do fluido cósmico universal e nas do perispírito, [...] (328, cap. 2.6).

Cura das obsessões

[...] a cura das obsessões é um dos meios poderosos de propagação da nossa cara doutrina, e o maior argumento a opormos aos incrédulos, como prova da imortalidade da alma (18, Apêndice).

CURA MAGNÉTICA

O sábio suíço Raul Montandon, em sua obra As radiações humanas (Felix Alcan, Paris, 1927), afirmando que o magnetismo curador já era praticado desde a mais remota antiguidade, refere-se a baixos-relevos e pinturas do antigo Egito em que figuram as práticas da cura magnética pela imposição das mãos. [...] (344, cap. 12).

CURIOSIDADE

A curiosidade tem um termo. Quando está satisfeita procura um novo motivo para distração; aquele que não se detém na superfície, que vê além do efeito material, tem sempre alguma coisa a aprender; para ele o raciocínio é uma fonte inesgotável: não tem limites. [...] (103, cap. 5).

[...] A curiosidade tem tempo certo: uma vez satisfeita, muda-se o objetivo por um outro. [...] (103, cap. 7).

D

DÁDIVA

Dádiva é o bem que a gente faz sem esperar recompensa de coisa alguma (301, pt. 2, cap. 14).

DAI DE GRAÇA O QUE DE GRAÇA RECEBESTES

Dizendo aos Apóstolos: *"Dai de graça o que de graça recebestes"*, Jesus lhes ensinava que as coisas de Deus *jamais* devem constituir objeto de tráfico, de especulação, de meio de existência material humana; que, no desempenho das missões de que se achavam investidos, suas palavras e seus atos não deviam ter por móvel senão o amor a Deus, o amor ao próximo, a humildade e o mais absoluto desinteresse (182, v. 2).

DAïMON

A palavra *daïmon*, da qual fizeram o termo demônio, não era, na Antiguidade, tomada à má parte, como nos tempos modernos. Não designava exclusivamente seres malfazejos, mas todos os Espíritos, em geral, dentre os quais se destacavam os Espíritos Superiores, chamados *deuses*, e os menos elevados, ou demônios propriamente ditos, que comunicavam diretamente com os homens. [...] (105, Introd.).

[...] [Significa] Espírito ou gênio (96, Ainda questões de lógica).

DANTE ALIGHIERI

Dante Alighieri – ilustre poeta e pensador italiano, nascido em 1265 e falecido em 1321, autor do poema épico *Divina comédia*, considerado "uma das mais altas concepções do espírito humano". Esse poema contém as ideias e a filosofia da Idade Média e se divide em três pontos: o Inferno, o Purgatório e o Paraíso, e figura uma viagem do poeta ao Mundo Invisível. Pode-se acrescentar que essa obra imortal criou a poesia e a linguagem italianas (168, cap. 1).

DÉBITO ESTACIONÁRIO

Nosso amigo, até que se amadureça em espírito para a renovação necessária, guarda a mente trabalhando em circuito fechado, isto é, pensa constantemente para si mesmo, incapaz da permuta de vibrações com os semelhantes [...]. Sabino é um problema de débito estacionário, porque jaz em processo de hibernação espiritual, compulsoriamente enquistado no próprio íntimo, a benefício da comunidade de Espíritos desencarnados e encarnados, porquanto tão expressivos se lhe destacam os gravames de ordem material e moral que a sua presença consciente, na Terra ou no Espaço, provocaria perturbações e tumultos de consequências imprevisíveis. [...] (231, cap. 13).

DECÁLOGO

A Lei de Deus está formulada nos Dez Mandamentos seguintes:

1º) Eu sou o Senhor, vosso Deus, que vos tirei do Egito, da casa da servidão. Não tereis, diante de mim, outros deuses estrangeiros. – Não fareis imagem esculpida, nem figura alguma do que está em cima do céu, nem embaixo na Terra, nem do que quer que esteja nas águas sob a terra. Não os adorareis e não lhes prestareis culto soberano.

2º) Não pronunciareis em vão o nome do Senhor, vosso Deus.

3º) Lembrai-vos de santificar o dia do sábado.

4º) Honrai a vosso pai e a vossa mãe, a fim de viverdes longo tempo na terra que o Senhor vosso Deus vos dará.

5º) Não mateis.

6º) Não cometais adultério.

7º) Não roubeis.

8º) Não presteis testemunho falso contra o vosso próximo.

9º) Não desejeis a mulher do vosso próximo.

10º) Não cobiceis a casa do vosso próximo, nem o seu servo, nem a sua serva, nem o seu boi, nem o seu asno, nem qualquer das coisas que lhe pertençam. É de todos os tempos e de todos os países essa lei e tem, por isso mesmo, caráter divino. [...] (105, cap. 1, it. 2).

A nova lei é o primeiro anúncio divino do amor e da caridade, como meios de depuração e de progresso (5, pt. 2).

[...] a primeira grande revelação de Leis Divinas – o Decálogo – que lhes [aos judeus] prescrevia o que não deviam fazer em dano do próximo (28, A progressividade da revelação divina 1).

Mandamentos são os princípios éticos transmitidos por Deus aos homens de todos os tempos, através de emissários chamados profetas. Foram sintetizados no Decálogo, o qual Jesus não veio derrogar, mas sim aperfeiçoar (29, Guardar os mandamentos de Deus).

[...] As dez recomendações contidas nas *Tábuas da Lei* poderiam constituir a legislação de todos os povos e com isso estaria estabelecida a justiça no mundo (57).

[...] o *Decálogo*, apresentado a Moisés no monte Sinai três meses após a saída dos hebreus do Egito, estatui os deveres do indivíduo para consigo mesmo, o seu próximo e Deus, estabelecendo códigos de costumes pessoais e sociais para uma vida feliz (75, Ética e razão).

Os dez mandamentos bíblicos da Lei de Deus, recebidos mediunicamente por Moisés (178, Glos.).

Em essência, temos na Tábua dos Dez Mandamentos, recebida por Moisés no monte Sinai, a revelação autenticamente divina, definindo o que o homem não deve fazer. Nela estão os fundamentos da Justiça Humana, estabelecendo que nossos direitos terminam quando começam os direitos alheios, e que só nos é lícito fazer o que não implique prejuízo para nosso semelhante (199, A palavra de Deus).

Assim, o Decálogo de Moisés caracteriza-se pela ênfase à unidade de Deus e à Justiça Superior. [...] (207, cap. 33).

DECEPÇÃO

Decepções – Cortes necessários em nossas fantasias, provocados por nossos excessos, aos quais ninguém pode fugir (304, cap. 40).

DEFENDER

Defender não é gritar. É prestar mais intenso serviço às causas e às pessoas (232, cap. 28).

DEFENSOR

Defensor – é o que coopera sem perturbar (232, cap. 16).

DEFESA ESPIRITUAL

A defesa espiritual de que necessitamos tem início em nós mesmos, em nosso mundo íntimo, irradiando em torno de nós fluidos harmônicos e saudáveis, criando um campo magnético favorável à ajuda dos benfeitores espirituais (342, cap. 13).

DEÍSMO

ver DOUTRINA DEÍSTA

DELFOS

Delfos – Hoje *Castri*, na antiga Grécia, perto do *Parnaso* (Fócida), onde *Apolo* tinha um templo, ditando os oráculos pela boca de *Pítia* (nome do qual se derivou o vocábulo mundial – *pitonisa*) (85, L. 4).

DELINQUÊNCIA

[...] enfermidade da alma. [...] (199, Os herdeiros do planeta).

Ver também PENA DE MORTE

DELINQUENTE

[...] como espírita, igualmente não aprova a cadeia, o castigo, a violência, mas os delinquentes de grandes crimes são doentes perigosos que precisamos apartar da sociedade para a adequada assistência (299, pt. 1, cap. 20).

Ver também CRIMINOSO *e* DOENTE

DELÍRIO

Aos distúrbios do pensamento oriundos do ato de formação dos juízos dá-se o nome de delírios. O delírio de perseguição, por exemplo, pode existir como um fato real: político, policial, etc. Contudo, num esquizofrênico, a vivência persecutória surge na mente do doente sem elementos da realidade que justifiquem a mesma. Os serviços de espionagem desenvolveram técnicas psicológicas, de uso coordenado, capazes de criar em suas vítimas configurações pseudodelirantes, em nada distinguíveis dos delírios patológicos. O autor observou um quadro rotulado como esquizofrênico, em uma médica perseguida por motivos de natureza política. São métodos de tortura cruéis: sendo que na antiga URSS a dissidência política era considerada sintoma de psicose, podendo levar suas vítimas à reclusão (*vide as* "escolas de vingadores", em *Ação e reação*, André Luiz, cap. 8). Segundo Bleuler, as "ideias delirantes são representações inexatas que se formaram não por uma causal insuficiência da lógica, mas sim por uma necessidade interior de natureza afetiva". Segundo Jaspers, os delírios podem ser primários ou secundários, e geralmente se caracterizam por uma convicção extraordinária, pela impermeabilidade à experiência e às refutações lógicas e pela inverossimilhança de conteúdo.

De acordo com Kurt Schneider, a percepção delirante ou delírio primário é a atribuição de um significado anormal a uma percepção normal, geralmente no sentido auto-referente, sem que, para isso, existam motivos compreensíveis não só do ponto de vista da razão como dos sentimentos. Geralmente possui, para o doente, um significado transcendental, numinoso. A principal característica do delírio primário é a incompreensibilidade. Todavia, esse critério de incompreensibilidade varia enormemente de terapeuta para terapeuta. [...]

Como, de acordo com a *Posição espírita*, tais quadros ideativos delirante-alucinatórios podem ser encontrados também em personalidades espirituais, desprovidas de corpo físico, deduz-se que alguns quadros de natureza psicopatológica têm o seu lócus no cérebro perispiritual. [...] (9, cap. 2).

Em Psicopatologia, os delírios são descritos como sendo uma alteração dos juízos. Do ponto de vista da lógica formal, a peculiaridade dos juízos é ser uma forma de pensamento enunciativo, asseverativo. É a afirmação ou a negação de uma relação entre dois conceitos, entre um sujeito e um predicado, entre uma percepção e um conceito, etc (9, cap. 6).

DEMÊNCIA

[...] um cataclismo no cérebro, com repercussões demolidoras n'alma, ocasionado por um frêmito de dor infinita; é qual terremoto que faz trepidar um vergel florido, tornando-o, bruscamente, em fendas ou num abismo hiante [...] (86, L. 1, cap. 10).

DEMOCRACIA

[...] A democracia é regime de conciliação, de equilíbrio, porque repele instintivamente qualquer hegemonia e permite a participação do TODOS no progresso comum, sem distinção de classes.

O sistema democrático, embora sujeito a deformações humanas, também evolui, marchando para o reinado pacífico da grande *democracia cristã*. Os exclusivismos são prejudiciais à ordem social, porque o progresso da sociedade depende da cooperação de todas as classes e não apenas de uma só classe.

A *democracia cristã* não comporta a precedência de nenhuma classe social sobre as outras, mas, ao contrário, oferece oportunidade para o bem-estar coletivo, o entendimento, a solidariedade, dentro da Justiça Social iluminada pelo Evangelho. [...] (6, cap. 19).

DEMÔNIO

Em todos os graus existe, portanto, ignorância e saber, bondade e maldade. Nas classes inferiores destacam-se Espíritos ainda profundamente propensos ao mal e comprazendo-se com o mal. A estes pode-se denominar *demônios*, pois são capazes de todos os malefícios aos ditos atribuídos. O Espiritismo não lhes dá tal nome por se prender ele à ideia de uma criação distinta do gênero humano, como seres de natureza essencialmente perversa, votados ao mal eternamente e incapazes de qualquer progresso para o bem.

[...] Segundo o Espiritismo, os demônios são Espíritos imperfeitos, suscetíveis de regeneração e que, colocados na base da escala, hão de nela graduar-se. [...] (104, pt. 1, cap. 9, it. 20 e 21).

A palavra *demônio* não implica a ideia de Espírito mau, senão na sua acepção moderna, porquanto o termo grego *daïmon*, donde ela derivou, significa gênio, inteligência e se aplicava aos seres incorpóreos, bons ou maus, indistintamente.

Por demônios, segundo a acepção vulgar da palavra, se entendem seres essencialmente malfazejos. Como todas as coisas, eles teriam sido criados por Deus. Ora, Deus, que é soberanamente justo e bom, não pode ter criado seres prepostos, por sua natureza, ao mal e condenados por toda a eternidade. [...] (106, q. 131).

[...] os demônios são simplesmente as almas dos maus, ainda não purificadas, mas que podem, como as outras, ascender ao mais alto cume da perfeição [...] (107, it. 2).

[...] os demônios são as almas atrasadas, ainda prenhes dos vícios da Humanidade [...] (109, pt. 1).

Os diabos são: o egoísmo, a impureza, o orgulho, a avareza, os ódios, as hipocrisias, as paixões e os sentimentos que revoluteiam dentro do círculo da liberdade humana (5, pt. 2).

[...] não é uma individualidade real, mas sim a expressão das paixões que *procedem da liberdade humana* [...] (5, pt. 3, cap. 3).

Demônio, como se sabe, significa Espírito mau, gênio ou simplesmente Espírito (99, Das origens).

Espírito obsessor (143, A mulher cananeia).

[...] é aquele que faz o mal e, assim, todo ser perverso, quando sai deste mundo, procura tentar as criaturas para o mal (159, pt. 3, cap. 3).

Sabeis o que se deve entender por *diabo, demônio, satanás*: a má influência, a inspiração má. [...] (182, v. 4).

[...] demônios nada mais eram que as almas daqueles homens que na Terra foram maus, frívolos, brincalhões, materialistas, indiferentes, hipócritas, orgulhosos, fraudadores, etc., e que, ao atravessarem o túmulo, em pouco ou em nada mudaram, conservando, como é mais lógico, os mesmos defeitos e imperfeições que possuíam quando no corpo de carne (227, cap. 26).

A palavra *diabo* era então compreendida na sua justa acepção. Segundo o sentido exato da expressão, era ele o adversário do bem, simbolizando o termo, dessa forma, todos os maus sentimentos que dificultavam o acesso das almas à aceitação da Boa-Nova e todos os homens de vida perversa, que contrariavam os propósitos da existência pura, que deveriam caracterizar as atividades dos adeptos do Evangelho (237, cap. 7).

O diabo existe como personificação do desequilíbrio.

[...] É o protótipo da ingratidão para com Deus [...], o diabo é do Eterno o filho que menosprezou a celeste herança. [...] É alma repleta de atributos sublimes, que permanece, entretanto, na Obra do Pai, como gênio destruidor. É sábio de raciocínio, mas pérfido de sentimento. [...] é um misto de anjo e monstro, no qual se confundem a santidade e a bestialidade, a luz e a treva, o céu e o abismo. Criatura desventurada pelo desvio a que se entregou voluntariamente, é, de fato, mais infeliz que infame, merecendo, antes de qualquer consideração, nosso entendimento e piedade (263, cap. 10).

[...] os gênios malditos, os demônios de todos os tempos [...]. Somos nós mesmos [...] quando nos desviamos, impenitentes, da Lei. [...] (264, cap. 4).

[...] as igrejas dogmáticas da crosta terrena possuem erradas noções acerca do diabo, mas, inegavelmente, os diabos existem.

Somos nós mesmos, quando, desviados dos divinos desígnios, pervertemos o coração e a inteligência, na satisfação de criminosos caprichos. (274, cap. 15).

Ver também DRAGÃO

DEPRESSÃO

[...] A depressão é o tipo de condição emocional que não podemos permitir que nos envolva. O espírita tem conhecimento suficiente das belezas imortais para não se deixar entregar infantilmente a esse tipo de enfermidade (1, O obstáculo é minha lição).

DESALENTO

O desalento [...] é clima anestesiante, que entorpece e destrói (256, cap. 86).

DESÂNIMO

[...] é uma falta. Deus vos recusa consolações, desde que vos falte coragem (105, cap. 5, it. 18).

O desânimo é veneno que corrói lenta, surdamente, a vida (17, cap. 5).

O desânimo é um verme destruidor nas melhores realizações de nossa vida [...] (248).

Desânimo é praga que arrasa serviço (251, cap. 21).

Desânimo é fruto envenenado da ilusão que alimentamos a nosso respeito. [...] (291, cap. 1).

Ver também PESSIMISMO

DESAPEGO

[...] O desapego aos bens terrenos consiste em apreciá-los no seu justo valor, em saber servir-se deles em benefício dos outros e não apenas em benefício próprio, em não sacrificar por eles os interesses da vida futura, em perdê-los sem murmurar, caso apraza a Deus retirá-los. [...] (105, cap. 16, it. 14).

A desencarnação de forma alguma liberta quem se acrisola por capricho ou rebeldia, teimosia ou paixão.

Nesse particular, desapego é, também, medida de refazimento do caminho percorrido (76, cap. 48).

DESASTRE

O desastre grande, quase sempre, é a soma dos descuidos pequenos. [...] (304, cap. 23).

DESCANSO

[...] O descanso, pois, além da morte, para as criaturas de condição mais elevada deixa, assim, de ser imersão mental nas zonas obscuras para ser voo de acesso aos domínios superiores da vida (297, cap. 9).

Ver também DESENCARNAÇÃO

DESCASCADO

Um dos pejorativos pelos quais a gíria dos planos inferiores designa os Espíritos desencarnados (309, cap. 13).

DESCORTESIA

Se o interpelado não atende, de pronto, cale as reclamações. É provável que ele seja gago e, se o não for, a descortesia é uma infelicidade em si mesma (232, cap. 9).

DESCULPA

A desculpa constante é garantia de paz (259, cap. 14).

DESDOBRAMENTO

[...] é ao mesmo tempo fluídico, sensorial e psíquico (bilocação), deslocando a personalidade consciente do sensitivo para o *corpo fluídico*, que então percebe, *a distância, o seu próprio corpo somático inanimado e sem vida.* [...] (22, cap. 14).

A lei fundamental do desdobramento é assim enunciada por Mr. Muldoon: "Quando o subconsciente se torna possuído pela ideia de movimentar o corpo físico que se acha impossibilitado de fazê-lo, o corpo astral se deslocará para fora do físico". [...] (148, cap. 3).

[...] O mecanismo de desdobramento [durante o sono] é simples: o perispírito eleva-se horizontalmente sobre o corpo físico, flutua mansamente na direção da cabeça para os pés e se coloca gradativamente de pé. Um fio prateado continua ligando o perispírito ao corpo físico, qualquer que seja a distância percorrida por aquele. [...] (148, cap. 8).

O desdobramento é uma ação natural do Espírito encarnado que, no repouso do corpo físico, recupera parcialmente a sua liberdade (196, Um sonho que se realizou).

O desdobramento é o processo pelo qual o perispírito se exterioriza do corpo físico, ao qual permanece ligado por um liame fluídico. [...] (344, cap. 8.2).

Ver também BILOCAÇÃO *e* EXTERIORIZAÇÃO

DESEJO

O desejo é semente da alma. Por isso mesmo, asseverou a profecia no caminho dos séculos: *"Guarda carinhosamente teu coração, porque dele procedem as fontes da vida"* (248).

Todo desejo [...] é manancial de poder. A planta que se eleva para o alto, convertendo a própria energia em fruto que alimenta a vida, é um ser que ansiou por multiplicar-se... (252, cap. 1).

Todo desejo é potencial de criação (255, Reflexões).

O desejo é a alavanca de nosso sentimento, gerando a energia que consumimos, segundo a nossa vontade (282, cap. 8).

O desejo é o ímã da vida (298, cap. 4).

O desejo é o ímã da vida. Desejando, sentimos e, pelo sentimento, nossa alma assimila o que procura e transmite o que recebe (347, p.1, cap. 3).

Desejo sexual

O desejo sexual é a força de atração única, unindo as criaturas, como no mundo animal. Passado este impulso de atração, mediante a satisfação dos instintos sexuais, há o afastamento natural no relacionamento do casal (12, cap. 22).

DESENCARNACÃO

[...] a união do perispírito e da matéria carnal, que se efetuara sob a influência do princípio vital do gérmen, cessa, desde que esse princípio deixa de atuar, em consequência da desorganização do corpo. Mantida que era por uma força atuante, tal união se desfaz, logo que essa força deixa de atuar. Então, o perispírito se desprende, *molécula* a *molécula*, conforme se unira, e ao Espírito é restituída a liberdade. Assim, *não é a partida do Espírito que causa a morte do corpo; esta é que determina a partida do Espírito* (101, cap. 11, it. 18).

Cada desencarnação se dá conforme haja transcorrido a existência carnal. Muitos fatores concorrem, a fim de que os processos da morte biológica se deem. [...] (77, cap. 20).

Efetivamente, a desencarnação representa um abandono compulsório de todos os bens transitórios que acumulamos ou de que nos servimos (100, Levar).

[...] é, para o Espírito que desencarna, um momento de perturbação. Se o Espírito é bom, se é puro, se conheceu durante a vida corpórea os ensinos do Espírito Consolador, ela pouco dura e nada de penosa tem. Até certo ponto, pode o Espírito, nesse transe, ser comparado a um homem que desperta, sem ter nítida consciência do seu estado, sem saber ao certo se está acordado, ou se dorme. Em breve, porém, retoma posse de si mesmo e se apercebe exatamente da sua situação. É esse um instante de enlevo, como o do pássaro que se escapou de acanhada gaiola, e se vai juntar aos seus companheiros, nos ares ou debaixo das ramagens (134, 36ª efusão).

A desencarnação é o processo de que a vida se utiliza para eliminar o que parece, e deixar o que é. [...] (219, Vidas dúplices).

A desencarnação nem sempre será um acidente pacífico em nosso caminho para a eternidade. Por vezes, é doloroso processo de transição (248).

Para todos eles [os espíritas], a desencarnação em atendimento às ordenações da Vida Maior é o termo de mais um dia de trabalho santificante, para que se ponham, de novo, a caminho do alvorecer (262, Espíritas diante da morte).

Desencarnar é mudar de plano, como alguém que se transferisse de uma cidade para outra, aí no mundo, sem que o fato lhe altere as enfermidades ou as virtudes com a simples modificação dos aspectos exteriores. [...] (273, q. 147).

Desencarnação é libertação da alma, morte é outra coisa. Morte constitui cessação da vida, apodrecimento, bolor! (304, cap. 26).

A desencarnação pode ser rápida, logo após a morte, ou se alonga em estado de perturbação, conforme as disposições psíquicas e emocionais do ser espiritual. [...] (341, p. 1, cap. 6).

Ver também MORTE *e* TÚMULO

DESENCARNADO

[...] os desencarnados não são magos nem adivinhos. São irmãos que continuam na luta de aprimoramento. [...] (279, cap. 42).

Ver também MORTO

DESENTENDIMENTO

[...] é a oportunidade que, muitas vezes, favorece a supressão de pequeninos obstáculos, antes de se formarem obstáculos maiores [...] (251, cap. 57).

DESENVOLVIMENTO MEDIÚNICO

A preparação da mente para essa consciência imediata e não conceitual da realidade é o propósito básico das escolas de misticismo oriental, e é também largamente desenvolvida entre os adeptos do Espiritismo, através das técnicas do desenvolvimento das faculdades mediúnicas. O objetivo básico dessas técnicas parece ser o silenciar da mente pensante, por meio da concentração e da abstração das distrações, e na transferência do foco da consciência, ou da energia psíquica, do ego racional, analítico e cortical, para o inconsciente subcortical e intuitivo. [...] o transe mediúnico é uma forma típica de estado intuitivo (9, cap. 3).

O período de exercício, de trabalho preparatório, tão fértil muitas vezes em manifestações grosseiras e mistificações é, pois, uma fase normal de desenvolvimento da mediunidade; é uma escola em que a nossa paciência e discernimento se exercitam, em que aprendemos a nos familiarizar com o modo de agir dos habitantes do além (48, pt. 1, cap. 5).

O desenvolvimento mediúnico é trabalho delicado, difícil e muito importante, que exige conhecimento doutrinário, capacidade de observação, vigilância, tato, firmeza e muita sensibilidade para identificar desvios e desajustes que precisam ser prontamente corrigidos, para não levarem o futuro médium a vícios funcionais e até mesmo a perturbações emocionais de problemática recuperação (145, cap. 1).

Desenvolver a mediunidade, ou seja, educá-la, significa colocar-nos em relação e dependência magnética, mental e moral com entidades dos mais variados tipos evolutivos – evoluídas ou involuídas (163, cap. 38).

Desenvolvimento mediúnico não é ajustamento ao fenômeno da comunhão entre os dois mundos – é, acima de tudo, aperfeiçoamento da personalidade, educação da alma e do raciocínio, aprimoramento do cérebro e do coração (248).

DESENVOLVIMENTO DA MEDIUNIDADE / EDUCAÇÃO DA MEDIUNIDADE

Há uma diferença fundamental entre desenvolver a mediunidade e educá-la. A faculdade mediúnica pode ser desenvolvida espontaneamente em algumas pessoas ou pelo exercício em outras. [...]

[...] A educação da mediunidade leva o médium à conscientização quanto à função e ao propósito da faculdade. Por isso é sempre mais fácil desenvolver a mediunidade que educá-la (314, pt.1, cap. 4.2.1).

DESENVOLVIMENTO SUSTENTÁVEL

O desenvolvimento sustentável é um modelo de desenvolvimento que sugere uma mudança de visão sobre o crescimento da economia mundial, [...] (348, introd.).

Como já mencionado, o Informe da Comissão Mundial sobre Meio Ambiente e Desenvolvimento publicado em 1987, mais conhecido como o *Informe Brundtland*, definiu o conceito do desenvolvimento sustentável como aquele que atende às necessidades da presente geração sem comprometer a capacidade das gerações futuras de atenderem suas próprias necessidades. [...] (348, cap. 3, 3.2, 5.2.5).

DESEQUILÍBRIO

[...] todo instante de turvação ou desequilíbrio é instrumento de teste para avaliação de nosso próprio aproveitamento (291, cap. 19).

Desequilíbrio que anotes é apelo da vida a que lhe prestes cooperação (307, cap. 39).

Desequilíbrio psíquico

[...] quando a alma quer o que não lhe convém, é que nela há desequilíbrio ou ignorância. O desequilíbrio psíquico é uma enfermidade anímica e bem assim a ignorância. [...] (2, cap. 9).

DESESPERAÇÃO

Desesperação é chuva de veneno invisível (259, cap. 14).

DESESPERO

[...] é uma rebeldia à vontade do Onipotente, sempre punido com o *prolongamento da causa que o produziu*, até que haja completa submissão.

O desespero é verdadeiro suicídio por minar as forças corpóreas [...] (104, pt. 2, cap. 2).

[...] é o pior conselheiro do homem. [...] (55, cap. 26).

[...] ponte hábil para a loucura ou o suicídio, nas suas feições diretas ou indiretas (80, L. 1, cap. 4).

O desespero é fogo invisível (217, cap. 22).

[...] é cárcere incendiado (219, Liberdade espírita).

Muita vez, o desespero é a preguiça agitada [...] (248).

Quem sofre com paciência / Cria, aprende, vence, alcança... / Desespero é a dor do fraco / Que vive sem esperança (293, cap. 1).

DESGRAÇA

[...] a verdadeira desgraça é o tumulto, o prazer que macula a alma e adormece a consciência (134, 29ª efusão).

DESIGUALDADE

De fato, se tivéssemos uma só existência, a doutrinação do Mestre seria um engodo. À luz da reencarnação, entretanto, as diferenças sociais, como de resto todas as desigualdades, que tanto ofendem as almas sensíveis e perquiridoras, não se constituem expressões do arbítrio divino; são agentes de progresso e preenchem, transitoriamente, uma necessidade na economia da evolução individual e coletiva (29, Bem-aventurados os que têm fome...).

[...] todos os Espíritos foram criados *iguais* [...], mas dotados de livre-arbítrio o qual, ainda que muito incipiente e ínfimo nesse *momento*, vai, pouco a pouco, diversificando, desigualando esses seres espirituais recém-criados [...]. Daí *o se aperfeiçoarem uns mais rapidamente do que outros, o que lhes dá aptidões diversas.* [...] Essas aptidões, diferenciadas em grau e natureza, provocam, por sua vez, maior ou menor poder ou capacidade de aquisição ou de produção de bens (o *homo faber*). Pelo trabalho pessoal, estaria assim legitimada a propriedade desses recursos em quantidade e qualidade, e diferenciados de um para outro indivíduo componente do grupo social (tribo, clã, etc.). É a desigualdade social primordial, ou quase primordial (130)

Desigualdade da condição social

[...] A questão 806 da já citada obra explicita que a desigualdade das condições sociais não é Lei da Natureza. "É obra do homem e não de Deus". [...] (332, cap. 9).

DESILUSÃO

Em linguagem vernácula, desilusão é o ato de desenganar-se, de perder a ilusão, de libertar-se do equívoco dos sentidos (75, Desilusão).

DESINTERESSE MORAL

Por *desinteresse moral* entendemos a abnegação, a humildade, a ausência de toda pretensão orgulhosa, de todo pensamento de dominação à custa do Espiritismo. [...] (110, Impressões gerais).

DESLEIXO

Desleixo é crueldade em máscara diferente (292, Tua parte).

DESOBSESSÃO

Obsessão e desobsessão: escravização e libertação do pensamento.

[...] é a mudança de direção do pensamento para rumos nobres e construtivos. É a mudança do padrão vibratório, sob o influxo da mente, que optou pela frequência mais elevada (195, pt. 2, cap. 5).

Desobsessão – Des / obsessão. Des – Falta, ausência, negação.
Desobsessão – Ato de tirar a obsessão. Desobsessão, em sentido amplo, é o processo de regeneração da Humanidade. É o ser humano desvinculando-se do passado sombrio e vencendo a si mesmo. Em sentido restrito, é o tratamento das obsessões, orientado pela Doutrina Espírita (195, pt. 3, cap. 1).
A desobsessão é, em todos os sentidos, um processo de *libertação*, tanto para o algoz quanto para sua vítima, em qualquer plano [que] se situem (196, Libertação - Referência ao *Voltei*).

[...] a desobsessão não é caça a fenômeno e sim trabalho paciente do amor conjugado ao conhecimento e do raciocínio associado à fé (302, Um livro diferente).

A desobsessão abrange em si obra hospitalar das mais sérias.
Compreenda-se que o espaço a ela destinado, entre quatro paredes, guarda a importância de uma enfermaria, com recursos adjacentes da Espiritualidade Maior para tratamento e socorro das mentes desencarnadas, ainda conturbadas ou infelizes (302, cap. 18).
O serviço de desobsessão não é um departamento de trabalho para cortesias sociais que, embora respeitáveis, não se compadecem com a enfermagem espiritual a ser desenvolvida, a benefício de irmãos desencarnados que amargas dificuldades atormentam (302, cap. 21).
Todos possuímos desafetos de existências passadas, e, no estágio de evolução em que ainda respiramos, atraímos a presença de entidades menos evolvidas, que se nos ajustam ao clima do pensamento, prejudicando, não raro, involuntariamente, as nossas disposições e possibilidades de aproveitamento da vida e do tempo. A desobsessão vige, desse modo, por remédio moral específico, arejando os caminhos mentais em que nos cabe agir, imunizando-nos contra os perigos da alienação e estabelecendo vantagens ocultas em nós, para nós e em torno de nós, numa extensão que, por enquanto, não somos capazes de calcular. Através dela, desaparecem doenças-fantasmas, empeços obscuros, insucessos, além de obtermos com o seu apoio espiritual mais amplos horizontes ao entendimento da vida e recursos morais inapreciáveis para agir, diante do próximo, com desapego e compreensão (302, cap. 64).

Ver também DIRIGENTE *e*
REUNIÃO DE DESOBSESSÃO

Desobsessão natural

Encontrar Jesus, realmente, significará mudança radical na intimidade do nosso ser. Será a reforma interior definitiva – o nascimento de um homem novo, que veio finalmente à luz daquele que é a Luz do Mundo.
Essa, conforme afirma Eurípedes [Barsanulfo], a *desobsessão natural* (195, pt. 4, cap. 3).

DESPEITO

Ampare fraternalmente o invejoso; o despeito é indisfarçável homenagem ao mérito e, pagando semelhante tributo, o homem comum atormenta-se e sofre (232, cap. 4).

DESPERTAR ESPIRITUAL

Todo despertar espiritual é também uma forma de crise existencial, face à mudança de conceitos e de valores, de aspirações e vivências que se relacionam com o ser físico, mas também com o Espírito imortal, produzindo alterações dilaceradoras na primeira fase, a fim de romper a couraça do ego apaixonado e transmudar o sentimento em relação à vida perene (75, Despertamento e transformação).

DESTINO

[...] O destino, feliz ou desgraçado, é a consequência de nossos atos. [...] (48, pt. 1, cap. 11).

[...] o nosso destino é viver e progredir incessantemente, através do infinito dos espaços e do tempo, a fim de nos iniciarmos sempre e cada vez mais nas maravilhas do Universo, para cooperarmos sempre mais intimamente na obra divina (48, pt. 1, cap. 11).

[...] é o resultado de muitas atividades que culminam num momento, para nós inesperado, mas que, para os arquitetos da Vida, está adredemente programado. Amores, adversários, felicidade e desdita são peças da rede da vida imperecível, atando e desatando suas teias incessantemente, até o instante da libertação definitiva de todo o sofrer. [...] (79, L. 1, cap. 2).

O destino é um campo restituindo invariavelmente o que recebe (248).

[...] O destino é a soma de nossos próprios atos, com resultados certos. Devemos sempre a nós mesmos as situações em que se nos enquadra a existência, porquanto recolhemos da vida exatamente o que lhe damos de nós (249, cap. 15)

Nosso destino é assim como o rio. Por mais diferenciado se encontre, à distância da nascente que lhe dá origem, está sempre ligado a ela pela corrente em ação contínua... (252, cap. 26).

[...] a grandeza divina é a maravilhosa destinação das criaturas [...] (295, cap. 10).

[...] O destino, cada qual está a escrevê-lo com os atos, mediante o seu livre-arbítrio (317, cap. 9.4).

[...] A meu ver, e reconheço que não possuo a mínima propensão para adivinhar, destino será a soma de nossas ações e pensamentos em nossa vida atual, ou em nossas existências passadas (353, cap. 25).

Destino do mundo

Tal é o destino do mundo: como todo ser que vive, passou pelo estado embrionário, teve sua infância, adolescência e maturidade; a decrepitude da velhice já começou (91, pt. 1, cap. 2).

DESTRUIÇÃO

ver LEI DE DESTRUIÇÃO

DESUNIÃO

[...] a desunião é um dos meios pelos quais os inimigos do Espiritismo buscam atacá-lo; é com esse objetivo que muitas vezes eles induzem certos grupos a se ocuparem de questões irritantes ou comprometedoras, sob o pretexto especioso de que não deve colocar a luz sob o alqueire. [...] (110, Instruções particulares..., 11).

DESVARIO AFETIVO

[...] [Desvarios afetivos são] doenças da alma, junto das quais a piedade é trazida para silenciar apreciações rigoristas (251, cap. 31).

DETERMINISMO

[...] [Doutrina pela qual] o homem é ativo e faz parte das causas que atuam. Não se vê o que deve acontecer, mas o que acontecerá. [...] (64, v. 1, cap. 9).

[...] é natural resultado das realizações em cada etapa do processo da evolução, ora absoluto – mediante a fatalidade do *nascer* e *morrer* no corpo transitório, em algumas expiações mutiladoras e dilacerantes, em vários tipos de injunção penosa, nas áreas do comportamento da sociedade, dos recursos financeiros –, ora relativo – que o livre-arbítrio altera conforme a eleição pessoal de realizações –, sempre, porém, objetivando o bem do Espírito, suas aquisições libertárias, sua ascensão. [...] (77, cap. 25).

Esse determinismo, porém, não é ditado por Deus em relação a uns, enquanto outros dele se preservam. É um dispositivo das Leis Universais, a maior das quais é a do Amor. [...] (144, v. 1, cap. 5).

O determinismo divino se constitui de uma só lei, que é a do amor para a comunidade universal. [...] (273, q. 135).

Se há um determinismo, na acepção absoluta do termo, esse é o determinismo do progresso, para a felicidade de todos. Mesmo que façamos mau uso do livre-arbítrio, [...] (345, cap. 18).

Ver também FATALIDADE, FATALISMO, LIBERDADE *e* LIVRE-ARBÍTRIO

DETERMINISTA

Os deterministas, a seu turno, sustentam que as ações e a conduta do indivíduo, longe de serem livres, dependem integralmente de uma série de contingências a que ele não pode furtar-se, como os costumes, o caráter e a índole da raça a que pertença; o clima, o solo e o meio social em que viva; a educação, os princípios religiosos e os exemplos que receba; além de outras circunstâncias não menos importantes, quais o regime alimentar, o sexo, as condições de saúde, etc (28, O livre--arbítrio).

DETRATORES DO ESPIRITISMO

Se os detratores do Espiritismo – falo dos que militam pelo progresso social, dos escritores que pregam a emancipação dos povos, a liberdade, a fraternidade e a reforma dos abusos – conhecessem as verdadeiras tendências do Espiritismo, seu alcance e seus inevitáveis resultados, em vez de ridicularizá-lo, como fazem, de interpor incessantemente obstáculos no seu caminho, nele vissem a mais poderosa alavanca para chegar à destruição dos abusos que combatem, em vez de lhe serem hostis, o aclamariam como um socorro providencial. Infelizmente, na sua maioria, creem mais em si do que na Providência. Mas a alavanca age sem eles e a despeito deles, e a força irresistível do Espiritismo será tanto mais bem constatada, quanto mais ele tiver de combater. Um dia dirão deles, o que não será para a sua glória, o que eles próprios dizem dos que combateram o movimento da Terra e dos que negaram a força do vapor. Todas as negações, todas as perseguições não impediram que estas Leis Naturais seguissem seu curso, assim como os sarcasmos da incredulidade não impedirão a ação do elemento espiritual, que é, também, uma Lei da Natureza.
Considerado desta maneira, o Espiritismo perde o caráter de misticismo que lhe censuram os detratores, justamente aqueles que menos o conhecem. Não é mais a ciência do maravilhoso e do sobrenatural ressuscitada: é o domínio da natureza enriquecida por uma lei nova e fecunda, uma prova a mais do poder e da sabedoria do Criador; são, enfim, os limites recuados dos conhecimentos humanos (110, O Espiritismo é uma Ciência Positiva...).

DEUS

Sendo Deus a causa primária de todas as coisas, a origem de tudo o que existe, a base sobre que repousa o edifício da criação, é também o ponto que importa consideremos antes de tudo (101, cap. 2, it. 1).
Deus é, pois, a inteligência suprema e soberana, é único, eterno, imutável, imaterial, onipotente, soberanamente justo e bom, infinito em todas as perfeições, e não pode ser diverso disso (101, cap. 2, it. 19).

[...] Deus é o Sol dos seres, é a Luz do mundo. [...] (101, cap. 6, it. 14).

[...] Deus é a inteligência suprema, causa primária de todas as coisas (106, pt. 1, cap. 1).

Deus é *eterno*. Se tivesse tido princípio, teria saído do nada, ou, então, também teria sido criado por um ser anterior. É assim que, de degrau em degrau, remontamos ao infinito e à eternidade.
É *imutável*, se estivesse sujeito a mudanças, as leis que regem o Universo nenhuma estabilidade teriam.
É *imaterial*. Quer isto dizer que a sua natureza difere de tudo o que chamamos de matéria. De outro modo, ele não seria imutável, porque estaria sujeito às transformações da matéria.
É *único*. Se muitos deuses houvesse, não haveria unidade de vistas, nem unidade de poder na ordenação do Universo.
É *onipotente*. Ele o é, porque é único. Se não dispusesse do soberano poder, algo haveria mais poderoso ou tão poderoso quanto ele, que então não teria feito todas as coisas. As

que não houvesse feito seriam obra de outro Deus.

É *soberanamente justo e bom*. A sabedoria providencial das Leis Divinas se revela, assim, nas mais pequeninas coisas, como nas maiores, e essa sabedoria não permite se duvide nem da justiça nem da bondade de Deus (106, q. 13).

A palavra *deus* tinha, entre os antigos, acepção muito ampla. Não indicava, como presentemente, uma personificação do Senhor da Natureza. Era uma qualificação genérica, que se dava a todo ser existente fora das condições da Humanidade. Ora, tendo-lhes as manifestações espíritas revelado a existência de seres incorpóreos a atuarem como potência da Natureza, a esses seres deram eles o nome de deuses, como lhes damos atualmente o de *Espíritos*. [...] (106, q. 668).

[...] Não se podendo conceber Deus sem o infinito de seus atributos, restringir ou diminuir um só deles seria a sua negação, pois que isso implicaria a possibilidade da existência de um ser mais perfeito. [...] (110, Instruções particulares..., 7).

Deus, em sua essência, em si mesmo, é um ser infinitamente puro e perfeito, eterno, imenso, onipotente, causa do Universo, infinitamente bom, sábio, justo e misericordioso; em suma, é o poder, a sabedoria e o amor infinitos concentrados numa individualidade indefinível (5, pt. 1, cap. 6).

[...] Deus é o princípio de todas as coisas, e existe de toda a eternidade (5, Comunicações ou ensinos dos espíritos).

[...] é o princípio e o fim dos seres (5, Comunicações ou ensinos dos Espíritos).

Deus é Deus desde o princípio, e com Deus existe sua Lei; porque essa Lei é o Bem, a Sabedoria, e a Sabedoria é Deus (5, Comunicações ou ensinos dos Espíritos).

Deus é a fonte da vida [...] (5, Comunicações ou ensinos dos Espíritos).

[...] perfeição absoluta, desde a eternidade [...] (28, A progressividade da revelação divina 1).

[...] a expressão máxima do Amor [...] a Justiça perfeita [...] (29, Não vos inquieteis pelo dia de amanhã).

O Espiritismo ensina, em primeiro lugar, a existência de Deus, motor inicial e único do Universo; nele se resumem todas as perfeições levadas ao infinito. Ele é eterno e todo poderoso (42, pt. 3, cap. 3).

O Deus que compreendemos é a infinita grandeza, o infinito poder, a infinita bondade, a infinita justiça! É a iniciativa criadora por excelência, a força incalculável, a harmonia universal! [...] Deus é a vida imensa, eterna, indefinível, é o começo e o fim, o alfa e o ômega (42, pt. 3, cap. 3).

[...] Deus é o conhecimento, a sublime claridade, um raio da qual ilumina toda consciência humana (45, cap. 7).

Toda a Antiguidade admitiu a existência dos *deuses*, expressão por que se designavam os Espíritos puros e elevados, e dos *semideuses* ou heróis [...] (45, Notas complementares).

[...] Deus é espírito, e cumpre que os seus filhos o adorem em espírito e verdade (46, pt. 1, cap. 6).

[...] É o Pai de todos e a própria origem da vida.

[...] Deus é antes a personalidade absoluta, e não um ser que tem uma forma e limites. Deus é infinito e não pode ser individualizado, isto é, separado do mundo, nem subsistir à parte.

[...] O Ser Supremo não existe fora do mundo, porque este é a sua parte integrante e essencial. Ele é a Unidade central onde vão desabrochar e harmonizar-se todas as relações. É o princípio de solidariedade e de amor, pelo qual todos os seres são irmãos. É o foco de onde se irradiam e se espalham no infinito todas as potências morais: a Sabedoria, a Justiça e a Bondade! [...] Para resumir, tanto quanto podemos, tudo o que pensamos referente a Deus, diremos que Ele é a Vida, a Razão, a Consciência em sua plenitude. É a causa eternamente operante de tudo o que existe. É a comunhão universal onde cada ser vai sorver a existência, a fim de, em seguida, concorrer, na medida de suas faculdades crescentes e de sua elevação, para a harmonia do conjunto (46, pt. 2, cap. 9).

[...] Deus, fonte de vida, é o princípio da saúde física, do mesmo modo o é da perfeição moral e da suprema beleza. [...] (48, pt. 3, cap. 26).

[...] Providência, grande Arquiteto, Ser supremo, Pai Celeste, é sempre o Centro, a Lei, a Razão Universal, em que o mundo se conhece, se possui, encontra sua consciência e seu eu (50, pt. 1, cap. 1).

Deus é o Espírito de Sabedoria, de Amor e de Vida, o Poder Infinito que governa o mundo (50, pt. 1, cap. 3).

Ideia de Deus – centro inefável para onde vergem e se fundem, em síntese sem limites, todas as ciências, todas as artes, todas as verdades superiores –, tu és a primeira e a última palavra das coisas presentes ou passadas, próximas ou longínquas; tu és a própria Lei, a causa única de todas as coisas, a união absoluta, fundamental, do bem e do belo, que reclama o pensamento, que exige a consciência e na qual a alma humana acha sua razão de ser e a fonte inesgotável de suas forças, de suas luzes, de suas inspirações (50, pt. 1, cap. 4).

[...] sendo a perfeição realizada, é ao mesmo tempo o ideal objetivo, o ideal vivo! (50, pt. 1, cap. 7).

[...] é um ser vivo, sensível, consciente. Deus é uma realidade ativa. Deus é nosso pai, nosso guia, nosso condutor, nosso melhor amigo [...] (50, pt. 1, cap. 8).

[...] é o Espírito puro, o pensamento puro. [...]

[...] Deus é o grande foco de vida e de amor [...].

[...] é o Espírito Universal que se exprime e se manifesta na Natureza [...].

Concluamos: Deus é a grande Alma do Universo, o foco de onde emana toda a vida, toda a luz moral. [...] (50, pt. 1, cap. 9).

Deus é o centro para o qual convergem e onde vão terminar todas as potências do Universo. É o foco de que emana toda a ideia de justiça, de solidariedade, de amor, o alvo comum para o qual todos os seres se encaminham, consciente ou inconscientemente. [...] Grande Arquiteto dos mundos. [...] (51, cap. 4).

[...] Deus é o grande artista que, dos contrastes, sabe fazer resultar a harmonia. [...] (52, pt. 1, cap. 9).

Deus é nosso Pai porque nos criou. Deus é chamado de Criador porque criou tudo que existe na Natureza e no Universo (o Sol, a Terra, a Lua, as estrelas, etc.).

Deus é nosso Pai, que nos ama e jamais nos esquece. [...] (57).

[...] Deus é potência e ato naturais; vive na Natureza, como nele vive ela. [...] (66, t. 5).

[...] concluiu-se pela legitimidade da Sua existência, graças a quatro grupos de considerações, capazes de demonstrá-lo de forma irretorquível e definitiva, a saber: a) *cosmológicas*, que o explicam como a Causa Única da sua própria causalidade, portanto real, sendo necessariamente possuidor das condições essenciais para preexistir antes da Criação e sobreexistir ao sem-fim dos tempos e do Universo; b) *ontológicas*, que o apresentam perfeito em todos os seus atributos e na própria essência, [...] as de ordem cosmológica foram aplicadas inicialmente por Aristóteles, que o considerava o "Primeiro motor, o motor não movido, o Ato Puro" [...]; c) *teleológicas*, mediante as quais o pensamento humano, penetrando na estrutura e ordem do Universo, não encontra outra resposta além daquela que procede da existência de um Criador. Ante a harmonia cósmica e a beleza, quanto à grandeza matemática e estrutural das galáxias e da vida, uma resultante surge: tal efeito procede de uma Causa perfeita e harmônica, sábia e infinita; d) *morais*, [...]. Deus está presente no homem, mediante a sua responsabilidade moral e a sua própria liberdade, que lhe conferem títulos positivos e negativos, conforme o uso que delas faça, do que decorrem as linhas mestras do dever e da autoridade. Essa presença na inteligência humana, intuitiva, persistente, universal, faz que todos os homens de responsabilidade moral sejam conscientemente responsáveis, atestando, assim, inequivocadamente, a realidade de um Legislador Absoluto, Suprema Razão da Vida (74, cap. 1).

Sócrates já nominava Deus como *A Razão Perfeita*, enquanto Platão o designava por *Ideia do Bem* (74, cap. 1).

[...] Minha religião consiste em humilde admiração do Espírito Superior e ilimitado que se revela nos menores detalhes que podemos perceber com os nossos espíritos frágeis e duvidosos. Essa convicção profundamente emocional na presença de um poder raciocinante superior, que se revela no incompreensível Universo, é a ideia que faço de Deus. [Einstein] (74, cap. 2).

Quando o Evangelista João informou que *Deus é Amor*, estabeleceu um paradigma de permanência real, porque se encontra em todo o Universo como Harmonia, antes e depois do tempo e do espaço. A impermanência de tudo e de todos, a morte e o renascimento cessam quando o Espírito liberado da conjuntura do ir e vir alcança a plenitude de consciência e pode contemplar a Permanência Divina (75, Iluminação para a ação).

[...] é a Suprema Misericórdia, o Excelso Amor [...] (80, L. 1, cap. 5).

[...] é Juiz Universal, e também Pai Clemente e Extremoso. [...] (87, L. 7, cap. 6).

[...] a protossíntese de todas as perfeições, ou seja: a sabedoria, a justiça, a inteligência, a bondade, a misericórdia, elevadas ao potencial absoluto. [...] (95, A doutrina do hindu).

Deus, em filosofia, deve ser o significado do princípio eterno, indestrutível e intransformável. Centro de toda a vida, geratriz de toda a força, foco de toda a luz (117, v. 2, cap. 28).

[...] Deus é o Espírito Puro, consciente de si mesmo e de cada uma das partes da sua obra. É pessoal, mas sem forma. É infinito, eterno, o que quer dizer sem extensão nem duração, mas presente em toda a parte e sempre. Causa das causas, princípio de tudo o que é, virtude e sustentáculo do Universo, Deus é, ao mesmo tempo, incompreensível e incontestável. Sabemos que Ele existe e o Cristo, de acordo com a razão, nos afirma que Ele é o Pai. [...] (134, 5ª efusão).

[...] Ele é a fonte perene de graças onde encontramos o bálsamo para nossas dores e o lenitivo para nossas aflições... [...] (159, pt. 1, cap. 3).

[...] Deus, o Pai todo bondade e todo misericórdia, é o sábio e paciente jardineiro que cultiva na alma imortal de seus filhos os germens das virtudes com que os dotou a todos (167, pt. 1, cap. 5).

Sim! Deus, o Criador Onipotente, o Artista inimitável, Senhor da Beleza Suprema [...] (168, cap. 2).

[...] Deus, *que é o Pai, de quem* todas as coisas procedem e em quem existimos [...] (177).

[...] Deus é o só e *único princípio universal, não divisível*, que cria mas não pela divisibilidade da sua essência; Deus é *uno*! (182, v. 1).

[...] Moisés definira Deus usando desta expressão de imenso alcance na sua simplicidade: "Eu, o Eterno, *único* eterno, eu sou aquele que é". Deus é. Sua essência enche o espaço ilimitado; o universo infinito é a sua morada. Não há limites, nem medidas que o possam explicar. Ele é. [...] "Deus é *Espírito* e, os que o adoram, em *espírito* é que o devem adorar". Quis [Jesus] com isto dizer: Deus é *inteligência* e a inteligência não tem forma palpável. Deus é *pensamento* e o pensamento não pode ser tocado. Deus é *fluido* e é, ao mesmo tempo, *infinito*, por conseguinte *não tem corpo que o circunscreva*. [...] Deus é *Espírito*, no sentido de que todo princípio inteligente emana da suprema inteligência.

Deus é o *Espírito dos Espíritos*, indicando estas *palavras humanas* a superioridade *de ser*. [...]

Deus é inteligência, pensamento e, como tal, criador incriado. É fluido e o fluido universal, que dele parte, com Ele confinando, é o instrumento e o meio de todas as criações, que, no infinito e na eternidade, se operam de acordo com as Leis Naturais, imutáveis e eternas que Ele mesmo estabeleceu. [...]

Deus é o universal princípio inteligente que, por ato de sua própria vontade, atua sobre o fluido universal, operando neste todas as combinações, todas as transformações, de conformidade com aquelas leis imutáveis e eternas.

[...] Deus é o princípio *exclusivo* e *único* de tudo o que é, luz de tudo o que vê, fertilidade de tudo o que produz. Deus é a causa de todas as causas, que inutilmente os vossos sentidos grosseiros buscam apreender. Essa causa primária, inefável, se acha tão acima de qualquer inteligência, que só os que dela estão próximos a podem compreender (182, v. 4).

[...] *Deus* é, aos vossos olhos, *a causa genérica de todas as causas primárias.* Dizemos – genérica, no sentido de princípio criador de toda a geração em todos os reinos. [...]

Deus, criador incriado, é pessoal e distinto da criação, como a causa é pessoal e distinta do efeito, se bem que este decorra dela e lhe permaneça ligado. [...]

"Deus, o nosso Deus, é o ser que é e será, desde e por toda a eternidade; é o soberano indulgente e benigno que reina sobre todas as coisas, inteligência suprema que dirige tudo o que é, no Universo, na imensidade, no infinito (182, v. 4).

Mas, "*Deus é espírito*", como afirmou Jesus (*João*, 4:24). Espírito puríssimo, cuja emanação criadora é a aura que sustenta e vivifica os Universos. É no Seio Divino que tudo existe e vibra. É de sua força geratriz que tudo nasce, e é nela que tudo evolui. Do pensamento de Deus emana o fluido universal, do qual o cosmo é modalidade. [...] (187, cap. 1).

[...] Ser gerador de todas as coisas. [...] É o Pai de todos e a própria origem da vida (198).

[...] Deus é, para todos nós, um grande enigma (198).

Deus, fogo de inteligência e de amor, é tão indispensável à vida interior, quanto o Sol à vida física! (202, Ação de graças).

[...] Deus é manifestado pelo Universo – de que é a representação sensível –, mas não se confunde com este. [...]

E esse grande ser, absoluto, eterno, que conhece as nossas necessidades, ouve o nosso apelo, nossas preces, que é sensível às nossas dores, é qual o imenso foco em que todos os seres, pela comunhão do pensamento e do sentimento, vêm haurir forças, o socorro, as inspirações necessárias para os guiar na senda do destino, para os suster em suas lutas, consolar em suas misérias, levantar em seus desfalecimentos e em suas quedas. E, a ti, ó Potência Suprema! Qualquer que seja o nome que te deem e por mais imperfeitamente que sejas compreendida; é a ti, fonte eterna da vida, da beleza, da harmonia, que se elevam nossas aspirações, nossa confiança, nosso amor (202, Deus).

Deus é amor – e será pelo amor que a religião unirá os homens, superados os entraves criados por eles próprios (208, cap. 23).

[...] O Deus vivo é a Inteligência Suprema do Universo que age através de leis sábias e imutáveis, leis que os homens primitivos ignoravam por completo, e que pouco a pouco vêm sendo compreendidas pelos investigadores e pelos estudiosos (220, Cruzada contra a verdade).

[...] pai de todas as criaturas e providência de todos os seres [...] (230, cap. 4).

Não se esqueça de que Deus é o tema central de nossos destinos (232, cap. 2).

[...] síntese de toda a verdade e de todo o amor (237, cap. 22).

Deus é o Criador Eterno cujos desígnios permanecem insondáveis a nós outros. Pelo seu amor desvelado criam-se todos os seres, por sua sabedoria movem-se os mundos no Ilimitado (239, cap. 54).

O Altíssimo é o Senhor do Universo, sumo dispensador de bênçãos a todas as criaturas. [...] (239, cap. 117).

Deus, nosso Pai Celestial, é o criador de todos os seres e de todas as coisas... (244, cap. 5).

[...] é o Criador de todo o Universo e, por isso mesmo, é o dono de tudo e de tudo somos simples usufrutuários em seu nome. [...] (244, cap. 28).

[...] é o Criador de toda a vida e somente Ele pode pôr e dispor de nossos destinos (258, cap. 10).

[...] é também o Grande Anônimo, a ensinar-nos, na base de toda a sabedoria e de todo o amor, que o mais alto privilégio é servir e servir (262, Missões).

[...] Deus, na definição de Jesus, [...] [é] o "Pai nosso que está nos céus" (262, Penas depois da morte).

Deus é amor. Amor que se expande do átomo aos astros. Mas é justiça também. Justiça que atribui a cada espírito segundo a própria escolha. Sendo amor, concede à consciência transviada tantas experiências quantas deseje a fim de retificar-se. Sendo justiça, ignora quaisquer privilégios que lhe queiram impor (262, Nas leis do destino).

[...] Deus é amor; entretanto a harmonia é a base de suas manifestações, e um pai, a fim de ser amoroso, não deixará de ser justo (265, cap. 20).

[...] Deus é o Pai amoroso e sábio que sempre nos converte as próprias faltas em remédios amargos, que nos curem e fortaleçam. [...] (268, cap. 10).

[...] Deus, que é o Amor eterno e ilimitado / É a gloriosa síntese de tudo (280, Nós...).

[...] é o Pai desvelado de todos os vencidos da terra! [...] (281, pt. 1, cap. 1).

[...] é um credor cheio de misericórdia, que espera generosamente a todos nós, que não passamos de míseros devedores. [...] (281, pt. 2, cap. 3).

Deus é o grande companheiro do coração que se distancia das atrações terrestres, magnetizado pela fé que nos arroja o espírito à contemplação do Alto (286, Corações maternos).

[...] Deus é a fonte da alegria imortal, e quando houvermos triunfado de toda a imperfeição, banhar-nos-emos nessa fonte de júbilos infinitos (288, pt. 1, cap. 1).

[...] Deus, que é Pai e Senhor Supremo do Universo, renova incessantemente as nossas oportunidades de serviço e edificação. [...] (289, cap. 12).

[...] *Deus é amor; e aquele que se demora no amor, demora-se em Deus e Deus está nele*, encerra a promessa de que, vivendo e praticando o amor puro, o homem finalmente alcançará o estado de união com seu Criador, para sempre (303, pt. 2, cap. 41).

Deus é amor invariável [...] (307, cap. 28).

Deus é equidade soberana, não castiga nem perdoa [...] (307, cap. 82).

Voltando-se para as causas primárias, Sócrates perguntou-se: o que é Deus? E respondeu: é a Razão Perfeita. [...] (313, cap. 16).

Eu sei que Deus não tem preferências nem exclusões, que não criou grandes nem pequenos, que criou todos iguais, para a herança de seu amor, que é a suma felicidade (323, cap. 51).

[...]. A Doutrina Espírita propõe uma visão diferente.

Deus não é o soberano celeste, distante, inacessível, que tem preferências, insensível às dores humanas.

Deus é o cérebro criador, a inteligência cósmica que edificou o Universo e sustenta a vida. [...] (343, Visão diferente).

Deus de Jesus

[...] é o Deus Pai da Humanidade. Todas as nações, todos os homens, são seus filhos. É o Deus em que tudo vive, move-se e respira, imanente em a Natureza e na consciência humana (45, cap. 6).

DEVER

O dever é a obrigação moral da criatura para consigo mesma, primeiro, e, em seguida, para com os outros. O dever é a lei da vida. Com ele deparamos nas mais ínfimas particularidades, como nos atos mais elevados. [...] (105, cap. 17, it. 7).

O dever é o resumo prático de todas as especulações morais; é uma bravura da alma que enfrenta as angústias da luta; é austero e brando; pronto a dobrar-se às mais diversas complicações, conserva-se inflexível diante das suas tentações. [...]

O homem que cumpre o seu dever ama a Deus mais do que as criaturas e ama as criaturas mais do que a si mesmo. É a um tempo juiz e escravo em causa própria (105, cap. 17, it. 7).

[...] O dever é a lei imposta pela sabedoria de Deus aos espíritos livres (5, pt. 2).

[...] O dever é o cumprimento, por livre volição, do destino do ser inteligente. O dever é proporcional ao grau do indivíduo, na grande hierarquia divina necessária. [...] (48, pt. 2, cap. 17).

[...] o primordial dever do homem é dispensar assistência, *primeiramente,* aos que estão, ou que ele *julga* estarem, abaixo de si. [...] (182, v. 2).

O dever é o conjunto das descrições da lei moral, a regra pela qual o homem deve conduzir-se nas relações com seus semelhantes e com o Universo inteiro. Figura nobre e santa, o dever paira acima da Humanidade, inspira os grandes sacrifícios, os puros devotamentos, os grandes entusiasmos. Risonho para uns, temível para outros, inflexível sempre, ergue-se perante nós, apontando a escadaria do progresso, cujos degraus se perdem em alturas incomensuráveis (202, O dever).

O cumprimento do dever, criado por nós mesmos, é lei do mundo interior a que não poderemos fugir (217, cap. 19).

Nosso dever é a nossa escola (243, cap. 12).

Dignifica, sobretudo, a responsabilidade em ti mesmo, reconhecendo que o dever a cumprir é a Vontade do Senhor que situa, nas criaturas e circunstâncias mais próximas de nosso espírito, o serviço mais importante que nos compete realizar (246, cap. 45).

O dever é patrimônio comum a nós todos [...] (253, cap. 33).

O dever, no entanto, é impositivo da educação que nos obriga a parecer o que ainda não somos, para sermos, em liberdade, aquilo que realmente devemos ser (262, Lugar depois da morte).

O dever define a submissão que nos cabe a certos princípios estabelecidos como leis pela Sabedoria Divina, para o desenvolvimento de nossas faculdades (282, cap. 21).

O dever do trabalhador é continuar a tarefa que lhe foi conferida, tanto quanto a obrigação do servo fiel é marchar na realização do programa de quem lhe concedeu a bênção do serviço edificante (295, cap. 123).

[...] o dever respeitado e cumprido é o caminho justo para o direito de crescer com Jesus no serviço da felicidade geral (304, cap. 18).

DEZ MANDAMENTOS

ver DECÁLOGO

DEVEDOR

[...] O devedor é alguém que deve também utilizar a terapia do perdão. Precisa perdoar a si mesmo as escolhas equivocadas do passado, para criar condições psíquicas de quitação dos próprios débitos perante a vida (204, Juventude – tempo de fazer escolhas).

DEVOTAMENTO

Nesta posição de sentimento, o homem ou a mulher já ultrapassaram os limites confortadores do carinho. Procuram doar o seu amor, através do esforço constante, não somente nas horas fáceis e alegres, mas também nos trabalhos, problemas e dificuldades, para levar ao cônjuge e à equipe doméstica os bens inapreciáveis da alegria, da paz, da boa vontade, do conforto material e espiritual.

O grande devotamento é o alicerce para a manifestação inicial da renúncia (12, cap. 22).

DIA

Entre os índios e em geral no Oriente, a palavra que trasladamos por *dia* tem uma significação primitiva, que corresponde exatamente ao termo caldeu *sare*, revolução (127, O Velho Testamento).

[...] todo dia é também oportunidade de recomeçar, reaprender, instruir ou reerguer (243, cap. 22).

Cada dia é oportunidade de ascensão ao melhor (246, cap. 58).

[...] cada dia é um ramo de bênçãos que o Senhor nos concede para nosso aperfeiçoamento (248).

No livro da existência, cada dia é uma página em branco que confiarás ao tempo, gravada com teus atos, palavras e pensamentos (248).

Cada dia é nova oportunidade de orar, de servir e semear. [...] (248).

Cada dia é desafio sereno da Natureza, constrangendo-nos docemente à procura de amor e sabedoria, paz e elevação (248).

Cada dia é a oportunidade desvendada à vitória pessoal, em cuja preparação falamos seguidamente de nós, perdendo-lhe o valor (248).

Cada dia é um país de vinte e quatro províncias. [...] (248).

Cada dia é oportunidade de realizar o melhor. [...] (248).

[...] o dia que deixas passar, vazio e inútil, é, realmente, um tesouro perdido que não mais voltará (262, Diante do tempo).

O dia e a noite constituem, para o homem, uma folha do livro da vida. A maior parte das vezes, a criatura escreve sozinha a página diária, com a tinta dos sentimentos que lhe são próprios, nas palavras, pensamentos, intenções e atos, e no verso, isto é, na reflexão noturna, ajudamo-la a retificar as lições e acertar as experiências, quando o Senhor no-lo permite (276, cap. 41).

[...] Cada dia é uma página que preencherás com as próprias mãos, no aprendizado imprescindível. [...] (285, cap. 31).

[...] O dia constitui o ensejo de concretizar as intenções que a matinal vigília nos sugere e que à noite balanceamos (288, pt. 1, cap. 6).

Ver também NOITE

Dia de juízo

Dia de juízo – oportunidade situada entre dois períodos de existência da alma, que se referem à sementeira de ações e à renovação da própria conduta (307, cap. 8).

DIABO

ver DEMÔNIO

DIAS APOCALÍPTICOS

É o tempo em que os injustos continuam na sua injustiça, os santos na sua santificação, para que cada qual receba segundo as suas obras (Ap 22:11).

É também o tempo em que este nosso pequeno orbe se vai transformando, de campo de provas e expiações, hospital e prisão, em planeta de regeneração e de paz, quando os mansos herdarão a Terra e os puros de coração verão a Deus (Mt 5:5 e 5:8).

É igualmente a grande hora em que os Espíritos recalcitrantes e rebeldes, os Dragões e suas falanges, estão recebendo sua derradeira oportunidade de permanecer nesta nossa oficina terráquea, porquanto o Cristo de Deus, abrindo-lhes as bênçãos da reencarnação, chama-os carinhosamente ao aconchego dos seus braços divinos.

[...] é igualmente a hora dos supremos testemunhos de amor e fidelidade dos afilhados da Cruz, para que a luz permaneça acesa nas almas, a esperança não deserte do mundo e a coragem não abandone os corações amargurados e aflitos (184, cap. 28).

DIFICULDADE

[...] todas as dificuldades da Terra são a batalha pelo nosso aprimoramento moral com o Cristo (248).

As dificuldades são luzes, quando aproveitamos o seu concurso para o bem (248).

[...] Toda dificuldade é um desafio. [...] (251, cap. 45).

[...] é nosso incentivo santo [...] (268, cap. 15).

[...] a dificuldade, a luta, o obstáculo e o sofrimento são guias preciosos que ninguém poderá dispensar na marcha para Deus (289, cap. 17).

Na escola da Terra, porém, a dificuldade é a prova que assegura a lição [...] (291, cap. 16).

DILÚVIO

[...] o dilúvio de Noé foi uma catástrofe parcial, confundida com o cataclismo geológico [...] (106, q. 59).

DINHEIRO

[...] Embora auxilie na aquisição de alguns bens e responda pela solução de várias dificuldades, quase sempre, mal utilizado, é causa de desditas e misérias que se arrastam por séculos, naquele que o malversa como nas suas vítimas (77, cap. 3).

[...] As moedas para a perdição têm o valor que lhes dão os que delas dependem para o uso maléfico das paixões. Transformadas em leite e pão, medicamento e agasalho, casa e abrigo para os necessitados, tornam-se bênção da vida para a dignificação humana. Não resolvem, porém, todos os problemas, pois que alguns são da alma, que somente através de meios próprios logra solucioná-los. [...] (77, cap. 26).

[...] O dinheiro é neutro. Tanto pode ser utilizado para o bem como para o mal. [...] (199, A condição fundamental).

Excessivo dinheiro é porta para a indigência, se o detentor da fortuna não consolidou o próprio equilíbrio (232, cap. 27).
Dinheiro que domina é sombra congelante das nossas melhores oportunidades de aprimoramento, mas dinheiro dirigido pelo serviço e pela caridade é veículo de progresso a ascensão (246, cap. 5).
Tirano destruidor é o dinheiro que se faz senhor do destino. Servo precioso é ele, quando dirigido na sementeira do bem (248).

[...] O dinheiro demasiado, quando não se escora no serviço aos semelhantes, é perigoso tirano da alma (285, cap. 8).

Ver também CAPITAL

DIREITO NATURAL

O *direito natural*, também chamado *racional, filosófico, ideal*, é simétrico, ou seja, é confrontado com o *direito empírico, positivo*, expresso em leis humanas. O direito natural assim é chamado, porque é pertinente à natureza essencial do homem – ser racional, livre e consciente – o que envolve os *direitos do homem*. Esses direitos são inatos, nascem com o homem e, por isso, antecedem a qualquer convenção ou outorga do Estado. [...] (130).

[...] Direitos Naturais são os inerentes à natureza essencial do ser humano. São congênitos e não concedidos pelo Estado sob forma de legislação ou convenção. Ex.: direito à vida (130).

DIREITO POSITIVO

Direitos positivos: São os deferidos pelo Estado por um conjunto de leis escritas, ou pelo reconhecimento de práticas e costumes (130).

DIREITO DO HOMEM

Direitos do homem. São os próprios Direitos Naturais, ou, como caracterizou o relator Charles Malik, nos trabalhos da Comissão dos Direitos do Homem das Nações Unidas: "A expressão direitos do homem refere-se obviamente ao homem e, como direitos, só se pode designar aquilo que pertence à essência do homem, que não é puramente acidental, que não surge e desaparece com a mudança dos tempos, da moda, do estilo ou do sistema; deve ser algo que pertença ao homem como tal".

[...] Não são criações da lei no sentido jurídico; são revelações das leis eternas e imutáveis que dirigem a Humanidade. [...] (130).

DIRIGENTE

O dirigente da reunião [de desobsessão] é aquele que preside os trabalhos, encaminhando todo o seu desenrolar. É o responsável, no plano terrestre, pela reunião.

[...] Deve ser uma pessoa que conheça profundamente a Doutrina Espírita e, mais que isto, que viva os seus postulados, obtendo assim a autoridade moral imprescindível aos labores dessa ordem. Esta autoridade é fator primacial, pois uma reunião dirigida por quem não a possui será, evidentemente, ambiente propício aos Espíritos perturbadores.

O dirigente precisa ser, pois, alguém em quem o grupo confie, uma pessoa que represente para os encarnados a diretriz espiritual, aquela que na realidade sustenta e orienta tudo o que ocorre. Ele é o representante da direção existente na Espiritualidade, o polo catalisador da confiança e da boa vontade de todos (195, pt. 3, cap. 4).

Ver também DESOBSESSÃO *e* REUNIÃO DE DESOBSESSÃO

DISCERNIMENTO

O discernimento é caminho para o acerto (217, cap. 10).

A educação confere discernimento. E o discernimento é a luz que nos ensina a fazer bem todo o bem que precisamos fazer (292, Discernimento).

DISCIPLINA

Disciplina é alma da eficiência (25, cap. 28).

Como em qualquer outra atividade, no passe a disciplina é importantíssima para todo aquele que pretenda exercê-la de modo sério e responsável. Em primeiro lugar, porque, para podermos contar sempre com a assistência de uma determinada entidade espiritual que se afinize conosco, é necessário que exerçamos o serviço regularmente, se possível com dia, hora e local determinados. Só nestas condições, o nosso companheiro espiritual poderá incluir essa atividade na sua agenda de compromissos e, assim, garantir sua presença ao nosso lado (94, pt. 3, cap. 3).

Ver também ORDEM

A disciplina é a guardiã de tua riqueza interior [...] (246, cap. 45).

A disciplina é como que a faixa de luta em que nos cabe entesourar as bênçãos daquela humildade que Jesus exemplificou (248).

Não acredita você, porém, que a disciplina é a melhor maneira de educar-nos e dignificar os nossos sentimentos? (249, cap. 14).

A disciplina, em tempo de fartura e liberdade, é distinção nas criaturas que a seguem; mas a contenção que nos é imposta, na escassez ou na dificuldade, converte-se em martírio (295, cap. 66).

A disciplina é outro fator fundamental quando nos referimos à mediunidade. Disciplina não apenas no sentido restrito de cumprimento de regras estabelecidas, mas no sentido de compromisso interno, que o indivíduo assume consigo mesmo, para o trabalho constante de auto aperfeiçoamento. [...] (314, pt.1, cap. 1.4.4).

Disciplina mental

Olvide a indisposição.

Recorde que a disciplina mental é o primeiro remédio (307, cap. 90).

DISCÍPULO

Os seguidores do Cristo, por serem *a luz do mundo*, devem constituir-se em veículo da revelação divina a todos os povos e nações. Cada discípulo do Mestre, individualmente, deve ser um facho de luz a iluminar os homens no caminho para o céu, sendo necessário que, por seu intermédio, resplandeça a bondade e a misericórdia do Pai, pois é desígnio da Providência que a Humanidade receba as suas bênçãos através de instrumentos humanos (29, Vós sois a luz do mundo).

[...] Os discípulos de Jesus, hoje, são aqueles que lhe seguem as pegadas e que, esclarecidos pelo facho do Espiritismo, isto é, assistidos pelos Espíritos do Senhor, por essas virtudes dos céus, que se abalaram de lá e vieram à Terra, e por eles guiados, buscam a verdade nas suas palavras. [...] (182, v. 1).

Os discípulos fiéis de Jesus eram Espíritos elevados, que se não deixavam dominar pelo sentimento da animosidade pessoal, que, com segurança, julgavam do espírito e não do homem, visto que se achavam em condições de apreciar, pela inspiração que recebiam sob a influência e ação espíritas, o valor daqueles a quem se dirigiam. [...] (182, v. 2).

Os discípulos de Jesus, como já dissemos, eram Espíritos elevados, encarnados em missão, que aceitaram as condições rigorosas da primeira fase de suas existências humanas, da fase que lhes precedeu à vocação, a fim de concorrerem para a obra de redenção. [...] (182, v. 2).

[...] os discípulos da Boa-Nova são, a seu turno, os mensageiros do seu amor [de Jesus], nos mais recônditos lugares do orbe terrestre. [...] (239, cap. 127).

E o discípulo de Jesus é um combatente efetivo contra o mal, que não dispõe de muito tempo para cogitar de si mesmo, nem pode exigir demasiado repouso, quando sabe que o próprio Mestre permanece em trabalho ativo e edificante (256, cap. 94).

O discípulo do Evangelho é alguém que foi admitido à presença do Divino Mestre para servir (256, cap. 138).

[...] O discípulo sincero, porém, é o trabalhador devotado que atinge a luz do Senhor, não em benefício de Jesus, mas, sobretudo, em favor de si mesmo (295, cap. 133).

DISCO ENERGÉTICO

[...] uma série de estações energéticas, pontos vorticosos, ilhas dinâmicas, semelhantes a discos, que denominaremos discos energéticos, cujo papel principal seria a dosagem da energia vital a ser distribuída na matéria (190, cap. 1).

Ver também CENTRO DE FORÇA

Disco energético cardíaco

O disco cardíaco responderia pelas energias que se desenvolvem em todo o aparelho circulatório, dando orientação aos fenômenos desencadeados nesta área do sistema autônomo (nó de Keit-Flack e His). (190, cap. 1)

Disco energético epifisário

Anote-se, entretanto, a importância capital do disco energético epifisário, que poderíamos considerar a estação energética de maior envergadura e, talvez mesmo, o elemento redistribuidor e orientador da nutrição energética para os demais discos e, respectivamente, para toda a cadeia de unidades semelhantes que se sucedem. Nesse disco estaria o impulso dos mecanismos psicológicos mais nobres, quais sejam, os fatores espirituais, manifestados nas telas da zona consciente diencefálica através da glândula pineal (190, cap. 1).

Disco energético esplênico

O disco esplênico regularia o jogo do sistema hemático com todas as suas nuanças da relação meio e volume, hemácias que levam e trazem energias múltiplas de todos os escaninhos orgânicos (190, cap. 1).

Disco energético frontal

O disco frontal, de influência marcante sobre os restantes, seria o orientador dos fenômenos que se instalam no córtex cerebral, zelando pelas atividades nervosas, principalmente dos órgãos dos sentidos, e dando o máximo de coordenação ao trabalho dos neurônios e das glândulas de secreção interna. Vai mais além à medida que se responsabilizaria pelos processos da inteligência, culminando na cultura e nas artes (190, cap. 1).

Disco energético genésico

O disco genésico seria o responsável pelo amparo ao setor sexual, não só na modelagem de novos corpos, bem como nos estímulos das realizações e criações entre os seres (190, cap. 1).

Disco energético laríngeo

O disco laríngeo exerceria suas atividades nos mecanismos da respiração e fonação, e, mais ainda, zelaria pelo setor endócrino timus-tireoide-paratireoide (190, cap. 1).

Disco energético solar

O disco solar tomaria sob sua custódia a absorção dos alimentos como resultado do trabalho químico do aparelho digestivo, onde as funções hepáticas representariam sua grande manifestação (190, cap. 1).

DISCUTIR

[...] discutir, quase sempre, é instalar a irritação na própria alma. [...] (248).

DISTRAÇÃO

[...] A distração é uma higiene mental e traz benefícios, quando bem escolhida e equilibrada. [...] (174, cap. 4).

DIVINDADE

Vede a própria Divindade. Ela é toda amor e não pode amar mais do que ama, porque o amor que prodigaliza é toda a infinita imensidade do amor que nela existe (2, cap. 2).

Ver também DEUS

DIVINDADE DE JESUS

[...] E termina, pedindo que os espíritas não preguem que Jesus não foi Deus, em respeito "ao Catolicismo universal e eterno", uma vez que havia fervido na terra uma árdua polêmica entre espíritas e católicos sobre a divindade de Jesus. [...] (321, cap. 7, Repercussão na Imprensa Profana).

DIVÓRCIO

O divórcio é lei humana que tem por objetivo separar legalmente o que já, de fato, está separado. Não é contrário à Lei de Deus pois que apenas reforma o que os homens hão feito e só é aplicável nos casos em que não se levou em conta a Lei Divina. [...] (105, cap. 22, it. 5).

Imperioso reconhecer – e nisso reside a seriedade do problema – que a separação representa uma transferência de compromissos para o futuro, em regime de débito agravado, sempre que os filhos ou os próprios cônjuges venham a comprometer-se em desajustes e desequilíbrios diretamente relacionados com a desintegração do lar (199, O problema do divórcio).

[...] Divorciar, a nosso ver, é deixar a locomotiva e seus anexos. Quem responde pela iniciativa da separação decerto que larga todo esse instrumental de serviço à própria sorte e cada consciência é responsável por si. [...] (266, cap. 21).

O divórcio expressando desistência ou abandono do compromisso é decisão lastimável, conquanto às vezes necessária, com raízes na responsabilidade do esposo ou da esposa que, a rigor, no caso, exercem as funções de chefe e maquinista (251, cap. 51).

O divórcio, pois, baseado em razões justas, é providência humana e claramente compreensível nos processos de evolução pacífica (294, cap. 8).

O divórcio é um caminho para reencontrar o amor, mas antes de optar por ele, deve-se avaliar criteriosamente a situação e sondar as causas reais do fracasso do relacionamento a que se quer colocar um ponto final. Se não houver essa avaliação, poderá ocorrer que em relacionamentos futuros se estruture uma situação de conflito semelhante. O problema é que a causa das dificuldades afetivas pode estar dentro de nós mesmos e, sem corrigi-las, não nos permitiremos viver uma relação amorosa verdadeira (204, Juventude – tempo de fazer escolhas).

[...] Contudo, o divórcio "não é contrário à Lei de Deus, pois apenas reforma o que os homens fizeram e só é aplicável nos casos em que não se levou em conta a Lei Divina. [...] (345, cap. 6).

DÍZIMO

[...] o dízimo não constitui doutrina de Moisés, nem dos profetas, traduzindo apenas significativa conveniência de alguns seguimentos, considerando que a salvação espiritual traduz conquista própria, no capítulo da renovação íntima e da prática do bem. [...] (329, cap. 118).

DNA

Em 1953, viria a ocorrer aquela que talvez possa ser considerada "a descoberta do século": a estrutura helicoidal do DNA (do nome inglês, *deoxyribosenucleic acid – ácido desoxirribonucleico*)., como sendo o suporte à informação genética. [...]

DNA: É uma substância química, constituída por dois cordões, entrelaçados, lembrando uma longa escada em espiral, formando o que Watson e Crick denominaram *dupla hélice*. Ele está presente em todas as células, as quais necessitam de proteína para sobreviverem e se reproduzirem, suprimento esse que é proporcionado pelo DNA, através da dissociação em RNA (ácido ribonucleico), ora *mensageiro*, ora *transportador*. O RNA-mensageiro leva informações às celulas, as quais recebem do RNA-transportador os aminoácidos que se ajustam à sequência necessária à constituição da proteína adequada. Sabe-se que o corpo sadio possui cerca de 60 mil proteínas, as quais têm sua planta codificada pelo DNA. [...]

O DNA foi cientificamente descrito como sendo a fita química de todas as etapas das nossas vidas:
- doenças genéticas: quais, tempo de surgimento, gravidade, duração, periodicidade, etc.
- características físicas;
- deficiências físicas (116, Genética).

DOCETA

[...] Eram pessoas instruídas, inteligentes, lógicas, que, notando muitos episódios da vida de Jesus, tais como o nascimento sem a união dos sexos, alguns desaparecimentos inexplicáveis, o caminhar sobre as águas, a ressurreição, a penetração através da matéria em recinto hermeticamente fechado, etc., fatos inexplicáveis para um corpo material como o do homem, chegaram ao seguinte dilema: ou, 1) Jesus tinha um corpo igual aos nossos só na aparência, mas totalmente diferente, na realidade, porque o Senhor podia fazê-lo e desfazê-lo à vontade, "assumir a vida ou deixar a vida para retomá-la" (João, 10:17 e 18), como ele mesmo explicava essa faculdade; ou, 2) Deve-se negar todos aqueles fenômenos inexplicáveis (26, cap. 8).

DOENÇA

A doença tem igualmente um significado emocional muito grande e útil, qual seja o de despertar o paciente para situações irregulares que vigem no seu comportamento ou que se encontram latentes no seu mundo íntimo, desencadeando os fenômenos perturbadores. Ela é a comunicação de que algo desconcertante vem ocorrendo e necessita de reparação urgente. [...] (75, Corpo e mente).

[...] Nesse contexto [da reencarnação], a doença é *acidente de trânsito* evolutivo de fácil correção, experiência de sensação desagradável que emula à aquisição do bem-estar e das emoções saudáveis, ocorrendo por opção exclusiva de cada qual, e somente o próprio indivíduo poderá resolver, corrigir e dela libertar-se (83, Medicina holística).

[...] as doenças físicas, em geral, são resultado de um comportamento desequilibrado da mente. [...] (83, Ampliando os conhecimentos).

A doença é um dos recursos naturais para processar a renovação da vida através da morte do corpo físico e não um castigo que põe em dúvida a natureza amorosa de Deus (147, cap. 23).
A doença é a mensageira amiga, convidando à meditação necessária (248).

[...] Doença e dificuldade são, algumas vezes, as muletas de que carecemos em longos períodos de reajuste (253, cap. 25).

Saúde é o pensamento em harmonia com a Lei de Deus. Doença é o processo de retificá-lo, corrigindo erros e abusos perpetrados por nós mesmos, ontem ou hoje, diante dela (260, cap. 38).
Doenças – Problemas que carregamos conosco, criados por vícios de outras épocas ou abusos de agora, que a Lei nos impõe em favor de nosso equilíbrio (304, cap. 40).

Doença é contingência natural, inevitável às criaturas em processo de evolução [...] (307, cap. 32).

[...] a doença é sempre o reflexo de certas ações cometidas pelo Espírito nas inúmeras reencarnações. [...] (328, cap. 1.1).

Uma doença grave é uma provação, mas também poderá ser um testemunho de resignação e paciência que o doente precisava dar a Deus (336, cap. 11.1).

Ver também ENFERMIDADE

Doença mental

De um modo geral, porém, parece haver certa concordância com o fato de ser a doença mental o fruto da dissolução ou da imaturação, disgenesia ou desestruturação da totalidade do organismo, levando a um modo de vida regressivo. Assim, a patologia mental constitui uma tentativa de reorganização, por parte do indivíduo, a partir da massa de existência humana subsistente. A Doutrina Espírita vai além, ao estabelecer um componente teleológico para a doença mental, como um mal necessário, imposto por contingências cármicas, como será explicitado mais adiante. Contudo, não se deve cair no exagero de crer que tudo seja cármico. Além das vivências expiatórias, existem as provações e as missões. [...]

[...] na obra do autor espiritual Emmanuel *Pensamento e vida,* encontra-se a descrição do que ele denominou "abscessos mentais" (FEB, 1958). No capítulo 22, tem-se que "Quando fugimos ao dever, precipitamo-nos no sentimento de culpa, do qual se origina o remorso, com múltiplas manifestações, impondo-nos brechas de sombra aos tecidos sutis da alma". E que "É nesse estado negativo que, martelados pelas vibrações de sentimentos e pensamentos doentios, atingimos o desequilíbrio parcial ou total da harmonia orgânica, enredando corpo e alma nas teias da enfermidade, com a mais complicada diagnose da patologia clássica". [...] Desta maneira, o Espiritismo, além de corroborar a Psicopatologia, amplia os seus horizontes, ao revelar que algumas doenças mentais se prolongam após a morte do corpo físico, e que a etiologia de outras tantas está associada a processos de influenciação por parte de entidades espirituais, tais como obsessão simples, a fascinação e a subjugação (9, cap. 8).

[...] Até mesmo as doenças mentais possuem uma finalidade e um propósito, embora quase impossíveis de serem encontrados. Isso devido ao fato de, na maioria das vezes, se constituírem em remédios amargos, que a Lei de Causa e Efeito impõe às personalidades recalcitrantes, cujo comportamento extrapole os direitos e deveres ontológicos. [...]

A Doutrina Espírita explica determinados casos de doenças mentais como sendo condicionados por fatores extrafísicos, ou espirituais. Tais doenças possuem uma etiopatogenia de fundo espiritual, básico, e apenas secundariamente a personalidade e o corpo físico são atingidos. Os fatores espirituais desencadeadores podem ser divididos em duas categorias distintas: intrínsecos e extrínsecos. [...] No livro citado de André Luiz [*Evolução em dois mundos*], tem-se a seguinte questão: "Os Espíritos encarnados que sofreram desequilíbrio mental de alta expressão voltam imediatamente à lucidez espiritual após a desencarnação? R– Isso nunca sucede, porquanto a perturbação dilatada exige a convalescença indispensável, cuja duração naturalmente varia com o grau de evolução do enfermo em reajuste" (p. 209). Aqui se vê, claramente, que, para o Espiritismo, a doença mental tem uma finalidade de reajuste, isto é, conduzir a alma das sombras da ignorância, do erro ou do pecado, para a luz da sabedoria, da autoconsciência, do amor divino. Sim, porque Deus é o princípio e a finalidade de todo acontecimento físico ou psicológico, quer no mundo físico quer no Mundo Espiritual, segundo se vê pela revelação dos Espíritos. Assim, chega-se ao aspecto religioso do Espiritismo (9, cap. 9).

[...] a consciência, desarmonizada consigo mesma, desarmonizará todo o ser, e de muitas formas. A mente enferma refletirá sua anormalidade sobre o perispírito, que é dirigido por ela, e este sobre o corpo carnal, que é escravo de ambos, através do sistema nervoso. E eis aí a *doença mental com substrato orgânico vinculada a problemas espirituais*, mas não propriamente a obsessão na sua feição comum (175, cap. 10).

Doença venérea

De uma forma ou de outra, temos, portanto, como exemplo, as doenças venéreas, que são, obviamente, transmitidas pelo ato sexual, embora não sejam fruto unicamente da relação sexual, propriamente dita, entre parceiros heterossexuais e homossexuais, mas também pelas carícias íntimas, como o beijo e as relações transsexuais.

Na atualidade, apesar do grande avanço das ciências médicas, dos medicamentos eficazes, dos médicos especializados e da assistência hospitalar, as doenças transmitidas pelo ato sexual estão em crescimento gradativo, a cada ano que passa. Os pesquisadores acreditam que este fato se deve a uma maior liberdade sexual, que ocorre em virtude da liberação dos costumes, do uso indiscriminado dos contraceptivos e pela troca frequente de parceiros. Dentre estas, temos as manifestações poligâmicas, viciando o instinto sexual, lesando fatalmente as criaturas humanas, provocando inevitáveis enfermidades que atingem, de uma forma ou de outra, os campos físico, moral, psíquico e espiritual.

[...] atualmente ocorre verdadeira epidemia de doenças venéreas no mundo inteiro e a causa disto é a crescente promiscuidade sexual. Deixando-se levar pela viciação e desequilíbrio, corre-se o risco de contrair uma ou mais das doenças sexualmente transmissíveis. [...] Até mesmo as doenças venéreas, como não poderia deixar de ser, possuem os seus gérmens de ordem psíquica, invisíveis por enquanto à investigação científica, mas reais e tremendamente atuantes no corpo espiritual e consequentemente no corpo físico, coexistindo com a perigosa fauna microscópica das doenças venéreas. Podemos, não obstante, notar que há bacilos físicos e psíquicos, agindo simultaneamente, de maneira devastadora, tanto no corpo físico quanto no corpo espiritual (12, cap. 6).

DOENTE

[...] Um doente é uma pessoa que o Senhor nos manda socorrer [...] (259, cap. 35).

DOGMA

Na sua acepção original grega e latina significava uma convicção, um pensamento firme. Posteriormente a palavra passou a significar verdades indiscutíveis de uma doutrina religiosa.

O *Dicionário Aurélio* o define como "ponto fundamental e indiscutível duma doutrina religiosa, e, por extensão, de qualquer doutrina ou sistema".

A Enciclopédia e Dicionário Internacional W. M. Jackson caracteriza-o como "artigo de crença religiosa ensinado com autoridade e dado como sendo de uma certeza absoluta" (208, cap. 10).

[...] O dogma, considerado imparcialmente, constitui desafio e castigo simultâneos. Desafio à inteligência investigadora e construtiva, para que se dilate no mundo a noção do Universo infinito, e castigo às mentes ociosas que renunciam levianamente ao dom de pensar e decidir por si mesmas as questões sagradas do destino. [...] (274, cap. 8).

Ver também DOUTRINA DOGMÁTICA

DOM

Para os hebreus, o dom de Deus era o dom do *Espírito Santo*, isto é, a inspiração, o amparo, o concurso dos bons Espíritos, coisas que Deus concede a todo homem cujo coração o encaminha para Ele e que se mostra pronto a receber seus ensinos, seus benefícios. O dom de Deus é a assistência, a inspiração, o amparo, o concurso dos bons Espíritos, que o homem recebe consciente ou inconscientemente e que lhe abrem ao Espírito, à inteligência e ao coração as sendas do progresso e o encaminham para a perfeição.

O que chamais de inspiração, o gênio da ciência e da caridade, e que o homem, na sua ignorância e no seu orgulho, atribui *exclusivamente* a si mesmo, é o *dom de Deus* (182, v. 4).

DOR

[...] *A dor é o aguilhão que o impele [o Espírito] para a frente, na senda do progresso* (101, cap. 3, it. 5).

A dor é uma bênção que Deus envia a seus eleitos. [...] (105, cap. 9, it. 7).

– A dor é um aviso – comentou aquele homem transformado – que nos bate na porta quando menos esperamos ou estamos preparados para enfrentá-la. Ela chega, com o vigor de quem nos toma desprevenidos, e dá a impressão de que vai vencer a luta contra nossa força de vontade e perseverança. Mas eis que de dentro de nós surgem recursos emocionais desconhecidos, que rompem de vez nossas couraças de timidez e acanhamento, e nos colocam a postos, única e exclusivamente por amor. Descobrimos que o sentimento por nossos filhos é muito maior do que qualquer definição teórica, das que encontramos nos mais elevados livros que tratam do assunto.

– Esse aviso – prosseguiu – é o chamado definitivo e talvez mais grave de nossas vidas. [...] (1, A dor é meu aviso).

[...] a dor é uma bênção, porque é com ela que resgatamos erros clamorosos de passadas vidas. [...] (7, cap. 8).

[...] a dor resulta sempre do nosso atrito com os dispositivos reguladores do Universo. [...] (7, cap. 70).

[...] é a eterna lapidária de todos os espíritos [...] (13, cap. 10).

A dor material é um fenômeno como o dos fogos de artifício, em face dos legítimos valores espirituais (26, Adendo).

[...] A dor é uma oferenda de Deus e os raios que emite célere se encaminham para as moradas celestes (34).

[...] A dor é um meio de elevação; o sofrimento do presente repara os erros de outrora e engendra as felicidades do futuro (45, cap. 11).

[...] A dor é uma advertência necessária, um estimulante à vontade do homem, pois nos obriga a concentrarmos para refletir, e força-nos a domar as paixões. A dor é o caminho do aperfeiçoamento (46, pt. 2, cap. 9).

[...] A dor, física ou moral, é um meio poderoso de desenvolvimento e de progresso.

[...] A dor é a purificação suprema, é a escola em que se aprendem a paciência, a resignação e todos os deveres austeros. É a fornalha onde se funde o egoísmo em que se dissolve o orgulho. [...] (46, pt. 2, cap. 13).

[...] A dor é a purificação suprema, a fornalha onde se fundem os elementos impuros que nos maculam: o orgulho, o egoísmo, a indiferença. É a única escola onde se depuram as sensações, onde se aprendem a piedade e a resignação estóica. [...] (51, cap. 6).

[...] é na realidade o ensino por excelência, a grande escola em que se aprendem as verdades eternas. [...] (51, Giovana).

Por mais admirável que possa parecer à primeira vista, a dor é apenas um meio de que usa o Poder Infinito para nos chamar a si e, ao mesmo tempo, tornar-nos mais rapidamente acessíveis à felicidade espiritual, única duradoura. É, pois, realmente, pelo amor que nos tem, que Deus envia o sofrimento. Fere-nos, corrige-nos como a mãe corrige o filho para educá-lo e melhorá-lo; trabalha incessantemente para tornar dóceis, para purificar e embelezar nossas almas, porque elas não podem ser verdadeiras, completamente felizes, senão na medida correspondente às suas perfeições (52, pt. 3, cap. 26).

A dor não é somente o critério, por excelência da vida, o juiz que pesa os caracteres, as consciências e dá a medida da verdadeira grandeza do homem. É também um processo infalível para reconhecer o valor das teorias filosóficas e das doutrinas religiosas. A melhor será, evidentemente, a que nos conforta, a que diz por que as lágrimas são quinhão da Humanidade e fornece os meios de estancá-las. Pela dor, descobre-se com mais segurança o lugar onde brilha o mais belo, o mais doce raio da verdade, aquele que não se apaga (52, pt. 3, cap. 26).

Homem, meu irmão, aprende a sofrer, porque a dor é santa! Ela é o mais nobre agente da perfeição. Penetrante e fecunda, é indispensável à vida de todo aquele que não quer ficar petrificado no egoísmo e na indiferença. [...] (52, pt. 3, cap. 26).

A dor é o agente do progresso, que diz a muitos Espíritos: *Levanta-te e caminha!* (55, Um Adeus).

[...] é sempre a resposta que a ignorância conduz para os desatentos. É, também, de certo modo, a lapidadora das arestas morais, a estatuária do modelo precioso para a grandeza da vida que se exalta... (77, cap. 29).

[...] é a forja dos que amam e a companheira dos que esposam mais altos ideais, dos que aspiram mais amplos resultados [...] (80, L. 1, cap. 7).

[...] é o escopro que afeiçoa e alinda o mármore divino da alma. [...] (85, L. 6).

[...] moeda luminosa com que todos neste orbe podem conseguir a salvação perene da alma, o resgate de todos os delitos [...] (85, L. 7).

[...] é a lixívia que saneia, embranquecendo a alma enodoada pelos mais hediondos crimes! (85, L. 7).

É a dor o lapidário da alma [...] e unicamente o seu cinzel destrói-lhe os vincos, tira-lhe as escabrosidades, adelgaça-a, dá-lhe polimento e facetas que a tornam – diamante divino e vivo que o é – luminosa e resplendente (86, L. 6, cap. 6).

A dor é sempre chamada por aqueles que se mantêm à margem do caminho e que teimam em não seguir o caminho reto do bem, com Jesus. Os corações mais petrificados se tornam dóceis, quando visitados pela dor (98).

A dor é mensagem de sabedoria (100, Dor).

É o crisol onde a alma se depura e aperfeiçoa, como a alma é a força e a superioridade do homem no reino da Criação (117, v. 2, cap. 8).

[...] A dor é um parto. Suprimir a dor fora limitar a sensação e impedir o abotoar da vida, que é precisamente o objetivo da vida. Não sendo senão uma *privação*, o mal estimula o desejo e este, estimulando-nos os esforços, nos faz avançar para a felicidade (134, 28ª efusão).

Podemos aquilatar da têmpera de nossa fé pela maneira de recebermos e tolerarmos o sofrimento. Sabem os espíritas que a dor exerce uma ação redentora sobre o espírito humano, despertandoo para as verdades divinas. Infelizmente, porém, nem sempre, quando ela nos bate à porta, e nos invade o lar, e nos comprime o coração, nos encontra suficientemente resignados para acolhê-la sem desespero. Por que isso? Qual a razão da nossa fraqueza? A resposta é simples: falta de fé. Desde que penetremos a verdade evangélica, assimilando-a; desde que Deus tenha um altar em nosso coração, em vez de um nicho em nossos lábios, a fé nos dará forças para enfrentar todas as vicissitudes. Por mais que repitamos essas verdades, muitas vezes sentimos que elas ainda não estão integradas em nosso espírito. Isto revela, então, a enormidade do nosso atraso (138, Amemos a vida).

[...] a dor é instrumento de resgate, aperfeiçoamento e advertência. [...] (147, cap. 22).

[...] a lapidária das almas; é ela que serve de cadinho ao espírito, no qual ele se retempera para as lutas porvindouras. [...] a dor é o veículo do nosso aperfeiçoamento; é pela dor que chegaremos mais depressa à perfeição absoluta (159, pt. 3, cap. 6 e 7).

[...] a dor é o crisol em que essa alma se purifica e se redime para a sua progressiva ascensão às claridades eternas. [...] (164, cap. 36).

A dor, sob suas múltiplas formas, é o remédio supremo para as imperfeições, para as enfermidades da alma. [...] (195).

E para os Espíritos milenarmente rebeldes e recalcitrantes, como os que compõem a Humanidade, a dor é a grande disciplinadora (200, Deus).

Alguém já disse que a dor é o cadinho purificador da alma. A imagem é bem mais significativa que se poderia imaginar: as doenças são autênticas válvulas de escoamento das trevas acumuladas pelo Espírito em delitos do pretérito (200, Doença e mediunidade).

[...] A dor, física ou moral, é um meio poderoso de desenvolvimento e de progresso. [...] (202, Ligeiros comentários sobre as obras de Léon Denis).

[...] é, na realidade, uma forma benéfica, decorrente da Lei de Deus, para a restauração da harmonia do ser com o seu destino – o de progredir sempre (207, cap. 18).

[...] Para bem compreendermos o papel da dor será necessário situá-la como a grande educadora dos seres vivos, com funções diferentes no vegetal, no animal e no homem, mas sempre como a impulsionadora do processo evolutivo, uma das alavancas do progresso do princípio espiritual (207, cap. 20).

[...] A dor, a grande retificadora, é universal e alcança todas as criaturas compromissadas com o passado, como cautério da alma, enquanto não atingida a perfeição moral (207, cap. 36).

[...] é a nossa custódia celestial [...] (231, cap. 12).

A dor é ingrediente dos mais importantes na economia da vida em expansão. [...] (231, cap. 19).

[...] é o selo do aperfeiçoamento moral no mundo [...] (236, pt. 1, cap. 1).

A dor aliviada ou consolada por nós é uma bênção invisível que nos acompanha aonde vamos (248).

A dor é, realmente, a Divina Instrutora, capaz de elevar-nos da Terra para o Céu (248).

A dor é o antisséptico espiritual mais importante que conhecemos para a defesa e preservação de nossa felicidade para a vida eterna (248).

A dor é a nossa rútila cartilha [...] (248).

A dor é a nossa companheira – lanterna acesa em escura noite – guiando-nos, de retorno, à Casa do Pai Celestial (248).

[...] A dor é o preço sagrado de nossa redenção (248).

As dores constituem os imperecíveis tesouros do mundo (248).

[...] é o instrumento invisível de que Deus se utiliza para converter-nos, a pouco e pouco, em falenas de luz (251, cap. 18).

[...] é o grande e abençoado remédio. Reeduca-nos a atividade mental, reestruturando as peças de nossa instrumentação e polindo os fulcros anímicos de que se vale a nossa inteligência para desenvolver-se na jornada para a vida eterna. Depois do poder de Deus, é a única força capaz de alterar o rumo de nossos pensamentos, compelindo-nos a indispensáveis modificações, com vistas ao plano divino, a nosso respeito, e de cuja execução não poderemos fugir sem graves prejuízos para nós mesmos (252, cap. 21).

A dor constitui valioso curso de aprimoramento para todos os aprendizes da escola humana (255, Reflexões).

A dor, o obstáculo e o conflito são bem-aventuradas ferramentas de melhoria, funcionando em nosso favor. [...] (259, cap. 16).

A dor é agente de fixação, expondo-nos a verdadeira fisionomia moral (262, Exames).

Se a dor humana é lavoura de renovação para quem sofre e resgata, é também sementeira sublime para todos aqueles que desejam plantar o bem imperecível. De outra forma, Jesus não precisaria imolar-se na cruz por todos nós (265, cap. 41).

[...] A dor em nossa vida íntima é assim como o arado na terra inculta. Rasgando e ferindo, oferece os melhores recursos à produção (269, cap. 24).

[...] significa possibilidade de enriquecer a alma [...] (270, cap. 6).

[...] dor, lapidária da evolução e eterna obreira do Espírito (271, No banquete do Evangelho).

[...] O leito de dor é um campo de ensinamentos sublimes e luminosos. Nele, a alma exausta vai estimando no corpo a função de uma túnica. Tudo o que se refira à vestimenta vai perdendo, consequentemente, importância. Persevera, contudo, a nossa realidade espiritual. [...] (281, pt. 1, cap. 7).

Segue sem repousar, gemendo embora, / Sob a nuvem de fel que se agiganta; / Nossa dor é a subida áspera e santa, / Em que a mão do Senhor nos aprimora (284, cap. 45).

[...] A dor e o obstáculo guardam para nós a função de legítimos instrutores. É um erro interpretar dificuldades à conta de punições ou pesadelos, quando nelas devemos encontrar recursos de aprimoramento e provas abençoadas. [...] (285, cap. 31).

A dor é senda para a alegria (286, No correio do coração).

[...] a dor é o anjo misterioso que nos acompanha até o fim da luta pela perfeição (286, Bilhete filial).

[...] A dor é uma bênção que nosso Pai nos envia, oferecendo-nos a graça retificadora. Mas toda dor que não sabemos aceitar, rejeitando-lhe a grandeza divina, converte-se em guerra sem sangue, no coração (286, Carta paternal).

A dor é a nossa companheira até o momento de nossa integração total com a Divina Lei (286, A dor).

O mundo vale como escola de aperfeiçoamento e a dor é simples buril que nos aprimora [...] (286, Aniversário de luz).

[...] a dor é o estímulo às mais altas realizações [...] (295, cap. 60).

[...] A dor é uma bênção que a Lei de Deus nos envia... (301, pt. 2, cap. 23).

É criação do próprio espírito (307, cap. 82).

A dor não provém de Deus, de vez que, segundo a lei, ela é uma criação de quem a sofre (304, cap. 17).

A dor é uma bênção que Deus envia a seus eleitos; não vos aflijais, pois, quando sofrerdes; antes, bendizei de Deus onipotente que, pela dor, neste mundo, vos marcou para a glória no céu (334, pt. 3, cap. 9).

As dores poderão ser provas abençoadas que visam ao nosso progresso espiritual, estimulando novas aquisições, quando saímos vitoriosos diante do testemunho das horas difíceis e dos desafios do caminho (339, Quando sofremos).

A dor tem função educativa porque somente reconhecemos que erramos ou transgredimos os limites dos padrões morais convenientes com nosso grau evolutivo, quando sofremos as consequências das ações contrárias à Lei Divina ou Natural. [...] (342, cap. 36).

Quando a dor nos visita o coração, dulcificando nossos sentimentos, refinando nossas emoções e nos colocando mais próximos dos benefícios que os benfeitores espirituais nos concedem, poderemos aquilatar melhor o quanto é imensa a Misericórdia de Deus para conosco. [...] (342, cap. 38).

[...]. Se a dor é a moeda pela qual resgatamos o passado, Deus nos oferece abençoada alternativa — o Bem. [...] (343, O efeito e a causa).

[...] a dor é a mestra do aprendizado a infundir responsabilidade por seus atos, com escopo educacional e reeducacional (345, cap. 5).

Ao lado do prazer, Deus colocou também a dor, que é um aviso da Natureza para conter o mau uso que poderia levar à rápida destruição do organismo. [...] (345, cap. 9).

Dor-auxílio

[...] pela intercessão de amigos devotados à nossa felicidade e à nossa vitória, recebemos a bênção de prolongadas e dolorosas enfermidades no envoltório físico, seja para evitar-nos a queda no abismo da criminalidade, seja, mais frequentemente, para o serviço preparatório da desencarnação, a fim de que não sejamos colhidos por surpresas arrasadoras, na transição da morte. O enfarte, a trombose, a hemiplegia, o câncer penosamente suportado, a senilidade prematura e outras calamidades da vida orgânica constituem, por vezes, dores-auxílio, para que a alma se recupere de certos enganos em que haja incorrido na existência do corpo denso, habilitando-se, através de longas reflexões e benéficas disciplinas, para o ingresso respeitável na Vida Espiritual (231, cap. 19).

Dor coletiva

[...] A dor coletiva é o remédio que nos corrige as falhas mútuas (231, cap. 18).

Dor da separação física

A dor da separação física prolonga-se por largo período de tempo. A princípio é traumatizante, mostrando-se mais pungente com o transcorrer dos dias.

No entanto, digerida pela esperança do reencontro, [...] (341, p. 1, cap. 8).

Dor-evolução

[...] a dor-evolução, que atua de fora para dentro, aprimorando o ser, sem a qual não existiria progresso. [...] (231, cap. 19).

Dor-expiação

[...] a dor-expiação, que vem de dentro para fora, marcando a criatura no caminho dos séculos, detendo-a em complicados labirintos de aflição, para regenerá-la, perante a Justiça [...] (231, cap. 19).

DOUTRINA DE JESUS

[...] é por excelência a doutrina do amor, a religião da piedade, da misericórdia, da fraternidade entre os homens. [...] (45, Introd.).

A doutrina de Jesus, tal como se expressa nos Evangelhos e nas Epístolas, é doutrina de liberdade. [...] (45, cap. 8).

Ver também CRISTIANISMO

DOUTRINA DEÍSTA

O deísmo compreende duas categorias bem distintas de crentes: os *deístas independentes* e os *deístas providencialistas*.

Os primeiros creem em Deus; admitem todos os seus atributos como criador.

Deus, dizem eles, estabeleceu as leis gerais que regem o Universo; mas, uma vez estabelecidas, essas leis funcionam por si sós e aquele que as promulgou de mais nada se ocupa. As criaturas fazem o que querem ou o que podem, sem que ele se inquiete. Não há providência; não se ocupando Deus conosco, nada temos que lhe agradecer, nem que lhe pedir.

[...] o *deísta providencialista* [...] crê não só na existência e no poder criador de Deus, na origem das coisas, como também crê na sua intervenção incessante na criação e a ele ora, mas não admite o culto exterior e o dogmatismo atual (109, pt. 1, As cinco alternativas da Humanidade).

DOUTRINA DO NADISMO

A doutrina do nadismo é a paralisia do progresso humano, porque circunscreve as vistas do homem ao imperceptível ponto da presente existência; porque lhe restringe as ideias e as concentra forçosamente na vida material. [...] (109, pt. 2, Credo espírita).

DOUTRINA DOGMÁTICA

A alma, independente da matéria, é criada por ocasião do nascimento do ser; sobrevive e conserva a individualidade após a morte; desde esse momento, tem irrevogavelmente determinada a sua sorte; nulos lhe são quaisquer progressos ulteriores; ela será, pois, por toda a eternidade, intelectual e moralmente, o que era durante a vida. [...] (109, pt. 1, As cinco alternativas da Humanidade).

Ver também DOGMA

DOUTRINA ESPÍRITA

[...] Ela é, e não pode deixar de ser, a resultante do ensino coletivo e concorde por eles [Espíritos] dado. Somente sob tal condição se lhe pode chamar Doutrina dos Espíritos. Doutra forma, não seria mais do que a doutrina de um Espírito e apenas teria o valor de uma opinião pessoal (101, Introd.).

Com a Doutrina Espírita tudo está definido, tudo está claro, tudo fala à razão; numa palavra, tudo se explica, e os que se aprofundaram em sua essência encontram nela uma satisfação interior, à qual não mais desejam renunciar. [...] (103, cap. 1).

[...] A Doutrina não é ambígua em nenhuma de suas partes; é clara, precisa, categórica nos mínimos detalhes; só a ignorância e a má-fé podem enganar-se sobre o que ela aprova ou condena. [...] (103, cap. 18).

[...] A verdadeira Doutrina Espírita está no ensino que os Espíritos deram, e os conhecimentos que esse ensino comporta são por demais profundos e extensos para serem adquiridos de qualquer modo, que não por um estudo perseverante, feito no silêncio e no recolhimento. Porque só dentro desta condição se pode observar um número infinito de fatos e particularidades que passam despercebidos ao observador superficial, e firmar opinião. [...] (106, Introd., it. 17).

O princípio inteligente independe da matéria. A alma individual preexiste e sobrevive ao corpo. O ponto de partida ou de origem é o mesmo para todas as almas, sem exceção; todas são criadas simples e ignorantes e sujeitas a progresso indefinido. Nada de criaturas privilegiadas e mais favorecidas do que outras. [...] (109, pt. 1, As cinco alternativas da Humanidade).

A Doutrina Espírita é assim o mais poderoso elemento de moralização, por se dirigir simultaneamente ao coração, à inteligência e ao interesse pessoal bem compreendido (109, pt. 2, Credo espírita).

A Doutrina Espírita é amiga do futuro. Ao eleger a pureza de coração, o trabalho, a solidariedade e a tolerância como alicerces do homem de bem, ela descortina a necessidade das criaturas iniciarem suas próprias obras internas no presente, para que no amanhã a Humanidade colha os frutos dos esforços justos, objetivos, sem desvios ou perdas de tempo, e estabeleça a identidade superior dos mundos regenerados a partir de um coração renovado (1, O futuro é minha promessa).

Ver também ESPIRITISMO

A Doutrina Espírita representa a mais avançada combinação entre ciência, religião e filosofia da história da Humanidade. Explica os fenômenos espirituais por meio de processos naturais, palpáveis, ao contrário das religiões tradicionais que, de um modo geral, recorrem ao dogma, aos milagres e aos mistérios da fé. Ela dispensa atitudes extremadas como a de Tertuliano que afirmava crer porque sabia que era impossível. Dispensa também raciocínios impossíveis de ser verificados como o Paralelismo de Geaulinex, estudado no primeiro capítulo. Através da prática mediúnica, oferece os instrumentos necessários à experimentação individual, mediante as potencialidades inerentes a cada um (9, cap. 5).

A Doutrina Espírita é semente de vida eterna, mas o homem é o solo que a deve multiplicar; é água cristalina deslizando por sobre a mente e o coração; é flor, pólen e pão de luz atirados sobre a intimidade do ser que os deseja. [...] (76, cap. 41).

A Doutrina Espírita encerra em si os elementos de uma transformação das ideias, e a esse título ela merece a atenção de todos os homens de progresso. Sua influência, estendendo-se já sobre todos os países civilizados, dá ao seu fundador uma importância considerável, e tudo faz prever que, em um futuro talvez próximo, Allan Kardec será tido como um dos reformadores do século XIX (92, pt. 1, cap. 7).

A Doutrina Espírita toda é um hino ao altruísmo, ao amor ao próximo, à caridade e à vida social, ao mesmo tempo que flagela o egoísmo: "Não podendo amar a Deus sem praticar a caridade para com o próximo, todos os deveres do homem se resumem nesta máxima: *fora da caridade não há salvação*" [...] (129, v. 2).

É [...] a Doutrina Espírita um corpo doutrinário unitário no seu arcabouço que se desenvolve em diversos campos: científico, filosófico, religioso, sociológico, educacional (130).

A Doutrina Espírita está imbuída do *Sermão da Montanha*. É uma Doutrina de luz, de amor, de esperança radiosa. Não pode ser amortalhada na treva da indiferença, da descrença em si mesma e no pavor pelo futuro, porque ela aponta ao homem, hoje, o rumo certo do amanhã. Não o engana, não obscurece o cérebro humano com fantasias dogmáticas nem lendas absurdas. Abre ao espírito do homem a verdade sobre a vida terrena e sobre a vida espiritual (138, Da atitude mental do espírita).

Doutrina de esclarecimento – que tem sido luz em nosso caminho.
Doutrina de redenção – que nos tem amparado a fragilidade.
Doutrina de renovação – que nos tem apontado rumos mais certos, reajustando-nos, convenientemente (162, Introd.).

É um programa para ajudar o homem a crescer para Deus, a fim de que, elevando-se, corresponda ao imenso sacrifício daquele que, sendo o Cristo de Deus, se fez Homem para que os homens se tornassem Cristos (161, cap. 17).

A Doutrina Espírita é a Ciência, trazida pelo Espírito da Verdade, pelo Consolador Prometido, como um sistema coordenado de conhecimentos das coisas pelas causas, que impõem o culto e o reconhecimento para com o Criador de tudo o que existe (193, Orientação espírita).

[...] é a Doutrina Espírita a terapêutica completa para obsidiados e obsessores, como de resto para todos os seres humanos. [...] (195, pt. 1, cap. 11).

A Doutrina dos Espíritos é o instrumento bendito na transformação das almas sofredoras; desviadas de seus destinos, tal como outrora o Cristianismo nascente iluminou os caminhos obscuros dos que se afogavam nas superstições do paganismo (207, cap. 2).

A Doutrina Espírita, o Consolador Prometido, é o socorro divino que, na hora apropriada, vem trazer o conforto e o esclarecimento a todos os que sofrem e aspiram a conhecer as causas dos males do mundo (207, cap. 3).

A Doutrina Espírita é, pois, resultante das revelações feitas pelos Espíritos com a cooperação da razão, da observação e da experimentação humanas (207, cap. 11).

A finalidade da Doutrina Espírita é despertar na Humanidade as forças do bem, completar a obra de Jesus, regenerando os homens, ligando o mundo visível ao invisível, preparar a Terra para o advento da verdadeira era de fraternidade (215, cap. 4).

[...] a missão da Doutrina dos Espíritos é precisamente essa: esclarecer, iluminar a mente do homem, de modo que ele descortine, com clareza, o roteiro que o conduzirá à realização do destino maravilhoso que lhe está reservado (223, cap. 17).

[...] a Doutrina Espírita, revivendo o Evangelho do Senhor, é facho resplandescente na estrada volutiva, ajudando-nos a regenerar o próprio destino, para a edificação da felicidade real (231, Ante o centenário).

De fato, a elevada Doutrina dos Espíritos é a divina expressão do Consolador Prometido. [...] (239, cap. 11).

[...] a Doutrina Espírita é uma síntese gloriosa de fraternidade e de amor. O seu grande objeto é esclarecer a inteligência humana (250, cap. 26).

É imperioso anotar, contudo, que toda a formação espírita guarda raízes nas fontes do Cristianismo simples e claro, com finalidades morais distintas, no aperfeiçoamento da alma, expressando aquele Consolador que Jesus prometeu aos tempos novos (262, Invocações).

Doutrina Espírita quer dizer Doutrina do Cristo.

E a Doutrina do Cristo é a doutrina do aperfeiçoamento moral em todos os mundos (287, Doutrina Espírita).

Doutrina Espírita, na essência, é universidade de redenção (292, Ensino espírita).

[...] a Doutrina Espírita é a revelação pela qual o mundo espera mais amplo conhecimento do Cristo, em nós e por nós (292, Atualidade espírita).

[...] a Doutrina Espírita é a revivescência do Cristianismo em sua pureza (292, Expliquemos).

[...] os Orientadores do Progresso sustentam a Doutrina Espírita na atualidade do mundo, por Chama Divina, cristianizando fenômenos e objetivos, caracteres e faculdades, para que o Evangelho de Jesus seja de fato incorporado às relações humanas (305, pt. 1, cap. 17).

[...] A Doutrina Espírita é de natureza muito prática, pois ensina o que realmente acontece no *post mortem*. Fala das diversas situações em que os Espíritos se encontram e também do que estes carecem para sair das situações de sofrimento e desequilíbrio. [...] (314, pt.1, cap. 4.1.2).

[...] Digo religião, pois, no meu fraco pensar, é o Espiritismo a religião mais perfeita, porque congraça o povo na unidade, revelada na fraternidade, igualdade e caridade, que é a síntese da Doutrina Espírita. [...] (321, cap. 5, Recordação).

[...] A Doutrina Espírita é uma das doutrinas que nos brinda com essas ferramentas, tão necessárias na construção de um mundo sustentável, porque seus ensinamentos básicos e fundamentais podem ser considerados como princípios de sustentabilidade, [...] (348, cap. 7.5.1).

DOUTRINA MATERIALISTA

A inteligência do homem é uma propriedade da matéria; nasce e morre com o organismo. O homem *nada é antes, nem depois* da vida corporal (109, pt. 1, As cinco alternativas da Humanidade).

Ver também MATERIALISMO

DOUTRINA PANTEÍSTA

O princípio inteligente, ou alma, independente da matéria é extraído, ao nascer, do todo universal; individualiza-se em cada ser durante a vida e volta, por efeito da morte, à massa comum, como as gotas da chuva ao oceano (109, pt. 1, As cinco alternativas da Humanidade).

Ver também PANTEÍSMO

DOUTRINAÇÃO

[...] é uma terapia de amor e somente com essa força, em nosso campo de ação espiritual, logramos o resultado a que ela se propõe. A informação lógica rompe as barreiras mentais e auxilia a razão, todavia, só o amor bem vivido arrebenta as algemas do ódio, da indiferença e proporciona o perdão (77, cap. 16).

[...] doutrinar é instruir em uma doutrina, ou, simplesmente, ensinar. [...] (145, cap. 2).

[...] o trabalho de doutrinação não se resume às poucas horas em que conversamos diretamente com Espíritos incorporados aos nossos médiuns; ele se projeta ao longo dos dias e segue nas realizações da noite, quando, em desdobramento, acompanhamos nossos mentores, nos contatos e nas tarefas que se desenrolam no mundo do Espírito (145, cap. 4).

DOUTRINADOR

Num grupo mediúnico, chama-se doutrinador a pessoa que se incumbe de dialogar com os companheiros desencarnados necessitados de ajuda e esclarecimento. [...] (145, cap. 2).

DOZE TRIBOS DE ISRAEL

[...] *simbolizam as divisões* de povos ainda implantadas na Terra (182, v. 3).

DRAGÃO

[Dragões são] Espíritos caídos no mal, desde eras primevas da criação planetária, e que operam em zonas inferiores da vida, personificando líderes de rebelião, ódio, vaidade e egoísmo; não são, todavia, demônios eternos, porque individualmente se transformam para o bem, no curso dos séculos, qual acontece aos próprios homens (264, cap. 8).

Ver também DEMÔNIO

DROGA

Lembrar sempre que, além das drogas que viciam o corpo, existem os tóxicos corrosivos do ódio, da inveja, da maledicência, do orgulho, do egoísmo que denigrem a alma e viciam a mente em desequilíbrio, acarretando malefícios incontáveis para quem se mantém escravo da invigilância moral. [...] (339, Crise em família – dependência química e outras drogas).

DRUIDAS

Como nós, os druidas sustentavam a infinidade da vida, as existências progressivas da alma, a pluralidade dos mundos habitados (47, cap. 16).

DUALISMO

O Dualismo Psicofísico, que também pode ser denominado como a filosofia do senso comum (*Common sense*), consiste na proposição de que o homem é composto de duas substâncias distintas: mente e corpo. Ele admite a existência da alma como coisa. A dificuldade do Dualismo Psicofísico consiste em explicar como se relacionam essas substâncias entre si, e os seus adeptos seguem duas soluções distintas: o Interacionismo de Descartes e o Paralelismo de Geaulinex. [...]

Os espiritualistas, de um modo geral, são adeptos do Dualismo Psicofísico, embora um número considerável aceite uma proposição unicista, também denominada Monismo, tal como Pietro Ubaldi, os dualistas psicofísicos dizem que o homem se locomove com o corpo físico, mas pensa com a mente, ou alma, etc. Assim, tudo no Universo cai numa dessas duas categorias, ou seja, a dualidade espírito-matéria e a sua correspondente dicotomia mente-corpo. Os antigos gregos já se aprofundavam nessas discussões e criaram conceitos, tais como *psykhé* e *physis*. [...]

Em última análise, contudo, não se pode afirmar que a Posição Espírita seja uma proposição dualista, no sentido estrito do termo. Segundo ela, o princípio material e o espiritual estão interligados por uma relação unívoca. Não se opõem entre si, mas se complementam. A diferença de nível cria como que um *declive*, que permite a manifestação e o movimento dos Espíritos, também no plano material. Certamente, esta é a maior vantagem do Espiritismo sobre a maioria dos sistemas tanto religiosos quanto filosóficos. Ele vai além, ao afirmar que o alto e o baixo estão associados às noções de valor moral, de caráter tanto relativo quanto universal, o que conduz à diferença entre o superior e o inferior, ou, como queira, entre o bem e o mal. [...] (9, cap. 1

Dualismo cerebral

[...] dualismo cerebral [ocorre] enquanto uma das metades do corpo dorme ou é imobilizada na posição cataléptica escolhida, a outra metade permanece em estado de vigília aparente de atividade plena (121, cap. 2).

DUELO

[...] é um assassínio e um costume absurdo, digno dos bárbaros. Com uma civilização mais adiantada e mais moral, o homem compreenderá que o duelo é tão ridículo quanto os combates que outrora se consideravam como o juízo de Deus (106, q. 757).

É verdade que o direito divino reprova o duelo, que não passa de um assassínio com testemunhas impassíveis, de um homicídio premeditado, como o que comete o sicário que arranca de emboscada a vida do forasteiro, e que, para o conseguir, planeja todos os meios de executar o seu sinistro intento. É um delito abominável, pois é praticado com reflexão, com calma, escolhendo-se de antemão as armas. [...] (88, L. 2, cap. 2).

DUENDE

Entidade mitológica, ou Espírito, que se supunha fazer diabruras, de noite, dentro das casas. Atualmente é designado pelo nome de Espírito zombeteiro, que se compraz em se divertir com a mortificação alheia (87, L. 2, cap. 2).

DUPLA PERSONALIDADE

[...] representa, simplesmente, os diversos estados de uma única e mesma personalidade. [...] (45, cap. 9).

DUPLA VISTA

[...] O que se chama *dupla vista* é ainda resultado da libertação do Espírito, sem que o corpo seja adormecido. A *dupla vista* ou *segunda vista* é a vista da alma (106, q. 447).

[...] o fenômeno conhecido pelo nome de *segunda vista* ou *dupla vista* [...] é a faculdade graças à qual quem a possui vê, ouve e sente *além dos limites dos sentidos humanos*. Percebe o que exista até onde estende a alma a sua ação. Vê, por assim dizer, através da vista ordinária e como por uma espécie de miragem.

No momento em que o fenômeno da segunda vista se produz, o estado físico do indivíduo se acha sensivelmente modificado. O olhar apresenta alguma coisa de vago. Ele olha sem ver. Toda a sua fisionomia reflete uma como exaltação. Nota-se que os órgãos visuais se conservam alheios ao fenômeno, pelo fato de a visão persistir, malgrado a oclusão dos olhos. O poder da dupla vista varia, indo desde a sensação confusa até a percepção clara e nítida das coisas presentes ou ausentes. Quando rudimentar, confere a certas pessoas o tato, a perspicácia, uma certa segurança nos atos, a que se pode dar o qualificativo de *precisão de golpe de vista moral*. Um pouco desenvolvida, desperta os pressentimentos. Mais desenvolvida mostra os acontecimentos que deram ou estão para dar-se (106, q. 455).

[...] é uma faculdade inerente à espécie humana, por meio da qual Deus nos revela a existência da nossa essência espiritual. [...] (109, pt. 1, A segunda vista).

O certo é que o fenômeno da dupla vista revela apenas uma faculdade do indivíduo. E, como resultante do estado de libertação da alma, o exercício dessa faculdade tanto pode ser espontâneo como provocado pela ação magnética, pois, [...] o sonambulismo é um desses estados de libertação (141, cap. 27).

[...] a faculdade de [certos indivíduos] verem as coisas distantes, por onde quer que a alma estenda sua ação; veem, se podemos servir-nos desta expressão, através da vista ordinária; e os quadros que descrevem e os fatos que narram se lhes apresentam como efeitos de uma miragem. [...] (141, cap. 27).

[...] é quase sempre natural e espontânea; parece, entretanto, que se produz com mais frequência sob o império de determinadas circunstâncias: os tempos de crise, de calamidades, de grandes emoções, de tudo, enfim, que sobre-excita o moral, que provoca o desenvolvimento. [...] (141, cap. 27).

[...] A dupla vista ou segunda vista é a vista da alma. Dessa forma, quando a alma se liberta, esteja o corpo adormecido ou não, ela poderá ver o que se passa à distância. [...] (311, pt.3, cap. 3.1).

DUPLO

[...] Vê-se atrás do médium a imagem astral de sua própria pessoa, ou de seu *duplo* [...] (3, v. 1, cap. 1).

[...] o *duplo fluídico* mais não é que o envoltório do Espírito (22, cap. 10).

[...] o duplo é a reprodução exata do ser vivo [...] (39, pt. 1, cap. 4).

[...] o duplo fluídico do homem é o princípio diretor de sua vida orgânica [...] (42, pt. 4, cap. 4).

[...] duplo fluídico [é] o envoltório imperecível do Espírito. Esse duplo, que já se desprende durante o êxtase e o sono, que se transporta e opera a distância durante a vida, torna-se, depois da separação definitiva do corpo carnal, e de um modo mais completo, o instrumento fiel e o centro das energias ativas do Espírito (45, cap. 5).

[...] O *duplo* [...] deve ser considerado quase como um elo de conjunção entre o médium e o Espírito dos mortos. [...] a ação [...] do *duplo* parece não se prolongar além do estado agônico, e não está jamais em contraste, antes em continuidade com a ação do vivo, enquanto que a ação dos mortos é amiúde autônoma, frequentemente em contradição com a ação do médium (130, pt. 2, cap. 11).

A existência do *duplo*, e de uma atmosfera fluídica que circunda, e algumas vezes substitui nosso corpo físico, ajuda a explicar alguns fenômenos hipnóticos (130, pt. 2, cap. 14).
O agente nervoso se difunde ao longo dos sensórios ou nervos motores por todos os pontos do corpo; podendo nos dizer que, em seu todo, ele apresenta a mesma forma deste, ocupando a mesma porção do espaço, e deve ser chamado duplo fluídico do homem, sem sairmos do domínio da ciência positiva (181, Adendo).

Ver também AURA, CORPO ASTRAL *e* PERISPÍRITO

Duplo etérico

"[...] Todos os seres vivos [...], dos mais rudimentares aos mais complexos, se revestem de um *halo energético* que lhes corresponde à Natureza. No homem, contudo, semelhante projeção surge profundamente enriquecida e modificada pelos fatores do pensamento contínuo que, em se ajustando às emanações do campo celular, lhe modelam, em derredor da personalidade, o conhecido *corpo vital* ou *duplo etéreo* [...]" [*Evolução em dois mundos*, pt. 1, cap. 17]

O duplo etérico é, pois, um corpo fluídico, que se apresenta como uma duplicata energética do indivíduo, interpenetrando o seu corpo físico, ao mesmo tempo em que parece dele emergir. O duplo etérico emite, continuamente, uma emanação energética que se apresenta em forma de raias ou estrias que partem de toda a sua superfície [...]. Ao conjunto dessas raias é que, geralmente, se denomina *aura interna.*

É justamente a aura interna que parece ser captada nas fotografias Kirlian dos seres vivos. [...]

É justamente o duplo etérico a principal fonte a fornecer o componente fluídico para a produção das formas-pensamento [...].

Os nossos pensamentos, que, conforme já vimos, são produtos do Espírito, interagem com o envoltório fluídico que nos cerca, produzido principalmente pelas emanações do duplo etérico. Assim são plasmadas as formas-pensamento, que adquirem uma espécie de *vida* própria. Essas formas-pensamento – nossas criações mentais – são verdadeiros *pacotes fluídicos* que, a partir do momento em que se exteriorizam para o ambiente, ficam ao sabor das forças de atração e repulsão que regem os deslocamentos de fluidos (94, pt. 2, cap. 4).

[...] podemos considerar o duplo etérico como uma extensão do perispírito e não necessariamente um agente destacado e independente daquele; seria como que uma das *capas* do perispírito que, por suas funções de interligação do perispírito propriamente dito com o corpo físico, retém uma maior quantidade fluídica de consistência organo-molecular (fisiológica) que psíquica. [...] (137, cap. 4).

Não poderíamos deixar de aventar as possibilidades da existência de um campo energético apropriado, entre o perispírito e o corpo físico, o duplo etérico. Seria uma zona vibratória ocupando posição de destaque em face dos fenômenos conhecidos de materialização. Acreditamos que o campo energético dessa zona, em suas expansões com a do perispírito, se entrelace nas irradiações do campo físico e forneça excelente material na formulação dos fenômenos psicocinéticos e outros tantos dessa esfera parapsicológica. Com isso, poderíamos explicar muitas das curas que os chamados passes magnéticos podem propiciar, em autênticas transfusões de energias – expansões da aura humana (189, cap. 1).

[...] Representaria uma camada energética, cuja necessidade de expansões na zona física estaria relacionada a cada ser em particular. Para alguns seria nada menos que um frágil e mesmo apagado campo de energias; para outros tantos, um campo intenso de vibrações que, de conformidade com a sensibilidade de doação individual, responderia por maior ou menor intensidade nos passes de transferência a pessoas necessitadas. [...] (190, cap. 1).

Com o auxílio do supervisor, o médium foi convenientemente exteriorizado. A princípio, seu perispírito ou *corpo astral* estava revestido com os eflúvios vitais que asseguram o equilíbrio entre a alma e o corpo de carne, conhecidos aqueles, em seu conjunto, como sendo o *duplo etérico*, formado por emanações neuropsíquicas que pertencem ao campo fisiológico e que, por isso mesmo, não conseguem maior afastamento da organização terrestre, destinando-se à desintegração, tanto quanto ocorre ao instrumento carnal, por ocasião da morte renovadora. Para melhor ajustar-se ao nosso ambiente, Castro devolveu essas energias ao corpo inerme, garantindo assim o calor indispensável à colmeia celular e desembaraçando-se, tanto quanto possível, para entrar no serviço que o aguarda (269, cap. 11).

DUREZA

A dureza é um carrasco da alma (265, cap. 31).

DÚVIDA

Suspeitar, ter dúvidas, sim senhor, porque a dúvida é o princípio gerador da verdade. [...] (28).

Duvidar lealmente, mas com desejo de saber, é mostrar a Deus a impotência do nosso raciocínio; é pedir-lhe a luz que espanque as trevas em que nos debatemos. [...] (34).

A dúvida é a principal origem da negação nas grandes causas e nas grandes épocas. [...] (117, v. 1, cap. 8).

[...] A dúvida é a incerteza, o temor, a derrota antecipada (207, cap. 14).

E

ECLOSÃO DA MEDIUNIDADE

A eclosão da mediunidade pode ocorrer em qualquer época da vida, sempre de forma espontânea. O mais comum, para os médiuns com graves compromissos, é o surgimento na infância. [...] (347, p. 1, cap. 22).

ECMNÉSIA

ver REGRESSÃO DE MEMÓRIA

ECO

O fenômeno do eco não se restringe à reflexão de um som; é também, na esfera dos pensamentos e dos sentimentos, repercussão de ideias e emoções, na geração infinita de recursos novos e de forças vivas, de efeitos certos, seja nas semeaduras de dor, seja nas plantações sublimes de alegria (188, cap. 5).

ECOCÍDIO

[...] Alguns pesquisadores preferem usar a expressão "ecocídio" para designar o extermínio das condições que suportam a vida no planeta. [...] (346, cap. 3).

Ecocídio é outro termo importante que todos devemos conhecer. Uma das definições possíveis alude à responsabilidade coletiva que temos pela destruição do planeta. [...] (346, cap. 24).

ECO D'ALÉM-TÚMULO

A 8 de março de 1869, no *Grêmio dos Estudos Espiríticos na Bahia*, Luís Olímpio anunciava aos confrades ali reunidos que em breve sairia a lume o primeiro número de um jornal "que se consagraria – esclarecia ele – exclusivamente aos interesses da Doutrina". [...] Embora os "formidáveis embaraços que os maus Espíritos, sempre em campo, para provação do bem, procuraram opor à realização dessa ideia", o dinamismo e o amor à Causa revelados por Olímpio Teles conseguiram vencer todos os obstáculos. Em julho de 1869, três meses após a desencarnação de Allan Kardec, o primeiro periódico espírita finalmente aparecia no Brasil: *O Eco d'Além-Túmulo*, com o subtítulo – *Monitor do Espiritismo no Brasil*, cuja publicação se fazia bimestralmente e que era impresso na tipografia do *Diário da Bahia*.

A *Sociedade Anônima do Espiritismo*, de Paris, que então dirigia a conceituada *Revue Spirite*, agradece epistolarmente a Teles de Menezes, por seu secretário geral A. Desliens, a remessa do primeiro número do *Eco*, enaltecendo a coragem de tão abnegados espíritas do outro lado do Atlântico, elogiando sobremaneira o novo órgão de difusão da Doutrina, de 50 e poucas páginas.

Na seção *"Bibliographie"* da *Revue Spirite* é registado em outubro de 1869 *O Eco d'Além-Túmulo*, e, em novembro do mesmo ano, extensa apreciação elogiosa, ocupando 4 páginas, é feita sobre a nova revista, com a citação de longo artigo extraído do *Eco* e vertido para o francês [...] (224, Teles de Menezes).

ECTOPARASITA

Realmente encontramos muitos desencarnados que agem como *ectoparasitas*, ou seja, *absorvendo as emanações vitais dos encarnados que com eles se harmonizam, aqui e ali*, como são os que se aproximam eventualmente dos fumantes, dos alcoólatras e de todos aqueles que se entregam aos vícios e desregramentos de qualquer espécie (195, pt. 1, cap. 15).

Ver também VAMPIRO

ECTOPLASMA

Ectoplasma é o nome que se dá ao fluido, de natureza psicossomática, oriundo dos médiuns de materialização, e do qual se servem os Espíritos para tornar-se visíveis e tangíveis aos olhos e ao tato humanos (7, cap. 75).

[...] substância viva, exteriorizada e amorfa, sobre a qual se exercem as ideias-forças, inerentes à subconsciência do médium [...] (24, Ideoplastia).

[...] O ectoplasma, isto é, a projeção de uma força para além do corpo do médium, tem, pois, uma primeira fase de invisibilidade, uma segunda fase durante a qual parece um vapor ou um fio "fluídico", que é quando começa a ser visível, e uma terceira fase durante a qual ele é tangível, visível, algumas vezes informe. [...] (35, cap. 3).

[...] matéria viva no seu estado mais indiferenciado, é notadamente sensível à ação do pensamento. [...] (35, cap. 3).

[...] matéria exteriorizada do médium [...] (42, Apêndice).

[...] é, em sua essência, um prolongamento fisiológico do médium. É a substância íntima, viva, componente do ser humano, extremamente sensível, úmida, coleante, viscosa, levemente acinzentada (atualmente, sabemos que a alvura dessa matéria é instável, dependendo quase sempre da condição evolutiva da entidade); em linguagem moderna, é o plasma biológico que compõe a criatura. [...] (96, Geley: Apóstolo da consciência cristã).

E assim, por processos de laboratório, o Dr. Osty ia surpreender a formação ectoplásmica, *ab ovo*, a substância na sua fase ainda invisível, aquilo a que já Crawford, o professor de Mecânica de Belfort, dava o nome de alavanca psíquica, isto é, o aparelhamento fluídico de que os Espíritos se serviam para a produção do fenômeno físico (98, Da fraude).

[...] [substância] [...] *Incolor, ligeiramente vaporosa, fluida, sem cheiro, traços de detritos celulares e saliva. Depósito esbranquiçado. Reação ligeiramente alcalina.* [...]

Com essa complexa substância, evidentemente emanada do corpo do médium e talvez de alguns dos circunstantes, os Espíritos desencarnados compõem as manifestações tangíveis chamadas [...] de materializações. [...] (147, cap. 14).

Essa força materializante é como as outras manipuladas em nossas tarefas de intercâmbio. Independe do caráter e das qualidades morais daqueles que a possuem, constituindo emanações do mundo psicofísico, das quais o citoplasma é uma das fontes de origem. Em alguns raros indivíduos, encontramos semelhante energia com mais alta percentagem de exteriorização, contudo, sabemos que ela será de futuro mais abundante e mais facilmente abordável, quando a coletividade humana atingir mais elevado grau de maturação.

[...] Aí temos o material leve e plástico de que necessitamos para a materialização. Podemos dividi-lo em três elementos essenciais [...] a saber – fluidos A, representando as forças superiores e sutis de nossa esfera; fluidos B, definindo os recursos do médium e dos companheiros que o assistem; e fluidos C, constituindo energias tomadas à Natureza terrestre. Os fluidos A podem ser os mais puros e os fluidos C podem ser os mais dóceis; no entanto, os fluidos B, nascidos da atuação dos companheiros encarnados e, muito notadamente, do médium, são capazes de estragar-nos os mais nobres projetos. [...] O ectoplasma está situado entre a matéria densa e a matéria perispirítica [...] e é recurso peculiar não somente ao homem, mas a todas as formas da Natureza. [...] É um elemento amorfo, mas de grande potência e vitalidade. Pode ser comparado à genuína massa protoplásmica, sendo extremamente sensível, animado de princípios criativos que funcionam como condutores de eletricidade e magnetismo, mas que se subordinam, invariavelmente, ao pensamento e à vontade do médium que os exterioriza ou dos Espíritos desencarnados ou não que sintonizam com a mente mediúnica, senhoreando-lhe o modo de ser. Infinitamente plástico, dá forma parcial ou total às entidades que se fazem visíveis aos olhos dos companheiros terrestres ou diante da objetiva fotográfica, dá consistência aos fios, bastonetes e outros tipos de formações, visíveis ou invisíveis nos fenômenos de levitação, e substancializa as imagens criadas pela imaginação do médium ou dos companheiros que o assistem mentalmente afinados com ele. [...] (269, cap. 28).

[...] O ectoplasma está situado entre a matéria densa e a matéria perispirítica, assim como um produto de emanações da alma pelo filtro do corpo, e é peculiar não somente ao homem, mas a todas as formas da Natureza. [...] (322, cap. 5 – Materializações de espíritos).

Ver também FLUIDO

ECTOPLASMIA

[...] formação de objetos diversos, os quais, as mais das vezes, parecem sair do corpo humano e tomam a aparência de uma realidade material (vestuário, véus, corpos vivos) (35, cap. 1).

Ver também IDEOPLASTIA

ECUMENISMO

Não se deve entender ecumenismo no sentido vulgar de simbiose de crença, rituais e preceitos diversos, como se fosse uma gaveta capaz de receber todos os objetos que nela sejam colocados. Não. É uma noção defeituosa ou falsa de ecumenismo. Devemos caminhar, sim, para o entendimento, dentro do respeito às crenças alheias, até que encontremos um denominador comum, um terreno pacífico. E esse denominador é a moral do Cristo, como prevê a Doutrina dos Espíritos. Vê-se, assim, que o Espiritismo tem lucidez e flexibilidade para acompanhar as mudanças históricas. E há quem diga, apesar disto, que a Doutrina já está superada... (6, cap. 36).

EDUCAÇÃO

[...] educação moral [...] consiste na *arte de formar os caracteres* [...] *é o conjunto dos hábitos adquiridos.* [...] (106, q. 685).

[...] A educação, convenientemente entendida, constitui a chave do progresso moral. Quando se conhecer a arte de manejar os caracteres, como se conhece a de manejar as inteligências, conseguir-se-á corrigi-los, do mesmo modo que se aprumam plantas novas. Essa arte, porém, exige muito tato, muita experiência e profunda observação. É grave erro pensar-se que, para exercê-la com proveito, baste o conhecimento da Ciência. [...] (106, q. 917).

[...] é *transformar o homem*, dando-lhe uma concepção de vida fundamentada na supremacia do espírito e dos valores morais.

A educação, segundo a Doutrina Espírita, é finalista, porque visa a um *fim*. E se assim não fosse, naturalmente não teria sentido prático e cairia no formalismo. Mas o fim da educação, em termos espíritas, não é simplesmente imediato ou profissional. O fim, neste caso, é *abranger o homem real em sua totalidade*, isto é, corpo e espírito, tendo em vista a vida atual e a vida futura. Já se vê, portanto, que é um finalismo superior (11, Deve estudar-se o Espiritismo?).

A educação [...] é o mais poderoso fator do progresso, pois contém em gérmen todo o futuro. Mas, para ser completa, deve inspirar-se no estudo da vida sob suas duas formas alternantes, visível e invisível, em sua plenitude, em sua evolução ascendente para os cimos da natureza e do pensamento (52, Introd.).

A educação não é processo isolado. É uma ação conjunta em que participam: família, educadores e meio social (62, cap. 3).

A educação, hoje, [...] não é apenas a instrução, como durante um bom período foi considerado que educar era instruir.

Hoje, educar é instruir e criar hábitos, hábitos saudáveis, convenientemente moralizadores. A nós cabe essa tarefa da educação como primordial. As nossas reuniões são de educação moral, de educação espiritual, de criação de novos hábitos, quais o hábito da fraternidade, o hábito do perdão, que hoje é terapia (73, q. 11).

A educação moral, essa educação é que tem a ver com o ser integral, não apenas com os hábitos sociais, com as convenções. Por isso que essa educação, conforme afirma o Codificador, que foi excelente educador, vai mudar a sociedade (73, q. 11).

[...] é um processo de desenvolvimento de experiências, no qual educador e educando desdobram as aptidões inatas, aprimorando-as como recursos para a utilização consciente, nas múltiplas oportunidades da existência (80, cap. 23).

A educação [...] abrange área muito grande, na quase totalidade da vida. No período de formação do homem é pedra fundamental, por isso que ao instituto da família compete a indeclinável tarefa, porquanto pela educação, e não pela instrução apenas, se dará a transformação do indivíduo, e consequentemente da Humanidade (80, cap. 23).

[...] a educação, segundo a Doutrina Espírita, "não é apenas instruir, não é simplesmente incutir hábitos externos, *é transformar o homem*, dando-lhe uma concepção de vida fundamentada na supremacia do espírito e dos valores morais". [...] (129, v. 1).

[...] A educação é uma ação, mas uma ação exercida por um Espírito sobre outro.

É um apelo que o Espírito já situado nas esferas superiores da existência dirige a outro que mais ou menos confusamente aspira a chegar lá [...] (129, v. 2).

[...] A educação, dentre as atividades humanas, é a da mais alta responsabilidade pessoal. É, também, dos atos do homem, o que mais pode decidir da felicidade ou da desdita do próximo. É *o motor "sine qua ..."* do progresso humano. [...] (129, v. 2).

O integral *substratum* moral, espiritual e, até divino, encontra-se na educação, o melhor e mais eficaz instrumento de correção. [...] (129, v. 3).

Pestalozzi considerava a educação como o desenvolvimento harmonioso de *todas* as faculdades do indivíduo.

Entendemos por educação, em sentido amplo, integral, o processo contínuo de aperfeiçoamento das faculdades do Espírito. É obra de redenção e de libertação do homem dos laços que o prendem à inferioridade (208, cap. 18).

Coerentemente com suas teses, os educadores apontam a educação e a instrução de todos como o melhor preventivo contra os desvios morais (208, cap. 36).

[...] processo de aperfeiçoamento dos indivíduos e da sociedade (208, cap. 36).

A educação da alma é a alma da educação (217, cap. 42).

[...] Entendemos por educação o desenvolvimento dos poderes psíquicos ou anímicos que todos possuímos em estado latente, como herança havida daquele de quem todos nós procedemos (223, cap. 2).

Educação é, em síntese, evolução individualizada, processando-se conscientemente, com a cooperação do próprio indivíduo. É a Lei Universal adequando-se ao homem com a sua aquiescência mesma, na sublime aspiração de colaborar com Deus no aperfeiçoamento pessoal, através do que se denomina autoeducação (223, cap. 3).

A vida tem uma finalidade clara e positiva, que é a evolução. Esta se processa nos seres conscientes e responsáveis mediante renovações íntimas, constantes e progressivas. Semelhante fenômeno denomina-se Educação (223, cap. 3).

Que mais é a educação senão a arte de transformação ordenada e progressiva da personalidade, arte que, depois de residir na escola em um poder alheio passa ao cuidado próprio e que, plenamente compreendida nesta segunda fase do seu desenvolvimento, se estende desde o retoque de uma linha, desde a modificação de uma ideia, um sentimento e um hábito, até as reformas mais vastas e profundas, até as plenas conversões que, à maneira de Saulo de Tarso, imprimem à vida inteira novo sentido, nova orientação e como que apagam dentro de nós a alma que havia e criam uma outra alma? Arte soberana, em que se resume toda a superioridade da nossa natureza, toda a dignidade do nosso destino, tudo que nos eleva sobre a condição da coisa ou do animal; arte que nos converte, não em escravos da fatalidade, porque isso não é próprio de homens, nem o foi dos deuses, mas sim, em rivais dela, depois de alcançar que deixemos de ser seus escravos. [...] (223, cap. 6).

[Léon] Denis, o incomparável Apóstolo do Espiritismo, proferiu esta frase lapidar: "A educação do Espírito é o senso da vida" (223, cap. 8).

[...] A obra de educação é obra de salvação, é obra religiosa em sua alta finalidade, é obra científica e social em sua expressão verdadeira. Eduquem-se a todos, cada um na sua esfera, até que a educação se transforme, em cada indivíduo, numa autoeducação contínua, ininterrupta.

Na educação do espírito está o senso da vida, está a solução de todos os seus problemas (223, cap. 13).

[...] arte e ciência cuja finalidade é transformar e renovar o indivíduo [...] (223, cap. 24).

[...] o atraso da educação deve ser atribuído ao fato de que há poucas pessoas em condições de apreciar ao mesmo tempo o verdadeiro objetivo da educação, o que ela é, o que poderia ser, e, por conseguinte, o que se precisaria fazer para melhorá-la. [...] (225, v. 1, cap. 2).

A educação é a mola do processo de redimir a mente cristalizada nas trevas (240, cap. 21).
Educação, em boa síntese, é luz que circula vitoriosa do sentimento ao raciocínio, sustentando o equilíbrio entre o cérebro e o coração (246, cap. 43).
A educação é obra de sacrifício no espaço e no tempo e, atendendo à Divina Sabedoria – que jamais nos situa uns à frente dos outros sem finalidades de serviço e reajustamento, para a vitória do amor – amemos nossas cruzes, por mais pesadas e espinhosas que sejam, nelas recebendo as nossas mais altas e mais belas lições (248).

Não abandones teus livros, / Não te canses de estudar. / A educação é tesouro / Que ninguém pode roubar (257, cap. 32).

[...] A educação começa a partir do momento em que são insculpidos os hábitos na criança, corrigindo-lhe as reações do instinto e modelando-lhe as características que a tornarão um ser saudável moral, social e intelectualmente. [...] (339, Bullying escolar: uma análise espírita).

[...] Só a educação tem o poder de transformar esta caótica situação, pelo motivo de que se torna impossível manter uma guarda permanente junto a cada lar ou a cada pessoa, [...] (342, cap. 33).

Ver também APERFEIÇOAMENTO, APRENDIZAGEM *e* EVOLUÇÃO

Educação da mente

A educação da mente é processo de grande importância para a aquisição do sentido existencial, para o avanço digno pela senda terrestre, para a autoiluminação, sem culpa nem receio, tormentos esses que são eliminados na medida em que a consciência adquire discernimento para as ações legítimas e inadiáveis (75, Frustração).

Educação e instrução

[...] A instrução é mais especialmente a aprendizagem da ciência, a educação é a aprendizagem da vida; a instrução desenvolve e enriquece a inteligência, a educação dirige e fortifica o coração; a instrução forma o talento; a educação, o caráter. A missão da educação é mais elevada, mais difícil a sua arte (226, v. 1, cap. 26).

Educação espírita

[...] sequência de atos educativos, docentes e discentes, reagindo sinergicamente entre si, programados, motivados, dirigidos, fundamentados na Pedagogia Espírita, corporificados e idealizados através da Didática Espírita pela capacidade de intuição, imaginação criadora, improvisação e espírito prático, não teorizáveis. Todas essas funções sublimadas num impulso de simpatia sustentado pela força construtiva e ordenadora do *amor* (129, v. 1).

Educação familiar

A educação familiar, isto é, aquela que orienta a formação do caráter, é da alçada dos pais e deve estar impregnada dos valores por eles aceitos. [...] (59, cap. 7).

Educação mediúnica

A educação das faculdades mediúnicas proposta pela Codificação tem por meta ampliar a consciência objetiva, favorecê-la com recursos inabituais, a fim de facultar-lhe o adentramento no mundo das causas, de onde retirará sempre os preciosos meios de sublimação e de crescimento do ser humano constituído de energia sutil e luminosa (75, Consciência).

Ver também MEDIUNIDADE

Educação moral

[...] a educação moral [é] incomparavelmente mais valiosa que a científica, porque ela é que arroja nossa alma do tremedal terreno às paragens de luz, libertando-nos da masmorra de trevas em que jazemos, durante a nossa dolorosa romagem planetária!... (93, L. 1, cap. 4).

A educação moral é a educação que pode ser entendida por meio da definição dada por Allan Kardec na questão 685ª de *O livro dos espíritos*: é a "que consiste na arte de formar os caracteres, a que incute hábitos, porquanto a educação é o conjunto dos hábitos adquiridos". [...] (348, cap. 6.3.2).

Educação permanente

[...] é aquela que, num processo contínuo, se estende por *toda* a vida, procurando desenvolver *todas* as potencialidades do ser humano e na qual *todos* se educam desde que nascem até a morte. Mas não é ela uma simples extensão do período escolar. O seu conteúdo vai muito além daqueles que apenas visam a ativar a capacidade de entender (meramente intelectual), como no ensino tradicional. Também procura, e com muita intensidade, despertar e fortalecer a afetividade, a comunicabilidade, o amor, a sensibilização à beleza e a convivência harmônica com o próximo. Adota, por isso, como temas prediletos: as relações de família, o relacionamento no trabalho, a integração trabalho-cultura, política, artes, desportos, e até o aprender a envelhecer, a preparação para o fim. Finaliza no aprender a morrer.

A principal e mais eficaz agência pedagógica não seria mais a escola, a universidade, mas, sim, a *sociedade educadora* globalmente considerada, a chamada *cidade educativa*.

Para a educação permanente, o educando é uma *totalidade* com disposições afetivas, comunicativas, conhecimento, criatividade, etc. É um ser constantemente inquieto submetido a um *progresso incessante*, mas não egoísta nem competidor. Por isso tudo, a essência do educando é a sua *temporalidade*, isto é, a permanente disposição à mudança. Como processo de desenvolvimento humano, recomenda a Educação Permanente o esforço contínuo do educando, a constância do movimento mental, emocional e social.

Quanto aos fins ou objetivos, são eles sempre provisórios e sujeitos à revisão contínua, mas nunca perdendo de vista o desenvolvimento das virtualidades do ser humano (129, v. 1).

Educação sexual

De nossa parte, queremos afirmar que pertence a cada criatura, seja na condição de homossexual ou heterossexual, a responsabilidade pessoal de promover, quando lhe aprouver, a autoeducação das energias da libido, para que possa a cada dia conquistar o amor espiritualizado, aprendendo a aplicá-las com equilíbrio e discernimento, expandindo a sensibilidade para novas fontes de prazeres mais nobres e sutis, muito além do sexo fisiológico.

Em matéria de sexo, é necessário entender: não proibição, mas educação; não preconceito, mas compreensão da individualidade psicológica sexual de cada pessoa; não satisfação fácil do desejo, mas disciplina; não viciação do instinto sexual, mas uso com discernimento; não abstinência imposta, mas emprego digno. Devemos adquirir valores morais superiores, para purificar nossos desejos e aprimorar a energia sexual, a fim de sermos mais felizes no amor sexual, não somente no prazer momentâneo do orgasmo fisiológico, mas, muito especialmente, no prazer íntimo e profundo de doar e permutar amor, carinho, simpatia, humildade e renúncia em nosso relacionamento afetivo e sexual, apesar das grandes dificuldades e imperfeições morais de todos nós em Humanidade (12, cap. 6).

A educação sexual com Doutrina Espírita recomenda a aplicação da energia sexual com discernimento e responsabilidade, sob as luzes do Evangelho de Jesus, porque somente com Ele haverá renovação profunda e definitiva de nossas personalidades.

A educação sexual não se reduz simplesmente à união sexual fisiológica, dentro de um controle dirigido ou de abstenção imposta. [...]

Educação sexual com Doutrina Espírita não é um adestramento para o prazer imediatista, pela satisfação máxima dos instintos, embora respeitável e necessário para o atual estágio espiritual da Humanidade, mas, sim, esclarecer, iluminar e fortalecer as almas interessadas sinceramente para a educação completa da personalidade, de seu caráter, de seus sentimentos, em busca de uma capacitação interior sempre mais crescente para um relacionamento superior e nobre na esfera de Espírito para Espírito, de coração para coração, dentro das regras morais do Evangelho de Jesus. *Educação sexual é, antes de tudo, reeducação dos sentimentos* (12, cap. 14).

A educação sexual para alcançar somente o prazer do instinto poderá nos levar à viciação, às aberrações e às ilusões, ao passo que a educação sexual que procura o aperfeiçoamento dos sentimentos, nos dará segurança, estabilidade, controle, emprego digno e o amor espiritualizado, possibilitando-nos vivenciar um plano de vida espiritual mais elevado e mais feliz (12, cap. 14).

EDUCADOR

[...] Os educadores são *delegados* do mundo dos Espíritos neste plano terreno e, ainda, *precursores* em relação aos educandos cujas veredas preparam. [...] (129, v. 2).

[...] é o *propagador da cultura*; mas não só isso. O educador é, também, um *restaurador* dos valores culturais reconduzidos à vista terrena na bagagem íntima de seus educandos reencarnados. [...] (129, v. 2).

Educadores são os que, plenamente conscientes de seu papel, procuram despertar os poderes interiores das criaturas, sejam elas crianças, jovens ou adultos. Essas faculdades potenciais inserem-se tanto no campo intelectual quanto no moral. O verdadeiro educador sabe que o êxito de sua obra educativa dependerá de sua capacidade de estimular no educando a vontade, a adesão e a simpatia por todo o conjunto do ensino, o que não se consegue somente com palavras, mas sobretudo com sinceridade de propósitos e com sabedoria, traduzidas em exemplos vivos, tal como o fez o Cristo (208, cap. 18).

Educador circunfísico

[...] É outro Espírito humano encarnado, superior ao educando, capaz de exercer ação educativa direta (linguagem espiritual, sinais, etc.), ou indireta (influência, irradiação, etc.) sobre outro Espírito encarnado emancipado (129, v. 5).

Educador divino

[...] Nesta pedagogia, o mestre é o próprio Criador, Supremo Educador, *Magister Universalis*, de cuja majestática cátedra emanam divinas lições de amor, justiça, fé e esperança a todos os seus educandos (129, v. 5).

Educador espírita

[...] É um cidadão de dois mundos, homogêneos pelos sentimentos, pelo objetivo transcendente comum, caráter dominante, inclinações e simpatias recíprocas. [...]

Os educadores espíritas [...] são *delegados* do Mundo Espiritual neste plano terreno e, como tais, [...] *precursores* dos Espíritos na iminência de descerem à carne, e cujas veredas neste mundo preparam. [...]

Revelador de conhecimentos novos aos educandos;
Restaurador dos valores (virtualidades relativas) contidos no perispírito deles; *Precursor* dos educandos renascentes no plano terreno;
Precursor da futura aristocracia intelecto-moral;
Cidadão dos dois mundos, espiritual e terreno;
Médium pedagógico;
Delegado do mundo maior no mundo terreno;
Devedor da geração que educa; *Religioso* através da fé raciocinada; *Compromissado* com a nação, a sociedade e a tradição cultural;
Agente principal, e depois, auxiliar no processo de educação (129, v. 2).

EDUCANDÁRIO

O educandário é uma casa de luz nas sombras da Terra [...] (246, cap. 19).

Todo educandário é instituto de disciplina (292, Dever espírita).

EDUCANDO

O educando é um ser espiritual, criado por Deus, que ora vive no plano do Espírito, ora respira num corpo material. Suas tendências e inclinações procedem dele próprio e constituem conquistas acumuladas ao longo de sua caminhada evolutiva. Seu destino é toda a perfeição de que é suscetível e, para isso, conta com o tempo necessário, pois que seu esforço de aperfeiçoamento não se circunscreve a apenas uma existência terrena. No corpo e fora dele, na vida de Espírito, prosseguem o seu aperfeiçoamento e a sua caminhada na conquista da felicidade. [...] (59, cap. 6).

[...] O educando é um produto da cultura. É o herdeiro de um legado cultural desde o nascer, e vai sendo modelado por essa herança. [...] (129, v. 1).

[...] O educando à luz da Filosofia Espírita é um ser palingenésico que já traz um processo espiritual anterior, quer dizer, um acúmulo de noções intelectuais, que determinam o que o Dr. Gustavo Geley denominou de *ser subconsciente*. [...] (129, v. 2).

[...] O educando é um filho de si mesmo através do esforço pessoal, luta e conquista. [...] (129, v. 2).

[...] Educandos são todos os Espíritos, ao longo de toda a sua existência imortal, em todas as situações, fases ou estágios em que se encontrem, antes do renascimento físico, durante a vida terrena até o desencarne, estendendo-se além do perecimento orgânico. [...] (129, v. 3).

Educando de Deus

[...] São todos os seres espirituais, revestidos do indumento físico ou dele já dispensados, em qualquer grau evolutivo que já tenham atingido, em qualquer ponto do Universo, excetuados os puros Espíritos nos quais o processo de educação já se consumou (129, v. 5).

Educando suprafísico

[...] O educando, na Metapsicologia Espírita Suprafísica, pode ser: 1º) o homem (encarnado) geralmente adulto, carente de orientação espiritual superior, só ou reunido em grupos, e até aos milhares, como destinatários das obras psicografadas largamente difundidas; 2º) os Espíritos encarnados mas emancipados pelo sono, sonambulismo ou êxtase, também necessitados de orientação superior; 3º) crianças e adolescentes mediante processos e currículos a eles adaptados (129, v. 5).

Educando ultrafísico

[...] O educando, na Metapedagogia Espírita Ultrafísica, é geralmente um Espírito sofredor e imperfeito, vingativo, ainda muito ligado à matéria e aos interesses terrenos e, algumas vezes, até inconsciente do seu estado espiritual, julgando pertencer ainda ao mundo dos vivos. Pode estar incorporado a um médium ou não (129, v. 5).

EDUCAR

Educar, pois, dentro da concepção espírita é não só oferecer os conhecimentos do Espiritismo como também envolver o educando numa atmosfera de responsabilidade, de respeito à vida, de fé em Deus, de consideração e amor aos semelhantes, de valorização das oportunidades recebidas, de trabalho construtivo e de integração consigo, com o próximo e com Deus, único programa compatível com as convicções que a Doutrina Espírita já despertou em cada um de nós (59, cap. 6).

[...] é saldar uma dívida socioespiritual que se paga em valores pedagógicos (129, v. 2).

[...] Educar é transferir a outro, com abnegado amor, a resolução de desenvolver de dentro para fora toda sua capacidade de receber e forjar valores (129, v. 2).

[...] Educar a criança é fazer de um anjo decaído um anjo que novamente se eleva, ou de um esboço de anjo um anjo completo (134, 21ª efusão).

Educar é aperfeiçoar física, intelectual e moralmente (208, cap. 36).

Educar os pequeninos é sublimar a Humanidade (217, cap. 21).

[...] é apelar para os poderes do espírito. Mediante esses poderes é que o discípulo analisa, perquire, discerne, assimila e aprende (222, Mestre e Salvador).

[...] é extrair do interior e não assimilar do exterior. É a verdade parcial, que está em nós, que se vai fundindo gradativamente com a verdade total que a tudo abrange. É a luz própria, que bruxuleia em cada ser, que vai aumentando de intensidade à medida que se aproxima do Foco Supremo, donde proveio. É a vida de cada indivíduo que se aprofunda e se desdobra em possibilidades quanto mais se identifica ele com a Fonte Perene da Vida Universal.

[...] Educar é evolver de dentro para fora, revelando, na forma perecível, a verdade, a luz e a vida imperecíveis e eternas, por isso que são as características de Deus, a cuja imagem e semelhança fomos criados (223, cap. 4).

[...] é salvar. Através do trabalho ingente da educação, consegue-se transformar as trevas em luz, o vício em virtude, a loucura em bom senso, a fraqueza em vigor. Tal é em que consiste a conversão do pecador (223, cap. 8).

John Locke, grande preceptor, se expressa desta maneira sobre o assunto: "Educar é fazer Espíritos retos, dispostos a todo momento a não praticarem coisa alguma que não seja conforme à dignidade e à excelência de uma criatura sensata" (223, cap. 8).

Pestalozzi, o pedagogista consumado diz: "Educar é desenvolver progressivamente as faculdades espirituais do homem" (223, cap. 8).

[...] é desenvolver os poderes do espírito, não só na aquisição do saber, como especialmente na formação e consolidação do caráter (223, cap. 12).

Educar é salvar, é remir, é libertar; é desenvolver os poderes ocultos, mergulhados nas profundezas das nossas almas (223, cap. 33).

Educar é, por excelência, função da própria vida. [...] (248).

Educar é a melhor maneira de curar o desequilíbrio do mundo, e orientar com Jesus é curar todas as chagas do espírito eterno (248).

EIDETISMO

Imagens eidéticas, ou intuitivas, também são, tais como a imaginação, parentes bastante próximas da percepção mediúnica, podendo confundir-se. O eidetismo é bastante comum na primeira infância, quando a criança possui amiguinhos ou brinquedos imaginários que, para elas, são reais. Geralmente desaparecem com a idade, mas por motivos os mais diversos, até mesmo hereditários, podem permanecer ativas nas personalidades adultas, mais sensíveis, como dotes artísticos ou mediúnicos. [...] (9, cap. 6).

EFEITOS FÍSICOS

[...] fenômenos materiais ostensivos, tais como os movimentos, ruídos, transporte de objetos, etc. [...] (108, cap. 2).

Ver também RAPS

EFEITOS INTELIGENTES

Os efeitos inteligentes são aqueles para cuja produção o Espírito se serve dos materiais existentes no cérebro do médium [...] (107, it. 189).

Ver também COMUNICAÇÃO INTELIGENTE *e* MANIFESTAÇÃO INTELIGENTE

EFIALTA

Pesadelo, domínio espiritual durante o sono (92, L. 5, Trama do destino).

EFICIENTE

Eficiente, sob o ponto de vista espiritual, será aquele trabalhador que melhor se harmonizar com a vontade do Pai Celestial.
Será aquele que se destacar pelo cultivo sincero da humildade e da fé, do devotamento e da confiança, da boa vontade e da compreensão (161, cap. 7).

[...] é o que age em benefício de todos (232, cap. 16).

EFLÚVIO ÓDICO

[...] eflúvios ódicos dos médiuns devem ser considerados como o substrato de uma força motora. [...] (181, A levitação).

Ver também FORÇA ÓDICA *e* FORÇA PSÍQUICA

EGO

O ego pernicioso busca vestir-se de qualidades que não possui e considerar-se portador de méritos que não os tem. Porque se agiganta cada vez mais, em razão da ignorância deliberada a respeito do ser espiritual que realmente se é, não se equipa de resistências morais para os enfrentamentos naturais do seu processo de libertação da imagem que elaborou, facultando o surgimento do ser integral que lhe constitui a essência profunda.
Formado por muitos dos instintos agressivos que remanescem da experiência da evolução, mantém o melindre em que sustenta a insegurança emocional, adentrando-se pelo ciúme, pela intranquilidade, pela ira fácil, pelo orgulho, pela mentira, quando necessário esconder as debilidades do sentimento, sempre mascarando-se conforme a conveniência da circunstância em que se veja surpreendido (75, Inconsciência de si mesmo).

[...] O ego apaixonado é o responsável pela prevalência dos tormentos, distanciando do ser legítimo, que é o Espírito, fadado à perfeição que o fascina e atrai mesmo quando não se dá conta (75, Aflições do mundo).

EGOÍSMO

[...] O egoísmo é a chaga da sociedade; os bons Espíritos o combatem e, portanto, não se deve imaginar que se sirvam dele. [...] (103, cap. 3).

O egoísmo, chaga da Humanidade, [...] esse filho do orgulho é o causador de todas as misérias do mundo terreno. É a negação da caridade e, por conseguinte, o maior obstáculo à felicidade dos homens (105, cap. 11, it. 11).

[...] a verdadeira chaga da sociedade. Quem quiser, desde esta vida, ir aproximando-se da moral, deve expurgar o seu coração de todo sentimento de egoísmo, visto ser o egoísmo incompatível com a justiça, o amor e a caridade. Ele neutraliza todas as outras qualidades. [...] O egoísmo assenta na importância da personalidade.

[...] verme roedor, continua a ser a chaga social. É um mal real, que se alastra por todo o mundo e do qual cada homem é mais ou menos vítima. [...] (106, q. 913 e 917).

[...] gera o orgulho, a ambição, a cupidez, a inveja, o ódio, o ciúme, que a cada momento o magoam [o homem], a [causa] que perturba todas as relações sociais, provoca as dissensões, aniquila a confiança, que o obriga a se manter constantemente na defensiva contra o seu vizinho, enfim, à que do amigo faz inimigo, ele compreenderá também que esse vício é incompatível com a sua felicidade e, podemos mesmo acrescentar, com a sua própria segurança. [...] (106, q. 917).

O egoísmo é a fonte de todos os vícios [...] (106, q. 917).

[...] Com o egoísmo, prevalece o interesse pessoal, cada um vive para si, vendo no semelhante apenas um antagonista, um rival que pode concorrer conosco, que podemos explorar ou que pode nos explorar; aquele que fará o possível para chegar antes de nós: a vitória é do mais esperto e a sociedade – coisa triste de dizer, muitas vezes consagra essa vitória, o que faz com que ela se divida em duas classes principais: os exploradores e os explorados. [...] (110, Discursos..., 3).

Indiferente só é aquele que não sofre; o egoísmo é o complemento da indiferença; abafa e trava todos os sentimentos, assim como sufoca quaisquer pensamentos em benefício doutrem.
Macera o coração e o enverniza depois, para torná-la impermeável (17, cap. 21).

[...] a fonte de todos os vícios que caracterizam a imperfeição humana é o egoísmo. [...] (28, O egoísmo).

O egoísmo, ninguém o desconhece, consiste no *excessivo amor ao próprio bem, sem atender ao dos outros.*
É, por isso, considerado a pior chaga da Humanidade e o maior obstáculo ao reinado do bem na face da Terra (30, cap. 12).

[...] o amor exagerado a nós próprios, cada qual procurando garantir sua felicidade, sem se preocupar com os outros, havendo alguns, mais atrasados, que pensam obtê-la conduzindo-se abertamente contra os outros (31, Parábola dos primeiros lugares).

O egoísmo é, ao mesmo tempo, um vício e um mau cálculo, porque a melhoria geral só pode resultar do progresso individual de cada um dos membros que constituem a Sociedade. [...] (41, cap. 14).

O egoísmo é irmão do orgulho e procede das mesmas causas. É uma das mais terríveis enfermidades da alma, é o maior obstáculo ao melhoramento social. [...] O egoísmo é a persistência em nós desse individualismo feroz que caracteriza o animal, como vestígio do estado de inferioridade pelo qual todos já passamos. [...] (46, pt. 5, cap. 46).

[...] é o maior inimigo da felicidade [...] (59, cap. 10).

Herança cruel do primarismo por onde deambulou o *princípio espiritual* nas anteriores faixas antropológicas da evolução, o egoísmo predomina em a natureza humana, responsabilizando-se pelos comportamentos arbitrários e infelizes que postergam o desenvolvimento do *Cristo interno* adormecido nos refolhos mais profundos do ser humano.
Esse atavismo dos prazeres mais grotescos, característico da selvageria que a tudo elege para si, excepcionalmente para a prole, quando ainda dependente no animal, remanesce dominador como medida de preservação da existência física, segurança pessoal para o futuro e insegurança da própria estabilidade.
Reúne tudo e quanto dispõe além das necessidades reais, acumulando excessos perturbadores no campo da posse, pensando exclusivamente em si mesmo, e quando, por exceção, naqueles que lhe são afeiçoados ou descendentes, em detrimento de todos os demais, os quais certamente não pode dispensar, mas que, na sua loucura egotista, por enquanto, não se dá conta nem lhes atribui valor.
Por isso mesmo enceguece-se e perde o rumo da felicidade, por pensar exclusivamente no gozo que amortece os sentidos e bloqueia os sentimentos que poderiam desabrochar para a compreensão do bom e do belo, do nobre e do elevado.
Poderoso, por estar entranhado nos recessos do psiquismo que ainda não despertou para a realidade, faz-se cruel, mantendo a sua vítima prisioneira do misoneísmo infeliz que impede a aceitação das conquistas contemporâneas que iluminam e libertam a consciência dos paroxismos que o assaltam sempre que invitado a comportamento melhor e mais compatível com o nível de evolução que lhe compraz alcançar.
Dele se exteriorizam o orgulho e a presunção que envilecem a conduta humana, por

facultarem uma visão distorcida dos valores espirituais e por conduzirem à alucinação da soberba, dos preconceitos dissolventes, da disputa pelos privilégios que entorpecem o caráter.
Frágeis, no entanto, sempre conduzem ao desfalecimento e à consumpção, por não disporem das resistências morais para a transformação que se deve operar em sentido elevado e contínuo, porque no rumo do Infinito.
Ao egoísmo devem-se as grandes calamidades morais e sociais que se apresentam no organismo da Humanidade, gerando guerras de religião, de classes, de raças, de política, de anseios desmedidos. [...] (75, O egoísmo).

É o egoísmo o comparsa perfeito do ódio, pois que ambos incendeiam o mundo, a fim de desfrutarem do prazer da posse, da satisfação da vitória sobre os demais, olvidando-se que esta é uma glória vã, porque logo advém a insatisfação, o tédio, o sentido de inutilidade, a morte... Qual a glória de um combate, se o vencedor não dispõe de vencidos que se lhe submetam, daqueles que lhe sirvam e adquiram os seus produtos, ampliando-lhes o poder?! (75, O altruísmo).
[...] o egoísmo, que se traduz como amor ao próprio eu, é enfermidade de largo porte, em cujo campo medram problemas e desaires de complexidades diversas (80, cap. 21).

[...] é o câncer que desgasta o organismo humano, exaurindo as possibilidades de sobrevivência do ser. [...] (86, L. 2, cap. 3).

O egoísmo, sem dúvida, é a sórdida masmorra dos orgulhosos, que a preferem até quando a alucinação os vence, e, somente em frangalhos, se deixam retirar dos sítios em que a cavilosidade pessoal os aprisiona (88, cap. 11).
[...] o egoísmo – o amor degenerado do vosso eu, a lancinante e aguda seta que, ferindo a terceiros pela ingratidão, vos fere a vós mesmos [...] (197, cap. 19).

Afirmam os Espíritos que o maior entrave ao progresso do indivíduo é o egoísmo, decorrente da preponderância que a matéria exerce sobre o ser humano, quando o Espírito se encontra na fase inferior ou mediana de evolução (fases predominantes dos seres encarnados nos mundos de expiações e provas como o nosso). Afirmam ainda que o enfraquecimento do egoísmo será a consequência natural da predominância da vida moral sobre a vida material e, para isso, será necessário atingir a compreensão da nossa verdadeira natureza, o que a Doutrina Espírita nos pode facultar. [...] (204, Infância – tempo de semear).

[...] é um mal real que se alastra por todo mundo e do qual todos somos vítimas. [...] (207, cap. 41).

[...] grande obstáculo moral à evolução do homem – o egoísmo (207, cap. 43).

O egoísmo é veneno em nosso coração sob a máscara do ciúme e fogo em nossa alma, sob a capa de agressiva revolta (248).
O egoísmo é sombra em nosso sentimento em forma de vaidade e tóxico em nosso raciocínio na feição de orgulho (248).
[...] quando [o homem] se atormenta, de modo exclusivo, pela defesa do que possui, julgando-se o centro da vida, no lugar em que se encontra, essa mesma força [energia] converte-se nele em *egoísmo*. [...] (256, cap. 91).

O egoísmo, esse vírus perturbador do processo de libertação, [...] (318, pt.3, cap. 3.32).

[...] Segundo o Espiritismo, o pior desses vícios é o egoísmo. Dele derivam todos os males, [...]. [...] Entretanto, o egoísmo, verme roedor, continua a ser a chaga social. É um mal real, que se alastra por todo o mundo e do qual cada homem é mais ou menos vítima. [...] (332, cap. 12).

O egoísmo nos leva a viver no isolamento, todavia nos torna amargos e sem objetivos mais amplos na vida. [...] (338, Aprendendo a amar).

Ver também AVAREZA *e* ORGULHO

Egoísmo e inveja
O egoísmo e a inveja são inimigos ocultos que todo homem traz dentro de si. São dois sentimentos que o levam a apoderar-se

de tudo o que lhe possa convir, quer moralmente, quer fisicamente. São dois sentimentos que o excitam a empregar a astúcia ou a força para conseguir o que deseja (182, v. 4).

Egoísmo e orgulho

O egoísmo e o orgulho são dois corredores sombrios, inclinando-nos, em toda parte, ao vício e à delinquência em angustiantes processos obsessivos [...] (292, Três atitudes).

Egoísmo familiar

O egoísmo familiar consiste no amor aos pais, irmãos, filhos, enfim, àqueles que estão ligados pelos laços da consanguinidade, com exclusão dos demais. Limitados por esse espírito de família, são muitos, ainda, os que desconhecem que todos somos irmãos (porque filhos de um só Pai Celestial), e se furtam a qualquer expressão de solidariedade fora do círculo restrito da própria parentela (28, O egoísmo).

Egoísmo individual

[...] funda-se num sentimento exagerado de interesse pessoal, no cuidado exclusivo de si mesmo, e no desamor a todos os outros, inclusive os que habitam o mesmo teto, os quais, não raro, são os primeiros a lhe sofrerem os efeitos (28, O egoísmo).

Egoísmo nacional

O egoísmo nacional é o que se disfarça ou se esconde sob o rótulo de *patriotismo*. Habitantes de um país, a pretexto de engrandecer sua pátria, invadem outros países, escravizam-lhes as populações, destroem-lhes a nacionalidade, gerando, assim, ódios insopitáveis que, mais dia menos dia, hão-de explodir em novas lutas sanguinolentas (28, O egoísmo).

Egoísmo sectário

O egoísmo sectário é aquele que transforma crentes em fanáticos, a cujos olhos só a sua igreja é verdadeira e salvadora, sendo, todas as outras, fontes de erro e de perdição, fanáticos aos quais se proíbe de ouvir ou ler qualquer coisa que contrarie os dogmas de sua organização religiosa, aos quais se interdita auxiliar instituições de assistência social cujos dirigentes tenham princípios religiosos diversos do seu, e aos quais se inculca ser um dever de consciência defender tamanha estreiteza de sentimentos (28, O egoísmo).

ELEGÂNCIA

[A elegância moral] é o selo vivo da educação (217, cap. 6).

ELEITO

[...] os eleitos, isto é: os que seguem o caminho do Senhor [e] trabalhem com infatigável zelo pelo progresso dos que lhes são inferiores, auxiliando assim o adiantamento de todos (182, v. 3).

Eleito e escolhido

[...] Eleito é a escolha predileta, é a suprema escolha.

O eleito é sempre escolhido: mas o escolhido não é eleito.

O eleito foi o escolhido por Deus para semear o bem pelo bem; o escolhido pode ser para fazer o bem pelo mal. O eleito foi Jesus. [...]

O eleito é o filho do Amor, do Afeto, da Sensibilidade; o escolhido é o filho da Autoridade, da Inteligência, da Razão ou da Justiça (117, v. 1, cap. 4).

ELEMENTO ESPIRITUAL E ELEMENTO MATERIAL

O *elemento espiritual* e o *elemento material* são dois princípios, as duas forças vivas da Natureza, as quais se completam uma a outra e reagem incessantemente uma sobre a outra, indispensáveis ambas ao funcionamento do mecanismo do Universo.

Da ação recíproca desses dois princípios se originam fenômenos que cada um deles, isoladamente, não tem possibilidade de explicar.

À Ciência, propriamente dita, cabe a missão especial de estudar as leis da matéria. O Espiritismo tem por objeto o estudo do *elemento espiritual* em suas relações com o elemento material e aponta na união desses dois princípios a razão de uma imensidade de fatos até então inexplicados.
O Espiritismo caminha ao lado da Ciência, no campo da matéria: admite todas as verdades que a Ciência comprova; mas, não se detém onde esta última pára: prossegue nas suas pesquisas pelo campo da espiritualidade (109, pt. 1, Ligeira resposta aos detratores do Espiritismo).

ELEMENTOS GERAIS DO UNIVERSO

[...] Deus, espírito e matéria constituem o princípio de tudo o que existe, a trindade universal. [...] (106, q. 27).

Ver também FLUIDO CÓSMICO UNIVERSAL

ELETROMAGNETISMO

Segunda a Posição Espírita, o eletromagnetismo é o campo do funcionamento psíquico tanto no que se refere ao corpo físico como em relação ao corpo espiritual. Acrescenta os conceitos de magnetismo animal e magnetismo espiritual. Em relação ao magnetismo animal, Anton Mesmer, médico vienense do século passado, já o utilizava em sua prática diária. Banido da Áustria, acusado de charlatanismo, obteve grande sucesso em Paris, ao conseguir curar a cefaléia da rainha Maria Antonieta. Suas ideias foram rejeitadas pela ciência oficial, que aderiu à hipótese de Braid, a qual atribuiu os efeitos mesméricos à sugestão hipnótica. Contudo, os modernos experimentos parapsicológicos tendem a ressuscitar a hipótese do magnetismo animal, confirmando um dos pressupostos fundamentais do Espiritismo. Atribuir todos os fenômenos parapsicológicos e mediúnicos aos efeitos da sugestão seria uma *tour de force* (9, cap. 2).

ELEVAÇÃO

A elevação, porém, é obra de suor, persistência e sacrifício (256, cap. 52).

[...] Toda elevação representa uma subida e toda subida pede esforço de ascensão. [...] (267, cap. 8).

ELOIM

A divindade principal dos hebreus, que o era também para os gregos, significa – Ele, o Deus dos deuses (92, L. 5).

Os israelitas têm alguns nomes para designar a Divindade; mas dois sobretudo são usados: Eloim e Jeová (ou talvez Iavé). Esses dois nomes, todavia, não têm o mesmo sentido, Israel só conhece Deus sob o nome de Jeová; quando um pagão fala de Deus é preciso que diga Eloim; e um israelita apenas raramente falará de Deus a um pagão sem empregar tal nome. Em compensação, quando o Deus de Israel é oposto aos deuses dos gentios, deve ele pronunciar o nome de Jeová. [...] (113, pt. 1, cap. 1).

Ver também JAVÉ

EMANCIPAÇÃO DA ALMA

Embora, durante a vida, o Espírito se encontre preso ao corpo pelo perispírito, não se lhe acha tão escravizado, que não possa alongar a cadeia que o prende e transportar-se a um ponto distante, quer sobre a Terra, quer do espaço. Repugna ao Espírito estar ligado ao corpo, porque a sua vida normal é a de liberdade e a vida corporal é a do servo preso à gleba.
Ele, por conseguinte, se sente feliz em deixar o corpo, como o pássaro em se encontrar fora da gaiola, pelo que aproveita todas as ocasiões que se lhe oferecem para dela se escapar, de todos os instantes em que a sua presença não é necessária à vida de relação. Tem-se então o fenômeno a que se dá o nome de *emancipação da alma*, fenômeno que se produz sempre durante o sono. De todas as vezes que o corpo repousa, que os sentidos ficam inativos, o Espírito se desprende (*O livro dos espíritos*, pt. 2, cap. 8). (101, cap. 14, it. 23).

Para nos darmos conta da maneira por que se passam as coisas, é preciso figurar nossa alma desprendida dos seus laços pela emancipação, o que sempre ocorre durante o sono, haja ou não sonho; toda vez em que há entorpecimento dos sentidos e, às vezes, até durante a vigília. [...] (319, cap. 2).

EMBRIÃO

[...] O embrião é um testemunho irrecusável de nossas origens:

"Vemos na evolução do embrião – diz ainda Claude Bernard – surgir um simples esboço do ser antes de qualquer organização. Os contornos do corpo e dos órgãos, a princípio, são meros delineamentos, começando pelas construções orgânicas provisórias, que servem de aparelhos funcionais e temporários do feto. Até então, nenhum tecido é distinto. Toda a massa é constituída apenas por células plasmáticas e embrionárias. Mas, nesse escorço vital, está traçado o desenho ideal de um organismo, ainda invisível para nós, sendo já designados, a cada parte e a cada elemento, seu lugar, sua estrutura, suas propriedades. Onde devem estar vasos sanguíneos, nervos, músculos, ossos, as células embrionárias se transformam em glóbulos de sangue, em tecidos arterial, venoso, muscular, nervoso e ósseo" (41, cap. 2).

Embrião de Espírito

[...] O ponto inicial de criação do Espírito, ou melhor, o ponto em que o *princípio inteligente* conclui o seu estágio de individualização e se transforma em *embrião de Espírito* [...]. É quando o Espírito entra no *período de humanização*, o qual se inicia em mundos inferiores à Terra. [...] A partir desse ponto, o Espírito recém-criado *começa* a distinguir o bem do mal [...] a ter consciência de si [...] e do futuro [...] senso moral [...] livre-arbítrio [...] (129, v. 5).

EMBRIOGENIA

[...] A embriogenia, porém, instrui-nos sobre [a evolução abscondida na vida uterina], a saber: que cada qual de nós é uma história abreviada da raça, levando em nosso ser o timbre indelével e grandioso de uma existência mil vezes secular. Portanto, a força vital, contida no gérmen, anima o perispírito e este desenvolve as suas leis. [...] (40, cap. 5).

EMMANUEL

Segundo revela em *Há dois mil anos...*, foi ele o senador romano Publius Lentulus Cornelius.

Deduz-se da minuciosa descrição que fez de um sonho, ter sido ele o mesmo Publius Lentulus Sura, então seu bisavô paterno, reencarnado.

[...] deixou uma carta famosa, dada à publicidade em diversas línguas, onde descreveu o Cristo, com perfeição.

[...] vítima das lavas do Vesúvio, desencarnou o espírito do senador Publius Lentulus Cornelius, em Pompeia, no ano 79, para, decorrido algum tempo [aproximadamente 10 anos], renascer na Judeia, onde viria a ser o escravo Nestório, que continuou suas lutas intensas, por dilatado período, em Éfeso. Atingida a madureza, veio [...] a participar, nas catacumbas de Roma, das secretas reuniões dos cristãos.

Revela o culto autor de *Há dois mil anos...* ter sido sacerdote católico no Brasil [...] o padre Manuel da Nóbrega. [...] Seriam – ele, Anchieta e outros religiosos – os implantadores do Cristianismo no Brasil. [...] desencarnou na manhã do próprio dia de seu aniversário, a 18 de outubro de 1570, quando completava 53 anos de idade, "com 21 anos ininterruptos de serviços ao Brasil" [...]

Cerca de cinquenta anos depois, renasce na Espanha, onde foi o padre Damiano, vigário da igreja de São Vicente, em Ávila [...].

São estas as várias reencarnações do bonissimo Emmanuel, de que se tem notícia até os dias atuais.

[...] o grande amigo do Brasil volverá à luta planetária, "em nosso meio de Espíritos encarnados, no fim do presente século, provavelmente na última década". [...]

Pela clareza, sinceridade, firmeza e lealdade com que expõe suas ideias; pelos ensinamentos que transmite; pela mais pura moral cristã que veicula, Emmanuel conquistou a confiança e o apreço incondicionais de vasta legião de aprendizes da Boa-Nova do Reino, no Brasil (13, cap. 1).

Emmanuel é aquele coração profundamente evangelizado, que conhece Jesus e lhe devota profundo amor.

É ele o responsável por todo esse grandioso movimento espiritual que tem em Chico Xavier o medianeiro encarnado (196, Palavras finais).

EMOÇÃO

O fator emocional, cujas raízes na subcorticalidade são conhecidas, intervém de modo acentuado na percepção extrassensorial.

Segundo Osty, nos sensitivos que operam em vigília, isto é, não entram em transe ostensivo, observa-se claramente que o conhecimento supranormal é precedido pela correlativa emoção.

Antes de perceber, o metagnomo sente. Inexplicável angústia antecede a emersão consciente do vaticínio desagradável ou súbita alegria prenuncia a percepção de um acontecimento feliz (Osty - *La Connaissance Supranormale*). A emoção é o revérbero cortical do fenômeno perceptivo que ocorre na subcorticalidade, em nível subliminar, e só posteriormente se delineia na consciência - no córtex - assumindo a forma de conhecimento propriamente dito (35, cap. 2).

A emoção é a seiva do próprio espírito (248).

EMPATIA

[...] O conceito psicológico de empatia corresponde ao "processo de identificação em que o indivíduo se coloca no lugar do outro e, com base em suas próprias suposições ou impressões, tenta compreender o comportamento do outro" (314, pt.2, cap. 7.3.2).

ENCARNAÇÃO

Quando o Espírito tem de encarnar num corpo humano em vias de formação, um laço fluídico, que mais não é do que uma expansão do seu perispírito, o liga ao gérmen que o atrai por uma força irresistível, desde o momento da concepção. À medida que o gérmen se desenvolve, o laço se encurta. Sob a influência do *princípio vito-material do gérmen*, o perispírito, que possui certas propriedades da matéria, se une, *molécula a molécula*, ao corpo em formação, donde o poder dizer-se que o Espírito, por intermédio do seu perispírito, *se enraíza*, de certa maneira, nesse gérmen, como uma planta na terra. Quando o gérmen chega ao seu pleno desenvolvimento, completa é a união; nasce então o ser para a vida exterior (101, cap. 11, it. 18).

[...] [é] uma condição inerente à inferioridade do Espírito e um meio de ele progredir. [...] (101, cap. 11, it. 26).

A união de alma e corpo começa na concepção, mas só se completa no instante do nascimento. O invólucro fluídico é que liga o Espírito ao gérmen, e essa união vai-se adensando, torna-se mais íntima de momento a momento, até que se completa quando a criança vem à luz. No período intercorrente, da concepção ao nascimento, as faculdades da alma são pouco assomadas pelo poder sempre crescente da força vital, que diminui o movimento vibratório do perispírito, até o momento em que, não atingido o mínimo perceptível, o Espírito fica quase totalmente inconsciente. Dessa diminuição de amplitude do movimento fluídico é que resulta o esquecimento (40, cap. 5).

[...] O objetivo fundamental da nossa encarnação é o progresso intelecto-moral. Aperfeiçoar a inteligência e o sentimento constitui o fim último de nossa estada na vida corpórea (59, cap. 9).

[...] Começa aí a perturbação, o estado de ansiedade, a princípio bem nítido, mas que depois perde em nitidez o que ganha em intensidade, à medida que no seio materno se forma o invólucro que lhe cumpre revestir e ao qual [o Espírito] se acha ligado, desde o início da concepção, por um laço fluídico, uma espécie de cordão, que gradualmente se encurta, aproximando-o cada vez mais do seu cárcere. Operado o nascimento, completa é a ligação entre o Espírito e o corpo, do qual não mais pode aquele separar-se. [...] (182, v. 1).

Segue-se a encarnação, ou melhor, a co-materialização [da] essência espiritual [realiza-se] mediante a sua união íntima com a matéria inerte, *primeiramente* no reino mineral e nas espécies intermediárias que participam do mineral e do vegetal, depois no reino vegetal e nas espécies intermediárias que participam do vegetal e do animal. *Desse modo*, numa contínua marcha progressiva, se opera o seu desenvolvimento, que a prepara e conduz às raias da consciência da vida. Em seguida vem a encarnação no reino animal, depois nas espécies intermediárias que, do ponto de vista do invólucro material, participam do animal e do homem, adquirindo assim aquela essência (Espírito em estado de formação), sempre em progressão contínua, a consciência da vida ativa exterior, da vida de relação, o desenvolvimento intelectual que a levará aos limites do período preparatório que precede o recebimento do livre-arbítrio, da vida moral, independente e responsável, característica do *livre* pensador (182, v. 1).

[...] A encarnação é um processo de análise. É a subdivisão da consciência em faculdades diversas, e do sentido único em sentidos múltiplos, para facilitar seu exercício e conduzir seu desenvolvimento (213, Na França).

[...] análise importante para a alma que se vê impelida à distribuição dos próprios valores, colaborando no bem geral. [...] Nascer da carne é sair de nós mesmos para colocar-nos a serviço de todos (218, cap. 31).

[...] verdadeiro favor da Divina Misericórdia, a fim de que nos adaptemos ao mecanismo da Justiça Indefectível (231, Ante o centenário).

[...] A passagem pela Terra é valioso recurso para a ascensão do espírito [...]. O tempo é um crédito de que daremos conta! [...] (253, cap. 31).

[...] a experiência corporal na Terra como transitório fenômeno de exteriorização do espírito imperecível [...] (265, cap. 20).

[...] A encarnação terrestre representa curso de esclarecimento e ascensão. Alegria e dor, contentamento e insatisfação, fartura e escassez constituem oportunidades de engrandecimento para a alma. [...] (265, cap. 48).

Uma encarnação é como um dia de trabalho. E para que as experiências se façam acompanhar de resultados positivos e proveitosos na vida, faz-se indispensável que os dias de observação e de esforço se sucedam uns aos outros (273, q. 228).

A encarnação não foi imposta ao Espírito, a princípio, como punição. Ela é necessária ao seu desenvolvimento e à execução das obras de Deus, e todos devem sofrê-la, [...] (320, cap. 1, Resumo do ensino dos Espíritos).

[...] a encarnação é uma condição "inerente à inferioridade do Espírito (345, cap. 5).

ENDOPARASITAS

(os que se alojam nas reentrâncias do corpo a que se impõem.)

[...] os que, *após se inteirarem dos pontos vulneráveis de suas vítimas*, assenhoreiam-se de seu campo mental *impondo-lhes ao centro coronário a substância dos próprios pensamentos, que a vítima passa a acolher qual se fossem os seus próprios.* [...] (195, pt. 1, cap. 15).

ENDOR

[...] Cidade da Palestina, residência de uma célebre pitonisa (médium anterior à vinda de Jesus à Terra) que evocou a sombra (o espírito) de Samuel, a pedido de Saul, tendo-lhe predito a derrota. Depois do advento do Espiritismo, foi que começou a ser consagrada aos intermediários do Além-Túmulo a designação de médium, vocábulo este já incorporado aos dicionários (92, L. 4).

ENERGIA

[...] é matéria liberada (148, cap. 5).

[...] a capacidade que possui um corpo, ou um sistema, de produzir trabalho. [...] a natureza intrínseca da energia é ainda ignorada pelo homem. Um dia, porém, ele descobrirá que essa *capacidade* é a *secreção* mental por excelência; basicamente, a emanação primária de Deus-Criador e, por extensão, a emanação de cada criatura; é a *matéria-prima substancial*, o *ar* dos Universos, a *água* do infinito oceano cósmico, o *éter primacial*.

[...] não há nenhuma linha nítida de demarcação entre matéria e energia (188, cap. 3).

[...] na essência, toda a matéria é energia tornada visível e [...] toda a energia, originariamente, é força divina de que nos apropriamos para interpor os nossos propósitos aos propósitos da Criação, cujas leis nos conservam e prestigiam o bem praticado, constrangendo-nos a transformar o mal de nossa autoria no bem que devemos realizar, porque o bem de todos é o seu Eterno Princípio (305, pt. 1, cap. 1).

Ver também MATÉRIA

Energia mental

[...] [As energias mentais] são a origem de todos os acontecimentos nos planos espirituais, sejam estes elevados ou inferiores. [...] (175, cap. 7).

A energia mental é o fermento vivo que improvisa, altera, constringe, alarga, assimila, desassimila, integra, pulveriza ou recompõe a matéria em todas as dimensões. Por isso mesmo, somos o que decidimos, possuímos o que desejamos, estamos onde preferimos e encontramos a vitória, a derrota ou a estagnação, conforme imaginamos (290, cap. 5).

Energia plástica da mente

[...] fluxo de energias [que emanam] através de todos os poros, mas muito particularmente da boca, das narinas, dos ouvidos e do peito. [...]

Esta força não é patrimônio de privilegiados. É propriedade vulgar de todas as criaturas, mas entendem-na e utilizam-na somente aqueles que a exercitam através de acuradas meditações. [...] E o *spiritus subtilissimus* de Newton, o *fluido magnético* de Mesmer e a *emanação ódica* de Reichenbach. No fundo, é a energia plástica da mente que a acumula em si mesma, tomando-a ao fluido universal em que todas as correntes da vida se banham e se refazem, nos mais diversos reinos da Natureza, dentro do Universo. Cada ser vivo é um transformador dessa força, segundo o potencial receptivo e irradiante que lhe diz respeito. Nasce o homem e renasce, centenas de vezes, para aprender a usá-la, desenvolvê-la, enriquecê-la, sublimá-la, engrandecê-la e divinizá-la. [...] (264, cap. 11).

Energia sexual

A sublimação das energias sexuais é a canalização gradativa e crescente de nossas potencialidades da alma, no momento convergidas quase que unicamente para a satisfação de nosso egoísmo, de nossos caprichos, de nossos desejos inferiores e de nosso instinto sexual desorientado para outras modalidades de aplicação na vida, nas quais a alma se eleva e purifica, na construção de sua *verdadeira alegria e felicidade futura* (12, cap. 23).

A energia sexual, em todas as suas posições de desenvolvimento, quer seja desencadeada pelo contato sexual no corpo físico e deslocada para as construções da vida emocional, quer seja derivada para as construções artísticas por excelência, *representaria sempre um combustível fabuloso que o homem poderá utilizar no caminho para Deus.* A queima indevida desse combustível, em quaisquer de suas faixas, seria o desvio do caminho e perda de possibilidades aquisitivas que toda essa energética específica pode propiciar (189, Introd.).

A energia sexual, como recurso da lei de atração, na perpetuidade do Universo, é inerente à própria vida, gerando cargas magnéticas em todos os seres, à face das potencialidades criativas de que se reveste (294, cap. 5).

ENFERMIDADE

A matéria orgânica não poderia escapar a essas influências; as perturbações que ela sofre podem, pois, alterar o estado físico dos seres vivos e determinar algumas dessas enfermidades que atacam de modo geral as plantas, os animais e os homens, enfermidades que, como todos os flagelos, são, para a inteligência humana um estimulante que a impele, por força da necessidade, a procurar meios de os combater e a descobrir Leis da Natureza. [...] (101, cap. 18, it. 8).

É a enfermidade, como vemos, condição *sine qua non* da espécie humana e, enquanto o Espírito seja homem, tem que passar pelos estados patológicos que tanto fazem sofrer a Humanidade (2, cap. 9).

[...] é o talismã que faz o milagre de infundir paciência, resignação e submissão à vontade divina àqueles que se infelicitam a si mesmos, pelo carecerem dessas virtudes.

[...] é uma necessidade na Terra e desempenha, ante o progresso humano, missão purificadora e redentora, que Deus bendiz (2, cap. 9).

[...] são decorrentes de crimes perpetrados no passado contra o nosso próximo, a quem não soubemos amar ou não quisemos perdoar; são amargas consequências de nossa falta de vigilância, de nossa rendição às sugestões do ódio arrasador (29, O amor aos inimigos).

Consciente de que a enfermidade é fenômeno biológico inevitável, com a mente alerta [o Espírito] recebe-a com tranquilidade, antecipando-se à ocorrência da morte que virá, enriquecido de serenidade, sem ressentimento para com a vida, sem amargura ante a perspectiva do fato que sucederá. Em harmonia interior avança para o *consumatus*, que não atinge o ser real (75, A mente alerta).

Bezerra de Menezes, segundo relato contido no livro *Grilhões partidos*, revela-nos que "toda enfermidade, resguardada em qualquer nomenclatura, sempre resulta das conquistas negativas do passado espiritual de cada um". De conformidade com suas origens, as enfermidades humanas podem ser classificadas, pois, em três grandes grupos que são:

- Patologias fluídico-ambientais;
- Patologias obsessivas; e
- Patologias cármicas (94, pt. 2, cap. 6).

A carne enfermiça é remédio salvador para o espírito envenenado. Sem o bendito aguilhão da enfermidade corporal é quase impossível tanger o rebanho humano do lodaçal da Terra para as culminâncias do Paraíso (245, cap. 6).

Ver também DOENÇA

ENGANO

O engano é precioso contraste a ressaltar as linhas configurativas da atitude melhor (307, cap. 28).

ENGENHARIA GENÉTICA

[...] conjunto de técnicas que permitem a recombinação, fora do organismo, de cromossomos pertencentes a espécies diferentes [...] (116, Genética).

ENSINAMENTO DE JESUS

[...] Os ensinamentos de Jesus não são expressões supérfluas de uma literatura mística. Eles representam o conteúdo de uma sabedoria que se consolidou no exemplo do Mestre, através do apodo dos ignorantes, das injúrias dos maus, das injustiças dos poderosos, da traição dos pusilânimes e do ódio dos que se enfermaram em cultos incompatíveis com os princípios de amor, de paz e de caridade. Sabedoria que se fortaleceu com a sinceridade dos crentes, com a prece dos que compreenderam os ensinos e as lágrimas daqueles que tiveram sua sensibilidade solicitada no testemunho das horas de amarga provação (138, A resignação é força espiritual).

[...] O ensinamento de Jesus é vibração e vida, e como o estudo mais simples demanda o esforço de comparação, não podemos versar o Evangelho sem esse esforço. [...] (288, pt. 2, cap. 3).

ENSINAMENTOS DO ESPIRITISMO

No âmbito geral, todos os ensinamentos do Espiritismo constituem preciosos recursos para a obtenção da cura espiritual de que todos carecemos (195, pt. 2, cap. 8).

ENSINAR

[...] É orientar o próximo, amorosamente, para o reino da compreensão e da paz (232, cap. 28).

ENSINO

[...] O ensino é, portanto, na realidade a revelação de certas verdades científicas ou morais, físicas ou metafísicas, feitas por homens que as conhecem a outros que as ignoram e que, se assim não fora, as teriam ignorado sempre (101, cap. 1, it. 4).

Como o ensino vem dos Espíritos, os diversos grupos, assim como os indivíduos, acham-se sob a influência de certos Espíritos que presidem aos seus trabalhos, ou os dirigem moralmente. Se esses Espíritos não estiverem de acordo, a questão será saber qual o que merece mais confiança. Evidentemente, será aquele cuja teoria não pode suscitar nenhuma objeção séria; em suma, aquele que, em todos os pontos, dá mais provas de sua superioridade. Se tudo for bom, racional nesse ensino, pouco importa o nome que toma o Espírito; e, neste sentido, a questão da identidade é absolutamente secundária. Se, sob um nome respeitável, o ensino peca pelas qualidades essenciais, podeis, sem qualquer vacilação, concluir que é um nome apócrifo e que é um Espírito impostor, ou que se diverte. Regra geral: jamais o nome é uma garantia; a única, a verdadeira garantia de superioridade é o pensamento e a maneira por que este é expresso. [...] (110, Resposta de Allan Kardec durante o Banquete...).

Há ensinos que perduram no tempo e no espaço, atravessam os séculos e nunca ficaram desatualizados, a despeito de todas as inovações provocadas pelas necessidades humanas. O pensamento dos grandes vultos da Humanidade não morreu nos *arquivos do passado*. Alguns deles, antes de Jesus, tiveram a antevisão do futuro e deixaram sentenças realmente imortais. Por seu turno, a mensagem cristã continua a ser, há dois milênios, a grande resposta, nos momentos mais decisivos, apesar do surto renovador que nos envolve na *engrenagem tecnológica* dos dias atuais (6, cap. 21).

Ensino dos Espíritos

Belo e divinamente consolador é o ensino dos Espíritos. É a luz que vem romper o véu das trevas, que impede o homem de entrever qualquer coisa do seu destino espiritual. É a verdade que rasga, com seus irresistíveis resplendores, a escura nuvem que ensombra o horizonte da consciência e da razão humanas. É o suave rocio do amor que vem vivificar os corações na caridade.
E a voz daquele que trovejou no Sinai, e que agora vos fala a linguagem de um pai condoído das fraquezas de seus filhos. S. Luiz Gonzaga (5, Comunicações ou ensinos dos Espíritos).
O ensino espírita é de equilíbrio em tudo por tudo. Nem o exagero no sentido da abstenção sistemática, pois a pretensão de santidade muitas vezes é uma violência à ordem natural da vida, nem o exagero oposto, que é justamente o da extravagância, do bem-estar físico sem limites. Diz a Doutrina que o homem deve viver segundo as necessidades e as leis de seu próprio mundo. Não quer, portanto, que o homem saia do mundo ou viva em penitência, pois é um tipo de vida improdutiva. Mas também adverte, claramente, que o homem deve aproveitar bem as oportunidades da existência terrena para o seu melhoramento, não apenas do ponto de vista material, mas sobretudo do ponto de vista espiritual (6, cap. 24).

Ensino espírita

Um curso regular de Espiritismo seria professado com o fim de desenvolver os princípios da Ciência e de difundir o gosto pelos estudos sérios. Esse curso teria a vantagem de fundar a unidade de princípios, de fazer adeptos esclarecidos, capazes de espalhar as ideias espíritas e de desenvolver grande número de médiuns. Considero esse curso como de natureza a exercer capital influência sobre o futuro do Espiritismo e sobre suas consequências (103, cap. 26).

Ensino intuitivo

O ensino intuitivo se funda na substituição do verbalismo e do ensino livresco pela observação, pelas experiências, pelas representações gráficas, etc., operando sobre todas as faculdades da criança. [...] (225, v. 1, cap. 21).

Ensino religioso espírita

[...] é uma das mais profundas razões de ser da escola espírita. [...] (129, v. 4).

ENTENDIMENTO

O entendimento fraternal [...] é clarão da alma penetrando vida e sentimento em suas mais ignotas profundezas (243, cap. 58).

Ver também HARMONIA

EPIFENOMENALISMO

O Epifenomenalismo interpreta a mente como um mero epifenômeno do cérebro físico, isto é, um subproduto do funcionamento do sistema nervoso central. A Posição Espírita considera o cérebro apenas como instrumento da mente no plano físico e admite também a existência de um cérebro no corpo espiritual, ou psicossoma, ou perispírito (9, cap. 1).

EPÍFISE

As recordações profundas da alma que são arquivadas no mundo mental têm o comando de uma glândula muito importante no corpo espiritual – a epífise, ou glândula pineal. A Ciência terrena pouco sabe ainda acerca das funções desta glândula. A epífise é um pequeno corpo glandular, situado na parte central do cérebro. Acredita-se que sua função seja a de frear a ação dos órgãos reprodutores na fase infantil, perdendo tal função, com a normalização da atividade sexual na criatura adulta.

Para a Doutrina Espírita, a epífise tem funções importantíssimas, ainda desconhecidas pela própria Ciência humana. A glândula do corpo físico é dirigida pela correspondente do corpo espiritual. O organismo físico é uma cópia imperfeita do corpo espiritual. [...]

A epífise, como centro importante do corpo espiritual, é ligada à mente, através de forças eletromagnéticas e funciona como válvula de escapamento do celeiro de emoções, instintos e paixões, registrados ordenadamente no *arquivo sublime da subconsciência.* [...]

A epífise controla o mundo emocional, e sua influência na vida sexual da criatura humana é poderosíssima, porque cada Espírito herda de si mesmo e cada um somente dá aquilo que já construiu de bom ou de mal, de nobre ou inferior, de vício ou de virtude, ou o que armazenou em si mesmo, na forma de reflexos condicionados (12, cap. 12).

É muitas vezes chamada *pineal* e encontra-se, também, dentro da caixa craniana [...]. Suas funções ainda não são muito bem compreendidas pela ciência oficial.

Embora seja normalmente aceita como parte do sistema endócrino, não se conseguiu ainda identificar, com certeza, qualquer hormônio produzido por ela. A epífise é importante geratriz de energias psíquicas, que atuam em todo o organismo e que desempenham papel especial nas atividades mediúnicas, como é o caso do passe, por exemplo. No livro *Missionários da luz*, encontramos a informação de que a epífise é a "glândula da vida mental", sendo ela que "preside aos fenômenos nervosos da emotividade".

Informa-nos ainda o autor espiritual que ela também desempenha ação fundamental nos mecanimos da produção intelectual e nos ligados ao sexo, com ação, no plano psíquico, de supervisão do funcionamento das gônadas (94, pt. 1, cap. 7).

Segundo a visão da Ciência, o desenvolvimento da capacidade para a procriação ocorre na puberdade, pela ação do hipotálamo, mas a nossa visão desse processo pode ampliar-se muito com a contribuição de Alexandre, um dos instrutores de André Luiz [*Missionários da luz*, cap. 2]. Afirma Alexandre que a epífise ou pineal é a glândula da vida mental. Até a puberdade, essa glândula permanece mais ou menos estacionária e, nessa fase, começa a funcionar, reabrindo seus mundos maravilhosos de sensações e impressões na esfera emocional. A criatura reencarnada então recapitula a sexualidade, examinando o inventário de suas paixões vividas em outras encarnações.

Essa vivência psíquica se expressa por fortes impulsos. Segundo as informações espirituais, a Ciência ainda não tem conhecimento da ascendência dessa glândula sobre todo o sistema endócrino, porque a sua ação se exerce pela produção de *hormônios psíquicos* ou *unidades-força*, que são elementos da esfera perispiritual, fugindo, portanto, aos limites alcançáveis pelos instrumentos de perquirição da Ciência. Antes do hipotálamo, por conseguinte, é a ação da glândula pineal que desencadeia o processo, e, por sua vez, essa ação tem sua causa em automatismos profundos do corpo energético ou perispírito. Essa nova visão propiciada pelos Espíritos pode aclarar alguns enigmas da crise que a criatura enfrenta na adolescência (204, Adolescência – tempo de transformações).

[...] É a glândula da vida mental. Ela acorda no organismo do homem, na puberdade, as forças criadoras e, em seguida, continua a funcionar, como o mais avançado laboratório de elementos psíquicos da criatura terrestre. [...] Ela preside aos fenômenos nervosos da emotividade, como órgão de elevada expressão no corpo etéreo. Desata, de certo modo, os laços divinos da Natureza, os quais ligam as existências umas às outras na sequência de lutas, pelo aprimoramento da alma, e deixa entrever a grandeza das faculdades criadoras de que a criatura se acha investida (267, cap. 2).

Ver também GLÂNDULA PINEAL

EPILEPSIA

A epilepsia é conhecida desde remotas eras, particularmente na Antiguidade clássica, quando se acreditava que Hércules fosse epiléptico, daí se derivando a designação de *morbus hercules*. É também sabido que as sacerdotisas experimentavam convulsões de *caráter punitivo*, dando origem ao *morbus divinus*. Por muito tempo acreditou-se na influência da Lua como desencadeadora de crises, facultando a denominação de *morbus lunaticus* e, por fim, entre outros nomes e causas, o *morbus demoniacus*, por suposição de que os pacientes eram possuídos por seres demoníacos. Nessa última classificação, incluímos os episódios mediúnicos-obsessivos, que certamente alguns psiquiatras e neurologistas não consideram legítimos. A história da epilepsia é longa e tem raízes profundas nas sutis engrenagens do Espírito [...]. O estudo dos efeitos e da sua psicogênese necessita avançar no rumo das estruturas originais do ser humano, a fim de serem detectados os fatores desencadeantes verdadeiros. [...] Abandonando a hipótese obsessiva, a Ciência Médica refere-se a epilepsias reflexas, por traumatismos cranianos, por tumorações no sistema nervoso central, endócrinas, tóxicas e emocionais...

De acordo com as síndromes – conjunto de fatores etiológicos – que facultam o surgimento da forma *sintomática*, acredita-se naquela denominada *essencial* ou *idiopática*, que seria efeito de manifestações constitucionais, não obedecendo às gêneses estabelecidas, porém derivada de fatores hereditários. [...]

A epilepsia não perturba a inteligência, podendo encontrar-se pacientes idiotas como intelectualizados. Lamentavelmente, como irrompe de surpresa, leva sua vítima a complexos de inferioridade, graças à insegurança em que vivem, não sabendo quando pode ocorrer um episódio ou crise. Esse caráter faculta-lhes reações inesperadas, mesmo em decorrência de acontecimentos de pequena monta. Tal crise pode ser precedida de uma aura psíquica, sensitiva, sensorial, motora, mediante pequeno tremor, visões, percepções de sons inexistentes, falsas sensações gustativas, olfativas, tácteis, cenestésicas... Alguns pacientes, às vezes, pressentem o ataque em razão de determinadas percepções... O epiléptico pode ser vítima de impulsos inesperados, que o levam a atitudes criminosas e até mesmo automutiladoras, qual ocorreu com Van Gogh, que decepou uma orelha depois de acirrada discussão com Gaugin.

Há muitos outros fenômenos patológicos e criminosos que decorrem da epilepsia – desnecessário aqui serem apresentados (83, O calvário de Adelaide).

No processo epiléptico, como no histérico, existe um arcabouço psicológico oscilante, como pano de fundo, porém mostrando tendências muito mais marcantes; isto porque, no processo epiléptico, mais do que no histérico, a obsessão espiritual parece ser ressonante e como que se impondo na estrutura íntima do Espírito. [...]

Daí podermos dizer que o quadro epiléptico parece traduzir um grau de maior intensidade de influências espirituais pregressas; isto é, a mente do epiléptico, em alguns casos, tendo sido comprometida em etapas anteriores de vida, os efeitos podem manifestar-se posteriormente, mesmo que a influência espiritual negativa tenha desaparecido. Também devemos dizer que muitas formas epilépticas se instalam devido a traumatismos cranianos, sem correlações com o passado (190, cap. 3).

EQUILÍBRIO

O equilíbrio retrata, em toda parte, a posição de maior ajuste alcançada pela criatura na Criação.

Encontramo-lo nos mais variados ângulos de atividade do espírito, expressando vitória obtida à força de recapitulação e perseverança (218, cap. 15).

O equilíbrio é o próprio valor, supremo fiel da verdade na balança da vida, sopesando amor e sabedoria, bem e mal, em todas as frentes de nossa marcha para os objetivos supremos (218, cap. 15).

O equilíbrio nasce da união fraternal e a união fraternal não aparece fora do respeito que devemos uns aos outros... Ninguém colhe aquilo que não semeia... [...] (244, cap. 31).

EQUIPE

[...] E a vida em equipe é disciplina produtiva, com esquecimento de nós mesmos, em favor de todos (304, Estude e viva).

Equipe de desobsessão

Todos os componentes da equipe assumirão funções específicas. Num grupo de 14 integrantes, por exemplo, trabalharão 2 a 4 médiuns esclarecedores; 2 a 4 médiuns passistas e 4 a 6 médiuns psicofônicos.

Os médiuns esclarecedores e passistas, além dos deveres específicos que se lhes assinala, servirão, ainda, na condição de elementos positivos de proteção e segurança para os médiuns psicofônicos, sempre que estes forem mobilizados em serviço. Imprescindível reconhecer que todos os participantes do conjunto são equiparáveis a pilhas fluídicas ou lâmpadas, que estarão sensibilizadas ou não para os efeitos da energia ou da luz que se lhes pede em auxílio dos que jazem na sombra de espírito. Daí o imperativo do teor vibratório elevado nos componentes da reunião, a fim de que os doentes da alma se reaqueçam para o retorno ao equilíbrio e ao discernimento (302, cap. 20).

[...] o conjunto em ação é comparável a um dínamo em cujas engrenagens a corrente mental do amparo fraterno necessita circular equilibradamente na prestação de serviço (302, cap. 38).

ERRATICIDADE

Erraticidade – Estado dos Espíritos errantes, ou erráticos, isto é, não encarnados, durante o intervalo de suas existências corpóreas (107, pt. 2, cap. 32).

Ver também ESPÍRITO ERRANTE

ERRO

Vemos, porém, no fluir da existência que os erros são obras de nossa inexperiência, redundando em maturidade espiritual. [...] (100, Acertos).

[...] Nossos erros de hoje serão, fatalmente, as dores de amanhã: o sofrimento que hoje causamos virá, mais cedo ou mais tarde, atingir-nos no mais fundo de nosso ser. [...] (147, cap. 21).

[...] O erro é o mal, isto é: tudo o que afasta o homem da humildade, do desinteresse, da abnegação, do devotamento, do desejo de progredir pessoalmente e de concorrer para o progresso coletivo de seus irmãos. Numa palavra: é tudo o que o afasta da justiça, do amor e da caridade, do espírito de solidariedade e de fraternidade, únicas bases reais e duráveis da igualdade e da liberdade, para todos, perante Deus e perante os homens, e que, libertando progressivamente o Espírito do sepulcro da carne, lhe prepara o acesso a mundos superiores (182, v. 4).

Erros cometidos e ofensas inesperadas, contradições e discórdias, contratempos e desgostos surgem diante de nós, do ponto de vista humano, como sendo convites à inércia, mas, na essência, semelhantes lutas são provas justas e indispensáveis, equivalendo a consultas do Plano Espiritual, acerca da nossa capacidade de superação das próprias fraquezas, examinando-nos o grau de humildade, entendimento, amor e fé (251, cap. 4).

Ver também ACERTO

ESCADA DE JACÓ

[...]. Bastante sugestiva, nesta passagem, é a escada de Jacó a estender-se ao infinito.

Simboliza a jornada do Espírito rumo à perfeição. [...] (343, Em que degrau estamos?).

ESCALA ESPÍRITA

Logo a experiência demonstrou que o Mundo Invisível está longe de encerrar apenas Espíritos Superiores; eles próprios nos informam que não são iguais nem em saber, nem em moralidade, [...] (319, cap. 1).

ESCÂNDALO

No sentido vulgar, escândalo se diz de toda ação que de modo ostensivo vá de encontro à moral ou ao decoro. O escândalo não está na ação em si mesma, mas na repercussão que possa ter. A palavra escândalo implica sempre a ideia de um certo arruído. [...]

No sentido evangélico, a acepção da palavra escândalo, tão amiúde empregada, é muito mais geral, pelo que, em certos casos, não se lhe apreende o significado. Já não é somente o que afeta a consciência de outrem, é tudo o que resulta dos vícios e das imperfeições humanas, toda reação má de um indivíduo para outro, com ou sem repercussão. O escândalo, neste caso, *é o resultado efetivo do mal moral* (105, cap. 8, it. 12).

Classificados por escândalos, os males conhecidos na Terra são definidos pela Codificação por resultado efetivo do mal moral, ou por toda reação má de um indivíduo para outro, [...] (329, cap. 36).

[...] A palavra "escândalo", na época, significava "pedra de tropeço". [...] (330, cap. 16).

ESCLARECER

Esclarecer, em reunião de desobsessão, é clarear o raciocínio; é levar uma entidade desencarnada, através de uma série de reflexões, a entender determinado problema que ela traz consigo e que não consegue resolver; ou fazê-la compreender que as suas atitudes representam um problema para terceiros, com agravantes para ela mesma. É levá-la a modificar conceitos errôneos, distorcidos e cristalizados, por meio de uma lógica clara, concisa, com base na Doutrina Espírita e, sobretudo, permeada de amor (195, pt. 3, cap. 6).

[...] É auxiliar, através do espírito de serviço e da boa vontade, o entendimento daquele que ignora (232, cap. 28).

ESCLARECIDO

[...] é o que se conhece (232, cap. 16).

ESCLARECIMENTO

[...] O esclarecimento justo, a seu tempo, constitui coluna poderosa no edifício do Reino de Deus. [...] (289, cap. 8).

Compreendam os dirigentes e seus assessores que o esclarecimento aos desencarnados sofredores é semelhante à psicoterapia e que a reunião é tratamento em grupo, cabendo-lhes quando e quanto possível, a aplicação dos métodos evangélicos. [...] (302, cap. 34).

ESCOLA

[...] é bênção para a ignorância (100, Renascer).

A escola, definida como sendo a cultura do cérebro, desde o alfabeto à especialização acadêmica, é o cérebro da cultura. Especulações religiosas, realizações científicas, preceitos filosóficos e experiências artísticas devem--lhe os fundamentos.

Tudo o que brilha nas construções da inteligência é fruto do estudo (162, Estudemos o Evangelho).

Antes de mais nada, embora compreendamos a importância da escola, deveríamos analisar criticamente essa instituição em nossa cultura, para compreendermos que ela, da maneira como está organizada hoje, é geradora de limites muito rígidos que se confrontam com a natureza da alma infantil, levando a criança ou a acomodar-se, reprimindo fortemente seus próprios impulsos, tornando-se passiva e desmotivada ou a rebelar-se, gerando problemas disciplinares. A escola tem se mostrado uma instituição muito questionável e nós deveríamos trabalhar pela sua reformulação (204, Infância – tempo de semear).

A escola é o nosso pomar de luz. Santuário de redenção em cujos ângulos cada trabalhador tem a sua expressão de serviço, à maneira da abelha diligente, laboriosa na colmeia (248).

A escola é o santuário da revelação divina. Dentro dela a mente humana retoma os tesouros do passado e entra em contato com as grandes vozes da sabedoria para a sublime ascensão no amor. [...] (248).

A escola é um centro de indução e spiritual, onde os mestres de hoje continuam a tarefa dos instrutores de ontem (282, cap. 4).

A escola é um lar de iniciação para as almas que começam as lides do burilamento intelectual, constituindo, simultaneamente, um centro de reflexos condicionados para milhões de espíritos que reencarnam para readquirir pelo alfabeto o trabalho das próprias conquistas na esfera da inteligência (282, cap. 9).

Ver também LAR

Escola espírita

[...] [a escola espírita] faz da religião, da filosofia e da ciência espíritas a fundamentação de sua existência. Imprime em todas as suas atividades planos pedagógicos e orientações, os princípios da filosofia espírita do educando, do educador, currículo, método, disciplina, instituição escolar e fins educacionais. Tudo isto sob a suprema égide do conceito de Deus instaurado pelo Espiritismo. Por isso, a educação religiosa espírita deve constituir-se na espinha dorsal do sistema educativo, juntamente com a educação do Espírito, compreendido este como o ser criado por e para Deus (129, v. 4).

Uma escola, em bases espíritas, é caminho do Reino de Deus (301, pt. 2, cap. 5).

Escola de Vingadores

[Escolas de Vingadores são] organizações mantidas por Inteligências criminosas, homiziadas temporariamente nos planos inferiores (231, cap. 8).

ESCOLHIDO

A justiça do Senhor se executa incessantemente. Cuidem os que lhe quiserem sentir os doces efeitos de se colocar entre os escolhidos, o que, *aqui, significa – os que seguem as pegadas do Mestre* (182, v. 3).

[...] Os companheiros assim classificados não são especialmente favorecidos pela graça divina, que é sempre a mesma fonte de bênçãos para todos. Sabemos que a *escolha*, em qualquer trabalho construtivo, não exclui a *qualidade*, e se o homem não oferece qualidade superior para o serviço divino, em hipótese alguma deve esperar a distinção da escolha. Infere-se, pois, que Deus chama todos os filhos à cooperação em sua obra augusta, mas somente os devotados, persistentes, operosos e fiéis constroem qualidades eternas que os tornam dignos de grandes tarefas. [...] (267, cap. 8).

Ver também ELEITO E ESCOLHIDO

ESCOTOGRAFIA

[...] termo proposto por Felícia Scatchard – é a impressão do filme, em plena obscuridade, tão somente pela ação mental do experimentador. [...] (35, cap. 3).

ESCRAVIDÃO

É contrária à Lei de Deus toda sujeição absoluta de um homem a outro homem. A escravidão é um abuso da força. Desaparece com o progresso, como gradativamente desaparecerão todos os abusos.

É contrária à Natureza a lei humana que consagra a escravidão, pois que assemelha o homem ao irracional e o degrada física e moralmente (106, q. 829).

Não é nosso intento fazer apologia da escravidão, cujos horrores principalmente macularam o homem branco e sobre ele recaíram. Mas a escravidão no Brasil foi, para os negros, a reabilitação deles próprios e trouxe para a descendência deles uma pátria, a paz, a liberdade e outros bens que pais e filhos jamais lograriam gozar, ou sequer entrever no seio bárbaro da África (13, cap. 9).

ESCRIBAS

Nome dado, a princípio, aos secretários dos reis de Judá e a certos intendentes dos exércitos judeus. Mais tarde, foi aplicado especialmente aos doutores que ensinavam a Lei de Moisés e a interpretavam para o povo. Faziam causa comum com os fariseus, de cujos princípios partilhavam, bem como da antipatia que aqueles votavam aos inovadores. Daí o envolvê-los Jesus na reprovação que lançava aos fariseus (105, Introd.).

No sentido antigo, [os escribas] eram os copistas mestres das Escrituras. No sentido moderno, escrivães públicos, notários. Também assim se denominam os judeus letrados. Fig.: Escritor medíocre, de falsos méritos (178, Glos.).

Por escriba designava Jesus o homem mais esclarecido do que as massas e encarregado de espalhar no meio delas as luzes contidas no tesouro da sua erudição e da sua inteligência (182, v. 2).

ESCRITA AUTOMÁTICA

Quando um médium apoia um lápis sobre o papel e sente sua mão escrever sem que ele exerça qualquer ação muscular, dá-se o que os psiquistas chamam *escrita automática* ou *passiva*: ela difere quase sempre da escrita habitual do médium (57, pt. 1, cap. 3).

ESCRITA DIRETA

É esta a expressão empregada para designar a escrita que não é produzida por nenhuma das pessoas presentes (37, Escrita direta).

Há ainda os médiuns que obtêm a *escrita direta*; estes, porém, são poderosamente dotados. A escrita direta consegue-se de diversas maneiras: ou em papel colocado sob as vistas do observador, ou oculto; este papel cobre-se instantaneamente pela escrita. [...]

Outra espécie de *escrita direta* obtém-se com o auxílio de um lápis escrevendo sozinho em papel ou em ardósia. [...] (99, cap. 7).

[...] escrita feita diretamente e *pelos Espíritos*, sem ação notória de mão, ora porém com utensílios gráficos visíveis (lápis, grafite), ou sem eles (130, pt. 2, cap. 2).

A escrita direta ou pneumatografia, apesar de ser um fenômeno pouco comum, não é de tão rara verificação, assinalou Allan Kardec em O livro dos médiuns, [...]. Os espíritos, nesse tipo de manifestação, escrevem sem nenhum intermediário, prescindindo de lápis ou outros petrechos utilizados na escrita que não sejam o papel empregado para grafar os caracteres que deseje. [...] (322, cap. 4 – Escrita Direta).

Ver também PNEUMATOGRAFIA

ESCRITA ESPECULAR

[...] [Escrita] em sentido inverso do normal, [...] escrita *especular*, que, para ser lida, precisa refletir-se num espelho. [...] (25, Automatismo escrevente).

ESCRITA MEDIÚNICA

[...] O sensitivo, sob um impulso oculto, traça no papel comunicações, mensagens em cuja redação o seu pensamento e vontade apenas tiveram parte mínima. [...] (45, cap. 9).

ESCRITA SEMIMECÂNICA

[...] neste caso, o braço e o cérebro são igualmente influenciados; as palavras surgem ao pensamento do médium no próprio momento em que as traça o lápis. [...] (45, cap. 9).

ESCRITURA

[...] A Escritura é um laço que liga sempre o passado, o presente e o futuro, quanto ao ensino progressivo e gradual da verdade, sempre relativa aos tempos e as necessidades de cada época e dada sempre na medida do que o homem pode suportar e compreender, debaixo do véu que a cobre e que se vai rasgando à proporção que o Espírito se eleva (182, v. 4).

ESFERA DO CRISTO

[...] é que essa *Esfera do Cristo*, que se aproximava da Terra, não era senão a gloriosa caravana da Equipe do Messias, a fulgurante constelação daquelas almas sublimes que se encarnariam no mundo, para colaborar com o Senhor na plantação do Evangelho. [...] (187, cap. 2).

ESFERA DO RECOMEÇO

Nos círculos mais próximos da experiência humana, *esfera do recomeço* significa reencarnação (264, cap. 17).

Ver também REENCARNAÇÃO

ESFERA ESPIRITUAL

ver PLANO ESPIRITUAL

ESFERAS ESPIRITUAIS DE TRANSIÇÃO

[...] [Regiões] nas quais os Espíritos guardam a forma humana e se veem num meio análogo ao terrestre (19, A crise da morte).

ESFORÇO

O esforço próprio é uma lei / Das mais nobres que há na vida; / A morte não representa / Liberdade redimida (248).

ESMOLA

O prelúdio da caridade material se expressa pela esmola, porém, pela esmola dada mais para satisfazer à própria vaidade do que por aliviar a sorte do desgraçado. Não obstante, esse sentimento nascente se apodera do ser e chega o dia em que, não mais por vaidade, para receber os aplausos dos outros dá ele a esmola, mas pelo sentimento do bem, que se lhe vai impondo e dominando-lhe a alma (2, cap. 7).

Esmola, para nós, é coisa que se dá, como, p. ex., dinheiro, comida, remédio, vestimenta, etc. [...] (28, Esmola e caridade).

A esmola é lágrima de Cristo caída na ferida do desgraçado. Orvalho que rocia a dor, como o orvalho da manhã rocia a flor ressequida na época estival (117, v. 1, cap. 17).

A esmola, filha da caridade, é a pedra de toque por onde se pode aferir o grau do sentimento de qualquer personalidade. [...] (117, v. 1, cap. 17).

É a misericórdia que atua por mera *compaixão*. É emergencial. Ela humilha e degrada [...] (128).

Segundo o espírito, no pensamento de Jesus, essa palavra esmola, que entre vós tem um sentido humilhante, significa caridade *material* e caridade *moral* (182, v. 1).

[...] A esmola, filha da beneficência, é o precioso grão de trigo na vasta despensa da caridade [...] (218, cap. 23).

A esmola é gota de orvalho que verte do firmamento da alma, mas o trabalho é a fonte das águas vivas que amassa o pão de todos e faz a alegria de cada um (218, cap. 23).

No mecanismo de relações comuns, o pedido de uma providência material tem seu sentido e a sua utilidade oportuna, como resultante da Lei de Equilíbrio que preside o movimento das trocas no organismo da vida. A esmola material, porém, é índice da ausência de espiritualização nas características sociais que a fomentam.

Ninguém, decerto, poderá reprovar o ato de pedir e, muito menos, deixará de louvar a iniciativa de quem dá a esmola material; todavia, é oportuno considerar que, à medida que o homem se cristianiza, iluminando as suas energias interiores, mais se afasta da condição de pedinte para alcançar a condição elevada do mérito, pelas expressões sadias do seu trabalho.

Quem se esforça, nos bastidores da consciência retilínea, dignifica-se e enriquece o quadro de seus valores individuais.

E o cristão sincero, depois de conquistar os elementos da educação evangélica, não necessita materializar a ideia da rogativa da esmola material, compreendendo que, esperando ou sofrendo, agindo ou lutando, nos esforços da ação e do bem, há de receber, sempre, de acordo com as suas obras e de conformidade com a promessa do Cristo (273, q. 256).

Ver também CARIDADE

ESNOBISMO

[...] é parasito destruidor na árvore de nossos princípios e realizações (304, cap. 32).

ESOTERISMO

[...] doutrina secreta, revelada exclusivamente aos que se iniciavam nos antigos Mistérios orientais [...] (127, Interpretação subjetiva).

ESPAÇO

Já muitas definições de espaço foram dadas, sendo a principal esta: o espaço é a extensão que separa dois corpos, na qual certos sofistas deduziram que onde não haja corpos não haverá espaço. [...] Também definiram o espaço como sendo o lugar onde se movem os mundos, o vazio onde a matéria atua, etc (101, cap. 6, it. 1).

Espaço é uma dessas palavras que exprimem uma ideia primitiva e axiomática, de si mesma evidente, e a cujo respeito as diversas definições que se possam dar nada mais fazem do que obscurecê-la. [...] (101, cap. 6, it. 1).

[...] é teatro de inimaginável sucessão e simultaneidade de criações. [...] (101, cap. 6, it. 16).

[...] O espaço é a sede das almas desencarnadas! [...] (57, pt. 2, cap. 3).

O espaço é a pátria comum de todas as almas (248).

ESPADA

[...] A espada é, para Deus, um punhal fratricida que os códigos sociais tornaram legal, e, portanto, sobre ela não pode incidir sua bênção luminosa. [...] (93, L. 7, cap. 3).

Com Jesus [...] a espada é diferente. Voltada para o seio da Terra, representa a cruz em que Ele mesmo prestou o testemunho supremo do sacrifício e da morte pelo bem de todos (243, cap. 5).

ESPECIALIZAÇÃO MEDIÚNICA

A especialização mediúnica é a adequação psíquica do intermediário para determinada tarefa. O médium pode especializar- se no exercício de uma só modalidade mediúnica: [...] (347, p.1, cap. 20).

ESPECULAÇÃO MORAL

Ao lado da especulação material, há que se poderia chamar especulação moral, isto é, a satisfação do orgulho, do amor-próprio; é o caso daqueles que, mesmo sem interesse pecuniário, julgavam fazer do Espiritismo um pedestal honorífico para se porem em evidência. [...] (110, Discursos..., 1).

ESPERANÇA

Irmã gêmea da fé, a esperança, também catalogada como uma das três virtudes teologais, é a faculdade que infunde coragem e impele à conquista do bem. [...] A esperança constitui o plenilúnio dos que sofrem a noite do abandono e da miséria, conseguindo que lobriguem o porvir ditoso, não obstante os intrincados obstáculos do presente. É o cicio caricioso na enxerga da enfermidade e a voz socorrista aos ouvidos da viuvez e da orfandade, consolo junto ao espírito combalido dos que jazem no olvido, exortando: *Bom ânimo e coragem*! [...]

Amparo dos fracos, é a esperança a força dos fortes e a resistência dos heróis. [...] (80, cap. 15).

Esperança é desafio / Sem igual, sem concorrente / Sobe os rios desta vida / Saltando contra a torrente (93, cap. 7).

A esperança, irmã da aurora, / É chama de Sol eterno, / Que tanto brilha no inverno, / Quanto fulge no verão! [...] (185, Avante!).

A esperança, aurora suave, é sempre o conforto de uma alma grande, que, em seu próximo raio, percebe nitidamente a realização mais ou menos longínqua das suas santas aspirações (210, pt. 2, Miragens celestes).

A esperança não é genuflexório de simples contemplação. É energia para as realizações elevadas que competem ao seu espírito (232, cap. 29).

A esperança fiel não nos fixa no coração através de simples contágio. É fruto de compreensão mais alta (232, cap. 43).

Não suprimas a esperança / De uma alma triste ou ferida, / Que a esperança é a luz eterna / Nas grandes noites da vida (248).

A esperança é a filha dileta da fé. Ambas estão, uma para outra, como a luz reflexa dos planetas está para a luz central e positiva do Sol (273, q. 257).

A esperança é flor virente, / Alva estrela resplendente, / Que ilumina os corações, / Que conduz as criaturas / Às almejadas venturas / Entre célicos clarões (280, Supremacia da caridade).

A esperança é a luz do cristão.

[...] a esperança é um dos cânticos sublimes do seu [de Jesus] Evangelho de Amor (295, cap. 75).

[...] esperança é ideal com serviço (304, cap. 33).

A esperança é medicamento no coração (307, cap. 53).

Esperança, último sentimento que abandona o desgraçado, [...] (325, cap. 21).

[...] a esperança é a baliza na marcha de todos os corações que procuram por Deus.! [...] (340, Filosofia do otimismo).

ESPERANTISMO

[...] O Esperantismo é um movimento tendente a difundir em todo o mundo o uso de um idioma neutro, que, sem se intrometer na vida interna dos povos nem pretender suplantar as línguas nacionais existentes, dará aos homens de povos diferentes a possibilidade de comunicarem-se entre si [...] (13, Esclarecimentos de limiar).

ESPERANTO

[...] língua *auxiliar* internacional, *neutra*, que não pretende substituir nenhuma língua morta ou viva, da Humanidade, surgiu em 1887, graças aos esforços e à inteligência do Dr. Zamenhof, e desde logo os espíritas a apoiaram e divulgaram, como o fazem até hoje (226, v. 3, Apêndice 5).

O esperanto é uma força que atua para a união e a harmonia, com o facilitar que estabeleça a permuta dos valores universais do pensamento em forma universalista (248).

O esperanto é lição de fraternidade. [...] (248).

ESPINHO

É o espinho que tem falado, sem palavras, em drama silencioso, na alma dos milênios ou na alma humana. [...]

[...] Civilizações e raças, comunidades e sistemas, sempre tiveram seus espinhos, herança do atavismo psicológico, na roda da vida.

Por detrás de cada ato, move-se o espinho. Nas relações internacionais, o espinho é a psicologia de desconfiança... envenenando as melhores promessas e alvíssaras, entre os povos.

[...] No curso da vida, de modo geral, problemas e aflições, desencantos e tristezas que ficaram nos outros ou que, em nós ficaram, são prefigurações do espinho que se imiscui. E ele seguirá no ser e na comunidade, a sua sina, advertência muda a elucidar sempre que a exaltação humana é bolha de sabão, que as vanglórias terrenas são flores de um dia, porque ninguém impedirá que continue espetando, só terminando sua tarefa, quando, redimida, a criatura o retirar de si, espontaneamente, sem violência (15, cap. 1).

Atitude sumamente perigosa louvar o homem a si mesmo [...]. É posição mental não somente ameaçadora, quanto falsa, porque lá vem um momento inesperado em que o espinho do coração aparece.

[...] Lembremo-nos de que Paulo de Tarso esteve com Jesus pessoalmente [...] e [...] se referiu ao espinho que lhe foi dado para que se não exaltasse no sublime trabalho das revelações (279, cap. 126).

ESPÍRITA

[...] adeptos [do Espiritismo] não são os que se sentem tocados pela observação de fenômenos extraordinários, mas os que dele recebem a consolação para suas almas; os a quem liberta das torturas da dúvida; aqueles a quem levantou o ânimo na aflição, que hauriram forças na certeza, que lhes trouxe, acerca do futuro, no conhecimento do seu ser espiritual e de seus destinos. Esses os de fé inabalável, porque sentem e compreendem (101, cap. 15, it. 28).

[...] Não basta dizer-se espírita; aquele que o é de coração o prova por seus atos. [...] (103, cap. 22).

[...] Reconhece-se o verdadeiro espírita pela sua transformação moral e pelos esforços que emprega para domar suas inclinações más. [...] (105, cap. 17, it. 4).

[...] Os adeptos do Espiritismo serão os *espíritas*, ou, se quiserem, os *espiritistas* (106, Introd.).

[...] [Adeptos do Espiritismo são] 1º os que creem nas manifestações e se limitam a comprová-las; para esses, o Espiritismo é uma ciência experimental; 2º os que lhe percebem as consequências morais; 3º os que praticam ou se esforçam por praticar essa moral. [...] (106, Conclusão).

Espírita – O que tem relação com o Espiritismo; adepto do Espiritismo; aquele que crê nas manifestações dos Espíritos (107, pt. 2, cap. 32).
Todo *espírita* é necessariamente *espiritualista*, mas nem todos os *espiritualistas* são *espíritas* (108, cap. 1).
Os espíritas não formam nem uma sociedade secreta, nem uma afiliação; não devem, pois, ter nenhum sinal secreto para serem reconhecidos. Como nada ensinam e nada praticam que não possa ser conhecido por todo mundo, nada têm a ocultar. Um sinal, uma senha, poderiam, aliás, ser usados por falsos irmãos, e nem por isso seríeis mais adiantados.
Tendes uma senha que é compreendida de um extremo a outro do mundo: é a da *caridade*. Esta palavra é fácil de ser pronunciada por todos, mas a verdadeira caridade não pode ser falsificada. [...] (110, Instruções..., 2).

O verdadeiro espírita não é o que crê nas comunicações, mas o que aproveita os ensinamentos dos Espíritos. Eis aí um pensamento válido, inteiramente válido, ainda que possa dar a impressão de ser um tanto ortodoxo. Faz parte de uma série de máximas transmitidas por Espíritos e consta do livro *O espiritismo em sua expressão mais simples*. Completando o pensamento, vem ainda este reforço: De nada adianta crer, se sua crença não o faz dar sequer um passo na senda do progresso, e não o torna melhor para o seu próximo (6, cap. 22).
[...] o bom espírita, além da convicção doutrinária, deve ter também aquelas qualidades que caracterizam o homem de bem (73, q. 6).

[...] é alguém em combate permanente pela própria transformação moral, elevação espiritual e renovação mental, com vistas à perfeição que a todos nos acena e espera (85, cap. 11).

[...] é o cristão que se reencontra consigo mesmo, ao compasso do Mestre Sublime. [...] (86, L. 3, cap. 8).

[...] são espíritas aqueles que professam a Doutrina Espírita e por sua orientação procuram pautar sua vida e seus atos (137, cap. 3).

[...] o espírita não está desligado da Humanidade. É um ser humano, sujeito, como todos, às influências do meio em que vive e subordinado às mesmas leis que regem a vida comum de outras pessoas. Não pode, nem deve figurar como uma múmia, incapaz de usar do seu direito de opinar, de criticar, embora conscienciosamente, o que não puder deixar de ser criticado, de punir o que for necessário punir (138, Espiritismo e passividade).

Espírita é, pois, aquele que estuda, aceita e pratica com fidelidade os salutares princípios doutrinários, erigidos por edificante monumento tendente a operar, com o tempo, a renovação do espírito humano (161, cap. 40).

Assim, os espíritas são, no presente, ou devem ser, o sal da Terra, a luz do mundo, relativamente à revelação nova, como os Apóstolos e os discípulos do Cristo o foram relativamente à que ele trouxe à Humanidade [...] (190).

[...] ser espírita é viver o Cristianismo tal como Jesus o legou à Humanidade.

[...] (196, Chico desiste do legado de Frederico Figner).

O espírita verdadeiro, reconhecido pelo esforço perseverante em dominar as próprias inferioridades começa sua libertação saindo de si mesmo, procurando servir, escolhendo as atividades que mais se coadunam com suas inclinações [...] (207, cap. 23).

Verdadeiramente espíritas são os que aceitam o Espiritismo em toda a sua abrangência, procurando praticá-lo dentro de suas possibilidades e tendências (208, cap. 6).

[...] Ser *espírita* é continuar com Jesus o apostolado da redenção. [...] (240, cap. 38).

[...] os espíritas sinceros são, por excelência, na atualidade, os cristãos mais diretamente responsáveis pela substancialização dos ensinamentos que o nosso Divino Mestre legou à Humanidade (260, cap. 63).

[...] O espírita, no conjunto de realizações espíritas, é uma engrenagem inteligente com o dever de funcionar em sintonia com os elevados objetivos da máquina (304, cap. 36).

No rio da existência humana, os espíritas são as gotas d'água que se transformam em lâminas de arremesso contra as pedras dos obstáculos, talhando caminhos novos (307, cap. 46).

Tornar-se espírita não é santificar-se automaticamente, não significa privilégio e nem expressa cárcere interior.

É oportunidade de libertação da alma com responsabilidades maiores ante as Leis da Criação.

É reencarnar-se, moralmente, de novo, dentro da própria vida humana (307, cap. 92).

Ver também CRISTÃO

Espírita cristão

Os que não se contentam com admirar a moral espírita, que a praticam e lhe aceitam todas as consequências. Convencidos de que a existência terrena é uma prova passageira, tratam de aproveitar seus breves instantes para avançar pela senda do progresso, única que os pode elevar na hierarquia do mundo dos Espíritos, esforçando-se por fazer o bem e coibir seus maus pendores. As relações com eles sempre oferecem segurança, porque a convicção que nutrem os preserva de pensarem em praticar o mal. A caridade é, em tudo, a regra de proceder a que obedecem. São os *verdadeiros espíritas*, ou melhor, os espíritas cristãos (107, it. 28).

Espiritista cristão

Aqui, como se lê, os verdadeiros espiritistas, que melhor se chamariam espiritistas cristãos, são os que, além de apreciarem a moral, ainda a praticam e lhe aceitam as consequências (99, O Cristianismo).

Espírita exaltado

[...] infunde confiança demasiado cega e frequentemente pueril, no tocante ao Mundo Invisível, e leva a aceitar-se, com extrema facilidade e sem verificação, aquilo cujo absurdo ou impossibilidade a reflexão e o exame demonstrariam. O entusiasmo, porém, não reflete, deslumbra. Esta espécie de adeptos [espíritas exaltados] é mais nociva do que útil à causa do Espiritismo. São os menos aptos para convencer a quem quer que seja, porque todos, com razão, desconfiam dos julgamentos deles. Graças à sua boa-fé, são iludidos, assim, por Espíritos mistificadores, como por homens que procuram explorar-lhes a credulidade. [...] (107, it. 28).

Espírita experimentador

Os que creem pura e simplesmente nas manifestações. Para eles, o Espiritismo é apenas uma ciência de observação, uma série de fatos mais ou menos curiosos. Chamar-lhes-emos *espíritas experimentadores* (107, it. 28).

Espírita imperfeito

Os que no Espiritismo veem mais do que fatos; compreendem-lhe a parte filosófica; admiram a moral daí decorrente, mas não a praticam. Insignificante ou nula é a influência que lhes exerce nos caracteres. Em nada alteram seus hábitos e não se privariam de um só gozo que fosse. O avarento continua a sê-lo, o orgulhoso se conserva cheio de si, o invejoso e o cioso, sempre hostis.
Consideram a caridade cristã apenas uma bela máxima. São os *espíritas imperfeitos* (107, it. 28).

Espírita por intuição

Os espíritas por intuição, aqueles nos quais as ideias espíritas são inatas e que as aceitam como uma coisa que não lhes é estranha (103, cap. 22).

Espírita sem o saber

[...] Sem jamais terem ouvido tratar da Doutrina Espírita, [os espíritas sem o saberem] possuem o sentimento inato dos grandes princípios que dela decorrem e esse sentimento se reflete em algumas passagens de seus escritos e de seus discursos, a ponto de suporem, os que os ouvem, que eles são completamente iniciados. [...] (107, it. 27).

Espírita verdadeiro

[...] Crer em sua própria infalibilidade, recusar o conselho da maioria e persistir num caminho que se demonstra mau e comprometedor, não é a atitude de um verdadeiro espírita. Seria dar prova de orgulho, se não de obsessão (103, cap. 12).

[...] não nos poderíamos equivocar quanto ao caráter do verdadeiro espírita; há nele uma franqueza de atitudes que desafia toda suspeição, sobretudo quando corroborada pela prática dos princípios da Doutrina. [...] (103, cap. 12).

[...] O dever dos verdadeiros espíritas, dos que compreendem o fim providencial da Doutrina, é, pois, antes de tudo, dedicar-se a combater a incredulidade e o egoísmo, que são as verdadeiras chagas da Humanidade, e a fazer prevalecer, tanto pelo exemplo quanto pela teoria, o sentimento de caridade, que deve ser a base de toda a religião racional, e servir de guia nas reformas sociais. [...] (103, cap. 13).

[...] um verdadeiro espírita deve ser, necessariamente, bom e benevolente para com os seus semelhantes, isto é, praticar a caridade evangélica em sua mais vasta acepção (103, cap. 16).

Entre os espíritas reais – os que constituem o verdadeiro corpo dos aderentes – há certas distinções a fazer. Em primeira linha deve-se colocar os adeptos de coração, animados de uma fé sincera, que compreendem o objetivo e o alcance da Doutrina e lhe aceitam todas as consequências para si mesmos; seu devotamento é a toda prova e sem segunda intenção; os interesses da causa, que são os da Humanidade, lhes são sagrados e jamais os sacrificam a uma questão de amor-próprio ou de interesse pessoal. Para eles o lado moral não é simples teoria: esforçam-se por pregar pelo exemplo; não só têm coragem de sua opinião: disto fazem uma glória e, se necessário, sabem pagar com sua pessoa. Em seguida vêm os que aceitam a ideia como filosofia, porque lhes satisfaz à razão, mas cuja fibra moral não é suficientemente tocada para compreender as obrigações que a Doutrina impõe aos que a assimilam. O homem velho está sempre lá e a reforma de si mesmos lhes parece uma tarefa por demais pesada; mas como não estão menos firmemente convencidos, entre eles encontram-se propagadores e defensores zelosos.
Depois há pessoas levianas, para quem o Espiritismo está todo inteiro nas manifestações. Para estes é um fato, e nada mais; o lado filosófico passa despercebido; o atrativo da curiosidade é o seu principal móvel:

extasiam-se perante um fenômeno e ficam frios diante de uma consequência moral.

Finalmente, há o número ainda muito grande dos espíritas mais ou menos sérios, que não puderam colocar-se acima dos preconceitos e do que dirão, contidos pelo temor do ridículo; aqueles que considerações pessoais ou de família, com interesses por vezes respeitáveis a gerir, de algum modo são forçados a manter-se afastados. Todos esses, numa palavra, que por uma causa ou por outra, boa ou má, não se põem em evidência. A maior parte não desejaria mais do que se confessar, mas não ousam ou não podem. Isto virá mais tarde, à medida que virem outros fazê-lo e que não houver perigo; serão os espíritas de amanhã, como os outros são os da véspera. Todavia, não se pode exigir muito deles, porque é preciso uma força de caráter que não é dada a todos, para enfrentar a opinião em certos casos. É preciso, pois, levar em conta a fraqueza humana. [...] (103, cap. 21).

[...] *são os verdadeiros espíritas, os espíritas cristãos*. Esta distinção é importante porque explica bem as anomalias aparentes. Sem isso seria difícil compreender-se a conduta de certas pessoas. Ora, o que reza esta moral? Amai-vos uns aos outros; perdoai aos vossos inimigos; retribuí o mal com o bem, não tenhais ódio, nem rancor, nem animosidade, nem inveja, nem ciúme; sede severos para convosco mesmos e indulgentes para com os outros. Tais devem ser os sentimentos de um verdadeiro espírita, daquele que vê o fundo e não a forma, que põe o Espírito acima da matéria; este pode ter inimigos, mas não é inimigo de ninguém, pois não deseja o mal a ninguém e, como mais forte razão, não procura fazer o mal a quem quer que seja (110, Discursos..., 1).

[...] as qualidades do verdadeiro espírita são a abnegação e a humildade, segundo esta máxima do Cristo: "Quem se exalta será humilhado". [...] (110, Discursos..., 1).

[...] Cabe a nós, aos verdadeiros espíritas, aos que veem no Espiritismo algo além de experiências mais ou menos curiosas, fazê-lo compreendido e espalhado, tanto pregado pelo exemplo quanto pela palavra. [...] (110, Resposta de Allan Kardec durante o Banquete...).

[...] Assim como reconhecemos o bom general por sua coragem e por seus talentos, o verdadeiro espírita é reconhecido por suas qualidades. Ora, a primeira de que se deve dar provas é a abnegação da personalidade; é, pois, por seus atos que o reconhecemos, mais que pelas palavras. O que é necessário para uma tal direção é um verdadeiro espírita, e o espírita verdadeiro não se deixa mover pela ambição, nem pelo amor-próprio. [...] (110, Discurso de Allan Kardec aos Espíritas de Bordeaux).

ESPIRITISMO

[...] Ora, como é o *Espírito de Verdade* que preside ao grande movimento da regeneração, a promessa da sua vinda se acha por essa forma cumprida, porque de fato, é ele o verdadeiro *Consolador* (101, cap. 1, it. 42).

[...] É fruto do ensino coletivo dos Espíritos, ensino a que preside o Espírito de Verdade. Nada suprime do Evangelho: antes o completa e elucida. Com o auxílio das novas leis que revela, conjugadas essas leis às que a Ciência já descobrira, faz se compreenda o que era ininteligível e se admita a possibilidade daquilo que a incredulidade considerava inadmissível. Teve precursores e profetas, que lhe pressentiram a vinda. Pela sua força moralizadora, ele prepara o reinado do bem na Terra (101, cap. 17, it. 40).

Podemos distinguir, na propagação do Espiritismo, quatro fases ou períodos distintos:

1°) O da *curiosidade*, no qual os Espíritos batedores hão desempenhado o papel principal para chamar a atenção e preparar os caminhos.

2°) O da *observação*, no qual entramos, e que podemos chamar também de período filosófico. O Espiritismo é aprofundado e se depura, tendendo à unidade de Doutrina e constituindo-se em Ciência. Virão em seguida:

3º) O período de *admissão*, no qual o Espiritismo ocupará uma posição oficial entre as crenças oficialmente reconhecidas.
4º) O período da *influência sobre a ordem social*. A Humanidade, então sob a influência dessas ideias, entrará num novo caminho moral. Desde hoje essa influência é individual; mais tarde agirá sobre as massas, para a felicidade geral (103, cap. 1).
[...] o Espiritismo, como qualquer outra ciência, não se aprende por osmose e em algumas horas. [...] (103, cap. 5).

[...] A finalidade do Espiritismo é tornar melhores os que o compreendem. [...] (103, cap. 5).

[...] *Espiritismo verdadeiro*, isto é, [aquele] compreendido em todas as suas consequências morais (103, cap. 7).

[...] O Espiritismo é uma das maiores ideias, porque toca na questão vital – a da felicidade do homem – e não se brinca impunemente com semelhante problema. Ele é forte porque tem suas raízes nas próprias Leis da Natureza e responde aos inimigos fazendo, desde o início, a volta ao mundo. Alguns anos mais e seus detratores, impotentes para o combater pelo raciocínio, encontrar-se-ão de tal modo ultrapassados pela opinião dominante, de tal forma isolados, que se verão forçados a calar ou abrir os olhos à luz (103, cap. 7).

[...] O Espiritismo é uma ciência e, como qualquer outra ciência, não se aprende brincando. Ainda mais, tomar as almas dos que se foram como assunto para distração seria faltar ao respeito que merecem; especular sobre sua presença e sua intervenção seria impiedade e profanação (103, cap. 9).

[...] O Espiritismo se distingue de todas as outras filosofias pelo fato de não ser o produto da concepção de um só homem, mas de um ensino que cada um pode receber em todos os pontos do globo, e tal é a consagração que recebeu *O livro dos espíritos*. [...] (103, cap. 12).

[...] o fim essencial do Espiritismo é a destruição das ideias materialistas e o melhoramento moral do homem; que ele não se ocupa de modo algum de discutir os dogmas particulares de cada culto, deixando sua apreciação à consciência de cada um; que desconhecer tal fim seria dele fazer instrumento de controvérsia religiosa, cujo efeito seria perpetuar um antagonismo que ele tende a fazer desaparecer, chamando todos os homens para a bandeira da caridade, levando-os a não verem em seus semelhantes senão irmãos, sejam quais forem suas crenças. [...] (103, cap. 13).

O primeiro período do Espiritismo, caracterizado pelas mesas girantes, foi o da *curiosidade*. O segundo foi o *período filosófico*, marcado pelo aparecimento de *O livro dos espíritos*. A partir deste momento o Espiritismo tomou um caráter completamente diverso. Entreviram-lhe o objetivo e o alcance e nele hauriram fé e consolação, sendo tal a rapidez de seu progresso que nenhuma outra doutrina filosófica ou religiosa oferece exemplo semelhante. Mas, como todas as ideias novas, teve adversários tanto mais obstinados quanto maior era a ideia, porque nenhuma ideia grande pode estabelecer-se sem ferir interesses. [...] (103, cap. 15).

A luta determinará uma nova fase do Espiritismo e levará ao quarto período, que será o *período religioso*; depois virá o quinto, *período intermediário*, consequência natural do precedente, e que mais tarde receberá sua denominação característica. O sexto e último período será o da regeneração social, que abrirá a era do século vinte. [...] (103, cap. 15).

[...] O Espiritismo é o resultado do ensino dos Espíritos, de tal sorte que, sem as comunicações dos Espíritos, não haveria Espiritismo. Se a Doutrina Espírita fosse uma simples teoria filosófica nascida de um cérebro humano, não teria senão o valor de uma opinião pessoal; saída da universalidade do ensino dos Espíritos, tem o valor de uma obra coletiva, e é por isto mesmo que em tão pouco tempo ela se propagou por toda Terra, cada um recebendo por si mesmo, ou por suas relações íntimas, instruções idênticas e a prova da realidade das manifestações (103, cap. 19).

O Espiritismo contribui para a reforma da Humanidade pela caridade. Não é, pois, de admirar que os Espíritos preguem a caridade sem cessar; eles a pregarão ainda por muito tempo, enquanto ela não houver extirpado o egoísmo e o orgulho do coração dos homens. [...] (103, cap. 19).

Não se deve perder de vista que o Espiritismo não está submetido a um indivíduo, nem a alguns indivíduos, nem a um círculo, nem mesmo a uma cidade, mas que seus representantes estão no mundo inteiro e que entre eles há uma opinião dominante profundamente acreditada; julgar-se forte contra todos, porque se tem o apoio de seu grupo, é expor-se a grandes decepções.

Há duas partes no Espiritismo: a dos fatos materiais e a de suas consequências morais. A primeira é necessária como prova da existência dos Espíritos, de modo que foi por ela que os Espíritos começaram; a segunda, dela decorrente, é a única que pode levar à transformação da Humanidade pelo melhoramento individual. O melhoramento é, pois, o objetivo essencial do Espiritismo. É para ele que deve tender todo o espírita sério. [...] (103, cap. 20).

[...] O Espiritismo só deve marchar com segurança, e quando põe o pé num lugar deve estar seguro de pisar terreno firme. Nem sempre a vitória é do mais apressado, mas com muito mais probabilidade daquele que sabe esperar o momento propício. Há resultados que não podem ser senão obras do tempo e da infiltração da ideia no espírito das massas. Saibamos, pois, esperar que a árvore esteja formada, antes de lhe pedir uma colheita abundante (103, cap. 21).

[...] O Espiritismo não forma, nem deve formar classe distinta, já que se dirige a todos; por seu princípio mesmo deve estender sua caridade indistintamente, sem inquirir da crença, porque todos os homens são irmãos [...] (103, cap. 21).

[...] O Espiritismo não tem o privilégio de transformar subitamente a Humanidade, e se nos podemos admirar de alguma coisa, é do número de reformas que ele já operou em tão pouco tempo; enquanto nuns, onde ele encontra o terreno preparado, entra, por assim dizer, de uma vez, noutros só penetra gota a gota, conforme a resistência que encontra no caráter e nos hábitos (103, cap. 21).

O Espiritismo dá aos homens tudo o que é preciso para a sua felicidade aqui na Terra, porque lhes ensina a se contentarem com o que tem. [...] (103, cap. 23).

[...] No sentido filosófico, o Espiritismo é uma religião, e nós nos vangloriamos por isto, porque é a Doutrina que funda os vínculos da fraternidade e da comunhão de pensamentos, não sobre uma simples convenção, mas sobre bases mais sólidas: as próprias Leis da Natureza.

[...] na opinião geral, a palavra religião é inseparável da de culto; porque desperta exclusivamente uma ideia de forma, que o Espiritismo não tem. Se o Espiritismo se dissesse uma religião, o público não veria aí mais do que uma nova edição, uma variante, se quiser, dos princípios absolutos em matéria de fé; uma casta sacerdotal com seu cortejo de hierarquias, de cerimônias e de privilégios; não o separaria das ideias de misticismo e dos abusos contra os quais tantas vezes a opinião se levantou.

Não tendo o Espiritismo nenhum dos caracteres de uma religião, na acepção usual da palavra, não podia nem devia enfeitar-se com um título sobre cujo valor inevitavelmente se teria equivocado. Eis por que simplesmente se diz: Doutrina filosófica e moral (103, cap. 23).

O Espiritismo não é uma concepção pessoal, nem o resultado de um sistema preconcebido. É a resultante de milhares de observações feitas sobre todos os pontos do globo e que convergiam para um centro que os coligiu e coordenou. Todos os seus princípios constitutivos, sem exceção de nenhum, são deduzidos da experiência. Esta precedeu sempre a teoria (103, cap. 25).

O Espiritismo é ciência nova que vem revelar aos homens, por meio de provas irrecusáveis, a existência e a natureza do Mundo Espiritual e as suas relações com o mundo corpóreo.

[...] O Espiritismo é a chave com o auxílio da qual tudo se explica de modo fácil. [...] O Espiritismo é a terceira revelação da Lei de Deus, mas não tem a personificá-la nenhuma individualidade, porque é fruto do ensino dado, não por um homem, sim pelos Espíritos, que são *as vozes do Céu*, em todos os pontos da Terra, com o concurso de uma multidão inumerável de intermediários.

[...] Ele é, pois, obra do Cristo, que preside conforme igualmente o anunciou, à regeneração que se opera e prepara o reino de Deus na Terra (105, cap. 1, it. 5 a 7).

[...] o *Espiritismo* é a alavanca de que Deus se utiliza para fazer que a Humanidade avance (105, cap. 1, it. 9).

O Espiritismo se apresenta sob três aspectos diferentes: o das manifestações, o dos princípios e da filosofia que delas decorrem e o da aplicação desses princípios. [...] (106, Conclusão).

[...] O Espiritismo, que entende com as mais graves questões de filosofia, com todos os ramos da ordem social, que abrange tanto o homem físico quanto o homem moral, é, em si mesmo, uma ciência, uma filosofia [...] (107, cap. 1).

Espiritismo – Doutrina fundada sobre a crença na existência dos Espíritos e suas manifestações (107, cap. 32).

O Espiritismo é, ao mesmo tempo, uma ciência de observação e uma doutrina filosófica. Como ciência prática ele consiste nas relações que se estabelecem entre nós e os espíritos; como filosofia, compreende todas as consequências morais que dimanam dessas mesmas relações. [...] *ciência que trata da natureza, origem e destino dos Espíritos, bem como de suas relações com o mundo corporal* (108, Preâmbulo).

O Espiritismo prende-se a todos os ramos da Filosofia, da Metafísica, da Psicologia e da Moral; é um campo imenso que não pode ser percorrido em algumas horas (108, cap. 1).

[...] *O Espiritismo é uma ciência de observação, e não uma arte de adivinhar e especular.* [...] (108, cap. 1).

[...] é a prova patente da existência da alma, da sua individualidade depois da morte, da sua imortalidade, da sua sorte futura; é, pois, a destruição do materialismo, não pelo raciocínio, mas por fatos. [...] (108, cap. 1).

O Espiritismo tem por fim demonstrar e estudar a manifestação dos Espíritos, suas faculdades, sua situação feliz ou infeliz, seu futuro; em suma, o conhecimento do Mundo Espiritual (108, cap. 2, it. 20).

O Espiritismo é, sem contradita, o mais poderoso elemento de moralização, porque mina pela base o egoísmo e o orgulho, facultando um ponto de apoio à moral. [...] (109, pt. 1, O egoísmo e o orgulho).

O Espiritismo é uma doutrina filosófica de efeitos religiosos, como qualquer filosofia espiritualista, pelo que forçosamente vai ter às bases fundadamentais de todas as religiões: Deus, a alma e a vida futura. Mas, não é uma religião constituída, visto que não tem culto, nem rito, nem templos e que, entre seus adeptos, nenhum tomou, nem recebeu o título de sacerdote ou de sumo-sacerdote. [...] (109, Ligeira resposta aos detratores do Espiritismo).

O Espiritismo é a senda que conduz à renovação, porque destrói os dois maiores obstáculos que se opõem a essa renovação: a incredulidade e o fanatismo; porque faculta uma fé sólida e esclarecida; desenvolve todos os sentimentos e todas as ideias que correspondem aos modos de ver da nova geração, pelo que, no coração dos representantes desta, ele se achará inato e em estado de intuição. [...] (109, pt. 2, A minha primeira iniciação no Espiritismo).

Por sua mesma essência, o Espiritismo participa de todos os ramos dos conhecimentos físicos, metafísicos e morais. São inúmeras as questões que ele envolve, as quais, no entanto, podem resumir-se nos pontos [...] que, considerados verdades inconcussas, formam o programa das crenças espíritas (109, pt. 2, Credo espírita).

[...] Espiritismo é a garantia da paz e da concórdia entre os homens [...] (110, Resp. de

A. K. ao Convite dos Espíritas de Lyon e de Bordeaux).

[...] o *Espiritismo* não é apenas uma questão de fatos mais ou menos interessantes ou autênticos, para divertir os curiosos; é, acima de tudo, uma questão de princípios; *é forte sobretudo por suas consequências morais; ele se faz aceito não porque fira os olhos, mas porque toca o coração.* [...] (110, Impressões gerais).

[...] O Espiritismo tem por divisa: *Fora da caridade não há salvação*, o que significa dizer: *Fora da caridade não há verdadeiros espíritas.* Concito-vos a inscrever, doravante, esta dupla máxima em vossa bandeira, *porque ela resume ao mesmo tempo a finalidade do Espiritismo e o dever que ele impõe* (110, Discursos..., 1).

O Espiritismo apresenta um fenômeno inédito na história das filosofias: é a rapidez de sua marcha. Nenhuma outra doutrina oferece exemplo semelhante. Quando se considera o progresso que tem feito de ano para ano, pode-se, sem muita presunção, prever a época em que ele será a crença universal (110, Discursos..., 2).

[...] o Espiritismo é uma ideia, e quando uma ideia caminha, transpõe todas as barreiras; não se pode detê-la na fronteira como um fardo de mercadoria. Queimam-se livros, mas não se queimam ideias, e suas próprias cinzas, levadas pelo vento, vão fecundar a terra onde elas devem frutificar (110, Discursos..., 2).

[...] O Espiritismo só se dirige àqueles para os quais o alimento intelectual, que lhes é dado, já não é suficiente, e seu número é bastante grande para que ele se ocupe com os outros. [...] O Espiritismo não procura ninguém; não se impõe a ninguém. Limita-se a dizer: Eis me aqui, eis o que sou, eis o que trago; os que julgam precisar de mim, que se aproximem; os outros, que permaneçam em suas casas; não lhes vou perturbar a consciência, nem injuriá-los. Apenas lhes peço reciprocidade (110, Discursos..., 2).

O Espiritismo apoia-se sobre fatos. Esses fatos, de acordo com o raciocínio e uma lógica rigorosa, dão à Doutrina Espírita o caráter de positivismo que convém à nossa época. O materialismo veio minar toda crença, subverter toda a base, toda razão de ser da moral e solapar os próprios fundamentos da sociedade, proclamando o reino do egoísmo. Então os homens sérios se perguntaram para onde um tal estado de coisas nos conduziria; viram um abismo, e eis que o Espiritismo veio preenchê-lo, dizendo ao materialismo: Não irás mais longe, pois aqui estão fatos que provam a falsidade de teus raciocínios. O materialismo ameaçava fazer a sociedade mergulhar em trevas, dizendo aos homens: O presente é tudo, porquanto o futuro não existe. O Espiritismo vem restabelecer a verdade, afirmando: O presente nada é, o futuro é tudo, e o prova (110, Discursos..., 2).

Se o Espiritismo é uma verdade, se deve regenerar o mundo, é porque tem por base a caridade. Ele não vem derrubar os cultos nem estabelecer um novo; proclama e prova verdades comuns a todos, base de todas as religiões, sem se preocupar com detalhes. Não vem destruir senão uma coisa: o materialismo, que é a negação de toda a religião; não vem pôr abaixo senão um templo: o do egoísmo e do orgulho; mas vem dar uma sanção prática a estas palavras do Cristo, que são toda a sua lei: "amai a vosso próximo como a vós mesmos". [...]

Por sua poderosa revelação, o Espiritismo vem, pois, apressar a reforma social [...].

O Espiritismo não se limita a provar o Mundo Invisível. Pelos exemplos que desdobra aos nossos olhos, ele no-lo mostra em sua realidade e não tal como a imaginação o havia feito conceber; ele no-lo revela povoado de seres felizes ou infelizes, mas prova que só a caridade, a soberana lei do Cristo, *pode* assegurar a felicidade. [...] (110, Discursos..., 3).

Assim, pelas forças das coisas, o Espiritismo terá por consequência inevitável a melhoria moral; esta melhoria conduzirá à prática da caridade, e da caridade nascerá o sentimento de fraternidade. *Quando os homens estiverem imbuídos dessas ideias, a elas conformarão suas instituições*, e será assim que realizarão, naturalmente e sem abalos, todas as reformas desejáveis. É a base sobre a qual assentarão o edifício do futuro (110, Discursos..., 3).

[...] *O ponto capital do Espiritismo é o lado moral*; é aí que devemos envidar todos os nossos esforços para fazê-los compreendido [...] (110, Instruções..., 3).

[...] o Espiritismo não é uma teoria abstrata, que só se dirige aos sábios; fala ao coração e, para compreender a linguagem do coração, não há necessidade de diploma [...] (110, Instruções..., 3).

[...] o Espiritismo, que podemos chamar, sem presunção, como a ideia capital do século dezenove; mais tarde verão se nos enganamos, a começar pelo inocente fenômeno das mesas girantes, tal como uma *criança*, com a qual brincaram seus mais rudes adversários; e de tanto brincarem, penetrou por toda a parte. Mas a criança logo cresceu, hoje é adulta e ocupou *o seu lugar no mundo filosófico*. Já não brincam com ela; discutem-na e combatem-na. Se fosse uma mentira, uma utopia, não teria saído de suas fraldas (110, Instruções..., 4).

É preciso que se saiba que o Espiritismo sério patrocina com satisfação e zelo toda obra feita em boas condições, venha de onde vier; mas, por outro lado, repudia todas as publicações excêntricas. [...] (110, Instruções..., 6).

[...] jamais se disse que o Espiritismo fosse uma ciência fácil. Ele tem os seus escolhos, que só podem ser evitados pela experiência. Para não cair na cilada é necessário, primeiro, guardar-se contra o entusiasmo que cega, do orgulho que leva certos médiuns a se julgarem os únicos intérpretes da verdade. [...] (110, Resposta de Allan Kardec durante o Banquete...).

O Espiritismo torna, pois, [o homem] soberanamente feliz; com ele, não mais isolamento, nem desespero; ele já poupou muitas faltas, impediu vários crimes, levou a paz a inúmeras famílias, corrigiu muitas imperfeições. [...] o Espiritismo torna feliz e é isto que lhe dá um poder irresistível e assegura o seu triunfo futuro. Os homens querem a felicidade; como o Espiritismo a oferece, eles se lançarão em seus braços. [...] Duas outras forças parecem ter receado o seu aparecimento: a autoridade civil e a autoridade religiosa. Por quê? Porque não o conhecem. Hoje a Igreja começa a ver que nele encontrará uma arma poderosa para combater a incredulidade, a solução lógica de vários dogmas embaraçosos e, finalmente, que ele já conduz aos seus deveres de cristãos um bom número de ovelhas desgarradas. Por seu lado, o poder civil começa a ter provas de sua benéfica influência sobre a moralidade das classes laboriosas, às quais essa Doutrina, pela *convicção*, inculca ideias de ordem de respeito à propriedade, fazendo compreender o nada das utopias. Testemunha metamorfoses morais quase miraculosas e em breve entreverá, na difusão dessas ideias, um alimento mais útil ao pensamento do que as alegrias dos cabarés ou o tumulto da praça pública e, consequentemente, uma salvaguarda para a sociedade. Assim, povo, Igreja e poder, um dia vendo nele um dique contra a brutalidade das paixões, uma garantia da ordem e da tranquilidade, um retorno às ideias religiosas que se extinguem, ninguém terá interesse em obstaculizar a sua marcha. Ao contrário, cada um buscará no Espiritismo um apoio. Aliás, quem poderia deter o curso dessa torrente de ideias, que já movimenta suas águas benfazejas nas cinco partes do mundo? (110, Resposta de Allan Kardec durante o Banquete...).

[...] o Espiritismo é a chave da verdadeira felicidade e aí está o segredo de seu poder irresistível. [...] (110, Resposta de Allan Kardec durante o Banquete...).

[...] o Espiritismo, restituindo ao Espírito o seu verdadeiro papel na Criação, constatando a superioridade da inteligência sobre a matéria, faz com que desapareçam, naturalmente, todas as distinções estabelecidas entre os homens, conforme as vantagens corporais e mundanas, sobre as quais só o orgulho fundou as castas e os estúpidos preconceitos de cor. Ampliando o círculo da família pela pluralidade das existências, o Espiritismo estabelece entre os homens uma fraternidade mais racional que aquela que não tem por base senão os frágeis laços da matéria, porquanto esses laços são perecíveis, ao passo que os do Espírito são eternos. [...] (110, Discurso de Allan Kardec durante o Banquete...).

[...] O Espiritismo [...] nada vem destruir, porque assenta suas bases no próprio Cristianismo; sobre o Evangelho, do qual não é mais que a aplicação. [...] É uma Doutrina puramente moral, que absolutamente não se ocupa dos dogmas e deixa a cada um inteira liberdade de suas crenças, pois não impõe nenhuma. [...] O Espiritismo repousa sobre a possibilidade de comunicação com o Mundo Invisível, isto é, com as almas. [...] Não é uma seita política, como não se trata de uma seita religiosa; é a constatação de um fato que não pertence mais a um partido do que a eletricidade e as estradas de ferro; é, insisto, uma doutrina moral, e a moral está em todas as religiões, em todos os partidos.

[...] é a moral do Evangelho desenvolvida e aplicada [...].

[...] Tem impedido inumeráveis suicídios; restaurou a paz e a concórdia num grande número de famílias; tornou mansos e pacientes homens violentos e coléricos; deu resignação aos que não a tinham e consolações aos aflitos; reconduziu a Deus os que não o conheciam, destruindo-lhes as ideias materialistas, verdadeira chaga social que aniquila a responsabilidade moral do homem. [...] O Espiritismo, portanto, longe de ser o antagonista da religião, é o seu auxiliar; e a prova é que conduz às ideias religiosas os que as haviam repelido. Em resumo, jamais o Espiritismo aconselhou a mudança de religião, nem o sacrifício de suas crenças; não pertence particularmente a nenhuma religião, ou, melhor dizendo, está em todas elas (110, Discurso de Allan Kardec durante o Banquete...).

A força do Espiritismo tem duas causas preponderantes: a primeira é tornar felizes os que o conhecem, o compreendem e o praticam. Ora, como há pessoas infelizes, ele recruta um exército inumerável entre os que sofrem. Querem lhe tirar esse elemento de propagação? Que tornem os homens de tal modo felizes, moral e materialmente, que nada mais tenham a desejar, nem neste, nem no outro mundo. Não pedimos mais, desde que o objetivo seja atingido. A segunda é que o Espiritismo não se assenta na cabeça de nenhum homem, sujeitando-se, assim, a ser derrubado; não tem um foco único, que possa ser extinto; seu foco está em toda parte, porque em toda parte há médiuns que podem comunicar-se com os Espíritos; não há família que não os possua em seu seio e que não realizem estas palavras do Cristo: *Vossos filhos e filhas profetizarão, e terão visões*; porque, enfim, o Espiritismo é uma ideia e não há barreiras impenetráveis à ideia, nem bastante altas que estas não possam transpor. [...] (110, Discurso de Allan Kardec aos Espíritas de Bordeaux).

[...] não é senão o desenvolvimento e a aplicação da ideia cristã [...] o Espiritismo penetra em toda parte, a despeito de tudo e contra tudo; como o pólen fecundante das flores, é levado pelos ventos e finca raízes nos quatro cantos do mundo, porque em todo lugar encontra uma terra fecunda de sofrimentos, sobre a qual derrama o bálsamo consolador. [...] (110, Discurso de Allan Kardec aos Espíritas de Bordeaux).

[...] o Espiritismo é estranho a toda questão dogmática. Aos materialistas prova a existência da alma; aos que só creem no nada, prova a vida eterna; aos que julgam que Deus não se ocupa das ações dos homens, prova as penas e recompensas futuras; destruindo o materialismo, destrói a maior chaga da sociedade. Eis o seu objetivo. Quanto às crenças especiais, delas não se ocupa, deixando a cada um inteira liberdade [...] (110, Discurso de Allan Kardec aos Espíritas de Bordeaux).

[...] O mais belo lado do Espiritismo é o lado moral. É por suas consequências morais que triunfará, pois aí está a sua força, por aí é invulnerável. Ele inscreve em sua bandeira: *Amor e caridade*; e diante desse paládio, mais poderoso que o de Minerva, porque vem do Cristo, a própria incredulidade se inclina. [...] (110, Discurso de Allan Kardec aos Espíritas de Bordeaux).

[...] o Espiritismo é uma ciência imensa, cuja experiência não pode ser adquirida senão com o tempo, como, aliás, em todas as coisas. [...] (110, Discurso de Allan Kardec aos Espíritas de Bordeaux).

[...] Está provado que o Espiritismo é mais entravado pelos que o compreendem mal do que pelos que não o compreendem absolutamente, e, mesmo, pelos inimigos declarados. E é de notar que os que o compreendem mal geralmente têm a pretensão de o compreender melhor que os outros; e não é raro ver neófitos que, ao cabo de alguns meses, pretendem dar lições àqueles que adquiriram experiência em estudos sérios. Tal pretensão, que denuncia o orgulho, é uma prova evidente da ignorância dos verdadeiros princípios da Doutrina (110, O Espiritismo é uma Ciência Positiva...).

[...] o Espiritismo não é uma concepção individual, um produto da imaginação; não é uma teoria, um sistema inventado para a necessidade de uma causa; tem sua fonte nos fatos da própria Natureza, em fatos positivos, que se produzem a cada instante sob os nossos olhos, mas cuja origem não se suspeitava. É, pois, resultado da observação; numa palavra, uma ciência: a ciência das relações entre o mundo visível e o Mundo Invisível; ciência ainda imperfeita, mas que se completa todos os dias por novos estudos e que, tende certeza, ocupará o seu lugar ao lado das ciências *positivas*. Digo *positivas*, porque toda ciência que repousa sobre fatos é uma ciência positiva, e não puramente especulativa.

O Espiritismo nada inventou, porque não se inventa o que está na Natureza. [...]

O Espiritismo, por sua vez, vem mostrar uma nova lei, uma nova força da Natureza: a que reside na ação do Espírito sobre a matéria, lei tão universal quanto a da gravitação e da eletricidade, conquanto ainda desconhecida e negada por certas pessoas, como o foram todas as outras leis na época de suas descobertas. [...]

[...] o Espiritismo procurou a explicação dos fenômenos de uma certa ordem e que, em todos os tempos, se produziram de maneira espontânea. Mas, sobretudo, o que o favoreceu nessas pesquisas é que lhe foi dado, até certo ponto, o poder de produzi-los e de provocá-los. Encontrou nos médiuns instrumentos adequados a tal efeito, como o físico encontrou na pilha e na máquina elétrica os meios de reproduzir os efeitos do raio. [...]

[...] em suas pesquisas, ele não procedeu por via de hipóteses, como o acusam; não supôs a existência do Mundo Espiritual para explicar os fenômenos que tinha sob as vistas; procedeu por meio da análise e da observação; *dos fatos remontou à causa e o elemento espiritual se lhe apresentou como força ativa; só o proclamou depois de havê-lo constatado.* O Espiritismo, repito, ao demonstrar, não por hipótese, mas por fatos, a existência do Mundo Invisível e o futuro que nos aguarda, muda completamente o curso das ideias; dá ao homem a força moral, a coragem e a resignação, porque não mais trabalha apenas pelo presente, mas pelo futuro; sabe que se não gozar hoje, gozará amanhã. Demonstrando a ação do elemento espiritual sobre o mundo material, amplia o domínio da Ciência e, por isto mesmo, abre nova via ao progresso material. Então terá o homem uma base sólida para o estabelecimento da ordem moral na Terra; compreenderá melhor a solidariedade que existe entre os seres deste mundo, já que esta solidariedade se perpetua indefinidamente; a fraternidade deixa de ser palavra vã; ela mata o egoísmo, em vez de por ele ser morta e, muito naturalmente, o homem imbuído destas ideias a elas conformará suas leis e suas instituições sociais.

O Espiritismo conduz inevitavelmente a esta reforma. Assim, pela força das coisas, realizar-se-á a revolução moral que deve transformar a Humanidade e mudar a face do mundo, e isto tão só pelo conhecimento de uma nova Lei da Natureza, que dá outro curso às ideias, uma finalidade a esta vida, um objetivo às aspirações do futuro, fazendo encarar as coisas de outro ponto de vista (110, O Espiritismo é uma Ciência Positiva...).

Não há dúvida de que o Espiritismo [...] representa uma verdadeira e grandiosa revolução nos campos filosófico, científico e religioso. Justamente por estar embasado em fundamentos que extrapolam os controles da Ciência, a Doutrina tem sido criticada pelos que abominam a convivência harmônica entre a razão e a fé. Mas temos inúmeros motivos para crer que a visão espírita de mundo é o iluminado estatuto da Humanidade futura, herdeira da regeneração, regimento esse que nos é apresentado hoje para que saibamos construir desde já as estradas que nos levarão até um amanhã mais seguro (1, O Universo é meu caminho).

O Espiritismo surge em nossas vidas como o sol invade as trevas da madrugada, dissipando a escuridão em nome de um novo dia. O consolo das informações corretas acerca do ontem tem o poder de colocar-nos em sintonia com a dignidade de viver, fazendo de nosso presente uma porta aberta para a construção de um amanhã feliz (1, O presente é minha realidade).

[...] regulador eficaz dos costumes e poderoso incentivo a todos os bons sentimentos (5, cap. 21).

[...] É o Evangelho revelado pelos Espíritos que recebem a palavra de Deus, e explicado conforme as necessidades morais dos tempos e das gerações [...] (5, Comunicações...).

[...] é a verdade religiosa, é o renascimento do Evangelho, é a ressurreição do verdadeiro Cristianismo, é, em suma, o amor à criatura e a adoração a Deus, princípio e fim da missão do homem na Terra (5, Comunicações...).

[...] Não nos esqueçamos de que muitos movimentos que fizeram escola já passaram, e o Espiritismo não passou. O Espiritismo não é fenômeno de um ciclo histórico, não é reflexo de uma conjuntura social, como não é criação de uma vontade humana; é a expressão da própria realidade do ser humano em sua verdadeira dimensão. Daí o fato de Allan Kardec afirmar que o Espiritismo participa da revelação divina e da revelação científica, ao mesmo tempo. [...] (6, cap. 14).

O Espiritismo é uma doutrina racionalista e avessa a qualquer fórmula restritiva da liberdade de consciência. [...] (7, cap. 29).

[...] mais completa Doutrina de consolo até hoje aparecida. Com carradas de razão é considerada a Terceira Revelação, porque colocou em termos absolutamente novos e mais lógicos todos os conceitos espiritualistas que o homem já conhecia, capazes, até então, de sustentá-lo nas horas de maior aflição e desencanto, mas apenas complementados pela conotação que lhes trouxe a palavra dos Espíritos. [...] (7, cap. 49).

O Espiritismo, bem dosado e com aplicação judiciosa e equilibrada, é poderosa forma de psicoterapia holística, possuindo valiosos recursos nos tratamentos por meio dos passes mento-magnéticos, da prece, da leitura edificante e da ressocialização, praticada em milhares de Centros Espíritas ou em Clínicas Psiquiátricas de natureza espírita (9, cap. 5).

[...] é a ciência, a filosofia e a religião destinadas a unir todos os homens pelos laços do amor fraterno e a fazer germinar e florescer, nos corações humanos, o verdadeiro sentimento do bem e as virtudes, em cuja falta reside a causa de todos os sofrimentos da Humanidade. [...] Essa religião da razão e da ciência tem o nome de Espiritismo (10, cap. 13).

O Espiritismo abre novas vias à Humanidade. É sistema que fornece prova objetiva da sobrevivência do ser. Perpetuidade da vida, solidariedade eterna das gerações, justiça, igualdade, ascensão e progresso para todos, tais são os princípios dessa fé e estes princípios apóiam-se no granito do método experimental (11, Palavras iniciais).

Religião científico-filosófica, confirmando os ensinamentos básicos de todas as religiões, não pretende demolir as que a precederam, antes reconhece a necessidade da existência delas para grande parte da Humanidade, cuja evolução se processará lenta e inevitavelmente.

Doutrina religiosa sem dogmas propriamente ditos, sem liturgia, sem símbolos, sem sacerdócio organizado, ao contrário de quase todas as demais religiões [...] (11, Esclarecendo dúvidas).

Quanto à *origem*, sabemos que o Espiritismo (termo criado por Allan Kardec). designa uma Doutrina, recebida de vários Espíritos Superiores e *codificada* pelo mestre lionês, na França, no século passado. Essa Doutrina se caracteriza por ser um conjunto de princípios, de ordem científica, filosófica e moral, que objetiva o progresso espiritual do homem, com a implantação da fraternidade em todas as criaturas da Terra (11, Espiritismo e Umbanda).

[...] doutrina sólida, coerente em todos os sentidos e que responde a todas as inquirições acerca da origem e do destino do ser humano [...] (11, Psicologia, Parapsicologia e Espiritismo).

O Espiritismo é a doutrina da consciência livre, sem regras de proibição ou condenação. Por outro lado, oferece-nos o Código Universal de Sabedoria e Amor, ajudando-nos a discernir o certo do errado, o bem do mal, o benéfico do que é prejudicial, cabendo, então, a cada um de nós a responsabilidade pelos atos praticados.

A Doutrina Espírita nos ensina a buscar na Lei Natural a regra e o guia seguro para a nossa boa conduta. [...] (12, cap. 6).

O Espiritismo é, portanto, a religião natural e científica, da fé raciocinada, sem misticismos e segredos iniciáticos, uma forma integral e consciente de conduta humana diante do Criador [...].

A Doutrina é progressiva e é dinâmica: Espiritismo é conhecimento, é estudo, é orientação, contidos nos princípios expostos em *O livro dos espíritos*; ao mesmo tempo, é comprovação, é prática construtiva, é aplicação, para a vida diária das mensagens sublimes que nos chegam dos Irmãos maiores da Espiritualidade, obtidas por processos científicos, de experimentação e observação, nas sessões mediúnicas, aos quais devemos orientar segundo os preceitos de *O livro dos médiuns*. [...] O Espiritismo é uma doutrina espiritualista, de características próprias, e, como toda doutrina, tem princípios básicos, claramente definidos, pelos quais se norteia e nos quais apóia as verdades que proclama.

[...] O Espiritismo, não cessamos de repetir, é ciência de observação e investigação constantes. [...] (13, pt. 2).

[...] é claridade no indivíduo, a expandir-se deste para que as sombras da ignorância e do sofrimento sejam expulsas da Terra. Fazer algo pelo bem na extinção do mal é obrigação de todos, no apostolado comum (13, cap. 21).

O Espiritismo é a luz que se eleva e anuncia / A nova Humanidade ao sol da nova era, / No Evangelho do Amor, que salva e regenera / Para a renovação da perpétua alegria (13, cap. 24).

[...] é um sistema filosófico bem definido: O *homem*, seu passado, sua razão de ser, seu futuro, tais são os principais assuntos de que trata a filosofia espírita (14, Apêndice).

O Espiritismo, por isso mesmo, é bandeira de luz, desdobrando-se-nos dentro da existência e esclarecendo-nos a alma (15, cap. 6).

[...] é a raiz desta grande árvore, cuja seiva deve circular em todos os seus galhos, que são todas as ciências. É por ele, somente, que se hão de fazer descobertas sérias, e isto porque ele não fica estacionário, antes caminha sempre em busca de novos prodígios, rasgando a todos novos horizontes. [...] (17, cap. 26).

[...] sua missão é grande quão fácil – descobrir os infortúnios e aliviá-los; aos deserdados da fortuna concita a suportar corajosamente as suas provações, a reagir sem tréguas à degradação moral que a falta de energia suscita, amiúde, às almas fracas; enfim, o Espiritismo fala a cada um conforme as necessidades da sua alma; consola todas as dores, extingue todos os ódios e procura unir todos os homens, como todos os espíritos, num mesmo esto de fraternidade, tendo por fim supremo o aperfeiçoamento da Humanidade (18, Apêndice).

[...] O Espiritismo codificado por Allan Kardec é cristão, é a Revelação iniciada em Moisés, confirmada por Jesus e continuada hoje pelos Espíritos, em numerosas obras. [...] (26, cap. 2).

[...] Doutrina essencialmente construtiva e não demolidora e, por isso mesmo, é uma grande e poderosa força reformadora pelo método positivo. [...] (26, cap. 8).

[...] Paracleto anunciado pelo Cristo [...] (28, O problema do mal).

[...] verdadeira luz a iluminar o rumo do progresso humano - espiritual, moral e social [...] (34). Constitui-se o Espiritismo de um conjunto de doutrinas filosóficas, reveladas pelos Espíritos, isto é, por inteligências que viveram na terra. Seu estudo pode dividir-se em duas partes distintas, a saber:

1ª) análise dos fatos concernentes ao estabelecimento de comunicações entre os vivos e os impropriamente chamados mortos;
2ª) exame das teorias elaboradas por esses ditos mortos (40, Introd.).

[...] podemos considerar o Espiritismo um benefício social. Ele pode ir ao encontro de milhares de criaturas, pobres vítimas enclausuradas nos manicômios, e que, de simples obsidiados que são, acabam realmente loucos, quando atirados a tais ambientes (40, cap. 5).

O Espiritismo é uma ciência progressiva, baseia-se na revelação dos Espíritos e na análise minuciosa dos fatos. Não tem dogmas nem doutrina cuja discussão seja interdita; além da comunicação entre os vivos e os mortos e do princípio da reencarnação, que estão absolutamente demonstrados, admitimos todas as teorias racionais que se referem à origem e ao futuro da alma. [...] (43, Conclusão).

[...] O moderno espiritualismo é uma crença baseada em fatos, em realidades palpáveis, uma crença que se desenvolve, progride com a Humanidade e pode unir todos os seres, elevando-os a uma concepção sempre mais alta de Deus, do destino e do dever. [...] (45, cap. 8).

[...] é uma nova forma da revelação eterna (45, cap. 10).

O Espiritismo é, pois, simultaneamente, uma filosofia moral e uma ciência positiva. Ao mesmo tempo, pode satisfazer ao coração e à razão. [...] (46, pt. 3, cap. 24).

[...] poderosa síntese das leis físicas e morais do Universo e, simultaneamente, um meio de regeneração e de adiantamento [...] (46, pt. 3, cap. 28).

[...] novo espiritualismo ou espiritualismo moderno, que não é uma religião no sentido acanhado da palavra, que é antes uma ciência, uma síntese, um coroamento de todas as labutas e conquistas do pensamento, uma revelação que arrebata a Humanidade para fora das trilhas e das vias que até aqui percorrera e a torna partícipe da vida dos largos espaços da vida universal, infinita.

O moderno Espiritualismo é o estudo do homem, não em sua forma corpórea e fugidia, mas em seu espírito, em sua realidade imperecível, é o de sua evolução através das ideias e dos mundos. É o estudo dos fenômenos do pensamento transcendental e da consciência profunda, a solução das questões de responsabilidade, de liberdade, de justiça, do dever, dos problemas da vida e da morte, do Aquém e do Além. É a aplicação destes problemas ao progresso moral, ao bem de todos, à harmonia social (47, cap. 17).

[...] veículo por que descem sobre a Humanidade as inspirações do mundo superior. A esse título é mais que uma ciência, é o ensino que o Céu transmite à Terra, reconstituição engrandecida e vulgarizada das tradições secretas do passado [...] (48, Introd.).

O Espiritismo, criteriosamente praticado, não é só uma fonte de ensinamentos, é o também um meio de preparação moral. As exortações, os conselhos dos Espíritos, suas descrições da vida de Além-Túmulo vêm a influir em nossos pensamentos e atos e operam lenta modificação em nosso caráter e em nosso modo de viver (48, pt. 1, cap. 11).

O novo Espiritualismo, apoiado na Ciência, é o portador dessa concepção, dessa revelação em que se fundem e revivem, sob formas mais simples e elevadas, as grandes concepções do passado, os ensinos dos messias enviados pelo Céu à Terra. [...] (48, pt. 1, cap. 11).

[...] O Espiritismo é a última revelação, a difusão espiritual anunciada por Joel (II, 28, 29), "*quando o Espírito se derramará como uma aurora sobre o mundo, e os velhos serão instruídos por sonhos e os mancebos terão visões*" (48, pt. 3, cap. 26).

[...] um dos mais consideráveis acontecimentos dos tempos modernos, uma das mais notáveis formas da evolução do pensamento, o gérmen de uma das maiores revoluções morais de quantas o mundo haja conhecido (49).

[...] É uma filosofia viva, patente a todos os espíritos livres, e que progride por evolução. Não faz imposições de ordem alguma; propõe, e o que propõe apoia-se em fatos de experiência e provas morais; não exclui nenhuma das outras crenças, mas se eleva acima delas e abraça-as numa fórmula mais vasta, numa expressão mais elevada e extensa da verdade (52, pt. 1, cap. 1).

[...] O Espiritismo forma um conjunto de ideias e ensinamentos compatíveis com todas as religiões. Seus princípios fundamentais são a continuidade da personalidade humana e o poder de comunicações depois da morte, fatos básicos que têm uma importância primordial no Bramanismo, Maometismo, Parsismo e Cristianismo. Além disso, o Espiritismo se avantaja a essas religiões porque se dirige a todo o mundo. Só existe uma escola com a qual é absolutamente irreconciliável: a escola do materialismo, que tem esgotado o mundo e é causa radical de todos os nossos infortúnios. [...] (56, Sir Arthur Conan Doyle).

O Espiritismo, que revive as lições de Jesus, é a melhor herança a ser deixada aos filhos [...] (59, cap. 7).

[...] Consolador Prometido, que veio, no devido tempo, recordar e complementar o que Jesus ensinou, "restabelecendo todas as coisas no seu verdadeiro sentido", trazendo, assim, à Humanidade as bases reais de sua espiritualização [...] (61, cap. 1).

[...] é a revivescência do Evangelho. [...] (62, cap. 4).

O Espiritismo é doutrina do futuro que age no presente como impulso, levando-nos em direção aos planos superiores. [...] (62, cap. 4).

[...] o Espiritismo hoje proporciona a compreensão perfeita de uma gnose destituída de qualquer rito iniciático, decorrente do conhecimento e da reflexão, a fim de ser alcançada a metanoia, ocorrendo, por consequência, a identificação entre o *Cristo interno* e o Ser Espiritual (75, Impermanência e imortalidade).

O Espiritismo, pois, conforme delineado na Codificação pelo eminente Allan Kardec, apresenta-se com todas as características exigíveis para eliminar a incerteza em torno da realidade do ser espiritual que todos somos, da sua preexistência ao berço e da sua sobrevivência ao túmulo, acenando com excelentes possibilidades para alcançar a plenitude ainda na jornada terrestre, prolongando-se pela sucessão dos tempos na Imortalidade (75, Incerteza).

[...] Sendo o Espiritismo revelação divina para o reencontro do homem com a verdade (noutras palavras: para o religamento da criatura com o seu Criador), todos os seus ensinos se assentam na *Lei Natural*, aquela que dimana do Pai (80, cap. 10).

Sendo o Espiritismo a Doutrina do homem integral, seus livros básicos são, consequentemente, verdadeiros tratados de Pedagogia Integral, de Higiene Mental, de Psicoterapia, valiosos para todas as circunstâncias da vida. [...] (82, Antelóquio).

[...] é uma conquista recente que a Humanidade logrou, mas que ainda não tem sabido valorizar e compreender plenamente. Doutrina antiga, presente nas mais variadas culturas do passado, avança com o progresso dos povos, hoje revelada na sua beleza e profundidade mais expressivas sem que, no entanto, se constitua a "última palavra", já que evolverá com a cultura e o conhecimento, na direção do infinito.

Kardec é o homem do futuro e o Espiritismo é a lição imperecível que os tempos irão auxiliando os indivíduos a assimilar, penetrando-se da sua sabedoria, que um dia conduzirá os destinos da Terra. [...] (84, cap. 21).

[...] Religião do amor e da esperança, pábulo eucarístico pelo qual o homem pode comungar com a imortalidade, é o lenitivo para a saudade do desconforto ante a ausência dos seres amados que o túmulo arrebatou, mas não lhes conseguiu silenciar a voz; esperança dos padecentes que sofrem as ácidas angústias de hoje, compreendendo serem elas o resultado da própria insânia do passado, porém, com os olhos fitos na esplendorosa visão do amanhã, que lhes está nas mãos apressar e construir; praia de paz, na qual repousam em dinâmica feliz os nautas aflitos e cansados do trânsito difícil no mar das lutas carnais; santuário de refazimento através da prece edificante; escola de almas, que aprendem no estudo das suas informações preciosas e das suas lições insuperáveis a técnica de viver para fruírem a bênção de morrer nobremente; hospital de refazimento para os trânsfugas do dever, que nele encontram o bálsamo para a chaga física, mental ou moral; todavia, recebem a diretriz para amar e perdoar, a fim de serem perdoados e amados pelos que feriram e infelicitaram; "colo de mãe" generosa é o amparo da orfandade, preparando-a para o porvir luminoso, já que ninguém é órfão do amor do nosso Pai; abrigo da velhice, portal que logo abrirá de par em par a aduana da Imortalidade; oficina de reeducação onde a miséria desta ou daquela natureza encontra a experiência do trabalho modelador de caracteres a serviço das fortunas do amor; traço de união entre a criatura e o Criador, religando-os e reaproximando-os, até que a plenitude da paz possa cantar em cada criatura, à semelhança do que o Apóstolo das Gentes afirmava: *"Já não sou eu o que vivo, mas é o Cristo que vive em mim"* (Gal, 2:20) (85, cap. 11).

O Espiritismo é a Doutrina de Jesus, em espírito e verdade, sem fórmulas nem ritos, sem aparências nem representantes, sem ministros. É a religião do amor e da verdade, na qual cada um é responsável pelos próprios atos, respondendo por eles, conforme o conhecimento que tenha da Imortalidade, dos deveres. *É a religião da Filosofia, a Filosofia da Ciência e a Ciência da Religião*, conforme predicou Vianna de Carvalho em nossa Casa, com justas razões. [...] (85, cap. 16).

[...] é a Revelação espontânea dos espíritos desencarnados, cujos ensinamentos Allan Kardec codificou, por determinação dos guias superiores da Terra. Seu objetivo é esclarecer e sustentar as criaturas, para que compreendam melhor as Leis Divinas da evolução e vençam os transes ásperos, as horas difíceis, os momentos amaríssimos a que todos estamos sujeitos, em razão de nossas imperfeições. É o Cristianismo Renascido, que realiza a promessa de Jesus de que voltaria ao convívio dos homens sofredores. É o próprio Consolador, incorpóreo, a expressar-se através das Vozes do Céu, anunciando a nova era do amor, da esperança e da paz. [...] (87, L. 1, cap. 5).

Ciência experimental e de observação, utiliza-se o Espiritismo de metodologia especial para penetrar no mecanismo dos fenômenos mediúnicos e da reencarnação, *fenômenos naturais e universais*, desse modo equacionando um sem-número de questões que aturdem e envolvem incontáveis criaturas.

Filosofia otimista, que resulta do estudo do *fato em si*, estrutura-se em postulados nobres, ensejando larga cópia de conhecimentos, que podem ser aplicados no comportamento do homem, alterando para melhor a sua existência, ao mesmo tempo que o prepara para os cometimentos futuros, todos de sabor eterno.

Fundamentado moralmente na ética sublime do Cristo, é a religião do amor e da caridade, que se converte em superior conduta pessoal, reaproximando a criatura do Seu Criador, nesse inexorável fatalismo para o qual ruma, que é a felicidade (89, Considerações espíritas).

[...] Ciência da alma ou do espírito, com a missão precípua de regenerar o pensamento humano de molde a reconduzi-lo a uma maior compreensão de Deus, do homem, da sociedade e da vida, estudando e apurando os fenômenos desta, no homem e fora do homem [...] (91).

Afirmamos, nós espiritistas, ser o Espiritismo o Cristianismo Redivivo; sua continuação histórica e divina. Realmente; e tanto mais quanto considerado na obra, não do Cristo histórico, mas do Cristo Cósmico, do que resulta iniludivelmente, então ser o Espiritismo a revivescência também de muitos dos melhores princípios das velhas religiões do Oriente e das que no Ocidente lhe receberam os mais puros influxos. [...] (91).

[...] O Espiritismo é uma nova descida do Cristo ao planeta cujo governo, desde o início da sua formação, lhe está entregue [...] (93, Pref.).

[...] ciência firmada no esteio das provas, tendo por escopo a perfeição individual, a prática do bem, o sublime amor do próximo e o amor de Deus. [...] (98, Dos fenômenos subjetivos).

[...] é a reprodução da palavra divina, através do tempo e do espaço, com os esclarecimentos e as luzes que a nossa época requer (99, O Paracleto).

[...] é indubitavelmente a Ciência Máter, a Religião Suprema, condensadora de todos os credos do passado (127, Veracidade dos Evangelhos).

[...] O Espiritismo, longe de ser uma doutrina conformista, é uma doutrina de luta. O espírita luta incessantemente, dia e noite, para superar o mundo e superar-se a si mesmo. [...] (128).

[...] é uma das maiores bênçãos que um homem pode receber numa encarnação, e a sua vivência é um verdadeiro evoluir (137, cap. 3).

Devemos considerar o Espiritismo pelo que ele efetivamente é: uma religião construtiva, de realização no presente e de confiança no futuro. Não estando escravizado a dogmas irracionais, pode o Espiritismo permanecer fiel aos princípios da evolução, seguindo os passos da Ciência, sem jamais perder o contato com a Filosofia, justamente porque é, simultaneamente, Religião, Ciência e Filosofia.
Em se tratando de Doutrina liberal, dinâmica, positiva e absolutamente clara, não se amesquinha em ridículo sectarismo. Olha para as outras religiões como um irmão para outros irmãos, embora tenha que precatar-se contra a ação nociva daquelas que, alarmadas com o seu progresso e em desespero de causa, busquem coartar-lhe os passos, valendo-se para esse fim de inverdades e de recursos outros contrários aos princípios evangélicos (138, Da atitude mental do espírita).

[...] O Espiritismo é doutrina de luz, de esperança, de bem-estar, de força de vontade e de vigor. Conclama e ensina os homens ao cultivo da mais ampla fraternidade, une-os, estimula-os a praticar o bem, congrega-os para a abençoada tarefa de operar a divina metamorfose do mal em bem. É doutrina de construção e reconstrução moral, de edificação e retificação do caráter humano, sem dogmas estreitos nem preconceitos estagnantes, homicidas ou desfraternos. Educa para a vida elevada, instrui o homem para que possa ter cada vez maior e mais elevada afinidade com a Natureza, para que compreenda e interprete, no sentido conveniente, a razão das disparidades encontradas na vida humana. Aumenta o grau de compreensão e tolerância esclarecida que todos devemos exercer. Torna cada criatura humana compatível com a finalidade do viver terreno, que é, sem dúvida, uma preparação para a vida espiritual (138, Da atitude mental do espírita).

O Espiritismo tem por fim educar o homem para uma vida melhor, dando-lhe a instrução de que carece para compreender perfeitamente as relações existentes entre o mundo físico e o Mundo Espiritual, assim como a correlação permanente da vida terrena com a vida no Plano Invisível. Assim como somos influenciados pelo Mundo Espiritual, também podemos influenciá-lo. Está em nós tornar essa influência um bem ou um mal. Nossas ações agem como o "bumerangue" dos silvícolas australianos, com a diferença única de que, mesmo que o alvo seja atingido, recebemos, de retorno, o bem ou o mal que a ele houvermos dirigido (138, Da atitude mental do espírita).

[...] O Espiritismo como doutrina ordenada, clara, racional e coerentemente exposta, começa com a publicação de *O livro dos espíritos*, de Allan Kardec, em 18 de abril de 1857 (147, cap. 22).

É vivência dos preceitos cristãos, estruturando a felicidade e a paz de quantos lhe conhecem o roteiro de luz (161, cap. 31).

Estudemos, pois, todos os que abraçamos o Espiritismo, ante a convicção de que é ele, evidentemente, o libertador de consciências e o consolador de aflitos, a fim de que Jesus, o chefe desse maravilhoso movimento, das Esferas esplendentes de onde dirige os destinos da Humanidade planetária, possa alegrar-se com a boa vontade e o esforço de quantos, nas fileiras de nossa Doutrina ou de outros santuários religiosos, lutam pela implantação do seu Reinado de Luz e Sabedoria (161, cap. 41).

[...] Doutrina que luariza de esperanças a noite de nossas vidas (163, cap. 6).

O Espiritismo é silencioso operário, que atua nos subterrâneos da alma humana, fazendo com que as transformações, surgindo de dentro para fora, sejam quase imperceptíveis (164, cap. 30).

[...] O Espiritismo é revelação transcendente, ciência celeste que nos convida a renovar nossos cabedais morais e intelectuais, a cultivar o bom senso, meditar profundamente, para reconhecer que essa filosofia, pelo Alto revelada, traz em seu bojo sutilezas que convém serem conhecidas antes que venhamos a apresentar-nos como expositores dos seus princípios (165, Convite ao estudo).

[...] O Espiritismo – a Terceira Revelação de Deus aos homens – é obra da mediunidade. [...] (158, cap. 8).

O Espiritismo é o complemento da Lei de Amor que há tanto tempo calcais aos pés (182, v. 1).

O Espiritismo é Luzeiro / Que há de um dia o mundo inteiro / Esclarecer, redimir... / Espalhemos seus fulgores / Preparando os esplendores / Das alvoradas a vir! (185, À frente, moços!).

[...] O Espiritismo é Jesus de volta, para consolo e redenção de todos os seres humanos (186, Mensagem).

O Espiritismo não tem o caráter isolado de uma filosofia, de uma ciência ou de uma religião, porque é, ao mesmo tempo, religião, filosofia e ciência. É simultaneamente revelação divina e obra de cooperação dos Espíritos humanos desencarnados e encarnados. Tem a característica singular de ser impessoal, complementar e progressivo; primeiro, por não ser fruto da revelação de um só Espírito, nem o trabalho de um só homem; segundo, por ser complementação natural, expressa e lógica das duas primeiras grandes Revelações Divinas (a de Moisés e a do Cristo); terceiro, porque, como bem disse Kardec, ele jamais dirá a última palavra. É ciência, porque investiga, experimenta, comprova, sistematiza e conceitua leis, fatos, forças e fenômenos da vida, da Natureza, dos pensamentos e dos sentimentos humanos. É filosofia, porque cogita, induz e deduz ideias e fatos lógicos sobre as causas primeiras e seus efeitos naturais; generaliza e sintetiza, reflete, aprofunda e explica; estuda, discerne e define motivos e consequências, *comos* e *porquês* de fenômenos relativos à vida e à morte. É religião, porque de suas constatações científicas e de suas conclusões filosóficas resulta o reconhecimento humano da Paternidade Divina e da irmandade universal de todos os seres da Criação, estabelecendo, desse modo, o culto natural do amor a Deus e ao próximo (188, cap. 11).

Para o conseguirmos [sermos perfeitos], temos hoje o Espiritismo, a revelação nova, a revelação da revelação, novo transbordamento da bondade de Deus para com os homens, como luz brilhante que nos guiará os passos, rumo ao seio infinito do Pai, dando-nos a compreensão nítida das palavras evangélicas e facultando-nos, em consequência, atingir a meta que nos é proposta (193).

O Espiritismo não é a personificação do Cristo; é, porém, a expressão do seu pensamento, a *continuação* e a *conclusão* da sua obra. [...] (193).

O Espiritismo não é uma concepção individual, um produto da imaginação; não é uma teoria, um sistema inventado para a necessidade de uma causa; tem sua fonte nos fatos da Natureza, em fatos positivos, que se produzem a cada instante sob os nossos olhos, mas cuja origem não se suspeitava. É, pois, resultado da observação; numa palavra, uma ciência: a ciência das relações entre o mundo visível e o Mundo Invisível. [...] (*RE* nov. 1864) (194, Espiritismo).

O Espiritismo, como verdadeira escola de fé [...] [é o] curso mais completo de conhecimentos de que se tem notícia, onde nos matriculamos nas primeiras letras e, gradativamente, nos encamiminhamos à universidade do Espírito. Um curso que não tem fim, um curso para todo o sempre, que prossegue com o ser na eternidade que lhe é inerente, por representar a Evolução (195, pt. 2, cap. 3).

Aprendamos com Emmanuel que Espiritismo não é somente convicção de imortalidade, com o conhecimento claro das leis da vida e as deduções lógicas sobre as verdades eternas. É também clima de serviço e de edificação (207, lntrod.).

Já se tem dito e repetido muitas vezes, com fulcro no pensamento lúcido do Codificador, que o grandioso papel do Espiritismo no mundo é o de nortear as ideias, tornando-as altruístas e generosas, preocupadas com a solidariedade, a fraternidade e a justiça para com todos, em oposição constante ao egoísmo humano (207, cap. 10).

O Espiritismo é revelação porque traz aos homens o conhecimento de determinadas verdades antes desconhecidas, ou apenas vislumbradas.[...]

A Nova Revelação é o antídoto de origem divina na erradicação das chagas do egoísmo, do orgulho e do materialismo, para que possa ser instalado, na Terra, o *Reino de Deus*, anunciado pelo Cristo (207, cap. 11).

A mensagem cristã revivida na Doutrina dos Espíritos constitui um ideal de vivência, no qual o amor entre as criaturas resume todo um sistema capaz de elevar os sentimentos humanos, tornando o homem mais apto a compreender o alto sentido da vida. É o que oferece o Cristo, como ideário, roteiro e caminho (207, cap. 15).

Tem-se dito e repetido inúmeras vezes que o Espiritismo é a doutrina da liberdade. Liberdade de pensar, de interpretar, de conduzir-se e de expressarse; liberdade até mesmo de errar.

[...] O Espiritismo é doutrina revolucionária, visando à destruição de velhos e superados conceitos; sua implantação nas mentes e corações implica a substituição do dogmatismo pernicioso de múltiplas faces por novos ideais baseados na verdadeira fraternidade. Como senda para a libertação de velhos prejuízos, o Espiritismo abriga adeptos e aprendizes provindos das áreas mais diversas, muitos conservando tendências não de todo superadas de passadas existências.

Por isso se torna de suma importância não se desvincular o Espiritismo do Evangelho. [...] (207, cap. 31).

Enfim, é o Espiritismo, quando bem estudado, interpretado e vivido, verdadeiro guia e orientador em todas as atividades do homem interessado em aperfeiçoar-se e ser útil à comunidade em que vive (208, cap. 21).

Se o Espiritismo é a predestinação da Verdade nos caminhos humanos, vós sois os predestinados à dor de lutar e servir para que a Verdade resplandeça em perenidade de alegria cristã! (219, Predestinados à dor).

Foge ao labirinto das contradições: Espiritismo é fé raciocinada (219, Fantasma).

[...] não é religião apenas para as horas de provação ou para o período final da existência: é religião de todo o dia, aprendizado de todo instante, em qualquer parte (219, Revisão espírita).

O objetivo máximo do Espiritismo é precisamente esse: educar para salvar. Iluminar o interior dos homens para libertar a Humanidade de todas as formas de selvageria; de todas as modalidades de crueza e de impiedade; e de todas as atitudes e gestos de rivalidade feroz e deselegância moral. Esta conquista diz respeito ao sentimento, ao senso religioso, que os homens do século perderam, ou melhor, que jamais chegaram a possuir (223, cap. 33).

[...] O Espiritismo ou Doutrina Espírita, nós o desdobramos em Doutrina (propriamente dita, filosófica-experimental) e Movimento (ou prática do Espiritismo, a vivência dos ensinos, pois que este é o seu escopo primordial, como a religião). É claro que um desdobramento assim representa simples preocupação didática, porque é ele uno, o Espiritismo, no seu tríplice aspecto ou sentido: filosofia espiritualista, com base na comprovação experimental, científica, que pode ser repetidamente confirmada através de investigação e pesquisas, em qualquer tempo e por quaisquer pessoas, de consequências morais, éticas ou religiosas. O Espiritismo, como religião, revivencia o Cristianismo primitivo, adotando, em decorrência, o Evangelho de Jesus como o maior e mais completo e perfeito código religioso da Humanidade (226, v. 2, Introd.).

Espiritismo é paz e instrução, amor e luz moral, conduzindo a criatura humana ao conhecimento dos enigmas de sua própria personalidade. [...] (226, v. 3, cap. 6, it. 2).

[...] é o disciplinador de nossa liberdade, não apenas para que tenhamos na Terra uma vida social dignificante, mas também para que mantenhamos, no campo do espírito, uma vida individual harmoniosa, devidamente ajustada aos impositivos da Vida Universal Perfeita, consoante as normas de Eterna Justiça, elaboradas pelo supremo equilíbrio das Leis de Deus (231, Ante o centenário).

O Espiritismo, descerrando a pesada cortina que velava, até agora, os segredos do túmulo, não é somente a academia santificante de sábios e heróis, mas também a escola abençoada de pais e mães, pensadores e artistas, condutores e artífices, formando missionários do bem e do progresso (246, cap. 9).

O Espiritismo é uma escola / De vida, Verdade e Luz, / Que reclama do aprendiz / A aplicação com Jesus (246, cap. 44).

[...] é um campo imenso onde cada qual tem a sua tarefa a desempenhar, e onde o exclusivismo pecará sempre pela inoportunidade [...] (247, cap. 33).

O Espiritismo em seu tríplice aspecto, científico, filosófico e religioso é movimento libertador das consciências, mas só o Espiritismo praticado liberta a consciência de cada um (248).

O Espiritismo não é apenas a fonte miraculosa da graça. É campo de esforço próprio (248).

O Espiritismo é a ilha da bonança, / No oceano de lágrimas e dor, / Onde o homem cansado e sofredor / Encontra a porta amiga da Esperança (248).

O Espiritismo é a Nova Renascença / Da fé cristã, sublime e deslumbrada, / É a vitória da vida sobre o nada, / É a glória universal, fulgindo imensa (248).

Espiritismo é o Divino Benfeitor, que, em se revelando ontem, hoje continua conosco, preparando-nos glorioso amanhã (248).

O Espiritismo é a divina empresa do Senhor, na qual todos somos servos convocados a trabalhar [...] (248).

O Espiritismo com Jesus é ciência divina de aperfeiçoamento da unidade a refletir-se na melhoria do todo (248).

Espiritismo prático pode ser o Espiritismo do *eu*; o Espiritismo praticado é o Espiritismo de Deus (248).

O Espiritismo é o Consolador prometido por Jesus aos homens, e que deveria aparecer quando a Humanidade estivesse apta a compreender o seu ensinamento velado nas parábolas. Ele não vem destruir as religiões, mas uni-las e fortificá-las, desviando-as das concepções dogmáticas que lhes foram impostas pelo interesse e pela ambição propriamente humana (248).

O Espiritismo não é somente o antídoto para as crises que perturbam os habitantes da Terra; os seus ensinamentos salutares e doces reerguem, nos desencarnados, as esperanças desfalecidas à falta de amparo e alimento; é aí que a doutrina edifica os transviados do dever e os sofredores saturados desses acerbos remorsos que somente as lágrimas fazem desaparecer (250, cap. 30).

[...] o Espiritismo, banhado pelas claridades do Evangelho, é o melhor caminho de elevação e a fórmula mais simples de auxiliarmos o pensamento popular e o sentimento comum, no serviço regenerativo, em função de aperfeiçoamento (255, Conheçamo-nos).

O Espiritismo funciona em vossas experiências como intérprete das lições divinas, oferecendo soluções simples aos problemas complicados, satisfazendo indagações e decifrando enigmas, ao clarão da fé sem artifícios, capaz de guindar-vos às eminências do trabalho com o Senhor, sem a contenção muita vez abusiva de autoridades humanas, estranhas à vocação do Evangelho [...] (260, cap. 3).

O Espiritismo é Jesus que volta ao convívio da dor humana (260, cap. 11).

[...] é um templo para o coração, uma escola para o cérebro e uma oficina para os braços (260, cap. 48).

[...] o Espiritismo, como oficina de sabedoria e amor, aperfeiçoamento e iluminação, é instituto mundial de trabalho incessante, onde não há palanque para espectadores ociosos (263, cap. 33).

[...] é indiscutível mensagem do Céu para os caminhos humanos, estabelecendo o império do bem, provando a sobrevivência da alma além da morte e oferecendo conforto positivo [...] (265, cap. 39).

O Espiritismo é a nossa grande esperança e, por todos os títulos, é o Consolador da Humanidade encarnada; mas a nossa marcha é ainda muita lenta. Trata-se de uma dádiva sublime, para a qual a maioria dos homens ainda não possui *olhos de ver*. Esmagadora porcentagem dos aprendizes novos aproxima-se dessa fonte divina a copiar antigos vícios religiosos. Querem receber proveitos, mas não se dispõem a dar coisa alguma de si mesmos. Invocam a verdade, mas não caminham ao encontro dela. Enquanto muitos estudiosos reduzem os médiuns a cobaias humanas, numerosos crentes procedem à maneira de certos enfermos que, embora curados, creem mais na doença que na saúde, e nunca utilizam os próprios pés. Enfim, procuram-se, por lá, os espíritos materializados para o fenomenismo passageiro, ao passo que nós outros vivemos à procura de homens espiritualizados para o trabalho sério (270, cap. 43).

Podemos tomar o Espiritismo [...] como um triângulo de forças espirituais.

A Ciência e a Filosofia vinculam à Terra essa figura simbólica, porém, a Religião é o ângulo divino que a liga ao Céu. No seu aspecto científico e filosófico, a doutrina será sempre um campo nobre de investigações humanas, como outros movimentos coletivos, de natureza intelectual, que visam ao aperfeiçoamento da Humanidade. No aspecto religioso, todavia, repousa a sua grandeza divina, por constituir a restauração do Evangelho de Jesus Cristo, estabelecendo a renovação definitiva do homem, para a grandeza do seu imenso futuro espiritual (273, Def.).

O Espiritismo evangélico é o Consolador prometido por Jesus, que, pela voz dos seres redimidos, espalham as luzes divinas por toda a Terra, restabelecendo a verdade e levantando o véu que cobre os ensinamentos na sua feição de Cristianismo Redivivo, a fim de que os homens despertem para a era grandiosa da compreensão espiritual com o Cristo (273, q. 352).

[...] revelação divina para a renovação fundamental dos homens. [...] (276, cap. 6).

[...] A doutrina [...] é uma fonte sublime e pura, inacessível aos pruridos individualistas de qualquer de nós, fonte na qual cada companheiro deve beber a água da renovação própria. [...] (276, cap. 45).

O Espiritismo constitui a porta da esperança para um mundo melhor. Seus fenômenos representam chamamentos comuns para uma compreensão mais elevada dos valores da vida. [...] (285, cap. 27).

O Espiritismo é doutrina / De bênçãos do amor cristão, / Que nos pede cada dia / Mais ampla renovação (298, cap. 44).

Amigo, Espiritismo é caridade em movimento (307, cap. 2).

[...] O Espiritismo é a Doutrina de Jesus em espírito e verdade, sem fórmulas nem ritos, sem aparências nem representantes, sem ministros. [...] (313, Posf.).

Ao Espiritismo – ciência cujo fim é a demonstração experimental da existência da alma e sua imortalidade – [...] (322, cap. 3).

[...] Em resumo, o Espiritismo suaviza o amargor das aflições da vida; acalma os desesperos e as agitações da alma, dissipa as incertezas ou os terrores do futuro, detém o pensamento de abreviar a vida pelo suicídio. Por isso mesmo, torna felizes os que dele se compenetram e esse é o grande segredo de sua rápida propagação. [...] (320, cap. 1, Histórico do Espiritismo).

[...] No sentido filosófico, o Espiritismo é uma religião, e nós nos vangloriamos por isto, [...]. [...] o Espiritismo é uma ciência que trata da natureza, origem e destino dos Espíritos, bem como de suas relações com o mundo corporal. [...] (346, cap. 7).

Não nos esqueçamos de que o Espiritismo é Jesus que retorna ao convívio dos homens, através do Evangelho da redenção, reajustando-nos para os sagrados objetivos da vida (353, cap. 7).

Ver também CIÊNCIA ESPÍRITA, CONSOLADOR, DOUTRINA ESPÍRITA, RELIGIÃO DOS ESPÍRITOS *e* REVELAÇÃO ESPÍRITA

Espiritismo e Evangelho

Espiritismo e Evangelho são a sustentação da nova era de concórdia e fraternidade que todos esperamos, após a grande transição que estamos vivendo (207, Introd.).

Espiritismo independente

[...] o Espiritismo independente seria aos nossos olhos uma insensatez, porque a independência existe de fato e de direito e não há disciplina imposta a ninguém. O campo de exploração está aberto a todos; o juiz supremo do torneio é o público; a palma é para quem sabe conquistá-la. Tanto pior para os que caem antes de atingir a meta.

Falar dessas opiniões divergentes que, em última análise, se reduzem a algumas individualidades, e em parte alguma formam corpo, não será, talvez digam algumas pessoas, ligar a isto muita importância, assustar os adeptos fazendo-os crer em cisões mais profundas do que realmente o são? Não é, também, fornecer armas aos inimigos do Espiritismo?

É precisamente para prevenir esses inconvenientes que disto falamos. Uma explicação clara e categórica, que reduz a questão ao seu justo valor, é mais adequada para assegurar do que para amedrontar os adeptos; eles sabem como proceder e aí encontram argumentos para a réplica. [...] (103, cap. 20).

ESPIRITISTA CRISTÃO

ver ESPÍRITA CRISTÃO

Espiritismo na sua expressão mais simples, O

Quando fizemos a pequena brochura: *O espiritismo na sua expressão mais simples*, perguntamos aos nossos guias espirituais que efeito ela produziria. Responderam-nos: "Produzirá um efeito que não esperas, isto é, teus adversários ficarão furiosos de ver uma publicação destinada, por seu baixíssimo preço, a espalhar-se na massa e penetrar em toda a parte. Já te foi anunciado um grande desdobramento de hostilidades; tua brochura será o sinal. Não te preocupes; já conheces o fim. Eles se irritam em face da dificuldade de refutar teus argumentos" – Já que é assim, dizemos nós, essa brochura, que deveria ser vendida a 25 centavos, sê-lo-á por dois *sous* [Antiga moeda de cobre ou de níquel; corresponderia a cerca de 5 centavos de franco francês]. O acontecimento justificou essas previsões e nós nos congratulamos por isso (103, cap. 11).

Espiritismo prático

A maneira de conversar com os Espíritos é, pois, uma verdadeira arte, que exige tato, conhecimento do terreno que pisamos, constituindo a bem dizer, o Espiritismo prático. [...] (103, cap. 5).

Espiritismo prático natural

[...] [são fenômenos produzidos] às vezes, espontaneamente, sem intervenção da vontade, até mesmo contra toda vontade, pois que frequentemente se tornam importunos. [...] (107, it. 82).

ESPIRITISTA

ver ESPÍRITA

ESPÍRITO

Pela sua essência espiritual, o Espírito é um ser indefinido, abstrato, que não pode ter ação direta sobre a matéria, sendo-lhe indispensável um intermediário, que é o envoltório fluídico, o qual, de certo modo, faz parte integrante dele. [...] (101, cap. 11, it. 17).

O Espírito mais não é do que a alma sobrevivente ao corpo; é o ser principal, pois que não morre, ao passo que o corpo é simples acessório sujeito à destruição. [...] (101, cap. 13, it. 4).

[...] Espíritos que povoam o espaço são seus ministros [de Deus], encarregados de atender aos pormenores, dentro de atribuições que correspondem ao grau de adiantamento que tenham alcançado (101, cap. 18, it. 3).

[...] Os Espíritos são os que são e nós não podemos alterar a ordem das coisas. Como nem todos são perfeitos, não aceitamos suas palavras senão com reservas e jamais com a credulidade infantil. Julgamos, comparamos, tiramos consequências de nossas observações e os seus próprios erros constituem ensinamentos para nós, pois não renunciamos ao nosso discernimento (103, cap. 5).

Os Espíritos podem dividir-se em duas categorias: os que, chegados ao ponto mais elevado da escala, deixaram definitivamente os mundos materiais, e os que, pela lei da reencarnação, ainda pertencem ao turbilhão da Humanidade terrena. [...] (103, cap. 19).

[...] um Espírito pode ser muito bom, sem ser um apreciador infalível de todas as coisas. Nem todo bom soldado é, necessariamente, um bom general (103, cap. 21).

O Espírito não é, pois, um ser abstrato, indefinido, só possível de conceber-se pelo pensamento. É um ser real, circunscrito que, em certos casos, se torna apreciável *pela vista, pelo ouvido e pelo tato* (106, Introd.).
O princípio inteligente do Universo (106, q. 23).

[...] Os Espíritos são a individualização do princípio inteligente, como os corpos são a individualização do princípio material. A época e o modo por que essa formação se operou é que são desconhecidos (106, q. 79).

[...] os Espíritos são uma das potências da Natureza e os instrumentos de que Deus se serve para execução de seus desígnios providenciais. [...] (106, q. 87).

[...] alma dos que viveram corporalmente, aos quais a morte arrebatou o grosseiro invólucro visível, deixando-lhes apenas um envoltório etéreo, invisível no seu estado normal. [...] (107, it. 9).

[...] não é uma abstração, é um ser definido, limitado e circunscrito. [...] (107, it. 53).

Hão dito que o Espírito é uma chama, uma centelha. Isto se deve entender com relação ao Espírito propriamente dito, como princípio intelectual e moral, a que se não poderia atribuir forma determinada. [...] (107, it. 55).

Espírito – No sentido especial da Doutrina Espírita, *os Espíritos são os seres inteligentes da criação, que povoam o Universo, fora do mundo material, e constituem o Mundo Invisível.* Não são seres oriundos de uma criação especial, porém, as almas dos que viveram na Terra, ou nas outras esferas, e que deixaram o invólucro corporal (107, cap. 32).
A *alma* ou *Espírito*, princípio inteligente em que residem o pensamento, a vontade e o senso moral [...] (108, cap. 2, it. 10).

[...] a alma e o perispírito separados do corpo constituem o ser chamado *Espírito* (108, cap. 2, it. 14).

Os Espíritos não são, portanto, entes abstratos, vagos e indefinidos, mas seres concretos e circunscritos, aos quais só falta serem visíveis para se assemelharem aos humanos; donde se segue que se, em dado momento, pudesse ser levantado o véu que no-los esconde, eles formariam uma população, cercando-nos por toda parte (108, cap. 2, it. 16).

Há no homem um princípio inteligente a que se chama *alma* ou *espírito*, independente da matéria, e que lhe dá o senso moral e a faculdade de pensar (109, pt. 1, Profissão de fé espírita raciocinada).

Os Espíritos são os agentes da potência divina; constituem a força inteligente da Natureza e concorrem para a execução dos desígnios do Criador, tendo em vista a manutenção da harmonia geral do Universo e das leis imutáveis que regem a criação (109, pt. 1, Profissão de fé espírita raciocinada).

[...] Uma mônada - um centro de força e de consciência em um grau superior de desenvolvimento, ou então, uma entidade individual dotada de inteligência e de vontade - eis a única definição que poderíamos arriscar-nos a dar da concepção de um Espírito. [...] (3, v. 2, cap. 4).

[...] é o modelador, o artífice do corpo (5, pt. 2, Comunicações ou ensinos dos Espíritos).

[...] ser livre, dono de vontade própria e que não se submete, como qualquer cobaia inconsciente, aos caprichos e exigências de certos pesquisadores ainda mal qualificados eticamente, embora altamente dotados do ponto de vista cultural e intelectual (7, cap. 14).

O Espírito, essência divina, imortal, é o princípio intelectual, imaterial, individualizado, que sobrevive à desagregação da matéria. É dotado de razão, consciência, livre-arbítrio e responsabilidade (11, pt. 2, Postulados e ensinamentos).

[...] causa da consciência, da inteligência e da vontade [...] (14, Apêndice).

[...] um ser individualizado, revestido de uma substância quintessenciada, que, apesar de imperceptível aos nossos sentidos grosseiros, é passível de, enquanto encarnado, ser afetado pelas enfermidades ou pelos traumatismos orgânicos, mas que, por outro lado, também afeta o indumento (soma) de que se serve durante a existência humana, ocasionando-lhe, com suas emoções, distúrbios funcionais e até mesmo lesões graves, como o atesta a Psiquiatria moderna ao fazer Medicina psicossomática (28, As Leis Divinas).

[...] depositário da vida, dos sentimentos e das responsabilidades que Deus lhe outorgou [...] (34).

[...] a alma ou o espírito é alguma coisa que pensa, sente e quer [...] (39, pt. 1, cap. 1).

O estudo do Espírito tem de ser feito, portanto, abrangendo os seus dois aspectos: um, ativo, que é o da alma propriamente dita, ou seja, o que em nós sente, pensa, quer e, sem o qual nada existiria; outro, passivo - o do perispírito, inconsciente, almoxarifado espiritual, guardião inalterável de todos os conhecimentos intelectuais, tanto quanto conservador das leis orgânicas que regem o corpo físico (40, cap. 4).

[...] O que caracteriza essencialmente o espírito é a consciência, isto é, o *eu*, mediante o qual ele se distingue do que não está nele, isto é, da matéria. [...] (40, cap. 6).

[...] é o ser principal, o ser racional e inteligente [...] (43, pt. 4).

Chamamos Espírito à alma revestida do seu corpo fluídico. A alma é o centro de vida do perispírito, como este é o centro da vida do organismo físico. Ela que sente, pensa e quer; o corpo físico constitui, com o corpo fluídico, o duplo organismo por cujo intermédio ela [a alma] atua no mundo da matéria (45, cap. 10).

[...] O espírito não é, pois, nem um anjo glorificado, nem um duende condenado, mas sim a própria pessoa que daqui se foi, conservando a força ou a fraqueza, a sabedoria ou a loucura, que lhe eram peculiares, exatamente como conserva a aparência corpórea que tinha (56, cap. 3).

O Espírito [...] é a causa de todos os fenômenos que se manifestam na existência física, emocional e psíquica.

Viajor de incontáveis etapas no carreiro da evolução, armazena informações e experiências que são transferidas para os respectivos equipamentos fisiológicos - em cada reencarnação - produzindo tecidos e mecanismos resistentes ou não a determinados processos degenerativos, por cujo meio repara as condutas que se permitiram na experiência anterior. [...]

Da mesma forma que o Espírito é o gerador das doenças, torna-se o criador da saúde, especialmente quando voltado para os compromissos que regem o Cosmo (75, Corpo e mente).

O Espírito, através do cérebro e pelo coração, nos respectivos *chakras coronário, cerebral* e *cardíaco*, emite as energias - ondas mentais carregadas ou não de amor e de compaixão - que é registrada pelo *corpo intermediário* e transformada em *partículas* que são absorvidas pelo corpo, nele produzindo os resultados compatíveis com a qualidade da emissão (75, Corpo e mente).

O Espírito, em si mesmo, esse agente fecundo da vida e seu experimentador, estabelece, de forma consciente ou não, o que aspira e como consegui-lo, utilizando-se do conhecimento de si mesmo, único processo realmente válido para os resultados felizes (75, O sofrimento).

O Espírito, igualmente, é também uma energia universal, que foi gerado por Deus como todas as outras existentes, sendo, porém, dotado de pensamento, sendo um *princípio inteligente*, enquanto que todos os demais são extáticos, mecânicos, repetindo-se ininterruptamente desde o primeiro movimento até o jamais derradeiro.. (75, Consciência).

Individualidades inteligentes, incorpóreas, que povoam o Universo, criadas por Deus, independentes da matéria. Prescindindo do mundo corporal, agem sobre ele e, corporificando-se através da carne, recebem estímulos, transmitindo impressões, em intercâmbio expressivo e contínuo.

São de todos os tempos, desde que a Criação sendo infinita, sempre existiram e jamais cessarão. Constituem os seres que habitam tudo, no Cosmo, tornando-se uma das potências da Natureza e atuam na Obra Divina como cooperadores, do que resulta a própria evolução e aperfeiçoamento intérmino.

[...] Indestrutíveis, jamais terão fim, não obstante possuindo princípio, quando a Excelsa Vontade os criou (80, cap. 3).

O Espírito é a soma das suas vidas pregressas (80, cap. 17).

[...] Todos somos a soma das experiências adquiridas numa como noutra condição, em países diferentes e grupos sociais nos quais estagiamos ao longo dos milênios que nos pesam sobre os ombros. [...] (84, cap. 9).

[...] O Espírito é tudo aquilo quanto anseia e produz, num somatório de experiências e realizações que lhe constituem a estrutura íntima da evolução (84, cap. 25).

Herdeiro do passado, o espírito é jornaleiro dos caminhos da redenção impostergável (86, L. 3, cap. 8).

O Espírito é o engenheiro da maquinaria fisiopsíquica de que se vai utilizar na jornada humana (89, Tendências, aptidões e reminiscências).

[...] O ser real e primitivo é o Espírito [...] (89, Suicídio sem dor).

Porque os Espíritos são as almas dos homens com as suas qualidades e imperfeições [...] (89, Calvário de luz).

[...] O Espírito - consciência eterna - traz em si mesmo a recordação indelével das suas encarnações anteriores. [...] (95, A doutrina do hindu).

[...] princípio inteligente que pensa, que quer, que discerne o bem do mal e que, por ser indivisível, imperecível se conserva. [...] (134, 9ª efusão).

[...] Só o Espírito constitui a nossa individualidade permanente. [...] (134, 37ª efusão).

[...] é o único detentor de todas as potencialidades e arquivos de sua individualidade espiritual [...] (137, cap. 4).

Em verdade, cada espírito é qual complexa usina integrante de vasta rede de outras inúmeras usinas, cujo conjunto se autossustenta, como um sistema autônomo, a equilibrar-se no infinito mar da evolução (188, cap. 5).

[...] O que vale dizer, ser o Espírito o Élan Vital que se responsabiliza pela onda morfogenética da espécie a que pertence. Entendemos como espírito, ou zona inconsciente, a conjuntura energética que comandaria a arquitetura física através das telas sensíveis dos núcleos celulares. O espírito representaria o campo organizador biológico, encontrando nas estruturas da glândula pineal os seus pontos mais eficientes de manifestações. [...] (189, Introd.).

O nosso Espírito será o resultado de um imenso desfile pelos reinos da Natureza, iniciando-se nas experiências mais simples, na escala mineral, adquirindo sensibilidade (irritabilidade celular) no mundo vegetal, desenvolvendo instintos, nas amplas variedades das espécies animais, e a razão, com o despertar da consciência, na família hominal, onde os núcleos instintivos se vão maturando e burilando, de modo a revelar novos potenciais. [...] (190, cap. 3).

[...] A verdadeira etimologia da palavra espírito (*spiritus*, sopro) representa uma coisa que ocupa espaço, apesar de, pela sua rarefação, tornar-se invisível. Há, porém, ainda uma confusão no emprego dessa palavra, pois que ela é aplicada por diferentes pensadores, não só para exprimir a forma orgânica espiritual com seus elementos constitutivos, como também a sua essência íntima que conhece e pensa, à qual chamamos *alma* e os franceses *espírito* (191, cap. 1).

O Espírito, em sua origem, como essência espiritual e princípio de inteligência, se forma da quintessência dos fluidos que no seu conjunto constituem o que chamamos – o todo universal e que as irradiações divinas animam, para lhes dar o ser e compor os germes de toda a criação, da criação de todos os mundos, de todos os reinos da Natureza, de todas as criaturas, assim no estado material, como também no estado fluídico. Tudo se origina desses germes fecundados pela Divindade e progride para a harmonia universal (193).

[...] a essência da vida é o espírito [...] (202, O Espiritismo e a mulher).

O Espírito humano é a obra-prima, a suprema criação de Deus (219, Equação da felicidade).

[...] Somos almas, usando a vestimenta da carne, em trânsito para uma vida maior. [...] somos um templo vivo em construção, através de cujos altares se expressará no Infinito a grandeza divina. [...] (236, pt. 2, cap. 2).

Figuradamente, o espírito humano é um *pescador* dos valores evolutivos, na escola regeneradora da Terra. A posição de cada qual é o *barco*. Em cada novo dia, o homem se levanta com a sua "rede" de interesses. [...] (239, cap. 21).

Somos uma grande família no Lar do Evangelho e, embora separados nas linhas vibratórias do Espaço, prosseguimos juntos no tempo, buscando a suprema identificação com o Cristo (248).

Cada espírito é um continente vivo no plano universal (255, Reflexões).

[...] o espírito é a obra-prima do Universo, em árduo burilamento (262, Evolução e livre-arbítrio).

[...] Sendo cada um de nós uma força inteligente, detendo faculdades criadoras e atuando no Universo, estaremos sempre engendrando agentes psicológicos, através da energia mental, exteriorizando o pensamento e com ele improvisando causas positivas, cujos efeitos podem ser próximos ou remotos sobre o ponto de origem. [...] (264, cap. 2).

[...] Cada espírito é um elo importante em extensa região da corrente humana. Quanto mais crescemos em conhecimentos e aptidões, amor e autoridade, maior é o âmbito de nossas ligações na esfera geral. [...] (264, cap. 3).

Somos, cada qual de nós, um ímã de elevada potência ou um centro de vida inteligente, atraindo forças que se harmonizam com as nossas e delas constituindo nosso domicílio espiritual (264, cap. 18).

[...] Somos diamantes brutos, revestidos pelo duro cascalho de nossas milenárias imperfeições, localizados pela magnanimidade do Senhor na ourivesaria da Terra. [...] (264, cap. 19).

Cada Espírito é um mundo onde o Cristo deve nascer... (285, cap. 37).

[...] gema preciosa e eterna dos tesouros de Deus [...] (286, Nosso "eu").

Cada Espírito é um mundo vivo com movimento próprio, atendendo às causas que criou para si mesmo, no curso do tempo, gravitando em torno da Lei Eterna que rege a vida cósmica (297, cap. 17).

O Espírito, encarnado ou desencarnado, na essência, pode ser comparado a um dínamo complexo, em que se verifica a transubstanciação do trabalho psicofísico em forças mentoeletromagnéticas, forças essas que guardam consigo, no laboratório das células em que circulam e se harmonizam, a propriedade de agentes emissores e receptores, conservadores e regeneradores de energia.

Para que nos façamos mais simplesmente compreendidos, imaginemo-lo como sendo um dínamo gerador, indutor, transformador e coletor, ao mesmo tempo, com capacidade de assimilar correntes contínuas de força e exteriorizá-las simultaneamente (306, cap. 5).

O espírito é um monumento vivo de Deus – o Criador Amorável. [...] (307, cap. 12).

O Espírito é a individualidade, o viajante no tempo e no espaço, a realizar seu progresso no rumo da perfectibilidade (313, cap. 13).

Conhecendo a importância do Espírito como sede de toda a sensibilidade e de toda a intelectualidade [...] (315, pt. 5, 29).

Os espíritos, quando encarnam, embora percam a consciência do que foram, guardam o sagrado patrimônio do saber e das virtudes que conquistaram nas passadas existências, o qual neles fica latente (323, cap. 4).

O Espírito é imortal, progride sempre, e, ao atingir a perfeição, refletirá a imagem e a semelhança de Deus. Na Terra só existiu um Espírito que foi a imagem e a semelhança de Deus, e esse foi Jesus Cristo, nosso Mestre. [...] (334, pt. 3, cap. 4).

[...] Nosso espírito jamais morre, é eterno porque foi construído por Deus, [...] (335, cap. 6.3).

Ver também ALMA *e* HOMEM

ESPÍRITO [Classificação segundo o grau de adiantamento]

Espírito atrasado

O que, ao contrário, distingue os Espíritos atrasados é, em primeiro lugar, a revolta contra Deus, pelo se negarem a reconhecer qualquer poder superior aos poderes humanos; a propensão *instintiva* para as paixões degradantes, para os sentimentos antifraternos de egoísmo, de orgulho, de inveja, de ciúme; enfim, o apego a tudo que é material: a sensualidade, a cupidez, a avareza (101, cap. 18, it. 28).

Espírito batedor e perturbador

Os Espíritos denominados batedores e, geralmente, todos os que produzem manifestações físicas, são de ordem inferior, sem por isso serem essencialmente maus; possuem uma aptidão, de alguma sorte especial, para os efeitos materiais [...] (108, cap. 1).

Espírito benévolo

Espíritos benévolos – A bondade é neles a qualidade dominante. Apraz-lhes prestar serviço aos homens e protegê-los. Limitados, porém, são os seus conhecimentos. Hão progredido mais no sentido moral do que no sentido intelectual (106, q. 108).

Espírito de sabedoria

Espíritos de sabedoria – As qualidades morais da ordem mais elevada são o que os caracteriza. Sem possuírem ilimitados conhecimentos, são dotados de uma capacidade intelectual que lhes faculta juízo reto sobre os homens e as coisas (106, q. 110).

Espírito batedor

[...] nem todos os Espíritos que se manifestam por pancadas são batedores. Este qualificativo deve ser reservado para os que poderíamos chamar batedores de profissão e que, por esse meio, se deleitam em pregar partidas, para divertimentos de umas tantas pessoas, em aborrecer com as suas importunações. [...] além de agirem quase sempre por conta própria, também são amiúde instrumentos de que lançam mão os Espíritos Superiores, quando querem produzir efeitos materiais (107, it. 145).

Batedor – Qualidade de alguns Espíritos, daqueles que revelam sua presença num lugar por meio de pancadas e ruídos de naturezas diversas (107, cap. 32).

Espírito enganador

[...] Os Espíritos enganadores são capazes de imitar tudo, tudo mesmo, exceto o verdadeiro saber e o verdadeiro sentimento (110, Resposta de Allan Kardec durante o Banquete...).

[...] Quero falar dos Espíritos enganadores, que não querem que vos dê os meios de os desmascarar, porque descubro as suas astúcias e porque, pondo-vos em guarda, eu lhes tiro o domínio que poderiam ter sobre vós. A tal respeito, senhores, vos direi que seria um erro imaginar que eles não exerçam esse domínio senão sobre os médiuns. Ficai certos de que, estando em toda parte, os Espíritos agem incessantemente sobre nós, sem o sabermos, quer se seja ou não espírita ou médium. A mediunidade não os atrai; ao contrário, fornece-lhes o meio de conhecer o inimigo, que se trai *sempre*. *Sempre*, ouvi bem, e que só abusa dos que se deixam abusar (110, Resposta de Allan Kardec durante o Banquete...).

Espíritos galhofeiros

[...] não têm o menor escrúpulo de se adornarem de nomes respeitáveis [...] não abusam senão daqueles que gostam de se deixar abusar, e que não sabem ou *não querem* desmascarar as suas astúcias pelos meios de controle que conhecemos. [...] (103, cap. 6).

Espírito imperfeito

Caracteres gerais – Predominância da matéria sobre o Espírito. Propensão para o mal. Ignorância, orgulho, egoísmo e todas as paixões que lhes são consequentes (106, q. 101).

Os Espíritos imperfeitos são instrumentos próprios a pôr em prova a fé e a constância dos homens na prática do bem. [...] (106, q. 466).

Espíritos imperfeitos!

No círculo das paixões que se agitam na Terra, somos nós todos (262, Nós todos).

Espírito impuro

Espíritos impuros – São inclinados ao mal, de que fazem o objeto de suas preocupações. Como Espíritos, dão conselhos pérfidos, sopram a discórdia e a desconfiança e se mascaram de todas as maneiras para melhor enganar. Ligam-se aos homens de caráter bastante fraco para cederem às suas sugestões, a fim de induzi-los à perdição, satisfeitos com o conseguirem retardar-lhes o adiantamento, fazendo-os sucumbir nas provas por que passam (106, q. 102).

Espírito inferior

[...] [Espíritos inferiores] os que não são nem muito bons nem muito maus, antes perturbadores e enredadores, do que perversos. A malícia e as inconsequências parecem ser o que neles predomina. São os Espíritos estúrdios ou levianos (106, Introd.).

Os Espíritos inferiores são, mais ou menos, ignorantes; seu horizonte moral é limitado, perspicácia restrita; eles não têm das coisas senão uma ideia muitas vezes falsa e incompleta, e, além disso, conservam-se ainda sob o império dos prejuízos terrestres, que eles tomam, às vezes, por verdades; por isso, são incapazes de resolver certas questões. E podem induzir-nos em erro, voluntária ou involuntariamente, sobre aquilo que nem eles mesmos compreendem. Os Espíritos inferiores não são todos, por isso, essencialmente maus; alguns há que são apenas ignorantes e levianos; outros pilhéricos, espirituosos e divertidos, sabendo manejar a sátira fina e mordaz. Ao lado desses encontram-se, no Mundo Espiritual, como na Terra, todos os gêneros de perversidade e todos os graus de superioridade intelectual e moral (108, cap. 2, it. 38 e 39).

Ver também ESPÍRITO MENOS ESCLARECIDO

Espírito leviano

[...] Os Espíritos levianos, que se divertem de todas as maneiras, vão a toda parte e, de preferência, aonde encontram ocasião para mistificar; os maus são atraídos por maus pensamentos [...] (103, cap. 5).

Espíritos levianos – São ignorantes, maliciosos, irrefletidos e zombeteiros. Metem-se em tudo, a tudo respondem, sem se incomodarem com a verdade. Gostam de causar pequenos desgostos e ligeiras alegrias, de intrigar, de induzir maldosamente em erro, por meio de mistificações e de espertezas. A esta classe pertencem os Espíritos vulgarmente tratados de *duendes*, *trasgos*, *gnomos*, *diabretes*. Acham-se sob a dependência dos Espíritos Superiores, que muitas vezes os empregam, como fazemos com os nossos servidores (106, q. 103).

Espírito neutro

Espíritos neutros – Nem bastante bons para fazerem o bem, nem bastante maus para fazerem o mal. Pendem tanto para um como para o outro e não ultrapassam a condição comum da Humanidade, quer no que concerne ao moral, quer no que toca à inteligência. Apegam-se às coisas deste mundo, de cujas grosseiras alegrias sentem saudades (106, q. 105).

Espírito protetor

O Espírito protetor, anjo de guarda ou bom gênio é o que tem por missão acompanhar o homem na vida e ajudá-lo a progredir. É sempre de natureza superior, com relação ao protegido (312, cap. 2).

Espírito pseudossábio

Espíritos pseudossábios – Dispõem de conhecimentos bastante amplos, porém, creem saber mais do que realmente sabem. Tendo realizado alguns progressos sob diversos pontos de vista, a linguagem deles aparenta um cunho de seriedade, de natureza a iludir com respeito às suas capacidades e luzes. Mas, em geral, isso não passa de reflexo dos preconceitos e ideias sistemáticas que nutriam na vida terrena. É uma mistura de algumas verdades com os erros mais polpudos, através dos quais penetram a presunção, o orgulho, o ciúme e a obstinação, de que ainda não puderam despir-se (106, q. 104).

Espírito puro

[...] não são seres à parte na Criação, mas Espíritos que chegaram à meta, depois de terem percorrido a estrada do progresso [...] (101, cap. 1, it. 30).

[...] Os puros Espíritos são os Messias ou mensageiros de Deus pela transmissão e execução das suas vontades. Preenchem as grandes missões, presidem à formação dos mundos e à harmonia geral do Universo, tarefa gloriosa a que se não chega senão pela perfeição. Os da ordem mais elevada são os únicos a possuírem os segredos de Deus, inspirando-se no seu pensamento, de que são diretos representantes (104, pt. 1, cap. 3, it. 12).

Caracteres gerais. – Nenhuma influência da matéria. Superioridade intelectual e moral absoluta, com relação aos Espíritos das outras ordens.

[...] Os espíritos que a compõem percorreram todos os degraus da escala e se despojaram de todas as impurezas da matéria. Tendo alcançado a soma de perfeição de que é suscetível a criatura, não têm mais que sofrer provas, nem expiações. Não estando mais sujeitos à reencarnação em corpos perecíveis, realizam a vida eterna no seio de Deus.

[...] Eles são os mensageiros e os ministros de Deus, cujas ordens executam para manutenção da harmonia universal. Comandam a todos os Espíritos que lhes são inferiores, auxiliam-nos na obra de seu aperfeiçoamento e lhes designam as missões. Assistir os homens nas suas aflições, concitá-los ao bem ou à expiação das faltas que os conservam distanciados da suprema felicidade, constitui para eles ocupação gratíssima. São designados às vezes pelos nomes de anjos, arcanjos ou serafins (106, q. 112 e 113).

[...] *Espíritos puros*, isto é, perfeitos, não precisando mais de encarnação (106, q. 226).

[...] Inteligências espirituais existentes no estado de *puros Espíritos*, isto é, na condição de um ser não mais limitado pela *forma*. [...] *Inteligências* que teriam chegado aos cumes supremos da existência espiritual. [...] (19).

Mediante essas encarnações sucessivas, o Espírito, tendo-se despojado pouco a pouco de suas impurezas e se aperfeiçoado pelo trabalho, chega ao termo de suas existências corporais. Passa então a pertencer à ordem dos Espíritos puros ou anjos, [...] (320, cap. 1, Resumo do ensino dos Espíritos).

Ver também ANJO

Espírito sábio

Espíritos sábios – Distinguem-se pela amplitude de seus conhecimentos. Preocupam-se menos com as questões morais, do que com as de natureza científica, para as quais têm maior aptidão. Entretanto, só encaram a ciência do ponto de vista da sua utilidade e jamais dominados por quaisquer paixões próprias dos Espíritos imperfeitos (106, q. 109).

Espíritos sérios

[...] Os Espíritos sérios comparecem onde são chamados seriamente, com fé, fervor e confiança. Não gostam de servir de experiência nem de dar espetáculo; ao contrário, gostam de instruir aqueles que os interrogam sem pensamento preconcebido. [...] (103, cap. 5).

Espírito Superior

[...] os Espíritos Superiores, se distinguem dos outros pela sua perfeição, seus conhecimentos, sua proximidade de Deus, pela pureza de seus sentimentos e por seu amor do bem: são os anjos ou puros Espíritos. [...] (106, Introd.).

Espíritos Superiores. – Esses em si reúnem a ciência, a sabedoria e a bondade. Da linguagem que empregam se exala sempre a benevolência; é uma linguagem invariavelmente digna, elevada e, muitas vezes, sublime. Sua superioridade os torna mais aptos do que os outros a nos darem noções exatas sobre as coisas do mundo incorpóreo, dentro dos limites do que é permitido ao homem saber. [...] (106, q. 111).

[...] O Espírito Superior, que chegou à perfeição, que se tornou puro Espírito, é senhor da Natureza e de todos os fluidos, deles dispondo à sua vontade, de acordo com as necessidades e as circunstâncias. [...] (193).

Os Espíritos Superiores, em suas mensagens, só dizem coisas boas, em linguagem isenta de toda trivialidade. São econômicos nas frases e dizem muito com poucas palavras. A bondade, a afabilidade, a lógica e o bom senso são atributos essenciais do conteúdo que transmitem. [...] (314, pt.1, cap. 5.6).

ESPÍRITO

[Classificação segundo o modo como se apresentam nas Reuniões de desobsessão]

Espíritos alcoólatras e toxicômanos

Quase sempre se apresentam [na reunião mediúnica] pedindo, suplicando ou exigindo que lhes deem aquilo de que tanto sentem falta. Sofrem muito e das súplicas podem chegar a crises terríveis, delírios em que se debatem e que os desequilibram totalmente. Sentem-se cercados por sombras, perseguidos por bichos, monstros que lhes infundem pavor, enquanto sofrem as agonias da falta do álcool ou do tóxico (195, pt. 3, cap. 12).

Espíritos amedrontados

Dizem-se perseguidos e tentam desesperadamente se esconder de seus perseguidores. Mostram-se aflitos e com muito medo.

[...] São vítimas de obsessões, sendo dominados e perseguidos por entidades mais fortes mentalmente, com as quais se comprometeram. Muitos deles são empregados pelos obsessores para atormentar outras vítimas. Obrigados a obedecer, não são propriamente cúmplices, mas também vítimas (195, pt. 3, cap. 12).

Espíritos arquitetos

Explica-nos o Espírito Efigênio S. Vítor que em cada reunião espírita orientada com segurança, trabalham equipes especializadas que têm incumbência de preparar o ambiente espiritual, dando a esses trabalhadores dedicados o nome de Espíritos arquitetos. [...] (195, pt. 3, cap. 9).

Espíritos dementados

Não têm consciência de coisa alguma. O que falam não apresenta lógica. Quase todos são portadores de monoideísmo, ideia fixa em determinada ocorrência, razão por que não ouvem, nem entendem o que se lhes fala (195, pt. 3, cap. 12).

Espíritos desafiantes

Vêm desafiar-nos. Julgam-se fortes, invulneráveis e utilizam-se desse recurso para amedrontar. Ameaçam os presentes com as mais variadas perseguições e desafiam-nos a que prossigamos interferindo em seus planos.

[...] Aparentam fortaleza, mas, como todos, são indigentes de amor e de paz. Quase sempre estão separados de seus afetos mais caros, seja por nível evolutivo, seja por terem sido feridos por eles (195, pt. 3, cap. 12).

Espíritos descrentes

Apresentam-se insensíveis a qualquer sentimento. Descreem de tudo e de todos. Dizem-se frios, céticos, ateus (195, pt. 3, cap. 12).

Espíritos galhofeiros, zombeteiros

Apresentam-se [na reunião mediúnica] tentando perturbar o ambiente, seja fazendo comentários jocosos, seja dizendo palavras e frases engraçadas, com a intenção de baixar o padrão vibratório dos presentes. Alguns chegam rindo; um riso que prolongam a fim de tomar tempo, exasperar e irritar os presentes, ou também levá-los a rir (195, pt. 3, cap. 12).

Espíritos irônicos

São difíceis para o diálogo. E, geralmente, sendo muito inteligentes, usam a ironia como agressão. Ferem o doutrinador e os participantes com os comentários mais irônicos e contundentes. Ironizam os espíritas, acusando-os de usarem máscara; de se fingirem de santos; de artifícios dos quais, dizem, utilizam para catequizar os incautos; de usar magia, hipnotismo, etc (195, pt. 3, cap. 12).

Espíritos ligados a trabalhos de magia e terreiro

Vez que outra surgem na sessão entidades ligadas aos trabalhos de magia, despachos, etc. Podem estar vinculados a algum nome, a algum caso que esteja sendo tratado pela equipe. Uns reclamam da interferência havida; outros propõem trabalhos mais *pesados* para resolver os assuntos; vários reclamam de estar ali e dizem não saber como foram parar naquele ambiente, pedindo inclusive muitos objetos empregados em reuniões que tais (195, pt. 3, cap. 12).

Espíritos mistificadores

São os que procuram encobrir as suas reais intenções, tomando, às vezes, nomes ilustres ou ares de importância. Chegam aconselhando, tentando aparentar que são amigos ou mentores. Usam de muita sutileza e podem até propor modificações no andamento dos trabalhos (195, pt. 3, cap. 12).

Espíritos obsessores inimigos do Espiritismo

São, geralmente, irmãos de outros credos religiosos. Alguns agem imbuídos de boa-fé, acreditando que estão certos. Muitos, todavia, o fazem absolutamente cônscios de que estão errados, pelo simples prazer de provocar discórdia. Dizem-se defensores do Cristo, da pureza dos seus ensinamentos. Não admitem que os espíritas sigam Jesus (195, pt. 3, cap. 12).

Espíritos ordenadores

[...] São os que vêm incumbidos de colocar em linguagem humana, acessível, as grandes ideias. Sem eles, muito do que se descobre, se pensa e se realiza ficaria perdido no caos e na ausência de perspectiva e hierarquia. São eles – Espíritos lúcidos, objetivos e essencialmente organizadores – que disciplinam as ideias, descobrindo-lhes as conexões, implicações e consequências, colocando-as ordenamente ao alcance da mente humana, de modo facilmente acessível e assimilável, sob a forma de novas sínteses do pensamento. São eles, portanto, que resumem um passado de conquistas e preparam um futuro de realizações. Sem eles, o conhecimento seria um amontoado caótico de ideias que se contradizem, porque invariavelmente vem joio com o trigo, na colheita, e ganga com ouro, na mineração. São eles os faiscadores que tudo tomam, examinam, rejeitam, classificam e colocam no lugar certo, no tempo certo, altruisticamente, para que quem venha depois possa aproveitar-se das estratificações do conhecimento e sair para novas sínteses, cada vez mais amplas, mais nobres, mais belas, *ad infinitum*.

Allan Kardec é um desses espíritos. [...] (144, cap. 1).

Espíritos que auxiliam os obsessores

São bastante comuns nas reuniões [mediúnicas]. Às vezes, dizem abertamente o que fazem e que têm um chefe. Em outros casos, tentam esconder as suas atividades e muitos chegam a afirmar que o chefe não quer que digam nada. Também costumam dizer que foram trazidos à força ou que não sabem como vieram parar ali (195, pt. 3, cap. 12).

Espíritos que desconhecem a própria situação

Não têm consciência de que estão no Plano Espiritual. Não sabem que morreram e sentem-se imantados aos locais onde viveram ou onde está o centro de seus interesses (195, pt. 3, cap. 12).

Espíritos que desejam tomar o tempo da reunião

Vêm com ideia preconcebida de ocupar o tempo dos trabalhos e assim perturbarem o seu desenrolar.

Usam muito a técnica de acusar os participantes, os espíritas em geral, ou comentam sobre as comunicações anteriores, zombando dos problemas apresentados. Tentam alongar a conversa, têm resposta para tudo (195, pt. 3, cap. 12).

Espíritos que não conseguem falar

São bastante comuns as comunicações de entidades que não conseguem falar. Essa dificuldade pode ser resultante de problemas mentais que interferem no centro da fala, como também em virtude do ódio em que se consomem, que, de certa maneira, oblitera a capacidade de transmitir o que pensam e sentem. Em outros casos, pode ser um reflexo de doenças de que eram portadores antes da desencarnação e que persistem no Além-Túmulo, por algum tempo, de acordo com o estado de cada uma. Finalmente, existem aqueles que não querem falar para não deixar transparecer o que pensam [...] (195, pt. 3, cap. 12).

Espíritos sofredores

Esses Espíritos, perturbados pela morte, acreditam ainda, muito tempo depois, pertencerem à vida terrestre. Não lhes permitindo seus fluidos grosseiros o entrarem em relação com Espíritos mais adiantados, são levados aos grupos de estudo, para serem instruídos acerca de sua nova condição.

[...] são companheiros que trazem ainda a mente em teor vibratório idêntico ao da existência na carne. Na fase em que estagiam, mais depressa se ajustam com o auxílio dos encarnados, em cuja faixa de impressões ainda respiram (163, cap. 32).

São os que apresentam ainda os sofrimentos da desencarnação ou do mal que os vitimou. Se morreram em desastre, sentem, por exemplo, as aflições daqueles instantes. Sofrem muito e há necessidade de aliviá-las através da prece e do passe. A maioria adormece e é levada pelos trabalhadores espirituais (195, pt. 3, cap. 12).

Ver também MORTE VIOLENTA

Espíritos suicidas

São seres que sofrem intensamente. Quando se comunicam apresentam um sofrimento tão atroz, que comove a todos. Às vezes, estão enlouquecidos pelas alucinações que padecem, em virtude da repetição da cena em que destruíram o próprio corpo, pelas dores superlativas daí advindas e ao chegarem à reunião estão no ponto máximo da agonia e do cansaço (195, pt. 3, cap. 12).

Espíritos vingativos

São aqueles obsessores que, por vingança, se vinculam a determinadas criaturas.

Muitos declaram abertamente seus planos, enquanto que outros se negam a comentar suas ações ou o que desejam. Costumam apresentar-se enraivecidos, acusando os participantes de estarem criando obstáculos aos seus planos. Falam do passado, do quanto sofreram nas mãos dos que hoje são as vítimas. [...] (195, pt. 3, cap. 12).

Ver também OBSESSOR

Espírito assombrador

[...] [Espíritos assombradores] perseveram na ilusão de estarem ainda vivos e presas de estranho sonho. Não esqueçais, pois, que os Espíritos ligados à terra, ou Espíritos *assombradores*, são os que vivem perpetuamente nessa ilusão.. (19, Oitavo caso).

Espírito da Verdade

Esse Espírito de Verdade é a plêiade de Espíritos que, baixando em toda a Terra, diz: *"Os tempos são chegados"*, esclarecendo-nos sobre coisas que se achavam ocultas sob o véu da letra, nos mesmos Evangelhos (159, pt. 1, cap. 2).

São *figuradas* estas palavras. O Espírito da Verdade, que Deus dá aos homens, é a verdade sempre relativa à inteligência dos que a recebem e cujo conhecimento lhes é revelado pelos Espíritos errantes em missão e pelos encarnados que, também em missão, recebem a inspiração divina por intermédio dos Espíritos Superiores que os assistem e guiam. [...]

Para os Apóstolos, como encarnados, o Espírito da Verdade, que Deus lhes havia de enviar, era o conhecimento da verdade correspondente às necessidades da missão que eles iam desempenhar e nas condições que o seu desempenho o reclamava, isto é, o conhecimento da missão de Jesus e da sua autoridade, conhecimento que, debaixo da inspiração divina, eles teriam pela assistência, pela inspiração dos Espíritos do Senhor encarregados de os inspirar e guiar; conhecimento que lhes incumbia transmitir aos homens da época e que, pelas narrações evangélicas, chegaria às gerações futuras (182, v. 4).

O *Espírito da Verdade, que procede do Pai*, é a luz, a ciência, a verdade que os Espíritos, assim errantes como encarnados, trazem aos homens, aqueles por meio da inspiração ou da ação mediúnicas, ou por outros meios da palavra (182, v. 4).

O *Espírito da Verdade* não é um ser corpóreo ou fluídico; é o conhecimento progressivo da verdade, conhecimento que se não pode adquirir senão pelo aperfeiçoamento; é o conjunto dos Espíritos do Senhor, os quais, manifestando-se aos homens, os fazem penetrar naquele conhecimento; é, portanto, o Espiritismo que, consubstanciando os ensinos daqueles Espíritos, nos faculta conhecer as verdades que o Divino Mestre não pode revelar e a discerni-las do erro e da falsidade; leva-nos a desenvolver, pela experiência, a nossa perspicácia e as nossas faculdades intelectuais; concita-nos ao devotamento, tocando-nos os corações e tornando-nos dignos de ser por ele conduzidos a toda a verdade (193).

No Espiritismo, o Espírito de Verdade é a própria voz do Cristo retificando veredas no encontro da larga estrada da Verdade (207, cap. 25).

A 25 de março de 1856, o Missionário [Allan Kardec] toma conhecimento da existência do seu guia espiritual – *A Verdade* –, que o protegeria e ajudaria sempre, assistindo-o quer diretamente, através de médiuns, quer pelo pensamento, forma esta que se tornou, mais tarde, a única (226, v. 2, cap. 1, it. 11).

O Consolador Prometido, Espírito da Verdade, disse-o Jesus, virá quando for tempo, isto é, quando a Humanidade já tiver realizado o preciso progresso para compreender, suportar a luz superior das mais altas verdades (324, pt. 1, cap. 14).

Espírito de Deus

A expressão – *Espírito de Deus* – considerada em relação a Jesus, significa, tirado da letra o espírito, a influência *direta* que o Senhor sobre ele exerce. *Em relação ao homem*, vós espíritas deveis compreendê-la como designando os *Espíritos* purificados que o Senhor vos envia, na qualidade de medianeiros entre a sua vontade e os vossos Espíritos (182, v. 2).

Espírito desencarnado

[...] esses seres ocultos que povoam os espaços são uma das forças da Natureza, força cuja ação é incessante sobre o mundo material, tanto quanto sobre o mundo moral (101, cap. 13, it. 13).

[...] o Espírito desencarnado por efeito da morte não é um ser vago, indefinido, uma espécie de centelha, ou de simples mônade: é um ser concreto, que conserva sua forma corpórea, mas que, no estado normal, nos é invisível. Suas percepções, boas ou más, são as que tinha antes de morrer, porém em grau mais elevado, porquanto já a matéria lhe não embaraça o meneio das faculdades (134, 9ª efusão).

Espírito do mal

[...] não há outro espírito do mal senão a ignorância. [...] (45, cap. 11).

Ver também IGNORÂNCIA

Espírito do mundo

O *espírito do mundo* é o acervo de todas as nossas ações delituosas em séculos de experiências incessantes [...] (295, cap. 106).

Espírito Elevado

Classificamos como *elevados* os que, encarnados ou desencarnados, revelam noções de fraternidade, conhecimento, humildade e boa vontade (161, cap. 23).

Elevados são os que pautam sua atuação, na palavra e na exemplificação durante o contato conosco, pelos padrões da moral evangélica, que é a própria moral espírita (163, cap. 22).

Espírito encarnado

[...] [Espíritos] *encarnados*, isto é, ligados a um corpo [...] (106, q. 226).

[...] é herdeiro de si mesmo, é restaurador do seu passado, é o construtor do seu destino (164, cap. 11).

Espírito errante

[...] [Espíritos] *errantes*, isto é, sem corpo material e aguardando nova encarnação para se melhorarem [...] (106, q. 226).

Ver também ERRATICIDADE

Espírito familiar

Os Espíritos familiares se ligam a certas pessoas por laços mais ou menos duráveis, com o fim de lhes serem úteis, dentro dos limites do poder, quase sempre muito restrito, de que dispõem. São bons, porém muitas vezes pouco adiantados e mesmo um tanto levianos. Ocupam-se de boa mente com as particularidades da vida íntima e só atuam por ordem ou com permissão dos Espíritos Protetores (106, q. 514).

Os Espíritos familiares se ligam a certas pessoas por laços mais ou menos duráveis com o fim de lhes serem úteis, dentro dos limites do poder, quase sempre muito restrito, de que dispõem. São bons, porém, muitas vezes, pouco adiantados e mesmo um tanto levianos. [...] (312, cap. 2).

Espírito maligno

[...] Quanto às expressões – *Espírito maligno, satanás, diabo* [...] designam *figuradamente*, de modo *emblemático*, os Espíritos maus, Espíritos de erro e mentira, Espíritos inferiores, impuros, levianos ou perversos (182, v. 2).

Ver também ESPÍRITO MAU *e* SATANÁS

Espírito material

Por *espírito material* entendei aqueles cujos pendores são todos para a matéria e que lhe sentem a influência mesmo quando dela desprendidos, isto porque o perispírito corresponde sempre ao desenvolvimento espiritual. O de um Espírito pouco adiantado, sujeito, conseguintemente, às atrações da matéria, é muito espesso e bastante aproximado, embora o não vejais, das matérias que compõem os vossos corpos. [...] (182, v. 3).

Espírito maternal

[...] é uma espécie de anjo ou mensageiro, embora muita vez circunscrito ao cárcere de férreo egoísmo, na custódia dos filhos. [...] (252, cap. 33).

Espírito mau

Os maus Espíritos são aqueles que ainda não foram tocados de arrependimento; que se deleitam no mal e nenhum pesar por isso sentem; que são insensíveis às reprimendas, repelem a prece e muitas vezes blasfemam do nome de Deus. São essas almas endurecidas que, após a morte, se vingam nos homens dos sofrimentos que suportam, e perseguem com o seu ódio aqueles a quem odiaram durante a vida, quer obsidiando-os, quer exercendo sobre eles qualquer influência funesta. [...] Duas categorias há bem distintas de Espíritos perversos: a dos que são francamente maus e a dos hipócritas. [...] (105, cap. 28, it. 75).

O mau gênio é um Espírito imperfeito ou perverso, que se liga ao homem para desviá-lo do bem. Obra, porém, por impulso próprio e não no desempenho de missão. A tenacidade da sua ação está em relação direta com a maior ou menor facilidade de acesso que encontre por parte do homem, que goza sempre da liberdade de escutar-lhe a voz ou de lhe cerrar os ouvidos (106, q. 514).

[...] Os Espíritos maus são inimigos invisíveis, tanto mais perigosos, quanto da ação deles não se suspeitava. [...] (109, pt. 1, Manifestações dos Espíritos).

Ver também ESPÍRITO MALIGNO *e* SATANÁS

Espírito menos esclarecido

Temos, por fim, os Espíritos que, somente para efeito de estudo, foram classificados como *inferiores*.

Considerando a nossa posição espiritual também deficitária, o termo mais próprio será *Espíritos menos esclarecidos*, vinculados ainda às paixões do mundo. Neles, a predominância, em toda linha, é dos sentimentos inconfessáveis (161, cap. 23).

Ver também ESPÍRITO INFERIOR

Espírito nervoso

[...] Limitemo-nos, pois, aos sonâmbulos. Um dos mais notáveis, e que era ao mesmo tempo médium, a vidente de Prevorst, apresentou acerca do fenômeno de levitação, considerações dignas de estudo. Ela designa a força ódica ou magnética sob o nome de *espírito nervoso*, e diz ser este uma energia muito mais imponderável e poderosa que a eletricidade, o galvanismo e o magnetismo mineral. Ela atribuiu, antes de Reichenbach e Rochas, ao *espírito nervoso*, a faculdade de suprimir o peso dos corpos. Nos homens mergulhados em um estado magnético profundo, esse *espírito nervoso* facilmente se destacaria dos nervos e da alma, podendo por seu intermédio agir a distância e manifestar-se por pancadas (181, A levitação).

Ver também LEVITAÇÃO

Espírito perturbado

[Os Espíritos perturbados] São criaturas desencarnadas, Espíritos que perderam o corpo físico e, porque se detiveram deliberadamente na ignorância ou na crueldade, não encontram agora senão as próprias recordações para viver e conviver (292, Espíritos perturbados).

Espírito perturbador

[...] categoria de Espíritos de defuntos que permanecem ligados ao meio em que viveram, tornando-se frequentemente *Espíritos perturbadores*, ou *assombradores*. [...] essas almas podem permanecer ligadas ao mundo durante anos e mesmo durante séculos (19, Décimo quinto caso).

Ver também POLTERGEIST

Espírito Protetor

O Espírito Protetor, anjo da guarda, ou bom gênio, é o que tem por missão acompanhar o homem na vida e ajudá-lo a progredir. É sempre de natureza superior, com relação ao protegido (106, q. 514).

Ver também AMIGO ESPIRITUAL
e ANJO DA GUARDA

Espírito que provém de Deus

[...] é o constante apelo das Forças do Bem, que nos renovam a oportunidade de progredir cada dia, a fim de descobrirmos a glória eterna a que a Infinita Bondade nos destinou (295, cap. 106).

Espírito reencarnante

[...] O ser que vem à Terra, a fim de ocupar nova estrutura material, será a combinação dos genitores e a sua própria condição espiritual. As demarcações mais acentuadas se fazem às expensas do Espírito reencarnante, porquanto, nele implantados estarão os fatores adquiridos nas vivências passadas; são as chamadas reações cármicas, de modo positivo ou negativo, a atingirem os diversos pontos do departamento orgânico (190, cap. 2).

Espírito Santo

[...] Espírito Santo (a legião dos bons Espíritos) [...] (127, A veracidade dos Evangelhos).

Nos tempos hebraicos, a locução *Espírito Santo* era uma expressão familiar aos hebreus, significando tanto a manifestação *pessoal* de Deus por um ato qualquer, como a inspiração divina, o próprio sopro de Deus (127, Identidade de Jesus).

[...] Em todos os casos em que vemos na *Bíblia* a aludida expressão *Espírito Santo* é apenas com a significação, ou de *Espírito de Deus* (que é *Santo*) ou de um *Bom Espírito*, protetor, que se santificou. [...] (136, Subsequentes argumentos).

[...] é, com relação a Deus e à Humanidade, a falange sagrada dos Espíritos do Senhor: puros Espíritos, Espíritos Superiores, bons Espíritos, segundo a ordem hierárquica da elevação espírita, os quais recebem as inspirações divinas para as transmitir aos homens; ministros ou agentes das vontades de Deus, da sua providência, da sua justiça, da sua bondade e da sua misericórdia infinitas; executores de seus desígnios, quanto ao progresso universal, quanto à vida e à harmonia universais, trabalhando todos, no que respeita ao nosso planeta, sob a direção de Jesus [...] (180).

O Espírito Santo, igualmente, não é Deus. Essa expressão figurada designa a falange sagrada dos Espíritos do Senhor, composta dos puros Espíritos, que recebem, mediata ou imediatamente, a inspiração divina; que são, guardada a ordem da hierarquia e da elevação espíritas, os servidores, os ministros, ou os agentes de Deus, da sua providência, no cumprimento da sua vontade e na execução de suas obras, na realização do progresso universal, dentro da vida e da harmonia universais, especialmente com relação a nós e ao nosso planeta. É por eles, pelo Espírito Santo, pois, que até aos homens desce a inspiração divina e se faz sentir a ação da Divina Providência, desempenhando cada um a missão que lhe foi confiada (180).
Do ponto de vista espírita e conforme à verdade que a nova revelação vem pôr em foco

aos olhos de todos, o *Espírito Santo*, de modo geral, não era e não é um Espírito especial; mas, uma designação figurada, que indicava e indica o conjunto dos Espíritos puros, dos Espíritos Superiores e dos bons Espíritos. É a falange sagrada, instrumento, na ordem hierárquica da elevação moral e intelectual, e ministra de Deus, uno, indivisível, eterno, infinito, que irradia por toda parte sem jamais se fracionar e cujas inspirações e vontades só os Espíritos puros recebem diretamente, para as transmitir aos Espíritos Superiores, e, por meio destes, aos bons espíritos, que, através da escala espírita, as fazem chegar até vós.

É a falange sagrada que promove a execução e executa, de acordo com as leis gerais estabelecidas, imutáveis e eternas, as inspirações e a vontade de Deus nos planos físico, intelectual e moral, objetivando a organização, o funcionamento e a realização da vida e da harmonia universais, do universal progresso, na imensidade dos mundos mais ou menos materiais, mais ou menos fluídicos, de todos os universos; na infinidade dos Espíritos, quer errantes, quer fluídica ou materialmente encarnados, quer fluidicamente incorporados e investidos do livre-arbítrio; na multiplicidade de todos os seres, em todos os Reinos da Natureza. É a falange sagrada, verdadeira providência divina, executora, pelas vias hierárquicas de elevação moral e intelectual, na imensidade, nos mundos espíritas e em todos os planetas, inferiores e superiores, da justiça, da bondade e da misericórdia infinita de Deus, Pai de todos e de tudo o que existe (182, v. 1).

Aquelas expressões de que se serviu Jesus dirigindo-se aos discípulos: *O Espírito Santo*, – *O Espírito de vosso Pai*, significam: os Espíritos Superiores, inteligências superiores enviadas pelo Senhor para os guiar. Também tinham por fim fazer-lhes compreender quanto era elevada a inspiração. Não convindo que revelasse aos homens a escala espírita, Jesus não podia indicar mais do que o seu ponto de partida: *O Pai, Deus*.

Pelas locuções *Espírito Santo*, *Espírito de vosso Pai* (vós o sabeis) se designam os Espíritos puros, os Espíritos Superiores e os bons Espíritos que o Senhor envia para guiar ou inspirar os que têm por missão fazer triunfar a verdade (182, v. 2).

O conjunto dos Espíritos Superiores, dos Espíritos purificados, fiéis cumpridores dos desígnios de Deus, é, com efeito, o que devemos entender, de modo indeterminado, por Espírito Santo. Sendo embora uma coletividade, bem se pode, contudo, dizer que o Espírito Santo é uma entidade individual, porquanto, conforme o ensina a Revelação Espírita, desde que chegam aos cumes da perfeição e da pureza, os Espíritos como que perdem a individualidade, fundindo-se na unidade de sentimentos, de pensamentos, de vontade e de ação (193).

Ninguém deverá ignorar que Espírito Santo designa a legião dos Espíritos santificados na luz e no amor, que cooperam com o Cristo desde os primeiros tempos da Humanidade (281, pt. 2, cap. 4).

Espírito Santo – falange dos Emissários da Providência que superintende os grandes movimentos da Humanidade na Terra e no Plano Espiritual (307, cap. 8).

Na melhor compreensão, a denominação Espírito Santo é representativa das falanges espirituais superiores (313, cap. 7).

Espírito simpático

Os Espíritos simpáticos são os que se sentem atraídos para o nosso lado por afeições particulares e ainda por uma certa semelhança de gostos e de sentimentos, tanto para o bem como para o mal. De ordinário, a duração de suas relações se acha subordinada às circunstâncias (106, q. 514) (312, cap. 2).

Espírito sublimado

Espíritos *sublimados* serão aqueles que se revelam possuidores de notável superioridade moral e intelectual, denotando plenitude espiritual, harmonia com a Lei. Encarnados ou não, [tais Espíritos] transitam pelos caminhos do mundo à maneira dos sóis que refulgem nos planos siderais. São muito raros e irradiam bondade e compreensão, sabedoria e amor, revelando-se capazes dos maiores sacrifícios a benefício da felicidade alheia (161, cap. 23).

Espírito turbulento

Há muito tempo que toda uma classe de fenômenos de assombramento foram reunidos sob a denominação de *Espíritos turbulentos*, estudados principalmente na Alemanha e lá designados *poltergeist* (de *polter*, fazer barulho, e *geist*, Espírito) (65, cap. 11).

Ver também POLTERGEIST

ESPIRITUALISMO

Espiritualismo – Usa-se em sentido oposto ao de materialismo; crença na existência da alma espiritual e imaterial. O *espiritualismo* é a base de todas as religiões (107, cap. 32).

Mas espiritualismo é toda doutrina que admite o Espírito. Catolicismo, Protestantismo, Anglicanismo, Maometanismo são, também, espiritualismos (321, cap. 2, Impressões do meio).

ESPIRITUALISTA

[...] Quem quer que acredite haver em si alguma coisa mais do que matéria, é espiritualista. [...] (106, Introd.).

Espiritualista – O que se refere ao espiritualismo; adepto do espiritualismo. É *espiritualista* aquele que acredita que em nós nem tudo é matéria, o que de modo algum implica a crença nas manifestações dos Espíritos. Todo *espírita* é necessariamente *espiritualista*; mas, pode-se ser *espiritualista* sem se ser *espírita*; o *materialista* não é uma nem outra coisa. [...] (107, cap. 32).

[...] *Espiritualista, aquele ou aquela pessoa cuja doutrina é oposta ao materialismo*. Todas as religiões são necessariamente fundadas sobre o espiritualismo. Aquele que crê que em nós existe outra coisa, além da matéria, é espiritualista, o que não implica a crença nos Espíritos e nas suas manifestações. [...] (108, cap. 1).

ESPIRITUALIZAR

Espiritualizar-se é mudar o campo de interesse, vivendo no mundo sem a ele prender-se (100, Materialismo).

ESPORTE

A prática dos esportes é a virtude dos exercícios para o corpo saudável, enquanto que a vivência das virtudes é a ginástica do bem aos outros, que garante a saúde da alma (12, cap. 12).

ESPOSO

O termo – *esposo* – pelo qual o Mestre se designava a si próprio, era tomado às ideias, às tradições e aos costumes hebraicos, pela consideração dispensada aos hebreus que se casavam. Ora, sendo o chefe dessa doutrina, que vos tem amparado apesar de todos os vossos desvios, Jesus era considerado como o mancebo puro que depõe a coroa nupcial, a fim de assumir o governo da família que constituiu para si (182, v. 2).

[...] João [Batista] empregava *figuradamente* a expressão *o esposo* para designar Jesus. [...] (182, v. 4).

ESQUECIMENTO

[...] o esquecimento de enorme quantidade de acontecimentos insignificantes é uma das condições da memória: mas o que é muito notável é que o esquecimento não implica, de forma nenhuma, o aniquilamento das lembranças (41, cap. 6).

[...] é a transição do ódio para o perdão. É o primeiro cautério lançado à chaga viva do rancor, para a sanear e predispor à cura. [...] (87, L. 7, cap. 6).

[...] O esquecimento, bênção concedida por Deus para que nos desvencilhássemos dos empecilhos ao progresso moral, [...] (338, Seguir Jesus).

Ver também PERDÃO

Esquecimento do passado

Podemos agora compreender a impossibilidade de recordar as existências pregressas, visto que o perispírito, conjugado à força vital, tomou, ao encarnar, um movimento vibratório assaz fraco para que o mínimo de intensidade necessário à renovação de suas lembranças, ou seja, a sua passagem ao estado consciente, possa ser atingido (40, cap. 4).

[...] é apenas passageiro, temporário, limitado a uma etapa terrena e que, uma vez restituída à sua verdadeira pátria, liberta das peias carnais, a alma recupera a plenitude do seu eu. Nada se destrói; as aquisições feitas subsistem, eternamente guardadas. Nenhum esforço ficará perdido, e volveremos a encontrar, intacto e incessantemente acrescido, o mealheiro dos nossos conhecimentos. [...] (40, cap. 4).

O esquecimento do passado é a condição indispensável de toda prova e de todo progresso. O nosso passado guarda manchas e nódoas. Percorrendo a série dos tempos, atravessando as idades de brutalidade, devemos ter acumulado bastantes faltas, bastantes iniquidades. Libertos apenas ontem da barbaria, o peso dessas recordações seria acabrunhador para nós. A vida terrestre é, algumas vezes, difícil de suportar; ainda mais o seria se, ao cortejo dos nossos males atuais, acrescesse a memória dos sofrimentos ou das vergonhas passadas (46, pt. 2, cap. 14).

[...] O esquecimento é túmulo para o nosso passado, porque assim se nos torna possível obrar com mais liberdade e coragem, desembaraçados da grilheta que nos seria obstáculo e opróbrio. [...]

Seja como for, o olvido é passageiro, dura apenas o tempo que o Espírito passa aprisionado na matéria. A morte, simples despertar, restitui a memória que o nascimento nos tira. [...] (134, 12ª efusão).

[...] O esquecimento pregresso do encarnado, este bem maior da vida, seria um véu equilibrante evitando as naturais desarmonias se participássemos das outras vivências passadas; nossa atual cerebração não suportaria tamanha carga de emoções, que impediriam novas construções psicológicas. [...] (190, Introd.).

O esquecimento [do passado], nessas existências fragmentárias, obedecendo às Leis Superiores que presidem ao destino, representa a diminuição do estado vibratório do Espírito, em contato com a matéria. [...] (250, cap. 14).

[...] O esquecimento do passado é, pois, uma bênção a mais que as Leis de Deus nos concedem, e não uma dificuldade em nosso caminho evolutivo. [...] (326, cap. 6.1).

ESQUIZOFRENIA

[...] a esquizofrenia é enfermidade muito complexa, nos estudos da saúde mental. [...] há ainda muito campo a desbravar, em razão de as suas origens profundas se encontrarem no Espírito que delinque. [...]

Afetando o equilíbrio da energia espiritual que constitui o ser eterno, a consciência individual imprime, nas engrenagens do perispírito, os remorsos e turbações, os recalques e conflitos que perturbarão os centros do sistema nervoso e cerebral, bem como os seus equipamentos mais delicados, mediante altas cargas de emoção descontrolada, que lhe danificam o complexo orgânico e emocional (77, cap. 4).

[...] Na esquizofrenia, a sintomatologia mais comum consiste na redução do relacionamento interpessoal e mergulho num mundo próprio de fantasias delirantes, em características persecutórias, delírios de grandeza ou mesmo alucinações auditivas. Esses delírios, de variada ordem, são considerados originários nos próprios campos psíquicos do paciente; entretanto, podemos asseverar também existir, nesses doentes, possibilidade de autêntica fenomenologia mediúnica associada, causada por entidades desequilibradas. [...] (190, cap. 3).

Ver também ALIENAÇÃO MENTAL *e* PERSONALIDADE ESQUIZOIDE

ESSÊNCIA DO ESPÍRITO

[...] é a inteligência, cuja operação chamamos pensamento. [...] (129, v. 2).

Ver também INTELIGÊNCIA

ESSÊNCIA ESPIRITUAL

[...] A essência espiritual, que no mineral reside, não é uma individualidade, não se assemelha ao pólipo que, por cissiparidade, se multiplica ao infinito. Ela forma um conjunto que se personifica, que se divide, quando há divisão na massa em consequência da extração, e atinge desse modo a individualidade, como sucede com o princípio que anima o pólipo, com o princípio que anima certas plantas. A essência espiritual sofre, no reino mineral, sucessivas materializações, necessárias a *prepará-la* para passar pelas formas intermédias, que participam do mineral e do vegetal. [...] Depois de haver passado por essas formas e espécies intermediárias, que se ligam entre si numa progressão contínua, e de se haver, sob a influência da dupla ação magnética que operou a vida e a morte nas fases de existências já percorridas, *preparado para sofrer* no vegetal a prova, *que a espera*, da *sensação*, a essência espiritual, Espírito em estado de formação, passa ao reino vegetal. [...] A existência material é então mais curta, porém mais progressiva.

Não há nem consciência, nem sofrimento. *Há sensação.* [...] depois de haver passado, sempre em marcha progressiva, pelas necessárias e sucessivas materializações, percorre as formas e espécies intermediárias, que participam do *vegetal* e do *animal*. Só então, nestas últimas fases de existência, que são as em que aquela essência começa a ter a impressão de um *ato exterior*, ainda que *sem consciência de sua causa e de seus efeitos, há sensação de sofrimento*. Sob a direção e a vigilância dos Espíritos prepostos, o Espírito em formação efetua assim [...] o seu desenvolvimento com relação à matéria que o envolve e chega a adquirir a consciência de ser. Preparado para a vida ativa, exterior, para a vida de relação, passa ele ao reino animal. Torna-se então princípio inteligente. [...] Sempre em estado de formação [...] o Espírito, sem sair do reino animal [...] passa por todas as fases de existência, sucessivas e necessárias ao seu desenvolvimento e por meio das quais chega às formas e espécies, intermediárias, que participam do animal e do homem. [...] se é certo que o Espírito sustenta a matéria, não menos certo é que a matéria lhe auxilia o desenvolvimento. Depois de haver passado por todas as transfigurações da matéria, por todas as fases de desenvolvimento [...] o Espírito chega ao ponto de preparação para o estado espiritual consciente [...] em que *cessa o instinto e começa o pensamento.* [...] (188, cap. 3).

ESSÊNIOS OU ESSEUS

[...] seita judia fundada cerca do ano 150 antes de Jesus Cristo, ao tempo dos macabeus, e cujos membros, habitando uma espécie de mosteiro, formavam entre si uma como associação moral e religiosa. Distinguiam-se pelos costumes brandos e por austeras virtudes, ensinavam o amor a Deus e ao próximo, a imortalidade da alma e acreditavam na ressurreição. Viviam em celibato, condenavam a escravidão e a guerra, punham em comunhão os seus bens e se entregavam à agricultura. Contrários aos saduceus sensuais, que negavam a imortalidade; aos fariseus de rígidas práticas exteriores e de virtudes apenas aparentes, nunca os essênios tomaram parte nas querelas que tornaram antagonistas aquelas duas outras seitas. Pelo gênero de vida que levavam, assemelhavam-se muito aos primeiros cristãos, e os princípios da moral que professavam induziram muitas pessoas a supor que Jesus, antes de dar começo à sua missão pública, lhes pertencera à comunidade. É certo que ele há de tê-la conhecido, mas nada prova que se lhe houvesse filiado, sendo, pois, hipotético tudo quanto a esse respeito se escreveu (105, Introd., it. 3).

Indivíduo pertencente a certa seita de origem judaica, fundada mais ou menos 150 anos antes do Cristo. Os essênios viviam retirados da sociedade, partilhando vida em comum muito fraterna, e abstendo-se de todos os vícios e paixões e até do matrimônio. Eram considerados homens de elevadas virtudes (176, cap. 5).

ESTADO CORPORAL

[...] O estado corporal é transitório e passageiro. [...] (104, pt. 1, cap. 3, it. 10).

ESTADO DE NATUREZA

O estado de natureza é a infância da Humanidade e o ponto de partida do seu desenvolvimento intelectual e moral. [...] (106, q. 776).

ESTADO ESPIRITUAL

[...] é o estado definitivo do Espírito [...]. É no estado espiritual sobretudo que o Espírito colhe os frutos do progresso realizado pelo trabalho da encarnação; é também nesse estado que se prepara para novas lutas e toma as resoluções que há de pôr em prática na sua volta à Humanidade (104, pt. 1, cap. 3, it. 10).

ESTADO MENTAL

[...] Modificar o estado mental é arejar a mente, higienizando-a através de pensamentos sadios, otimistas, edificantes. É substituir as reflexões depressivas, mórbidas, que ressumam tédio, solidão e tristeza por pensamentos contrários a esse estado interior, num exercício constante, que se renova a cada dia, aprendendo a olhar a vida com olhos otimistas, corajosos e, sobretudo, plenos de esperança. É abrir as janelas da alma através da prece permitindo que um novo sol brilhe dentro de si mesmo, gerando um clima interior que favoreça a aproximação de Espíritos bondosos. [...] (195, pt. 2, cap. 6).

ESTADO PSÍQUICO

O nosso estado psíquico é obra nossa. O grau de percepção, de compreensão, que possuímos, é o fruto de nossos esforços prolongados. Fomos nós que o fizemos ao percorrer o ciclo imenso de sucessivas existências. [...] (48, pt. 1, cap. 3).

ESTADO SONAMBÚLICO

O estado sonambúlico é, para o sensitivo, o do Espírito que se liberta do corpo, que nada mais lhe fica sendo senão um instrumento pelo qual transmita seus pensamentos e sensações, exatamente o mesmo que evocadores e médiuns são para os Espíritos (193).

ESTEREÓTIPO

Estereótipo – (Do grego – *stereos*, sólido) – qualidade das aparições tangíveis (107, cap. 32).

ESTÍMULO

O estímulo é a circunstância que nos impele a pensar (292, Faixas).

ESTÔMAGO

Dir-se-ia ser ele o órgão da animalidade por excelência, o fundamento da vida bruta e – parodiando Rabelais – que o estômago é o contramestre dos artistas do Universo, tendo ensinado aos animais e ao homem o que lhes era preciso fazer para viver, suscitando-lhes todas as necessidades e, com elas, todos os instintos (40, cap. 3).

ESTRELA

[...] as estrelas são inumeráveis sóis, prováveis centros de outros tantos sistemas planetários [...] (101, cap. 5, it. 12).

Cada estrela, como sabeis, é centro de um sistema que abrange, não só os planetas em revolução ao derredor dessa estrela, como também as partículas de matéria que aquele sistema difunde. [...] (157, cap. 6).

Acredita-se [...] que as estrelas se formem de nuvens de gás e poeira. Quando a nuvem se divide em fragmentos, estes começam a se contrair sob forças gravitacionais, aquecem-se e irradiam calor. Quando a temperatura aumenta suficientemente para iniciar reações atômicas, a estrela move-se para a sequência principal e se estabelece num estado estável em alguma parte dela, dependendo de sua natureza e temperatura. Fica nessa posição durante a maior parte da sua vida, gerando energia pela conversão do hidrogênio em hélio (como o Sol faz), mas, quando esgota seu combustível, o hidrogênio sai da sequência principal e expande-se para uma gigante vermelha. Depois, não se sabe bem o que acontece, mas acredita-se que a estrela usa rapidamente vários combustíveis e gera toda espécie de elementos pesados, até se tornar altamente instável e eventualmente explodir, como nova ou supernova (188, cap. 2).

[...] [As estrelas] são as *moradas* de nosso Pai, os estádios, os marcos soberbos das estradas do Infinito [...] (202, O Céu estrelado).

As estrelas são estações divinas que nos esperam (248).

Ver também MORADA

Estrela dos magos

[...] O que os magos viram não era uma estrela.

[...] Os magos eram guiados por um Espírito Superior encarregado de os levar a render homenagem ao Salvador da Humanidade. Esse Espírito se manifestou fluidicamente, de modo luminoso, sob a forma de uma estrela, tal como os magos o designaram.

[...] a *estrela* de que se trata não era [...] um dos mundos que povoam o firmamento e sim [...] uma concentração de fluidos luminosos, sob o aspecto de estrela brilhante, cuja claridade se modificava de modo a poderem os magos, médiuns videntes, distinguir-lhe a luz. Era efeito de ótica produzido para lhes fazer *cintilar* à vista, como as estrelas em noite límpida, um clarão movediço (182, v. 1).

Estrela dupla

[...] [Estrelas duplas] – São dois sóis, um dos quais gira em torno do outro, como um planeta em torno do seu sol. [...] Há mesmo sistemas ainda mais complicados, em que diferentes sóis desempenham, uns com relação a outros, o papel de satélites. Produzem-se então maravilhosos efeitos de luz, para os habitantes dos globos que tais sóis iluminam, tanto mais quanto, sem embargo da aparente proximidade em que se encontram uns dos outros, podem mundos habitados circular entre eles e receber alternativamente as ondas de luz diversamente coloridas, cuja reunião recompõe a luz branca (101, cap. 6, it. 38).

ESTRUTURA ESPIRITUAL

[...] chamamos de *Estrutura Espiritual* (EE), o nível coletivo médio espiritual já alcançado pelo povo em sua evolução. [...] (128).

ESTRUTURA SOCIAL

[...] denominamos de *Estrutura Social* (ES) ao conjunto de ordenamento jurídico-constitucional, à consequente ordem socioeconômica e às correspondentes instituições derivadas, vigentes em determinada sociedade e época. [...] (128).

ESTUDO

O estudo é a fonte de ternos e puros gozos; liberta-nos das preocupações vulgares e faz-nos esquecer as tribulações da vida. [...] (46, pt. 5, cap. 53).

O estudo, em qualquer campo onde se pretenda eficiência, é sempre exigência fundamental.
Todo aquele que encara seu trabalho com dedicação e seriedade não pode abrir mão dele. Sempre há algo que se precisa aprender.
Com relação ao passe, o campo de estudo é vastíssimo. Como se sabe ele tem ligações estreitas com as mais variadas áreas do conhecimento humano, desde as ciências físicas e biológicas até os aspectos filosóficos da justiça e do merecimento, sem esquecer a obsessão e suas aplicações no Mundo Espiritual.
Dedicação e estudo constituem os principais fatores que definem o bom e o mau passista (94, pt. 3, cap. 3).
Estudar a Doutrina Espírita não é dedicar-se à sua leitura com o mesmo estado de ânimo com que se lê um jornal ou uma revista mundana. Estudar é reter na memória o que se lê, é identificar-se de tal forma com o objeto do estudo, que se decida respeitar através da exemplificação os ensinamentos ali colhidos (138, A luta gloriosa).
O estudo – seara do aprendizado – é semelhante à plantação em que a leira devolve as sementes multiplicadas centenas de vezes (219, Conquistai as muralhas...).

Estudo Sistematizado da Doutrina Espírita - ESDE

Nós temos cuidado da instrução. Temos os nossos cursos, felizmente, num clima extraordinário. Porque o ESDE, consideramos, nestes 52 anos de convivência com o Movimento, é uma das maiores bênçãos da vida espírita para nos preparar.
É confortador chegarmos em lugares distantes das grandes cidades e encontrarmos ali o ESDE, o Estudo Sistematizado da Doutrina Espírita e as pessoas preocupadas em estudar. E o ESDE vem realizando também o mister do amor, porque o trabalho do expositor, a preparação dos temas, os encontros periódicos daqueles que vão ministrar os cursos, isso aquece os corações (73, q. 2).

Estudo sério

O que caracteriza um estudo sério é a continuidade que se lhe dá. [...] (106, Introd., it. 8).

ÉTER

Há um fluido etéreo que enche o espaço e penetra os corpos. Esse fluido é o éter ou matéria *cósmica* primitiva, geradora do mundo e dos seres. [...] (101, cap. 6, it. 10).

[...] matéria-prima, o *substratum* definitivo de todos os movimentos. [...] (50, cap. 1).

[...] O éter do espaço é o elo conector. No mundo material, ele é a realidade fundamental, substancial. No Mundo Espiritual, as realidades da existência são outras e muito mais elevadas; porém, quanto ao modo por que atua o éter, mal podemos presentemente suspeitar (63, cap. 2).

O éter do espaço pode agora ser tido como um grande elo a ligar o mundo da matéria ao do espírito; é a substância comum a ambos esses mundos. Ambos se contêm dentro dela, dela fazendo parte e sendo dela formados. [...] (63, cap. 2).

[...] fluido que gerou tudo o que existe. Sem ele nada existiria, e com ele tudo pode ser produzido. [...] (84, O éter cósmico).

O éter, ou fluido cósmico universal, que envolve toda a criação (176, cap. 8).
Se, como desencarnados, começamos a examiná-lo na sua essência profunda, para os homens da Terra o éter é quase uma abstração. De qualquer modo, porém, busquemos entendê-lo como fluido sagrado da vida, que se encontra em todo o cosmo; fluido essencial do Universo, que, em todas as direções, é o veículo do pensamento divino (273, q. 20).

Ver também FLUIDO CÓSMICO UNIVERSAL

ETERNIDADE

[...] a eternidade é essencialmente una, imóvel e permanente, insuscetível de qualquer medida, do ponto de vista da duração [...] para ela não há começo, nem fim (101, cap. 6, it. 13).

[...] não comporta começo nem fim [...] (70, Epíl.).

A eternidade é a vitória do tempo sobre o próprio tempo [...] (76, cap. 49).

[...] *Eternidade é o tempo que é*: nem passado, nem futuro, insistindo, portanto, na perpétua elaboração do correto, do eticamente perfeito. [...] (80, cap. 6).

[...] A eternidade é a clemência infinita do Pai Celeste, é a paciência sem precipitação, é o eterno encorajamento dado às almas na sua lenta e penosa ascensão para a Luz. A eternidade é a mão compassiva e cheia de mansuetude que fecha durante um breve sono os olhos fatigados do peregrino terrestre, dá-lhe o esquecimento do passado, e, no seu despertar, substitui o corpo gasto e dorido por um corpo novo, para recomeçar a marcha, pondo em seu coração a esperança, esta lâmpada inextinguível, que ilumina o caminho cheio de obstáculos, por meio do qual ele se eleva aos pés do trono da Perfeição (115, pt. 2, cap. 6).

[...] A única *eternidade* existente, que se possa citar, é Deus (182, v. 2).

[...] é a substância da vida (219, Após inaugurares um túmulo).

Eternidade significa aprimoramento contínuo de repetições (307, cap. 10).

Eternidade dos castigos

[...] corresponde à eternidade do mal. Sim, enquanto existir o mal entre os homens, os castigos subsistirão. [...] A eternidade das penas é, pois, relativa e não absoluta. [...] (106, q. 1009).

ETERNO

Na linguagem vulgar, a palavra *eterno* é muitas vezes empregada figuradamente, para designar uma coisa de longa duração, cujo termo não se prevê, embora se saiba muito bem que esse termo existe. Dizemos, por exemplo, os gelos eternos das altas montanhas, dos pólos, embora saibamos, de um lado, que o mundo físico pode ter fim e, de outro lado, que o estado dessas regiões pode mudar pelo deslocamento normal do eixo da Terra, ou por um cataclismo. Assim, neste caso, o vocábulo – *eterno* não quer dizer perpétuo ao infinito. Quando sofremos de uma enfermidade duradoura, dizemos que o nosso mal é eterno. Que há, pois, de admirar em que Espíritos que sofrem há anos, há séculos, há milênios mesmo, assim também se exprimam? Não esqueçamos, principalmente, que, não lhes permitindo a sua inferioridade divisar o ponto extremo do caminho, creem que terão de sofrer sempre, o que lhes é uma punição.

[...] a palavra *eterno* se pode referir às penas em si mesmas, como consequência de uma lei imutável, e não à sua aplicação a cada indivíduo. [...] (106, q. 1009).

[...] a palavra *eterno* parece simplesmente significar: longa duração. O termo hebraico *ôlam*, traduzido por *eterno*, tem como raiz o verbo *âlam*, ocultar. Exprime um período cujo fim se desconhece. O mesmo acontece à palavra grega *aion* e à latina *aeternitas*. Tem esta como raiz *aetas*, idade. Eternidade, no sentido em que o entendemos hoje, dir-se-ia em grego *aidios* e em latim *sempiternus*, de *semper*, sempre. [...] As penas eternas significam então: sem duração limitada. Para quem não lhes vê o termo são eternas. [...] (45, cap. 7).

[...] Eterno só o invisível o é, porque o que é visível e tangível deriva de causas invisíveis. [...] (63, cap. 13).

ÉTICA

Do grego *ethike*, a Ética é a ciência da moral, que tem por objeto a análise e o julgamento de apreciação aplicado à distinção entre o bem e o mal. Etimologicamente, a Ética se relaciona com os costumes, daí dizer-se que é também a doutrina que os estuda, traçando normas que levam o indivíduo a discernir o bem do mal, o que deve ou não realizar, gerando hábitos que lhe facultem uma existência honrada e cumpridora dos deveres (75, Ética e razão).

[...] autores e filósofos [...] denominam a Ética como *Filosofia do agir* que visa [...] *à bondade ou à perfeição do próprio homem que age.* [...] (129, v. 1).

ÉTICA ESPÍRITA

A ética espírita para a felicidade encontra-se estatuída nas lições incomparáveis do amor que, sem relutância, é o instrumento mais eficaz para a conquista do universo de si mesmo, [...] (339, Planejamento familiar e abortamento na visão espírita).

EU E O PAI SOMOS UM

A resposta que Jesus deu [aos judeus], entendida *segundo o espírito, em verdade*, excluiu a divindade que eles o acusavam de se atribuir. Proclama, ao mesmo tempo, ser também ele, como os que o acusavam, uma criatura de Deus, afirmando que, como eles, tirara o *ser*, do pai, do Criador incriado, que é o único Deus; que tivera, como eles, o mesmo início, o mesmo ponto de partida, a mesma origem divina comum a todos, *na qualidade de princípio espiritual*, mas que era superior a todos os da Terra, pela sua pureza, pelo seu poder, pela natureza da sua missão (182, v. 4).

EUCARISTIA

[...] A verdadeira eucaristia evangélica não é a do pão e do vinho materiais, como pretende a Igreja de Roma, mas a identificação legítima e total do discípulo com Jesus, [...] (313, cap. 20).

EUNUCO

O Evangelho nos fala dos *"eunucos que se castraram a si mesmos por causa do Reino dos Céus"*. Os eunucos serão, em nosso entendimento, aqueles que, com abstinência sexual e vida celibatária, entregaram a vida a benefício da Humanidade ou de si mesmo, em duas situações: 1ª) a dos Espíritos Superiores que vêm com missão definida em atividades religiosas para impulsionar as criaturas humanas ao progresso espiritual e que aceitaram voluntariamente, vivendo num clima de amor, renúncia e humildade a bem dos semelhantes; 2ª) a daqueles Espíritos que se encontram com necessidades expiatórias e aceitaram involuntariamente, ou seja, sem a aprovação de um desejo íntimo. Trazem ainda muitos problemas morais por resolverem, através de um trabalho árduo e penoso de *reeducação dos sentimentos*, em busca do Amor Universal (12, cap. 21).
Num e noutro caso [voluntariamente ou involuntariamente], identificamos aqueles que se fazem chamar, segundo os ensinamentos evangélicos, como sendo *eunucos por amor do Reino de Deus*. Esses eunucos, porém, muito ao contrário do que geralmente se afirma, não são criaturas psicologicamente assexuadas, respirando em climas de negação da vida. Conquanto abstêmios da emotividade sexual, voluntária ou involuntariamente, são almas vibrantes, inflamadas de sonhos e desejos, que se omitem, tanto quanto lhes é possível, no terreno das comunhões afetivas, para satisfazerem as obrigações de ordem espiritual a que se impõem. Depreende-se daí a impossibilidade de se doarem a quaisquer tarefas de reparação ou elevação sem tentações, sofrimentos, angústias e lágrimas e, às vezes, até mesmo escorregões e quedas, nos domínios do sentimento, de vez que os impulsos do amor nelas se mantêm com imensa agudeza, predispondo-as à sede incessante de compreensão e de afeto (294, cap. 23).

Ver também ABSTINÊNCIA

EUTANÁSIA

[...] Ainda que haja chegado ao último extremo um moribundo, ninguém pode afirmar com segurança que lhe haja soado a hora derradeira. A Ciência não se terá enganado nunca em suas previsões? Sei bem haver casos que se podem, com razão, considerar desesperadores; mas, se não há nenhuma esperança fundada de um regresso definitivo à vida e à saúde, existe a possibilidade, atestada por inúmeros exemplos, de o doente, no momento mesmo de exalar o último suspiro, reanimar-se e recobrar por alguns instantes as faculdades! Pois bem: essa hora de graça, que lhe é concedida, pode ser-lhe de grande importância. Desconheceis as reflexões que seu Espírito poderá fazer nas convulsões da agonia e quantos tormentos lhe pode poupar um relâmpago de arrependimento.

O materialista, que apenas vê o corpo e em nenhuma conta tem a alma, é inapto a compreender essas coisas; o espírita, porém, que já sabe o que se passa no Além-Túmulo, conhece o valor de um último pensamento. Minorai os derradeiros sofrimentos, quanto o puderdes; mas, guardai-vos de abreviar a vida, ainda que de um minuto, porque esse minuto pode evitar muitas lágrimas no futuro (105, cap. 5, it. 28).
A eutanásia, em suma, é sempre uma forma de homicídio, pelo qual seus autores responderão no porvir, em grau compatível com as suas causas determinantes (164, cap. 28).
O homem não tem o direito de praticar a eutanásia, em caso algum, ainda que a mesma seja a demonstração aparente de medida benfazeja.
A agonia prolongada pode ter finalidade preciosa para a alma e a moléstia incurável pode ser um bem, como a única válvula de escoamento das imperfeições do Espírito em marcha para a sublime aquisição de seus patrimônios da vida imortal. Além do mais, os desígnios divinos são insondáveis e a ciência precária dos homens não pode decidir nos problemas transcendentes das necessidades do Espírito (273, q. 106).

EVANGELHO

Podem dividir-se em cinco partes as matérias contidas nos Evangelhos: *os atos comuns da vida do Cristo; os milagres; as predições; as palavras que foram tomadas pela Igreja para fundamento de seus dogmas; e o ensino moral.* As quatro primeiras têm sido objeto de controvérsias; a última, porém, conservou-se constantemente inatacável. Diante desse código divino, a própria incredulidade se curva. É terreno onde todos os cultos podem reunir-se, estandarte sob o qual podem todos colocar-se, quaisquer que sejam suas crenças, porquanto jamais ele constituiu matéria das disputas religiosas, que sempre e por toda a parte se originaram das questões dogmáticas. [...] Para os homens, em particular, constitui aquele código uma regra de proceder que abrange todas as circunstâncias da vida privada e da vida pública, o princípio básico de todas as relações sociais que se fundam na mais rigorosa justiça. É, finalmente e acima de tudo, o roteiro infalível para a felicidade vindoura, o levantamento de uma ponta do véu que nos oculta a vida futura. [...] (105, Introd.).

O Evangelho é a fonte das verdades morais e religiosas, e é fundamento da igreja cristã [...] (5, pt. 1, cap. 10).

[...] manancial de luz e de vida em todas as idades da Humanidade e para todas as Humanidades (5, pt. 2).

[...] É a fé, o amor e a justiça. [...] (5, pt. 2).

[...] divina pedra de toque da Religião e da Moral [...] (5, pt. 2).

[...] o mais perfeito código de conduta que se conhece [...] (11, pt. 1).

No Evangelho de Jesus, encontramos todas as luzes e recursos inestimáveis para resolver os problemas da afeição mal dirigida, das fraquezas do sentimento e da viciação sexual.
Se a Ciência cuida do corpo, o Evangelho orienta e ilumina o Espírito (12, cap. 14).

[...] a mensagem do Evangelho, que é luz para os que tateiam nas trevas da ignorância, bálsamo para os corações sofridos e esperança para os tristes, os aflitos e os desgraçados de todos os matizes! (30, cap. 10).

Evangelho é seta a indicar o caminho (100, Esforço).

[...] a obra imortal de Jesus Nazareno [...] é ela o código por excelência de toda a moralidade una e perfeita, de toda a liberdade e de toda a solidariedade (117, v. 2, cap. 2).

[...] é o livro de Jesus, e é preciso conhecer Jesus mais que ao seu Código para dele se ocupar (127, Exórdio).

Ora, os Evangelhos são a obra da Bondade, representam um ciclo da evolução planetária, e, como tal, devem ter recebido o influxo e a sanção dos mensageiros do Pai, orientadores da Verdade relativa que cada época comporta (127, Veracidade dos Evangelhos).
[...] O Evangelho é a bússola que os caminheiros prudentes não abandonam [...] (138, Evangelho – bússola dos caminheiros).

O Evangelho é caminho, porque, seguindo-o, não nos perderemos nas sombrias veredas da incompreensão e do ódio, da injustiça e da perversidade, mas perlustraremos, com galhardia e êxito, as luminosas trilhas da evolução e do progresso – da ascensão e da felicidade que se não extingue.
O Evangelho é Verdade, porque é eterno. Desafia os séculos e transpõe os milênios. Perde-se no infinito dos tempos.
O Evangelho é Vida, porque a alma que se alimenta dele, e nele vive, ganhará a vida eterna. Aquele que crê em Jesus e pratica os seus ensinos viverá – mesmo que esteja morto (162, cap. 8)
[...] é o fundamento da ordem e do progresso.

O Evangelho é Amor – na sua mais elevada expressão.
Amor que unifica e constrói para a Eternidade.
Amor que assegura a perpetuidade de todos os fenômenos evolutivos.
[...] Somente o Evangelho aproximará os homens, porque ele é Caridade (162, cap. 29)

O Evangelho, comentado à luz do Espiritismo, é o mais autêntico roteiro de que podemos dispor, hoje e sempre, para a equação, pacífica e feliz, dos problemas humanos. Com ele, tudo é claridade e paz, alegria e trabalho, harmonia e entendimento, luz e progresso. [...] Com ele, a inteligência ea cultura edificam para a vida que não perece, descortinando os panoramas da perfeição.

[...] Com ele, a fortuna constrói o progresso, estimula a prosperidade, estende as bênçãos do socorro fraterno àqueles que a velhice pobre e a infância desvalida colocam à margem da felicidade (162, Conclusão).

[...] é a bússola dos Espíritos, [...] é o paradigma incontroverso da Verdade para o nosso ciclo de evolução intelectual e moral [...] (178, cap. 3).

Padrão eterno de inigualável sabedoria, o Evangelho é que há de nortear a Humanidade para seus altos destinos. [...] (180).

Os Evangelhos foram e serão sempre o livro do progresso, a fonte da luz e da verdade (182, v. 2).

O Evangelho é também Poesia Divina da Sabedoria e do Amor, a estender-se no mundo em cânticos de fraternidade e serviço (185, Mensagem a Hernani).

O Evangelho é o livro do coração; cura as feridas do sentimento, porque destila o amor de Jesus Cristo: consola o desconforto dos aflitos, porque dele se evola a essência da verdade divina, gradativamente propiciada aos filhos de Deus, para a escalada gloriosa do futuro. Por ele, é certo, aumenta a criatura o seu patrimônio intelectual, com conhecimentos puramente espirituais, porém, a sua finalidade máxima é formar o patrimônio moral da Humanidade (193).

O Evangelho de Nosso Senhor Jesus Cristo é o código de toda a sabedoria de que se pode revestir a humana criatura, para a vida e para as vidas: mas o sagrado código, obra do Mestre Divino, imutável em sua essência, na essência de seus puríssimos ensinamentos, reveste-se do especialíssimo caráter de uma eterna variedade na forma que o acomoda a todas as idades, a todos os progressos da Humanidade.

É uma luz que cresce em intensidade, a par e à medida que os olhos da alma humana adquirem maior capacidade para suportá-la (193).

Assim, a única profilaxia eficaz contra a obsessão é a do Evangelho (195, pt. 4, cap. 1).

[...] O Evangelho de Jesus é o norteador seguro para que os desavisados não se fiem somente na Ciência sem ética e na Filosofia sem a moral cristã (207, cap. 2).

[...] é expressão e aplicação das Leis Universais e Imutáveis de Deus. [...] (207, cap. 14).

[...] O Evangelho do Cristo, código supremo para o entendimento da vida, é simbolizado pelo amor ao Criador e à criatura, como caminho para a redenção do Espírito eterno (207, cap. 33).

O Evangelho de Jesus é o grande repertório de ensinamentos para a busca da sabedoria e da paz. [...] (207, cap. 36).

O Evangelho é o repositório das normas e regras necessárias ao progresso espiritual. [...] (208, cap. 17).

O Evangelho do Cristo, entendido em espírito, é o código que permite a compreensão dos mecanismos das leis morais da vida, resumidas em uma palavra - Amor (208, cap. 33).

[...] O maior tratado de psicologia espontânea que podemos conhecer. [...] (219, A mensagem matinal).

[...] é um cântico de sublimadas esperanças no caminho das lágrimas da Terra, em marcha, porém, para as glórias sublimes do Infinito (229, pt. 1, cap. 2).

[...] O Evangelho do Cristo é o transunto de todas as filosofias que procuram aprimorar o espírito, norteando-lhe a vida e as aspirações (235, cap. 66).

[...] O Evangelho é código de paz e felicidade que precisamos substancializar dentro da própria vida! (236, pt. 1, cap. 1).

[...] é a construção de um mundo novo pela edificação moral do novo homem. [...] (236, pt. 1, cap. 2).

[...] É uma luz para a nossa existência neste mundo mesmo, que devemos transformar em Reino de Deus. [...] (236, pt. 1, cap. 2).

[...] livro mais vivaz e mais formoso do mundo, constituindo a mensagem permanente do Céu, entre as criaturas em trânsito pela Terra, o mapa das abençoadas altitudes espirituais, o guia do caminho, o manual do amor, da coragem e da perene alegria (237, cap. 1).

O Evangelho é roteiro iluminado do qual Jesus é o centro divino. Nessa Carta de Redenção, rodeando-lhe a figura celeste, existem palavras, lembranças, dádivas e indicações muito amadas dos que lhe foram legítimos colaboradores no mundo (239, cap. 171).

[...] Código de ouro e luz, em cuja aplicação pura e simples reside a verdadeira redenção da Humanidade (240, cap. 32).

[...] O Evangelho é a luz eterna, em torno da qual nos cabe o dever de estruturar as nossas asas de sabedoria e de amor [...] (246, cap. 17).

Expressão autêntica da biografia e dos atos do Divino Mestre [...] (247, cap. 20).

Para as horas de amargura, / Para as dívidas da sorte, / o Evangelho é a luz da vida / que esclarece além da morte (248).

O Evangelho não é um livro simplesmente. É um templo de ideias infinitas - miraculosa escola das almas - estabelecendo a nova Humanidade (248).

[...] o Evangelho de Jesus [é o] roteiro das almas em que cada coração deve beber o divino ensinamento para a marcha evolutiva (248).

O Evangelho é, por isso, viveiro celeste para a criação de consciências sublimadas (255, Evangelho).

O Evangelho é serviço redentor, mas não haverá salvação para a Humanidade sem a salvação do Homem (260, cap. 11).

[...] fonte real da Medicina preventiva, sustentando as bases do equilíbrio físio-psíquico (266, cap. 23).

O Evangelho é o roteiro para a ascensão de todos os Espíritos em luta, o aprendizado na Terra para os planos superiores do Ilimitado. De sua aplicação decorre a luz do espírito (273, q. 225).

O Evangelho, todavia, é livro divino e, enquanto permanecemos na cegueira da vaidade e da ignorância, não nos expõe seus tesouros sagrados. [...] (276, cap. 11).

[...] o Evangelho de Amor, que é, sem dúvida, o Livro Divino em cujas lições podemos encontrar a libertação de todo o mal (277, cap. 8).

Ainda e sempre o Evangelho do Senhor / É a mensagem eterna da Verdade, / Senda de paz e de felicidade, / Na luz das luzes do Consolador (280, Eterna mensagem).

[...] confere paz e liberdade. É o tesouro do mundo. Em sua glória sublime os justos encontrarão a coroa de triunfo; os infortunados, o consolo; os tristes, a fortaleza do bom ânimo; os pecadores, a senda redentora dos resgates misericordiosos (281, pt. 1, cap. 5).

[...] O Evangelho é amor em sua expressão mais sublime. [...] (281, pt. 1, cap. 5).

[...] Seu Evangelho [de Jesus] de perdão e amor é o tesouro divino dos sofredores e deserdados do mundo (281, pt. 1, cap. 9).

[...] a palavra *evangelho* significa *boas notícias* (281, pt. 2, cap. 1).

[...] O Evangelho do Cristo é o Sol que ilumina as tradições e os fatos da Antiga Lei. [...] (281, pt. 2, cap. 8).

O Evangelho é o Livro da Vida, cheio de contos e pontos divinos, trazidos ao mundo pelo Celeste Orientador (285, Pontos e contos).

[...] O Evangelho de Nosso Senhor não é livro para os museus, mas roteiro palpitante da vida (285, cap. 37).

[...] é mensagem de salvação, nunca de tormento. [...] (288, pt. 2, cap. 3).

[...] é a revelação pela qual o Cristo nos entregou mais amplo conhecimento de Deus [...] (292, Atualidade espírita).

[...] celeiro divino do nosso pão de imortalidade.

[...] O Evangelho é o Sol da Imortalidade que o Espiritismo reflete, com sabedoria, para a atualidade do mundo (295, Brilhe vossa luz).

Além disso, é o roteiro do otimismo divino (295, cap. 120).

[...] não é apenas um conjunto brilhante de ensinamentos sublimes para ser comentado em nossas doutrinações – é código da Sabedoria Celestial, cujos dispositivos não podemos confundir (297, A luta continua).

[...] representa uma glorificada equipe de ideias de amor puro e fé transformadora, que Jesus trouxe à esfera dos homens, erguendo-os para o Reino Divino (298, cap. 20).

O Evangelho – o livro-luz da evolução – é o nosso apoio. [...] (307, cap. 48).

O Evangelho, assim, não é o livro de um povo apenas, mas o Código de Princípios Morais do Universo, adaptável a todas as pátrias, a todas as comunidades, a todas as raças e a todas as criaturas, porque representa, acima de tudo, a carta de conduta para a ascensão da consciência à imortalidade, na revelação da qual Nosso Senhor Jesus Cristo empregou a mediunidade sublime como agente de luz eterna, exaltando a vida e aniquilando a morte, abolindo o mal e glorificando o bem, a fim de que as leis humanas se purifiquem e se engrandeçam, se santifiquem e se elevem para a integração com as Leis de Deus (306, cap. 26).

Aprendamos com o Evangelho, a fonte inexaurível da Verdade (307, cap. 62).

Os evangelhos são textos de divulgação de uma mensagem organizados dezenas de anos depois, e não biografias. [...] (313, cap. 6).

[...] O Evangelho é uma ciência celeste. Como poderemos, então, compreendê-lo, senti-lo e praticá-lo de uma só vez? Temos de iniciar o seu estudo na infância, a fim de podermos saber alguma coisa sobre ele na idade adulta (333, cap. 12.4).

Remédio eficaz para nossos males é a luz que emana do Evangelho de Jesus, antídoto do egoísmo e do orgulho — fomentadores dos males que persistem em nosso mundo íntimo (338, Saúde integral).

Em minha vida, o Evangelho no lar não é uma prática cultuada como uma obrigação ou dever imposto, mas um hábito saudável que nos faz bem, que protege nosso lar e nossa família, estendendo a bênção aos que moram ou trabalham no mesmo prédio em que resido (339, Importância do Evangelho no lar).

Ver também BOA-NOVA

Evangelho de João

[...] o mais importante de todos, por ser o que contém os transcendentes ensinos e revelações parciais que o Divino Mestre só aos discípulos que lhe eram mais ligados transmitiu, nos colóquios íntimos a que se entregava com eles. [...] (36, Observações necessárias).

EVANGELHOS SINÓTICOS

Os três Evangelhos sinóticos [Mateus, Marcos e Lucas] acham-se fortemente impregnados do pensamento judeu-cristão, dos Apóstolos [...] (45, cap. 1).

EVANGELISTA

Os evangelistas eram, inconscientemente, médiuns historiadores, inspirados. Escreveram por intuição e segundo o que lhes fora narrado por aqueles que, como diz Lucas, desde o começo tudo viram com seus próprios olhos e eram os ministros da palavra. [...] Com efeito, Mateus e João, que foram Apóstolos do Cristo (discípulos encarregados de pregar o Evangelho), o acompanharam durante o seu ministério e testemunharam os fatos que narram e ouviram as palavras que citam. Marcos e Lucas não foram Apóstolos, mas foram contemporâneos destes e viveram em relações íntimas com os que haviam presenciado os acontecimentos de que falam em seus escritos. Os evangelistas demonstram ter exato conhecimento das coisas que relataram. Seus escritos revelam integridade, simplicidade. [...] As narrativas, pois, dos evangelistas, fiel cada uma dentro do quadro que abrangeu, se explicam e completam, de modo a constituírem o conjunto da revelação trazida pelo Messias.

Mateus escreveu o seu Evangelho em hebraico, no ano 39, em Jerusalém. Marcos escreveu o seu em grego, no ano 44, em Roma. Lucas, em grego, no ano 56, em Acaia, João, em grego, no ano 96, em Éfeso (*Elucidações evangélicas*, Antônio Luiz Sayão, Introdução).

A tarefa dos evangelistas foi monumental, pois gravaram pela escrita os ensinamentos do Cristo, que sem isso poderiam perder-se no correr dos séculos (62, cap. 4).

Ver também MÉDIUM HISTORIADOR

EVANGELIZAÇÃO

[...] [A] tarefa da evangelização que é, sem dúvida, o sublime objetivo da Doutrina Espírita (58, cap. 4).

[...] A evangelização é empresa de amor. [...] (253, cap. 6).

Evangelização Espírita Infantojuvenil

Não estamos esperando, finalmente, que as ideias espíritas modifiquem o mundo por inteiro, como se fosse possível mudar os rumos da vida por um passe de mágica, mas estamos certos, por experiência já vivida, de que nas áreas onde penetra a luz do ensino espírita a maneira de ver as coisas já é diferente. Os jovens que têm formação espírita, por exemplo, formação adquirida nas Mocidades e Juventudes, atualmente numerosas no Brasil, quando realmente conservam as sementes recebidas, vão para a Universidade ou ingressam depois na vida pública com um lastro de princípios orientadores. Já sabem, por isso, que a paz duradoura, a paz profunda, inspirada na Mensagem do Cristo, Mensagem que está fora e acima de quaisquer configurações geográficas, políticas, religiosas ou culturais, porque o amor é universal; já sabem os que receberam formação espírita – repetimos – que a verdadeira paz não se constrói por meio de fórmulas e atos solenes, mas na consciência do próprio ser humano, apoiada no poder da inteligência e na força do sentimento. Tudo isto, em suma, são reflexos das lições de Allan Kardec (6, cap. 15).

[...] a tarefa da Evangelização Espírita Infantojuvenil é do mais alto significado dentre as atividades desenvolvidas pelas Instituições Espíritas, na sua ampla e valiosa programação de apoio à obra educativa do homem (58).

[...] [A tarefa de Evangelização Espírita Infantojuvenil] é o *sêmen* fecundante do Bem no organismo da criatura humana, produzindo *frutos* de sabedoria e de paz. [...] A Evangelização Espírita Infantojuvenil é uma das primeiras atividades a serem encetadas como base para a construção moral do mundo novo (58).

[...] a atividade de evangelização espírita no Centro é um empreendimento que está desafiando os dirigentes, não só pela sua importância e oportunidade como, e principalmente, pela sua complexidade, pois exige uma equipe com habilitação específica para que possa ser desenvolvido (59, cap. 4).

[...] é a transmissão do conhecimento espírita e da moral evangélica pregada por Jesus [...] (59, cap. 8).

Também aplaudimos a instituição disciplinada das Juventudes e Mocidades Espíritas, pois sinceramente entendemos que ela é um bem e muito auxiliará os moços a se firmarem para os gloriosos destinos espirituais, que muitos certamente alcançarão em breve etapa. Todavia, é bom raciocinar que essa instituição existiu desde os primeiros dias do Cristianismo e do Espiritismo, senão com a feição hoje apreciada em nossa Doutrina, pelo menos muito significativamente estabelecida pela própria legislação celeste (165, Aos jovens espíritas).

EVANGELIZADOR ESPÍRITA

Ele é muito mais que um monitor, é o companheiro, o amigo, o conselheiro, aquele que dá vida e dinamismo à aula, aquele que impregna os conteúdos da lição com o calor da certeza que tem na tarefa que realiza. Não é um mero transmissor de informações. Os conhecimentos por ele veiculados guardam a pujança da sua fé e do seu ideal. Vale-se dos recursos técnico-pedagógicos indispensáveis, mas utiliza o amor como técnica por excelência (59, cap. 8).

EVANGELIZAR

O Consolador é o Espiritismo, e evangelizar outra coisa não significa que transmitir o conhecimento dos seus princípios à luz do Evangelho cristão. Jesus e a Doutrina Espírita são, pois, indissociáveis. Daí ser necessário que se instruam, mas sobretudo que se eduquem todas as gerações, isto é, o homem em todas as faixas etárias desta existência terrena. E o Espiritismo aqui está, no mundo, para atender a esse objetivo (59, Apresentação).

Evangelizar é, mais do que antes, a palavra de ordem. *Evangelizar* pelo exemplo, pela palavra, no lar e fora dele, em qualquer parte, em qualquer circunstância. Essa a tarefa dos *espíritas conscienciosos* de que nos fala Kardec. [...] (138, Necessidade de evangelização).

Evangelizar quer dizer traduzir em espírito e verdade os ensinamentos do Amado Mestre, derramando-os no coração, na alma das pobres criaturas; evangelizar é dar exemplos de humildade, é fugir às pompas e grandezas, às riquezas e honrarias (197, cap. 10).

[...] evangelizar alguém, e principalmente crianças, é trabalho delicadíssimo, próprio de quem se acha bastante seguro dos conhecimentos adquiridos no Evangelho e de quem possa receber orientações muito claras do Espaço (165, O grande compromisso).

Evangelizar é dar, é repartir com o próximo a alegria, a paz, a vida que encontramos no Cristo (220, Ouvindo Stanley Jones).

EVIDÊNCIA

[...] a evidência no mundo, frequentemente, não passa de ergástulo em que a alma padece angustiosa solidão (243, cap. 9).

EVOCAÇÃO

Os Espíritos podem comunicar-se espontaneamente, ou acudir ao nosso chamado, isto é, vir por evocação. [...] (107, it. 269).

Podemos evocar todos os Espíritos, seja qual for o grau em que se encontrem na escala espiritual: tanto os bons, como os maus; [...] (319, cap. 8).

[...] O risco das evocações é inconteste, pois o grupo se abre à possibilidade das mistificações, em especial quando a entidade evocada não pode ou não deve se comunicar. Daí serem preferíveis os ditados espontâneos. [...] (347, p. 1, cap. 18).

Não olvidemos que equivale a uma evocação a lembrança insistente daquele que deixou o corpo físico, a inconformação com a perda do ente amado ou o pranto desconsolado. [...] (347, p. 1, cap. 19).

Evocação espírita

[...] é uma oração humilde e respeitosa, que se eleva ao Ser Supremo, a fim de que se digne inspirar-nos e fortalecer-nos na prática do bem [...].

É o terno suspiro do filho que invoca a proteção do Pai, é a fraqueza da criatura que se acolhe ao amparo do Criador, é o gemido dorido do enfermo que procura a saúde, é o aceno da alma que deseja agradar a Deus e conhecer sua vontade, para respeitá-la e cumpri-la (5, pt. 2, cap. 10).

EVOCAR

Evocar um Espírito [...] é entrar no pensamento dominante desse Espírito e, assim, se nos elevarmos moralmente mais alto, na mesma linha o arrastaremos conosco e ele nos servirá. [...] (10, cap. 14).

EVOLUÇÃO

A evolução está na própria Natureza. Tudo está sujeito à Lei Geral da Evolução que, segundo o entendimento geral, é modificação para melhor, é a superação de um estágio por outro. Realmente, quando um estágio do processo evolutivo encerra o seu ciclo ou já chegou ao ponto a que devia chegar, logo se inicia outro estágio, que o supera na ordem natural das coisas.

No caso do ser humano, entretanto, convém notar que a evolução não é tão natural, tão mecânica como às vezes parece. Até certo ponto, tanto quanto ocorre com outros seres, a evolução se opera naturalmente, independentemente das opções dos homens, pois a lei não pede licença a ninguém, como diz um adágio muito antigo; mas, de certo ponto em diante, a evolução depende muito da vontade humana. [...]

Na perspectiva espírita, que nos permite considerar a evolução através de uma lente maior, o Espírito terá de progredir em conhecimento e em moral. Ciência e Moral, caminhando lado a lado, necessariamente – é o pensamento da Doutrina. Se o indivíduo se modifica por injunções e necessidades da vida social [...] é claro que evolveu de um estágio para o outro, mas a evolução foi superficial, se não operou mudanças no EU real, no EU profundo. [...] A noção real de progresso (entendida pelo pensamento espírita) é transformação no sentido da elevação da criatura humana. Nem sempre a evolução, nesta ou naquela faixa, representa progresso no que diz respeito ao lado espiritual da vida.

[...] Evolução é *por si mesma*, estende-se a todas as latitudes. Progresso é um ideal de melhoramento, o que *deve ser*, mais cedo ou mais tarde, pois é o alvo maior da vida humana (6, cap. 28).

A evolução, ou seja, o progresso contínuo e ordenado dos seres e dos mundos, constitui uma Lei Divina, a que está sujeita toda a Criação:

[...] A evolução é a manifestação da onipotência divina, mas não se confunde com Deus [...] (11, pt. 2, Postulados e ensinamentos).

A evolução é lei para todos os seres do Universo. Todo Espírito se movimenta, trabalha, luta, sofre, acerta, erra, volta a acertar, aprende, se educa, melhora, se aperfeiçoa e se enriquece continuadamente de valores psíquicos, ampliando sempre estes recursos, através das existências corpóreas e dos trabalhos na vida espiritual, em busca de níveis cada vez mais elevados, até alcançar a condição de Espírito perfeito (12, cap. 4).

[...] o desenvolvimento de um plano lógico para a vitória do espírito sobre a matéria (41, cap. 3).

A evolução é uma lei à qual não se pode fugir. É a marcha para o progresso a que cada um é compelido a realizar em si mesmo, através do esforço, do trabalho, da perseverança e do otimismo, no combate às imperfeições, em busca das virtudes, com o concurso das vidas sucessivas. A evolução espiritual é contínua, não regride nunca, mas pode ser retardada em seu processamento se não se aproveitar bem a oportunidade que Deus concede ao Espírito reencarnante (62, cap. 4).

[...] A evolução é a chave do Universo. A evolução nunca termina. Estamos continuamente a progredir, a progredir, sempre, porém, conservando a nossa individualidade. Isso ocorre para explicar o mistério da existência (63, cap. 12).

A evolução é impositivo da Lei de Deus, incessante, inquestionável. Nessa Lei não existe o repouso, o letargo das forças, a inércia. Por toda parte e sempre o impositivo da evolução, o imperativo do progresso (74, cap. 8).

A evolução impõe a participação nos compromissos coletivos, a ação eficaz nos programas existenciais, cada um oferecendo a sua melhor parte, de forma que as dificuldades possam receber salutar tratamento através da contribuição geral, mediante a qual cada um doa a sua especialidade e valor, modificando as estruturas vigentes e abrindo novos espaços para a alegria e o desenvolvimento geral (75, Liberdade).

A evolução, [...] lei fundamental da Providência de que todas as outras são subsidiárias e complementares [...] (84, Da evolução e do transformismo).

[...] A evolução poderá, assim, ser considerada como a fatal transposição de energias potenciais em energias realizadas; *a aquisição da consciência será seu propósito e seu fim* (90, pt. 2, cap. 2).

A evolução é a deusa que preside aos destinos da Humanidade. É ela quem lhe regula os passos, quem lhe desimpede o caminho, quem lhe ensina o progresso e quem lhe entesoura o saber.

O laço que ata umas às outras as vidas do homem é a alma; o laço que prende todos os atos da vida coletiva da Humanidade é a

evolução. É a base das civilizações; é a força propulsora do progresso eterno.
É o colossal êmbolo da máquina humana, para lhe imprimir a ação; é o fluido vaporoso que lhe imprime a vida.
A evolução é a alma social.
A evolução, sendo o produto do trabalho do homem, é o influxo da vontade divina.
É a causa irresistível que o impulsiona para avante; é o *quid* misterioso, abstrato, intangível, que estabelece e desenvolve permanentemente, no espírito humano, o desejo, sempre insaciado de ir mais além; de saber mais, de adquirir mais e de mais amar (117, v. 3, cap. 15).
A estrada ascensional da grande Humanidade, com suas alternativas de vida corpórea e vida espiritual, não é, pois, a bem dizer, senão lenta depuração. As primeiras etapas, onde o mal domina em proporções terrificantes, são *infernos*. As etapas um pouco mais elevadas, tais como a da Terra, onde o mal ainda impera, mas onde às dores se entrelaçam as alegrias, são *purgatórios*. As mais altas, onde domina o bem, podem chamar-se *paraísos*, mas paraísos progressivos, que formam a avenida conducente à verdadeira Jerusalém, onde nos espera o Pai, cercado da falange dos Espíritos vitoriosos (134, 19ª efusão).
A evolução é fruto do tempo infinito... (162, cap. 42).
[...] A evolução pressupõe mudança, principalmente mudança de ideias. Se queremos favorecer o nosso próprio processo de crescimento espiritual, precisamos estar dispostos a investir energias para sair da nossa inércia mental. Assimilar novas ideias significa enriquecer nossa maneira de enxergar o mundo e ampliar nosso discernimento, para fazer novas e diferentes escolhas e apresentar um comportamento renovado (204, Infância – tempo de semear).

A evolução humana, determinismo da Lei Divina, é construída com os esforços das criaturas que aderem espontaneamente à programação divina, conjugados às inumeráveis experiências dolorosas dos que aprendem as lições compulsoriamente (207, cap. 3).

[...] é renovação. [...] (221, O problema do destino).

[...] é lei imutável. Não há forças, não há potências conjugadas capazes de a impedir, nem mesmo embaraçar-lhe a ação e a eficiência. Nem um só instante a obra da evolução sofreu interrupções na eternidade do tempo e no infinito do espaço (223, cap. 29).

[...] A evolução para Deus pode ser comparada a uma viagem divina. [...] (231, cap. 19).

A ascensão espiritual para atingir a meta a que nos propomos é uma viagem na qual o Espírito se desfaz de todos os enfeites terrenos para ganhar a leveza necessária na Altura (248).
A evolução é troca: quem mais dá, mais recebe (248).
[...] é a nossa lenta caminhada de retorno para Deus. Os que mais amam vão à frente, traçando caminho aos seus irmãos (249, cap. 21).

A evolução é escada infinita. Cada qual abrange a paisagem de acordo com o degrau em que se coloca (256, cap. 49).
[...] é obra paciente dos séculos e alguns dias de experiência, quais os que se verificam na carne, desde o berço risonho ao sepulcro sombrio, não bastam à iluminação efetiva da alma. [...] (263, cap. 31).

Para que se efetue a jornada iluminativa do espírito é indispensável deslocar a mente, revolver as ideias, renovar as concepções e modificar, invariavelmente, para o bem maior o modo íntimo de ser, tal qual procedemos com o solo na revivificação da lavoura produtiva ou com qualquer instituto humano em reestruturação para o progresso geral. [...] (268, cap. 16).
Em verdade, a trilha da evolução é uma estrada para cima, inçada de perigos, empeços, sofrimentos e espinhos que para nós se exibem como sendo dolorosos e difíceis problemas (291, cap. 52).
[...] é trabalho de espíritos reunidos (303, pt. 1, cap. 16).

Ver também EDUCAÇÃO, LEI DE PROGRESSO *e* PROGRESSO

Evolução espiritual

A evolução espiritual é aquela que se realiza no íntimo das criaturas (62, cap. 4).

[...] o próprio processo de evolução espiritual nada mais é que uma série imensurável de escolhas acertadas no sentido do bem, entre as diversas e antagônicas soluções que se nos oferecem a cada momento no plano moral (148, cap. 7).

Evolução material

A evolução material é a que se observa no meio onde se vive: a melhoria dos meios de transporte, das comunicações (62, cap. 4).

EXAME CONSCIENCIAL

Fenômeno ocasionado, geralmente, durante a agonia, quaisquer que sejam os gêneros de morte, ou imediatamente após esta. Comumente penoso, esse patético instante costuma proporcionar agonia dolorosa ou agitada ao moribundo, quando sua consciência o acusar de deslizes graves. [...] São os *arquivos da alma*, (ou subconsciência) que se impõem em momento propício, visto que se afrouxam os laços que unem o Espírito à matéria. [...] (166, pt. 4, cap. 1).

Ver também SUBCONSCIÊNCIA

EXEMPLO

[...] é o agente mais poderoso, na ordem moral, para despertar as almas adormecidas, tocando a mola que nelas existe e que lhes aciona as fibras sensíveis, em correspondência com o sentimento ou faculdade elevada que lhes cumpre desenvolver (2, cap. 1).

[...] a força do exemplo – constitui a mais edificante pregação que o homem fiel a si mesmo pode realizar, a benefício seu e do próximo.

[...] O bom exemplo, observado e sentido, permanece indelével na retina e nos refolhos conscienciais (162, cap. 38).

O exemplo é a força mais contagiosa do mundo. [...] (255, A escola).

EXISTÊNCIA

[...] As existências corpóreas são apenas intervalos, curtas estações na existência espiritual, sendo a soma de todas as estações apenas uma parcela mínima da existência normal. [...] (109, pt. 1, O caminho da vida).

A existência terrestre não é mais que uma página do grande livro da vida, uma breve passagem que liga duas imensidades – a do passado e a do futuro. [...] (45, cap. 11).

[...] *oportunidade* de concessão da misericórdia divina. [...] (129, v. 2).

[...] prova transitória, mas necessária ao nosso progresso. [...] (134, 36a efusão).

[...] é estágio na escola da evolução, em que o trabalho constante nos ensina a servir para merecer e a raciocinar para discernir. [...] (163, cap. 36).

A existência física é abençoado ensejo para a cura da alma, assegurando-nos, agora ou amanhã, a reabilitação e o crescimento para Deus, na compreensão e prática de suas Leis de Amor (164, cap. 28).

[...] a existência humana, por mais longa, é simples aprendizado em que o Espírito reclama benéficas restrições para restaurar o seu caminho (231, cap. 1).

A existência na Terra é uma lavoura dele, nosso Mestre e Senhor (248).

A existência é o resultado de nossos desejos (248).

A existência física é dádiva das mais preciosas, de vez que, por ela, é possível renovar o caminho do nosso espírito, para a imortalidade vitoriosa (248).

[...] A existência, entre as criaturas terrestres, é uma porta divina que se abre à nossa firme vontade de trabalhar e renascer para o Alto (248).

A existência humana é um aprendizado que reclama vigilância, entendimento e oração (248).

A mais elevada oportunidade de um homem é a sua própria existência [...] (248).

A experiência terrestre é comparável a espessa cortina de sombra, restringindo-nos a visão (260, cap. 28).

[...] escola de aperfeiçoamento moral (262, Previdência).

[...] é preciosa bolsa de trabalho e de estudo, com amplos recursos de pagamento (262, Aprender e refazer).

[...] é como precioso tecido de que os olhos mortais apenas enxergam o lado avesso. [...] (264, cap. 13).

[...] é abençoado colégio de iluminação renovadora. [...] (268, cap. 6).

[...] Na vida eterna, a existência no corpo físico, por mais longa, é sempre curto período de aprendizagem. [...] (269, cap. 18).

[...] A experiência no corpo de carne, em posição difícil, é semelhante a um choque de longa duração, em que a alma é convidada a restabelecer-se. [...] (269, cap. 25).

Cada existência humana é sempre valioso dia de luta – generoso degrau para a ascensão infinita [...] (279, cap. 76).

[...] é bem uma ascensão das trevas para a luz. [...] (281, pt. 2, cap. 8).

[...] a existência carnal é um curso educativo, de proporções vastas, cheio de probabilidades milagrosas para o discípulo de boa vontade [...] (285, cap. 31).

A existência na Terra é um dia na Grande Escola da Eternidade (286, Missiva de irmã).

[...] é um aprendizado em que nos consumimos devagarinho, de modo a atingir a plenitude do Mestre. [...] (288, pt. 2, cap. 3).

[...] a existência humana é oportunidade preciosa no aprendizado para a vida eterna. [...] (289, Do noticiarista desencarnado).

A existência terrestre, no fundo, é um estágio do espírito imperecível no campo das forças físicas em constante mutação (291, cap. 51).

[...] é um grande conjunto de negócios espirituais e que a vida, em si, não passa de ato religioso permanente, com vistas aos deveres divinos que nos prendem a Deus (295, cap. 2).

[...] a existência na esfera física é abençoada oficina de trabalho, resgate e redenção [...] (295, cap. 60).

A existência terrestre é passagem para a luz eterna. E prosseguir com o Cristo é acompanhar-lhe as pegadas, evitando o desvio insidioso (295, cap. 142).

A existência terrestre pode ser comparada a laboriosa viagem.
O corpo é a embarcação. O pensamento é a força.
A língua é o leme (307, cap. 49).

Ver também VIDA

Existência da alma

A prova científica da existência da alma e da sua comunicação conosco é o legado mais brilhante que o presente século vai deixar ao vindouro (37, Pref.).

Existência espiritual

A existência espiritual da alma [...] é a sua existência normal, com indefinida lembrança retrospectiva. [...] (109, pt. 1, O caminho da vida).

ÊXITO

O êxito na Terra é miragem enganosa que persegues com insensatez. [...] (76, cap. 31).

[...] O êxito é uma bênção de forças conjugadas da Natureza (248).

EXPERIÊNCIA

E o repetir de amargas experiências são oportunidades de que desfrutamos para nos alçarmos às regiões da ventura [...] (79, L. 1, cap. 2).

[...] doloroso curso de renunciação pessoal, [...] abençoada escola em que o Espírito de boa vontade pode alcançar culminâncias. [...] (264, cap. 19).

[...] doloroso processo de acrisolamento e regeneração (286, Amor filial).

A experiência é o conjunto de nossos próprios pensamentos (292, Faixas).

EXPIAÇÃO

[...] O prazo da expiação está subordinado ao melhoramento do culpado (104, pt. 1, cap. 5, it. 7).

Até que os últimos vestígios da falta desapareçam, a expiação consiste nos sofrimentos físicos e morais que lhe são consequentes, seja na vida atual, seja na vida espiritual após a morte, ou ainda em nova existência corporal (104, pt. 1, cap. 7).

A felicidade real do Espírito culpado consiste no cumprimento exato da lei de ação e reação, que faz cada Espírito sofrer em si mesmo os danos causados ao próximo.

Expiações dolorosas, no hoje, redundarão em paz da consciência no amanhã, quando sofremos dentro dos preceitos evangélicos.

Nenhum Espírito caminhará para a frente, na senda do aperfeiçoamento espiritual, sem antes saldar suas dívidas com a Justiça Divina (12, cap. 10).

Expiações redentoras são, também, as mãos do amor trabalhando as substâncias do ser para o fanal glorioso (79, L. 3, cap. 5).

O Espírito não pediu aquela encarnação, porque no seu estado de atraso e endurecimento, de obstinação no mal, não seria capaz de compreender a necessidade de progredir, de ser bom. [...] A vida de expiação lhe é imposta pela Lei das leis!

Não foi uma existência solicitada, pedida para fins de reabilitação.

É uma encarnação imposta pelo Alto, com o fim misericordioso de despertar a criatura para as alegrias do bem: Arrancar a alma às trevas e jogá-la às claridades do Amor (152, cap. 3).

[...] A consequência do mal praticado, o esforço para o reparar (182, v. 3).

A *expiação*, de que fala a Doutrina Espírita, não é senão a purgação purificadora do mal que infeccionou o espírito. Este, através dela, restaura a própria saúde e se liberta das impurezas que o afligem e lhe retardam a felicidade (188, cap. 5).

A expiação é a primeira consequência da falta ou crime praticado, mediante a qual a consciência do criminoso acaba por despertar para o arrependimento [...] (193).

O caminho expiatório é um trilho de sofrimentos e reparações [...] (260, cap. 29).

[...] é a pena imposta ao malfeitor que comete um crime (273, q. 246).

[...] a recuperação ou a expiação podem ser consideradas como essa mesma subida, devidamente recapitulada, através de embaraços e armadilhas, miragens e espinheiros que nós mesmos criamos (305, pt. 1, cap. 19).

[...] As expiações experimentadas, de forma individual ou coletiva, são as consequências dos delitos perpetrados em passado recente ou remoto. [...] (312, cap. 9).

A expiação é um decreto-lei, isto é, devemos pagar pelos nossos erros. Normalmente, são processos dolorosos que podem ser vivenciados tanto no mundo material quanto no espiritual. [...] (330, cap. 12).

Lembremo-nos de que nem todo sofrimento na Terra é expiação que resgata faltas anteriores em caráter de reabilitação moral (339, Quando sofremos).

Ver também PROVA *e* PROVAÇÃO

Expiação e prova

[...] a expiação serve sempre de prova, mas nem sempre a prova é uma expiação. Provas e expiações, todavia, são sempre sinais de relativa inferioridade, porquanto o que é perfeito não precisa ser provado. [...] (105, cap. 5, it. 9).

ÊXTASE

O êxtase é um sonambulismo mais apurado. A alma do extático ainda é mais independente (106, q. 439).

O êxtase é o estado em que a independência da alma, com relação ao corpo, se manifesta de modo mais sensível e se toma, de certa forma, palpável.

[...] no estado de êxtase, o aniquilamento do corpo é quase completo. Fica-lhe somente, pode-se dizer, a vida orgânica. Sente-se que a alma se lhe acha presa unicamente por um fio, que mais um pequenino esforço quebraria sem remissão (106, q. 455).

O *êxtase* é a emancipação da alma no grau máximo. [...] (109, pt. 1, Manifestações dos Espíritos).

[...] um dos mais belos apanágios da alma afetuosa e crente, que, na exaltação de sua fé, reúne todas as suas energias, se desembaraça momentaneamente dos empecilhos carnais e se transporta às regiões em que o Belo se ostenta em suas infinitas manifestações.

No êxtase, o corpo se torna insensível; a alma, libertada de sua prisão, tem concentradas toda a sua energia vital e toda a sua faculdade de visão em um ponto único. Ela não é mais deste mundo, mas participa já da vida celeste (48, pt. 2, cap. 13).

Êxtase sexual

Acreditamos que o êxtase sexual, esta grande reação da vida, além de atender a necessidade procriativa, seria um mecanismo de profundas trocas energéticas entre dois seres. [...] (189, cap. 5).

Êxtase da dupla vista

[...] nos êxtases da dupla vista, a alma se desprende e adquire, em grau mais ou menos alto, as faculdades do Espírito livre. [...] (101, cap. 16, it. 5).

EXTERIORIZAÇÃO

[...] A exteriorização [da alma] não é mais que uma preparação do Espírito para o estado de liberdade, para essa outra forma de existência em que ele se encontra desembaraçado dos liames da matéria (48, pt. 2, cap. 12).

Ver também BILOCAÇÃO *e* DESDOBRAMENTO

Exteriorização da sensibilidade

[...] fenômeno rudimentar da separação do espírito do corpo, mas deixa entrever que o corpo material se ressente das contusões e choques experimentados pelo corpo espiritual (228, pt. 4).

F

FACULDADE MEDIÚNICA

ver MEDIUNIDADE

FACULDADE SUPRANORMAL

Tendo-se em conta que o manifestarem-se de súbito no homem faculdades supranormais, muitíssimo superiores às normais, não pode ser atribuído ao fato de que um trauma na cabeça, um delírio febril, um estado comatoso, ou uma inalação de éter *as tenham criado do nada*, forçoso será se deduza que tais faculdades existem, em estado latente, nas subconsciências de todos e que os estados traumático, febril, comatoso, determinando no indivíduo um enfraquecimento ou uma parada temporária das funções da vida de relação, chegam a criar uma condição favorável a que as ditas faculdades surjam, também temporariamente. Por outras palavras: as faculdades da subconsciência, em virtude da sobrevinda parada, teriam meio – por assim dizer – de infiltrar-se pelas comissuras que se abriram no diafragma que as separa das faculdades psíquicas conscientes e de irromper no campo da consciência normal (20, cap. 1).

Faculdade supranormal subconsciente

[...] as faculdades supranormais subconscientes constituem os sentidos espirituais da personalidade integral subconsciente, sentidos que terão de aparecer e de exercitar-se em ambiente apropriado, depois da crise da morte. [...] (20, cap. 1).

[...] as faculdades supranormais são partilha comum de todas as subconsciências humanas, onde aguardam o momento favorável para abrolharem com a morte do corpo, de modo a constituírem os sentidos da personalidade humana desencarnada (23).

FALATÓRIO

Falatório é desperdício. E quando assim não seja não passa de escura corrente de venenos psíquicos, ameaçando espíritos valorosos e comunidades inteiras (295, cap. 73).

Ver também CALÚNIA

FALSOS PROFETAS

[...] Em todos os tempos, homens houve que exploraram, em proveito de suas ambições, de seus interesses e do seu anseio de dominação, certos conhecimentos que possuíam, a fim de alcançarem o prestígio de um pseudopoder sobre-humano, ou de uma pretendida missão divina. São esses os falsos cristos e falsos profetas. [...] (105, cap. 21, it. 5).

[...] são os que, em toda e qualquer facção religiosa, apenas se limitam a pregar boas normas de conduta, sem exercitá-las no trato com seus irmãos; são os que invocam constantemente o santo nome de Deus, com palavras melífluas, mas na realidade são servis adoradores de Mamon; são os que fingem ser mansos, humildes e caridosos, mas que, no íntimo, são o reverso do que aparentam (29, Pelos seus frutos os conhecereis).

Quando essas palavras [*"Ai! de vós quando os homens vos louvarem, porquanto é o que os pais deles faziam aos falsos profetas"*] eram dirigidas aos discípulos, os falsos profetas tinham sido, eram e, dado o estado de inferioridade moral em que ainda se encontra na Terra, são neste momento aqueles que, impelidos por maus instintos, por más paixões, oriundas, seja do orgulho, do egoísmo, do interesse material, da cupidez, seja da intolerância ou do fanatismo, trabalham por incutir suas ideias nas almas simples e confiantes. São aqueles que, conhecendo a verdade, a ocultam do povo, a fim de o terem *preso* e *submisso*. São os que, compenetrados da verdade, recusam submeter-se a ela por orgulho e pregam o erro, conscientes do que fazem, mas receosos do "que dirão". "Ai! deles!" (182, v. 1).

Os falsos profetas são os que pregam uma moral que não praticam (182, v. 2).

São *falsos cristos, falsos profetas* todos os que vos queiram escravizar as consciências, impondo-lhes um culto diverso do que Deus criou: o do amor *universal*. [...] (182, v. 3).

[...] todos os que vos afastam da prática do amor e da caridade, que desnaturam o código admirável que o Cristo vos legou, *são falsos cristos, falsos profetas*. Não os escuteis (182, v. 3).

FALTA

[...] As faltas são quedas (71, pt. 3, cap. 6).

FAMA

A fama é tuba comprida. / De curto discernimento / Que toca mais à fortuna / Que ao justo merecimento (257, cap. 3).

FAMÍLIA

Há, pois, duas espécies de famílias: as *famílias pelos laços espirituais* e as *famílias pelos laços corporais*. Duráveis, as primeiras se fortalecem pela purificação e se perpetuam no mundo dos Espíritos, através das várias migrações da alma; as segundas, frágeis como a matéria, se extinguem com o tempo e muitas vezes se dissolvem moralmente, já na existência atual. [...] (105, cap. 14, it. 8).

[...] A família deve ser considerada como alavanca poderosa que auxilie o Espírito, elevando-o às divinas aspirações, reconduzindo de modo permanente ao caminho do bem os pobres desgarrados dele pelos seus maus instintos sempre funestos, se não houvesse guias visíveis e invisíveis para sustá-los à borda do abismo (17, cap. 11).

A família é uma instituição divina cuja finalidade precípua consiste em estreitar os laços sociais, ensejando-nos o melhor modo de aprendermos a amar-nos como irmãos (28, A família).

[...] A família é o estado natural de uma existência honesta e regular. [...] (46, pt. 5, cap. 52).

A família é a base da sociedade, que não pode ficar relegada a plano secundário. Viver em família com elevação e dignidade, é valorização da vida, na oportunidade que Deus concede ao Espírito para crescer e atingir as culminâncias a que está destinado (54, cap. 17).

Grupamento de raça, de caracteres e gêneros semelhantes, resultado de agregações afins, a família, genericamente, representa o clã social ou de sintonia por identidade que reúne espécimes dentro da mesma classificação. Juridicamente, porém, a família se deriva da união de dois seres que se elegem para uma vida em comum, através de um contrato, dando origem à genitura da mesma espécie. Pequena república fundamental para o equilíbrio da grande república humana representada pela nação.

[...] A família [...] é o grupo de espíritos normalmente necessitados, desajustados, em compromisso inadiável para a reparação, graças à contingência reencarnatória. [...]

[...] A família é mais do que o resultante genético... São os ideais, os sonhos, os anelos, as lutas e árduas tarefas, os sofrimentos e as aspirações, as tradições morais elevadas que se cimentam nos liames da concessão divina, no mesmo grupo doméstico onde medram as nobres expressões da elevação espiritual na Terra (74, cap. 24).

[...] oficina onde se forjam os lídimos heróis da renúncia e os Apóstolos da abnegação para os tempos atuais [...] (76, Antelóquio).

A verdadeira família, não o esqueçamos, compõe-se das almas puras que se compreendem e atraem, sentindo-se feitas para se amarem. [...] (134, 31ª efusão).

[...] A família é, pois, um grupo que caminha, oferecendo mútuo amparo, revezando-se aqui na Terra e no Além, uns na carne, outros em espírito. [...] (135, cap. 6).

O estudo da família pertence ao âmbito da Sociologia e estudiosos dessa ciência consideram a fase atual como um processo de transformação por que passa esse agrupamento humano, para adequar-se a um novo contexto social. Enquanto, no passado, a família era vista como agrupamento de pessoas ligadas pelos laços da consanguinidade, o conceito hoje se ampliou, considerando os sociólogos que se podem aceitar como família um casal e seus filhos, um casal sem filhos, ou mesmo pessoas que se unem por afinidade [KOENING, Samuel. *Elementos da sociologia*, cap. 11. "A Família"]. O conceito atual aproxima-se bastante da ideia espírita, já que em *O evangelho segundo o espiritismo*, aprendemos que os verdadeiros laços de família não são os da consanguinidade, mas os da afinidade espiritual [Cap. 14, it. 8].
Devemos tranquilizar, pois, os nossos corações, porque a família não está em extinção, o processo é de transformação. A vulnerabilidade do bebê humano e sua dependência dos cuidados do adulto são indícios muito fortes de que a família é uma necessidade psicofísica do homem e, portanto, será difícil imaginar um sistema social sem essa instituição básica (204, Juventude – tempo de fazer escolhas).

[...] o símbolo dos laços eternos do amor [...] (239, cap. 62).

[...] A família consanguínea na Terra é o microcosmo de obrigações salvadoras em que nos habilitamos para o serviço à família maior que se constitui da Humanidade inteira. [...] (252, cap. 39).

A família consanguínea é uma reunião de almas em processo de evolução, reajuste, aperfeiçoamento ou santificação. O homem e a mulher, abraçando o matrimônio por escola de amor e trabalho, honrando o vínculo dos compromissos que assumem perante a Harmonia Universal, nele se transformam em médiuns da própria vida, responsabilizando-se pela materialização, a longo prazo, dos amigos e dos adversários de ontem, convertidos no santuário doméstico em filhos e irmãos. A paternidade e a maternidade, dignamente vividas no mundo, constituem sacerdócio dos mais altos para o Espírito reencarnado na Terra, pois, através delas, a regeneração e o progresso se efetuam com segurança e clareza. [...] (269, cap. 30).

[...] O instituto da família é cadinho sublime de purificação e o esquecimento dessa verdade custa-nos alto preço na vida espiritual (263, cap. 49).

A família é uma reunião espiritual no tempo, e, por isto mesmo, o lar é um santuário.
Muitas vezes, mormente na Terra, vários de seus componentes se afastam da sintonia com os mais altos objetivos da vida; todavia quando dois ou três de seus membros aprendem a grandeza das suas probabilidades de elevação, congregando-se intimamente para as realizações do espírito eterno, são de esperar maravilhosas edificações (268, cap. 8).

[...] Devemos ter nosso agrupamento familiar como sagrada construção, mas sem esquecer que nossas famílias são seções da família universal, sob a Direção Divina. [...] (270, cap. 6).

Todas as disciplinas referentes ao aprimoramento do cérebro são facilmente encontradas nas universidades da Terra, mas a família é a escola do coração, erguendo seres amados à condição de professores do espírito (292, A escola do coração).
De todos os institutos sociais existentes na Terra, a família é o mais importante, do ponto de vista dos alicerces morais que regem a vida (294, cap. 17).
Grupo consanguíneo a que você forçosamente se vincula por remanescentes do pretérito

ou imposições de afinidade com vistas ao burilamento pessoal (304, cap. 40).

A família é o ponto de sustentação e equilíbrio para o idoso. [...] (337, O idoso na família).

[...] a família jamais deixará de ser a base da sociedade, mesmo que sofra modificações e adaptações aos avanços sociais. [...] (339, Laços de família).

Além das famílias consanguíneas, que oferecem os equipamentos para os renascimentos físicos, existem também aquelas de natureza espiritual, [...] (339, A parentela corporal e os laços de família).

A família é o laboratório de vivências das mais expressivas de que necessita o ser humano, no seu processo de evolução, [...] (339, O idoso na família: conflito de gerações).

A família consanguínea é lavoura de luz da alma, dentro da qual triunfam somente aqueles que se revestem de paciência, renúncia e boa vontade (349, cap. 1).

Ver também PARENTELA

Família espiritual

[...] é uma constelação de Inteligências, cujos membros estão na Terra e nos Céus. Aquele que já pode ver mais um pouco auxilia a visão daquele que ainda se encontra em luta por desvencilhar-se da própria cegueira. Todos nós, por mais baixo nos revelemos na escala da evolução, possuímos, não longe de nós, alguém que nos ama a impelir-nos para a elevação. [...] (252, cap. 33).

FAMILIARES

Os familiares não são escravos de obrigações. São as testemunhas de nossa inaptidão. Por outro lado, são os grandes auxiliares de nosso progresso e, para vivermos em autêntica fraternidade com todos, deveremos ser fraternos com eles também (100, Amabilidade).

FAMINTO

[...] é alguém que [o Senhor] nos recomenda servir... (259, cap. 35).

FANATISMO

Fanatismo religioso é sectarismo que encarcera a liberdade de consciência, pretendendo uma liberdade dirigida na esfera do pensamento, que torna o homem escravo de postulados que lhe proíbem a expansão da alma pela ideia e pela razão. [...] (156, cap. 4).

FARISEUS

Fariseus (do hebreu *parush*, divisão, separação) – A tradição constituía parte importante da teologia dos judeus. Consistia numa compilação das interpretações sucessivamente dadas ao sentido das Escrituras e tornadas artigos de dogma. Constituía, entre os doutores, assunto de discussões intermináveis, as mais das vezes sobre simples questões de palavras ou de formas, no gênero das disputas teológicas e das sutilezas da escolástica da Idade Média. Daí nasceram diferentes seitas, cada uma das quais pretendia ter o monopólio da verdade, detestando-se umas às outras, como sói acontecer. [...]

Tomavam parte ativa nas controvérsias religiosas. Servis cumpridores das práticas exteriores do culto e das cerimônias; cheios de um zelo ardente de proselitismo, inimigos dos inovadores, afetavam grande severidade de princípios; mas, sob as aparências de meticulosa devoção, ocultavam costumes dissolutos, muito orgulho e, acima de tudo, excessiva ânsia de dominação. Tinham a religião mais como meio de chegarem a seus fins, do que como objeto de fé sincera. Da virtude nada possuíam, além das exterioridades e da ostentação; entretanto, por umas e outras, exerciam grande influência sobre o povo, a cujos olhos passavam por santas criaturas. Daí o serem muito poderosos em Jerusalém (105, Introd.).

[...] indivíduos que, conquanto pertençam a esta ou àquela igreja, não pautam seus atos pela doutrina que dizem esposar, só guardam a aparência de virtuosos e, nessas condições, não podem exercer nenhuma influência benéfica naqueles que os rodeiam (29, Vós sois o sal da terra).

Fariseus eram os seguidores de uma das mais influentes seitas do Judaísmo. Demonstravam grande zelo pelas suas tradições teológicas, cumpriam meticulosamente as práticas exteriores do culto e das cerimônias estatuídas pelo rabinismo, dando, assim, a impressão de serem muito devotos e fiéis observadores dos princípios religiosos que defendiam. Na realidade, porém, sob esse simulacro de virtudes, ocultavam costumes dissolutos, mesquinhez, secura de coração e sobretudo muito orgulho (31, Parábola do fariseu e do publicano).

Uma das principais seitas dos judeus; membros de uma seita judaica que ostentava, hipocritamente, grande santidade. Fig.: Fariseu: hipócrita, fingido, falso (178, Glos.).

Pelas palavras *fariseus* e *saduceus* – neles empregadas, os Apóstolos designavam, de um modo geral, os incrédulos. [...] (182, v. 2).

Fariseu ainda é todo homem presunçoso, dogmático, exclusivo, pretenso privilegiado das forças divinas (295, cap. 54).

Ver também HIPÓCRITA

FASCINAÇÃO

[...] seduzido pelo Espírito que o domina, [o obsidiado] se ilude com relação às qualidades deste último e se compraz no erro a que é conduzido, porque, então, longe de a secundar, o obsidiado repele toda assistência. É o caso da fascinação, infinitamente mais rebelde sempre, do que a mais violenta subjugação (101, cap. 14, it. 46).

[...] o isolamento favorece a fascinação, ao passo que as reuniões encontram controle na pluralidade das opiniões (103, cap. 14).

Em suma, publicando comunicações dignas de interesse, faz-se uma coisa útil. Publicando as que são fracas, insignificantes ou más, faz-se mais mal do que bem. Uma consideração não menos importante é a da oportunidade. Algumas há cuja publicação seria intempestiva e, por isso mesmo prejudicial. Cada coisa deve vir a seu tempo (103, cap. 14).

[...] É uma ilusão produzida pela ação direta do Espírito sobre o pensamento do médium e que, de certa maneira, lhe paralisa o raciocínio, relativamente às comunicações. O médium fascinado não acredita que o estejam enganando: o Espírito tem a arte de lhe inspirar confiança cega, que o impede de ver o embuste e de compreender o absurdo do que escreve, ainda quando esse absurdo salte aos olhos de toda gente. A ilusão pode mesmo ir até o ponto de o fazer achar sublime a linguagem mais ridícula. Fora erro acreditar que a este gênero de obsessão só estão sujeitas as pessoas simples, ignorantes e baldas de senso. Dela não se acham isentas nem os homens de mais espírito, os mais instruídos e os mais inteligentes sob outros aspectos, o que prova que tal aberração é efeito de uma causa estranha, cuja influência eles sofrem (107, it. 239).

A *fascinação obsessional* é muito mais grave, porque nela o médium é completamente iludido. O Espírito que o domina apodera-se de sua confiança, a ponto de impedi-lo de julgar as comunicações que recebe, fazendo-lhe achar sublimes os maiores absurdos. O caráter distintivo deste gênero de obsessão é provocar no médium uma excessiva suscetibilidade e levá-lo a não acreditar bom, justo e verdadeiro senão o que ele escreve; a repelir e, mesmo, considerar mau todo conselho e toda observação crítica, preferindo romper com os amigos a convencer-se de que está sendo enganado; a encher-se de inveja contra os outros médiuns cujas comunicações sejam julgadas melhores que as suas; a querer impor-se nas reuniões espíritas, das quais se afasta, quando não pode dominá-las. Essa atuação do Espírito pode chegar ao ponto de ser o indivíduo conduzido a dar os passos mais ridículos e comprometedores (108, cap. 2, it. 71).

Quando atingimos a fascinação, o fenômeno acentua-se e as consequências tornam-se mais graves. O médium não se julga ludibriado, já não goza do seu livre-arbítrio integral, só obedece às injunções do Espírito, é a hipnotização espiritual a exercer-se. Mercê da liberdade que o médium outorga ao Espírito, pode este atuar intensamente sobre o perispírito dele, médium, e isso com tanto mais facilidade quanto já não encontra obstáculo, de vez que a vontade mediúnica se lhe rendeu complacente (40, cap. 5).

[...] a fascinação é bem mais grave [do que a obsessão simples], *porque o agente espiritual atua diretamente sobre o pensamento de sua vítima, inibindo-lhe o raciocínio e levando--a à perigosa convicção de que as ideias que expressa, por mais fantásticas que sejam, provêm de um Espírito de elevado gabarito intelectual e moral. Seu engano é evidente a todos, menos a ele próprio, que segue, fascinado e servil, o Espírito que se apoderou sutilmente de sua mente* (145, cap. 2).

[...] é a influência, sutil e pertinaz, traiçoeira e quase imperceptível, que Espíritos vingativos exercem sobre o indivíduo objeto de suas vinditas (161, cap. 11).

Fascinação é a ilusão produzida pela ação direta de Espírito moralmente inferiorizado, na escala evolutiva, mas lúcido e consciente, sobre o pensamento do médium, mais ou menos sensível (163, cap. 8).

No segundo grau de obsessão, o processo de fascinação, apesar de o indivíduo raciocinar, ler e conhecer certas máximas qualitativas da vida, encontra-se com o bloco dos sentimentos fixados em determinadas ideias. O ser somente enxerga o que lhe convém – a influência negativa em constante ação. Mesmo que possua noções e alguns conhecimentos espiritistas ou mensagens de alerta, as suas ideias estão convergidas para uma única direção; esses indivíduos *flutuantes* jamais absorveram e muito menos procuraram ter atitudes de vida coerentes com a moral espírita, que é séria e sem pieguismos. [...] (190, cap. 3).

A *fascinação* é uma perseguição mais perigosa, porque o Espírito ilude ardilosamente o médium e a tal ponto que este não se julga vítima de um impostor ou perseguidor. O Espírito apresenta-se-lhe sob várias formas, simulando entidades diversas, e, quando o domínio se completa, submete a vítima a penosas e amargas decepções, expondo-a ao ridículo. Outras vezes, o que é pior, quando consegue atrair dois ou mais adeptos para apoiar o médium, provoca habilmente a cisão entre os membros do grupo, que, desde esse dia, tem marcado o período da sua dissolução (215, cap. 5).

[...] Nessa situação é comum os obsessores intuírem o médium a dar orientações corretas aqui e acolá, mesmo as banais, para mais facilmente avançarem no processo de fascinação (347, p. 1, cap. 4).

A fascinação é um processo obsessivo de natureza grave, em que o enfermo não percebe a influência negativa, pois a hipnose sofrida gera uma ilusão sobre o seu real estado. [...] (347, p. 1, cap. 13).

Ver também OBSESSÃO

FATALIDADE

A fatalidade existe unicamente pela escolha que o Espírito fez, ao encarnar, desta ou daquela prova para sofrer. Escolhendo-a, instituiu para si uma espécie de destino, que é a consequência mesma da posição em que vem a acharse colocado.

Falo das provas físicas, pois, pelo que toca às provas morais e às tentações, o Espírito, conservando o livre-arbítrio quanto ao bem e ao mal, é sempre senhor de ceder ou de resistir. [...]

A fatalidade, como vulgarmente é entendida, supõe a decisão prévia e irrevogável de todos os sucessos da vida, qualquer que seja a importância deles. Se tal fosse a ordem das coisas, o homem seria qual máquina sem vontade. De que lhe serviria a inteligência, desde que houvesse de estar invariavelmente dominado, em todos os seus atos, pela força do destino? Semelhante doutrina, se verdadeira, conteria a destruição de toda a liberdade moral; já não haveria para o homem responsabilidade, nem, por conseguinte, bem, nem mal, crimes ou virtudes. [...] (106, q. 851 e 872).

[...] A fatalidade é o freio imposto ao homem por uma vontade superior à sua, [...] (345, cap. 18).

Ver também DETERMINISMO, LIBERDADE *e* LIVRE-ARBÍTRIO

FATALISMO

Os fatalistas acreditam que todos os acontecimentos estão previamente fixados por uma causa sobrenatural, cabendo ao homem apenas o regozijar-se, se favorecido com uma boa sorte, ou resignar-se, se o destino lhe for adverso (28, O livre-arbítrio).

[...] [Doutrina pela qual] o homem é um ser passivo que aguarda os acontecimentos que são inevitáveis. [...] (64, v. 1, cap. 9).

[...] é a doutrina dos sonolentos, os fatalistas aguardam os acontecimentos, o que eles supõem que há de produzir-se, apesar de tudo. Ora, nós trabalhamos e cooperamos na marcha dos acontecimentos. Somos ativos e não passivos, e nós mesmos construímos o edifício do futuro. Não se deve confundir determinismo com fatalismo. Este representa a inércia, o primeiro representa a ação (64, v. 1, cap. 9).

Ver também DETERMINISMO,
LIBERDADE *e* LIVRE-ARBÍTRIO

FATO

Dir-se-á que um fato é sempre um fato; sem dúvida é um argumento irretorquível, desde que não seja contestado nem contestável. Quando um fato sai do círculo de nossas ideias e de nossos conhecimentos, à primeira vista parece impossível; quanto mais extraordinário for, maiores objeções levantará. Eis por que o contestam. Aquele que lhe sonda a causa e a descobre encontra-lhe uma base e uma razão de ser; compreende a sua possibilidade e, desde então, não mais o rejeita. Muitas vezes um fato não é inteligível senão por sua ligação com outros fatos; tomado isoladamente, pode parecer estranho, incrível, absurdo mesmo. Mas se for um dos elos da cadeia, se tiver uma base racional, se se puder explicá-lo, desaparecerá qualquer anomalia. Ora, para conceber esse encadeamento, para apreender esse conjunto a que somos conduzidos de consequência em consequência, é necessário em todas as coisas, e talvez no Espiritismo mais ainda, uma série de observações racionais. [...] (103, cap. 5).

Os fatos, para a mente, são quais os alimentos para o corpo. Assim como de uma conveniente digestão destes dependem o vigor e a saúde do indivíduo, daqueles outros dependem a razão e a sabedoria. O mais douto no conselho, o mais hábil no debate, o companheiro mais agradável no comércio humano é o homem que assimilou para o seu entendimento o maior número de fatos (63, cap. 14).

Fato anímico

Fatos anímicos são [...] aqueles em que o médium, sem nenhuma ideia preconcebida de mistificação, recolhe impressões do pretérito e as transmite, como se por ele um Espírito estivesse comunicando (161, cap. 36).

Ver também ANIMISMO

Fato espírita

[...] Aquele que vê um fato espírita, sem lhe haver estudado todas as circunstâncias, geralmente não vê senão o fato material e, desde então, o julga do ponto de vista de suas próprias ideias, sem pensar que, fora das leis conhecidas pode e deve haver leis desconhecidas. Acredita poder manobrá-lo à vontade, impõe condições e somente se deixará convencer se o fato ocorrer de uma certa maneira, e não de outra. Imagina que se fazem experiências com os Espíritos como se estes fossem uma pilha elétrica; não lhes conhecendo a natureza, nem a sua maneira de ser, porquanto não as estudaram, supõe ser possível impor-lhes a vontade e pretende que eles devam agir a um simples sinal, pelo mero prazer de convencê-lo. Porque se dispõe a ouvi-los durante um quarto de hora, imagina que devem ficar às suas ordens. [...] (103, cap. 5).

Fato espirítico

Fatos espiríticos ou mediúnicos, propriamente ditos, são aqueles em que o médium é, apenas, um veículo a receber e transmitir as ideias dos Espíritos desencarnados ou... encarnados (161, cap. 36).

Ver também MEDIUNIDADE

Fato social

Fato social é toda maneira de *agir, pensar* e *sentir* – quer de Espíritos livres quer de Espíritos encarnados – induzida por um *poder de coerção* exterior a eles, e exercido pela *consciência coletiva*, formada pela síntese (e não soma) das *consciências individuais* dessas entidades espirituais locadas nos dois planos de vida e em permanente comunhão (128).

FAVELADO

[...] Transitam [...] nas primeiras experiências dos sentimentos quase todos esses espíritos, que aportam à carne, na sua grande maioria, em tentames iniciais de luta contra o instinto, na imensa escalada da evolução. Outros, porém, são calcetas do erro, retardatários passivos da estrada do progresso, que teimosamente preferem expungir sem libertar-se, demorando-se largamente na roda das sucessivas reencarnações inferiores. Outros mais são réprobos que retemperam o ânimo para novas lutas, sob o benefício da expiação redentora, transferidos de uma região de sombra e dor do Mundo Espiritual, em que se encontravam, para outra de dor e sombra na Terra que os beneficia (79, L. 3, cap. 3).

Ver também PÁRIA

FÉ

Da liberdade de consciência decorre o direito de *livre exame* em matéria de fé. O Espiritismo combate a fé cega, porque ela impõe ao homem que abdique da sua própria razão; considera sem raiz toda fé imposta, donde o inscrever entre suas máximas: *Fé inabalável só o é a que pode encarar frente a frente a razão, em todas as épocas da Humanidade* (103, cap. 25).

[...] A fé é o remédio seguro do sofrimento; mostra sempre os horizontes do Infinito diante dos quais se esvaem os poucos dias brumosos do presente. [...] (105, cap. 5, it. 19).

[...] confiança que se tem na realização de uma coisa, a certeza de atingir determinado fim. [...] (105, cap. 19, it. 3).

Do ponto de vista religioso, a fé consiste na crença em dogmas especiais, que constituem as diferentes religiões. Todas elas têm seus artigos de fé. Sob esse aspecto, pode a fé ser *raciocinada* ou *cega*. Nada examinando, a fé cega aceita, sem verificação, assim o verdadeiro como o falso, e a cada passo se choca com a evidência e a razão. Levada ao excesso, produz o *fanatismo*. Em assentando no erro, cedo ou tarde desmorona; somente a fé que se baseia na verdade garante o futuro, porque nada tem a temer do progresso das luzes, dado que *o que é verdadeiro na obscuridade, também o é à luz meridiana*. [...] (105, cap. 19, it. 6).

[...] *Fé inabalável só o é a que pode encarar de frente a razão, em todas as épocas da Humanidade* (105, cap. 19, it. 7).

Inspiração divina, a fé desperta todos os instintos nobres que encaminham o homem para o bem. É a base da regeneração. [...] (105, cap. 19, it. 11).

No homem, a fé é o sentimento inato de seus destinos futuros; é a consciência que ele tem das faculdades imensas depositadas em gérmen no seu íntimo, a princípio em estado latente, e que lhe cumpre fazer que desabrochem e cresçam pela ação da sua vontade (105, cap. 19, it. 12).

[...] É uma vivência psíquica complexa, oriunda das camadas profundas do inconsciente, geralmente de feição constitucional, inata, por se tratar mais de um traço de temperamento do que do caráter do indivíduo. No dizer de J. J. Benítez, as pessoas que têm fé fazem parte do pelotão de choque, a vanguarda dos movimentos espiritualistas. Nas fases iniciais ela é de um valor inestimável, mas à medida que a personalidade atinge estados mais diferenciados de consciência, pode ser dispensável, pois a pessoa não apenas crê, mas sabe. [...]

Do ponto de vista psicológico, a vivência da fé pode ser considerada mista, pois engloba tanto aspectos cognitivos quanto afetivos.

Faz parte mais do temperamento do que do caráter do indivíduo. Por isso é impossível de ser transmitida por meios intelectuais, tal como a persuasão raciocinada. Pode ser induzida pela sugestão, apelo emocional ou experiências excepcionais, bem como pela interação com pessoas individuadas. [...] (9, cap. 1).

No sentido comum, corresponde à confiança em si mesmo [...].

Dá-se, igualmente, o nome de fé à crença nos dogmas desta ou daquela religião, caso em que recebe adjetivação específica: fé judaica, fé budista, fé católica, etc. [...] Existe, por fim, uma fé pura, não sectária, que se traduz por uma segurança absoluta no Amor, na Justiça e na Misericórdia de Deus (30, cap. 11).

A futura fé que já emerge dentre as sombras não será, nem católica, nem protestante; será a crença universal das almas, a que reina em todas as sociedades adiantadas do espaço, e mediante a qual cessará o antagonismo que separa a Ciência atual da Religião. Porque, com ela, a Ciência tornar-se-á religiosa e a Religião se há de tornar científica (45, Introd.).

A fé é a confiança da criatura em seus destinos, é o sentimento que a eleva à infinita potestade, é a certeza de estar no caminho que vai ter à verdade. A fé cega é como farol cujo vermelho clarão não pode traspassar o nevoeiro; a fé esclarecida é foco elétrico que ilumina com brilhante luz a estrada a percorrer (46, pt. 5, cap. 44).

A fé é uma necessidade espiritual da qual não pode o espírito humano prescindir. [...] Alimento sutil, a fé é o tesouro de inapreciado valor que caracteriza os homens nobres a serviço da coletividade (76, cap. 3).

Nesse labor, a fé religiosa exerce sobre ele [o Espírito] uma preponderância que lhe define os rumos existenciais, lâmpada acesa que brilha à frente, apontando os rumos infinitos que lhe cumpre [ao Espírito] percorrer. [...]

Respeitável, portanto, toda expressão de fé dignificadora em qualquer campo do comportamento humano. No que tange ao espiritual, o apoio religioso à vida futura, à justiça de Deus, ao amor indiscriminado e atuante, à renovação moral para melhor, é de relevante importância para a felicidade do homem (77, cap. 25).

O melhor tônico para a alma, nas suas múltiplas e complexas atividades afetivas e mentais, é a fé; não a fé passiva, automática, dogmática, mas a fé ativa, refletida, intelectualizada, radicada no coração, mas florescendo em nossa inteligência, em face de uma consciência esclarecida e independente [...] (84, Carta a um materialista).

Essa luz, de inextinguível fulgor, é a fé, a certeza na imortalidade da alma, e a presunção, ou a certeza dos meios de que a Humanidade tem de que servir-se, para conseguir, na sua situação futura, mais apetecível e melhor lugar (117, v. 2, cap. 23).

A fé é, pois, o caminho da justificação, ou seja, da salvação. [...] (144, v. 1, cap. 5).

[...] é a garantia do que se espera; a prova das realidades invisíveis. Pela fé, sabemos que o Universo foi criado pela palavra de Deus, de maneira que o que se vê resultasse daquilo que não se vê (145, cap. 2).

A fé é divina claridade da certeza (163, cap. 16).

A fé é alimento espiritual que, fortalecendo a alma, põe-na em condições de suportar os embates da existência, de modo a superá-los convenientemente. A fé é mãe extremosa da prece (164, cap. 35).

[...] A fé constitui a vossa égide; abrigai-vos nela e caminhai desassombradamente.

Contra esse escudo virão embotar-se todos os dardos que vos lançam a inveja e a calúnia. [...] (182, v. 1).

A fé e a esperança não são flores destinadas a enfeitar, com exclusividade, os altares do triunfo, senão também poderosas alavancas para o nosso reerguimento, quando se faz preciso abandonar os vales de sombra, para nova escalada aos píncaros da luz (186, Ainda assim).

Razão, pois, tinha Jesus para dizer: "Tua fé te salvou". Compreende-se que a fé a que Ele se referia não é uma virtude mística, qual a entendem muitas pessoas, mas uma verdadeira *força atrativa*, de sorte que aquele que não a possui opõe à corrente fluídica uma força repulsiva, ou, pelo menos, uma força de inércia, que paralisa a ação. [...] (187, cap. 5).

Mas a fé traduz também o poder que supera nossas próprias forças físicas e mentais, exteriores e interiores, poder que nos envolve e transforma de maneira extraordinária, fazendo-nos render a ele. A fé em Deus, no Cristo e nas forças espirituais que deles emanam pode conduzir-nos a uma condição interior, a um estado de espírito capaz de superar a tudo, a todos os obstáculos, sofrimentos e aparentes impossibilidades (207, cap. 14).

A *fé no futuro*, a que se referem os Instrutores Espirituais da Terceira Revelação, deixa de ser apenas esperança vaga para se tornar certeza plena adquirida pelo conhecimento das realidades eternas. [...] (208, cap. 28).

A fé significa um prêmio da experiência (217, cap. 13).

Quem não entende não crê, embora aceite como verdade este ou aquele princípio, esta ou aquela doutrina. A fé é filha da convicção (222, *Res, non verba*).

[...] constitui o alicerce de todo trabalho, tanto quanto o plano é o início de qualquer construção. [...] (244, cap. 8).

Curiosidade é caminho, / Mas a fé que permanece / É construção luminosa / Que só o trabalho oferece (246, cap. 44).

[...] A fé está entre o trabalho e a oração. Trabalhar é orar (248).

[...] é emanação divina que o espírito auxilia e absorve (248).

A fé é a caridade imaterial, porque a caridade que se concretiza é sempre o raio mirífico projetado pela fé (248).

A fé continuará como patrimônio dos corações que foram tocados pela graça do sofrimento. Tesouro da imortalidade, seria o ideal da felicidade humana, se todos os homens a conquistassem ainda mesmo quando nos desertos mais tristes da terra (248).

A fé não desabrocha no mundo, é dádiva de Deus aos que a buscam. Simboliza a união da alma com o que é divino, a aliança do coração com a divindade do Senhor (248).

A fé, na essência, é aquele embrião de mostarda do ensinamento de Jesus que, em pleno crescimento, através da elevação pelo trabalho incessante, se converte no Reino Divino, onde a alma do crente passa a viver (256, cap. 39).

Fé representa visão.

Visão é conhecimento e capacidade de auxiliar (256, cap. 69).

[...] A fé representa a força que sustenta o espírito na vanguarda do combate pela vitória da luz divina e do amor universal. [...] (268, cap. 9).

Ter fé é guardar no coração a luminosa certeza em Deus, certeza que ultrapassou o âmbito da crença religiosa, fazendo o coração repousar numa energia constante de realização divina da personalidade (273, q. 354).

A fé sincera é ginástica do Espírito. Quem não a exercitar de algum modo, na Terra, preferindo deliberadamente a negação injustificável, encontrar-se-á mais tarde sem movimento. [...] (276, cap. 22).

A fé é a força potente / Que desponta na alma crente, / Elevando-a aos altos Céus: / Ela é chama abrasadora, / Reluzente, redentora, / Que nos eleva até Deus. /

[...] A fé é um clarão divino, / refulgente, peregrino, / Que irrompe, trazendo a luz [...] (280, Supremacia da caridade).

É força que nasce com a própria alma, certeza instintiva na Sabedoria de Deus que é a sabedoria da própria vida. Palpita em todos os seres, vibra em todas as coisas. [...] (282, cap. 6).

A fé é o guia sublime que, desde agora, nos faz pressentir a glória do grande futuro, com a nossa união vitoriosa para o trabalho de sempre (286, Em plena renovação).

A sublime virtude é construção do mundo interior, em cujo desdobramento cada aprendiz funciona como orientador, engenheiro e operário de si mesmo (295, cap. 40).

[...] a fé representa escudo bastante forte para conservar o coração imune das trevas (295, cap. 141).

Em Doutrina Espírita, fé representa dever de raciocinar com responsabilidade de viver (307, cap. 29).

A fé é um sentimento inato que o Espírito tem da existência de Deus e da certeza de que é por Ele criado com a finalidade precípua de progredir. [...] (312, cap. 19).

A fé, não a que não passa dos lábios, mas a que vem da alma, é o bálsamo miraculoso para nossas dores e o específico infalível para nossos desfalecimentos (324, pt. 1, cap. 1).

A fé vem a ser, pois, o resultado dos méritos alcançados no campo da reparação e do resgate, bem como das qualidades morais que o sofrimento faculta ou que se adquirem sob a orientação da bússola evangélica. [...] (329, cap. 18).

A fé é sublime virtude conquistada no labor interno que nos propicia a fidelidade, mola fundamental para as conquistas espirituais. [...] (330, cap. 3).

[...] A fé é uma posição mental de confiança inabalável nos desígnios do Pai. Nessa condição, os pensamentos são verdadeiramente poderosos (330, cap. 29).

A fé é nossa bússola no caminho da redenção e o amor, o antídoto do mal, amenizando-nos as agruras da senda, ainda, a percorrer!... (338, Seguir Jesus).

A fé acalma e nos leva a ser mais pacientes, aguardando as respostas da vida, sem precipitação. Confiamos em Deus, e isto nos conforta e nos disciplina a mente (338, Confiança em Deus).

A fé age em nossos espíritos como o alimento essencial ao equilíbrio mental e nosso corpo recebe o influxo dessas energias que nos revitalizam e estimulam a viver em plenitude. [...] (338, O poder da fé).

A fé impulsiona nossa vontade e nos faz acreditar que poderemos vencer as dificuldades porque acreditamos numa força maior que move tudo e todos na grandeza da vida. [...] (339, A parentela corporal e os laços de família).

Fé cega

[...] A fé cega podia ter sua razão de ser, direi mesmo, sua necessidade, num certo período da Humanidade. Se hoje ela não basta mais para fortalecer a crença, é porque está na natureza da Humanidade que assim deve ser (110, Discursos..., 2).

Fé raciocinada

Antes de tudo, convém considerar que a fé, em muitos casos, é apenas um estado emocional, não é o resultado de uma experiência vivida ou de noções bem esclarecidas. A Doutrina Espírita, como se sabe, sustenta a necessidade da fé raciocinada. Os racionalistas puros certamente hão de estranhar a posição espírita, pois alguns deles chegam a dizer que a fé e a razão nunca se identificam, são conceitos incompatíveis. Acham, portanto, um despropósito a fé raciocinada, uma vez que a fé, segundo entendem, é a antítese da razão, pois a fé não admite raciocínio. No entanto, a Doutrina Espírita concilia as duas ideias nos justos termos. A fé raciocinada, justamente a fé inabalável, como diz Allan Kardec, não se confunde com a simples crença, que veio pela tradição, como se fosse uma herança dos antepassados, mas nunca se deteve no exame dos fatos ou em ponderações críticas. É a essa crença comum, crença indefinida e sem base, que geralmente se chama de fé. [...] (6, cap. 4).

A Doutrina da fé raciocinada nos ensina não ser possível receber sem dar. Não é viável a saúde física sem os mais variados cuidados para com o corpo, nem o aprimoramento do espírito sem o esforço bem dirigido. Fé raciocinada é discernimento constante, que o estudo e o trabalho útil em favor do semelhante facilitam (207, cap. 31).

Ver também CONVICÇÃO ESPÍRITA

Fé sem obras

[...] não passa de um cadáver bem adornado (248).

[...] é uma lâmpada apagada (259, cap. 24).

FECUNDAÇÃO

Em matéria de sexualidade, temos produzido muito quanto às *fecundações físicas*, pois o instinto sexual em nós é bastante forte para nos impulsionar, com disciplina ou sem disciplina, com amor ou sem amor, para os serviços da família na Terra e os frutos gratificantes do prazer sexual fugaz (12, cap. 23).

Existem também as *fecundações psíquicas*, que já não são uma manifestação da relação corpo a corpo, pois que se fazem na esfera de Espírito para Espírito, na simbiose sutil, intensa e abundante das forças da alma. Este intercâmbio sexual ainda é desconhecido pelas criaturas humanas, em virtude do desconhecimento do Espírito e suas potencialidades. Tais fecundações psíquicas já existem na Terra, em gradações diversas de vibrações espirituais [...] (12, cap. 23).

– a fecundação natural sempre se processa por *sintonia magnética* entre as células feminina (óvulo) e masculina (espermatozoide), e não por excelência (superioridade) de um ou do outro [...] (116, A genética e a vida).

[...] Há fecundações físicas e fecundações psíquicas. As primeiras exigem as disposições da forma, a fim de atenderem a exigências da vida, em caráter provisório, no campo das experiências necessárias. As segundas, porém, prescindem do cárcere de limitações e efetuam-se nos resplandecentes domínios da alma, em processo maravilhoso de eternidade. [...] (267, cap. 13).

FEDERAÇÃO ESPÍRITA BRASILEIRA

A Federação Espírita Brasileira é uma sociedade civil, religiosa, cultural e filantrópica, com personalidade jurídica, reconhecida de Utilidade Pública Nacional e Estadual (respectivamente: Decreto no 47.695 de 1960 e Decreto no 4.765 de 1934), tem por objeto e fins o estudo teórico, experimental e prático do Espiritismo, a observância e difusão dos seus ensinos, a prática da caridade espiritual, moral e material a todos os necessitados, de quaisquer credos, e, por fim, a integração das Sociedades Espíritas do Brasil no seu organismo, estando a cargo de um Conselho Federativo Nacional desenvolver, ampliar e coordenar os planos da Organização Federativa, no sentido de uma completa harmonia de pensamento e unidade de programa e ação.

A Federação Espírita Brasileira, conhecida pela sigla FEB, foi fundada na cidade do Rio de Janeiro, em 2 de janeiro de 1884, pelo culto e honrado fotógrafo português, Augusto Elias da Silva, na sua residência à rua da Carioca no 120, sobrado, estando presentes mais 11 espíritas, entre os quais o Marechal Francisco Raimundo Ewerton Quadros, que foi o primeiro presidente da referida sociedade (102, A Casa de Ismael).

[...] Os operários espalhavam-se pelo Rio, cada qual com sua ferramenta, dentro do grande plano da unificação e da paz, nos ambientes da Doutrina, plano esse que eles conseguiram relativamente realizar, mais tarde, organizando o aparelho central de suas diretrizes, que se consolidaria com a Federação Espírita Brasileira, onde seria localizada a sede diretora, no plano tangível, dos trabalhos da obra de Ismael no Brasil (238, cap. 23).

A Federação Espírita Brasileira, fundada desde o Ano-Bom de 1884, por Elias da Silva, Manuel Fernandes Figueira, Pinheiro Guedes e outros companheiros do ideal espiritualista, no Rio de Janeiro, esperava, sob a proteção de Ismael, a época propícia para desempenhar a sua elevada tarefa junto de todos os grupos do país, no sentido de federá-los, coordenando-lhes as atividades dentro das mais sadias expressões da Doutrina. [...] (238, cap. 28).

A realidade é que, considerada às vezes como excessivamente conservadora, pela inquietação do século, a respeitável e antiga instituição é, até hoje, a depositária e diretora de todas as atividades evangélicas da pátria do Cruzeiro. Todos os grupos doutrinários, ainda os que se lhe conservam infensos, ou indiferentes, estão ligados a ela por laços indissolúveis no Mundo Espiritual. Todos os espiritistas do país se lhe reúnem pelas mais sacrossantas afinidades sentimentais na obra comum, e os seus ascendentes têm ligações no plano invisível com as mais obscuras tendas de caridade, onde entidades humildes, de antigos africanos, procuram fazer o bem aos seus semelhantes (238, cap. 28).

FEITIÇARIA

A feitiçaria é em grande parte a prática de atos, ou supersticiosos, ou ridículos, ou malévolos, ou imorais. [...] (97, Terminemos).

FEITICEIRO

Aqueles a quem chamais feiticeiros são pessoas que, quando de boa-fé, gozam de certas faculdades, como sejam a força magnética ou a dupla vista. Então, como fazem coisas geralmente incompreensíveis, são tidas por dotadas de um poder sobrenatural. Os vossos sábios não têm passado muitas vezes por feiticeiros aos olhos dos ignorantes? (106, q. 555).

[...] O feiticeiro busca compelir o enfeitiçado a fazer o que este não deseja; obriga-o a determinados atos, serve a desejos de outrem, não indagando de sua justeza; exerce vinganças, procura causar aborrecimentos, prejuízos físicos, dores morais. Em geral, cobra os seus trabalhos; é um profissional da maldade ou da estupidez. [...] Não se detém diante de qualquer ato indigno, nem a falta de moral é coisa que o embarace. [...] (97, Terminemos).

[...] A Enciclopédia Britânica esclarece que a palavra inglesa feiticeiro (witch) tem a mesma raiz semântica de *wit*, que, por sua vez, quer dizer: saber, conhecer. O feiticeiro é, portanto, uma pessoa que possui certo conhecimento usualmente tido por *oculto*, por não ser revelado a todos. Já em português, a palavra feiticeiro vem de feitiço, que os dicionaristas decompõem em *feito* mais *iço*. O feiticeiro seria então aquele que, na linguagem popular, arranja *uma coisa feita*. É preciso lembrar que feitiço também se associa à palavra *fetiche*, que serve para nomear objeto de adoração entre os selvagens (135, cap. 11).

FELICIDADE

A suprema felicidade consiste no gozo de todos os esplendores da Criação, que nenhuma linguagem humana jamais poderia descrever, que a imaginação mais fecunda não poderia conceber. Consiste também na penetração de todas as coisas, na ausência de sofrimentos físicos e morais, numa satisfação íntima, numa serenidade d'alma imperturbável, no amor que envolve todos os seres, por causa da ausência de atrito pelo contato dos maus, e, acima de tudo, na contemplação de Deus e na compreensão dos seus mistérios revelados aos mais dignos. A felicidade também existe nas tarefas cujo encargo nos faz felizes. [...] (104, pt. 1, cap. 3, it. 12).

[...] *Deus fez da felicidade o prêmio do trabalho e não do favoritismo*, para que cada qual tivesse seu mérito (104, pt. 1, cap. 7).

[Consiste a felicidade dos bons Espíritos] Em conhecerem todas as coisas; em não sentirem ódio, nem ciúme, nem inveja, nem ambição, nem qualquer das paixões que ocasionam a desgraça dos homens. O amor que os une lhes é fonte de suprema felicidade. Não experimentam as necessidades, nem os sofrimentos, nem as angústias da vida material. São felizes pelo bem que fazem. [...] (106, q. 967).

A felicidade é um oceano de luz sem horizontes, sem margens, eterno, imenso, insondável, infinito [...] (5, Comunicações ou ensinos dos Espíritos).

A felicidade infinita é a sabedoria infinita, porque a soma de todos os gozos só cabe ao grau supremo de todos os conhecimentos (5, Comunicações ou ensinos dos Espíritos).

[...] Advertidos pela dor a cada falta que cometemos, vamos aprendendo a evitá-las e dia virá em que, percebendo que *ser feliz* é a consequência natural de *ser bom*, todos haveremos de cumprir a Lei de Amor, estabelecida por Deus para a felicidade de todos (28, Os Espíritos podem retrogradar?).

[...] a verdadeira felicidade, aqui na Terra como no Céu, é uma decorrência da felicidade que tenhamos proporcionado aos outros (30, cap. 22).

[...] A felicidade é o bem que alguém proporciona ao seu próximo. [...]

[...] Caracteriza-se pela produtividade através do tempo e é mediata, vazada na elaboração das fontes vitais da paz de todos, a começar de hoje e não terminar nunca. Por isso não é *deste mundo* (74, cap. 17).

Desafiadora meta que deve ser alcançada pelo ser inteligente, a felicidadade é fugidia, complexa e diferente de um para outro indivíduo, apresentando-se em um mosaico psicológico de variações que surpreendem. [...] (75, Felicidade).

Sucede, no entanto, a felicidade, por mais seja anelada, é sempre relativa enquanto se transita na Terra.

Estando o ser humano sujeito aos impositivos orgânicos, sociais e governamentais, mergulhado profundamente no conjunto do grupo familiar, há todo um conjunto de fenômenos e de *ameaças* ao que denomina como felicidade, que lhe escapa ao controle pessoal.

Somente uma visão realmente espiritualista e, por ideal, espiritista, oferece os meios hábeis para o encontro da felicidade, através da vivência dos postulados cristãos em clima de alegria e de libertação de preconceitos amargos e perversos, de realizações dignificadoras e de solidariedade, trabalhando o íntimo e os relacionamentos externos, de forma que se torne a existência laboriosa e rica de paz, ensejando contentamento e esperança de plenificação enquanto no mundo mesmo.

[...]

A felicidade, portanto, consistirá sempre no bem-estar que se pode conseguir subjetivamente em decorrência da vitória sobre si mesmo e objetivamente criando situações de harmonia, de progresso, de conforto, de saúde e de alegria de viver.

Por fim, conseguindo-se experenciar com frequência o lapidar conceito inscrito no pórtico do Templo de Apolo, em Delfos, *Gnôthi seauton*, que Sócrates conduziu a Atenas introduzindo-o em sua proposta filosófica. O *"Conhece-te a ti mesmo"* é ainda a chave que pode elucidar o enigma da felicidade, conforme o Espírito Santo Agostinho bem explicou em adendo à resposta que os Espíritos deram à pergunta formulada por Allan Kardec, de número 919, em *O livro dos espíritos* (75, Liberdade).

[...] a felicidade jamais se expressa em regime de solidão, de individualismo, de personificação única. É hálito de luz que se transfunde, enquanto clarifica e liberta das trevas envolventes (79, L. 2, cap. 2).

É ter Deus no coração (150, cap. 3).

A legítima felicidade – a felicidade indestrutível – não é filha da riqueza, mas da paz de consciência (162, cap. 10).

[...] a Felicidade não é uma conquista exterior e sim interior, nem está subordinada à satisfação de nossos desejos diante da vida, e sim ao desejo de compreender o que a vida espera de nós (200, cap. 29).

A felicidade legítima não é mercadoria que se empresta. É realização íntima (232, cap. 43).

A felicidade é uma equação de rendimento do esforço da criatura, na improvisação do bem e na extensão dele (248).

Nossa felicidade maior é aquela que procede dos atos meritórios e dignos, na sementeira da caridade e da harmonia (248).

Nossa felicidade maior reside em dar de nós mesmos na obra da redenção da própria alma (248).

[...] Felicidade é obra do tempo, com a bênção de Deus (249, cap. 16).

[...] é uma obra de construção progressiva no tempo. [...] (249, cap. 26).

A nossa felicidade / É qual milagrosa estrela... / Brilha sempre ao nosso lado, / Mas nunca sabemos vê-la (257, cap. 37)

[...] é o determinismo do Céu para todas as almas. [...] (258, pt. 2, cap. 9).

Felicidade [...] é o pensamento correto (260, cap. 38).

Trabalharemos e sofreremos, assim, por amor, pelos séculos adiante, ajudando-nos uns aos outros a erguer a felicidade de nosso nível, até que possamos entrar todos juntos na suprema felicidade que consiste em nossa união com Deus para sempre (262, Nas leis do amor).

Felicidade, no fundo, é bondade crescente para que a alegria se faça maior. [...] (262, Bem de todos).

Instalar a felicidade no próprio espírito, através da felicidade que pudermos edificar para os outros, é a única forma de encontrarmos a verdadeira felicidade (298, cap. 5).

A felicidade é bênção de luz que apenas medra no terreno da solidariedade (304, cap. 21).

"Felicidade é a soma" / Disse Marinho Irajá / "Não daquilo que se toma,
/ Mas daquilo que se dá" (308, cap. 46).

Felicidade é uma lei / Que se cumpre sem reclamos. / Só temos felicidade / Na medida da que damos (310, cap. 205).

Felicidade não se enraíza na terra, mundo de dores e sofrimentos. Nossa felicidade aspira às regiões celestiais, que não alcançamos senão pela via dolorosa (324, pt. 1, cap. 3).

A resposta dada pelos Espíritos, em sua primorosa síntese, encerra não só lúcido esclarecimento, como um grande desafio à efetiva participação dos espíritas para promoção da felicidade, ao afirmarem: "Com relação à vida material, é a posse do necessário. Com relação à vida moral, a consciência tranquila e a fé no futuro" (grifo nosso) (332, cap. 13).

FEMINILIDADE E MASCULINIDADE

Ninguém evolui nos dois sexos simultaneamente, em proporções iguais, pois desse modo o Espírito não se definiria na feminilidade ou na masculinidade. Uma das características deve sobressair à outra em experiência e conquista para dar ao Espírito a condição interior de homem ou de mulher, por um determinado trecho da evolução, antes de alcançar a posição de Espírito puro, onde haverá naturalmente a perda das características sexuais, pois as qualidades de ambos os sexos se encontrarão no maior grau de aperfeiçoamento e sublimação e se fundirão numa só luz divina (12, cap. 4).

FEMINISMO

O feminismo – esse que integra a mulher no conhecimento próprio – é o movimento de Jesus, em favor do lar, para o lar, e dentro do lar (248).

O programa do feminismo não é o da exclusão da dependência da mulher: deve ser o da compreensão dos seus grandes deveres. [...] (248).

FENÔMENO

Por mais simples ou até grosseiro que seja um fenômeno, aparentemente, podemos partir dele para uma série de reflexões sérias acerca da sobrevivência do Espírito, assim como a respeito da Justiça Divina e do próprio destino humano. O fenômeno pode abrir horizontes novos, mas precisa ser estudado e bem compreendido (6, cap. 22).

O fenômeno é sempre efeito que necessita ser investigado, a fim de que, remontando-se à causa, seja possível administrá-lo, retirando o melhor proveito possível com o consequente enriquecimento da mente e da emoção (75, Consciência).

Pela palavra fenômeno designamos todo fato que se apresenta à observação, sem ligarmos a este fato nenhum caráter, a não ser o natural. Conservamos assim à palavra um sentido conforme a sua etimologia (o que é aparente) (92, Introd.).

Fenômeno anímico

[...] quando [as manifestações] se dão por obra de um vivo, entram na órbita dos *fenômenos anímicos*. [...] (20, cap. 3).

Assim, a grande maioria de fenômenos, como a visão a distância, a criptomnésia, a leitura de escritos em cartas ou receptáculos fechados, sonhos, premonições, a telepatia, a transferência da sensibilidade, as personalidades múltiplas são fenômenos anímicos, isto é, da alma dos vivos, embora, por vezes haja imiscuição de entidades extrínsecas. [...] (98, Nota da 2ª edição).

Ver também ANIMISMO

Fenômeno espírita

Os fenômenos espíritas consistem nos diferentes modos de manifestação da alma ou

Espírito, quer durante a encarnação, quer no estado de erraticidade. [...] (101, cap. 13, it. 9).

Fenômeno físico

De todos os fenômenos físicos, um dos mais comuns é o dos golpes internos, vibrados na própria substância da madeira, com ou sem movimento da mesa ou de qualquer objeto que possa ser utilizado. [...] (103, cap. 4).

Quanto aos fenômenos físicos *complexos*, descrevendo o objeto uma linha curva, por exemplo, parecem ser produzidos por um órgão físico invisível, dirigido por uma vontade e por uma razão que lhe são próprias [...] (3, v. 1, cap. 2).

Fenômeno hipnótico

[...] fenômenos hipnóticos (transmissão de pensamento, premonições, transposição dos sentidos) [...] só podem ocorrer pela desagregação e inibição das funções dos centros corticais primários, especialmente direitos (de onde o automatismo, o mancinismo), que dá lugar à prevalência dos outros centros. [...] (130, cap. 14).

Ver também AUTOMATISMO

Fenômeno humano

Pela constituição cerebral, que avança dos automatismos fisiológicos para os psicológicos e destes para os espirituais, os fenômenos humanos são de natureza primária, melhorando-se pelo discernimento, pela aquisição da consciência mediante a razão e, sobretudo, pela penetração no campo do absoluto, seja por intuição, por inspiração, por sintonia, pelo mergulho nas vibrações cósmicas.. (75, O sofrimento).

Fenômeno mediúnico

Por meio do seu perispírito é que o Espírito atua sobre o seu corpo vivo; ainda por intermédio desse mesmo fluido é que ele se manifesta; atuando sobre a matéria inerte, é que produz ruídos, movimentos de mesa e outros objetos, que os levanta, derriba, ou transporta. [...]

É igualmente com o concurso do seu perispírito que o Espírito faz que os médiuns escrevam, falem, desenhem. Já não dispondo de corpo tangível para agir ostensivamente quando quer manifestar-se, ele se serve do corpo do médium, cujos órgãos toma de empréstimo, corpo ao qual faz que atue como se fora o seu próprio, mediante o eflúvio fluídico que verte sobre ele (101, cap. 14, it. 41).

Não esqueçamos a denominação de *fenômenos mediúnicos* propriamente ditos designa um conjunto de manifestações supranormais, de ordem física e psíquica, que se produzem por meio de um *sensitivo* a quem é dado o nome de *médium*, por se revelar qual instrumento a serviço de uma vontade que não é sua. Ora essa vontade tanto pode ser a de um defunto, como a de um vivo. [...] (20, cap. 3).

Os fenômenos mediúnicos contribuem para o despertamento em torno de outras dimensões da vida, da sua complexidade, da sua realidade, de onde todos procedem e para onde retornam, assim oferecendo material para reflexão e comportamento que os libertem do impositivo dos renascimentos inferiores, viciosos, das paixões perturbadoras e das pendências do ego, ensejando a libertação das camadas mentais que o intoxicam e o aprisionam nas repetições desnecessárias (75, Consciência).

[William Crookes classificou os fenômenos mediúnicos da seguinte forma:]

I Classe – Movimentos de corpos pesados com contato, mas sem esforço mecânico.

II Classe – Fenômenos de percussão e outros sons da mesma natureza.

III Classe – Alteração do peso dos corpos.

IV Classe – Movimentos de objetos pesados colocados a certa distância do médium.

V Classe – Mesas e cadeiras suspensas do solo, sem contato de ninguém.

VI Classe – Suspensão de corpos humanos (Viu por três vezes Home elevar-se acima do soalho).

VII Classe – Movimento de alguns pequenos objetos, sem contato de ninguém.

VIII Classe – Aparições luminosas.
IX Classe – Aparições de mãos luminosas por si mesmas.
X Classe – Escrita direta.
XI Classe – Formas e figuras de fantasmas.
XII Classe – Casos particulares que parecem indicar a ação de uma Inteligência externa.
XIII Classe – Manifestações diversas de caráter composto (92, pt. 2, cap. 2).

[...] os fenômenos mediúnicos são independentes da vontade do médium, que surgem espontaneamente, que aparecem quando menos são previstos, que permanecem ou se vão, quaisquer que sejam as nossas opiniões sobre o caso, quaisquer que sejam as leis que os proíbam ou as teorias científicas que os arrasem [...] (98, Médiuns e experimentadores).

Fenômeno natural

[...] fenômenos naturais [...] constituem, por sua vez, manifestações sensíveis das Leis Divinas. [...] (147, cap. 10).

Fenômeno oculto

Charles Richet, o criador da Metapsíquica, dividiu em quatro períodos a evolução histórica dos chamados fenômenos ocultos.
Período mítico, que se estende desde a Pré-história até o médico vienense Anton Mesmer e sua teoria sobre o Magnetismo Animal, em 1778.

Período magnético, interregno para o advento do Espiritismo. Introduz a noção de fluido, e sua escola também é denominada de Fluidista. [...]

A vertente fluidista sofreu continuidade através do Espiritismo, principalmente depois dos fenômenos de Hydesville, protagonizados pelas irmãs Kate e Margaret Fox. Na Europa ocorreu a epidemia das mesas girantes, que culminou com a sistematização feita por Allan Kardec, em 1857, com a edição de *Le Livre des Sprits – Écrit sous la dictée et publié par l'ordre d'esprits supérieurs.* Todavia, o Espiritismo teve pouca repercussão científica, evoluindo para o campo predominantemente religioso e filosófico. Esse movimento tão amplo e vasto foi registrado por *Sir* Arthur Connan Doyle, o genial criador do personagem Sherlock Holmes, em sua magistral obra *História do espiritismo*. Ao publicar *O livro dos espíritos*, Allan Kardec julgou a ciência [...] "incompetente para se pronunciar na questão do Espiritismo" [...] (*O livro dos espíritos*, FEB). Mas concluiu que os sábios acabariam por se render à evidência dos fatos (idem).

O período científico começou com os trabalhos de *Sir* William Crookes, ao estudar os médiuns excepcionais Daniel Home e Florence Cook. Esse período pode ser subdividido em duas etapas: o período da Metapsíquica de Charles Richet e o período parapsicológico, com as rigorosas experiências de J. B. Rhine, da Duke University (9, cap. 4).

Fenômeno psíquico

[...] O fenômeno psíquico é um simples instrumento de revelação, não um objeto final de si mesmo. [...] (148, cap. 8).

O fenômeno psíquico é como a claridade da lâmpada: sendo o mesmo, pode ser observado e interpretado de vários modos, segundo a filtragem mental de cada medianeiro (161, cap. 16).

Fenômeno simples

[...] fenômenos físicos obtidos com ou sem imposição das mãos, quando eles se produzem em linha reta, horizontal ou vertical, e quando têm o simples caráter de repulsão ou de atração; tal é, por exemplo, o fenômeno da elevação de uma mesa com mãos simplesmente colocadas em cima [...] (3, v. 1, cap. 2).

FERIDA

A ferida em bom combate chama-se mérito (260, cap. 5).

FERMENTO

O fermento é uma substância que excita outras substâncias, e nossa vida é sempre um fermento espiritual com que influenciamos as existências alheias (256, cap. 76).

FIDELIDADE

A fidelidade é uma das primeiras virtudes que devemos desenvolver. Sem ela, não conseguimos desenvolver as outras. [...] (330, cap. 40).

FIGUEIRA SECA

A figueira que secou é o símbolo das pessoas que apenas aparentam propensão para o bem, mas que, em realidade, nada produzem de bom; [...] (317, cap. 3.1).

FILANTROPIA

A filantropia, rocio benéfico que a Providência permite caia sobre as almas angustiadas na escura noite de suas desventuras [...] (2, cap. 7).

É a filantropia fiel servidora da caridade [...]. É a expressão genuína da caridade material (2, cap. 7)

FILHO

Nossos filhos são companheiros de vidas passadas que retornam ao nosso convívio, necessitando, em sua grande maioria, de reajuste e resgate, reconciliação e reeducação. [...] (12, cap. 19).

[...] todo *filho é um empréstimo sagrado* que, como tal, precisa ser valorizado, trabalhando através do amor e da devoção dos pais, para posteriormente ser devolvido ao Pai Celestial em condição mais elevada. [...] (54, cap. 1).

O filhinho que te chega é compromisso para a tua existência (76, cap. 17).

[...] os filhos [...] são companheiros de vidas passadas que regressam até nós, aguardando corrigenda e renovação... [...] (244, cap. 39).

Os filhos são doces algemas de nossa alma (248).

Os filhos não são almas criadas no instante do nascimento [...]. São companheiros espirituais de lutas antigas, a quem pagamos débitos sagrados ou de quem recebemos alegrias puras, por créditos de outro tempo. [...] (263, cap. 49).

Os filhos são liames de amor conscientizado que lhes granjeiam proteção mais extensa do mundo maior, de vez que todos nós integramos grupos afins (294, cap. 2).

[...] Os filhos são as obras preciosas que o Senhor confia às mãos [dos pais], solicitando-lhes cooperação amorosa e eficiente (295, cap. 135).

[...] os filhos são associados de experiência e destino, credores ou devedores, amigos ou adversários de encarnações do pretérito próximo ou distante, com os quais nos reencontraremos na Vida Maior, na condição de irmãos uns dos outros, ante a paternidade de Deus (304, cap. 38).

Filho da paz

[...] Por *filhos da paz* designava Jesus os que estavam dispostos a enveredar pela nova estrada que os faria adiantarem-se nas vias do Senhor. A paz dos discípulos se deve entender no mesmo sentido. Por essa paz se compreendem *a fé e os conhecimentos* que possuíam e que para eles voltavam desde que se achassem num meio refratário a aceitá-los (182, v. 2).

Filho de Abraão

[...] *Filhos de Abraão* [...] são [...] *tão somente* os que fazem a vontade [do Senhor], *quaisquer que eles sejam*. Todos aqueles cujo coração é puro. [...] (182, v. 1).

[...] estas palavras – *filho de Abraão* – significavam: *herdeiro do céu*. Todo aquele que volve ao bom caminho é, pois, desse ponto de vista, *um filho de Abraão* (182, v. 3).

Filho de Deus

Filhos de Deus são todos os que têm fé (182, v. 2).

[...] filhos de Deus são os que seguem seus mandamentos. [...]

[...] E filho de Deus se torna aquele que segue, sem se desviar, os caminhos que ele traçou, que carrega a sua cruz, perdoa a seus inimigos e esvazia a taça de fel sem a derramar sobre os que a encheram (182, v. 4).

Filho de iniquidade

[...] os filhos de iniquidade, cujo símbolo é o joio, são os que cedem às más influências, por serem maus seus instintos (182, v. 2)

Filho do desespero

Incapacitados de prosseguir além do túmulo, a caminho do céu, que não souberam conquistar, os filhos do desespero organizam-se em vastas colônias de ódio e miséria moral, disputando, entre si, a dominação da Terra. Conservam, igualmente, quanto ocorre a nós mesmos, largos e valiosos patrimônios intelectuais e, anjos decaídos da Ciência, buscam, acima de tudo, a perversão dos processos divinos que orientam a evolução planetária.

Mentes cristalizadas na rebeldia, tentam solapar, em vão, a Sabedoria Eterna, criando quistos de vida inferior, na organização terrestre, entrincheiradas nas paixões escuras que lhes vergastam as consciências. Conhecem inumeráveis recursos de perturbar e ferir, obscurecer e aniquilar. Escravizam o serviço benéfico da reencarnação em grandes setores expiatórios e dispõem de agentes da discórdia contra todas as manifestações dos sublimes propósitos que o Senhor nos traçou às ações (264, cap. 1).

Ver também OBSESSOR

Filho do Homem

O Filho do Homem é aquele em quem o Pai pôs o seu selo (127, Supremacia de Jesus).

Filho do reino

[...] os filhos do Reino, simbolizados pelo bom grão, são os que tendem a progredir e se esforçam por consegui-lo [...] (182, v. 2).

Filho mau

[...] Os maus filhos são uma provação para os pais (106, q. 210).

Filho-problema

O filho-problema é o desafio ao nosso amor (100, Filho-problema).

Filho unigênito

Esta frase: *o filho unigênito que está no seio do Pai* é um composto de expressões *figuradas*, indicativas da elevação de Jesus, quer *com relação ao vosso planeta* e *à Humanidade que o habita*, quer com *relação aos Espíritos* que, sob a sua direção, trabalham pelo vosso desenvolvimento e pelo vosso progresso.

É um modo de indicar as relações existentes entre Deus e o seu mensageiro (182, v. 4).

FILOSOFIA

Existe a filosofia em si, a filosofia livre, assim como existem *filosofias* diversas, segundo as escolas e as teorias pessoais. O que se pode chamar de filosofia livre é justamente a indagação natural, a reflexão profunda acerca das causas primárias, sem subordinação a qualquer esquema rígido. É a filosofia entendida no sentido realmente substantivo, porque não comporta adjetivações condicionantes. Quando se diz, por exemplo, filosofia tomista, filosofia espiritualista ou filosofia positivista, etc., etc., implicitamente se restringe a ideia a determinados ângulos. O tomismo, portanto, é UMA filosofia, tanto quanto o Espiritualismo, o Positivismo, e assim por diante. [...] São muito diferentes as *filosofias*, cada qual com o seu campo de pensamento.

Independentemente da existência de tantas *filosofias* [...] devemos considerar a filosofia no seu conceito amplo, a filosofia perene, como diziam os antigos, acima das classificações acadêmicas. É a filosofia com visão global do Universo, preocupada com a razão última das coisas, como necessidade do espírito inquiridor, o espírito que tem sede de saber mais. Sob este ponto de vista [...] o homem começou a filosofar desde o momento em que se impressionou com o desconhecido. [...]

[...] Ao reencarnar, como prega o Espiritismo, já traz o Espírito a sua *armação*, a sua estrutura psíquica para determinado tipo de conhecimento em razão do lastro adquirido anteriormente. Justamente por isso, às vezes encontramos no seio da massa humana elementos que não têm ilustração acadêmica, mas têm profundos raciocínios filosóficos.

São espíritos bem vividos, já afeitos aos processos de especulação e crítica.

Em cada encarnação estas criaturas enriquecem o patrimônio de experiências e aprendizado. Os conceitos filosóficos aprendem-se nos livros, a metodologia naturalmente se exercita no estudo sistemático. Mas a filosofia em si está no espírito: é a elaboração do conhecimento superior, através de mecanismos que permitem à criatura chegar à compreensão da vida e das coisas pela luz da razão bem trabalhada ou pela alta intuição (6, cap. 26).

[...] Filosofia não é técnica, é um conhecimento mais profundo, com visão global do homem e do Universo. É através dela, partindo de premissas e fazendo deduções, que o espírito humano chega à síntese como expressão maior do saber (6, cap. 6).

Quando o homem pergunta, interroga, cogita, quer saber o *como* e o *porquê* das coisas, dos fatos, dos acontecimentos, nasce a FILOSOFIA, que mostra o *que são as coisas e porque são as coisas o que são.*

[...] A Filosofia *é a ciência de todas as coisas, por suas causas mais elevadas, adquiridas à luz natural da razão*: *ciência*, soma de conhecimentos certos; *de todas as coisas*, de tudo quanto existe ou é; *por suas causas mais elevadas*, explicando-as de modo definitivo, *à luz natural da razão* pela evidência intrínseca, não pela autoridade. [...]

A Filosofia se baseia no conhecimento da essência que informa as coisas, a individualidade e a personalidade do homem. [...] (11, pt. 2, Postulados e ensinamentos).

A filosofia é a ciência da alma. [...] (117, v. 2, cap. 28).

FILOSOFIA ESPÍRITA

A filosofia espírita distingue-se pela crença de que nosso progresso espiritual se efetua por meio de uma série de encarnações. [...] (316, cap. 21).

Filosofia social

Filosofia social é o conhecimento de caráter especulativo sobre a natureza social do homem, a essência e os fundamentos da sociedade e seu dever ser, e as relações ideais entre seus grupos componentes. [...] (128).

Filosofia Social Espírita

[...] um corpo de doutrina composto de princípios ético-sociais, padrões de conduta social, modelos de organização política e econômica e de ideais de perfeitíssima justiça [...] (128).

FIM

O fim é aquilo que se pretende realizar na vida real, quer no campo empírico, quer no meio social, quer na educação. Por exemplo, o *fim* do educador espírita é o desenvolvimento da espiritualidade do educando. [...] (128).

Fim do mundo

Significa, apenas, o fim deste ciclo evolutivo da Humanidade terrena, com o desaparecimento de todos os seus usos, costumes e instituições contrários à Moral e à Justiça (31, Parábola da rede).

O fim do mundo, *compreendido como sendo a época da colheita*, se apresenta dividido em três períodos distintos: o *primeiro* é o em que aos Espíritos inferiores foi e será permitido encarnar na Terra para, por sucessivas expiações e reencarnações, se purificarem, passarem de *filhos de iniquidade*, que eram, a *filhos do reino*.

O *segundo* é o em que *o joio começará a ser separado do trigo*, o em que os Espíritos que se mantiverem culpados, rebeldes, voluntariamente cegos, serão afastados do vosso planeta e deportados para planetas inferiores.

O *terceiro é o em que, concluída a separação do joio e do trigo*, estará acabado o afastamento dos Espíritos inferiores: é, portanto, o em que a Terra se terá tornado morada de paz e felicidade [...] (182, v. 2).

FINADOS

As homenagens que se prestam aos *mortos* em todo o mundo, para os que meditam e percebem a subjetividade das coisas, têm uma significação bem mais profunda do que geralmente se imagina.

Elas não refletem apenas a afetividade daqueles que ficaram; são manifestações inequívocas de uma crença inata na existência da alma e em sua sobrevivência; é a afirmação solene da certeza de que a sepultura não é o término fatal da vida, mas a porta de entrada para um novo modo de existência (30, cap. 8).

FÍSICA

Conhecimento das forças materiais que produzem a vida e o organismo dos mundos (43, pt. 2, cap. 3).

FISIOGNOMONIA

A fisiognomonia baseia-se no princípio de que é o pensamento que põe em jogo os órgãos, que imprime aos músculos certos movimentos, daí se seguindo que, estudando-se as relações entre os movimentos aparentes e o pensamento, daqueles se pode deduzir o pensamento que não vemos. Lavater teve a glória, diz Kardec, se não de a ter descoberto, pelo menos de a haver desenvolvido e formulado em corpo de doutrina (226, v. 2, cap. 2, it. 9).

FIXAÇÃO MENTAL

A fixação mental pode perdurar durante séculos e até milênios.

O Espírito isola-se do mundo externo, passando a vibrar, unicamente, ao redor do próprio desequilíbrio, cristalizando-se no Tempo (161, cap. 37).

FLAGELO

[...] Os flagelos são provas que dão ao homem ocasião de exercitar a sua inteligência, de demonstrar a sua paciência e resignação ante a vontade de Deus e que lhe oferecem ensejo de manifestar seus sentimentos de abnegação, de desinteresse e de amor ao próximo, se não o domina o egoísmo (346, cap. 21)

FLOR

[...] flor (a mais alta expressão, material inclusive pelo perfume, muito comum nas sessões de materialização) (7, cap. 13).

[...] as flores [...] são piedosas demonstrações das belezas celestiais nos tapetes verdoengos da Terra inteira. [...] (247, cap. 22).

FLUIDO

[...] agentes e meios de ação do Mundo Invisível constituindo uma das forças e potências da Natureza [...] (104, pt. 1, cap. 10).

Sendo os fluidos o veículo do pensamento, este atua sobre aqueles como o som atua sobre o ar; eles nos trazem o pensamento como o ar nos traz o som. [...] (109, pt. 1).

Chamamos fluidos aos estados da matéria em que ela é mais rarefeita do que no estado conhecido sob o nome de gás. [...] (42, pt. 4, cap. 3).

Na Natureza existe um grupo de substâncias denominadas genericamente de *fluidos*, que apresentam propriedades em comum bem características. Em todas elas observa-se, por exemplo, uma grande facilidade em escoar. Isto acontece porque as suas moléculas deslocam-se facilmente umas em relação às outras. [...] (94, pt. 2, cap. 2).

Fluido (lê-se fluido e não fluído) é um termo genérico empregado para traduzir a característica *das substâncias líquidas ou gasosas*, ou de substância *que corre ou se expande à maneira de um líquido ou gás; fluente.* [...] popularmente falando, designamo-lo como sendo a fase não sólida da matéria, a qual pode se apresentar em quatro subfases: pastosa, líquida, gasosa e radiante [...].

[...] fluido é tudo quanto importa à matéria, da mais grosseira à mais diáfana, variando em multiplicidade infinita a fim de atender a todas as necessidades físicas, químicas e inclusive vitais daquela, bem como de sua intermediação entre os reinos material e espiritual. É o fluido não apenas algo que se move a exemplo dos líquidos ou gases, mas a essência mesma desses líquidos, gases e de todas as matérias, inclusive aqueles ainda inapreensíveis por nossos instrumentos físicos ou mesmo psíquicos (137, cap. 4)

O fluido é visto pelos sonâmbulos como um vapor luminoso, mais ou menos brilhante, e que pode tomar outras colorações - azul, vermelha, escura, etc. - não só [...] em razão da evolução de cada um, mas também como resultante de um estado acidental da alma, em virtude de doença física ou moral (141, cap. 6).

Definimos o fluido dessa ou daquela procedência, como sendo um corpo cujas moléculas cedem invariavelmente à mínima pressão, movendo-se entre si, quando retidas por um agente de contenção, ou separando-se, quando entregues a si mesmas.
Temos, assim, os fluidos líquidos, elásticos ou aeriformes, e os outrora chamados fluidos imponderáveis, tidos como agentes dos fenômenos luminosos, caloríficos e outros mais (305, pt. 1, cap. 13).

O fluido que compõe o perispírito penetra todos os corpos e os atravessa, como a luz atravessa os corpos transparentes; nenhuma matéria lhe constitui obstáculo. É por isso que os Espíritos penetram em toda parte, [...] (320, cap. 2, Manifestação dos Espíritos).

Em relação aos fluidos, a Física os considera substâncias capazes de fluir, escorrer ou expandir e que se modificam continuamente sob a ação de uma força ou tensão. Os fluidos abrangem, basicamente, os líquidos e os gases. [...]

[...] Definimos o fluido, dessa ou daquela procedência, como sendo um corpo cujas moléculas cedem invariavelmente à mínima pressão, movendo-se entre si, quando retidas por um agente de contenção, ou separando-se, quando entregues a si mesmas. [...] (328, cap. 2.1).

Ver também ECTOPLASMA

Fluido cósmico universal
A substância etérea, mais ou menos rarefeita, que se difunde pelos espaços interplanetários; esse fluido cósmico que enche o mundo, mais ou menos rarefeito, nas regiões imensas, opulentas de aglomerações de estrelas; mais ou menos condensado onde o céu astral ainda não brilha; mais ou menos modificado por diversas combinações, de acordo com as localidades da extensão, nada mais é do que a substância primitiva onde residem as forças universais, donde a Natureza há tirado todas as coisas (101, cap. 6, it. 17).
O fluido cósmico universal é, como já foi demonstrado, a matéria elementar primitiva, cujas modificações constituem a inumerável variedade dos corpos da Natureza (Cap. 10). Como princípio elementar do Universo, ele assume dois estados distintos: o de eterização ou imponderabilidade, que se pode considerar o primitivo estado normal, e o de materialização ou de ponderabilidade, que é, de certa maneira, consecutivo àquele. O ponto intermédio e o de transformação do fluido em matéria tangível. Mas, ainda aí, não há transição brusca, porquanto podem considerar-se os nossos fluidos imponderáveis como termo médio entre os dois estados (Cap. 4, nos 10 e seguintes) (101, cap. 14, it. 2).

[...] mas, ao elemento material se tem que juntar o fluido universal, que desempenha o papel de intermediário entre o Espírito e a matéria propriamente dita, por demais grosseira para que o Espírito possa exercer ação sobre ela. Embora, de certo ponto de vista, seja lícito classificá-lo como elemento material, ele se distingue deste por propriedades especiais. Se o fluido universal fosse positivamente matéria, razão não haveria para que também o Espírito não o fosse. Está colocado entre o Espírito e a matéria; é fluido, como a matéria é matéria, e suscetível, pelas suas inumeráveis combinações com esta e sob a ação do Espírito, de produzir a infinita variedade das coisas de que apenas conheceis uma parte mínima. Esse fluido universal, ou primitivo, ou elementar, sendo o agente de que o Espírito se utiliza, é o princípio sem o qual a matéria estaria em perpétuo estado de divisão e nunca adquiriria as qualidades que a gravidade lhe dá (106, q. 27).

[...] é o veículo da transmissão de seus pensamentos [dos Espíritos], como, para vós, o ar o é do som. É uma espécie de telégrafo universal, que liga todos os mundos e permite que os Espíritos se correspondam de um mundo a outro (106, q. 282).

[...] é o princípio elementar de todas as coisas.

[...] esse fluido apenas anima a matéria. [...] é o agente principal das manifestações, agente que recebe impulsão do Espírito, seja encarnado, seja errante. [...] (107, it. 74 e 75).

Os Espíritos entendem por fluido universal uma matéria primitiva, da qual provêm todos os corpos por transformações sucessivas. [...] (42, pt. 4, cap. 3).

Foi Mesmer que, em 1779, viria a propor a teoria do *fluido universal*, mais tarde também adotada por Allan Kardec. Mesmer acreditava ser o fluido universal substância de *sutileza sem comparação que penetra todos os corpos*. Acreditava, também, que todos os corpos possuíam propriedades idênticas às dos ímãs e que as doenças eram provocadas por desequilíbrios na distribuição do magnetismo no organismo das pessoas (94, pt. 2, cap. 1).

O fluido cósmico universal é, nas palavras de Kardec [*A gênese*, cap. 14], "[...] a matéria elementar primitiva, cujas modificações e transformações constituem a inumerável variedade dos corpos da Natureza". Em outras palavras: é a matéria primitiva básica a partir da qual todas as outras se formam.

A afirmação de que tudo o que existe formou-se a partir de uma substância primitiva pode parecer difícil de aceitar, a uma primeira análise, mas, isso fica bem mais fácil de aceitar ao lembrarmos que a ciência oficial já demonstrou, inclusive com experiências de laboratório, que todas as substâncias hoje conhecidas podem ser obtidas a partir de átomos de hidrogênio, bastando que se verifiquem condições adequadas.

Não devemos, contudo, concluir, pois estaríamos em erro, ser o hidrogênio a mesma coisa que o fluido cósmico universal. Podemos, isso sim, notar que, após o surgimento do hidrogênio, formado a partir do fluido cósmico universal, a produção das demais substâncias passa a ser uma decorrência regida por leis que já começam a ser desvendadas pela própria ciência oficial.

Vale a pena lembrar que as referências de Kardec ao fluido cósmico, como matéria-prima original do Universo, foram apresentados ao mundo em *A gênese*, editada no ano de 1868, enquanto que a descoberta da Ciência referente ao hidrogênio como substância fundamental, da qual todas as outras se originam, só surgiu com Rutherford, nos primeiros anos do nosso século. A confirmação experimental desta descoberta, inclusive, só veio a ocorrer várias décadas depois.

O fluido cósmico universal existe em todos os recantos do Universo, decorrendo daí o seu nome (94, pt. 2, cap. 2).

[...] é o elemento universal, *o princípio elementar de todas as coisas e que, para o encontrarmos na sua simplicidade absoluta, precisamos ascender aos Espíritos puros*. [...]

[...] O FLUIDO UNIVERSAL, *como elemento cosmogônico básico, verdadeira prima-fonte*, assomando a característica de *matriz funcional do grande campo-criador do universo material*, com seus universos macros e micros, visíveis e invisíveis, densos e tênues, criados e por criarem-se, irrompe conceitualmente como *a unidade criacionista das forças, a síntese das energias, o plano e antiplano da matéria*. [...]

O FLUIDO UNIVERSAL: *fonte* e princípio básico de todos os fluidos, o qual derivou (e continua a gerar) um grande campo [...] (137, cap. 4).

A primeira grande derivação do fluido universal é o fluido cósmico, o fluido que enche todos os vazios, *o meio sutil em que o Universo se equilibra* e faz com que a matéria adquira *as qualidades que a gravidade lhe dá*, um verdadeiro *campo energético* pleno de elementos transformáveis, adaptáveis, expansíveis, contráteis, manipuláveis enfim.

[...] O *fluido cósmico*: primeira (e talvez única) e maior decorrência do fluido universal, o qual, além de gerar todos os universos, macros e micros, tem dentro de si mesmo um outro campo [...] (137, cap. 4).

O fluido cósmico universal (quinta-essência da matéria, de onde se origina toda a criação, matéria dotada de vida e possibilidades inconcebíveis à mente humana atual (176, p. 1, cap. 8).

O fluido universal, que toca de perto a Deus e dele parte, constitui, pela sua quinta-essência e *mediante as combinações, modificações e transformações* de que é passível, o instrumento e o meio de que se serve a inteligência suprema para, pela onipotência da sua vontade, operar, no infinito e na eternidade, todas as criações espirituais, materiais e fluídicas destinadas à vida e à harmonia universais, para operar a criação de todos os mundos, de todos os seres em todos os reinos da Natureza, de tudo que se move, vive, é (182, v. 1).

Não sabeis já que o fluido universal, em todos os seus estados de combinação e de transformação, é, na imensidade, o veículo do pensamento, sob a influência atrativa dos fluidos mediante os quais se estabelecem as relações, entre os Espíritos, por analogia de Natureza, ou de espécie? (182, v. 4).

O fluido cósmico que liga a Criação ao Criador é fonte inexaurível, sempre ao alcance de todas as criaturas. É nele que a nossa mente espiritual busca e encontra a quintessência energética de que se sustenta, e é a partir dele que elabora a matéria mental que expede através do pensamento, sob a forma de fluido mentomagnético (188, cap. 5).

[...] o fluido cósmico é o plasma divino, hausto do Criador ou força nervosa do Todo-Sábio. Nesse elemento primordial, vibram e vivem constelações e sóis, mundos e seres, como peixes no oceano (305, pt. 1, cap. 1).

[...] fluido cósmico ou plasma divino é a força em que todos vivemos, nos ângulos variados da Natureza, motivo pelo qual já se afirmou, e com toda a razão, que *em Deus nos movemos e existimos* (305, pt. 1, cap. 1).

[...] definiremos o meio sutil em que o Universo se equilibra como sendo o fluido cósmico ou hálito divino, a força para nós inabordável que sustenta a Criação (306, cap. 3).

[...] [Identificamos] o fluido elementar ou hálito divino por base mantenedora de todas as associações da forma nos domínios inumeráveis do Cosmo, do qual conhecemos o elétron como sendo um dos corpúsculos-base, nas organizações e oscilações da matéria [...] (306, cap. 4).

Ver também ÉTER *e* MATÉRIA PRIMITIVA

Fluido espiritual

Não é rigorosamente exata a qualificação de *fluidos espirituais*, pois que, em definitiva, eles são sempre matéria mais ou menos quintessenciada. De realmente *espiritual*, só a alma ou princípio inteligente.

Dá-se-lhes essa denominação por comparação apenas e, sobretudo, pela afinidade que eles guardam com os Espíritos.

Pode dizer-se que são a matéria do Mundo Espiritual, razão por que são chamados *fluidos espirituais* (101, cap. 14, it. 5).

Os fluidos espirituais, que constituem um dos estados do fluido cósmico universal, são, a bem dizer, a atmosfera dos seres espirituais; o elemento donde eles tiram os materiais sobre que operam; o meio onde ocorrem os fenômenos especiais, perceptíveis à visão e à audição do Espírito, mas que escapam aos sentidos carnais, impressionáveis somente à matéria tangível; o meio onde se forma a luz peculiar ao Mundo Espiritual, diferente, pela causa e pelos efeitos da luz ordinária; finalmente, o veículo do pensamento, como o ar o é do som (101, cap. 14, it. 13).

Os fluidos ditos espirituais são produzidos a partir de uma transformação que sofre o fluido cósmico universal por ação do magnetismo associado aos pensamentos e sentimentos do Espírito, quer esteja ele encarnado ou desencarnado. O magnetismo *polariza* o fluido cósmico, dando-lhe propriedades características novas. De um modo figurativo, é como se nos encontrássemos imersos em água límpida – o fluido cósmico – e passássemos a desprender do nosso organismo uma tintura qualquer – os nossos pensamentos e sentimentos – que iria tingindo a água ao nosso derredor. A cor da tinta liberada representaria os nossos sentimentos e pensamentos do momento. [...]

Os fluidos espirituais podem ser produzidos por qualquer entidade espiritual, mesmo que encarnada. Assim, cada um de nós está continuamente emitindo vários tipos diferentes de fluidos para o ambiente que nos envolve, sempre caracterizados pelos nossos pensamentos e sentimentos. Os fluidos espirituais podem, portanto, ser de ódio, de inveja, de ciúme, de prepotência, de orgulho, de amor, de simpatia, de pena,... e, por sua vez, podem agir sobre outras pessoas com efeitos irritantes, excitantes, tônicos, soporíferos, calmantes, reparadores.. (94, pt. 2, cap. 2).

O fluido espiritual será tanto mais depurado e benfazejo quanto mais o Espírito que o fornece for mais puro e mais desprendido da matéria. [...] (312, cap. 5).

Fluido imponderável

[...] É o traço de união entre o Espírito e a matéria, tudo gravando-se nele, refletindo-se como imagens em um espelho, sejam pensamentos ou acontecimentos. [...] (46, pt. 1, cap. 4).

Fluido magnético

O fluido magnético não é a alma; é um liame, um intermediário entre a alma e o corpo. [...] (109, pt. 1, Manifestações dos Espíritos).

[...] fluido elétrico, fluido magnético, são modificações do fluido universal, que não é, propriamente falando, senão a matéria mais perfeita, mais sutil e que se pode considerar independente. Foi esse fluido que os magnetizadores pressentiram e que o Espiritismo, mais tarde, reconheceu e proclamou, segundo as comunicações dos Espíritos e através de observações e experiências (141, cap. 2).

O fluido magnético, vital ou fluido nervoso [...] é uma transformação ou modificação do fluido universal, que, por sua vez, sai do *todo universal*, ou seja – do conjunto dos fluidos existentes no espaço (141, cap. 5).

Os fluidos magnéticos ligam todos os mundos entre si no Universo, como todos os Espíritos, encarnados ou não. É um laço universal pelo qual Deus nos ligou a todos, como que para formarmos um único ser e para nos facilitar a ascensão ao seu seio, conjugando-nos as forças. Os fluidos se reúnem pela ação magnética. Tudo em a Natureza é magnetismo. Tudo é atração produzida por esse agente universal (182, v. 1).

Fluido mentomagnético

[...] radiação mental, expendida sob a forma de ondas eletromagnéticas, constitui o fluido mentomagnético, que, integrado ao sangue e à linfa, percorre incessantemente todo o organismo psicofísico, concentrando-se nos plexos, ou centros vitais, e se exteriorizando no *halo vital*, ou aura.

[...] É pelo fluido mentomagnético que a mente age diretamente sobre o citoplasma, onde se entrosam e se interam as forças fisiopsicossomáticas, sensibilizando e direcionando a atividade celular, no ambiente funcional especializado de cada centro vital, saturando, destarte, as diversas regiões do império orgânico, com os princípios ativos, quimioeletromagnéticos, resultantes de seu metabolismo ídeo-emotivo saudável ou conturbado, feliz ou infeliz. [...]

[...] o fluido mentomagnético não é apenas o instrumento por excelência da ação da mente sobre o fisiopsicossoma, mas igualmente o veículo natural que leva de volta à mente a reação fisiopsicossomática. [...]

Eis por que o vemos às vezes designado por *fluido animal* ou *fluido vital*, que são, sem dúvida, formas ou modalidades pelas quais ele também se manifesta, tal como ocorre com o *ectoplasma*.

O fluido mentomagnético está na base de toda a fenomenologia mediúnica e, por consequência, na base de todos os fenômenos de sugestão, hipnose, auto-hipnose, obsessão e inspiração, por ser o elemento natural de comunicação e de trocas energéticas entre os seres vivos (188, cap. 5).

Ver também FLUIDO VITAL

Fluido nervoso

[...] *é o instrumento indispensável para que a alma entre em relação com o mundo exterior.* O *fluido nervoso*, sendo por natureza muito material e grosseiro, é destinado a se separar da alma, rarefazendo-se à proporção que a alma se sublima e gradualmente se aproxima da natureza radiosa do Espírito [...] (22, cap. 10).

Ver também FLUIDO MAGNÉTICO

Fluido perispirítico

[...] não é de si mesmo inteligente, pois que é matéria, mas serve de veículo ao pensamento, às sensações e percepções do Espírito. Esse fluido não é o pensamento do Espírito; é, porém, o agente e o intermediário desse pensamento. [...] (101, cap. 2, it. 23).

O fluido perispirítico constitui [...] o traço de união entre o Espírito e a matéria. [...] (101, cap. 11, it. 17).

O fluido perispirítico é o agente de todos os fenômenos espíritas, que só se podem produzir pela ação recíproca dos fluidos que emitem o médium e o Espírito. [...] (109, pt. 1, Manifestações dos Espíritos).

Fluido vital

[...] motor determinante da evolução contida no trinômio – juventude, madureza, velhice. [...] (40, cap. 3).

O fluido etéreo espalhado no corpo carnal é como um telégrafo que transmite a sensação ao centro sensitivo, que é o Espírito. Os nervos são os fios condutores desse fluido, cujo curso, no entanto, pode ser interrompido por um agente que o isola do cérebro. [....] (134, 34ª efusão).

[...] é o responsável, quando *combinado* com o fluido cósmico, ou com outras de suas derivações, através do agente chamado *princípio vital* segundo padrões muito especiais, pela vida (137, cap. 4).

O fluido vital, também chamado de princípio vital, é uma forma modificada do fluido cósmico universal. Ele é o elemento básico da vida. Vida aqui considerada no sentido atribuído pela Ciência, que se caracteriza pelos fenômenos do nascimento, crescimento, reprodução e morte. Observe que nessa categoria, evidentemente, não se incluem os Espíritos, já que não satisfazem, pelo menos, às duas últimas condições – reprodução e morte. [...].

Apesar de já contarmos, ao nascer, com certa quantidade de fluido vital, o nosso corpo precisa ser constantemente suprido deste fluido, em razão da sua constante utilização, principalmente nos processos ligados ao metabolismo. É, contudo, característica dos seres vivos a capacidade de produzir fluido vital, continuamente, a partir do fluido cósmico universal, como também a capacidade de absorvê-lo diretamente, a partir dos próprios alimentos. Uma outra possibilidade de absorção do fluido vital é através da transfusão fluídica. Kardec refere claramente essa possibilidade quando afirma que: "o fluido vital se transmite de um indivíduo a outro". É justamente essa propriedade, característica do fluido vital, um dos fundamentos em que se baseia o passe. [...] Os seres do Mundo Espiritual, por não possuírem fluido vital, é que necessitam do nosso concurso, como indispensável, para muitas das tarefas assistenciais a que se propõem (94, pt. 2, cap. 2).

[...] O fluido vital de cada Espírito, errante ou encarnado é, de certo modo, um foco que irradia em seu redor pelo pensamento. [...] (319, cap. 8).

A Doutrina Espírita considera o fluido vital como "o princípio da vida material e orgânica, seja qual for a sua fonte, e que é comum a todos os seres vivos, desde as plantas até o homem. [...] (328, cap. 2.4).

Ver também PRINCÍPIO VITAL

Fluido vivo

No Plano Espiritual, o homem desencarnado vai lidar, mais diretamente, com um fluido vivo e multiforme, estuante e inestancável, a nascer-lhe da própria alma, uma vez que podemos defini-lo, até certo ponto, por subproduto do fluido cósmico, absorvido pela mente humana, em processo vitalista semelhante à respiração, pelo qual a criatura assimila a força emanente do Criador, esparsa em todo o Cosmo, transubstanciando-a, sob a própria responsabilidade, para influenciar na Criação, a partir de si mesma. Esse fluido é o seu próprio pensamento contínuo, gerando potenciais energéticos com que não havia sonhado (305, pt. 1, cap. 13).

FLUIDOTERAPIA

A rigor qualquer passe constitui uma terapia fluídica, entretanto, o termo *fluidoterapia* tem sido, geralmente, reservado para designar um tipo especial de passe, sempre executado por um grupo de passistas, com duração um pouco maior que a do passe tradicional e que, normalmente, se destina a corrigir irregularidades, mais ou menos graves, da estrutura do perispírito, que estejam a comprometer seriamente a vitalidade e funcionalidade do organismo do paciente.

As sessões de fluidoterapia contam sempre com a participação de grupos de trabalhadores espirituais, os quais, de fato, é que realizam fundamentalmente toda a tarefa, cabendo aos participantes encarnados apenas auxiliar no processo, principalmente na dispersão e doação de fluidos.

Em muitos casos, são utilizados, pela espiritualidade, equipamentos complexos e sofisticados que são aplicados ao paciente.

A fluidoterapia requer a participação de pelo menos três passistas experimentados, exigindo-se deles o máximo empenho no sentido do condicionamento individual, além de uma satisfatória harmonização interior.

A formação dos grupos de fluidoterapia deve ser feita entre os passistas mais dedicados e equilibrados da instituição. A participação de médiuns videntes ou auditivos, quando possível, é sempre muito interessante, pois, com isso, o relacionamento entre encarnados e desencarnados torna-se muito mais fácil e preciso. A indisponibilidade de elementos possuidores das mediunidades referidas, para compor a equipe, ou equipes, não deve representar, contudo, impedimento para sua formação. Lembremo-nos de que há sempre o recurso da intuição (94, pt. 3, cap. 5).

[...] é o tratamento feito com fluidos, ou seja, através dos passes e da água fluidificada (195, pt. 2, cap. 10).

[...] Na fluidoterapia sabemos que não ocorrerá a cura em determinados casos, mas reconhecemos o valor da transfusão de fluidos aliada à intervenção espiritual com recursos, muitas vezes, inimagináveis para nós, mas que aliviam e minoram as dores físicas e morais. [...] (341, p. 1, cap. 9).

Ver também ÁGUA FLUIDIFICADA *e* PASSE

FOGO

[...] No pensamento de Jesus, o fogo eterno não podia passar, portanto, de simples figura, pouco lhe importando fosse essa figura interpretada à letra, desde que ela servisse de freio às paixões humanas. [...] (104, pt. 1, cap. 6, it. 7).

Imagem, semelhante a tantas outras, tomada como realidade.

[...] O homem não encontrou comparação mais enérgica do que a do fogo, pois, para ele, o fogo é o tipo do mais cruel suplício e o símbolo da ação mais violenta. Por isso é que a crença no fogo eterno data da mais remota antiguidade, tendo-a os povos modernos herdado dos mais antigos. Por isso também é que o homem diz, em sua linguagem figurada: o fogo das paixões; abrasar de amor, de ciúme, etc (106, q. 974 e 974ª).

[...] A Teologia reconhece hoje que a palavra *fogo* é usada figuradamente e que se deve entender como significando fogo moral. [...] (106, q. 1009).

O fogo exprime *emblematicamente* a expiação como meio de purificação e, portanto, de progresso para o Espírito culpado (182, v. 3).

FOME E SEDE DE JUSTIÇA

E se conservarmos a fome e a sede de justiça, isto é, a disposição em nos submetermos às provações escolhidas, fazendo sempre o melhor, então seremos saciados, ainda que, aparentemente, o mundo nos reserve toda sorte de injustiças (199, A justiça que planejamos).

FORA DA CARIDADE NÃO HÁ SALVAÇÃO

[...] máxima aclamada, em seu aparecimento [do Espiritismo], como a luz do futuro, e que logo deu a volta ao mundo, tornando-se a palavra de ligação de todos quantos veem no Espiritismo algo mais que um fato material. Por toda parte foi acolhida como o símbolo da fraternidade universal, como penhor de segurança nas relações sociais, como a aurora de uma nova era, onde devem extinguir-se os ódios e as dissensões. Compreende-se tão bem a sua importância, que já se colhem seus frutos; entre os que a tomaram como regra de conduta, reinam a simpatia e a confiança, que fazem o encanto da vida social. Em todo Espírita de coração vê-se um irmão com o qual nos sentimos felizes de encontrar, porque sabemos que aquele que pratica a caridade não pode fazer nem querer o mal.

[...] ela decorre do ensino dos Espíritos, e eles mesmos a colheram nos do Cristo, onde está escrita com todas as letras, como pedra angular do edifício cristão [...] (103, cap. 20).

Estes princípios, para mim, não existem apenas na teoria, pois que os ponho em prática; faço tanto bem quanto o permite a minha posição; presto serviços quando posso; os pobres nunca foram repelidos de minha porta, ou tratados com dureza; foram recebidos sempre, a qualquer hora, com a mesma benevolência; jamais me queixei dos passos que hei dado para fazer um benefício; pais de família têm saído da prisão, graças aos meus esforços. [...] (103, cap. 27).

[...] a máxima – *Fora da caridade não há salvação* – assenta num princípio universal e abre a todos os filhos de Deus acesso à suprema felicidade [...] consagra o princípio da igualdade perante Deus e da liberdade de consciência. [...] (105, cap. 15, it. 8).

Ver também CARIDADE

FORÇA

[...] é apenas o agente, o modo de ação de uma vontade superior. É o pensamento de Deus que imprime o movimento e a vida ao Universo (45, cap. 10).

A força é ato, que significa compromisso no bem ou no mal (248).

A força é palavra que edifica ou destrói (248).

A força é determinação que ampara ou menospreza (248).

Força divina

Força universal que liga os mundos e abraça todas as outras forças (43, pt. 2, cap. 3).

Força ectênica

[...] força nervosa especial, análoga ao éter dos sábios, que transmite a luz [...] (99, pt. 2, cap. 2).

Força nervosa

A força nervosa do médium é matéria plástica e profundamente sensível às nossas criações mentais (161, cap. 42).

Ver também ECTOPLASMA

Força nêurica

[...] a força nêurica [é] uma força essencialmente física análoga às que são conhecidas: som, calor, luz e eletricidade (181, Os eflúvios ódicos).

Força ódica

O barão Von Reichenbach designa sob o nome de força ódica (Od-Kraft) o fluido imponderável e penetrante de todos os corpos, por meio do qual ele explica diferentes fenômenos misteriosos (3, v. 1).

Força psíquica

Segundo ela [a teoria da força psíquica], supõe-se que o médium ou o círculo das pessoas reunidas para formar um todo, possui uma força, um poder, uma influência, uma virtude ou um dom, por meio dos quais seres inteligentes podem produzir os fenômenos observados. [...] (37, Teorias expostas para explicarem os fenômenos observados).

[...] certos indivíduos possuem em alto grau uma faculdade especial que se acha mais ou menos desenvolvida em cada um de nós, e que, por meio desta faculdade por uns denominada *força psíquica* (Cox, W. Crookes, etc.) e por outros ectênica ou ódica, é possível obter certos fenômenos inexplicáveis no estado atual da Ciência. [...] (92, Introd.).

Força vital

[...] existe no ser organizado algo inexistente nos corpos inorgânicos, algo operante por métodos particulares, *sui generis*, e que não só fabrica, como repara os órgãos. A esse *algo* chamamos força vital (40, cap. 1).

[...] a força vital é simultaneamente um princípio e um efeito: princípio, por tornar-se preciso um ser já vivente para comunicar a vida; e efeito porque, uma vez completada a fecundação de um gérmen, as leis físico-químicas servem ao entretenimento da vida (40, cap. 3).

A força vital que impregna simultaneamente a matéria organizada e o perispírito é o agente intermediário do corpo e da alma. Qualquer modificação na substância física produzirá modificação da força vital, que, por sua vez, modificará o perispírito, nas mesmas condições de variação que sofrerá em si mesma (40, cap. 4).
A força vital é, portanto, uma energia de capacidade variável, conforme a sua intensidade primitiva, e também segundo as circunstâncias em que se desenvolve (40, cap. 5).

[...] a força vital [...] é mensurável, transmite-se por geração, não tem consciência intrínseca, nasce, aumenta, declina e morre... [...] (68, 1ª narrativa).

FORMA

[...] Uma distinção profunda, inimaginável para vós, separa as formas animadas dos diferentes globos. *Essas formas são o resultado dos elementos especiais a cada orbe e das forças que o regem*: matéria, densidade, peso, calor, luz, eletricidade, atmosfera, etc., diferem essencialmente de um mundo a outro. [...] (68, 4ª narrativa).

A forma [de homem ou mulher], numa como noutra área, é oportunidade para aquisição de particulares conquistas de acordo com os padrões éticos que facultam a uma ou à outra. Quando são conseguidos resultados positivos numa expressão do sexo, pode-se avançar, repetindo-se a forma até que, para diferente faixa de aprendizagem, o Espírito tenta o outro gênero. [...] (77, cap. 6).

Forma visível

Forma visível é aquela pela qual uma pessoa é localizada e vista, não obstante estar longe do lugar em que se apresenta.
A forma não é simples sinal ou símbolo; acha-se animada com a vida da personalidade que representa; a ação e expressão correspondem ao pensamento, vontade, ação e estado espiritual do ser original (157, Dos que se comunicam).

FORMAÇÃO DO ESPÍRITO

O Espírito, na sua origem, como essência espiritual, princípio de inteligência, se forma da *quintessência* desses fluidos [existentes no espaço], elemento tão sutil que nenhuma expressão pode dar dele ideia, sobretudo às vossas inteligências restritas. A vontade do Senhor Deus Todo-Poderoso, única essência de vida no infinito e na eternidade, anima esses fluidos para lhes dar o ser, isto é, para *mediante uma combinação sutilíssima*, cuja essência só nas irradiações divinas se encontra, fazer deles essências espirituais, princípios primitivos do Espírito em gérmen e destinados à sua formação (182, v. 1).

Ver também ESPÍRITO

FORMAÇÃO DOS MUNDOS

Tudo o que a esse respeito se pode dizer e podeis compreender é que os mundos se formam pela condensação da matéria disseminada no Espaço (106, q. 39).

FORMAS-PENSAMENTOS

Segundo a posição espírita, no plano astral, os pensamentos são projetados no exterior, sob a forma de energia mental, a plasmar, nos átomos astrais, as denominadas formas-pensamentos, que correspondem às ideias e imagens plasmadas na mente dos Espíritos [...] (9, cap. 2).

[...] entidade animada de intensa atividade, a gravitar em torno do pensamento gerador (24, Formas do pensamento).

Os nossos pensamentos nada mais são que *moldes magnéticos* relativamente voláteis, que se originam no nosso espírito e que, agindo sobre o envoltório fluídico que nos envolve, ali plasmam as *formas-pensamentos* que continuamente exteriorizamos. Este mecanismo é em tudo semelhante ao da aglutinação de matéria para composição do nosso perispírito [...] (94, pt. 2, cap. 1).

[...] as formas-pensamentos nem sempre são concentrações energéticas facilmente desagregáveis. Conforme a natureza ideo-emotiva de sua estrutura e a intensidade e constância dos pensamentos de que se nutrem, podem tornar-se verdadeiros carcinomas, monstruosos *seres* automatizados e atuantes, certamente transitórios, mas capazes, em certos casos, de subsistir até por milênios inteiros de tempo terrestre, antes de desfazer-se (188, cap. 5).

FORTE

Forte – é o que sabe esperar no trabalho pacífico (232, cap. 16).

FORTUNA

O ouro, na maioria dos casos, é pesada cruz de aflição nos ombros daqueles que o amealham e a evidência no mundo, frequentemente, não passa de ergástulo em que a alma padece angustiosa solidão (243, cap. 9).

Ver também RIQUEZA

FOTOGRAFIA ESPÍRITA

Há dois gêneros de materialização: há em primeiro lugar a materialização *invisível* ao olho, e não apresentando mais do que um atributo físico, acessível ao nosso confronto: consiste na emissão de raios luminosos, que não produzem ação alguma sobre a nossa retina, porém agem sobre a placa sensível de um aparelho fotográfico; para os resultados, assim obtidos, proponho a expressão: *fotografia transcendente* (3, v. 1, cap. 1).

[...] fotografia transcendental [...] é a fotografia da materialização invisível para os assistentes. [...] (43, pt. 2, cap. 4).

No início da década de 70, no século XIX, começaram a surgir em Paris as chamadas *fotografias espíritas*, ou seja, retratos de pessoas encarnadas, junto às quais apareciam, mais nítidos ou menos nítidos, seres desencarnados. Eram obtidas nos Estados Unidos, bem como na Inglaterra, e por essa pesquisa interessou-se pessoalmente o eminente cientista *Sir* William Crookes (123, Surgem as "fotografias espíritas").

[...] chamaram fotografia transcendente por escapar aos processos técnicos em voga para a obtenção de chapas pelos profissionais da especialidade (127, Materializações).

[...] Alfred Russell Wallace, a quem Slater mostrou o resultado dessas experiências, escreveu: Seu primeiro êxito foi o aparecimento de duas cabeças ao lado do retrato de sua irmã. Uma delas, sem sombra de dúvida, [...] (316, cap. 19).

FÓTON

[...] é a mais nobre forma de matéria e se situa na fronteira do mundo extrafísico. [...] (187, Notícias do cotidiano).

FRACASSO

[...] O fracasso, na maioria das vezes, é o produto infeliz dos retardatários e dos ausentes (302, cap. 14).

FRANCISCO CÂNDIDO XAVIER

O maior e mais prolífico médium psicógrafo do mundo em todas as épocas. Nasceu em Pedro Leopoldo, modesta cidade de Minas Gerais, em 2 de abril de 1910. Vive, desde 1959, em Uberaba, no mesmo Estado. Completou o curso primário, apenas.

[...] Infância difícil; foi caixeiro de armazém e modesto funcionário público, aposentado desde 1958.

Desde os 5 anos [de idade] comunicava-se com os mortos, conversando com a própria mãe desencarnada.

Em 7 de maio de 1927 participa de sua primeira reunião espírita. Até 1931 recebe muitas poesias e mensagens, várias das quais publicou com o seu próprio nome. Nesse mesmo ano, vê, pela primeira vez, o Espírito Emmanuel, seu inseparável mentor espiritual até hoje. Em 1932 publica a FEB seu primeiro livro, o famoso *Parnaso de Além-Túmulo*; hoje as obras que psicografou vão a mais de 200. Várias delas estão traduzidas e publicadas em castelhano, esperanto, francês, inglês e japonês. [...] (11, pt. 3, Literatura espírita mediúnica).

É um *sensitivo* ou *médium*, um homem que se abre em dimensões psíquicas fora do comum, capaz de percepções extrassensoriais ou extrassomáticas, e capaz também de atividades telecinéticas, de ação a distância, ou seja, de produzir efeitos materiais sem contato dos seus órgãos corporais. [...] é um *homem-psi*, um novo tipo de homem que se está desenvolvendo em nosso tempo, mas que tem as mais profundas raízes históricas. [...] (179, cap. 2).

[...] Missionário indicado pelo Plano Espiritual maior para dar continuidade à revelação progressiva da Doutrina Espírita (196, Trecho de Roustaing em "Brasil").

[...] Chico é um médium mecânico, que pode, às vezes, pelo próprio processo utilizado pelos Espíritos, atuar como médium semimecânico (196, Evolução em dois mundos).

FRATERNIDADE

Com a fraternidade, filha da caridade, os homens viverão em paz e se pouparão males inumeráveis, que nascem da discórdia, por sua vez filha do orgulho, do egoísmo, da ambição, da inveja e de todas as imperfeições da Humanidade (103, cap. 23).

[...] a fraternidade, assim como a caridade, não se impõe nem se decreta; é preciso que esteja no coração e não será um sistema que a fará nascer, se lá ela não estiver; caso contrário o sistema ruirá e dará lugar à anarquia (110, Discursos..., 3).

O Espiritismo amplia a noção de fraternidade. Demonstra por meio de fatos que ela não é unicamente um mero conceito, mas uma lei fundamental da Natureza, lei cuja ação se exerce em todos os planos da evolução humana, assim no ponto de vista físico como no espiritual, no visível como no invisível. Por sua origem, pelos destinos que lhes são traçados, todas as almas são irmãs (48, pt. 1, cap. 11).

A fraternidade é o penúltimo elo da quase infinita cadeia das mais dignificadoras afeições; somente ela faz que se confundam e incorporem, numa única, duas ou muitas almas afins, que se tornam gêmeas pelo mesmo grau de elevação moral, pela harmonia dos pensamentos, capazes desde então de executar sublimes cometimentos. [...] (88, L. 5, cap. 2).

A fraternidade é o sublime e rutilante elo que encadeia indissoluvelmente todas as almas, consubstanciando todos os sentimentos afetivos em um só – o amor recíproco [...] (88, L. 5, cap. 7).

A fraternidade é imperativo inarredável da Lei de Cooperação, pela qual os mais velhos devem instruir os mais novos, os mais fortes devem conduzir os mais fracos, e os mais sábios devem amparar os mais inscientes (184, cap. 36).

[...] Da paternidade divina, decorre, como corolário natural, a fraternidade humana, isto é, todos os homens são irmãos. [...] (223, cap. 2).

A fraternidade é um sol composto de raios divinos, emitidos por nossa capacidade de amar e servir (248).

Fraternidade é a bênção do Senhor, / Que dá pão ao faminto e veste os nus, / Mão generosa e amiga que conduz, / Remédio santo que alivia a dor (248).

[...] é a lei da assistência mútua e da solidariedade comum, sem a qual todo progresso, no planeta, seria praticamente impossível (273, q. 349).

A fraternidade pura é o mais sublime dos sistemas de relações entre as almas (279, cap. 141).

[...] é o caminho da salvação. [...] (297, cap. 13).

Por fim, temos o divisor de águas das três grandes leis da revolução, a fraternidade – o Espírito sublime que move a sociedade rumo ao pleno cumprimento de todas as demais leis. [...] (315, pt. 3, 16).

Santa lei, que fazes brotar no coração de teus verdadeiros sacerdotes o sentimento sagrado da fraternidade de todos os homens em nosso Senhor Jesus Cristo (324, pt. 2, cap. 2).

Ver também ASSISTÊNCIA SOCIAL

FRAUDE

[...] a fraude sempre visa a um fim, a um interesse material qualquer; onde nada há a ganhar, nenhum interesse há em enganar. [...] (103, cap. 4).

FUGA

Não vale a fuga que complica os problemas, ao invés de simplificá-los. Toda fuga é permanência no vale sombrio (248).

FUNÇÃO DA CONSCIÊNCIA

Ora, sendo a mediunidade, em geral, ao que se observa, uma sensação ou uma percepção, participante de determinadas funções da consciência; e sendo estas entendidas como potências da alma, que traduzem a sua individualidade, acreditamos que todas as criaturas sejam dotadas dessa faculdade, em grau maior ou menor, dependendo de um estado mais ou menos acentuado de desenvolvimento, ou experimentação. [...] (168, cap. 8).

Ver também MEDIUNIDADE

FUNÇÃO PSI

[...] [funções psi são] faculdades paranormais da subconsciência. [...] (35, cap. 1).

FUNCIONALISMO

O notável psicólogo John Dewey propôs uma interpretação materialista extremada, o Funcionalismo, alegando que não há necessidade da suposição de ter o homem uma mente, como coisa, mas simplesmente funções mentais, para a interpretação correta do comportamento humano. Desse posicionamento surgiu a importante e mais científica corrente psicológica, o Behaviorismo. Para Dewey basta o estudo de aspectos, tais como pulsões biogênicas, memória, atenção, reflexos, etc., não existindo a necessidade da suposição de ter o homem coisas tais como mente, alma, etc. O importante aqui é o estudo do comportamento aparente, através dos estímulos, das respostas condicionadas, incondicionadas, do condicionamento respondente, operante, etc. Juntamente com a corrente reflexológica pavloviana, entre outras, intentaram esses cientistas do comportamento a criação de uma psicologia sem alma. É interessante notar que os mecanismos por meio dos quais atua a denominada Lei de Causa e Efeito parece seguir as linhas mestras de algumas das descobertas fundamentais do Behaviorismo (9, cap. 1).

FURTO

Furto é toda apropriação de bens pertencentes a outrem, sem o consentimento dele, assim como qualquer procedimento contrário à justiça, que manda se dê a cada um o que é seu ou aquilo a que tem direito.

Vê-se, pelo conceito supra, ser o furto um vício universal que pouquíssimos terão vencido inteiramente.

Às vezes toma outros nomes, mas é pura questão de eufemismo (30, cap. 19).

FUTURO

Com a *certeza* do futuro, tudo para ele [o homem] muda de aspecto; o presente é apenas efêmero e o vê passar sem lamentar-se; é menos apegado aos prazeres terrenos, porque só lhe trazem uma sensação passageira, fugidia, que deixa vazio o coração; aspira a uma felicidade mais duradoura e, consequentemente, mais real. E onde poderá encontrá-la, senão no futuro? Mostrando-lhe, *provando-lhe* esse futuro, o Espiritismo o liberta do suplício da incerteza, e isso o torna feliz. Ora, aquilo que traz felicidade sempre encontra partidários (103, cap. 7).

[...] é a esperança (104, pt. 2, cap. 5).

[...] é a consequência do passado (51, cap. 5).

O futuro não é surpresa atordoante. É consequência dos atos presentes (307, cap. 82).

FUTURO DO ESPIRITISMO

[...] o futuro do Espiritismo não pode ser duvidoso e, contudo, se nos devemos admirar de alguma coisa, é que ele tenha aberto um caminho tão rápido através dos preconceitos. [...] (110, Discursos..., 2).

[...] dia virá em que o Espiritismo deverá exercer uma imensa influência sobre a estrutura social. Mas o dia em que essa influência será generalizada ainda está longe, sem dúvida. São necessárias gerações para que o homem se despoje do homem velho. Contudo, desde agora, se o bem não pode ser geral, já é individual, e porque esse bem é efetivo, a Doutrina que o proporciona é aceita com tanta facilidade, direi mesmo com tanto entusiasmo, por muitos. Com efeito, pondo de lado a sua racionalidade, que filosofia é mais capaz de libertar o pensamento do homem dos laços terrenos, de elevar sua alma para o infinito? Qual a que lhe dá uma ideia mais justa, mais lógica e apoiada sobre as provas mais patentes, de sua natureza e de seu destino? [...] (110, Resposta de Allan Kardec durante o Banquete...).

G

GAZOFILÁCIO

Caixa de esmolas, colocada no templo (143).

GEENA

Se Jesus ameaçou os culpados com o fogo eterno, também os ameaçou de serem lançados na Geena. Ora, que vem a ser Geena? Nada mais nada menos que um lugar nos arredores de Jerusalém, um monturo onde se despejavam as imundícies da cidade (104, pt. 1, cap. 6, it. 6).

A palavra *geena*, despojada *da letra o espírito*, é uma expressão alegórica de complexa significação. A *geena* é a imensidade onde, quando errante, o Espírito culpado passa pelos sofrimentos ou torturas morais apropriados e proporcionados aos crimes e faltas por ele cometidos. O termo *geena* abrange também as terras primitivas e todos os outros mundos inferiores, de provações e expiação, onde, pela encarnação ou reencarnação, se veem lançados os Espíritos culpados, a alma e o corpo que ela reveste, corpo que, para ela, é igualmente uma *geena*, como são, na erraticidade, aqueles sofrimentos ou torturas morais (182, v. 2).

Ver também INFERNO *e* UMBRAL

GENE

[...] genes são segmentos do DNA que arquivam instruções para fabricar proteínas – os tijolos de construção da vida.

Os genes determinam as características físicas dos indivíduos, transmitidas de geração a geração. [...] (116, Genética).

Jorge Andréa dos Santos, em *Palingênese, a grande lei*, cap. 1, conceitua:

"Os genes teriam ligações com outras energias mais evoluídas... com potencialidades imensas, um élan vital, uma essência, uma verdadeira energia espiritual com funções extensas e altamente complexas, fornecendo melhores equações na avaliação do mecanismo evolutivo da vida; – essa Energética Espiritual, *resultado de vivências e experiências incontáveis*, com suas emissões vibratórias, apresentaria zonas intermediárias (perispirituais), até desembocarem nos genes... por onde as sugestões, informações, diretrizes, enfim, todo o quadro de nossa herança espiritual tivesse possibilidade de expressões nas regiões cromossomiais de herança física;

– com este conceito de uma energética espiritual imortal e sempre atuante, colhendo os dados de todas as experiências de nossas vidas, desde as reações químicas das células aos processamentos psicológicos mais avançados, poderemos entender melhor a Biologia e de modo particular a filogênese" (116, Perispírito: matrizes genéticas).

Até a presente data os pesquisadores e estudiosos estão à procura dos genes situados nos cromossomos dos núcleos celulares. Grande parte é de opinião que os genes nada mais são do que a própria molécula cromossomial com poderes desconhecidos, a fim de atender à grande finalidade de continuidade da vida. [...] (189, cap. 1).

[...] Os genes representariam, como energia, um campo de transição entre matéria e espírito. Seria uma energia mais condensada em face das demais do psiquismo da zona inconsciente, chegando quase à condensação da matéria, mas ainda energia e impossível de revelação pelos métodos científicos atuais (189, cap. 1).

[...] o gene seria a tela de manifestação da energética espiritual a dirigir e orientar toda a riqueza do metabolismo celular, como, também, transfundir o manancial do psiquismo de profundidade sob forma de tendências, símbolos, intuições, criações diversas, sonhos etc., ao reduzido e limitado psiquismo da zona consciente em seu apropriado campo de trabalho (189, cap. 1).

[...] a tela ideal, o ponto de encontro, a ponte de comunicação entre os potenciais externos ou do meio em que vivemos e a zona do inconsciente ou espiritual representando as estruturas da organização interna (189, cap. 3).

GÊNESE (A)

Em janeiro de 1868 Allan Kardec publicava *A gênese* (Os milagres e as predições segundo o Espiritismo), fechando, assim, o ciclo das obras da

Codificação, a que, com tanto trabalho e devotamento, se dedicara, no afã de despertar as consciências adormecidas nos casulos sedutores da matéria e dos instintos, para as *revelações* que a Humanidade estava recebendo, destinadas a acelerar seu progresso moral e espiritual. [...]

A Gênese encerra, atendidos os métodos de trabalho adotados desde a obra inicial, de observância dos fatos, de sua universalidade e concordância, a série de livros da Codificação e apresenta, na Introdução, as razões que fizeram da Doutrina uma obra monolítica, pelas conexões e coerência de seus preceitos, ou seja, generalidade e concordância no ensino dos Espíritos, até hoje não refutado pelos homens, nem desmentido pelos acontecimentos (11, pt. 2).

GÊNESIS

Moisés, falando a um povo pobre de mentalidade, quanto rico de paixões, para afastar-se do caminho traçado pelo Senhor, e tendo de dar-lhe conhecimento do princípio das coisas, escreveu o *Gênesis*, que se encontra no Antigo Testamento (198, cap. 1).

GENÉTICA

A Genética é a parte da Biologia que estuda as leis de transmissão dos caracteres hereditários nos indivíduos e as propriedades das partículas que garantem essa transmissão – os genes.

É, pois, uma das ciências dos fenômenos vitais, tal como a Fisiologia, a Bioquímica e outras.

Assim, devemos enfatizar que a Genética não é a ciência da reprodução, mas da *hereditariedade* (116, Genética).

GÊNIO

[...] O homem de gênio é um Espírito que tem vivido mais tempo; que, por conseguinte, adquiriu e progrediu mais do que aqueles que estão menos adiantados. Encarnando, traz o que sabe e, como sabe muito mais do que os outros e não precisa aprender, é chamado homem de gênio. Mas seu saber é fruto de um trabalho anterior e não resultado de um privilégio. Antes de renascer, era ele, pois, Espírito adiantado: reencarna para fazer que os outros aproveitem do que já sabe, ou para adquirir mais do que possui (101, cap. 1, it. 5).

[...] O homem de gênio é a encarnação de um Espírito adiantado que muito houvera já progredido. [...] (108, cap. 3, it. 119).

O gênio não é, pois, uma aberração psíquica e muito menos produto de uma deficiência física e sim um Espírito muito antigo, muito vivido, muito estudioso, que juntou ao longo dos séculos uma respeitável bagagem intelectual. É um produto do seu próprio esforço, uma vitória viva sobre si mesmo. Como todos nós, porém, está subordinado ao princípio universal da ética, ao bom uso dos talentos de que nos dizia Jesus. Se os empregar mal, terá que responder pela sua falha e reparar os danos que causar (7, cap. 28).

[...] Os homens de gênio, os grandes poetas, os sábios, os artistas, os inventores célebres, todos são, no mundo, executores do plano divino, desse plano majestoso de evolução, que carrega a alma para os pináculos da vida universal (47, cap. 4).

[...] Os homens de gênio são inspirados, na acepção fatídica e transcendental dessa palavra. São os intermediários e mensageiros do pensamento superior. Sua missão é imperativa. É por eles que Deus conversa com o mundo; que incita e atrai a si a Humanidade. Suas obras são fanais que ele acende pela extensa rota dos séculos a fora (48, pt. 3, cap. 26).

[...] é, antes de tudo, uma aquisição do passado, o resultado de pacientes estudos seculares, de lenta e penosa iniciação, que vieram a desenvolver no indivíduo aptidões imensas, uma profunda sensibilidade, que o predispõe às influências elevadas. [...]

O gênio – dissemos – é uma mediunidade; os homens de gênio são médiuns em graus diversos e de várias ordens. [...] (48, pt. 3, cap. 26).

O gênio não é somente o resultado de trabalhos seculares; é também a apoteose, a coroação de sofrimento. [...] (52, pt. 3, cap. 26).

[...] o gênio é, para nós, o espírito humano no seu melhor estado de saúde e vigor (66, t. 3, cap. 1).

[...] sob as mil formas que reveste, é uma colaboração com o Invisível, uma assunção da alma humana à divindade (168, cap. 3).

[...] em qualquer sentido, nas manifestações artísticas mais diversas, é a síntese profunda de vidas numerosas, em que a perseverança e o esforço se casaram para as mais brilhantes florações da espontaneidade.

[...] constitui a súmula dos mais longos esforços em múltiplas existências de abnegação e de trabalho, na conquista dos valores espirituais. [...].

O homem genial é como a inteligência que houvesse atingido as mais perfeitas condições de técnica realizadora, por haver alcançado os elementos da espontaneidade; essa aquisição, porém, não o exime da necessidade de progredir moralmente, iluminando a fonte do coração (273, q. 163, 164 e 170).

Gênio é diligência aplicada (303, cap. 20).

Gênio familiar

Há *gênios familiares*; são Espíritos que se afeiçoam especialmente a um indivíduo. [...] (92, pt. 2, cap. 1).

Ver também AMIGO ESPIRITUAL, ANJO DA GUARDA *e* ESPÍRITO PROTETOR

Gênio perverso

Os gênios perversos das interpretações religiosas somos nós mesmos, quando adotamos conscientemente a crueldade por trilha de ação (262, Problema conosco).

GENTILEZA

A gentileza é o princípio da renúncia (248).

A gentileza é filha dileta da renúncia e guarda consigo o dom de tudo transformar em favor do infinito bem (248)

O primeiro degrau do Paraíso chama-se gentileza (277, Uma carta materna).

GENTIOS

[...] Gentios eram todos os que não professavam a fé dos judeus (182, v. 2).

Os gentios, de quem aqui se fala como tendo vindo para adorar o dia da festa, eram estrangeiros recém-convertidos ao Judaísmo. Chamavam-lhes gentios por serem ainda tidos como infiéis, idólatras. Mesmo passados séculos, os convertidos eram considerados abaixo dos legítimos filhos de Israel, que não percebiam haver mais mérito em fazer a escolha do bem, do que em adotá-lo inconscientemente (182, v. 4).

GERAÇÃO

[...] a geração a quem Jesus se dirigia é a geração de Espíritos que, purificados com o auxílio do tempo, das expiações e das reencarnações sucessivas, executarão, nas épocas preditas, as coisas anunciadas (182, v. 2).

Geração adúltera

Aquela geração, que resistia a todos os esforços empregados para conduzi-la ao caminho era *má* e *adúltera*. Era *adúltera* no sentido de desprezar a fé no seu Deus para se entregar a práticas materiais (182, v. 2).

Geração nova

Para que na Terra sejam felizes os homens, preciso é que somente a povoem Espíritos bons, encarnados e desencarnados, que somente ao bem se dediquem. Havendo chegado o tempo, grande emigração se verifica dos que a habitam: a dos que praticam o mal pelo mal, *ainda não tocados pelo sentimento do bem*, os quais, já não sendo dignos do planeta transformado, serão excluídos, porque, senão, lhe ocasionariam de novo perturbação e confusão e constituiriam obstáculo ao progresso. Irão expiar o endurecimento de seus corações, uns em mundos inferiores, outros em raças terrestres ainda atrasadas, equivalentes a mundos daquela ordem aos quais levarão os conhecimentos que hajam adquirido, tendo por missão fazê-las avançar. Substituí-los-ão Espíritos melhores, que farão reinem em seu seio a justiça, a paz e a fraternidade (101, cap. 18, it. 27).

A geração atual se extingue todos os dias e, com ela, vão-se os homens imbuídos dos preconceitos de outra época; a que surge é alimentada por ideias novas e, aliás, sabeis que ela se compõe de Espíritos mais adiantados que, enfim, devem fazer reinar a Lei de Deus na Terra. [...] (103, cap. 11).

GESTANTE

[...] A gestante é uma criatura hipnotizada a longo prazo. Tem o campo psíquico invadido pelas impressões e vibrações do Espírito que lhe ocupa as possibilidades para o serviço de reincorporação no mundo. Quando o futuro filho não se encontra suficientemente equilibrado diante da Lei, e isso acontece quase sempre, a mente maternal é suscetível de registrar os mais estranhos desequilíbrios, porque, à maneira de um médium, estará transmitindo opiniões e sensações da entidade que a empolga (252, cap. 30).

GESTO

Cada gesto é uma semente que produz sempre, segundo a natureza que lhe é própria (248).

GLÂNDULA PINEAL

[...] seria realmente o casulo das energias do inconsciente, a sede do espírito, pela possibilidade de ser a zona medianeira de transição entre o energético e o físico. [...] (189, Introd.).

A glândula pineal deve ser considerada a glândula da vida psíquica; a glândula que ilumina toda a cadeia orgânica, orientando as glândulas de secreção interna através das estruturas da hipófise. [...] A glândula pineal seria a tela medianeira onde o espírito encontraria os meios de aquisição dos seus íntimos valores, por um lado, e, pelo outro, forneceria as condições para o crescimento mental do homem, num verdadeiro ciclo aberto, inesgotável de possibilidades e potencialidades (189, Introd.).

A glândula pineal, situada na zona medianeira dos órgãos encefálicos, por intermédio de seus princípios, principalmente a melantonina de constante ritmo secretório, teria uma grande influência em toda a cadeia glandular.

Escrevemos alhures "Com os gritos da puberdade, aos 14 anos em média, a pineal, chefiando a cadeia glandular e mais condicionada pelo desenvolvimento físico do indivíduo, seria campo de distribuição de energias vindas dos vórtices da zona espiritual. Destarte, responderia pelos mais altos fenômenos da vida – *glândula da vida espiritual* – e podendo ser elemento básico e controlador das razões afetivas, e o sexo em suas múltiplas manifestações dependeria integralmente de sua interferência. Estudos mais recentes indicam que a glândula pineal é um *relógio biológico* complicado e sensível que regula a atividade das gônadas. [...]

Podemos considerar a pineal como sendo a glândula da vida psíquica, a glândula que resplandece o organismo, acorda a puberdade e abre suas usinas energéticas para que o psiquismo humano, em seus intrincados problemas psicológicos, se expresse em voos imensuráveis" (189, cap. 3).

A terceira visão está ligada à glândula pineal, que desde a Antiguidade é conhecida como a sede da alma. [...] (330, cap. 15).

[...] Biologicamente, segundo especialistas, a glândula pineal no homem seria uma transformação, mediante processos evolutivos, de estruturas nervosas de vertebrados inferiores, chamados de "olhos pineais" ou um "terceiro olho", igualmente presente nos invertebrados. Tal denominação foi atribuída aos rudimentos da pineal, por estar relacionada com o sistema sensorial, especialmente com a fotossensibilidade desses animais. Esse conhecimento fez surgir novos ramos na Biologia — a Cronobiologia e a Fotobiologia. [...] (347, p. 2, cap. 24).

Ver também EPÍFISE

GLOBO

Os globos são os grânulos variados do pó infinito do Universo. [...] (219, Sol interior).

GLÓRIA

É que a glória maior de um Espírito é a perfeita identificação com o Pai Eterno, no cumprimento superior de Sua Divina Vontade, na autoentrega total pelo bem do próximo, na selagem final, com o próprio sangue, com as próprias lágrimas, com a própria vida, de uma exemplificação irretocável de amor soberano e incondicional, de trabalho sublime, de ensino levado às últimas consequências, em favor de todos (186, Glória Maior).

Tudo passa na Terra e a nossa glória, / Na alegria ou na dor, / É refletir na luta transitória / A sublime vontade do Senhor (246, cap. 8).

GLOSSOLALIA

ver XENOGLOSSIA GOZO

[...] o verdadeiro gozo não reside na posse transitória dos tesouros da Terra, mas sim na conquista das riquezas imperecíveis do espírito (30, cap. 29).

GRAÇA

[...] Chamamos *graça* aos meios dados ao homem para progredir, a luz que, sob qualquer forma e seja qual for o nome com que a designem, lhe é enviada e que ele tem a liberdade de aceitar ou de rejeitar, no uso da sua vontade pessoal (182, v. 4).

[...] é a suprema expressão do amor de Deus (222, Três grandes símbolos).

GRANDE HIPNOTISMO

O grande hipnotismo é, portanto, manifestação de modo completo, [...] é aquele que, no passado, ainda se chamava *magnetismo animal, mesmerismo, braidismo* (121, cap. 2).

GRÃO DE MOSTARDA

[...] o *grão de mostarda* representa o ponto de partida, a origem, o gérmen do planeta e da humanidade terrena, o *estado rudimentar* de um e outra; o *crescimento* oculto do grão, sua *afloração*, seu *desenvolvimento* e sua *transformação* em *árvore* simbolizam as fases por que passou, no estado latente, o vosso planeta durante a sua formação, que se operou, de acordo com as Leis Naturais e Imutáveis, sob a ação espírita dirigida pela vontade inabalável do Senhor onipotente; simbolizam as fases da formação dos reinos mineral, vegetal, animal e humano, as do aparecimento, desenvolvimento e progresso desses reinos, as de depuração e transformação física do planeta e de transformação física, intelectual e moral da Humanidade. *Os ramos da árvore, onde os pássaros do céu virão habitar*, indicam o grau de desenvolvimento que o planeta tem de atingir para se tornar morada de paz e de felicidade, que os Espíritos purificados virão habitar, para com ela continuarem a *progredir* por uma nova via ascendente, que os levará à perfeição, mediante o auxílio e o concurso dos Espíritos do Senhor, sob a direção do Mestre (182, v. 2).

GRATIDÃO

A gratidão por nosso Criador é a prece mais legítima que se lhe pode fazer. [...] (95, O despertar de uma alma).

Acredito mesmo que a gratidão anda de mãos dadas com a humildade e com o amor, que se expressam em renúncia, em generosidade e benevolência para com todos (337, Indulgência – essa virtude esquecida...).

Benfeitores espirituais, em diferentes exortações ao bem, nos dizem que a gratidão é "um apanágio de almas virtuosas, de almas nobres", como a nos indicar que é virtude rara em nossos dias (340, A Gratidão).

GRAVIDEZ

O período da gravidez é um processo maravilhoso, lento e progressivo da materialização do Espírito para a vida corpórea.

O colo materno é um santuário de energias criadoras, onde se aloja o Espírito sequioso de nova encarnação, possibilitando-lhe a formação de novo corpo físico que lhe garantirá a permanência nas múltiplas lições da existência humana. Ao lado dos acontecimentos extraordinários que ocorrem no organismo da mulher gestante, como concepção, formação do embrião, crescimento e desenvolvimento do feto, estão também ocorrendo, simultaneamente, fenômenos espirituais maravilhosos que, em realidade, são as causas dos acontecimentos biofisiológicos (12, cap. 19).

GROTÃO DO NIRVANA

[...] espécie de colossal cárcere onde eram recolhidos, por ordem do Governador de Gordemônio, os Espíritos *grevistas* que se rebelavam contra as ordens emanadas da Governadoria, ou aliciavam companheiros para resistir às Patrulhas de Disciplina, órgãos semelhantes às polícias preventivas da Crosta (151, Pról.).

GRUPO CONFÚCIO

A inesperada desencarnação de Kardec, a 31 de março de 1869, deixou um tanto confusos, sem direção, os profitentes da nova doutrina, não apenas na Europa, mas também no Brasil. Semelhante situação induziu vários adeptos a criar, no Rio de Janeiro, um núcleo regular para dirigir o Espiritismo e orientar a propaganda. Foi constituída, assim, a 2 de agosto de 1873, também no Rio de Janeiro, uma sociedade regular, com estatutos impressos, para dirigir o Espiritismo e orientar a propaganda, tendo sido o evento divulgado pela imprensa nacional e estrangeira, inclusive a parisiense. Era o *Grupo Confucius* (13, cap. 23).

[...] Em 1873 fundava-se, com estatutos impressos e demais formalidades exigidas, o *Grupo Confúcio*, que constituiria a base da obra tangível e determinada de Ismael, na terra brasileira. Por esse grupo passaram, na época, todos os simpatizantes da Doutrina e, se efêmera foi a sua existência como sociedade organizada, memoráveis foram os seus trabalhos, aos quais compareceu pessoalmente o próprio Ismael, pela primeira vez, esclarecendo os grandes objetivos da sua elevada missão no país do Cruzeiro.

[...] O *Grupo Confúcio* teve uma existência de três anos rápidos (238, cap. 23).

GRUPOS DE ENSINO

[...] ocupam-se pouco ou nada das manifestações, mas, sim, da leitura e da explicação de *O livro dos espíritos*, de *O livro dos médiuns* e de artigos da *Revista Espírita*. Algumas pessoas devotadas reúnem com esse objetivo certo número de ouvintes, suprindo para eles as dificuldades de ler e estudar por si mesmos. [...] Para isso não se tem necessidade de ser orador ou professor; é uma leitura em família, seguida de algumas explicações sem pretensão à eloquência, e que está ao alcance de toda a gente (110, Instruções..., 10).

GRUPOS ESPÍRITAS

A primeira condição é formar um grupo de pessoas sérias, por mais restrito que seja.

Cinco ou seis membros esclarecidos, sinceros, penetrados das verdades da Doutrina e unidos pela mesma intenção, valem cem vezes mais do que a inclusão, nesse grupo, de curiosos e indiferentes. Em seguida, que esses membros fundadores estabeleçam um regulamento que se tornará em lei para os novos aderentes.

Esse regulamento é muito simples e quase só comporta medidas de disciplina interior, pois não exige os mesmos detalhes requeridos para uma sociedade numerosa e regularmente constituída. [...] o objetivo essencial proposto deve ser o recolhimento, a manutenção da mais perfeita ordem e o afastamento de qualquer pessoa que não estivesse animada de intenções sérias e pudesse transformar-se numa causa de perturbação. [...] (110, Instruções..., 10).

GRUPO FAMILIAR DO ESPIRITISMO

Fundou-se assim, a 17 de setembro de 1865, o GRUPO FAMILIAR DO ESPIRITISMO, o primeiro e legítimo agrupamento de espíritas no Brasil, destinado igualmente a orientar a propaganda e a incentivar a criação de outras sociedades semelhantes pelo resto do país (13, cap. 21).

GRUPO ISMAEL

O *Grupo Ismael*, célula-máter da Federação Espírita Brasileira, reúne-se às quintas-feiras, a partir das 19 horas, na própria sede da FEB, na av. Passos, 30. É tido e havido como grupo modelar, tanto na opinião dos que o integraram no passado, como na dos superiores Espíritos que lhe ditam as normas de orientação (7, cap. 61).

[...] [Antônio Luís] Saião, inspirado pelos Maiores da Espiritualidade, funda um grupo destinado ao estudo e à prática dos Evangelhos (denominado *Grupo Ismael*, desde que se incorporou à Federação Espírita Brasileira), cuja primeira reunião data de 15 de julho de 1880, em seu escritório, à rua Luís de Camões, num sobrado, junto ao antigo nº 5. [...]

As reuniões do Grupo eram realizadas às sete horas da noite, no mesmo horário das de hoje, e aquele núcleo evangélico dentro de pouco tempo ficou conhecido como o *Grupo dos Humildes*, ou *Grupo do Saião*. Inúmeras instruções foram fornecidas posteriormente pelos Guias, sendo que na segunda sessão o Espírito de Frei José dos Mártires comunica estar encarregado de auxiliar *o irmão Saião em seus trabalhos*, devido aos laços que a ele o prendiam, de passadas existências.

Estava assim consolidada no Brasil a célula-máter do Anjo Ismael, cuja existência já vai para quase um século, e onde milhares e milhares de Espíritos têm encontrado a estrada da salvação. Nesse Grupo, Ismael estabeleceu a torre de defesa de toda a Federação Espírita Brasileira (224, Antônio Luis Sayão).

[...] Desde 1885, igualmente funcionava o Grupo Ismael, com Sayão e Bittencourt Sampaio, célula de evangelização, cujas claridades divinas tocariam todos os corações (238, cap. 28).

GRUPO MEDIÚNICO

O grupo mediúnico é instrumento de socorro, ferramenta de trabalho, campo de experimentações fraternas e escada por onde sobem não apenas os nossos companheiros desarvorados, mas subimos também nós, que tentamos redimir-nos na tarefa sagrada do serviço ao próximo. [...] (145, cap. 4).

Grupos mediúnicos devem ser o recinto amigo e fraterno onde os caminheiros do Infinito possam encontrar, em verdade, bom ânimo e paz, esclarecimento e consolo (163, cap. 39).

Ainda que os interessados em formar um grupo mediúnico encontrem pessoas experimentadas no assunto, faz-se necessário que todos se submetam humildemente ao estudo da mediunidade, [...] (314, pt.1, cap. 1.4).

Ver também REUNIÃO MEDIÚNICA

GRUPOS PARTICULARES

ver PEQUENOS GRUPOS

GUERRA

[...] Ora, sendo a guerra uma contingência especial que tortura o indivíduo, causando-lhe desgostos sem conta, avanços e retrocessos frequentes, gerando contrariedades, despertando paixões, pondo em comoção até as mais insignificantes fibras do coração, claro é que, como coisa natural, desse estado anormal há de o homem procurar libertar-se.

Porque, se a guerra é o estado febril que determina o desassossego das criaturas; se é um acidente que se enquadra no plano da evolução dos seres, transitório, portanto, difícil não é compreender-se que o oposto dessa anormalidade fatigante e amarga, para os indivíduos e para os povos, tem que ser a paz (2, cap. 6).

[...] [As guerras são] grandes carmas coletivos, elas são sempre a resultante de atos e cometimentos passados, explicadas portanto como resgates dolorosos de povos e nações inteiras. [...] (7, cap. 57).

[...] A guerra é a forma que tais acontecimentos [bruscos abalos, rudes provações] muitas vezes revestem, para soerguer os Espíritos, oprimindo os corpos. [...] (47, pt. 2, cap. 13).

[...] é a prova máxima da ferocidade e da vindita humana [...] (87, L. 1, cap. 3).

As guerras, como todo tipo de violência humana, individual ou coletiva, não são resultantes da vontade de Deus, mas sim expressões do egoísmo e do orgulho imperantes nos mundos atrasados como o nosso (207, cap. 16).

A guerra é sempre o fruto venenoso da violência (256, cap. 49).

A própria guerra, que exterminaria milhões de criaturas, não é senão ira venenosa de alguns homens que se alastra, por muito tempo, ameaçando o mundo inteiro (259, cap. 26).

[...] a guerra será sempre o estado natural daqueles que perseveram na posição de indisciplina (264, cap. 1).

[...] As guerras não constituem senão o desdobramento das ambições desmedidas. [...] (285, cap. 32).

A guerra de ofensiva é um conjunto de ideias-perversidade, senhoreando milhares de consciências (298, cap. 20).

GUIA

[...] se a criatura deseja cooperar na obra do esclarecimento humano, recebe do Plano Espiritual um guarda vigilante – mais comumente chamado *o guia*, segundo a apreciação terrestre –, guarda esse, porém, que, diante da esfera extrafísica, tem as funções de um zelador ou de um mordomo responsável pelas energias do medianeiro, sempre de posição evolutiva semelhante. Ambos passam a formar um circuito de forças, sob as vistas de Instrutores da Vida Maior, que os mobilizam a serviço da beneficência e da educação, em muitas circunstâncias com pleno desdobramento do corpo espiritual do médium, que passa a agir à feição de uma inteligência teleguiada (306, cap. 17).

Guia espiritual

Um Espírito elevado que, representando a Misericórdia Divina, ampara-nos e orienta-nos para a Luz (163, cap. 14).

Guias espirituais são irmãos nossos, que se engrandeceram e se iluminaram em lutas edificantes (163, cap. 14).

O Guia Espiritual será como um agente do Amor Divino junto das criaturas. [...]

O Guia Espiritual é a destra do Criador que se espalma sobre o homem, inspirando-o e protegendo-o na espiral difícil, mas gloriosa, do Espírito, rumo da redenção! (167, pt. 3, cap. 5).

Ver também ANJO DA GUARDA
e ESPÍRITO PROTETOR

H

HÁBITO

Os hábitos condicionam muito as pessoas em todos os níveis, sociais ou intelectuais, muitas vezes impondo procedimentos nem sempre razoáveis. Existem hábitos pessoais ou domésticos, como levantar cedo, caminhar pela manhã, dormir depois do almoço, etc., como também existem hábitos culturais como parar diante de livrarias, frequentar reuniões de conferências, visitar exposições ou museus, ler muito (quando se tem tempo), e assim por diante. Mas os hábitos que condicionam mais e chegam, às vezes, a restringir a liberdade do indivíduo ou do grupo são os de natureza social. Sim, os hábitos sociais, em determinados casos, parecem uma espécie de escravidão, pois muita gente vive em função desses hábitos, obedece como que cegamente a certos padrões convencionais e a bem dizer não tem vontade própria. A força do hábito chega a um ponto em que o indivíduo se torna um autômato, em último caso. [...]

Não cabe, finalmente, ao meio espírita modificar os seus hábitos de simplicidade e fraternidade, com as portas abertas a todos, sem quaisquer distinções. Cada qual que procure libertar-se de seus condicionamentos sociais, voltando-se cada vez mais para o lado espiritual da vida. Não é o meio espírita que deve adaptar-se aos hábitos de quem quer que seja, venha de onde vier, mas cada qual é que deve ajustar-se aos hábitos espíritas (6, cap. 33).

Nossos hábitos mentais são as expressões do que aceitamos como verdadeiro. [...] (207, cap. 36).

O hábito é uma esteira de reflexos mentais acumulados, operando constante indução à rotina (282, cap. 20).

HÁLITO DIVINO

ver FLUIDO CÓSMICO UNIVERSAL

HÁLITO PSÍQUICO

Por *hálito psíquico* entendemos as vibrações mentais que emitimos e nas quais nos comprazemos, e que impressionam nossa *aura*, nossa exteriorização perispiritual (137, cap. 3).

HALO VITAL

ver AURA HARMONIA

Normalmente frustrado, o ser que ainda não se dispôs à iluminação desconhece o bem-estar que se deriva do estado de harmonia. Ela proporciona aspirações mais elevadas e faculta a identificação da beleza em tudo, fundamental para a existência tornar-se mais enriquecida (75, Impedimentos à iluminação).

Harmonia: equilíbrio perfeito do todo com as partes e das partes entre si (215, cap. 2).

Cristo no lar: harmonia (253, cap. 22).

Ver também ENTENDIMENTO

HARMONIA

[...] A harmonia que predomina no Universo igualmente se encontra no ser humano, que momentaneamente está em desenvolvimento dessas belezas que cantam em toda parte, [...] (340, Amor - Lei da vida)

HELIL

- Helil - disse a voz suave e meiga do Mestre a um dos seus mensageiros, encarregado dos problemas sociológicos da Terra [...]. Tu, Helil, te corporificarás na Terra, no seio do povo mais pobre e mais trabalhador do Ocidente; instituirás um roteiro de coragem, para que sejam transpostas as imensidades desses oceanos perigosos e solitários, que separam o Velho do Novo Mundo. Instalaremos aqui uma tenda de trabalho para a nação mais humilde da Europa, glorificando os seus esforços na oficina de Deus. Aproveitaremos o elemento simples de bondade, o coração fraternal dos habitantes destas terras novas, e, mais tarde, ordenarei a reencarnação de muitos Espíritos já purificados no sentimento da humildade e da mansidão, entre as raças oprimidas e sofredoras das regiões africanas, para formarmos o pedestal de solidariedade do povo fraterno que aqui florescerá, no futuro, a fim de exaltar o meu Evangelho, nos séculos gloriosos do porvir. Aqui, Helil, sob a luz misericordiosa das estrelas da cruz, ficará localizado o coração do mundo! [...]

Daí a alguns anos, o seu mensageiro se estabelecia na Terra, em 1394, como filho de D. João I e de D. Filipa de Lencastre, e foi o heroico Infante de Sagres, que operou a renovação das energias portuguesas expandindo as suas possibilidades realizadoras para além dos mares (238, cap. 1)

HEMISSONAMBULISMO

Richet usou a palavra hemissonambulismo para denominar os fenômenos automáticos que ocorrem, sem alteração do estado de consciência do *sujet* (automatismo parcial). [...] (35, cap. 1)

HEREDITARIEDADE

[...] a hereditariedade modifica todas as formas de atividade vital, o que, aliás, não surpreende, visto que a força vital provém do casal - e que o perispírito da alma a encarnar-se é movido por essa força modificada, que será mais ou menos eficiente em certas regiões fluídicas do invólucro espiritual, correspondendo, no feto, às partes fortes ou fracas dos genitores (40, cap. 5).

[...] é designada a transmissão dos caracteres anatômicos e fisiológicos entre os pais e seus descendentes; o fato é indiscutível (41, cap. 13).

A hereditariedade é um conceito biológico. Confunde-se herança genética com herança material: nesta, os filhos herdam dos pais fazendas, casas, carros, joias, etc (produtos acabados); naquela, os pais dão gametas aos filhos, uma espécie de bússola que irá orientar-lhes o desenvolvimento e a formação biológica. Os gametas, em síntese, contêm os genes, o chamado *genótipo*, agente coordenador pós-fecundação (116, Genética).

[...] a hereditariedade, embora compulsória, segundo os princípios da genética, é relativa, pois que sofre a interferência de fatores espirituais, decisivos para a adaptação do Espírito ao seu novo *habitat*, para onde leva as mais caras esperanças e as mais risonhas promessas (164, cap. 11).

[...] hereditariedade e afinidade, no plano físico e no plano extrafísico, respectivamente, são leis inelutáveis, sob as quais a alma se diferencia para a esfera superior, por sua própria escolha [...] (305, pt. 1, cap. 7).

Hereditariedade psicológica

A chamada hereditariedade psicológica é, por isso, de algum modo, a natural aglutinação dos espíritos que se afinam nas mesmas atividades e inclinações (282, cap. 12).

HERMAFRODITISMO

[...] De permeio, surge, no laboratório das transformações, a interferência das mentes, produzindo constituições assinaladas pelos transtornos do comportamento anterior do ser lúcido, que geram os tipos do hermafroditismo e da bissexualidade, que passam a constituir organismo de reeducação para os seus exploradores antigos, agora submetidos a provas de correção entre fortes conflitos e áspera insegurança interior. [...] (77, cap. 6).

HERÓI

[...] o verdadeiro herói, bravo entre os bravos, é o justo, o virtuoso, o que sabe cumprir seus deveres terrenos, sociais e espirituais, o que não sacrifica vidas preciosas, mas o que as salva, o que aureóla a alma com os louros da honestidade, do bem praticado, o que não cinge a fronte com os louros que enegrecem o Espírito com as trevas do remorso! (87, L. 1, cap. 2).

HETEROSSEXUAL

[...] atendendo a aspirações pessoais, muitos [...] indivíduos requerem, quando no Plano Espiritual, e têm deferido os pedidos, a reencarnação na masculinidade ou na feminidade, sem amarras com a forma, vivendo uma sexualidade global, sem conflitos nem posses, destituída de paixões e de ímpetos descontrolados. São aqueles que poderíamos denominar heterossexuais, porém, calmos e seguros, capazes de transitar, se for o caso, por toda a vilegiatura física com *autossuficiênci*a, sem maior esforço, porque, também, sem compromissos negativos com a retaguarda nesse campo. [...] (77, cap. 6).

HIBERNAÇÃO

[...] os criminosos e os viciados de toda sorte, com o espírito encarcerado nas grades das próprias obras escravizantes, não encontram prazer nas indagações espirituais de natureza elevada, reclamando a imersão nos fluidos pesados e gravitantes da luta expiatória, em que a dor sistemática vai trabalhando a alma, qual o buril milagroso aprimorando a pedra. Para as entidades dessa expressão, impõe-se torpor quase absoluto, logo após o sepulcro, em vista da falta provisória de apelos enobrecedores na consciência iniciante ou delinquente. Finda a batalha terrena, entram em período de sono pacífico ou de pesadelo torturado, conforme a posição em que se situam, período esse que varia de acordo com o quadro geral de probabilidades de reerguimento moral ou de mais aflitiva queda que os interessados apresentam. [...] essa etapa [...] [é denominada] de *hibernação da consciência.* [...] (297, cap. 9).

HIGIENE

[...] deveis procurar [...] acima de toda higiene aconselhada por vossos profissionais, a higiene da alma, que é uma vida isenta de vícios e ao abrigo de todas as paixões inferiores (2, cap. 9).

HILOMORFISMO

O gigante espiritual da antiguidade grega Aristóteles, discípulo de Platão, propôs explicar a mente como um atributo da forma do corpo humano: hilomorfismo. Exemplificando, o cão e o gato possuiriam mentes diferentes devido às diferenças morfológicas de seus organismos. Do mesmo modo, uma mesa difere de uma cadeira exclusivamente devido às diferenças formais existentes entre as suas partes constituintes. Assim, para o filósofo grego, a alma é um subproduto da anatomia do corpo físico (9, cap. 1).

HIPERMNESIA

[...] significa um aumento da capacidade de evocação das lembranças. [...] (35, cap. 1).

HIPNOSE

[...] [Comparecem], diante de nossos olhos, muitos infelizes irmãos assumindo personificações mitológicas ridículas, por auto-hipnose; número largo, crendo-se seres de exceção na ordem universal, por efeito de autossugestão demorada, desde a Terra, quando se permitiam construções mentais nesse campo; outros, ainda, vitimados por zoantropias de diferentes procedências e, por fim, aqueles que se *reconstruíram* ideoplasticamente, incorporando os desvarios de poderes mentirosos, que se atribuem possuir [...] (77, cap. 8).

Ver também ZOANTROPIA

HIPNOTISMO

Como já dissemos, o hipnotismo moderno deriva diretamente do mesmerismo. Havia necessidade de substituir o nome – magnetismo – que feria suscetibilidades científicas e filosóficas. Mesmer, embora materialista, baseava sua teoria no fluido universal, que, segundo afirmava, é de uma sutileza sem comparação e que penetra todos os corpos. Essa matéria sutil é o agente do magnetismo. Tal concepção não soava muito bem aos ouvidos dos homens de ciência, que nela viam algo de sobrenatural. Mas como os fenômenos não podiam ser contestados ou negados, não havia como mudar-lhes o nome e atribuir-lhes outra causa. Isso foi conseguido pelo sábio inglês com a denominação de hipnotismo, embora não abrangendo toda a ordem de fenômenos realizados pelo magnetismo. Destarte, Braid pôde definir o estado hipnótico como sendo "o estado particular do sistema nervoso, determinado por manobras artificiais, tendendo, pela paralisia dos centros nervosos, a destruir o equilíbrio nervoso" (*James Braid – Neuro-hipnologia*, Tratado do sono nervoso ou hipnotismo). O temor reverencial dos doutores com assento nas academias estava por esse modo desviado. Nada de fluidos, nada de matéria sutil, nada de agentes sobrenaturais, mas um estado fisiológico causado pela destruição do equilíbrio nervoso – eis o que é o hipnotismo.

Ficou assim prestigiado o hipnotismo através dos tempos pela ciência oficial e relegado o magnetismo com os seus passes, as suas imposições e os seus fluidos para o monturo das teorias condenadas como obra do charlatanismo.. (141, cap. 2).

HIPÓCRITA

Os Espíritos hipócritas quase sempre são muito inteligentes, mas nenhuma fibra sensível possuem no coração; nada os toca; simulam todos os bons sentimentos para captar a confiança, e felizes se sentem quando encontram tolos que os aceitam como santos Espíritos, pois que possível se lhes torna governá-los à vontade. O nome de Deus, longe de lhes inspirar o menor temor, serve-lhes de máscara para encobrirem suas torpezas. No Mundo Invisível, como no mundo visível, os hipócritas são os seres mais perigosos, porque atuam na sombra, sem que ninguém disso desconfie; têm apenas as aparências da fé, mas fé sincera, jamais (105, cap. 28).

Ver também FARISEU

HIPPOLYTE LÉON DENIZARD RIVAIL

ver ALLAN KARDEC

HISTERIA

A histeria representa um bloco de sintomas físicos, como perturbações visuais, auditivas, paralisias parciais, agitações, depressões, desmaios, etc. alterando o comportamento pela existência de desordens psicológicas profundas (190, cap. 3).

HISTÓRIA

A história é a bíblia sagrada das noções de direitos e deveres isolados dos povos, objetivando-se a construção do progresso universal (248).

História do Espiritismo

A história do Espiritismo moderno será uma coisa realmente curiosa, porque será a da luta entre o mundo visível e o Mundo Invisível. Os antigos teriam dito: *A guerra dos homens contra os deuses.* Será também a luta dos fatos, mas, sobretudo e forçosamente, a dos homens que neles tiverem representado um papel ativo, num como noutro sentido, de verdadeiros sustentáculos, como adversários da causa. É preciso que as gerações futuras saibam a quem deverão um justo tributo de reconhecimento; é preciso que consagrem a memória dos verdadeiros pioneiros da obra regeneradora e que não haja glórias usurpadas.

O que dará a essa história um caráter particular é que, em vez de ser feita, como muitas outras, dos anos ou dos séculos fora do tempo, com fé na tradição e na lenda, ela se faz à medida que os eventos acontecem, baseando-se em dados autênticos, o mais vasto e completo arquivo existente no mundo, que possuímos, proveniente de correspondência incessante, vinda de todos os países onde se implanta a Doutrina (103, cap. 16).

HOJE

Não desanime, nem se deixe desfalecer! *Hoje* é nossa hora ditosa, que nos não cabe desperdiçar. [...] (80, L. 1, cap. 6).

Hoje – é advérbio de novo tempo (100, Hoje).

[...] é o reflexo de ontem (248).

Hoje é sempre o dia de fazer o melhor que pudermos. [...] (248).

Hoje é e será constantemente a ocasião ideal para transformarmos maldição em bênção e sombra em luz. Ergamo-nos, cada manhã, com a decisão de fazermos o melhor ao nosso alcance [...] (251, cap. 6).

Hoje é o sol, a vida, a possibilidade, a esperança....

Hoje [...] é o tempo que está conosco. É a nossa oportunidade de erguer o pensamento a mais altos níveis, de conquistar a felicidade das obrigações bem cumpridas, de proclamar a boa vontade para com todos e estender as mãos aos semelhantes...

Hoje, é o momento de renovar o coração, varrendo a ferrugem da ociosidade, expulsando o vinagre do desencanto, extinguindo o bolor da tristeza e pulverizando o caruncho do desânimo. Hoje é o dia de sorrir para a dificuldade e ajudar com alegria (260, cap. 43).

Hoje é a partícula de crédito que possuis, em condomínio perfeito com todos aqueles que conheces e desconheces, que estimas ou desestimas, dom que te cabe, a fim de angariares novos dons (304, cap. 1).

HOMEM

O homem é um pequeno mundo, que tem como diretor o Espírito e como dirigido o corpo. [...] (101, cap. 2, it. 27).

O homem compõe-se de corpo e espírito [...] (104, pt. 1, cap. 3).

[...] é o filho de suas obras, durante esta vida e depois da morte, nada devendo ao favoritismo: Deus o recompensa pelos esforços e pune pela negligência, isto por tanto tempo quanto nela persistir (104, pt. 1, cap. 6).

O *homem* é uma alma encarnada. Antes da sua encarnação, existia unida aos tipos primordiais, às ideias do verdadeiro, do bem e do belo; separa-se deles, encarnando, e, recordando o seu passado, é mais ou menos atormentada pelo desejo de voltar a ele (105, Introd.).

Há no homem três coisas: 1º) o corpo ou ser material análogo aos animais e animado pelo mesmo princípio vital; 2º) a alma ou ser imaterial, Espírito encarnado no corpo; 3º) o laço que prende a alma ao corpo, princípio intermediário entre a matéria e o Espírito (106, Introd.).

O homem é filho de suas próprias obras; e as diferenças humanas são filhas do uso que cada um faz da sua liberdade (5, pt. 1, cap. 18).

[...] é uma obra que glorifica seu incompreensível Autor (5, pt. 2).

[...] é, desde o princípio, o Verbo fora de Deus, a sucessão eterna, a mutabilidade sem término (5, pt. 2).

[...] é um ser progressivo e perfectível que sempre girará dentro da instabilidade. [...] (5, pt. 3, cap. 1).

O homem é, essencialmente, um Espírito imortal, que não desaparece, portanto, com a morte orgânica, com o perecimento do corpo físico. [...]

O homem é um Espírito, que se utiliza de vários corpos materiais, os corpos físicos, e de um semimaterial, fluídico, o corpo astral ou perispírito, para realizar, em várias etapas, chamadas encarnações, a evolução, a que está sujeito, por sua própria natureza (11, pt. 2).

Sabemos hoje que o homem é um anjo nascente e que séculos correrão sobre séculos antes de finda a empresa de seu apuro (13, cap. 21).

[...] é o homem um ser imortal, evolvendo incessantemente através das gerações de um determinado mundo, e, em seguida, de mundo em mundo, até a perfeição, sem solução de continuidade! (28, A progressividade da revelação divina 4).

Urge compreendamos que, qualquer que seja a posição em que se achem situados, *todos os homens são proletários da evolução* e que a diversidade de funções no complexo social é tão indispensável à sua harmonia quanto às variadas finalidades dos órgãos o são ao equilíbrio de nosso organismo (28, A lei de igualdade).
Contrariando a Teologia tradicional, a Doutrina Espírita nos ensina (no que, aliás, é apoiada pela Ciência) que o homem surgiu neste mundo, não como uma criatura perfeita, que veio a decair depois por obra de Satanás, mas como um ser rude e ignorante, guardando traços fortes de sua passagem pela animalidade.
Criado, entretanto, à imagem e semelhança de Deus, possui, latentes, todos os atributos da perfeição, inclusive o Amor, carecendo tão somente que os desenvolva (30, cap. 12).

[...] cada indivíduo é, espiritualmente, filho de si mesmo, ou melhor, traz, ao nascer, uma bagagem de boas ou más aquisições feitas em outras existências, que lhe constituem o caráter, o modo de ser todo pessoal [...] (30, cap. 15).

Afirma Esquiros que cada um de nós é o autor e por assim dizer o obreiro de seus destinos futuros. [...] (41, cap. 1).

[...] O homem é o universo reduzido. Se cada um pudesse deixar-se narrar, teríamos a mais maravilhosa história do mundo (44, pt. 2, Guerra Junqueiro).

O homem possui dois corpos: um de matéria grosseira, que o põe em relação com o mundo físico; outro fluídico, por meio do qual entra em relação com o Mundo Invisível (45, cap. 10).

[...] O homem é [...] o seu próprio juiz, porque, segundo o uso ou o abuso de sua liberdade, torna-se feliz ou desditoso. [...] (46, pt. 4, cap. 39).

Deus é o Espírito Universal que se exprime e se manifesta na Natureza, da qual o homem é a expressão mais alta (50, pt. 1, cap. 9).
Todo homem é um espelho particular do Universo e do seu Criador. [...] (51).

[...] é a síntese de todas as formas vivas que o precederam, o último elo da longa cadeia de vidas inferiores que se desenrola através dos tempos. [...] (52, pt. 1, cap. 9).

[...] a observação dos fatos e a experiência provam que o ser humano não é somente um corpo material dotado de várias propriedades, mas também um ser psíquico, dotado de propriedades diferentes das do organismo animal (64, v. 1, cap. 2).

Preferimos a definição de Bonald: "O homem é uma inteligência servida por órgãos". Declaremo-lo: o homem é essencialmente *espírito*, quer o saiba quer o ignore. [...] (64, v. 1, cap. 3).

[...] Sois constituídos por uma verdadeira multidão de seres grupados e submetidos pela atração plástica da vossa alma pessoal, a qual, do centro do ser, formou o corpo, desde o embrião, e reuniu em torno dele, no respectivo microcosmo, todo um mundo de seres destituídos ainda de consciência da sua individualidade (68, 5ª narrativa).

[...] é mordomo, usufrutuário dos talentos de que se encontra temporariamente investido na condição de donatário, mas dos quais prestará contas. [...] (74, cap. 17).

Os homens são espíritos em provas, como os vês, como os encontras (76, cap. 20)
O homem não deve ser considerado como a máquina para o prazer, mas o ser eterno em contínuo processo de crescimento. O corpo é-lhe instrumento por ele mesmo – o Espírito que o habita – modelado conforme as necessidades que o promovem e libertam. A visão global do ser – Espírito, perispírito e matéria – é a que pode dar sentido à vida humana, facultando o entendimento das leis que a regem (77, cap. 16).
O grande e superior *investimento* da Divindade é o homem, na inexorável marcha da ascensão libertadora (77, cap. 22).

[...] o homem é o que pensa, o que faz e deseja (79, L. 1, cap. 7).

[...] todos somos a soma dos próprios atos, na contabilidade das experiências acumuladas desde priscas eras que não lobrigamos tão cedo conhecer. [...] (79, L. 3, cap. 1).

O homem é, na verdade, a mais alta realização do pensamento divino, na Terra, caminhando para a glória total, mediante as lutas e os sacrifícios do dia a dia (81, Suicídio – solução insolvável).

[...] O homem é um projetista de si mesmo com plena liberdade de, assim, autoprojetar-se. [...] (129, v. 2).

[...] é o que ele mesmo pode ou quer ser; por isso, o homem é sempre um problema em si mesmo e também encerra em si a solução. [...] (129, v. 2).

[...] O homem nasce imperfeito: chega a este mundo trazendo um duplo capital, o de suas faltas anteriores, que lhe cumpre expiar, ou de suas más tendências, que lhe cumpre reprimir; e o das virtudes adquiridas ou de aspirações generosas, que lhe cabe desenvolver. [...] tido à vida humana, facultando o (134, 21ª efusão).

Todos os homens são filhos de Deus, todos estão destinados a tornar-se anjos [...] (134, 29ª efusão).

[...] O homem, como dínamo psíquico, a que os complexos celulares se ajustam em obediência às leis que governam a matéria perispiritual, ainda é de compreensão muito difícil (141, cap. 32).

[...] o homem é aquilo que pensa. É a força do seu pensamento que modela os seus atos e, por conseguinte, o seu estado de espírito, sua posição evolutiva, e a melhor ou pior situação humana nas vidas que se encadeiam. [...] (147, cap. 21).

[...] o homem é, na essência, um Espírito imortal, cuja experiência e sabedoria se acumulam ao cabo de um rosário imenso de vidas, desde que começam a raiar nele os primeiros clarões da consciência até que alcance os mais elevados graus de conhecimento e moral. [...] (147, cap. 23).

[...] Será bom não esquecer que somos essência de Deus [...] (168, cap. 8).

[...] Será necessário que o homem compreenda que, como parcela divina que é, veio ao mundo também para colaborar na obra de aperfeiçoamento do planeta em que vive, e essa colaboração certamente subentenderá auxílio às almas mais frágeis do que a dele, que gravitam ao seu lado nas peripécias da evolução. [...] (168, cap. 10).

[...] somos o resultado das atividades do nosso passado, como hoje plantamos as sementes do nosso futuro (190, cap. 3).

O homem, regra geral, é um ser milenarmente viciado em atitudes negativas, assimilando, assim, com lamentável frequência, vibrações tóxicas que o desajustam espiritualmente, da mesma forma que sofre constantes distúrbios digestivos quem não faz uso de alimentação adequada (200, Sintonia da atitude).

[...] o homem, apesar de sua aparência material, é essencialmente um ser espiritual e, como tal, seu destino não está jungido para sempre à matéria, mas apenas temporariamente (207, cap. 37).

Cada criatura humana é uma irradiação da Força Divina, independentemente de seu estágio evolutivo. [...] (208, cap. 7).

[...] é um Espírito eterno, continuando sua trajetória após o túmulo e voltando a viver neste mesmo mundo de aprendizado e resgates, onde os papéis individuais podem ser invertidos [...] (208, cap. 12).

[...] O homem é coautor dessa entidade misteriosa que é ele mesmo. Nascemos de Deus, fonte inexaurível da vida, e renascemos todos os dias, em nós mesmos, através das transformações por que passamos mediante a influência da autoeducação, cumprindo-se assim aquele célebre imperativo de Jesus: Sede perfeitos como o vosso Pai celestial é perfeito (223, cap. 2).

[...] O homem é obra viva, inteligente e consciente de si própria. [...] (223, cap. 15).

O homem renovado para o bem é a garantia substancial da felicidade humana. [...]

O homem, herdeiro do Céu, refletirá sempre a Paternidade Divina, no nível em que se encontra (232, Informando o leitor).

No mundo assim também é: / O homem, na Humanidade, / É o viajor demandando / As luzes da eternidade (241, O carro).

Todos nós somos dínamos viventes, nos mais remotos ângulos da vida, com o infinito por clima de progresso e com a eternidade por meta sublime. Geramos raios, emitimo-los e recebemo-los constantemente (248).

O homem não é um acidente biológico na Criação. É o herdeiro divino do Pai Compassivo e Todo Sábio que lhe confere no mundo a escola ativa de elevação e aprimoramento para a imortalidade (248).

[...] é o legislador da própria existência e o dispensador da paz ou da desesperação, da alegria ou da dor de si mesmo (248).

[...] o homem, acima de tudo, é espírito, alma, vibração, e esse espírito, salvo em casos excepcionais, se conserva o mesmo após a morte do corpo, com idênticos defeitos e as mesmas inclinações que o caracterizavam à face do mundo (250, cap. 30).

[...] Todos somos, por enquanto, espíritos imperfeitos, nos quadros evolutivos do trabalho que nos compete desenvolver e complementar (251, cap. 4).

Cada um de nós é um mundo por si, porque o Criador nos dotou a cada um de características individuais, inconfundíveis (251, cap. 9).

O homem é inquilino da carne, com obrigações naturais de preservação e defesa do patrimônio que temporariamente usufrui (255, Saúde).

Lembre-se que você mesmo é:

– o melhor secretário de sua tarefa,

– o mais eficiente propagandista de seus ideais,

– a mais clara demonstração de seus princípios,

– o mais alto padrão do ensino superior que seu espírito abraça,

– e a mensagem viva das elevadas noções que você transmite aos outros (259, cap. 29).

Expurguemos a mente, apagando recordações indesejáveis e elevando o nível de nossas esperanças, porque, na realidade, somos arquitetos de nossa ascensão (260, cap. 12).

Toda pessoa humana é aprendiz na escola da evolução, sob o uniforme da carne, constrangida ao cumprimento de certas obrigações [...] (262, Lugar depois da morte).

O homem encarnado na Terra [...] é uma alma eterna usando um corpo perecível, alma que procede de milenários caminhos para a integração com a verdade divina [...]. Somos, todos, atores do drama sublime da evolução universal, através do amor e da dor [...] (264, cap. 13).

Depois da morte física, o que há de mais surpreendente para nós é o reencontro da vida. Aqui [no Plano Espiritual] aprendemos que o organismo perispirítico que nos condiciona em matéria leve e mais plástica, após o sepulcro, é fruto igualmente do processo evolutivo. Não somos criações milagrosas, destinadas ao adorno de um paraíso de papelão. Somos filhos de Deus e herdeiros dos séculos, conquistando valores, de experiência em experiência de milênio a milênio. [...] (268, cap. 3).

O homem terrestre não é um deserdado. É filho de Deus, em trabalho construtivo, envergando a roupagem da carne; aluno de escola benemérita, onde precisa aprender a elevar-se. A luta humana é sua oportunidade, a sua ferramenta, o seu livro (270, Novo amigo).

Cada homem é uma casa espiritual que deve estar, por deliberação e esforço do morador, em contínua modificação para melhor (295, cap. 133).

[...] é um anjo decaído, em consequência do mau uso que fez de seu livre-arbítrio [...] (296).

Filhos do Eterno, todos somos cidadãos da eternidade e somente elevamos a nós mesmos, a golpes de esforço e trabalho, na hierarquia das reencarnações (307, cap. 46).

O homem é corpo e alma, ligados intimamente a constituírem um ser e, como tal, tem pensamentos e sentimentos, desejos e vontades comuns; [...] (325, cap. 11).

É que a carne tem instintos; e o Espírito, sentimentos. Como o homem é carne e espírito, ele encerra, em si, os instintos da carne e os sentimentos do Espírito (325, cap. 22).

O homem é pó, em virtude do corpo que nasceu do pó, mas sua essência, seu verdadeiro ser vem do Infinito e vai para o Infinito (325, cap. 23).

Ver também CRIATURA, ESPÍRITO *e* SER HUMANO

Homem de bem

O verdadeiro homem de bem é o que cumpre a Lei de Justiça, de Amor e de Caridade, na sua maior pureza.

[...] é bom, humano e benevolente para com todos, sem distinção de raças, nem de crenças, porque em todos os homens vê irmãos seus (105, cap. 17, it. 3).

Reconhece-se o homem de bem pelos atos que pratica em consonância com as Leis Divinas e pela sua compreensão antecipada da vida espiritual. [...] (345, cap. 21).

Homem de boa vontade

Os homens de boa vontade são os que se consagram ao serviço do Senhor, não vivendo em retiro e fazendo macerações, mas consagrando a inteligência, a força e o tempo ao bem de seus irmãos, glorificando o Senhor pelo trabalho, que é a prece do coração, pela caridade e pelo amor (182, v. 1).

Homem de fé

Como apreciadores da reflexão espírita, entendemos que o *homem religioso* é aquele que tem a disciplina necessária para acompanhar a evolução científica do mundo, mas que também traz em si o sentido interno da busca para além dos caminhos definidos por esse meio. É nessa hora que ele descobre o que a Ciência ainda não conseguiu, por falta de instrumentos mais sutis de percepção (1, O Universo é meu caminho).

[...] os homens de fé não são aqueles apenas palavrosos e entusiastas, mas os que são portadores igualmente de atenção e boa vontade, perante as lições de Jesus, examinando-lhes o conteúdo espiritual para o trabalho de aplicação no esforço diário (279, cap. 9).

Homem-Deus

Quando se fala no homem-Deus, quer-se dizer o homem que tem qualidades de Deus, atributos de Deus, virtudes de Deus (96, Supostas contradições do Espiritismo).

Homem ético

O homem ético é, sobretudo, racional e nobre por instinto, conhece as regras do bem proceder e do bem servir, dispensando palavras encomiásticas e posições relevantes, por saber que seu valor é interno e as suas são qualidades inerentes a todos os demais, com a diferença de as haver descoberto e aprimorá-las com afinco, de modo a torná-las alicerces de sua evolução (75, Ética e razão)

Homem feliz

[...] é o que tem plena consciência de suas responsabilidades diante da vida e da sociedade em que vive, observando-as, integralmente... (200, Medicina pioneira)

Homem inteligente

[...] é aquele que, sendo grande, sabe apequenar-se para ajudar aos que caminham em subnível, consagrando-se ao bem dos outros, para que os outros lhe partilhem a ascensão para Deus (287, O homem inteligente).

Homem moral

O homem moral, que se colocou acima das necessidades artificiais criadas pelas paixões, experimenta, já neste mundo, prazeres que o homem material desconhece. [...] (317, cap. 6.1).

Homem primitivo

O homem primitivo é uma tábula rasa, dominado por instintos, totalmente condicionado pela carne e pelo ambiente. [...] (315, pt. 4, 21).

Homem que se dedica à Ciência

Muita razão teve Einstein para pronunciar as memoráveis palavras com que saudou o grande Max Planck. Disse ele:

"Há muitas espécies de homens que se dedicam à Ciência, nem todos por amor à própria Ciência. Alguns penetram no seu templo porque isso lhes dá ocasião de exibir os seus talentos especiais. Para essa classe de homens, a Ciência é uma espécie de esporte, em cuja prática se regozijam, como o atleta exulta no exercício da força muscular. Há outra casta, que vem ao templo fazer ofertório dos seus cérebros, movida apenas pela esperança de compensações vantajosas. Estes são homens de Ciência pelo acaso de alguma circunstância que se apresentou por ocasião da escolha de uma carreira. Se a circunstância fosse outra, eles se teriam feito políticos ou financistas. No dia em que um anjo do Senhor descesse para expulsar do templo da Ciência todos aqueles que pertencessem às categorias mencionadas, o templo, receio eu, ficaria quase vazio. Mas restariam alguns fiéis – uns de eras passadas e outros do nosso tempo. A estes últimos pertence o nosso Planck. E é por isso que lhe queremos bem" (188, cap. 2).

Homem superior

O homem superior – ensinava [Confúcio] – é o que tem uma benevolência igual para todos, que é sem egoísmo, sem parcialidade (99, Confúcio).

Homem velho

[...] O homem velho é um símbolo: representa a estratificação de milênios, em formas de pecado e negação, por usar mal do livre-arbítrio, quando trocou o esquema harmonioso da vida espiritual por uma ilusão, filha de seu exacerbamento por revolta, ao invés de seguir, pura e simplesmente, a estrada harmoniosa da vida espiritual, sem mal que redundasse em sofrimento e mortes, através de purgações pelas reencarnações (15, cap. 3).

HOMENS DO CAMINHO

Primitiva designação do Cristianismo (281, pt. 1, cap. 3).

Ver também CRISTIANISMO

HOMEOPATIA

A Homeopatia é [...] rigorosamente uma ciência, uma revolução na Medicina convencional, iniciada por Hahnemann há quase dois séculos. [...] *a Homeopatia não é terapia alternativa*, "ela é a própria Medicina (quiçá, *a Medicina do futuro!*)" (137, cap. 9).

A Homeopatia é uma doutrina médica, devida a Christian Friedrich Samuel Hahnemann (211).

Do ponto de vista estritamente médico e terapêutico, baseia-se a Homeopatia na Lei Natural de Cura chamada Lei dos Semelhantes, implícita no aforismo latino *Similia similibus curantur* (Curam-se os semelhantes pelos semelhantes) (211).

Ver também MEDICAMENTO

HOMICIDA

[...] o homicida é um desventurado que sacrifica uma vida preciosa, e claro tem de ressarcir a sua crueldade; mas, às vezes, tem atenuantes, conforme o agravo de seu contendor. Muitas vezes fere para defender a própria honra ou a da prole amada. [...] (87, L. 6, cap. 9).

HOMILIA

Pregação em estilo familiar e quase coloquial sobre o Evangelho (178, Glos.).

HOMOGENEIDADE

[...] Sem homogeneidade, nada de comunhão de pensamentos e, portanto, nada da calma nem do recolhimento que se deseja. [...] (103, cap. 5).

A condição absoluta de vitalidade para toda reunião ou associação, qualquer que seja o seu objetivo, é a homogeneidade, isto é, a unidade de vistas, de princípios e de sentimentos, a tendência para um mesmo fim determinado, numa palavra: a comunhão de ideias. [...] (109, pt. 2, Constituição do Espiritismo).

HOMOSSEXUAL

A educação do homossexual na área do sexo, à luz do Espiritismo, não se fará com a eliminação dos seus reflexos mentais de feminilidade ou masculinidade, pois estes já constituem patrimônio íntimo, adquiridos em experiências nas reencarnações sucessivas, nos milênios. O que é bom no Espírito deve ser conservado, cabendo somente o dever de aperfeiçoar e purificar estas qualidades. É imprescindível que o homossexual trabalhe a espiritualização de sua própria personalidade para que possa, através dela, dominar os desejos inferiores, conter as aberrações sexuais e distanciar-se da promiscuidade sexual, direcionando suas energias psíquicas com *muito esforço interior* para as obras da *fé superior*, da *caridade*, da *virtude* e das *artes*. [...] (12, cap. 6).

Ver também EDUCAÇÃO SEXUAL

HOMOSSEXUALIDADE

O corpo humano tem seus limites e funções bem definidas para os nossos desejos e ações. Todos os nossos excessos, sejam para mais ou para menos, o corpo humano acusa. Desse modo, toda criatura humana que usar comportamento ilícito, no sentido de modificar a missão fundamental dos órgãos (em nosso caso os órgãos genésicos) estará incondicionalmente transgredindo a Lei Natural, cometendo, assim, uma aberração sexual. Logo, todos os desvarios sexuais, tais como o excesso e o desvio, são transgressões da Lei Divina, criando transtornos e sofrimentos inevitáveis para aqueles que os praticam, sejam eles heterossexuais, homossexuais ou bissexuais.

Há transgressão da Lei Divina na prática homossexual, devido ao desvio incondicional existente nesta relação (12, cap. 6).

O Espiritismo explica o fenômeno da homossexualidade pela inversão do corpo físico, ou seja, em oposição à característica masculina ou feminina registrada profundamente no arquivo mental de cada Espírito, acumulada através das sucessivas experiências reencarnatórias. A personalidade sexual de cada Espírito está guardada na *mente*. [...] A homossexualidade, enquanto manifestação das qualidades masculinas e femininas da estrutura psicológica do ser, independente do corpo que se manifeste, não é considerada transgressão da Lei Divina, ao passo que a prática sexual dos homossexuais, ou seja, o homossexualismo, é transgressão da Lei Divina.

Devemos compreender, amar e aceitar a pessoa do homossexual como irmão em evolução, tão necessitado de educação sexual quanto todos os heterossexuais, mas sem, contudo, abonar como lícita, ante a Lei Divina, a prática do homossexualismo (12, cap. 6).

A homossexualidade é a atração entre pessoas do mesmo sexo. O homossexual é alguém que possui uma identidade sexual em choque com a sua formação anatômica.

A homossexualidade é uma anomalia da personalidade observável não somente neste século, mas em todas as épocas da Humanidade.

O Apóstolo Paulo fez referência aos abusos da homossexualidade em Roma, em sua epístola aos romanos. A diferença com o passado longínquo está em que hoje, graças aos progressos imensos dos meios de comunicação, os avanços da Ciência e o crescimento numérico do fenômeno, este assunto é colocado em mais evidência em todo o mundo. [...] As causas profundas da homossexualidade não têm origem no hoje, mas nas vidas passadas, e somente a Lei da Reencarnação pode explicá-las. Na vida atual, o que acontece não é criar-se a homossexualidade, porém estimular-se a sua manifestação e desequilíbrio, pois os característicos sexuais profundos já nascem com o Espírito, adquiridos em experiências sexuais na esteira das reencarnações, através dos milênios. [...] A reencarnação é a explicação única para o fenômeno da inversão da sexualidade da criatura humana, dentro da lógica, do bom senso e da justiça. O Espírito já existia antes dessa existência atual. Quando ele reencarna, traz consigo, na sua subconsciência, um acervo imenso de experiências sexuais, valores morais, tendências, qualidades e defeitos adquiridos em múltiplas existências anteriores (12, cap. 9).

PRIMEIRO CASO - Espírito *com mente acentuadamente feminina*, reencarna em processo de expiação, em *corpo masculino*.

O corpo masculino vai contrariar e criar muitas dificuldades para a manifestação dos impulsos e tendências da mente feminina. O Espírito reencarnado, não aceitando a sua nova posição, fará todo o possível para moldar o corpo masculino, a fim de atender a sua sensibilidade feminina. A inversão não é da mente, porém do corpo físico passageiro. [...]

SEGUNDO CASO - Espírito com *mente marcadamente masculina* em processo de expiação, reencarna em corpo feminino. Se é a mente que comanda o corpo, é lógico que o Espírito irá manifestar-se através do corpo feminino, com todos os seus característicos masculinos, apesar de o corpo ser diferente de seus impulsos mentais. A masculinidade psicológica irá moldar o corpo feminino para o comportamento de homem, dentro do possível. [...]

TERCEIRO CASO - Espíritos cultos e sensíveis com a mente acentuadamente feminina ou marcadamente masculina, reencarnam em corpos diferentes de sua estrutura psicológica, para execução de tarefas especializadas no campo do desenvolvimento intelectual, moral e espiritual da Humanidade. [...]

Nesse caso, os Espíritos não serão levados para comportamentos inconvenientes e abusos sexuais, como pode ocorrer nos dois primeiros casos, pois já possuem elevação moral e espiritual que lhes confere a disciplina das emoções e desejos. O que mais lhes interessa é a garantia de cumprir bem sua missão na experiência humana. Essa inversão temporária não choca, não perturba e nem arrasa com sua personalidade; ao contrário, vai dar-lhe maior segurança e tranquilidade para a concretização de seus trabalhos, em benefício da Humanidade. Não deixarão de sofrer também momentos difíceis e experiências amargas, principalmente no campo do sentimento, mas suportarão a solidão afetiva com fé, coragem, amor e idealismo superior. [...] (12, cap. 9)

A homossexualidade, também hoje chamada transexualidade, em alguns círculos de Ciência, definindo-se, no conjunto de suas características, por tendência da criatura para a comunhão afetiva com uma outra criatura do mesmo sexo, não encontra explicação fundamental nos estudos psicológicos que tratam do assunto em bases materialistas, mas é perfeitamente compreensível, à luz da reencarnação (294, cap. 21)

A homossexualidade, desde o final do século XX, deixou de ser considerada doença por organismos internacionais e pelo Conselho Federal de Psicologia (CFP), no Brasil (345, cap. 8).

Ver também TRANSEXUAL *e* TRANSEXUALISMO

HOMOSSEXUALISMO

Uma prova de que o sexo é mental está no problema da homossexualidade. Se o sexo não fosse mental, não haveria razão para a homossexualidade. O Espírito, voltando à Terra em um novo corpo físico em desacordo com as características marcantes guardadas na mente, é o que explica o fenômeno do homossexualismo. A morfologia do corpo não se superpõe aos poderes da mente, mas sujeita-se às suas ordens. [...] (12, cap. 3)

Aqui, citamos apenas que o homossexualismo *genuíno* tem origem em desequilibradas experiências sexuais vivenciadas em vidas passadas. Ao citarmos o homossexualismo *genuíno* referimo-nos àquele cujos sintomas são evidentes desde tenra idade. Os desvarios sexuais praticados por criaturas devassas, muitas delas heterossexuais ou as chamadas *bissexuais*, não são objeto nem das pesquisas nem deste trabalho.

O Espírito tem em si os componentes sexuais masculinos e femininos; em cada existência preponderará aquele consentâneo com seu programa reencarnatório. Isso, em condições de equilíbrio sexual. Havendo necessidade de reajustamentos no campo da libido, a polarização sexual será compulsoriamente invertida, ensejando ao Espírito duros embates

na carne, face os apelos eróticos exacerbados, dirigidos ao mesmo sexo. Reajustar-se, essa a tarefa maior do homossexual, não se entregando a novas dissipações.
Temos, assim, que o homossexual é um ser em difícil condição expiatória ou provacional, motivo pelo qual necessita de compreensão e muito apoio moral (116, Homossexualidade e genética).

[...] essas barreiras que distinguem claramente os gêneros se confundem, os traços marcantes se enfraquecem e, por fim, o indivíduo manifesta ambas as energias, masculinas e femininas, dando gênese ao que se denomina homossexualismo ou, em outros casos, o bissexualismo (315, pt. 2, 10).

Ver também PERSONALIDADE HOMOSSEXUAL, TRANSEXUAL *e* TRANSEXUALISMO

HONESTIDADE

[...] Honesto aos olhos de Deus será aquele que, possuído de abnegação e amor, consagre a existência ao bem, ao progresso dos seus semelhantes; aquele que, animado de um zelo sem limites, for ativo na vida; ativo no cumprimento dos deveres materiais, ensinando e exemplificando aos outros o amor ao trabalho; ativo nas boas ações, sem esquecer a condição de servo ao qual o Senhor pedirá contas, um dia, do emprego do seu tempo; ativo finalmente na prática do amor de Deus e do próximo (104, pt. 2, cap. 3).

A honestidade é a essência do homem moral; é desgraçado aquele que daí se afastar. O homem honesto faz o bem pelo bem, sem procurar aprovação nem recompensa. Desconhecendo o ódio, a vingança, esquece as ofensas e perdoa aos seus inimigos. É benévolo para com todos, protetor para com os humildes. Em cada ser humano vê um irmão, seja qual for o seu país, seja qual for a sua fé. Tolerante, ele sabe respeitar as crenças sinceras, desculpa as faltas dos outros, sabe realçar-lhes as qualidades; jamais é maledicente. Usa com moderação dos bens que a vida lhe concede, consagra-os ao melhoramento social e, quando na pobreza, de ninguém tem inveja ou ciúme (46, pt. 5, cap. 43).

[...] A honestidade é traduzida pelo respeito aos direitos dos semelhantes e aos seus bens (62, cap. 4).

HONRAI A VOSSO PAI E A VOSSA MÃE

O mandamento: *Honrai a vosso pai e a vossa mãe* é um corolário da Lei Geral de Caridade e de Amor ao próximo, visto que não pode amar o seu próximo aquele que não ama a seu pai e a sua mãe; mas, o termo *honra*; encerra um dever a mais para com eles: o da piedade filial. [...] Honrar a seu pai e a sua mãe não consiste apenas em respeitá-los; é também assisti-los na necessidade; é proporcionar-lhes repouso na velhice; é cercá-los de cuidados como eles fizeram conosco, na infância (105, cap. 14, it. 3).

HORA

[...] Cada hora é uma província de sessenta unidades (248).

Cada hora, no relógio terrestre, é um passo do tempo, impelindo-te às provas de que necessitas para a sublimação do teu destino (262, Corrigir e pagar).

HORIZONTE AGRÍCOLA

Informa Herculano Pires que esse período se caracteriza pelo desenvolvimento do animismo, ou seja, expressão religiosa do homem primitivo que se caracteriza pela adoração de Espíritos que residiam em árvores, [...] (311, pt.1, cap. 1.2).

HORIZONTE CIVILIZADO

Nesta fase do desenvolvimento humano, surge o mediunismo oracular nos grandes impérios da Antiguidade, [...] (311, pt.1, cap. 1.3).

HORIZONTE ESPIRITUAL

Impera, então, a mediunidade positiva. É nesse estágio que se observa uma transcendência humana. [...] (311, pt.1. cap. 1.5).

HORIZONTE PROFÉTICO

Destaca-se nesse horizonte o mediunismo bíblico por excelência. Nele o profeta apresenta-se como indivíduo social, mediúnico e espiritual. [...] (311, pt.1, cap. 1.4).

HORIZONTE TRIBAL

Neste estágio predomina o mediunismo primitivo, ou a mediunidade na sua expressão natural. Surge nesse horizonte o totemismo - [...] (311, pt.1, cap. 1.1).

HOSPÍCIO

O hospício é a última fronteira dos enfermos do espírito, uma vez que se agitam eles em todos os setores de nosso tempo, à maneira de consciências que, impelidas ao auto-exame, tentam fugir de si mesmas, humilhadas e estarrecidas (240, cap. 37).

Ver também MANICÔMIO

HOSPITAL

O hospital é refúgio santo destinado ao socorro da Humanidade enfermiça [...] (246, cap. 19).

HUMANIDADE

Uma mesma família humana foi criada na universalidade dos mundos e os laços de uma fraternidade que ainda não sabeis apreciar foram postos a esses mundos. *Se os astros que se harmonizam em seus vastos sistemas são habitados por inteligências, não o são por seres desconhecidos uns dos outros, mas, ao contrário, por seres que trazem marcado na fronte o mesmo destino, que se hão de encontrar temporariamente, segundo suas funções de vida, e encontrar de novo, segundo suas mútuas simpatias.* É a grande família dos Espíritos que povoa as terras celestes; é a grande irradiação do Espírito divino que abrange a extensão dos céus e que permanece como tipo primitivo e final da perfeição espiritual (101, cap. 6, it. 56).

A Humanidade é um ser coletivo em quem se operam as mesmas revoluções morais por que passa todo ser individual, com a diferença de que umas se realizam de ano em ano e as outras de século em século. [...] (101, cap. 18, it. 12).

[...] Humanidade é a aglomeração disciplinada dos homens que sofrem, porque sofrer é a vida nesta altura do evolver planetário. [...] (151, cap. 1).

A Humanidade inteira deve, portanto, considerar-se uma individualidade única, um imenso corpo que, em cada indivíduo, tem um membro ligado ao todo. Tudo, portanto, deve tender para harmonia humana, aguardando o momento de poder elevar-se à harmonia celeste (182, v. 4).

[...] A Humanidade, em seu conjunto, constitui uma só grande família e se compõe de encarnados e desencarnados, em proporções que variam conforme as circunstâncias de cada época, todas essas circunstâncias devidamente controladas pela Vontade Sábia do Cristo Planetário, Governador Espiritual da Terra. [...] (188, cap. 7).

A Humanidade é a nossa grande família (217, cap. 19).

Somos, pois, vastíssimo conjunto de inteligências, sintonizadas no mesmo padrão vibratório de percepção, integrando um todo, constituído de alguns bilhões de seres, que formam, por assim dizer, a Humanidade terrestre (269, cap. 1).

Humanidade é sementeira de angelitude (262, Tarefas humildes).

Nós outros e a Humanidade militante na carne não representamos senão diminuta parcela da família universal, confinados à faixa vibratória que nos é peculiar. Somos simplesmente alguns bilhões de seres perante a eternidade. [...] (264, cap. 1).

A Humanidade terrena, atualmente, é como um grande organismo coletivo, cujas células, que são as personalidades humanas, se envolvem no desequilíbrio entre si, em processo mundial de reajustamento e redenção (276, cap. 5).

[...] A Humanidade terrestre é uma família de Deus, como bilhões de outras famílias planetárias do Universo infinito. [...] (276, cap. 18).

Humanidade coletiva

[...] A Humanidade coletiva, como os indivíduos, tem sua infância e sua idade madura; quando se encontra na maturidade, desfaz-se das fraldas e quer utilizar suas próprias forças, isto é, sua inteligência. Fazê-la retroceder é tão impossível quanto fazer um rio subir para a sua fonte (110, Discursos..., 2).

HUMILDADE

[...] ato de submissão a Deus [...] (105, cap. 7, it. 2).

[...] humildade e desprendimento [são] virtudes que, reiteradas vezes, [Jesus] apresentou como características essenciais do verdadeiro cristão (31, Parábola dos primeiros lugares).

Por outro lado, a humildade sincera é o melhor agente de nossa reforma íntima, de nosso progresso espiritual. [...] (31, Parábola do fariseu e do publicano).

A humildade, – a doçura que tem por companheiras a afabilidade e a benevolência [...] a humildade, que é o princípio e a fonte de todas as virtudes, de todos os progressos, abre ao homem a estrada que leva à luz e às moradas felizes [...] (182, v. 1).

[...] é a fonte de todas as virtudes, de todo o progresso e de toda a elevação moral e intelectual [...] (193).

[...] a humildade é a maior prova de sabedoria humana e eis por que carecemos a ciência de tudo, de doar o perdão incondicional, a fim de merecê-lo conforme as nossas próprias necessidades (219, Nossas vítimas).

Humildade não é omitir-nos e sim conservar-nos no lugar de trabalho em que fomos situados pela Sabedoria Divina, cumprindo os nossos deveres, sem criar problemas, e oferecendo à construção do bem de todos o melhor concurso de que sejamos capazes (251, cap. 49).

A humildade é chave de nossa libertação (266, cap. 49).

Humildade não é servidão. É, sobretudo, independência, liberdade interior que nasce das profundezas do espírito, apoiando-lhe a permanente renovação para o bem (282, cap. 24).

[...] é atitude da alma que olvida a própria luz para levantar os que se arrastam nas trevas [...] (287, Jesus e humildade).

A humildade cristã nada tem de pejorativo. Não é abjeção, pois é feita de amor, respeito, tolerância, indulgência, paciência, cordura; é imune a insultos e ofensas, pois estes sempre permanecem presos à sua origem. Ser verdadeiramente humilde é estar forrado da coragem evangélica, é não ter ambiguidades e ser capaz de atitudes definidas, sempre que necessário. Jesus foi ao Calvário, mas não renunciou a nenhum dos seus sublimes postulados. Esse foi também o exemplo de Allan Kardec, que se apagou "no anonimato de um pseudônimo, renunciou à gratidão popular, deixou à margem os preconceitos da época para sorver, em silêncio, a taça de fel e de amargura da incompreensão dos corações mais caros, sem perturbar, por um momento sequer, a própria integridade ante as ondas avassaladoras da bajulação, da sordidez e das imposições sub-repticiamente apresentadas pelos que desejavam a mensagem espírita para, apagando-a, brilharem" (Mensagem de Bezerra de Menezes, médium Divaldo P. Franco: "Kardec, o conquistador diferente", in *Reformador*, ago. 1969.) (138, Humildade sempre).

Vem a pêlo a palavra *humildade*. Em seu sentido estritamente etimológico, *humilde* provém de *humus* – rente com a terra. Entretanto, muitos interpretam o vocábulo como sinônimo de baixeza, servilismo, falta de brio, ausência de dignidade pessoal, etc. Ora, é claro que Jesus jamais desejaria que um cristão se tornasse sem dignidade e fosse capaz de rebaixar a condição humana, tornando-se servil. É preciso, portanto, que se entenda *humildade* e *humilde* como a condição da pessoa *modesta, sóbria, recatada, discreta, moderada nas atitudes e nas palavras*. Nunca, porém, como baixo de caráter, sem dignidade, moralmente rasteiro.

[...] a humildade, tal como a devemos compreender e praticar, é atributo apenas das criaturas realmente fortes, porque somente os fortes são capazes de suportar com coragem e grandeza d'alma, sem perderem a cabeça, sem se deixarem arrastar pelo desvario, pelas seduções e provocações deste mundo materializado e corrompido pelo egoísmo (138, Somente os fortes são humildes).

[...] A humildade, qual raio de Sol, irradia-se por toda parte e aquece as almas irmãs. [...] (312, cap. 10).

[...] Essa qualidade é essencial não apenas para os médiuns ostensivos, mas para todos os que assumem a tarefa mediúnica. Sem humildade, o trabalhador da mediunidade é candidato seguro à interferência dos Espíritos inferiores e, portanto, [...] (314, pt.1, cap. 1.4.4).

[...] A humildade é a prova imposta aos que faliram pelo orgulho: e louvemos ao bom Pai pela misericórdia com que permite a todos os seus filhos se lavarem, por sucessivas provas, do mal que contaminou seu espírito (323, cap. 10).

A HUMILDADE retrata aquele que tem conhecimento real de suas limitações, é modesto, submisso às leis morais e em cujo coração não há lugar para o orgulho, a vaidade e a presunção. [...] (342, cap. 40).

Ver também POBRE DE ESPÍRITO

HUMILDE

Humilde é antônimo de arrogante, presunçoso, parlapatão, agressivo, intrometido, insolente, orgulhoso e atrevido. Humilde é aquele que sabe calar, quando poderia gritar; que sabe tolerar e suportar com grandeza de ânimo o excesso alheio, para depois, serenamente, restabelecer a normalidade de uma situação. É aquele que compreende a superioridade da calma sobre a irritação, a ascendência da tolerância sobre a intolerância, o valor da modéstia sobre a insolência, a coragem da paciência sobre a irritação, a elevação do comportamento ponderado sobre a atuação agressiva (138, Somente os fortes são humildes).

HUMILIORES

Humiliores eram as pessoas de condição humilde sem qualquer título de dignidade social [que viviam na época de Jesus] (281, pt. 2, cap. 10).

HUMOR

O elemento mais importante no diagnóstico é o humor. O humor delirante é angustioso, opressivo, rancoroso, vingativo, suspicaz, susceptível e altamente distorcido da realidade, pelo mecanismo da projeção. A atmosfera psíquica é de alienação mental. O humor do extático, ao vivenciar as realidades dos elevados estados da alma e, por extensão, dos elevados planos espirituais é o oposto: alegria, amor universal, encantamento, desprendimento, abnegação, esperança, beatitude, grande claridade dos processos mentais, etc (9, cap. 6).

HYDESVILLE

Hydesville, vilarejo situado próximo da cidade de Rochester, no condado de Wayne, no Estado de Nova Iorque, nos Estados Unidos, passou à História como o berço do Novo Espiritualismo, ou seja, o Espiritismo dos povos de língua inglesa (11, pt. 1, Notícia histórica).

Na noite de 28 de março de 1848, nas paredes de madeira do barracão de John D. Fox, começaram a soar pancadas incomodativas, perturbando o sono da família, toda ela metodista. As meninas Katherine (Katie ou Kate), de 9 anos de idade, e Margaretta, de 12 anos, correram para o quarto dos pais, assustadas com os golpes fortes nas paredes e teto de seu quarto. [...]

No dia 31 de março de 1848 a família Fox deitou-se mais cedo do que de costume, pois havia três noites seguidas que não podiam conciliar o sono. Foi severamente recomendado às crianças, agora dormindo no quarto dos pais, que não se referissem aos tais ruídos, mesmo que elas os ouvissem.
Nada, porém, obstou a que pouco depois as pancadas voltassem, tornando-se às vezes em verdadeiros estrondos, que faziam tremer até os móveis do quarto. As meninas

assentaram-se na cama, e o Sr. John Fox resolveu dar uma busca completa pelo interior e pelo exterior da pequena vivenda, mas nada encontraram que explicasse aquele mistério. Kate, a filha mais jovem do casal, muito viva e já um tanto acostumada ao fenômeno, pôs-se em dado momento a imitar as pancadas, batendo com os seus dedos sobre um móvel, enquanto exclamava em direção ao ponto onde os ruídos eram mais constantes: "Vamos *Old Splitfoot*, faça o que eu faço". Prontamente as pancadas do "desconhecido" se fizeram ouvir, em igual número, e paravam quando a menina também parava.

Margaretta, brincando, disse: "Agora, faça o mesmo que eu: conte um, dois, três, quatro", e ao mesmo tempo dava pequenas pancadas com os dedos. Foi-lhe plenamente satisfeito esse pedido, deixando a todos estupefatos e medrosos.

Estava estabelecida a comunicação dos vivos com os mortos e assentada uma nova era de mais dilatadas esperanças, com a prova da continuidade da vida além do túmulo. [...] (226, v. 2, cap. 1).

I

IDADE ESPIRITUAL

[...] a mocidade e a velhice, quais as vemos no mundo, não podem significar senão expressões de uma vida física que finda com a morte. Não há moços nem velhos e sim almas jovens no raciocínio ou profundamente enriquecidas no campo das experiências humanas (229, pt. 1, cap. 2).

Ver também MOCIDADE *e* VELHICE

IDE E ENSINAI

Ide e ensinai, na palavra do Cristo, quer dizer *ide e exemplificai para que os outros aprendam como é preciso fazer* (256, cap. 116).

IDEAL

[...] luz divina que dá significado e objetivo à existência [...] [o ideal de servir é] alicerce sublime das realizações mais nobres do Espírito humano (199, O desafio da prosperidade).

O ideal é força invencível que transforma o homem em instrumento do progresso e credor das bênçãos divinas... (200, Pastores de hoje...).

O ideal é a poderosa alavanca que aciona o progresso individual e coletivo. Seu potencial transformador está no Espírito eterno e manifesta-se com o pensamento e a ação (207, cap. 10).

[...] o ideal é a chama que te revela o caminho (246, cap. 45).

Ideal espírita

O ideal espírita é universal, deve influenciar todos os indivíduos, toda a Humanidade, e a maior barreira à realização desse ideal seria fecharmo-nos em uma seita com os nossos livros sagrados, nosso profeta único, nossos pregadores autorizados e uniformizados, em outras palavras, com todas as limitações sectárias. [...] (26, cap. 11).

IDEIA

[...] Quando uma ideia não tem raízes pode lançar um brilho passageiro, semelhante a essas flores que fazemos desenvolver à força, mas que em breve, por falta de sustento, morrem e delas não mais se fala. Ao contrário, as que têm uma base séria crescem e persistem, terminando por identificar-se de tal modo com os nossos hábitos que mais tarde nos admiramos de um dia havermos passado sem elas (103, cap. 1).

[...] É útil que todas as ideias, mesmo as mais contraditórias e as mais excêntricas, venham à luz; provocam o exame e o julgamento, e, se forem falsas, o bom senso lhes fará justiça. [...] (103, cap. 18).

[...] quando uma ideia se propaga com a rapidez do relâmpago; quando encontra inumeráveis ecos nas classes mais esclarecidas da sociedade; quando tem suas raízes em todos os povos, desde que há homens na Terra; quando os maiores filósofos sagrados e profanos a programaram, é ilógico supor que não repouse senão na mentira e na ilusão

(110, Discurso de Allan Kardec aos Espíritas de Bordeaux).

Ideia é a representação mental de um objeto físico ou abstrato. É uma imagem. Não deixa de ser uma elaboração intelectual, uma concepção, daí sua confusão com o pensamento. Nela os sentidos físicos têm a função intermediária, conforme a espécie sensorial utilizada. Para se ter ideia de um livro, de uma flor, de uma casa, os sentidos precisam vê-los, cheirá-los ou tocá-los. Para se ter ideia do timbre da voz de um cantor é preciso ouvi-lo (207, cap. 17).

Toda criatura emite e recebe eflúvios e ondas de criação, renovação e destruição, no campo das ideias, porquanto a ideia é a força plástica exteriorizante e inextinguível da alma eterna, no infinito do espaço e do tempo (248).

As ideias são forças que, como a eletricidade, arruínam o que encontram na passagem, quando não devidamente controladas (248).

A ideia é um *ser* organizado por nosso espírito, a que o pensamento dá forma e ao qual a vontade imprime movimento e direção (269, cap. 1).

Cada inteligência emite as ideias que lhe são peculiares, a se definirem por ondas de energia viva e plasticizante, mas se arroja de si essas forças, igualmente as recebe, pelo que influencia e é influenciada (251, cap. 41).

A ideia é um elemento vivo de curta ou longa duração que exteriorizamos de nossa alma e que, exprimindo criação nossa, forma acontecimentos e realizações, atitudes e circunstâncias que nos ajudam ou desajudam, conforme a natureza que lhe venhamos a imprimir. Força atuante – opera em nosso caminho, enquanto lhe asseguramos o movimento. Raio criador – estabelece atos e fatos, em nosso campo de ação, enquanto lhe garantimos o impulso.

Expressa flor ou espinho, pão ou pedra, asa ou algema, que arremessamos na mente alheia e que retornarão, inevitavelmente, até nós, trazendo-nos perfume ou chaga, suplício ou alimento, cadeia ou liberdade (298, cap. 20).

Ideia da imortalidade

[...] [A ideia da imortalidade] continuamente prosseguirá dulcificando os corações e exaltando as esperanças, porque significa em si mesma o luminoso patrimônio da alma encarnada, como recordação perene da sua vida no Além, simbolizando o laço indestrutível que une a existência terrena à vida eterna, vislumbrada, assim, pela sua memória temporariamente amortecida (250, cap. 15).

A ideia da imortalidade é latente em todas as almas e é o substrato de todas as religiões antigas e modernas (250, cap. 15).

Ideia espírita

[...] Se as ideias espíritas fossem falsas não criariam raízes, pois toda ideia falsa só tem existência passageira; mas, se são verdadeiras, prevalecerão a despeito de tudo, pela convicção; impô-las seria o pior meio de propagá-las, porque toda ideia imposta é suspeita e trai a sua fraqueza. As ideias verdadeiras devem ser aceitas pela razão e pelo bom senso; onde elas não germinam é porque a estação ainda não é propícia; é preciso esperar e limitar-se a lançar a semente ao vento, pois mais cedo ou mais tarde, algumas cairão em terreno menos árido (103, cap. 10).

Como todas as ideias novas, a ideia espírita não podia deixar de ser explorada por gente que, não tendo alcançado êxito em nada por má conduta ou por incapacidade, está à espreita do que é novo, na esperança de aí encontrar uma mina mais produtiva e mais fácil; se o sucesso não corresponde à sua expectativa, não o atribuem a si mesmos, mas à coisa, que declaram má. [...] (103, cap. 18).

[...] As ideias espíritas devem, infalivelmente, apressar a reforma de todos os abusos, porque, melhor que outras, penetram os homens com o sentimento de seus deveres. [...] (103, cap. 21).

[...] Torna-se evidente que a ideia espírita alcançará, um dia, o *status* de crença universal (110, Impressões Gerais).

Entre os que adotam as ideias espíritas, há, como sabeis, três categorias bem distintas:

1º) Os que creem pura e simplesmente nos fenômenos das manifestações, mas que não lhes deduzem nenhuma consequência moral; 2º) Os que veem o lado moral, mas o aplicam aos outros e não a si próprios; 3º) Os que aceitam para si mesmos todas as consequências da Doutrina, e que praticam ou se esforçam por praticar a sua moral.
Estes, vós bem o sabeis, são os *verdadeiros espíritas, os espíritas cristãos* (110, Discursos..., 1).

[...] As ideias espíritas seguem o movimento; estão no ar e ninguém tem o poder de detê-las; basta dirigir o seu curso. [...] (110, Instruções..., 3).

Ideia inata

As ideias inatas são o resultado dos conhecimentos adquiridos nas existências anteriores, são ideias que se conservaram no estado de intuição, para servirem de base à aquisição de outras novas (108, cap. 3, it. 118).

[...] As ideias inatas não são mais que a herança intelectual e moral que vêm das nossas vidas passadas (51, cap. 6).

Ideia materialista

[...] a ideia materialista satisfaz aos que se comprazem na vida material; que querem passar por cima das consequências do futuro, esperando, desse modo, escapar à responsabilidade de seus atos. Em suma, a ideia materialista é iminentemente favorável à satisfação de todos os apetites brutais. [...] (110, Discursos..., 2).

Ideia nova

[...] Por mais bela e justa que seja, nenhuma ideia nova se implanta instantaneamente no espírito das massas, e aquela que não encontrasse oposição seria um fenômeno absolutamente insólito. Por que faria o Espiritismo exceção à regra comum? As ideias, como os frutos, é preciso tempo para amadurecer; mas a leviandade humana faz com que sejam julgadas antes da maturidade, ou sem que tenhamos o trabalho de sondar-lhe as qualidades íntimas. [...] (103, cap. 1).

[...] As ideias novas não podem estabelecer-se de repente e sem obstáculos; como lhes é preciso varrer as ideias antigas, forçosamente encontram adversários que as combatem e as repelem, sem falar nas criaturas que as tomam em sentido contrário, que as exageram ou desejam acomodá-las a seus gostos e opiniões pessoais. Mas chega o momento em que as ideias contraditórias caem por si mesmas, uma vez conhecidos e compreendidos os verdadeiros princípios pela maioria. [...] (110, O Espiritismo é uma ciência positiva ...).

Ideia platônica

[...] A *ideia* platônica é a Causa Universal, é a visão e conhecimento de uma Suprema Realidade, representando um avançado subjetivismo sem possibilidades de avaliação dentro dos conceitos de espaço, de tempo e de ritmo. Seria, por excelência, *energia-criativa* em seu mais alto grau de perfeição (190, cap. 1).

Ideia religiosa

A ideia religiosa é um modo de expressão espiritual, tanto quanto a linguagem (255, Penitência).

IDENTIFICAÇÃO

ver MEDIUNIDADE DE IDENTIFICAÇÃO

IDENTIDADE DO ESPÍRITO

[...] o nome que toma um Espírito jamais é garantia de sua identidade; que não se poderia ver uma prova de superioridade nalgumas ideias justas que emita, se com estas encontramos outras falsas. Os Espíritos verdadeiramente superiores são lógicos e consequentes em tudo o que dizem. [...] (103, cap. 13).

IDEOPLASTIA

Nesse estudo [da telecinesia] os espíritas põem em ação os métodos de análise comparada, aproximando e ligando os ditos fenômenos aos da ideoplastia propriamente dita, a matéria somática do organismo do médium, exteriorizada sob forma fluídica ou semifluídica, se concretiza em um membro, em uma cabeça, em uma forma organizada, com o auxílio da vontade subconsciente do médium, compreendendo nesta série todas as manifestações anímicas de uma mesma ordem, que não diferem uma da outra senão pela gradação evolutiva [...] (22, cap. 14).

[...] a matéria *viva exteriorizada é plasmada pela ideia* (24, Ideoplastia).

Faculdade que tem o pensamento de exercer uma ação direta sobre a matéria (178, Glos.).

[...] As ideoplastias, ou imagens que o encarnado cria e alimenta pelo pensamento, passarão a perturbar-lhe a razão e tanto mais se agravarão com a aproximação de familiares ou afins invisíveis que se envolveram no fato. [...] (312, cap. 1)

Ver também ECTOPLASMA *e* ECTOPLASMIA

IDIOTISMO

Os idiotas são os seres castigados pelo mau uso de poderosas faculdades; almas encarceradas em corpos cujos órgãos impotentes não podem exprimir seus pensamentos. Esse mutismo moral e físico constitui uma das mais cruéis punições terrenas, muitas vezes escolhidas por Espíritos arrependidos e desejosos de resgatar suas faltas. A provação nem por isso é improfícua, porque o Espírito não fica estacionário na prisão carnal; esses olhos estúpidos veem, esses cérebros deprimidos concebem, conquanto nada possam traduzir pela palavra e pelo olhar. Excetuada a mobilidade, o seu estado é o de letárgicos ou catalépticos, que veem e ouvem sem, contudo, poderem exprimir-se. [...] (104, pt. 2, cap. 8).

Os que habitam corpos de idiotas são Espíritos sujeitos a uma punição. Sofrem por efeito do constrangimento que experimentam e da impossibilidade em que estão de se manifestarem mediante órgãos não desenvolvidos ou desmantelados (106, q. 372).

Os estudos espíritas, feitos acerca dos imbecis e idiotas, provam que suas almas são tão inteligentes como as dos outros homens; que essa enfermidade é uma expiação infligida a Espíritos que abusaram da inteligência, e sofrem cruelmente por se sentirem presos em laços que não podem quebrar, e pelo desprezo de que se veem objeto, quando, talvez, tenham sido tão considerados em encarnação precedente (108, cap. 3, it. 135).

Os irmãos limitados ou deficientes, os excepcionais ou idiotas vinculados a esta ou àquela classificação da ciência oficial, são trânsfugas do dever que retomam, buscando acolhida nos sítios onde espezinharam o amor e desarticularam a paz, esfaimados do pão da esperança e da alegria convertida, então, em piedade fraternal (76, cap. 18).

O idiotismo ou ausência de manifestações inteligentes não é, portanto, condição original de um Espírito, mas, sim, resultado da incapacidade do instrumento de que dispõe.

O idiotismo é um meio de expiação, pela contenção do Espírito inteligente, vendo-se nivelado, no juízo do mundo, ao irracional (139, cap. 2).

[...] Quase sempre, o companheiro situado na provação temporária da idiotia é um gênio fulgurante, reencarnado na sombra, a estender-te o pensamento aflito e mudo, necessitado de compaixão (251, cap. 52).

IDOSO

Os idosos que não convivem bem consigo mesmos, que não têm compreensão de sua realidade e da beleza desta etapa da vida, são os que demonstram um relacionamento familiar mais difícil. [...] (337, O idoso na família)

Assim, vamos ensinando e aprendendo que o idoso também sonha, ama, faz projetos de vida, gosta de falar de sua vida, tem fé no futuro e sabe que é imortal, [...] (337, Entendendo melhor o idoso...).

IGNORÂNCIA

A ignorância é tão estulta que, mesmo quando nos fere e flagela, não compreende sua função: a de nos ajudar no desprendimento de nossa limitação, operando em nós sublimação espiritual (16, Rendilhas espirituais).

A ignorância é o maior flagelo do nosso mundo, o que melhor lhe caracteriza a inferioridade. [...] (134, 32a efusão).

[...] é filha do orgulho, deriva deste, e o orgulhoso se julga sempre bastante sábio. [...] (182, v. 4).

Um dos flagelos do mundo, / Em toda a atualidade, / É a ignorância dos homens / No sentido da humildade (248).

É a ignorância a magia negra de todos os infortúnios. [...] (255, A escola).

A ignorância é apenas uma grande noite que cederá lugar ao sol da sabedoria (256, cap. 35).

[...] é mãe das misérias, das fraquezas, dos crimes. [...] (276, cap. 6).

Ver também ESPÍRITO DO MAL

IGREJA

[...] é a assembleia dos adoradores, dos justos e dos que amam (5, Comunicações ou ensinos dos Espíritos).

[...] A igreja é uma árvore colossal, cujos frutos nem sempre foram os melhores [...] (48, pt. 3, cap. 23).

A Igreja ideal será aquela que reúna todas as qualidades boas e repila de si todas as más. A que acompanhe e acarinhe a Ciência, como a sua melhor evangelizadora, apropriando-se dos trabalhos que ela insensivelmente realiza na senda da verdade, ao mesmo tempo que mantenha os princípios espirituais do culto à mesma verdade, de que a Ciência conquista a demonstração (117, v. 3).

[...] a verdadeira Igreja é invisível, porque se compõe de todas as almas retas, que só Deus conhece! (134, 11ª efusão).

Assume, então, o Cristianismo um aspecto mais amplo e ocupa mais largo espaço. Vê-se que a Igreja, na Terra, não é mais do que pequena parte do Reino Divino, que contém, em si, não só todas as raças e todos os sistemas de religião daqui, como também o império das *glórias e forças interestelares*, em cuja simples contemplação o coração desfalece e o alcance da imaginação humana se perde nos infinitos incomensuráveis, pulsando, cheio de amor, pela Luz Única e Inefável (157, Notas gerais).

[...] As igrejas são sempre santas em seus fundamentos e o sacerdócio será sempre divino, quando cuide essencialmente da Verdade de Deus; mas o sacerdócio político jamais atenderá a sede espiritual da civilização. Sem o sopro divino, as personalidades religiosas poderão inspirar respeito e admiração, não, porém, a fé e a confiança (270, cap. 43).

Ver também TEMPLO

Igreja católica

[...] Não posso entrar no julgamento da conduta alheia. Devo, porém, observar, embora a minha condição de espírita cristão militante, que a Igreja Católica é mãe venerável da civilização brasileira. A História, registrando os primeiros tempos de nosso país, é uma comprovação do que estou dizendo (353, cap. 25).

Igreja do Cristo

A Igreja do Cristo tem por templo o vosso planeta, por fiéis todos os homens que praticam a sua moral simples e sublime e por sacerdotes todos os corações puros que arrebanham os Espíritos transviados para os reconduzir àquele que empunha o grande cajado de pastor (182, v. 2).

A Igreja do Cristo, em sua origem, foi a reunião dos fiéis escolhidos por Pedro e os outros Apóstolos, que tinham consciência da superioridade do primeiro e obravam quase sempre de acordo com os seus conselhos e sob a sua direção, no tocante à difusão da boa nova. [...] *A Igreja do Cristo* é o conjunto dos filhos do Senhor, filhos submissos e zelosos, que se reúnem pelo pensamento, quando não [o] podem fazer de fato. [...] (182, v. 2).

Igreja doméstica

Os grupos formados em determinada casa constituíam as igrejas domésticas, piedosos núcleos de grande atividade moral e grande força catequética. [...] (331, cap. 18).

IGUALDADE

A Doutrina Espírita posiciona-se pela tese de que todos os Espíritos foram criados por Deus em estado de *igualdade natural*, isto é, igualdade física (vigor, agilidade, saúde) e *igualdade intelectual* (inteligência, memória, vivacidade de espírito) e em estado de *igualdade moral* (todos com a mesma dignidade). [...] (128).

A ideia da igualdade inere a de justiça social. [...] (128).

[...] Informam [os espíritos] que uma legislação humana, para ser justa, deverá garantir a homens e mulheres igualdade de direitos. Advertem, contudo, que igualdade de direitos não significa igualdade de funções e que cada um deverá assumir as funções que lhe são próprias. [...] (204, Mulher-mãe).

Igualdade moral

[...] indica a mesma dignidade de pessoa humana e, em consequência, a igualdade de direitos naturais. [...] (128).

Igualdade social

[...] essa igualdade corresponde a um equilíbrio ou igualização entre a estrutura social e a estrutura espiritual da média do povo, no sentido do atendimento pela primeira estrutura das necessidades emergentes da segunda. [...] (128).

ILUMINAÇÃO

ver AUTOILUMINAÇÃO

ILUSÃO

Ilusão é uma percepção deformada de um objeto real e presente. Em determinadas situações, como nos estados emocionais intensos, na desatenção, etc., é comum a ocorrência de ilusões sensoriais. Diz o ditado popular que não há lobos pequenos, pois o medo intervém na apreciação das dimensões do animal perigoso. Alguns doentes mentais veem nas lâmpadas do teto olhos ou aparelhos que emitem raios elétricos, etc (Paim). Outro paciente ouve, nos ruídos dos vizinhos, injúrias e ameaças dirigidas à sua pessoa. Deve-se fazer o diagnóstico diferencial com as percepções delirantes de alguns esquizofrênicos paranoides (9, cap. 6).

IMAGINAÇÃO

Fonte dos desejos, idealização do real por um justo sentimento do belo (43, cap. 3).

Imaginar é centralizar energias na direção dos objetivos que nos propomos alcançar (248).

A imaginação não é um país de névoa, de criações vagas e incertas. É fonte de vitalidade, energia, movimento... (290, cap. 25).

IMEDIATISMO

[...] O imediatismo, que é remanescência da natureza animal possuidora e egoísta, responde pelos insucessos que a escolha precipitada proporciona, impondo o mecanismo redentor de que [o Espírito] necessitará amanhã para selecionar com sabedoria aquilo que lhe é útil, em detrimento do pernicioso. [...] (77, cap. 25).

[...] é o escolho com que somos invariavelmente defrontados, em todos os trabalhos de assistência aos companheiros da experiência física. [...] (285, cap. 11).

IMORTALIDADE

[...] é a realidade de onde [o Espírito] se procede e para onde se ruma, etapa a etapa, por meio das reencarnações (75, Impermanência e imortalidade).

A história mais repetida e, estranhamente a mais ignorada do mundo é a da continuidade da vida após a morte. [...] (147, cap. 4).

[...] A imortalidade é a luz da vida, como este refulgente Sol é a luz da Natureza. [...] (226, v. 3).

[...] a imortalidade é a essência da vida. [...] (251, cap. 39).

IMPERFEIÇÃO

As imperfeições são véus que ocultam Deus à visão dos Espíritos inferiores [...] (194, Deus).

IMPÉRIO DO MAL

O império do mal são os mundos inferiores, tenebrosos; é a multidão das almas retardatárias que se agitam nas veredas do erro e do crime, torvelinhando no círculo das existências materiais, e que, ao atrito das provações, sob o látego da dor, emergem lentamente desse pélago de sombra, de egoísmo e de miséria, para se iluminarem aos raios da caridade e da Ciência. [...] (45, cap. 6).

IMPERMANÊNCIA

A impermanência é inevitável ocorrência em todas organizações e estruturas que existem no Universo.

Permanentes são o Espírito e a sua especial constituição energética, porquanto, criado por Deus, a Eterna Causalidade, avança, sem cessar, na direção da fatalidade para a qual se encontra destinado. Mesmo nesse processo, experimenta *impermanências* especiais, que equivalem como sublimação da energia que se sutiliza incessantemente (75, Impermanência).

A visão da impermanência demonstra que tudo quanto constitui a matéria é irreal, nem para sempre duradouro, induzindo a uma busca da causalidade, daquilo que existe além da forma e da aparência, que termina por demonstrar a presença da realidade (75, Incerteza).

IMPRENSA ESPÍRITA CRISTÃ

A imprensa espírita cristã representa um veículo de disseminação da verdade e do bem (217, cap. 15).

IMPUREZA

[...] impureza de coração não significa apenas malícia e abuso dos prazeres sexuais, mas também a fatuidade, o orgulho, o interesse egoísta e outras falhas morais, cujas manchas são bem mais difíceis de remover do que aquelas existentes na superfície das coisas (29, Bem-aventurados os limpos de coração...).

INCOMBUSTIBILIDADE

[...] A esse fenômeno se dá o nome de incombustibilidade. Dr. Lobo Vilela, matemático e engenheiro português, propôs o termo absefalesia para designar a insensibilidade às queimaduras. [...] Ainda consigna um sinônimo: apiropatia (VILELA, 1958, p. 171). E o erudito confrade Cícero Pimentel propõe com muita justeza o termo psicopiroforia (344, cap. 6).

INCONSCIENTE

Cada painel contemplado, cada leitura que fazemos, deixa em nós um traço. As ideias ligam-se e entrosam-se por lei de associação, que também prevalece para as sensações e percepções.

O território em que se escalonam esses materiais, copiosos e multifários, é o perispírito. É nele que coabitam essas aquisições todas, sem riscos de baralhamento. Delas poder-se-ia dizer que constituem a biblioteca de cada ser pensante.

E esse tesouro que denominamos – o inconsciente (40, cap. 4).

[...] o inconsciente é um território comum da alma e do corpo, confirmando-se, assim, que o perispírito é a sua sede (40, cap. 4).

[...] não é mais que uma forma da memória, o despertar em nós de lembranças, de faculdades, de capacidades adormecidas. [...] (45, A nova revelação. O Espiritismo e a Ciência).

[...] Necessitamos acabar com a trivial ideia de que o inconsciente é consequência da zona consciente, um fosso onde existem paixões, baixezas, vulgaridades, barbaridades e crimes. Ele é, também, a fonte de beleza das artes e das ciências, adquiridas pelas experiências pretéritas e, ainda mais, bigorna onde o martelar constante das dores consegue transformar o satânico em angelitude. Foi, realmente, Jung quem cultuou e ampliou essas ideias de um inconsciente rico, complexo e carregando dentro de si próprio os fatos da história da Humanidade (190, cap. 1).

[...] A terceira instância é o inconsciente. Nessa gaveta ficam arquivadas todas as experiências da nossa existência, cuja carga emocional nos fez sofrer de algum modo. [...] (311, pt.2, cap. 4)

Ver também PERISPÍRITO

Inconsciente atual

[...] região cujas funções psicológicas, por se encontrarem bem próximas da zona física, mais facilmente mostram parte dessa dinâmica já mais bem percebida pela zona consciente. É a zona onde os conflitos do psiquismo, sob forma de neuroses, mais facilmente derramam-se na zona consciente, natural canal de derivações (189, cap. 1).

[...] terceira camada, ainda nos campos do inconsciente ou zona espiritual, a que, por estar mais próxima da organização física, demos a denominação de inconsciente atual ou presente.

É uma zona cujos elementos definem uma área perfeitamente caracterizada, com acentuada dinâmica e mecanismos próprios. [...]

É no inconsciente atual que se forma a maioria dos conflitos e complexos, vindos do exterior (consciente), e que, posteriormente, poderão ser devolvidos ou não sob forma de neuroses e doenças psicossomáticas, por terem sido energias reprimidas, por desagradáveis, do umbral da consciência. Contudo, todas as energias elaboradas, construtivas ou não, serão sempre absorvidas por esta zona do inconsciente e levadas, em sua totalidade, para departamentos mais profundos da psique (190, cap. 1).

[...] podemos considerar o inconsciente atual [ou presente] também funcionando como filtro entre as regiões nobres do Espírito e os campos mais externos do psiquismo (190, cap. 1).

Inconsciente passado

Zona do inconsciente passado ou arcaico – É camada que circunda a do inconsciente puro e onde estariam sedimentadas todas as experiências que determinado ser vivenciou através dos evos. [...] (189, cap. 1).

[...] representaria o segundo campo vibratório do Espírito, a zona que se sucede à do inconsciente puro. É nesta zona de inconcebível estruturação humana que situamos o arquivo das qualidades adquiridas através das etapas reencarnatórias da individualidade. Todas as experiências que o indivíduo adquiriu e que se concretizaram sob a forma de focos energéticos teriam sua sede psíquica nesta zona. [...] (190, cap. 1).

[...] Para nós representa parte do EU, conquistada através das diversas etapas reencarnatórias que somos compelidos a percorrer, absorvendo suas múltiplas experiências; daí preferirmos a denominação inconsciente passado ou arcaico (190, cap. 1).

O inconsciente passado revela-se de alguma forma através dos sonhos, visões e quadros anímicos, representando, aqui e ali, sobras de energia a se esgotarem no consciente. [...] (190, cap. 1).

Inconsciente puro

Zona do inconsciente puro – Centro da vida, ponto de partida das energias diretivas do Espírito a distribuir-se por toda estrutura do psiquismo. É uma zona inatingível por qualquer dos métodos psicológicos em vigor. Representaria a zona do autêntico Eu, com características de campo dimensional de energias tão específicas que, por seu intermédio, haveria a possibilidade de pensar-se que o *fluido universal* (elaboração do pensamento divino) aí encontrasse a porta de penetração e, consequentemente, de orientação e abastecimento das inesgotáveis vibrações divinas para os seres. Seria uma zona quintessenciada, faixa de nascimento das energias criativas do próprio psiquismo, a ponte de comunicação e local de canalização da Grande Lei da Vida; seria a fonte de energia crística que carregamos (189, cap. 1).

A zona do inconsciente puro, como centro da organização psíquica e, como tal, dos impulsos e comandos da vida, seria a região mais apurada do Espírito. Deste centro emanam forças específicas, para nós desconhecidas, a envolverem a totalidade da psique com sua poderosa dinâmica. Este centro-criativo seria o fator que iluminaria os departamentos dos instintos, afastando o ser humano da animalidade, comandando e solvendo os problemas que traduzem óbices para a evolução. Na rede dinâmica das forças criativas do inconsciente puro, a inteligência se alarga e se projeta nas sendas do bem, o desejo se equilibra, a memória registra com harmonia, e a imaginação cria com pureza os mais excelsos matizes e as mais belas construções (190, cap. 1).

O inconsciente puro estaria constituído de elementos energéticos a desenvolverem suas atividades em vibrações aprimoradas, utilizando zona dimensional impossível de ser aquilatada e definida por nossa corriqueira percepção. O inconsciente puro assemelhar-se-ia ao que Platão entendia por *Ideia*, termo que não deve ser confundido como o resultado de simples projeção da nossa mente. [...] O inconsciente puro, centro espiritual, seria uma área inatingível, impenetrável como uma barreira que não deseja ceder e não necessita abrir suas comportas. Seria a presença cósmica no EU, abrigando os impulsos divinos da evolução, como se tudo lá já existisse de um incontável pretérito a buscar realizações futuras, sempre mais expressivas. [...] (190, cap. 1).

INCORPORAÇÃO

ver PSICOFONIA

INCREDULIDADE

[...] filha do orgulho e da ignorância [...] (182, v. 1).

INCRÉDULO DE MÁ VONTADE

Ao lado da dos materialistas propriamente ditos, há uma terceira classe de incrédulos que, embora espiritualistas, pelo menos de nome, são tão refratários quanto aqueles. Referimo-nos aos *incrédulos de má vontade.* A esses muito aborreceria o terem que crer, porque isso lhes perturbaria a quietude nos gozos materiais. Temem deparar com a condenação de suas ambições, de seu egoísmo e das vaidades humanas com que se deliciam. Fecham os olhos para não ver e tapam os ouvidos para não ouvir. Lamentá-los é tudo o que se pode fazer (107, it. 22).

INCRÉDULO POR DECEPÇÕES

Não podemos omitir uma categoria a que chamaremos *incrédulos por decepções.* Abrange os que passaram de uma confiança exagerada à incredulidade, porque sofreram desenganos. Então, desanimados, tudo abandonaram, tudo rejeitaram. Estão no caso de um que negasse a boa-fé, por haver sido ludibriado (107, it. 25).

INCRÉDULO POR INTERESSE

Apenas por não deixar de mencioná-la, falaremos de uma quarta categoria, a que chamaremos *incrédulos por interesse ou de má-fé.* Os que a compõem sabem muito bem o que devem pensar do Espiritismo, mas ostensivamente o condenam por motivos de interesse pessoal. Não há o que dizer deles, como não há com eles o que fazer (107, it. 23).

INDEPENDÊNCIA

[...] Com Jesus, toda independência é enriquecimento de responsabilidade salvadora. [...] (289, cap. 8).

ÍNDIA

A Índia é muito provavelmente o berço intelectual da Humanidade [...] (41, cap. 1).

[...] Essa terra sagrada não é somente a mãe dos povos e das civilizações, é também o foco das maiores inspirações religiosas (46, pt. 1, cap. 2).

A Índia é, com efeito, a fonte donde deriva em grande parte a ideia religiosa dominante da vossa fé. Os mitos que ocultam as simples verdades reveladas são originários da Índia; as lendas messiânicas datam dos primeiros tempos; os homens imaginaram sempre que um salvador viria libertar a sua raça. A primitiva história religiosa da Índia logicamente indica o crescimento espiritual do homem. [...] (149, seç. 27).

[...] a Índia foi a matriz de todas as filosofias e religiões da Humanidade, inclusive do materialismo, que lá nasceu na escola dos charvacas (230, cap. 5).

INDIFERENÇA

[...] A indiferença, com toda a sua carga negativa, já é o princípio da tolerância e por esta é que vamos à paz interior, através da lenta e penosa reconstrução do nosso próprio eu (147, cap. 21).

INDIGNAÇÃO

[...] A indignação rara, quando justa e construtiva, no interesse geral, é sempre um bem, se sabemos orientá-la, em serviço da elevação; contudo, a indignação diária, a propósito de tudo, de todos e de nós mesmos, é um hábito pernicioso, de consequências imprevisíveis (248).

INDIVIDUALIDADE

[...] é o núcleo transcendente das forças indissociáveis, em [torno] do qual vêm grupar-se os elementos múltiplos e dissociáveis que constituem a personalidade. [...] (3, v. 1, Pref. da ed. alemã).

[...] a individualidade é una, embora revestindo aspectos diferentes; que é proteiforme, posto que substancialmente idêntica, ainda quando nela pareçam coexistir diversas personalidades (40, cap. 4).

[...] a individualidade é um número consciencial que, ou se ilumina, afinado com os valores de sublimação, ou se obscurece, em contato com os fatores de embrutecimento a que se prenda, em vibrações de baixa frequência (255, Conheçamo-nos).

Ver também PERSONALIDADE

INDIVÍDUO

ver HOMEM

Indivíduo ciclotímico

Os [indivíduos] ciclotímicos estão voltados para o meio exterior; por isso, sociáveis, alegres e realistas, com capacidade de intensa mobilidade psíquica em face das excitações externas.
Isto lhes dá condições de fácil oscilação entre alegria e tristeza (190, cap. 2).

Indivíduo esquizotímico

Os [indivíduos] esquizotímicos possuem pobre e reservada expressão de sensibilidade; por isso, estão sempre distantes, pouco sociáveis, de humor frio, condicionando um natural retraimento a ponto de refletirem reduzidos e inadequados intercâmbios psíquicos (190, cap. 2).

Indivíduo mau

Sabemos, todavia, que somente Deus tem o poder de criar Espíritos, seres pensantes, dotados de inteligência e livre-arbítrio. A maldade não faz parte de nossa natureza divina. Trata-se de doença contraída por nós mesmos quando cultivamos a rebeldia e o desatino. O indivíduo mau, por isso, é alguém que pede o concurso do tempo e a terapia da dor, a fim de recompor-se no caminho da evolução (99, O nascimento divino).

INDULGÊNCIA

É a indulgência a expressão de um sentimento delicadíssimo de reta justiça [...].

[...] A indulgência é, portanto, uma dívida de amor, que toda criatura humana precisa satisfazer todas as vezes que se encontre diante de irmãos seus que incorram em delito, falta ou defeito (2, cap. 4)

A indulgência, portanto, não consiste em fechar os olhos ante as faltas do próximo, para não as ver; mas, em reconhecer essas faltas, para colocar sobre elas um sudário de piedade, impregnado de amor.

[...] a indulgência é filha da bondade e a bondade exige em todas as ocasiões que a criatura faça o bem ao seu semelhante. [...] (2, cap. 4).

[...] A indulgência é um sentimento doce que faz esquecer as faltas e os defeitos do nosso próximo. [...] (7, cap. 75).

A indulgência traduz-se na tolerância que devemos ter uns para com os outros, [...] (317, cap. 7.5)

Ver também TOLERÂNCIA

INFÂMIA

A infâmia dos homens é o veneno mais enérgico para as almas sensíveis (55, cap. 8).

INFÂNCIA

[...] Não peçamos à infância o que só a idade viril pode dar (103, cap. 17).

Encarnando, com o objetivo de se aperfeiçoar, o Espírito, durante esse período [infância], é mais acessível às impressões que recebe, capazes de lhe auxiliarem o adiantamento, para o que devem contribuir os incumbidos de educá-lo (106, q. 383).

A infância é o embrião da mocidade [...] (34).

A infância é a época em que o ser reclama maiores desvelos e cuidados. Trata-se de lançar as bases de uma edificação cuja solidez, como sói acontecer a toda espécie de construção, depende dos alicerces (223, cap. 32).

[...] é a germinação da Humanidade (248).

Infância de Jesus

Jesus, estando fora da vossa humanidade, não teve uma infância semelhante à vossa, por isso que seu corpo, não sendo mais do que um perispírito quase material, com a aparência da corporeidade humana, encobria, dada a sua natureza puramente perispirítica, *um Espírito constantemente livre.* Ele, por conseguinte, obrava, sob a influência desse Espírito, de um modo sempre superior a tudo o que se possa esperar do menino mais desenvolvido (182, v. 1).

Ver também CORPO DE JESUS

INFELICIDADE

[...] A infelicidade é a alegria, é o prazer, é o tumulto, é a vã agitação, é a satisfação louca da vaidade, que fazem calar a consciência, que comprimem a ação do pensamento, que atordoam o homem com relação ao seu futuro. A infelicidade é o ópio do esquecimento que ardentemente procurais conseguir (105, cap. 5, it. 24).

[...] é a pedra de toque de todos os corações. A infelicidade é o mais alto pedestal a que sobe a alma humana para se aproximar de Deus. [...] (117, v. 1).

INFELIZ

Infeliz não é aquele / Que nunca teve o que quis / É aquele que nunca soube / Que ser bom é ser feliz (308, cap. 55).

INFERNO

[...] O inferno reduz-se à figura simbólica dos maiores sofrimentos cujo termo é desconhecido. [...]

O Cristo serviu-se da palavra *inferno*, a única usada, como termo genérico, para designar as penas futuras, sem distinção. [...] (104, pt. 1, cap. 5, it. 9 e 10).

[...] Inferno se pode traduzir por uma vida de provações, extremamente dolorosa, com a incerteza de haver outra melhor [...] (106, q. 1014).

[...] o verdadeiro inferno é um estado de consciência em que esta se acha como que de todo anulada, não permitindo se aprecie o mais ligeiro resquício de bem (2, cap. 7).

O dogma do inferno – de uma região horrível de dores, sem esperança, sem termo, síntese de todas as dores, de todas as agonias, de todas as angústias, de todos os suplícios que possam conceber o coração mais desumano, a mais requintada crueldade, é, como o dogma do diabo, uma grande blasfêmia e a negação de Deus, em sua bondade, sua misericórdia, em sua justiça, em sua sabedoria, e, pode-se acrescentar, em sua imensidade, pois que não se concebe a presença da divina substância na tenebrosa região do crime eterno e do desespero sem-fim. [...]

(5, pt. 2, Comunicações ou ensinos dos Espíritos).

[...] A desarmonia entre a razão e a consciência, efeito sempre das nossas tendências sensuais, é o inferno. [...] (8, cap. 15).

[...] [é] (tal qual o céu) como um *estado* de consciência (30, cap. 24).

[...] não é outra coisa senão o remorso e a ausência do amor. [...] (46, pt. 1, cap. 2).

O inferno [...] é construção nossa e vive conosco, enquanto perseverarmos no desrespeito ao Código Divino do Amor. [...] (79, L. 2, cap. 3).

O inferno é a nossa consciência; é o remorso que nos acompanha sempre, depois que cometemos um crime, e enquanto o não resgatarmos (96, O inferno não existe).

[...] Um inferno racional pode constituir freio, por ser possível acreditar-se nele; mas um inferno que revolta a consciência já não é um inferno, porque nele ninguém mais crê. Nem mesmo os bons cristãos se acham persuadidos da realidade de semelhante inferno, razão pela qual se lhes permite que sejam tolerantes, visto *não ser fácil viver em paz com gente tida por condenada* (134, 16ª efusão).

[...] estado consciencial.

Na concepção teológica, é um lugar onde as almas sofrem eternamente; na concepção espírita, é um estado d'alma, transitório, efêmero (162, cap. 50.)

[...] Por *inferno* [Jesus] designava, *veladamente*, as penas que os Espíritos culpados sofrem, primeiro, na erraticidade e, depois, reencarnando na Terra ou em mundos inferiores, de provações e expiação.

[...] é a consciência do culpado e o lugar, *qualquer que este seja*, onde expia suas faltas (182, v. 2).

A *geena*, o inferno, é a imensidade onde, quando errante, o Espírito culpado passa pelos sofrimentos ou torturas morais apropriados e proporcionados às faltas que haja cometido. Aquele termo abrange também, na sua significação, as terras primitivas e todos os mundos inferiores, de prova e expiação, onde, pela encarnação ou reencarnação, se veem lançados os Espíritos culpados, e onde o corpo que os reveste por si só também é para eles uma geena, como o são, na erraticidade, aqueles sofrimentos ou torturas morais (193).

O *inferno*, como já vimos, é a consciência do culpado e o lugar onde ele sofre a expiação de seus crimes, qualquer que seja esse lugar. Onde quer que o Espírito se ache presa de contínuas torturas, quer encarnado, quer desencarnado, é o seu inferno, termo de que Jesus usava alegoricamente (193).

[...] o inferno exterior, que nada mais é que o reflexo de nós mesmos, quando, pelo relaxamento e pela crueldade, nos entregamos à prática de ações deprimentes, que nos constrangem à temporária segregação nos resultados deploráveis de nossos próprios erros (231, Ante o centenário).

[...] nas zonas infernais propriamente ditas, apenas residem aquelas mentes que, conhecendo as responsabilidades morais que lhes competiam, delas se ausentaram, deliberadamente, com o louco propósito de ludibriarem o próprio Deus. O inferno [...] pode ser [...] definido como vasto campo de desequilíbrio, estabelecido pela maldade calculada, nascido da cegueira voluntária e da perversidade completa. Aí vivem domiciliados, às vezes por séculos, Espíritos que se bestializaram, fixos que se acham na crueldade e no egocentrismo. Constituindo, porém, larga província vibratória, em conexão com a Humanidade terrestre, de vez que todos os padecimentos infernais são criação dela mesma, estes lugares tristes funcionam como crivos necessários para todos os Espíritos que escorregam nas deserções de ordem geral, menosprezando as responsabilidades que o Senhor lhes outorga. Dessa forma, todas as almas já investidas no conhecimento da verdade e da justiça e por isso mesmo responsáveis pela edificação do bem, e que, na Terra, resvalam nesse ou naquele delito, desatentas para com o dever nobilitante que o mundo lhes assinala, depois da morte do corpo estagiam nestes sítios por dias, meses ou anos, reconsiderando as suas atitudes, antes da reencarnação que lhes compete abraçar, para o reajustamento tão breve quanto possível.

[...] o inferno, como região de sofrimento e desarmonia, é perfeitamente cabível, representando um estabelecimento justo de filtragem do Espírito, a caminho da Vida Superior. Todos os lugares infernais surgem, vivem e desaparecem com a aprovação do Senhor, que tolera semelhantes criações das almas humanas, como um pai que suporta as chagas adquiridas pelos seus filhos e que se vale delas para ajudá-los a valorizar a saúde. [...] (231, cap. 1).

[...] a rigor, existe para controlar o trabalho regenerativo na Terra. [...]

[...] O inferno para a alma que o erigiu em si mesma é aquilo que a forja constitui para o metal: ali ele se apura e se molda convenientemente... (231, cap. 3).

O inferno, a rigor, é obra nossa, genuinamente nossa, mas imaginemo-lo, assim, à maneira de uma construção indigna e calamitosa, no terreno da vida, que é criação de Deus. Tendo abusado de nossa razão e conhecimento para gerar semelhante monstro, no Espaço Divino, compete-nos a obrigação de destruí-lo para edificar o Paraíso no lugar que ele ocupa indebitamente. [...] (231, cap. 10).

[...] O inferno é uma criação de almas desequilibradas que se ajuntam, assim como o charco é uma coleção de núcleos lodacentos, que se congregam uns aos outros. [...] (252, cap. 21).

[...] o inferno é a rede de pensamentos torturados, em que nos deixamos prender, com todos aqueles que nos comungam os problemas ou as aflições de baixo nível (260, cap. 38).

[...] o inferno tem o tamanho da rebeldia de cada um (262, Céu e inferno).

[...] é o remorso, na consciência culpada, cujo sofrimento cessa com a necessária e justa reparação (262, Espíritas diante da morte).

O inferno, por isto mesmo, é um problema de direção espiritual (264, cap. 1).

[...] é construção mental em nós mesmos. O estacionamento, após esforço destrutivo, estabelece clima propício aos fantasmas de toda sorte, fantasmas que torturam a mente que os gerou, levando-a a pesadelos cruéis. Cavamos poços abismais de padecimentos torturantes, pela intensidade do remorso de nossas misérias íntimas; arquitetamos penitenciárias sombrias com a negação voluntária, ante os benefícios da Providência. Desertos calcinantes de ódio e malquerença estendem-se aos nossos pés, seguindo-se a jornadas vazias de tristeza e desconsolo supremo. [...] (274, cap. 8).

Além-túmulo, no entanto, o estabelecimento depurativo como que reúne em si os órgãos de repressão e de cura, porquanto as consciências empedernidas aí se congregam às consciências enfermas, na comunhão dolorosa, mas necessária, em que o mal é defrontado pelo próprio mal, a fim de que, em se examinando nos semelhantes, esmoreça por si na faina destruidora em que se desmanda. É assim que as Inteligências ainda perversas se transformam em instrumentos reeducativos daquelas que começam a despertar, pela dor do arrependimento, para a imprescindível restauração. O inferno, dessa maneira, no clima espiritual das várias nações do globo, pode ser tido na conta de imenso cárcere-hospital, em que a diagnose terrestre encontrará realmente todas as doenças catalogadas na patologia comum, inclusive outras muitas, desconhecidas do homem, não propriamente oriundas ou sustentadas pela fauna microbiana do ambiente carnal, mas nascidas de profundas disfunções do corpo espiritual e, muitas vezes, nutridas pelas formas-pensamentos em torturado desequilíbrio, classificáveis por larvas mentais, de extremo poder corrosivo e alucinatório, não obstante a fugaz duração com que se articulam, quando não obedecem às ideias infelizes, longamente recapituladas no tempo (305, pt. 1, cap. 19).

Ver também GEENA *e* UMBRAL

INFIEL

[...] ser infiel é mentir à sua consciência, é proceder em desacordo com seu foro íntimo (222, Fiel e infiel).

INFINITO

O que não tem começo nem fim: o desconhecido; tudo o que é desconhecido é infinito (106, q. 2).

A abstração puramente ideal, acima e abaixo do que é concebido pelos sentidos (43, pt. 2, cap. 3).

O infinito é nosso destino maior (100, Dia).

INFLUÊNCIA

[...] é um poder que irradia valores, sentimentos, amor, conselho, edificação, ânimo, orientação, do educador para o educando. Tem uma abrangência universal e onidirecional (129, v. 2).

A *influência* é o poder espiritual de irradiação dos predicados morais e culturais do educador para o educando. É um veículo universal que tanto pode ser direcionado como onidirecionado. [...] (129, v. 2).

INFORTÚNIO

Infortúnio é o pensamento deformado (260, cap. 38).

INGRATIDÃO

[...] A ingratidão é uma das imperfeições da Humanidade e, como nenhum de nós está isento de censuras, é preciso desculpar os outros, para que desculpem a nós, de sorte a podermos dizer como Jesus Cristo: "atire a primeira pedra aquele que estiver sem pecado". [...] (103, cap. 27).

A ingratidão é um dos frutos mais diretos do egoísmo. [...] (105, cap. 14, it. 9).

[...] A ingratidão é filha do egoísmo e o egoísta topará mais tarde com corações insensíveis, como o seu próprio o foi. [...] (106, q. 937).

O ingrato é um doente que enlouqueceu ao fugir do teu aconchego (76, cap. 49).

A ingratidão é moléstia virulenta do caráter, que tem nascente no espírito (76, cap. 57).

A ingratidão é, na maior parte das vezes, mais a manifestação de inconsciente orgulho, do que condenável indício de maldade [...] (117, v. 3).

Ingratidão, em muitas circunstâncias, é o nome da bênção com que a infinita bondade de Deus nos afasta de ambientes determinados, a fim de que a cegueira não nos induza ao desequilíbrio (291, cap. 24).

INIBIÇÃO

Inibições – Embaraços gerados pelo comportamento que adotávamos ontem e que hoje nos cabe suportar em esforço reeducativo (304, cap. 40).

INICIAÇÃO

[...] A iniciação era uma refundição completa do caráter, um acordar das faculdades latentes da alma. Somente quando tinha sabido extinguir em si o fogo das paixões, comprimir os desejos impuros, orientar os impulsos do seu ser para o bem e para o belo, é que o adepto participava dos grandes mistérios. Obtinha, então, certos poderes sobre a Natureza, e comunicava-se com as potências ocultas do Universo (46, pt. 1, cap. 1).

[...] Os Instrutores Espirituais, por sua vez, assim como os demais ensinamentos firmados pelos colaboradores de Allan Kardec, são incansáveis em advertir os médiuns quanto a uma elevação de vistas, no exercício da faculdade, uma renovação cuidadosa do próprio caráter, um critério e uma reeducação à base do Evangelho, que outra coisa não seriam senão uma iniciação, conquanto efetivada à revelia de imposições acadêmicas e inteiramente subordinada à boa vontade, ao esforço e ao discernimento do próprio médium, sem sequer o afastar da sua vida comum de relação, o que parece mais meritório e honroso do que as antigas iniciações realizadas sob o jugo férreo das Academias de Doutrinas Secretas (168, cap. 7).

INIMIGO

Os maiores inimigos do homem são o orgulho, a vaidade, o egoísmo, a inveja e a ignorância (7, cap. 71)

Inimigo é o teu fiscal, / Teu desconto ante a justiça, / Tua defesa ante a lei, / Teu mestre face à cobiça (93, cap. 62)

O diabo que semeou, semeia e semeará ainda por muito tempo na terra o joio e que figura na parábola [do joio] como sendo o *inimigo* – são todos os Espíritos maus, Espíritos de erro ou de mentira, impuros, levianos, perversos (errantes ou encarnados) que, procurando exercer perniciosas influências sobre os homens, trabalham por lhes obstar ao progresso, com o fazê-los evitar o bem e praticar o mal pelos pensamentos, palavras e atos; que trabalham por arrastá-los para fora das vias do Senhor. [...] (182, v. 2).

O inimigo, em qualquer caso, é terreno que precisamos recuperar para o plantio de nossa felicidade porvindoura (246, cap. 47).

[...] O inimigo nem sempre é uma consciência agindo deliberadamente no mal. Na maioria das vezes, atende à incompreensão quanto qualquer de nós; procede em determinada linha de pensamento, porque se acredita em roteiro infalível aos próprios olhos, nos lances do trabalho a que se empenhou nos círculos da vida; enfrenta, qual ocorre a nós mesmos, problemas de visão que só o tempo, aliado ao esforço pessoal na execução do bem, conseguirá decidir. [...] (264, cap. 19).

Ver também ADVERSÁRIO

Inimigos do Espiritismo

[...] Primeiramente [o Espiritismo] tem contra si os incrédulos, que o ridicularizam: estes não são para temer, pois viram suas setas afiadas quebrar-se contra a própria couraça; em segundo lugar os ignorantes, que o combatem sem conhecê-lo: constituem maioria; mas, combatida pela ignorância, a verdade jamais teve algo a temer, já que os ignorantes se refutam por si mesmos e sem o querer, conforme testemunho do Sr. Louis Figuier, na sua *História do maravilhoso*. A terceira categoria de adversários é mais perigosa, porque tenaz e pérfida; compõe-se de todos aqueles cujos interesses materiais podem ser contrariados; combatem na sombra, e os dardos envenenados da calúnia não lhes faltam. Eis os verdadeiros inimigos do Espiritismo, como em todos os tempos o têm sido de todas as ideias do progresso; são encontrados em todas as fileiras, em todas as classes da sociedade. [...] (110, Discurso de Allan Kardec durante o Banquete...).

[...] Os mais perigosos inimigos do Espiritismo são, pois, os que o fazem mentir a si mesmos, não praticando a lei que proclamam. [...]

[...] os inimigos do Espiritismo são de duas ordens: de um lado, tendes os zombadores e os incrédulos. Estes recebem diariamente o desmentido pelos fatos; não os temeis e tendes razão. Sem o querer, servem à nossa causa e, por isso, lhes devemos agradecer. Do outro lado estão as pessoas interessadas em combater a

Doutrina; não espereis trazê-las pela persuasão, pois não buscam a luz. Em vão exibireis aos seus olhos a evidência do sol: são cegos porque não querem ver. Não vos atacam porque estejais no erro, mas porque estais com a verdade e, com ou sem razão, creem que o Espiritismo seja prejudicial aos seus interesses materiais. Se estivessem convencidos de que é uma quimera, o deixariam em paz. Assim, sua fúria cresce na razão do progresso da Doutrina, de tal sorte que se pode medir sua importância pela violência dos ataques. Enquanto não viram no Espiritismo senão uma brincadeira de mesas girantes, nada disseram, confiando tratar-se de um capricho da moda; mas, hoje, que a despeito de sua má vontade, veem a insuficiência da zombaria, empregam outros meios. Sejam estes quais forem, já demonstramos a sua impotência. Contudo, se não podem abafar essa voz que se eleva em todas as partes do mundo; se não podem deter essa torrente que os invade por todos os lados, tudo farão para criar entraves e, se puderem fazer recuar o progresso por um só dia, dirão ainda que é um dia ganho. [...] (110, Discurso de Allan Kardec aos Espíritas de Bordeaux).

INIMIZADE

A inimizade é uma brasa no coração humano (162, cap. 26).

INJÚRIA

Injúria aos semelhantes é azorrague mental que nos chicoteia (262, Perdoados, mas não limpos).

INQUIETAÇÃO

A inquietação é síndrome de enfermidade grave a azorragar por dentro, dilacerando as fibras íntimas do sentimento que se estiola e das emoções que se desorganizam. [...] (76, cap. 44).

A inquietação é uma espécie de força destrutiva no edifício orgânico e costuma extinguir muitos recursos de nossa vitalidade no desempenho das obrigações que a vida nos impõe (248).

INSEGURANÇA

Um dos grandes males que afligem a Humanidade chama-se insegurança, motivada por temores nem sempre bem definidos, relacionados com as realizações individuais no campo estudantil, profissional, sentimental, social, familiar e, até mesmo, em relação à própria subsistência (199, A distância do reino).

INSPIRAÇÃO

[...] essa luz sobrenatural cujo foco em vão se procura na Terra; essa luz que nos abrasa sem consumir, que nos eleva acima da nossa miséria, para ensinar a humildade (17, cap. 6).

[...] de todas as formas de mediunidade, a inspiração é a que mais profundamente se ressente da influência pessoal do médium. [...] (36, Elementos de autenticidade).

Segundo Pitágoras [...] "a inspiração é uma sugestão dos Espíritos que nos revelam o futuro e as coisas ocultas" (48, pt. 3, cap. 26).

No que concerne à inspiração (nos homens de talento ou de gênio), é claro que ela é pura e simplesmente o resultado da sugestão do ser subconsciente. [...] (90, pt. 1, cap. 4).

A inspiração é a equipe dos pensamentos alheios que aceitamos ou procuramos (292, Faixas).

Ver também INTUIÇÃO

INSTINTO

O instinto é a força oculta que solicita os seres orgânicos a atos espontâneos e involuntários, tendo em vista a conservação deles. [...] (101, cap. 3, it. 11).

[...] é uma espécie de inteligência. É uma inteligência sem raciocínio. Por ele é que todos os seres proveem às suas necessidades (106, q. 73).

O instinto é uma inteligência rudimentar, que difere da inteligência propriamente dita, em que suas manifestações são quase sempre espontâneas, ao passo que as da inteligência resultam de uma combinação e de um ato deliberado. O instinto varia, em suas manifestações, conforme às espécies e às suas necessidades. Nos seres que têm a consciência e a percepção das coisas exteriores, ele se alia à inteligência, isto é, à vontade e à liberdade (106, q. 75).

Os instintos são automatismos estereotipados e inatos que têm em geral um fim útil para o indivíduo e a espécie. [...] (35, cap. 2).

[...] Quando os cultores da psicologia profunda falam em instinto, devemos entender, não o comportamento automático, mas o correspondente anímico, cujo aspecto externo, motor, pode inclusive estar inibido (35, cap. 2).

O instinto é a mais baixa forma, mediante a qual manifesta-se a alma. [...] (40, cap. 3).

[...] [os instintos] constituem, de qualquer maneira, os fundamentos da vida intelectual; são os mais prístinos e mais duradouros movimentos perispirituais que as incontáveis encarnações fixaram, incoercivelmente, em nosso invólucro fluídico, e, se o verdadeiro progresso consiste no domínio desses instintos brutais, infere-se que a luta seja longa, quão terrível, antes de conquistar esse poderio (40, cap. 3).

O instinto, dizem, é ato hereditário específico, e isso implica a existência de uma memória hereditária, memória orgânica, que sabemos residir no perispírito. [...] (40, cap. 4).

[...] É um sentido psíquico, indefinível na linguagem terrena, o qual permite a quantos o possuem, perceber a presença dos bons e dos perversos. [...] (85, L. 2, Sonhos funestos e realidades pungitivas).

[...] *instinto e razão mais não são do que duas fases de consciência* (188, cap. 4).

Instinto de conservação
A criatura humana — o próprio animal — e quem sabe se também o vegetal — tem o sentimento inato do amor à vida sobre todas as coisas, a que chamamos "instinto da conservação" (323, cap. 50).

Instinto sexual

O instinto sexual, exprimindo amor em expansão incessante, nasce nas profundezas da vida, orientando os processos da evolução (294, cap. 24).

[...] não é apenas agente de reprodução entre as formas superiores, mas, acima de tudo, é o reconstituinte das forças espirituais, pelo qual as criaturas encarnadas ou desencarnadas se alimentam mutuamente, na permuta de raios psíquico-magnéticos que lhes são necessários ao progresso (305, pt. 1, cap. 18).

O instinto sexual é força criativa da vida, que tem sua origem na energia divina. Essa energia é santa e sagrada em si mesma, pois ela vive perfeitamente dentro dos estatutos das Leis Divinas e com ela temos: as bênçãos da reencarnação, do corpo físico, da família, do lar, dos reencontros para reconciliação e formação dos laços de simpatia. Se a energia criativa do sexo cessasse de atuar, a vida paralisaria e as humanidades nas escolas planetárias pereceriam. [...]

O sexo não é patrimônio exclusivo da Humanidade terrestre, é tesouro divino em todos os mundos, no Universo Infinito, e permanece nas mãos das criaturas humanas, que ainda estão muito distantes da compreensão e vivência das Leis Divinas, num quadro triste de ignorância, perversão e desequilíbrio.

O instinto sexual é força poderosa de atração, unindo os corpos físicos, criando as experiências afetivas e fazendo os destinos entre as criaturas, dirigindo-as para as conquistas dos objetivos da Lei Suprema: o Amor, a Felicidade e a Harmonia. [...]

O instinto sexual atrai as criaturas, faz a fusão do magnetismo entre o homem e a mulher, mas o relacionamento das pessoas corre por conta do sentimento de cada um e não simplesmente pela energia sexual, pois esta é energia neutra. É neste momento que surgem as dificuldades de entendimento e união, pois a normalidade do desempenho sexual, entre os cônjuges, por si só, não solucionará os problemas de relacionamento. [...] (12, cap. 16).

A lei do instinto sexual não deve ser desprezada pelos cônjuges, em momento algum, nem mesmo sob a alegação de que se deseja o aprimoramento espiritual, salvo em casos especiais de entendimento recíproco. Afora isso, o homem e a mulher que, tomados do ideal de sublimação imediata do sexo, abandonarem a sustentação sexual fisiopsíquica do parceiro, estarão cometendo também infidelidade na comunhão sexual, responsabilizando-se pelas ocorrências funestas que daí poderão advir para com o cônjuge prejudicado. [...] (12, cap. 18).

O instinto sexual não foi dado por Deus, pronto e completo em cada Espírito, mas, sim, colocado em germe, para ser desenvolvido e aprimorado, através de experiências infinitamente recapituladas nos reinos inferiores da Criação, provocando, com essas atividades e trabalhos, o desenvolvimento natural de suas *faculdades criadoras*. Para chegar aos impulsos sexuais do homem primitivo, foi necessário ao princípio espiritual passar por exercícios imensos, diversos e cada vez mais complexos a fim de desenvolver suas potencialidades, não somente *fisiológicas*, mas principalmente *psíquicas*, pois todo ser vivo, antes de tudo, é Espírito e somente o Espírito é capaz de preservar intacta para o futuro toda a riqueza de aprendizagem. A matéria não dirige: é dirigida. [...] Quando o Espírito conquistou a razão, acordando para a Vida Universal, já possuía por conquista própria um manancial enorme de forças sexuais advindas de experiências infinitamente recapituladas nos reinos inferiores da Natureza. Com a *era da razão*, o Espírito alcançou o direito de livre-arbítrio e consequentemente da responsabilidade em seus atos (12, cap. 22).

Ver também SEXO *e* SEXUALIDADE

INSTITUIÇÃO DAS TREVAS

As instituições das trevas são estruturadas numa rígida concentração do poder, nas mãos de alguns líderes, escolhidos por um processo impiedoso de seleção natural. [...] (145, cap. 3).

INSTITUIÇÃO HUMANA

[...] as instituições humanas são o reflexo das qualidades individuais de seus componentes [...] (207, cap. 41).

INSTITUTO ALMAS IRMÃS

O *Almas Irmãs*, assim chamado pelos fundadores que o levantaram em socorro dos irmãos necessitados de reeducação sexual, após a desencarnação, exibia plano extenso de construções. Conjunto de linhas harmoniosas e simples, ocupando quatro quilômetros quadrados de edifícios e arruamentos, parques e jardins. Autêntica cidade por si. [...] Quando da primeira visita do Espírito André Luiz ao Instituto, este já contava 82 anos de existência e possuía uma população de aprendizes oscilante de 5.000 a 6.000. O Instituto guarda semelhança com as grandes universidades terrestres, em sua organização e moradia:

[...] sustenta zonas residenciais, além dos edifícios reservados à administração, ao ensino, à subsistência e à hospitalização transitória. Aí se acomodam famílias inteiras, casais, Espíritos em conjunções afetivas e repúblicas de estudiosos que se visitam ou recebem amigos de outras organizações e de outras plagas, efetuando excursões edificantes e recreativas ou atendendo empresas artísticas e assistenciais, de permeio com as obrigações de rotina. [...]

O instituto é um perfeito educandário para o esclarecimento, a renovação e a iluminação das almas, principalmente daquelas que possuem problemas graves e desastres morais na área afetivo-sexual que trouxeram das experiências infelizes da existência terrena. É realmente um *hospital-escola*, porque abriga não somente almas em estado de ignorância, mas também as bastante enfermas e desequilibradas por força dos vícios, paixões e excessos nas experiências do sexo, quando encarnados [...] (12, cap. 15).

INSTRUÇÃO

Instrução e educação são processos inalienáveis de aperfeiçoamento moral do homem, pela cultura e pela integração na Humanidade. Educar para a vida futura é o papel preponderante do Espiritismo (11, Deve estudar-se o Espiritismo?).

A instrução é mais especialmente a aprendizagem da Ciência, a educação é a aprendizagem da vida; a instrução desenvolve e enriquece a inteligência, a educação dirige e fortifica o coração; a instrução forma o talento; a educação, o caráter (62, Currículo da evangelização espírita).

A instrução é setor da educação, na qual os valores do intelecto encontram necessário cultivo (74, cap. 23).

[...] A instrução é parte da educação (208, cap. 18).

A instrução é, sem dúvida, a milagrosa alavanca do progresso. [...] (233, Alvorada cristã).

INSUCESSO

[...] o insucesso é exercício para futuros êxitos [...] (81, Medo e responsabilidade).

INTEIREZA MORAL

[...] é uma defesa para qualquer tipo de agressão, difícil de atingida; a conduta digna irradia forças contrárias às investidas perniciosas; o hábito da prece e da mentalização edificante aureola o ser de força repelente que dilui as energias de baixo teor vibratório; a prática do bem fortalece os centros vitais do perispírito que rechaça, mediante a exteriorização de suas moléculas, qualquer petardo portador de carga danosa; o conhecimento das leis da Vida reveste o homem de paz, levando-o a pensar nas questões superiores sem campo de sintonia para com as ondas carregadas de paixão e vulgaridade.. (77, cap. 10).

INTELIGÊNCIA

A inteligência se revela por atos voluntários, refletidos, premeditados, combinados, de acordo com a oportunidade das circunstâncias. É incontestavelmente um atributo exclusivo da alma (101, cap. 3, it. 12).

A inteligência é um atributo essencial do Espírito. [...] (106, q. 24).

A inteligência é uma faculdade especial, peculiar a algumas classes de seres orgânicos e que lhes dá, com o pensamento, a vontade de atuar, a consciência de que existem e de que constituem uma individualidade cada um, assim como os meios de estabelecerem relações com o mundo exterior e de proverem às suas necessidades (106, q. 71).

[...] é uma faculdade própria de cada ser e constitui a sua individualidade moral. [...] (106, q. 72a).

[...] é um atributo, que tanto mais livremente se manifesta no Espírito, quanto menos entraves tenha que vencer (106, q. 237).

[...] A Doutrina Espírita explica que inteligência é saber acumulado. Na medida em que passam por nós os séculos, vamos juntando um acervo considerável de experiências e de conhecimentos. [...] (7, cap. 28).

[...] A nossa inteligência é dotada de forças reveladoras de fatos que não puderam ser revelados nem pela visão, nem pela audição, nem pelo tato (63, cap. 1).

[...] é a essência da alma e até com ela se confunde num princípio comum e, ainda, que o pensamento é a própria inteligência em ato. [...] (129, v. 1).

[...] A inteligência é o poder de compreensão, captação e de incorporação dos valores éticos: o progresso moral decorre do progresso intelectual. [...] (129, v. 2).

Cada inteligência é um centro gerador de vida. Não te canses de criar a felicidade e o amor, trabalhando e cooperando, amando e servindo (248).

A inteligência sem amor é o gênio infernal que arrasta os povos de agora às correntes escuras e terrificantes do abismo. O cérebro sublime não encontra socorro no coração embrutecido (248).

[...] o valor das inteligências é interior e independe de grande saber e de grandes ambientes sociais preparatórios (271, Antíteses da personalidade de Humberto de Campos).

[...] A grande contribuição de Gardner, em sua obra Inteligências múltiplas: a teoria na prática, foi mostrar a inteligência como uma complexa e multifacetada capacidade do cérebro de enfrentar situações inéditas, de forma única em cada indivíduo. [...] (347, p. 2, cap. 25).

Ver também ESSÊNCIA DO ESPÍRITO

Inteligência Divina

A Inteligência Divina, penetrante e impenetrável à nossa observação maior, é seiva indefinível que nutre todos os seres, clareia todas as consciências, palpita em todos os corações, vibra em todos os gestos, passeia em todas as frases e aflui em todas as descobertas (219, De polo a polo).

Inteligência ecológica

O jornalista e também psicólogo da Universidade de Harvard, Daniel Goleman, conhecido por ter popularizado a expressão inteligência emocional, ampliou o escopo de seu trabalho sobre a inteligência social e a inteligência emocional e agregou o termo inteligência ecológica para descrever a capacidade do ser humano na compreensão dos diversos tipos de interações entre si e [...] (348, cap. 7.4).

Inteligência subumana

[...] Estamos numa colônia purgatorial de vasta expressão. Quem não cumpre aqui dolorosa penitência regenerativa, pode ser considerado inteligência subumana. Milhares de criaturas, utilizadas nos serviços mais rudes da Natureza, movimentam-se nestes sítios em posição infraterrestre. A ignorância, por ora, não lhes confere a glória da responsabilidade. Em desenvolvimento de tendências dignas, candidatam-se à Humanidade que conhecemos na Crosta. Situam-se entre o raciocínio fragmentário do macacoide e a ideia simples do homem primitivo na floresta. Afeiçoam-se a personalidades encarnadas ou obedecem, cegamente, aos espíritos prepotentes que dominam em paisagens como esta. Guardam, enfim, a ingenuidade do selvagem e a fidelidade do cão. O contato com certos indivíduos inclina-os ao bem ou ao mal e somos responsabilizados pelas Forças Superiores que nos governam, quanto ao tipo de influência que exercemos sobre a mente infantil de semelhantes criaturas. [...] (264, cap. 4).

INTERCÂMBIO

ver MEDIUNIDADE

INTERCÂMBIO OBSESSIVO

[...] Dependências afetivas, necessidades emocionais e campos de vibrações odientas são sustentadas nos jogos dos interesses entre os desencarnados e os homens. Porque estes não se elevem espiritualmente, aqueles encontrarão *ganchos*, nos quais se prendem, passando de *hóspedes* a *gerentes* da casa mental que lhes cede lugar. [...] (77, cap. 19).

INTERCESSÃO

A súplica da intercessão é dos mais belos atos de fraternidade e constitui a emissão de forças benéficas e iluminativas que, partindo do espírito sincero, vão ao objetivo visado por abençoada contribuição de conforto e energia. [...] (279, cap. 17).

Interdependência

[...] A interdependência abrange todos os níveis profissionais, intelectuais, tecnológicos, e assim por diante. Não há indivíduo, nem grupo, nem comunidade, nem povo que não esteja entrosado com interesses diversos, dependendo uns dos outros. Os interesses, por sua vez, em muitos casos tomando a feição de necessidade suprema ou de vida e morte, provocam a luta competitiva, cada vez mais premente. É dentro deste quadro social que se projetam as ideias espíritas, sob a atmosfera de uma sociedade em mudança.

Se o Espiritismo é realmente a nossa filosofia, claro que os seus princípios nos devem orientar com equilíbrio, a despeito de todas as mudanças. Quer dizer, nem perder o rumo por causa das transformações, que são inegavelmente muito sensíveis, nem muito menos fechar os olhos à evidência perante a nova ordem das coisas. Não percamos de vista que a Doutrina Espírita não teme as mudanças, como ensina Kardec: "O Espiritismo assimilará todas as doutrinas progressivas. Se uma verdade nova se revelar, o Espiritismo aceitará essa verdade". Veja-se *A gênese*, cap. 1, it. 55 (6, cap. 36).

INTERESSE PESSOAL

O interesse pessoal é, pois, um sinal de atraso espiritual. [...] (207, cap. 41).

INTERMEDIÁRIO

ver MÉDIUM

INTERSINAL

As manifestações, aparições, pressentimentos, etc., foram em todos os tempos frequentes na Bretanha. Designam-se aqui pelo nome de *intersinais* (64, v. 2).

INTERSINAL

As manifestações, aparições, pressentimentos, etc., foram em todos os tempos frequentes na Bretanha. Designam-se aqui pelo nome de intersinais (64, v. 2).

INTRIGA

É uma víbora que se aninhará em sua alma (232, cap. 41).

INTUIÇÃO

Yogananda vai além ao ensinar que a aceleração da evolução humana é proporcionada pelo desenvolvimento da intuição por meio da concentração da atenção. Diz que a intuição nascida da concentração percebe a verdade por meios internos, intrapsíquicos; e que o método usual de aprendizagem depende do censo de realidade e da experiência, além da capacidade de inferência, o qual pode apenas explicar a *aparência* das coisas. Também ensina que por meio da intuição é possível a realização de qualquer processo de conhecimento correta e diretamente, sem a intermediação dos sentidos (9, cap. 3).

A intuição não é, pois, as mais das vezes, senão uma das formas empregadas pelos habitantes do Mundo Invisível para nos transmitirem seus avisos, suas instruções. Outras vezes será a revelação da consciência profunda à consciência normal. No primeiro caso pode ser considerada como inspiração. Pela mediunidade o Espírito infunde suas ideias no entendimento do transmissor. Este fornecerá a expressão, a forma, a linguagem e, na capacidade de seu desenvolvimento cerebral, o Espírito achará meios mais ou menos seguros e abundantes para comunicar seu pensamento com todo o desenvolvimento e relevo (52, pt. 3, cap. 21).

[...] é a mais eficiente e imprescindível *qualidade instrumental* do educador espírita (129, v. 2).

A *intuição* é instrumento de prospecção do fundo anímico do educando, das camadas sedimentares de perfeições e imperfeições acumuladas nas existências anteriores. [...] (129, v. 2).

[...] a intuição é a fonte de todos os nossos conhecimentos. [...] (226, v. 1).

[...] A intuição o fundamento da instrução (226, v. 1).

A faculdade intuitiva é instituição universal. Através de seus recursos, recebe o homem terrestre as vibrações da vida mais alta, em contribuições religiosas, filosóficas, artísticas e científicas, ampliando conquistas sentimentais e culturais, colaboração essa que se verifica sempre, não pela vontade da criatura, mas pela concessão de Deus (239, cap. 156).

[...] A intuição, contudo, que é o disco milagroso da consciência, funcionará livremente, retransmitindo-te as sugestões [...] (264, cap. 13).

[...] a intuição é a base de todas as percepções espirituais [...] (290, cap. 27).

[...] [é] sistema inicial de intercâmbio, facilitando a comunhão das criaturas, mesmo a distancia, para transfundi-las no trabalho sutil da telementação, nesse e naquele domínio do sentimento e da ideia [...] (305, pt. 1, cap. 17).

Ainda em sua época, Sócrates acrescenta um importante instrumento do processo de autoconhecimento, com consequência conclusiva para a formação da individualidade: o trabalho de escutar, ou aprender a escutar a voz interior: a intuição. [...] (315, pt. 4, 25).

O que acabaste de ouvir é necessário a teu progresso — concluiu o guia —; e, pois, voltando ao corpo, o homem que és, terá de tudo clara intuição, sem que saiba de onde vem (325, cap. 12).

A intuição é o sexto sentido da Humanidade, uma espécie de atributo de todas as criaturas, um dom natural que não requer desenvolvimento porque vem espontaneamente, [...] (334, pt. 3, cap. 6).

Ver também INSPIRAÇÃO *e* PRESSENTIMENTO

Intuição natural

Este sentimento inato em todos os homens, a que podemos chamar *a intuição natural* do futuro excelso que nos foi posto e nos chama a todos, Platão explicou-o pela preexistência.

Antes de virmos a esta vida, já tivemos outras, e no tempo intermediário, que passamos no mundo dos Espíritos, adquirimos o conhecimento das grandezas a que somos destinados; donde essa reminiscência, a que chamamos intuição de um futuro, que mal entrevemos, envoltos no véu da carne (139, cap. 1).

INUMAÇÃO

[...] Em nossos países do Ocidente, em que o homem psíquico está pouco desenvolvido, pouco preparado para a morte, a inumação [sepultamento] deve ser preferida [à cremação], posto que por vezes dê origem a erros deploráveis, por exemplo, o enterramento de pessoas em estado de letargia. Deve ser preferida, porque permite aos indivíduos apegados à matéria que o Espírito lhes saia lenta e gradualmente do corpo; mas precisa ser rodeada de grandes precauções. As inumações são, entre nós, feitas com muita precipitação (52, pt. 1, cap. 10).

Ver também CREMAÇÃO

INUTILIDADE

A inutilidade é sempre um fantasma acompanhando as melhores situações e os mais belos gestos (248).

INVEJA

A inveja é definida nos léxicos como "desgosto, mortificação, pesar causado pela vista da alegria, propriedade ou êxito de outrem, acompanhado do desejo violento de possuir os mesmos bens" (30, cap. 28).

O Espiritismo (e todas as religiões) aponta a inveja como sentimento antagônico ao amor, esclarecendo-nos ser preciso bani-la de nossos corações, sem o que não conseguiremos ser felizes (30, cap. 28).

A inveja é a víbora que espreita a sua futura vítima a todos os instantes, até encontrar ensejo favorável de inocular-lhe o seu *vírus* letal... (86, L. 1, cap. 4).

[...] quando [o homem] só vê motivos para louvar o que representa, o que sente e o que faz, com manifesto desrespeito pelos valores alheios, o sentimento que predomina em sua órbita chama-se *inveja* (256, cap. 91).

Insultos, provocações, / Não retenhas na memória. / A inveja é sempre um tributo / Que a mesquinhez rende à glória (257, cap. 23).

INVERNO

[...] costuma velar a beleza sagrada da vida no evanescente nevoeiro de suas vestes geladas, porque é tempo de recolhimento e recomposição de energias, tempo silencioso de preparo e de espera, para que a existência, depois de renovada, rebente de novo as suas florações, em nova primavera de galas fulgurantes.

O inverno é a noite da vida, e é no seu divino regaço, enluarado de paz e marchetado das estrelas da esperança, que a alma cansada se apresta para a jornada de regresso aos seus pagos de amor (184, cap. 2).

O inverno é imprescindível e útil, como período de prova benéfica e renovação necessária. Procura, todavia, o encontro de tua experiência com Jesus, antes dele (295, cap. 66).

INVIGILÂNCIA

Depreenda-se daí a importância inestimável da recomendação evangélica: *Orai e vigiai*! Foi a invigilância que traiu Pedro, não obstante a sua identidade com Jesus.

Foi ela que o levou a negar três vezes o Mestre. É pela invigilância que perdemos as melhores oportunidades de exemplificar o que aprendemos e divulgamos acerca da Doutrina e do Evangelho (138, Estudar evangelicamente).

[...] É a porta que se abre para o mundo íntimo, facilitando a incursão de pensamentos estranhos, cuja finalidade é sempre o connúbio degradante entre mentes desequilibradas, o inevitável encontro entre credor e devedor, os quais não conseguiram resolver suas divergências pelos caminhos do perdão e do amor (195, pt. 1, cap. 7).

INVISÍVEL

ver PLANO ESPIRITUAL

INVOCAÇÃO

Na *invocação*, o apelo receberá a resposta de entidades de baixo tom vibratório. São os petitórios inadequados, expressando desespero, rancor, propósitos de vinganca, ambições, etc (161, cap. 33).

IRMÃO

[...] para os verdadeiros espíritas, todos os homens são irmãos, seja qual for a nação a que pertençam. [...] (103, cap. 16).

Em hebreu a palavra - *irmão* - tinha várias acepções. Significava, ao mesmo tempo, o *irmão* propriamente dito, o *primo coirmão*, o simples *parente*. Entre os hebreus, os descendentes diretos da mesma linha eram considerados *irmãos*, se não de fato, ao menos de nome, e se confundiam muitas vezes, tratando-se indistintamente de irmãos e irmãs. Geralmente se designavam pelo nome de *irmãos* os que eram filhos de pais-irmãos, os que agora chamais *primos-irmãos* (182, v. 2).

Irmão, portanto, é também expressão daquele mesmo sentimento que caracteriza a verdadeira mãe: amor. [...] (222, Quem são meus irmãos?).

Irmão é todo aquele que perdoa / Setenta vezes sete a dor da ofensa, / Para quem não há mal que o bem não vença, / Pelas mãos da humildade atenta e boa. / É aquele que de espinhos se coroa / Por servir com Jesus sem recompensa, / Que tormentos e lágrimas condensa, / Por ajudar quem fere e amaldiçoa. / Irmão é todo aquele que semeia / Consolação e paz na estrada alheia, / Espalhando a bondade que ilumina; / É aquele que na vida transitória / Procura, sem descanso, a excelsa glória / Da eterna luz na Redenção Divina (246, cap. 6).

[...] é talvez um dos títulos mais doces que existem no mundo (263, cap. 5).

Irmão caído

O irmão caído é nossa carga preciosa [...] (268, cap. 15).

Irmãos de Jesus

[...] todos os seres humanos são de fato filhos de Deus e, por isso, irmãos dele Jesus, *enquanto caminham nas vias do Senhor*.

Os chamados irmãos e irmãs de Jesus, eram, segundo o parentesco humano que entre eles havia aos *olhos dos homens, seus primos-irmãos* (182, v. 2).

IRRADIAÇÃO / VIBRAÇÃO

Uma parte essencial da oração é a irradiação vibratória por aqueles que são identificados como necessitados de alguma forma. Toda vez que alguém se lembrar de outrem durante a oração e vibrar positivamente por aquela pessoa, estará emitindo raios de energia que podem alcançar o necessitado, [...] (314, pt.1, cap. 2.3.1).

[...] atividade de irradiação ou vibração — popularmente denominada "passe a distância" ou "prece a distância" —, vibrando pela pessoa ausente, ou indica à equipe coordenadora da reunião o nome da pessoa que necessita receber vibrações e preces. [...] (328, cap. 4.6).

IRREFLEXÃO

A irreflexão é também falta de caridade (217, cap. 14).

IRRITABILIDADE

A faculdade de corresponder por movimentos a uma força externa é absolutamente peculiar a todos os seres viventes, e chama-se irritabilidade (40, cap. 3).

[...] a aptidão a reagir, fisiologicamente, contra a influência das circunstâncias externas, como a própria palavra o indica.

[...] A irritabilidade é, pois, a propriedade fundamental da vida (42, pt. 1, cap. 2).

[...] é tóxico nos tecidos da paz... (78, cap. 11).

IRRITAÇÃO

A impaciência, a irritação, as imperfeições morais respondem pelos danos de demorado curso, que se instalam nas criaturas. São eles agentes fecundos da morte, arrebatando mais vidas do que o câncer, a tuberculose e as enfermidades cardíacas somados, pois que são responsáveis pelo desencadeamento da maioria delas (77, cap. 24).

Não olvides que a irritação, em qualquer parte, é fermento da discórdia (245, cap. 28).

[...] é fermento à loucura (292, Palavra).

Irritar-se é o melhor processo de perder (307, cap. 37).

Toda irritação é desastre magnético de consequências imprevisíveis (307, cap. 53).

Ver também PERSONALIDADE AGRESSIVA

ISMAEL

[...] [Guia espiritual] – único que dirige a propaganda da Doutrina nesta parte do planeta [Brasil] e único que tem a responsabilidade da sua marcha e desenvolvimento (102, Instruções de Allan Kardec aos espíritas do Brasil, it. 1).

Dirigindo-se [Jesus] a um dos seus elevados mensageiros na face do orbe terrestre, em meio do divino silêncio da multidão espiritual, sua voz ressoou com doçura:

– Ismael, manda o meu coração que doravante sejas o zelador dos patrimônios imortais que constituem a Terra do Cruzeiro. Recebe-a nos teus braços de trabalhador devotado da minha seara, como a recebi no coração, obedecendo a sagradas inspirações do Nosso Pai. [...] (238, cap. 3).

ISOLAMENTO

[...] *O isolamento religioso, assim como o isolamento social, conduz ao egoísmo.* [...] (103, cap. 23).

J

JAVÉ

Javé (Jeová) – Espírito Superior protetor da raça hebraica, que concedeu ao médium psicógrafo Moisés, em nome de Deus, o *Decálogo*, ou *Os Dez Mandamentos da Lei de Deus*, fenômeno idêntico aos que se processam hoje entre os médiuns espíritas [...] (169, pt. 3, cap. 2).

Ver também ELOIM

JEJUM

Sabe-se que o jejum – abstenção ou redução na dose usual de alimentos, sólidos ou líquidos – constitui uma forma de penitência comum a várias religiões (29, O jejum).

Consiste o jejum *moral* no remorso das faltas graves que cometeis todos os dias para com Deus, transgredindo suas leis, deixando de praticar o amor e a caridade, entregando-vos ao orgulho, ao egoísmo, à inveja, vícios que muitas vezes não chegais mesmo a lobrigar no fundo de vossos corações [...] (182, v. 2).

[...] jejum *moral*, *espiritual*, que se resume na abstenção de tudo o que seja mal, isto é: de tudo o que, nos pensamentos, nas palavras e nos atos, seja contrário à Lei Divina, evangelicamente revelada, de justiça, de amor, de caridade, de fraternidade (182, v. 2).

Quanto ao jejum, consiste ele em vos absterdes de pensamentos culposos, inúteis, frívolos sequer, dos pensamentos, segundo o disse Jesus, de *adultério*, de *fornicação*, de *latrocínio*, de *roubo*, de *homicídio*, de *avareza*, de *felonia*, de *falso testemunho*, de *dissolução*, de *inveja*, de *ciúme*, de *maledicência*, de *orgulho*, de *egoísmo*, de *loucura*, significando este último termo todos os *transbordamentos* de paixões que arrastam o Espírito a cair irrefletidamente nos mais abomináveis excessos; em vos absterdes de todas as *maldades*, por palavras e por atos; em vos absterdes, finalmente, de qualquer falta, por mínima que pareça. E não é tudo. O jejum espiritual consiste ainda em praticar a sobriedade na satisfação das necessidades materiais, a *sinceridade* na modéstia, na regularidade dos costumes, na austeridade do proceder; em praticar de todo coração, pelo pensamento, pela palavra e pelos atos, a humildade, o desinteresse, o perdão e o esquecimento das injúrias e das ofensas, o devotamento, a justiça, o amor e a caridade, para com todos, na ordem material, na ordem moral e na ordem intelectual, no lar doméstico e no seio da grande família humana (182, v. 3).

Jejum – abstenção e superação dos vícios (195, pt. 3, cap. 3).

[...] o jejum que realmente funciona é o da abstinência de maus pensamentos, de sentimentos inferiores, venenos sutis que desajustam nossa alma, candidatando-nos à perturbação (199, Jejum).

JESUS

Não há dúvida de que Jesus é o mensageiro divino enviado aos homens para ensinar-lhes a verdade, e, por ela, o caminho da salvação [...] (104, pt. 1, cap. 10, it. 18).

[...] Segundo definição dada por um Espírito, ele era médium de Deus (101, cap. 15, it. 2).

[...] o pão de Deus é aquele que desceu do Céu e que dá vida ao mundo.

[...] *Eu sou o pão da vida; aquele que vem a mim não terá fome e aquele que em mim crê não terá sede.* [...] (101, cap. 15, it. 50).

[...] o tipo mais perfeito que Deus tem oferecido ao homem, para lhe servir de guia e modelo. [...] (106, q. 625).

[...] é *filho de Deus,* como todas as criaturas [...] (109, pt. 1, O filho de Deus e o filho do homem).

Jesus foi um Revelador de primeira plana, não porque haja trazido ao mundo, pela primeira vez, uma parcela da Verdade Suprema, mas pela forma de revestir essa Verdade, colocando-a ao alcance de todas as almas, e por ser também um dos mais excelsos Espíritos, para não dizer o primeiro em elevação e perfeição, de quantos têm descido à Terra, cujo governador supremo é Ele (2, Pról.).

Jesus Cristo é a paz – é a mansidão – é a justiça – é o amor – é a doçura – é a tolerância – é o perdão – é a luz – é a liberdade – é a palavra de Deus – é o sacrifício pelos outros [...] (5, pt. 1, cap. 8).

Jesus é o ser mais puro que até hoje se manifestou na Terra. Jesus não é Deus. Jesus foi um agênere (7, cap. 71).

Jesus é o centro divino da verdade e do amor, em torno do qual gravitamos e progredimos (13, cap. 24).

Jesus é o protótipo da bondade e da sabedoria conjugadas e desenvolvidas em grau máximo. [...] (28, Heliotropismo espiritual).

Jesus Cristo é o Príncipe da Paz (29, Bem-aventurados os pacificadores...).

[...] conquanto não seja Deus, e sim um Espírito sublimado, Jesus Cristo é o governador de nosso planeta, a cujos destinos preside desde a sua formação. *Tudo* (na Terra) *foi feito por Ele, e, nada do que tem sido feito, foi feito sem Ele* diz-nos João, 3:1.

[...] autêntico Redentor da Humanidade (30, cap. 1).

Jesus, pois, é um desses Espíritos diretores e protetores de mundos, e a missão de dirigir a nossa Terra, com o concurso de outros Espíritos subordinados em pureza à sua pureza por excelência, lhe foi outorgada, como um prêmio à sua perfeição imaculada, em épocas que se perdem nas eternidades do passado. [...] (36, Jesus nos Evangelhos).

[...] espírito poderoso, divino missionário, médium inspirado. [...] (45, cap. 2).

[...] é, positivamente, a pedra angular do Cristianismo, a alma da nova revelação. Ele constitui toda a sua originalidade (45, cap. 3).

[...] era um divino missionário, dotado de poderosas faculdades, um médium incomparável. [...] (45, cap. 6).

[...] é o iniciador do mundo no culto do sentimento, na religião do amor. [...] (45, Conclusão).

[...] Espírito protetor da Terra, anjo tutelar desse planeta, grande sacerdote da verdadeira religião (55, cap. 29).

Jesus é o Mestre por excelência: ofereceu-se-nos por amor, ensinou até o último instante, fez-se o exemplo permanente aos nossos corações e nos paroxismos da dor, pregado ao madeiro ignominioso, perdoou-nos as defecções de maus aprendizes (58, q. 5).

Jesus é nosso Irmão porque é filho de Deus como nós; e é nosso Mestre porque sabe mais que nós e veio ao mundo nos ensinar (62, cap. 4).

[...] é chamado Jesus, o Cristo, porque Cristo quer dizer o enviado de Deus (62, cap. 4).

Jesus é o exemplo máximo dessa entrega a Deus, lição viva e incorruptível de amor em relação à Humanidade.

Mergulhou no corpo físico e dominou-o totalmente com o seu pensamento, utilizando-o para exemplificar o poder de Deus em relação a todas as criaturas, tornando-se-lhe o Médium por excelência, na condição de Cristo que o conduziu e o inspirava em todos os pensamentos e atos.

Sempre com a mente alerta às falaciosas condutas farisaicas e às circunstâncias difíceis que enfrentava, manteve-se sempre carinhoso com as massas e os poderosos, sem manter-se melífluo ou piegas com os infelizes ou subalterno e submisso aos dominadores de um dia... Profundo conhecedor da natureza humana sabia acioná-la, despertando os sentimentos mais profundos e comandando os pensamentos no rumo do excelso Bem.

Vencedor da morte, que o não assustava, é o exemplo máximo de vida eterna, concitando-nos a todos a seguir-lhe as pegadas (75, Corpo e mente).

Jesus, embora incompreendido no seu tempo, venceu a História, ultrapassou todas as épocas, encontrando-se instalado no mundo e em milhões de mentes e corações que o aceitam, o amam e tentam segui-lo.

O sofrimento que experimentou não o afligiu nem o turbou, antes foi amado e ultrapassado, tornando-se mais do que um símbolo, a fiel demonstração de que *no mundo somente teremos aflições* (75, O sofrimento).

Jesus de Nazaré jamais desprezou ou subestimou as dádivas relevantes do abençoado planeta, nunca se recusando à convivência social, religiosa, humana... Participou das bodas em Caná, frequentou a Sinagoga e o Templo de Jerusalém, aceitou a entrevista com Nicodemos, o almoço na residência de Simão, o leproso, bem como hospedou-se com Zaqueu, o chefe dos publicanos, escandalizando a todos, conviveu com os pobres, os enfermos, os infelizes, mas também foi gentil com todos aqueles que o buscavam, a começar pelo centurião, que lhe fora rogar ajuda para o criado enfermo, jamais fugindo da convivência de todos quantos para os quais viera... Abençoou criancinhas buliçosas, dialogou com a mulher da Samaria, desprezada, com a adúltera que seguia para a lapidação, libertando-a, participou da saudável convivência de Lázaro e suas irmãs em Betânia, aceitou a gentileza da Verônica na *via crucis*, quando lhe enxugou o suor de sangue... Jesus tipificou o ser social e humano por excelência, portador de fé inquebrantável, que o sustentou no momento do sacrifício da própria vida, tornando-se, em todos os passos, o Homem incomparável. Jamais agrediu o mundo e suas heranças, suas prisões emocionais e paixões servis, seus campeonatos de insensatez, sua crueldade, sua hediondez em alguns momentos, por saber que as ocorrências resultavam da inferioridade moral dos seus habitantes antes que deles mesmos. Apesar dessa conduta, demonstrou a superioridade do *Reino de Deus*, porque, permanente, causal e posterior ao périplo carnal, convidando os homens e as mulheres de pensamento, os que se encontravam saturados e sem roteiro, os sofridos e atormentados à opção libertadora e feliz (75, Aflições do mundo).

[...] é o Médico Divino e a sua Doutrina é o medicamento eficaz de que nos podemos utilizar com resultados imediatos (76, cap. 23).

Jesus é ainda e sempre a nossa lição viva, o nosso exemplo perene. Busquemo-lo! (78, cap. 5).

[...] Jesus é o amor inexaurível: não persegue: ama; não tortura: renova; não desespera: apascenta!

[...] é a expressão do amor e sua *não-violência* oferece a confiança que agiganta aqueles que o seguem em extensão de devotamento (78, cap. 10).

[...] é a nossa porta: atravessemo-la, seguindo-lhe as pegadas ... (78, cap. 16).

[...] Jesus na manjedoura é um poema de amor falando às belezas da vida; Jesus na cruz é um poema de dor falando sobre as grandezas da Eternidade (79, L. 1, cap. 2).

[...] é a Vida em alta expressão de realidade, falando a todos os seres do mundo, incessantemente!... Sua lição inesquecível representa incentivo urgente que não podemos deixar de aplicar em nosso dia a dia redentor (79, L. 3, cap. 1).

[...] é o guia divino: busque-o! (80, L. 3, cap. 5).

[...] é a Verdade e a Justiça, a que todos nós aspiramos! (87, L. 7, cap. 13).

[...] é sempre a verdade consoladora no coração dos homens.

Ele é a claridade que as criaturas humanas ainda não puderam fitar e nem conseguiram compreender. [...] (127, Pelo Evangelho).

De todos os Evangelhos se evola uma onda de perfume balsâmico e santificador a denunciar a passagem gloriosa e solene de um Arauto da paz e da felicidade no Além (127, Veracidade dos Evangelhos).

[...] O Messias, o Príncipe da vida, o Salvador do mundo (127, Interpretação subjetiva).

[...] cognominado pelo povo de *Grande Profeta* e tratado pelos seus discípulos como *Filho de Deus* (127, Identidade de Jesus).

[...] o instrutor geral, o chefe da escola universal em todas as épocas (127, Supremacia de Jesus).

[...] O Consolador, O Espírito de Verdade a dirigir o movimento científico por todo o globo (127, Materializações).

Paulo, que se tornou cristão, por ter visto Jesus em Espírito e dele ter recebido a Revelação, diz que Jesus, o Cristo, é a imagem da *Substância de Deus*, o Primogênito de Deus (o texto grego diz: a imagem de Deus invisível e o primeiro concebido de toda a Criação) – o que não quer dizer que *este primeiro concebido, seja idêntico fisiologicamente ao homem terrestre* (127, Natureza de Jesus).

[...] é, ao mesmo tempo, a pureza que ama e o amor que purifica (134, 22ª efusão).

[...] foi o mais santo, o mais elevado, o mais delicado Espírito encarnado no corpo mais bem organizado que já existiu. [...] (134, 23ª efusão).

Espírito da mais alta hierarquia divina, Jesus, conhecedor de leis científicas ainda não desvendadas aos homens, mas, de aplicação corrente em mundos mais adiantados, formou o seu próprio corpo com os fluidos que julgou apropriados, operando uma materialilização muitíssimo mais perfeita que aquelas de que nos falam as Escrituras e do que as que os homens já pudemos presenciar em nossas experiências no campo do psiquismo (142, cap. 1).

Jesus é o amigo supremo, em categoria especial, com quem nenhum outro pode ser confrontado. [...] (144, v. 1, cap. 4).

[...] o caminho, a verdade e a vida, e é por ele que chegaremos ao divino estado da pureza espiritual. Esse é o mecanismo da salvação, da justificação, da predestinação (144, v. 1, cap. 5).

Jesus – ensina *Agasha* – foi um exemplo vivo do que pregava. Ensinou aos homens a amarem-se uns aos outros, mas também ensinou que os homens haveriam de cometer muitos enganos e que Deus não os condenaria, mas lhe daria outras oportunidades para aprenderem (147, cap. 4).

Jesus Cristo, o mais sábio dos professores que o mundo já conheceu e o mais compassivo dos médicos que a Humanidade já viu, desde o princípio, permanece como divina sugestão àqueles que, no jornadear terrestre, ocupam a cátedra ou consagram a vida ao santo labor dos hospitais (161, cap. 22).

Se lhe chamamos Senhor e Mestre, Divino Amigo e Redentor da Humanidade, Sol de nossas vidas e Advogado de nossos destinos, por um dever de consciência devemos afeiçoar o nosso coração e conjugar o nosso esforço no devotamento à vinha que por Ele nos foi confiada (161, cap. 45).

Sendo o Pão da Vida e a Luz do Mundo, Nosso Senhor Jesus Cristo era, por conseguinte, a mais completa manifestação de Sabedoria e Amor que a Terra, em qualquer tempo, jamais sentira ou conhecera.

[...] A palavra do Mestre se refletiu e se reflete, salutar e construtivamente, em todos os ângulos evolutivos da Humanidade (162, cap. 11).

[...] o Verbo, que *se fez carne e habitou entre nós* (163, cap. 45).

Jesus, evidentemente, é o amor sem fronteiras, que a todos envolve e fascina, ampara e magnetiza.

O *pão da vida*, a *luz do mundo*, o guia supremo (164, Introd.).

[...] é o mais alto expoente de evolução espiritual que podemos imaginar [...] (178, cap. 2).

Nem homem, nem Deus, [...] mas, Espírito puro e não falido, um, na verdade, com o Pai, porque dele médium, isto é, veículo do pensamento e da vontade divinos, e, conseguintemente, conhecedor das leis que regem a vida moral e material neste e noutros planetas, ou seja, daquelas *muitas moradas* de que falava (178, cap. 5).

[...] puro Espírito, um Espírito de pureza perfeita e imaculada, o fundador, o protetor, o governador do planeta terreno [...] (180).

[...] *Espírito fundador, protetor e governador* do mundo terrestre, a cuja formação presidiu, tendo, na qualidade de *representante e delegado de Deus*, plenos poderes, no céu, e na Terra, sobre todos os Espíritos que nesta encarnam [...] (180).

[...] como filho, Ele, Jesus, não é Deus e sim Espírito criado por Deus e Espírito protetor e governador do planeta terreno, tendo recebido de Deus todo o poder sobre os homens, a fim de os levar à perfeição; que foi e é, entre estes, um enviado de Deus e que aquele poder lhe foi dado com esse *objetivo*, com esse *fim* (180).

[...] puro Espírito, um Espírito de pureza perfeita e imaculada, que, na santidade e na inocência, sem nunca haver falido, conquistou a perfeição e foi por Deus instituído fundador, protetor e governador da Terra [...] (180).

[...] Para São Paulo, Jesus é um ser misterioso, *sem pai, sem mãe, sem genealogia*, que se manifesta aos homens como a encarnação duma divindade, para cumprir um grande sacrifício expiatório [...]. [...] Jesus Cristo é, realmente, aquele de quem disse o Apóstolo Paulo: que proviera do *mesmo princípio* que os homens; e eis por que lhes chamava *seus irmãos*, porque é santo, inocente (*innocens*), sem mácula (*impollutus*), apartado dos pecadores (*segregatus a peccatoribus*) e perfeito por todo o sempre [...].

[...] Jesus *a imagem, o caráter da substância de Deus, o qual não tendo querido hóstia, nem oblação, lhe formara um corpo para entrar no mundo*; que Jesus era (nesse corpo e com esse corpo) "um *espirito vivificante*" (182, v. 1).

Jesus é um Espírito que, puro na fase da inocência e da ignorância, na da infância e da instrução, sempre dócil aos que tinham o encargo de o guiar e desenvolver, seguiu simples e gradualmente a diretriz que lhe era indicada para progredir; que, não tendo falido nunca, se conservou puro, atingiu a perfeição sideral e se tornou Espírito de pureza perfeita e imaculada.

Jesus [...] é a maior essência espiritual depois de Deus, mas não é a única. É um Espírito do número desses aos quais, usando das expressões humanas, se poderia dizer que compõem a guarda de honra do Rei dos Céus. Presidiu à formação do vosso planeta, investido por Deus na missão de o proteger e o governar, e o governa do alto dos esplendores celestes como Espírito de pureza primitiva, perfeita e imaculada, que nunca faliu e infalível por se achar em relação direta com a divindade. É vosso e nosso Mestre, diretor da falange sagrada e inumerável dos Espíritos prepostos ao progresso da Terra e da humanidade terrena e é quem vos há de levar à perfeição (182, v. 1).

[...] Jesus é a *ressurreição e a vida* porque somente pela prática da moral que Ele pregou e da qual seus ensinos e exemplos o fazem a personificação, é que o Espírito chega a se libertar da morte espiritual, assim na erraticidade, como na condição de encamado (182, v. 4).

Eu sou a porta; aquele que entrar por mim será salvo, disse Jesus (*João*, 10:9). Por ser o conjunto de todas as perfeições, Jesus se apresentou como a personificação da porta estreita, a fim de que, por uma imagem objetiva, melhor os homens compreendessem o que significa entrar por essa porta, para alcançar a vida eterna (193).

[...] é o médico das almas [...] capaz de curá-las todas do pecado que as enferma, causando-lhes males atrozes. Portador ao mundo e distribuidor do divino perdão, base da sua medicina, Ele muda a enfermidade em saúde, transformando a morte em vida, que é a salvação (193).

[...] como governador, diretor e protetor do nosso planeta, a cuja formação presidiu, missão que por si só indica a grandeza excelsa do seu Espírito, tinha, por efeito dessa excelsitude, o conhecimento de todos os fluidos e o poder de utilizá-los conforme entendesse, de acordo com as Leis Naturais que lhes regem as combinações e aplicações (193).

Jesus é servo e bem-amado de Deus, pela sua qualidade de Espírito puro e perfeito. Deus o *elegeu*, quando o constituiu protetor e governador do nosso planeta. *Nele se compraz*, desde que o tornou partícipe do seu poder, da sua justiça e da sua misericórdia; e faz que seu Espírito sobre ele constantemente pouse, transmitindo-lhe diretamente a inspiração, com o mantê-lo em perene comunicação consigo (193).

Jesus personifica a moral, a Lei de Amor que pregou aos homens, pela palavra e pelo exemplo; personifica a doutrina que ensinou e que, sob o *véu da letra*, é a fórmula das verdades eternas, doutrina que, como Ele próprio o disse, não é sua, mas daquele que o enviou. Ele é a *pedra angular*. [...] (193).

Jesus era o amor sem termo; Jesus era a caridade, Jesus era a tolerância! Ele procurava sempre persuadir os seus irmãos da Terra e nunca vencê-los pela força do seu poder, que, no entanto, o tinha em superabundância!

Ora banqueteando-se com Simão, o publicano, ora pedindo água à mulher samaritana, repudiada dos judeus, ele revelava-se o Espírito amante da conciliação, a alma disposta aos sentimentos da verdadeira fraternidade, não distinguindo hereges ou gentios! (198, cap. 6).

Sendo Jesus a personificação do Bem Supremo, é natural que busquemos elegê-lo por padrão de nossa conduta (200, Mudança imperiosa).

Carta viva de Deus, Jesus transmitiu nas ações de todos os momentos a Grande Mensagem, e em sua vida, mais que em seus ensinamentos, ela está presente (200, Natal).

Jesus não é um instituidor de dogmas, um criador de símbolos; é o iniciador do mundo no culto do sentimento, na religião do amor. [...] (202, Cristianismo e Espiritismo).

[...] é a pedra angular de uma doutrina que encerra verdades eternas, desveladas parcialmente antes e depois de sua passagem pela Terra (207, cap. 19).

Jesus é chamado o Justo, por encarnar em grau máximo, o Amor e a Justiça, em exemplificação para toda a Humanidade (208, cap. 17).

[...] encontramos em Jesus o maior psicólogo de todos os tempos [...] (219, A mensagem matinal).

Jesus é a manifestação mais perfeita de Deus, que o mundo conhece. Seu Espírito puro e amorável permitiu que, através dele, Deus se fizesse perfeitamente visível à Humanidade. Esse o motivo por que ele próprio se dizia – filho de Deus e filho do Homem (222, O filho do homem).

Jesus é a luz do mundo, é o sol espiritual do nosso orbe. Quem o segue não andará em trevas. [...] (222, Fiat-lux).

Jesus é a história viva do homem (222, Jesus e a história).

[...] é a única obra de Deus inteiramente acabada que o mundo conhece: é o Unigênito.

Jesus é o arquétipo da perfeição: é o plano divino já consumado. É o Verbo que serve de paradigma para a conjugação de todos os verbos (222, O Verbo Divino).

[...] é o Cristo, isto é, o ungido, o escolhido, Filho de Deus vivo (223, cap. 2).

Jesus foi o maior educador que o mundo conheceu e conhecerá. Remir ou libertar só se consegue educando. Jesus acreditava piamente na redenção do ímpio. O sacrifício do Gólgota é a prova deste asserto. Conhecedor da natureza humana em suas mais íntimas particularidades, Jesus sabia que o trabalho da redenção se resume em acordar a divindade oculta na psiquê humana (223, cap. 8).

[...] Jesus é o Mestre Excelso, o educador incomparável (223, cap. 9).

[...] é o Cordeiro de Deus, que veio arrancar o mundo do erro e do pecado. [...] (229, pt. 1, cap. 2).

[...] é a Luz do Princípio e nas suas mãos misericordiosas repousam os destinos do mundo. Seu coração magnânimo é a fonte da vida para toda a Humanidade terrestre. Sua mensagem de amor, no Evangelho, é a eterna palavra da ressurreição e da justiça, da fraternidade e da misericórdia. [...] é a Luz de todas as vidas terrestres, inacessível ao tempo e à destruição (230, Introd.).

[Da] Comunidade de seres angélicos e perfeitos [...] é Jesus um dos membros divinos [...] (230, cap. 1).

É sempre o Excelso Rei do amor que nunca morre (235, cap. 18).

[...] o maior embaixador do Céu para a Terra foi igualmente criança (235, cap. 23).

Jesus é também o amor que espera sempre [...] (236, pt. 2, cap. 6).

[...] é a luminosidade tocante de todos os corações. [...] (238, cap. 13).

[...] é a suprema personificação de toda a misericórdia e de toda a justiça [...] (238, cap. 30).

[...] é sempre a fonte dos ensinamentos vivos [...] (239, cap. 6).

[...] é a única porta de verdadeira libertação (239, cap. 178).

[...] o Sociólogo Divino do Mundo [...] (240, cap. 32).

Jesus é o semeador da terra, e a Humanidade é a lavoura de Deus em suas mãos (243, cap. 50).

Como é confortador pensar que o Divino Mestre não é uma figura distanciada nos confins do Universo e sim o amigo forte e invisível que nos acolhe com sua justiça misericordiosa, por mais duros que sejam nossos sofrimentos e nossos obstáculos interiores (248).

[...] é o mentor sublime de todos os séculos, ensinando com abnegação, em cada hora, a lição do sacrifício e da humildade, da confiança e da renúncia, por abençoado roteiro de elevação da Humanidade inteira (248).

[...] é o amor de braços abertos, convidando-nos a atender e servir, perdoar e ajudar, hoje e sempre (248).

Jesus é o trabalhador divino, de pá nas mãos, limpando a eira do mundo (248).

Jesus é o lapidário do Céu, a quem Deus, Nosso Pai, nos confiou os corações (248).

Guarda em tudo, por modelo, / Aquele Mestre dos mestres, / Que é o amor de todo o amor / Na luz das luzes terrestres (248).

Jesus é o salário da elevação maior (248).

[...] o Cristo de Deus, sob qualquer ângulo em que seja visto, é e será sempre o excelso modelo da Humanidade, mas, a pouco e pouco, o homem compreenderá que, se precisamos de Jesus sentido e crido, não podemos dispensar Jesus compreendido e aplicado. [...] (253, cap. 22).

[...] Tratava-se de um homem ainda moço, que deixava transparecer nos olhos, profundamente misericordiosos, uma beleza suave e indefinível. Longos e sedosos cabelos molduravam-lhe o semblante compassivo, como se fossem fios castanhos, levemente dourados por luz desconhecida. Sorriso divino, revelando ao mesmo tempo bondade imensa e singular energia, irradiava da sua melancólica e majestosa figura uma fascinação irresistível (258, pt. 1, cap. 5).

[...] é a misericórdia de todos os que sofrem [...] (258, pt. 2, cap. 1).

[...] é o doador da sublimação para a vida imperecível. [...] (264, cap. 1).

Jesus é o nosso caminho permanente para o Divino Amor (279, cap. 25).

Jesus, em sua passagem pelo planeta, foi a sublimação individualizada do magnetismo pessoal, em sua expressão substancialmente divina. As criaturas disputavam-lhe o encanto da presença, as multidões seguiam-lhe os passos, tocadas de singular admiração. Quase toda gente buscava tocar-lhe a vestidura. Dele emanavam irradiações de amor que neutralizavam moléstias recalcitrantes. Produzia o Mestre, espontaneamente, o clima de paz que alcançava quantos lhe gozavam a companhia (279, cap. 110).

[...] é a fonte do conforto e da doçura supremos. [...] (288, pt. 2, cap. 3).

Na Terra, Jesus é o Senhor que se fez servo de todos, por amor, e tem esperado nossa contribuição na oficina dos séculos. A confiança dele abrange as eras, sua experiência abarca as civilizações, seu devotamento nos envolve há milênios... (295, cap. 86).

[...] é a verdade sublime e reveladora (295, cap. 175).

Jesus é o ministro do absoluto, junto às coletividades que progridem nos círculos terrestres [...] (297, cap. 17).

Jesus é o coração do Evangelho. O que de melhor existe, no caminho para Deus, gira em torno dele. [...] (303, cap. 36).

[...] sigamos a Jesus, o excelso timoneiro, acompanhando a marcha gloriosa de suor e de luta em que porfiam incansavelmente os nossos benfeitores abnegados – os Espíritos de Escol (307, cap. 86).

[...] excelso condutor de nosso mundo, em cujo infinito amor estamos construindo o Reino de Deus em nós (307, cap. 92).

Sobretudo o Espiritismo é a única doutrina cristã a apresentar um Jesus irmão, um Jesus humano, cuja origem é a mesma da nossa, e que serve de exemplo para o destino final dos que operam em seu auto aperfeiçoamento. [...] (315, pt. 6, 34).

Jesus é luz na noite, barco na tormenta, amor vigilante. Ligue-se a Ele e, vitoriosamente com Ele, transporá os obstáculos, [...] (317, cap. 8.5).

Segundo afirmativa de Emmanuel, Jesus não pode ser classificado entre os valores propriamente humanos, considerando a condição divina de sua hierarquia espiritual, compreendendo-se porque seu envoltório, revelando semelhança ao dos seres que habitam mundos celestiais, não experimentou o longo processo de decomposição. [...] (329, cap. 75).

Ver também CRISTO, MESTRE *e* VERBO

Jesus e Deus

[...] Jesus sempre esteve com Deus. E Deus, por sua vez, sempre esteve com Jesus.

A vontade de um sempre foi a do outro. São *um pelo pensamento* – uma vez que tudo quanto o Cristo realizava e realiza ainda é sob a inspiração direta de Deus. A alma puríssima de Jesus é o cristalino espelho onde a vontade do Senhor dos mundos se reflete soberana e misericordiosa.

Deus é o Pai, Jesus é o Filho.

Deus é o soberano universal, causa primária de todas as coisas, inteligência suprema do Universo, como o define o Espiritismo.

Jesus é o seu Embaixador na Terra. Deus criou o Universo, que é a soma, a reunião, o conjunto de todos os mundos, galáxias, constelações, sistemas planetários.

Jesus, seu Enviado, presidiu a formação do orbe terrestre, daí ter afirmado: "*Sou o princípio de todas as coisas, eu que vos falo*".

[...] Deus é Amor, Jesus é Amor.

Deus governa o Universo, de que a Terra é minúsculo departamento. Jesus é o mandatário do Pai neste mundo (162, cap. 23).

[...] — Não, senhora! Ele não é Deus! Ele é o filho de Deus, como nós também, e veio ao mundo para nos ensinar as Leis de Deus! É nosso Mestre, nosso irmão mais velho, muitíssimo mais sábio e muitíssimo mais perfeito... Sua perfeição se perde na eternidade dos tempos... [...] (333, cap. 14.3).

[...] Acredito que Jesus, em todos os tempos da civilização cristã, é a presença de Deus entre os homens (353, cap. 25).

JOGADOR

[...] O jogador é um parasita social que esquece todos os sentimentos nobres, e, às vezes, a sua sede insaciável de ouro leva-o a ponto de sacrificar a família, ou mesmo os semelhantes, à sua paixão (202, O jogo).

JOGO

O jogo é uma paixão funesta que pode arrastar o homem ao suicídio e fazer que ele se converta num dos seres mais egoístas da Terra. [...] (202, O jogo).

JOIO

O joio é uma erva daninha, de tal modo semelhante ao trigo, que, ao brotar e crescer ao lado dele, dificilmente pode ser identificado de pronto (184, cap. 33).

JORNALISMO ESPÍRITA

No meio espírita, como é óbvio, a situação muda inteiramente de figura. Ninguém faz profissão na imprensa espírita, ninguém recebe *ordem* para escrever desta ou daquela maneira. Tudo é espontâneo e desinteressado. A responsabilidade, por isso mesmo, torna-se muito maior ou mais grave. O jornalista profissional pode alegar em último caso: É a política do jornal e eu nada tenho com isso! O mesmo não se dá no meio espírita. O jornalista espírita, aquele que escreve pela e para a Doutrina, evidentemente não o faz por mero prazer intelectual, mas por um compromisso com a causa. Sente-se mais à vontade nesse campo de trabalho e procura ser útil, pois a seara espírita oferece muitas áreas de oportunidade. É um jornalismo de responsabilidade pessoal, acima de tudo, pois quem escreve para qualquer publicação espírita naturalmente pensa nas consequências de um artigo ou de um comentário, uma vez que uma frase menos clara, uma afirmação nebulosa podem causar muita confusão. E quantas e quantas vezes se faz a matéria e, depois de tudo pronto, logo se verifica que alguma coisa não está certa, algum ponto talvez não seja bem compreendido. Rasga-se o artigo, faz-se tudo de novo. Que significa isto? Consciência de responsabilidade.
Vê-se, pois, que o jornalista espírita, embora não seja profissional e, portanto, não tenha interesse material no que escreve, vive os seus dramas íntimos por causa da posição que assume perante a coletividade que lê o jornal espírita.
O jornalismo espírita é, na maioria dos nossos órgãos, um tipo de jornalismo diletante, mas nem por isso deixa de ser muito responsável. O fato de escrever relativamente fácil, quando se tem gosto e oportunidade, não quer dizer seja igualmente fácil explanar matéria doutrinária com o necessário cuidado de *dosar* bem as ideias, a fim de que não fique a menor confusão entre os leitores. É verdade que o nosso público espírita é homogêneo nos aspectos fundamentais, mas é bastante diversificado em suas preferências, reações e tendências. Então, o jornalista deve ter a necessária flexibilidade para transmitir o ensino da Doutrina ou relatar os fatos de um modo capaz de ser entendido tanto quanto possível pelo maior número de leitores. Tudo nos leva, afinal, a reconhecer, pela vivência constante, que não é fácil, não é simples fazer jornalismo espírita, principalmente porque não é um jornalismo de meio de vida: é um jornalismo de ideal! (6, cap. 18).

JUGO

O jugo a que Jesus se reporta é justamente a sua Doutrina, o conhecimento e a prática das regras de bem-viver, expostos no Sermão da Montanha e na Revelação Espírita; é a prática do amor, os deveres da caridade, a consciência dos princípios das leis eternas e sua observância possível, divulgadas no alto do Sinai [...] (165, Convite ao estudo).

JULGAMENTO

[...] julgamento espiritual [...] não é mais que o balanço instantâneo da consciência, que faz pronunciemos, nós mesmos, o veredicto que nos fixa a sorte no novo mundo onde vamos ingressar (50, pt. 3, cap. 15).

O *dia do julgamento*, em que os homens *prestarão contas* [...] é aquele em que o Espírito culpado, após a morte, faz uma introspecção, observa a sua passada existência, seus crimes ou faltas e, tocado pelo remorso e pelo arrependimento, sofre a expiação, inevitavelmente seguida da reencarnação (182, v. 2).

[...] É a lei imutável do sofrimento que, cedo ou tarde atinge o culpado, provocando-lhe o remorso. [...]

O juízo de Deus é, finalmente, a luta sem resultado em que o Espírito permanece, enquanto não toma o propósito firme de renunciar ao mal e entrar na senda do bem. [...] (182, v. 4).

O julgamento de Deus [...] não tem o sentido das decisões da justiça humana. Significa a ausência temporária do progresso, podendo corresponder a sofrimentos, dores, remorsos (207, cap. 44).

JUSTIÇA

A justiça consiste em cada um respeitar os direitos dos demais.

[...] o critério da verdadeira justiça está em querer cada um para os outros o que para si mesmo quereria e não em querer para si o que quereria para os outros, o que absolutamente não é a mesma coisa. [...] (106, q. 875 e 876).

Educado, o sentimento de justiça será o sentimento salvador do indivíduo. Sentimento superior por excelência, no ser humano, ele sobrepuja a todos os outros e, por ser o que se apresenta com maior energia para a ação do indivíduo, é que na justiça procuram apoiar-se todas as injustiças que se cometem (2, cap. 3).

[...] é o santo nome e a senha que desde o princípio dos tempos vêm escritos em todos os espaços e até na mais diminuta criação do Altíssimo.

[...] é a Lei Suprema da Criação, sem que deixe de ser, do mesmo modo, o amor, formando com a justiça um todo perfeito (2, cap. 6).

[...] A justiça é, acima de tudo, amor que corrige e sabedoria que educa (77, cap. 12).

[...] É a força harmônica, uma *coordenação funcional, adequada da sociedade* (128).

A verdadeira justiça não é a que pune por punir; é a que castiga para melhorar. Tal a justiça de Deus, que *não quer a morte do pecador, mas que ele se converta e viva*. Por o terem compreendido assim, foi que os nossos jurisconsultos chegaram a formular estes magníficos axiomas: *É imoral toda pena que exceda a gravidade do delito. – É imoral toda pena que transpira vingança, com exclusão da caridade. – É imoral a pena quando, por sua natureza, não tende a fazer que o culpado se emende* (134, 17ª efusão).

[...] o sentimento de justiça [...] é [...] o pensamento correto refletindo a equidade e a misericórdia que fluem de Cima (207, cap. 44).

Na definição da Doutrina Espírita, a justiça consiste em respeitar cada um os direitos dos demais. Não somente os direitos consagrados nas legislações humanas, mas todos os direitos naturais compreendidos no sentido amplo de justiça (208, cap. 17).

[...] é fundamento do Universo [...] (240, cap. 17).

[...] a justiça é sempre a harmonia perfeita (260, cap. 1).

[...] a justiça, por mais dura e terrível, é sempre a resposta da Lei às nossas próprias obras [...] (262, Jornada acima).

A justiça é uma árvore estéril se não pode produzir frutos de amor para a vida eterna (265, cap. 19).

[...] a justiça esclarecida é sempre um credor generoso, que somente reclama pagamento depois de observar o devedor em condições de resgatar os antigos débitos [...] (289, cap. 5).

Todos nós precisamos da justiça, porque a justiça é a lei, em torno de situações, pessoas e coisas; fora dela, a iniquidade é capaz de premiar o banditismo, em nome do poder. [...] (304, cap. 21).

A justiça, na definição herdada do Direito Romano, de cunho pragmático, é a constante e firme vontade de dar a cada um o que é seu. A nosso ver, a acepção dada pelos Espíritos é mais abrangente e precisa: "A justiça consiste no respeito aos direitos de cada um", para que cada um receba de acordo com seu merecimento (345, cap. 20).

Justiça Divina

[...] a Justiça de Deus [...] é a própria perfeição (152, Epíl.).

[...] A Justiça do Pai é equânime e ninguém fica impune ou marginalizado diante de suas leis, mas, ela é, sobretudo, feita de amor e misericórdia, possibilitando ao faltoso renovadas ensanchas de redenção [...] (195, pt. 1, cap. 11).

Justiça humana

A justiça humana constitui pálido reflexo da Justiça Divina, porque, ao contrário dessa, seus postulados são mutáveis e nem sempre estão em harmonia com as Leis Naturais, [...] (345, cap. 20).

Justiça legal

[...] é a disposição que inclina a vontade do cidadão a dar à coletividade o que lhe é devido como bem geral. Esses deveres quase sempre são expressos em lei positiva. Ex.: o pagamento de impostos, o serviço militar, obediência às leis e às autoridades. Ela transita no sentido vertical do *nível indivíduo* (ou grupos) para o *nível comunidade* (ou Estado) (128).

Justiça social

[...] uma sociedade estará regida pela *justiça social* se estiver estruturada de modo a garantir as condições para que todos os seus membros tenham a oportunidade de obter *o necessário* para uma vida digna e decente e, mais ainda, para o seu desenvolvimento espiritual: intelectual e moral.

[...] é o *processo* e, ao mesmo tempo, o *resultado* – depois de vencidas resistências – do atendimento pela *Estrutura Social* das *necessidades materiais e/ou espirituais* que emergem em sucessivas épocas histórico-espirituais de uma sociedade em evolução, restando superadas a *questão social* correlativa assegurando, assim, a continuidade do desenvolvimento espiritual da coletividade até o surgimento de novas necessidades pertinentes à época seguinte, e assim por diante (128).

JUSTO

Ser perfeitamente justo é atributo da Natureza Divina; sê-lo no mais alto grau das suas possibilidades é glória do homem (63, cap. 15).

O justo é aquele que se esforça por trilhar os caminhos do Senhor e por não sair deles; é o que pratica, em toda a extensão, as virtudes impostas aos homens como condição para chegarem a Deus; é o que pratica a verdadeira caridade; o que se oculta, vela seus atos e palavras, se faz humilde ante os homens e procura mesmo fazer-se humilde no segredo do coração [...]. O justo é aquele que faz o bem sem egoísmo, sem ideia preconcebida, sem esperar o reconhecimento dos beneficiados ou o louvor dos indiferentes e, ainda mais, sem contar com a recompensa que possa obter do Mestre. O justo é aquele que tem fé, forte e tenaz, que não pode ser abalada, que a tudo resiste, fé bondosa para com todos, que não se impõe pela força, que se insinua pouco a pouco pelo exemplo e pela prática das boas obras [...] (182, v. 2).

[...] o justo, [...] onde estiver, é sempre um cooperador de Deus (256, cap. 150).

JUVENILIDADE

[...] é seiva eterna do espírito imperecível (246, cap. 17).

K

KA

[...] perispírito entre os egípcios [...] (114, v. 1, pt. 1, cap. 8).

Ver também PERISPÍRITO

KARMA

ver CARMA

L

LABORATÓRIO

O laboratório é uma nascente de respostas seguras para milenárias indagações (303, cap. 28).

LAÇOS DE FAMÍLIA

[...] Não são os da consanguinidade os verdadeiros laços de família e sim os da simpatia e da comunhão de ideias, os quais prendem os Espírito antes, durante e depois de suas encarnações (342, cap. 22).

LAÇOS DE SANGUE

Os laços de sangue são uma contingência de momento; rompem-se com a morte. São apenas um meio para atingir um fim: a ligação espiritual, indestrutível, eterna (222, Quem são meus irmãos?).

LÁGRIMA

[...] As lágrimas são átomos da nossa própria alma, quando a dilacera a dor (88, L. 5, cap. 1).

[...] Fagulhas que se desligam silenciosamente do nosso próprio ser, perdendo-se no éter e deixando nele muitas vezes um sulco luminoso que nos segue pelo espaço além [...] (88, L. 5, cap. 6).

[...] As lágrimas nascidas no cadinho das provações remissoras são joias líquidas a se desprenderem dos engastes dos olhos, enriquecendo os tesouros da alma (219, Vozes vivas).

[...] Toda lágrima sincera é bendito sintoma de renovação. [...] (276, cap. 27).

Ver também PRANTO

LAMENTAÇÃO

[...] a lamentação é a ociosidade sonora (248).

Lamentação contumaz é ociosidade ou resistência destrutiva (256, cap. 102).

[...] A lamentação viciosa é força destrutiva.

[...] É energia que dissolve o caráter e opera o insulamento da criatura (289, cap. 28).

LAR

É preciso se reconheça que o lar não é um estabelecimento destinado a reproduzir seres humanos em série, mas sim um santuário-escola, onde os pais devem pontificar como plasmadores de nobres caracteres, incutindo nos filhos, a par do amor a Deus, uma vivência sadia, pautada nos princípios da Moral e da Justiça, de modo que se tornem elementos úteis a si mesmos, à família e à sociedade (28, A Lei de Reprodução).

O lar é bênção divina (100, Cônjuge).

Algumas vezes, o lar é um santuário, um templo, onde as almas engrandecidas pela legítima compreensão exaltam a glória suprema do amor sublimado. [...] lares são cadinhos purificadores, onde, sob o calor de rudes provas e dolorosos testemunhos, Espíritos frágeis caminham, vagarosamente, na direção do Mais Alto (161, cap. 18).

[...] é ele a primeira sociedade que a criança conhece e da qual participa. [...] É no lar, entre as quatro paredes de uma casa, modesta ou opulenta, que a alma infantil recebe as primeiras lições de sensibilidade e carinho, as primeiras manifestações de nobreza e compreensão (162, cap. 7).

A primeira escola é o lar.
E o lar evangelizado dá à criança, grava-lhe, na consciência, as firmes noções do Cristianismo sentido e vivido.
Imprime-lhe no caráter os elementos fundamentais da educação.
É necessário que a criança sinta e se impregne, no santuário doméstico, desde os primeiros instantes da vida física, das sublimes vibrações que só um ambiente evangelizado pode assegurar, para que, simultaneamente com o seu desenvolvimento moral e intelectual, possa ela "ver" o que é belo, "ouvir" o que é bom e "aprender" o que é nobre (162, cap. 8).
[...] constitui cadinho redentor das almas endividadas (217, cap. 19).

[...] o lar digno, santuário em que a vida se manifesta, na formação de corpos abençoados para a experiência da alma, é uma instituição venerável, sobre a qual se concentram as atenções da Providência Divina [...] (231, cap. 15).

[...] é sublime organização que assegura as bênçãos da vida [...] (246, cap. 19).

O jardim do lar é o tabernáculo divino onde o homem pode e deve manifestar os mais nobres valores, que recebe da Providência Divina (248).
O lar é um templo sagrado / De vida superior / Onde começa no mundo / A lei sublime do amor (248).
[...] o lar é o campo imediato, onde nos compete semear os princípios da verdadeira fraternidade, que aprendemos com o Divino Mestre (248).

O lar é o primeiro templo em que devemos e podemos realizar a nossa integração com a esfera superior (248).
O lar é o primeiro degrau com que o Todo Poderoso nos induz a escalar o Céu (248).

O lar é a célula ativa do organismo social [...] (248).

Um lar sintonizado com o Cristo é uma orquestra divina. [...] (248).

[...] O lar não é apenas o domicílio dos corpos... É o ninho das almas em cujo doce aconchego desenvolvemos as asas que nos transportarão aos cumes da glória eterna. [...] (252, cap. 24).

[...] é uma instituição que pertence à responsabilidade tanto da mulher quanto do homem. [...] (253, cap. 1).

[...] o lar é a nossa primeira escola. Sem aprendermos aqui as lições da bondade, a se expressarem na paciência e na tolerância, no carinho e no entendimento que devemos aos que nos cercam, em vão ensinaremos, fora de nossa casa, qualquer virtude aos outros (254, 5ª reunião).

O lar é a escola das almas, o templo onde a Sabedoria Divina nos habilita, pouco a pouco, ao grande entendimento da Humanidade (261, cap. 2).
[...] É instituto de regeneração e de amor, onde retomas a convivência dos amigos e desafetos das existências passadas, para a construção do futuro melhor (262, Espiritismo explicando).

[...] santuário edificante que a Majestade Divina nos confia na Terra [...] (263, cap. 15).

[...] o lar do mundo não é tão somente um asilo de corpos que o tempo transformará. É igualmente o ninho das almas, onde o espírito pode entender-se com o espírito, quando o sono sela os lábios de carne, suscetíveis de mentir. [...] (264, cap. 13).

O lar é o coração do organismo social. Em casa, começa nossa missão no mundo. Entre as paredes do templo familiar, preparamo-nos para a vida com todos (266, cap. 9).
O lar, na Terra, ainda é o ponto de convergência do passado. Dentro dele, entre as quatro paredes que lhe constituem a expressão no espaço, recebemos todos os serviços que o tempo nos impõe, habilitando-nos ao título de cidadãos do mundo (266, cap. 46).

[...] O berço doméstico é a primeira escola e o primeiro templo da alma. A casa do homem é a legítima exportadora de caracteres para a vida comum. [...] (266, cap. 60).

O lar [...] não é somente a moradia dos corpos, mas, acima de tudo, a residência das almas. [...] (267, cap. 6).

[...] o lar é como se fora um ângulo reto nas linhas do plano de evolução divina. A reta vertical é o sentimento feminino, envolvido nas inspirações criadoras da vida. A reta horizontal é o sentimento masculino, em marcha de realizações no campo do progresso comum. O lar é o sagrado vértice onde o homem e a mulher se encontram para o entendimento indispensável. É templo, onde as criaturas devem unir-se espiritual antes que corporalmente. [...] o lar é conquista sublime que os homens vão realizando vagarosamente. [...] (270, cap. 20).

[...] lares terrestres são cadinhos de purificação dos sentimentos ou templos de união sublime, a caminho da solidariedade universal. [...] (270, cap. 30).

[...] O instituto doméstico, legitimamente considerado, é celeiro de supremos valores educativos para quantos procurem os interesses divinos, acima das cogitações humanas. O lar terrestre é bendita forja de redenção. [...] (274, cap. 9).

O lar confortável é a casa acolhedora que nos abriga no mundo (275, cap. 19).

O lar coletivo, definindo afinidades raciais e interesses do clã, é o conjunto das emoções e dos pensamentos daqueles que o povoam. Entre as fronteiras vibratórias que o definem, por intermédio dos breves aprendizados "berço-túmulo", que denominamos existências terrestres, transfere-se a alma de posição a posição, conforme os reflexos que haja lançado de si mesma e conforme aqueles que haja assimilado do ambiente em que estagiou (282, cap. 18).

[...] é a sementeira da glória. Glória do sacrifício, esplendor que nasce da cruz. [...] (286, De irmã para irmã).

[...] é o nosso templo divino. [...] é o templo mais nobre, porque oferece oportunidade diária de esforço e adoração [...].

[...] base para enriquecimento de dons espirituais (288, pt. 2, cap. 3).

O lar, na essência, é academia da alma. Dentro dele, todos os sentimentos funcionam por matérias educativas (292, A escola do coração).

[...] pouso de desligamento, porque, na Terra, as relações entre pais e filhos e, consequentemente, as relações de ordem familiar constituem clima ideal para a libertação de quantos se jungiram entre si, de modo inconveniente, nos desregramentos emotivos em nome do amor. [...] (294, cap. 15).

[...] é o mundo essencial, onde se deve atender aos desígnios divinos, no tocante aos serviços mais importantes que [aos pais] lhes foram conferidos. [...] (295, cap. 135).

[...] O lar é o mais vigoroso centro de indução que conhecemos na Terra (306, cap. 16).

[...] O lar que cultiva a prece transforma-se em fortaleza e terá sempre suas portas fechadas aos Espíritos maldosos (311, pt.2, cap. 1.3.5).

Foi, justamente, no lar que adquiri forças e testemunhei o valor da prece, do conhecimento espírita, da fé e pude permanecer fiel aos compromissos assumidos na organização da família. [...] (338, Alicerce de amor).

O lar é o abençoado reduto doméstico convertido em santuário de nossas almas na busca do aprendizado moral, [...] (338, Alicerce de amor).

Quando a casa tem a característica daquele lugar onde nos sentimos bem, amparados, para onde desejamos voltar sempre e desfrutar da afeição, do carinho e do conforto espiritual ao lado dos que amamos, este ponto de encontro passa a ser o lar, onde desenvolvemos atividades que enriquecem nossas almas, [...] (339, Laços de família).

[...] O lar, ponto de encontro de nossas almas no turbilhão das vidas sucessivas, deverá ter em seus alicerces o amor como o sustentáculo de toda a programação espiritual para as vidas que ali se agrupam. [...] (339, Laços de família).

[...] Vamos compreendendo, à luz da Doutrina Espírita, que o lar é nosso primeiro estágio no aprendizado sublime que é a vida de relação, [...] (339, Laços de família).

Ver também ESCOLA

LARVA

Larvas: Alimento mental das entidades infelizes, formado pelas nossas criações inferiores (161, cap. 13).

LAVA-PÉS

Conhecendo sua origem superior, quis Jesus, praticando o ato simbólico de lavar os pés a seus Apóstolos, dar aos homens, aos quais chama *seus irmãos*, o exemplo da humildade e da renúncia. Foi para isso que, assemelhando-se a um escravo, desempenhou aquela função, privativa dos escravos.

[...] A lavagem dos pés simbolizava também a maneira por que os discípulos deviam percorrer o novo caminho em que iam entrar, depois de lhes haver o Mestre limpado os pés de todas as sujidades de que o caminho velho os cobrira (182, v. 4).

LEALDADE

[...] Ter lealdade é ser amigo dedicado a outro ente, incapaz de o ludibriar; é ser infenso à traição – um dos mais condenáveis delitos morais (85, L. 2).

LEGIÃO

Estas associações de Espíritos denominadas legiões presidem à formação dos mundos, como às transformações da Humanidade; sustentam e dirigem os missionários e influenciam, de passagem, a inteligência dos mortais [...] (17, cap. 6).

LEI

[...] a lei é o amor, que há de continuamente crescer, até que vos tenha levado ao trono eterno do Pai. [...] (182, v. 1).

[...] A lei é uma força viva que se identifica conosco e vai acompanhando o surto de evolução que ela mesma imprime em nosso espírito. [...] (222, Pecado sem perdão).

A lei é a consciência do delito. [...]

A lei [...] é um freio para coibir o mal. [...] A lei personifica a justiça [...] (222, Três grandes símbolos).

A lei é conjunto eterno / De deveres fraternais: / Os anjos cuidam dos homens, / Os homens dos animais (241, Os animais).

Lei áurea

Fazer aos outros o que gostaríamos que fizessem a nós (163, cap. 44).

Lei civil

[...] tem por fim regular as relações sociais e os interesses das famílias, de acordo com as exigências da civilização; por isso, é útil, necessária, mas variável. [...] (105, cap. 22).

Quando lemos, por exemplo, *O evangelho segundo o espiritismo*, no capítulo 5, item 5, deparamos novamente a mesma questão, já agora até mais desenvolvida. Diz a Doutrina no livro mencionado: "A lei humana atinge certas falhas e as pune. Pode então o condenado reconhecer que sofre a consequência do que fez. Mas a lei não atinge, nem pode atingir, todas as faltas; incide especialmente sobre as que trazem prejuízo à sociedade e não sobre as que só prejudicam os que as cometem. Daí se segue – continua o ensino espírita – que nas pequeninas coisas, como nas grandes, o homem é SEMPRE punido por aquilo em que pecou" (Achamos justo destacar, dando realce em caixa alta à palavra SEMPRE, isto é, deixar bem claro que ninguém foge à lei, mais cedo ou mais tarde sofrerá as consequências de seus atos, ainda que ocultos.) (6, cap. 21).

Lei da Genética

As leis da Genética encontram-se presididas por numerosos agentes psíquicos que a Ciência da Terra está longe de formular, dentro dos seus postulados materialistas. Esses agentes psíquicos, muitas vezes, são movimentados pelos mensageiros do Plano Espiritual, encarregados dessa ou daquela missão junto às correntes da profunda fonte da vida (273, q. 35).

LEI DE AÇÃO E REAÇÃO

ver LEI DE CAUSA E EFEITO

Lei de Adaptação

[É aquela] [...] em virtude da qual [os habitantes do Além] se transportam, ou melhor, são sucessivamente atraídos para regiões do espaço, ou para os modos de existência que lhes assinam seus méritos e seus corpos fluídicos [...] (14, Apêndice).

Lei de Afinidade ou de Simpatia

[...] [Lei] pela qual a solidariedade entre as partes evolucionárias é tão mais ativa e potente quanto mais aproximadas por sua fase e seu nível de evolução o forem essas partes (90, pt. 2, cap. 2).

Lei de Amor

[...] A soberana Lei de Amor é a força capaz de modificar a estrutura da vida e penetrar na furna odienta do "eu" atormentado para felicitá-la. [...] (78, cap. 14).

[...] é a manifestação de Deus na sua expressão mais pura (81, Horas de angústia)

Lei de Atração

Amai-vos uns aos outros, eis toda a lei, Lei Divina, mediante a qual governa Deus os mundos. O amor é a Lei de Atração para os seres vivos e organizados. A atração é a Lei de Amor para a matéria inorgânica. [...] (106, q. 888a).

[...] lei primordial da matéria, que põe os seus elementos constitutivos em relação de dependência, de ligação ou, como se exprimem os filósofos escolásticos, de continuidade, tem o nome de atração quando considerada sob o ponto de vista geral. Aplicada, porém, à razão, com a massa terrestre dos objetos que a cercam, é o que chamamos a gravidade. [...] (181, cap. 3).

A Lei da Atração é a saudade em movimento. Equilibram-se os mundos na imensidade, buscando-se mutuamente e ainda, na esfera das coisas pequeninas, vemos as plantas enlaçando-se umas às outras, agasalhando-se na Terra (248).

Lei de Causa e Efeito

[...] Por meio da pluralidade das existências, ele [o Espiritismo] ensina que os males e aflições da vida são muitas vezes expiações do passado, bem como que sofremos na vida presente as consequências das faltas que cometemos em existência anterior e, assim, até que tenhamos pago a dívida de nossas imperfeições, pois que as existências são solidárias umas com as outras (101, cap. 15).

[...] Lei de Ação e Reação, em virtude da qual são ditosos [os habitantes do Além] ou desgraçados, na proporção do bem ou do mal que hajam feito [...] (14, Apêndice).

[...] Lei de retorno pela qual cada um recebe de volta aquilo que tem dado (28, Fatalidade e destino).

[...] Para cada ação [...] há uma reação igual em sentido contrário. É a Lei de Causa e Efeito ou do Carma (147, cap. 4).

A Lei de Causa e Efeito é de origem divina, e, como tal, sua aplicação deve provir do Criador e não do julgamento imperfeito dos seres humanos. [...] (312, cap. 9).

Ver também CARMA

Lei de Conservação

[...] em virtude da qual [os habitantes do Além] guardam todos os traços essenciais e característicos de identidade intelectual, sentimental, moral, até mesmo física, suas formas, seus caracteres, suas afeições, suas ideias [...] (14, Apêndice).

[...] o *direito à autoconservação* [...] decorrendo da Natureza, constitui-se em *direito natural de viver* (q. 702 e 703), implicando, também, o *direito natural do uso e gozo dos bens da Terra* (q. 711) e ao *bem-estar*. Esses direitos estão consagrados no artigo III (vida) e artigos XXV (bem-estar) da DUDH/ ONU (128).

Lei de Conservação da Energia

Assim como na Natureza não há, jamais, perda de energia cósmica, mas, apenas, transformação incessante, assim também nada se perde do que abala o espírito humano.

É a Lei da Conservação da Energia [...] (40, cap. 4)

Lei de Destruição

Preciso é que tudo se destrua para renascer e se regenerar. Porque o que chamais destruição não passa de uma transformação que tem por fim a renovação e melhoria dos seres vivos (106, q. 728).

Mesmo sendo veículo de tragédias e sofrimentos, a destruição nunca está sozinha no ambiente tempestuoso em que expõe suas forças. Junto dela, a Natureza cercou-se de recursos de preservação e de conservação, para que as forças aparentemente descontroladas não chegassem antes da época necessária.

Segundo os benfeitores espirituais que assinaram as respostas contidas em *O livro dos espíritos*, toda destruição antecipada entrava o desenvolvimento do princípio inteligente (3ª Parte, cap. 6, q. 729). Por isso, Deus deu a cada ser a necessidade de viver e de se reproduzir. Através do instinto de conservação, o homem traz a força necessária para manter-se em pé diante das provas. É a voz secreta que o adverte de que ainda há muito que fazer pelo seu adiantamento. É assim que o Pai harmoniza as forças opostas diante da realidade de suas manifestações (1, A ordem é a minha senha).

[...] a Lei de Destruição é, por assim dizer, o complemento do processo evolutivo, visto ser preciso morrer para renascer e passar por milhares de metamorfoses [...] (28, A Lei de Destruição).

[...] a destruição é condicional imprescindível da renovação. Os atos destrutivos são os precursores e instigadores daqueles por que as partes se restauram e renascem, ou seja, dos de renovação orgânica. [...] (40, cap. 1).

[...] passamos a compreender a Lei de Destruição como *transformação*, (LE, q. 728), *evolução* e *conservação* recíproca dos seres vivos. A transformação serve à evolução ou ao aperfeiçoamento gradativo de todo ser vivo, o homem entre eles, pela morte física. A ausência de destruição (transformação, evolução) imobilizaria a Natureza; estacionaria a evolução; bloquearia o progresso das sociedades humanas. Resultaria num Universo estacionário, morto, cadaverizado. Por paradoxal que seja, a destruição recíproca dos seres vivos – na justa medida – conduz à conservação recíproca das espécies pelo equilíbrio ecológico, do ecossistema (q. 731) e (q. 728a) (128).

A Lei de Destruição não é senão impositivo de transformação sublimadora [...] (184, cap. 42).

A denominada *Lei de Destruição* melhor se conceituaria, no dizer dos instrutores espirituais, como *Lei de Transformação*. O que ocorre, na realidade, é a *transformação* e não a *destruição*, tanto no que concerne à matéria quanto no que se refere ao Espírito (208, cap. 35).

Lei de Deus

A Lei de Deus é a mesma para todos, independentemente da posição evolutiva do homem, que tem a liberdade de praticar o bem ou o mal (345, cap. 2).

Todo esse arcabouço de princípios morais tem como alicerce a Lei Natural, que é a Lei de Deus, a única verdadeira para a felicidade do homem, que lhe indica "o que deve fazer ou não fazer" [...] (345, cap. 20).

Lei de Evolução

[...] Lei de Evolução, isto é, de progresso e de progressão, ao mesmo tempo, em virtude da qual eles [os habitantes do Além] existem para destinos cada vez mais elevados, sob a condição de que só gradualmente chegarão a realizá-los [...] (14, Apêndice).

Todos os seres e coisas do Universo estão sujeitos à Lei de Evolução, porque todos têm a capacidade intrínseca de assimilar, acumular, armazenar, aprender, desenvolver-se, crescer, progredir e aperfeiçoar-se com as Leis Divinas, na sucessividade das experiências nos milênios, tanto na vida física, como na vida espiritual. Fomos criados na condição de simples e ignorantes e nada nos foi dado pronto, mas, sim, conquistado por evolução, ou seja, todo ser vivo deverá sempre executar algum trabalho, a fim de memorizar, aprender, repetir quantas vezes necessárias e desenvolver-se. [...] (12, cap. 22).

Lei de Liberdade

[...] funciona para os homens, dentro de limites que se lhes fazem necessários, a fim de que, exercendo-a, aprendam a ser livres e não libertinos; independentes, sem prepotência; liberais, mas não permissivos [...] (77, cap. 25).

Lei de Moisés

Há duas partes distintas na Lei de Moisés: a Lei de Deus propriamente dita, promulgada sobre o Sinai, e a lei civil ou disciplinar, apropriada aos costumes e caráter do povo. Uma dessas leis é invariável, ao passo que a outra se modifica com o tempo [...] (104, pt. 1, cap. 11).

Lei de Progresso

[...] a todos propele para o superior e para a liberdade. [...] (77, cap. 9).

Ver também EVOLUÇÃO *e* PROGRESSO

Lei de Reprodução

[...] Aí está o direito natural de procriação [...] e de matrimônio e de constituição de família [...] (128).

LEI DE RETORNO

ver LEI DE CAUSA E EFEITO

Lei de Sociedade

Enfim, a Lei de Sociedade é a pedagogia de que se serve a Inteligência Suprema para educar as criaturas, [...] (345, cap. 13).

Lei de Solidariedade

[...] solidária evolução de todas as partes constituintes de um universo. Essas partes – as mais diversas, como as mais afastadas – só podem evolver umas com as outras e umas pelas outras (90, pt. 2, cap. 2).

Lei Divina

As Leis Divinas são de justiça, indubitavelmente; no entanto, são também de amor e de misericórdia. O Senhor não deseja a punição do infrator, antes quer o seu reajuste à ordem, ao dever, para a sua própria felicidade (78, cap. 4).

[...] a Lei Divina do Amor é a lei maior do Universo (147, cap. 4).

[...] as Leis Divinas são, no que tange aos homens, as próprias leis morais [...] (129, v. 3).

Ver também LEI MORAL *e* LEI NATURAL

Lei do Campo Mental

[...] a Lei do Campo Mental, que rege a moradia energética do Espírito, segundo a qual a criatura consciente, seja onde for no Universo, apenas assimilará as influências a que se afeiçoe (306, cap. 17).

Lei do Esforço

A Lei do Esforço – Segundo essa lei, todo ser chegado a um rudimento de sensibilidade e de consciência deve contribuir ativamente para o progresso evolutivo. Seu desenvolvimento pede esforços perpétuos e inumeráveis, os quais constituem o próprio mérito desse desenvolvimento (90, pt. 2, cap. 2).

Lei do Trabalho

[...] é a lei da vida (55, cap. 6).

Ver também TRABALHO

Lei Fundamental dos Fluidos

[...] Em *A gênese* [cap. 14] vamos encontrar: "Os fluidos se unem em razão da semelhança de sua natureza; os fluidos dissemelhantes se repelem; há incompatibilidade entre os bons e os maus fluidos, como entre o azeite e a água".

Assim, em outras palavras, podemos dizer que: *Fluidos do mesmo tipo se atraem e fluidos de tipos opostos se repelem.* A esta assertiva passaremos a denominar *Lei Fundamental dos Fluidos.*

Se meditarmos um pouco vamos observar que a Lei Fundamental dos Fluidos, conforme acima apresentada, é de uma sabedoria realmente superior. Veja-se que se o nosso espírito é levado, por exemplo, a emitir vibrações magnéticas de harmonia, através de uma ação consciente ou não, estas vibrações irão agir sobre o fluido cósmico universal, que estamos continuamente a absorver, modificando-o, de modo a produzir fluidos polarizados em harmonia. Através deste mecanismo, colocamo-nos na condição de verdadeira fonte de fluidos de harmonia.

Esses fluidos, liberados pelo nosso organismo, vão se acumulando em torno de nós e, ao cabo de alguns momentos nos envolverão completamente. Neste estado, em vista da Lei Fundamental dos Fluidos, passaremos a atrair outros fluidos de harmonia – mesmo tipo – existentes no ambiente.

De modo análogo ocorrerá quando as vibrações magnéticas originadas do nosso espírito forem, por exemplo, de ódio, inveja, ou qualquer outro sentimento. Assim conclui-se que somos bombardeados, inexoravelmente, pelo mesmo tipo de fluido que estamos a emitir. Em resumo, ao nos colocarmos na condição psíquica necessária para produção de um determinado tipo de fluido, estaremos nos colocando, também, na condição vibratória própria para atrair, e absorver, aquele mesmo tipo de fluido. Este é um exemplo perfeito que serve para demonstrar a ação da Lei de Causa e Efeito, pois estaremos recebendo exatamente aquilo que estamos a dar, inclusive na mesma intensidade. [...] Mesmo reconhecendo o papel que o pensamento desempenha nas movimentações de fluidos, não devemos esquecer que, em todas situações imagináveis, a Lei Fundamental dos Fluidos estará presente e em razão dela é que muitas vezes os maiores esforços mentais para deslocar fluidos podem mostrar-se totalmente infrutíferos. Um exemplo disso é o caso de alguém que pretenda deslocar fluidos deletérios com o objetivo de atingir uma outra pessoa, estando esta última bem equilibrada e a produzir fluidos opostos. Os fluidos deletérios endereçados serão automaticamente repelidos sem atingi-la, e provavelmente não deixarão qualquer vestígio de sua passagem (94, pt. 2, cap. 2).

Lei Moral

[...] as Leis Morais [são a] base das sociedades humanas (108, cap. 1).

[...] Lei Moral, no entendimento espírita, é a que preside aos atos de nossa consciência. É uma colocação subjetiva, poderão objetar. Mas a Lei Moral, diferentemente da lei escrita, não se subordina às limitações de tempo e de espaço. É, como se sabe, uma das ideias fundamentais da Doutrina.

A lei escrita tem um sentido histórico e, por isso mesmo, sofre alterações de época para época, na medida em que se alteram os costumes, as concepções de vida, os padrões sociais, etc., ao passo que a Lei Moral persiste, justamente porque sua instância não é visível, não se configura no espaço social ou geográfico, está no foro íntimo, é inerente à responsabilidade intransferível (6, cap. 21).

As Leis Morais são tão claras e objetivas, na apreciação de Allan Kardec, que poderemos identificar qual delas deixamos de observar, no presente ou no pretérito, simplesmente analisando nosso íntimo (343, O código celeste).

[...] as Leis Morais, pois elas constituem o roteiro de felicidade do homem, construtor do próprio destino, nas sendas da evolução (345, cap. 1).

[...] As Leis Morais apresentadas no livro Terceiro de O livro dos espíritos. Essas leis regem o nosso relacionamento com Deus, com os outros seres humanos, com a Natureza e com os seres desencarnados; (348, cap. 6.3.1, 6.3.3, 7.2).

Ver também LEI DIVINA *e* LEI NATURAL

Lei Natural

[...] as Leis da Natureza são obra eterna da sabedoria e da presciência divinas [...] (101, cap. 18).

A Lei Natural é a Lei de Deus. É a única verdadeira para a felicidade do homem. Indica-lhe o que deve fazer ou deixar de fazer e ele só é infeliz quando dela se afasta (106, q. 614).

[...] A Lei Natural é o conjunto de coisas a fazer ou a não fazer, que daí derivam de modo necessário [...]. A Lei Natural trata dos direitos e dos deveres que estão ligados de modo necessário ao primeiro princípio: "Faze o bem e evita o mal".

[...]. Só quando o Evangelho tiver penetrado as próprias profundezas da substância humana é que a Lei Natural aparecerá em sua flor e em sua perfeição [...] (128).

[...] é o conteúdo tanto das *consciências individuais* como parcelas, quanto da *consciência coletiva* como síntese. [...]

1ª é Lei Divina; 2ª é consciência individualizada; 3ª é consciência coletiva, síntese de consciências individuais; 4ª é comportamento humano; 5ª é felicidade ou infelicidade (128).

Ver também LEI DIVINA *e* LEI MORAL

LEITURA

[...] é a fonte de nossa vida espiritual. [...] (277, O alimento espiritual).

LETARGIA

A letargia e a catalepsia derivam do mesmo princípio, que é a perda temporária da sensibilidade e do movimento, por uma causa fisiológica ainda inexplicada. Diferem uma da outra em que, na letargia, a suspensão das forças vitais é geral e dá ao corpo todas as aparências da morte; na catalepsia, fica localizada, podendo atingir uma parte mais ou menos extensa do corpo, de sorte a permitir que a inteligência se manifeste livremente, o que a torna inconfundível com a morte. A letargia é sempre natural; a catalepsia é por vezes magnética (106, q. 424).

[...] A palavra letargia não significa morte aparente, como se supõe geralmente, mas sono profundo, patológico. Etimologia: *lhqh*, esquecimento, e *arga*, preguiça, entorpecimento. [...]

(91, pt. 3, cap. 5).

[...] [Na] *letargia simples, letargia vulgar* [ou] *letargia ordinária*, os membros da pessoa amolecem, tornam-se flácidos, pendentes, e, quando erguidos, se os deixamos entregues a si mesmos, recaem pesadamente. O pulso é lento e a respiração algo superficial, mas o sono é calmo. Ao invés do que ocorre no estado normal, as pupilas, na letargia, são sempre mais ou menos dilatadas e não mais reagem à luz. A sensibilidade cutânea é totalmente abolida: pode-se picar, ferir, cortar, queimar, e o letárgico permanece insensível. Os órgãos dos sentidos específicos conservam certo grau de atividade, insuficiente quase sempre para impressionar, de modo relevante, o próprio indivíduo posto em estado hipnótico. [...] (121, cap. 2).

Ver também CATALEPSIA

Letargia lúcida

[...] a atividade psíquica interna se desenvolve como de ordinário: o paciente tudo percebe e compreende, mas se encontra na impossibilidade absoluta de significar aos outros o que sente no seu imo. Por motivo da atividade psíquica, conservada durante as condições indicadas, a esta variedade de letargo se dá o nome de *letargia lúcida* (121, cap. 2).

LEVITA

[...] [Termo] empregado com o sentido de adeptos com exagerados zelos pela letra, em desfavor dos cuidados devidos ao espírito das Escrituras ou de alguma obra em debate. Escrupulários, isto é, aqueles que se deixam prender por escrúpulos excessivos (178, Glos.).

LEVITAÇÃO

Quando uma mesa se ergue no ar ou acontece o mesmo a um médium, tem-se o fenômeno da *levitação*. [...] (57, pt. 1, cap. 1).

[...] levitação ou suspensão dos corpos, contrária em aparência à lei da gravitação (92, pt. 2, cap. 1).

[...] voo lento do corpo, sem esforço de quem o executa, ou melhor, de quem o sofre [...] (130, O homem e a sua missão).

[...] é o erguimento *espontâneo* dum corpo no espaço. [...] (181, Pref. do trad.).

A levitação no ar, postergando a lei da gravitação, afirmada pela ciência moderna, é unicamente explicável pela teoria da atração e da repulsão universal. [...] (181, cap. 1).

Daniel D. Home e Eusapia Paladino, por exemplo, para não falarmos dos incontáveis relatos fora dos círculos espiritistas, flutuaram perante experimentados observadores ou fizeram levitar objetos diversos (322, cap. 4 - Levitação).

Segundo Edgard Armond (1969, p. 64), "a levitação é o fato de pessoas ou coisas serem erguidas ao ar sem auxílio exterior de caráter material, contrariando assim, aparentemente, as leis da gravidade". [...] (344, cap. 8).

Ver também ESPÍRITO NERVOSO

LEVÍTICO

Palpando e sentindo a fereza dos instintos do homem, [Moisés] escreveu o *Levítico*, como a porta de um grande dique capaz de conter a onda invasora das suas maldades, que levariam os seus Espíritos ao fundo dos mais tremendos abismos de perdição. Eram leis apropriadas ao meio em que ele agia como juiz, como diretor de um exército de Espíritos caídos da pureza, da inocência de onde tinham partido (198, cap. 1).

LIBERDADE

[...] a verdadeira liberdade, para o Espírito, consiste no rompimento dos laços que o prendem ao corpo [...] (105, cap. 5).

O conceito de liberdade sob o ponto de vista filosófico tem variado através dos tempos, desde a oposição à coarctação, ao determinismo, até ao existencialismo, quando o ser passa a determinar-se a si próprio (75, Liberdade).

A liberdade é, sem dúvida, o grande alvo do ser humano, especialmente daquele que pensa e sente o sofrimento do seu próximo, compreendendo que, mediante os recursos valiosos da política, da religião, da sociedade, podem mudar-se as paisagens tristes em que se movimentam os excluídos e infelizes, ensejando-lhes oportunidade de crescimento e de aquisição da felicidade (75, Liberdade).

[...] A liberdade por excelência é adquirida pela consciência do bem no reto culto do dever. [...] (77, cap. 25).

[...] a liberdade é um patrimônio tão vultoso, que chega a apavorar os Espíritos. [...] Liberdade quer dizer responsabilidade (153, cap. 1).

Libertar-se é ascender na compreensão, no entendimento (162, cap. 47).

A liberdade é o respeito às leis, da parte de uns, a doçura e a justiça da parte dos outros e, da parte de todos, amparo e apoio recíprocos. [...] (182, v. 4).

[...] A liberdade é um bem que reclama senso de administração, como acontece ao poder, ao dinheiro, à inteligência... (253, cap. 1).

Liberdade para o ser social não é somente o livre uso da vontade, é, principalmente, essencialmente, aquele exercício em todas as relações sociais (323, cap. 17).

A liberdade sempre foi um dos maiores valores humanos, inspirando lutas e revoltas, mas também foi exaltada em todos os ramos das artes. [...] (330, cap. 20).

A liberdade depende da fraternidade e da igualdade. Onde houver uma convivência fraterna, exteriorizada em amor e respeito, acatando-se o direito do próximo, haverá a prática da justiça e consequentemente existirá liberdade. [...]

Portanto, a liberdade não pode ser confundida com irresponsabilidade. [...] (332, cap. 10).

Ver também DETERMINISMO, FATALIDADE, FATALISMO *e* LIVRE-ARBÍTRIO

Liberdade de consciência

[...] é um dos caracteres da verdadeira civilização e do progresso (106, q. 837).

Liberdade de ensino

[...] entendemos como a ausência de impedimentos legais ou sociais para os educadores, pedagogos, e a escola como um todo (a família, as organizações religiosas e filosóficas), educarem de acordo com suas convicções pessoais ou com a filosofia de vida adotada. [...] (129, v. 4).

Liberdade de pensar

[...] é um dos atributos do homem [...] (108, cap. 1).

Liberdade integral

[...] a liberdade integral é um sonho momentâneo que não pode ser vivenciado, inicialmente em razão das dificuldades orgânicas que impedem a total movimentação e o uso das energias que se desgastam, sem que as consequências naturais do abuso não gerem aflições e distúrbios de muitas procedências (75, Liberdade).

Liberdade interior

[...] é o *poder de fazer o que se deve*, pelo império do Espírito ou da razão sobre as paixões e inclinações inferiores. [...] equivale a uma progressiva conquista do Espírito que vai, a duras penas, preenchendo de perfeições os seus vazios estruturais na mesma proporção, e, assim, submetendo essas imperfeições a um certo poder de contenção dos elementos espirituais já assentados (perfeições) (129, v. 5).

Liberdade, Igualdade, Fraternidade

[...] Estas três palavras constituem, por si sós, o programa de toda uma ordem social que realizaria o mais absoluto progresso da Humanidade, se os princípios que elas exprimem pudessem receber integral aplicação. [...] (109, pt. 1, Liberdade, Igualdade, Fraternidade).

Liberdade sexual

O conceito atual de liberdade sexual, relaxando os laços do compromisso a dois, destrói a família e o berço, [...] (329, cap. 143).

LIBERTAÇÃO

[...] meta principal de todos nós. Escopo final do homem, que aspira a ser livre para sempre (195, pt. 2, cap. 5).

Libertar-se significa também conhecer, beneficiar-se com a verdade (208, cap. 3).

LIBIDO

A libido atormentada veiculada pela mídia, exposta em revistas e livros de baixo nível, é portadora de distúrbios emocionais, principalmente para os jovens que, prematuramente, [...] (339, Sexualidade e maturidade emocional).

LICANTROPIA

[...] é o fenômeno pelo qual Espíritos *pervertidos no crime* atuam sobre antigos comparsas, encarnados ou desencarnados, fazendo-os assumir atitudes idênticas às de certos animais (161, cap. 35).

Ver também ZOANTROPIA

Licantropia agressiva

[...] se expressa através da violência, da alucinação e, até, do crime (161, cap. 35).

Licantropia deformante

[...] a pessoa imita "costumes, posições e atitude de animais diversos [...]" (161, cap. 35).

LIDERAR

[...] é coordenar esforços, não impor condições. [...] (145, cap. 1).

LIMBO

As almas das crianças, bem como as dos excepcionais, iriam parar no limbo, região intermediária isenta dos tormentos infernais, mas sem a plenitude das venturas celestiais. [...] (343, Da animalidade à angelitude).

LIMITAÇÃO

[...] limitações, repulsas, frustrações, agressividade e psicoses constituem impositivos constritores ou restritivos – não poucas vezes dolorosos – de que se utilizam as Leis Divinas para corrigir e disciplinar o rebelde que, apesar da manifestação física em período infantil, é espírito relapso, mais de uma vez acumpliciado com o erro, a ele fortemente vinculado, em fracassos morais sucessivos (74, cap. 23).

LIMPEZA

[...] Após a absorção de fluidos de teor vibratório diferente, caracterizados pela densidade material que tipifica este gênero de trabalho [socorro espiritual], vêm os Espíritos Protetores liberar os médiuns e renová-los sob a ação de diversa carga de energia, permitindo-lhes o bem-estar e a satisfação do serviço realizado.

Aplicando-se o autopasse eram retiradas as cargas fluídicas perniciosas, enquanto outras, de qualidade superior, vitalizavam os cooperadores encarnados (77, cap. 12).

LIMPO DE CORAÇÃO

Bem-aventurados os limpos de coração – os que, havendo vencido seus impulsos inferiores, não se permitem qualquer ato, nem mesmo uma palavra, ou o menor pensamento impuro, que possa ofender o próximo em sua honorabilidade, pois eles verão a Deus... (28, A progressividade da revelação divina, 2).

LÍNGUA

[...] as línguas são formas de expressão, caminhando para a expressão única da fraternidade e do amor [...] (230, Introd.).

Língua de fogo

[...] As línguas de fogo, reflexos das luzes dos Espíritos elevados, representavam o batismo anunciado por Jesus (215, cap. 2).

LINGUAGEM

[...] Pode estabelecer-se como regra invariável e sem exceção que – *a linguagem dos Espíritos está sempre em relação com o grau de elevação a que já tenham chegado.* Os Espíritos realmente superiores não só dizem unicamente coisas boas, como também as dizem em termos isentos, de modo absoluto, de toda trivialidade. Por melhores que sejam essas coisas, se uma única expressão denotando baixeza as macula, isto constitui um sinal indubitável de inferioridade; com mais forte razão, se o conjunto do ditado fere as conveniências pela sua grosseria. A linguagem revela sempre a sua procedência, quer pelos pensamentos que exprime, quer pela forma, e, ainda mesmo que algum Espírito queira iludir-nos sobre a sua pretensa superioridade, bastará conversemos algum tempo com ele para a apreciarmos (107, it. 263).

O grau de superioridade ou inferioridade dos Espíritos indica naturalmente em que tom convém se lhes fale. É evidente que, quanto mais elevados eles sejam, tanto mais direito têm ao nosso respeito, às nossas atenções e à nossa submissão. Não lhes devemos demonstrar menos deferência do que lhes demonstraríamos, embora por outros motivos, se estivessem vivos. Na Terra, levaríamos em consideração a categoria e a posição social deles; no mundo dos Espíritos, o nosso respeito tem que ser motivado pela superioridade moral de que desfrutam. A própria elevação que possuem os coloca acima das puerilidades das nossas fórmulas bajulatórias. Não é com palavras que se lhes pode captar a benevolência, mas pela sinceridade dos sentimentos. Seria, pois, ridículo estarmos a dar-lhes os títulos que os nossos usos consagram, para distinção das categorias, e que porventura lhes lisonjeariam a vaidade, quando vivos. Se são realmente superiores, não somente nenhuma importância dão a esses títulos, como até lhes desagrada que os empreguemos. Um bom pensamento lhes é mais agradável do que os mais elogiosos epítetos; se assim não fosse, eles não estariam acima da Humanidade. [...]

Em resumo, tão irreverente seria tratarmos de igual para igual os Espíritos Superiores, quanto ridículo seria dispensarmos a todos, sem exceção, a mesma deferência. Tenhamos veneração para os que a merecem, reconhecimento para os que nos protegem e nos assistem e, para todos os demais, a benignidade de que talvez um dia venhamos a necessitar. [...] (107, it. 280).

[...] É universal a linguagem [no mundo etéreo], de sorte que todos se entendem uns aos outros. Em geral, vivem juntos os de cada nacionalidade terrena e falam a língua que aqui usaram, há, porém, uma linguagem comum a todos. [...] (63, cap. 9).

[...] a linguagem dos desencarnados é a do pensamento, que o médium capta e a que dá forma, no inconsciente, através das expressões nacionais, de acordo com a linguagem que lhe é comum... (81, Identificação dos Espíritos)

[...] a linguagem dos Espíritos é a do pensamento, é por esse veículo que eles se comunicam entre si e não pela palavra falada (160, pt. 6, cap. 1).

Linguagem [...] se constitui de três elementos essenciais: expressão, maneira e voz. Se não aclaramos a frase, se não apuramos o modo e se não educamos a voz, de acordo com as situações, somos suscetíveis de perder as nossas melhores oportunidades de melhoria, entendimento e elevação (256, cap. 43).

[...] a linguagem do Espírito é, acima de tudo, a imagem que exterioriza de si próprio. Isso ocorre mesmo no plano físico, em que alguém, sabendo refletir-se, necessitará poucas palavras para definir a largueza de seus planos e sentimentos, acomodando-se à síntese que lhe angaria maior cabedal de tempo e influência (305, pt. 2, cap. 2).

Linguagem de Jesus

[...] é toda espiritual. Quem quiser compreendê-lo deve buscar sempre o sentido de seus dizeres sob prisma puramente espiritual. Ele serviu-se da forma, empregando-a para designar pensamentos transcendentes, dos quais a forma, em si mesma, não pode dar uma ideia precisa e clara. Temos necessidade de ir além da forma, isto é, de desprezar a letra, a vestimenta da sua linguagem, buscando o espírito. Só este é capaz de nos fazer penetrar a mente e o coração do Mestre (222, Quem são meus irmãos?).

Linguagem do Espírito

[...] é uma vibração do pensamento, o efeito da vontade! (167, pt. 3, cap. 5).

Reconhece-se a qualidade dos Espíritos por sua linguagem. A dos Espíritos verdadeiramente bons e superiores é sempre digna, nobre, lógica, isenta de contradição; exprime sabedoria, benevolência, modéstia e a mais pura moral; é concisa e sem palavras inúteis. Nos Espíritos inferiores, ignorantes ou orgulhosos, [...] (320, cap. 2, Manifestação dos Espíritos).

Linguagem ergética

[...] linguagem mediúnica – objetiva, a que chamamos *ergética*, (*ergon* – trabalho) ou plástica, conforme se expresse de modo fugaz, em termos puramente dinâmicos – um objeto que se desloca sem contato visível – ou se concretize de maneira mais duradoura, plasmando a própria matéria viva – as materializações e pelo menos certos fenômenos de somatização (35, cap. 3).

LISONJA

A lisonja é veneno em forma verbal (217, cap. 37).

Lisonja é moeda falsa / Cunhada pela ilusão / Que a nossa própria vaidade / Coloca em circulação (257, cap. 3).

LITERATURA

Literatura é toda manifestação intelectual do homem, por meio da palavra (Cecil Meira). Para Cândido de Oliveira, a literatura, arte e ciência, é um "instrumento de indagações e análises, papel sem dúvida desempenhado a contento pela literatura espírita, mediúnica ou não. Para Marques da Cruz, literatura é a alma de uma nação em prosa e verso (11, pt. 3, Literatura espírita).

A literatura é a exteriorização perdurável do pensamento humano nesse mundo. Por ela se aprecia a evolução do homem; por ela se apreciam o seu aperfeiçoamento, o seu grau de civilização, os seus afetos e os seus ódios; a sua grandeza ou a sua baixeza.

Ela é o imenso caleidoscópio através do qual se vê toda a vida e todo o pensamento humano na Terra, desde que o homem soube pensar e viver.

É a obra do cérebro e a obra do coração humano (117, v. 2).

Literatura mediúnica

Comecemos por uma premissa: não devemos aceitar nem rejeitar sistematicamente tudo quanto vem do Alto. A respeito de livros e mensagens do Além, há duas posições que nos parecem muito sistemáticas, senão inconvenientes: há os que absolutamente repelem qualquer mensagem, qualquer trabalho mediúnico quando não conhecem o grupo, o ambiente onde a mensagem foi recebida; e há os que aceitam tudo, sem exame, sem crítica, apenas porque vem do Alto. De um lado e do outro, há, evidentemente, exagero, porque é sempre necessário que prevaleça, antes de tudo, o bom senso. Não devemos aceitar como verdade tudo quanto nos dizem certos Espíritos, ainda que o façam em boa forma literária. O próprio Allan Kardec rejeitou muitas comunicações que não estavam de acordo com o bom senso e com os conhecimentos universais. Sem prejuízo desta orientação, que é mais lógica, mais aconselhável, não devemos repelir tudo imediatamente, sem exame.

[...] Queremos dizer com isto que na literatura mediúnica, embora haja muitas ideias que não podemos aceitar imediatamente, há muitos conceitos aceitáveis, muitas páginas que nos dão coragem, que nos reerguem espiritualmente. Não devemos, portanto, condenar tudo, apenas porque não conhecemos a fonte. Devemos ler tudo e raciocinar (6, cap. 8).

LIVRE-ARBÍTRIO

[...] vontade com que [os Espíritos] obram [...] (106, q. 804).

[...] existe para ele [o homem], quando no estado de Espírito, ao fazer a escolha da existência e das provas e, como encarnado, na faculdade de ceder ou de resistir aos arrastamentos a que todos nos temos voluntariamente submetido. [...] Sem o livre-arbítrio, o homem não teria nem culpa por praticar o mal, nem mérito em praticar o bem. [...] (106, q. 872).

[...] a liberdade de fazer ou não fazer, de seguir este ou aquele caminho para seu adiantamento, o que é um dos atributos essenciais do Espírito (109, pt. 1).

O livre-arbítrio é definido como "a faculdade que tem o indivíduo de determinar a sua própria conduta", ou, em outras palavras, a possibilidade que ele tem de, "entre duas ou mais razões suficientes de querer ou de agir, escolher uma delas e fazer que prevaleça sobre as outras" (28, O livre-arbítrio).

[...] a expansão da personalidade e da consciência. [...] (52, pt. 3, cap. 22)

Consiste no cumprimento integral de todos os deveres morais, psíquicos e sociais que facilitam a conquista da autonomia individual, da eterna libertação do cativeiro carnal e planetário, das provas árduas e das dores mortificantes [...] (85, L. 8).

Quando o homem tem liberdade de fazer, sem constrangimento de ordem biológica ou social, isto ou aquilo, ele se agita dentro das linhas mestras do livre-arbítrio. Ele é livre para agir sem as solicitações materialistas do meio ambiente, mas em função de uma ideia mais alta da sua destinação espiritual (152, cap. 4).

O livre-arbítrio é a faculdade que permite ao homem edificar, conscientemente, o seu próprio destino, possibilitando-lhe a escolha, na sua trajetória ascensional, do caminho que desejar (162, cap. 30).

O livre-arbítrio aumenta à medida que o Espírito se adianta – não apenas em conhecimentos, mas principalmente em moralidade. Contrariamente, o determinismo é mais forte quando o Espírito é mais ignorante ou grosseiro. Há Espíritos que cedem à matéria quase que totalmente, ou vivem, a bem dizer, em função da mesma matéria; enquanto há outros que, embora sujeitos aos órgãos físicos, lutam constantemente e chegam a neutralizar umas tantas necessidades pelo idealismo, pela pureza de pensamento, pela fé, pelo desejo ardente de se melhorarem. É o jogo do determinismo versus livre-arbítrio. Vence o mais espiritualizado. Aí, justamente, entre a Doutrina Espírita com mais uma lição: o corpo não é responsável pelos nossos desatinos, pelas nossas paixões. Não, ele é apenas instrumento, já que o poder pensante é o Espírito (6, cap. 16).

É a soberana Lei do Livre-Arbítrio, a que nem o próprio Deus põe limites. O homem é senhor de seu destino, é livre inteiramente de prestar ouvido ao que o chama para o bem, como ao que o chama para o mal (325, cap. 14).

[...] A função do livre-arbítrio é conferir a cada ser humano o mérito — ou o demérito — de suas escolhas, sendo cada um de nós responsável direto pelo seu próprio processo evolutivo. [...] (346, cap. 12).

Ver também DETERMINISMO, FATALIDADE, FATALISMO *e* LIBERDADE

LIVRO

O livro é sempre o grande e maravilhoso amigo da Humanidade. [...] (164, cap. 37).

Um livro que nos melhore / E nos ensine a pensar, / É luz acesa brilhando / No amor do Eterno Lar (248).

O livro que instrui e consola é uma fonte do Céu, transitando na Terra (248).

O livro edificante é o templo do Espírito, onde os grandes instrutores do passado se comunicam com os aprendizes do presente, para que se façam os mestres do futuro (248).

[...] O livro é sempre uma usina geradora de vibrações, no paraíso dos mais sublimes ideais da Humanidade, ou no inferno das mais baixas ações das zonas inferiores (248).

O livro cristão é alimento da vida eterna (248)..

Veículo do pensamento, confia-nos a luz espiritual dos grandes orientadores do passado (248)

O livro edificante é sempre um orientador e um amigo. É a voz que ensina, modifica, renova e ajuda (248).

O bom livro é tesouro de amor e sabedoria. Na sua claridade, santificamos a experiência de cada dia, encontramos horizontes novos e erguemos o próprio coração para a vida mais alta (248).

[...] o livro é realmente uma dádiva de Deus à Humanidade para que os grandes instrutores possam clarear o nosso caminho, conversando conosco, acima dos séculos e das civilizações.

É pelo livro que recebemos o ensinamento e a orientação, o reajuste mental e a renovação interior (277, A história do livro).

Vaso revelador retendo o excelso aroma / Do pensamento a erguer-se esplêndido e bendito, / O livro é o coração do tempo no Infinito, / Em que a ideia imortal se renova e retoma (280, O livro).

O livro edificante é sementeira da Luz Divina, / aclarando o passado, / orientando o presente / e preparando o futuro... (286, O bom livro).

[...] é o comando mágico das multidões e só o livro nobre, que esclarece a inteligência e ilumina a razão, será capaz de vencer as trevas do mundo (292, Fenômenos e livros).

O livro que aprimora é um mentor que nos guia (298, cap. 2).

Livro dos Espíritos (O)

O livro dos espíritos, a primeira obra que levou o Espiritismo a ser considerado de um ponto de vista filosófico, pela dedução das consequências morais dos fatos; que considerou todas as partes da Doutrina, tocando nas questões mais importantes que ela suscita, foi, desde o seu aparecimento, o ponto para onde convergiram espontaneamente os trabalhos individuais. [...] (101, cap. 1).

[...] Escrito sem equívocos possíveis e ao alcance de todas as inteligências, esse livro será sempre a expressão clara e exata da Doutrina e a transmitirá intacta aos que vierem depois de nós. As cóleras que excita são indícios do papel que ele é chamado a representar, e da dificuldade de lhe opor algo mais sério. [...] (103, cap. 12).

O livro dos espíritos. Contém a Doutrina completa, como a ditaram os Próprios Espíritos, com toda a sua filosofia e todas as suas consequências morais. É a revelação do destino do homem, a iniciação no conhecimento da natureza dos Espíritos e nos mistérios da vida de Além-Túmulo. Quem o lê compreende que o Espiritismo objetiva um fim sério, que não constitui frívolo passatempo (107, it. 35).

[...] *O livro dos espíritos* teve como resultado fazer ver o seu alcance filosófico [do Espiritismo]. Se esse livro tem algum mérito, seria presunção minha orgulhar-me disso, porquanto a Doutrina que encerra não é criação minha. Toda honra do bem que ele fez pertence aos sábios Espíritos que o ditaram e quiseram servir-se de mim. [...] (110, Resposta de Allan Kardec durante o Banquete...).

O livro dos espíritos contém os princípios da Doutrina Espírita, expostos de forma lógica, por meio de diálogo com os Espíritos, às vezes comentados por Kardec, e, embora constitua, pelas importantes matérias que versa, o mais completo tratado de Filosofia que se conhece, sua linguagem é simples e direta, não se prendendo a preciosismos de sistemas dificilmente elaborados, tão ao gosto dos teólogos e exegetas escriturísticos, na sua improfícua e estéril busca das causas primeiras e finais.

Os assuntos tratados na obra, com a simplicidade e a segurança das verdades evangélicas, distribuem-se homogeneamente, constituindo, por assim dizer, um panorama geral da Doutrina, desenvolvida, nas suas facetas específicas, nos demais volumes da Codificação, que resulta, assim, como um todo granítico e consequente, demonstrativo de sua unidade de princípios e conceitos, características de sua grandeza (110, pt. 2, Postulados e ensinamentos).

[...] *O livro dos espíritos* é um repositório de princípios fundamentais de onde emergem inúmeras *tomadas* para outras tantas especulações, conquistas e realizações. Nele estão os germes de todas as grandes ideias que a Humanidade sonhou pelos tempos afora, mas os Espíritos não realizam por nós o nosso trabalho. Em nenhum outro cometimento humano vê-se tão claramente os sinais de uma inteligente, consciente e preestabelecida coordenação de esforços entre as duas faces da vida – a encarnada e a desencarnada. Tudo parece – e assim o foi – meticulosamente planejado e escrupulosamente executado. [...] (146, cap. 1).

[...] não é obra de fantasia; ele contém o resumo da sabedoria milenar dos povos, as grandes ideias e descobertas que os homens fizeram ao longo de muitos milênios de especulação e depois ordenaram no Mundo Espiritual, para nos ensinarem apenas a essência (147, cap. 22).

O livro dos espíritos, condensando a filosofia do Espiritismo, oferece a chave explicativa dos aparentemente inexplicáveis fenômenos humanos (164, cap. 7).

[...] O livro dos espíritos *é um conjunto de sínteses fecundas que servem de ponto de partida para futuros desdobramentos.*

De fato, nessa obra encontramos tratados todos os assuntos de interesse humano, mas de forma sintética, exigindo que saibamos deduzir dos textos dos Espíritos os desdobramentos coerentes com as ideias que eles nos trouxeram. [...] (204, Mulher-mãe).

[...] a obra básica de uma filosofia que modificaria as concepções estacionárias em que se conservava a Humanidade (227, cap. 32).

A primeira edição de *O livro dos espíritos* [...] era em formato grande, in-8o, com 176 páginas de texto, e apresentava o assunto distribuído em duas colunas. Quinhentas e uma perguntas e respectivas respostas estavam contidas nas três partes em que então se dividia a obra: "Doutrina Espírita", "Leis Morais", "Esperanças e Consolações". A primeira parte tem 10 capítulos; a segunda, 11; e a terceira, 3. Cinco páginas eram ocupadas com interessante índice alfabético das matérias, índice que nas edições seguintes foi cancelado (226, v. 2).

E assim surgiu, em 1857, O livro dos espíritos, obra básica, vital ao entendimento de toda a filosofia espírita. Pela primeira vez rasgavam-se os véus que ocultavam a Verdade. [...] (326, cap. 1.1).

Livro dos Médiuns (O)

O livro dos médiuns. Destina-se a guiar os que queiram entregar-se à prática das manifestações, dando-lhes conhecimento dos meios próprios para se comunicarem com os Espíritos. É um guia, tanto para os médiuns, como para os evocadores, e o complemento de *O livro dos espíritos* (107, it. 35).

[...] a segunda obra da Codificação, publicada em 1861 (janeiro), que englobava, outrossim, as "Instruções Práticas sobre as Manifestações Espíritas", publicadas em 1858, e era, conforme esclarece Allan Kardec, a continuação de *O livro dos espíritos*. A edição definitiva é a 2ª, de outubro de 1861.

Lê-se no frontispício da obra que ela "contém o ensino especial dos Espíritos sobre a teoria de todos os gêneros de manifestações, os meios de comunicação com o Mundo Invisível, o desenvolvimento da mediunidade, as dificuldades e os escolhos que se podem encontrar na prática do Espiritismo." [...]

Nesse livro se expõe, consequentemente, a parte prática da Doutrina, mediante o estudo sistemático e perseverante, como queria Kardec, de sua rica e variada fenomenologia, com base na pesquisa, por método científico próprio, o que não exclui a experimentação e a observação, enfim, todos os cuidados para se evitar a fraude e chegar-se à evidência dos fatos.

Mais de cem anos depois de publicado, *O livro dos médiuns* é ainda o roteiro seguro para médiuns e dirigentes de sessões práticas e os doutrinadores encontram em suas páginas abundantes ensinamentos, preciosos e seguros, que a todos habilitam à nobre tarefa de comunicação com os Espíritos, sem os perigos da improvisação, das crendices e do empirismo rotineiro, fruto do comodismo e da fuga ao estudo (110, pt. 2, Postulados e ensinamentos).

[...] constitui a base do aprendizado espírita, no que toca, especificamente, ao problema mediúnico (163, cap. 4.)

O livro dos médiuns se torna um manual indispensável aos que se dedicam ao intercâmbio mediúnico e, essencialmente, àqueles que têm a responsabilidade de conduzir os médiuns à educação e ao desenvolvimento de suas faculdades, [...] (311, pt.1, cap. 9.2).

Livro espírita

O livro espírita é dos maiores veículos de divulgação da Doutrina codificada por Allan Kardec, levando a mensagem para as mais longínquas partes do mundo (62, cap. 4)

[...] o intento de uma obra espírita [é] a sua finalidade moral-educativa-doutrinária e não propriamente a simples realização literária. [...] (168, cap. 6)

[...] é investimento seguro que valoriza nossa vida, rendendo inspiração e esclarecimento para a existência inteira.

É o melhor presente para o familiar que desejamos iniciar no conhecimento dos ascendentes espirituais que regem o destino humano; é o melhor conforto para o aflito;

o melhor remédio para o enfermo; a melhor caridade para o desajustado.

Presenteado, vendido, sorteado, emprestado, o livro espírita deve fazer parte do nosso esforço pela garantia de um Espiritismo legítimo e renovador, na construção de um mundo melhor (200, Uma tarefa para todos)

LÓGICA

[...] lógica é a razão em si mesma, em torno de situações, pessoas e coisas; fora dela, a paixão é capaz de gerar o crime, à conta de sentimento. [...] (304, cap. 21).

LOGOS

O princípio da inteligibilidade (compreensibilidade; faculdade de compreender), a razão. O *logos* é o princípio supremo de unificação, portador do ritmo, da justiça e da harmonia que regem o Universo (Heráclito); o princípio de ordem, mediador entre o mundo sensível e inteligível (Platão). Este último princípio é o mais vulgarizado (178, Glos.).

LOUCO

[...] Excetuados os casos puramente orgânicos, o louco é alguém que procurou forçar a libertação do aprendizado terrestre, por indisciplina ou ignorância. Temos neste domínio um gênero de suicídio habilmente dissimulado, a autoeliminação da harmonia mental, pela inconformação da alma nos quadros de luta que a existência humana apresenta. [...] (268, cap. 16).

O louco, em geral, considerando-se não só o presente, senão até o passado longínquo, é alguém que aborreceu as bênçãos da experiência humana, preferindo segregar-se nos caprichos mentais; e a entidade espiritual atormentada após a morte é sempre alguém que deliberadamente fugiu às realidades da vida e do Universo, criando regiões purgatórias para si mesmo. [...] (268, cap. 16).

LOUCURA

[...] provém de um certo estado patológico do cérebro, instrumento do pensamento; estando o instrumento desorganizado, o pensamento fica alterado. A loucura é, pois, um efeito consecutivo, cuja causa primária é uma predisposição orgânica, que torna o cérebro mais ou menos acessível a certas impressões; e isto é tão real que encontrareis pessoas que pensam excessivamente e não ficam loucas, ao passo que outras enlouquecem sob o influxo da menor excitação (108, cap. 1).

A loucura é tempestade que estala no cérebro por efeito de uma paixão chegada ao apogeu. [...] (18, cap. 6).

A loucura, propriamente dita, faz-se acompanhar sempre de um estado mórbido dos órgãos, que se traduz, as mais das vezes, por uma lesão. A alienação será, pois, uma enfermidade física quanto à sua causa, embora mental quanto à maioria dos seus efeitos. Pode a loucura transmitir-se por via hereditária, mas às vezes se transforma, quando manifesta nos descendentes (40, cap. 5).

Efetivamente, mesmo quando a alma esteja no pleno exercício daquela faculdade [pensante], uma vez que o cérebro padeça de lesão orgânica que o torne instrumento incapaz da boa transmissão, dar-se-á o caso da loucura, como dar-se-á o da cegueira, quando o olho, instrumento da visão, sofrer lesão, que tolha a passagem do raio luminoso (139, Introd.).

[...] pode-se dar e dá-se, mesmo, em larga escala sem a mínima lesão cerebral [...].

[...] a loucura pode ser também resultante da ação fluídica de Espíritos inimigos sobre a alma ou Espírito encarnado num corpo (203, Ensaio biográfico).

Ver também ALIENAÇÃO MENTAL *e* PERSONALIDADE PSICOPÁTICA

LOUVAÇÃO

A louvação consiste em exaltar os atributos da Divindade, não, evidentemente, com o propósito de ser-lhe agradável [...]. Há de traduzir-se, por um sentimento espontâneo e puro de admiração por aquele que, em todas as suas manifestações, se revela detentor da perfeição absoluta (28, A prece).

[...] louvar é também alegrar-se em pleno combate pela vitória do bem, agradecendo ao Senhor os motivos de sacrifício e sofrimento, buscando as vantagens que a adversidade e o trabalho nos trouxeram ao espírito (279, cap. 108).

Ver também ADORAÇÃO

LUA

[...] âncora do equilíbrio terrestre nos movimentos de translação que o globo efetuaria em torno da sede do sistema; o manancial de forças ordenadoras da estabilidade planetária e, sobretudo, o orbe nascente necessitaria da sua luz polarizada, cujo suave magnetismo atuaria decisivamente no drama infinito da criação e da reprodução de todas as espécies, nos variados reinos da Natureza (230, cap. 1).

Ver também SATÉLITE

LUCIDEZ SONAMBÚLICA

[...] faculdade, que a alma tem, de ver e sentir sem o concurso dos órgãos materiais. É um de seus atributos essa faculdade e reside em todo o seu ser, não passando os órgãos do corpo de estreitos canais por onde lhe chegam certas percepções. [...] (109, pt. 1, Manifestações dos Espíritos).

LUNÁTICO

Os *lunáticos* eram encarnados sujeitos a obsessões ou subjugações momentâneas, que se repetiam com certa regularidade (182, v. 1).

LUTA

[...] nos mundos inferiores, moradas e escolas das almas novas, a luta é a lei geral da Natureza e das sociedades. [...] (47, pt. 2, cap. 13).

Crede que a luta é a nossa eterna herança, / Com a qual marchamos plenos de esperança / Que une os mundos e os seres nos seus laços (248).

Lutar é perseverar no posto de trabalho que o Senhor nos confia, superando todas as inibições, com esquecimento de todo o mal e a valorização de todo bem (248).

[...] é o meio para o êxito na conquista da vida (250, cap. 32).

[...] A luta e o atrito são bênçãos sublimes, através das quais realizamos a superação de nossos velhos obstáculos. [...] (264, cap. 19).

[...] a luta constitui caminho para a divina realização. [...] (270, cap. 6).

A luta é um instrumento divino (298, cap. 18).

[...] A luta é instrumento de redenção! [...] (301, pt. 2, cap. 23).

LUXO

O luxo é o mausoléu dos que se avizinham da morte (307, cap. 37).

LUXÚRIA

Entre os chamados "pecados capitais" do gênero humano, nenhum outro há sido tão condenado quanto a luxúria, considerando-se tal todos os abusos e extravagâncias sexuais.
Trata-se, com efeito, de um vício de consequências terrivelmente danosas: gera enfermidades, avilta caracteres, produz loucuras, inspira crimes, arruína lares, destrói civilizações (30, cap. 30).

LUZ

[...] luz é, em suma, a forma mais sutil da matéria. [...] (63, cap. 2).

[...] é um modo de movimento, como o calor, e há tanta "luz" no espaço à meia-noite como ao meio-dia, isto é, as mesmas vibrações etéreas atravessando a imensidade dos céus. [...] (64, v. 1).

[...] constitui o modo de transmissão da história universal (68, 4ª narrativa).

[...] é o símbolo multimilenar do desenvolvimento espiritual. [...] (135, cap. 1).

M

MADRUGADA

[...] ocasião em que o ambiente terreno apresenta menores dificuldades para a ação dos trabalhadores espirituais. [...] (175, cap. 4).

MADUREZA

[...] o período áureo da reflexão, com as alegrias conscientizadas da vida (291, cap. 57).

MÃE

[...] é síntese de carinho, de abnegação, de ternura, de sacrifício, de labor sagrado, de imolação voluntária... é fragmentar o coração por diversos seres, continuando integral para o amor que consagra a todos eles (85, L. 2).

Mãe! aquela que ama o ser que Deus lhe enviou qual dádiva celeste, e a quem ela concede o atributo divino - a vida - olvidando todos os sofrimentos pelo amor que consagra a quem lhos fez padecer! Mãe! amiga incomparável dos arcanjos que quebram as asas ao deixar o Infinito constelado, para caírem no tétrico abismo da Terra - a mais extensa de todas as jornadas! - e os acolhe em seu generoso seio, beijando-os, desejando-lhes todas as venturas, todas as bênçãos celestiais, todas as alegrias mundanas! Mãe! aquela que padece as ingratidões dos filhos, chorando, suplicando ao Céu sempre e sempre auxílio, proteção para que sejam encaminhados ao bem e às venturas! Mãe! aquela que, na Terra, representa o próprio Criador do Universo, pois ela é quem nucleia e atrai a alma - fragmento divino, átomo do Pai Celestial - para torná-la movimentada, consciente pelo cérebro (85, L. 2).

[...] é a excelsa criatura que, na Terra, representa diretamente o Criador do Universo [...].

[...] Mãe é guia e condutora de almas para o Céu; é um fragmento da divindade na Terra sombria, com o mesmo dom do Onipotente: plasmar seres vivos, onde se alojam Espíritos imortais, que são centelhas deíficas! (87, L. 7, cap. 20).

Mãe, é o anjo que Deus põe junto ao homem desde que ele entra no mundo [...] (117, v. 2, cap. 20).

Mãe, que é mãe? É um ser todo amor, todo ternura, todo meiguice, todo suavidade.
Um ser que não tem vida própria, pois a sua vida é a do filho. Um ser que reúne todos os amores da Terra. Um ser que, qual divina vestal, sabe sustentar sempre vivo o fogo sagrado do amor (210, Reminiscências).
Mãe é alguém que se dilui na existência dos filhos, vendo o paraíso através dos seus olhos e existindo pelo ritmo dos seus corações, para elas transfigurados em santuário de amor (218, cap. 36).
Mãe quer dizer abnegação, desvelo, carinho, renúncia, afeto, sacrifício - amor - numa palavra. [...] (222, Mãe).

[...] A mãe, em sua perfeição, é o verdadeiro modelo, a imagem viva da educação. A perfeita educação, na essência de sua natureza, em seu ideal mais completo, deve ser a imagem da mãe de família. [...] (226, v. 1, cap. 14).

Um coração materno, em toda parte, é um celeiro de luz (248).

Porque, ser mãe, minha irmã, / É ser prazer sobre as dores, / É ser luz, embora a estrada / Tenha sombras e amargores (248).

Ser mãe é ser anjo na carne, heroína desconhecida, oculta à multidão, mas identificada pelas mãos de Deus (248).

Ser mãe é ser um poema de reconforto e carinho, proteção e beleza (266, cap. 3).

Mãe possui onde apareça / Dois títulos a contento: / Escrava do sacrifício, / Rainha do sofrimento (266, cap. 48).

Dizem que nosso Pai do Céu permaneceu muito tempo examinando, examinando... e, em seguida, chamou a Mulher, deu-lhe o título de Mãezinha e confiou-lhe as crianças.

Por esse motivo, nossa Mãezinha é a representante do Divino Amor no mundo, ensinando-nos a ciência do perdão e do carinho, em todos os instantes de nossa jornada na Terra. [...] (277, Mãezinha).

[...] E olvidaste, porventura, que ser mãe é ser médium da vida? [...] (289, cap. 16).

Pela escritura que trago, / Na história dos sonhos meus, / Mãe é uma estrela formada / De uma esperança de Deus (293, cap. 12).

Minha mãe – não te defino, / Por mais rebusque o abc... / Escrava pelo destino, / Rainha que ninguém vê (310, pt. 1, cap. 51).

Mãe solteira

As mães solteiras, com a maternidade fora do casamento, podem sofrer muita incompreensão e dificuldades na criação dos filhos, mas são consideradas verdadeiras heroínas em espírito, por resistirem com coragem às influências sombrias para a prática do aborto impiedoso. Em suas consciências apresenta-se a ideia iluminada de que – é preferível sofrer as incompreensões e o abandono dos familiares e do parceiro sexual a praticar o hediondo crime do aborto (12, cap. 20).

MAGIA

[...] é uma ciência-arte tão antiga quanto as primeiras conquistas culturais do homem. Reservada à intimidade dos santuários da Antiguidade oriental, é o uso do magnetismo, que começava a ser descoberto, da hipnose e do intercâmbio mediúnico, que os próprios imortais desencarnados propiciaram aos homens [...] (77, cap. 9).

A magia seria [...] uma ação consciente da vontade sobre a vida. A definição completa proposta por Papus é a seguinte:

É a aplicação da vontade humana dinamizada à evolução rápida das forças vivas da Natureza: [...] [Segundo Papus] são três as maneiras de agir sobre a Natureza: 1ª) *Fisicamente*, modificando a estrutura do ser ou de um ponto qualquer da Natureza, pela aplicação exterior de forças físicas, que utiliza o trabalho do homem. A agricultura, em todas as categorias, a indústria, com todas as suas transformações, entram neste quadro. 2ª) *Fisiológica* ou *astralmente*, modificando a estrutura de um ser, por meio da aplicação de certos princípios e de certas forças, não à forma exterior, mas aos fluidos que circulam dentro do aludido ser. A Medicina, em todos os seus ramos, é um exemplo desse caso [...]. 3ª) *Psiquicamente*, atuando diretamente, não sobre os fluidos, mas sobre os princípios que os põem em movimento (145, cap. 2, it. 2).

[...] prodígios que os padres operavam nos seus templos para chocar o espírito das massas, e cujo conhecimento, vindo do Oriente, constituía a ciência dos magos, ou a *magia* (181, A física da magia).

MAGNETISMO

O magnetismo, considerado em seu aspecto geral, é a utilização, sob o nome de fluido, da força psíquica por aqueles que abundantemente a possuem.

O magnetismo não se limita unicamente à ação terapêutica; tem um alcance muito maior. É um poder que desata os laços constritores da alma e descerra as portas do Mundo Invisível; é uma força que em nós dormita e que, utilizada, valorizada por uma preparação gradual, por uma vontade enérgica e persistente, nos desprende do pesadume carnal, nos emancipa das leis do tempo e do espaço, nos dá poder sobre a Natureza e sobre as criaturas (48, pt. 2, cap. 15).

[...] a palavra magnetismo tem sido usada, através dos tempos, com pelo menos dois significados bem diferentes. De um lado, temos o significado atribuído pela Ciência oficial; do outro, o utilizado nos tratados espiritualistas.

A Ciência usa o termo magnetismo para designar certos efeitos produzidos pelas cargas elétricas quando em movimento. A atração entre ímã e ferro é um exemplo.

Os espiritualistas entendem magnetismo como o produto das exteriorizações da mente, muito embora também admitam a possibilidade de sua produção a partir de outras estruturas menos complexas. Neste último caso as emanações magnéticas seriam, em consequência, menos elaboradas. [...]

Embora já no século XV se falasse em "simpatia magnética", foi somente nos séculos seguintes, principalmente com Van Helmont e Mesmer, que se tornou mais generalizado o interesse a respeito do magnetismo. Van Helmont, no século XVII, foi quem primeiro utilizou a expressão "magnetismo animal", e Mesmer teve tão destacada influência sobre o magnetismo que muitas vezes se confundem os termos magnetismo e mesmerismo, embora o mesmerismo seja na realidade o conjunto das ideias de Mesmer sobre o magnetismo e não o magnetismo propriamente dito. [...] Sob a forma do *passe*, o magnetismo é, hoje, largamente utilizado, principalmente nas casas espíritas.

Na liturgia atual da igreja Católica o passe também pode ser identificado na imposição de mãos dos padrinhos, em certos momentos das cerimônias de casamentos e batismo. Vamos encontrá-lo, também, nos exorcismos e nas bênçãos de um modo geral (94, pt. 2, cap. 1).

[...] O magnetismo é uma transfusão de vida espiritualizada do organismo do operador para o do paciente (137, cap. 1).

[...] é uma propriedade da alma; o corpo é a máquina por intermédio do qual ele se filtra (141, cap. 3).

[...] processo pelo qual o homem, emitindo os fluidos do seu perispírito, age sobre outro homem, bem como sobre todos os corpos animados ou inanimados (141, cap. 3).

O magnetismo é o agente universal que aciona tudo, porque tudo está submetido à influência magnética. A atração, efeito do magnetismo, se opera em todos os reinos da Natureza. Assim, pela atração magnética é que o macho se aproxima da fêmea, nos desertos da terra. É ainda pela atração magnética que o princípio fecundante é levado de uma flor a outra; que, nas entranhas do planeta, as substâncias se agregam, para formar os minerais; que as águas se orientam para as terras áridas, precisadas de fertilização (193).

[...] O magnetismo é uma força universal que assume a direção que lhe ditarmos. [...] (264, cap. 15).

O magnetismo é um fenômeno da vida, por constituir manifestação natural em todos os seres (273, q. 26).

[...] o magnetismo pessoal, divino, humano ou perverso é uma fonte geratriz das mais importantes, nas expressões do bem ou do mal (297, cap. 9).

[...] O magnetismo, enquanto disciplina científica, é a parte da Física que estuda os materiais magnéticos, os que são capazes de atrair ou repelir outros materiais, eletricamente carregados. "O magnetismo, considerado em seu aspecto geral, é a utilização, sob o nome de fluido, da força psíquica por aqueles que abundantemente a possuem". [...] (328, cap. 2.5).

MAGNETISMO ANIMAL

ver MAGNETISMO HUMANO

Magnetismo espiritual

[A ação magnética pode produzir-se] pelo fluido dos Espíritos, atuando diretamente e sem intermediário sobre um encarnado, seja para o curar ou acalmar um sofrimento, seja para provocar o sono sonambúlico espontâneo, seja para exercer sobre o indivíduo uma influência física ou moral qualquer. É o *magnetismo espiritual*, cuja qualidade está na razão direta das qualidades do Espírito [...] (101, cap. 14, it. 33).

[...] [Ação produzida] pelo fluido de que os Espíritos invisíveis inundam diretamente um encarnado (134, 33ª efusão).

O magnetismo espiritual resulta da concentração da vontade dos Espíritos, concentração por meio da qual estes reúnem à volta de si os fluidos, quaisquer que sejam, encerrados no ser humano ou disseminados no espaço, e os dispõem de modo a exercerem ação sobre o homem ou sobre as coisas, produzindo os efeitos por eles desejados (182, v. 1).

Magnetismo humano

[A ação magnética pode produzir-se] pelo próprio fluido do magnetizador; é o magnetismo propriamente dito, ou *magnetismo humano*, cuja ação se acha adstrita à força e, sobretudo, à qualidade do fluido [...] (101, cap. 14, it. 33).

[...] ação magnética [...] produzida pela vontade de um encarnado sobre outro encarnado [...] (134, 33ª efusão).

O magnetismo humano consiste na concentração, por efeito da vontade do homem, dos fluidos existentes nele e na atmosfera que o cerca, e mediante os quais, a certa distância, ele atua sobre outro homem ou sobre as coisas (182, v. 1).

Magnetismo misto

[A ação magnética pode produzir-se] pelos fluidos que os Espíritos derramam sobre o magnetizador, que serve de veículo para esse derramamento. É o *magnetismo misto, semiespiritual*, ou, se o preferirem, *humano espiritual*. [...] (101, cap. 14, it. 33).

MAGNETIZADOR

[...] os magnetizadores, em face da Doutrina Espírita, não podem ser considerados senão como verdadeiros médiuns curadores (141, cap. 3).

Ver também MÉDIUM CURADOR

MAGNETÔMETRO

[...] aparelho inventado pelo abade Fortin para medir a intensidade do fluido magnético [...] (161, cap. 5).

MAGO

[...] os magos, originários, segundo Lewis Spence, da antiga Pérsia, eram cultores da sabedoria de Zoroastro. [...] "Religião, filosofia e ciência [...] estavam todas em suas mãos. Eram médicos universais que curavam os doentes do corpo e do espírito e em estrita consistência com essas características, socorriam as mazelas do Estado que é apenas o homem em sentido mais amplo." (145, Magos e feiticeiros).

Tinham [os magos] conhecimento do magnetismo e do sonambulismo, do desprendimento da alma no estado sonambúlico e durante o sono, da faculdade, que a alma possui, de, nesse estado de desprendimento, comunicar com os Espíritos, quer sob a influência magnética, quer em sonho, durante o sono (182, v. 1).

MAIÊUTICA

[...] maiêutica, ou arte de dar à luz, para despertar em suas mentes saberes que estavam adormecidos (313, cap. 16).

MAIORIDADE ESPIRITUAL

[...] a aceitação e a vivência dos princípios morais do Evangelho de Jesus são condições fundamentais a serem cumpridas, a fim de que as Inteligências Superiores outorguem ao homem terrestre o diploma de maioridade espiritual que lhe permitirá o ingresso efetivo no mundo de relações com a comunidade cósmica a que pertence (188, cap. 1).

MAL

[...] O mal é a antítese do bem [...] (104, pt. 2, cap. 7).

[...] o mal, tudo o que lhe é contrário [à Lei de Deus]. [...] Fazer o mal é infringi-la (106, q. 630).

O mal é todo ato praticado pelas mãos, pelos pensamentos e pelas palavras, contrários às Leis de Deus, que venha prejudicar os outros e a nós mesmos. As consequências imediatas ou a longo prazo virão sempre, para reajustar, reeducar e reconciliar os Espíritos endividados, mas toda cobrança da Justiça Divina tem o seu tempo certo (12, cap. 20).

[...] apenas um estado transitório, tanto no plano físico, no campo social, como na esfera espiritual (28, O problema do mal).

[...] apenas a ignorância dessa realidade [do bem], ignorância que vai desaparecendo, paulatinamente, através do aprendizado em vidas sucessivas (28, Os Espíritos podem retrogradar?).

[...] é a luta que se trava entre as potências inferiores da matéria e as potências superiores que constituem o ser pensante, o seu verdadeiro "eu". [...] (45, cap. 7).

[...] O mal não é mais que um efeito de contraste; não tem existência própria. O mal é, para o bem, o que a sombra é para a luz. [...] (45, cap. 10).

[...] estado de inferioridade e de ignorância do ser em caminho de evolução. [...] O mal é a ausência do bem. [...] (50, cap. 6).

O mal é a consequência da imperfeição humana. [...] (50, cap. 9).

[...] é apenas o estado transitório do ser em via de evolução para o bem; o mal é a medida da inferioridade dos mundos e dos indivíduos [...] (52, pt. 2, cap. 18).

O mal é toda ação mental, física ou moral, que atinge a vida perturbando-a, ferindo-a, matando-a (76, cap. 34).

[...] é a treva, na qual um foco de luz tem mais realce. O mal é a transgressão às leis celestes e sociais. O mal é a força destruidora da harmonia universal: está em desencontro aos códigos celestiais e planetários; gera o crime, que é o seu efeito, e faz delinquentes sobre os quais recaem sentenças incoercíveis, ainda que reparadoras (85, L. 2).

[...] é a prática de atos contrários às Leis Divinas e sociais, é o sentimento injusto e nocivo que impede a perfeição individual, afastando os seres das virtudes espirituais. [...] (85, L. 2).

O mal é a medida da inferioridade dos mundos e dos seres.

[...] é consequência da imperfeição do Espírito, sendo a medida de seu estado íntimo, como Espírito (90, Geley: Apóstolo da Ciência Cristã).

Perturbação em os fenômenos, desacordo entre os efeitos e a causa divina (92, 1ª pt., cap. 7).

[...] O mal é um incidente passageiro, logo absorvido no grande e imperturbável equilíbrio das leis cósmicas (135, cap. 18).

O mal só existe porque ainda há Espíritos ignorantes de seus deveres morais. [...] (138, A prece do coração amargurado).

[...] uma enfermação, uma degenerescência, um aviltamento do bem, sempre de natureza transitória. Ele surge da livre ação filiada à ignorância ou à viciação, e correspondente a uma amarga experiência no aprendizado ou no aprimoramento do espírito imortal.

[...] O mal é a [...] deformação transitória [do bem], que sempre é reparada por quem lhe dá causa, rigorosamente de acordo com a lei de justiça, imanente na Criação Divina (188, cap. 5).

[...] é geratriz de desequilíbrios, frustrações e insuportável solidão (195, pt. 1, cap. 13).

[...] será sempre representado por aquela triste vocação do bem unicamente para nós mesmos, a expressar-se no egoísmo e na vaidade, na insensatez e no orgulho que nos assinalam a permanência nas linhas inferiores do espírito (231, cap. 7).

[...] significa sentença de interdição, constrangendo-nos a paradas mais ou menos difíceis de reajuste (231, cap. 19).

[...] é a estagnação (239, cap. 35).

O mal que esparge, às mãos cheias. / Calúnias, golpes, labéus, / É benefício do mundo / Que ajuda a escalar os Céus (248).

[...] é sempre um círculo fechado sobre si mesmo, guardando temporariamente aqueles que o criaram, qual se fora um quisto de curta ou longa duração, a dissolver-se, por fim, no bem infinito, à medida que se reeducam as Inteligências que a ele se aglutinam e afeiçoam. [...] (252, cap. 1).

[...] O mal é como a fogueira. Se não encontra combustível, acaba por si mesma (254, 5ª reunião).

[...] O mal é, simplesmente, o amor fora da Lei (255, Amor).

O mal, em qualquer circunstância, é desarmonia à frente da Lei e todo desequilíbrio redunda em dificuldade e sofrimento (256, cap. 176).

O mal é o desperdício do tempo ou o emprego da energia em sentido contrário aos propósitos do Senhor (264, cap. 1).

O mal não é e não poderia jamais ser produto da Criação divina. Aqueles que acreditam que o mal provém de Deus ainda não compreenderam a magnitude do Criador. [...] (312, cap. 7).

Não há mal na Terra, senão em nós mesmos — mal de nossa rebeldia multimilenária diante da Eterna Lei do Amor — gerando os males que nos marcam a imprevidência (349, cap. 22).

Ver também IGNORÂNCIA

MALEDICÊNCIA

A maledicência é cultura de inutilidade em solo apodrecido (76, cap. 30).

Maledicência é o ato de falar mal das pessoas.

[...] É mais terrível do que uma agressão física. Muito mais do que o corpo, fere a dignidade humana, conspurca reputações, destrói existências (199, Autofagia).

Maledicência não resolve problema algum. Além disso, é sempre um corredor para a vala das trevas (254, 3ª reunião).

Falar mal, na legítima significação, será render homenagem aos instintos inferiores e renunciar ao título de cooperador de Deus para ser crítico de suas obras (256, cap. 151).

[...] tóxico sutil que pode conduzir o discípulo a imensos disparates (256, cap. 151).

MALEDICENTE

O maledicente é atormentado que se debate nas lavas da própria inferioridade. Tem a visão tomada e tudo vê através das pesadas lentes que carrega (76, cap. 30).

MAMOM

Mamom era um dos deuses adorados pelos sírios, na Antiguidade. Representava as riquezas e daí suas estátuas serem fundidas em metal precioso: ouro ou prata (29, Ninguém pode servir a dois senhores).

[...] Mamom era uma divindade que os povos antigos adoravam, feita de prata ou de ouro, principalmente de ouro, representando mais ou menos o que representava o Júpiter dos romanos, isto é, os vícios da Humanidade com todo o seu cortejo, o que explica o pensamento de Jesus: "*Não podeis servir a dois senhores ao mesmo tempo*". (182, v. 1).

MANDAMENTO

ver DECÁLOGO

MANDAMENTO MAIOR

[...] Amarás o Senhor teu Deus, de todo teu coração, de toda a tua alma, de todo o teu espírito. – Esse o maior e o primeiro mandamento. – E aqui está o segundo, que é semelhante ao primeiro: Amarás o teu próximo, como a ti mesmo. – Toda lei e os profetas se acham contidos nesses dois mandamentos (105, cap. 15, it. 4).

MANDATO MEDIÚNICO

Mandato mediúnico – porto de chegada de todos os obreiros da seara mediúnica – exige condições especialíssimas, tais como: a) Bondade; b) Discrição; c) Discernimento; d) Perseverança; e) Sacrifício (161, cap. 24).

[...] Um mandato mediúnico reclama ordem, segurança, eficiência. [...]

[...] É uma delegação de poder obtida pelo crédito moral, sem ser um atestado de santificação. [...] (269, cap. 16).

MANICÔMIO

[...] é também refúgio levantado pela Divina Providência para expurgar nossas culpas [...] (309, 2ª pt., cap. 10).

Ver também HOSPÍCIO

MANIFESTAÇÃO ESPÍRITA

[...] as manifestações espíritas não são mais do que efeitos das propriedades da alma. [...] (107, it. 4).

Na área da mediunidade [...] o fim essencial da manifestação espírita é facultar a constatação da imortalidade da alma e todas as decorrências que lhe dizem respeito, como sejam: a mudança profunda de conduta, tendo em vista o futuro que será conquistado posteriormente; o conforto moral para familiares aflitos, em face do retorno daqueles que eram considerados aniquilados e, no entanto, vivem; a adoção de um comportamento plenificador; o estabelecimento de uma ponte espiritual que faculte o trânsito entre o mundo físico e o transcendental.. (75, Consciência).

[...] As manifestações espíritas constituem a base sobre a qual foi constituído todo o edifício do Cristianismo. O primitivo Cristianismo, como foi pregado pelo seu fundador, é idêntico ao puro Espiritismo (191, cap. 2).

MANIFESTAÇÃO ESPONTÂNEA

As manifestações espontâneas nem sempre se limitam a ruídos e pancadas. Degeneram, por vezes, em verdadeiro estardalhaço e em perturbações. Móveis e objetos diversos são derribados, projéteis de toda sorte são atirados de fora para dentro, portas e janelas são abertas e fechadas por mãos invisíveis, ladrilhos são quebrados, o que não se pode levar à conta da ilusão.
Muitas vezes o derribamento se dá, de fato; doutras, porém, só se dá na aparência. Ouvem-se vozerios em aposentos contíguos, barulho de louça que cai e se quebra com estrondo, cepos que rolam pelo assoalho. Acorrem as pessoas da casa e encontram tudo calmo e em ordem. Mal saem, recomeça o tumulto (107, it. 87).

[...] se dão em qualquer lugar, quando menos se espera e à revelia do médium (98, Nota da 2ª ed.).

MANIFESTAÇÃO FÍSICA

Dá-se o nome de manifestações físicas às que se traduzem por efeitos sensíveis, tais como ruídos, movimentos e deslocação de corpos sólidos. Umas são espontâneas, isto é, independentes da vontade de quem quer que seja; outras podem ser provocadas. [...] (107, it. 60).

[...] as manifestações físicas [...] são o alfabeto da ciência [espírita], da qual deram a chave. [...] (108, cap. 2, it. 47).

MANIFESTAÇÃO INTELIGENTE

Para uma manifestação ser inteligente, indispensável não é que seja eloquente, espirituosa ou sábia; basta que prove ser um ato livre e voluntário, exprimindo uma intenção, ou respondendo a um pensamento. [...] (107, it. 66)

Ver também COMUNICAÇÃO INTELIGENTE *e* EFEITOS INTELIGENTES

MANIQUEÍSMO

O termo *maniqueísmo* vem de Mani, que era o deus persa, formado metade do corpo pelo bem, metade pelo mal. A adoração a esse deus considerava o mundo como um campo de batalha de duas grandes legiões: a do bem e a do mal. As igrejas que se organizam sobre essa base filosófica consideram que os que estão do seu lado pertencem ao bem, os que se opõem são evidentemente da facção do mal. Surgem aí o dogmatismo, como instrumento de dominação das coletividades humanas, os anátemas, os conflitos, as guerras religiosas, a inquisição, todo o derramamento de sangue, que marcaram a nossa História com o ódio.

[...] O Espiritismo, contudo, não está imune à influência do pensamento maniqueísta e, dentro do próprio Movimento Espírita, podemos surpreender atitudes, opiniões e pregações que se organizam sobre essa base filosófica. É preciso que estejamos atentos e vigilantes quanto a isso (204, Infância – tempo de semear)..

MANJEDOURA

[...] é a humildade. [...] (212, cap. 17).

[...] A manjedoura e a cruz ainda constituem o maior tesouro dos humildes e dos infortunados. [...] (247, cap. 26).

MANSO

O indivíduo manso é tão somente alguém que conseguiu superar os impulsos agressivos que caracterizam o estágio evolutivo em que nos encontramos, tornando-se senhor de si mesmo.

[...] detém uma compreensão que lhe permite sobrepor-se aos acontecimentos, e, embora não fique impassível, não apresenta reações negativas (200, Mansidão).

MAR

O mar é a fotografia da Criação. Todo ele se pode dizer renovação e vida, tendo em si duas forças em contínuo trabalho – a da atração e a da repulsão, que se completam na eterna luta, pois, se faltasse uma, nulo estaria o trabalho da outra (55, Um adeus).

O mar, gigante a agitar-se / Em primitivos lamentos, / É o servidor do equilíbrio / Dos terrestres elementos (246, cap. 18).

MARIA DE MAGDALA

Um grande exemplo de amor de Jesus para com as mulheres esquecidas vemos na figura de Maria de Magdala. Maria, depois de ouvir os ensinamentos de Jesus, sentiu-se tocada profundamente nas fibras mais sensíveis da alma e desejava ardentemente buscar uma vida nova. Concentrando seus pensamentos mais sinceros, deixou o ambiente de luxo e prazer e caminhou movida pelo intuito de dialogar com o Senhor e expor-lhe suas intenções mais puras. Encontrou o Mestre amado na residência humilde do Apóstolo Pedro e confessou-lhe todos os seus anseios de seguir os ensinamentos sublimes. [...] Depois desse encontro maravilhoso, Madalena consagrou-se de alma e coração aos serviços do Evangelho, chegando a conviver com os leprosos abandonados, a fim de levar-lhes seu amor, sua amizade e os ensinamentos libertadores do Cristo. Seus trabalhos e suas lutas para a reforma íntima foram imensos [...].

Quantos que na época de Jesus acusaram e criticaram duramente o comportamento irregular de Madalena e, por sua vez, não fizeram sua própria renovação de vida em Jesus Cristo? Maria de Magdala estava em erro, mas, quando acordou para a Vida Superior, caminhou decididamente no aperfeiçoamento interior e transformou-se num dos grandes expoentes do Cristianismo nascente.

Em nossas lutas e conflitos íntimos, busquemos ter em Maria de Magdala – o exemplo de decisão, o modelo moral de humildade e a força sincera do coração, para seguir Jesus, na conquista de uma vida afetiva mais nobre e mais pura (12, cap. 8).

MARTE

[...] é [planeta] mais antigo e mais adiantado do que a Terra no seu ciclo vital; está também, podemos dizer, mais evolvido do que o nosso planeta, considerando-se o conjunto de condições de habitabilidade, e a duração dos períodos que medem a existência [...] (67, Os outros mundos).

Depois da Terra, encontramos Marte, cujas analogias com o nosso globo são muito notáveis. Esse planeta avermelhado, afastado do Sol 58 milhões de léguas, completa em 686 dias a sua revolução anual e em 24 horas a sua rotação diurna. É, de todos os do sistema, o que melhor conhecemos. Os nossos astrônomos conseguiram levantar-lhe excelente carta, onde se lhe desenham os mares, os golfos e os continentes, carta que nos dá ideia muito favorável desse mundozinho, onde as terras, cortadas por inúmeros canais, lembram um pouco Veneza. [...] (134, 4ª efusão).

MARTÍRIO

O martírio real é o que retalha a alma, / a ponta de um aleive, o fel da ingratidão! [...] (44, O corpo de Jesus).

MATÉRIA

[...] Na realidade, a solidificação da matéria não é mais do que um estado transitório do fluido universal, que pode volver ao seu estado primitivo, quando deixam de existir as condições de coesão (101, cap. 14, it. 6).

A matéria é o laço que prende o Espírito; é o instrumento de que este se serve e sobre o qual, ao mesmo tempo, exerce sua ação.
[...] é o agente, o intermediário com o auxílio do qual e sobre o qual atua o Espírito (106, q. 22ª).

A matéria é apenas o envoltório do Espírito, como o vestuário o é do corpo. [...] (106, q. 367).

A Física subatômica subverteu completamente o conceito de matéria da Física clássica, assim como os conceitos de espaço, tempo, causa, efeito, etc. Kapra assinala que essa disciplina conduziu a Humanidade a uma visão onde a Ciência, a Filosofia e a Religião não se encontram mais separadas. Ora, há mais de um século era exatamente essa a visão da Doutrina Espírita, sistematizada por A. Kardec.
Esse posicionamento também foi alcançado pela Filosofia grega do século VI a.C., especialmente entre os sábios da escola de Mileto. Essa visão organística do Universo também foi atingida pelos grandes místicos do Oriente, conforme demonstra F. Kapra em sua obra já citada. Para esse autor, a linguagem do Budismo, do Taoísmo e do Hinduísmo tende a se confundir com a linguagem da Teoria Quântica (9, cap. 3).

As modalidades da matéria ou da força movimentam-se num ciclo fechado – o ciclo das transformações. Elas podem mover-se umas nas outras, substituírem-se alternativamente por mudanças na frequência, na amplitude ou na direção dos movimentos vibratórios. [...] (40, cap. 6).

[...] Matéria é: associação de energias (radiação universal, desassociação dos átomos). [...] (44, pt. 2).

A matéria não é mais que a vestimenta, a forma sensível e mutável, revestida pela vida [...] (50, pt. 1, cap. 1).

[...] é um modo, uma forma transitória da substância universal [...].

"A matéria", diz W. Crookes, "é um modo do movimento" (50, pt. 1, cap. 2).

[...] A matéria não é substância sólida e espaçosa; é um complexo de centros de forças. [...] (68, 4ª narrativa).

[...] puro dinamismo insubstancial, um congelamento da energia. [...] (129, v. 4).

[...] energia concentrada [...] (148, cap. 5).

[...] simples vestimenta das forças que servem [o Espírito] nas múltiplas faixas da Natureza... (188, cap. 1).

Chama-se comumente de matéria a tudo o que tem volume e massa, compreendendo-se nessa definição os sólidos e os fluidos. Os sólidos caracterizam-se pela coesão de suas moléculas constitutivas, sempre maior do que as repulsões eventualmente existentes entre elas; pela disposição espacial regular de suas partículas; por sua forma própria e definida; por sua rigidez e elasticidade e por sua pequena compressibilidade. [...] (188, cap. 3).

Já vimos – diz Sua Voz, em *A grande síntese* – que a matéria é um dinamismo incessante e que a sua rigidez é apenas aparente, devida à extrema velocidade que a anima [...]. A matéria é pura energia. Na sua íntima estrutura atômica, é um edifício de forças. [...] (188, cap. 3).

A matéria, embora viva com os milhões de corpúsculos que a constituem, é recurso passivo, ante a vibração espiritual (248).

A matéria congregando milhões de vidas embrionárias, é também a condensação da energia, atendendo aos imperativos do *eu* que lhe preside à destinação (264, cap. 1).

Ver também ENERGIA

Matéria densa

[...] conjunto das vidas inferiores incontáveis, em processo de aprimoramento, crescimento e libertação (264, cap. 1).

Matéria mental

[...] obedece aos mesmos princípios fundamentais que regem o mundo físico. [...]

Sob o influxo da atividade mental, a glândula perispirítica que corresponde à hipófise do soma carnal segrega uma espécie de hormônio, semelhante à tireotrofina, cuja ação estimuladora auxilia a produção, pela tireoide perispiritual, de uma secreção semelhante à tiroxina, cujo trabalho não somente influi no metabolismo do corpo espiritual, mas atua, além disso, como importante fator de equilíbrio ou de desequilíbrio da estrutura celular do psicossoma (188, cap. 5).

Como alicerce vivo de todas as realizações nos planos físico e extrafísico, encontramos o pensamento por agente essencial. Entretanto, ele ainda é matéria – a matéria mental, em que as leis de formação das cargas magnéticas ou dos sistemas atômicos prevalecem sob novo sentido, compondo o maravilhoso mar de energia sutil em que todos nos achamos submersos e no qual surpreendemos elementos que transcendem o sistema periódico dos elementos químicos conhecidos no mundo (306, cap. 4).

Ver também PENSAMENTO

Matéria primitiva

[...] fluido cósmico universal, cujas inúmeras modificações constituem a imensa variedade dos corpos da Natureza. Condensado até certo ponto, pode ele formar os mais duros metais, como a platina. Dilatado em proporções extremas chama-se *éter* e tão leve é o éter que uma coluna desse fluido, grossa como a Terra e tendo por altura a distância que vai daqui ao Sol, pesaria menos do que um centímetro cúbico de ar respirável. Porém, uma incontável série de graus intermediários separam esses dois extremos (134, 33ª efusão).

Ver também FLUIDO CÓSMICO UNIVERSAL

MATERIALISMO

[...] é uma das chagas da sociedade [...] (106, q. 799).

[...] O materialismo é o maior inimigo da religião [...] (110, Discurso...).

Finalmente, a filosofia materialista e cética, que há muito tempo constitui o ensino científico é uma das principais causas desse retardamento no estudo dos fenômenos psíquicos (57, Introd.).

Acreditamos que o materialismo, mais do que uma expressão de filosofia negativa, é essa atitude mental em que nos demoramos, atribuindo às coisas da Terra uma importância acima da que lhes é devida e tudo centralizando de nossos anseios nessa mesma área (100, Materialismo).

Sistema dos que negam a existência da alma, entendendo que tudo é matéria e não há substância imaterial (178, Glos.).

[...] restringe todas as operações da alma aos movimentos do cérebro material [...] (191, cap. 1).

O materialismo é fruto de um pensamento cientificista ocidental, digo, cientificista antiquado, que toma a Física e a Matemática por base, invertendo a ordem de prioridades natural. [...] (315, pt. 1, 4).

[...] se processa pela condensação do ectoplasma, que, no ensinamento de Gustave Geley, um dos mais sérios experimentadores de efeitos físicos, "se apresenta em primeiro lugar, para a observação, com a aparência de uma substância amorfa, ora sólida, ora vaporosa; depois, muito rapidamente, de um modo geral, o ectoplasma amorfo se recompõe, [...] (344, cap.8.3).

Ver também DOUTRINA MATERIALISTA

MATERIALISTA

Entre os materialistas, importa distinguir duas classes: colocamos na primeira os que o são por *sistema*. Nesses, não há a dúvida, há a negação absoluta, raciocinada a seu modo. O homem, para eles, é simples máquina, que funciona enquanto está montada, que se desarranja e de que, após a morte, só resta a carcaça. [...]

A segunda classe de materialistas, muito mais numerosa do que a primeira, porque o verdadeiro materialismo é um sentimento antinatural, compreende os que o são por indiferença, *por falta de coisa melhor*, pode-se dizer. Não o são deliberadamente e o que mais desejam é crer, porquanto a incerteza lhes é um tormento. Há neles uma vaga aspiração pelo futuro; mas esse futuro lhes foi apresentado com cores tais, que a razão deles se recusa a aceitá-lo. Daí a dúvida e, como consequência da dúvida, a incredulidade. Esta, portanto, não constitui neles um sistema (107, it. 20 e 21).

MATERIALIZAÇÃO

[...] O fenômeno de materialização se produz a expensas do corpo do médium, que fornece os elementos necessários, isto é, que um certo grau de desmaterialização do médium corresponde ao começo inevitável do fenômeno de materialização do Espírito. [...] (4, cap. 1).

[...] experiências que estabelecem positivamente a existência real e objetiva dos Espíritos, demonstrando que, em certas circunstâncias, pode-se constatar a sua presença com tanto rigor e pelos mesmos processos que vulgarmente são empregados quando se trata de uma pessoa viva. Podemos vê-los, tocá-los, fotografá-los, ouvi-los falar; em uma palavra, nos certificarmos por todos os meios possíveis de que, temporariamente, eles são tão vivos como os observadores. Esses fenômenos são chamados *materializações* (43, cap. 4).

Chamamos *materialização* ao fenômeno pelo qual um Espírito se mostra com um corpo físico, tendo todas as aparências da vida normal. [...] (43, cap. 4).

A materialização é, por assim dizer, uma espécie de *reencarnação momentânea*; a inteligência, alma ou Espírito do morto entra durante algum tempo em uma forma quase material, criada com o corpo psíquico do médium de um lado e elementos materiais tomados aos assistentes. [...]

É um processo de formação fluídica extremamente delicado [...] (57, pt. 2, cap. 4).

[...] é um *simili do ser humano* que anda, fala, sorri, e mesmo escreve, deixando assim provas tangíveis da sua realidade (57, pt. 2, cap. 4).

Nos casos espontâneos, aliás raros [de materialização], nota-se a formação de um organismo – a distância e, às vezes, bem afastado do *sujet* – parecendo sua cópia minuciosa, o seu duplo (90, pt. 1, cap. 2).

Trata-se da criação *ex-novo* de formas mais ou menos organizadas que têm os característicos físicos assinalados da matéria, isto é, de serem resistentes ao tato e ao senso muscular (tangíveis), e, algumas vezes, dotadas de luz própria (luminosas), e mais geralmente capazes de deter os raios exteriores de luz (fazendo-se visíveis) (130, pt. 2, cap. 2).

[...] é o fenômeno pelo qual os Espíritos se corporificam, tornando-se visíveis a quantos estiverem no local das sessões (161, cap. 42).

A materialização é uma operação delicadíssima, que consiste na combinação de fluidos vitais e materiais do médium e dos próprios assistentes com os do Espírito manifestante, até adquirir a aparência de uma pessoa física (215, cap. 6).

Ver também TELEPLASTIA

Materialização completa

[...] forma humana completamente visível e tangível que, para a vista comum, não difere em nada dum corpo humano vivo. Este fenômeno é o desenvolvimento mais elevado, o *non plus ultra* da materialização, durante a qual o médium acha-se isolado na obscuridade e geralmente em transe (sono magnético) (4, cap. 1).

As materializações completas, obtidas experimentalmente nas sessões mediúnicas, apresentam importantes característicos a considerar: a forma materializada [...] é, às vezes, completa, ossos, músculos, vísceras, em nada diferindo de um vivente, pelo funcionamento orgânico. Assemelha-se, mais ou menos, com o médium. Às vezes a parecença é suficientemente forte para dar a impressão de um verdadeiro desdobramento dele.

De outras, a forma difere do *sujet* por importantes peculiaridades como, por exemplo, cor dos olhos e dos cabelos, proporção, sexo, etc (90, pt. 1, cap. 2).

Materialização incompleta

[...] Aparições de formas escuras, de caráter indeterminado ou pouco evidente. São as materializações incompletas. [...] (130, pt. 2, cap. 2).

Materialização invisível primordial

A *materialização invisível primordial* corresponde a uma *desmaterialização mínima e invisível do médium*, que se conserva visível (4, cap. 1).

Materialização visível

A materialização visível, mas parcial, incompleta quanto à forma ou à essência, corresponde a uma desmaterialização máxima ou completa do médium até ao tempo em que, por sua vez, ele se torna *invisível* (4, cap. 1).

MATERIALIZAR

Materializar é adensar, reconverter valores fluídicos, tangibilizar o que é sutil e indefinível ainda, no quadro dos conhecimentos terrestres (248).

MATERNIDADE

A maternidade é luz divina [...] (79, L. 1, cap. 4).

[...] é sempre o venerado altar onde se manifesta gloriosa, mesmo quando se trata de uma maternidade atormentada... A maternidade é o berço da grandeza humana, e a mulher, por isso mesmo, é sacrário maternal. [...] (189, cap. 3).

A maternidade éa escola abençoada do sentimento, onde as almas estagiam, em divino aprendizado, por vidas e vidas, séculos e séculos, provas e provas (218, cap. 36).

[...] é sagrado serviço espiritual em que a alma se demora séculos, na maioria das vezes aperfeiçoando qualidades do sentimento (252, cap. 28).

Maternidade na vida, / Que o saiba quem não souber, / É uma luz que Deus acende / No coração da mulher (293, cap. 12).

[...] é a plenitude do coração feminino, que norteia o progresso.

[...] traduz intercâmbio de amor incomensurável, em que desponta, sublime e sempre novo, o ensejo de burilamento das almas na ascensão dos destinos.

Principais responsáveis por semelhante concessão da Bondade Infinita, as mães guardam as chaves de controle do mundo (307, cap. 50).

– Minha filha, a maternidade é um privilégio que Deus concedeu à mulher. Toda mulher desfruta desse privilégio da Providência Divina, mas os filhos excepcionais são confiados tão somente às grandes mulheres, que demonstram uma capacidade de amar até o infinito (1, O presente é minha realidade).

Quando se fala em maternidade consciente, importa entender que há dentro da mulher um lado bruxa e um lado fada, e, a partir daí, cada mãe deve analisar qual desses dois lados está predominando em sua relação com seu filho. [...]

[...] Precisamos ver na maternidade o chamamento para colaborar com Jesus em seu propósito de evangelizar o mundo. [...] (204, Mulher-mãe).

A maternidade é para a mulher a missão mais sublime porque a coloca como cocriadora da vida. [...] (342, cap. 9).

A maternidade é uma missão sublime concedida à mulher, a qual tem grande poder no papel de educadora, pois, devido ao contato prolongado com a infância de seus filhos, é ela quem lhes dá as primeiras noções de vida (345, cap. 16).

Maternidade e paternidade

Maternidade e paternidade são magistérios sublimes (307, cap. 16).

MATRIMÔNIO

O matrimônio na Terra é sempre uma resultante de determinadas resoluções, tomadas na vida do Infinito, antes da reencarnação dos Espíritos, seja por orientação dos mentores mais elevados, quando a entidade não possui a indispensável educação para manejar as suas próprias faculdades, ou em consequência de compromissos livremente assumidos pelas almas, antes de suas novas experiências no mundo; razão pela qual os consórcios humanos estão previstos na existência dos indivíduos, no quadro escuro das provas expiatórias, ou no acervo de valores das missões que regeneram e santificam (273, q. 179).

Meus irmãos, o matrimônio / É um instituto divino, / Onde o trabalho em comum / É luz de amor e ensino (248).

Ocorre, porém, que o matrimônio é uma quebra de amarras através da qual o navio da existência larga o cais dos laços afetivos em que, por muito tempo, jazia ancorado. [...] (294, cap. 12).

Ver também CASAMENTO *e* MONOGAMIA

MAUS ESPÍRITOS

[...] os maus Espíritos são os inimigos da união e da concórdia [...] (110, Resposta de Allan Kardec durante o Banquete...).

MAUS PENSAMENTOS

[...] por maus pensamentos devemos entender todos aqueles que não se acham de acordo com os preceitos da caridade evangélica. [...] (103, cap. 5).

MEDIADOR PLÁSTICO

Cudworth concebeu a ideia de uma substância intermediária ao corpo e à alma, participante da natureza de um e de outra. É o *mediador plástico* (139, cap. 2).

Ver também PERISPÍRITO

MEDIANÍMICO

Medianímico – Qualidade da força do médium – *Faculdade medianímica* (107, cap. 32).

MEDIANIMIDADE

Medianimidade – Faculdade dos médiuns. Sinônimo de mediunidade. Estas duas palavras são, com frequência, empregadas indiferentemente. A se querer fazer uma distinção, poder-se-á dizer que *mediunidade* tem um sentido mais geral e *medianimidade* um sentido mais restrito. – Ele possui o dom de *mediunidade.* – *A medianimidade mecânica* (107, cap. 32).

Ver também MEDIUNIDADE

MEDICAMENTO

[...] a ação dos medicamentos homeopáticos não é de natureza material, química, mas sim de ordem dinâmica, verdadeiramente imaterial; ela decorre não da massa ou das propriedades químicas da substância medicamentosa, mas de um dinamismo próprio de algo que, no seu âmago, se encontra com a sua potencialidade de ação como que reprimida e oculta, precisando, para manifestar-se livremente e em toda a sua plenitude de força, que a substância natural que lhe serve de base à preparação seja submetida a um processo especial de desmaterialização. [...] (211).

Ver também HOMEOPATIA

MEDICINA

A Medicina sem Deus é um flagelo social e espiritual (151, Pról.).

A Medicina não deve ser um sistema e sim um meio de restabelecer no organismo o equilíbrio desfeito, de restabelecer a harmonia das forças vitais quando perturbada. [...] (182, v. 2).

[...] a Medicina do corpo é um conjunto de experiências sagradas, de que o homem não poderá prescindir, até que se resolva a fazer a experiência divina e imutável da cura espiritual (281, pt. 2, cap. 6).

Medicina holística

A perfeita interação mente-corpo, espírito-matéria constitui desde já a base do atual modelo holístico para a saúde. A anterior separação cartesiana desses elementos, que constituem um todo, contribui para que a terapia médica diante das enfermidades tivesse aplicações isoladas, dissociando a influência de um sobre o outro, com a preponderância dos efeitos de cada um deles na paisagem do equilíbrio orgânico assim como da doença. [...]

Espírito e corpo, mente e matéria não são partes independentes do ser, mas complementos um do outro, que se inter-relacionam poderosamente através do psicossoma ou corpo intermediário – perispírito – encarregado de plasmar as necessidades evolutivas do ser eterno na forma física e conduzir as emoções e ações às telas sutis da energia pensante, imortal, então reencarnada. Sem essa visão da realidade do homem, a sua análise é sempre deficiente e o conhecimento sobre ele de pequena monta. [...]

O homem do futuro, após superar as suas deficiências presentes, receberá mais amplo auxílio da Medicina, adquirindo uma saúde integral, que será também resultado da sua perfeita consciência de amor e respeito à vida (83, Medicina holística).

MÉDICO

[...] Ser médico é tornar-se taumaturgo – ser Apóstolo e santo, acender nos corações bruxuleantes de fé o lampadário da esperança, devotar-se ao bem, ao alívio dos torturados da matéria. [...] É, porém, aquele que se curva, compassivamente, para o leito de dor, com o nobre interesse de mitigar um padecer, salvar um ente adorado – tenha este a neve da senectude na fronte ou o ouro da infância na graciosa cabecinha. Médico é quem mergulha a alma no Empíreo, ao auscultar um coração agitado ou prestes a paralisar, atraindo eflúvios salutares para os ulcerados, os entenebrecidos, os definhados... (86, L. 7, cap. 2).

MEDITAÇÃO

Para manter a mente alerta, faz-se indispensável o hábito da meditação, que não tem o caráter de negação, de anulação, mas de atenção em relação a tudo quanto lhe diz respeito, de observação sincera, sem culpa, sem punição, sem inquietação. Não tem como objetivo a racionalização do que ocorre com ele [o Espírito] ou em torno de si. Tudo irá depender do nível de meditação pelo qual se opte: se para adquirir paz momentânea, se para a saúde, se tem caráter de modismo, se é caracterizada como divertimento ou se tem o propósito profundo da busca da realidade. Seja porém, em qual mecanismo se estruture, é sempre valiosa, especialmente se tem por meta a iluminação, o despertar da mente para o encontro com o *Cristo interno*. Todavia, torna-se muito mais significativa, quando se a pratica regularmente, gerando hábito saudável de observar de dentro para fora, sem julgamento nem condenação, analisando o melhor processo de enriquecimento espiritual.

Assim fazendo, o Espírito apazigua-se, sintoniza melhor com o mundo que o cerca, adquire consciência em relação a si mesmo, ao seu próximo, a Deus e ao Universo onde se encontra situado. [...]

A mente alerta descobre os limites que estão dominando a existência e encontra as soluções adequadas para ampliá-los, identificando as maneiras mais exequíveis para diluir as heranças perturbadoras dos atos infelizes que se lhe imprimiram no *corpo sutil da alma*. [...]

A mente alerta está sempre calma, mesmo quando acontecem tragédias, conforme ensina a tradição budista que, se numa tempestade que ameaça um barco navegando com vários passageiros, todos se desesperam buscando a salvação pessoal, o desastre torna-se inevitável. [...] (75, Corpo e mente).

A mente alerta conhece o fenômeno biológico da morte e não se atemoriza, porque o contempla como oportunidade de libertação, antegozando o prazer de liberar-se das injunções perturbadoras (75, Corpo e mente).

A meditação propicia a viagem interna [...].

O hábito da introspecção proporciona o relaxamento das tensões, facultando agradável sensação de prazer estésico, graças ao qual as recordações dos momentos felizes volvem com a mesma intensidade com que foram experenciados, tornando as horas recompensadas pela alegria.

Essas naturais memórias que retornam, são destituídas de aflição, tanto quanto de ansiedade, porque preenchem os vazios dos sentimentos, transformando-se, por sua vez, em emoções.

À medida, porém, que a meditação se torna habitual o inconsciente, após liberar as imagens que se lhe encontram arquivadas, permite que haja tranquilidade na consciência e os pensamentos cedam lugar ao não-pensar. Nesse estado em que a mente se torna um lago-espelho com as águas paradas refletindo a Natureza, um tipo de estado nirvânico se instala, do qual se retorna sempre revigorado para as lutas sem desgastes emocionais, nem ansiedades pelo futuro, ou mesmo sofrimento em relação ao passado.

[...]

Todo aquele que se permite o hábito da meditação transforma-se para melhor, porque antecipa, enquanto ainda no corpo somático, experiências espirituais santificantes, não mais se comprazendo com os limites sensoriais, nem com as paixões ardentes que consomem as aspirações do bom e do belo, do nobre e do superior.

Um encantamento especial toma-o, concitando-o ao prosseguimento, sem fugas, sem medos, sem anseios, em ritmo de paz e de concórdia com que edifica a própria e as existências que o cercam. A mente calma, por fim, abre mais nobres espaços para a sublimação do ser, agora direcionando todos os pensamentos para a felicidade, que somente se conquista mediante a renúncia aos prazeres carnais e aos desejos tormentosos do corpo, que expressam a inferioridade da alma encarnada, produzindo frustração (75, Frustração).

A meditação [...] proporciona a libertação das ambições tormentosas, apazigua o emocional, estabelece procedimentos em favor da plenificação, que independe das conquistas externas, superadas as circunstâncias geradoras de aflições.

A meditação é de relevante importância para uma existência saudável, pelo quanto propicia de lucidez e de liberação dos gravames que dificultam o processo de autorrealização. Adquirido o hábito salutar de meditar, mergulhando o pensamento na análise profunda do tema de interesse, essa atitude faculta a percepção de detalhes e conteúdos que passam despercebidos, quando não examinados conforme se faz necessário.

A meditação resulta de hábitos disciplinados que são propostos, de maneira que o equilíbrio se estabeleça em campo de harmonia pessoal que se exterioriza nos relacionamentos com as demais pessoas, a Natureza e a vida.

[...]

A meditação, ou o exercício do silêncio interior, da quietação das ansiedades e das aflições, lentamente proporciona o descobrimento do bem-estar interno, que se assenhoreia, a pouco e pouco, do ser espiritual e do seu transitório invólucro carnal.

[...] deve descaracterizar-se de metas intelectivas e emocionais, para seguir o rumo nobre da harmonia da mente com os sentimentos.

[...]

A meditação, no seu complexo e nas variadas formas técnicas para os resultados felizes, pode também ser simplificada, a fim de atender as pessoas não equipadas de conhecimentos específicos, mas perfeitamente exequível nos processos singelos e nas tentativas mais simples. Basta o indivíduo aquietar-se, num ambiente agradável e silencioso, procurar asserenar a mente, entregar-se... Sem perigo de qualquer natureza, porquanto pode ser interrompida com um simples abrir dos olhos e retornar à realidade objetiva, não impõe necessariamente dispositivos ortodoxos para que sejam conseguidos os fins desejados.

Contudo, deve-se manter um ritmo seguro de experiências, em forma de continuidade do treinamento, a fim de preservar a mente flexível e adaptável aos momentos de paz e de iluminação interior. Meditação para a vida feliz é passo de segurança para as ações enobrecidas e as doações de amor, inclusive, da própria vida, se necessário, pela certeza que se possui da imortalidade do Espírito, da sua sobrevivência, da reencarnação e da justiça de Deus (75, Meditação).

A meditação constitui salutar metodologia para a compreensão das finalidades da vida e os seus objetivos grandiosos [...] (75, O altruísmo).

(...) É convite de Deus, pela inspiração angélica, interfone para conversações sem palavras [...] (80, L. 2, cap. 5).

A meditação é o ato pelo qual se volve o homem para dentro de si mesmo, onde encontrará a Deus, no esplendor de sua glória, na plenitude do seu poder, na ilimitada expansão do seu amor: "O Reino de Deus está dentro de vós"... (162, cap. 3).

[...] Toda alma, no campo da meditação, é um canteiro de possibilidades infinitas à semeadura espiritual (263, cap. 30).

[...] é santuário invisível para o abrigo do espírito em dificuldade [...] (307, cap. 32).

O exercício da meditação, as reflexões contínuas na viagem que empreendemos para dentro de nós mesmos permitem-nos penetrar o âmago de nosso ser e oportunamente estudar nossas possibilidades, [...] (339, Silêncio íntimo).

MÉDIUM

Inicialmente diremos que se os médiuns são comuns, os bons médiuns, na verdadeira acepção da palavra, são raros. A experiência prova diariamente que não basta possuir a faculdade mediúnica para obter boas comunicações. É preferível privar-se de um instrumento a tê-lo defeituoso. Certamente para os que buscam, nas comunicações, mais o fato que a qualidade, que as assistem mais por distração do que para esclarecimento, a escolha do médium é completamente indiferente. Mas falamos dos que têm um objetivo mais sério e veem mais longe. É a eles que nos dirigimos, porque estamos certos de que nos compreendem.

Por outro lado, os melhores médiuns estão sujeitos a intermitências mais ou menos longas, durante as quais há suspensão parcial ou total da faculdade mediúnica, sem falar das numerosas causas acidentais que podem privar-nos momentaneamente de seu concurso. Acrescentemos também que os médiuns inteiramente flexíveis, os que se prestam a todos os gêneros de comunicações, são ainda mais raros. Geralmente possuem aptidões especiais, das quais importa não os desviar. Vê-se, pois, que se não houver provisão de reserva, podemos ficar desprevenidos quando menos o esperamos, e seria desagradável que em tal caso fôssemos obrigados a interromper os trabalhos (103, cap. 8).

Os médiuns são os intérpretes incumbidos de transmitir aos homens os ensinos dos Espíritos; ou, melhor, são os órgãos materiais de que se servem os Espíritos para se expressarem aos homens por maneira inteligível. [...] (105, cap. 28, it. 9).

Todo aquele que sente, num grau qualquer, a influência dos Espíritos é, por esse fato, médium.

[...] Pode, pois, dizer-se que todos são, mais ou menos, médiuns. Todavia, usualmente, assim só se qualificam aqueles em quem a faculdade mediúnica se mostra bem caracterizada e se traduz por efeitos patentes, de certa intensidade, o que então depende de uma organização mais ou menos sensitiva. [...] (107, it. 159).

[...] É o ser, é o indivíduo que serve de traço de união aos Espíritos, para que estes possam comunicar-se facilmente com os homens: Espíritos encarnados. Por conseguinte, sem médium, não há comunicações tangíveis, mentais, escritas, físicas, de qualquer natureza que seja (107, it. 236).

Médium – (do latim – *medium*, meio, intermediário). – Pessoa que pode servir de intermediária entre os Espíritos e os homens (107, cap. 32).

[...] não basta ter um bom instrumento, é necessário dispor de um bom músico para dele tirar bons sons e, ainda, que esse músico disponha de audiência capaz de o compreender e apreciar, pois, do contrário, não se daria ao trabalho de tocar para os surdos (110, Impressões gerais).

As manifestações espíritas não se limitam ao movimento das mesas; a experiência revelou que os Espíritos agem sobre os homens, de diferentes modos, para ditar suas comunicações. Mas, qualquer que seja o seu modo de operar, é preciso haja entre os assistentes um indivíduo que possa ceder parte de seu fluido vital. Os que têm essa propriedade são chamados médiuns (42, pt. 3, cap. 2).

Um médium, já o dissemos, é um ser dotado do poder de entrar em comunicação com os Espíritos; deve, pois, possuir em sua constituição física algo que o distinga das outras pessoas, pois que nem todos estão aptos a servir de intermediários aos Espíritos desencarnados. [...] (42, pt. 5, cap. 1).

[...] é o agente indispensável, com cujo auxílio se produzem as manifestações do Mundo Invisível.

[...] é ele o intermediário obrigatório entre dois mundos (48, pt. 1, cap. 4).

O médium é um instrumento delicado, repositório de forças que se não renovam indefinidamente, e que é preciso utilizar com moderação. [...] (48, pt. 1, cap. 9).

[...] é o foco de emissão de que emanam os fluidos e as energias com cujo concurso os invisíveis atuarão sobre a matéria e manifestarão sua presença [...]. É ele o agente transmissor dos pensamentos do Espírito; [...] seu estado psíquico, suas aptidões, seus conhecimentos, influem, às vezes, de modo sensível nas comunicações obtidas (48, pt. 2, cap. 16).

[...] é um ser nervoso, sensível, impressionável; tem necessidade de sentir-se envolto numa atmosfera de calma, de paz e benevolência, que só a presença dos Espíritos adiantados pode criar. [...] (48, pt. 3, cap. 23).

O médium (do latim *medium*) é aquele que serve de instrumento entre os dois pólos da vida: física e espiritual.

Médium é o ser, é o indivíduo que serve de traço de união aos Espíritos, para que estes possam comunicar-se facilmente com os homens: Espíritos encarnados. [...] (74, cap. 18).

[...] o médium é sempre mãe, a receber *filhos* do sentimento, que *renascem* para o entendimento, quando o têm entorpecido, ou se facultam fecundar pelos Espíritos nobres que, através deles *corporificam* ideias, expressam realizações superiores, materializam, curam, ajudam. [...] (77, cap. 23).

O médium, na condição de instrumento, é um condutor, com todas as virtudes e defeitos de qualquer mensageiro (81, Identificação dos Espíritos).

O médium, genericamente, é todo aquele que se posiciona no meio e torna-se intermediário de qualquer coisa. Espiriticamente, é aquele que possui *aptidão para comunicar-se com os Espíritos* ou a servir de instrumento para que se comuniquem com as demais criaturas (83, Terapia desobsessiva).

Entende-se por médium o que serve de intermediário entre o invisível e a Terra, isto é, a pessoa pela qual os Espíritos se comunicam.

Para os metapsiquistas não espíritas será aquele que tem um subconsciente diverso dos demais subconscientes e capaz de operar prodígios, ou seja, o que tem predicados divinos nos fundalhos da alma.

Maxwel denomina médium – a pessoa em presença da qual podem ser observados os fenômenos psíquicos.

Para Myers – é o intermediário entre as comunicações do mundo material e espiritual.

Geley define como aquele cujos elementos

constitutivos são capazes de ser momentaneamente descentralizados. Diz Richet que médium é o medianeiro entre o mundo dos vivos e o dos mortos (98, Médiuns experimentadores).

[...] uma pessoa que parece emprestar, por momentos, o organismo a seres imperceptíveis a nossos sentidos, a fim de lhes permitir que se manifestem a nós, sendo assistida por controles ou guias (97, Crime).

[...] Em todos os tempos, o médium tem sido o mensageiro dos Espíritos desencarnados, intermediário entre uma forma de vida e outra, entre um mundo e outro, entre uma faixa vibratória e outra. Os cuidados com esse delicado instrumento de comunicação devem ser os mesmos, para que não se perca nem o instrumento e nem o conteúdo da mensagem (144, v. 2, cap. 6).

[...] Pessoa que pode servir de intermediário entre os Espíritos e os homens.

[...] o médium é uma *pessoa*, isto é, um ser encarnado, sujeito, por conseguinte, às imperfeições e mazelas que nos afligem a todos e, portanto, tão propenso à queda quanto qualquer um de nós, ou talvez mais ainda, porque sua capacidade de sintonizar-se com os desencarnados o expõe a um grau mais elevado de influenciação (145, cap. 2).

[...] é um ser humano ultrassensível, de psicologia complexa, incumbido de transmitir o pensamento de um desencarnado, mas está muito longe de ser mero aparelho mecânico de comunicação, como um telefone ou um rádio, muito embora se fale em sintonia e em vibrações, quando a ele nos referimos. Suas faculdades sofrem influências várias, do ambiente, do seu estado de saúde, da sua problemática íntima, da sua fé ou ausência dela, do seu interesse no trabalho, que pode flutuar, da sua capacidade de concentração, da sua confiança nos companheiros que o cercam e, especialmente, no dirigente do grupo e, obviamente, dos Espíritos manifestantes. [...] (145, cap. 4).

Os médiuns são, simplesmente, indivíduos que aprenderam a controlar os elementos fluídicos que compõem o corpo espiritual, e, dessa forma, a utilizar as forças psíquicas em vez de se amedrontarem com elas ou serem por elas controlados (148, cap. 10).

[...] é algo de sublime, determinando tacitamente o imperativo da realização interior, a necessidade de o indivíduo conquistar a si mesmo pela superação das qualidades negativas.

Ser médium é investir-se a criatura de sagrada responsabilidade perante Deus e a própria consciência, uma vez que é ser intérprete do pensamento das esferas espirituais, medianeiro entre o Céu e a Terra (161, cap. 3).

Os médiuns, em sua generalidade, são Espíritos que resgatam débitos do passado (163, cap. 2).

O médium é alguém observado e aproveitado pelos Espíritos desencarnados com os quais se afina (163, cap. 2).

[...] médiuns somos todos nós que registramos, consciente ou inconscientemente, ideias e sugestões dos Espíritos, externando-as, muita vez, como se fossem nossas (163, cap. 7).

O médium, em vez de ser uma personagem infalível, é um ente humano como outro qualquer, embora, graças aos próprios esforços, tenha atingido uma possibilidade psíquica algo avantajada do comum das criaturas. [...]

O médium é um aparelho receptor de alta sensibilidade, capaz de sofrer as mínimas influências dos desencarnados e até dos encarnados, sejam estas boas ou más, tal como os aparelhos de rádio e de televisão, que nem sempre registram com clareza os acontecimentos que transmitem. [...] (165, Incompreensão).

[...] o médium é apenas um aparelho receptor de pensamentos e forças psíquicas alheios. Estas, porém, tanto poderão provir de Espíritos esclarecidos como de ignorantes, sendo que até mesmo infiltrações mentais humanas poderão perturbá-lo no momento do fenômeno de transmissão, além da sua própria mente, que poderá, desagradavelmente, intervir se as condições vibratórias em geral não se encontrarem assaz dominadas e controladas pela entidade comunicante.

[...] E jamais, jamais vejamos em qualquer médium um ser extraordinário alcandorado de angelitude, mas apenas uma alma em progresso, a quem Deus outorgou possibilidades de adiantamento moral-espiritual, servindo o próximo, alma de quem o próprio compromisso mediúnico exigirá inauditos esforços, mesmo sacrifícios, para o bom cumprimento do dever à frente da lei da Criação (165, Mediunidade e doutrina).

Ser médium não é apenas receber Espíritos. Os obsidiados também os recebem, e frequentemente, assim dominados, se curvam à prática de crimes tais como o suicídio, o homicídio, o alcoolismo, o roubo, o adultério, etc., etc. Ser médium é, acima de tudo, ser discípulo do bem, habilitando-se, dia a dia, no intercâmbio regenerador com o Alto a proveito da reforma geral da Humanidade, do planeta e de si próprio. E para se compenetrar de tal responsabilidade será necessário conhecer as leis mecânicas, morais e espirituais em que a mediunidade se firma e enobrece, a fim de elevá-la a missão (165, O grande compromisso)

[...] é o guardião de todo o acervo ditado pelo Mundo Espiritual e compete-lhe zelar para que a obra siga o seu curso natural no plano terreno. Essa é sua responsabilidade e ele responderá por ela (196, Perda de originais).

[...] ser médium é, sobretudo, viver o Evangelho, seguir os ensinamentos de Jesus, amando o próximo, perdoando e respeitando o semelhante, ajudando-o, inclusive, a crescer (196, Novos médiuns).

[...] O nome de médium é dado à pessoa que serve, de maneira ostensiva, de instrumento aos Espíritos para suas manifestações, senão permanentes, pelo menos frequentes (215, cap. 3).

O intercâmbio mediúnico é acontecimento natural e o médium é um ser humano como qualquer outro (217, cap. 27).

Se os médiuns são as caixas de ressonância, fazendo ecoar os cânticos de paz e amor das Coortes Sublimes, não deixam de ser Espíritos identificados aos débitos e às experiências que caracterizam a Humanidade (219, Predestinados à dor).

Faculdades numerosas / Não representam a luz, / Bom médium é todo aquele / Que anda sempre com Jesus (248).

Os médiuns devotados à causa do bem são soldados de frente, a cujo peito acorrem todas as perseguições do inimigo sutil e capcioso [...] (248).

Médiuns somos todos nós, nas linhas de atividade em que nos situamos.

A força psíquica, nesse ou naquele teor de expressão, é peculiar a todos os seres, mas não existe aperfeiçoamento mediúnico sem acrisolamento da individualidade (269, cap. 1).

[...] o médium é sempre alguém dotado de possibilidades neuropsíquicas especiais que lhe estendem o horizonte dos sentidos (269, cap. 12).

[...] O médium digno da missão do auxílio não é um animal subjugado à canga, mas sim um irmão da Humanidade e um aspirante à sabedoria. Deve trabalhar e estudar por amor. [...] (269, cap. 16).

[...] Todos os homens em suas atividades, profissões e associações são instrumentos das forças a que se devotam. Produzem, de conformidade com os ideais superiores ou inferiores em que se inspiram, atraindo os elementos invisíveis que os rodeiam, conforme a natureza dos sentimentos e ideias de que se nutrem (269, cap. 30).

Os médiuns, em sua generalidade, não são missionários na acepção comum do termo; são almas que fracassaram desastradamente, que contrariaram, sobremaneira, o curso das Leis Divinas, e que resgatam, sob o peso de severos compromissos e ilimitadas responsabilidades, o passado obscuro e delituoso. [...] (250, cap. 11).

[...] Os médiuns [...] são instrumentos humanos e relativos de uma verdade igualmente relativa, porque a morte do corpo não é a derradeira conquista de sabedoria (263, cap. 24).

[...] é sempre uma fonte que dá e recebe, quando em função entre os dois planos. [...] (264, cap. 16).

Trata-se de personalidade encarnada, com obrigações de render culto diário à refeição, ao banho e ao sono comum. Deve atender à vida em família, trabalhar e repousar, respeitar e ser respeitado. Não guardará o talento mediúnico, à maneira de enxada de luxo que a ferrugem carcome sempre, mas evitará a movimentação intempestiva de suas faculdades, tanto quanto o ferreiro preserva a bigorna. Cooperará, com satisfação, no esclarecimento dos problemas da vida, junto aos estudiosos sinceros; todavia, não entregará seus recursos psíquicos à curiosidade malsã dos investigadores sem consciência [...] (265, cap. 13)

[...] É um Espírito que deve ser tão livre quanto o nosso e que, a fim de se prestar ao intercâmbio desejado, precisa renunciar a si mesmo, com abnegação e humildade, primeiros fatores na obtenção de acesso à permuta com as regiões mais elevadas. Necessita calar, para que outros falem; dar de si próprio, para que outros recebam. Em suma, deve servir de ponte, onde se encontrem interesses diferentes. [...] (267, cap. 1).

Médiuns, meu amigo, inclusive nós outros, os desencarnados, todos o somos, em vista de sermos intermediários do bem que procede de mais alto, quando nos elevamos, ou portadores do mal, colhido nas zonas inferiores, quando caímos em desequilíbrio. [...] (267, cap. 18)

Ser médium é ser ajudante do Mundo Espiritual. E ser ajudante em determinado trabalho é ser alguém que auxilia espontaneamente, descansando a cabeça dos responsáveis (292, Ser médium).

[...] As crianças não são propriamente médiuns, minha filha, porque só a uma pessoa que já desenvolveu a sua faculdade mediúnica pode dar-se o nome de médium. [...] (335, cap. 9.1).

[...] Um médium, sobretudo um bom médium, é incontestavelmente um dos elementos essenciais de toda assembleia que se ocupa do Espiritismo; mas seria erro pensar que, em sua falta, nada mais resta que cruzar os braços ou suspender a sessão (342, cap. 17).

Ver também PROFETA

Médium ambicioso

Médiuns ambiciosos: os que, embora não mercadejem com as faculdades que possuem, esperam tirar delas quaisquer vantagens (107, it. 196).

Médium audiente

[Os médiuns audientes] ouvem os Espíritos; é, algumas vezes, como se escutassem uma voz interna que lhes ressoasse no foro íntimo; doutras vezes é uma voz exterior, clara e distinta, qual a de uma pessoa viva. Os médiuns audientes também podem conversar com os Espíritos. Quando se habituam a comunicar-se com certos Espíritos, eles os reconhecem imediatamente pelo som da voz. [...] (109, pt. 1, Manifestações dos Espíritos).

Os Espíritos podem ainda manifestar-se de várias maneiras, entre outras pela visão e pela audição. Certas pessoas, chamadas médiuns audientes, têm a faculdade de ouvi-los, podendo assim conversar com eles; [...] (320, cap. 1, Histórico do Espiritismo)

Moisés possuía várias mediunidades. Ele via os Espíritos desencarnados e falava com eles, conforme os médiuns de hoje o fazem. Era, portanto: Médium audiente, que ouve os Espíritos; [...] (334, pt. 1, cap. 3).

Ver também MEDIUNIDADE AUDITIVA

Médium bom

[...] é aquele que reconhece, nos ensinamentos por ele recebidos, ensejo à sua própria renovação, ao invés de, pretensiosamente, atribuí-los a outrem (161, cap. 29).

Médium calmo

Médiuns calmos: escrevem sempre com certa lentidão e sem experimentar a mais ligeira agitação (107, it. 194).

Médium científico

Médiuns científicos: não dizemos sábios, porque podem ser muito ignorantes e, apesar disso, se mostram especialmente aptos para comunicações relativas às ciências (107, it. 193).

Médium consciente

O médium consciente não deixa de sofrer as influências emocionais da entidade. Sua sensibilidade é capaz de registrar a dor, o mal-estar, a agitação ou a enfermidade que carrega: [...] (347, p. 2, cap. 37).

Médium convulsivo

Médiuns convulsivos: ficam num estado de sobreexcitação quase febril. A mão e algumas vezes todo o corpo se lhes agitam num tremor que é impossível dominar. A causa primária desse fato está sem dúvida na organização, mas também depende muito da natureza dos Espíritos que por eles se comunicam. [...] (107, it. 194).

Médium cristão

O médium cristão é sempre um faroleiro com as reservas de óleo das possibilidades divinas, a benefício de todos os que navegam a pleno oceano da experiência terrestre, indicando-lhes os rochedos das trevas e descerrando-lhes o rumo salvador [...] (245, cap. 4).

Médium curador

Médiuns curadores: os que têm o poder de curar ou de aliviar o doente, pela só imposição das mãos, ou pela prece. "Esta faculdade não é essencialmente mediúnica; possuem-na todos os verdadeiros crentes, sejam médiuns ou não. As mais das vezes, é apenas uma exaltação do poder magnético, fortalecido, se necessário, pelo concurso de bons Espíritos" (107, it. 189).

Consiste a mediunidade desta espécie na faculdade que certas pessoas possuem de curar pelo simples contato, pela imposição das mãos, pelo olhar, por um gesto, mesmo sem o concurso de qualquer medicamento. Semelhante faculdade incontestavelmente tem o seu princípio na força magnética; difere desta, entretanto, pela energia e instantaneidade da ação, ao passo que as curas magnéticas exigem um tratamento metódico, mais ou menos longo. [...] Nos médiuns curadores, a faculdade é espontânea e alguns a possuem sem nunca ter ouvido falar de magnetismo. A faculdade de curar pela imposição das mãos deriva evidentemente de uma força excepcional de expansão, mas diversas causas concorrem para aumentá-la, entre as quais são de colocar-se, na primeira linha: a pureza dos sentimentos, o desinteresse, a benevolência, o desejo ardente de proporcionar alívio, a prece fervorosa e a confiança em Deus; numa palavra: todas as qualidades morais. [...] (109, pt. 1, Manifestações dos Espíritos).

Com os recursos da vontade firme, projeta, a distância, o fluido que lenitiva e cura (163, cap. 42).

São denominados médiuns curadores todos aqueles que se dedicam à nobilíssima missão de curar os enfermos. É natural, pois, que gozem de privilegiada proteção do Alto. Todavia, convém frisar, são criaturas humanas como nós, presas à carne, sujeitas às tentações mundanas, ameaçadas pelo orgulho, vaidade e presunção. [...] (215, cap. 5).

Ver também MÉDIUM RECEITISTA
e MAGNETIZADOR

Médium de aparições

Médiuns de aparições: os que podem provocar aparições fluídicas ou tangíveis, visíveis para os assistentes. [...] (107, it. 189).

Médium de comunicações triviais e obscenas

Médium de comunicações triviais e obscenas: estas palavras indicam o gênero de comunicações que alguns médiuns recebem habitualmente e a natureza dos Espíritos que as dão. Quem haja estudado o mundo espírita, em todos os graus da escala, sabe que Espíritos há, cuja perversidade iguala à dos homens mais depravados e que se comprazem em exprimir seus pensamentos nos mais grosseiros termos. Outros, menos abjetos, se contentam com expressões triviais. É natural que esses médiuns sintam o desejo de se verem livres da preferência de que são objeto por parte de semelhantes Espíritos e que devem invejar os que, nas comunicações que recebem, jamais escreveram uma palavra inconveniente. [...] (107, it. 193)

Médium de efeitos físicos

Os *médiuns de efeitos físicos* são particularmente aptos para produzir fenômenos materiais, como os movimentos dos corpos inertes, ou ruídos, etc. Podem dividir-se em *médiuns facultativos* e *médiuns involuntários*.

Os *médiuns facultativos* são os que têm consciência do seu poder e que produzem fenômenos espíritas por ato da própria vontade. [...]

Os *médiuns involuntários ou naturais* são aqueles cuja influência se exerce a seu mau grado. Nenhuma consciência têm do poder que possuem e, muitas vezes, o que de anormal se passa em torno deles não se lhes afigura de modo algum extraordinário. [...] (107, it. 160 e 161).

Médiuns de efeitos físicos, os que têm o poder de provocar efeitos materiais, ou manifestações ostensivas (107, it. 187).

São os mais aptos, especialmente, à produção de fenômenos materiais, como o movimento de corpos inertes, os ruídos, a deslocação, o levantamento ea translação de objetos, etc. Estes fenômenos podem ser espontâneos ou provocados. Em todos os casos, exigem o concurso voluntário ou involuntário de médiuns dotados de faculdades especiais. [...] (109, pt. 1, Manifestações dos Espíritos).

Ver também MÉDIUM MOTOR, TIPTÓLOGO, DE TRANSLAÇÕES E SUSPENSÕES *e* DE TRANSPORTES

Médium de efeitos intelectuais

Médiuns de efeitos intelectuais: os que são mais aptos a receber e a transmitir comunicações inteligentes. [...] (107, it. 187).

Médium de efeitos musicais

Médiuns de efeitos musicais: provocam a execução de composições, em certos instrumentos de música, sem contato com estes. [...] (107, it. 189).

MÉDIUM DE INCORPORAÇÃO

ver MÉDIUM FALANTE *e* MÉDIUM PSICOFÔNICO

Médium de má-fé

Médiuns de má-fé: os que, possuindo faculdades reais, simulam as de que carecem, para se dar importância. [...] (107, it. 196).

Médium de pressentimentos

[...] Algumas pessoas têm essa faculdade mais ou menos desenvolvida. [...] resultado de comunicações ocultas e, sobretudo neste caso, é que se pode dar aos que dela são dotados o nome de *médiuns de pressentimentos*, que constituem uma variedade dos *médiuns inspirados* (107, it. 184).

Médiuns de pressentimentos: pessoas que, em dadas circunstâncias, têm uma intuição vaga de coisas vulgares que ocorrerão no futuro (107, it. 190).

Pessoas há que, em dadas circunstâncias, têm uma imprecisa intuição das coisas futuras. Essa intuição pode provir de uma espécie de dupla vista, que faculta se entrevejam as consequências das coisas presentes; mas, doutras vezes, resulta de comunicações ocultas, que fazem de tais pessoas uma variedade dos *médiuns inspirados* (109, pt. 1, Manifestações dos Espíritos).

Ver também MÉDIUM INSPIRADO *e* MÉDIUM PROFÉTICO

Médium de translações e suspensões

Médiuns de translações e suspensões: os que produzem a translação aérea e a suspensão dos corpos inertes no espaço, sem ponto de apoio. Entre eles há os que podem elevar-se a si mesmos. [...] (107, it. 189).

Ver também MÉDIUM DE EFEITOS FÍSICOS

Médium de transporte

Médiuns de transporte: os que podem servir de auxiliares aos Espíritos para o transporte de objetos materiais. Variedade dos médiuns motores e de translações. [...] (107, it. 189).

[...] é o de efeitos físicos e que serve de instrumento para que os Espíritos *transportem* objetos, flores, joias, etc., do exterior para o interior e vice-versa (161, cap.15).

Ver também MÉDIUM DE EFEITOS FÍSICOS

Médium devotado

Médiuns devotados: os que compreendem que o verdadeiro médium tem uma missão a cumprir e deve, quando necessário, sacrificar gostos, hábitos, prazeres, tempo e mesmo interesses materiais ao bem dos outros (107, it. 197).

Médium egoísta

Médiuns egoístas: os que somente no seu interesse pessoal se servem de suas faculdades e guardam para si as comunicações que recebem (107, it. 196).

Médium esclarecedor

Na equipe em serviço, os médiuns esclarecedores, mantidos sob a condução e inspiração dos Benfeitores Espirituais, são os orientadores da enfermagem ou da assistência aos sofredores desencarnados. Constituídos pelo dirigente do grupo e seus assessores, são eles que os instrutores da Vida Maior utilizam em sentido direto para o ensinamento ou o socorro necessários (302, cap. 24).

Médium escrevente

Médiuns escreventes ou psicógrafos: os que têm a faculdade de escrever por si mesmos sob a influência dos Espíritos (107, it. 191).

[...] A mediunidade psicográfica apresenta três variedades bem distintas: os médiuns *mecânicos*, os *intuitivos* e os *semimecânicos*.

Com o *médium mecânico*, o Espírito lhe atua diretamente sobre a mão, impulsionando-a. O que caracteriza este gênero de mediunidade é a inconsciência absoluta, por parte do médium, do que sua mão escreve. O movimento desta independe da vontade do escrevente; movimenta-se sem interrupção, a despeito do médium, enquanto o Espírito tem alguma coisa a dizer, e pára desde que este último haja concluído.

Com o *médium intuitivo*, à transmissão do pensamento serve de intermediário o Espírito do médium. O outro Espírito, nesse caso, não atua sobre a mão para movê-la, atua sobre a alma, identificando-se com ela e imprimindo-lhe sua vontade e suas ideias. A alma recebe o pensamento do Espírito comunicante e o transcreve. Nesta situação, o médium escreve voluntariamente e tem consciência do que escreve, embora não grafe seus próprios pensamentos. [...]

O *médium semimecânico*, ou *semi-intuitivo*, participa dos outros dois gêneros. [...] O médium semimecânico sente na mão uma impulsão dada mau grado seu, mas ao mesmo tempo tem consciência do que escreve, à medida que as palavras se formam. [...] (109, pt. 1, Manifestações dos Espíritos).

[...] A experiência demonstrou que o Espírito, agindo sobre um corpo inerte para o dirigir à vontade, podia do mesmo modo atuar sobre o braço ou a mão para conduzir o lápis. Surgiram, então, os médiuns escreventes, isto é, [...] (320, cap. 1, Histórico do Espiritismo).

Moisés possuía várias mediunidades. Ele via os Espíritos desencarnados e falava com eles, conforme os médiuns de hoje o fazem. Era, portanto: Médium escrevente, que escreve sob a influência dos Espíritos. [...] (334, pt. 1, cap. 3).

Ver também PSICOGRAFIA

Médium escrevente intuitivo ou inspirado

Escreventes intuitivos ou inspirados, nos quais só o cérebro é influenciado. Essa faculdade é incerta, às vezes ilusória, porque os pensamentos do indivíduo se misturam frequentemente com os do inspirador oculto, e é difícil distingui-los uns dos outros. [...] (48, pt. 2, cap. 18).

Médium escrevente mecânico

[...] o que caracteriza o fenômeno é que o médium não tem a menor consciência do que escreve. Quando se dá, no caso, a inconsciência absoluta, têm-se os médiuns *passivos* ou *mecânicos*. [...] (107, it. 179).

Médiuns escreventes mecânicos: aqueles cuja mão recebe um impulso involuntário e que nenhuma consciência têm do que escrevem. [...] (107, it. 191).

[...] O Espírito atua, algumas vezes, diretamente sobre a mão do médium, à qual dá um impulso totalmente independente da vontade deste, e sem que ele tenha consciência do que escreve: é o médium *escrevente mecânico* (108, cap. 1)

Ver também MEDIUNIDADE MECÂNICA

MÉDIUM ESCREVENTE SEMIMECÂNICO
ver MÉDIUM SEMIMECÂNICO

Médium especial

[...] [Médiuns especiais] são aqueles "dotados de aptidões particulares", em que as comunicações guardam relação com a natureza do Espírito, trazendo, invariavelmente, o cunho de sua individualidade.

Há médiuns que têm aptidões no sentido de transmitir mensagens de poetas, músicos, desenhistas, médicos, etc (163, cap. 37).

Médium espírita

[...] médiuns espíritas [são] os medianeiros em tarefas nas casas espíritas-cristãs, de vez que todas as pessoas que estejam agindo sob a influência dos que já se desenfaixaram do veículo físico são médiuns. [...] (244, cap. 37).

[...] médiuns espíritas [...] são aqueles que se dispõem a interpretar as inteligências domiciliadas nas regiões espirituais, seareiros do bem, consagrados à Doutrina do Espiritismo, indicada a restaurar os princípios cristãos na Terra (244, cap. 37).

Médium excitador

Médiuns excitadores: pessoas que têm o poder de, por sua influência, desenvolver nas outras a faculdade de escrever. "Aí há antes um efeito magnético do que um caso de mediunidade propriamente dita, porquanto nada prova a intervenção de um Espírito. Como quer que seja, pertence à categoria dos efeitos físicos" (107, it. 189).

Médium exclusivo

Médiuns exclusivos: aqueles pelos quais se manifesta de preferência um Espírito, até com exclusão de todos os demais, o qual responde pelos outros que são chamados. [...] é mais um defeito do que uma qualidade e muito próximo da obsessão (107, it. 192).

Médium experimentado

Médiuns experimentados: a facilidade de execução é uma questão de hábito e que muitas vezes se adquire em pouco tempo, enquanto que a experiência resulta de estudo sério de todas as dificuldades que se apresentam na prática do Espiritismo. A experiência dá ao médium o tato necessário para apreciar a natureza dos Espíritos que se manifestam, para lhes apreciar as qualidades boas ou más, pelos mais minuciosos sinais, para distinguir o embuste dos Espíritos zombeteiros, que se acobertam com as aparências da verdade. [...] (107, it. 192).

Médium explícito

[*Os médiuns explícitos*] [...] têm toda a amplitude e toda a extensão que se pode esperar de um escritor consumado (107, it. 192).

Médium extático

Médiuns extáticos: os que, em estado de êxtase, recebem revelações da parte dos Espíritos (107, it. 190).

Médium facultativo ou voluntário

Médiuns facultativos ou voluntários: os que têm o poder de provocar os fenômenos por ato da própria vontade (107, it. 188).

Os médiuns facultativos são aqueles que têm consciência de seu poder e produzem fenômenos espíritas por ação da vontade. [...] (319, cap. 5).

Médium falante

[...] Neles, o Espírito atua sobre os órgãos da palavra, como atua sobre a mão dos médiuns escreventes. [...] O médium falante geralmente se exprime sem ter consciência do que diz e muitas vezes diz coisas completamente estranhas às suas ideias habituais, aos seus conhecimentos e, até, fora do alcance de sua inteligência. Embora se ache perfeitamente acordado e em estado normal, raramente guarda lembrança do que diz. Em suma, nele, a palavra é um instrumento de que se serve o Espírito, com o qual uma terceira pessoa pode comunicar-se, como pode com o auxílio de um médium audiente. Nem sempre, porém, é tão completa a passividade do médium falante. Alguns há que têm a intuição do que dizem, no momento mesmo em que pronunciam as palavras. [...] (107, it. 166).

Médiuns falantes: os que falam sob a influência dos Espíritos. [...] (107, it. 190).

Ver também MÉDIUM PSICOFÔNICO

Médium fascinado

Médiuns fascinados: os que são iludidos por Espíritos enganadores e se iludem sobre a natureza das comunicações que recebem (107, it. 196).

Por orgulho, [os médiuns obsidiados ou fascinados] estão de tal modo persuadidos de que tudo quanto obtêm é sublime, e não pode ser senão de Espíritos Superiores, que se irritam à mínima observação crítica, a ponto de se indisporem com seus amigos quando estes têm a inabilidade de não admirar os seus absurdos. Nisto reside a prova da má influência que os domina, pois, supondo-se que, por falta de julgamento ou de instrução, eles não enxergassem claramente, não seria motivo para embirrar contra os que não lhes comungam a opinião; mas isto não convém aos Espíritos obsessores que, para melhor manter o médium sob sua dependência, inspiram-lhe o afastamento, mesmo a aversão por quem quer que lhes possa abrir os olhos (110, Discursos..., 1).

Médium feito ou formado

Médiuns feitos ou formados: aqueles cujas faculdades mediúnicas estão completamente desenvolvidas, que transmitem as comunicações com facilidade e presteza, sem hesitação. [...] (107, it. 192).

Médium filósofo e moralista

Médiuns filósofos e moralistas: as comunicações que recebem têm geralmente por objeto as questões de moral e de alta filosofia. [...] (107, it. 193).

Médium historiador

Médiuns historiadores: os que revelam aptidão especial para as explanações históricas. Esta faculdade, como todas as demais, independe dos conhecimentos do médium, porquanto não é raro verem-se pessoas sem instrução e até crianças tratar de assuntos que lhes não estão ao alcance. Variedade dos médiuns positivos (107, it. 193).

Ver também EVANGELISTA

Médium iletrado

Médiuns iletrados: os que escrevem, como médiuns, sem saberem ler, nem escrever, no estado ordinário (107, it. 191).

MÉDIUM IMPRESSIVO

ver MÉDIUM SENSITIVO

Médium improdutivo

Médiuns improdutivos: os que não chegam a obter mais do que coisas insignificantes, monossílabos, traços ou letras sem conexão. [...] (107, it. 192).

Médium inclinado ao animismo

[...] é um vaso defeituoso, que "pode ser consertado e restituído ao serviço", pela compreensão do dirigente, ou destruído pela sua incompreensão (161, cap. 36).

Médium incorreto

Médiuns incorretos: podem obter excelentes coisas, pensamentos de inatacável moralidade, mas num estilo prolixo, incorreto, sobrecarregado de repetições e de termos impróprios (107, it. 193).

Médium indiferente

Médiuns indiferentes: os que nenhum proveito moral tiram das instruções que obtêm e em nada modificam o proceder e os hábitos (107, it. 196).

Médium inspirado

Todo aquele que, tanto no estado normal, como no de êxtase, recebe, pelo pensamento, comunicações estranhas às suas ideias preconcebidas, pode ser incluído na categoria dos médiuns inspirados. Estes, como se vê, formam uma variedade da mediunidade intuitiva, com a diferença de que a intervenção de uma força oculta é aí muito menos sensível, por isso que, ao inspirado, ainda é mais difícil distinguir o pensamento próprio do que lhe é sugerido. [...] A inspiração nos vem dos Espíritos que nos influenciam para o bem, ou para o mal, porém procede principalmente, dos que querem o nosso bem e cujos conselhos muito amiúde cometemos o erro de não seguir. [...] (107, it. 182).

Médiuns inspirados: aqueles a quem, quase sempre, mau grado seu, os Espíritos sugerem ideias, quer relativas aos atos ordinários da vida, quer com relação aos grandes trabalhos da inteligência (107, it. 190).

[Nos médiuns inspirados], muito menos aparentes são do que nos outros os sinais exteriores da mediunidade; é toda intelectual e moral a ação que os Espíritos exercem sobre eles e se revela nas menores circunstâncias da vida, como nas maiores concepções. [...] No inspirado, difícil muitas vezes se torna distinguir as ideias que lhes são próprias do que lhe é sugerido. A espontaneidade é principalmente o que caracteriza esta última (109, pt. 1, Manifestação dos Espíritos).

Ver também MÉDIUM DE PRESSENTIMENTOS *e* MÉDIUM PROFÉTICO

Médium interesseiro

Médiuns interesseiros não são apenas os que porventura exijam uma retribuição fixa; o interesse nem sempre se traduz pela esperança de um ganho material, mas também pelas ambições de toda sorte, sobre as quais se fundem esperanças pessoais. É esse um dos defeitos de que os Espíritos zombeteiros sabem muito bem tirar partido e de que se aproveitam com uma habilidade, uma astúcia verdadeiramente notáveis, embalando com falaciosas ilusões os que desse modo se lhes colocam sob a dependência. [...] (107, it. 306).

Ver também MÉDIUM MERCENÁRIO

Médium intuitivo

[...] tem consciência de que escreve, embora não exprima o seu próprio pensamento. [...]

[...] o médium intuitivo age como o faria um intérprete. Este, de fato, para transmitir o pensamento, precisa compreendê-lo, apropriar-se dele, de certo modo, para traduzi-lo fielmente e, no entanto, esse pensamento não é seu, apenas lhe atravessa o cérebro. [...] (107, it. 180).

Médiuns intuitivos: aqueles com quem os Espíritos se comunicam pelo pensamento e cuja mão é conduzida voluntariamente. Diferem dos médiuns inspirados em que esses últimos não precisam escrever, ao passo que o médium intuitivo escreve o pensamento que lhe é sugerido instantaneamente sobre um assunto determinado e provocado (107, it. 191).

[...] Outras vezes, atuando sobre o cérebro do médium, [o] pensamento [do Espírito] se comunica com o deste que, então, se bem que escrevendo de modo involuntário, tem consciência mais ou menos nítida do que obtém:

é o *médium intuitivo*; seu papel é exatamente o de um intérprete, que transmite um pensamento que não é o seu e que, portanto, ele deve compreender. [...] (108, cap. 1).

Ver também MEDIUNIDADE INTUITIVA

Médium invejoso

Médiuns invejosos: os que se mostram despeitados com o maior apreço dispensado a outros médiuns, que lhe são superiores (107, it. 196).

Médium lacônico

Médiuns lacônicos: aqueles cujas comunicações, embora recebidas com facilidade, são breves e sem desenvolvimento (107, it. 192).

Médium leviano

Médiuns levianos: os que não tomam a sério suas faculdades e delas só se servem por divertimento, ou para futilidades (107, it. 196).

Médium literário

Médiuns literários: não apresentam nem o que há de impreciso nos médiuns poéticos, nem o terra a terra dos médiuns positivos; porém, dissertam com sagacidade. Têm o estilo correto, elegante e, frequentemente, de notável eloquência (107, it. 193).

Médium maleável

Médiuns maleáveis: aqueles cuja faculdade se presta mais facilmente aos diversos gêneros de comunicações e pelos quais todos os Espíritos, ou quase todos, podem manifestar-se, espontaneamente, ou por evocação.

"Esta espécie de médiuns se aproxima muito da dos médiuns sensitivos" (107, it. 192).

Médium mercenário

Médiuns mercenários: os que exploram suas faculdades (107, it. 196).

Ver também MÉDIUM INTERESSEIRO

Médium modesto

Médiuns modestos: os que nenhum reclamo fazem das comunicações que recebem, por mais belas que sejam. Consideram-se estranhos a elas e não se julgam ao abrigo das mistificações. Longe de evitarem as opiniões desinteressadas, solicitam-nas (107, it. 197).

Médium motor

Médiuns motores: os que produzem o movimento dos corpos inertes. [...] (107, it. 189).

Ver também MÉDIUM DE EFEITOS FÍSICOS

Médium músico

Médiuns músicos: os que executam, compõem ou escrevem músicas, sob a influência dos Espíritos. Há médiuns músicos, mecânicos, semimecânicos, intuitivos e inspirados, como os há para as comunicações literárias. [...] (107, it. 190).

Médium natural

Médiuns naturais ou inconscientes: os que produzem espontaneamente os fenômenos, sem intervenção da própria vontade e, as mais das vezes, à sua revelia (107, it. 188).

É uma raridade a ocorrência de manifestações espontâneas em locais isolados; produzem-se quase sempre em casas habitadas, em razão da presença de certas pessoas que, mau grado seu, exercem uma influência qualquer. Essas pessoas são verdadeiros médiuns, cujo dom ignoram e que chamaremos, por essa razão, médiuns naturais. [...] (319, cap. 2).

Ver também BENZEDEIRA

Médium noturno

Médiuns noturnos: os que só na obscuridade obtêm certos efeitos físicos. [...] [...] esse fenômeno é devido mais às condições ambientes do que à natureza do médium, ou dos Espíritos. [...] (107, it. 189).

Médium novato

Médiuns novatos: aqueles cujas faculdades ainda não estão completamente desenvolvidas e que carecem da necessária experiência (107, it. 192).

Médium obsidiado

Médiuns obsidiados: os que não podem desembaraçar-se de Espíritos importunos e enganadores, mas não se iludem (107, it. 196).

Médium orgulhoso

Médiuns orgulhosos: os que se envaidecem das comunicações que lhes são dadas; julgam que nada mais têm que aprender no Espiritismo e não tomam para si as lições que recebem frequentemente dos Espíritos. Não se contentam com as faculdades que possuem, querem tê-las todas (107, it. 196).

Ver também MÉDIUM SUSCETÍVEL

Médium para ditados espontâneos

Médiuns para ditados espontâneos: recebem comunicações espontâneas de Espíritos que se apresentam sem ser chamados. [...] (107, it. 192).

Médium para evocação

Médiuns para evocação: os médiuns maleáveis são naturalmente os mais próprios para este gênero de comunicação e para as questões de minudências que se podem propor aos Espíritos. [...]

As respostas que dão [os Espíritos] não saem quase nunca de um quadro restrito, incompatível com o desenvolvimento dos assuntos gerais (107, it. 192).

Médium perfeito

[...] Médium perfeito seria aquele contra o qual os maus Espíritos jamais *ousassem* uma tentativa de enganá-lo [...] (107, it. 226).

Médium pintor ou desenhista

Médiuns pintores ou desenhistas: os que pintam ou desenham sob a influência dos Espíritos [...] (107, it. 190).

Médium pneumatógrafo

Dá-se este nome aos médiuns que têm aptidão para obter a escrita direta, o que não é possível a todos os médiuns escreventes. Esta faculdade, até agora, se mostra muito rara. [...] Conforme seja maior ou menor o poder do médium, obtém-se simples traços, sinais, letras, palavras, frases, e mesmo páginas inteiras. Basta de ordinário colocar uma folha de papel dobrada num lugar qualquer, ou indicado pelo Espírito, durante dez minutos, ou um quarto de hora, às vezes mais. A prece e o recolhimento são condições essenciais [...] (107, it. 177).

Médium poético

Médiuns poéticos: sem serem versificadas, as comunicações que recebem têm qualquer coisa de vaporoso, de sentimental; nada que mostre rudeza. São, mais do que os outros, próprios para a expressão de sentimentos ternos e afetuosos. Tudo, nas suas comunicações, é vago; fora inútil pedir-lhes ideias precisas. [...] (107, it. 193).

Médium poliglota

Médiuns poliglotas: os que têm a faculdade de falar, ou escrever, em línguas que lhes são desconhecidas (107, it. 191).

Médium polígrafo

Médiuns polígrafos: aqueles cuja escrita muda com o Espírito que se comunica, ou [os que são] aptos a reproduzir a escrita que o Espírito tinha em vida. [...] (107, it. 191).

[...] médiuns *polígrafos* [são os] que reproduzem escritas de diversos gêneros e, algumas vezes, com perfeita exatidão, a que o Espírito tinha quando encarnado. [...] (109, pt. 1, Manifestações dos Espíritos).

Médium positivo

Médiuns positivos: suas comunicações têm, geralmente, um cunho de nitidez e precisão, que muito se presta às minúcias circunstanciadas, aos informes exatos. [...] (107, it. 193).

Médium presunçoso

Médiuns presunçosos: os que têm a presunção de se acharem em relação somente com Espíritos Superiores. Creem-se infalíveis e consideram inferior e errôneo tudo o que deles não provenha (107, it. 196).

Médium profético

É igualmente uma variedade dos médiuns inspirados [ou de pressentimentos]. Recebem, com a permissão de Deus e com mais precisão do que os médiuns de pressentimentos, a revelação das coisas futuras, de interesse geral, que eles recebem o encargo de tornar conhecidas aos homens, para lhes servir de ensinamento.
De certo modo, o pressentimento é dado à maioria dos homens, para uso pessoal deles; o dom da profecia, ao contrário, é excepcional e implica a ideia de uma missão na Terra (109, pt. 1, Manifestações dos Espíritos).

Ver também MÉDIUM INSPIRADO *e* MÉDIUM DE PRESSENTIMENTOS

Médium psicofônico

Na obra da desobsessão, os médiuns psicofônicos são aqueles chamados a emprestar recursos fisiológicos aos sofredores desencarnados para que estes sejam socorridos. [...] (302, cap. 25).

O médium psicofônico deve preparar-se dignamente para a função que exerce, reconhecendo que não se acha dentro dela à maneira de fantoche, manobrado integralmente ao sabor das Inteligências desencarnadas, mas sim na posição de intérprete e enfermeiro, capaz de auxiliar, até certo ponto, na contenção e na reeducação dos Espíritos rebeldes que recalcitram no mal [...] (302, cap. 42).

Ver também MÉDIUM FALANTE

Médium puramente autômato

Puramente autômatos. Não têm consciência do que escrevem; só o braço lhes é influenciado; seus movimentos são bruscos e sacudidos, e eles têm às vezes certa dificuldade em ler o que obtiveram.
Essa faculdade é a que maior garantia oferece, não sendo o médium mais que um instrumento, ou, antes, um agente passivo, cujo pensamento e vontade se conservam independentes dos movimentos da mão (48, pt. 2, cap. 18).

Médium receitista

Médiuns receitistas: têm a especialidade de servirem mais facilmente de intérpretes aos Espíritos para as prescrições médicas. Importa não os confundir com os médiuns curadores, visto que absolutamente não fazem mais do que transmitir o pensamento do Espírito, sem exercerem por si mesmos influência alguma. [...] (107, it. 193).

Não se devem confundir os *médiuns curadores* com os *médiuns receitistas*, que são simples médiuns escreventes, cuja especialidade consiste em servirem mais facilmente de intérpretes aos Espíritos para as prescrições médicas; absolutamente mais não fazem que transmitir o pensamento do Espírito, sem exercerem, de si mesmos, nenhuma influência (109, pt. 1, Manifestações dos Espíritos).

Ver também MÉDIUM CURADOR

Médium religioso

Médiuns religiosos: recebem especialmente comunicações de caráter religioso, ou que tratam de questões religiosas, sem embargo de suas crenças, ou hábitos (107, it. 193).

Médium seguro

Médiuns seguros: os que, além da facilidade de execução, merecem toda confiança, pelo próprio caráter, pela natureza elevada dos Espíritos que os assistem, os que, portanto, menos expostos se acham a ser iludidos (107, it. 197).

Médium semimecânico

Médiuns semimecânicos: aqueles cuja mão se move involuntariamente, mas que têm, instantaneamente, consciência das palavras ou das frases, à medida que escrevem. [...] (107, it. 191).

[...] Algumas vezes, o médium é mais mecânico que intuitivo, outras, pende para a segunda destas faculdades; enfim, podem encontrar-se pessoas que gozem dos dois modos de manifestação: são os semimecânicos (42, pt. 5, cap. 2).

Escreventes semimecânicos, nos quais o cérebro e a mão são igualmente impressionados. Têm consciência do que escrevem, e as palavras lhes acodem à mente no próprio momento em que são lançadas no papel (48, pt. 2, cap. 18).

Médium sensitivo

Chamam-se assim [médium sensitivo ou impressionável] às pessoas suscetíveis de sentir a presença dos Espíritos por uma impressão vaga, por uma espécie de leve roçadura sobre todos os seus membros, sensação que eles não podem explicar. Esta variedade não apresenta caráter bem definido. Todos os médiuns são necessariamente impressionáveis, sendo assim a impressionabilidade mais uma qualidade geral do que especial. É a faculdade rudimentar indispensável ao desenvolvimento de todas as outras. [...] (107, it. 164).

Médiuns sensitivos: pessoas suscetíveis de sentir a presença dos Espíritos, por uma impressão geral ou local, vaga ou material. A maioria dessas pessoas distingue os Espíritos bons dos maus, pela natureza da impressão (107, it. 188).

Dá-se esta denominação [médiuns sensitivos ou impressivos] às pessoas suscetíveis de pressentir a presença dos Espíritos, por impressão vaga, um como ligeiro atrito em todos os membros, fato que não logram explicar. Tal sutileza pode essa faculdade adquirir, que aquele que a possui reconhece, pela impressão que experimenta, não só a natureza, boa ou má, do Espírito que lhe está ao lado, mas também a sua individualidade, como o cego reconhece instintivamente a aproximação de tal ou tal pessoa. Um Espírito bom causa sempre uma impressão branda e agradável; a de um Espírito mau, ao contrário, é penosa, aflitiva e desagradável: há um como cheiro de impureza (109, pt. 1, Manifestações dos Espíritos).

[...] [São aqueles] dotados dos mais altos graus das faculdades medianímicas de expansão e penetrabilidade, porque o sistema nervoso destes médiuns, facilmente excitável, lhes permite, por meio de certas vibrações, projetar em torno, com profusão, fluido animalizado (42, pt. 5, cap. 3).

Ver também SENSITIVO

Médium sério

Médiuns sérios: os que unicamente para o bem se servem de suas faculdades e para fins verdadeiramente úteis. [...] (107, it. 197).

Médium sonambúlico

Pode considerar-se o sonambulismo uma variedade da faculdade mediúnica, ou melhor, são duas ordens de fenômenos que frequentemente se acham reunidos. O sonâmbulo age sob a influência do seu próprio Espírito; é sua alma que, nos momentos de emancipação, vê, ouve e percebe, fora dos limites dos sentidos. O que ele externa tira-o de si mesmo; suas ideias são, em geral, mais justas do que o estado normal, seus conhecimentos mais dilatados, porque tem livre a alma. [...] o sonâmbulo exprime o seu próprio pensamento, enquanto que o médium exprime o de outrem. [...] (107, it. 172).

Médiuns sonâmbulos [ou sonambúlicos]: os que, em estado de sonambulismo, são assistidos por Espíritos (107, it. 190).

[...] o sonâmbulo tanto pode falar do que seu próprio Espírito vê, ouve ou percebe, como pode transmitir o pensamento dos Espíritos com os quais esteja em contato. Nesse último caso, ele é chamado de médium sonambúlico. [...] (322, cap. 4 – Sonambulismo).

Médium subjugado

Médiuns subjugados: os que sofrem uma dominação moral, e muitas vezes, material da parte de maus Espíritos (107, it. 196).

Médium suscetível

Médiuns suscetíveis: variedade dos médiuns orgulhosos, suscetibilizam-se com as críticas de que sejam objeto suas comunicações; zangam-se com a menor contradição e, se mostram o que obtêm, é para que seja admirado e não para que se lhes dê um parecer. Geralmente, tomam aversão às pessoas que os não aplaudem sem restrições e fogem das reuniões onde não possam impor-se e dominar (107, it. 196).

Ver também MÉDIUM ORGULHOSO

Médium tiptólogo

Médiuns tiptólogos: aqueles pela influência dos quais se produzem os ruídos, as pancadas. Variedade muito comum, com ou sem intervenção da vontade (107, it. 189).

Ver também MÉDIUM DE EFEITOS FÍSICOS

Médium universal

Essa faculdade de visão através da matéria e dos corpos opacos parece, segundo os casos que conhecemos, pertencer mais particularmente aos médiuns chamados universais, isto é, àqueles cuja mediunidade não fica restrita às manifestações físicas; a penetração da matéria pertence a esse gênero de mediunidade e a relação entre esse fenômeno e a visão é evidente. [...] (3, v. 2, cap. 3).

Ver também MÉDIUM VIDENTE

Médium veloz

Médiuns velozes: escrevem com rapidez maior do que poderiam voluntariamente, no estado ordinário. Os Espíritos se comunicam por meio deles com a rapidez do relâmpago. Dir-se-ia haver neles uma superabundância de fluido, que lhes permite identificarem-se instantaneamente com o Espírito. Esta qualidade apresenta às vezes seu inconveniente: o de que a rapidez da escrita a torna muito difícil de ser lida, por quem quer que não seja o médium (107, it. 194).

Médium versejador

Médiuns versejadores: obtêm, mais facilmente do que outros, comunicações em verso. [...] (107, it. 193).

Médium vidente

Os médiuns videntes são dotados da faculdade de ver os Espíritos. Alguns gozam dessa faculdade em estado normal, quando perfeitamente acordados, e conservam lembrança precisa do que viram. Outros só a possuem em estado sonambúlico, ou próximo do sonambulismo. [...] O médium vidente julga ver com os olhos, como os que são dotados de dupla vista; mas, na realidade, é a alma quem vê e por isso é que eles tanto veem com os olhos fechados, como com os olhos abertos; donde se conclui que um cego pode ver os Espíritos, do mesmo modo que qualquer outro que tem perfeita a vista (107, it. 167).

Médiuns videntes: os que, em estado de vigília, veem os Espíritos. A visão acidental e fortuita de um Espírito, numa circunstância especial, é muito frequente; mas, a visão habitual, ou facultativa dos Espíritos, sem distinção é excepcional (107, it. 190).

Dá-se essa qualificação às pessoas que, em estado normal e perfeitamente despertas, gozam da faculdade de ver os Espíritos. [...] (109, pt. 1, Manifestações dos Espíritos).

Moisés possuía várias mediunidades. Ele via os Espíritos desencarnados e falava com eles, conforme os médiuns de hoje o fazem. Era, portanto: Médium vidente, que vê os Espíritos, ou clarividente; [...] (334, pt. 1, cap. 3).

Ver também MÉDIUM UNIVERSAL

MEDIUMATO

[...] Missão providencial dos médiuns. Esta palavra foi criada pelos Espíritos (107, cap. 32).

Mediumato – eis o ápice do correto exercício da faculdade mediúnica em cuja ação o médium já não vive, antes nele vive o Cristo insculpindo-lhe a felicidade sem jaça de que se adorna, em prol do mundo melhor porque todos laboramos (74, cap. 18).

MEDIUNIDADE

[...] mediunidade é uma faculdade dada para o bem e os bons Espíritos se afastam de quem quer que pretenda transformá-la em trampolim para alcançar seja o que for que não corresponda aos desígnios da Providência. [...] (103, cap. 3).

Digamos, antes de tudo, que a mediunidade é inerente a uma disposição orgânica, de que qualquer homem pode ser dotado, como da de ver, de ouvir, de falar. [...] A mediunidade é conferida sem distinção, a fim de que os Espíritos possam trazer a luz a todas as camadas, a todas as classes da sociedade, ao pobre como ao rico; aos retos, para os fortificar no bem, aos viciosos para os corrigir. [...]

A mediunidade não implica necessariamente relações habituais com os Espíritos Superiores. É apenas uma aptidão para servir de instrumento mais ou menos dúctil aos Espíritos, em geral. [...] (105, cap. 24, it. 12).

A mediunidade é coisa santa, que deve ser praticada santamente, religiosamente. [...] (105, cap. 26, it. 10).

A faculdade mediúnica é uma propriedade do organismo e não depende das qualidades morais do médium; ela se nos mostra desenvolvida, tanto nos mais dignos, como nos mais indignos. Não se dá, porém, o mesmo com a preferência que os Espíritos bons dão ao médium (108, cap. 2, it. 79).

[...] é um dom de Deus, que se pode empregar tanto para o bem quanto para o mal, e do qual se pode abusar. Seu fim é pôr-nos em relação direta com as almas daqueles que viveram, a fim de recebermos ensinamentos e iniciações da vida futura.

[...] Aquele que dela se utiliza para o seu adiantamento e o de seus irmãos, desempenha uma verdadeira missão e será recompensado. O que abusa e a emprega em coisas fúteis ou para satisfazer interesses materiais, desvia-a do seu fim providencial, e, tarde ou cedo, será punido, como todo homem que faça mau uso de uma faculdade qualquer (108, cap. 2, it. 88).

A mediunidade [...] é a fonte primordial dos ensinamentos da Doutrina, e suas tarefas constituem, hoje, sem dúvida, importante contribuição dos espíritas que a elas se dedicam, à consolidação da fé raciocinada e ao retorno, à normalidade, das condições psíquicas alteradas daqueles que, enleados nas tramas da obsessão disfarçada e tenaz, procuram, agoniados, os centros espíritas, ou são a eles encaminhados.

A comunicação entre os dois mundos, o corporal, material ou visível e o incorpóreo, imaterial ou invisível, é uma premissa básica do Espiritismo, que seria apenas um espiritualismo irreal e duvidoso, se a negasse ou a repudiasse. [...]

[...] mediunidade, faculdade orgânica de que são dotadas todas as criaturas, em maior ou menor grau de desenvolvimento (110, pt. 2, Postulados e ensinamentos).

Na alma do estudioso, forças guardadas estão prontas para a manifestação. A mediunidade, por exemplo, se erige como instrumento a serviço da instrução e do refazimento, da esperança e do consolo. Através dela, o aluno em sintonia com as canções da vida, que ora são elegias de profunda tristeza, ora *alegros* de expressivo otimismo e positividade, recolhe o influxo da Espiritualidade, guardando, no entanto, as características próprias. Se a mensagem vem marcada de nobreza e elevação, ele quase não compartilha da grandeza em expressão, por falta de lastro evolutivo, mas, se preservado na humildade e disciplina, consegue reter em si mesmo os fluidos elevados das companhias superiores que teve por alguns momentos (1, A dificuldade é meu estímulo).

A mediunidade é uma delicada flor que, para desabrochar, necessita de acuradas precauções e assíduos cuidados. Exige o método, a paciência, as altas aspirações, os sentimentos nobres, e, sobretudo, a terna solicitude do bom Espírito que a envolve em seu amor, em seus fluidos vivificantes. [...]

[...] a mediunidade é um dos meios de ação por que se executa o plano divino [...] (48, pt. 1, cap. 5).

Mercadejar com a mediunidade é dispor de uma coisa de que se não é dono; é abusar da boa vontade dos mortos, pô-los ao serviço de uma obra indigna deles e desviar o Espiritismo do seu fim providencial. [...] (48, pt. 3, cap. 24).

A mediunidade foi a porta pela qual os imortais nos trouxeram a Doutrina e Jesus nos advertiu que quando eles, os discípulos, se calassem as pedras falariam. Quando os cristãos não tiveram mais a coragem de enfrentar os dominadores e se calaram, os túmulos arrebentaram-se e os imortais vieram. Eles falaram do silêncio das pedras, sob as quais estavam seus corpos guardados. Isso para nós foi admirável! (73, q. 1).

A mediunidade, perseguida tenazmente por largo período, conseguiu romper a barreira impeditiva da sua exteriorização e permite-se ser estudada com rigor e critério acadêmico, fazendo que desmoronem os castelos utopistas erguidos pelo materialismo, enquanto confirmando a anterioridade da vida ao modelo orgânico, oferece seguros elementos para a interpretação do enigma do ser, do seu destino, dos sofrimentos, dos desafios que se apresentam por toda a parte (75, Crise espiritual e de sentimento).

Faculdade orgânica, a mediunidade se encontra em quase todos os indivíduos, não constituindo patrimônio especial de grupos nem privilégio de castas; é inerente ao espírito que dela se utiliza, encarnado ou desencarnado, para o ministério do intercâmbio entre diferentes esferas de evolução. A mediunidade tem características próprias por meio das quais, quando acentuadas, facultam vigoroso comércio entre homens e Espíritos, entre as criaturas reciprocamente, bem como entre os próprios Espíritos. [...]

[...] tal faculdade se faz a porta por meio da qual se abrem os horizontes da imortalidade, propiciando amplas possibilidades para positivar a indestrutibilidade da vida, não obstante o desgaste da transitória indumentária fisiológica.

[...] sendo um inato recurso do espírito, reponta em qualquer meio e em todo indivíduo, aprimorando-se ou se convertendo em motivo de perturbação ou enfermidade, de acordo com a direção que se lhe dê (74, cap. 18).

Mediunidade é viaduto salvador entre os dois planos da vida, ensejando possibilidades imprevisíveis aos que transitam confiantes (76, cap. 26).

Mediunidade é traço de luz entre a vida vitoriosa e a vida em luta (76, cap. 32).

A mediunidade, conforme sabemos, exige exercício disciplinado, sintonia com as esferas superiores, meditação constante, isto é, vida íntima ativa e bem direcionada, ao lado do conhecimento do seu mecanismo e estrutura, de modo a tornar-se faculdade superior da e para a vida (77, cap. 22).

A faculdade mediúnica é, de certo modo, um claustro materno que permite a fecundação de vidas em novos estados psíquicos. [...] (77, cap. 23).

A mediunidade é bênção de Deus, quando colocada a serviço da caridade. [...] (79, L. 3, cap. 1).

A experimentação mediúnica desenvolvida pelo Espiritismo é o mais seguro guia destinado a esclarecer o transe da morte e preparar os homens para a inevitável decorrência libertadora (81, Processo desencarnatório).

A mediunidade é, entretanto, instrumento de serviço que, à luz da Doutrina Espírita, se transforma em mecanismo de promoção e dignificação moral-espiritual do próprio medianeiro (81, Enfermagem espiritual libertadora).

A mediunidade é expressão fisiopsíquica inerente ao homem, por cujo meio é-lhe possível entrar em contato com outras faixas vibratórias, além e aquém daquelas que são captadas pelos seus equipamentos sensoriais (81, Psiquismo mediúnico).

[...] Mediunidade sem Doutrina pode ser comparada a veículo sem freio avançando na direção do abismo. A mediunidade é sempre compromisso de redenção que o Espírito assume antes da reencarnação, especialmente aquela que tem expressão ostensiva, rica de possibilidade para a edificação do bem nos indivíduos. [...] (83, o médium Davi e o Dr. Hermann Grass).

[...] A mediunidade é o instrumento de comunicação entre os dois planos de vida e, no mesmo plano material, é um poderoso vetor de transmissão educacional de orientação, aconselhamento, ânimo, instruções, advertências, correções, etc (129, v. 2).

[...] a mediunidade é [...] o indício de renitentes imperfeições. Representa, por certo, uma faculdade, uma capacidade concedida pelos poderes que nos assistem, mas não no sentido humano, como se o médium fosse colocado à parte e acima dos vis mortais, como seres de eleição. É, antes, um ônus, um risco, um instrumento com o qual o médium pode trabalhar, semear e plantar, para colher mais tarde, ou ferir-se mais uma vez, com a má utilização dos talentos sobre os quais nos falam os Evangelhos. [...] (145, cap. 2, it. 1).

[...] sistema de comunicação entre inteligências situadas em diferentes graus de consciência [...] (147, cap. 4).

[...] *capacidade de registrar vibrações, radiações ou frequências que não podem ser captadas por nenhum dos cinco sentidos* (147, cap. 14).

[...] a mediunidade não é um *dom* e sim uma faculdade natural. Ao contrário do que pensam muitos, não é algo que se possa adquirir como um pacote num balcão de loja (148, cap. 10).

Mediunidade é um dom que possibilita à criatura humana, de qualquer religião, veicular o pensamento e as ideias dos Espíritos (161, cap. 40).

Mediunidade, em boa sinonímia, é, sobretudo, sintonia, afinidade. [...] Mediunidade é talento comum a todos. [...]

Mediunidade no presente é débito do passado. [...]

Mediunidade é atributo peculiar ao psiquismo de todas as criaturas. [...] (163, cap. 2).

A mediunidade, via de regra, é oportunidade para o resgate do passado, com a consequente correção das próprias deficiências.

[...] Mediunidade, em síntese, é obra de reabilitação (163, cap. 19).

A mediunidade, por luz divina, é o traço de união entre Deus e o homem (163, cap. 19).

A mediunidade é talento divino para edificar o consolo e a instrução entre os homens. [...]

A mediunidade do Grande Futuro [...] será [...] uma torrente de bênçãos sobre a Terra para que os homens, inspirados em Nosso Senhor Jesus Cristo e orientados por Allan Kardec, edifiquem, na Terra, o Reino de Deus a que tantas vezes o Mestre se referiu (163, cap. 28).

A mediunidade – maravilhosa ponte que liga o mundo físico ao espiritual, a Terra ao Espaço – descerra as portas do Infinito, possibilitando o amoroso reencontro das almas desencarnadas com as encarnadas (164, cap. 4).

Mediunidade é responsabilidade grave, é compromisso vultoso, e, para desempenhá-lo a contento, será indispensável habilitação prévia, a fim de lhe conhecermos o terreno delicado (165, O grande compromisso).

[...] a mediunidade é um dom de Deus concedido para auxílio da aproximação do homem ao seu Criador através dos ensinamentos superiores que ela poderá captar do Alto e transmitir à Terra, e não para profetizar acontecimentos que se encontram sob os desígnios da Lei de Deus ou para indicar a este ou àquele o melhor negócio a tentar para enriquecer facilmente. [...] (165, Um pouco de raciocínio).

[...] Basta ser, a mediunidade, o resultado de um jogo transcendente de sensações e percepções, uma indução de forças intelectivas sobre outras forças intelectivas e também perceptivas, para compreendermos que se trata de uma faculdade profunda, complexa, vertiginosa, em suas possibilidades singulares. [...] (168, cap. 8).

[...] a mediunidade não implica tão só o intercâmbio com entidades desencarnadas, mas também um complexo de fatos e acontecimentos ainda não devidamente estudados e classificados. O nosso Espírito – não devemos esquecê-lo – é um repositório de forças incomensuráveis, possuímos em nossa organização espiritual poderes múltiplos e ainda longe nos encontramos de avaliá-los na sua profundidade. [...] (175, cap. 3).

[...] a mediunidade é dom sagrado, posto de abnegação e sacrifício a serviço dos desígnios de Deus para com a Humanidade (175, cap. 10).

[...] é um dom inerente a todas as criaturas humanas. [...]

[...] sensibilidade psíquica que coloca a criatura humana em comunhão com o Plano Espiritual [...] (200, Presença da mediunidade).

O intercâmbio mediúnico é acontecimento natural [...] (217, cap. 27).

A mediunidade é patrimônio de todas as criaturas (219, Na vigília do amor).

[...] é instrumento do Senhor para alívio e instrução de todas as criaturas. [...] (244, cap. 1).

[...] A mediunidade posta ao serviço do bem é quase a estrada do Gólgota. [...] (247, cap. 35).

A mediunidade, nos corações valorosos e fortes, é um talento destinado à aplicação imediata (248).

A mediunidade é a sementeira do Senhor, em que nos cabe servir, concretizando-lhe o plano celeste de redenção (248).

Mediunidade com Jesus é serviço aos semelhantes. [...] (248).

[...] Mediunidade é sintonia e filtragem. Cada Espírito vive entre as forças com as quais se combina, transmitindo-as segundo as concepções que lhe caracterizam o modo de ser (269, cap. 12).

O simples intercâmbio com a vida espiritual nada mais é que mera permuta de valores para estimular a experiência comum. [...] (255, Evangelho).

[...] é uma energia peculiar a todos, em maior ou menor grau de exteriorização, energia essa que se encontra subordinada aos princípios de direção e à lei do uso, tanto quanto a enxada que pode ser mobilizada para servir ou ferir, conforme o impulso que a orienta, melhorando sempre, quando em serviço metódico, ou revestindo-se de ferrugem asfixiante e destrutiva, quando em constante repouso. [...] (264, cap. 15).

[...] A mediunidade é um ministério celestial. [...] (265, cap. 29).

[...] mediunidade elevada ou percepção edificante não constituem atividades mecânicas da personalidade e sim conquistas do Espírito, para cuja consecução não se pode prescindir das iniciações dolorosas, dos trabalhos necessários, com a autoeducação sistemática e perseverante. [...] (267, cap. 3).

[...] não é disposição da carne transitória e sim expressão do Espírito imortal. [...] (267, cap. 9).

A mediunidade é aquela luz que seria derramada sobre toda carne e prometida pelo Divino Mestre aos tempos do Consolador, atualmente em curso na Terra.

[...] Sendo luz que brilha na carne, a mediunidade é atributo do Espírito, patrimônio da alma imortal, elemento renovador da posição moral da criatura terrena, enriquecendo todos os seus valores no capítulo da virtude e da inteligência, sempre que se encontre ligada aos princípios evangélicos na sua trajetória pela face do mundo (273, q. 382).

[...] é título de serviço como qualquer outro. E há pessoas que pugnam pela obtenção de títulos, mas desestimam as obrigações que lhes correspondem. Gostariam, por certo, do intercâmbio com o nosso plano, mas, não cogitam de finalidades e responsabilidades. Em vista disso não se estabelecem conjuntos de cooperação para os médiuns em geral, mas apenas para aqueles que estejam dispostos ao trabalho ativo. [...] (274, cap. 14).

Mediunidade é sintonia. Cada mente recebe segundo a natureza e extensão da onda de sentimentos que lhe é própria (285, cap. 17).

[...] é recurso de trabalho como qualquer outro que se destine à edificação.

[...] A mediunidade é ensejo de serviço e aprimoramento, resgate e solução (292, Mediunidade e imperfeição).

Mediunidade é talento divino para edificar o consolo e a instrução entre os homens (292, Médiuns transviados).

[...] é uma força neutra, qual o magnetismo e a eletricidade, que não são bons e nem maus em si. O homem é quem lhes caracteriza as aplicações. [...] (303, cap. 10).

A mediunidade é um arado divino que o óxido da preguiça enferruja e destrói (307, cap. 5).

[...] a mediunidade, na essência, quanto a energia elétrica em si mesma, nada tem a ver com os princípios morais que regem os problemas do destino e do ser. [...] a mediunidade jaz adstrita à própria vida, não existindo, por isso mesmo, dois médiuns iguais, não obstante a semelhança no campo das impressões. [...] A mediunidade, no entanto, é faculdade inerente à própria vida e, com todas as suas deficiências e grandezas, acertos e desacertos, é qual o dom da visão comum, peculiar a todas as criaturas, responsável por tantas glórias e tantos infortúnios na Terra.

[...] a mediunidade não requisitará desenvolvimento indiscriminado, mas sim, antes de tudo, aprimoramento da personalidade mediúnica e nobreza de fins, para que o corpo espiritual, modelando o corpo físico e sustentando-o, possa igualmente erigir-se em filtro leal das esferas superiores, facilitando a ascensão da Humanidade aos domínios da luz (305, pt. 1, cap. 17).

[...] Porque a mediunidade é um dom da natureza de cada um de nós, como é a vista, a palavra, etc. Não depende da nossa vontade possuí-lo ou deixar de possuí-lo. Pode-se mesmo dizer que a mediunidade é o sexto sentido que Deus nos concedeu como auxílio ao nosso desenvolvimento moral-espiritual. [...] (333, cap. 5.2).

A mediunidade funciona como um refletor das imagens da vida espiritual. Quanto melhor as condições do aparelho tanto mais fiéis as impressões transmitidas (342, cap. 15).

A prática constante da mediunidade com Jesus harmoniza o médium, pois a mente-médium, ao ajustar-se à mente-comunicante, cria um fluxo elétrico-químico salutar no cérebro de ambos, [...] (347, p.1, cap. 2).

A mediunidade elevada enseja ao médium equilíbrio, saúde e dá a antevisão do futuro de paz consciencial que usufruirá, abrindo-lhe as portas de luz do Infinito (347, p. 1, cap. 9).

Ver também MEDIUNISMO

Mediunidade auditiva

A mediunidade auditiva consiste na faculdade de ouvir certos ruídos, certas palavras pronunciadas pelos Espíritos e que não impressionam o ouvido nas condições ordinárias da vida. É preciso distinguir para essa faculdade [...] dois casos: 1º) a intuição; 2º) a audição real. A intuição se dá de alma para alma; é uma transmissão de pensamentos que se opera sem o socorro dos sentidos, uma voz íntima que ressoa no foro íntimo; embora os pensamentos recebidos sejam claros, não são eles articulados por meio de palavras e nada têm de material. Na audição, pelo contrário, as palavras são pronunciadas de maneira a serem ouvidas pelo médium, como se uma pessoa lhe falasse ao lado (42, pt. 5, cap. 3).

Ver também MÉDIUM AUDIENTE

Mediunidade com Jesus

[...] Aquela que se exerce em função de objetivos superiores [...] (161, cap. 40).

Mediunidade de efeitos físicos
Com referência à mediunidade de efeitos físicos, parece-nos que os espíritos responsáveis pela tarefa do médium, vão estimulando nele a produção de ectoplasma ou vão intensificando a sua liberação em quantidades sempre maiores, constituindo isso, segundo o que se observa, fator essencial para a produção de fenômenos cada vez mais complexos, duradouros e palpáveis (322, cap. 3 – Manifestações Iniciais).

[...] a mediunidade de efeitos físicos é aquela que oferece maior perigo pela facilidade com que favorece a ilusão a nosso próprio respeito. [...] (322, cap. 11 - Observação Oportuna).

Mediunidade de identificação

Não é das mais comuns a mediunidade de identificação, o que justificaria o axioma de que o que é precioso é raro; por essa mediunidade, o Espírito consegue manifestar-se de modo a não deixar dúvida de sua presença: ele se "identifica", por conseguinte. Os casos registrados, entretanto, nos anais do Psiquismo, são já em grande número. Um dos mais célebres foi o da Sra. Piper, a qual conseguiu arrastar para o domínio do Psiquismo os grandes intelectuais de seu tempo. Tão impressionantes eram os fatos do seu mediunismo, que havia "detetives" encarregados de vigiá-la, a fim de poderem verificar onde ela colhia os espantosos informes que apresentava. Escusado é dizer que nunca se descobriu nada (98, Dos fenômenos subjetivos).

Mediunidade intuitiva

Nestas comunicações, não mais existe qualquer ação reflexa, o Espírito não exerce uma ação efetiva sobre o cérebro do médium; ele não lhe tira a consciência, ao transmitir-lhe as vibrações perispirituais que representam seu pensamento, e o encarnado as apanha sob forma de ideias; daí a denominação de mediunidade intuitiva dada a esse gênero de manifestações.

O Espírito estranho não age sobre a mão do médium, por intermédio do cérebro para fazê-lo escrever, não a guia; manifesta-se de modo mais direto. Sob seu impulso, o encarnado dirige a própria mão e escreve os pensamentos que lhe são sugeridos. [...] (42, pt. 5, cap. 2).

Ver também MÉDIUM INTUITIVO

Mediunidade mecânica

[...] A faculdade de escrever inconscientemente sobre os mais diversos assuntos, Ciência, Filosofia, Literatura, e com o emprego de línguas muitas vezes desconhecidas do médium, tomou o nome de *mediunidade mecânica* (42, pt. 3, cap. 3).

A mediunidade mecânica é caracterizada pela passividade absoluta do médium durante a comunicação. O Espírito que se manifesta age indiretamente sobre a mão, pelos nervos que lhe correspondem; dá-lhe um impulso completamente independente da vontade do médium, e a mão age sem interrupção, enquanto o Espírito tem o que dizer e não se detém senão quando ele terminou. Os movimentos da pessoa que recebe a mensagem são puramente automáticos; assim é que já vimos médiuns desse gênero sustentar conversa, enquanto a mão escrevia maquinalmente.

[...] a mediunidade mecânica consiste em escrever, sob a influência dos Espíritos, comunicações de que não se tem consciência e de que só se pode tomar conhecimento quando a influência espiritual cessou. [...] (42, pt. 5, cap. 2).

Se a ação é puramente mecânica, o Espírito não atua senão sobre os centros sensitivos-motores que dirigem os movimentos do braço e da mão; a ação é, pois, com efeito, muito difícil (42, pt. 5, cap. 2).

Ver também MÉDIUM ESCREVENTE MECÂNICO

Mediunidade onírica / Onirofania

Aí temos o fenômeno mediúnico da inspiração por meio do sonho, o que pode ser chamado de "mediunidade onírica". [...] (344, cap. 11, 11.1).

Mediunidade sem Jesus

[...] Aquela que se exerce em função de interesses inferiores (161, cap. 40).

Mediunidade torturada

A mediunidade torturada não é senão o enlace de almas comprometidas em aflitivas provações nos lances do reajuste (269, cap. 13).

Mediunidade transviada

[...] é aquela que se exerce em função de interesses inferiores, à revelia, portanto, das salutares normas que o Espiritismo estabelece para o intercâmbio com os Espíritos (161, cap. 40).

MEDIUNISMO

Sabe-se que sob essa rubrica, Aksakof propõe à compreensão todos os fenômenos ordinariamente chamados espíritas. Tal denominação tem a vantagem de aplicar-se exclusivamente à explicação dos fenômenos (90, pt. 1, cap. 2).

O mediunismo é um campo de trabalho onde podem florescer, sob a inspiração de Jesus, as mais sublimes expressões de fraternidade (161, cap. 29).

[...] um meio de que se serve Deus para auxiliar a Humanidade em seu esforço evolutivo (161, cap. 40).

Elo de luz entre a Terra e o Céu, o mediunismo superior possibilita o encontro, cada vez mais acentuado, do pensamento humano, com as esferas invisíveis nobres, de onde se originam as melhores expressões evolutivas (163, cap. 29).

[...] O mediunismo evangelizado, dos tempos modernos, é o mesmo profetismo das igrejas apostólicas (331, cap. 16).

Ver também MEDIUNIDADE

MEDO

O medo, que é uma construção mental do intelecto, apresenta-se com todo o séquito de imagens cultivadas largamente e jamais enfrentadas, que se transformam em mecanismos tormentosos de pavor, sem favorecerem as energias capazes de superá-lo. Sendo resultado da ignorância da realidade, consome valiosos recursos de forças emocionais que poderiam ser canalizadas para o equilíbrio e a coragem, facultando melhor compreensão da oportunidade de desenvolvimento do ser integral.

Vivenciado emocionalmente, somente quando desestruturado através da reflexão e da meditação profunda dilui-se, cedendo lugar a um estado de paz interior, que estimula ao contínuo avanço e busca de experiências iluminativas. Toda a corte que o segue, formando os estados de terror decorrentes das perdas: do trabalho, do afeto, da família, da saúde, do dinheiro, da traição e da morte, desfaz-se como neblina ante o sol da realidade espiritual que se é, em detrimento da aparência orgânica em que se encontra.

Somente através de uma análise bem direcionada é que se pode compreender que o medo não tem sentido, mas exerce terrível pressão sobre o indivíduo, conduzindo-o, em determinadas situações, a estados paroxísticos e alucinantes.

Tem-se medo pelo que se ignora, especialmente se a tradição o envolveu nos mitos que remanescem no inconsciente, tomando forma de fantasma destruidor, sempre em busca de mais recentes vítimas para devorá-las. A sua psicologia aturde a organização fisiológica, que dispara hormônios e neuropeptídeos na corrente sanguínea, invadindo todo o corpo que lhe cede à presença transformadora.

O medo desencadeia a violência que jaz adormecida como herança animal, aguardando o ensejo de desvelar-se e agredir, mesmo que gerando mecanismos autodestrutivos também naquele que se faz rebelde ou agressor. Criado pelo intelecto, sim, porquanto a criança, que ainda não foi intimidada, não havendo construído imagens mentais afligentes, não tem medo. Quando os adultos lhe apresentam as ideias afligentes, desenhando-lhe nos painéis mentais os clichês que caracterizam o medo, ei-lo que se lhe instala.

Pode-se considerar esse sentimento como fundamental, no que concerne a impedir o desenvolvimento espiritual do ser, porquanto é diluente de muitos valores que estimulam o crescimento interior (75, Impedimentos à iluminação).

O medo é verdugo impiedoso dos que lhe caem nas mãos. Produz vibrações especiais que geram sintonia com outras faixas na mesma dimensão de onda, produzindo o intercâmbio infeliz de forças deprimentes, congestionantes. À semelhança do ódio, aniquila os que o cultivam, desorganizando--os de dentro para fora. Alçapão traiçoeiro, abre-se, desvelando o fundo poço do desespero, que retém demoradamente as vítimas que colhe... (79, L. 1, cap. 7).

[...] é inimigo traiçoeiro e forte: esmaga os poderosos e enfurece os fracos (79, L. 2, cap. 5).

[...] O medo é algoz impenitente que destrói, seguro de si, estilhaçando tudo, tudo transformando em maior razão de pavor: pequenos ruídos semelham trovões, o cicio do vento parece voz de fantasma, a própria respiração soa como estertor de gigante, prestes a desferir golpe fatal. [...] (80, L. 1, cap. 7).

O medo é agente de males diversos, que dizimam vidas e deformam caracteres, alucinando uns, neurotizando outros, gerando insegurança e timidez ou levando a atos de violência irracional. Originário no Espírito enfermo, pode ser examinado como decorrência de três causas fundamentais: a) conflitos herdados da existência passada, quando os atos reprováveis e criminosos desencadearam sentimentos de culpa e arrependimento que não se consubstanciaram em ações reparadoras; b) sofrimentos vigorosos que foram vivenciados no Além-Túmulo, quando as vítimas que ressurgiam da morte açodaram as consciências culpadas, levando-as a martírios inomináveis, ou quando se arrojaram contra quem as infelicitou, em cobranças implacáveis; c) desequilíbrio da educação na infância atual, com o desrespeito dos genitores e familiares pela personalidade em formação, criando *fantasmas* e fomentando o temor, em virtude da indiferença pessoal no trato doméstico ou da agressividade adotada (81, Medo e responsabilidade).

[...] é um adversário terrível (265, cap. 31).

[...] é tão contagioso como qualquer moléstia de perigosa propagação. Classificamos o medo como dos piores inimigos da criatura, por alojar-se na cidadela da alma, atacando as forças mais profundas (270, cap. 42).

O medo da morte é consequência de uma visão limitada da vida, por desconhecimento das coisas espirituais e por considerar definitiva a destruição do ser pensante. [...] (337, Em vez de medo, sinta esperança!).

O medo da velhice não existe para aqueles que mantêm uma vida ativa, que sonham e fazem planos. [...](337, Em vez de medo, sinta esperança!).

[...] O medo de adoecer é acompanhado da insegurança que o idoso sente, por considerar a enfermidade como um agente propiciador da morte física. [...] (337, Em vez de medo, sinta esperança!).

E, finalmente, segundo o pensamento de Joanna de Ângelis, o medo de perder um afeto legítimo. Ela considera este medo como resultante da desestruturação emocional. [...] (337, Em vez de medo, sinta esperança!).

Ao registrar o medo como causa de abandono da prática mediúnica, André Luiz identifica um tipo de fobia social, que se caracteriza pelo receio do indivíduo de ser julgado pelas outras pessoas, [...] (347, p. 1, cap. 5).

MELINDRE

[...] os melindres pessoais são parasitos destruidores das melhores organizações do espírito (240, cap. 29).

O melindre – filho do orgulho – propele a criatura a situar-se acima do bem de todos. É a vaidade que se contrapõe ao interesse geral.

[...] O melindre gera a prevenção negativa, agravando problemas e acentuando dificuldades, ao invés de aboli-los. [...] (307, cap. 36).

MEMÓRIA

[...] Segundo a Psicofisiologia, a memória constitui a base de toda a atividade psíquica. O seu material é constituído pelas impressões que chegam à consciência por intermédio das sensações e são denominadas marcas mnêmicas ou engramas. Essa fixação dos engramas é grandemente influenciada pela atenção, pelo interesse, pela repetição e pela familiaridade com o material psíquico preexistente. Em seu sentido estrito, a memória é a soma de todas as lembranças existentes e as aptidões que determinam a extensão e a precisão dessas lembranças. Também tomam parte a capacidade de fixação e de evocação.

Em Neurofisiologia já foram determinados dois tipos distintos de memória, localizados em regiões distintas do cérebro: a memória recente e a memória pregressa. O suporte fisiológico da memorização ainda é obscuro, mas pode envolver tanto a criação de novos circuitos funcionais entre os neurônios cerebrais como a síntese de proteínas no citoplasma das células nervosas. De particular importância no processo mnemônico são os núcleos da base, especificamente o hipocampo, as amídalas e os corpos mamilares.
A memória tem fundamental importância tanto para o diagnóstico como para a terapêutica em Psiquiatria. A antiga hipótese freudiana do trauma infantil ilustra a importância dos engramas na etiologia de distúrbios psíquicos (9, cap. 2).
A memória, durante o estado de vigília, é, muitas vezes, uma reminiscência das vidas anteriores. É verdade que essas reminiscências são vagas, mas evidenciam na inteligência as aptidões mais acentuadas (17, cap. 27).
[...] é o fulcro da vida mental, contribuindo para fundar a personalidade [...] (40, cap. 4).

Já vimos que a memória é uma condição quase indispensável à personalidade, pois ela é que liga o estado de atualidade aos estados anteriores, e nos afirma sermos hoje o mesmo indivíduo de há vinte anos. É a memória que constitui a identidade, porquanto, ao mesmo passo que persistem as sensações presentes, surgem, por ela evocadas, as imagens antigas, que são, senão idênticas, ao menos muito análogas. [...] (40, cap. 4).

[...] é atributo do invariável, do invólucro fluídico – o *perispírito* (40, cap. 5).

[...] Faculdade misteriosa essa, que reflete e conserva os acidentes, as formas e as modificações do pensamento, do espaço e do tempo; na ausência dos sentidos e longe da impressão dos agentes externos, ela representa essa sucessão de ideias, de imagens e de acontecimentos já desaparecidos, já caídos no nada. Ela os ressuscita espiritualmente, tais como o cérebro os sentiu, a consciência os percebeu e formou (42, pt. 1, cap. 1).

A memória é o concatenamento, a associação das ideias, dos fatos, dos conhecimentos. [...] A memória é uma faculdade implacável de nossa inteligência, porque nenhuma de nossas percepções jamais é esquecida. Logo que um fato nos impressionou os sentidos, fixa-se irrevogavelmente na memória. Pouco importa que tenhamos conservado a consciência desta recordação: ela existe, é indelével (52, pt. 2, cap. 14).

[...] é um disco vivo e milagroso. Fotografa as imagens de nossas ações e recolhe o som de quanto falamos e ouvimos... Por intermédio dela, somos condenados ou absolvidos, dentro de nós mesmos (264, cap. 11).

Memória de fixação

No estado normal, as sensações, que não passam de formas de movimento, alteram a natureza do movimento vibratório da força psíquica, e se essa modificação for muito acentuada, isto é, se os mínimos de intensidade e duração forem ultrapassados, a sensação registrar-se-á no perispírito de maneira consciente, haverá percepção, o que vale dizer que o Espírito toma conhecimento do que se passa. Se, pelo contrário, faltarem uma ou ambas as condições, a sensação registrar-se-á, mas inconscientemente.
É assim que em nós se gravam os estados da consciência: é a memória de fixação. [...] (40, cap. 4).

MENINOS-ORIENTADORES

[...] São meninos e meninas de passado mais respeitável e por isso mesmo mais acessíveis aos ensinamentos edificantes [...]. Demoram-se no parque, [no Plano Espiritual] às vezes muito tempo, aguardando circunstâncias favoráveis à execução dos projetos de ordem superior e, enquanto permanecem aí, desempenham valiosas missões, junto a crianças e adultos, entre as duas esferas, além das tarefas usuais de que se incumbem na própria organização em que se mantêm estacionados. Constituem, assim, vasta coletividade de escoteiros do heroísmo espiritual, junto dos quais encontramos inapreciável estímulo e santo exemplo (297, cap. 11).

MENSAGEIRO ESPIRITUAL

[...] Mensageiros espirituais [são] essas *Vozes* que logo estarão ecoando por toda a Terra, convocando em definitivo o homem para os caminhos da Boa-Nova e anunciando a Era da Fraternidade e da Paz, prometida pelo Cristo Jesus (80, L. 1, cap. 3).

MENSAGENS COMPLEMENTARES

[...] São comunicações obtidas pela escrita automática de médiuns diferentes. Cada uma delas se apresenta cheia de lacunas, quase sempre ininteligíveis quando isoladamente apreciadas, mas, quando conjugadas, o sentido aparece de modo perfeito, pois de modo admirável se completam como as peças reunidas de um jogo de paciência. Os médiuns não têm, é claro, qualquer comunicação entre si, muitas vezes habitam cidades diferentes e nem se conhecem. De resto, as mensagens quase sempre são entregues ao mesmo tempo (22, cap. 12).

MENSAGENS ESPÍRITAS

Com a ressalva natural dos casos em que as mensagens têm o sentido de recados, ou trazem advertências especiais, o que se nota, em grande parte das comunicações, é que os guias espirituais preferem falar em tese, não citam nomes, não individualizam problemas nem gostam de vasculhar a vida íntima de quem quer que seja. Muitas e muitas vezes, por exemplo, até mesmo em círculos particulares de três a quatro pessoas, as entidades comunicantes aproveitam as oportunidades para dissertações gerais, ora sobre temas filosóficos, quando lhes parecem cabíveis, ora sobre questões morais ou crítica de ideias. Geralmente não descem a pormenores. Nem todos, no entanto, ou somente poucos participantes dessas reuniões, percebem que os instrutores espirituais se voltam mais para as causas do que para os casos em si. É uma sutileza que escapa à compreensão de muita gente (6, cap. 27).

Para nós, espíritas, que somos os *filhos da casa*, essas mensagens podem não mais conter novidades, já não provocam emoções em nosso coração, que se habituou a elas, como a criança que, vivendo na fartura do leite e do pão, rejeita-os frequentemente, saciadas que se sentem com a abastança no lar paterno. Mas, para aquele que só conheceu dogmas inexpressivos, que não chegaram a lhes fornecer a crença em Deus e em si próprios; para aquele que só conheceu o negativismo, que vive no materialismo porque nada racional lhe foi exposto em matéria de fé, embora sedento por algo que edifique a sua alma; para aquele que, se sofre, nada mais encontra à sua volta senão a desolação da incompreensão, uma dessas mensagens é o convite à esperança e à doçura do bem, murmúrio celeste segredando que, para além de nós mesmos, algo sublime existe desconhecido, mas que precisa conhecido (165, A força do exemplo).

MENTE

A mente não é, de modo algum, um sistema unívoco. Possui funções as mais variadas, que atuam de modo orgânico, mas com relativa independência entre si, podendo, nos casos patológicos, desenvolver sinais e sintomas agrupados em síndromes ou entidades nosológicas pela semiologia psiquiátrica. Se a patologia e a anatomia falharam na tentativa de delimitar as sedes das funções mentais no cérebro humano, com raras exceções, isso não implica, todavia, que a mente seja um sistema homogêneo e uniforme. [...]

Já foi dito que as pesquisas psicofisiológicas não foram capazes de delimitar, no cérebro humano, as respectivas cartografias das funções mentais. Para a posição espírita isso é compreensível, pois, segundo a mesma, o cérebro físico não é a matriz da mente, mas apenas o conjunto mais baixo das funções instrumentais da vida de relação. A mente tem sua localização na alma do indivíduo, distinta mas atuante no corpo material [...] (9, cap. 2).

[...] Segundo a posição espírita, o núcleo da mente está localizado na alma, onde habita uma centelha da divindade. [...] (9, cap. 2).

A mente é o equipamento sublime do Espírito, resultado de milênios incontáveis de evolução incessante, onde estão gravados, de maneira indelével, todos os recursos psicológicos de nossa personalidade: caráter, cultura, hábitos, aptidões, sensibilidade, desejos, virtudes, vícios, amor, paixões, etc. Os recursos mentais variam de Espírito para Espírito, em função do livre-arbítrio de cada um no aproveitamento das experiências, na existência terrena (12, cap. 3).

A mente em cada Espírito é semelhante à semente minúscula: já traz em si, em estado latente, as energias misteriosas e diretoras para a formação da árvore-existência no futuro (12, cap. 19).

A mente do homem é alguma coisa de superetéreo, que ninguém, revestido de corpo físico, será capaz de explicar. [...] (63, cap. 1).

[...] A mente, essa alguma coisa que valoriza a matéria e a influencia, é a força ou movimento dominante no Universo. [...] (63, cap. 3).

[...] é infinita e eterna, a mudar sempre, sempre a desenvolver-se, sempre a criar formas novas, tirando-as das velhas, nunca em repouso (63, cap. 3).

[...] A mente já se não apresenta como acidental intruso no reino da matéria; começamos a suspeitar que, antes, a devemos saudar como a criadora e governadora desse reino. [...] (63, cap. 3).

[...] é matéria num estado de rapidíssimas vibrações, e que, por ocasião da morte, embora deixemos na Terra o nosso cérebro físico, que é o seu instrumento, ela, na vida espiritual, continua a funcionar por meio do duplo etéreo do cérebro, o qual sobrevive à morte, juntamente com o restante do corpo espiritual (63, cap. 9).

[...] a mente etérea é a sede da memória, da personalidade, de todas as qualidades que formam o nosso caráter, qualidades todas pertencentes ao etéreo. [...] (63, cap. 14).

A mente relaciona manifestações que decorrem, no sistema solar, dos movimentos de translação e de rotação da Terra, limitando os espaços que passam pelo crivo das convenções estabelecidas e tornadas realidades, sempre porém, aparentes, porque em caráter relativo e não em acontecimento – fenômeno – absoluto.

Não obstante, mesmo na estabelecida raia, a variação de conteúdos demonstra que somente o real existe, sendo o conceptual uma criação-limite necessária para a mente de cada indivíduo.

Esse organograma de fases torna-se uma necessidade para o processo *samsárico*, a infinita roda das reencarnações. Face ao impositivo da consciência que estabelece as marcas temporais, o conceito do hoje assume a condição do que se pensa, do que se faz e do que se aspira. É resultado inevitável do já realizado – passado – promovendo a construção do que se realizará – futuro (75, Tempo, mente e ação).

A mente age de maneira vigorosa sobre o corpo, produzindo sensações e sentimentos, enquanto que este influencia poderosamente as emoções e o pensamento, tornando-se poderosa fonte de informações.

A identificação dos impulsos mentais e sua interferência no comportamento físico, faculta ao indivíduo a real integração de ambos os elementos, cada um desvelando a sua realidade, numa intercomunicação consciente promotora de harmonia e, portanto, de felicidade (75, Corpo e mente).

Comandando as funções do corpo, a mente estabelece os parâmetros que devem ser atendidos, de forma que não haja exorbitância de funções nem desgastes das energias que podem ser canalizadas para outros misteres, inclusive para melhorar a própria qualidade de vida (75, Corpo e mente).

A mente, em razão da captação do mundo externo, cujas mensagens ficam arquivadas, ora no subconsciente, momentos outros no inconsciente profundo, conforme o conteúdo de que constituem, transforma diversas dessas informações em verdadeiros fantasmas que atemorizam o indivíduo, terminando por levá-lo à desesperação. Quanto mais

ele busca fugir dessas presenças, utilizando-se de mecanismos escapistas, mais se aturde, porquanto ignorar um problema de forma alguma o soluciona ou evita-o. A única maneira de vencê-lo é através do enfrentamento, da batalha inevitável que ocorre no campo mental, interiormente, substituindo tudo quanto é inquietante pelo seu correspondente oposto, tranquilizador, pacificante...
É natural que muitas das necessidades da mente se traduzam através dos fenômenos orgânicos, produzindo sensações, quando primários, depois emoções, quando mais sutis e, por fim, espirituais, quando constituídos de sentido eterno, de significações transcendentes (75, Corpo e mente).

[...] a mente é capaz de elaborar processos dinâmicos que influenciam a saúde, preservando-a ou agredindo-a, de igual maneira trabalhando a estrutura emocional e comportamental da criatura humana.

Faculdade exclusiva do homem e da mulher a mente, que processa informações e as exterioriza, comandando as aspirações que caracterizam cada nível de consciência em que estagia o ser, encarrega-se de proporcionar-lhe alegria de viver ou gera distúrbios variados que se expressam como doenças, resultantes não só dos processos cármicos que procedem de outras existências como também de vivências atuais e passadas próximas...
Quando as doenças se encontram ínsitas no perispírito, que as *imprime* na organização física, na emocional ou na psíquica, a mente ainda aí desempenha um papel relevante, porquanto, compreendendo a ocorrência poderá modificar-lhe a manifestação mediante a resignação dinâmica, isto é, a aceitação da ocorrência com ação dignificadora, a fim de erradicar-lhe a causa, corrigindo-a ou superando-a. Igualmente, através do amor será possível alteração do quadro patológico, desde que não vitalizado pelo desconserto emocional, recebe ondas de teor edificante, criando condições propiciatórias para a instalação da saúde.
Por ser criativa, a mente interfere em todos os processos existenciais, em face da sua capacidade de gerar novas informações e produzir conteúdos sempre novos, ou deter-se nos clichês ancestrais que lhe impedem o desenvolvimento, a ampliação de campo para poder manifestar-se (75, Mente e doenças).
A criatura, portanto, através da mente, é dotada de grande possibilidade para gerar doenças ou não, conforme os seus padrões interiores de pensamentos e aspirações. Quando há predominância de sentimentos venais, de angústias, de anseios de vingança, de ódio, de ciúme, sem dúvida, o câncer, as cardiopatias, a depressão e outras enfermidades encontram campo vibratório para manifestar-se, prosseguindo sustentadas pelas emissões contínuas de mau humor e ressentimento.
Analogamente, quando há uma contínua geração de otimismo, de esperança, de alegria de viver mesmo que sob injunções algo penosas, de amar, de orar, todo esse arsenal de emoções age em forma de estímulos saudáveis no sistema nervoso central que o irradia para todas as células, através do sistema endocrinológico e do imunológico, dando surgimento ou continuidade à saúde, ao bem-estar, à felicidade... (75, Corpo e mente).
A mente é usina poderosa que se encontra em ação permanente, mesmo quando o corpo se encontra adormecido, por sediar as mais elevadas expressões do ser espiritual, convertendo-se em dínamo gerador incessante, conforme a tônica dos pensamentos que sejam mantidos pelo agente eterno (75, Corpo e mente).
A mente indisciplinada é rica de pensamentos e de imagens que induzem à posse, à conquista de tudo quanto fere os sentidos sem atender a sede de harmonia que deveria predominar (75, Frustração).
A mente indisciplinada imprime impulsos orgânicos que sempre tendem a produzir sensação, prazer imediato, distante dos sentimentos de compaixão, de amor e de caridade (75, Compaixão, amor e caridade).
A mente, em razão da ancestralidade do seu desenvolvimento, fixa-se demasiadamente no ego através do cérebro, no qual tem as

suas raízes, sendo a sua uma linguagem pertinente aos valores que lhe dizem respeito, permanecendo exclusivista...
Nesse sentido, as suas análises sempre partem do princípio egocêntrico, mantendo-se os interesses nesse contexto.

[...]

A mente, que produz ansiedade, que vagueia de pensamento em pensamento, buscando o novo, o diferente, proporcionando inquietação, extrapola os limites e perde-se em reflexões negativas, que culminam em depressões ou distúrbios outros não menos inquietantes (75, O altruísmo).
O mundo mental, das aspirações e ideais, é o grande agente modelador do mundo físico, orgânico. Conforme as propostas daquele, têm lugar as manifestações neste (81, Pensamento e perispírito).

[...] ainda é a grande incógnita para aqueles que tudo tentam explicar em termos fisiológicos (147, cap. 25).

Nossa mente é fulcro energético, criando forças que se associam, ao Plano Espiritual, com energias semelhantes (164, cap. 39).
A mente humana é um ímã de potencial elevado. Inconsciente desse poder intrínseco da sua natureza psíquica, a criatura humana abusa de tão preciosa dádiva conferida pela Criação, e, enredada na ganga de aspirações subalternas, apraz-se em acionar aquelas energias ao sabor das paixões deturpadoras a que geralmente se apega. É um potencial, pois a mente humana demora a serviço do bem como do mal, consoante o impulso vibratório fornecido pela vontade atuante. À custa de muito pensar em determinado assunto, de insistentemente desejar a concretização desta ou daquela particularidade entrevista pela imaginação no plano íntimo - exercendo, assim, atração magnética irresistível -, não raro a criatura realiza aquilo que levou tempo a modelar no pensamento, porque, por si mesma, se vai preparando para as possibilidades de consecução. [...] (171, pt. 1, cap. 3).

No dia em que a Medicina conseguir detectar na mente o fulcro causal e o núcleo controlador de todas as atividades e ocorrências biopsicofísicas, poderá inaugurar nova era para a saúde e o bem-estar dos povos; e através da terapêutica de eliminação do ódio e da cupidez, do orgulho e da intemperança, provará que Jesus estava certo quando garantiu a posse da Terra aos mansos de coração (188, cap. 8).

[...] a nossa mente funciona qual autêntico gerador de força magnética, a expandir-se através de pensamentos e palavras.

Quando nos mantemos equilibrados na serenidade, suas emissões são sempre salutares, favorecendo harmonia ao nosso derredor. Entretanto, se nos dominam a cólera, o rancor, o ciúme, ou qualquer outro sentimento de agressividade, desregulamos os centros de energia mental e passamos a emitir, qual instalação elétrica em curto-circuito, forças destruidoras que comprometem nossa estabilidade espiritual e a salubridade do ambiente em que nos detemos (200, O que os pais devem saber).

[...] toda mente é dínamo gerador de força criativa. [...] (231, cap. 5).

O mundo interior é a fonte de todos os princípios bons ou maus e todas as expressões exteriores guardam aí os seus fundamentos (239, cap. 18).
A organização mental é um instrumento que, ajustado ao Evangelho, deixa escapar as vibrações harmoniosas do amor, sem cujo domínio a vida em si prosseguirá desequilibrada, fora dos objetivos superiores, a que indiscutivelmente se destina (248).
A mente [...] é a sede de nossa atuação pessoal, onde estivermos (256, cap. 76).

[...] núcleo de forças inteligentes, gerando plasma sutil que, a exteriorizar-se incessantemente de nós, oferece recursos de objetividade às figuras de nossa imaginação, sob o comando de nossos próprios desígnios (269, cap. 1).

[...] nossa mente é um ponto espiritual limitado, a desenvolver-se em conhecimento e amor, na espiritualidade infinita e gloriosa de Deus (269, cap. 12).

[...] é um centro psíquico de atração e repulsão.

[...] é uma entidade colocada entre forças inferiores e superiores, como objetivos de aperfeiçoamento. [...] (264, cap. 2).

[...] Cada mente é um verdadeiro mundo de emissão e recepção e cada qual atrai os que se lhe assemelham. [...] (267, cap. 5).

[...] A mente é a orientadora desse universo microscópico [o cérebro], em que bilhões de corpúsculos e energias multiformes se consagram a seu serviço. Dela emanam as correntes da vontade, determinando vasta rede de estímulos, reagindo ante as exigências da paisagem externa, ou atendendo às sugestões das zonas interiores. Colocada entre o objetivo e o subjetivo, é obrigada pela Divina Lei a aprender, verificar, escolher, repelir, aceitar, recolher, guardar, enriquecer-se, iluminar-se, progredir sempre. Do plano objetivo, recebe-lhe os atritos e as influências da luta direta; da esfera subjetiva, absorve-lhe a inspiração, mais ou menos intensa, das inteligências desencarnadas ou encarnadas que lhe são afins, e os resultados das criações mentais que lhe são peculiares. Ainda que permaneça aparentemente estacionária, a mente prossegue seu caminho, sem recuos, sob a indefectível atuação das forças visíveis ou das invisíveis (268, cap. 4).

[...] O plano mental de cada um de nós não é vaso de conteúdo imaginário: é repositório de forças vivas, qual o veículo físico de manifestação, que nos é próprio, enquanto peregrinamos na crosta planetária (268, cap. 7).

[...] A mente humana, ainda que indefinível pela conceituação científica limitada, na Terra, é o centro de toda manifestação vital no planeta. [...] A usina humana é repositório de forças elétricas de alto teor construtivo ou destrutivo. Cada célula é minúsculo motor, trabalhando ao impulso mental (276, cap. 49).

A mente é o espelho da vida em toda parte.
[...] Definindo-a por espelho da vida, reconhecemos que o coração lhe é a face e que o cérebro é o centro de suas ondulações, gerando a força do pensamento que tudo move, criando e transformando, destruindo e refazendo para acrisolar e sublimar (282, cap. 1).

A mente humana é um espelho de luz, emitindo raios e assimilando-os [...] (282, cap. 5).

A mente é o espelho da vida em toda parte. Ergue-se na Terra para Deus, sob a égide do Cristo, à feição do diamante bruto, que, arrancado ao ventre obscuro do solo, avança, com a orientação do lapidário, para a magnificência da luz. Nos seres primitivos, aparece sob a ganga do instinto, nas almas humanas surge entre as ilusões que salteiam a inteligência, e revela-se nos Espíritos aperfeiçoados por brilhante precioso a retratar a Glória Divina. [...] (311, pt.2, cap. 2.1).

A mente não disciplinada é como um cavalo bravo que cavalga ao sabor dos impulsos aleatórios que lhe chegam das mais diferentes fontes. Para disciplinar a mente e estruturar a vida, contudo, se requer uma boa dose de equilíbrio. [...] (314, pt.1, cap. 2.3.1).

MENTE ALERTA

ver MEDITAÇÃO

MENTIRA

Mentira é tudo o que decorre do mal: falsidades, erros, falsas doutrinas, quer se traduzam por palavras, quer por atos (182, v. 4).
A mentira é a ação capciosa que visa ao proveito imediato de si mesmo, em detrimento dos interesses alheios em sua feição legítima e sagrada; e essa atitude mental da criatura é das que mais humilham a personalidade humana, retardando, por todos os modos, a evolução divina do Espírito (273, q. 192).

MERCÚRIO

[...] Em Mercúrio tem o ano 88 dias de 24 horas. Seu diâmetro mede não mais de 1.200 léguas, porém sua atmosfera é muito densa e suas montanhas parecem mais altas do que as nossas (134, 4ª efusão).

MESA FALANTE

[...] Obtiveram-se deste modo resposta às diversas questões formuladas e esse fenômeno foi designado sob o nome de mesas falantes. [...] (320, cap. 1, Histórico do Espiritismo).

MESA GIRANTE

[...] [O fenômeno das mesas girantes] consiste no movimento circular impresso a uma mesa. Esse efeito igualmente se produz com qualquer outro objeto, mas sendo a mesa o móvel com que, pela sua comodidade, mais se tem procedido a tais experiências, a designação de *mesas girantes* prevaleceu, para indicar essa espécie de fenômenos.

[...] Durante muito tempo esse fenômeno entreteve a curiosidade dos salões. Depois, aborreceram-se dele e passaram a cultivar outras distrações, porquanto apenas o consideravam como simples distração. Duas causas contribuíram para que pusessem de parte as mesas girantes. Pelo que toca à gente frívola, a causa foi a moda, que não lhe permite conservar por dois invernos seguidos o mesmo divertimento, mas que, no entanto, consentiu que em três ou quatro predominasse o de que tratamos, coisa que a tal gente deve ter parecido prodigiosa. Quanto às pessoas criteriosas e observadoras, o que as fez desprezar as mesas girantes foi que, tendo visto nascer delas algo de sério, destinado a prevalecer, passaram a ocupar-se com as consequências que o fenômeno dava lugar, bem mais importantes em seus resultados. [...]

Como quer que seja, as mesas girantes representarão sempre o ponto de partida da Doutrina Espírita [...].

Para que o fenômeno se produza, faz-se mister a intervenção de uma ou muitas pessoas dotadas de especial aptidão que se designam pelo nome de *médiuns*. [...] (107, it. 60 e 61).

A mesa [girante] não é senão um instrumento de que [...] [o Espírito] então se serve, como o faz com o lápis para escrever, dando-lhe vitalidade momentânea, pelo fluido com que a penetra, mas *não se identifica com ela* (108, cap. 2, it. 31).

Mesas de vários tipos e tamanhos (de preferência pequenas) levantavam um pé, movimentavam-se subindo, dançando; ditavam mensagens; compunham música; pairavam no ar, sem qualquer apoio.
Eram as chamadas "mesas girantes" (*tables-moving, tischruken, tables mouvantes, tables tournantes*), que invadiram vários países (Estados Unidos, onde foram precedidas pelo conhecido "episódio de Hydesville", Canadá, França, Alemanha, Itália, Inglaterra, Brasil), despertando as consciências adormecidas no comodismo de religiões paternalistas ou narcotizadas pelos enleios do materialismo grosseiro, das vidas sem perspectivas espirituais definidas (11, pt. 1, Notícia histórica).

[Três hipóteses para explicar o movimento das mesas girantes:] 1ª) *A teoria mecânica*, conhecida sob o nome de teoria das ações musculares inconscientes, da qual diz: "Ela é o refúgio natural de todos os físicos e fisiologistas que foram forçados a admitir o fato da mesa girante, porém que, pouco ou nada conhecendo do psiquismo, acham-se logo sem recursos, visto não terem outro meio de esconder a sua ignorância". 2ª) *A teoria telecinética*, segundo a qual objetos inanimados são movidos em direção contrária ao efeito habitual do peso por uma força comunicada a esses objetos, a distância, por pessoas vivas. 3ª) *A teoria espírita*, aquela que admite que inteligências desencarnadas imprimem aos objetos o mesmo movimento que nós mesmos lhes poderíamos comunicar. [...] (181, A levitação).

[...] Por meio de pancadas significando "sim" e "não", combinou-se com a mesa [girante], isto é, com o Espírito manifestante, o processo do alfabeto usado nos Estados Unidos: uma pancada batida para o A, duas para o B, três para o C, e assim por diante. Muitas vezes, adivinhada a palavra, não havia necessidade de ela ser completada. Mas, qualquer engano neste sentido, a mesa de imediato advertia do erro cometido e retomava o ditado interrompido (227, cap. 7).

[...] Para isso os experimentadores se serviam sobretudo de mesas, não porque esse objeto fosse mais favorável do que outro, mas unicamente porque é móvel, [...]. A princípio esse fenômeno foi designado sob o nome de mesas girantes ou dança das mesas. [...] (320, cap. 1, Histórico do Espiritismo).

Ver também RAPS e TIPTOLOGIA

MESA-GIRARDIN

Um aparelho [...] que designaremos sob o nome de *Mesa-Girardin*, tendo em atenção o uso que fazia dele a Sra. Emílio de Girardin nas numerosas comunicações que obtinha como médium. [...] Consiste o instrumento num tampo móvel de mesa, com o diâmetro de trinta a quarenta centímetros, girando livre e facilmente em torno de um eixo, como uma roleta. Sobre sua superfície e acompanhando-lhe a circunferência, se acham traçados, como sobre um quadrante, as letras do alfabeto, os algarismos e as palavras *sim* e *não*. Ao centro existe uma agulha fixa. Pousando o médium os dedos na borda do disco móvel, este gira e pára, quando a letra desejada está sob agulha. Escrevem-se, umas após outras, as letras indicadas e formam-se assim, muito rapidamente, as palavras e as frases.

É de notar-se que o disco não desliza sob os dedos do médium; que os seus dedos, conservando-se apoiados nele, lhe acompanham o movimento. [...] (107, it. 144).

MESSIANISMO

Na *Bíblia*, a expectativa do Messias; a esperança de um salvador ou redentor, etc (178, Glos.).

MESTRE

[...] o Mestre é sempre a fonte dos ensinamentos vivos. [...] (239, cap. 6).

Ver também CRISTO *e* JESUS

METAGNOMO

Jayme Cerviño (*Além do inconsciente*, FEB, 1968) afirma que existem sujeitos dotados, denominados metagnomos, que atuam, pelo menos aparentemente, sem sinal algum que denote a existência de transe.

Uma característica fundamental desse estado, além das citadas alterações da consciência, é a passividade. Em termos psicológicos, representa o abandono, por parte do eu, do controle do material psíquico, bem como da atividade crítica e discriminativa, dos juízos, etc. [...] (9, cap. 4).

METAPSÍQUICA

A escola metapsíquica, no começo do século XX, teve repercussões inevitáveis no movimento espírita, já pelo prestígio do nome de Richet nos meios científicos, já pelas atividades do Instituto Metapsíquico, da França. Alguns metapsiquistas terminaram aderindo ao Espiritismo; outros, porém, preferiram ficar no campo da Metapsíquica, sem compromisso doutrinário. A Metapsíquica, de fato, formou uma escola com bastante projeção internacional. Mas o fato de haver a Metapsíquica se imposto ao respeito pela sua preocupação científica, não abalou as posições espíritas, não trouxe nenhum elemento capaz de modificar os conceitos fundamentais do Espiritismo (6, cap. 36).

Uma ciência que tem por objeto fenômenos mecânicos ou psicológicos devidos a forças, que parecem inteligentes, ou a poderes desconhecidos, latentes na inteligência humana. [...]

Pode-se, em três palavras, resumir os três fenômenos fundamentais que constituem essa nova ciência: [criptestesia, telecinesia e ectoplasmia] (35, cap. 1).

Estudo dos fenômenos psíquicos aparentemente anormais ou inexplicáveis para os metapsiquistas, como a clarividência, a telepatia, etc., não admitindo a existência da alma (178, Glos.).

METEMPSICOSE

Seria verdadeira a metempsicose, se indicasse a progressão da alma, passando de um estado inferior a outro superior, onde adquirisse desenvolvimentos, que lhe transformassem a natureza. É, porém, falsa no sentido de transmigração direta da alma do animal para o homem e reciprocamente, o que implicaria a ideia de uma retrogradação, ou de fusão (106, q. 613).

[...] [Teoria] mediante a qual os Espíritos que se não houveram com equidade e nobreza na Terra a ela retornam, renascidos como animais inferiores (74, cap. 3).

Não obstante oferecessem os egípcios uma concepção especial, através do que consideravam a *Metempsicose*, ou reencarnação do espírito humano em forma animal, subentende-se que tal concepção era consequência de errônea interpretação do fenômeno da *zoantropia*, decorrente da perturbação espiritual em que muitas entidades infelizes se apresentavam nos cultos, traduzindo as punições que experimentavam por deformação do uso das funções orgânicas e psicológicas engendrando autossuplícios apenas transitórios, na erraticidade. Nesse sentido, mesmo Heródoto, "o pai da História", ensinando a Doutrina das vidas sucessivas, supunha que a *Metempsicose* fosse uma punição necessária ao espírito calceta, o que, se assim o fora, violaria a lei incessante da evolução com um retrocesso à fase animal (74, cap. 8).

Há o lamentável equívoco da metempsicose: o Espírito reencarnaria nos reinos inferiores, envolvendo a fauna e a flora. Os adeptos da metempsicose têm grande respeito por animais e vegetais, [...] (343, Rumo ao infinito)

MEU PAI E EU SOMOS UM

Aquelas palavras: "Meu Pai e eu somos um", foram ditas, repetimos, figuradamente, para exprimir a unidade de pensamento que existia, pela afinidade fluídica, pela pureza e pelo amor, entre Deus e o Cristo [...] (182, v. 4).

MILAGRE

[...] O milagre é uma postergação das leis eternas fixadas por Deus, obras que são da sua vontade, e seria pouco digno da suprema Potência exorbitar da sua própria natureza e variar em seus decretos (45, cap. 5).

[...] *Milagre* realmente não houve, segundo a significação que esse vocábulo tem, isto é: no sentido de *derrogação* das Leis da Natureza. Deus, já o sabeis, nunca derroga as Leis Naturais que a sua vontade imutável estabeleceu desde toda a eternidade (182, v. 4).

Unicamente nos limites e sob a ação de tais leis [universais] é que, entre vós e em consequência da vossa ignorância, tomam o nome de *milagres* as suas aparentes derrogações, que, entretanto, não passam de aplicações, desconhecidas para os homens, das mesmas leis [universais], de efeitos dessas aplicações, apropriados às leis do vosso planeta (182, v. 1).

O milagre é sempre o coroamento do mérito, mas nunca derrogação das Leis Naturais, que funcionam, igualmente, para todos (248).

Milagre – designação de fatos naturais cujo mecanismo familiar à Lei Divina ainda se encontra defeso ao entendimento fragmentário da criatura (307, cap. 8).

Em sua origem etimológica, milagre vem de mirari e significa admirável, coisa extraordinária. Em sentido teológico, sugere uma derrogação das Leis da Natureza, [...] (313, cap. 18).

Milagres são coisas imaginárias, efeito de nossa ignorância, palavra sem valor que empregamos para não sermos obrigados a confessar: não sei. [...] (323, cap. 21).

MILÍCIA CELESTE

O grande troço da milícia celeste não era mais do que uma multidão de bons Espíritos prepostos à manifestação espírita. Por efeito da mediunidade vidente e audiente, os pastores *os viram e escutaram estas palavras* que conheceis pela designação de *cântico dos anjos* e que, depois de terem atravessado os séculos, ainda hão de ecoar pelos séculos vindouros: "Glória a Deus no mais alto dos céus e paz na Terra aos homens de boa vontade" (182, v. 1).

MINERAL

Os minerais, os vegetais e os animais são grupamentos de mônadas, mais ou menos complexos, em diferentes fases evolutivas (90, pt. 2, cap. 2).

MINIATURIZAÇÃO PERISPIRITUAL

O Espírito reencarnante, para que possa estar em condições de justapor-se ao seio materno, não pode permanecer como se encontra na vida espiritual. O seu corpo espiritual deve sofrer profundas transformações quanto ao seu aspecto externo, preparando-se para o abençoado recomeço. [...]

O corpo espiritual do Espírito reencarnante, unido ao da futura mãe, passa a sofrer uma diminuição progressiva em sua organização, até chegar à miniaturização. É preciso deixar uma parte de fluidos e forças espirituais no laboratório do Invisível, para dar condições de receber um novo corpo na existência humana. O perispírito do reencarnante, depois de ligado à mente materna, passa a sofrer desta uma incessante descarga de energias eletromagnéticas, favorecendo a desagregação das energias perispirituais em excesso, para que, alojado no ninho materno, reestruture o seu novo corpo. [...]

O Espírito introduzido no seio materno permanece na condição de *semente inteligente*, para que, no período de nove meses, possa, juntamente com a *mente materna*, construir novo carro físico, de acordo com a Lei do Mérito. [...] (12, cap. 19).

MINISTÉRIO

O ministério de Jesus não é serviço de crítica, de desengano, de negação. É trabalho incessante e renovador, para a vida mais alta em todos os setores (248).

MINUTO

[...] Cada minuto pode ser o início da graça na edificação de nosso destino ou a glória do recomeço (248).

MISÉRIA

[...] a penúria, através da reencarnação, é o ensinamento que nos corrige os excessos (304, cap. 31).

MISERICÓRDIA

A misericórdia é o complemento da brandura, porquanto, aquele que não for misericordioso não poderá ser brando e pacífico. Ela consiste no esquecimento e no perdão das ofensas. [...] (105, cap. 10, it. 4).

A misericórdia é uma graça, e as graças não são distribuídas sem lei, porque, então, Deus teria preferências e exclusões, em detrimento de seu principal atributo: a justiça (325, cap. 23).

MISERICORDIOSO

[...] misericordiosos – os que perdoam e desculpam as ofensas recebidas e, sem guardar quaisquer ressentimentos, se mostram sempre dispostos a ajudar e a servir aqueles mesmos que os magoaram ou feriram –, pois, a seu turno, obterão misericórdia... (28, A progressividade da revelação divina 2).

MISONEÍSMO

[...] forma de idiossincrasia psíquica que torna impermeáveis a verdades novas as vias cerebrais (20, Conclusões).

MISSA

Em verdade, a missa é um ato religioso tão venerável quanto qualquer outro em que os corações procuram identificar-se com a Proteção Divina. [...] (264, cap. 9).

Perante o coração sincero e fraternal dos crentes, a missa idealizada pela igreja de Roma deve ser um ato exterior, respeitável para nós outros, como qualquer cerimônia convencionalista do mundo, que exija a mútua consideração social no mecanismo de relações superficiais da Terra (273, q. 300).

MISSÃO

Entendemos por missão superior aquela que objetiva a regeneração da Humanidade e que, pelo seu conjunto e pela sua força, se estenderá, dominando a ação de todos os outros missionários. [...] (182, v. 3).

[...] A missão do superior é a de amparar o inferior e educá-lo. [...] (267, cap. 4).

Missão da Doutrina Espírita

[...] é consolar e instruir, em Jesus, para que todos mobilizem as suas possibilidades divinas no caminho da vida. [...] (273, q. 60).

Missão de Jesus

[...] transmitir aos homens o pensamento de Deus [...] (101, cap. 17, it. 26).

Missão dos Apóstolos

A missão dos Apóstolos, especialmente a de Paulo, consistia em preparar e abrir os caminhos à era cristã, sob o império da *letra*, proferindo palavras cujo espírito, como *era mister sucedesse*, se conservava para eles velado pela letra e destinadas a servirem de base, de elementos, de meios e de *sanção prévia* à revelação futura, à revelação da revelação (182, v. 4).

MISSIONÁRIO

[...] Esses gênios, que aparecem através dos séculos como estrelas brilhantes, deixando longo traço luminoso sobre a Humanidade, são missionários ou, se o quiserem, messias. [...] (101, cap. 1, it. 6).

[...] Claro que não será necessário chegar ao exagero ou sair dos padrões de naturalidade, uma vez que o missionário autêntico, o que tem realmente missão espiritual, não precisa de apresentações exóticas nem tampouco viver em furnas, como se fosse o homem das cavernas. [...] (6, cap. 3).

[Missionários] São os Espíritos Superiores [...] que encarnam com o fim de fazer progredir a Humanidade.

[...] muitos deles atuam em diversos setores da cultura, instilando ideias renovadoras, revestidas sempre de substância edificante (163, cap. 30).

MISTÉRIO

[...] Na Grécia, no Egito e na Índia, consistiam os Mistérios em uma mesma coisa: o conhecimento do segredo da morte, a revelação das vidas sucessivas e

a comunicação com o mundo oculto. [...] (46, pt. 1, cap. 4).

[...] é tudo aquilo que exige conhecimento especial para ser explicado: o que se apresenta como secreto ou obscuro para os não iniciados; o que se afigura um enigma. Aquilo para cuja interpretação se faz necessário uma chave, uma cifra que desvende os segredos de um código, que é um conjunto sistemático e ordenado de sinais secretos, representativos de ideias vedadas aos estranhos. É o saber peculiar, cuja compreensão depende de acesso a conhecimentos especiais (187, Notícias do cotidiano - Símbolos).

MISTIFICAÇÃO

Mistificar é, na palavra dos dicionários, o ato de – *enganar, iludir, lograr, abusar da credulidade de alguém, engodar* –, valendo-se de ardis e subterfúgios, malícia e mesmo maldade. [...] (168, cap. 5).

[...] as mistificações só podem provir dos Espíritos levianos ou mentirosos, que abusam da credulidade e, muitas vezes, exploram o orgulho, a vaidade ou outras paixões. Tais mistificações têm o objetivo de pôr à prova a perseverança, [...] (342, cap. 20).

Mistificação é a burla que uma entidade desencarnada emprega, passando-se por quem não é, com o fito de dominação, humilhação ou simplesmente sarcasmo, cujos alvos são o médium e aqueles que o rodeiam. [...] (347, p. 1, cap. 14).

Mistificação anímica

[...] mistificação inconsciente por parte de um homem vivo. [...] (3, v. 2, cap. 4).

MISTIFICADOR

[...] Existem os mistificadores *inofensivos, brincalhões* apenas, que levam o tempo alegremente, se bem que também levianamente, cujas ociosidades e

futilidades só a si mesmos prejudicam [...] (168, cap. 5).

[...] Existem os [mistificadores] hipócritas, perigosos, portanto, que sabem enganar porque se rodeiam de falsa seriedade, a qual mantêm, apoiados em certa firmeza de lógica, e a quem somente observadores muito prudentes saberão descobrir. [...] (168, cap. 5).

MITOCÔNDRIO

Por intermédio dos mitocôndrios, que podem ser considerados acumulações de energia espiritual em forma de grânulos, assegurando a atividade celular, a mente transmite ao carro físico a que se ajusta, durante a encarnação, todos os seus estados felizes ou infelizes, equilibrando ou conturbando o ciclo de causa e efeito das forças por ela própria libertadas nos processos endotérmicos, mantenedores da biossíntese (305, pt. 1, cap. 8).

MITOLOGIA PAGÃ

Toda a mitologia pagã, aliás, nada mais é, em realidade, do que um vasto quadro alegórico das diversas faces, boas e más, da Humanidade. Para quem lhe busca o espírito, é um curso completo da mais alta filosofia, como acontece com as modernas fábulas. O absurdo estava em tomarem a forma pelo fundo (101, cap. 12, it. 15).

MOCIDADE

Diz o lirismo dos vates / Que "mocidade é poesia"... / E eu acrescento: alegria, / Força, potência, vigor... / Capacidade sublime / De erguer um mundo diverso, / Onde a vida seja um verso / De paz, de luz e de amor! / A Mocidade na carne, / Quando cheia de verdade, / É farol – na tempestade. / Estrela – na noite ultriz! / Flor de esperança e bondade / Erguida no val terreno, / Rumo ao destino supremo / Para um futuro feliz! / A Mocidade do Cristo / É expressão de beleza, / Tocada da realeza / Dos ideais salvadores! / É alavanca sublime / Duma era nova e ditosa, / Que há de surgir, gloriosa, / Do caos da treva e das dores! [...] (185, Mocidade).

Mocidade da alma é condição de todas as criaturas que receberam com a existência o aprendizado sublime, em favor da iluminação de si mesmas e que acolheram no trabalho incessante do bem o melhor programa de engrandecimento e ascensão da personalidade (246, cap. 17).

A mocidade cristã é primavera bendita de luz, anunciando o aperfeiçoamento da Terra (246, cap. 27).

A mocidade do corpo denso é floração passageira (295, cap. 1).

Ver também IDADE ESPIRITUAL

MOÇO

[...] é o depositário e realizador do futuro (246, cap. 15).

MODERAÇÃO

[...] é medida preventiva para os estados que a patologia, nos estudos psicológicos, examina como capítulo básico da degenerescência do homem. [...] (79, L. 1, cap. 6).

MODERNO ESPIRITUALISMO

ver ESPIRITISMO

MOLÉSTIA

[...] é apenas a resultante da falta ou do desequilíbrio na distribuição do magnetismo pelo corpo (141, cap. 1).

[...] A cegueira, a mudez, a idiotia, a surdez, a paralisia, o câncer, a lepra, a epilepsia, o diabete, o pênfigo, a loucura e todo o conjunto das moléstias dificilmente curáveis significam sanções instituídas pela Misericórdia Divina, portas a dentro da Justiça Universal, atendendo-nos aos próprios rogos, para que não venhamos a perder as bênçãos eternas do espírito a troco de lamentáveis ilusões humanas (231, cap. 19).

MOMENTO

[...] Nunca devemos lamentar momentos negativos do passado; jamais os nossos pensamentos devem por lá estacionar; eles serão sempre lastros e experiências para o presente, com vistas ao futuro, onde devemos nos situar (190, cap. 3).

[...] todo momento é um ensejo de redenção, que Deus nos concede na sua infinita bondade... (258, pt. 1, cap. 10).

MÔNADA CELESTE

ver PRINCÍPIO ESPIRITUAL

MONISMO

Sob as inumeráveis aparências das coisas [...] mais não vemos *além de agregações de mônadas*, ou seja, parcelas individualizadas do princípio único. [...] [...] inteligência, força e matéria são-lhe as modalidades essenciais a nós representadas.

Depois do processo de delimitação criador ou de involução [...], essas modalidades estão no princípio único em estado potencial. Realizam-se pela evolução e, terminada esta, permanecem no estado residual no princípio único. Não passarão então de [...] indeléveis *estados de consciência.*

Tudo o que, a nossos olhos, constitui o Universo material, dinâmico e intelectual não passaria, então, de aparência temporária. *Em realidade, só haveria mônadas imortais e agregações dessas mônadas* [...]. Os agrupamentos são sempre efêmeros, desagregam-se num dado momento, e as mônadas liberadas vão alhures formar novos desses grupamentos. Mas, cada uma conserva – gravadas em sua essência imortal – a lembrança e a experiência realizada em cada grupamento, assim desenvolvendo a consciência. [...]

O homem compreende uma mônada central, muito evolvida, alma ou "eu" real, grupando em sua volta séries de mônadas menos evoluídas. [...] Terminada a evolução, desapareceram as modalidades transitórias. O princípio único imortal desenvolveu suas potencialidades e *adquiriu a consciência* que a todos resume.

Ao mesmo tempo que cessam as modalidades passageiras, perdem as mônadas a aparência de sua separação transitória e fundem-se na unidade.
Mas, a noção de sua individualidade para tal não se perdeu; a consciência individual realizada durante a evolução faz, naturalmente, parte da consciência total. Apenas, chegada a seu máximo, cada consciência individual passou a ser a própria consciência total (90, pt. 2, cap. 2).

[...] sistema de filosofia dos que só admitem a matéria como princípio informador do Universo. É sinônimo de *materialismo* (178, Glos.).

MONOGAMIA

[...] é o clima espontâneo do ser humano, de vez que dentro dela realiza, naturalmente, com a alma eleita de suas aspirações a união ideal do raciocínio e do sentimento, com a perfeita associação dos recursos ativos e passivos, na constituição do binário de forças, capaz de criar não apenas formas físicas, para a encarnação de outras almas na Terra, mas também as grandes obras do coração e da inteligência, suscitando a extensão da beleza e do amor, da sabedoria e da glória espiritual que vertem, constantes, da Criação Divina (305, pt. 1, cap. 18).

Ver também CASAMENTO *e* MATRIMÔNIO

MONOIDEÍSMO

[...] ideia fixa em determinada ocorrência [...] (195, pt. 3, cap. 12).

Monoideísmo auto-hipnotizante

[...] O pensamento que [...] flui da mente permanece em circuito viciado, continuamente. É o monoideísmo auto-hipnotizante (195, pt. 1, cap. 16).

Monoideísmo *post mortem*

É preciso deixar bem claro que ele [Ernesto Bozzano] chama de *monoideísmo post mortem* às fixações do Espírito desencarnado que leva anos ou séculos a pensar repetidamente, obsessivamente, as mesmas ideias, a evocar as mesmas lembranças, a reviver as mesmas cenas, a sofrer as mesmas dores (146, cap. 4).

MORADA

[...] As diferentes moradas são os mundos que circulam no espaço infinito e oferecem, aos Espíritos que neles encarnam, moradas correspondentes ao adiantamento dos mesmos Espíritos (105, cap. 3, it. 2).

A casa do Pai é o infinito céu; as moradas prometidas são os mundos que percorrem o espaço, esferas de luz ao pé das quais a nossa pobre Terra não é mais que mesquinho e obscuro planeta. [...] (45, cap. 4).

As diversas moradas [...] [na casa do Pai] são todos os mundos, indistintamente, os quais constituem habitações apropriadas às diversas ordens de Espíritos, pois que a hierarquia ascensional dos mundos corresponde à dos Espíritos que os habitam (182, v. 4).

[...] essas muitas moradas que constituem a casa do Pai, que é o Universo, mais não eram, como hoje já o sabemos, do que esses milhões de planetas que povoam o espaço, e onde os Espíritos buscam progredir, desempenhando as suas missões, segundo o grau de seu adiantamento moral e intelectual, pois que a hierarquia ascensional desses mundos está em relação com a dos Espíritos que neles habitam (198, cap. 9).

Ver também ESTRELA, MUNDO *e* TERRA

MORAL

A Moral é a regra de bem proceder, isto é, de distinguir o bem do mal. Funda-se na observância da Lei de Deus. O homem procede bem quando tudo faz pelo bem de todos, porque então cumpre a Lei de Deus (106, q. 629).

Conjunto de regras que constituem os bons costumes, a Moral consubstancia os princípios salutares de comportamento de que resultam o respeito ao próximo e a si mesmo (74, cap. 22).

[...] nobilitante comportamento com que [o homem] se liberta das constrições primitivas e se põe em sintonia com as vibrações sutis da Espiritualidade, para onde ruma na condição de Espírito imortal que é (74, cap. 22).

[...] é uma aquisição do espírito através de vidas múltiplas, influindo mais para essa conquista a dor, que entra aí como fator primacial (155, cap. 2).

A moral que propomos se assemelha à virtude de Platão, pois ela estaria na consciência de todos os seres e cada um a manifestaria em maior ou menor grau. [...] (315, pt. 3, 18).

Moral espírita

[...] é a moral do Cristianismo (7, cap. 71).

MORALIDADE

[...] A despeito das mudanças que se operaram no mundo, a bem dizer em todos os sentidos, o valor intelectual e o valor moral se reclamam e completam, pouco importa que muita gente não se preocupe com problemas desta ordem. Se o indivíduo tem muita capacidade, mas não se recomenda moralmente, será um condutor desastroso, seja no âmbito da coisa pública, seja no âmbito da economia privada; se é realmente honesto, um modelo de moral, mas inexperiente ou inábil, também não está em condições de assumir certas responsabilidades. Em suma, sem a identificação, a verdadeira harmonia da moralidade com a capacidade nunca será possível uma gerência produtiva, sólida e benéfica. É o pensamento de Allan Kardec. E os valores por ele preconizados estão de pé, apesar das novas concepções de vida e dos novos estilos hoje predominantes neste ou naquele segmento da sociedade. [...] (6, cap. 15).

MORTE

A extinção da vida orgânica acarreta a separação da alma em consequência do rompimento do laço fluídico que a une ao corpo, mas essa separação nunca é brusca.

O fluido perispiritual só pouco a pouco se desprende de todos os órgãos, de sorte que a separação só é completa e absoluta quando não mais reste um átomo do perispírito ligado a uma molécula do corpo. "A sensação dolorosa da alma, por ocasião da morte, está na razão direta da soma dos pontos de contados existentes entre o corpo e o perispírito, e, por conseguinte, também da maior ou menor dificuldade que apresenta o rompimento. Não é preciso, portanto, dizer que, conforme as circunstâncias, a morte pode ser mais ou menos penosa. [...]

O último alento quase nunca é doloroso, uma vez que ordinariamente ocorre em momento de inconsciência, mas a alma sofre antes dele a desagregação da matéria, nos estertores da agonia, e, depois, as angústias da perturbação. [...] (104, pt. 2, cap. 1, it. 4 e 7).

[...] transformação, segundo os desígnios insondáveis de Deus, mas sempre útil ao fim que Ele se propõe. [...] (104, pt. 2, cap. 2).

A morte, para os homens, mais não é do que uma separação material de alguns instantes (105, cap. 28, it. 60).

[...] é a libertação dos cuidados terrenos [...] (107, it. 291).

A morte é apenas a destruição do envoltório corporal, que a alma abandona, como o faz a borboleta com a crisálida, conservando, porém, seu corpo fluídico ou perispírito (108, cap. 2, it. 12).

[...] começo de outra vida mais feliz. [...] (5, Conclusão).

[...] a morte, consequentemente, não pode ser o término, porém simplesmente a junção, isto é, o umbral pelo qual passamos da vida corpórea para a vida espiritual, donde volveremos ao proscênio da Terra, a fim de representarmos os inúmeros atos do drama grandioso e sublime que se chama evolução (28, Heliotropismo espiritual).

[...] é um estágio entre duas vidas. [...] (38).

[...] uma Lei Natural e uma transformação necessária ao progresso e elevação da alma. [...] (45, cap. 7).

[...] A morte mais não é que uma transformação necessária e uma renovação, pois nada perece realmente. [...] (46, pt. 2, cap. 13).

[...] uma porta aberta para formas impalpáveis, imponderáveis da existência [...] (49).

A morte é uma simples mudança de estado, a destruição de uma forma frágil que já não proporciona à vida as condições necessárias ao seu funcionamento e à sua evolução. [...]

A morte é apenas um eclipse momentâneo na grande revolução das nossas existências; mas, basta esse instante para revelar-nos o sentido grave e profundo da vida. [...] Toda morte é um parto, um renascimento; é a manifestação de uma vida até aí latente em nós, vida invisível da Terra, que vai reunir-se à vida invisível do Espaço. [...] (52, pt. 1, cap. 10).

[...] é o estado de exteriorização total e de liberação do "eu" sensível e consciente. [...] é simplesmente o retorno da alma à liberdade, enriquecida com as aquisições que pode fazer durante a vida terrestre; e vimos que os diferentes estados do sono são outros tantos regressos momentâneos à vida do Espaço. [...] (52, pt. 1, cap. 11).

O nada não existe; a morte é um novo nascimento, um encaminhar para novas tarefas, novos trabalhos, novas colheitas; a vida é uma comunhão universal e eterna que liga Deus a todos os seus filhos (52, pt. 3, cap. 20).

A morte é uma modificação – não da personalidade, porém da constituição dos princípios elevados do ser humano. [...] (57, pt. 2, cap. 2).

[...] A morte é o maior problema que jamais tem ocupado o pensamento dos homens, o problema supremo de todos os tempos e de todos os povos. Ela é fim inevitável para o qual nos dirigimos todos; faz parte da lei das nossas existências sob o mesmo título que o do nascimento. Tanto uma como outro são duas transições fatais na evolução geral, e entretanto, a morte, tão natural como o nascimento, parece-nos contra a Natureza (64, v. 1, cap. 1)

[...] Quer a encaremos de frente ou quer afastemos a sua imagem, a morte é o desenlace supremo da Vida. [...] (64, v. 1, cap. 1).

[...] Fenômeno de transformação, mediante o qual se modificam as estruturas constitutivas dos corpos que sofrem ação de natureza química, física e microbiana determinantes dos processos cadavéricos e abióticos, a morte é o veículo condutor encarregado de transferir a mecânica da vida de uma para outra vibração. No homem representa a libertação dos implementos orgânicos, facultando ao espírito, responsável pela aglutinação das moléculas constitutivas dos órgãos, a livre ação fora da constrição restritiva do seu campo magnético (74, cap. 7.)

A morte é sempre responsabilidade pelos sofrimentos que ferem as multidões. Isto porque há uma preferência geral pela ilusão. Todos, porém, quantos nascem encontram-se imediatamente condenados à morte, não havendo razões para surpresas quando a mesma ocorre.
No entanto, sempre se acusa que a famigerada destruidora de enganos visita este e não aquele lar, arrebata tal pessoa e não aquela outra, conduz saudáveis e deixa doentes... (75, Culto ao sofrimento).
A tradição védica informa que o nascimento orgânico é morte, porque é uma viagem no mundo de sombras e de limites, quanto que a morte é vida, por ensejar a libertação do presídio da matéria para facultar os voos nos rios do Infinito.
Possivelmente, por essa razão, o sábio chinês Confúcio, escreveu: *Quando nasceste todos riam e tu choravas. Vive, porém, de tal forma que, quando morras, todos chores, mas tu sorrias.*

[...]

Concordando com essa perspectiva – reencarnação é morte e desencarnação é vida! [...] (75, Iluminação para a ação).

A morte se traduz como uma mudança vibratória que ocorre entre dois estados da vida: físico e fluídico. Através dela se prossegue como se é. Nem deslumbramento cerúleo nem estarrecimento infernal de surpresa. [...] (76, cap. 11).

A morte, examinada do ponto de vista terrestre, prossegue sendo a grande destruidora da alegria e da esperança, que gera dissabores e infortúnios entre os homens.

[...] do ponto de vista espiritual, a morte significa o retorno para o lar, donde se procede, antes de iniciada a viagem para o aprendizado na escola terrena, sempre de breve duração, considerando-se a perenidade da vida em si mesma (77, cap. 21).

[...] Morrer é renascer, volver o espírito à sua verdadeira pátria, que é a espiritual. [...] (80, L. 1, cap. 5).

[...] A morte, à semelhança da semente que se despedaça para germinar, é vida que se desenlaça, compensadora. [...] (80, L. 2, cap. 9).

Etimologicamente, morte significa "cessação completa da vida do homem, do animal, do vegetal".
Genericamente, porém, morte é transformação.
Morrer, do ponto de vista espiritual, nem sempre é desencarnar, isto é, liberar-se da matéria e das suas implicações. A desencarnação é o fenômeno de libertação do corpo somático por parte do Espírito, que, por sua vez, se desimanta dos condicionamentos e atavismos materiais, facultando a si mesmo liberdade de ação e de consciência.
A morte é o fenômeno biológico, término natural da etapa física, que dá início a novo estado de transformação molecular.
A desencarnação real ocorre depois do processo da morte orgânica, diferindo em tempo e circunstância, de indivíduo para indivíduo.
A morte é ocorrência inevitável, em relação ao corpo, que, em face dos acontecimentos de vária ordem, tem interrompidos os veículos de preservação e de sustentação do equilíbrio celular, normalmente em consequência da ruptura do fluxo vital que se origina no ser espiritual, anterior, portanto, à forma física.
A desencarnação pode ser rápida, logo após a morte, ou se alonga em estado de perturbação, conforme as disposições psíquicas e emocionais do ser espiritual (81, Morte e desencarnação).

[...] morrer é prosseguir vivendo, apesar da diferença vibratória na qual se expressará a realidade (81, Morrendo para viver).

Morrer é desnudar-se diante da vida, é verdadeira bênção que traz o Espírito de volta ao convívio da família de onde partiu... (81, Processo desencarnatório).

A morte é a desveladora da vida (81, Identificação dos Espíritos).

[...] a morte traduz, em última análise, o ponto de partida do estágio terrestre para, assim, a alma, liberta dos liames carnais, ascender a mundos superiores numa mesma linha de continuidade moral, intelectual e cultural, integralmente individualizada nos seus vícios e virtudes, nas suas aspirações e ideais, para melhor poder realizar a assimilação das experiências colhidas durante a sua encarnação na matéria física e planetária. [...] (84, Da evolução e da Divindade).

[...] a morte não é o remate dos padecimentos morais ou físicos, e sim uma transição na vida imortal.

[...] A morte é o despertar de todas as faculdades do espírito entorpecidas no túmulo da carne e, então, liberto das sombras terrenas (85, L. 3).

A *morte* não é, como dizem geralmente, o sono eterno; é, antes, o despertar da alma – que se acha em letargia enquanto constrangida no estojo carnal – despertar que, às vezes, dura tempo bem limitado, porque lhe cumpre retornar à Terra, a desempenhar nova missão; não é o esvaimento de nenhum dos atributos anímicos; é o revigoramento e o ressurgimento de todos eles, pois é quando a inteligência se torna iluminada como por uma projeção elétrica, para se lhe desvendarem todas as heroicidades e todos os delitos perpetrados no decorrer de uma existência. [...] (88, L. 1, cap. 7).

[...] é um ponto e vírgula, não um ponto final. [...] (93, Um gênero e duas épocas).

[...] a morte é uma passagem para outra vida nova. [...] (111, pt. 2, o homem propõe e Deus dispõe).

[...] prelúdio de uma nova *vida, de um novo progresso* (140).

[...] a morte – ou seja, libertação do Espírito – é tão simples e natural que a grande maioria, por um espaço de tempo maior ou menor, nem mesmo sabe o que aconteceu e continua presa aos ambientes onde viveu na carne, numa atmosfera de pesadelo que não entende e da qual não consegue sair. [...] (147, cap. 15).

[...] a extinção da vida física não é uma tragédia que se possa imputar a Deus, mas um processo pelo qual a própria vida se renova. [...] (147, cap. 23).

A morte é oportunidade para que pensemos na existência da alma, na sua sobrevivência e comunicabilidade com os vivos da Terra, através dos médiuns, da intuição, ou durante o sono.
A morte é, ainda, ensejo para que glorifiquemos a Indefectível Justiça, que preside a vida em todas as suas manifestações.
Na linguagem espírita, a morte é, tão somente, transição de uma para outra forma de vida. Mudança de plano simplesmente.
[...] a morte não é ocorrência aniquiladora da vida, mas, isto sim, glorioso cântico de imortalidade, em suas radiosas e sublimes manifestações (164, cap. 34).

[...] nada mais é do que a transição de um estado anormal – o de encarnação para o estado normal e verdadeiro – o espiritual! (176, Apres.).

[...] a morte não é mais do que o prosseguimento da vida transportada para ambientes diferentes [...] (176, cap. 6).

Morte que é vida admirável e feliz, ou tormentosa; vida exuberante, à luz do Cristo ou nas sombras do remorso e do mal. Mas vida eterna prometida por Jesus, que é, agora, mais bem compreendida. [...] (179, cap. 6).

[...] a morte é, na realidade, o processo renovador da vida (184, cap. 42).

Não te amedronte, filha minha, a morte, / Que ela é qual simples troca de vestido: / Damos de mão a um corpo já puído, / Por outro mais esplêndido e mais forte.
[...] A morte, filha minha, é a liberdade! / É o voo augusto para a luz divina, / Sob as bênçãos de paz da Eternidade! / É bem começo de uma nova idade: / Antemanhã formosa e peregrina / Da nossa vera e grã felicidade (185, A morte).

[...] A morte não existe; e aquilo a que damos esse nome não é mais que a perda sofrida pela alma de parte das mônadas, que constituem o mecanismo de seu corpo terreno, dos elementos vívidos que voltam a uma condição semelhante àquela em que se achavam, antes de entrarem no cenário do mundo. [...] (191, cap. 1).

[...] é simplesmente o nosso libertamento de um organismo pelo qual, apesar da grosseria dos sentidos, a nossa alma, invisível e perfectível, se nobilita [...] (191, cap. 2).

A morte é ponto de interrogação entre nós incessantemente colocado, o primeiro tema a que se ligam questões sem-número, cujo exame faz a preocupação, o desespero dos séculos, a razão de ser de imensa cópia de sistemas filosóficos. [...] (202, Depois da morte).

[...] é o remate da vida. [...] (219, Convive com ele).

[...] é a ressuscitadora das culpas mais disfarçadas pelas aparências do homem ou mais absconsas nas profundezas do espírito (219, Em paz e paciência).

A morte não é noite sem alvorada nem dia sem amanhã; é a própria vida que segue sempre (219, A lei da morte).

[...] Morrer é passar de um estado a outro, é despir uma forma para revestir outra, subindo sempre de uma escala inferior para outra, imediatamente superior (222, Evolução).

[...] a morte só é simples mergulho na vida espiritual, para quem soube ser realmente simples na experiência terrestre (240, cap. 20).

A morte do corpo constitui abençoada porta de libertação, para o trabalho maior (248).

[...] a morte transforma, profundamente, o nosso modo de apreciar e de ser, acendendo claridades ocultas, onde nossa visão não alcançaria os objetivos a atingir (248).

É a morte um simples túnel, através do qual a carruagem de nossos problemas se transfere de uma vida para outra. Não há surpresas nem saltos. Cada viajante traz a sua bagagem (248).

A morte é o passado que, quase sempre, reclama esquecimento (248).

A morte é somente uma longa viagem (248).

A morte é a grande niveladora do mundo [...] (248).

Toda morte é ressurreição na verdade (248).

A morte é uma ilusão, entre duas expressões da nossa vida (248).

[...] A morte significa apenas uma nova modalidade de existência, que continua, sem milagres e sem saltos (250, cap. 1).

Indubitavelmente, a morte do corpo é uma caixa de surpresas, que nem sempre são as mais agradáveis à nossa formação. [...] A morte, porém, é processo revelador de caracteres e corações [...] (255, Do Além).

[...] é sempre um caminho surpreendente (255, De retorno).

A morte é o banho revelador da verdade, porque a vida espiritual é a demonstração positiva da alma eterna (255, Tudo claro).

[...] a hora da morte é diferente de todas as outras que o destino concede à nossa existência à face deste mundo [...] (258, pt. 2, cap. 8).

A morte não provocada / É bênção que Deus envia, / Lembrando noite estrelada / Quando chega o fim do dia (259, cap. 38).

A morte é renovação, investindo a alma na posse do bem ou do mal que cultivou em si mesma durante a existência (260, Em saudação).

Então, a morte é isto? uma porta que se fecha ao passado e outra que se abre ao futuro? (260, cap. 28).

A morte é simplesmente um passo além da experiência física, simplesmente um passo. Nada de deslumbramento espetacular, nada de transformação imediata, nada de milagre e, sim, nós mesmos, com as nossas deficiências e defecções, esperanças e sonhos (260, cap. 31).

[...] a morte, por mais triste e desconcertante, é sempre o toque de ressurgir (262, Jornada acima).

[...] a morte é chave de emancipação para quantos esperam a liberdade construtiva. [...] (263, cap. 41).

A morte é simples mudança de veste [...] somos o que somos. Depois do sepulcro, não encontramos senão o paraíso ou o inferno criados por nós mesmos (264, cap. 12).

A morte física não é o fim. É pura mudança de capítulo no livro da evolução e do aperfeiçoamento. [...] (267, Ante os tempos novos).

A morte não é uma fonte miraculosa de virtude e sabedoria. É, porém, uma asa luminosa de liberdade para os que pagaram os mais pesados tributos de dor e de esperança, nas esteiras do tempo (271, Marte).

[...] a morte representa para nós outros um banho prodigioso de sabedoria [...] (271, Carta a Gastão Penalva).

O repouso absoluto no túmulo é a mais enganosa de todas as imagens que o homem inventou para a sua imaginação atormentada (271, Carta a Gastão Penalva).

[...] é campo de sequência, sem ser fonte milagreira, que aqui ou além o homem é fruto de si mesmo. [...] (274, Rasgando véus).

A morte física não é salto do desequilíbrio, é passo da evolução, simplesmente (276, Os mensageiros).
A morte é simplesmente o lúcido processo / Desassimilador das formas acessíveis / À luz do vosso olhar, empobrecido e incerto (280, O mistério da morte).

[...] A morte física, em qualquer circunstância, deve ser interpretada como elemento transformador, que nos cabe aproveitar, intensificando o conhecimento de nós mesmos e a sublimação de nossas qualidades individuais, a fim de atendermos, com mais segurança, aos desígnios de Deus. [...] (285, cap. 30).

[...] A morte mais terrível é a da queda, mas a Terra nos oferece a medicação justa, proporcionando-nos a santa possibilidade de nos reerguermos. [...] (288, pt. 1, cap. 1).

[...] o instante da morte do corpo físico é dia de juízo no mundo de cada homem (295, cap. 23).

A morte para todos nós, que ainda não atingimos os mais altos padrões de humanidade, é uma pausa bendita na qual é possível abrir-nos à prosperidade nos princípios mais nobres. [...] (297, cap. 16).

[...] A morte é lição para todos. [...] (299, cap. 22).

Nada em nós se altera com a morte. O ser humano continua o mesmo em todos os aspectos, embora mais perfeito do que antes, levando com ele suas faculdades bem como os hábitos mentais adquiridos, as crenças e os preconceitos (316, cap. 1).

A morte é a destruição do invólucro corporal. A alma o abandona como quem deixa uma roupa usada, ou como a borboleta, que deixa a sua crisálida; mas conserva o seu corpo fluídico, ou perispírito. [...] (320, cap. 2, Espíritos).

A morte, antes envolta em mistério e quase desconhecida, fica mais próxima de nossa vida e passamos a nos preocupar com os seres amados que partiram... [...]

Como espiritualistas entendemos a morte como a perda do corpo físico e acreditamos na sobrevivência do espírito. Entretanto, mesmo para os que creem na continuidade da vida, as interpretações são diversas. [...] (338, Diante da morte).

A morte é ocorrência inevitável, em relação ao corpo, que, em face dos acontecimentos de vária ordem, tem interrompidos os veículos de preservação e de sustentação do equilíbrio celular, normalmente em consequência da ruptura do fluxo vital que se origina no ser espiritual, anterior, portanto, à forma física. [...] (341, p. 1, cap. 6).

A morte é um suave meio para um adormecer e logo se despertar, cada qual conforme as condições adquiridas na experiência fisiológica precedente a esse momento. [...] (341, p. 1, cap. 13).

Ver também DESENCARNAÇÃO *e* TÚMULO

Morte do mineral

O mineral morre quando é arrancado do meio em que o colocara o autor da Natureza. A pedra tirada da pedreira, o minério extraído da mina, deixando de existir, do mesmo modo que a planta separada do solo, perdem a vida natural (182, v. 1).

Morte espiritual

[...] O Espírito, quando se separa do corpo, volta à vida clarividente que tinha antes de a este se unir. Se, aos olhos de Deus, viveu na Terra como homem de bem, essa clarividência se amplia cada vez mais, suas faculdades se desenvolvem e pode dar-se, tais sejam seus méritos, que ele se veja dispensado de voltar ao planeta, à Terra do *esquecimento*. Se, pelo contrário, cada vez mais se atolou no mal, sofrerá ainda, após a morte material, a morte espiritual, isto é, sentirá em trevas a inteligência, não lhe sendo permitido recobrar nem mesmo a memória do passado, nem a clarividência do futuro, enquanto não adquira melhores sentimentos (182, v. 4).

Morte violenta

Na morte violenta as sensações não são precisamente as mesmas. Nenhuma desagregação inicial há começado previamente a separação do perispírito; a vida orgânica em plena exuberância de força é subitamente aniquilada. Nestas condições, o desprendimento só começa depois da morte e não pode completar-se rapidamente. O Espírito, colhido de improviso, fica como que aturdido e sente, e pensa, e acredita-se vivo, prolongando-se esta ilusão até que compreenda o seu estado. [...] (104, pt. 2, cap. 1, it. 12).

[...] em todos os casos de morte violenta, quando a morte não resulta da extinção gradual das forças vitais, mais *tenazes* são os laços que prendem o corpo ao perispírito e, portanto, mais lento o desprendimento completo (106, q. 162).

A desencarnação por acidentes, os casos fulminantes de desprendimento proporcionam sensações muito dolorosas à alma desencarnada, em vista da situação de surpresa ante os acontecimentos supremos e irremediáveis. Quase sempre, em tais circunstâncias, a criatura não se encontra devidamente preparada e o imprevisto da situação lhe traz emoções amargas e terríveis (273, q. 152).

MORTIFICAÇÃO

[...] Privar-se a si mesmo e trabalhar para os outros, tal a verdadeira mortificação, segundo a caridade cristã (106, q. 721).

MORTO

[...] [A homenagem aos mortos] é a afirmação solene da certeza de que a sepultura não é o término fatal da vida, mas a porta de entrada para um novo modo de existência (30, cap. 8).

[...] Os mortos são os invisíveis, mas não são os ausentes (48, pt. 3, cap. 26).

Os mortos de que Jesus falava são os que vivem exclusivamente para o corpo e não pelo Espírito e para o Espírito; são aqueles para quem o corpo é tudo e o Espírito nada, aqueles que, tendo ouvidos para ouvir e compreender, não ouvem nem compreendem, que são incapazes de ouvir e compreender, que têm olhos para ver e não veem, que são incapazes de ver (182, v. 2).

[...] [há] duas categorias de *mortos*: os que são denominados tal, por haverem deixado a matéria, e os assim chamados por viverem somente a vida animal. A primeira classificação é dos homens; a segunda é de Jesus Cristo (222, O dia dos mortos).

Ver também DESENCARNADO

MOVIMENTO ESPÍRITA

Aderir ao Movimento Espírita não significa aderir à Doutrina em todos os casos. As situações variam muito, de pessoa para pessoa, de acordo com a formação, as disposições, as opções de cada um.
As relações com o Movimento Espírita se distinguem através de processos diferentes. Vivemos em interação, que é o processo social mais comum, isto é, convivemos no meio espírita, fazemos boas relações, porém o fato de nos relacionarmos não quer dizer que sempre já estejamos integrados. Há pessoas que se acomodam, mas não aderem ao movimento propriamente. Há entre nós muitos casos de *acomodação*, sem a mínima identificação com a Doutrina. Acomodação é uma

forma habilidosa de conviver ou ajustar-se temporariamente a qualquer ambiente, embora sem aceitar as ideias do grupo. É o caso dos elementos que, por necessidade ou por certas conveniências, se acomodam entre nós, fazem que concordam com as nossas ideias, dão a impressão de que estão aceitando tudo, mas a verdade é que, no fundo, não aceitam nada do que dizemos. Estão em nosso meio enquanto precisam resolver determinado problema. Acomodação, portanto, não é integração.
Outro processo, igualmente corrente em todos os movimentos, é a *adaptação*. Há pessoas que têm uma capacidade especial de adaptação. Adaptam-se a qualquer ambiente, qualquer estilo de convivência. É uma arte, afinal de contas. Pois bem, no meio espírita às vezes podem ocorrer casos de pura adaptação aos nossos hábitos e padrões, sem a verdadeira integração. Pessoas que se sentem bem no meio espírita, apreciam nossos modos de conviver, colaboram conosco, aceitam tarefas, fazem amizades, mas ainda não se sentem seguras intimamente. Estão apenas adaptadas ao ambiente espírita mas não se integram ao espírito da Doutrina.
O processo mais positivo é justamente o da *integração*, que só se dá quando a criatura humana, pelo estudo, pela observação, pela reflexão demorada, chega à conclusão de que as suas ideias e os seus valores de outrora já não lhe servem mais, pois agora já tem outra visão da vida e das coisas. Quando se sente, afinal, apoiada nos princípios espíritas, quando aceita conscientemente esses princípios, quando já está em condições de dispensar naturalmente a bagagem das crenças antigas, aí sim, está integrada no Espiritismo. É pela integração na Doutrina que nos preparamos, em suma, para compreender as mudanças e assumir posições de equilíbrio (6, cap. 36).

MULHER

[...] A mulher sinceramente espírita só poderá ser uma boa filha, boa esposa e boa mãe de família; por sua própria posição, muitas vezes tem mais necessidade do que qualquer outra pessoa das sublimes consolações; será mais forte e mais resignada nas provas da vida [...]. Se a igualdade dos direitos da mulher deve ser reconhecida em alguma parte, seguramente deve ser entre os espíritas, e a propagação do Espiritismo apressará, infalivelmente, a abolição dos privilégios que o homem a si mesmo concedeu pelo direito do mais forte. O advento do Espiritismo marcará a era da emancipação legal da mulher (110, Instruções..., 10).

[...] A instituição da igualdade de direitos entre o homem e a mulher figura entre as mais adiantadas conquistas sociais, sejam quais forem, à parte das desfigurações que se observam nesta ou naquele ponto. É outro ângulo em que se configura claramente a previsão social da Doutrina. Há mais de um século proclama o ensino espírita: "a emancipação da mulher segue o progresso da civilização". [...] (6, cap. 36).

A mulher de hoje é o mesmo Espírito de mulher do mundo primitivo, da época dos homens das cavernas e que nestes numerosos milênios foi acumulando as qualidades da inteligência e do sentimento, tendo como base de edificação da sua individualidade as funções específicas realizadas principalmente no lar, junto ao marido e aos filhos. O Espírito feminino também se reencarnou em corpos de homem, adquirindo caracteres masculinos, mas em proporções bem menores. [...]

O Espírito feminino, muito mais do que o Espírito masculino, foi adquirindo, através de suas atividades específicas na maternidade, nos trabalhos do reino doméstico, nos serviços e no amor ao marido, aos filhos e à família e nas profissões próprias, na sucessividade dos milênios, as qualidades preciosas: o *sentimento*, a *humildade*, a *delicadeza*, a *ternura*, a *intuição* e o *amor*. Estes valores estão em maior frequência na mulher e caracterizam profundamente o sexo feminino. As belas qualidades do Espírito feminino no exercício da maternidade, fizeram surgir a imensa falange das "grandes mães" ou "grandes corações", que é fruto de muitos trabalhos, amor e renúncia, no cumprimento correto de seus sagrados deveres, em milênios. [...] (12, cap. 4).

Analisemos o que Jesus elucidou ao Apóstolo Pedro, quando falou sobre a evolução do Espírito feminino. O Espírito Irmão X reporta [no livro *Boa nova*]: "Precisamos considerar, todavia, que a mulher recebeu a sagrada missão da vida. Tendo avançado mais do que o seu companheiro na estrada do sentimento, está, por isso, mais perto de Deus que, muitas vezes, lhe toma o coração por instrumento de suas mensagens, cheias de sabedoria e de misericórdia". [...]

Se Jesus disse que a mulher está mais perto de Deus, é porque é do sentimento que nascem o amor e a humildade, e com maior facilidade o Espírito feminino adquiriu preciosos valores do coração para se elevar aos planos iluminados da Vida Superior. [...] (12, cap. 4).

Nos problemas do coração, a mulher sempre ficou com a parte mais difícil, pois sempre foi a mais acusada, a mais esquecida, a mais ferida, a mais desprotegida e a mais sofredora, mesmo nos tempos atuais. [...]

Apesar de todas essas ingratidões, perseguições e crueldades, em todos os tempos, para com a mulher, o Divino Mestre Jesus confia e reconhece nelas, mesmo as mais desventuradas e infelizes nos caminhos das experiências humanas, o verdadeiro sustentáculo de regeneração da Humanidade [...] (12, cap. 7).

[...] A mulher é a alma do lar, é quem representa os elementos dóceis e pacíficos na Humanidade. Libertada do jugo da superstição, se ela pudesse fazer ouvir sua voz nos conselhos dos povos, se a sua influência pudesse fazer-se sentir, veríamos, em breve, desaparecer o flagelo da guerra (46, pt. 5, cap. 55).

A mulher é um espírito reencarnado, com uma considerável soma de experiências em seu arquivo perispiritual. Quantas dessas experiências já vividas terão sido em corpos masculinos? Impossível precisar, mas, seguramente, muitas, se levarmos em conta os milênios que a Humanidade já conta de experiência na Terra.

Para definir a mulher moderna, precisamos acrescentar às considerações anteriores o difícil caminho da emancipação feminina. A mulher de hoje não vive um contexto cultural em que os papéis de ambos os sexos estejam definidos por contornos precisos. A sociedade atual não espera da mulher que ela apenas abrigue e alimente os novos indivíduos, exige que ela seja também capaz de dar sua quota de produção à coletividade. [...] (204, Mulher-mãe).

[...] Na revista de janeiro de 1866 [*Revista Espírita*], por exemplo, Kardec afirma que "[...] com a Doutrina Espírita, a igualdade da mulher não é mais uma simples teoria especulativa; não é mais uma concessão da força à franqueza, é um direito fundado nas mesmas Leis da Natureza. Dando a conhecer estas leis, o Espiritismo abre a era de emancipação legal da mulher, como abre a da igualdade e da fraternidade". [...] (204, Mulher-mãe).

A Doutrina não oferece também respaldo às propostas que promovem a participação da mulher em atividades que possam comprometer a educação dos filhos. A meta do Espiritismo é a renovação da Humanidade, pela reeducação do indivíduo. E, sem dúvida, o papel da mulher é relevante para a obtenção dessa meta, já que é ela que abriga os que retornam à vida terrena para uma nova encarnação na intimidade do seu organismo, numa interação que já exerce marcante influência sobre o indivíduo. É ela também o elemento de ligação do reencarnante com o mundo, e o relacionamento mãe/filho nos primeiros anos de vida marca o indivíduo de maneira bastante forte [...] (204, Mulher-mãe).

A mulher é um Espírito reencarnado. Aporta a essa vida, trazendo em seu arquivo milhares de experiências pretéritas. São conhecimentos e vivências que se transformam em um chamamento forte para realizações neste ou naquele setor da atividade humana. Privá-la de responder a esse chamamento interior será, mais uma vez, restringir-lhe a liberdade, considerando-a um ser incapaz de tomar decisões, de gerir sua própria vida e, sobretudo, será impedi-la de conhecer-se e de crescer espiritualmente (204, Mulher--mãe).

[...] A mulher é a estrela de bonança nos temporais da vida (226, v. 3, cap. 3, it. 3).

[...] a mulher dentro [do lar] é a força essencial, que rege a própria vida (248).

A mulher é a bênção de luz para as vinhas do homem (248).

[...] é uma taça em que o Todo-Sábio deita a água milagrosa do amor com mais intensidade, para que a vida se engrandeça. [...] (252, cap. 39).

Mulher adúltera

Interferindo no processo cruel da praça pública, em defesa da mulher desprotegida e desesperada que lhe solicitara apoio e salvação, Jesus não levantou os braços, não gritou, não usou a força física e nem manipulou um grupo de comandados para usar a violência contra a turba enlouquecida, mas simplesmente enviou uma mensagem de luz, para que as mentes masculinas compreendessem as próprias deficiências e fraquezas morais. Usando somente sua autoridade moral, fez uma indagação amorosa que penetrou profundamente na consciência de cada um, estimulando-os a efetuarem uma autoanálise de sua conduta na qual descobriram falsidades, deserções e negações, compenetrando--se de suas próprias deficiências.

A mulher adúltera naquele momento simbolizava a Humanidade inteira. Jesus nos concitava a pensar em nossas próprias imperfeições, fraquezas e faltas, principalmente quanto à nossa sexualidade. [...] (12, cap. 7).

Mulher-mãe

[...] é o anjo da Humanidade destinado a realizar todos os sonhos de felicidade que o homem possa conceber. Tampouco, acrediteis que, por mulher-mãe, pretenda definir exclusivamente a mulher que tem filhos. Não. Mulher-mãe é toda mulher que sabe amar. [...] (55, cap. 27).

[...] Batuíra diz que "a mulher é sempre mãe – não só dos próprios filhos, mas também dos grandes ideais, das abençoadas realizações da vida, dos estímulos ao progresso e, sobretudo, das boas obras". [XAVIER, Francisco Cândido. *Mais luz*. Cap. 85.]

Caberá à sociedade, compreendendo a importância da presença materna na formação da mente infantil, criar leis que possibilitem à mulher assistir os próprios filhos, sem prejuízo de sua atuação profissional. Na verdade, o momento em que vivemos representa um grande apelo a homens e mulheres para que se associem na construção de uma sociedade mais humana e mais justa. Enquanto persistir esse sistema em que todos professam o Cristianismo apenas com os lábios e não com os atos, o impositivo de trabalho aos que já compreenderam o verdadeiro espírito da Doutrina Espírita – reviver o Cristianismo – é imenso. É preciso colocar mãos à obra e procurar a superação das amarras dos inúmeros condicionamentos culturais que nos impedem a absorção das verdades libertadoras, cuja atuação, de dentro para fora, renovar-nos-á, apontando a cada um de nós, homens e mulheres, caminhos cada vez mais seguros de crescimento individual e de interação harmoniosa (204, Mulher-mãe).

MULTIDÃO

[...] [é] a família total [...] (259, cap. 29).

MUNDO

[...] todos esses mundos são as moradas de outras sociedades de almas. [...] (50, pt. 2, cap. 14).

[...] O mundo é escola, e na sua condição de educandário desempenha papel primacial para a evolução, em cujo bojo encontra--se o objetivo de tornar o *Cristo interno* o verdadeiro comandante das ações e dos objetivos inarredáveis da reencarnação (75, Frustração).

[...] cada mundo é um vasto anfiteatro composto de inúmeras arquibancadas, ocupadas por outras tantas séries de seres mais ou menos perfeitos. E, por sua vez, cada mundo não é mais do que uma arquibancada desse anfiteatro imenso, infinito, que se chama Universo. Nesses mundos, nascem, vivem, morrem seres que, pela sua relativa perfeição, correspondem à estância mais ou menos feliz que lhes é destinada. [...] (134, 8ª efusão).

[...] mundos incontáveis são, como disse Jesus, as muitas moradas da Casa do Eterno Pai. É neles que nascem, crescem, vivem e se aperfeiçoam os filhos do criador, a grande família universal... São eles as grandes escolas das almas, as grandes oficinas do Espírito, as grandes universidades e os grandes laboratórios do Infinito... E são também – Deus seja louvado – os berços da Vida (188, cap. 2).

[...] vasta escola de regeneração, onde todas as criaturas se reabilitam da traição aos seus próprios deveres. [...] (237, cap. 13).

O mundo é uma associação de poderes espirituais (248).

[...] os mundos [são] laboratórios da vida no Universo [...] (248).

O mundo, em todo tempo, é uma casa em reforma, com a lei da mudança a lhe presidir todos os movimentos, através de metamorfoses e dificuldades educativas (291, cap. 40).

Ver também MORADA, PLANETA *e* TERRA

Mundo *ad-hoc*

Mundos *ad-hoc* [são aqueles] onde a essência espiritual, após transpor os reinos mineral, vegetal e animal, é preparada para o estado *espiritual*, para o estado de *espírito formado*, de inteligência independente, livre e responsável (182, v. 4).

Mundo celeste ou divino

[...] Mundos Celestes ou Divinos, habitações de Espíritos depurados, onde exclusivamente reina o bem. [...] (105, cap. 3, it. 4).

[...] Os Mundos Espirituais, que apelidais de celestes, aos quais só têm acesso os puros Espíritos, mundos que atingiram o estado de pura fluidez, são, na hierarquia dos mundos, os que projetam luz mais branca e mais brilhante (182, v. 2).

Mundo corporal

[...] [É] composto de Espíritos encarnados [...] (104, pt. 1, cap. 3, it. 5).

O mundo corporal é secundário; poderia deixar de existir, ou não ter jamais existido, sem que por isso se alterasse a essência do mundo espírita. [...] (106, Introd.).

Mundo de expiação e provas

[...] mundos de expiação e provas, onde domina o mal [...] (105, cap. 3, it. 4).

[...] lugar de exílio para Espíritos rebeldes à Lei de Deus. Esses Espíritos têm aí de lutar, ao mesmo tempo, com a perversidade dos homens e com a inclemência da Natureza, duplo e árduo trabalho que simultaneamente desenvolve as qualidades do coração e as da inteligência. [...] (105, cap. 3, it. 15).

[...] mundos de provações [...] são verdadeiras escolas onde os Espíritos vêm fazer a ginástica moral, e onde os que, não resistindo à atração do mal, se demoram até que, avigorados pelo exercício, podem, revestidos de reais merecimentos à sua custa e por seu esforço adquiridos, subir a mais alta sociedade, para a qual entram por direito, e não por favor (139, cap. 2).

Mundos de *provas* e *expiações*, uns inferiores aos outros, uns aos outros superiores, havendo-os de todas as gradações ao longo da respectiva escala desde os apropriados ao aparecimento do homem, à encarnação primitiva, até os que servem de habitação a Espíritos prestes a entrar no período de regeneração (182, v. 4).

Ver também TERRA

MUNDO DE PROVAS E EXPIAÇÕES

ver MUNDO DE EXPIAÇÃO E PROVAS

Mundo de regeneração

[...] mundos de regeneração, nos quais as almas que ainda têm o que expiar haurem novas forças, repousando das fadigas da luta [...] (105, cap. 3, it. 4).

Os mundos regeneradores servem de transição entre os mundos de expiação e os mundos felizes. A alma penitente encontra neles a calma e o repouso e acaba por depurar-se. Sem dúvida, em tais mundos o homem ainda se acha sujeito às leis que regem a matéria; a Humanidade experimenta as vossas sensações e desejos, mas liberta das paixões desordenadas de que sois escravos, isenta do orgulho que impõe silêncio ao coração, da inveja que a tortura, do ódio que a sufoca. Em todas as frontes, vê-se escrita a palavra amor, perfeita equidade preside às relações sociais, todos reconhecem Deus e tentam caminhar para Ele, cumprindo-lhe as leis (105, cap. 3, it. 17).

Mundos *regeneradores*, destinados a preparar os Espíritos que faliram e que ainda têm o que expiar, para saírem progressivamente do período da materialidade. São mundos de transição, onde domina a justiça, onde os Espíritos continuam e acabam a sua depuração, tornando-se capazes de só praticar o *bem* e incapazes da prática do *mal*. Também nessa categoria de mundos há-os em todos os graus da escala, inferiores uns aos outros, uns aos outros superiores (182, v. 4).

[...] Vale reler Santo Agostinho, em *O evangelho segundo o espiritismo*, quando explica o conceito de mundo de regeneração. Diz ele que será um mundo melhor do ponto de vista ético e moral, [...] (346, cap. 24).

Mundo ditoso

[...] mundos ditosos, onde o bem sobrepuja o mal [...] (105, it. 4).

MUNDO ESPIRITUAL

ver PLANO ESPIRITUAL

Mundo etéreo

[...] o mundo etéreo, que denominamos espaço, que é, porém, na realidade, matéria, sob mais rarefeita forma (63, cap. 1).

Mundo feliz

Mundos *felizes*, onde regenerado, depurado de todos os maus pendores, o Espírito só tem que progredir no bem, sem mais ter que lutar contra o mal. Esses mundos, como os Espíritos que os habitam, se acham no princípio do período de semifluidez. Aí começa a desmaterialização do corpo (182, v. 4).

Mundo físico

O mundo físico, de acordo com a maneira pela qual o vemos, é impermanente, como tudo quanto contém. Neste sentido, o ser humano, na sua constituição orgânica, experimenta o mesmo fenômeno de impermanência, face às constantes mutações e transformações a que se encontra sujeito, incluindo a desconectação biológica das moléculas através da morte (75, Incerteza).

Mundo fluídico

Mundos *fluídicos*, [são] destinados à habitação de Espíritos que, desde o estado de infância e de instrução, *nunca faliram* e que, *conservando-se sempre puros na senda do progresso*, progridem no estado fluídico. Seguindo também marcha progressiva e hierarquicamente ascensional, há, em todos os graus da escala, mundos dessa categoria, apropriados e correspondendo aos estados de desenvolvimento e de progresso dos Espíritos que os habitam, estados que vão desde o de infância e instrução até o de puro Espírito. Eles se tornam moradas de puros Espíritos, quando hão chegado, de maneira progressiva, ao estado fluídico puro (182, v. 4).

Mundo material

O mundo material é transitório, efêmero, e a matéria, qual a vemos, é de mínima importância no Universo, se bem nos pareça, agora, de suma importância. Eterno é o que não vemos; temporário o que vemos (63, cap. 1).

Diversos mundos destinados a habitação de Espíritos falidos e, como tais, sujeitos à encarnação humana. Esses mundos também são apropriados ao estado de desenvolvimento e de progresso dos Espíritos que os habitam. Assim é que são: materiais, mais ou menos inferiores, mais ou menos superiores uns com relação aos outros; mais ou menos materiais, mais ou menos fluídicos. Servindo, para a encarnação dos Espíritos que *faliram*, para seu desenvolvimento e progresso, também têm que, através dos tempos, dos séculos, das eternidades, tomar lugar entre os Mundos Celestes ou Divinos, dos quais só os puros Espíritos podem aproximar-se (182, v. 4).

Mundo novo

O mundo novo que estamos aguardando é construção divina, mentalizada por Cristo, na exaltação da Humanidade. [...] (260, cap. 38).

Mundo primitivo

[...] mundos primitivos, destinados às primeiras encarnações da alma humana [...] (105, cap. 3, it. 4).

Ao serem formados os mundos primitivos, na sua composição entram todos os princípios de ordem espiritual, material e fluídica, constitutivos dos diversos reinos que os séculos terão de elaborar (182, v. 1).

Mundos *primitivos* saídos dos fluidos incandescentes, [são] mundos onde se elaboram as essências espirituais que ali são depositadas; onde, quando o globo tem entrado no período material, elas se desenvolvem e progridem, passando progressiva e sucessivamente, pela materialização nos reinos mineral e vegetal e, depois, pela encarnação no reino animal. [...] (182, v. 4).

Mundo superior

[...] Se não as tivéssemos, nossa existência seria em um mundo superior, onde os Espíritos purificados fazem seu progresso, sem mais sofrerem as misérias da Terra (323, cap. 30).

Nos mundos superiores, as condições da vida são, significativamente, diferentes da vida terrena. [...]

[...] A morte, recordando o corpo de Jesus, não acarreta os horrores da decomposição, por considerada transformação feliz. [...] (329, cap. 93).

Mundo transitório

Sim, há mundos particularmente destinados aos seres errantes, mundos que lhes podem servir de habitação temporária, espécies de bivaques, de campos onde descansem de uma demasiado longa erraticidade, estado este sempre um tanto penoso. São, entre os outros mundos, posições intermédias, graduadas de acordo com a natureza dos Espíritos que a elas podem ter acesso e onde eles gozam de maior ou menor bem-estar (106, q. 234).

MÚSICA

[...] A música é o *médium* da harmonia; ela a recebe e a dá [...] (109, pt. 1, Música Espírita).

[...] a música exerce salutar influência sobre a alma e a alma que a concebe também exerce influência sobre a música. [...] (109, pt. 1, Música espírita).

[...] [é] a mais alta expressão espiritual [...] (7, cap. 13).

[...] A música é um bálsamo divino que ameniza todas as dores da alma, tornando-a ditosa, deslembrada da Terra e nostálgica do céu (88, L. 3, cap. 7).

[...] é a poesia divina, eleva a alma a paragens desconhecidas, num palpitar de luz e de beleza (119, cap. 16).

[...] parece ser o ponto culminante das Artes em nosso planeta, o ápice da sensibilidade que um gênio da Arte pode galgar no estado de encarnação. [...] (168, cap. 3).

Música transcendental

É o fenômeno que se observa, principalmente, nos leitos mortuários. Ou os médiuns ou o moribundo ouvem sons hamoniosos, algumas vezes sublimes, que chegam a extasiar os que têm a felicidade de senti-los. [...] É o fenômeno que acompanha, na Sua passagem para o Além, os seres excelentemente formados, os Espíritos que muito sofreram ou que bem cumpriram sua tarefa planetária (98, Dos fenômenos subjetivos),

N

NAÇÃO

Nação é a *transcendentalidade* Espírito-moral e histórico-evolutiva de um conjunto significativo e substancial de seres espirituais afins, encarnados e desencarnados, solidários entre si, na constância da comunhão de ideias, pendores, sentimentos e responsabilidades quanto a culpas, méritos e compromissos do passado, que se estendem ao longo das existências (reencarnações) desses seres, abarcando os dois planos de vida estreitamente vinculados e em permanente interação e transposição de um plano para outro, através dos tempos, até alcançarem certo grau evolutivo superior (129, v. 2).

Ver também PÁTRIA

Nação civilizada

[...] Para ele, civilizada é aquela onde exista menos egoísmo, menos cobiça e menos orgulho. Onde os hábitos intelectuais e morais sobrepujam os materiais. [...] (332, cap. 8).

NADA

Pela crença em o nada, o homem concentra todos os seus pensamentos, forçosamente, na vida presente (104, pt. 1, cap. 1, it. 2).

A ideia do nada tem qualquer coisa que repugna à razão. O homem que mais despreocupado seja durante a vida, em chegando o momento supremo, pergunta a si mesmo o que vai ser dele e, sem o querer, espera (106, q. 959).

Como interpretar a antiga sentença – Deus fez o mundo do nada?

O primeiro instante da matéria está, para os Espíritos da minha esfera, tão obscuro quanto o primeiro momento da energia espiritual nos círculos da vida universal.

Compreendemos, contudo, que, sendo Deus o Verbo da Criação, o *nada* nunca existiu para o nosso conceito de observação, porquanto o Verbo, para nós outros, é a luz de toda a eternidade (273, q. 265).

Ver também NIILISMO

NAMORO

A integração de duas criaturas para a comunhão sexual começa habitualmente pelo período de namoro que se traduz por suave encantamento.

Dois seres descobrem um no outro, de maneira imprevista, motivos e apelos para a entrega recíproca e daí se desenvolve o processo de atração (294, cap. 3).

Mas, para apronfundar nossa análise da questão [do namoro], busquemos a contribuição de Emmanuel. Ele trabalha com uma definição de namoro mais restrita, focalizando exatamente o momento que queremos destacar aqui. Segundo ele, namoro é um período que se traduz por suave encantamento e precede a interação de duas criaturas para a comunhão sexual [*Vida e sexo*, cap. 3]. Pelos conhecimentos que a Doutrina Espírita nos faculta, entendemos que esse *suave encantamento* nasce da interação entre essas duas pessoas, cujos pensamentos estão reciprocamente vinculados nesse momento de suas vidas, resultando num fenômeno de complementação magnética que causa prazer. É natural que essa interação desperte os impulsos sexuais e o desejo de vivenciar em toda a sua profundidade essa emoção (204, Adolescência – tempo de transformações).

NARCISISMO

[...] O narcisismo é filho predileto do egoísmo e pai do orgulho, da vaidade, inerentes ao ser humano. Fomentar o campeonato da presunção nas modernas escolas do Espiritualismo, ensejando a fascinação, é item de alta relevância para a queda desastrosa de quem deseja a preservação do ideal de crescimento e de libertação. O orgulho entorpece os sentimentos e intoxica o indivíduo, cegando-o e enlouquecendo-o. Exige uma corte, e suas correntes de ambição impõem tributários de sustentação. Pavoneando-se, exibindo-se, o indivíduo desestrutura-se e morre nos objetivos maiores, para cuidar apenas do exterior, do faustoso – a mentira de que se insufla (83, Os gênios das trevas).

NASCIMENTO

A união de alma e corpo começa na concepção, mas só se completa no instante do nascimento. O invólucro fluídico é que liga o Espírito ao gérmen, e essa união vai-se adensando, torna-se mais íntima de momento a momento, até que se completa quando a criança vem à luz. No período intercorrente, da concepção ao nascimento, as faculdades da alma são pouco a pouco assomadas pelo poder sempre crescente da força vital, que diminui o movimento vibratório do perispírito, até o momento em que, não atingido o mínimo perceptível, o Espírito fica quase totalmente inconsciente. Dessa diminuição de amplitude do movimento fluídico é que resulta o esquecimento (40, cap. 5).

O nascimento e a morte são os pórticos luminosos ou obscuros, sob os quais é preciso passemos, para entrar no templo do destino (50, pt. 3, cap. 15).

O nascimento é como que uma morte para a alma, que por ela é encerrada em seu corpo etéreo no túmulo da carne. [...] (52, pt. 1, cap. 11).

O nascimento vivo é a expulsão ou extração completa do produto da concepção quando, após a separação, respire e tenha batimentos cardíacos, tendo sido ou não cortado o cordão, esteja ou não desprendida a placenta [...] (116, A genética e a vida).

Ver também REENCARNAÇÃO

NATAL

O Natal é mensagem perene que desceu do Céu para a Terra e que agora, em ti, se levanta da Terra na direção do Céu (76, cap. 33).

[...] O Natal [é simbolicamente]: abnegação, sacrifício. [...] (149, sec. 30).

É por isso que o Natal não é apenas a promessa da fraternidade e da paz que se renova alegremente, entre os homens, mas, acima de tudo, é a reiterada mensagem do Cristo que nos induz a servir sempre, compreendendo que o mundo pode mostrar deficiências e imperfeições, trevas e chagas, mas que é nosso dever amá-lo e ajudá-lo mesmo assim (235, cap. 7).

Natal é o maior dos dons, / Nas celestes alegrias, / Que nos ensina a ser bons / Com Jesus todos os dias (235, cap. 8).

O Natal não é apenas uma festa no coração e no lar. É também a reafirmação da nossa atitude cristã perante a vida (235, cap. 8).

É a glória de Deus que desce / Envolvente, bela e pura... / E a Terra põe-se à procura / Do Reino de Luz e Amor (235, cap. 8).

Natal! ... Festeja esquecendo / Quaisquer preconceitos vãos ... / Natal é Jesus dizendo / Que todos somos irmãos (235, cap. 34).

Natal no mundo é a epopéia do reconhecimento ao Senhor.

Natal no Espírito é a comunhão com Ele próprio (235, cap. 71).

NATUREZA

[...] A Natureza é a essência divina que se manifesta em todas as partes, mantendo-as unidas em nome da harmonia universal estabelecida por Deus.

É assim que o homem compreende o que Léon Denis afirmou, ao escrever que "a Natureza nos mostra, em toda a beleza da vida, o prêmio do esforço paciente e corajoso e a imagem dos nossos destinos sem-fim. Ela nos diz que tudo está em seu lugar no Universo; mas também que tudo evolve e se transforma, almas e coisas. A morte é apenas aparente; aos tristes invernos, sucedem os dias primaveris, cheios de vida e de promessas" [*O Grande Enigma*].

É nesse palco de sublimes manifestações que o Pai Criador, em seus mistérios ainda insondados pela inteligência humana, cria a figura materna, a alma do Universo, que vai receber as obras da Criação e definir-se como o sentido mais elevado da própria Vida. A Mãe Natureza é o elo que une a causa e os efeitos, o interior e o exterior, o homem e Deus.

Forma de vida receptora de tudo que é criado, a Mãe, por ser o terreno vivo das manifestações do Amor cósmico, torna-se capaz de acolher em si os seres-filhos desse sentimento e oferecer-lhes, em nome de Deus, novas oportunidades de serviço, através das quais todos os elementos se encontram para o concerto da evolução.

Por ser mãe, a natureza alimenta, veste, educa, orienta e define normas de postura do filho diante da existência. Seu discurso é silencioso e contém uma das mais belas melodias universais, a da responsabilidade individual de cada um diante das próprias atitudes, como corolário natural do livre-arbítrio. É essa posição que, se bem compreendida, pode colocar o homem em paz com a consciência e a serviço permanente do trabalho no bem (1, A Natureza é minha mãe).

A Natureza é a grande mestra. Só ela contém a verdade, e todo aquele que saiba vê-la, com olhar filosófico, desvendar-lhe-á os secretos tesouros ocultos aos ignorantes. As leis que regem a evolução proteiforme da matéria física ou vivente atestam que nada aparece súbita e perfeitamente acabado (40, cap. 3).

[...] A Natureza é a nossa grande educadora [...] (45, cap. 9).

[...] é um perpétuo futuro. [...] (71, pt. 3, cap. 6).

A Natureza é um poema de luz [...] (76, cap. 46).

O panorama da Natureza é o poema de louvor ao Criador, a mais insofismável prova da sua existência e do seu amor para conosco. [...] (176, cap. 8).

Esse universal princípio inteligente [Deus] é que produz a criação universal, por vós chamada – a Natureza, e é que tudo leva, segundo a lei imutável do progresso e da harmonia, do infinitamente pequeno ao infinitamente grande, assim na ordem espiritual, como na ordem fluídica e na ordem material (182, v. 4).

[...] a Natureza é a grande inspiradora, o templo augusto em que, sob véus misteriosos, o Deus escolhido fala ao coração do prudente, ao Espírito do pensador. [...] (202, Ligeiros comentários sobre as obras de Léon Denis).

A Natureza consubstancia o santuário em que a sabedoria de Deus se torna visível (217, cap. 32).

Não digas, coração, que a vida é triste, / Porque a vida é grandeza permanente / E a Natureza, em tudo é um cântico de glória, / Desde o sol à semente (234, cap. 1).

A Natureza é a fazenda vasta que o Pai entregou a todas as criaturas. Cada pormenor do valioso patrimônio apresenta significação particular. A árvore, o caminho, a nuvem, o pó, o rio, revelam mensagens silenciosas e especiais (241, A grande fazenda).

A Natureza é um mostruário dos recursos polimórficos com que a Sabedoria Divina plasmou a Criação (243, cap. 3).

Em toda parte, a Natureza é uma lição viva de magnificência divina (246, cap. 5).

Busca os livros, mas conserva / A tua realidade / Sabendo que a Natureza / É o livro da eternidade (248).

A Natureza, em toda parte, é um laboratório divino que elege o Espírito de serviço por processo normal de evolução (256, cap. 82).

[...] A Natureza, representação da Inesgotável Bondade, é mãe benigna que oferece trabalho e socorro a todos os filhos da Criação. [...] (268, cap. 11).

A Natureza é sempre o livro divino, onde as mãos de Deus escrevem a história de sua sabedoria, livro da vida que constitui a escola de progresso espiritual do homem, evolvendo constantemente com o esforço e a dedicação de seus discípulos (273, q. 27).

[...] A Natureza é mãe amorosa em toda a parte, mas, cada lugar mostra a influenciação dos filhos de Deus que o habitam (276, cap. 16).

Natureza nova

O propósito feito de emendar-se, a que chamaremos – natureza nova, arrasta-o [o homem] para o caminho da regeneração, pelo repúdio dos antigos abusos (139, cap. 2).

Natureza velha

Os sentimentos do passado, a que chamaremos – natureza velha, arrastam-no [o homem] para a trilha seguida na existência ou existências condenadas (139, cap. 2).

NÁUSEAS

Um dos sintomas desagradáveis na mulher, o mais comum no período de gravidez, são as náuseas, cujas causas não repousam simplesmente nos distúrbios do organismo físico, mas também no resultado da assimilação de fluidos enfermiços da mente do Espírito reencarnante de condição sofredora (12, cap. 19).

NAZARENOS

Nome dado, na antiga lei, aos judeus que faziam voto, ou perpétuo ou temporário, de guardar perfeita pureza. Eles se comprometiam a observar castidade, a abster-se de bebidas alcoólicas e a conservar a cabeleira. Sansão, Samuel e João Batista eram nazarenos.

Mais tarde, os judeus deram esse nome aos primeiros cristãos, por alusão a Jesus de Nazaré.

Também foi essa a denominação de uma seita herética dos primeiros séculos da era cristã, a qual, do mesmo modo que os ebionitas, de quem adotava certos princípios, misturava as práticas do moisaísmo com os dogmas cristãos, seita essa que desapareceu no século quarto (105, Introd.).

NECESSÁRIO / SUPÉRFLUO

Todos os seres vivos possuem instinto de conservação, qualquer que seja o grau de inteligência, pois a vida é necessária ao aperfeiçoamento dos seres. Por isso a Terra produz de modo a proporcionar o necessário aos que a habitam, visto que só o necessário é útil. O supérfluo nunca o é (KARDEC, 2013a, p. 328). [...] (332, cap. 5).

NECESSIDADE

A necessidade mais imperiosa de nossas almas é sempre aquela do culto incessante à caridade pura, sem condições de qualquer natureza. Quem estiver fora dessa orientação, respira a distância do apostolado com Jesus (307, cap. 84).

Ver também CARIDADE

NETUNO

[...] Sua órbita mede sete bilhões de léguas [46.200.000.000 km] e um ano dos seus equivale a 165 anos terrestres. Segue-se daí, que, nesse mundo, uma donzela de 15 primaveras é mais velha do que Herodes e que os anciães poderiam transmitir suas reminiscências ao nosso Matusalém! (134, 4ª efusão).

NEUROSE

As neuroses foram consideradas como reações vivenciais anormais, diferenciando-se das reações vivenciais normais, aquelas em que a resposta sentimental tem motivação e sentido exato, tal qual acontece, diante de algum fato, o desencadeamento de reação de medo, tristeza, cólera, etc (190, cap. 3).

Neurose compulsiva

[...] A neurose compulsiva revela a existência de impulso desmedido para fazer algo absurdo. [...] (190, cap. 3).

Neurose fóbica

[...] A neurose fóbica é caracterizada por desarrazoado medo diante de certas situações, com constante deflagração sintomatológica na zona física. [...] (190, cap. 3).

Neurose obsessiva

[...] A neurose obsessiva instala-se sob intenso e tormentoso pensamento que não abandona o indivíduo. [...] (190, cap. 3).

NEURÓTICO

O neurótico é por natureza inseguro [...] é, por excelência, o grande amedrontado, em constante fuga, perdendo a segurança do Eu [...] (190, cap. 3).

NIILISMO

Se há doutrina insensata e antissocial, é, seguramente, o *niilismo*, que rompe os verdadeiros laços de solidariedade e fraternidade em que se fundam as relações sociais (104, pt. 1, cap. 1, it. 2).

NIRVANA

Essa expressão, diversamente comentada, tem causado muitos equívocos. Em conformidade com a doutrina secreta do Budismo, o Nirvana não é, como ensina a Igreja do Sul e o Grã-sacerdote do Ceilão, a perda da individualidade e o esvaecimento do ser no nada, mas sim a conquista, pela alma, da perfeição, e a libertação definitiva das transmigrações e dos renascimentos no seio das humanidades. [...] (46, pt. 1, cap. 2).

[O] empenho libertador [do Espírito] auxilia-o na busca do *Nirvana*, do *Reino dos Céus*, da *Espiritualidade Superior*, onde o tempo e o espaço se encontram no infinito da realidade por enquanto desconhecida. [...] (75, Tempo, mente e ação).

O Nirvana, examinado em suas expressões mais profundas, deve ser considerado como a união permanente da alma com Deus, finalidade de todos os caminhos evolutivos; nunca, porém, como sinônimo de imperturbável quietude ou beatífica realização do *não ser*. [...] (230, cap. 8).

NOITE

Não olvides que a própria noite na Terra é uma pausa de esquecimento para que aprendamos a ciência do recomeço, em cada alvorada nova (243, cap. 2).

O dia e a noite constituem, para o homem, uma folha do livro da vida. A maior parte das vezes, a criatura escreve sozinha a página diária, com a tinta dos sentimentos que lhe são próprios, nas palavras, pensamentos, intenções e atos, e no verso, isto é, na reflexão noturna, ajudamo-la a retificar as lições e acertar as experiências, quando o Senhor no-lo permite (276, cap. 41).

[...] Qual acontece entre os homens, animais e árvores, há também *um movimento de respiração para o mundo*. Durante o dia, o hemisfério iluminado absorve as energias positivas e fecundantes do Sol que bombardeia pacificamente as criações da Natureza e do homem, afeiçoando-as ao abençoado trabalho evolutivo, mas, à noite, o hemisfério sombrio, magnetizado pelo influxo absorvente da Lua, expele as vibrações psíquicas retidas no trabalho diurno, envolvendo principalmente os círculos de manifestação da atividade humana. O quadro de emissão dessa substância é, portanto, diferente sobre a cidade, sobre o campo ou sobre o mar. [...] (297, cap. 6).

Ver também DIA

NOSSO LAR

Cidade espiritual na esfera superior (231, cap. 1).

[...] A colônia, que é essencialmente de trabalho e realização, divide-se em seis Ministérios, orientados, cada qual, por doze Ministros. Temos os Ministérios da Regeneração, do Auxílio, da Comunicação, do Esclarecimento, da Elevação e da União Divina. Os quatro primeiros nos aproximam das esferas terrestres, os dois últimos nos ligam ao plano superior, visto que a nossa cidade espiritual é zona de transição. Os serviços mais grosseiros localizam-se no Ministério da Regeneração, os mais sublimes no da União Divina. [...] (270, cap. 8).

[...] antiga fundação de portugueses distintos, desencarnados no Brasil, no século XVI (270, cap. 8).

[...] a instituição é eminentemente rigorosa, no que concerne à ordem e à hierarquia. Nenhuma condição de destaque é concedida aqui a título de favor. [...] (270, cap. 11).

[...] Vivemos em círculo de demonstrações ativas. As tarefas de Auxílio são laboriosas e complicadas, os deveres no Ministério da Regeneração constituem testemunhos pesadíssimos, os trabalhos na Comunicação exigem alta noção da responsabilidade individual, os campos do Esclarecimento requisitam grande capacidade de trabalho e valores intelectuais profundos, o Ministério da Elevação pede renúncia e iluminação, as atividades da União Divina requerem conhecimento justo e sincera aplicação do amor universal. A Governadoria, por sua vez, é sede movimentada de todos os assuntos administrativos, numerosos serviços de controle direto, como, por exemplo, o de alimentação, distribuição de energias elétricas, trânsito, transporte e outros. Aqui, em verdade, a Lei do Descanso é rigorosamente observada, para que determinados servidores não fiquem mais sobrecarregados que outros; mas a Lei do Trabalho é também rigorosamente cumprida. No que concerne ao repouso, a única exceção é o próprio Governador, que nunca aproveita o que lhe toca nesse terreno (270, cap. 11).

Cidade consagrada à educação e ao reajustamento da alma, no Plano Espiritual (309, cap. 12).

NOVA ERA

São chegados os tempos em que se hão de desenvolver as ideias, para que se realizem os progressos que estão nos desígnios de Deus. Têm elas de seguir a mesma rota que percorreram as ideias de liberdade, suas precursoras. Não se acredite, porém, que esse desenvolvimento se efetue sem lutas. Não; aquelas ideias precisam, para atingirem a maturidade, de abalos e discussões, a fim de que atraiam a atenção das massas. Uma vez isso conseguido, a beleza e a santidade da moral tocarão os Espíritos, que então abraçarão uma ciência que lhes dá a chave da vida futura e descerra as portas da felicidade eterna. Moisés abriu o caminho; Jesus continuou a obra; o Espiritismo a concluirá (105, cap. 1, it. 9)

Nestes tempos, porém, não se trata de uma mudança parcial, de uma renovação limitada a certa região, ou a um povo, a uma raça. Trata-se de um movimento universal, a operar-se no sentido do *progresso moral*. Uma nova ordem de coisas tende a estabelecer-se, e os homens, que mais opostos lhe são, para ela trabalham a seu mau grado. A geração futura, desembaraçada das escórias do velho mundo e formada de elementos mais depurados, se achará possuída de ideias e de sentimentos muito diversos dos da geração presente, que se vai a passo de gigante. O velho mundo estará morto e apenas viverá na História, como o estão hoje os tempos da Idade Média, com seus costumes bárbaros e suas crenças supersticiosas (101, cap. 18, it. 6).

Ver também GERAÇÃO NOVA

NOVA REVELAÇÃO

ver ESPIRITISMO

NOVO ESPIRITUALISMO

ver ESPIRITISMO

NOVO TESTAMENTO

[...] é a história desse advento [do Cristo] e a exposição profética de seus resultados (193, Introd.)

O Novo [Testamento] é a revelação do amor [...] (248).

NÚCLEOS EM POTENCIAÇÃO

[...] seriam a verdadeira estrutura do psiquismo de profundidade, onde suas energias, arregimentadas nas experiências multimilenares, constituiriam um campo vibratório transcendendo à vida física. [...] (189, cap. 2).

NÚMERO

Os números, como as vibrações, possuem a sua mística natural, mas, em face de nossos imperativos de educação, temos de convir que todos os números, como todas as vibrações, serão sagrados para nós, quando houvermos santificado o coração para Deus, sendo justo, nesse particular, copiarmos a antiga observação do Cristo sobre o sábado, esclarecendo que os números foram feitos para os homens, porém, os homens não foram criados para os números (273, q. 142).

[...] os números podem ser fatores de observação e catalogação da atividade, mas nunca criaram a vida. [...] (273, q. 198).

O

OBEDIÊNCIA

[...] é o consentimento da razão. [...] (105, cap. 9, it. 8).

OBRA

As obras que construímos na Terra são raízes profundas de nossa alma, retendo nosso coração no serviço (248).

Obra de Allan Kardec

A obra de Allan Kardec, é, portanto, o resumo dos ensinos comunicados aos homens pelos Espíritos, em um número considerável de grupos espalhados por todos os pontos da Terra, e durante um período de vinte anos (46, pt. 3, cap. 20).

Obra de Deus

[...] O que os homens devem fazer "para obrarem as obras de Deus" é amar a Deus acima de tudo e amar o próximo como a si mesmos. Obra de Deus é crer em Jesus, é caminhar nas suas sendas, e aquele que pelas sendas de Jesus caminha pratica esse duplo amor (182, v. 4).

OBRA ESPÍRITA

ver LIVRO ESPÍRITA, OBRA DE JESUS *e* EVANGELHO

Obra universal

Toda a obra universal pode considerar-se representação de pensamento e vontade divinos, expressos e sintonizados em gamas inimagináveis, que definimos por Leis de Afinidade (178, cap. 5).

OBREIRO

O Mestre fortifica-se nos cooperadores que não cogitam de prerrogativas e remuneração, que servem onde, como e quando determina a sua vontade sábia e soberana. São os Obreiros da Boa Vontade (248.)

OBSESSÃO

Princípio invariável: Em todos os casos de obsessão há sempre um estado mórbido a combater – estado mórbido esse que é causa ou efeito.

Sendo assim, o estudo fisiológico é imprescindível, meus amigos, os meios terapêuticos são mais que necessários [...].

[...] Mas a obsessão é uma montanha extraordinária de paixões e sentimentos desordenados, para cuja destruição precisais das ferramentas do amor, das ferramentas da humildade e da verdadeira abnegação (102, Instruções..., 2).

A obsessão é a ação persistente que um Espírito mau exerce sobre um indivíduo. Apresenta caracteres muito diversos, desde a simples influência moral, sem perceptíveis sinais exteriores, até a perturbação completa do organismo e das faculdades mentais. [...]

Quase sempre, a obsessão exprime a vingança que um Espírito tira e que com frequência se radica nas relações que o obsidiado manteve com ele em precedente existência (105, cap. 28, it. 81).

Entre os escolhos que apresenta a prática do Espiritismo, cumpra se coloque na primeira linha a *obsessão*, isto é, o domínio que alguns Espíritos logram adquirir sobre certas pessoas. Nunca é praticada senão pelos Espíritos inferiores, que procuram dominar. [...]

A obsessão apresenta caracteres diversos, que é preciso distinguir e que resultam do grau do constrangimento e da natureza dos efeitos que produz. A palavra *obsessão* é, de certo modo, um termo genérico, pelo qual se designa esta espécie de fenômeno, cujas principais variedades são: a *obsessão simples*, a *fascinação* e a *subjugação* (107, it. 237).

Reconhece-se a obsessão pelas seguintes características:

1ª) Persistência de um Espírito em se comunicar, bom ou mau grado, pela escrita, pela audição, pela tiptologia, etc., opondo-se a que outros Espíritos o façam;

2ª) Ilusão que, não obstante a inteligência do médium, o impede de reconhecer a falsidade e o ridículo das comunicações que recebe;

3ª) Crença na infalibilidade e na identidade absoluta dos Espíritos que se comunicam e que, sob nomes respeitados e venerados, dizem coisas falsas ou absurdas;

4ª) Confiança do médium nos elogios que lhe dispensam os Espíritos que por ele se comunicam;

5ª) Disposição para se afastar das pessoas que podem emitir opiniões aproveitáveis;

6ª) Tomar a mal a crítica das comunicações que recebe;

7ª) Necessidade incessante e inoportuna de escrever;

8ª) Constrangimento físico qualquer, dominando-lhe a vontade e forçando-o a agir ou falar a seu mau grado;

9ª) Rumores e desordens persistentes ao redor do médium, sendo ele de tudo a causa, ou o objeto (107, it. 243)

Um dos maiores escolhos da mediunidade é a obsessão, isto é, o domínio que certos Espíritos podem exercer sobre os médiuns, impondo-se-lhes sob nomes apócrifos e impedindo que se comuniquem com outros Espíritos. [...] (108, cap. 2, it. 70).

A obsessão consiste no domínio que os maus Espíritos assumem sobre certas pessoas, com o objetivo de as escravizar e submeter à vontade deles, pelo prazer que experimentam em fazer o mal (109, pt. 1, Manifestações dos Espíritos).

[...] a obsessão é um dos grandes escolhos do Espiritismo [...] (110, Impressões Gerais).

Obsessão é a influência de Espíritos maus sobre qualquer pessoa, visando a atormentá-la e fazê-la praticar atos ridículos e maléficos. Nessas condições, tal pessoa fica como se fosse atacada de demência. Toda obsessão, porém, é recíproca, dividindo-se a culpa entre o agressor e o agredido (7, cap. 75).

[...] Distúrbio espiritual de longo curso, a obsessão procede dos painéis íntimos do homem, exteriorizando-se de diversos modos, com graves consequências, em forma de distonias mentais, emocionais e desequilíbrios fisiológicos (74, cap. 19).

Parasita pertinaz, a obsessão se constitui de toda ideia que se fixa de fora para dentro – como na hipnose, por sugestão consciente ou não, como pela incoercível persuasão de qualquer natureza a que se concede arrastar o indivíduo. Ou, de dentro para fora, pela dominadora força psíquica que penetra e se espraia, no anfitrião que a agasalha e sustenta, vencendo-lhe as débeis resistências (74, cap. 19).

Toda obsessão decorre da perfeita sintonia entre o agente perturbador e o paciente perturbado. Sintonia por comunhão mental na mesma faixa vibratória ou por identificação idealista através das correntes do pensamento.

[...] a obsessão é enfermidade espiritual de erradicação demorada e difícil, pois que muito mais depende do encarnado perseguido do que do desencarnado perseguidor (76, cap. 29).

A obsessão é *virose* de vasta gênese, muito desconhecida entre os estudiosos da saúde física e mental. Suas sutilezas e variedades de manifestações têm ângulos e complexidades muito difíceis de ser detectados pelos homens, em face da dificuldade de penetrar-lhe nas profundezas geradoras do problema (77, cap. 2).

Assim, é sempre conveniente recordar, a obsessão é uma ponte de duas vias: o Espírito que a transita e segue na direção do homem somente logra passagem porque este lhe vem em busca, em face das mesmas necessidades, compromissos e grau de evolução. A ocorrência, portanto, da enfermidade obsessiva somente se dá porque ambos os litigantes são afins, sendo a aparente vítima o endividado, e o cobrador, que deveria perdoar, o infeliz real, carente de socorro e misericórdia. [...] (77, cap. 19).

Obsessão – segundo Allan Kardec – é o domínio que alguns Espíritos logram adquirir sobre certas pessoas. Nunca é praticada senão pelos Espíritos inferiores, que procuram dominar. Os bons Espíritos nenhum constrangimento infligem. Aconselham, combatem a influência dos maus e, se não os ouvem, retiram-se. Os maus, ao contrário, se agarram àqueles de quem podem fazer suas presas. Se chegam a dominar algum, identificam-se com o Espírito deste e o conduzem como se fora verdadeira criança. [...]

As causas da obsessão variam, de acordo com o caráter do Espírito. É, às vezes, uma vingança que este toma de um indivíduo de quem guarda queixas do tempo de outra existência. Muitas vezes, também, não há mais do que desejo de fazer mal: o Espírito, como sofre, entende de fazer que os outros sofram; encontra uma espécie de gozo em os atormentar, em os vexar, e a impaciência que por isso a vítima demonstra mais o exacerba, porque esse é o objetivo que colima, ao passo que a paciência o leva a cansar-se. [...]

A obsessão, sob qualquer modalidade que se apresente, é enfermidade de longo curso, exigindo terapia especializada de segura aplicação e de resultados que não se fazem sentir apressadamente.

Os tratamentos da obsessão, por conseguinte, são complexos, impondo alta dose de renúncia e abnegação àqueles que se oferecem e se dedicam a tal mister. [...] Transmissão mental de cérebro a cérebro, a obsessão é síndrome alarmante que denuncia enfermidade grave de erradicação difícil.

A princípio se manifesta como inspiração sutil, depois intempestivamente, para com o tempo fazer-se interferência da mente obsessora na mente encarnada, com vigor que alcança o clímax na possessão lamentável.

Ideia negativa que se fixa, campo mental que se enfraquece, dando ensejo a ideias negativas que virão.

Da mesma forma que as enfermidades orgânicas se manifestam onde há carência, o campo obsessivo se desloca da mente para o departamento somático onde as imperfeições morais do pretérito deixaram marcas profundas no perispírito (78, Examinando a obsessão).

Obsessão: interferência / No aparelho receptor. / Defeito que só conserta / Na eletrônica do Amor (93, cap. 100).

Ação pela qual Espíritos inferiores influenciam, maleficamente, os encarnados (161, cap. 11).

O que determina o grau e a intensidade da obsessão são, em princípio, as causas que motivaram o perseguidor a atacar o encarnado, assim como a sua maior ou menor resistência ao assédio (163, cap. 33).

A obsessão, ou loucura por constragimento, é, sem dúvida, uma das mais tremendas desgraças que poderão atingir o ser humano. Constitui provação, na maioria dos casos é expiação, resgate doloroso e humilhante daquele que, no passado ou mesmo na existência vigente, andou ultrajando a Lei do Criador com atos criminosos contra o próximo. A obsessão é o desespero que envolve a criatura, a alucina e deprime, sujeitando-a às mais deploráveis consequências, até a queda moral e mesmo o suicídio. [...] (174, cap. 8).

As obsessões apresentam-se, costumeiramente, em sintomas oscilantes, nem sempre bem definidos, mostrando-se com inclinações ora para as neuroses, ora para as personalidades psicopáticas; mesmo assim, em ambos os grupos, as inserções de características psicóticas estão quase sempre presentes. [...] (190, cap. 3).

A obsessão, como processo negativo, possui estruturação bem definida, obedecendo a intermináveis gradações, com específica localização nas raízes do psiquismo (190, cap. 3).

Obsessão – do latim *obsessione*. Impertinência, perseguição, vexação. Preocupação com determinada ideia, que domina doentiamente o espírito, e resultante ou não de sentimentos recalcados; ideia fixa; mania.

Vulgarmente a palavra *obsessão* é usada para significar *ideia fixa em alguma coisa*, gerando um estado mental doentio, daí podendo advir manias, cacoetes, atitudes estranhas.

Entre nós, espíritas, o termo tem acepção mais profunda, tal como foi colocado pelo Codificador. Confrontando a significação vulgar do vocábulo e a definição de Kardec, verificamos que a "preocupação com determinada ideia, que domina doentiamente o espírito", pode também resultar da certeza da culpa existente nos recessos da mente, denotando realmente "perseguição" a traduzir-se na presença do obsessor que vem desforrar-se do antigo algoz ou comparsa.

Esclarece ainda o mestre lionês: "[...] a obsessão decorre sempre de uma imperfeição moral, que dá ascendência a um Espírito mau. Quase sempre a obsessão exprime vingança tomada por um Espírito e cuja origem frequentemente se encontra nas relações que o obsidiado manteve com o obsessor, em precedente existência".

Obsessão – cobrança que bate às portas da alma – é um processo bilateral. Faz-se presente porque existe de um lado o cobrador, sequioso de vingança, sentindo-se ferido e injustiçado, e de outro o devedor, trazendo impresso no seu perispírito as matrizes da culpa, do remorso ou do ódio que não se extinguiu. [...] configura-se a *obsessão* toda vez que alguém, encarnado ou desencarnado, exercer sobre outrem constrição mental negativa – por um motivo qualquer – através de simples sugestão, indução ou coação, com o objetivo de domínio – processo esse que se repete continuamente, na Terra ou no Plano Espiritual inferior. E, por conseguinte, teremos o *obsessor* e o *obsidiado* (195, pt. 1, cap. 3).

Obsessão é a escravização temporária do pensamento, imantando credores e devedores, que inconscientemente ou não se buscam pelas leis cármicas (195, pt. 1, cap. 8).

A obsessão é a escravização momentânea do pensamento, quando este se apresenta tolhido na sua livre manifestação, em razão de onda mental alheia que o constringe e perturba, impedindo a sua expansão, o seu voo. Qualquer cativeiro é doloroso. O cativeiro físico apresenta a possibilidade de deixar liberto o pensamento cativo. Na obsessão, entretanto, o ser torna-se escravo de maneira integral. É a pior forma de servidão. A mais pungente. E também a que mais toca o coração (195, pt. 1, cap. 10).

Prisão interior. "Cela pessoal" – nos diz Joanna de Ângelis – onde grande maioria se mantém sem lutar por sua libertação, acomodada aos vícios, cristalizada nos erros. [...] (195, pt. 1, cap. 11).

[...] criamos e mantemos facilmente o *delírio psíquico* ou a *obsessão*, que não passa de um estado anormal da mente, subjugada pelo excesso de suas próprias criações a pressionarem o campo sensorial, infinitamente acrescidas de influência direta ou indireta de outras mentes desencarnadas ou não, atraídas por seu próprio reflexo (231, cap. 8).

[...] a obsessão, entre as criaturas humanas, é um flagelo muito pior que o câncer. [...] (253, cap. 1).

Obsessão é a ideia fixa em situações deprimentes, provocando, em nosso desfavor, os eflúvios enfermiços das almas que se fixaram nas mesmas situações (260, cap. 38).

A obsessão é sinistro conúbio da mente com o desequilíbrio comum às trevas (269, cap. 13).

A obsessão é sempre uma prova, nunca um acontecimento eventual. No seu exame, contudo, precisamos considerar os méritos da vítima e a dispensa da misericórdia divina a todos os que sofrem (273, q. 393).

[...] é flagelo geminado com a ignorância, e, se apenas a escola consegue dissipar as sombras da ignorância, somente a desobsessão poderá remover as trevas do espírito (302, cap. 73).

Não é demais repetir que a obsessão pode apresentar-se de forma atenuada ou agravada, individual ou coletiva. "Apresenta caracteres muito diferentes, que vão desde a simples influência moral sem perceptíveis sinais exteriores até a perturbação completa do organismo e das faculdades mentais". [...] (312, cap. 12).

Por outras palavras, a obsessão simples se verifica por meio da sugestão; a fascinação tem como instrumento a indução; a coação é o mecanismo da subjugação. [...] (313, cap. 18).

Ver também FASCINAÇÃO, POSSESSÃO *e* SUBJUGAÇÃO

Obsessão de desencarnado para desencarnado

Espíritos que obsidiam Espíritos. Desencarnados que dominam outros desencarnados, são expressões de um mesmo drama que se desenrola tanto na Terra quanto no Plano Espiritual inferior (195, pt. 1, cap. 5).

Obsessão de desencarnado para encarnado

É a atuação maléfica de um Espírito sobre um encarnado (195, pt. 1, cap. 5).

Obsessão de encarnado para desencarnado

Ninguém se lembra desse estranho e aparentemente paradoxal tipo de obsessão, em que os "vivos" do mundo envolvem os "mortos" na teia dos seus pensamentos desequilibrados e enfermiços, exercendo sobre os que já partitiram para o Além terrível e complexa obsessão (161, cap. 19).

À primeira vista, a obsessão do encarnado sobre o desencarnado pode parecer difícil ou mais rara de acontecer. Mas, ao contrário, é fato comum, já que as criaturas humanas, em geral por desconhecimento, vinculam-se obstinadamente aos entes amados que as precederam no túmulo (195, pt. 1, cap. 5).

Obsessão de encarnado para encarnado

[...] pessoas obsidiando pessoas existem em grande número. Estão entre nós. Caracterizam-se pela capacidade que têm de dominar mentalmente aqueles que elegem como vítimas.

Este domínio mascara-se com os nomes de ciúme, inveja, paixão, desejo de poder, orgulho, ódio, e é exercido, às vezes, de maneira tão sutil que o dominado se julga extremamente amado. Até mesmo protegido.

Essas obsessões correm por conta de um amor que se torna tiranizante, demasiadamente possessivo, tolhendo e sufocando a liberdade do outro (195, pt. 1, cap. 5).

Obsessão infantil

Influências prejudiciais podem atingir, também, mentes infantis, levando-as, algumas vezes, ao desajuste.

O Espiritismo elucida tais ocorrências em explicação lógica: A criança que temos, hoje, diante de nós, foi adulta ontem, em experiências anteriores, quando o seu Espírito, utilizando mal o livre-arbítrio, terá cometido delitos cujas consequências se manifestam, agora, com o corpo físico ainda em desenvolvimento (163, cap. 33).

Obsessão recíproca

[...] [Dá-se quando] as criaturas se procuram para locupletar-se das vibrações que permutam e nas quais se comprazem. [...] Essa característica de reciprocidade transforma-se em verdadeira simbiose, quando dois seres passam a viver em regime de comunhão de pensamentos e vibrações. [...]

São as paixões avassaladoras que tomam os seres totalmente cegos a quaisquer outros acontecimentos e interesses, fechando-se ambos num egoísmo a dois, altamente perturbador. [...] (195, pt. 1, cap. 5).

Obsessão simples

Dá-se a obsessão simples, quando um Espírito malfazejo se impõe a um médium, se imiscui, a seu mau grado nas comunicações que ele recebe, o impede de se comunicar com outros Espíritos e se apresenta em lugar dos que são evocados. [...]

Na obsessão simples, o médium sabe muito bem que se acha presa de um Espírito mentiroso e este não se disfarça; de nenhuma forma dissimula suas más intenções e o seu propósito de contrariar. O médium reconhece sem dificuldade a felonia e, como se mantém em guarda, raramente é enganado. Este gênero de obsessão é, portanto, apenas desagradável e não tem outro inconveniente, além do de opor obstáculo às comunicações que se desejara receber de Espíritos sérios, ou dos afeiçoados (107, it. 238).

[...] [Ocorre quando] o médium tem perfeitamente consciência de não obter coisa alguma boa; ele não se ilude acerca da natureza do Espírito que se obstina em se lhe manifestar, e do qual deseja desembaraçar-se. Este caso não oferece gravidade alguma: é um simples incômodo, do qual o médium se liberta, deixando momentaneamente de escrever. O Espírito, cansando-se de não ser ouvido, acaba por se retirar (108, cap. 2, it. 71).

Ação eventual dos Espíritos sobre os encarnados. Espíritos sem real expressão de maldade (161, cap. 11).

[...] tratamos tão somente da obsessão simples, ou seja, daquela que é ignorada por todos, até mesmo pelo obsidiado, da que se não revela ostensivamente, objetivando alteração das faculdades mentais, mas que, sutilmente, ocultamente, através de sugestões lentas, sistemáticas, solapa as forças morais da vítima, tornando-a, por assim dizer, incapaz de reações salvadoras. [...] (169, pt. 1, cap. 6).

Na obsessão simples, o indivíduo possui total capacidade de raciocínio, percebe as distonias, chega mesmo a classificar certas tendências como não sendo suas. [...] (190, cap. 3).

Obsessão simples é a perseguição contínua de um Espírito, que impõe a sua vontade à de um médium. [...] (215, cap. 5).

OBSESSOR

O obsessor não é somente o instrumento da justiça superior que dele se utiliza, mas também espírito profundamente enfermo e infeliz, carecente da terapêutica do amor e do esclarecimento para sublimação de si mesmo (78, Examinando a obsessão).

O *obsessor* é sempre ou quase um inimigo, um antigo desafeto. Velhas contas, velhos ajustes. [...] (78, Médiuns e experimentadores).

[...] é a corte do mal que sutilmente penetra até os meandros do nosso pensamento e o domina, anulando nossa vontade de reação; que se infiltra em nosso íntimo com suas vibrações causticantes e o conturba, habilmente servindo-se das afinidades que lhe fornecemos, das ocasiões que criamos, das fraquezas que pomos à mostra, das inferioridades que lhe servem de veículo, de todos os nossos pensamentos e ações inferiores que lhe escancarem as portas do nosso ser moral, para nos dominar e desgraçar a seu perfeito gosto (174, cap. 13).

[...] um grande sofredor, carecedor do amparo de nossas preces, pois que se esse infeliz decaiu a tal ponto foi porque a revolta o impeliu ao ódio vingativo contra ofensas graves recebidas. [...] (174, cap. 16).

Não obstante, nem sempre os obsessores serão entidades absolutamente más. Muitas serão, ao invés, grandes sofredoras, almas tristes e doloridas, feridas, no pretérito de existências tumultuosas, pela ingratidão e a maldade desses que agora são as suas vítimas, capazes de grandes atitudes afetivas para outrem que não o seu inimigo a quem obsidiam, e não raro também foram homens intelectualmente esclarecidos na sociedade terrena, mas a quem escasseou a sublime moral da fraternidade evangélica. [...] (169, pt. 1, cap. 5).

Obsessores visíveis e invisíveis são nossas próprias obras, espinheiros plantados por nossas mãos.

Obsessor – Do latim *obsessore*. Aquele que causa a obsessão; que importuna. O obsessor é uma pessoa como nós. [...] [...] É alguém que privou de nossa convivência, de nossa intimidade, a quem amamos outrora. [...]

[...] é o irmão, a quem os sofrimentos e desenganos desequilibraram, certamente com a nossa participação.

[...] um irmão enfermo e infeliz. Dominado pela ideia fixa (monoideísmo) de vingar-se, esquece-se de tudo o mais e passa a viver em função daquele que é o alvo de seus planos. [...] (195, pt. 1, cap. 13).

[...] há obsessores marcadamente endurecidos de coração que se petrificam quando sob a influência de perseguidores ainda mais fortes e mais perversos que eles mesmos. Inteligências temíveis das trevas absorvem certos centros perispiríticos de determinadas entidades que se revelam pervertidas e ingratas ao bem e utilizam-nas como instrumentalidade na extensão do mal que elegeram por sementeira na vida. [...] (264, cap. 15).

Obsessor, em sinonímia correta, quer dizer "aquele que importuna".

[...] é, quase sempre, alguém que nos participou a convivência profunda, no caminho do erro, a voltar-se contra nós, quando estejamos procurando a retificação necessária (292, Obsessores).

O obsessor, um Espírito não purificado e pouco esclarecido, liga-se mentalmente a uma criatura por quem sente ódio e sede de vingança, numa relação sintônica entre Espírito e homem. [...] (330, cap. 9).

Ver também ESPÍRITO VINGATIVO
e FILHO DO DESESPERO

OBSIDIADO

[...] o Espírito obsidiado tem o seu perispírito impregnado, saturado de fluidos maus e perniciosos [...] (102, Instruções..., 2).

[...] O obsidiado e o possesso são, pois, quase sempre vítimas de uma vingança, cujo motivo se encontra em existência anterior, e à qual o que a sofre deu lugar pelo seu proceder. [...] (105, cap. 10, it. 6).

O obsidiado, por sua vez, vinculado vigorosamente à retaguarda – assaltado, quase sempre, pelos fantasmas do remorso inconsciente ou do medo cristalizado, a se manifestarem como complexos de inferioridade e culpa – conduz o fardo das dívidas para necessário reajustamento, através do abençoado roteiro carnal (78, Examinando a obsessão).

[...] é um passivo que prazerosamente, por assim dizer, se submete ao fato e que conjuga vibrações, de modo completo, com seus obsessores. [...] (168, cap. 6).

[...] é antes um enfermo necessitado de tratamento e não um médium, propriamente. [...] (175, cap. 10).

Obsidiado – Obsesso: Importunado, atormentado, perseguido. Indivíduo que se crê atormentado, perseguido pelo demônio (195, pt. 1, cap. 11).

O obsidiado é o algoz de ontem e que agora se apresenta como vítima. Ou então é o comparsa de crimes, que o cúmplice das sombras não quer perder, tudo fazendo por cerceá-lo em sua trajetória (195, pt. 1, cap. 11).

[...] acima de médium de energias perturbadas, é quase sempre um enfermo, representando uma legião de doentes invisíveis ao olhar humano.

[...] quase sempre é também uma criatura repleta de torturantes problemas espirituais. [...] (267, cap. 18).

Reconhecer no obsidiado, seja ele quem for, um familiar doente a quem se deve o máximo de consideração e assistência (304, cap. 23).

Obsidiado e obsessor

[...] são duas almas a chegarem de muito longe, extremamente ligadas nas perturbações que lhes são peculiares. [...] (267, cap. 18).

OBSTÁCULO

O obstáculo é a prova benéfica de superação das nossas próprias fraquezas (248).

[...] é serviço educativo para aquele que o encontra e para quem ajuda a solucioná-lo. [...] (285, cap. 26).

Obstáculo, no dicionário da realidade, em muitas ocasiões expressa apoio invisível para que não descambemos na direção das trevas (291, cap. 24).

ÓCIO

Ócio é coágulo da vida (219, A conclusão da pesquisa).

OCIOSIDADE

[...] é a mãe de todos os vícios [...] (55, cap. 26).

A ociosidade é estagnação que corrompe (260, cap. 5).

Ver também PREGUIÇA

ÓDIO

[...] É uma forma defeituosa de manifestação do amor [...] (2, cap. 2).

[...] é nuvem que tolda a visão da paisagem, entenebrecendo-a. Fantasma truanesco entorpece as mais altas aspirações do espírito humano, conduzindo-o aos sombrios e intérminos corredores da loucura, sem paz nem lume [...] (78, cap. 1).

O ódio é semente de destruição, que ressuda tóxico corrosivo a aniquilar interiormente [...] (79, L. 1, cap. 6).

[...] é reação do primitivismo animal, instinto em trânsito para a inteligência, que ainda não pôde superar as expressões dos começos passados [...] (79, L. 1, cap. 7)

O ódio é artesão cruel, que termina por enrodilhar os que o cultivam nas malhas que tece (79, L. 2, cap. 10)

O ódio é o Inquisidor da alma que o alimenta; é uma procela de fogo dentro de um coração! (86, L. 3, cap. 8)

[...] É um eclipse caliginoso, que, às vezes, dura tempo indefinido. É semelhante ao próprio câncer: corrói o coração, onde se acha localizado, alimenta-se de sofrimentos, de torturas e desesperos! A sua impressão é corrosiva, quanto à da ferrugem, que destrói o próprio ferro tenaz fazendo-o devorar-se a si mesmo! (87, L. 7, cap. 6).

O ódio seria ferrugem, na harpa de nossas melhores esperanças [...] (248).

O ódio é veneno (248).

O ódio pode traduzir-se nas chamadas aversões instintivas, dentro das quais há muito de animalidade, que cada homem alijará de si, com os valores da autoeducação, a fim de que o seu entendimento seja elevado a uma condição superior.

[...] Todavia, na maior parte das vezes, o ódio é o gérmen do amor que foi sufocado e desvirtuado por um coração sem Evangelho. [...] (273, q. 339).

O ódio é fogo invisível na consciência (307, cap. 62).

ODRE NOVO

Os *odres novos* são os verdadeiros espíritas que recebem e praticam esses ensinamentos [dos Espíritos do Senhor]; são os Espíritos que, purificados e esclarecidos pelo Espiritismo, farão rebentar o *velho odre*, incapaz de resistir à fermentação das ideias novas (182, v. 2).

ODRE VELHO

O *odre velho* existe em vossos dias. São aqueles que, cegos e interesseiros, bebendo em fontes impuras ou falsificadas, procuraram, procuram e ainda procurarão entravar a obra da regeneração humana, a formação da Igreja do Cristo, cujo templo é o vosso planeta e à qual todos os homens se tornarão fiéis (judeus e gentios) pela prática da lei do amor e da caridade (182, v. 2).

OFENSA

Toda ofensa – friamente exumada – é tão exclusivamente um arranhão provocado em nossa vaidade pessoal, alimento para o amor-próprio doentiamente acalentado, um convite para que o nosso orgulho venha a explodir ruidosamente (100, Ofensa).

[...] é fruto da ignorância ou, mais propriamente, da ausência de luz espiritual [...] (251, cap. 58).

OFENSOR

Ofensor é uma pessoa / Que Deus manda, de imprevisto, / Para ver nossa atitude / No ensino de Jesus Cristo (259, cap. 23).

OLHO

[...] é verdadeiro dizer-se que os olhos são o espelho da alma, isto é, que o semblante do indivíduo lhe reflete de modo particular a alma. Assim é que uma pessoa excessivamente feia, quando nela habita um Espírito bom, criterioso, humanitário, tem qualquer coisa que agrada, ao passo que há rostos belíssimos que nenhuma impressão te causam, que até chegam a causar-te repulsão. [...] (106, q. 217).

Os olhos são a luz do corpo. É por meio deles que o homem se orienta e se guia, não só em seus passos como no juízo que faz das coisas. [...] (222, Olhos bons e olhos maus).

OMISSÃO

[...] é parada significando recuo (291, cap. 40).

ONDA

As ondas ou oscilações eletromagnéticas são sempre da mesma substância, diferenciando-se, porém, na pauta do seu comprimento ou distância que se segue do penacho ou crista de uma onda à crista da onda seguinte, em vibrações, mais ou menos rápidas, conforme as leis de ritmo em que se lhes identifica a frequência diversa.

[...] uma onda é determinada forma de ressurreição da energia, por intermédio do elemento particular que a veicula ou estabelece.

Partindo de semelhante princípio, entenderemos que a fonte primordial de qualquer irradiação é o átomo ou partes dele em agitação, despedindo raios ou ondas que se articulam, de acordo com as oscilações que emite (306, cap. 1).

Onda *alpha*

Retratando o traçado eletroencefalográfico, as ondas alpha representariam o ideal do ritmo psíquico humano; poderíamos dizer que seria o ritmo dos harmonizados e equilibrados, praticamente os que alcançaram a paz em nosso tumultuado momento de vida planetária. [...] (190, cap. 2).

Onda *beta*

[...] A onda beta é onda psíquica que traduz ânsias, anseios e ansiedades de todos os matizes. É a onda dos que estão com os pensamentos em ebulição, arquitetando conquistas imediatistas que visam unicamente ao próprio interesse, confundido com bem-estar; é ritmo que se reflete nos intelectualmente excitados, que, apesar da cultura, vivem aguardando as benesses do conhecimen to que não alcançam pela indisciplina e pelos desordenados movimentos de pensamentos. É o ritmo do chamado *homem moderno,* que busca, a qualquer preço, o que a sua cultura social exige para ser um *vitorioso.* É preciso que se diga que o ritmo Beta, o ritmo de vigília, o ritmo de consciência desperta, não produz sensações que caracterizem a fase; o indivíduo pode estar atarefado, confiante, com medo, parado ou não. É o ritmo da vida comum, do nosso sistema (190, cap. 2).

Onda cerebral

[...] As ondas cerebrais são descargas elétricas rítmicas produzidas pelo córtex cerebral. [...] (187, Notícias do cotidiano).

Onda theta e delta

As ondas theta e delta, traduzidas como ondas lentas, nos estudos da eletrogênese cerebral, são enquadradas como ondas de características patológi cas, mormente quando acompanhadas de modificações de seu comprimento e desdobramento. [...] (190, cap. 2).

ONIPOTENTE

[...] o Onipotente é o Rei cuja luz é vida para todos os seus filhos e cuja glória é

refletida na luz, tanto quanto nos é pos sível suportar. [...] (157, cap. 2).

OPERAÇÃO LIMPEZA

ver LIMPEZA

OPORTUNIDADE

A oportunidade é a nossa porta de luz, no sagrado momento que passa (248).

ORAÇÃO

[...] A oração, a comunhão pelo pensamento com o universo espiritual e divino é o esforço da alma para a beleza e para a verdade eternas; é a entrada, por um instante, nas esferas da vida real e superior, aquela que não tem termo (52, pt. 3, cap. 24).

A oração é o elixir de longa vida que nos proporciona os recursos para preservar os valores de edificação, perseverando no trabalho iluminativo. É o Amor indiscriminado, a todos, mesmos aos inimigos – o que não quer dizer anuência com os seus despropósitos –, é impositivo de emergência para lograrmos a Paz (54, cap. 17).

[...] O gemido da alma e o sorriso do espírito. Ela é o queixume do aflito e o suspiro do crente! Idioma universal, falado por todos os povos em relação a Deus! (55, cap. 6).

[...] Oração não é palavra, é sentimento. Um olhar da alma, fixo no céu, vale mais que mil rosários rezados rotineiramente. [...] (55, cap. 6).

A oração [...] é possuidora do elã que conduz a Deus, necessariamente à paz. [...]

Deus conhece a todos e a tudo, tendo medida exata do valor de cada qual.
Somente a atitude digna, leal, corajosa e elevada do filho que fala ao Pai produz uma ressonância que o alcança, propiciando a resposta que é detectada por aquele que ora.
[...]

A oração real consiste em *abrir-se a boca (os, oris)* da alma, a fim de expressar-se o que as palavras não conseguem traduzir, mas que os sentimentos falam de maneira incomum, utilizando a linguagem do amor. No amor, portanto, está a fórmula ideal para comunicar-se com Deus, exteriorizando-se emoções e necessidades, relatando-se aflições e sonhos não tornados realidade, para análise da sua infinita compreensão. No silêncio que se fará inevitável, porque as decisões elevadas dispensam palavrório perturbador, será captada a resposta em forma de harmonia interior, de paz no coração que acalma as ansiedades e refrigera a ardência das paixões.
Concomitantemente, inarticulada voz enunciará em resposta como sendo fundamental para a vitória o amor a si mesmo – em forma de autoconfiança, de burilamento moral, de autoiluminação, de transformação de conduta para melhor. Este autoamor torna-se vital, porquanto nele está a chave para a decifração de todas as incógnitas da existência.
[...]

A oração proporciona paz, mas somente quando se acalmam as angústias é que se pode orar, desta forma encontrando-se Deus, identificando-o, dele recebendo a inspiração de forma que a existência adquira o encantamento e a plenitude que lhe são destinados (75, Oração e paz).

[...] é o lubrificante da máquina da vida (76, cap. 36).

A oração é sempre o fio invisível e sublime pelo qual a alma ascende a Deus e o Pai penetra o homem (82, cap. 11).

[...] É um alívio às nossas penas, um desafogo às nossas mágoas, uma esperança na nossa dor (117, v. 2).

[...] é um recurso pedagógico que não pode ser desprezado, mas desde que desprovido da conotação sobrenatural, mística ou supersticiosa. [...] (129, v. 4).

[...] é o único refúgio do homem nas tremendas lutas da adversidade. [...] (150, cap. 2).

É sempre certo que a prece, por singela e pequenina que se irradie de um coração sincero, adquire potências grandiosas, capazes de se espraiarem pelo infinito até alcançar o seio amantíssimo do Eterno. Uma corrente suntuosa de valores psíquicos se estabelece então entre o ser que ora e as entidades celestes incumbidas da assistência espiritual aos homens terrenos e aos Espíritos vacilantes e inferiores. [...] Afigura-se então a súplica, a oração, a uma visita do ser que ora aos Planos Espirituais Superiores. Pode o infeliz que ora obter em si próprio progresso suficiente para se tornar afim com aqueles planos. Sua personalidade, levada pela força das vibrações que sua mente emite, desenha-se à compreensão da entidade vigilante, a qual o atende, e torna-se por esta contemplada tal como é, seja a oração partida de um ser encarnado ou de um desencarnado. É certo que seus amigos do Invisível Superior conhecem de há muito suas necessidades reais, mas será necessário que a alma, encarnada ou não, que permanece em trabalhos de arrependimento e resgates, testemunhe a Deus o valor da sua fé, da sua perseverança nas provações, da boa disposição para o progresso, da sinceridade dos projetos novos que começa a conceber, da vontade, enfim, de se afinar com a Suprema Vontade! [...] (172).

Oração – sintonia com os Planos Superiores (195, pt. 3, cap. 3)

[...] é ligação com a Espiritualidade Maior, é comunhão com os benfeitores espirituais. [...] (199, Para não complicar).

A oração, em essência, expressa sentimentos. [...] (199, Como orar).

A oração é luz na alma refletindo a luz divina (217, cap. 4).

A oração, acima de tudo, é sentimento (217, cap. 26).

[...] é recurso mais imediato para as criaturas ainda distantes das esferas propriamente celestiais (219, Falsas ideias).

[...] é uma escada solar, reunindo a Terra ao Céu... (245, cap. 40).

A oração é uma fonte em que podemos aliviar a alma opressa (248).

A oração é o remédio milagroso, que o doente recebe em silêncio (248).

A oração é o fio misterioso, que nos coloca em comunhão com as esferas divinas (248).

A oração é o único sistema de intercâmbio positivo entre os servos e o Senhor, através das linhas hierárquicas do Reino Eterno (248).

A oração é um bálsamo que cura nossas chagas interiores (248).

A oração é um altar, em que ouvimos a voz divina através da consciência (248).

A oração é um templo, em cuja doce intimidade encontraremos paz e refúgio (248).

A oração é a nossa escada de intercâmbio com o Céu (248).

[...] o culto da oração é o meio mais seguro para a nossa influência [dos Espíritos Superiores]. A mente que se coloca em prece estabelece um fio de intercâmbio natural conosco... (252, cap. 11).

[...] é o remédio eficaz de nossas moléstias íntimas. [...] (252, cap. 31).

Não nos esqueçamos de que possuímos na oração a nossa mais alta fonte de poder, em razão de facilitar-nos o acesso ao Poder Maior da Vida (260, cap. 62).

[...] é prodigioso banho de forças, tal a vigorosa corrente mental que atrai. [...] (269, cap. 17).

[...] a oração sincera estabelece a vigilância e constitui o maior fator de resistência moral, no centro das provações mais escabrosas e mais rudes (273, q. 245).

[...] é compromisso da criatura para com Deus, compromisso de testemunhos, esforço e dedicação aos superiores desígnios. Toda prece, entre nós, deve significar, acima de tudo, fidelidade do coração. Quem ora, em nossa condição espiritual, sintoniza a mente com as esferas mais altas e novas luzes lhe abrilhantam os caminhos (276, cap. 14).

A oração é o meio imediato de nossa comunhão com o Pai Celestial (277, Pensamentos).

A oração é divina voz do espírito no grande silêncio.

Nem sempre se caracteriza por sons articulados na conceituação verbal, mas, invariavelmente, é prodigioso poder espiritual comunicando emoções e pensamentos, imagens e ideias, desfazendo empecilhos, limpando estradas, reformando concepções e melhorando o quadro mental em que nos cabe cumprir a tarefa a que o Pai nos convoca.

[...] a oração tecida de harmonia e confiança é força imprimindo direção à bússola da fé viva, recompondo a paisagem em que vivemos e traçando rumos novos para a vida superior (295, cap. 98).

A oração que nasce do amor é uma luz que a alma humana acende no mundo, estendendo irradiações e bênçãos que ninguém pode conhecer, enquanto se demora no corpo de carne terrestre (298, Adenda).

Contato com o Infinito, toda oração sincera significa mensagem com endereço exato [...] Oração é diálogo. Quem ora jamais monologa. Até a petição menos feliz tem resposta que lhe cabe, procedente das sombras (303, cap. 9).

[...] a oração, qualquer que seja o nosso grau de cultura intelectual, é o mais elevado toque de indução para que nos coloquemos, para logo, em regime de comunhão com as esferas superiores. De essência divina, a prece será sempre o reflexo positivamente sublime do Espírito, em qualquer posição, por obrigá-lo a despedir de si mesmo os elementos mais puros de que possa dispor.

No reconhecimento ou na petição, na diligência ou no êxtase, na alegria ou na dor, na tranquilidade ou na aflição, ei-la exteriorizando a consciência que a formula, em efusões indescritíveis, sobre as quais as ondulações do Céu corrigem o magnetismo torturado da criatura, insulada no sofrimento educativo da Terra, recompondo-lhe as faculdades profundas. A mente centralizada na oração pode ser comparada a uma flor estelar, aberta ante o Infinito, absorvendo-lhe o orvalho nutriente de vida e luz.
Aliada à higiene do espírito, a prece representa o comutador das correntes mentais, arrojando-as à sublimação (306, cap. 25).

[...] A oração é ferramenta indispensável para colocá-lo em situação de receptividade e favorecer a sintonia com Espíritos Superiores que lhe transmitirão energias a fim de manter ou retomar o equilíbrio. [...] (312, cap. 6).

[...] A oração é prodigioso banho de forças, tal a vigorosa corrente mental que atrai. [...] A oração, com o reconhecimento de nossa desvalia, coloca-nos na posição de simples elos de uma cadeia de socorro, cuja orientação reside no Alto. [...] (328, cap. 3.2).

O valor da oração, segundo os textos evangélicos, não se mede pelo lugar, nem pela quantidade de palavras, nem por luzes simbólicas, sendo oportuno considerar ainda que "entrar no quarto" compreende o recolhimento íntimo recomendado pelo Senhor. [...] (329, cap. 94).

Ver também ORAR *e* PRECE

ORAÇÃO DOMINICAL

ver PAI NOSSO

ORAÇÃO E VIGILÂNCIA

O *"orai e vigiai"* de Jesus é roteiro seguro para a preservação da integridade espiritual dos seres humanos, em todos os processos obsessivos, uma vez que a obsessão, atingindo-lhe com mais profundeza os escaninhos da mente, causar-lhe-á o desequilíbrio (163, cap. 33).

[...] a oração e a vigilância, recomendadas pelo Divino Mestre, constituem elementos indispensáveis para que estejamos serenos e valorosos nas menores ações da vida (299, pt. 2, cap. 6)

Orar é um ato que nos pode pôr em contato com as forças espirituais invisíveis, se houver sinceridade na prece e alma limpa de quem ora. Vigiar é uma atitude de atenção para que não sejamos surpreendidos pelos inimigos que se encastelaram nos hábitos maus que adquirimos e mantemos, malgrado o esforço despendido para nos libertarmos deles. Portanto, orar é uma posição defensiva, pois por meio da prece fortalecemos nossa situação espiritual, predispondo-nos à resistência contra as acometidas das trevas e iluminando a rota que seguimos, com o fito de alcançar, passo a passo, a melhoria do panorama cármico. Vigiar é também uma atitude defensiva, que devemos sustentar sempre contra os inimigos do nosso progresso moral. Quem são esses inimigos? Nós mesmos. Eles estão ocultos em nossa defeituosa educação, nos impulsos que não sabemos jugular, nos hábitos que insensivelmente vamos adquirindo, por imitação ou por tendência natural do nosso espírito (317, Vigilância permanente).

ORÁCULO

O dicionário do professor Aurélio Buarque de Holanda define oráculo como sendo: a) resposta de um deus a quem o consultava; b) divindade que responde a consultas e orienta o crente; [...] (311, pt.1, cap. 3.5).

ORAR

Orar é amar, e amar é orar! [...] (104, pt. 2, cap. 6).

Orar é testificar a harmonia e o equilíbrio que pairam em todo o Universo e louvar a onisciência de seu Autor.

Orar é perceber a magnanimidade indefectível e onipresente do Criador e sensibilizar-se ante as benesses que Ele distribui, fartamente, a todos os seres da Criação.

Orar é reconhecer nossa fraqueza e pequenez e procurar arrimo e fortaleza em quem é todo-poderoso.

Orar é confessar nossa indigência de virtudes e exaltar aquele que é o detentor de todas as perfeições.

Orar é implorar ao Supremo Juiz perdão pelos males e sofrimentos que, consciente ou inconscientemente, causamos a nossos semelhantes.

Orar é imprecar a proteção divina, a fim de que sejamos bem-sucedidos em nossos empreendimentos.

Orar é volver ao Pai Santíssimo nosso pensamento, agradecido, sempre que nos advenha uma alegria ou felicidade. Orar é suplicar, ao Alto, paciência e resignação para bem suportarmos as dores e vicissitudes da existência terrena. Orar é render graças ao Senhor da Vida quando nos aconteça escapar de um perigo de morte.

Orar é, ainda, invocar o socorro e as bênçãos do Céu em favor de irmãos nossos que se acham necessitados ou em aflição.

Mas... a melhor oração, a mais eloquente, a mais legítima, a mais agradável a Deus, é antes e acima de tudo aquela que se traduz em atividade, em cooperação, em sacrifício (30, cap. 37).

[...] é voltar-se para o Ser eterno, é expor-lhe nossos pensamentos e nossas ações, para os submeter à sua Lei e fazer da sua vontade a regra de nossa vida; é achar, por esse meio, a paz do coração, a satisfação da consciência, em uma palavra, esse bem interior que é o maior, o mais imperecível de todos os bens! (50, cap. 8).

Nada exijis. Quem ora, não impõe. Orar é abrir a alma, externar estados íntimos, refugiar-se na divina sabedoria, a fim de abastecer-se de entendimento, penetrando-se de saúde interior... (80, L. 2, cap. 5).

Oh! o refrigério imediato da prece! Orar é alçar-se à paz, librando-se acima das torpezas humanas, antegozar as delícias do porvir, embora as cruezas e desmantelos do presente (80, L. 2, cap. 9).

A legítima acepção do vocábulo orar não é apenas suplicar, louvar, reclamar ou requerer; é sobretudo sintonizar pensamentos e emoção, construir fecundas conjugações mentais, estabelecer circuitos de poderosas energias construtivas (186, Oração).

Orar, portanto, longe de ser atitude esporádica de alguns poucos, é exercício de todos, a todos os instantes, força de conexão que mantém as sintonias em ação, que forja acontecimentos, muitas vezes de importância e de consequências imprevisíveis (186, Oração).

Orar é sentir. [...]

Orar é irradiar para Deus, firmando desse modo nossa comunhão com Ele. [...] (222, Rezar e orar).

Orar é identificar-se com a maior fonte de poder de todo o Universo, absorvendo-lhe as reservas e retratando as leis da renovação permanente que governam os fundamentos da vida (282, cap. 26).

Assim é que orar em nosso favor é atrair a força divina para a restauração de nossas forças humanas, e orar a benefício dos outros ou ajudá-los, através da energia magnética, à disposição de todos os espíritos que desejem realmente servir, será sempre assegurar-lhes as melhores possibilidades de autorreajustamento [...] (305, pt. 2, cap. 15).

Orar constitui a fórmula básica da renovação íntima, pela qual divino entendimento desce do Coração da Vida para a vida do coração (306, cap. 25).

ORBE

ver TERRA

ORDEM

Se se detivessem a auscultar a Natureza, diminuindo o tresvario que se permitem, constatariam que o caos e o nada jamais fizeram parte do Cosmo, e que a ordem é a geratriz de todos os fenômenos, causa de todas as ocorrências (81, Suicídio sem dor).

A ordem é atestado de elevação. [...] (164, cap. 22).

Todos nós precisamos da ordem, porque a ordem é a disciplina, em torno de situações, pessoas e coisas; fora dela, o capricho é capaz de estabelecer a revolta destruidora, sob a capa dos bons intentos. Entretanto, é necessário que a caridade lhe oriente as manifestações para que o método não se transforme em orgulho, aniquilando as obras do bem (304, cap. 21).

Ver também DISCIPLINA

ORFANDADE

A orfandade caracteriza-se pela privação de assistência, pela ausência de todo o interesse, em suma, pelo abandono em que a criança se encontre, e não propriamente pela perda dos pais. Existem órfãos cujos pais vivem ainda, e há crianças que jamais passaram pelo duro transe da orfandade, a despeito de não haverem conhecido seus pais (222, O problema da orfandade).

Órfã, a nosso ver, não é precisamente a criança que perdeu os pais, ambos, ou um deles. Órfã é a criança sem lar, portanto, sem carinhos, pela qual não há quem se interesse, entregue aos azares dos imprevistos, estejam ou não contados no número dos chamados vivos os seus genitores (223, cap. 32).

A dificuldade não está na carestia de lares, mas na esterilidade dos corações. A orfandade é um dos crimes do egoísmo. Se distribuíssemos os órfãos todos deste mundo entre as famílias constituídas, não tocaria, talvez, uma criança para cada grupo de cinquenta habitações. [...] (223, cap. 32).

ORGANISMO

[...] é o produto do planeta, mas não é em consequência de uma fantasia divina, dum milagre, de uma criação direta que o homem está constituído tal qual se encontra. Sua forma, em suma, tem causa no estado do vosso planeta, na atmosfera que respirais, na alimentação que vos nutre, no peso sobre a superfície da Terra, na densidade dos materiais terráqueos, etc. [...] (68, 2ª narrativa).

Todos os seres vivos possuem organismo próprio a cada espécie, formado por órgãos agrupados em sistemas, harmonicamente inter-relacionados e que se interagem.
Cada órgão é formado por células específicas, que variam de tamanho e de formato, de acordo com a função que desempenham. Na maioria, as células são pequenas, sendo vistas apenas com auxílio de microscópio. Seu interior só teve as estruturas vistas após o advento do microscópio eletrônico.
Cada ser humano, em média, é formado por 70 trilhões de células, podendo chegar a 100 trilhões (116, Genética).

Organismo vivo

[...] os organismos vivos são, todos eles, *sistemas abertos*, que se alimentam das energias e matérias encontradas em seu ambiente. Em lugar de se desgastar como um relógio que dissipa sua energia pela fricção, o organismo vivo não cessa de formar corpos químicos mais complexos, a partir daqueles de que se alimenta. Não pára de construir formas de energia mais complexas, a partir da energia que absorve; e estruturas mais complexas de *informação* – percepções, lembranças, ideias – a partir do que é transmitido aos seus receptores. Longe de se limitar a reagir, ele é ativo: adapta o ambiente às suas necessidades, em lugar de se adaptar ao ambiente passivamente. Instrui-se pela experiência e constrói sistemas de conhecimento que recolhe do caos das sensações pelas quais passa. Absorve do ambiente a informação, do mesmo modo como alimenta suas energias de suas substâncias e sínteses. [...] (188, cap. 1).

ORGANIZAÇÃO FEDERATIVA

[...] é o programa ideal da Doutrina no Brasil, quando chegar a ser integralmente compreendido por todas as agremiações de estudos evangélicos, no país (238, cap. 28).

Ver também UNIFICAÇÃO

ÓRGÃO

Os órgãos são os instrumentos da manifestação das faculdades da alma, manifestação que se acha subordinada ao desenvolvimento e ao grau de perfeição dos órgãos, como a excelência de um trabalho o está à da ferramenta própria à sua execução (106, q. 369).

[...] O órgão é a cadeia de associação das impressões, a condição da individualidade psíquica permanente do animal. [...]

O órgão é, pois, um produto cuja função está intimamente ligada ao que denominamos *instintos de conservação*, e que adverte, a tempo, o prazer como a dor. Enfim, qual ainda o vemos, o órgão é um instrumento temporário da experiência. [...] (40, cap. 3).

Ver também CORPO

ORGULHO

[...] é a pedra de toque para o conhecimento dos homens (104, pt. 2, cap. 8).

O orgulho é o terrível adversário da humildade. [...] (105, cap. 7, it. 11).

[...] a fonte de todos os vossos males. [...] (105, cap. 7, it. 12).

O orgulho é o sentimento da própria grandeza real, existente no íntimo de cada ser, mas transbordado ou desviado do seu verdadeiro curso.

[...] é a revelação da altitude que cumpre à criatura alcançar e que só alcançará pela humildade (2, cap. 5).

O orgulho é uma força negativa e sempre destruidora da harmonia social e também da harmonia individual. [...] (2, cap. 5).

[...] é o dileto filho do egoísmo [...] (79, L. 2, cap. 3).

[...] Pessoas muito esclarecidas em um pontinho especial dos conhecimentos humanos, julgam poder decidir arbitrariamente sobre todas as coisas, e repelem sistematicamente toda novidade que lhe choque as ideias, quase sempre por este único motivo – que em geral não confessam – que se aquilo fosse verdade, elas não podiam ignorar! [...] (91, pt. 1, cap. 2).

[...] o orgulho é terrível chaga da alma, na qual gangrena e sufoca qualquer boa inspiração. [...] (111, pt. 2, A conversão do ateu).

Orgulhoso é invejoso por não poder suportar o que quer que seja acima de si; é egoísta, pretendendo ser para tudo o ponto de referência; é presunçoso, pois deposita em suas energias e inteligência uma confiança, tão errônea quanto condenável, que o leva muitas vezes a revoltar-se contra a prudência de quem lhe interdita atos superiores às suas forças (182, v. 1).

[...] É o vício mais difícil de desarraigar do coração do homem e a causa principal dos vícios que degradam o Espírito, assim como das suas quedas e das perdas que sofre (182, v. 3).

[...] é causa de queda, por tornar cega a criatura, com relação a seus deveres [...] (193).

[...] constitui uma barreira que se ergue entre o homem e Deus (193).

Este cancro é o maior flagelo da Humanidade. Dele procedem todos os transtornos da vida social, as rivalidades das classes e dos povos, as intrigas, o ódio, a guerra. Inspirador de loucas ambições, o orgulho tem coberto de sangue e de ruínas este mundo e é ainda ele que origina os nossos padecimentos de Além-Túmulo, pois seus efeitos ultrapassam a morte e alcançam os nossos destinos longínquos. O orgulho não nos desvia somente do amor de nossos semelhantes, pois também estorva todo aperfeiçoamento, engodando-nos com o nosso valor ou cegando-nos sobre os nossos defeitos. [...] (202, Orgulho, riqueza e pobreza).

O orgulho faz o indivíduo sentir-se no pedestal, atraindo olhares sempre para ele. Julga ser dotado de capacidade acima de todos, não solicita nem acata sugestões, mesmo que necessárias. [...] (312, cap. 10).

Esse pesar é o amor-próprio – é o orgulho, o mais perigoso inimigo de nosso espírito, porque conhece a arte de se disfarçar até fazer-se-nos desconhecido [...] (324, pt. 2, cap. 5).

Ver também EGOÍSMO

ORIENTAÇÃO

A verdadeira orientação do espírita está em estudar, compreender e praticar os Evangelhos e assim limpar o seu coração, para dele fazer o tabernáculo onde habite Jesus (193)

OTIMISMO

O otimismo não constitui poltrona preguiçosa para os sem escrúpulos de anil. É manancial de forças para os seus dias de luta (232, cap. 29)

OURO

ver FORTUNA

OUVIDO

Os ouvidos são sentinelas do conhecimento (260, cap. 7)

OVELHA

Suas "ovelhas" [de Jesus] são todos os Espíritos que, encarnados ou errantes, pertencem à Terra.
As que o conhecem são os que praticam a moral pura por Ele pregada e lhe reconhecem a missão.
As que não pertencem a este aprisco, mas que a Ele serão trazidas e lhe escutarão a voz, são os que ainda não praticam a sua moral, ou que, praticando-a, não lhe reconhecem, ainda a missão, sem, contudo, se mostrarem rebeldes ao progresso. São os que virão a praticar a sua moral e a lhe reconhecer a missão, depurando-se continuamente no cadinho do tempo e da reencarnação, percebendo, por esse meio, cada vez melhor, a luz e a verdade que ele trouxe aos homens e que a nova revelação vem fazer brilhar com vivo fulgor (182, v. 4).

OVOIDE

[...] [Ovoides são] esferoides vivos, tristes mentes humanas sem apetrechos de manifestação [...] (264, cap. 6).

Sentindo-se em clima adverso ao seu modo de ser, o homem primitivo, desenfaixado do envoltório físico, recusa-se ao movimento na esfera extrafísica, submergindo-se lentamente, na atrofia das células que lhe tecem o corpo espiritual, por *monoideísmo auto-hipnotizante*, provocado pelo pensamento *fixo-depressivo* que lhe define o anseio de retorno ao abrigo fisiológico.
Nesse período, afirmamos habitualmente que o desencarnado perdeu o seu corpo espiritual, transubstanciando-se num *corpo ovoide*, o que ocorre, aliás, a inúmeros desencarnados outros, em situação de desequilíbrio, cabendo-nos notar que essa forma, segundo a nossa maneira atual de percepção, expressa o corpo mental da individualidade, a encerrar consigo, conforme os princípios ontogenéticos da Criação Divina, todos os órgãos virtuais de exteriorização da alma, nos círculos terrestres e espirituais, assim como o ovo, aparentemente simples, guarda hoje a ave poderosa de amanhã, ou como a semente minúscula, que conserva nos tecidos embrionários a árvore vigorosa em que se transformará no porvir (305, pt. 1, cap. 12).
Inúmeros infelizes, obstinados na ideia de fazerem justiça pelas próprias mãos ou confiados a vicioso apego, quando desafivelados do carro físico, envolvem sutilmente aqueles que se lhes fazem objeto da calculada atenção e, auto-hipnotizados por imagens de afetividade ou desforço, infinitamente repetidas por eles próprios, acabam em deplorável fixação monoideística, fora das noções de espaço e tempo, acusando, passo a passo, enormes transformações na morfologia do veículo espiritual, porquanto, de órgãos psicossomáticos retraídos, por falta de função, assemelham-se a *ovoides*, vinculados às próprias vítimas que, de modo geral, lhes

aceitam, mecanicamente, a influenciação, à face dos pensamentos de remorso ou arrependimento tardio, ódio voraz ou egoísmo exigente que alimentam no próprio cérebro, através de ondas mentais incessantes (305, pt. 1, cap. 15).

Ver também OBSESSÃO

OZÔNIO

A algumas dezenas de quilômetros [da atmosfera terrestre] foram colocados os revestimentos do ozônio, destinados a filtrar os raios solares, dosando-lhes a Natureza para proteção da vida (273, q. 3)

P

PACIÊNCIA

A paciência não é um vitral gracioso para as suas horas de lazer. É amparo destinado aos obstáculos (232, cap. 29).

A paciência é o mais precioso ornamento do coração materno (248).

[...] paciência é esperança operosa. [...] (251, cap. 29).

Paciência, em verdade, é perseverar na edificação do bem, a despeito das arremetidas do mal, e prosseguir corajosamente cooperando com ela e junto dela, quando nos seja mais fácil desistir (251, cap. 46).

[...] a paciência também é uma caridade [...] (254, 3ª reunião).

E paciência traduz obstinação pacífica na obra que nos propomos realizar (256, cap. 103).

A verdadeira paciência é sempre uma exteriorização da alma que realizou muito amor em si mesma, para dá-lo a outrem, na exemplificação (273, q. 254).

Paciência é o poder que nos traz o reino da felicidade. [...] (303, cap. 41).

[...] A paciência também é uma caridade e deveis praticar a lei de caridade ensinada pelo Cristo, enviado de Deus. [...] (334, pt. 3, cap. 9).

Palavra latina, que significa a ciência da paz, a paciência é característica dos indivíduos que confiam em Deus, [...] (337, O exercício da paciência).

A paciência é a lembrança lenificadora do sofrimento, irmã da esperança e companheira ideal da fé (342, cap. 6).

PACTO

O fato de o homem ficar, às vezes, na dependência dos Espíritos inferiores nasce de se entregar aos maus pensamentos que estes lhe sugerem e não de estipulações quaisquer que com eles faça. O pacto, no sentido vulgar do termo, é uma alegoria representativa da simpatia existente entre um indivíduo de natureza má e Espíritos malfazejos (106, q. 549).

PACTO ÁUREO

Sim, acreditamos sinceramente. Acreditamos no PACTO ÁUREO, exatamente por não ser obra dos homens, mas de Espíritos luminosos. Espíritos que inspiraram, também, a Caravana da Fraternidade. [...] (321, cap. 9, ...E acreditamos, ainda, no Pacto Áureo?).

PADECIMENTO

[...] os padecimentos [...] são o corretivo bendito aos erros perpetrados, às transgressões das Leis Divinas e terrestres [...] (85, L. 7).

PADRÃO ÉTICO

[...] Servir aos outros e amar são os padrões éticos que lá [no mundo etéreo] prevalecem, num grau muito mais elevado do que aqui. [...] (63, cap. 9).

PAI

Os pais não são os construtores da vida, porém, os *médiuns* dela, plasmando-a, sob a divina diretriz do Senhor. Tornam-se instrumentos da oportunidade para os que sucumbiram nas lutas ou se perderam nos tentames da evolução, algumas vezes se transformando em veículos para os embaixadores da verdade descerem ao mundo em agonia demorada (76, cap. 17).

Os pais humanos têm de ser os primeiros mentores da criatura. De sua missão amorosa decorre a organização do ambiente justo. Meios corrompidos significam maus pais entre os que, a peso de longos sacrifícios, conseguem manter, na invigilância coletiva, a segurança possível contra a desordem ameaçadora (239, cap. 12)

Os pais da Terra não são criadores, são zeladores das almas, que Deus lhes confia, no sagrado instituto da família (248).

Ser pai é ser colaborador efetivo de Deus, na Criação (266, cap. 46).

[...] [Os pais são os] primeiros professores [...] (307, cap. 16).

PAI-NOSSO

[...] é o mais perfeito modelo de concisão, verdadeira obra-prima de sublimidade na simplicidade. Com efeito, sob a mais singela forma, ela resume todos os deveres do homem para com Deus, para consigo mesmo e para com o próximo. Encerra uma profissão de fé, um ato de adoração e de submissão; o pedido das coisas necessárias à vida e o princípio da caridade. Quem a diga em intenção de alguém, pede para este o que pediria para si (105, cap. 28, it. 2).

Irmãos; a oração dominical é a síntese e a chave da doutrina pregada pelo que morreu na cruz. É um símbolo – uma profissão de fé essencialmente cristã – um respeitoso tributo de gratidão e adoração ao Ser Supremo – a expressão do desejo mais ardente do coração humano: o desejo da eterna felicidade – a confissão de nossa inferioridade, de nossa debilidade, de nossas misérias, acompanhadas de uma humildade e espontânea submissão à divina vontade.

É também, muito particularmente, a fórmula mais pura e expressiva da Lei da Caridade, única do Universo moral, e uma doce imitação de Jesus Cristo. [...] (5, Comunicações ou ensinos dos Espíritos).

A oração dominical é, sem dúvida, o mais perfeito modelo de prece que poderia ser concebido (29, Pai Nosso).

Pai nosso – nosso Criador, de quem todos provimos; – *que estás nos céus* – que estás tão acima de todas as criaturas humanas, tão elevado, que tens por morada o infinito, dentro do qual não te podem descobrir os nossos olhos impuros.

Santificado seja o teu nome – que cada uma das tuas criaturas te bendiga o nome; – que, por seus atos e pensamentos, todas demonstrem até que ponto honram a poderosa fonte donde provieram; – que em seus corações nada exista capaz de ofender aquele que é a pureza absoluta.

Venha o teu reino – que todos os homens se submetam à tua Lei; – que conheçam e abençoem o manancial donde tiraram a existência.

A tua vontade seja feita, assim na Terra como no Céu – que todos os homens, submissos às leis imutáveis que lhes impuseste, as pratiquem com amor, com reconhecimento, tendo por escopo honrar-te e glorificar-te, do mesmo modo que os Espíritos bem-aventurados se submetem às tuas vontades sublimes, felizes por serem delas humildes instrumentos executores.

Dá-nos hoje o pão de cada dia, o pão que está acima de qualquer substância – concede-nos, Senhor, cada dia, os alimentos necessários à existência material que nos deste; – que esses alimentos não nos proporcionem mais que o sustenta preciso, sem contribuírem de maneira alguma para alentar os nossos apetites grosseiros; – faze, Senhor, que, sustentados por esse alimento passageiro, possamos implorar eficazmente e receber o pão da vida, único que nos levará aos pés da tua eternidade.

Perdoa as nossas dívidas como perdoamos aos nossos devedores – que a tua bondade se estenda por sobre nós, criaturas ínfimas, sempre rebeladas contra as tuas sublimes vontades; – perdoa-nos a nós que tantas vezes temos falido e falimos a cada segundo da nossa vida; – que a tua misericórdia se derrame sobre nós, Senhor. Mas, como o amor e o perdão são lei na nossa existência, se deixarmos de a praticar, que a tua justiça se exerça sobre nós, pois nos disseste, pela boca do teu celeste enviado, nosso Mestre, governador e protetor do nosso planeta: *Amai os vossos inimigos; fazei bem aos que vos odeiam; abençoai os que vos amaldiçoam* [...].

E não nos deixes entregues à tentação – dá-nos, bom Deus, força para resistirmos aos maus instintos da nossa natureza tão má; – fortalece-nos a coragem, revigora-nos as energias tantas vezes abatidas; – que o teu pensamento erga permanente e intransponível barreira entre o pecado que tanto te desagrada e os teus servos indignos, mas desejosos de merecerem as tuas graças, a fim de que possamos levar a cabo as nossas provações terrenas, sem fraquezas nem desfalecimentos.

Livra-nos do espírito do mal – permite, Senhor, que, cercados pelos bons Espíritos, submissos a seus conselhos, inspirações e ensinamentos, consigamos pela pureza dos nossos corações, afastar os maus Espíritos, que tentam incessantemente apoderar-se de nós e que frequentemente nos arrastam para o mau caminho [...].

Assim seja, pois que te pertencem o reinado, o poder e a glória – só tu, Senhor, és grande, pois que estás acima de tudo, és o único criador de tudo que se move no espaço infinito, és onipotente na imensidade, és nosso juiz supremo, nosso soberano, nosso rei bem-amado; – a ti as homenagens dos nossos corações, a ti os nossos cânticos eternos; – faze, Senhor, que bem cedo nos seja dado unir nossas vozes às dos Espíritos bem-aventurados que celebram a tua glória, a tua grandeza e, sobretudo, a tua bondade infinita [...] (182, v. 1).

Assim, na oração dominical encontra o homem a verdadeira e única fórmula da sua reabilitação, [...] compreende ele a Lei Sublime do Perdão e da Caridade, convencendo-se de que sem ela não lhe é possível a salvação, por mais brilhantes que sejam as lentejoulas, as formalidades de qualquer culto a que se filie (198, cap. 7).

Ver também ORAÇÃO, ORAR *e* PRECE

PAISAGEM ASTRAL

[...] a paisagem *astral* se compõe de duas séries de objetivações do pensamento, bem distinta uma da outra. A primeira é permanente e imutável, por ser a objetivação do pensamento e da vontade de entidades espirituais muito elevadas, prepostas ao governo das esferas espirituais inferiores; a outra é, ao contrário, transitória e muito mutável; seria a objetivação do pensamento e da vontade de cada entidade desencarnada, criadora do seu próprio meio imediato (19).

PAIXÃO

[...] está no excesso de que se acresceu a vontade, visto que o princípio que lhe dá origem foi posto no homem para o bem, tanto que as paixões podem levá-lo à realização de grandes coisas. O abuso que delas se faz é que causa o mal.

[...] Uma paixão se torna perigosa a partir do momento em que deixais de poder governá-la e que dá em resultado um prejuízo qualquer para vós mesmos, ou para outrem.

[...] As paixões são alavancas que decuplicam as forças do homem e o auxiliam na execução dos desígnios da Providência. [...]

Todas as paixões têm seu princípio num sentimento, ou numa necessidade natural. O princípio das paixões não é, assim, um mal, pois que assenta numa das condições providenciais da nossa existência. A paixão propriamente dita é a exageração de uma necessidade ou de um sentimento. Está no excesso e não na causa, e este excesso se torna um mal, quando tem como consequência um mal qualquer (106, q. 907 e 908).

Paixão é como o oceano, / As águas vivas da Terra: / Manso, é o cálice da paz, / Bravio, parece a guerra (93, cap. 129).

Depreende-se, do texto ditado pelos Espíritos e das observações de Kardec [*O livro dos espíritos*, q. 907 a 912], que as paixões nascem em sentimentos e necessidades naturais da alma e, por isso mesmo, não são intrinsecamente más. Elas, na verdade, representam verdadeiras alavancas que podem multiplicar por dez a energia humana na direção dos objetivos colimados pela criatura, resultando, assim, em recursos valiosos que podem levar o homem a grandes realizações. Advertem, contudo, os Espíritos reveladores que o abuso delas gera o mal e, para nosso correto entendimento, usam uma metáfora, comparando as paixões aos cavalos, que são úteis, quando dominados pelos homens e perigosos, quando não controlados (204, Adolescência – tempo de transformações).

[...] todas as paixões inferiores que carregamos para o túmulo são calamidades mentais a valerem por loucura contagiosa [...] (262, Previdência).

Paixão é cardo na areia / Que o rochedo traz na face, / Qualquer maré que se alteia / Arranca o broto que nasce (293, cap. 24).

O termo paixão não deve ser usado apenas de forma pejorativa, como falta ou atitude perturbadora da ordem moral ou social. Genericamente, paixão é um sentimento excessivo por um ideal, objeto material ou alguém. Alguns a denominam, quando em excesso, como amor desequilibrado, [...] (340, Paixões perturbadoras).

[...] A paixão é um princípio que está na natureza, não sendo, logo, um mal em si mesmo. [...] (345, cap. 21).

PALAVRA

[...] a palavra é precioso dom que Deus concede para auxílio ao nosso progresso geral, nossa felicidade e nossa alegria, mas jamais para o insulto e a afronta contra o que quer que seja dentro da Criação, nem mesmo ao mais abjeto verme, e ainda menos contra o Criador de todas as coisas [...] (165, Blasfêmia).

[...] O verbo é a projeção do pensamento criador (245, cap. 17).

[...] a palavra é, sem dúvida, a continuação de nós mesmos (245, cap. 17).

A palavra é dom sagrado, / É a ciência da expressão / Não deve ser objeto / De mísera exploração (248).

[...] O verbo mal conduzido é sempre a raiz escura de grande parte dos processos patogênicos que flagelam a Humanidade (260, cap. 9).

O verbo gasto em serviços do bem é cimento divino para realizações imorredouras. Conversaremos, pois, servindo aos nossos semelhantes de modo substancial, e nosso lucro será crescente (268, cap. 3).

A palavra é um dom divino, quando acompanhada dos atos que a testemunhem [...] (273, q. 124).

Veículo magnético, a palavra, dessa maneira, é sempre fator indutivo, na origem de toda realização (292, Palavra).

O verbo é plasma da inteligência, fio da inspiração, óleo do trabalho e base da escritura (292, Palavra).

Em tudo quanto converses, / Toma o bem por tua escolta. / Toda palavra é um ser vivo / Por conta de quem a solta (293, cap. 6).

A palavra é o instrumento mágico que Deus nos confia (303, cap. 23).

Palavra de Deus

[...] *A palavra de Deus* o mesmo é que a *inspiração divina* (182, v. 1).

A palavra de Deus, a que os seus mensageiros, quer como Espíritos errantes, quer como encarnados, transmitem à Humanidade, sempre deu, dá e dará ao homem, de acordo com as épocas, a verdade que ele deva conhecer [...] (182, v. 4).

Palavra do Reino

A palavra do Reino – quer dizer: os ensinamentos dados por Jesus para que os homens aprendessem a merecer o Reino dos céus. [...] (182, v. 2).

Palavras de Jesus

Pois, não se compreende que as palavras de Jesus eram e são espírito e vida, e que, ainda que veladas pela letra, tinham por fim dar aos discípulos, como a toda a Humanidade, os verdadeiros ensinamentos que, trazendo ao homem a resolução dos grandes problemas da vida, independem absolutamente das fórmulas materiais, que para nada servem e de nada valem porque [...] não encontram base nos Santos Evangelhos?! (198, cap. 9).

Palavras da vida eterna

Retém contigo as palavras da vida eterna, porque são as santificadoras do espírito, na experiência de cada dia, e, sobretudo, o nosso seguro apoio mental nas horas difíceis das grandes renovações (256, cap. 59).

PALINGENESIA

ver REENCARNAÇÃO

PANESTESIA ESPIRITUAL

[...] [é] a existência subconsciente de um sentido único, supranormal, capaz de revestir todas as modalidades pelas quais se manifestam os sentidos e faculdades terrestres (23, Os fenômenos de telestesia).

Pretendeu-se definir assim uma faculdade que contivesse em si mesma todas as formas de percepções sensoriais terrestres e bom número de outras ainda ignoradas – faculdade que, completando os diversos órgãos sensoriais do corpo humano, se converteria em outros tantos sentidos especializados, efêmeros de si mesmos, posto que indispensáveis à existência encarnada (23, Os fenômenos de telestesia).

PANTEÍSMO

Há uma doutrina que se defende da pecha de materialista porque admite a existência de um princípio inteligente fora da matéria: é a absorção no Todo Universal.

Segundo esta doutrina, cada indivíduo assimila ao nascer uma parcela desse princípio, que constitui sua alma, e dá-lhe vida, inteligência e sentimento. Pela morte, esta alma volta ao foco comum e perde-se no infinito, qual gota d'água no oceano (104, pt. 1, cap. 1, it. 5).

O panteísmo, propriamente dito, considera o princípio universal de vida e de inteligência como constituindo a Divindade. Deus é concomitantemente Espírito e matéria; todos os seres, todos os corpos da Natureza compõem a Divindade, da qual são as moléculas e os elementos constitutivos; Deus é o conjunto de todas as inteligências reunidas; cada indivíduo, sendo uma parte do todo, é Deus ele próprio; nenhum ser superior e independente rege o conjunto, o Universo é uma imensa república sem chefe, ou antes, onde cada qual é chefe com poder absoluto (104, pt. 1, cap. 1, it. 7).

Doutrinas exóticas estabeleceram a concepção panteísta do Universo, através da qual os Espíritos seriam fragmentos de Deus, que a Ele se reintegrariam, desaparecendo, portanto, pela destruição da individualidade, nisto incluindo todas as coisas, como partes mesmas da Divindade (74, cap. 3).

Segundo a doutrina que na linguagem humana tem o nome de panteísmo, tudo sai de um só princípio e tudo volta a se reintegrar nesse mesmo princípio para de novo daí sair e voltar, constituindo estas perpétuas separações e reintegrações a rodagem da máquina universal.

Em menor escala, *Jesus e o Espírito Santo são frações de Deus*, partes integrantes do *todo*, formando, pois, com ele a *unidade*. É uma variante do tema do panteísmo (182, v. 1).

Ver também DOUTRINA PANTEÍSTA

PÃO

Esse *pão* que, na prece do Pai-Nosso, Jesus ensina-nos a pedir ao Criador, não é, pois, apenas o alimento destinado à mantença de nosso corpo físico, mas tudo quanto seja indispensável ao crescimento e perfectibilidade de nossa consciência espiritual, o que vale dizer, à realização do Reino dos Céus dentro de nós (29, O Pai-Nosso).

[...] O pão é o alimento do corpo e a prece é o alimento da alma (163, cap. 15).

O pão do corpo significa amor, trabalho e sacrifício do lavrador. O pão do espírito constitui serviço, esforço e renúncia do missionário do bem (248).

Pão da Vida

[...] [É o] que alimenta a alma e a torna apta a entrar na vida eterna (182, v. 1).

Pão de Deus

[...] é a moral [de Jesus], é a doutrina que ele pregou e exemplificou, doutrina que, disse-o, não é sua, mas daquele que o enviou (182, v. 4).

Pão Espiritual

O pão espiritual [...] é alimento do coração [...] Semente de sabedoria [...] Minuto de esclarecimento [...] Verbo silencioso [...] Toque de fé [...] Bênção de amor [...] Gota de consolação [...]

Água da vida [...] Dom divino [...] Réstia de esperança [...] Pétala da paz [...] Raio de luz [...] Dádiva de compreensão [...] (246, cap. 33).

PARÁBOLA

Parábolas, como sabemos, são narrações alegóricas, encerrando doutrina moral (31, Parábola das bodas).

[...] a parábola da semente lançada à terra é o emblema dos períodos que a humanidade terrena percorreu e transpôs na via do progresso, desde o aparecimento do homem na terra, assim como dos períodos que ela tem de percorrer e transpor para sua regeneração. [...] (182, v. 2).

As parábolas do Mestre Nazareno são lições imortais que nos ajudam a compreender a vida e cuja oportunidade e realidade poderemos constatar diariamente, nas peripécias da vida prática de cada um. [...] (165, Panorama).

PARAÍSO

O paraíso é grande, Senhora, pois que o paraíso não é senão o céu infinito, com a sua vida múltipla e suas alegrias graduadas. [...] (134, 6ª efusão).

[...] Não é um lugar de beatífico êxtase, sem objetivo, sem a perspectiva de coisa melhor. É, ao contrário, a entrada do ser espiritual na senda luminosa que proporciona ao culpado entrever o prêmio reservado aos esforços do trabalhador diligente: a sua redenção. É a compreensão, que ele adquire, do futuro, junto ao desejo ardente de o alcançar.

Essa senda, essa condição espiritual, em que o *sofrimento causado pelo remorso* das faltas cometidas constitui uma como fonte de alegria para o Espírito que se apercebe do progresso cuja realização está ao seu alcance, é que é o Paraíso [...] (193).

PARAMNESIA

[...] impressão do já visto [...] (23, Os fenômenos de telestesia).

PARAPSICOLOGIA

Em *The Reach of the Mind*, Rhine descreve a Parapsicologia como sendo "uma ciência que se ocupa de fenômenos mentais e da conduta, que parecem responder a princípios não conhecidos".

R. Amadou define como sendo "a evidenciação e o estudo experimental das funções psíquicas que ainda não estão incorporadas ao sistema da Psicologia científica, com a finalidade de incorporá-las ao dito sistema então ampliado e complementado".

A grande contribuição da Parapsicologia foi, através de métodos matemáticos, e portanto, dentro das restrições impostas pelo método científico, a de demonstrar a existência das funções paranormais, que englobam a percepção extrassensorial (ESP) e a psicocinésia, ou ação direta da mente sobre a matéria (PK), as quais independem das restrições impostas pela dimensão espaço-tempo e pela causalidade. Essas descobertas foram grandemente reforçadas pelos modernos avanços das Teorias Quântica e da Relatividade [...].

O que caracteriza a Parapsicologia é justamente o método quantitativo, estatístico, que consiste em aplicar, em larga escala, e em qualquer indivíduo, testes específicos que podem comprovar a existência das funções paranormais ou Psi. Trata-se de verificar se os resultados traduzem um desvio estatisticamente significativo, inexplicável pela simples probabilidade matemática. Vale repetir que a realidade da Parapsicologia apresenta estreita afinidade com os avanços da Física nuclear e, em especial, com o Princípio da Indeterminação de Heisemberg (9, cap. 4).

[...] A parapsicologia é hoje a nova porta que se abre para o Mundo Espiritual, no seio da própria ciência materialista. [...]

[...] Parapsicologia é uma disciplina científica, não é um corpo de Doutrina. [...] (11, Parapsicologia e Espiritismo).

É uma ciência que se ocupa de fenômenos mentais e da conduta, que parecem responder a princípios ainda não conhecidos (Rhine - *The Reach of the Mind*). É a evidenciação e o estudo experimental das funções psíquicas que ainda não estão incorporadas ao sistema da psicologia científica, com a finalidade de incorporá-las ao dito sistema então ampliado e completado (AMADOU, *La Parapsicologia*) (35, cap. 1).

PARAPSICÓLOGO

Entendemos por *parapsicólogos* os cientistas que estudam com seriedade os fenômenos paranormais, segundo métodos científicos, e não pessoas que se advogam como tais mas não estudam com profundidade e seriedade o assunto, apenas interpondo, empiricamente, suas observações eminentemente pessoais, destituídas de comprovações (137, cap. 4).

PARASITISMO ESPIRITUAL

O parasitismo espiritual (ou vampirismo) é um processo grave de obsessão que pode ocasionar sérios danos àquele que se faz hospedeiro (o obsidiado), levando-o à loucura ou até mesmo à morte (195, pt. 1, cap. 15).

Ver também OBSESSÃO *e* VAMPIRISMO

PARASITOSE ESPIRITUAL

Assim, os [Espíritos] que se encontram muito apegados às sensações materiais prosseguem, após o túmulo, a buscar sofregamente os gozos em que se compraziam. Para usufruí-los, vinculam-se aos encarnados que vibram em faixa idêntica, instalando-se então o comércio das emoções doentias. Por outro lado, os obsessores, por vingança e ódio, ligam-se às suas vítimas com o intuito de absorver-lhes a vitalidade, enfraquecendo-as e exaurindo-as, para conseguirem maior domínio. Idêntico procedimento têm os desencarnados que se imantam aos seres que ficaram na Terra e que são os parceiros de paixões desequilibrantes. Ressalte-se que existem aqueles que, já libertos do corpo físico, ligam-se, inconscientemente, aos seres amados que permanecem na crosta terrestre, mas sem o desejo de fazer o mal. E, mesmo entre os encarnados, pessoas existem que vivem permanentemente sugando as forças de outros seres humanos, que se deixam passivamente dominar. Essa dominação não fica apenas adstrita à esfera física, mas, [...] intensifica-se durante as horas de sono. Quanto mais profunda for essa sintonia maior será a vampirização. Em qualquer dos casos configura-se perfeitamente a parasitose espiritual. [...] Também aqueles que se aproveitam do trabalho alheio - em regime de quase escravidão - pagando a essas criaturas salários de fome, que as colocam em condições subumanas, exercem, de certa forma, a parasitose (195, pt. 1, cap. 15).

Ver também OBSESSÃO *e* VAMPIRISMO

PARASITOSE OBSESSIVA

[...] Sendo a *parasitose obsessiva* o resultado da ligação do perispírito do encarnado com o do Espírito, o intercâmbio de energias faz-se automaticamente. Ora, à medida que se torna mais acentuado o intercâmbio fluídico, a energia invasora passa a influenciar as células sanguíneas histiocitárias, que começam a produzir anticorpos e defesas imunológicas no nível que lhes corresponde, alterando o equilíbrio fisiopsicossomático do paciente. Às vezes, aquela energia deletéria facilita a invasão bacteriana, favorecendo a instalação de vários processos patológicos de efeitos irreversíveis, que encontram apoio na consciência culpada (77, cap. 20).

Ver também SIMBIOSE *e* VAMPIRISMO

PARENTE *ver* PARENTELA

PARENTELA

Os que encarnam numa família, sobretudo como parentes próximos, são, as mais das vezes, Espíritos simpáticos, ligados por anteriores relações, que se expressam por uma afeição recíproca na vida terrena. Mas, também pode acontecer sejam completamente estranhos uns aos outros esses Espíritos, afastados entre si por antipatias igualmente anteriores, que se traduzem na Terra por um mútuo antagonismo, que aí lhes serve de provação. [...] (105, cap. 14, it. 8).

[...] Parente é todo ser fraco que necessita de amparo. E há tantos desgraçados no mundo, é tão numerosa a família dos anacoretas, há tantos cenobitas a morrerem de frio nos desertos desse planeta!... (55, cap. 33).

Os parentes são os marcos vivos das primeiras grandes responsabilidades do Espírito encarnado (217, cap. 19).

[...] o cadinho de lutas, por vezes acerbas, em que devemos diluir as imperfeições dos sentimentos, fundindo-os na liga divina do amor para a eternidade. [...] (239, cap. 62).

Os parentes são obras de amor que o Pai Compassivo nos deu a realizar. [...] (256, cap. 156).

Ver também FAMÍLIA

Parentela de Jesus

Os hebreus, pelo consórcio dos de uma tribo com os de outras, eram parentes quase todos, ou se intitulavam parentes uns dos outros. Em tais condições, Jesus, *no entender dos homens*, estava cercado de primos mais ou menos próximos (182, v. 2).

PÁRIA

Em toda parte os párias andam a sós. São os miseráveis que o mundo venceu e tomou-lhes as oportunidades de sobrevivência. Reúnem-se em maltas de criminosos e farândolas de tristes; assomam com esgares de feras e, truculentos, fazem-se agressivos, no país do esquecimento onde estabelecem morada. São os que tiveram negado o direito de viver, conquanto sejam os frutos amargos da árvore da sociedade malsã [...] esses são os párias econômicos, os abandonados sociais.

Os outros, os párias de luxo, esses brilham na ilusão e se refestelam no conforto em que amolentam o caráter, já debilitado, e esfrangalham as esperanças frouxas dos outros párias, tomando-lhes, ou, para ser exato, roubando-lhes os direitos humanos que também deveriam ter, mas não têm. Aqueles, os párias por falta de dinheiro e família, são chamados *chagas sociais*, mas os outros, os que fulguram em manchetes de jornais, não têm epíteto, porque não há substitutivo para a expressão *câncer moral*.

Onde estes últimos estão, são eles que têm a miséria e fomentam-na, proclamam acusações contra a impiedade e são os responsáveis pela criminalidade de vário porte, enjaulando nas próprias garras a justiça que os não alcança nos crimes violentos que praticam com as mãos enluvadas; são os que se utilizam das leis em falência para cercear a liberdade daqueles que já são prisioneiros de si mesmos, nas paredes sujas da infelicidade, e trancafiá-la nos cárceres onde colocam guardas armados, fazendo que os carcereiros, que os espionam e sobrecarregam de injúrias, não passem, afinal, de prisioneiros que tomam conta de outros prisioneiros.

[...] Há, porém, os párias em redenção. Sofrem e choram, embrulhados no manto da dor e da soledade, expurgando-se, para galgar a montanha da sublimação, após a demorada marcha pelo charco das paixões em superação. Párias pela ausência de luz, que somos quase todos! (79, L. 3, cap. 2).

Ver também FAVELADO

PARTO DE MARIA

Seu parto [de Maria] foi igualmente *obra do Espírito Santo*, porque também foi *obra dos Espíritos do Senhor* e só se deu na aparência, tal como a gravidez, por isso mesmo que

resultava desta, que fora simplesmente *aparente*. Tanto quanto da gravidez, Maria teve a ilusão do parto, na medida do que era necessário, a fim de que acreditasse, como devia acontecer, um nascimento real.
Passado o tempo normal da gravidez, houve efeito de magnetismo espiritual: os Espíritos prepostos à preparação do advento do Messias colocaram Maria sob a influência magneto-espírita e ela teve completa ilusão do parto e da maternidade (182, v. 1).

PÁSCOA

A Páscoa é um símbolo, *nada mais que um símbolo*. É o selo aposto por Jesus aos ensinamentos que ministrava pela sua palavra. É a confirmação da *lei do amor e da união* que devem reinar entre os homens. É a suprema lição do Mestre. É o derradeiro e solene apelo por Ele feito à *prática* da lei do amor e da união e, portanto, à fraternidade universal, meio único de operar-se a regeneração humana, senda da libertação [...] (182, v. 3).

A Páscoa era a maior festa dos judeus, recomendada por Moisés e celebrada pela primeira vez quando deixaram o Egito. A palavra páscoa significa *passagem*, ou seja, a passagem dos judeus pelo Mar Vermelho e do anjo que matou os primogênitos do Egito e poupou os hebreus, cujas casas estavam assinaladas com o sangue do cordeiro. Páscoa é, pois, para os judeus, a comemoração da passagem de Israel do cativeiro para a liberdade (182, v. 4 – Nota da Ed.).

PASSADO

[...] Passado não quer dizer ultrapassado ou obsoleto. Se assim fosse, a mensagem do Cristo já estaria há muito esquecida nos arquivos da História. E por que não está? Exatamente porque tem seiva espiritual, e o espírito não morre.

Quais os livros novos que poderiam substituir as obras capitais da nossa Doutrina? E o Espiritismo, porventura, não traduz a mensagem do Cristo, à luz de um prisma inegavelmente mais condizente com a realidade humana e os tempos modernos? Os princípios sobre os quais se firma a Doutrina já foram desmentidos ou enfraquecidos em seus pontos cardeais? Não. O caso não é, portanto, de relegar Allan Kardec e os autores históricos do Espiritismo, mas de confrontar, testar, como se diz hoje, o pensamento novo (quando realmente é novo) com as lições que os homens do passado nos legaram (6, cap. 12).

[...] Passado, esse grande, esse ilimitado oceano que se contém em nossa alma e que se avoluma, cresce de segundo a segundo, mas do qual jamais transborda uma só gota (88, L. 5, cap. 6).

O passado é uma forte raiz, que necessitamos reajustar no presente, a fim de que o futuro seja portador das bênçãos que reclamamos (248).
O passado é sempre um credor ou um benfeitor nosso (248).
O passado, porém, se guarda as virtudes da experiência, nem sempre é o melhor condutor da vida para o futuro (256, cap. 50).

[...] [É] subsolo da nossa existência [...] (307, cap. 82).

PASSAMENTO *ver* MORTE

PASSE

Sob a forma do *passe*, o magnetismo é, hoje, largamente utilizado, principalmente nas casas espíritas.
Na liturgia atual da igreja Católica o passe também pode ser identificado na imposição de mãos dos padrinhos, em certos momentos das cerimônias de casamento e batismo. Vamos encontrá-lo, também, nos exorcismos e nas bênçãos de um modo geral (94, pt. 2, cap. 1).
O passe é sempre, segundo a visão espírita, um procedimento fluídico-magnético, que tem como principal objetivo auxiliar a restauração do equilíbrio orgânico do paciente. Por orgânico, aqui, entenda-se a estrutura completa do indivíduo – quando desencarnado, Espírito e perispírito; quando encarnado, corpo físico, duplo etérico, perispírito e Espírito.

O passe tanto pode ser aplicado por um Espírito encarnado – pessoa viva –, quanto por um Espírito desencarnado, ou ainda, pela ação conjunta de um encarnado e um desencarnado. [...] Conforme veremos adiante, em determinados momentos teremos que proceder à retirada e, em outros, à concentração de fluidos, relativamente ao paciente. Estes dois tipos de ação é que vão caracterizar as duas etapas bem distintas que normalmente precisam ser executadas. Uma é a etapa de retirada de fluidos – geralmente denominada *fase de dispersão* – e a outra a do fornecimento de fluidos – *fase de doação.*

Devemos começar sempre com a fase de dispersão – limpeza do campo fluídico do paciente – procurando retirar todos os fluidos deletérios que o envolvam e, só depois, iniciar a fase de doação de fluidos. Se essa sequência for invertida, iremos, com certeza, nos desgastar inutilmente, pois vamos dispersar exatamente os fluidos que doamos. Essa regra básica jamais poderá ser ignorada: *primeiro a dispersão e depois a imposição.* Ao executarmos a dispersão como fase inicial do passe, estaremos também evitando que os fluidos a serem doados na fase subsequente venham a ser repelidos pelo envoltório fluídico do paciente, como decorrência da repulsão entre fluidos de natureza oposta – Lei Fundamental dos Fluidos. Esta fase merece, portanto, a máxima atenção.
Após a doação não se deve proceder a quaisquer manobras que favoreçam a dispersão dos fluidos doados.
É importante observar que, na fase de doação, os fluidos benéficos são apenas postos à disposição do paciente. Dizemos *à disposição* porque, de fato, rigorosamente falando, é isto que ocorre, pois a absorção desses fluidos poderá ou não se verificar.
A absorção de fluidos depende de muitos fatores – alguns totalmente fora do controle do passista –, sendo que o mais significativo deles é, e sempre será, o estado de receptividade do paciente. Se ele se coloca na condição adequada de receptividade, irá absorver facilmente os fluidos que o passista colocou ao seu dispor. Em caso contrário, a absorção não se processará, ou será muito reduzida (94, pt. 3, cap. 1).

O passe é uma doação, e só se pode dar o que se possui; portanto, é fundamental que o passista goze de boa saúde, tanto do corpo físico quanto da mente. Verificado qualquer desequilíbrio orgânico ou psíquico, o serviço do passe deve ser interrompido de imediato, principalmente quando se tratar de processo obsessivo de qualquer natureza, ocasião em que o passista deve passar à *condição de paciente.*
Um outro aspecto que se deve salientar é que, num determinado momento, ou se está na condição de passista ou de paciente, não tendo, pois, sentido o hábito de alguns passistas que, após executada sua tarefa, buscam um colega para, por sua vez, receberem um passe. Se ele se apresenta enfermo ou debilitado após o trabalho, isto é sinal de que, provavelmente, não estava em condições de prestar o serviço, ou de não tê-lo feito de modo adequado. Isso não quer dizer que o passista não possa tomar um passe. Significa, sim, que, se essa necessidade realmente se verifica, é indicativa de que ele não se encontrava capacitado para o trabalho naquela ocasião e nada mais natural que recorra aos colegas de trabalho, em busca de auxílio. De qualquer forma, se essa necessidade se apresenta com frequência, isso deve ser um alerta para que o passista mantenha-se mais vigilante com respeito às suas atividades físicas e psíquicas do dia a dia (94, pt. 3, cap. 3).
Em termos espíritas, passes tanto pode ser entendido como o conjunto de recursos de transferências fluídicas levadas a efeito com fins fluidoterápicos, como uma das maneiras pela qual se faz tais transferências. No primeiro caso, a imposição das mãos seria um dos recursos; no segundo, uma das maneiras (137, cap. 1).
Passes [...] passagens que se fazem com as mãos por diante dos olhos de pessoa que se pretende magnetizar, ou sobre a parte doente da pessoa que se pretende curar por força mediúnica (145, cap. 4).

O passe é um ato de amor na sua expressão mais sublimada. É uma doação ao paciente daquilo que o médium tem de melhor, enriquecido com os fluidos que o seu guia espiritual traz, e ambos – médium e benfeitor espiritual –, formando uma única vontade e expressando o mesmo sentimento de amor (195, pt. 2, cap. 10).

[...] os passes, como transfusões de forças psíquicas, em que preciosas energias espirituais fluem dos mensageiros do Cristo para os doadores e beneficiários, representam a continuidade do esforço do Mestre para atenuar os sofrimentos do mundo (239, cap. 153).

O passe é uma transfusão de energias, alterando o campo celular. [...] Na assistência magnética, os recursos espirituais se entrosam entre a emissão e a recepção, ajudando a criatura necessitada para que ela ajude a si mesma. A mente reanimada reergue as vidas microscópicas que a servem, no templo do corpo. [...] O passe, como reconhecemos, é importante contribuição para quem saiba recebê-lo, com o respeito e a confiança que o valorizam (269, cap. 17).

Assim como a transfusão de sangue representa uma renovação das forças físicas, o passe é uma transfusão de energias psíquicas, com a diferença de que os recursos orgânicos são retirados de um reservatório limitado, e os elementos psíquicos o são do reservatório ilimitado das forças espirituais.

[...] é a transmissão de uma força psíquica e espiritual, dispensando qualquer contato físico na sua aplicação (273, q. 98 e 99).

A terapia pelos passes, inaugurada pelo Médico divino, atravessou os séculos, venceu o tempo e o espaço e ganhou o seu lugar como terapêutica espiritualista em diversas Religiões. Hoje, nas Instituições Espíritas, essa terapia reergue criaturas aflitas, restaura e equilibra as energias do corpo e da alma. [...] (312, cap. 18).

Por não se constituir de atividade profissional, o passe, na orientação espírita, dispensa todas as manifestações que recordam técnicas acadêmicas, [...] (329, cap. 17).

Ver também FLUIDOTERAPIA

Passe coletivo

O passe coletivo é o passe aplicado por um ou mais passistas a um grupo de pessoas.

É comum nas casas espíritas o uso do passe coletivo no início ou ao final das reuniões públicas, procurando-se levar o benefício a todos os frequentadores. Ele também pode ser executado dividindo-se os pacientes em pequenos grupos, de 10 ou 12 pessoas, por exemplo, sendo o passe aplicado a cada um desses grupos sucessivamente.

Na aplicação do passe coletivo, primeiro os passistas se posicionam diante ou em volta do grupo e depois o encarregado pela direção dos trabalhos faz uma ligeira exortação aos pacientes para que se postem bem relaxados, procurem esquecer por um momento os problemas do cotidiano e mantenham a mente sempre voltada para a oração ou mentalizem a figura suave de Jesus.

Enquanto esta exortação é proferida, os passistas executam mentalmente a limpeza do campo fluídico dos componentes do grupo. Após esta fase, justamente quando o dirigente encerrar suas palavras, inicia-se a fase de doação de fluidos que deverá estender-se por não mais que três ou quatro minutos.

Uma outra opção, de uso muito generalizado, é se proceder apenas à etapa de doação de fluidos, sendo ela executada durante uma prece proferida em voz alta por um dos presentes.

Os resultados do passe coletivo podem ser tão bons quanto os do passe individual, desde que aplicado com método e após uma conveniente preparação dos pacientes.

Deve-se sempre recorrer ao passe coletivo todas as vezes em que o número de passistas for insuficiente para atender individualmente a todos os necessitados. Evita-se, com isso, desgaste desnecessário dos passistas e atende-se bem a todos os necessitados (94, pt. 3, cap. 2).

[...] [passes coletivos] são aqueles aplicados em mais de uma pessoa (ou Espírito), de uma só vez (137, cap. 8).

Passe a distância

O passe a distância é uma alternativa que em condições ideais pode apresentar resultados quase tão satisfatórios quanto os que se obtêm quando o paciente e passista se encontram fisicamente no mesmo ambiente. Já que essas condições ideais dificilmente se verificam, seus resultados, na maioria das vezes, são pouco satisfatórios.

Uma condição requerida, no passe a distância é que o passista possa construir na sua mente – plasmar – a imagem do paciente e isto não é fácil. Em geral, só é possível quando passista e paciente tiveram oportunidade de se conhecer anteriormente. A opção da fotografia ajuda, mas, em geral, não satisfaz completamente.

Outra condição exigida é que o paciente esteja prevenido e que o horário e local tenham sido previamente combinado. É também conveniente que a preparação do ambiente tenha sido providenciada, através do recolhimento, do cultivo dos bons pensamentos e principalmente da prece. Tudo isso pode ser providenciado por alguém que esteja junto ao paciente – um familiar ou amigo – e que funcionará como elemento de apoio.

Na hora combinada, o passista mentaliza o paciente e executa, em pensamento, os procedimentos de limpeza fluídica do organismo do paciente e depois a doação de fluidos. Durante o passe a distância, bem executado, o que ocorre é, literalmente, o deslocamento do passista, em Espírito, mesmo no estado de consciência, até o local onde se acha o paciente. A ligação magnética do passista com o seu corpo físico é o canal utilizado para transferência de fluidos entre os dois pontos (94, pt. 3, cap. 2).

[...] no passe a distância, que é uma modalidade de irradiação [em que] o médium, sintonizando-se com o necessitado, a distância, para ele canaliza igualmente fluidos salutares e benéficos (161, cap. 27).

Passe espiritual

O *passe espiritual* é o que se verifica pela doação fluídica direta dos Espíritos ao paciente, sem interferência de médiuns. Na prática dos encarnados, contudo, a presença do médium, nesse caso, serve apenas como *canal* dos fluidos espirituais (137, cap. 6).

No passe direto, depois de orar silenciosamente, o médium é inteiramente envolvido pelos fluidos curadores hauridos no plano superior e que se canalizam para o organismo do doente (161, cap. 27).

Passe individual

Dizemos que os passes são individuais quando o atendimento do paciente é feito por um passista por vez [...] (137, cap. 8).

Passe livre

Passes livres [...] são os passes aplicados sem nenhum padrão estabelecido. [...] (137, cap. 8).

Passe longitudinal

Este é com certeza o passe de dispersão mais comumente utilizado. Nele o passista, através de movimentos rápidos e enérgicos, desloca as mãos, longitudinalmente, ao longo do corpo do paciente [...]. As mãos do passista devem ser mantidas sempre a uma distância aproximada de 10 a 15 centímetros do corpo do paciente.

O início do movimento ocorre na região acima da cabeça do paciente, com as mãos do passista entreabertas naturalmente. Ao finalizar cada movimento as mãos fecham-se e procede-se à sua descarga fluídica. Essa descarga é feita por meio de um movimento vigoroso para baixo em que simultaneamente se abrem as mãos distendendo-se completamente os dedos, como se procurando livrá-las de alguma coisa que tivesse a elas aderido.

Ao passar as mãos ao longo do corpo do paciente, o passista deverá mentalizar que com elas está a recolher os fluidos deletérios que nele se encontrem. A descarga fluídica das mãos do passista destina-se justamente a livrá-lo desses fluidos (94, pt. 3, cap. 2).

[...] os passes longitudinais são aqueles feitos ao longo do corpo (do paciente), da cabeça aos pés e de cima para baixo, com as mãos abertas e *os braços estendidos normalmente, sem nenhuma contração, e com a necessária flexibilidade para executar os movimentos.* [...] (137, cap. 8).

Os passes longitudinais, portanto, que são feitos ao longo do corpo ou dos membros, [...] com a mão direita ou com a mão esquerda ou com ambas as mãos, podem ser praticados tanto pelos médiuns curadores não autômatos (os autômatos não dirigem a ação e são meros instrumentos), como pelos magnetizadores em geral (141, cap. 9).

Passe magnético

Muitas vezes se utiliza a designação de passe magnético para os casos em que o passista é um encarnado, e, de passe espiritual, para o passe em que o passista é um desencarnado. Não adotamos estas designações, por entendermos que em ambos os casos, conscientemente ou não, o magnetismo é sempre utilizado e também porque, de uma forma ou de outra, mesmo no passe executado isoladamente por um encarnado, tem-se presente a ação de um Espírito que comanda, de fato, todo o processo, mesmo que seja o Espírito do próprio passista. Estaremos, portanto, em qualquer situação, diante de passe espiritual e magnético.

Quando temos um passe aplicado por um Espírito desencarnado, agindo em parceria com um outro encarnado, estamos diante do que se costuma denominar de passe misto. [...] (94, pt. 3, cap. 1).

O *passe magnético* aqui caracterizado é aquele cujo fluido utilizado emana *basicamente* do próprio passista (ou do médium, magnetizador, curador, curandeiro, etc.). Seria, isoladamente considerado, o animismo de cura (137, cap. 6).

Pelo passe magnético [...] notadamente naquele que se baseie no divino manancial da prece, a vontade fortalecida no bem pode soerguer a vontade enfraquecida de outrem para que essa vontade novamente ajustada à confiança magnetize naturalmente os milhões de agentes microscópicos a seu serviço, a fim de que o estado orgânico, nessa ou naquela contingência, se recomponha para o equilíbrio indispensável (305, pt. 2, cap. 15).

Passe misto

O *passe misto*, que é predominante em nosso meio, conta com a participação fluídica tanto dos Espíritos quanto dos médiuns. Este passe também recebe o nome de *mediúnico* por alguns espíritas, em virtude da presença espiritual manifesta no fenômeno por seu derramar fluídico, a qual por vezes se dá de forma muito ostensiva, e indevida, através da psicofonia (137, cap. 6).

Passe transversal

Para executar o passe transversal, o passista deve posicionar as mãos, abertas com naturalidade, uma em cada lado do paciente, e depois deslocá-las simultaneamente, com um movimento rápido, de modo que primeiro se aproximem e depois se afastem uma da outra. As mãos devem descrever movimentos em arcos de circunferência que podem ou não se cruzar no centro [...].

Durante o movimento é sempre preciso mentalizar que se está a recolher, com as mãos, os fluidos agregados ao organismo do paciente.

Ao atingir o ponto final do movimento, deve-se fechar as mãos e proceder às manobras de descarga fluídica já descritas no passe longitudinal. O passe transversal é de natureza dispersiva e deve ser utilizado como complemento ao passe longitudinal, podendo ser executado antes ou depois dele.

Aqui também vale a recomendação de que se deve repetir os movimentos procurando percorrer todo o corpo do paciente. Alguns autores denominam de *passe transversal cruzado* aquele em que os arcos descritos pelas mãos do passista se cruzam, e de *passe transversal simples* aquele em que eles não se cruzam. Há, também, quem chame o passe transversal de *passe circular*.

Uma variação do passe transversal é aquele em que as mãos não descrevem arcos e sim retas horizontais, isto é, as mãos apenas se aproximam e depois se afastam seguindo o mesmo caminho. [...]

A imposição de mãos é um ótimo passe com vistas à doação de fluidos. Pode ser usado sobre qualquer região do corpo do paciente, embora em geral apresente-se mais eficiente quando aplicado sobre os centros vitais, já que estes são as regiões por excelência de absorção e distribuição de fluidos no organismo (94, pt. 3, cap. 2).

PATERNIDADE DIVINA

A paternidade divina é amor e justiça para todas as criaturas (251, cap. 29).

PATOGENIA

[...] A patogenia é um conjunto de inferioridades do aparelho psíquico.

E é ainda na alma que reside a fonte primária de todos os recursos medicamentosos definitivos. [...] (273, q. 96).

PÁTRIA

[...] Ora abstrata, entre certos espíritos, constitui uma entidade moral e representa a aquisição dos séculos, o gênio de um povo sob todas as faces e em todas as manifestações: literatura, arte, tradições, a soma de seus esforços no tempo e no espaço, suas glórias, seus reveses, suas ações memoráveis; numa palavra: a obra completa de paciência, de sofrimento, de beleza que herdamos ao nascer, obra em que ainda vibra e palpita a alma das gerações que se foram.

Para outros, a pátria se afigura uma coisa concreta. Será a expressão geográfica; o território com as fronteiras delimitadas (47, pt. 2, cap. 13).

[...] a pátria a que um espírito se acolhe para encarnar, animando uma estátua humana é, apenas, um novo cenário em que figurará como ator, em que representará um drama, uma ópera, uma farsa, conforme o seu desenvolvimento psíquico, conforme o anelo que aninhe no coração por cumprir os deveres sagrados. [...]

O Universo, o Infinito, eis a pátria de todos nós! (88, L. 2, cap. 3).

[...] Pátria é a reunião, no mesmo solo, dos vivos com os mortos e com os que ainda vão nascer. [...] (129, v. 2).

[...] a pátria é a própria comunhão das almas, que se afinizam pelo sentimento, pelo grau evolutivo, e se congregam em uma nação transcendente e bidimensional, ao mesmo tempo terrena e espiritual. [...] os Espíritos são anteriores às pátrias e, quando atingem elevado nível espiritual, são posteriores a elas.

[...] é a comunhão moral transcendente e recíproca entre os dois planos de vida, dos Espíritos encarnados com os desencarnados, e já com os que ainda vão renascer, no mesmo solo e meio, comungando dos mesmos ideais, sentimentos e aspirações, dentro de limitada faixa não muito elevada de graus evolutivos espirituais (129, v. 2).

A pátria é o ar e o pão, o templo e a escola, o lar e o seio de mãe (217, cap. 31)
Cada pátria é uma colmeia de trabalhadores, fabricando o mel da sabedoria e da experiência, nos esforços purificadores e dolorosos, a caminho da absoluta união de toda família universal (248)

Ver também NAÇÃO

PÁTRIA DO EVANGELHO

— Por que o Brasil é tido como a Pátria do Evangelho?
— Pátria do Evangelho interpretado em espírito e verdade, [...] Observe que todas as raças já foram convidadas para o Evangelho e todas fracassaram no alto serviço da espiritualização da vida. Por isso, uma raça diferente se forma no Brasil, exatamente das três raças com características psíquicas diferentes. A missão gloriosa do Brasil, na construção do mundo de amanhã, é coisa tão nobre que o Espírito de Humberto de Campos ditou, do Alto, o seu Brasil, Coração do Mundo, Pátria do Evangelho. [...] (321, cap. 7, Entrevista a O Mundo).

PAZ

A suprema paz é fruto do esforço despendido para desenvolver a inteligência e alcançar as culminâncias da bondade (2, cap. 6).

A suprema paz [...] é *um estado de pureza de consciência* e, para chegar a esse estado, o caminho é aquele que a Humanidade terrena, devido ao seu atraso espiritual, ainda não se decidiu a trilhar: o caminho do Amor e da Justiça! (30, cap. 50).

[...] a paz não é conquista da inércia, mas sim fruto do equilíbrio entre a fé no Poder Divino e a confiança em nós mesmos, no serviço pela vitória do bem (231, cap. 3).

[...] A paz tem que ser um reflexo de sentimentos generalizados, por efeito de esclarecimento das consciências (248).

Paz não é indolência do corpo. É saúde e alegria do espírito (256, cap. 79).
No campo da evolução, a paz é conquista inevitável da criatura (307, cap. 10).

Paz de Jesus

Dando *a sua paz* a seus discípulos, Jesus lhes dava a consciência do dever cumprido, a força da fé, a ventura da esperança (182, v. 4).

Paz do cemitério

A paz do cemitério é a versão comum daqueles que julgam ser a morte o derradeiro e eterno sono. [...] (196, Só os inúteis não possuem adversários).

Paz do Senhor

[...] Por paz do Senhor entenda-se aqui: uma paz ativa, cheia de boas obras e de grandes coisas. Não se trata da paz *tal como a compreendeis*, mas como termo dos sofrimentos, das expiações (182, v. 2).

PECADO

Pecar contra o Espírito Santo significa [...] empregarmos conscientemente qualquer forma de manifestação em discordância com as normas éticas que já tenhamos conseguido assimilar (30, cap. 45).

[...] Entendamos a palavra pecado de forma ampla e mais completa, como sendo todo e qualquer desrespeito à ordem, atentado à vida e desequilíbrio moral íntimo. [...] (77, cap. 10).

[...] Pecado é toda a infração à Lei de Deus. [...] (222, Pecado sem perdão).

[...] O pecado é moléstia do espírito. [...] (288, pt. 2, cap. 3).

Ver também ADULTÉRIO *e* MAL

Pecado da carne

[...] faltas devidas à condição inferior do homem espiritual sobre o planeta (239, cap. 13).

Pecado original

O livre-arbítrio se desenvolve à medida que o Espírito adquire a consciência de si mesmo. Já não haveria liberdade, desde que a escolha fosse determinada por uma causa independente da vontade do Espírito. A causa não está nele, está fora dele, nas influências a que cede em virtude da sua livre vontade. É o que se contém na grande figura emblemática da queda do homem e do pecado original: uns cederam à tentação, outros resistiram (106, q. 122).

O pecado original [...] não é o que faz objeto do ensino dogmático da Igreja: significa a culpa inicial do Espírito, tornado, por isso, passível de expiação por encarnações sucessivas (36, Os irmãos de Jesus).

[...] a culpa de que o homem tem a responsabilidade, é a de suas anteriores existências que lhe cumpre extinguir por seus méritos, resignação e intrepidez nas provações (45, cap. 7).

[...] A criança não nasce contaminada pelo pecado original, simplesmente porque não existe o pecado original. Na perspectiva espírita, não existe nem mesmo o pecado. A criança é um espírito reencarnado que representa um projeto esperançoso de renovação traçado por Deus. Nós não precisamos salvar a ninguém, todos estamos salvos, pois somos destinados à perfeição e teremos tantas oportunidades reencarnatórias, quantas forem necessárias, para atingirmos essa meta e, dependendo do esforço que estejamos empreendendo na direção adequada, poderemos atingi-la mais ou menos rapidamente, com mais ou com menos sofrimento. A predisposição é para o desenvolvimento desse potencial positivo que trazemos, quando despertamos no mundo para mais uma experiência encarnatória (204, Infância – tempo de semear).

Ver também QUEDA

PEDI E SE VOS DARÁ

[...] Significa que o Senhor vos concederá a compreensão das vistas secretas da providência, que vos concederá entrar em comunhão de pensamento com Ele e compreender o bem que, na eternidade, vos advirá dos sofrimentos morais ou físicos que vos atormentam na existência humana. [...] (182, v. 2).

PEDIR

[...] pedir, em nome de Jesus, é aceitar-lhe a vontade sábia e amorosa, é entregar-se-lhe de coração para que nos seja concedido o necessário (239, cap. 66).

PENA

[...] Subordinadas ao arrependimento e reparação, dependentes da vontade humana, as penas, por temporárias, constituem concomitantemente castigos e *remédios* auxiliares à cura do mal. Os Espíritos, em prova, não são, pois, quais galés por certo tempo condenados, mas como doentes de hospital sofrendo de moléstias resultantes da própria incúria, a compadecerem-se com meios curativos mais ou menos dolorosos que a moléstia reclama, esperando alta tanto mais pronta quanto mais estritamente observadas as prescrições do solícito médico assistente. [...]

[...] são consequentes às imperfeições do homem, às suas paixões, ao mau uso *das suas faculdades* e à expiação de presentes e passadas faltas. [...] (104, pt. 1, cap. 7).

[...] *Eterno* e *perpétuo* se empregam, pois, no sentido de indeterminado. Nesta acepção pode dizer-se que as penas são eternas, para exprimir que não têm duração limitada; eternas, portanto, para o Espírito que lhes não vê o termo (104, pt. 1, cap. 7).

[...] Todas as penas e tribulações da vida são expiação das faltas de outra existência, quando não a consequência das da vida atual. [...] (106, q. 983).

[...] A pena, invariavelmente, envolve aquele a quem é dirigida numa vibração de depreciamento, de invalidez, não sendo edificante, porque não vitaliza com esperança o ser necessitado.

Certamente, apiedar-se de alguém significa sentir alguma forma de compaixão, no entanto, quando é esta que toma o coração, irrompe como uma caudal de força que vitaliza e solidariza-se com o outro, que se torna uno com aquele a quem dirige a emoção (75, Compaixão, amor e caridade).

Ver também COMPAIXÃO,
PROVAS *e* EXPIAÇÕES

Pena de morte

[...] A pena de morte é um crime, [...] e os que a impõem se sobrecarregam de outros tantos assassínios (106, q. 765).

[...] A morte como castigo para o crime exprime uma conceituação simplista da delinquência, que Jesus, há dois mil anos, situava como enfermidade da alma.

O enfermo deve ser medicado, não eliminado (199, Os herdeiros do planeta).

[...] Não devemos estabelecer a pena de morte a fim de punir os criminosos, visto que a pena de morte é um homicídio legalizado e oficializado pelas leis de um país (334, pt. 1, cap. 4).

Com a adoção da pena de morte, surge um dilema filosófico grave, pois, quando o Estado implanta a pena de morte, adere ao criminoso, equipara-se ou torna-se pior do que ele, assumindo abominável papel de "vingador oficial". [...] (345, cap. 12).

Pena de Talião

[...] é a Justiça de Deus. É Deus quem a aplica. Todos vós sofreis essa pena a cada instante, pois que sois punidos naquilo em que haveis pecado, *nesta existência ou em outra*. Aquele que foi causa do sofrimento para seus semelhantes virá a achar-se numa condição em que sofrerá o que tenha feito sofrer. Este o sentido das palavras de Jesus. [...] (106, q. 764).

Ver também LEI DE CAUSA E EFEITO

PENITÊNCIA

[...] reparação das nossas faltas. [...] (45, cap. 1).

Penitência significa *arrependimento*. [...] A penitência do *Espírito* consiste no causticante remorso de suas faltas e na expiação que se segue. Mas, tudo na ordem *moral* (182, v. 2).

[...] A penitência a que aludia o Divino Mestre é a que constitui meio de tornarmos cada vez menos ásperas, dificultosas e tormentosas as nossas existências na Terra e de passarmos, afinal, a habitar mundos mais elevados, até chegarmos à condição de já não termos que ser habitantes de mundos quaisquer. Ela, pois, consiste no arrependimento sincero, profundo, e no propósito firme em que a criatura se coloca de não tornar a cometer as faltas que a arrastaram à mísera condição humana e, ainda, no esforço decidido pelas apagar de todo, a fim de que a lembrança delas não continue a acicatar a consciência. Assim entendida, a penitência dá lugar ao perdão divino (193).

PENSAMENTO

[...] É a grande oficina ou laboratório da vida espiritual (101, cap. 14, it. 14).

O pensamento e a vontade representam em nós um poder de ação que alcança muito além dos limites da nossa esfera corporal. [...] (106, q. 662).

[...] [é] atributo essencial do Espírito [...] (109, pt. 1).

Segundo Aristóteles, o pensamento formal era regido por quatro leis fundamentais: a) Lei da associação por simultaneidade ou continuidade temporal; b) Lei da associação por contiguidade espacial; c) Lei da associação por semelhanças de forma ou de contraste; d) Lei da associação por semelhanças ou contrastes de significado. Contudo, essas leis não explicam o âmago da questão, ou seja, o ato de pensar, ou o conteúdo desse ato ou o efeito obtido com ele.

De acordo com Mira Y Lopez, o pensamento permanece intimamente ligado aos sentimentos e à ação. Assim, o pensamento não surge bruscamente na evolução filogenética, mas foi evoluindo com os centros nervosos que lhe servem de substrato. Essa evolução biológica do pensamento, em particular, e do espírito, em geral, se processou paralelamente no binômio matéria física e espiritual, de acordo com a Doutrina Espírita, segundo A. Luiz [*Evolução em dois mundos*]. Segundo esse autor, esse paralelismo se processa entre "o corpo espiritual [...] que não é reflexo do corpo físico, porque, na realidade, é o corpo físico que o reflete, tanto quanto ele próprio, o corpo espiritual, retrata em si o corpo mental que lhe preside a formação" (9, cap. 3).

[...] é uma força modeladora e organizadora, o que explica o fenômeno, aparentemente embaraçoso, de aparecerem sempre vestidos os fantasmas dos vivos e dos defuntos, ou envoltos em mantos brancos. Dá-se isso pelo simples fato de eles *pensarem em si* com vestes (20, cap. 4).

[...] é uma força criadora, a cujo favor cada um pode conseguir o de que precise (19).

[...] no Mundo Espiritual, o pensamento constitui uma força criadora, por meio da qual todo Espírito existente no *plano astral* pode reproduzir em torno de si o meio de suas recordações (19).

Todo e qualquer pensamento não é mais que um fenômeno de memória, que se resume no despertar ou no reproduzir de uma sensação anteriormente percebida (24, As forças ideoplásticas).

[...] pensamento e vontade são forças plásticas e organizadoras [...] (24, Fotografia do pensamento).

O veículo que conduz a prece até o seu destinatário é o pensamento, o qual se irradia pelo Infinito, através de ondulações mentais, à feição das transmissões radiofônicas ou de televisão, que, por meio das ondas eletromagnéticas, cortam o espaço a uma velocidade de 300.000 quilômetros por segundo (28, A prece).

[...] é vibração de tal ou qual frequência, através da qual nos pomos em sintonia com os planos da espiritualidade (29, O Pão Nosso).

[...] pensar é vibrar, é entrar em relação com o universo espiritual que nos envolve [...] (30, cap. 53).

[...] é a própria essência do Mundo Espiritual, sendo a forma fluídica apenas o vestuário. [...] (52, pt. 1, cap. 11).

[...] é produtor de imagens projetadas a distância. [...] (64, v. 2, cap. 2).

[...] é ação da alma [...] (66, t. 3, cap. 2).

[...] é um ato dinâmico. Não há pensamento algum sem vibração correlata do cérebro. [...] (69, v. 2, cap. 6).

O pensamento é sempre o dínamo vigoroso que emite ondas e que registra vibrações, em intercâmbio ininterrupto nas diversas faixas que circulam a Terra (78, Examinando a obsessão).

[...] é o dínamo da vida: bom ou mau, culmina sempre por alcançar aquele que se lhe torna receptivo e a quem se dirige (80, L. 1, cap. 4).

[...] é força viva, que cada qual dirige de acordo com suas aptidões e desejos (80, L. 1, cap. 5).

[...] é um agente de grave significado no processo natural da vida, representando o grau de elevação ou inferioridade do Espírito, que, mediante o seu psicossoma ou órgão intermediário, plasma o que lhe é melhor e mais necessário para marchar no rumo da libertação (81, Pensamento e perispírito).

Os pensamentos são os modeladores do ser, porque são os promotores dos atos. Assim como o homem pensa, naturalmente se comporta (81, Morrendo para viver).

[...] Os pensamentos são como fotografias nítidas e fugazes que incessantemente saem da fronte humana. [...] (88, L. 5, cap. 7).

[...] o pensamento é pura função da alma ou espírito, e [...] suas perturbações, em tese, não dependem de lesão do cérebro, embora possam elas concorrer para o caso, pela razão de ser o cérebro instrumento das manifestações, dos produtos da faculdade pensante (139, Introd.).

Pensar é uma ação divina, disse Aristóteles. Pensar é criar condições atrativas de pensamentos idênticos. O que se faz mister é saber pensar, dominar o pensamento, amoldá-lo à vontade, sujeitando todos os elementos somáticos do organismo ao domínio superior do Eu (141, cap. 4).

[...] é força de atração. [...] (150, cap. 4).

[...] o pensamento é a luz das almas, produto último da mente. [...] (151, Pról.).

[...] Nossos pensamentos são mensagens de variado teor mental. Mensagens de paz, de guerra, de indiferença, etc. [...] (151, cap. 2.).

[...] o pensamento é a linguagem das almas, a força imensa que liga os mundos, as humanidades; que liga a criatura ao Criador, que liga a alma a Deus (152, cap. 4).

[...] é energia criadora [...] (153, cap. 1).

[...] *o pensamento é o veículo do Espírito.* [...] (160, pt. 6, cap. 3).

[...] Para o *Espírito*, o pensamento é um corpo visível e palpável e quanto mais puro é o Espírito, tanto mais *luminoso* se lhe torna o pensamento. Este é, *para o Espírito*, um corpo visível e palpável, *no sentido de ser conduzido e transmitido por uma corrente fluídica.* Deveis agora compreender que, para o puro Espírito, *ele seja a luz que lhe ilumina a inteligência por meio de uma corrente fluídica pura que parte de Deus, constituindo o veículo do pensamento divino* (182, v. 4).

[...] O pensamento é, na verdade, a mais poderosa das usinas geradoras de força eletromagnética, naturalmente captável pelas outras mentes, em especial por aquelas às quais se dirige, podendo causar perturbações psíquicas sutis, porém devastadoras (187, Toques, induções e interferências).

O pensamento é uma radiação da mente espiritual, dotada de ponderabilidade e de propriedades quimioeletromagnéticas, constituída por partículas subdivisíveis, ou corpúsculos de natureza fluídica, configurando-se como matéria mental viva e plástica. Partindo da mente, que a elabora, essa radiação se difunde por todo o cosmo orgânico, primeiro através do centro coronário, espraiando-se depois pelo córtex cerebral e pelo sistema nervoso, para afinal atingir todas as células do organismo e projetar-se no exterior (188, cap. 5).

O pensamento é força criadora. Ao influxo dessa força formam-se cenas, criam-se *quadros vivos*, volta-se ao passado ou projeta-se no futuro, e, dependendo de sua carga emocional, são emitidas vibrações positivas ou negativas, boas ou más (196, Surge André Luiz).

O pensamento é um atributo da alma que permite à individualidade, entre outras, a capacidade de reproduzir uma sensação já vivida (imaginação) ou de combinar sensações experimentadas para criar algo inteiramente novo e não vivenciado (fantasia). [...]

O pensamento é, ainda, um movimento anímico que atua sobre o fluido em torno da individualidade pensante, imprimindo nesse fluido determinados efeitos, inclusive criando imagens. [...] (204, lnfância - tempo de semear).

Pensamento é um atributo do Espírito. É uma reflexão, ou um processo mental, criado ou refletido de outrem. Abrange o que sentimos e o que compreendemos. É o resultado de uma operação mental, seja como fruto de um exame, ou de uma reflexão, na meditação ou na imaginação, a respeito de alguma coisa física ou metafísica (207, cap. 17).

O Senhor da vida dotou-nos de força poderosa como geratriz de nossas ações – o pensamento (207, cap. 44).

[...] é o seletor do trabalho e o divisor das responsabilidades de cada um. Toda transformação há de partir dele, sem o que se torna insustentável o serviço de elevação (219, Nem mesmo Jesus).

[...] é o moto-perpétuo do Espírito [...] (219, Após inaugurares um túmulo).

O pensamento é a linguagem por excelência, porque é o idioma universal. [...] O pensamento, além de ser linguagem por excelência, é também a força suprema do Espírito. [...] (222, Com quem convivemos?).

São os pensamentos a fonte causal das manifestações do espírito, em outros planos, onde todas as formas, muitíssimo diferenciadas embora, atestam o ascendente da alma, sua inteligência e seu poder (248).

O pensamento, qualquer que seja a sua natureza, é uma energia, tendo, conseguintemente, seus efeitos (255, Saúde).

Pensamento é fermentação espiritual. Em primeiro lugar estabelece atitudes, em segundo gera hábitos e, depois, governa expressões e palavras, através das quais a individualidade influencia na vida e no mundo. [...] (256, cap. 76).

Nossos pensamentos são paredes em que nos enclausuramos ou asas com que progredimos na ascese (256, cap. 149).

O pensamento é, sem dúvida, força criadora de nossa própria alma e, por isto mesmo, é a continuação de nós mesmos. Através dele, atuamos no meio em que vivemos e agimos, estabelecendo o padrão de nossa influência, no bem ou no mal (264, cap. 17).

[...] é uma força vigorosa, comandando os mínimos impulsos da alma [...] (264, cap. 20).

[...] Não haviam aprendido que o pensamento é a linguagem universal? Não foram informados de que a criação mental é quase tudo em nossa vida? [...] O pensamento é a base das relações espirituais dos seres entre si [...].

O pensamento é força viva, em toda parte; é atmosfera criadora que envolve o Pai e os filhos, a causa e os efeitos, no Lar Universal. Nele transformam-se homens em anjos, a caminho do céu ou se fazem gênios diabólicos, a caminho do inferno (270, cap. 37).

[...] é energia irradiante. [...] (279, cap. 177).

O pensamento é força criativa, a exteriorizar--se, da criatura que o gera, por intermédio de ondas sutis, em circuitos de ação e reação no tempo, sendo tão mensurável como o fotônio que, arrojado pelo fulcro luminescente que o produz, percorre o espaço com velocidade determinada, sustentando o hausto fulgurante da Criação (282, cap. 5).

[...] é também substância rarefeita, matéria dentro de expressões inabordáveis até agora pelas investigações terrestres (290, cap. 7).

O pensamento é o gerador dos infracorpúsculos ou das linhas de força do mundo subatômico, criador de correntes de bem ou de mal, grandeza ou decadência, vida ou morte, segundo a vontade que o exterioriza e dirige. [...] (290, cap. 30).

[...] é onda de força viva que nos coloca em sintonia com os múltiplos reinos do Universo [...] (292, Inspiração).

[...] é a energia coagulante de nossas aspirações e desejos (298, cap. 39).

[...] é a base de todas as nossas manifestações, dentro da vida (298, cap. 62).

"O pensamento é força viva e atuante, porque procede da mente que tem a sua sede no ser espiritual, sendo, portanto, a exteriorização da entidade eterna". [...] (311, pt.2, cap. 2.1).

O pensamento é força criativa, a exteriorizar--se, da criatura que o gera, por intermédio de ondas sutis, em circuitos de ação e reação no tempo, [...] (311, pt.2, cap. 2.2).

O pensamento do encarnado atua sobre os fluidos espirituais como o dos desencarnados e se transmite de Espírito a Espírito, pelas mesmas vias, e, conforme seja bom ou mau, saneia ou vicia os fluidos ambientes (312, cap. 6).

Pensamento arcaico

Depois [do pensamento primitivo] surgiu o pensamento arcaico ou pré-mágico. Ocorre nos primatas mais evoluídos e nas crianças de 2 a 3 anos de idade. Possui tonalidade alucinatória por ser a projeção imaginativa dos impulsos internos, determinados pela tonalidade emocional imperante. É encontrado também nalguns sonhos ou sob o efeito de algumas drogas psicodélicas, que, por isso mesmo, também são denominadas eidéticas. O indivíduo é autista, o pensamento é dereísta, e não existem limites entre o ser pensante e o pensado. Ainda não está presente a *fonction du réel*, ou juízo de realidade (9, cap. 3).

Pensamento cristão

[...] é aquele que o Divino Amigo exemplificou no poético cenário da Palestina: amor ao próximo, oração pelos caluniadores, perdão das ofensas, amparo aos doentes e ignorantes.. (161, cap. 33).

Pensamento egocêntrico

A etapa seguinte da evolução do ato de pensar [após o pensamento mágico] é a do assim chamado pensamento egocêntrico. Segundo a escola franco-suíça de Piaget, essa modalidade de pensamento é própria da primeira e da segunda infância. Sua característica fundamental é estar centralizado ao redor da própria pessoa pensante, que é incapaz de ver a realidade objetivamente. Tudo deve passar pelo crivo do *para que me serve*? A pessoa vítima de uma forte emoção, como a raiva, o medo ou até mesmo do amor romântico, ou em um campo de batalha com risco real de morte iminente, também se torna incapaz de pensar objetivamente (9, cap. 3).

Pensamento intuitivo

Finalmente é atingida a forma mais complexa, elaborada, superior e por isso mesmo menos compreendida, que é a do pensamento intuitivo. Alguns psicólogos, com pequena capacidade de penetração, nem chegam a admitir a sua existência.

De acordo com Mira Y Lopez (*O pensamento*), essa modalidade de pensamento se apresenta como consequência de um trabalho mental inconsciente, cujo resultado final emerge bruscamente, em forma de palpite ou de inspiração, ante a consciência do sujeito. A pessoa afirma: "eu sei que isto é assim", mas não sabe explicar por que o sabe nem em que se baseia a sua certeza.

O pensamento intuitivo ocorre especialmente nas pessoas dotadas de grande riqueza imaginativa e grande sensibilidade afetiva, ou seja, nas pessoas em que domina o sentimento sobre a razão. Ora, essas características são encontradas especialmente nas pessoas com dotes artísticos, como também nas personalidades com faculdades mediúnicas mais ou menos desenvolvidas. O processo da criação artística se dá em sua maior parte por vias inconscientes, recebendo o eu, às vezes, o produto acabado, como se pode concluir do relato pessoal de inúmeros grandes artistas. Consta que Beethoven recebeu o tema do quarto movimento da sua famosa sinfonia "Coral" praticamente pronto. Robert Schuman entrava em desespero, nos primórdios de sua doença mental, por não conseguir transcrever as maravilhosas melodias que percebia por meio da intuição. Uma prova da atuação dos processos inconscientes na criação, artística ou não, são os testes projetivos, destacando-se o teste de Rorschach. Existe no Brasil o maior museu de produção artística de pacientes psicóticos em todo o mundo, o Museu de Imagens do Inconsciente, criado pela dama da Psiquiatria brasileira, Nise da Silveira, e tombado pela Unesco, localizado no Hospital D. Pedro II, do Rio de Janeiro (9, cap. 3).

Pensamento lógico

A etapa seguinte do processo evolutivo do pensamento [após o pensamento egocêntrico] é a do pensamento lógico, própria dos adultos humanos, civilizados e cultos. Essa forma de pensar serviu ao homem para alcançar todas as suas conquistas científicas e tecnológicas, e se caracteriza por clareza e distinção. A base do pensamento lógico é o princípio da contradição, que introduz as noções de substância, essência e categoria. Segundo alguns autores, essa forma de pensar foi conquistada pelo povo grego poucos séculos antes de Jesus. Contudo, essa afirmativa é altamente questionável, pois reduz todas as culturas mais antigas a níveis arcaicos e mágicos, o que é difícil de ser comprovado. O pensamento lógico é especialmente estudado pela Filosofia, no capítulo da Lógica Formal [...] (9, cap. 3).

Pensamento mágico

A etapa evolutiva seguinte [ao pensamento arcaico] é o denominado pensamento mágico. Milhões de pessoas, de baixo nível cultural, vivem submetidas a essa modalidade de pensamento. Contudo, o seu período natural de ocorrência no desenvolvimento psíquico da criança ocorre entre o 3º e o 6º ano de vida. É a base de um sem-número de crenças, lendas e tradições. Não capta a essência, mas unicamente as aparências dos objetos. Por não conhecer os princípios da razão, deixa-se guiar apenas pelas temporárias e fortuitas conexões associativas de proximidade, contiguidade e similitude. Quando o feiticeiro apanha o fio de cabelo de sua suposta vítima para executar seus atos maléficos ou benéficos, na verdade está sendo regido por essa forma mágica de pensamento (9, cap. 3).

Pensamento mau

[...] como o mal não pode ter sua fonte no bem, diz o simples bom senso que todo pensamento mau não pode vir de um bom Espírito; e um pensamento é necessariamente mau quando contraria a Lei de Amor e de caridade; quando tem por móvel a inveja ou o ciúme, o orgulho ferido, ou mesmo uma pueril suscetibilidade do amor-próprio ultrajado, irmão gêmeo do orgulho, que levaria a olhar seus irmãos com desdém. *Amor e caridade para com todos,* diz o Espiritismo; *Amarás o próximo como a ti mesmo,* disse o Cristo; não são sinônimos? (110, Discurso de Allan Kardec durante o Banquete...).

Pensamento primitivo

Mira Y Lopez refere que inicialmente surgiu o pensamento primitivo, também chamado de instintivo, automático ou sensorimotor. Esse pensamento não tem formulação verbal e somente opera com dados sensoriais e motores (9, cap. 3).

Pensamento e vontade

Pensamento e vontade – eis duas alavancas de propulsão ao infinito e, ao mesmo tempo, os dois elos de escravidão nos redutos infelizes e pestilenciais do *inferno* das paixões. [...] (78, cap. 4).

PENTECOSTES

Mas foi só no quinquagésimo dia após a Páscoa — pentêkoste êmera (πεντηκοστεημερα) em grego — quando se comemorava a festa de Pentecostes, também chamada da Colheita ou das Semanas, que ocorreram os notáveis eventos da descida ou efusão do espírito, fenômenos mediúnicos que sacudiram a comunidade nascente (331, cap. 4).

[...] De outra feita, desceu o Espírito Santo em praça pública, como outrora em Jerusalém e, em novo Pentecostes, as pessoas incorporaram espíritos e começaram a falar em outras línguas (331, cap. 19).

PENÚRIA *ver* MISÉRIA

PEQUENOS GRUPOS

Sabe-se que as melhores comunicações são obtidas em reuniões pouco numerosas, sobretudo naquelas em que reinam harmonia e comunhão de sentimentos. Ora, quanto maior for o número, mais difícil será a obtenção dessa homogeneidade. [...]

Ao contrário, os pequenos grupos serão sempre mais homogêneos; as pessoas se conhecem melhor, estão mais em família e podem ser mais bem admitidas as que desejamos. E, como em última análise, todos tendem para um mesmo objetivo, podem entender-se perfeitamente e haverão de entender-se tanto melhor quanto não haja aquele melindre incessante, que é incompatível com o recolhimento e a concentração de espírito. Os maus Espíritos, que buscam incessantemente semear a discórdia, ferindo suscetibilidades, terão sempre menos domínio num pequeno grupo do que num meio numeroso de heterogêneo. Numa palavra, a unidade de vistas e de sentimento nele será mais fácil de estabelecer.

A multiplicidade dos grupos tem outra vantagem: a de obter uma variedade muito maior de comunicações, pela diversidade de aptidão dos médiuns. [...] [...] Há, pois, um duplo motivo para preferir os pequenos grupos, que podem multiplicar-se ao infinito. Ora, vinte grupos de dez pessoas, por exemplo, indiscutivelmente obterão mais e farão mais prosélitos que uma reunião única de duzentas pessoas (110, Resposta de Allan Kardec durante o Banquete...).

[...] Estes se formam por afinidade de gostos, de sentimentos e de hábitos. [...]

[...] Nos grupos particulares, cada um pode dar prova de habilidade e ser designado, mais tarde, pelos sufrágios dos colegas, se for o caso. [...] (110, Discurso de Allan Kardec aos Espíritas de Bordeaux).

PERCEPÇÃO

Todas as percepções constituem atributos do Espírito e lhe são inerentes ao ser. Quando o reveste um corpo material, elas só lhe chegam pelo conduto dos órgãos. Deixam, porém, de estar localizadas, em se achando ele na condição de Espírito livre (106, q. 249a).

O próximo passo [após a sensação] no processo do conhecimento é representado pelas percepções. Segundo Lopes Ibor, são "a apreensão de uma situação objetiva baseada em sensações, acompanhadas de representações e frequentemente de juízos, num ato único, o qual somente pode ser decomposto por meio da análise". Segundo a Psicologia da Forma, a Gestalt, o ato perceptivo se caracteriza por uma apreensão da totalidade. É possível que esse efeito conjunto ou *Gestaltqualitäten*, seja, do ponto de vista subjetivo, o mecanismo plasmador dos ambientes astrais, conforme são descritos nos compêndios da literatura espírita. Essa observação deve ser considerada apenas uma sugestão do autor.

[...] No processo perceptivo são agregados dados da memória do raciocínio, da afetividade, além de receber influência decisiva da atenção e da atitude pensante do indivíduo (9, cap. 2).

Percepção extrassensorial

[...] é uma forma de conhecimento que prescinde dos sentidos fisiológicos. Compreende a telepatia, a clarividência e a precognição (35, cap. 1).

PERDÃO

[...] o perdão cristão é aquele que lança um véu sobre o passado [...] (105, cap. 10, it. 15).

[...] o envoltório da indulgência. [...] (2, cap. 4).

Como nos explica Huberto Rohden [...] "em todas as línguas a palavra *perdoar* é um composto de *dar* ou *doar*. De maneira que perdoar quer dizer *doar completamente*, abrir mão de si mesmo, dar ou doar o próprio Eu a outrem; neste caso, o ofensor". [...] (29, cap. 5).

[...] é uma das maneiras que temos de mostrar amor ao próximo (62, cap. 4).

[...] Perdoar é não guardar mágoas e ressentimentos. Não revidar o mal com o mal (62, cap. 4).

O perdão, durante muito tempo, foi uma proposta evangélica da Teologia.
Fazia parte das doutrinas e das virtudes teologais. Hoje, o perdão é terapêutico. Quem perdoa é saudável, quem não perdoa gera moléculas que agridem o sistema imunológico (73, q. 11).
O perdão é a prova máxima da perfeição espiritual. [...] (87, L. 7, cap. 6).
O conceito de perdão, segundo o Espiritismo, é idêntico ao do Evangelho, que lhe é fundamento: concessão, indefinida, de oportunidades para que o ofensor se arrependa, o pecador se recomponha, o criminoso se libere do mal e se erga, redimido, para a ascensão luminosa.
Quem perdoa, segundo a concepção espírita-cristã, esquece a ofensa. Não conserva ressentimentos.
Ajuda o ofensor, muita vez sem que este o saiba (162, cap. 20).
Perdoar é esquecer todo mal, sem lembranças amargas, sem sanções, sem dependências de condicionamentos, sem menosprezo, sem desdéns velados ou ostensivos... (199, Para não complicar).

[...] O perdão de Deus consiste na providencial concessão dos meios de resgate para todos os males praticados (215, cap. 9).

[...] o perdão incondicional é a mensagem permanente do Cristo! (218, cap. 20).

[...] o perdão sincero é uma grande conquista da alma (229, pt. 2, cap. 7).

Perdoar é o segredo sublime do triunfo, na subida para Deus (248).
O perdão sincero é filho espontâneo do amor e, como tal, não exige reconhecimento de qualquer natureza (273, q. 335).
O perdão, em qualquer tempo, / É sempre um traço de luz, / Conduzindo a nossa vida / À comunhão com Jesus (277, O perdão).
Perdoar é olvidar a sombra, buscando a luz (282, cap. 25).

[...] o perdão será sempre profilaxia segura, garantindo, onde estiver, saúde e paz, renovação e segurança (282, cap. 25).

Ante o mal, eis a doutrina / Que serve a crentes e ateus: / Perdão é a melhor vingança / Nos estatutos de Deus (293, cap. 13).

[...] o perdão é o melhor remédio (307, cap. 30).

[...] Perdoar significa não guardar mágoa, esquecer os aspectos negativos das ocorrências para extrair delas as lições que encerram ao nosso aprendizado. [...] (317, cap. 7.5).

O perdão provocado pelo arrependimento é uma verdadeira moratória, tanto que, se o espírito em expiação reincide na falta, provoca, ipso facto, a renovação da pena (325, cap. 21).

O perdão que Jesus oferece segue a linha terapêutica do amor e não da culpa, confiante na misericórdia de Deus. [...] (330, cap. 3).

[...] O perdão é um processo de esquecimento e reconciliação de quem se sentiu ofendido. [...] (330, cap. 16).

Ver também ESQUECIMENTO

PERFECTIBILIDADE

A perfectibilidade humana é [...] um movimento eternamente ascendente, sem jamais chegar à perfeição absoluta, porque perfeito, em absoluto, só Deus; mas que chega a um estado deslumbrante, em o qual, do que fomos na Terra, só guardamos a essência, apurada e depurada (139, cap. 2).

PERFEIÇÃO

[...] a essência da perfeição é a caridade na sua mais ampla acepção, porque implica a prática de todas as outras virtudes (105, cap. 17, it. 2).

[...] devemos compreender como perfeição, não a perfeição absoluta, incompreensível para o homem, porém a perfeição moral, que se pode compreender já na Terra e também praticar, elevando-se a criatura às maiores altitudes espirituais compatíveis com o estado de encarnado, altitudes que deixam entrever outras ainda mais excelsas, porquanto deveis considerar que, aos olhos humanos, os Espíritos Superiores, encarnados, nunca aparecem na sua verdadeira elevação: sempre estão acima do que representam ante a atônita Humanidade que os contempla, por mais alto que ela os julgue colocados (2, cap. 5).

[...] é a calma completa proveniente da harmonia de todos os sentimentos, o saber absoluto, a luz sem sombras, a felicidade sem pesar, a vontade sem hesitação, o amor em sua mais sublime concepção; enfim, o trabalho sem fadiga, tornado supremo gozo da alma. [...] (115, pt. 2, cap. 6).

A perfeição é o grande objetivo do Espírito e se processa, naturalmente, com a subida de vários degraus evolutivos.
Quem evolui, renova-se para o bem, transforma-se para melhor (164, cap. 8).
A perfeição não é apostolado de um dia e sim dos milênios e cada mente traz consigo as marcas da própria ação de ontem e de hoje, determinando, por si mesma, o cárcere ou a libertação de amanhã (248).

PERGUNTAS

[...] é preciso saber formular e encadear metodicamente as perguntas, para que sejam obtidas respostas mais explícitas, assimilando nas respostas as nuanças que muitas vezes constituem traços característicos e revelações importantes que escapam ao observador superficial, inexperiente ou ocasional. [...] (103, cap. 5).

PERISPÍRITO

O laço ou *perispírito*, que prende ao corpo o Espírito, é uma espécie de envoltório semimaterial. A morte é a destruição do invólucro mais grosseiro. O Espírito conserva o segundo, que lhe constitui um corpo etéreo, invisível para nós no estado normal, porém que pode tornar-se acidentalmente visível e mesmo tangível, como sucede no fenômeno das aparições (106, Introd.).
[...] substância semimaterial que serve de primeiro envoltório ao Espírito e liga a alma ao corpo. [...] (106, q. 135).

O perispírito é o laço que à matéria do corpo prende o Espírito, que o tira do meio ambiente, do fluido universal.
Participa ao mesmo tempo da eletricidade, do fluido magnético e, até certo ponto, da matéria inerte. Poder-se-ia dizer que é a quintessência da matéria. É o princípio da vida orgânica, porém não o da vida intelectual, que reside no Espírito. É, além disso, o agente das sensações exteriores. No corpo, os órgãos, servindo-lhes de condutos, localizam essas sensações. Destruído o corpo, elas se tornam gerais. [...] (106, q. 257).

[...] Esse invólucro semimaterial, que tem a forma humana, constitui para o Espírito um corpo fluídico, vaporoso, mas que, pelo fato de nos ser invisível no seu estado normal, não deixa de ter algumas das propriedades da matéria. [...] (107, it. 3).

[...] é o intermediário de todas as sensações que o Espírito recebe e pelo qual transmite sua vontade ao exterior e atua sobre os órgãos do corpo. Para nos servirmos de uma comparação material, diremos que é o fio elétrico condutor, que serve para a recepção e a transmissão do pensamento [...].

O perispírito faz, portanto, parte integrante do Espírito, como o corpo o faz do homem. [...] Ele é para o Espírito o que o corpo é para o homem: o agente ou instrumento de sua ação (107, it. 54 e 55).

[...] é o princípio de todas as manifestações [espíritas]. O conhecimento dele foi a chave da explicação de uma imensidade de fenômenos e permitiu que a ciência espírita desse largo passo, fazendo-a enveredar por nova senda, tirando-lhe todo o cunho de maravilhosa. [...] (107, it. 109).

Perispírito (Do grego - *peri* - em torno). - Envoltório semimaterial do Espírito. Nos encarnados, serve de intermediário entre o Espírito e a matéria; nos Espíritos errantes, constitui o corpo fluídico do Espírito (107, cap. 32).

[...] espécie de corpo fluídico, vaporoso, diáfano, invisível no estado normal, que, em certos casos e por uma espécie de condensação ou de disposição molecular, pode tornar-se, momentaneamente visível e mesmo tangível [...].

É esse invólucro semimaterial do Espírito que lhe serve de meio para a produção de diferentes fenômenos, pelos quais ele se nos manifesta (108, cap. 1).

[...] invólucro fluídico, leve, imponderável, servindo de laço e de intermediário entre o Espírito e o corpo (108, cap. 2, it. 10).

Os Espíritos [...] têm um corpo fluídico a que se dá o nome de *perispírito*. Sua substância é haurida do fluido universal ou cósmico, que o forma e alimenta, como o ar forma e alimenta o corpo material do homem. O perispírito é mais ou menos etéreo conforme os mundos e o grau de depuração do Espírito. Nos mundos e nos Espíritos inferiores, ele é de natureza mais grosseira e se aproxima muito da matéria bruta (109, pt. 1).

[...] invólucro fluídico, vaporoso, quintessenciado, semimaterial, do Espírito, com flexibilidade e expansibilidade (11, pt. 2, Postulados e ensinamentos).

[...] laço fluídico, que religa o Espírito ao corpo e que acompanha o primeiro, após a morte terrena, e lhe serve de novo corpo (14, Apêndice).

[...] invólucro invisível, intangível e imponderável. [...] corpo fluídico (40, Introd.).

[...] contém o desenho prévio, a lei onipotente que servirá de regra inflexível ao novo organismo, e que lhe assinalará o lugar na escala morfológica, segundo o grau de sua evolução. É no embrião que se executa essa ação diretiva. [...] (40, cap. 1).

[...] estatuto das leis que regem a evolução do ser. Não se dissolve na morte, e, porque nele se constitui a individualidade do princípio inteligente, registra a mais insignificante das numerosas alterações que as sucessivas existências lhe determinam, de sorte que, percorrida toda uma série, torna-se apto a conduzir e dirigir, mesmo à revelia do Espírito, organismos muito complexos (40, cap. 3).

A indestrutibilidade e a estabilidade constitucional do perispírito fazem dele o conservador das formas orgânicas; graças a ele, compreendemos que os tecidos possam renovar-se, ocupando os novos o lugar exato dos antigos, e daí a manutenção da forma física, tanto interna como externa.

Com ele concebemos perfeitamente que uma alteração interna, como a produzida nas células nervosas pelas sensações do exterior, pode ser conservada e reproduzida, visto que a nova célula se constrói com a modificação registrada no envoltório fluídico (40, cap. 4).

O perispírito é qual laboratório onde se processam mil trabalhos simultâneos, e, assim, compreende-se que deve existir uma alma para pôr em ordem as sensações que lhe chegam a todo o momento. Demais, o cérebro, representação material do perispírito, com os seus 600 milhões de células vivas e seus 4 ou 5 bilhões de fibras, está no mesmo caso. Importa seja a consciência distinta desse amálgama, sem o que nenhum desses movimentos poderia, de si mesmo, harmonizar-se. Concebe-se, igualmente, a necessidade de uma classificação automática no perispírito, sem a qual não poderia o espírito aí reconhecer-se. Outra faculdade especial que lhe pertence é a atenção, que lhe permite concentrar-se sobre uma ordem particular de ideias, eliminando tudo quanto seja estranho ao seu objetivo (40, cap. 4).

[...] o perispírito o decalque ideal do corpo, a rede fluídica estável através da qual passa a torrente de matéria flutuante, que a cada instante destrói e reconstrói todo o organismo. É ao perispírito que o Espírito deve a conservação de sua identidade física e moral, visto ser possível ligar o tão profundo quão persistente sentido do *ego* à matéria em constante renovação (40, cap. 5).

[...] é o desenho vital que cada um de nós realiza e conserva durante toda a existência (41, cap. 2).

[...] É ele o molde no qual a matéria física se incorpora, ou, mais exatamente, o plano ideal que contém as leis organogênicas do ser humano. [...] (41, cap. 7).

[...] é o esboço sobre o qual se modela o corpo humano. [...] (42, pt. 4, cap. 2).

Esse perispírito é o molde fluídico no qual se incorpora a matéria durante a vida; é ele que, sob o impulso da força vital, mantém o tipo específico e individual, porque é invariável no meio do fluxo incessante da matéria orgânica. Esse perispírito não se destrói na morte, mas se conserva intacto em plena desorganização da matéria; é nele que se acham gravadas as conquistas da alma, de modo que esta possa recordar-se do passado (43, O Espiritismo transcendental).

O Espírito está revestido de um invólucro a que chamamos *perispírito*. Esse corpo é formado pelo fluido universal terrestre, isto é, pela matéria sob a sua forma primordial. A união entre o corpo e a alma pode ser comparada a uma combinação. Quando essa combinação se desfaz, o que sucede na ocasião da morte, a alma desprende-se com o seu invólucro espiritual, que é indecomponível, pois que é composto pela matéria em sua forma inicial, e conserva suas propriedades, como o oxigênio que, saindo de uma combinação, nada perdeu de suas afinidades. Nesse estado, o corpo espiritual, segundo a expressão de São Paulo, tem sensações que nos são desconhecidas na Terra e que lhe devem propiciar gozos muito superiores aos que experimentamos aqui (43, A Doutrina Espírita).

[...] corpo fluídico, sutil, imponderável, que é o invólucro permanente da alma, antes, durante e depois da vida terrestre; denominavam-no corpo espiritual. [...]

[...] O perispírito penetrando com a sua energia todas as matérias passageiras da vida terrestre, é de fato o corpo essencial. [...] esboço fluídico que conforma o corpo material para o tempo de vida terrestre (45, cap. 7).

[...] corpo fluídico que duplica e mantém o nosso corpo físico, desse invólucro sutil que é a forma radiante do Espírito, dele inseparável durante a vida, como depois da morte.

[...] forma fluídica original, compreensível e expansível, que se mantém e perpetua. É nela, no desenho invisível que apresenta, que se vêm incorporar, fixar, as moléculas da matéria grosseira. O perispírito é como o molde, o esboço fluídico do ser humano.

[...] é o invólucro permanente do Espírito [...]. O perispírito existia antes do nascimento e sobrevive à morte. Ele constitui, em sua íntima ligação com o Espírito, o elemento essencial e persistente da nossa individualidade, através das múltiplas existências que nos é dado percorrer (45, cap. 9).

[...] Existe em todo ser humano uma forma fluídica, um corpo imperceptível, indestrutível, imagem fiel do corpo físico, do qual este último é apenas o revestimento transitório, o estojo grosseiro, dispondo de sentidos próprios, mais poderosos do que os do invólucro material, que não passam de enfraquecido prolongamento dos primeiros (47, cap. 4).

[...] o regulador e o apoio da energia vital modificada pela hereditariedade. É por aí que se forma o tipo individual de cada um. Ele é o *mediador plástico* do filósofo escocês Wordsworth, a tessitura fluídica permanente, através da qual passa a torrente da matéria fluente que destrói e reconstrói incessantemente o organismo vivo. É a armadura invisível que sustém interiormente a estátua humana (50, pt. 3, cap. 15).

O perispírito é o princípio de identidade física e moral que mantém, indefectível, no meio das vicissitudes do ser móvel e mutável, o princípio do *eu* consciente. A memória que nos dá a certeza íntima de nossa identidade pessoal é a irradiação reflexa desse perispírito (50, pt. 3, cap. 15)

[...] é o perispírito, matéria etérea que escapa aos nossos sentidos. Ele envolve a alma, acompanha-a depois da morte nas suas peregrinações infinitas, depurando-se, progredindo com ela, constituindo para ela um corpo diáfano, vaporoso. [...] (51, cap. 3).

[...] O corpo sutil permanece; preexistindo ao nascimento, sobrevive às decomposições da campa e acompanha a alma nas suas transmigrações. É o modelo, o tipo original, a verdadeira forma humana, à qual vêm incorporar-se temporariamente as moléculas da carne. Essa forma sutil, que se mantém no meio de todas as variações e de todas as correntes materiais, mesmo durante a vida pode separar-se, em certas condições, do corpo carnal, e também agir, aparecer, manifestar-se a distância, de modo a provar de maneira irrecusável sua existência independente (52, pt. 1, cap. 3).

Há em cada um de nós um livro misterioso onde tudo se inscreve em caracteres indeléveis. Fechado à nossa vista durante a vida terrena, abre-se no Espaço. O Espírito adiantado percorre-lhe as páginas; encontra nele ensinamentos, impressões e sensações que o homem material a custo compreende.

Esse livro, o subconsciente dos psiquistas, é o que nós chamamos o perispírito. [...] (52, pt. 2, cap. 14).

[...] Parte essencial do complexo humano, o perispírito ou psicossoma se constitui de variados fluidos que se agregam, decorrentes da energia universal primitiva de que se compõe cada orbe, gerando uma matéria hiperfísica, que se transforma em mediador plástico entre o Espírito e o corpo físico.

[...] Revestimento temporário, imprescindível à encarnação e à reencarnação, é tanto mais denso ou sutil, quanto evoluído seja o Espírito que dele se utiliza. [...] Não é uma condensação de caos elétrico ou de forças magnéticas, antes possui estrutura própria, maleável, em algumas circunstâncias tangível – como algumas materializações de desencarnados, nas aparições dos *vivos* e dos *mortos*; atuante – nos transportes, nas levitações; ora ponderável, podendo aumentar ou diminuir o volume e o peso do corpo; ora imponderável, como ocorre nas desmaterializações e transfigurações. [...] Desde as apreciáveis lições do *Vedanta* quando apareceu como *Manu*, *Māyā* e *Kosha*, era conhecido no Budismo esotérico por *Kama-rupa*, enquanto no *Hermetismo egípcio* surgiu na qualidade de *Kha*, para avançar, na *Cabala hebraica*, como manifestação de *Rouach*. Chineses, gregos e latinos tinham conhecimento da sua realidade, identificando-o seguramente. Pitágoras, mais afeiçoado aos estudos metafísicos, nominava-o *carne sutil da alma* e Aristóteles, na sua exegese do complexo humano, considerava-o *corpo sutil e etéreo*. Os neoplatônicos, de Alexandria, dentre os quais Orígenes, o pai da doutrina dos *Princípios*, identificava-o como *aura*; Tertuliano, o gigante inspirado da *Apologética*, nele via o *corpo vital da alma*, enquanto Proclo o caracterizava como *veículo da alma*. [...].

Na cultura moderna, Paracelso, no século XVI, detectou-o sob a designação de *corpo astral*, refletindo as pesquisas realizadas no campo da Química e no estudo paralelo da Medicina com a Filosofia, em que se notabilizou. Leibniz, logo depois, substituindo os conceitos panteístas de Spinoza pela teoria dos *átomos espirituais ou mônadas*, surpreendeu-o, dando-lhe a denominação de *corpo fluídico*. [...] Perfeitamente consentâneo aos últimos descobrimentos, nas experiências de detecção por efluvioscopia e efluviografia, denominado *corpo bioplasmático*, o Apóstolo Paulo já o chamava *corpo espiritual*, conforme escreveu aos Coríntios (*I Epístola*, 15:44), corpo corruptível, logo depois, na mesma Epístola, verso 53, ou *alma*, na exortação aos companheiros da Tessalônica (*I Epístola*, 5:23), sobrevivente à *morte* (74, cap. 4).

[...] veículo condutor das sensações fisicas na direção do Espírito e, vice-versa, mensageiro das respostas ou impulsos deste no rumo do soma, esse corpo semimaterial, depositário das forças impregnantes das células, constitui excelente campo plástico de que se utiliza a Lei para os imprescindíveis reajustes daqueles que, por distração ou falta de siso, desrespeito ou abuso, ambição ou impiedade se atrelaram às malhas da criminalidade (74, cap. 19).

[...] no atual estágio de evolução do homem, o perispírito é-lhe o computador, muito mais sofisticado do que se imagina, guardando-lhe toda a história evolutiva até que se alterem os mecanismos e processos de captação, em faixas mais elevadas da vida (77, cap. 6).

É o perispírito o órgão intermediário pelo qual [o homem] experimenta a influência dos demais Espíritos, que pululam em sua volta aguardando o momento próprio para o intercâmbio em que se comprazem (77, Loucura e Obsessão).

Corpo intermediário entre o ser pensante, eterno, e os equipamentos físicos, transitórios, por ele se processam as imposições da mente sobre a matéria e os efeitos dela em retorno à causa geratriz (81, Pensamento e perispírito).

Sabemos que o perispírito, com a sua alta sensibilidade, é o veículo modelador da forma, portador de inumeráveis potencialidades, tais como: memória, penetrabilidade, tangibilidade, elasticidade, visibilidade, que manipuladas, conscientemente ou não, pelo Espírito, através da energia psíquica, exteriorizam-se no corpo físico, nele plasmando os implementos para ajudá-lo na evolução [...] (83, Ampliando os conhecimentos).

O *perispírito* é o princípio intermediário entre a matéria e o Espírito, cuja finalidade é tríplice:

- Manter indestrutível e intacta a individualidade;
- Servir de substrato ao corpo físico, durante a encarnação;
- Constituir o laço de união entre o Espírito e o corpo físico, para a transmissão recíproca das sensações de um e das ordens do outro (84, Síntese dos princípios doutrinários do Espiritismo).

O perispírito, embora extremamente plástico, é praticamente indestrutível. Quando nos depararmos com a informação de que, diante de certas circunstâncias, um Espírito pode vir a *trocar* seu envoltório espiritual, deveremos entender que ele, apenas, substitui a matéria aglutinada pelo seu padrão magnético característico, mas nunca o próprio padrão magnético. Se ele fosse substituído, ou destruído, também o seriam todas as suas lembranças e demais registros que o caracterizam, isto é, seria aniquilada a própria identidade do Espírito, pois se encontra no seu perispírito o registro de todas as ocorrências em que participou durante toda a sua existência, justamente aquilo que o individualiza (94, pt. 2, cap. 1).

[...] já o perispírito é, indubitavelmente, constituído de matéria, embora seja um tipo de matéria que normalmente não consegue impressionar qualquer dos nossos sentidos.

O perispírito, segundo *O livro dos espíritos* [pt. 2, cap. 1] é formado de uma substância *vaporosa* para nossos olhos, mas ainda bastante *grosseira* para a percepção dos Espíritos desencarnados.

Em *A gênese* [cap. 14], encontramos a informação de que *o envoltório perispirítico de um Espírito se modifica com o progresso moral que este realiza* [...]. Isto quer dizer que o perispírito vai se modificando à proporção que a sua evolução moral vai ocorrendo. Tais modificações se verificam tanto na sua estrutura magnética quanto no tipo de matéria por ela aglutinada, tendendo sempre para uma composição cada vez mais sutil.

Naturalmente, tanto os Espíritos encarnados quanto os desencarnados possuem perispírito. No caso de encarnado, a sua constituição depende fundamentalmente do estágio em que se encontra o planeta que habita e, em menor escala, da sua própria evolução individual. No caso dos desencarnados, a consistência do perispírito dependerá, principalmente, do grau de evolução que o Espírito atingiu, podendo haver grandes diferenças na consistência e constituição do perispírito entre um Espírito e outro. Essa diferenciação chega a ponto de Espíritos mais atrasados, muitas vezes, não conseguirem perceber a presença de outros com perispíritos mais sutis. É sempre possível, contudo, aos Espíritos mais evoluídos, adensarem, propositadamente, seu perispírito, a fim de se tornarem visíveis a outros menos evoluídos, ou até pessoas encarnadas. [...] O perispírito é, pois, uma espécie de *corpo material* do Espírito e é nele que se acumulam os registros de todas as ocorrências em que se envolve o indivíduo durante sua longa jornada evolutiva. É ele o arquivo imperecível de todas as lembranças, o armazém da memória, a sede de todos os estados conscienciais pretéritos. É ainda a ideia diretora, o plano detalhado que controla minuciosamente a formação e conservação da estrutura orgânica de que se utiliza o Espírito como vestimenta de trabalho durante as suas experiências reencarnatórias, neste e em outros mundos.

O perispírito desempenha, pois, papel fundamental na manutenção da integridade do corpo físico e da própria individualidade do ser (94, pt. 2, cap. 3).

[...] É o traço de união entre a vida corpórea e a vida espiritual. [...]

O perispírito é o *órgão sensitivo* do Espírito, por meio do qual este percebe coisas espirituais que escapam aos sentidos corpóreos. [...]

O perispírito é, pois, um organismo fluídico; é a forma preexistente e sobrevivente do ser humano, sobre a qual se modela o envoltório carnal, como uma veste dupla, invisível, constituída de matéria quintessenciada. [...]

[...] chamado por Kardec de *corpo fluídico dos Espíritos*, é um dos mais importantes produtos do fluido cósmico; é uma condensação desse fluido em torno de um foco de inteligência ou *alma*. [...] é um corpo sutil, extremamente poroso e plástico [...] não é imutável; depura-se e enobrece-se com a alma; segue-a através das suas inumeráveis encarnações; com ela sobe os degraus da escada hierárquica, torna-se cada vez mais diáfano e brilhante para, em algum dia, resplandecer com essa luz radiante de que falam as Bíblias (antigas) e os testemunhos da História. [...]

O perispírito é a ideia diretora, o plano imponderável da estrutura orgânica. É ele que armazena, registra, conserva todas as percepções, todas as volições e ideias da alma. E não somente incrusta na substância todos os estados anímicos determinados pelo mundo exterior, como se constitui a testemunha imutável, o detentor indefectível dos mais fugidios pensamentos, dos sonhos apenas entrevistos e formulados.

É, enfim, o guardião fiel, o acervo imperecível do nosso passado. Em sua substância incorruptível, fixaram-se as leis do nosso desenvolvimento, tornando-o, por excelência, o conservador de nossa personalidade, por isso que nele é que reside a memória. [...]

O corpo espiritual não retém somente a prerrogativa de constituir a fonte da misteriosa força plástica da vida, a qual opera a oxidação orgânica; é também ele a sede das faculdades, dos sentimentos, da inteligência e, sobretudo, o santuário da memória, em que o ser encontra os elementos comprobatórios da sua identidade, através de todas as mutações e transformações da matéria.

É, pois, *o corpo espiritual* a alma fisiológica, assimilando a matéria ao seu molde, à sua estrutura, a fim de materializar-se no mundo palpável. [...]

O perispírito é zona que sofre modificações intensas nos processos reencarnatórios, passando por condições de miniaturização e mesmo perda de algumas energias, pois, ao se acercar do ovo para impulsionar a sua morfogênese, estará elaborando uma nova estruturação que responderá por um novo corpo físico. [...]

[...] o perispírito, como ponte, ligação, intermediário, canal emissor/captador, aparelho transmissor/receptor, e tantas coisas mais, transmuta-se no retrato não só da imagem de um corpo físico mas no do arquivo vivo do Espírito, no exato degrau de evolução em que este estagia, como encarnado ou desencarnado, bruto ou angelizado, inconsciente ou lúcido, aqui ou além. [...] (137, cap. 4).

O perispírito ou *corpo astral de todas as vidas*, de que Moisés fez o terceiro elemento do ser humano, é o invólucro fluídico do Espírito, em sua peregrinação pelos mundos materiais, até que se tenha elevado, por seu progresso, à altíssima posição de *puro Espírito*, Espírito sem mais revestimento (139, cap. 2).
O perispírito, portanto, é quem transmite à alma as impressões do corpo concentradas no cérebro, e é quem transmite ao corpo as volições da alma, pela impulsão dada ao cérebro, como centro do sistema nervoso (139, cap. 2).

O perispírito [...] é o órgão transmissor do pensamento e da vontade da alma. [...] (141, cap. 5).

O perispírito é o veículo das nossas emoções. O Espírito pensa, o perispírito transmite o impulso, o corpo físico executa [...] (145, cap. 2, it. 2)

[...] sede da mediunidade [...] (175, cap. 10)

Nosso mediador plástico [...] é um ímã que atrai ou repele a luz astral sob a pressão da vontade. É um corpo luminoso que reproduz com a maior facilidade as formas correspondentes às ideias; é o espelho da imaginação (181, Pref. do trad.)

[...] Sob a direção e a vigilância dos Espíritos prepostos, o Espírito formado se cobre dos fluidos que lhe comporão o invólucro a que chamais – *perispírito*, corpo fluídico que se torna para ele o instrumento e o meio ou de realizar um progresso constante e firme, desde o ponto de partida daquele estado até que haja atingido a perfeição moral, que o põe ao abrigo de todas as quedas; ou de cair, caso em que o perispírito lhe será também instrumento de progresso, de reerguimento, mediante encarnações e reencarnações sucessivas, expiatórias a princípio e por fim gloriosas, até que atinja aquela perfeição moral.

[...] o Espírito organiza a sua constituição fluídica, isso a que chamais *perispírito*. [...] O perispírito [...] forçosamente se modifica de conformidade com as fases da existência e com as provações.
Só quando o Espírito atingiu a *perfeição*, e só então, lhe é dado modificar *voluntariamente* o seu perispírito, de acordo com as necessidades do momento, com as regiões que tenha de percorrer, com as missões que o Senhor lhe confia, conservando-se *inalterável a essência purificada* do mesmo *perispírito*.
[Nos mundos *ad hoc*] o *perispírito*, destinado a receber o *princípio espiritual*, se desenvolve, se constitui a derredor daquela centelha de verdadeira vida. Toma a princípio uma forma indistinta, depois se aperfeiçoa gradualmente como o gérmen no seio materno e passa por todas as fases do desenvolvimento. Quando o invólucro está pronto para contê-lo, o Espírito sai do torpor em que jazia e solta seu primeiro brado de admiração.
Nesse ponto, o *perispírito* é completamente fluídico, mesmo para nós. Tão pálida é a chama que ele encerra, a essência espiritual da vida, que nossos sentidos [dos espíritos reveladores], embora sutilíssimos, dificilmente a distinguem.
Esse o estado de infância espiritual.
O *perispírito* pode, com propriedade, ser qualificado de semimaterial, em razão de que, de si mesmo fluídico, pode materializar-se à vontade. [...] (182, v. 1).

[...] envelope intermediário entre zona espiritual e zona física, servindo de filtro na dosagem e adaptação das energias espirituais com a organização física. Por envolver o espírito ou o psiquismo de profundidade, foi denominado de perispírito ou psicossoma (189, cap. 1).

O perispírito é, ainda, corpo organizado que, representando o molde fundamental da existência para o homem, subsiste, além do sepulcro, demorando-se na região que lhe é própria, de conformidade com o seu peso específico. [...]

Nas mentes primitivas, ignorantes e ociosas, semelhante vestidura se caracteriza pela feição pastosa, verdadeira continuação do corpo físico, ainda animalizado ou enfermiço (290, cap. 6).

Desde tempos remotos, a Humanidade reconheceu-lhe a existência como organismo sutil ou mediador plástico, entre o espírito e o corpo carnal. No Egito, era o *ka* para os sacerdotes; na Grécia era o *eidolon*, na evocação das sibilas. Ontem, Paracelso designava-o como sendo o corpo sidéreo, e, não faz muito tempo, foi nomeado como *somod* nas investigações de Baraduc. André Luiz [...] [destaca-o] qual forma viva da própria criatura humana, presidindo, com a orientação da mente, o dinamismo do casulo celular em que o espírito – viajor da Eternidade – se demora por algum tempo na face da Terra, em trabalho evolutivo, quando não seja no duro labor da própria regeneração. [...] Todos os nossos sentimentos e pensamentos, palavras e obras, nele se refletem, gerando consequências felizes ou infelizes, pelas quais entramos na intimidade da luz ou da sombra, da alegria ou do sofrimento (305, Anotação).

Retrato do corpo mental – Para definirmos, de alguma sorte, o corpo espiritual, é preciso considerar, antes de tudo, que ele não é reflexo do corpo físico, porque, na realidade, é o corpo físico que o reflete, tanto quanto ele próprio, o corpo espiritual, retrata em si o corpo mental que lhe preside a formação.

Do ponto de vista da constituição e função em que se caracteriza na esfera imediata ao trabalho do homem, após a morte, é o corpo espiritual o veículo físico por excelência, com sua estrutura eletromagnética, algo modificado no que tange aos fenômenos genésicos e nutritivos, de acordo, porém, com as aquisições da mente que o maneja [...]. [...] é ele santuário vivo em que a consciência imortal prossegue em manifestação incessante, além do sepulcro, formação sutil, urdida em recursos dinâmicos, extremamente porosa e plástica, em cuja tessitura as células, noutra faixa vibratória, à face do sistema de permuta visceralmente renovado, se distribuem mais ou menos à feição das partículas colóides, com a respectiva carga elétrica, comportando-se no espaço segundo a sua condição específica, e apresentando estados morfológicos conforme o campo mental a que se ajusta (305, pt. 1, cap. 2).

[...] é ainda corpo de duração variável, segundo o equilíbrio emotivo e o avanço cultural daqueles que o governam, além do carro fisiológico, apresentando algumas transformações fundamentais, depois da morte carnal, principalmente no centro gástrico, pela diferenciação dos alimentos de que se provê, e no centro genésico, quando há sublimação do amor, na comunhão das almas que se reúnem no matrimônio divino das próprias forças, gerando novas fórmulas de aperfeiçoamento e progresso para o Reino do Espírito.

Esse corpo que evolve e se aprimora nas experiências de ação e reação, no plano terrestre e nas regiões espirituais que lhe são fronteiriças, é suscetível de sofrer alterações múltiplas, com alicerces na adinamia proveniente da nossa queda mental no remorso, ou na hiperdinamia imposta pelos delírios da imaginação, a se responsabilizarem por disfunções inúmeras da alma, nascidas do estado de hipo e hipertensão no movimento circulatório das forças que lhe mantêm o organismo sutil, e pode também desgastar-se, na esfera imediata à esfera física, para nela se refazer, através do renascimento, segundo o molde mental preexistente, ou ainda restringir-se a fim de se reconstituir de novo, no vaso uterino, para a recapitulação dos ensinamentos e experiências de que se mostre necessitado, de acordo com as falhas da consciência perante a Lei (305, pt. 1, cap. 2).

O veículo do espírito, além do sepulcro, no plano extrafísico ou quando reconstituído no berço, é a soma de experiências infinitamente repetidas, avançando vagarosamente da obscuridade para a luz. Nele situamos a individualidade espiritual, que se vale das vidas menores para afirmar-se, – das vidas menores que lhe prestam serviço, dela recolhendo preciosa cooperação para crescerem a seu turno, conforme os inelutáveis objetivos do progresso (305, pt. 1, cap. 4).

O corpo espiritual, nas camadas mais baixas da vida, assemelha-se de tal forma ao corpo material, que praticamente não há distinção entre suas sensações. [...] (315, pt. 2, 5).

[...] O perispírito ou psicossoma, por sua vez, é reflexo da saúde mental do Espírito. [...] (330, cap. 7).

[...] No perispírito estão gravadas as matrizes dos males que iremos regenerar ou restaurar com dores e sofrimentos por meio da reencarnação. [...] (338, Saúde integral).

[...]. Como o perispírito é uma espécie de forma da forma física, ao desencarnar o Espírito tende a conservar a morfologia humana. Em condições especiais pode tornar-se visível aos homens, como nos casos citados. [...] (343, Um corpo para o além).

[...]. O que vai definir quanto tempo ficaremos por aqui é a condição de nosso perispírito, o corpo celeste, a que se refere Paulo, na Primeira epístola aos coríntios. [...] (343, Lastros espirituais).

O corpo espiritual ou perispírito é o corpo básico, constituído de matéria sutil, sobre o qual se organiza o corpo de carne (353, cap. 18).

Ver também AURA, CORPO ASTRAL *e* DUPLO

PERSEGUIÇÃO

[...] A perseguição não é um bom meio de persuasão; pode momentaneamente abater o mais fraco; convencê-lo jamais. [...] (103, cap. 11).

PERSEGUIDOR

Afinal, todo perseguidor é alguém em si mesmo molestado, infeliz, sem discernimento, envenenado pelo ódio sandeu, sem rumo nem diretriz (79, Noite de angústias).
Em última análise, o perseguidor é sempre alguém que vive perseguido interiormente, qual um espelho que reflete a imagem que tem diante da sua face (86, L. 2, cap. 5).

Quem persegue os semelhantes tem o espírito em densas trevas e mais se assemelha ao cego desesperado que investe contra os fantasmas da própria imaginação, arrojando-se ao fosso do sofrimento. [...] (244, cap. 4).

PERSEVERANÇA

A perseverança é fruto da fé e do despersonalismo (161, cap. 24)..
A perseverança é a base da vitória (256, cap. 124)

A perseverança é uma virtude peregrina que devemos desenvolver de imediato e com toda a prioridade, pois ela nos faz vencer nossas dificuldades e desenvolver as demais virtudes (330, cap. 18).
A perseverança no bem aos outros paga dividendos preciosos de segurança e alegria (351, cap. 6).

PERSONALIDADE

Sabemos presentemente que a nossa consciência interior (individual) e a nossa consciência exterior (sensorial) são duas coisas distintas; que a nossa personalidade, que é o resultado da consciência exterior, não pode ser identificada com o *eu*, que pertence à consciência interior; ou, em outros termos, o que chamamos a nossa consciência não é o igual do nosso "eu". É preciso, pois, distinguir entre a personalidade e a individualidade. A pessoa é o resultado do organismo, e o organismo é o resultado temporário do princípio individual transcendente. [...] (3, v. 2, cap. 4).

Entre as teorias que advogam a causa dos fatores inconscientes, destaca-se a Psicologia Analítica de Jung, com a hipótese do inconsciente coletivo e seus arquétipos. A posição espírita vai além, ao advogar também a existência de elementos inconscientes localizados no corpo espiritual, com todo o repositório das experiências e vivências das encarnações pretéritas, além, é claro, das vividas no Plano Espiritual. De acordo com ela, as forças dinâmicas oriundas do inconsciente espiritual tanto podem ser de natureza positiva, saudável, tais como tendências, ideias ou habilidades inatas, como de natureza morbígena. Os gênios precoces, como Wolfgang A. Mozart, seriam um exemplo de vidas pregressas altamente evoluídas. Crianças portadoras de distúrbios, tais como autismo infantil, psicoses infantis, etc., podem representar o segundo grupo. [...]

As teorias da personalidade empregam o conceito de *self* em sentidos diversos. Da perspectiva espírita, esse é o mais importante dos conceitos psicológicos, pois se trata da própria alma (9, cap. 2)

Nossa consciência está [...] sempre presente a um certo e limitado número de imagens remotas, e sempre as mesmas, mais ou menos. Essas imagens, iterativamente reconduzidas ao mesmo ego, constituirão a personalidade do indivíduo, que se tornou estável, pela comunidade das mesmas (40, cap. 4).

A nossa personalidade é um fulcro de forças vivas, emitindo raios espirituais, em todas as direções. [...] (248).

[...] A pessoa, ou personalidade, é transitória, e reúne os atributos temporários de que o Espírito se reveste em cada encarnação (313, cap. 13).

É preciso fazer uma distinção entre o que seja individual no homem, aquilo que permanece e lhe é inerente, e aquilo que lhe foi imposto pela condição material, social, cultural etc. A esta segunda chamamos personalidade, e pode ser comparada a uma espécie de máscara usada pelo indivíduo para se integrar ao ambiente em que está (315, pt. 4, 21).

As raízes da nossa personalidade estão mergulhadas muito fundo nas camadas estratificadas de numerosas encarnações. [...] (326, cap. 1.5).

Ver também INDIVIDUALIDADE

Personalidade agressiva

Personalidade agressiva – Representam indivíduos facilmente irritáveis diante das reações vivenciais, de aspecto explosivo, o que lhes dá excessiva autoafirmação. Quando inteligentes e de certa coerência social, podem tornar-se líderes; se são pessoas rudes, convivem em constantes querelas. A agressividade, quase sempre, nada mais seria do que uma máscara a encobrir insegurança e componentes ansiosos. São indivíduos que se sentem fracos quando sozinhos, atuam em bandos e armados; fora dessa situação não se afirmam, perdem-se e acabam sucumbidos (190, cap. 3).

Ver também IRRITAÇÃO

Personalidade antissocial

Personalidade antissocial – São indivíduos que se encontram em constantes conflitos com a sociedade, não obedecem as regras da vida, são irresponsáveis, não se fixam na vida familiar e são inconsequentes por excelência. O código que conhecem está diretamente relacionado aos impulsos destoantes que consigo carregam; por isso, mentirosos e destituídos de tolerância para com os demais. Habitualmente descambam na delinquência e no crime; arregimentam-se em quadrilhas e sempre em atividades antilegais. Quando castigados pela lei, quase nunca se emendam; voltam às mesmas atividades negativas logo estejam em liberdade (190, cap. 3).

Personalidade ciclotímica

Personalidade ciclotímica – São indivíduos que oscilam entre alegria e tristeza; a tristeza está relacionada à reação depressiva. Apresentam grau acentuado de extroversão, em oposição à introversão do esquizóide. São dados, fazem amigos com facilidade, chegando a demonstrar demasiada alegria. São constantes as suas flutuações de humor, por existir um ponto de insegurança em seu próprio *eu*, mas, não dão muita importância a essas variações; quando no período de depressão, afirma: em breve sairei da *fossa*. Nas fases de alegria intensa sentem-se impulsionados para gestos excessivos e vestuários com alguma extravagância (190, cap. 3).

Personalidade completa

[...] *personalidades completas*, ou seja, as que apresentam todas as faculdades e capacidades sensoriais e psíquicas de um ente normal (90, pt. 1, cap. 2).

Personalidade compulsiva

Personalidade compulsiva – São indivíduos meticulosos e doentiamente arrumados; ficam, a todo momento, verificando se seus pertences estão fora do lugar escolhido. Geralmente, são dedicados tão intensamente ao trabalho, a ponto de desrespeitarem os sentimentos alheios; em graus extremos perdem-se em coisas sem importância, envolvendo-se em inexistentes dificuldades, refletindo um constante estado de angústia vital (190, cap. 3).

Personalidade esquizóide

Personalidade esquizoide – Englobam indivíduos frios e com dificuldade de participarem do calor humano; pelo isolamento em que se refugiam têm dificuldades no colóquio familiar. Reservados por natureza, medo excessivo de doenças, chegando, alguns, a serem hipocondríacos. Vivem mais para o seu próprio mundo e não gostam de vê-lo descerrado ou invadido. São desconfiados e muito sensíveis; sempre em atitude psicológica de defesa, receando o julgamento alheio (190, cap. 3).

Ver também ESQUIZOFRENIA

Personalidade homossexual

A personalidade homossexual, em grande número de casos, tem mostrado, ao lado da amabilidade, incontida egolatria, algumas vezes acompanhando posições narcisistas, contribuindo com um certo grau de hostilidade para ambos os sexos. São pessoas mais facilmente tendentes à ansiedade e a outros sintomas neuróticos, tais como fobias e depressões; quase sempre são portadores de esquemas mentais complicados, tornando-os prolixos e fastidiosos no diálogo (190, cap. 3).

Ver também HOMOSSEXUALISMO

Personalidade integral subconsciente

[...] é uma *entidade espiritual* independente de toda a ingerência funcional, direta ou indireta, do órgão cerebral. Resulta ainda, disto, que as faculdades supranormais, esporadicamente assinaladas, de todos os tempos e em toda parte, na Humanidade são, na realidade, as faculdades de sentidos espirituais da personalidade integral subconsciente, em estado latente, na subconsciência humana, para emergir e se exercer num meio espiritual, após a crise da morte; do mesmo modo que no embrião se acham formadas, de antemão e em estado latente, as faculdades de sentidos terrenos, à espera do momento que lhes há de permitir se exerçam no seio do meio terrestre, após a crise do nascimento (22, cap. 3).

Personalidade paranoide

[...] São indivíduos que oscilam entre a suposição de hostilidade contra a sua pessoa e a existência de franca perseguição. Algumas vezes, pela exaltação dos pensamentos, podem apresentar-se com mania de grandeza, o que os torna mentirosos e desacreditados (190, cap. 3).

Personalidade passiva

[...] São indivíduos que raramente se aborrecem e manifestam ojeriza à violência. Não sabem e não gostam de negar; por isso, ficam sempre dependentes, dominados e explorados, situação que se lhes torna incômoda. Desejam, muitas vezes, causar boa impressão no relacionamento, evitando condições agressivas; tornam-se tediosos, pelas complicadas abordagens sobre os fatos. Pelas introjeções e repressões de sentimentos, respondem por habituais manifestações psicossomáticas e, pela passividade excessiva, os impulsos decisórios estão bloqueados (190, cap. 3).

Personalidade psicopática

[...] Na personalidade psicopática o grande desajuste é com o meio. [...] a personalidade psicopática reflete o desajuste do *eu*, sendo seguro ao seu próprio modo [...] (190, cap. 3).

Entendemos como personalidades psicopáticas os distúrbios ocasionados pelos desequilíbrios na estrutura do caráter, com reflexos na vida social. Distúrbios que oscilarão entre a passividade e a agressividade, em seus graus máximos, tornando difícil, em alguns casos, estabelecer as linhas demarcativas do normal e do patológico. [...] (190, cap. 3).

Ver também LOUCURA

PERSONISMO

[...] Personismo – Fenômenos psíquicos inconscientes e produzindo-se nos limites da esfera corpórea, consequente ao fenômeno fundamental do desdobramento da consciência, ou transe, ou dissociação. Aqui entra a Psicopatologia isenta de prejuízos intelectuais, no diagnóstico diferencial entre mediunismo, neuroses e psicoses.

Para o autor russo, o personismo pode ser normal, anormal e fictício e demonstra a não identidade entre o *eu* individual, interior, inconsciente e o *eu* pessoal, consciente, exterior. O conceito de Aksakof do *eu* interior se aproxima muito do conceito junguiano de *Selbst*. William James prefere utilizar o conceito de foco de energia na personalidade, que pode ser deslocado pelas experiências de caráter religioso (op. cit.). Essa descoberta de Aksakof é importantíssima para a Psicologia (9, cap. 5).

PERTURBAÇÃO

Na transição da vida corporal para a espiritual, produz-se ainda um outro fenômeno de importância capital – a perturbação. Nesse instante a alma experimenta um torpor que paralisa momentaneamente as suas faculdades, neutralizando, ao menos em parte, as sensações. [...] A perturbação pode, pois, ser considerada o estado normal no instante da morte e perdurar por tempo indeterminado, variando de algumas horas a alguns anos. À proporção que se liberta, a alma encontra-se numa situação comparável à de um homem, que desperta de profundo sono; as ideias são confusas, vagas, incertas; a vista apenas distingue como que através de um nevoeiro, mas pouco a pouco se aclara, desperta-se-lhe a memória e o conhecimento de si mesma. Bem diverso é, contudo, esse despertar; calmo, para uns, acorda-lhes sensações deliciosas; tétrico, aterrador e ansioso, para outros, é qual horrendo pesadelo (104, pt. 2, cap. 1, it. 6).

Por ocasião da morte, tudo, a princípio, é confuso. De algum tempo precisa a alma para entrar no conhecimento de si mesma. Ela se acha como que aturdida, no estado de uma pessoa que despertou de profundo sono e procura orientar-se sobre a sua situação. A lucidez das ideias e a memória do passado lhe voltam, à medida que se apaga a influência da matéria que ela acaba de abandonar, e à medida que se dissipa a espécie de névoa que lhe obscurece os pensamentos (106, q. 165).

A perturbação espiritual após a morte é, portanto, o resultado do comportamento de cada criatura enquanto se encontra sob as imposições orgânicas (81, Perturbação no Além-Túmulo).

PESSIMISMO

[...] O pessimismo é a doença moral do nosso tempo (52, Introd.).

[...] é porta aberta ao desânimo [...] (292, Palavra).

Ver também DESÂNIMO

PIEDADE

[...] A piedade é o melancólico, mas celeste precursor da caridade, primeira das virtudes que a tem por irmã e cujos benefícios ela prepara e enobrece (105, cap. 13, it. 17).

A piedade é amor, amor a Deus, amor, portanto, ao próximo, porque não se pode amar ao Pai sem amar a seus filhos. E o amor desperta a compaixão, à vista do infortúnio, da desgraça alheia (2, cap. 7).

[...] A piedade é uma das mais belas modalidades do amor-abnegação, do amor-sacrifício, que jamais pede coisa alguma e distribui tudo quanto possui! [...] (87, L. 6, cap. 20).

Piedade é caridade para com nós mesmos (100, Liberando).

[...] [é uma] prece viva [...] (100, Viver).

A piedade é a simpatia espontânea e desinteressada que se antepõe à antipatia gratuita ou despeitosa. Ela deve induzir-vos à prática do socorro moral e material, junto daqueles que no-la despertam, sem o que se torna infrutífera. [...] a piedade sincera [...] acatemo-la como força de renovação das almas e luz interior da verdadeira vida, eternizada por Deus (307, cap. 96).

PITONISA

Pítia, sibila, oráculo, mulher que, na Grécia antiga, tinha o dom de profetizar. [...] (85, L. 4).

Os gregos apreciavam consultar os oráculos, deuses que respondiam perguntas valendo-se das pitonisas, mulheres que lhes serviam de intérpretes. [...] (343, A influência dos Espíritos).

PLANETA

[...] os planetas são mundos semelhantes à Terra e, sem dúvida, habitados, como esta [...] (101, cap. 5, it. 12).

Os planetas são [...] formados de massas de matéria condensada, porém ainda não solidificada, destacadas da massa central pela ação de força centrífuga e que tomam, em virtude das leis do movimento, a forma esferoidal, mais ou menos elíptica, conforme o grau de fluidez que conservaram. [...] (101, cap. 6, it. 23).

Os planetas que rolam no infinito constituem a família universal, por excelência. Cada um deles comporta uma Humanidade, irmã de todas as outras que vibram na imensidade (248).

Ver também MUNDO *e* TERRA

PLANO DIVINO

[...] é o da evolução e dentro dele todas as formas de progresso das criaturas se verificariam sem o concurso desses movimentos lamentáveis, que atestam a pobreza moral da consciência do mundo. [...] (238, cap. 15).

PLANO ESPIRITUAL

[...] formado dos Espíritos desencarnados. [...] o Mundo Espiritual ostenta-se por toda parte, em redor de nós como no Espaço, sem limite algum designado. [...] (104, pt. 1, cap. 3, it. 5).

O mundo espírita é o mundo normal, primitivo, eterno, preexistente e sobrevivente a tudo (106, Introd.)

Também o Mundo Espiritual é assim composto de diferentes planos, evidenciando variadíssimos graus de adiantamento. [...]

[...] O Mundo Espiritual tem suas organizações assistenciais, administrativas e científicas, seus métodos de trabalho, suas atividades, enfim, como qualquer grupamento humano condigno. [...] (7, cap. 48).

[...] O Mundo Espiritual é contíguo ao nosso, apenas localizado, por assim dizer, numa outra faixa vibratória. [...] (7, cap. 52).

O Mundo Espiritual é a pátria natural de todos nós, é a verdadeira vida e a plenitude da vida do Espírito, quando liberto da matéria. Ele não é consequência da existência corpórea, mas, sim, a sua origem, a raiz de todos os empreendimentos humanos. Tudo que, um dia, nasce através do esforço dos homens, para benefício da Humanidade, tem a sua idealização e inspiração no Plano Espiritual (12, cap. 15).

[...] no *plano astral* [...] são puramente mentais as modalidades da existência, isto é, tudo que existe nesse plano é produto do poder criador do pensamento e da vontade dos Espíritos que o habitam, pensamento e vontade criadores da paisagem espiritual, da forma humana conservada pelos Espíritos que lá vivem, das vestes etéreas que os cobrem, das habitações em que lhes apraz viver, etc. (19).

[...] *plano etéreo* que é a verdadeira morada espiritual [...] (19).

[...] mundo fluídico, povoado pelos Espíritos dos homens que viveram na Terra e se despojaram do seu grosseiro invólucro. [...] (45, cap. 5).

O Mundo Invisível [...] é a continuação, o prolongamento natural do [mundo] visível. Em sua unidade, formam um todo inseparável; mas é no invisível que importa procurar o mundo das causas, o foco de todas as atividades, de todas as forças sutilíssimas do cosmos (45, cap. 10).

[...] ao redor deste nosso mundo, outro existe, de matéria mais delicada, em o qual imediatamente entram os que morrem, revestidos de um corpo etéreo, tão tangível e real quanto o envoltório físico que traziam antes e que volta para a Terra de onde proviera. [...] (63, Introd.).

O Mundo Espiritual é o grande lar, de onde se sai em viagem experimental de iluminação e para onde se retorna com os resultados insculpidos na consciência... [...] (83, Novos rumos).

[...] O mundo dos Espíritos é, para nós, celeiro imenso. Aqui a nossa pobreza espiritual é um imenso velário que nos limita a visão para além das fronteiras da Crosta. [...] (151, cap. 2).

[...] o invisível é, com efeito, a verdadeira pátria de todos nós. [...] (168, cap. 4).

A esfera espiritual próxima do planeta é uma figura de transição, em que o gosto terrestre tem quase absoluta predominância (285, cap. 28).

[...] novo plano de matéria, que vibra em graduação diferente (297, cap. 4).

[...] é a escola em que a alma se aperfeiçoará em trabalho de frutescência antes que possa desferir mais amplos voos no rumo da Luz Eterna (305, pt. 1, cap. 13).

Esferas espirituais – Muitos comunicantes da vida espiritual têm afirmado, em diversos países, que o plano imediato à residência dos homens jaz subdividido em várias esferas. Assim é com efeito, não do ponto de vista do espaço, mas sim sob o prisma de condições, qual ocorre no globo de matéria mais densa, cujo dorso o homem pisa orgulhosamente.

[...] Encontramos, assim, na constituição natural do planeta, desde a barisfera à ionosfera, múltiplos círculos de força e atividade na terra, na água e no ar, tanto quanto nos continentes identificamos as esferas de civilização e nas civilizações, as esferas de classe, a se totalizarem numa só faixa do espaço (305, pt. 1, cap. 13).

PLANTA

Como os animais, as plantas nascem, vivem, crescem, nutrem-se, respiram, reproduzem-se e morrem. Como aqueles, precisam elas de luz, de calor e de água; estiolam-se e morrem, desde que lhes faltem esses elementos. A absorção de um ar viciado e de substâncias deletérias as envenena. Oferecem como caráter distintivo mais acentuado conservarem-se presas ao solo e tirarem dele a nutrição, sem se deslocarem (101, cap. 10, it. 24).

Tudo em a Natureza é transição, por isso mesmo que uma coisa não se assemelha a outra e, no entanto, todas se prendem umas às outras. As plantas não pensam; por conseguinte carecem de vontade. Nem a ostra que se abre, nem os zoófitos pensam: têm apenas um instinto cego e natural (106, q. 589).

[...] A planta é um ser vivo que responde ao amor e às vibrações simpáticas emanadas de um Espírito bem-intencionado. [...] (7, cap. 40).

[...] A planta, porém, é uma crisálida de consciência, que dorme largos milênios, rigidamente presa aos princípios da genética vulgar que lhe impõe os caracteres dos antepassados [...] (231, cap. 7).

PLEXO

Há, no corpo físico, regiões em que se observam formações muito peculiares do sistema nervoso periférico. Nelas temos vários nervos que se bifurcam e, depois, as bifurcações de uns vão unir-se com as bifurcações de outros, formando um intrincado de *plexos nervosos* e é através deles que as fibras nervosas podem passar de um nervo a outro [...].

Dentre os vários plexos nervosos do organismo humano destacamos os seguintes:

- Plexo cervical ou laríngeo;
- Plexo cardíaco;
- Plexo solar;
- Plexo esplênico;
- Plexo sacro (94, pt. 1, cap. 6).

É importante observar-se que existem, no corpo físico, plexos nervosos importantes nas regiões correspondentes aos centros vitais, exceção feita ao centro coronário e ao centro frontal (94, pt. 2, cap. 5).

PNEUMATOFONIA

[...] os Espíritos podem [...] fazer se ouçam gritos de toda espécie e sons vocais que imitam a voz humana, assim ao nosso lado, como nos ares. A este fenômeno é que damos o nome de *pneumatofonia.*

[...] os sons pneumatofônicos exprimem pensamentos e nisso está o que nos faz reconhecer que são devidos a uma causa inteligente e não acidental. [...]

Os sons espíritas, os pneumatofônicos, se produzem de duas maneiras distintas: às vezes, é uma voz interior que repercute no nosso foro íntimo, nada tendo, porém, de material as palavras, conquanto sejam claramente perceptíveis; outras vezes, são exteriores e nitidamente articuladas, como se proviessem de uma pessoa que nos estivesse ao lado. De um modo, ou de outro, o fenômeno da pneumatofonia é quase sempre espontâneo e só muito raramente pode ser provocado (107, it. 150).

(Do grego - *pneuma* - e - *phoné*, som ou voz.) - Voz dos Espíritos; comunicação oral dos Espíritos, sem o concurso da voz humana (107, cap. 32).

Ver também VOZ DIRETA

PNEUMATOGRAFIA

A escrita direta, ou *pneumatografia*, é a que se produz espontaneamente, sem o concurso nem da mão do médium, nem do lápis. Basta tomar-se de uma folha de papel branco, o que se pode fazer com todas as precauções necessárias, para se ter a certeza da ausência de qualquer fraude, dobrá-la e depositá-la em qualquer parte, numa gaveta, ou simplesmente sobre um móvel. Feito isso, se a pessoa estiver nas devidas condições, ao cabo de mais ou menos longo tempo encontrar-se--ão, traçados no papel, letras, sinais diversos, palavras, frases e até dissertações, as mais das vezes com uma substância acinzentada, análoga à plumbagina, doutras vezes com lápis vermelho, tinta comum e, mesmo, tinta de imprimir (107, it. 127).

[...] A *pneumatografia* é a escrita produzida diretamente pelo Espírito, sem intermediário algum [...] (107, it. 146).

(Do grego - *pneuma* - ar, sopro, vento, espírito, e *graphô*, escrevo.) - Escrita direta dos Espíritos, sem o auxílio da mão de um médium (107, cap. 32).

Quando se obtém uma comunicação sem o auxílio da mão de psiquista, quer sobre papel branco, quer entre duas ardósias atadas e lacradas, tem-se o que se denomina *psicografia* (ou *escrita direta*) (57, pt. 1, cap. 3).

Kardec emprega essa palavra para exprimir a escrita direta espiritual, deixando a psicografia para exprimir a escrita que é feita pela mão do médium (191, cap. 1).

A pneumatografia é a escrita direta dos Espíritos. Quando esse fenômeno surgiu pela primeira vez — ao menos em nosso tempo, pois nada prova que não fosse conhecido na Antiguidade e na Idade Média, [...] (319, cap. 4).

Ver também ESCRITA DIRETA

Pneumatografia imediata

Pneumatografia imediata, escrita direta, aparentemente *sine matéria*, relacionada sem dúvida com os efeitos de transporte. [...] (35, cap. 3).

Pneumatografia mediata

Pneumatografia mediata, efeito mecânico, tal a escrita entre duas lousas onde se coloca previamente um fragmento de lápis [...] (35, cap. 3).

POBRE

O pobre, o verdadeiro pobre envergonhado, modesto e altivo, para nós, é um rico decaído, que porventura expia na nudez o abuso que fez outrora da sua opulência. [...] (134, 30ª efusão).

Pobre de espírito

[...] Por pobres de espírito Jesus não entende os baldos de inteligência, mas os humildes, tanto que diz ser para estes o Reino dos Céus e não para os orgulhosos (105, cap. 7, it. 2).

Bem-aventurados os pobres de espírito – os humildes, os que têm a candura e a adorável simplicidade das crianças –, porque deles é o Reino dos Céus... (28, A progressividade da revelação divina 2).

Por *pobres de espírito*, na acepção em que Jesus empregou essas palavras, devem-se entender aqueles que, aspirando à perfeição e, comparando com o ideal a ser atingido o pequenino grau de adiantamento a que chegaram, reconhecem quanto ainda são carentes de espiritualidade (29, Bem-aventurados os pobres de espírito).

Os *pobres de espírito* são os que só confiam no Senhor e não em si mesmos; são os que, reconhecendo dever tudo ao Criador, reconhecem que nada possuem. [...] (182, v. 1).

Ver também HUMILDADE

POBREZA

[...] A pobreza é, para os que a sofrem, a prova da paciência e da resignação [...] (105, cap. 16, it. 8).

PODER

O poder, na vida, constitui o progresso. O poder é um atributo da sabedoria; a sabedoria a resultante da experiência; a experiência o impulsor de aperfeiçoamento; o aperfeiçoamento o dinamismo do progresso (117, v. 3, cap. 15).

Poder magnético

O poder magnético é uma faculdade natural comum a todos os homens (141, cap. 11).

Poder mental

[...] força criadora e renovadora, em todas as linhas do Universo (260, cap. 38).

POLIGAMIA

A poligamia é lei humana cuja abolição marca um progresso social. [...] Na poligamia não há afeição real: há apenas sensualidade (106, q. 701).

No mundo primitivo, a *poligamia* era um costume natural, onde os homens conviviam maritalmente com várias mulheres. Nos dias atuais, *o amor livre é ainda a recordação da poligamia dos tempos primitivos*, com mudança somente quanto à forma. Atualmente, devemos entender por poligamia todo relacionamento sexual da pessoa, na condição de solteiro ou de casado, do homem ou da mulher, na busca de prazeres sexuais sem responsabilidades, com variação de parceiro ou parceira. Não somente a juventude se envereda pelo mundo livre das relações sexuais, pois os adultos, quando resvalam para a prática das relações extraconjugais, estão vivendo também a poligamia [...] (12, cap. 11).

A poligamia ainda é a característica de grande parte da Humanidade, porque nós somos bastante inconstantes em nossas relações afetivas e nosso amor ainda não tem responsabilidade. Na união conjugal dificilmente acontece a evolução dos sentimentos e somente a força sexual está comandando a dupla afetiva. O amor livre, a infidelidade conjugal, a variação de parceiro ou parceira sexual, a troca de cônjuges sem ligação afetiva duradoura – são manifestações da *poligamia*. [...] (12, cap. 22).

A poligamia é uma herança atávica do homem. [...] (199, O 4o mandamento).

POLTERGEIST

Espírito perturbador, que se compraz em manifestações ruidosas e desordenadas (56, cap. 1).

O vocábulo corresponde ao *lutin* francês, que em vernáculo seria *duende*, *trasgo*, *gnomo*, etc. Não tendo o autor utilizado o seu próprio idioma, pareceu-nos de boa regra imitá-lo, ainda mais por julgarmos que empresta ao vocábulo acepção especial, ou seja, a de seres ainda não humanizados e fora do quadro da evolução planetária. Seriam, então, aqueles elementais (cascões) de que falam teosofistas e ocultistas, e que para nós significariam teoricamente *mônadas espirituais*, em plano inferior de evolução (65, cap. 11).

[...] [de *polter*, fazer barulho e *geist*, espírito] (65, cap. 11).

O notável pesquisador italiano [Ernesto Bozzano] estudou 532 casos, dos quais classifica 374 como de assombração propriamente dita e 158 como *poltergeist*. E aqui damos com outra palavra *assombrada*, desta vez sacada à língua alemã e que se compõe de duas expressões: *poltern*, fazer barulho e *geist*, espírito. Daí se depreende que *poltergeist* são fenômenos de efeito físico, geralmente acompanhados de ruídos e deslocação de objetos (146, cap. 4).

Os fenômenos de *poltergeist* ocorrem tanto à noite como durante o dia, e *parecem ser regulados por uma forma qualquer intencional, que se concretiza, às vezes, em uma personalidade oculta capaz de entrar em ligação com os assistentes*. É possível, por isso, dialogar com tais personalidades, por meio de um código convencionado – batidas, sinais, etc. –, e com frequência se percebe que elas são capazes de ler o pensamento dos assistentes. Os fenômenos, por outro lado, estão sempre relacionados com a presença de um sensitivo, mais frequentemente, uma jovem adolescente, às vezes, um rapazinho.

Acresce que, devido a certa espetaculosidade, que é da própria essência do fenômeno, os casos de *poltergeist* rapidamente viram notícias e começam a ser investigados, quase sempre, por equipes policiais despreparadas, voltadas apenas para a ideia fixa de apanhar o *engraçadinho* que se empenha em promover aquelas *brincadeiras de mau gosto*. Enquanto isso, o público leitor que segue as notícias aceita a versão policial e sorri com superioridade daqueles que se dedicam, em seriedade, a pesquisar as causas do fenômeno. De certa forma, porém, esse quadro tem seus méritos, porque, a despeito de toda a vigilância e interesse em apanhar o autor das proezas, os fenômenos continuam a ocorrer e acabam por ficar muito bem documentados nos relatórios da polícia e nas reportagens sensacionalistas.

Outra característica do fenômeno – lembra Bozzano – é a sua grande uniformidade, *que se mantém em todos os tempos e em todos os lugares*. Distinguem-se dos fenômenos normais de assombração por serem de curta duração, enquanto que aqueles, às vezes, duram séculos. Parece também haver neles uma causa local, além de mediúnica, pois frequentemente eles cessam quando se afasta o médium. Como muito bem observa o eminente cientista italiano, as manifestações são nitidamente intencionais. Inúmeros fenômenos parecem indicar uma clara intenção de criar dificuldades, a fim de assustar e acabar expulsando de uma casa os habitantes que os desencarnados parecem considerar como intrusos.

É fácil de compreender tais disposições em seres que desencarnaram, mas não se desprenderam da paixão da posse de seus bens e continuam "do lado de lá" a se sentirem donos de suas casas e dos objetos e móveis com os quais conviveram. Por isso o fenômeno é localizado. Cabe referir, ainda, que Bozzano lembra aqui também a possibilidade de tais ocorrências resultarem não apenas de manifestações essencialmente *espíritas*, como também *anímicas*, o que as levaria à classificação de fenômenos de telecinesia, na terminologia parapsicológica. Uma hipótese não exclui a outra, porque elas se completam e podem até coexistir. Em outras palavras: se o Espírito desencarnado é capaz de provocar efeitos físicos, o Espírito encarnado também pode fazê-lo (146, cap. 4).

Ver também ESPÍRITO PERTURBADOR
e ESPÍRITO TURBULENTO

PONTUALIDADE

Pontualidade!

Hora certa para início das tarefas, sem esquecimento da preparação que nos compete, enquanto aguardamos o momento dos santos labores do mediunismo com Jesus! (161, cap. 12).

Pontualidade – tema essencial no quotidiano, disciplina da vida. [...] Pontualidade é sempre dever, mas na desobsessão assume caráter solene.

Não haja falha de serviço por nossa causa. Não se pode esquecer que o fracasso, na maioria das vezes, é o produto infeliz dos retardatários e dos ausentes.
A hora de início das tarefas precisa mostrar-se austera, entendendo-se que o instante do encerramento é variável na pauta das circunstâncias.
Aconselhável se feche disciplinarmente a porta de entrada 15 minutos antes do horário marcado para a abertura da reunião, tempo esse que será empregado na leitura preparatória (302, cap. 14).

Ver também REUNIÃO DE DESOBSESSÃO *e* REUNIÃO MEDIÚNICA

PORTA ESTREITA

A porta estreita e o caminho difícil indicam os esforços que o Espírito encarnado tem de empregar e as penas que tem de suportar para chegar à vida eterna, isto é, para se despojar de seus vícios, para marchar pela estrada do bem, fazendo nascer no seu íntimo os sentimentos opostos aos vícios de que se for libertando (182, v. 2).

[...] a senda estreita a que se refere Jesus é a fidelidade que nos cabe manter limpa e constante, no culto às obrigações assumidas diante do Bem Eterno.

[...] a *porta estreita* é sempre o amor intraduzível e incomensurável de Deus (243, cap. 12).

[...] é o maravilhoso símbolo para a divina iluminação (288, pt. 1, cap. 1).

A porta estreita revela o acerto espiritual que nos permite marchar na senda evolutiva, com o justo aproveitamento das horas.
Porta estreita – saída do erro –, entrada na renovação... (307, cap. 14).

PORTA LARGA

A porta larga e o caminho espaçoso, que conduzem à perdição e pela qual *entram* em tão grande número os homens, são o orgulho, o egoísmo, a ambição, com todos os seus derivados, a avareza, a cupidez, a inveja, a luxúria, a intemperança, a cólera, a preguiça, o materialismo, a incredulidade, a intolerância, o fanatismo, a predominância da matéria sobre o Espírito, ou mesmo a sujeição do Espírito à matéria e, de modo geral, a maldade, pela palavra ou pelos atos, sob todas as formas e em todas as gradações (182, v. 2).

[...] é a paixão desregrada do *eu* [...] (243, cap. 12).

A porta larga expressa-nos o desequilíbrio interior, com que somos forçados à dor da reparação, com lastimáveis perdas de tempo.
Porta larga – entrada na ilusão –, saída pelo reajuste... (307, cap. 14).

PORTAGEIROS

Eram os arrecadadores de baixa categoria, incumbidos principalmente da cobrança dos direitos de entrada nas cidades. Suas funções correspondiam mais ou menos à dos empregados de alfândega e recebedores dos direitos de barreira. Compartilhavam da repulsa que pesava sobre os publicanos em geral. Essa a razão por que, no Evangelho, se depara frequentemente com a palavra *publicano* ao lado da expressão *gente de má vida*. Tal qualificação não implicava a de debochados ou vagabundos. Era um termo de desprezo, sinônimo de *gente de má companhia*, gente indigna de conviver com pessoas distintas (105, Introd.).

Ver também PUBLICANO

POSIÇÃO NEUTRA

No Evangelho, a posição neutra significa menor esforço (256, cap. 126).

POSIÇÃO SOCIAL

[...] é nível ocupado numa sociedade estratificada econômica, cultural e politicamente, e está de acordo com a Lei de Deus e conforme a lei de progresso. [...] Posições sociais: 1) Definem níveis sociais ocupados por força das diferenças de aptidões pessoais; 2) Tendem a diferençar os homens entre si no presente e no futuro; 3) A desigualdade por elas provocada tende a permanecer, evoluindo, porém, o fator de diferenciação delas; 4) Estão conforme à Lei de Deus; 5) O progresso é consequência da diferença dessas posições; 6) Geram desigualdades sociais positivas, funcionais, pedagógicas (128).

A posição social é sempre um jogo transitório (295, cap. 162).

POSITIVISMO

[...] O Positivismo, que teve o seu período de grande influência no século XIX, é uma doutrina contrária ao sobrenatural e à Teologia, mas ostensivamente voltada para os fenômenos objetivos ou, por outras palavras, para a experiência sensível.

Há, neste ponto (não queiramos ir mais longe) uma expressão concordante entre Espiritismo e Positivismo. Entretanto, as duas doutrinas partem de premissas divergentes e seguem direções abertamente irreconciliáveis no que diz respeito às primeiras causas e à sobrevivência do Espírito, questões que o Positivismo considera puramente metafísicas e, portanto, sem o mínimo interesse para a discussão científica. Já se vê que, embora existam pontos de coincidências em palavras, as duas doutrinas não são equivalentes.

Poder-se-ia dizer, ainda mais, que o Positivismo tem afirmações frontalmente concordantes com o Cristianismo. Vejamos. O Positivismo sempre pregou o *amor por princípio* e sempre ensinou o lema *viver para outrem*. E não é exatamente o que ensina o Cristianismo? Claro que sim. Toda a doutrina do Evangelho se fundamenta no amor, antes e acima de tudo, e o amor ao próximo vem a ser, na prática, justamente o viver para outrem, como recomendam os positivistas. Por isso mesmo, eles exaltam o altruísmo e reprovam o egoísmo. Logo, Cristianismo e Positivismo se encontram pacificamente na colocação destes princípios. Mas a identificação seria impossível no cerne de um e do outro, já porque o Positivismo nem cogita da sobrevivência da vida no Mundo Espiritual, já porque, segundo a sua filosofia, o culto da Humanidade (denominado o Grande Ser) substitui o culto de Deus. Em lugar de Deus, o Positivismo coloca a Humanidade. Como poderiam identificar-se duas concepções tão distanciadas entre si, apesar de ligeiras coincidências externas? Jamais! (6, cap. 10).

O Positivismo, fundado por Auguste Comte, exposto em suas obras escritas no período de 1830 a 1854, é um sistema filosófico que procura agrupar as ciências, especulando somente com a experiência e a observação. Não se preocupa nem com as origens, nem com os fins do Universo. Por isso não cogita de Deus. O que denomina de Religião da Humanidade, compreendendo o culto, o dogma e o regime social, é sintetizado na fórmula: o amor por princípio, a ordem por base, o progresso por fim. Exerceu a filosofia de Comte grande influência na Europa, com repercussões na América, em fins do século passado. No Brasil, empolgou as elites culturais, onde os positivistas, ativos e influentes, abraçaram a causa abolicionista e o movimento republicano, saindo vitoriosos nos dois. Trabalharam na implantação de uma nova ordem social e a eles se devem creditar bons serviços prestados à libertação das consciências.

A filosofia positivista observou e catalogou apenas uma pequena parcela da Verdade, ao fazer abstração da Causa Primeira e do Mundo Espiritual, com todas as consequências daí resultantes. Talvez seja essa a causa de sua rápida ascensão e súbito declínio, no lapso de um século (207, cap. 21).

POSITIVISTA

[...] Os positivistas têm por objetivo o estudo da Natureza pelos sentidos, pela observação e pela análise. Tudo o que se afasta dessa ordem de coisas é para eles o desconhecido, o *porquê*, ao qual renunciam, deliberadamente, pesquisar (42, pt. 1, cap. 2).

POSSE E INSTINTO SEXUAL

É a união sexual entre o homem e a mulher, onde o desejo já está acrescido da afetividade. Essa afeição apresenta o amor exclusivista, o amor egoísta, o amor possessivo. O parceiro ou a parceira quer, a todo custo, vigiar, exigir, dominar e aprisionar a si mesmo, dentro de seus caprichos, a pessoa amada. É aqui que surgem o ciúme, a tirania e as exigências do coração desorientado. Em virtude da pobreza moral das criaturas humanas, é muito difícil abandonar esta fase sombria da afeição doentia. [...] (12, cap. 22).

POSSESSÃO

Na possessão, em vez de agir exteriormente, o Espírito atuante se substitui, por assim dizer, ao Espírito encarnado; toma-lhe o corpo para domicílio, sem que este, no entanto, seja abandonado pelo seu dono, pois que isso só se pode dar pela morte. A possessão, conseguintemente, é sempre temporária e intermitente, porque um Espírito desencarnado não pode tomar definitivamente o lugar de um encarnado, pela razão de que a união molecular do perispírito e do corpo só se pode operar no momento da concepção (101, cap. 14, it. 47).

Dava-se outrora o nome de *possessão* ao império exercido por maus Espíritos, quando a influência deles ia até a aberração das faculdades da vítima. A possessão seria, para nós, sinônimo da subjugação. Por dois motivos deixamos de adotar esse termo: primeiro, porque implica a crença de seres criados para o mal e perpetuamente votados ao mal, enquanto que não há senão seres mais ou menos imperfeitos, os quais todos podem melhorar-se; segundo, porque implica igualmente a ideia do apoderamento de um corpo por um Espírito estranho, de uma espécie de coabitação, ao passo que o que há é apenas constrangimento [...] (107, it. 241).

[...] A subjugação, quando no paroxismo, é que vulgarmente dão o nome de *possessão*. É de notar-se que, nesse estado, o indivíduo tem muitas vezes consciência de que o que faz é ridículo, mas é forçado a fazê-lo, tal como se um homem mais vigoroso do que ele o obrigasse a mover, contra a vontade, os braços, as pernas e a língua (109, pt. 1, Manifestações dos Espíritos).

O Espiritismo considera na gênese do fenômeno da possessão a faculdade mediúnica desgovernada e trata o caso pelo processo do diálogo com o Espírito possessor, buscando compreender suas razões para esclarecê-lo e libertá-lo da sua própria ignorância e confusão mental (148, cap. 18).

Imantação do Espírito a determinada pessoa, dominando-a física e moralmente (161, cap. 11)

Possessão e subjugação caracterizam-se pelo inteiro controle do Espírito sobre o encarnado (163, cap. 8)

A *possessão* de que falam os Evangelhos nos casos que relatam não era mais do que *subjugação*. Jesus se servia sempre das expressões em uso, de acordo com os preconceitos e as tradições, a fim de ser compreendido e, mais ainda, escutado.

Independentemente da obsessão e da subjugação, quer corporal apenas, quer corporal e moral, há os casos, a que podeis chamar possessão, em que o Espírito do obsessor se substitui ao do encarnado no seu corpo, a fim de servir-se deste como se lhe pertencera. Tais casos são muito raros (182, v. 1).

No caso de possessão, o domínio é mais completo. O Espírito obsessor como que se substitui ao do encarnado no seu corpo, donde, por assim dizer, expulsa o outro, para servir-se desse corpo, como se lhe pertencera, ficando a este ligada a vítima, apenas por um cordão fluídico, com o auxílio do perispírito. Combinando os fluidos do seu perispírito com os do perispírito do encarnado, o mau Espírito se introduz no instrumento corpóreo deste último e lhe imprime uma ação que é efeito daquela combinação fluídica. Essa substituição tanto pode dar-se no estado de vigília como no de sonambulismo do encarnado (193).

O termo possessão, na literatura espírita mediúnica, é adotado com bastante frequência (vide, por exemplo, *Nos domínios da mediunidade*) e na prática designa aqueles casos realmente mais graves de obsessão. Seria, assim, o seu grau máximo (195, pt. 3, cap. 8).

Ver também OBSESSÃO

POSSESSO

Por *possessos*, *possessos do demônio*, deveis entender aqui os encarnados subjugados, quer corporalmente, quer corporal e moralmente, por maus Espíritos (182, v. 1).

POVO

[...] um povo é uma grande família formada pela reunião de Espíritos simpáticos. Na tendência que apresentam os membros dessas famílias, para se unirem, é que está a origem da semelhança que, existindo entre os indivíduos, constitui o caráter distintivo de cada povo. [...] (106, q. 215).

Os povos são individualidades coletivas que, como os indivíduos, passam pela infância, pela idade da madureza e pela decrepitude. [...] (106, q. 788).

[...] é uma grande família formada pela reunião de Espíritos simpáticos. [...] (129, v. 2).

[...] povos são os membros dispersos de uma grande família trabalhando para o estabelecimento definitivo de sua comunidade universal. [...] (230, Introd.).

[...] um povo é uma grande família espiritual operando no tempo, com tarefas determinadas no engrandecimento do mundo (255, Impressões).

PRANA

É interessante frisar que, segundo o grande iogue Yogananda, o bulbo raquidiano é considerado pelos orientais como sendo *The mouth of God*, especialmente na altura do quarto ventrículo, e seria a principal porta de entrada da energia espiritual, essencial à manutenção da atividade orgânica, e denominada Prana. Qualquer lesão dessa região produz morte instantânea, segundo os neuropatologistas (9, cap. 5).

PRANTO

[...] é vibração dolorosa, tão angustiosa que comunica ao observador a amargura deprimente, e sabe-se por que e por quem alguém sofre e chora, porque o pensamento do sofredor reflete as imagens que o torturam, focaliza cenas e o drama todo no qual se debate, revela-se seja o observador espiritual de elevada categoria ou de inferior condição na hierarquia da vida invisível. [...] (174, cap. 8).

[...] *O pranto e o ranger de dentes* são os *remorsos* que brotam das consciências dos *culpados* (182, v. 1).

[...] *pranto e ranger de dentes* – sabeis que *alegoricamente* aludem aos sofrimentos e torturas morais, às expiações que, visando exclusivamente a seu aperfeiçoamento moral e a seu progresso, o Espírito tem que sofrer e sofre na erraticidade, de modo apropriado e proporcionado aos crimes e faltas que cometeu (182, v. 2).

O pranto é a água da purificação (248).
O pranto é a preparação do sorriso (286, No correio do coração).

Ver também LÁGRIMA

PRAZER

[...] neste mundo é a fonte copiosa do sofrimento (55, cap. 12).

[...] o prazer, frequentemente, é produção de angústia [...] (236, pt. 2, cap. 4).

PRECE

Em todos os casos de obsessão, a prece é o mais poderoso meio de que se dispõe para demover de seus propósitos maléficos o obsessor (101, cap. 14, it. 46).

Pela prece o homem atrai o concurso dos bons Espíritos, que vêm sustentá-lo nas boas resoluções e inspirar-lhe bons pensamentos. [...] (102, Pedi e obtereis, it. 11).

[...] é um apoio para a alma; contudo, não basta: é preciso tenha por base uma fé viva na bondade de Deus (105, cap. 5, it. 18).

[...] é ato de caridade, é um arroubo do coração. [...] (105, cap. 26, it. 4).

A prece é uma invocação, mediante a qual o homem entra, pelo pensamento, em comunicação com o ser a quem se dirige. Pode ter por objeto um pedido, um agradecimento, ou uma glorificação. [...] (105, cap. 27, it. 9)..

[...] é o orvalho divino que aplaca o calor excessivo das paixões. Filha primogênita da fé, ela nos encaminha para a senda que conduz a Deus. [...] (105, cap. 27, it. 23).

A prece é um ato de adoração. Orar a Deus é pensar nele; é aproximar-se dele; é pôr-se em comunicação com ele. A três coisas podemos propor-nos por meio da prece: louvar, pedir, agradecer (106, q. 659).

[...] é uma evocação que atrai os Espíritos. [...] (107, it. 132).

Em geral, a prece é poderoso meio auxiliar da libertação dos obsidiados; nunca, porém, a prece só de palavras, dita com indiferença e como uma fórmula banal, será eficaz em semelhante caso. Faz-se mister uma prece ardente, que seja ao mesmo tempo uma como magnetização mental. [...] (109, pt. 1, Manifestações dos Espíritos).

Quando dizemos oração ou prece, em termos espíritas, obviamente não estamos pensando em reza mecânica ou rotineira. [...]

[...] Em determinados momentos, a prece é um impulso íntimo, uma extravasão de energia espiritual, dirigindo-se a Deus ou a entidades superiores. E até mesmo o homem sem a mínima propensão mística pode orar com sinceridade e obter bons resultados (6, cap. 9).

Se a prece, quando firme e ardente, como já o demonstrou a experiência, aciona força psíquicas que são capazes de influir em determinados fenômenos fisiológicos ou de exteriorizar seus efeitos no ambiente, modificando reações por força de seu teor vibratório, naturalmente é uma expressão de energia espiritual, embora ainda não estudada em todos os aspectos. É certo que há muita prece sem vibração, sem vida, mas daí não se deve concluir que a prece não tenha significação como objeto de estudo especial, fora do campo exclusivo da fé, principalmente quando considerada em seus efeitos, não apenas morais ou espirituais, mas em relação à estrutura psíquica e ao organismo, em muitos casos. Muita gente confunde a verdadeira prece com a simples *reza*, que consiste apenas na recitação trivial de palavras decoradas e, por isso, não traduz propriamente o estado d'alma, porém simplesmente a rotina das práticas devocionais (6, cap. 40).

[...] é uma conversa com Deus, um diálogo entre a criatura e o seu Criador. [...] (7, cap. 26).

[...] o melhor recurso de que os cristãos devem valer-se quando sintam que a vida se lhes torna um fardo pesado demais para suas forças (29, Quando orardes...).

A prece deve ser uma expansão íntima da alma para com Deus, um colóquio solitário, uma meditação sempre útil, muitas vezes fecunda. É, por excelência, o refúgio dos aflitos, dos corações magoados.

[...] A prece é uma elevação acima de todas as coisas terrestres, um ardente apelo às potências superiores, um impulso, um voo para as regiões que não são perturbadas pelos murmúrios, pelas agitações do mundo material. [...]

[...] A prece é o pensamento inclinado para o bem, é o fio luminoso que liga os mundos obscuros aos mundos divinos, os Espíritos encarnados às almas livres e radiantes [...] (46, pt. 5, cap. 51).

[...] Orar é triunfar, a prece é o motor de que o pensamento se serve para estimular as faculdades do Espírito, as quais, no espaço, constituem a sua ferramenta. A prece é o ímã poderoso de que se desprende o fluido magnético espiritual, que, não só pode aliviar e curar, como também descerra ao Espírito horizontes sem-fim e lhe dá azo de satisfazer ao desejo de conhecer e aproximar-se continuamente da fonte divina, donde manam todas as coisas. A prece é o fio condutor que põe a criatura em relação com o Criador e com os seus missionários (47, cap. 16).

[...] é a expressão mais alta [de] comunhão das almas. [...] é um transporte do coração, um ato da vontade, pelo qual o Espírito se desliga das servidões da matéria, das vulgaridades terrestres, para perscrutar as leis, os mistérios do poder infinito e a ele submeter-se em todas as coisas: *Pedi e recebereis*! Tomada neste sentido, a prece é o ato mais importante da vida; é a aspiração ardente do ser humano que sente sua pequenez e sua miséria e procura, pelo menos um instante, pôr as vibrações do seu pensamento em harmonia com a sinfonia eterna. É a obra da meditação que, no recolhimento e no silêncio, eleva a alma até essas alturas celestes onde aumenta as suas forças, onde impregna das irradiações da luz e do amor divinos (50, pt. 1, cap. 3).

[...] é a forma, a expressão mais potente da comunhão universal. [...] (50, pt. 1, cap. 8).

A prece é maneira pela qual, através do pensamento expresso ou não em palavras, a criatura se liga ao Criador. É o meio de comunicação com Deus e com os planos mais altos da vida (62, cap. 4).

A prece é vibração. É recurso, por excelência, pelo qual a criatura se comunica com seu Criador. [...] (62, cap. 4).

A prece é uma lâmpada acesa no coração, clareando os escaninhos da alma (78, Examinando a obsessão).

Aliando o esforço que cada um deve envidar a benefício próprio, a prece é a fonte inexaurível que irriga o ser, renovando-o e aprimorando-o, ensejando também, logo após depurar-se, a planar além dos reveses e tropelias, arrastado pelas sutis modulações das esferas superiores da vida, onde haure vitalidade e força para superar todos os empeços (78, cap. 6).

A prece é sempre veículo de intercâmbio com Deus. [...] (79, L. 3, cap. 2).

A prece é a luminosa linguagem da alma com a qual falamos ao Pai Celestial. [...] (85, L. 7).

[...] é o elo fúlgido que liga a criatura ao Criador; é o ascensor portentoso que liga os encarcerados na carne às mansões siderais! (87, L. 7, cap. 9).

A prece é a estrela de sempre / Nos momentos de agonia; / É o louvor que santifica / Os instantes de alegria (93, cap. 158).

A prece tem um outro papel importantíssimo, que é o de higienização do ambiente fluídico em que se encontra aquele que ora. No momento em que o precista passa a receber fluidos de qualidade superior, passa também à condição de repulsor dos fluidos inferiores do ambiente. Estes fluidos vão sendo progressivamente substituídos pelos fluidos de qualidade superior, que estão sendo recebidos. A prece representa, portanto, um benefício para todos os que nos cercam. É como uma lâmpada que acende e afasta as trevas (94, pt. 2, cap. 7).

A prece, a comunhão da alma com o Criador da Vida, o lenitivo das grandes dores, o refrigério dos corações atribulados! [...] (95, cap. 4).

[...] é um pedido feito, ora à Divindade, ora aos Espíritos Superiores. É um auxílio, um socorro, um conforto, o que se busca com a prece (99, A prece).

A prece é o bálsamo que suaviza as dores mais encendradas, e que dulcifica e atenua as angústias mais miserandas. [...]

A prece é o caminho que nos leva ao refúgio em Deus; e é o conduto por onde nos vem o amparo e a consolação (117, v. 1, cap. 27).

[...] recurso consolador que nos aproxima de Jesus, pondo-nos em contato com as forças benéficas do Alto. Nas horas amarguradas, a prece traz-nos a tranquilidade, porque ela é *o idioma universal falado por todos os povos em relação a Deus*, o Esperanto das almas que confiam no futuro e sabem esperar a sua hora de verdadeira felicidade (138, Amemos a vida).

[...] é o nosso meio de comunicação e de comunhão com o Mundo Espiritual donde viemos e para onde voltaremos (148, cap. 8).

A prece não é apenas o pedido para alcançar o que desejamos. É muito mais do que isso. Deve, portanto, merecer muito mais consideração do que se lhe tem dado. O que tendes a fazer para tornar a prece uma verdadeira força, é pôr de parte o que é material e fixar o vosso pensamento e espírito no Eterno. Quando assim fizerdes, vereis que muito do que haveis incluído na vossa prece desaparece pela sua inoportunidade; e maiores e mais amplos são os resultados, pela força do vosso poder criador.

[...] é verdadeiramente criadora, como um exercício da vontade, conforme se vê nos milagres de Nosso Senhor, tal como a alimentação dos cinco mil (157, cap. 6).

[...] é a explosão da fé, num coração cristão. [...] (160, pt. 6, cap. 3).

A prece em qualquer circunstância afigura-se-nos um apelo de nossa alma estabelecendo instantânea ligação com o Mundo Espiritual, segundo os princípios de afinidade que regem o intercâmbio mental (161, cap. 33).

A prece é verdadeiro alimento espiritual (163, cap. 10).

[...] [é] um ato de íntima e profunda comunhão com Deus, nosso criador e Pai. [...] (163, cap. 17).

Toda prece constitui, em essência, um *ato de adoração*, assim o disseram, na codificação, as Sublimes Entidades. [...] A prece outra coisa não é senão uma conversa que entretemos com Deus, nosso Pai; com Jesus, nosso Mestre e Senhor; com nossos amigos espirituais (164, cap. 25).

[...] é o pão do Espírito, embora saibamos, todos nós, que a oração não nos exonera das lutas, mas ajuda-nos a transpô-las galhardamente (164, cap. 40).

É uma irradiação protetora que nasce do coração amoroso, sobe até Deus em súplicas veementes e desce em benefícios até ao ser por quem se pede, ou a quem se deseja proteger. É um frêmito de amor sublime que se expande, toca o Infinito, transfunde-se em bênçãos, ornamenta-se de virtudes celestes e derrama-se em eflúvios sobre aquele que sofre. A prece é o amor que beija o sofrimento e o consola, é a caridade que envolve o infortúnio e reanima o sofredor, retemperando-lhe as energias (173, cap. 3).

A prece poderosa, a prece de *Jesus* são os atos *da vida* sempre praticados com o pensamento em Deus, sempre reportados a Deus; é um arroubo contínuo do pensamento, a todos os instantes, sejam quais forem as ocupações do momento; é uma aspiração incessantemente dirigida ao Criador, guiando a criatura na prática da verdade, da caridade e do amor, em bem do seu progresso intelectual e moral e do progresso de seus irmãos, aspiração que a liberta das condições humanas, fazendo *reinar* o Espírito sobre tudo que é *matéria* (182, v. 3).

[...] A prece espiritual é o arrebatamento de amor, de adoração, o pensamento puro que, de um só ímpeto, se transporta ao trono do Eterno e que, por efeito da humildade, pelos atos da vossa vida, reagindo sobre o mesmo pensamento, dele faz um todo perfeito, digno de aproximar-se da sede da perfeição (182, v. 3).

[...] a prece opera prodígios de misericórdia, é um recurso de valor inapreciável, que a bondade infinita de Deus nos concede para obtermos o de que necessitam os nossos Espíritos, uma vez que o empreguemos com humildade, submissão e fé. [...]

[...] a prece, considerada do ponto de vista espiritual, é uma emanação dos mais puros fluidos, por meio da qual amparo e força recebem, mesmo ao seu mau grado, aqueles a cujo favor é ela feita; que é uma magnetização moral, operando-se a distância; que, assim sendo, orar é emitir fluidos sutis que, propelidos pela força da vontade, do amor, vão envolver aquele por quem se ora, fortalecer-lhe o Espírito e esclarecê-lo. Pela prece, exercemos, de um ponto de vista mais alto, ação idêntica à que desenvolve o magnetizador sobre um paciente (193).

[...] A prece é elevação, impulso espontâneo do ser humano para o seu Criador (202, Ligeiros comentários sobre as obras de Léon Denis).

[...] A prece é uma elevação acima de todas as coisas terrestres, um ardente apelo às potências superiores, um impulso, um voo para as regiões que não são perturbadas pelos murmúrios, pelas agitações do mundo material e onde o ser bebe as inspirações que lhe são necessárias (202, Prece).

[...] A prece é a forma, a expressão mais potente da comunhão universal. [...] (202, Ação de graças).

[...] A prece, que se exercita de múltiplas formas, através não somente de palavras, mas de pensamentos elevados, de trabalho no bem, de serviço digno ao semelhante, é a busca constante de Deus (208, cap. 7).

A prece não altera o terreno acidentado ou marginado de abismos em que uma pessoa se encontre; no entanto, é uma luz e a luz aponta o caminho certo (219, Falsas ideias).

[...] é sempre um atestado de boa vontade e compreensão, no testemunho da nossa condição de Espíritos devedores... [...] [é] abençoada plantação de solidariedade em nosso benefício, [...] vacina contra reincidência no mal (231, cap. 19).

[...] a prece é o luminoso caminho entre o coração humano e o Pai de infinita bondade. [...]

Por prece devemos interpretar todo ato de relação entre o homem e Deus. Devido a isso mesmo, como expressão de agradecimento ou de rogativa, a oração é sempre um esforço da criatura em face da Providência Divina. [...] (237, cap. 19).

A prece é a fortaleza que Deus nos concede para o triunfo sobre nós mesmos (248).

A prece é o traço de luz que une as almas que se amam, onde quer que se encontrem (248).

A prece é como que uma escada invisível, por onde subimos aos mais altos campos da experiência humana. Por intermédio dela, nossa alma recebe forças multiplicadas e só mesmo junto a essa fonte bendita poderemos encontrar o suprimento de energias em que vamos vencendo as provas redentoras (248).

A prece é a força do Céu, ao nosso dispor, ajudando-nos a própria recuperação, com vistas à paz (248).

A prece é um caminho de luz, garantindo o intercâmbio do Céu com a Terra (248).

[...] A prece, qualquer que ela seja, é ação provocando a reação que lhe corresponde. Conforme a sua natureza, paira na região em que foi emitida ou eleva-se mais, ou menos, recebendo a resposta imediata ou remota, segundo as finalidades a que se destina. [...] (252, cap. 1).

[...] A prece é o fio invisível de nossa comunhão com o plano divino e, à luz da oração, viveremos todos juntos (252, cap. 39).

A prece, traduzindo aspiração ardente de subida espiritual, através do conhecimento e da virtude, é a força que ilumina o ideal e santifica o trabalho (256, cap. 149).

[...] [é] força de recuperação e de cura (260, cap. 36).

A prece é silêncio que inspira (262, Ora e serve).

[...] A prece não é o movimento mecânico dos lábios, nem disco de fácil repetição no aparelho da mente. É vibração, energia, poder. [...] (267, cap. 6).

[...] [é] não só manifestação da reverência religiosa, senão também o recurso de acesso aos inesgotáveis mananciais do Divino Poder (268, cap. 1).

Em todos os processos de nosso intercâmbio com os encarnados, desde a mediunidade torturada à mediunidade gloriosa, a prece é abençoada luz, assimilando correntes superiores de força mental que nos auxiliam no resgate ou na ascensão (269, cap. 20).

[...] representa a indispensável alavanca renovadora, demovendo obstáculos no terreno duro da incompreensão. [...] Nem sempre se caracteriza por sons articulados na conceituação verbal, mas, invariavelmente, é prodigioso poder espiritual comunicando emoções e pensamentos, imagens e ideias, desfazendo empecilhos, limpando estradas, reformando concepções e melhorando o quadro mental em que nos cabe cumprir a tarefa a que o Pai nos convoca (295, cap. 98).

Surge a prece na existência terrestre como chave de luz inspirativa descerrando as trilhas que parecem impedidas aos nossos olhos. [...]

A prece é a bússola que nos coloca sob a direção do Senhor, cujas mãos devem pousar no leme da embarcação do destino (303, cap. 9).

A prece é luz e orientação em nossos próprios pensamentos (303, cap. 39).

A prece é luz na sombra em que a doença se instala (307, cap. 53).

[...] a prece, em qualquer circunstância, afigura-se-nos um apelo de nossa alma estabelecendo instantânea ligação com o Mundo Espiritual, segundo os princípios de afinidade que regem o intercâmbio mental. [...] (314, pt.1, cap. 2.3.1).

[...] A prece é o orvalho divino que aplaca o calor excessivo das paixões. [...] (334, pt. 3, cap. 9).

É incontestável o valor da prece nos momentos de dor, quando o desalento tenta nos intimidar e a vontade de lutar cede lugar ao desânimo e ao pessimismo (339, A parentela corporal e os laços de família).

Ver também ORAÇÃO

Prece de harmonização

[...] É de harmonização quando por seu intermédio procuramos nos ligar a planos vibratórios superiores àquele em que vivemos, buscando paz interior, através do saneamento da atmosfera fluídica que nos envolve.

Ao entrarmos em contato com esses planos superiores, vamos progressivamente substituindo os fluidos que nos envolvem por outros de qualidade superior, característicos daquelas regiões. Esses fluidos são absorvidos, em primeira mão, pelo nosso perispírito, agindo sobre ele como fator harmonizante, e, através das conexões existentes entre perispírito e corpo físico, suas ações manifestam-se neste último (94, pt. 2, cap. 7).

Prece horizontal

[...] [traduz] anseios vulgares (161, cap. 33).

Prece intercessória

É aquela que se faz em favor de outrem. Podemos orar por nós e por nosso semelhante. O atendimento aos pedidos feitos na prece está condicionado às necessidades e ao mérito daquele por quem se ora. Também serão levados em conta os méritos do intercessor (62, cap. 4).
Quanto à prece intercessória, ela é acima de tudo um pedido de ajuda que fazemos em favor de alguém. É um verdadeiro S.O.S. que irradiamos em direção aos planos superiores e é interessante referir que ele pode, inclusive, ser captado e atendido por entidades espirituais outras, diferentes do destinatário, principalmente quando o invocado não se encontra em condições de atender (94, pt. 2, cap. 7).

Prece não atendida

A prece não atendida constitui indício de que o pedido não se ajustava às reais necessidades de nosso Espírito, segundo o ponto de vista e as observações dos Instrutores Espirituais (163, cap. 36).

Prece refratada

A prece refratada é aquela cujo impulso luminoso teve a sua direção desviada, passando a outro objetivo (252, cap. 2).

Prece vertical

[...] *prece vertical* [...] é aquela que, expressando aspirações realmente elevadas, se projeta na direção do Mais Alto, sendo, em face [de] [...] princípios de afinidade, recolhida pelos missionários das esferas superiores (161, cap. 33).

PRECOGNIÇÃO

[...] [Clarividência] no futuro. [...] (22, cap. 14).

A precognição é o conhecimento antecipado de um fato que ainda não ocorreu, equivale à presciência ou premonição dos autores antigos. [...] (35, cap. 1).

Ver também CLARIVIDÊNCIA

PREGAÇÃO

[...] *pregar o Evangelho do Reino dos Céus aos simples* era pôr ao alcance de todos o conhecimento da imortalidade e do Pai comum. [...] (46, pt. 1, cap. 6).

O nobre cumprimento do dever com Jesus e com os homens é a melhor pregação. [...] (289, cap. 35).

A vida moderna, com suas realidades brilhantes, vai ensinando às comunidades religiosas do Cristianismo que pregar é revelar a grandeza dos princípios de Jesus nas próprias ações diárias (295, cap. 7).

PREGUIÇA

[...] é o vício mais perigoso para a Humanidade (17, cap. 25).

A preguiça é um grave defeito da vontade, caracterizando-se pela falta de impulso para o trabalho (30, cap. 49).

[...] o maior dos pecados, a causa primordial de todos os males, é a preguiça (233, cap. 36).

Preguiça é ópio das trevas (262, Sirvamos sempre).

A tentação do repouso é das mais perigosas, porque, depois da ignorância, a preguiça é a fonte escura de todos os males (277, A tentação do repouso).

Ver também ÓCIO *e* OCIOSIDADE

PREMONIÇÃO

[...] advindo a relativa liberdade motivada pelo sono, poderemos lembrar-nos de muita coisa e os fatos a se realizarem em futuro próximo serão vistos com maior ou menor clareza, e, ao despertarmos, teremos sonhado o que então virá a ser considerado o aviso, ou a premonição.

É evidente que tais possibilidades derivam de uma faculdade psíquica que possuímos, espécie de mediunidade, pois a premonição não existe no mesmo grau em todas as criaturas, embora seja disposição comum a qualquer ser humano, a qual, se bem desenvolvida, poderá conceder importantes revelações e provas do intercâmbio humano-espiritual [...] (175, cap. 9).

Monição, segundo o Dr. Lobo Vilela (1958, p. 181), é a "advertência que ocorre acidental e subitamente a pessoas no estado normal, a respeito de qualquer acontecimento, passado ou presente". Referindo-se a acontecimentos futuros, diz-se premonição ou precognição (344, cap. 10).

PRESCIÊNCIA

A faculdade de pressentir as coisas porvindouras é um dos atributos da alma e se explica pela teoria da presciência [...] (101, cap. 17, it. 20).

Presciência de Deus

Deus vê, sabe [...] qual o estado do Espírito; sabe, vê e acompanha as fases de progresso, as fases sucessivas das existências que o Espírito tem a percorrer munido do seu livre-arbítrio [...] (182, v. 2).

PRESENTE

Aristóteles foi um apaixonado pela pesquisa sobre o tempo. De acordo com estudo feito por Hermínio Miranda [*A memória e o tempo*. São Paulo: Edicel, 1981. 2 v.] o filósofo grego entendia o tempo como uma quantidade contínua de passado, presente e futuro, como um todo. O hoje, ou o *agora*, é uma partícula indivisível de tempo, encravada entre passado e futuro e que, de certa forma, tem que pertencer um pouco a cada um deles. Diz o pensador que o agora é o fim e o princípio do tempo, não ao mesmo tempo, mas o fim do que passou e o início do que virá.

Para Agostinho, ainda dentro da pesquisa de Miranda, esse momento, de sutilíssima passagem e difícil apreensão intelectual, passa por nós a uma velocidade tão fantástica que não lhe resta nenhuma extensão de duração. Hermínio aproveita para sugerir a conclusão de que o presente não existe – seria um mero ponto abstrato, onde uma eternidade futura está em contato com outra eternidade passada (1, O passado é minha advertência).

[...] O presente é nossa oportunidade para agir, enquanto o amanhã é de Deus (77, cap. 4).

[...] Será difícil realizar alguma coisa no presente, quando nossas mentes estão em outros momentos, sejam passados, sejam futuros. Mas o presente é o tempo que temos para construir. Nenhum sonho se realizará no futuro se não trabalharmos pela sua realização agora. Podemos começar disciplinando nosso pensamento para viver o momento presente, procurando desfrutar do que ele nos traz aqui e agora (204, Um velho caminho).

O presente é apenas um porto de passagem no espaço e no tempo, do qual estamos chegando de muito longe, de viagem para o grande futuro (248).

O presente é perene traço de união entre os resquícios do pretérito e uma vida futura melhor (307, cap. 44).

PRESSENTIMENTO

É o conselho íntimo e oculto de um Espírito que vos quer bem. Também está na intuição da escolha que se haja feito. É a voz do instinto. Antes de encarnar, tem o Espírito conhecimento das fases principais de sua existência, isto é, do gênero das provas a que se submete. Tendo estas caráter assinalado, ele conserva, no seu foro íntimo, uma espécie de impressão de tais provas e esta impressão, que é a voz do instinto, fazendo-se ouvir quando lhe chega o momento de sofrê-las, se torna pressentimento (106, q. 522).

O pressentimento é uma intuição vaga das coisas futuras. [...] (107, it. 184).

[Pressentimentos] são recordações vagas e intuitivas do que o Espírito aprendeu em seus momentos de liberdade e algumas vezes avisos ocultos dados por Espíritos benévolos (108, cap. 3, it. 138).

O pressentimento é a vaga e confusa intuição do que vai acontecer (48, pt. 2, cap. 13).

[...] é um radiograma transmitido, ao presente, das regiões misteriosas do porvir... (86, L. 4, cap. 1).

Ver também INTUIÇÃO

PRIMOGÊNITO

[...] Filho primogênito o mesmo é que filho único, no verdadeiro sentido da palavra hebraica. [...] (182, v. 2).

PRINCIPIANTE ESPÍRITA

O principiante pspírita era uma coletânea ou conjunto de ensinos extraídos de *O que é o espiritismo*, elaborada no passado distante, e que incluía a *Biografia de Allan Kardec*, por Henri Sausse (o discurso de 1896). Fora editada por iniciativa da FEB, que a organizara, chegando a alcançar 15 edições, somando 90 milheiros. Saiu de linha há muitos anos, justamente na época em que se decidiu incorporar a biografia referida no *O que é o espiritismo* (226, v. 3, Apêndice, 18).

PRINCÍPIO ESPIRITUAL

O princípio espiritual é corolário da existência de Deus; sem esse princípio, Deus não teria razão de ser, visto que não se poderia conceber a soberana inteligência a reinar, pela eternidade em fora, unicamente sobre a matéria bruta, como não se poderia conceber que um monarca terreno, durante toda a sua vida, reinasse exclusivamente sobre pedras. [...] (101, cap. 11, it. 2).

As propriedades *sui generis* que se reconhecem ao princípio espiritual provam que ele tem existência própria, pois que, se sua origem estivesse na matéria, aquelas propriedades lhe faltariam. [...] (101, cap. 11, it. 6).

Os *princípios espirituais*, ou *mônadas celestes*, foram trazidos pelos Gênios Celestes sob a égide de Jesus Cristo e, como uma geléia cósmica, envolveram todo o planeta Terra, a fim de dar início à vida. Naquele momento, estes princípios já possuíam um determinado *teor de força*, acusando *potencialidades ativas* ou *passivas*, *masculinas* ou *femininas*. A diferenciação sexual se iniciara nos primórdios da vida microscópica nas águas mornas do orbe terráqueo. [...] As mônadas celestes são as sementes da vida, possuíam em germe qualidades ativas ou passivas, com a possiblidade de desenvolvê-las infinitamente, dentro dos incontáveis milênios de luta, trabalho e experiência. Enquanto o princípio inteligente caminha nas faixas inferiores da Natureza, ele será guiado, orientado e testado pelos arquitetos divinos, inumeráveis vezes, até alcançarem a *faixa inaugural da razão*. [...] (12, cap. 22).

O princípio espiritual, crisálida de consciência, nasce, por transformação, da extrema evolução da energia, no berço da matéria.

[...] O princípio espiritual é o gérmen do Espírito, a protoconsciência. Uma vez nascido, jamais se desfará, jamais morrerá. Filho de Deus Altíssimo, inicia então a sua lenta evolução, no espaço e no tempo, rumo ao principado celeste, à infinita grandeza crística. Durante milênios vai residir nos cristais, em longuíssimo processo de autofixação, ensaiando aos poucos os primeiros movimentos internos de organização e crescimento volumétrico, até que surja, no grande relógio da existência, o instante sublime em que será liberado para a glória orgânica da Vida (188, cap. 3).

Para Leibniz, a palavra mônada representa uma substância una, sem partes. Não é o átomo, nem as partículas subatômicas que conhecemos, mas algo menor e mais elementar que constitui todos estes. [...] (315, pt. 4, 24).

PRINCÍPIO INTELIGENTE UNIVERSAL

O princípio inteligente (universal): *fonte* do *elemento espiritual* que virá a ser o Espírito imortal; o *acionador* do P.V. [princípio vital] (137, cap. 4).

PRINCÍPIO DA INDETERMINAÇÃO

Na primeira metade do século XX, o notável físico-químico Heisenberg descobriu o desconcertante *Princípio da Indeterminação*, que levou o seu nome. Estabeleceu que não se pode, com exatidão, determinar o momento e a posição de um elétron em torno do núcleo atômico, em determinado instante. Somente é possível determinar meras probabilidades estatísticas, e o conceito de orbitais atômicos cedeu lugar ao moderno conceito de nuvens eletrônicas. Essa descoberta provocou enormes consequências, tanto do ponto de vista teórico quanto prático.

O antigo Princípio da Causalidade, pedra angular da metodologia científica newtoniana ruiu, cedendo lugar ao Princípio da Indeterminação. Em outras palavras, a Lei de Causa e Efeito perdeu seu primado no campo das ciências exatas e, consequentemente, em termos científicos, não se pode propor nenhum enunciado, em termos absolutos. A certeza perdeu seu assento no bojo do edifício do conhecimento humano. Permaneceu apenas a probabilidade de aproximações tangenciais das realidades últimas do Universo porque, matematicamente, sempre haverá a possibilidade de um determinado fenômeno, observado milhares de vezes, apresentar um comportamento outro que não o verificado anteriormente. [...] Voltando ao Princípio da Indeterminação de Heisenberg, se se tentasse estabelecer, com exatidão, a probabilidade da sobrevivência da alma, após a morte, seria necessário resolver uma equação matemática que suplanta as possibilidades atuais da mente humana. Isso não implica, em absoluto, sua impossibilidade. Nem mesmo as equações de onda das nuvens eletrônicas das mais simples moléculas foram ainda matematicamente solucionadas. Conseguiu-se algum progresso no que toca às nuvens eletrônicas de alguns átomos mais simples. Essas questões levantam problemas teóricos que somente as gerações futuras poderão resolver. Contudo, pode-se afirmar, sem medo de errar, que, no estágio atual do conhecimento científico, tanto é incorreto o fanatismo de alguns crentes, como o negativismo inveterado de alguns céticos, que refutam mesmo a probabilidade de os fenômenos existirem. Ambas as atitudes não são cientificamente corretas, mas podem ser classificadas como erros de julgamento. Quase sempre essas idiossincrasias são determinadas por emoções e conflitos inconscientes (9, cap. 1).

PRINCÍPIO DA UNIVERSALIDADE DOS ENSINOS ESPIRITUAIS

[...] sempre que a fonte das comunicações é boa e segura, os ensinamentos transmitidos são concordantes e de elevado teor moral e doutrinário (147, cap. 4).

PRINCÍPIO VITAL

[...] dá origem à vida dos seres e a perpetua em cada globo, conforme a condição deste, princípio que, em estado latente, se conserva adormecido onde a voz de um ser não o chama. Toda criatura, mineral, vegetal, animal ou qualquer outra – por tanto há muitos outros reinos naturais, de cuja existência nem sequer suspeitais – sabe, em virtude desse princípio vital e universal, apropriar as condições de sua existência e de sua duração (101, cap. 6, it. 18).

[...] é cabível se admita que a vida orgânica reside num princípio inerente à matéria, independente da vida espiritual, que é inerente ao Espírito. [...] (101, cap. 11, it. 5).

Ele tem por fonte o fluido universal. É o que chamais fluido magnético, ou fluido elétrico animalizado. É o intermediário, o elo existente entre o espírito e a matéria.

[...] É ele que [...] dá movimento e atividade [aos seres orgânicos] e os distingue da matéria inerte, porquanto o movimento da matéria não é a vida. Esse movimento ela o recebe, não o dá (106, q. 65 e 66).

[...] é o *toque mágico* propiciador da vida, o *interruptor* vital que faz a interligação de um *campo* específico chamado *fluido vital* com elemento(s) proveniente(s) do outro campo (Princípio Espiritual). [...] (137, cap. 4).

[...] há uma força inerente aos corpos organizados que mantém coesas as personalidades celulares, sustentando-se dentro das particularidades de cada órgão, presidindo aos fenômenos partenogenéticos de sua evolução, substituindo, através da segmentação, quantas delas se consomem nas secreções glandulares, no trabalho mantenedor da atividade orgânica.

Essa força é o que denominais princípio vital, essência fundamental que regula a existência das células vivas, e no qual elas se banham constantemente, encontrando assim a sua necessária nutrição, força que se encontra esparsa por todos os escaninhos do universo orgânico, combinada às substâncias minerais, azotadas e ternárias, operando os atos nutritivos de todas as moléculas.
O princípio vital é o agente entre o corpo espiritual, fonte da energia e da vontade, e a matéria passiva, inerente às faculdades superiores do Espírito, que o adapta segundo as forças cósmicas que constituem as leis físicas de cada plano de existência, proporcionando essa adaptação às suas necessidades intrínsecas.
Essa força ativa e regeneradora, de cujo enfraquecimento decorre a ausência de tônus vital, precursor da destruição orgânica, é simplesmente a ação criadora e plasmadora do corpo espiritual sobre os elementos físicos (250, cap. 24).

Ver também FLUIDO VITAL

PRISÃO

[...] A prisão quase sempre é uma oportunidade salvadora, principalmente quando a liberdade perdeu, em nossas mãos, o sentido do respeito e da dignidade da vida (153, cap. 1).

PRIVILÉGIO

Privilégio é responsabilidade (260, cap. 5).

PROBLEMA

Jamais olvide que o problema é a lição da vida. O aluno que teme o ensinamento descerá, naturalmente, à retaguarda (248).
À frente de qualquer desafio, recordemos que todo problema é um convite da vida, em nome de Deus, para que venhamos a compreender mais amplamente, melhorar sempre e servir mais (251, cap. 57).

PROCESSO DOS ESPÍRITAS

[...] movido em Paris, pelo Ministério Público, contra Buguet, Firman e, também [...], Pierre-Gaëtan Leymarie. [...] O *Procès des Spirites* é algo tenebroso, autêntica peça inquisitorial só concebível de ter existido nos distantes tempos da Idade Média. As próprias autoridades judiciais se permitiram dialogar de forma desrespeitosa com os acusados, avançando conclusões e, mesmo, desvirtuando informações, com o intuito indisfarçado de prejulgar. Nem sequer a viúva Allan Kardec, que prestou declarações como testemunha intimada a comparecer a interrogatório, teve o tratamento devido aos seus cabelos brancos, conforme protesto verbal, na hora, e escrito, que exigiu fosse exarado nos autos respectivos (226, v. 2, cap. 1, it. 6).

PRODIGALIDADE

[...] Prodigalidade não é generosidade: é, frequentemente, uma modalidade do egoísmo. [...] (105, cap. 16, it. 14).

PRODUÇÃO MEDIANÍMICA

Toda produção medianímica é a soma do mensageiro espiritual com o médium e as influências do meio (292, Tua parte).

PRODUTOS TERATOLÓGICOS

[...] constituem luta expiatória, não só para os pais sensíveis, como para o Espírito encarnado sob penosos resgates do pretérito delituoso (273, q. 39).

PROFECIA

O dom de profecia não consistia simplesmente em predizer o futuro, mas, de um modo mais extenso, em falar e transmitir ensinos sob a influência dos Espíritos (45, cap. 5).

[...] o sentido bíblico da palavra profecia, que, em linguagem moderna e espírita, é sinônimo de *mediunidade* (147, cap. 10).

PROFETA

[...] enviado de Deus com a missão de instruir os homens e de lhes revelar as coisas ocultas e os mistérios da vida espiritual. Pode, pois, um homem ser profeta, sem fazer predições. [...] (105, cap. 21, it. 4).

O verdadeiro profeta é um homem de bem, inspirado por Deus. Podeis reconhecê-lo pelas suas palavras e pelos seus atos. [...] (106, q. 624).

Em sentido restrito, profeta é aquele que adivinha, prevê ou prediz o futuro.

No Evangelho, entretanto, esse termo tem significação mais extensa, aplicando-se a todos os enviados de Deus com a missão de edificarem os homens nas coisas espirituais, mesmo que não façam profecias (29, Pelos seus frutos os conhecereis).

Em linguagem atual, poderíamos definir os profetas como médiuns, indivíduos dotados de faculdades psíquicas avantajadas, que lhes permitem falar e agir sob inspiração espiritual (199, Profetas transviados).

Ver também MÉDIUM

PROFETIZAR

[...] no contexto bíblico profetizar é *pronunciar verdades religiosas sob inspiração divina, não necessariamente predizer acontecimentos futuros, mas, admoestar, exortar, confortar, etc* (144, v. 2, cap. 6).

PROFISSÃO

Embora saibamos, finalmente, que a frustração profissional tem muito o que ver com os problemas conjunturais de ordem econômica, política, cultural, etc., não devemos desprezar determinados aspectos nos quais se pode admitir a manifestação da Justiça Divina, seja através de uma prova, em forma de frustração, quer na profissão, quer na vida intelectual, quer na vida familiar, seja através de oportunidades para que o Espírito devedor encontre meios de reparação, tanto faz na condição de técnico, negociante, comerciário, mecânico ou literato. O bom uso dos talentos deve ser uma preocupação constante em nossa vida, o que infelizmente não levamos em conta quando estamos no apogeu da glória ou do êxito. Por isso, muitas frustrações deprimentes nos levam a reflexões muito sérias neste ponto. A Lei de Deus é sábia (6, cap. 38).

Quadro de atividades constrangendo-lhe as energias à repetição diária das mesmas operações de trabalho, expressando aprendizado compulsório, seja para recapitular experiências imperfeitas do passado ou para a aquisição de competência em demanda do futuro (304, cap. 40).

Profissão de fé

O Espiritismo não exige profissão de fé. Ninguém é obrigado a fazer declaração pública, prestar juramento, assinar termo de compromisso ou submeter-se a qualquer cerimônia de iniciação. Tudo é espontâneo, natural. A profissão de fé, se assim podemos chamar, consiste apenas na atitude que cada qual assume quando sente que já está identificado com os ensinos da Doutrina e quer segui-los conscientemente. É uma atitude que tanto pode ser tomada na vida particular como em público. Não há, porém, uma prescrição formal, uma regra fixa (6, cap. 32).

PROGREDIR

Progredir é condição normal dos seres espirituais e a perfeição relativa o fim que lhes cumpre alcançar. [...] (101, cap. 11, it. 9).

[...] é avançar, prosseguir, desenvolver-se, adiantar-se, aperfeiçoar-se (96, Ainda questões de lógica).

[...] Progredir, em sentido espiritual, resume-se em conhecer a Verdade e amar (207, cap. 43).

Progredir é subir sempre, na conquista do saber e da virtude (208, cap. 28).

Progredir, evoluir espiritualmente, é expandir a consciência para níveis superiores (208, cap. 33).

Eis porque progredir é usar bem os empréstimos de Deus (304, cap. 7).

PROGRESSO

[...] o progresso é filho do trabalho, visto que este põe em ação as forças da inteligência (105, cap. 25. it. 2).

Sendo o progresso uma condição da natureza humana, não está no poder do homem opor-se-lhe. É uma força viva, cuja ação pode ser retardada, porém não anulada, por leis humanas más. Quando estas se tornam incompatíveis com ele, despedaça-as juntamente com os que se esforcem por mantê-las. [...] Há duas espécies de progresso, que uma a outra se prestam mútuo apoio, mas que, no entanto, não marcham lado a lado: o progresso intelectual e o progresso moral (106, q. 781a e 785).

[...] O progresso consiste, sobretudo, no melhoramento moral, na depuração do Espírito, na extirpação dos maus germens que em nós existem. Esse o verdadeiro progresso, o único que pode garantir a felicidade ao gênero humano, por ser o oposto mesmo do mal. [...] (109, pt. 2, Credo espírita).

[...] é Lei Natural, cuja ação se faz sentir em tudo no Universo [...] (28, A Lei de Progresso).

[...] o progresso é a eterna lei, os Espíritos progredirão quando a experiência lhes ensinar que o mal é a treva e o bem é a luz (55, cap. 19).

Desdobramento de possibilidades valiosas, o progresso é agente do engrandecimento que tudo e todos experimentam, sob o impositivo das leis sábias da evolução, de que nada ou ser algum se poderá eximir (74, cap. 9).

[...] é uma Lei Natural a que está sujeito o homem, tanto nos seus pensamentos, como nos seus afetos e nos seus meios de vida (117, v. 4, cap. 31)

O progresso é Lei da Natureza. Assim a matéria, como a inteligência, tudo tem que progredir. [...] (182, v. 4).

[...] é Lei Universal (193).

O progresso geral é decorrência do aperfeiçoamento individual, em vidas sucessivas somando aquisições (207, cap. 3)

[...] A marcha do progresso é uma sucessiva substituição de valores provisórios (207, cap. 7).

É evidente que a significação de progresso não deve ser outra senão a do contínuo aperfeiçoamento, a busca do bem (207, cap. 38).

[...] O progresso do Espírito é a expressão da busca contínua de Deus pela criatura. [...] (207, cap. 43).

[...] O progresso [...] consiste, sobretudo, no melhoramento moral, na depuração do Espírito, na extirpação dos maus germens que em nós existem. [...] (226, v. 1, Explicações ao leitor no 5).

[...] é uma obra coletiva. [...] (247, cap. 33).

O progresso pode ser comparado a montanha que nos cabe transpor, sofrendo-se naturalmente os problemas e as fadigas da marcha [...] (305, pt. 1, cap. 19).

Ver também EVOLUÇÃO *e* LEI DE PROGRESSO

Progresso moral

[...] é uma consequência do aperfeiçoamento intelectual, embora não o siga imediatamente. [...] (129, v. 2).

PROPAGAÇÃO DO ESPIRITISMO

[...] Ora, eis aqui o grande segredo da propagação do Espiritismo. Que, então, lhe oponham algo de mais sedutor para suplantá-lo! Senão o fazem, é que não têm nada de melhor a oferecer. Por que ele agrada? É muito fácil dizê-lo.

Ele agrada:
1) Porque satisfaz à aspiração instintiva do homem quanto ao futuro;
2) Porque apresenta o futuro sob um aspecto que a razão pode admitir;
3) Porque a certeza da vida futura faz com que o homem sofra sem se queixar das misérias da vida presente;
4) Porque, com a pluralidade das existências, essas misérias têm uma razão de ser, são explicáveis e, em vez de acusarem a Providência, consideram-nas justas e as aceitam sem murmurar;
5) Porque o homem é feliz por saber que os seres que lhe são caros não estão perdidos para sempre, que os encontrará novamente e que estão quase sempre ao seu lado;
6) Porque todas as máximas dadas pelos Espíritos tendem a tornar melhores os homens uns para os outros (110, Discursos..., 2).

[...] O Espiritismo propagou-se primeiro nas classes esclarecidas, nas sumidades sociais. Tal era necessário: a princípio, para lhe dar mais crédito; depois, para que fosse elaborado e expurgado das ideias supersticiosas que a falta de instrução nele poderia introduzir, e com as quais o teriam confundido. Apenas constituído, se assim se pode falar de uma ciência tão nova, sensibilizou as classes operárias e entre elas se propaga com rapidez. [...]

[...] não há exemplo de uma doutrina, seja qual for, que tenha marchado com tanta rapidez, sem excetuar o próprio Cristianismo. [...] (110, Discurso de Allan Kardec durante o Banquete...).

PROPRIEDADE

O homem só possui em plena propriedade aquilo que lhe é dado levar deste mundo. [...] tudo o que lhe é de uso da alma: a inteligência, os conhecimentos, as qualidades morais. [...] (105, cap. 16, it. 9).

Propriedade legítima só é a que foi adquirida sem prejuízo de outrem (106, q. 884).

[...] *Plena* é a propriedade daqueles *tesouros que se juntam nos céus, que os ladrões não roubam, nem a ferrugem e a traça consomem* no ensinamento do *Cristo* (MAT. 6,19).

[...] Que é então o que ele possui? Nada do que é de uso do corpo; tudo o que é de uso da alma: a *inteligência*, os *conhecimentos*, as *qualidades morais*. Isso é o que ele traz e leva consigo, o que ninguém lhe pode arrebatar, o que lhe será de muito mais utilidade no outro mundo do que neste (128).

PROSOPOPESE

[...] fenômeno de personificação subconsciente. [...] (22, cap. 6).

[...] fenômeno de transmigração de uma personificação subconsciente no fantasma plástico [...] (22, cap. 11).

PROSTITUIÇÃO

A prostituição não teve seu início nos primeiros dias da Humanidade, pois os homens ainda não possuíam os vícios e as paixões. Com o desenvolvimento das paixões é que vieram a surgir os maus costumes no seio dos agrupamentos humanos.
Antes de Jesus, já existia a prostituição, mas não era tolerada pela religião dominante (que até mesmo aconselhava a lapidação da mulher adúltera), impossibilitando de certo modo a sua expansão. [...]

O mercado organizado dos prazeres sexuais não foi uma promoção originariamente das mulheres, mas, sim, dos homens [...].

Sob o aspecto lesivo à nobre finalidade do sexo, na condição imprescritível de instrumento de formação da família, a prostituição, como flagelo social, só é tolerada do ponto de vista do direito ao direcionamento às manifestações do livre-arbítrio feminino, atentatórias ao pleno acatamento à lei de procriação, a que deploravelmente permanecem desatentos o homem e a mulher. [...] (12, cap. 7).

PROTEÇÃO DIVINA

Importa compreender que a proteção divina desconhece privilégios. A graça celestial é como o fruto que sempre surge na fronde do esforço terrestre: onde houver colaboração digna do homem, aí se acha o amparo de Deus. [...] (268, cap. 15).

PROTOPLASMA

Assim se denomina o conteúdo vivo da célula, o que constitui a sua parte essencial, o que nela verdadeiramente vive. [...]

O protoplasma é o agente de todas as reconstituições orgânicas, isto é, de todos os fenômenos íntimos de nutrição. Além disso, o protoplasma contrai-se sob a ação dos excitantes, e preside, assim, aos fenômenos da vida de relação (40, cap. 1).

É no seio tépido dos mares primitivos, sob a ação da luz, do calor e de uma pressão hoje difícil, se não impossível de reproduzir-se, que se formou essa massa viscosa chamada protoplasma, primeira manifestação da vida inteligente, que deve desenvolver-se progressiva e paralelamente, e produzir a inumerável multidão de formas vegetais e animais, para chegar, após uma série de séculos ou milênios, à obra tão pacientemente perseguida: – a aparição do ser consciente – o homem (40, cap. 6).

[...] O protoplasma foi o embrião de todas as organizações do globo terrestre, e, se essa matéria, sem forma definida, cobria a crosta solidificada do planeta, em breve a condensação da massa dava origem ao surgimento do núcleo, iniciando-se as primeiras manifestações dos seres vivos. [...]

[...] substância viscosa, acinzentada, translúcida, possuindo extraordinária uniformidade tanto nas células animais como vegetais. [...] É no complexo proteínico do protoplasma que a Ciência procura hoje descobrir as propriedades últimas dessa coisa indefinível que se chama Vida. [...]

O protoplasma era, na verdade, um fluido composto de água, proteínas, açúcares, gorduras, sais, ... e, o que é de decisiva importância, de mônadas espirituais, destacadas pelos prepostos crísticos, dos cristais onde completavam seu estágio de individuação. Por isso, o protoplasma encerrava o gérmen da vida – o princípio espiritual que iria ensaiar seus primeiros movimentos no íntimo das células albuminoides. [...] (188, cap. 3).

[...] massa gelatinosa, [...] o protoplasma [é] o germe sagrado dos primeiros homens (230, cap. 1).

[...] os Espíritos que cooperaram com o Cristo, nos primórdios da organização planetária, encontraram, no protoplasma, o ponto de início para a sua atividade realizadora, tomando-o como base essencial de todas as células vivas do organismo terrestre (273, q. 6).

PROVA

A prova é um remédio infalível para a nossa inexperiência. A Providência procede para conosco como mãe precavida para com seu filho. Quando resistimos aos seus apelos, quando recusamos seguir-lhe os conselhos, ela deixa-nos sofrer decepções e reveses, sabendo que a adversidade é a melhor escola da prudência (46, pt. 2, cap. 13).

[...] Cada momento de socorro aos semelhantes, no capítulo da bondade e da tolerância é, realmente, glorioso minuto de prova benemérita, no qual poderemos desenvolver nossa capacidade máxima de assimilação do Evangelho Salvador (248).

[Provas são] lições retardadas que nós mesmos acumulamos no caminho, através de erros impensados ou conscientes em transatas reencarnações, e que somos compelidos a rememorar e reaprender (304, cap. 40).

Ver também EXPIAÇÃO

PROVAÇÃO

O Espírito está em provação, quando, sentindo a necessidade de evolver, de tornar-se bom, pediu e obteve uma encarnação de sofrimento, a fim de atingir o fim colimado.

É um ente que reconheceu a necessidade de progredir, de subir, de elevar-se acima das misérias humanas.

É um Espírito que está em vias de aperfeiçoamento (152, cap. 3).

[...] representa a contraprova da firmeza dos propósitos de regeneração [...] (193).

As provações são meios utilizados pela Lei no despertamento das criaturas para o amor, substituindo as paixões (207, cap. 8).

[...] A provação é remédio salutar. A dificuldade é degrau na grande subida. [...] (236, pt. 1, cap. 2).

[...] é recurso demonstrativo da nossa fé (259, cap. 14).

Intranquilidade, provação, sofrimento são bases para que nos levantemos ao encontro do Senhor (260, cap. 6).

A provação é a luta que ensina ao discípulo rebelde e preguiçoso a estrada do trabalho e da edificação espiritual. [...] (273, q. 246)

A provação complicada é consequência do erro [...] (295, cap. 122).

Ver também EXPIAÇÃO

Provação coletiva

Na provação coletiva verifica-se a convocação dos Espíritos encarnados, participantes do mesmo débito, com referência ao passado delituoso e obscuro.

O mecanismo da justiça, na lei das compensações, funciona então espontaneamente, através dos prepostos do Cristo, que convocam os comparsas na dívida do pretérito para os resgates em comum [...] (273, q. 250).

PROVAS E EXPIAÇÕES

As provas e expiações, resgates e sofrimentos são formas de reajustamentos do Espírito, que soma a essas experiências dolorosas os esforços empregados na aquisição de conhecimento e virtude (207, cap. 13).

Ver também PENA

PROVIDÊNCIA

A providência é a solicitude de Deus para com as suas criaturas. Ele está em toda parte, tudo vê, a tudo preside, mesmo às coisas mais mínimas. [...] (101, cap. 2, it. 20).

[...] é doce luz que imprime o arrependimento onde havia, antes, crime! [...] (44, pt. 1).

A Providência é o Espírito Superior, é o anjo velando sobre o infortúnio, é o consolador invisível, cujas inspirações reaquecem o coração gelado pelo desespero, cujos fluidos vivificantes sustentam o viajor prostrado pela fadiga; é o farol aceso no meio da noite, para a salvação dos que erram sobre o mar tempestuoso da vida. A Providência é, ainda, principalmente, o amor divino derramando-se a flux sobre suas criaturas. [...] (46, pt. 4, cap. 40).

Cada qual, a seu modo, desempenha o seu papel no concerto das coisas: aquele, por exemplo, que despende um talento consciencioso em sustentar uma doutrina errônea, é, às vezes, um simples agente inconsciente dos desígnios da Providência; em vez de ocultar a verdade, como parecia fazê-lo, suas obras servem, muitas vezes, a preparar-lhe as veredas e assegurar-lhe o triunfo (91, cap. 1).

[...] é luz e amor para todas as criaturas. [...] (231, cap. 11).

A Eterna Providência é o reservatório do amor infinito, em doação permanente, solicitando canais de expressão que o distribuam, aos quais provê com matemática precisão (282, cap. 23).

PROVOCAÇÃO

Provocações e problemas, habitualmente, são testes de resistência, necessários à evolução e aprimoramento da própria vida (208, cap. 2).

PRÓXIMO

[...] o nosso próximo não é um inimigo que cumpre ignorar, desprezar ou eliminar, mas um companheiro na belíssima aventura da vida imortal, que devemos aprender a amar. [...] (147, cap. 22).

Ama o teu próximo como a ti mesmo. Teu próximo, qualquer que ele seja, conhecido ou desconhecido, amigo ou inimigo, é teu irmão, pois que é filho do mesmo Pai, que está nos céus (182, v. 2).

O próximo mais próximo é a nossa chave de libertação espiritual.. (218, cap. 10).

Ser próximo [...] é ser solidário, ser fraterno, ser dedicado: é, numa palavra, amar o semelhante, compartilhando, tanto de suas alegrias como de suas desventuras; daquelas, para engrandecer seu gozo; destas, para amenizar-lhe a dor (220, Quem é o meu próximo?).

O próximo, de qualquer procedência, é nosso irmão, credor de nosso melhor carinho (245, cap. 28).

O próximo é a nossa ponte de ligação com Deus (256, cap. 71).

O próximo a quem precisamos prestar imediata assistência é sempre a pessoa que se encontra mais perto de nós (256, cap. 126).

[...] é sempre o inspetor da vida que nos examina a posição da alma nos assuntos da vida eterna. [...] (291, cap. 9).

O próximo é a nossa ponte para o mundo (291, cap. 50).

Ver também SOLIDARIEDADE

PRUDÊNCIA

A prudência é uma bela virtude, que ajuda extraordinariamente o homem a abrir caminho neste mundo inferior. [...] Ser prudente é calcular, desconfiar, frequentemente calar e, às vezes, rastejar, é imitar a serpente, para melhor defender-se das serpentes. [...] (134, 40ª efusão).

PSEUDOSSÁBIOS

[...] existem pseudossábios, que julgam saber o que não sabem e falam daquilo que ignoram com imperturbável atrevimento. [...] (103, cap. 5).

PSI

[...] O *psi* é uma designação que dá elasticidade quase infinita aos recursos plásticos da mente, tais como conhecimento do passado (telepatia), ou acontecimentos que tiveram lugar anteriormente e se encontram gravados nas mentes de outras pessoas; conhecimento de ocorrências no mundo exterior (clarividência), sem o contato com impressões sensoriais; e percepção do futuro (presciência) (78, Prolegômenos).

PSICOCINESIA

Psicocinesia ou *Telecinesia* – ação direta da mente sobre os objetos físicos (11, Psicologia, Parapsicologia e Espiritismo).

[...] ação direta da mente sobre a matéria – psicocinesia ou PK ou fenômeno *psikappa* [...] (35, cap. 1).

Ver também TELECINESIA

Psicocinesia ectoplásmica

[...] Ação psicocinética mais intensa que mobilizaria a própria substância protoplásmica para além da periferia do corpo (ectoplasma – matéria) [...] (35, cap. 3).

Psicocinesia energética

[...] Ação psicocinética da mente sobre o próprio organismo, determinando a exteriorização de um fator dinâmico de natureza física (ectoplasma – força): *psicocinesia energética* (35, cap. 3).

Psicocinesia pura ou imediata

[...] ação da mente sobre a matéria sem intermediário físico ou, se preferirmos, através de uma força de natureza psíquica, a força psicocinética (35, cap. 3).

PSICOFONIA

Estando controlado o médium, se queremos falar pelos seus órgãos vocais, pomo-lo numa condição de inteira passividade. É a condição em que ele vem a estar no transe. Seu Espírito deixa o corpo por algum tempo e se coloca ao lado. Uma vez nessa condição, podemos atuar-lhe sobre a laringe, as cordas vocais, a língua e os músculos da garganta.

Não operamos no seu interior, mas de pé atrás dele. Podemos colocar-nos na condição do médium, ou afinados com ele, mediante uma extensão que, quando movemos os nossos órgãos vocais, faz que os do médium semelhantemente se movam. Há um elo de conexão, etéreo ou físico, podeis chamar-lhe de um modo ou doutro, que tem a mesma ação sobre os músculos do médium, que um diapasão sobre outro, desde que ambos estejam afinados no mesmo tom. Trabalham assim harmônicas as duas sedes de órgãos vocais. Não há aqui o caso das mensagens serem influenciadas pela mente do médium, porque esta de nenhum modo intervém na operação. Não trabalhamos através da sua mente, mas, diretamente, sobre seus órgãos vocais. Tudo o que vem a exteriorizar-se é tal qual saiu da mente do Espírito que o controla. A mente e o cérebro do médium são postos fora de ação, temporariamente, e o Espírito que opera lhe controla os músculos dos órgãos vocais (63, cap. 11).

[...] Por esse fenômeno o Espírito se incorpora ao médium, por cujos sentidos se manifesta. A perfeição da comunicação depende de várias circunstâncias; tanto melhor será ela quanto maior for o desprendimento do Espírito do vivo (98, Dos fenômenos subjetivos).

[...] a mediunidade psicofônica (palavra espírita que a ciência moderna está aceitando) estaria classificada como efeito intelectual [...] do grupo parapsicológico psigama, ou ESP, que, por sua vez, se enquadra como mediunidade de expressão cortical, ou de efeitos psíquicos. [...] (147, cap. 5).

É a faculdade que permite aos Espíritos, utilizando os órgãos vocais do encarnado, transmitirem a palavra audível a todos que presentes se encontrem (161, cap. 9).

Ver também MEDIUNIDADE FALANTE

Psicofonia consciente

Na psicofonia consciente pode o médium fiscalizar a comunicação, controlando gestos e palavras do espírito, uma vez que o pensamento deste atravessa, antes, a mente do médium, para chegar, afinal, ao campo cerebral (161, cap. 9).

PSICOFOTISMO

O Dr. Lobo Vilela conceitua psicofotismo como as "luzes que acompanham as aparições ou quaisquer fenômenos luminosos de caráter supranormal". [...] (344, cap. 9).

PSICOGRAFIA

[...] a transmissão do pensamento do Espírito, mediante a escrita feita com a mão do médium (107, it. 146).

[...] É a escrita psíquica. O Espírito se manifesta escrevendo a sua mensagem, e a manifestação é tanto mais perfeita quando menos consciente é o médium (98, Dos fenômenos subjetivos).

A psicografia é a faculdade de os médiuns, sob a atuação de Espíritos comunicantes, escreverem com a própria mão ou, conforme o desenvolvimento mediúnico, com ambas as mãos ao mesmo tempo. [...] (344, cap. 5).

Ver também MÉDIUM ESCREVENTE
e MEDIUNIDADE MECÂNICA

Psicografia cutânea

[...] Ao nominá-lo como psicografia cutânea, Nogueira de Faria informa que o relatório da Sociedade Dialética de Londres faz referência a essa mediunidade, indicando que o fenômeno já ocorrera com outros sensitivos, não sendo, portanto, desconhecido pelos pesquisadores europeus. [...] (322, cap. 7 – Psicografia Cutânea).

Psicografia indireta

Chamamos *psicografia indireta* à escrita assim obtida [com o auxílio de cesta-pião, cesta de bico, mesa pequenina, prancheta, etc.], em contraposição à *psicografia direta ou manual*, obtida pelo próprio médium. [...] (107, it. 157).

[...] a escrita obtida com um lápis adaptado a um objeto qualquer que lhe serve de suporte. [...] (35, cap. 3).

PSICÓGRAFO AUTOMÁTICO

[...] Diz-se automático o psicógrafo que ignora totalmente o que a própria mão escreve [...] (35, cap. 3)

Ver também MÉDIUM MECÂNICO

PSICÓGRAFO SEMIAUTOMÁTICO

[...] aquele que tem consciência da mensagem, apesar da assinalada autonomia do membro superior. [...] (35, cap. 3)

Ver também MÉDIUM SEMIMECÂNICO

PSICOLOGIA

Durante largo tempo a Psicologia tem procurado encontrar no passado de cada indivíduo as causas que desencadearam os conflitos e atribulações que o atormentam no presente. As análises do comportamento pré-natal, das circunstâncias da concepção, do desenvolvimento fetal, do parto, dos relacionamentos com a mãe e o pai, da estrutura familiar na infância explicariam onde se encontram os fatores preponderantes ou mesmo predisponentes para os transtornos do comportamento. É certo que muitas contingências desse período estejam influenciando a conduta atual do paciente, sendo necessária a evocação daqueles conteúdos infelizes, a fim de que, trabalhados, possam ser diluídos, cedendo lugar a nova compreensão da vida e do seu significado real.

Atualmente, graças à visão psicológica transpessoal, a sonda é penetrada no passado mais remoto, buscando-se encontrar a raiz original do desequilíbrio que, trazido à memória atual, mediante psicoterapia cuidadosa, produz resultados salutares, libertando da culpa, da complexidade das lembranças inquietadoras dos comportamentos esdrúxulos para a lógica existencial, que interferem na maneira de ser da pessoa (75, Impermanência).

A Psicologia é a ciência da Alma [...] (96, Tréplica – o Espiritismo analisado).

Psicologia e Sociologia

[...] examinando a paisagem dos sentimentos e os problemas sociais, representam a tábua de classificação das conquistas da ciência intelectual. [...] (273, q. 2).

Psicologia fenomenal

É [...] nesta ciência experimental que vamos procurar as bases principais da ciência futura. É ela que deve ensinar ao homem sua verdadeira natureza, ao mesmo tempo que o aproximará, quanto possível à sua inteligência, do conhecimento íntimo das coisas (91, cap. 5).

Psicologia fisiológica

A psicologia fisiológica, aquela que estuda o corpo humano como condição essencial, e mesmo, no seu conceito primordial das manifestações intelectuais, rejeitou por inteiro as antigas concepções filosóficas acerca da personalidade e das faculdades da alma (40, cap. 4).

Psicologia transpessoal

Os irrecusáveis avanços da Psicologia Transpessoal, constatando as causas espirituais dos transtornos de comportamento, têm contribuído eficazmente para mais ampla compreensão dos desvios neuróticos e psicóticos profundos do ser, remontando à reencarnação e às obsessões como inegáveis psicopatogêneses, mediante as quais, constata-se a imortalidade do Espírito, que resiste a qualquer crítica e intransigente posição contrária.

Nessa perspectiva, o sentido existencial direciona o comportamento, proporcionando uma visão otimista da existência humana, que tem por finalidade superar os impedimentos naturais do processo de crescimento e de valorização, com vistas a uma finalidade libertadora dos impositivos que geram dor, aflição, desequilíbrio, responsáveis pela perda dos horizontes felizes (75, Crise espiritual e de sentimento).

PSICÔMETRA

O psicômetra é, em suma, uma espécie de vidente, ou antes um indivíduo que tem, acordado, as faculdades e as percepções que o sonâmbulo só possui quando adormecido (57, pt. 1, cap. 4).

PSICOMETRIA

[...] mediunidade segundo a qual o sensitivo, posto em contato com objetos, pessoas ou lugares relacionados com acontecimentos passados, sintoniza-se de tal maneira com o clima psicológico em que esses acontecimentos ocorreram que se torna capaz de descrevê-los com assombrosa precisão. [...] (7, cap. 64).

[...] os fenômenos de *psicometria* [...] consistem em que, se se puser um objeto nas mãos de *sensitivos especiais*, eles lhe revelarão a história, ou descreverão a da pessoa que longamente o usou. [...] (20, cap. 5).

[...] possibilidade de estabelecer-se a *relação psíquica* com pessoas distantes, desconhecidas de todos os presentes, mas só sob a condição de apresentar-se ao *sensitivo* um objeto que haja trazido consigo longo tempo o indivíduo distante com quem se deseje entrar em comunicação [...] (20, Conclusões).

[...] uma das modalidades da clarividência [...].

As modalidades segundo as quais se estabelece a conexão entre o sensitivo e a pessoa ou meio concernente ao objeto *psicometrado*, distinguem, efetivamente, a psicometria das outras formas de clarividência. [...]

Na psicometria, [...] os objetos apresentados ao sensitivo [...] constituem verdadeiros intermediários adequados, que, à falta de condições experimentais favoráveis, servem para estabelecer a relação entre a pessoa ou meio distantes, mercê de uma *influência* real, impregnada no objeto, pelo seu possuidor.

Esta *influência*, de conformidade com a hipótese psicométrica, consistiria em tal ou qual propriedade da matéria inanimada para receber e reter, potencialmente, toda espécie de vibrações e emanações físicas, psíquicas e vitais, assim como se dá com a substância cerebral, que tem a propriedade de receber e conservar em latência as vibrações do pensamento (23).

[...] Ordinariamente, a faculdade psicométrica é uma função do EU integral subconsciente, posto que se verifique, muitas vezes, com a intervenção de entidades desencarnadas (23).

[...] um pedaço de arma, uma medalha, um fragmento de sarcófago e uma pedra de ruínas evocarão na alma do vidente uma série completa de imagens referentes aos tempos e aos lugares a que pertenceram esses objetos. É o que se chama psicometria (52, pt. 3, cap. 21).

[...] a clarividência é facilitada pelo contato do *sujet* com um objeto qualquer proveniente do ambiente visto, bem como de pessoas com as quais a afinidade deva estabelecer-se (é a *psicometria*) (90, pt. 1, cap. 2).

Lamenta o autor a impropiedade do termo psicometria, mas reconhece que ele está de tal forma implantado que seria prejudicial recomendar outro. Diz mais que o fenômeno se reporta – se bem que com ligeira diferença – ao que os ocultistas chamam de *clichês astrais*, os teósofos, de *impressões akásicas*, e Myers, de *telestesia retrocognitiva*, e outros pesquisadores, de *persistência das imagens*.
– Segundo a hipótese da psicometria – escreve Bozzano –, a matéria inanimada teria a faculdade de registrar e conservar em estado potencial toda sorte de vibração e emanação física, psíquica e vital, da mesma forma que a substância cerebral possui a propriedade de registrar e conservar em estado latente as vibrações do pensamento.
Haveria, pois, além da memória cerebral, uma espécie de memória cósmica que documentaria, como num *videotape*, os acontecimentos verificados pelo Universo afora. Acha Bozzano que a analogia é perfeita e que nada do ponto de vista científico, como as leis físicas ou fisiopsíquicas formuladas pela Ciência, contrariam a hipótese (146, cap. 4).

[...] faculdade que têm algumas pessoas de lerem *impressões e recordações ao contato de objetos comuns*.

Psicometria é, também, faculdade mediúnica. Faculdade pela qual o sensitivo, tocando em determinados objetos, entra em relação com pessoas e fatos aos mesmos ligados. [...]

Pela psicometria o médium revela o passado, conhece o presente, desvenda o futuro (161, cap. 39).

Lindo e curioso fenômeno mediúnico, que permite ao indivíduo dotado da dita faculdade – ver e ouvir o que foi acontecido ou realizado no local que visita, depois de muitos anos decorridos sobre os mesmos acontecimentos (166, pt. 1, cap. 3).

[...] Em boa expressão sinonímica, como o é usada na Psicologia experimental, significa *registro, apreciação da atividade intelectual*, entretanto, nos trabalhos mediúnicos, esta palavra [psicometria] designa a faculdade de ler impressões e recordações ao contato de objetos comuns (269, cap. 26).

[...] considerada nos círculos medianímicos por faculdade de perceber o lado oculto do ambiente e de ler impressões e lembranças, ao contato de objetos e documentos, nos domínios da sensação a distância [...] (306, cap. 20).

Ver também AFINIDADE ELETIVA
e CLARIVIDÊNCIA

PSICOSCÓPIO

[...] um instrumento bastante poderoso e sensível para nos permitir ver o fluido magnético, e principalmente a matéria sutil que forma o corpo psíquico [...] (57, pt. 2, cap. 1).

[...] existência no plano maior de um aparelho denominado *psicoscópio* destinado a *auscultação da alma, identificando os valores da individualidade humana, como sejam a moralidade, o sentimento, a educação e o caráter tornados claramente perceptíveis.* [...] (129, v. 1).

É um aparelho a que intuitivamente se referiu [Alfred Emy] ilustre estudioso da fenomenologia espirítica em fins do século passado. Destina-se à auscultação da alma, com o poder de definir-lhe as vibrações e com capacidade para efetuar diversas observações em torno da matéria. [...] Funciona à base de eletricidade e magnetismo, utilizando-se de elementos radiantes, análogos na essência aos raios gama. [...] (269, cap. 2).

PSICOSE

[...] termo pelo qual se designam as desordens mentais. [...] (98, Dos fenômenos subjetivos).

As psicoses representariam os mais severos quadros das doenças mentais, com multiplicidade sintomática, quase sempre associadas em complicações psicológicas, de modo a traduzir graves e profundas lesões psíquicas. Consideramos as psicoses como autênticas doenças da alma ou espírito, em severas respostas cármicas, quase sempre demarcando toda a jornada carnal, apesar da terapêutica ao nosso alcance. [...] (190, cap. 3).

Ver também DOENÇA MENTAL

PSICOSE ESPIRITUAL

[André Luiz na obra *Evolução em dois mundos*] [...] descreve um dos possíveis mecanismos de psicose espiritual "[...] pode sofrer disfunção específica pela qual um Espírito desencarnado contemplará tão somente, por tempo equivalente à conturbação em que se encontre, os quadros terríveis que lhe digam respeito às culpas contraídas, sem capacidade para observar paisagens de outra espécie; [...] com absoluto olvido de fatos [...] o pensamento contínuo que lhes flui da mente, em círculo vicioso sobre si mesmo, age coagulando ou materializando pesadelos fantásticos, em conexão com as lembranças que albergam" (pág. 127). Essa descrição pode bem representar um tipo especial de autismo, no Plano Espiritual, com alucinações correspondentes, semelhando as monomanias da corrente alienista francesa (psicoses).

Esse autor vai mais fundo na sua análise, ao declarar que "[...] esses pesadelos não são realmente meras criações abstratas [...] (mas são) formadas pelas partículas vivas de matéria mental, e se articulam em quadros que obedecem também à vitalidade mais ou menos longa do pensamento, [...] que, congregando criações do mesmo teor, de outros Espíritos afins, estabelecem, por associações espontâneas, os painéis apavorantes em que a consciência culpada expia [...]" (idem) (9, cap. 8).

PSICOSFERA

[...] Psicosfera é um campo resultante de emanações de natureza eletromagnética, a envolver todo o ser humano, encarnado ou desencarnado. [...]

[...] Lá o verbete psicosfera é apresentado como "o mesmo que aura; ambiente psíquico, campo de influência psíquica de um indivíduo, pessoa, animal, vegetal, objeto, ambiente, planeta etc." [...] (346, cap. 14).

PSICOSSOMA *ver* PERISPÍRITO

PSIQUÊ

[...] *A psiquê é uma essência incorpórea, separável do corpo.* [...] (228, pt. 2).

PSIQUISMO

O psiquismo é, sem dúvida, ciência vasta, profunda, eclética; constrói a síntese da vida humana e a evolução do Espírito (11, pt. 2, Postulados e ensinamentos).

[...] ciência, que [...] se refere [à força psíquica], [...] como ramo da Psicologia (92, pt. 2, cap. 2).

PUBERDADE

A puberdade é o período da vida em que o indivíduo adquire a capacidade física para a procriação. O desencadeamento das transformações corporais nessa fase é um processo bastante complexo. A faixa de idade em que o fenômeno ocorre é variável. Na mulher ocorre mais cedo que no homem. A Ciência nos informa que esse processo se inicia no hipotálamo, uma pequena região do cérebro, relacionada aos processos inconscientes. [...] (204, Adolescência – tempo de transformações).

PUBLICAÇÃO

[...] Com prudência e habilidade tudo pode ser dito; o mal é dar como sérias coisas que chocam o bom senso, a razão e as conveniências. Neste caso, o perigo é maior do que se pensa. Em primeiro lugar, essas publicações têm o inconveniente de induzir em erro as pessoas que não estão em condições de aprofundá-las nem de discernir o verdadeiro do falso, especialmente numa questão tão nova como o Espiritismo. Em segundo lugar, são armas fornecidas aos adversários, que não perdem tempo em tirar desse fato argumentos contra a alta moralidade do ensino espírita; porque, insistimos, o mal está em considerar como sérias coisas que constituem notórios absurdos. Alguns mesmos podem ver uma profanação no papel ridículo que emprestamos a certas personagens justamente veneradas, e às quais atribuímos uma linguagem indigna delas. [...] (103, cap. 6).

[...] é um grave erro crer-se obrigado a publicar tudo quanto ditam os Espíritos, porque, se os há bons e esclarecidos, também os há maus e ignorantes. Importa fazer uma escolha muito rigorosa de suas comunicações e suprimir tudo quanto for inútil, insignificante, falso ou suscetível de produzir má impressão. É preciso semear, sem dúvida, mas semear a boa semente e em tempo oportuno (103, cap. 12).

[...] As publicações locais podem ter uma imensa utilidade, sob um duplo aspecto: espalhar nas massas o ensino dado na intimidade e mostrar a concordância que existe nesse ensino sobre diversos pontos. [...]

Antes de mais, convém delas afastar tudo quanto, sendo de interesse privado, só interessa àquele que lhe concerne; depois, tudo quanto é vulgar no estilo e nas ideias, ou pueril pelo assunto. Uma coisa pode ser excelente em si mesma, muito boa para servir de instrução pessoal, mas o que deve ser entregue ao público exige condições especiais. [...] Aplicando esses princípios de ecletismo às comunicações que nos são enviadas, diremos que em 3.600 há mais de 3.000 que são de uma moralidade irreprochável, e excelentes como fundo; mas que desse número nem 300 merecem publicidade e apenas 100 têm mérito fora do comum. Como essas comunicações vieram de muitos pontos diferentes, inferimos que a proporção deve ser mais ou menos geral. Por aí pode julgar-se da necessidade de não publicar inconsideradamente tudo quanto vem dos Espíritos, se quisermos atingir o objetivo a que nos propomos, tanto do ponto de vista material quanto do efeito moral e da opinião que os indiferentes possam fazer do Espiritismo.

[...] Toda precaução é pouca para evitar as publicações lamentáveis. Em tais casos, mais vale pecar por excesso de prudência no interesse da causa (103, cap. 14).

A publicação [das comunicações mediúnicas] tanto pode ser útil, se feita com discernimento, quanto perniciosa, em caso contrário. No número dessas comunicações existem as que, por melhores que sejam, só interessam àqueles que as recebem, não oferecendo aos leitores estranhos senão banalidades.
Outras apenas têm interesse pelas circunstâncias nas quais foram dadas, e sem o conhecimento das quais são insignificantes. Isto só traria inconvenientes para a bolsa do editor. Mas, ao lado disto, algumas há que são evidentemente más, no conteúdo e no estilo e que, sob nomes respeitáveis e apócrifos, contêm coisas absurdas ou triviais, o que muito naturalmente se presta ao ridículo e dá armas à crítica. É pior ainda quando, sob a proteção desses mesmos nomes, elas formulam sistemas excêntricos, ou grosseiras heresias científicas. Não haveria nenhum inconveniente em publicar essas espécies de comunicações, se as fizessem acompanhar de comentários, seja para refutar os erros; seja para lembrar que são a expressão de uma opinião individual, da qual não se assume a responsabilidade; poderiam mesmo ter um lado instrutivo, mostrando a que aberrações de ideias podem entregar-se certos Espíritos. Mas, publicá-las pura e simplesmente é apresentá-las como expressão da verdade e garantir a autenticidade das assinaturas, que o bom senso não pode admitir; eis o inconveniente (110, Instruções..., 6).

PUBLICANOS

Eram assim chamados, na antiga Roma, os cavalheiros arrendatários das taxas públicas, incumbidos da cobrança dos impostos e das rendas de todas espécie, quer em Roma mesma, quer nas outras partes do Império. [...] Os riscos a que estavam sujeitos faziam que os olhos se fechassem para as riquezas que muitas vezes adquiriam e que, da parte de alguns, eram frutos de exações e de lucros escandalosos. O nome de publicano se estendeu mais tarde a todos os que superintendiam os dinheiros públicos e aos agentes subalternos. Hoje, esse termo se emprega em sentido pejorativo, para designar os financistas e os agentes pouco escrupulosos de negócios. Diz-se por vezes: *Ávido como um publicano, rico como um publicano*, com referência a riquezas de mau quilate (105, Introd.).

Publicanos eram os arrecadadores de impostos públicos exigidos pelos romanos ao povo judeu, no exercício de cujo mister tinham oportunidade de amealhar fortuna, pelo abuso das exações (31, Parábola do fariseu e do publicano).

Ver também PORTAGEIROS

PURGATÓRIO

A palavra purgatório sugere a ideia de um lugar circunscrito: eis por que mais naturalmente se aplica à Terra do que ao espaço infinito onde erram os Espíritos sofredores, e tanto mais quanto a natureza da expiação terrena tem os caracteres da verdadeira expiação.
[...] não é senão um modo de penalidade (104, pt. 1, cap. 5, it. 9 e 10).

Dores físicas e morais: o tempo da expiação. Quase sempre, na Terra é que fazeis o vosso purgatório e que Deus vos obriga a expiar as vossas faltas.
O que o homem chama *purgatório* é igualmente uma alegoria, devendo-se entender como tal, não um lugar determinado, porém o estado dos Espíritos imperfeitos, que se acham em expiação até alcançarem a purificação completa, que os elevará à categoria dos Espíritos bem-aventurados. Operando-se essa purificação por meio das diversas encarnações, o purgatório consiste nas provas da vida corporal (106, q. 1013).

[...] *purgatório* [pode-se traduzir] *por uma vida também de provações, mas com a consciência de melhor futuro*. [...] (106, q. 1014).

[...] é a vida terrestre com as provações que a acidentam. [...] (45, cap. 7).

[...] é mesmo a Terra, onde reencontramos as consequências de nossas faltas, a fim de extingui-las, através da reencarnação (262, Espíritas diante da morte).

Q

QUARK

[...] partícula fundamental da matéria, isto é, a menor de todas as partículas subatômicas, que eles [os cientistas] presumem indivisível.

Trata-se da mesma partícula já teoricamente anunciada por George Zweig e que foi batizada, em 1963, por GellMann, com o nome de *quark*. [...]

Ao contrário, porém, do que ainda supõem os físicos da Terra, ela não é propriamente matéria, no sentido tradicional do termo, e sim uma das formas mais "pesadas" de energia e, por isso mesmo, elo natural de ligação entre o que poderíamos chamar de mundo da energia radiante e mundo da energia adensada (186, *Quark*).

QUEBRANTO

O *quebranto* e o *mau olhado* são choques de fluidos que se não identificam nem se harmonizam. Se entre os adultos há pessoas que se sentem mal ante o olhar de outras, é natural que as crianças sofram muito mais os efeitos de um olhar de poderosa influência magnética, consciente ou não.
Na sua quase totalidade, os causadores desses incômodos às crianças ignoram por completo o mal que produzem (215, cap. 5).

QUEDA

À primeira vista, a ideia de decaimento parece em contradição com o princípio segundo o qual os Espíritos não podem retrogradar. Deve-se, porém, considerar que não se trata de um retrocesso ao estado primitivo. O Espírito, ainda que numa posição inferior, nada perde do que adquiriu; seu desenvolvimento moral e intelectual é o mesmo, qualquer que seja o meio onde se ache colocado. Ele está na situação do homem do mundo condenado à prisão por seus delitos. Certamente, esse homem se encontra degradado, decaído, do ponto de vista social, mas não se torna nem mais estúpido, nem mais ignorante.
Será crível, perguntamos agora, que esses homens mandados para a Nova Caledônia vão transformar-se de súbito em modelos de virtudes? Que vão abjurar repentinamente seus erros do passado? Para supor tal coisa, fora necessário desconhecer a Humanidade. Pela mesma razão, os Espíritos da raça adâmica, uma vez transplantados para a terra do exílio, não se despojaram instantaneamente do seu orgulho e de seus maus instintos; ainda por muito tempo conservaram as tendências que traziam, um resto da velha levedura. Ora, não é esse o pecado original? (101, cap. 11, it. 48 e 49)
Qualquer que seja a causa da queda, orgulho, inveja ou ateísmo, os que caem, tornando-se por isso Espíritos de trevas, são precipitados nos *tenebrosos lugares da encarnação humana*, conforme ao grau de culpabilidade, nas condições impostas pela necessidade de expiar e progredir (182, v. 1).
A queda é acidente natural no esforço de quem se movimenta e constrói (219, Tem bom ânimo).

Ver também PECADO ORIGINAL

QUEIXA

[...] A queixa, a lamentação, a autopiedade são lixo mental que deve ser atirado fora, antes que intoxique aquele que o conserva como resíduo danoso. [...] (77, cap. 23).

A queixa é o desafogo dos fracos e dos pusilânimes (117, v. 3, cap. 11).

Não te lamentes na luta. / Trabalha contra a preguiça. / A queixa de todo instante / É plantação de injustiça (257, cap. 8)

A queixa de todo instante / É lagarto triste e feio / Que afasta de nossa luta / A bênção do amparo alheio (257, cap. 26).

A queixa é um vício imperceptível que distrai pessoas bem-intencionadas da execução do dever justo (295, cap. 118).

QUERER

Querer é começar a fazer. Anelando e imaginando, libertamos de nós mesmos a energia indispensável à materialização de nossas criações interiores (248).

QUÍMICA E FÍSICA

A Química e a Física, estudando a ação íntima dos corpos, suas relações entre si e as suas propriedades, constituem a catalogação dos valores da ciência material. [...] (273, q. 2).

R

RABBONI

Título honorífico entre os judeus, que significa Mestre. Jesus era chamado *Rabboni* – (Mestre) – pelos seus discípulos e admiradores (169, pt. 1, cap. 8).

RABDOMANCIA

[...] (descoberta de fontes subterrâneas por meio da "vara divinatória") [...] (23, Os fenômenos de telestesia).

RABI

Nome dado a Jesus por alguns judeus; rabino; doutor da lei israelita; ministro do culto judaico (178, Glos.).

RABINO

Doutor da Lei judaica. Sacerdote judaico (169, pt. 1, cap. 8).

RACA

[...] entre os hebreus, era um termo desdenhoso que significava – *homem que não vale nada*, e se pronunciava cuspindo e virando para o lado a cabeça. [...] (105, cap. 9, it. 4).

RAÇA ADÂMICA

[...] uma dessas colônias de Espíritos, vinda de outra esfera, que deu origem à raça simbolizada na pessoa de Adão e, por essa razão mesma, chamada *raça adâmica*. [...] (101, cap. 11, it. 38).

A raça adâmica, de que fazemos parte, é um enxame de Espíritos, que pecaram em vida anterior e mereceram, por suas faltas, vir encarnar neste mundo expiatório. [...] (134, 21ª efusão).

Ver também ADÃO *e* QUEDA

RAÇA DE VÍBORAS

Pelos termos *raça de víboras*, apropriados aos tempos e aos homens, designava Jesus aquela raça de Espíritos inferiores e orgulhosos, que *acreditavam* poder alcançar, *sem socorro*, o céu e que não queriam receber luz alguma. [...] (182, v. 2).

RACIOCÍNIO

[...] O raciocínio é, pois, um poderoso elemento de convicção, hoje mais do que nunca, em que as ideias positivas nos levam a saber o porquê e o como de cada coisa (103, cap. 5).

[...] Em Lógica, o raciocínio é definido como a operação intelectual que consiste em selecionar e orientar os dados do conhecimento, tendo como objetivo alcançar uma integração significativa que possibilite uma atitude racional ante as necessidades do momento (I. Paim). Essa operação complexa estabelece uma relação, de certa forma, causal entre juízos, conceitos, representações e ideias. Em seu sentido lógico, o raciocínio não é verdadeiro nem falso, mas simplesmente correto ou incorreto, conforme obedeça, ou não, às leis que regem o pensamento (9, cap. 2).

RACIONALIDADE

[...] A racionalidade do homem é a suprema expressão do progresso anímico que a Terra lhe pode prodigalizar; ela simboliza uma auréola de poder e de liberdade que aumenta naturalmente os seus deveres e responsabilidades. A conquista do livre-arbítrio compreende as mais nobres obrigações (250, cap. 36).

RACIONALISMO

[...] Evidentemente o racionalismo fez escola com Descartes (século XVII), tendo-se projetado até hoje. Deve-se ao cartesianismo a bem dizer a reformulação do pensamento ocidental, então influenciado pela velha Escolástica, pelo menos em determinadas áreas bem ativas. E, por isso mesmo, as obras de Descartes foram para o *Index* dos livros proibidos pela Igreja. Claro que houve a reparação mais tarde. Seja como for, o racionalismo cartesiano insurgiu-se contra a autoridade da Escolástica, em cujo pontificado intelectual se firmavam duas figuras altamente representativas do pensamento: Aristóteles e Tomás de Aquino. A Escolástica foi um esforço muito grande para combinar a cultura humana (Aristóteles) com a Teologia (Tomás de Aquino).
E, realmente, a Escolástica formou o espírito da Idade Média, apesar das divergências entre correntes teológicas. Durante muito tempo foi Aristóteles a última palavra. Aristóteles falou e nada mais se diz. O racionalismo cartesiano
foi um desafio à preponderância da autoridade aristotélica. Teria de sofrer as consequências dessa "rebeldia" intelectual (6, cap. 10).

[...] A razão tem o seu momento, e sem ela podemos caminhar para o caos. Mas o homem não pode deixar de cultivar o sentimento. O racionalismo frio torna a criatura humana insensível, porém o ensino espírita faz ver que, enquanto não desenvolvemos o sentimento, não se realiza o progresso moral. [...] (6, cap. 10).

RADIOATIVIDADE

Através da radioatividade, verifica-se a evolução da matéria. É nesse contínuo desgaste que se observam os processos de transformação das individuações químicas, convertidas em energia, movimento, eletricidade, luz, na ascensão para novas modalidades evolutivas, em obediência às leis que regem o Universo (273, q. 9).

RAPS

[...] pancadas internas na madeira [...] (23, Os fenômenos de telestesia).

Assim, acabou-se por verificar que estes ruídos [fenômenos de efeitos físicos] eram produzidos por um agente invisível, e que este agente se dava por um *Espírito*. Restava descobrir o meio de comunicar com tal Espírito; mas isso não tardou, e como se as bases do Espiritismo devessem simultaneamente estabelecer-se, dentro de poucos dias foram descobertas a mediunidade e o meio de comunicação entre este mundo material e o Mundo Espiritual, com o auxílio do *spiritual telegraph*, isto é, por meio dos *rappings* ou pancadas indicando as letras do alfabeto (92, cap. 3).

[...] golpes a distância [...] (130, pt. 2, cap. 11)

Ver também EFEITOS FÍSICOS, MESA GIRANTE, TELEGRAFIA ESPIRITUAL *e* TIPTOLOGIA

RAZÃO

A razão é um atributo, um dom, concedido aos homens pelo Altíssimo. [...] é a vista da alma, nos foi concedida para buscarmos a luz da verdade, que é o pão do espírito (5, pt. 1, cap. 1).

[...] é de fato o instrumento mais seguro que o homem recebeu de Deus para descobrir a verdade. [...] (45, cap. 8).

[...] é Deus dentro de nós, e o seu santuário é a nossa consciência (45, cap. 8).

A razão é uma faculdade superior, destinada a esclarecer-nos sobre todas as coisas. [...] A razão humana é um reflexo da Razão eterna. É *Deus em nós*, disse São Paulo. [...] (46, pt. 5, cap. 44).

A razão é uma conquista do ser humano através dos milênios, quando este alcança o patamar do discernimento e da lógica, sendo a faculdade de raciocinar discursivamente, selecionando aquilo que se lhe apresenta como portador de legitimidade, depois de ajuizado o verdadeiro do falso, o bem do mal, etc. Existem igualmente outras acepções que são atribuídas à razão.

Com a contribuição valiosa de Kant a razão pode ser conceituada como *pura* e *prática*. A primeira, é o conjunto de princípios aprioristicamente estabelecidos, cuja verdade dispensa a contribuição da experiência, podendo ser formulados pela lógica, e que se alcança através da reflexão. A segunda, é resultado do princípio da ação mediante uma regra moral. Ele considerava também uma concepção mais restrita, através da qual essa faculdade de pensar leva a uma conceituação superior envolvendo as ideias de Deus, da alma e do mundo.

[...]

Na atualidade, a razão representa de certo modo o pensamento de Ortega y Gasset quando se refere a uma *razão vital*, que funciona na vida, não se submetendo à *razão* pura e abstrata, mas à que atinge o nível concreto das coisas e dos fatos, tornando-se *razão histórica* (75, Ética e razão).

Finalmente, verificamos que a razão longe de ser uma forma definitivamente fixa do pensamento é uma incessante conquista.

[...] na Filosofia Espírita, a razão aparece definida como a capacidade de entender, de discernir, de escolher, de optar, de agir conscientemente e, portanto, de assumir responsabilidade – condição *sine qua non* de progresso espiritual (188, cap. 4).

A razão é uma faculdade superior, destinada a esclarecer-nos sobre todas as coisas e que, como todas as outras faculdades, se desenvolve e se aumenta pelo exercício. [...] (202, Fé).

[...] A razão, de fato, é uma luz na consciência humana, mas, por vezes, converte-se num cérbero feroz, a exercer terrível controle sobre o coração (263, cap. 23).

[...] A razão sem o sentimento é fria e implacável como os números, e os números podem ser fatores de observação e catalogação da atividade, mas nunca criaram a vida. A razão é uma base indispensável, mas só o sentimento cria e edifica. [...]

A razão humana é ainda muito frágil e não poderá dispensar a cooperação da fé que a ilumina, para a solução dos grandes e sagrados problemas da vida (273, q. 198).

REAJUSTAMENTO

[...] O trabalho de reajustamento próprio é artigo de lei irrevogável, em todos os ângulos do Universo [...] (264, cap. 20).

REALIDADE

[...] levando em conta a imperfeição dos nossos sentidos, podemos avançar, como uma espécie de axioma, que *a ilusão mais forte é a que denominamos realidade* (91, cap. 2).

REALIZAÇÃO

[...] As realizações do Espírito não são gratuitas. Constituem patrimônio eterno, adquirido a preço alto, em esforço e experiência. [...] (285, cap. 39).

REBELDIA

Rebeldia é orgulho impondo cegueira ao coração (251, cap. 18).

A rebeldia é sempre condição negativa, e, em se manifestando conosco, na forma de inquietação desnecessária, é dos piores corrosivos da alma, frustrando-nos recursos de realização e oportunidade, serviço e tempo (291, cap. 37).

RECOMEÇO

Recomeçar é um privilégio sublime do homem de boa vontade (248).

[...] recomeço significa "recapitulação" ou "volta ao princípio". [...] (267, cap. 13).

RECOMPENSA

Indiscutivelmente, a recompensa por excelência, a mais perfeita e justa, será aquela que mais diretamente gratificar o Espírito do educando: a satisfação do dever cumprido. [...] (129, v. 3)

RECONHECIMENTO

[...] é uma capacidade de evocação, o ato pelo qual se transfere um fenômeno da inconsciência à consciência (40, cap. 4).

O reconhecimento é a moeda luminosa com que se resgatam os débitos do coração [...] (86, L. 7, cap. 3).

RECORDAR

Recordar é ressuscitar o passado. [...] (86, L. 7, cap. 3).

A faculdade de recordar é o agente que nos premia ou nos pune, ante os acertos e os desacertos da rota (287, Memória Além-Túmulo).

REDENÇÃO

[...] O caminho da nossa redenção é sorver o cálice das amarguras da vida sem revoltas, aceitando os sucessos por fatos indiscutíveis, sofrendo, com inabalável resignação, todos os tormentos, sem odiar os adversários, sabendo perdoá-los, tal qual Jesus o fez a seus perseguidores (85, L. 1).

A palavra *redenção* tem, em nosso meio, o significado de transformação moral plena, exprimindo o estado daquele que conseguiu superar as próprias provações, que conseguiu vencer a si mesmo conquistando méritos apreciáveis. [...] (196, Preconceito – redenção).

A obra messiânica de redenção é obra de educação (223, cap. 2).

REENCARNAÇÃO

O princípio mesmo da reencarnação, que inicialmente havia encontrado muitos contraditores, porque não era compreendido, é hoje aceito pela força da evidência e porque todo homem que pensa nele reconhece a única solução possível do maior número de problemas da filosofia moral e religiosa. Sem a reencarnação somos detidos a cada passo, tudo é caos e confusão; com a reencarnação tudo se esclarece, tudo se explica da maneira mais racional. [...] (103, cap. 9).

[...] é a volta da alma ou Espírito à vida corpórea, mas em outro corpo especialmente formado para ele e que nada tem de comum com o antigo. [...] (105, cap. 4, it. 4).

A doutrina da reencarnação, isto é, a que consiste em admitir para o Espírito muitas existências sucessivas; é a única que corresponde à ideia que formamos da Justiça de Deus para com os homens que se acham em condição moral inferior; a única que pode explicar o futuro e firmar as nossas esperanças, pois que nos oferece os meios de resgatarmos os nossos erros por novas provações. A razão no-la indica e os Espíritos a ensinam (106, pt. 2, cap. 4, q. 171).

[...] A reencarnação é a cadeia do Espírito. Sofre com isso. Mas não deve ser abandonado, do contrário o responsável por esse abandono, que é um *novo crime*, estará por sua vez comprometendo-se com a Lei [...] (7, cap. 37).

Reencarnação é a lei que determina venha um Espírito habitar sucessivamente vários corpos. Somente ela explica as diferenças materiais, intelectuais e morais entre os homens. Somente ela engrandece Deus e torna perfeita a sua justiça (7, cap. 75).

A reencarnação é a conciliação lógica de todas as desigualdades intelectuais com a justiça de Deus. Ela se comprova experimentalmente com a encarnação de Espíritos em certos e determinados ambientes, preditos por circunstâncias que de antemão os identificam. Se essa encarnação é possível uma vez, não vemos por que o não seja inúmeras vezes. [...] (40, Conclusão).

A doutrina das vidas sucessivas ou reencarnação é também chamada *palingenesia*, de duas palavras gregas – *palin*, de novo; *genesis*, nascimento. [...] (41, cap. 1).

[...] A palingenesia é uma Lei Universal (41, cap. 13).

A palingenesia é pois uma doutrina essencialmente renovadora, é um fator de energia, visto que estimula em nós a vontade, sem a qual nenhum progresso individual ou geral poderia realizar-se (41, cap. 14).

A reencarnação afirmada pelas vozes do Além-Túmulo, é a única forma racional por que se pode admitir a reparação das faltas cometidas e a evolução gradual dos seres. Sem ela, não se vê sanção moral satisfatória e completa; não há possibilidade de conceber a existência de um Ser que governe o Universo com justiça (52, pt. 2, cap. 13).

Reencarnar é voltar ao corpo físico (62, cap. 4).

Conceito – Conhecida como palingenesia entre os povos da Antiguidade e ora denominada metensomatose pelos modernos investigadores, a reencarnação significa o retornar do Espírito ao corpo tantas vezes quantas se tomem necessárias para o autoburilamento, libertando-se das paixões e adquirindo experiências superiores, sublimando as expressões do instinto ao tempo em que desenvolve a inteligência e penetra nas potencialidades transcendentes da intuição. É o renascimento no corpo físico. A reencarnação é a mais excelente demonstração da Justiça Divina, em relação aos infratores das Leis, na trajetória humana, facultando-lhes a oportunidade de ressarcirem numa os erros cometidos nas existências transatas (74, cap. 8).

Espiritualmente considerada, a reencarnação, a sua meta é o encontro com a realidade, e o meio para consegui-la é a busca que pode proporcionar o êxito no grande desafio (75, A busca).

A reencarnação é abençoado e valioso ensejo para sublimação, na longa jornada da imortalidade. [...]

A reencarnação é expressiva doação divina para o enobrecimento do espírito em evolução (76, cap. 9).

A reencarnação significa precioso ensejo de sublimar e superar, registrando como bênçãos nos refolhos da alma as experiências de libertação do imediatismo e da extravagância (76, cap. 24).

É a reencarnação a única chave segura para equacionar quase todos os problemas que afligem o ser humano, simbólica "escada de Jacó" para conceder-lhe os altiplanos felizes da vida (77, cap. 6).

A reencarnação dignifica a vida. Sem ela não teria sentido a existência humana. É a luz que aclara a noite dos destinos e bênção que suaviza todas as dores (77, cap. 13).

[...] é justiça de braços abertos para acolher os antigos trânsfugas. [...] (80, L. 3, cap. 4).

A reencarnação é teste severo para aprendizagem superior, assinalada por incontáveis riscos e desafios constantes, que a podem pôr a perder de um para outro instante. O véu carnal, que obscurece o discernimento da realidade maior, impede, muitas vezes, se a pessoa não é afeiçoada à reflexão, que se adote o comportamento correto diante das inúmeras pressões que confundem a razão e o sentimento, gerando muitas dificuldades. Eis por que o hábito da meditação, da análise cuidadosa antes de determinadas decisões, senão de quase todas, tornam-se indispensáveis. *Pensar duas vezes antes de agir*, como assevera o refrão popular, é atitude de equilíbrio (83, Ensinamentos preciosos).

Palingenesia – Regresso à vida, reencarnação, segundo os gregos (85, L. 2).

[...] conjunto de muitas vidas solidárias entre si, a formarem uma só, e sendo cada uma dessas existências corpóreas qual página do livro biográfico do Espírito uno, integral (95, cap. 5).

[...] é meio de progresso, serve à depuração do Espírito e, consequentemente, ao seu aperfeiçoamento (96, O problema da salvação e do pecado).

[...] Os escritores espíritas costumam aplicar o termo *palingenesia* exclusivamente à doutrina da pluralidade das existências, ou reencarnação dos Espíritos em corpos físicos novos e sucessivos. Podemos considerar esse emprego do termo como de sentido estrito. Todavia, mais genericamente, *palingenesia* é predicável em sentido lato, a toda ideia, teoria, doutrina religiosa, filosófica ou científica, que denote recapitulação, renascimento, reaparecimento, renovação dos mesmos fatos, dos mesmos mundos, das mesmas vidas ou das mesmas almas. [...] (129, v. 5).

[...] Segundo esta doutrina [a da reencarnação], a ontogênese biológica é repetida em muitas existências sucessivas de cada Espírito humano em novos corpos físicos gerados pelos pais. Distingue-se da *metempsicose*, porque a encarnação dos Espíritos só pode se dar na espécie humana e jamais nos animais como admitiam erroneamente algumas correntes místicas antigas. [...] (129, v. 5).

A reencarnação é hoje um fato que a pessoa razoavelmente bem informada não pode recusar sumariamente sem exame. Primeiro, falaram dela remotos místicos egípcios e hindus. Muitos escritores, poetas, filósofos e artistas a admitiram. Há pouco mais de um século, os espíritas tomaram a palavra para falar dela e demonstrar a sua necessidade filosófico-religiosa para explicar certos enigmas da vida. De anos mais recentes para cá, médicos e cientistas, como o Dr. Ian Stevenson ou o Dr. Banerjee, começaram a catalogar casos de lembranças espontâneas em crianças, enquanto psiquiatras e psicólogos, como o Dr. Denys Kelsey ou a Dra. Edith Fiare, passaram a tratar de distúrbios emocionais pesquisando os traumas em existências pregressas (146, cap. 8).

[...] A reencarnação é um mecanismo que assegura continuidade do aprendizado e ilimitada oportunidade de entendimento. Seus ciclos de causa e efeito operam inexorável e continuamente, até que o indivíduo finalmente escapa da roda da experiência por força do seu próprio entendimento. Esse processo exige, de modo geral, um número quase incontável de vidas, até que a compreensão do sentido da experiência ergue a alma do tumulto da expressão material (147, cap. 4).

[...] o maravilhoso instrumento que Ele [Deus] nos oferece para a nossa própria redenção. [...] (147, cap. 21).

A reencarnação é a chave, a fórmula filosófica que explica, sem fugir ao bom senso nem à lógica, as conhecidas desigualdades humanas – sociais, econômicas, raciais, físicas, morais e intelectuais. [...]

Com a reencarnação, temos justiça incorruptível, equânime, refletindo a ilimitada bondade do Criador.
Um Deus que perdoa sem tirar ao culpado a glória da remissão de seus próprios erros.
Um Deus que perdoa, concedendo ao culpado tantas oportunidades quantas ele necessite para reparar os males que praticou.
Com a palingenesia, temos um Deus que se apresenta, no altar de nossa consciência e no templo do nosso coração, como Pai misericordioso e justo, um Pai carinhoso e magnânimo, que oferece a todos os seus filhos os mesmos ensejos de redenção, através das vidas sucessivas – neste e noutros mundos, mundos que são as "outras moradas" a que se refere Jesus no Evangelho.
Tantas vidas quantas forem necessárias, porque o essencial e o justo é que "nenhuma das ovelhas se perca"... (162, cap. 9).
Reencarnar é esconder-se, é ocultar-se no envoltório carnal.
É apagar-se o Espírito, temporariamente, nas sombras do mundo.
É submergir no "mar da matéria", se nos permitem a imagem, segundo a qual o reencarnante seria o mergulhador, que utiliza compacto escafandro (164, cap. 17).
Um Espírito volta várias vezes a tomar novo corpo carnal sobre a Terra, *nasce várias vezes* a fim de tornar a conviver nas sociedades terrenas, como Homem, exatamente como este é levado a trocar de roupa muitas vezes.. (170, pt. 1, cap. 5).

[...] é o recurso supremo que o Todo-Poderoso vos concede para vos libertar do pecado que entenebrece vossas consciências, a fim de poderdes conquistar definitivamente a paz íntima. A reencarnação é bendito ensejo que Deus vos concede a fim de vos reabilitardes do mal praticado e não sofrer eternamente. [...] (173, pt. 5, cap. 5).

[...] sublime lei da Criação, que opera a reeducação das almas culpadas! [...] (176, cap. 7).

Palingenesia: Renascimento sucessivo das mesmas almas; reencarnação (178, Glos.).

A reencarnação é a escada santa que todos os homens têm que subir. Constituem-lhe os degraus as fases das diversas existências nos mundos inferiores, depois nos mundos superiores, porquanto disse Deus ao seu enviado celeste, nosso e vosso Mestre, que, para chegar a ele, teria o homem que nascer, morrer e renascer até atingir os limites da perfeição. [...] (182, v. 1).

[...] senda de purificação e de progresso, único meio de conciliar a Justiça Divina com a aparente injustiça da sorte. [...] (182, v. 4).

[...] remuneração *do passado*, agente de progresso *para o futuro*. [...] (182, v. 4).

[...] é o único processo que assegura o porquê da imortalidade da alma, a razão da pluralidade das existências e dos mundos com suas imensas formas e moldes evolutivos. [...] Do mineral ao vegetal e ao animal, a palingênese é a palavra unificante e de ordem, única capaz de explicar a razão de ser da vida em seus multifaces aspectos (190, Introd.).

[...] o processo reencarnatório não será tão somente condição de pagamento das deficiências passadas, mas, principalmente, fatores de impulsão evolutiva (190, cap. 2).

E o homem compreende a Lei da Reencarnação, a Lei das Misericórdias, essa lei sublime em virtude da qual pode o Espírito indefinidamente reabilitar-se, compreendendo o grande amor de Deus pelas suas criaturas, amor que ele, por sua vez, deve também distribuir pelos seus semelhantes, pelo perdão indefinido das injúrias, das calúnias, da maldade, enfim, que deles tenha, porventura, recebido (198, cap. 7).

As vidas sucessivas funcionam como poderoso processo de renovação das criaturas mais rebeldes, uma vez que novos conhecimentos e novas influências, em uma vida que recomeça na Terra, produzem, com o esquecimento do passado, o milagre da mudança para melhor, como imperativo da lei de progresso (207, cap. 19).

A reencarnação, postulado espírita, é a palingenesia de Pitágoras, é a ressurreição dos judeus expurgada de certos erros: negá-la é negar a evolução, é negar o senso da vida (222, Evolucionismo).

[...] é um estágio sagrado de recapitulação das nossas experiências [...] (231, Ante o centenário).

Uma das mais proveitosas formas de os Espíritos se entregarem a uma atividade fecunda, em prol do seu aprimoramento, está na reencarnação e eles a escolhem como o caminho mais fácil para a evolução necessária e a almejada ventura (248).

A reencarnação, tanto quanto a desencarnação, é um choque biológico dos mais apreciáveis. Unido à matriz geradora do santuário materno, em busca de nova forma, o perispírito sofre a influência de fortes correntes eletromagnéticas, que lhe impõem a redução automática. Constituído à base de princípios químicos semelhantes, em suas propriedades, ao hidrogênio, a se expressarem através de moléculas significativamente distanciadas umas das outras, quando ligado ao centro genésico feminino experimenta expressiva contração, à maneira do indumento de carne sob carga elétrica de elevado poder. Observa-se, então, a redução volumétrica do veículo sutil pela diminuição dos espaços inter-moleculares. [...] (252, cap. 29).

[...] é uma escola com muita dificuldade de funcionar para o bem, toda vez que a mulher foge à obrigação de amar, nos filhos, a edificação moral a que é chamada (253, cap. 1).

[...] escola da vida, a levantar-se, divina, do bendito colo de mãe (262, Na escola da vida).

[...] curso repetido de lições necessárias. [...] (267, cap. 13).

[...] Em geral, a reencarnação sistemática é sempre um curso laborioso de trabalho contra os defeitos morais preexistentes nas lições e conflitos presentes. [...] (267, cap. 13).

[...] significa recomeço nos processos de evolução ou de retificação. [...] (267, cap. 13).

[...] o mais valioso instituto iluminativo, acentuando que, na realidade, todas as lutas terrestres objetivam redimir o Espírito e inflamá-lo de virtudes celestiais. [...] (297, cap. 17).

Reencarnação – benefício / Que a outro não se compara, / É o modo que Deus nos deu / Da gente mudar de cara (308, cap. 40).

A reencarnação, constituindo base do Cristianismo de origem, por Justiniano foi substituída pelos dogmas do batismo e do sono eterno, fazendo calar as vozes da imortalidade, da evolução do Espírito e consequente Justiça Divina (329, cap. 27).

A reencarnação constitui-se do melhor processo de reciclagem da cultura e dos hábitos sustentados no curso dos milênios, [...] (329, cap. 45).

[...] — A gente volta para o Espaço, para o Mundo Espiritual, porque o Espírito não morre, é eterno. Fica uns tempos lá, aprendendo a se educar com os guias espirituais e os nossos parentes que foram antes de nós e nos amavam muito, e sob a proteção de Jesus Cristo. Depois, nascemos outra vez na Terra, tornamos a ser nenezinho, tornamos a crescer, tornamos a fazer uma porção de coisas que aprendemos no Mundo Espiritual... Depois, tornamos a desencarnar e tornamos a voltar outras vezes para vivermos neste mundo, até que não seja mais preciso viver na Terra, pois já estaremos adiantados moral e espiritualmente... E passaremos a reencarnar em planetas mais adiantados e melhores do que a Terra, a fim de progredir mais. [...] (333, cap. 14.3).

Nas reencarnações compulsórias, não tivemos ensejo de escolher, entretanto, naquelas em que solicitamos as provas necessárias ao nosso progresso moral, nada foge ao imperativo da lei e existe todo um planejamento espiritual (339, Coragem moral).

Concluímos que a Doutrina Espírita nos fornece subsídios mais completos que a psicologia moderna na explicação dos fatos porque avança além dos conceitos materialistas e demonstra que somente a reencarnação e a sobrevivência da alma explicam, racionalmente, [...] (339, A nova geração – crianças do século XXI e seus talentos).

Ver também ESFERA DO RECOMEÇO

Reencarnação e hereditariedade

O próprio reencarnante projeta nas células em formação, consequentemente sobre o corpo, estados mentais mais ou menos superiores, segundo o seu estado evolutivo. [...]

Os genes são influenciados pelas forças mentais do Espírito que se prepara para reencarnar [...].

Os genes serão combinados em "composições especiais" ou "frases específicas", compostas de acordo com as características vibratórias do Espírito reencarnante. [...] (164, cap. 11).

Reencarnação retificadora

[...] a internação na carne em condições penosas [...] (231, cap. 19).

REFLEXÃO

[...] a reflexão e a prudência, que são igualmente dons sublimes, subordinados ao ministério da vista espiritual. [...] (289, cap. 19).

REFORMA ÍNTIMA

A reforma íntima é individual e intransferível; não a podemos fazer para outrem e ninguém a poderá realizar por nós (16, Reformulação).

Ora, *reforma íntima* nada mais é do que o *desenvolvimento* contínuo e progressivo das perfeições latentes que jazem no nosso espírito (128).

[...] indispensável requisito para a própria saúde. [...] (195, pt. 2, cap. 9).

[...] Allan Kardec, registrando as palavras de Santo Agostinho, exemplifica o tema do conhecimento de si mesmo como componente fundamental da reforma íntima. "O conhecimento de si mesmo é, portanto, a chave do progresso individual", comenta o Espírito, [...] (314, pt.1, cap. 2.2.3).

A recuperação definitiva de cada paciente guarda relação, pois, ao montante do débito por ele assumido no pretérito e a reforma íntima que venha a se impor pela conscientização, [...] (329, cap. 28).

REFORMA SOCIAL

Não aceitando o princípio da igualdade absoluta, justamente porque a concepção igualitária entra em conflito com a teoria da reencarnação, o Espiritismo prescreve, todavia, solução pacífica, condicionada ao progresso moral. Pouca gente, porém, sabe o que diz a Doutrina Espírita acerca do debatido e complexo problema social.

É o aspecto menos estudado no Espiritismo. Entretanto, não conheço orientação mais segura, mais equilibrada, do que esta, que encontramos em *Obras póstumas*, de Kardec, 9ª edição, página 361: "Por melhor que seja uma instituição social, sendo maus os homens, eles a falsearão e lhes desfigurarão o espírito para a explorarem em proveito próprio".

Como se vê, a reforma social exige, antes de tudo, a reforma do indivíduo. Nenhuma transformação violenta resolve o problema do equilíbrio social sem obter, primeiramente, o progresso moral pela educação do espírito. A chave da questão social não está na subversão radical das instituições, porque ainda que se substitua a estrutura da sociedade ou se dê nova organização ao Estado, sem elevar o nível moral das massas, haverá os mesmos choques, uma vez que o egoísmo humano subsiste em qualquer situação. Só se poderá aperfeiçoar o mecanismo social com o gradativo aperfeiçoamento individual. A tese espírita, portanto, é realista, senão talvez a que menos se aproxima da utopia, porque se baseia no conhecimento da natureza humana.

Temos aqui, neste pequeno trecho, a interpretação da luta entre o capital e o trabalho, à luz da Doutrina Espírita: "A questão social não tem, pois, por ponto de partida a forma de tal ou qual instituição; ela está toda no *melhoramento moral* dos indivíduos e das massas. Aí é que se acha o princípio, a verdadeira chave da felicidade do gênero humano, porque então os homens não mais cogitarão de se prejudicarem reciprocamente." (Allan Kardec em *Obras póstumas*, já citadas.) (6, cap. 19).

A reforma social, em todo o sentido e sob todos os aspectos, será a soma das reformas individuais [...] (223, cap. 3).

REFORMADOR

O verdadeiro reformador é aquele que jamais desce à agressividade, reconhecendo que nenhum ideal nobre se realizará em plenitude sob orientação da violência, e que jamais as forças do bem se corporificarão na Terra senão através daqueles que se disponham a agir com bondade (199, Os heróis maiores).

[...] Em 1883, Augusto Elias da Silva, na sua posição humilde, lançava o *Reformador*, coadjuvado por alguns companheiros e com o apoio das hostes invisíveis. [...] (238, cap. 23).

REGENERAÇÃO

[...] é o alvo absoluto da existência humana [...] (87, L. 7, cap. 2).

REGIÃO DE NEBLINA

Região de neblina é também sinônimo de esfera carnal (264, cap. 18).

REGIÃO INFERIOR

[Regiões inferiores são] esses agrupamentos de entidades desajustadas [...] (168, cap. 4).

Ver também ABISMO, INFERNO *e* UMBRAL

REGRESSÃO DE MEMÓRIA

Através da hipnose pode também ser realizada a regressão de memória do paciente e, com isso, desencadeados mecanismos terapêuticos para superação de traumas e desequilíbrios de personalidade motivados por ocorrências do pretérito (94, pt. 2, cap. 1).

A regressão de memória, utilizada com valor científico pela hipnose, foi consequência das observações de pacientes que reviviam, espontaneamente, cenas e quadros pretéritos, devidamente comprovados, fenômeno esse denominado por Pitres de ecmnésia. Com esse acervo de fatos, nasce a pesquisa de regressão de memória, atingindo etapas palingenéticas pretéritas, com auxílio da hipnose, cabendo como citação primeira as experiências de Fernando Colavida, em 1887. Flournoy, professor de Psicologia em Genebra, deu interessantes contribuições aos estudos em apreço. Charles Lancelin, Cornillier, Léon Denis comprovaram os fatos e ampliaram as pesquisas a respeito. Pierre Janet estuda a fenomenologia e refere fatos de interesse, embora combatendo-os. Albert de Rochas, fazendo experiências sobre a exteriorização da motricidade e da sensibilidade, penetrou o terreno das regressões de memória, onde catalogou, de 1892 a 1910, 19 casos (190, Introd.).

REINO DE DEUS

O Reino de Deus, ou o Reino do Céu, está dentro de nós mesmos, é um estado de felicidade proporcional ao grau de perfeição adquirida, e não há outro meio de consegui-lo senão praticando o bem, porque só o altruísmo purifica, melhora e aperfeiçoa as almas (29, Sede perfeitos).

[...] algo que se verifica no íntimo de nós mesmos: a evolução, o aperfeiçoamento de nossas almas (29, O pai nosso 2).

As expressões – Reino dos Céus, Reino de Deus – compõem uma imagem destinada a materializar, por assim dizer, a felicidade dos bem-aventurados. [...] (182, v. 2).

[...] união das almas depuradas. [...] (182, v. 3).

[...] É a perfeição moral humana. É a imensidade na virtude. É a união das almas purificadas, pelo renascimento, no cadinho das vidas sucessivas e progressivas, a *princípio* expiatórias e, por fim, gloriosas, que conduzem à perfeição sideral. [...] (182, v. 4).

[...] estado de harmonia perfeita, de inefável tranquilidade, de sintonia plena com as fontes da Vida! (199, A condição fundamental).

[...] é a obra divina no coração dos homens [...] (237, cap. 3).

[...] é a edificação divina da luz. [...] (237, cap. 7).

O Reino de Deus será, por fim, a vitória do bem, no domínio dos homens! [...] (240, cap. 5).

O Reino de Deus inclui todos os bens materiais e morais, capazes de serem incorporados ao nosso espírito, seja onde for [...] (260, cap. 3).

[...] é Amor e só pelo Amor brilhará entre os homens para sempre (277, cap. 3).

A edificação do Reino Divino é obra de aprimoramento, de ordem, esforço e aplicação aos desígnios do Mestre, com bases no trabalho metódico e na harmonia necessária (295, cap. 177).

Reino de Deus – Estado de sublimação da alma, criado por ela própria, através de reencarnações incessantes (307, cap. 8).

Ver também REINO DOS CÉUS

REINO DO FILHO DO HOMEM

[...] é a Terra com a sua Humanidade. [...] (182, v. 2).

[...] Seu reino é o da consciência reta e do coração purificado ao serviço de Deus. Suas portas constituem o maravilhoso caminho da redenção espiritual, abertas de par em par aos filhos de todas as nações (281, pt. 1, cap. 5).

REINO DOS CÉUS

[...] em que serão reparadas todas as injustiças do presente (45, cap. 1).

[...] o *Reino dos Céus* encontra-se na Terra, começa entre os cardos e tropeços no caminho, espraia-se pelos horizontes sem-fim da imortalidade em um processo de unidade, que dificilmente se poderá dizer se, no mundo ou fora dele, dentro, portanto, de uma realidade infinita e inconfundível (75, O sofrimento).

[...] é a perfeição (193).

[...] é conquista dos fortes. [...] (222, Sursum corda).

[...] O Reino do Céu ainda é a mansão prometida aos simples e pobres da Terra, que vêm a mim [ao Senhor] isentos de soberba e de vaidade!... (247, cap. 23).

Ver também REINO DE DEUS

REJEIÇÃO

[...] fonte de perturbação no desenvolvimento e crescimento infantil é a rejeição. Os pais podem demonstrar rejeição pelos filhos de modos os mais diversos. Abandono é talvez o modo mais comum. O castigo corporal, a ameaça verbal e por gestos são outros. Negligenciar a criança é outro modo de demonstrar rejeição (9, cap. 10).

RELAÇÃO

[...] Não se pode dizer que o problema geral da relação entre o espírito e o corpo, entre o interior e o exterior, tenha sido resolvido pelo conceito do paralelismo psicofísico admitido no último século. A Ciência moderna talvez nos tenha feito compreender melhor essa relação ao formular o conceito de complementaridade na própria Física. A solução mais satisfatória seria se o espírito e o corpo pudessem ser interpretados como aspectos complementares da mesma realidade [...] (188, cap. 1).

RELIGIÃO

[...] A Religião perfeita será aquela de cujos artigos de fé nenhum esteja em oposição àquelas qualidades [atributos divinos]; aquela cujos dogmas todos suportem a prova dessa verificação sem nada sofrerem (101, cap. 2, it. 19).

No estado atual da opinião e dos conhecimentos, a Religião, que terá de congregar um dia todos os homens sob o mesmo estandarte, será a que melhor satisfaça à razão e às legítimas aspirações do coração e do espírito; que não seja em nenhum ponto desmentida pela ciência positiva; que, em vez de se imobilizar, acompanhe a Humanidade em sua marcha progressiva, sem nunca deixar que a ultrapassem; que não for nem exclusivista, nem intolerante; que for a emancipadora da inteligência, com o não admitir senão a fé racional; aquela cujo código de moral seja o mais puro, o mais lógico, o mais de harmonia com as necessidades sociais, o mais apropriado, enfim, a fundar na Terra oreinado do bem, pela prática da caridade e da fraternidade universais (101, cap. 17, it. 32).

[...] o verdadeiro objetivo das assembleias religiosas deve ser a *comunhão de pensamentos*; é que, com efeito, a palavra *religião* quer dizer *laço*. Uma religião, em sua acepção larga e verdadeira, é um laço que *religa* os homens numa comunhão de sentimentos, de princípios e de crenças; consecutivamente, esse nome foi dado a esses mesmos princípios codificados e formulados em dogmas ou artigos de fé. [...] (103, cap. 23).

Eis como entendo a caridade cristã. Compreendo uma religião que nos prescreve retribuamos o mal com o bem e, com mais forte razão, que retribuamos o bem com o bem. Nunca, entretanto, compreenderia a que nos prescrevesse que paguemos o mal com mal (103, cap. 27).

[...] a melhor de todas as religiões é aquela que só ensina o que é conforme à Bondade e Justiça de Deus; que dá de Deus a maior e mais sublime ideia e não o rebaixa emprestando-lhe as fraquezas e as paixões da humanidade; que torna os homens bons e virtuosos e lhes ensina a amarem-se todos como irmãos; que condena todo mal feito ao próximo; que não autoriza a injustiça sob qualquer forma ou pretexto que seja; que nada prescreve de contrário às Leis Imutáveis da Natureza, porque Deus não se pode contradizer; aquela cujos ministros dão o melhor exemplo de bondade, caridade e moralidade; aquela que procura melhor combater o egoísmo e lisonjear menos o orgulho e a vaidade dos homens; aquela, finalmente, em nome da qual se comete menos mal, porque uma boa religião não pode servir de pretexto a nenhum mal; ela não lhe deve deixar porta alguma aberta, nem diretamente, nem por interpretação. Vede, julgai e escolhei (108, cap. 1).

A Religião é antes sentimento, que conhecimento [...] (5, pt. 2).

A Religião é a alma da adoração e da justiça; o corpo dessa alma é a igreja universal (5, pt. 2).
A Religião é um laço de atração e aproximação entre Deus e a criatura; atração da parte do Criador, que é a vontade absoluta e eterna; aproximação por parte da criatura racional, que é a vontade relativa, subordinada à ordem harmoniosa, estabelecida pela sabedoria suprema que tudo dirige e estimula (5, pt. 2).

[...] vejo-a como um anjo à Terra baixando para pô-la em comunicação com os céus, para consolar os mortais e desenvolver neles os desejos de eterna felicidade! (17, cap. 38).

[...] A Religião (do latim *religare*, ligar, unir), bem compreendida, deveria ser um laço que prendesse os homens entre si, unindo-os por um mesmo pensamento ao princípio superior das coisas [...].

É, igualmente, a expressão das leis eternas, e, sob este ponto de vista, tende a confundir-se com a Filosofia, fazendo com que esta passe do domínio da teoria ao da execução, tornando-se vivaz e ativa (46, pt. 1, cap. 1).

Cada religião é um reflexo do pensamento eterno, envolto nas sombras e nas imperfeições do pensamento humano [...]. As religiões são mais ou menos verdadeiras; são, sobretudo, as estações que o espírito humano percorre, para elevar-se às concepções sempre mais largas do futuro do ser e da natureza de Deus. [...] (47, cap. 15).

[...] é o esforço da Humanidade para comunicar com a Essência Eterna e Divina (52, pt. 1, cap. 1).

A Religião só admite a verdade, é certo; mas as religiões... são o manto das misérias humanas. [...] devem servir para aproximar o homem de Deus, porque as religiões são um freio ao galope das paixões; uma vez que não conseguem melhorar-nos intimamente, tão ateu é o que diz não crer em Deus, como o que levanta uma capela para encobrir um crime (55, cap. 5).

[...] A Religião, ou melhor direi, a ação do Cristo, é o maior monumento que a Humanidade apresenta (117, v. 2, cap. 2).

[...] A Religião, com efeito, não é, em essência, mais do que o encontro de dois amores: o amor de Deus, que procura o homem, e o amor do homem, que busca a Deus, ou lhe corresponde. [...] (134, 1ª efusão).

[...] é uma crença na existência de seres superiores ao homem e capazes de exercer uma influência boa ou má sobre o seu destino, e a convicção de que a existência do homem não se limita à vida presente, mas se estende a outra, além da morte (191, cap. 5).

As religiões têm sua razão de ser na necessidade de unir os homens a Deus e uns aos outros, favorecendo-lhes a busca constante de crescimento (207, cap. 4).

[...] As religiões, os livros sagrados e as tradições são repositórios naturais nos quais a comunicação entre os dois mundos se faz patente (207, cap. 33).

Religião, em sentido amplo, é a busca de Deus. É a ligação com Deus que cada Espírito procura manter, na medida do próprio estágio evolutivo.
Nesse sentido, o Espiritismo é Religião. Entendemos ser ele a *Religião*, não mais uma religião. Se o vocábulo religião, como muitos outros, tem conotações diferentes, diante da pobreza da linguagem humana, nada impede aos espíritas usá-lo na acepção que nos parece correta (208, cap. 21).
Neste ligeiro esboço, consideramos Religião não somente os diversos cultos externos e internos, mas, de forma abrangente, toda doutrina ou crença religiosa que leva o homem a aceitar a existência de uma causa suprema, determinante das Leis Universais nem sempre compreendidas, mas pelo menos pressentidas. Nesse sentido, o instinto religioso é comum a todo o gênero humano, independentemente de raça, de época e de estágio evolutivo, acompanhando a Humanidade desde os tempos primitivos até os nossos dias (208, cap. 23).

[...] Religião, em sua acepção lata, é Ciência e também Amor (215, cap. 2).

A verdadeira Religião, dizia Pestalozzi, não é outra coisa senão a moralidade. [...] (226, v. 1, cap. 11).

[...] as religiões são como as linguagens. Cada doutrina envia a Deus, a seu modo, o voto de súplica ou de adoração. [...] (247, cap. 34).

Religião é caminho / De sublime comunhão / Que o céu abre, cada dia, / À marcha do coração (248)

[...] A Religião digna, qualquer que seja o templo em que se expresse, é um santuário de educação da alma, em seu gradativo desenvolvimento para a imortalidade. [...] (269, cap. 29).

A Religião é o sentimento divino que prende o homem ao Criador. As religiões são organizações dos homens, falíveis e imperfeitas como eles próprios; dignas de todo o acatamento pelo sopro de inspiração superior que as faz surgir, são como gotas de orvalho celeste, misturadas com os elementos da Terra em que caíram. [...] (250, cap. 4).

Religião é o sentimento divino, cujas exteriorizações são sempre o amor, nas expressões mais sublimes. Enquanto a Ciência e a Filosofia operam o trabalho da experimentação e do raciocínio, a Religião edifica e ilumina os sentimentos (273, q. 260).

[...] sentimento divino que clarifica o caminho das almas e que cada espírito apreenderá na pauta do seu nível evolutivo.

Neste sentido, a Religião é sempre a face augusta e soberana da Verdade [...] (273, q. 292).

[...] significa atividade e diligência no bem, de vez que sabemos o Mestre Divino à nossa espera na pessoa de nossos semelhantes necessitados. [...] (286, Do lar para o mundo).

[...] é a força que alarga os potenciais do sentimento. [...]

A Religião é a força que está edificando a Humanidade. É a fábrica invisível do caráter e do sentimento.

[...] escola soberana de formação moral do povo, dotando o espírito de poderes e luzes para a viagem da sublimação (290, cap. 10).

A Religião, ao contrário do folclore, do mito e de todos os caracteres culturais, é um esforço de elevar o homem verticalmente através da bondade. [...] (315, pt. 5, 29).

[...] Mas, se religião é "a arte de ligar os homens entre si para religá-los a Deus", o Espiritismo é a religião. [...] (321, cap. 7, Mais Nicanorbarretismo insubsistente).

Como revelação divina e por via mediúnica, a religião se destaca, pela primeira vez, no Ocidente, nas tábuas da lei, por intermédio de Moisés, sucedido por séculos pelos profetas, também enviados do Senhor (329, cap. 85).

Religião de Jesus

A religião de Jesus não é exclusivista: une todas as almas crentes num vínculo comum; prende todos os seres que pensam, sentem, amam e sofrem, num mesmo amplexo e uma só comunhão de amor. É a forma simples e sublime que vai direta ao coração, comove e engrandece o homem, franqueia-lhe as infinitas sendas do ideal. [...] (45, Conclusão).

Religião do Espiritismo

Crer num Deus todo poderoso, soberanamente justo e bom; crer na alma e em sua imortalidade; na preexistência da alma como única justificação do presente; na pluralidade das existências como meio de expiação, de reparação e de adiantamento intelectual e moral; na perfectibilidade dos seres mais imperfeitos; na felicidade crescente com a perfeição; na equitativa remuneração do bem e do mal, segundo o princípio: a cada um segundo as suas obras; na igualdade da justiça para todos, sem exceções, favores nem privilégios para nenhuma criatura; na duração da expiação limitada à da imperfeição; no livre-arbítrio do homem, que lhe deixa sempre a escolha entre o bem e o mal; crer na continuidade das relações entre o mundo visível e invisível; na solidariedade que religa todos os seres passados, presentes e futuros, encarnados e desencarnados; considerar a vida terrestre como transitória e uma das fases da vida do Espírito, que é eterno; aceitar corajosamente as provações, em vista de um futuro mais invejável que o presente; praticar a caridade em pensamentos, em palavras e obras na mais larga acepção do termo; esforçar-se cada dia para ser melhor que na véspera, extirpando toda imperfeição de sua alma; submeter todas as crenças ao controle do livre exame e da razão, e nada aceitar pela fé cega; respeitar todas as crenças sinceras, por mais irracionais que nos pareçam, e não violentar a consciência de ninguém; ver, enfim, nas descobertas da Ciência, a revelação das Leis da Natureza, que são as Leis de Deus: eis o *credo, a religião do Espiritismo*, religião que pode conciliar-se com todos os cultos, isto é, com todas as maneiras de adorar a Deus. É o laço que deve unir todos os espíritas numa santa comunhão de pensamentos, esperando que ligue todos os homens sob a bandeira da fraternidade universal (103, cap. 23).

Ver também ESPIRITISMO

Religião dogmática

Do jeito que vão as coisas, entretanto, o futuro que se esboça para as religiões dogmáticas não é muito promissor. Precisamos todos reconhecer que a posição de tais religiões não é realmente muito cômoda, [...] (326, cap. 2.1).

Religião dos Espíritos

A religião dos Espíritos agasalha todos. É uma nova etapa na evolução humana. Por isso ela sintetiza verdades milenares retiradas de antiquíssimas religiões, máximas e preceitos morais de mais de 6.000 anos, ensinos sobre a trajetória da alma, antes do renascimento e após a morte, o velhíssimo conhecimento sobre a reencarnação, e sobretudo os ensinos evangélicos, a mais alta mensagem espiritual trazida à Terra, em todos os tempos (208, cap. 22).

Ver também ESPIRITISMO

Religião Futura

O Ideal progressivo por dogma, as Artes por culto, a Natureza por igreja (92, pt. 1, cap. 7).

RELIGIOSO

Religioso não é apenas o homem que abraça uma seita sacerdotal, o que está desligado do mundo pelos dogmas de uma Igreja, mas sim todo aquele que é honesto, crente e bom (99, Def.).

REMÉDIO

[...] é o caminho da cura (262, Purgatório).

REMINISCÊNCIA

[...] a volta da alma ao pensamento de uma coisa, ou de uma ideia esquecida, apesar de gravada na memória (5, pt. 3).

REMORSO

[...] é o único inferno do homem (55, cap. 1).

[...] é o látego de Deus vibrado na consciência do delinquente [...] (85, L. 1).

[...] é um dos mais avassaladores sentimentos, e que, no estado de desencarnação de um Espírito, chegará a enlouquecê-lo, poderá levar o Espírito a reencarnar em estado vibratório precário, por excitado, deprimido, alucinado, desesperado, etc. [...] (175, cap. 10).

[...] O remorso é uma força que nos algema à retaguarda (252, cap. 24).

O remorso é esse fogo mental, diluindo a existência em suplício invisível (262, Fogo mental).

O remorso é uma bênção, sem dúvida, por levar-nos à corrigenda, mas também é uma brecha, através da qual o credor se insinua, cobrando pagamento. [...] (264, cap. 5).

[...] o remorso é sempre o ponto de sintonia entre o devedor e o credor [...] (268, cap. 8).

O remorso é a força que prepara o arrependimento, como este é a energia que precede o esforço regenerador. Choque espiritual nas suas características profundas, o remorso é o interstício para a luz, através do qual recebe o homem a cooperação indireta de seus amigos do Invisível, a fim de retificar seus desvios e renovar seus valores morais, na jornada para Deus (273, q. 182).

Ressentimento e remorso são atitudes negativas, gerando azedume e abatimento, suscetíveis de arrasar-nos o máximo de forças (352, cap. 10).

O remorso é um lampejo de Deus sobre o complexo de culpa que se expressa por enfermidade da consciência (352, cap. 11)..

RENASCER

[...] é viver, porque renascer é progredir e nós renasceremos. [...] (55, cap. 19).

Renascer é caridade divina (100, Tempo).

[...] [As palavras renascer da água e do espírito] significam, em *espírito e verdade*: "se não renascer", se não recomeçar sua vida segundo a lei de reprodução; se não recomeçar "pela água", tomando um novo corpo, "pelo espírito", vindo sua alma habitar esse corpo, do qual lhe cumpre servir-se bem e que constitui para o homem, por efeito do renascimento, da reencarnação, o meio único de entrar "no Reino de Deus", isto é: de enveredar pelo caminho da reparação e do progresso, que o levará a uma existência pura e luminosa, a qual constitui a verdadeira vida do Espírito [...].

[...] "renascer da água" era nascer de novo com um corpo; "renascer do Espírito" era vir o Espírito animar esse corpo, habitá-la (182, v. 4).

Renascer! Não é certamente ser lavado pelo batismo; porque então todos os batizados iriam para o Céu. Renascer não pode ser senão ressuscitar na carne. É a tal ressurreição da carne! (323, cap. 4).

RENASCIMENTO

Renascimento é, também, recuperação, refazimento, reencontro com o que ou com quem se demora aguardando a nossa presença, a nossa ação lenificadora (76, cap. 24).

[...] toda conquista significa-lhe [para o Espírito] um novo renascimento para a verdade e para o bem (77, cap. 18).

Temos, no episódio do renascimento, um encontro muito íntimo de duas individualidades. Curioso encontro em que uma individualidade está na fase adulta e a outra num estado de total e completa dependência, ligada a um organismo físico bloqueador da manifestação de sua riqueza psíquica que, não obstante, faz parte de seu mundo interior. A aprendizagem do afeto inicia-se nessa relação e, durante toda a existência desse indivíduo que retorna à vida, ele projetará sobre suas experiências afetivas o colorido desse primeiro amor. Imprescindível então refletir sobre a relação mãe/filho, buscando os aspectos mais marcantes desse processo tão fundamental para o crescimento psíquico do ser (204, Para encontrar o caminho...)..

Cada um é, antes de tudo, herdeiro de si mesmo e o meio em que o indivíduo renasce tem a ver com sua história anterior, é determinado pelo rigoroso mecanismo da lei de ação e reação que rege o mundo moral. Compreendemos, por conseguinte, que todo renascimento representa um projeto de renovação e crescimento para todos os que estão envolvidos afetivamente: pais e filhos (204, Infância – tempo de semear).

RENOVAÇÃO

O supremo objetivo do homem, na Terra, é o da sua própria renovação.

Aprender, refletir e melhorar-se, pelo trabalho que dignifica – eis a nossa finalidade, o sentido divino de nossa presença no mundo (162, cap. 3).

A época da renovação da Terra será aquela em que os Espíritos ainda rebeldes, ao voltarem para o mundo dos Espíritos, começarão a ser afastados dela e mandados para mundos inferiores. Nessa época, as [...] calamidades públicas abrirão grandes claros nas fileiras humanas, a fim de que estas se renovem mais depressa (182, v. 2).

Renovar – não é destruir. É respeitar os fundamentos, restaurando as obras para o bem geral (232, cap. 28).

[...] Há renovação constante de ideias, costumes, conceitos, quadros sociais, etc., etc., pois não haveria progresso se não houvesse renovação. Mas renovação é enriquecimento e melhoramento, não é destruição total de experiências acumuladas por gerações anteriores (6, cap. 12).

Ver também EVOLUÇÃO, GERAÇÃO NOVA *e* NOVA ERA

RENOVADOR

Renovador – é o que se renova para o bem (232, cap. 16).

RENÚNCIA

Aprendamos a ceder, recolhendo com Jesus a lição da renúncia como ciência divina da paz (13, cap. 22).

A renúncia representa a sublimação do amor (74, cap. 21).

Renunciar ao que se possui não é deitá-lo fora, não é desfazer-se de tudo. É não se apegar aos haveres, é não os querer senão visando ao bom emprego que se lhes possa dar (182, v. 2).

Uma vida de renúncia é o desapego aos bens terrenos, é lançar o olhar em volta para ver as misérias do próximo e lembrar-se de socorrê-lo, antes de suprir as suas próprias. [...] (215, cap. 7).

Toda renúncia é elevação (248).

[...] é a mestra da paciência (285, cap. 39).

É a afeição santificada, e a alma está enriquecida pela luz do entendimento. Sabe ceder em qualquer circunstância, vivendo o silêncio para dignificar e elevar bem alto o amor e a verdade em Deus.

Nunca espera recompensa.

Entre os espinhos da incompreensão, crueldade e abandono, vive a alegria interior de cumprir com os seus sagrados deveres, em obediência à vontade de Deus.

O coração que renuncia cede de si mesmo, para que a liberdade dos entes queridos não sofra prejuízo de qualquer procedência.

Possui a doce caridade de compreender a criatura amada, não somente a entende em suas lutas, dificuldades e imperfeições, mas procura ampará-la pelo desprendimento de seus próprios desejos, percebendo que a alegria, a paz e a felicidade do cônjuge são o seu próprio bem.

Não dispensa o uso da energia e da firmeza para se manter nos princípios elevados, dentro dos padrões morais do Evangelho de Jesus.

O ponto máximo da renúncia é o começo do sacrifício (12, cap. 22).

Procuremos na renúncia a nossa forma de amor, uma vez que somente amando a nossa oportunidade de erguer o bem para os outros, sem cogitar do apego a nós, [...] (349, cap. 28).

REPARAÇÃO

A reparação consiste em fazer o bem àqueles a quem se havia feito o mal. [...] (104, pt. 1, cap. 7).

[...] testifica a conversão definitiva ao bem, através de tantas encarnações sucessivas quantas forem necessárias.

[...] [Na] reparação, pela qual, como a própria palavra o indica, ele [o criminoso] repara o mal que haja feito, praticando todo o bem que lhe seja possível e atestando desse modo haver tomado o caminho da regeneração. [...] (193, Fazer penitência).

REPOUSO

Sem dúvida. O repouso serve para a reparação das forças do corpo e também é necessário para dar um pouco mais de liberdade à inteligência, a fim de que se eleve acima da matéria (106, q. 682).

[...] o repouso é uma Lei da Natureza, sendo uma necessidade para todo aquele que trabalha [...] (28, O repouso).

Sendo o trabalho uma Lei Natural, o repouso é a consequente conquista a que o homem faz jus para refazer as forças e continuar em ritmo de produtividade (74, cap. 11).

O repouso é exigência natural do organismo a qual ninguém pode ignorar sem sujeitar-se a graves consequências. Por seu intermédio é que se acumulam as energias que serão utilizadas mais tarde.

O sono, de todas as formas de repouso, é a mais completa. O metabolismo da organização física é reduzido, o sistema muscular pouco acionado e o Espírito, relativamente dispensado das exigências do corpo físico, pode, através da liberdade temporariamente reconquistada, readquirir forças que o impulsionarão diante dos desafios que a vida no plano material certamente colocará diante de si.

A falta de períodos adequados de repouso – sono principalmente – pode desgastar de tal forma o organismo humano, a ponto de provocar reduções consideráveis no próprio período de vida corpórea, constituindo-se, consequentemente, numa forma de verdadeiro suicídio paulatino.

O repouso exagerado é também totalmente inconveniente, pois caracteriza um desperdício do tempo colocado ao nosso dispor para vivenciarmos a experiência reencarnatória. A virtude, como sempre, está no equilíbrio (94, pt. 3, cap. 3).

O repouso é consequência do trabalho. [...] (215, cap. 7).

Ver também SÁBADO

REPRESENTAÇÃO

Ao ato de conhecimento que consiste na reativação de uma lembrança ou imagem mnésica, sem a presença real do objeto correspondente, dá-se o nome de representação (Paim). Em geral não constitui uma reprodução rigorosa do objeto representado. É um processo dinâmico e não estático. Pintores e escritores podem utilizar voluntariamente as representações durante o processo criativo. As representações podem variar em relação ao tipo de imagem que provocam na mente do sujeito. Podem ser perceptivas, representativas, oníricas, fantasias, pareidolias, imagens eidéticas, ilusões, pseudoalucinações e alucinações verdadeiras, além das oriundas das percepções mediúnicas e extrassensoriais (9, cap. 2).

REPRIMENDA

[...] A reprimenda é também, em si, um ato de amor. Mesmo o pai humano, ao disciplinar o filho, contrariando-o em seus desejos injustificáveis, fá-lo por amor, nem sempre bem compreendido (207, cap. 20).

REPRODUÇÃO

Sem dúvida, a reprodução dos seres vivos é Lei da Natureza e preenche uma necessidade no mecanismo da evolução [...] (28, A lei de reprodução).

REPÚBLICA BRASILEIRA

A proclamação da República Brasileira [...] [foi] índice da maioridade coletiva da nação do Evangelho [...] (238, cap. 27).

RESGATE

Resgate é suor necessário com o pranto da consciência (262, No campo do espírito).

RESIGNAÇÃO

[...] é o consentimento do coração [...] (105, cap. 9, it. 8).

[...] é o assentimento da alma ao inevitável e, sem o conhecimento, não pode a alma ter consciência do que é evitável e do que o não é (2, cap. 5).

[...] A resignação consciente é uma modalidade de ação. O homem resigna-se em face do irremediável. Enquanto não se capacita de que tudo está consumado, deve lutar sadiamente pela recuperação de sua ovelha perdida. Mesmo a conformação em face do fato irremediável, sua atitude não deve ser de estéril desalento. É prova de perfeita identificação com os princípios espirítico--evangélico, o cultivo da coragem em face das vicissitudes.

[...] A verdadeira resignação é serena e consciente. Ela assume o controle da situação em que se vê envolvida a criatura, dando-lhe meios de raciocinar e aceitar o fato consumado, desde que, efetivamente, não possua elementos para desfazê-lo. Mesmo assim, a resignação, e não o desânimo, pode revestir-se do caráter ativo, reagindo. Como reagir? Fortalecendo-se na prece e exemplificando as lições evangélicas, com o fito de superar a provação que lhe foi imposta pela lei cármica.

[...] A resignação real não exclui a possibilidade de a criatura reagir para sobrepor-se à desventura. Tudo depende, evidentemente, da preparação espiritual de cada um, das reservas morais que possua para resguardar-se do desânimo que precede ou sucede ao desespero, quando este parece em condições de adquirir forma. [...] (138, A resignação é força espiritual).

[...] aceitação dos males da existência, por fruto da vontade sábia e justa de Deus (200, Dinâmica da resignação).

Nem tanto nem tão pouco, meu filho. Esta é a resignação do desespero, que queima até carbonizar a alma. Isto é mal disfarçada revolta. Eu quero que tenhas a resignação que dá a verdadeira fé [...] (324, pt. 3, cap. 16).

RESISTÊNCIA

A resistência não é adorno verbalista. É sustento de sua fé (232, cap. 29)

RESISTÊNCIA MEDIÚNICA

[...] Em mediunidade, temos a resistência mediúnica, que se constitui na dificuldade oferecida pela mente do médium em manter a circulação de energia psíquica advinda do comunicante. Essa resistência liga-se a "inibições e desatenções do médium", [...] (347, p. 2, cap. 28.1).

RESPEITO

Respeito: É o sentimento fundamental que possibilita a aquisição de noções morais (129, v. 2).

Olvide a discussão intempestiva. Recorde que o respeito ao semelhante é o alicerce da paz (307, cap. 90).

Ver também ACEITAÇÃO

RESPONSABILIDADE

[...] A responsabilidade é princípio divino a que ninguém poderá fugir (252, cap. 1).

[...] a maior força capaz de nos socorrer nos círculos de matéria densa e que se traduz em tendência nobre a persistir conosco [...] (264, cap. 18).

RESSURREIÇÃO

[...] a *ressurreição* dá ideia de voltar à vida o corpo que já está morto, o que a Ciência demonstra ser materialmente impossível, sobretudo quando os elementos desse corpo já se acham desde muito tempo dispersos e absorvidos. [...] (105, cap. 4, it. 4).

[...] Racionalmente, pois não se pode admitir a ressurreição da carne, senão como uma figura simbólica do fenômeno da reencarnação. [...] (106, q. 1010).

Segundo os textos, a ressurreição tomada no sentido espiritual é o renascimento na vida de Além-Túmulo, a espiritualização da forma humana para os que dela são dignos, e não a operação química que reconstituísse elementos materiais; é a purificação da alma e do seu perispírito [...] (45, cap. 7).

[...] dogma dos judeus antigos e de algumas correntes cristãs pela qual, no final dos tempos, os despojos de todos os corpos humanos, já dispersos e reduzidos a pó, seriam novamente reunidos para a reconstituição daqueles corpos, e novamente unidos substancialmente às respectivas almas para o julgamento final de Deus. [...] (129, v. 5).

[...] "A ressurreição para a vida" é o renascimento, a reencarnação, mediante

os quais o Espírito reinicia a marcha ascensional pela via do progresso. "A ressurreição para a condenação" é o renascimento, a reencarnação, pelos quais o Espírito repete suas provas "nos mundos de expiação", recomeça a obra malfeita (182, v. 4).

Estas palavras – *ressuscitar* e *ressurreição* – [Jesus] sempre as empregou figuradamente, num sentido oculto aos homens e em acepções diversas, conforme aos lugares, aos casos, às circunstâncias; conforme se tratava de uma morte aparente, ou de dar um ensino. Nunca, porém, as empregou [...] no sentido que os homens as atribuíam, de acordo com o estado de suas inteligências, com as suas impressões, tradições e preconceitos, no da volta do Espírito a um cadáver, a uma podridão, depois de ocorrida a morte real (182, v. 4).

A ressurreição é a volta definitiva do Espírito à sua pátria eterna. Verifica-se, quando ele chega a tal grau de elevação, que não mais se vê obrigado a habitar mundos onde a reencarnação se opera segundo as leis de reprodução, como ainda se dá na Terra. Aquele, que haja transposto essa fase de encarnações materiais, não mais pode morrer (193).

Ressurreição em Israel possuía vários significados.

Dizia-se, com o termo, de um evento escatológico, isto é, um episódio que aconteceria no fim da história humana: [...]

[...] Com Jesus, depois do sepulcro, ressurreição assume este último sentido — fenômeno mediúnico de efeitos visuais, por vidência ou materialização (313, cap. 29).

A ressurreição foi a luz da esperança que renovou o ânimo dos Apóstolos, dando-lhes forças para anunciá-la, mesmo enfrentando as maiores dificuldades e até a morte por testemunhá-la. [...] (330, cap. 49).

Ressurreição de Jesus

[...] a ressurreição de Jesus, após a morte na cruz, é o testemunho máximo da perpetuidade da nossa vida no seio da eternidade... (176, cap. 6).

Ressureição de Lázaro

Jesus sabia tratar-se de um caso de separação quase integral do Espírito, a que chamamos catalepsia (143, A ressurreição de Lázaro).

Ressurreição do Justo

[...] Para o Espírito, a ressurreição do justo consiste em *libertar-se* ele da necessidade de volver aos mundos inferiores de provações e expiações; consiste em ascender a mundos superiores ao vosso (182, v. 3).

Ressurreição dos mortos

[...] — Meu filho, a pessoa cujo corpo está morto e se tornou cadáver não ressuscita, pois aquele corpo não está mais em condições de manter uma alma para continuar vivendo a vida orgânica. Jesus, ao mandar seus Apóstolos ressuscitarem os mortos, quis dizer, provavelmente, que eles doutrinassem os corações endurecidos no mal, que viviam como que mortos para as coisas de Deus, isto é, para o amor, para a fé e o bem, para a prática das virtudes, enfim. Doutrinar essas pessoas, encaminhá-las ao cumprimento do dever, moralizá-las, despertar seus corações para Deus, era o mesmo que ressuscitá-las, [...] (333, cap. 5.3).

Ressurreição espiritual

A reencarnação tem por finalidade o desenvolvimento do *Deus interno* em cada Espírito. Entretanto, a ressurreição espiritual é o processo mais eficaz para ensejar a conquista do eu integral. Em cada ressurreição, que equivale sair da sombra de si mesmo para a claridade da consciência, a superar a ignorância mediante a aquisição do conhecimento, dá-se um passo avançado e produtivo na conquista da paz que se anela (75, Iluminação para a ação).

RETROCOGNIÇÃO

[...] clarividência no passado [...] (22, cap. 14).

Ver também CLARIVIDÊNCIA

REUNIÃO

Uma reunião é um ser coletivo, cujas qualidades e propriedades são a resultante das de seus membros e formam como que um feixe. Ora, este feixe tanto mais força terá, quanto mais homogêneo for. [...] (107, it. 331).

Reunião comemorativa

Essa reunião pública congrega os trabalhadores do próprio Centro e a família espírita em geral, com o fim de comemorar datas significativas para a Instituição ou para o Movimento Espírita (61, cap. 15).

Reunião de assistência espiritual

Essa reunião é pública e destina-se à explanação evangélica à luz da Doutrina Espírita, aplicação de passes e atendimento fraterno através do diálogo (61, cap. 5).

Reunião de desobsessão

Essa reunião é privativa e visa a auxiliar desencarnados e encarnados envolvidos em processo de reajuste e à defesa do Centro Espírita contra as investidas de espíritos avessos à Doutrina Espírita (61, cap. 7).

[...] é reunião privada, onde médiuns (que devem ser equilibrados) se reúnem no intuito de auxiliarem os Espíritos sofredores, encarnados e desencarnados, orando e vibrando em favor dos mesmos. O que pode e deve haver é uma parte doutrinária, pública, para levar o Evangelho aos pacientes obsidiados, lhes obsequiando o passe ao final (137, cap. 5).

Reunião de desobsessão: oásis de refazimento espiritual. Pronto-socorro de Espíritos sofredores. Hospital de amor para os doentes da alma (195, pt. 3, cap. 2).

[...] A reunião mediúnica, na qual os desencarnados "incorporados" são atendidos por um doutrinador — que preferimos chamar de atendente — ficou consagrada no Movimento Espírita como reunião de desobsessão, mas, na verdade, esse título não revela a extensão e a diversidade do serviço que se realiza nesse encontro semanal entre encarnados e desencarnados. [...] (311, pt.2, cap. 1.3.11 - Considerações finais).

Ver também DESOBSESSÃO *e* DIRIGENTE

Reunião de divulgação doutrinária

Essa reunião pública é destinada a palestras ou conferências, para divulgação do Espiritismo, no seu tríplice aspecto (61, cap. 4).

As sessões doutrinárias, cuja finalidade é ministrar a instrução do Espiritismo a todos os crentes, servem ao mesmo tempo de meio de propaganda, por serem franqueadas ao público. Resumem-se no seguinte: Após a leitura de um trecho do *Evangelho*, ou qualquer obra espírita, de preferência dos livros fundamentais de Allan Kardec, poderá ser facultado a qualquer pessoa usar da palavra a fim de explanar o tema lido (215, cap. 2).

Reunião de estudo doutrinário

Essa reunião pública objetiva o estudo organizado e permanente da Doutrina Espírita, baseado na Codificação Kardequiana, com programação previamente elaborada (61, cap. 3).

Reunião de estudo e educação da mediunidade

Essa reunião é privativa e destina-se ao estudo e à educação da mediunidade.

Visa proporcionar o necessário conhecimento aos portadores de faculdades mediúnicas, para seu exercício em perfeita harmonia com os princípios da Doutrina Espírita (61, cap. 6).

Reunião de estudo sistematizado da Doutrina Espírita

Essa reunião é privativa de grupos, objetivando o estudo metódico e contínuo da Doutrina Espírita, com programação previamente elaborada, com base na Codificação (61, cap. 2).

Reunião espírita

[...] uma condição essencial de toda reunião espírita é a homogeneidade, sem o que haverá dissensão. [...] (103, cap. 20).

As reuniões espíritas podem, pois, ser feitas religiosamente, isto é, com o recolhimento e o respeito que comporta a natureza grave dos assuntos de que se ocupa; pode-se mesmo, na ocasião, aí fazer preces que, em vez de serem ditas em particular, são ditas em comum, sem que, por isto, sejam tomadas por *assembleias* religiosas. Não se pense que isto seja um jogo de palavras; a nuança é perfeitamente clara, e a aparente confusão não provém senão da falta de uma palavra para cada ideia (103, cap. 23).

Uma reunião só é verdadeiramente séria quando cogita de coisas úteis, com exclusão de todas as demais. [...] (107, it. 327).

As reuniões espíritas são compromissos graves assumidos perante a consciência de cada um, regulamentados pelo esforço, pontualidade, sacrifício e perseverança dos seus membros (78, Examinando a obsessão).

[...] A reunião espírita é, acima de tudo, um avançado curso de aprimoramento moral, onde aprendemos, por lição fundamental, que ninguém atinge o Reino de Deus gratuitamente; a consciência tranquila e a alegria e a paz interior são conquistas que exigem trabalho, muito trabalho, na lavoura do bem e da virtude (200, Formalismo deformante).

[...] a reunião de estudos espíritas é valiosa psicoterapia aplicada em conjunto (219, Ao encontro da paz).

A reunião espírita não é um culto estanque de crença embalsamada em legendas tradicionalistas. Define-se como sendo assembleia de fraternidade ativa, procurando na fé raciocinada a explicação lógica aos problemas da vida, do ser e do destino (304, Estude e viva).

Reunião experimental

As *reuniões experimentais* têm particularmente por objeto a produção das manifestações físicas. Para muitas pessoas, são um espetáculo mais curioso que instrutivo. Os incrédulos saem delas mais admirados do que convencidos, quando ainda outra coisa não viram e se voltam inteiramente para a pesquisa dos artifícios, porquanto, nada percebendo de tudo aquilo, de boa mente imaginam a existência de subterfúgios. Já outro tanto não se dá com os que hão estudado; esses compreendem de antemão a possibilidade dos fenômenos, e a observação dos fatos positivos lhes determina ou completa a convicção. Se houver subterfúgios, eles se acharão em condições de descobri-los (107, it. 326).

Reunião frívola

As *reuniões frívolas* se compõem de pessoas que só veem o lado divertido das manifestações, que se divertem com as facécias dos Espíritos levianos, aos quais muito agrada essa espécie de assembleia, a que não faltam por gozarem nelas de toda a liberdade para se exibirem. É nessas reuniões que se perguntam banalidades de toda sorte, que se pede aos Espíritos a predição do futuro, que se lhes põe à prova a perspicácia em adivinhar as idades, ou o que cada um tem no bolso, em revelar segredinhos e mil outras coisas de igual importância (107, it. 325).

[...] as que não são conduzidas com ordem e dignidade, nas quais o primeiro curioso que aparece pode vir despejar suas facécias, não inspiram nem atenção nem respeito e delas os incrédulos saem menos convencidos do que ao entrarem. Estas reuniões fazem a alegria dos inimigos do Espiritismo [...] (110, Instruções..., 10).

Reunião instrutiva

As *reuniões instrutivas* apresentam caráter muito diverso [em relação às reuniões frívolas] e [...] são as em que se pode haurir o verdadeiro ensino [...] (107, it. 327).

Reunião mediúnica

Uma reunião de trabalhos mediúnicos é igualmente um corpo simbólico, exigindo que a direção considere, em seu devido valor, todas as peças de sua composição espiritual (260, cap. 7).

A reunião mediúnica é também uma visita das almas encarnadas ao Plano Espiritual. Elevam-se os companheiros terrestres, através do pensamento, para que nos encontremos em "algum lugar" [...] (263, cap. 39).

Ver também GRUPO MEDIÚNICO

Reunião séria

[...] aquelas em que cada um procura melhorar-se, de onde a curiosidade foi banida, as únicas que merecem a qualificação de *espíritas* [...] (110, O Espiritismo na Bélgica).

REVELAÇÃO

[...] conjunto de comunicações extraterrenas [...] (106, Conclusão).

A revelação é sempre progressiva e na razão do estado de necessidade da Humanidade; suas fases são tão variadas como as do gênero humano na sucessão dos séculos.

[...] Hoje, a revelação é um grande caudal cujas águas cobrem a Terra de um a outro confim (5, pt. 2, cap. 2).

Para nós, revelação significa simplesmente ação de levantar um véu e descobrir coisas ocultas (45, cap. 10).

[...] As revelações são formas de auxílio e despertamento das criaturas que, através do conhecimento de aspectos da verdade, funcionam como alavancas do progresso moral e intelectual (208, cap. 1).

Revelação divina

A revelação divina, significando o que a Humanidade possui de melhor, é cooperação da espiritualidade sublime, trazida às criaturas pelos colaboradores de Jesus, através da exemplificação, dos atos e das palavras dos homens retos que, a golpes de esforço próprio, quebram o círculo de vulgaridades que os rodeia, tornando-se instrumentos de renovação necessária (239, cap. 156).

Revelação espírita

A revelação espírita é uma doutrina de consolo, que levanta o Espírito abatido, encoraja o enfraquecido na luta da vida e ilumina a alma, impelindo-a para Deus, fonte perene e única da nossa salvação (10, cap. 2).

A revelação espírita é, assim, *divina* (proveniente dos Espíritos de Deus) e *científica*, pois resultou, também, da experimentação, da observação e do trabalho do homem e se baseia em fatos, ou seja, na Ciência, cujos métodos adota. É também *universal*, pois o ensino do Cristo se destina a todos os povos, e *progressiva*, porque não teme a Ciência e suas descobertas, mas nelas se alicerça, complementando-as com esclarecimentos de outra ordem, nem por isso menos importantes (11, pt. 1, Notícia histórica).

A revelação espírita é alta concessão que chega ao homem moderno, auxiliando-o a apressar a marcha. Ainda não compreendida na sua grandeza intrínseca, é a mais alta expressão da verdade ao homem dirigida. [...] (77, cap. 10).

Medicamento de superior natureza e excelente elaboração, a revelação espírita é, na atualidade, a mais eficaz terapêutica para o homem moderno [...] (80, L. 3, cap. 1).

[...] a revelação espírita é universalista, abrangente, assimilável pelas massas, dispensando iniciações especiais, reclamando apenas um mínimo de desenvolvimento espiritual no indivíduo que lhe permita a percepção do que está além dos sentidos físicos (207, cap. 33).

Definamos primeiro o sentido da palavra revelação. Revelar, do latim revelare, cuja raiz, velum, véu, significa literalmente sair de sob o véu – e, figuradamente, descobrir, dar a conhecer uma coisa secreta ou desconhecida. Em sua acepção vulgar mais genérica, [...] (320, cap. 3, Caráter da Revelação Espírita).

Ver também DOUTRINA ESPÍRITA *e* ESPIRITISMO

Revelação messiânica

[...] por suas predições e promessas, foi, é e será a fonte de toda a luz, de toda a verdade e de todo o progresso, e que, explicada e desenvolvida progressivamente pelo Espírito da Verdade, conduzirá nosso planeta e sua humanidade, purificados e transformados para o advento de Jesus, por ele predito e prometido, na época em que ele virá, em todo o seu esplendor espírita, mostrar a verdade *sem véu*. [...] (182, v. 1).

REVELAR

[...] do latim *revelare*, cuja raiz, *velum*, véu, significa literalmente sair de sob o véu – e, figuradamente, descobrir, dar a conhecer uma coisa secreta ou desconhecida. [...] (101, cap. 1, it. 2).

Revelar significa tirar o véu, mostrar, tornar conhecido o que é secreto, mas todo conhecimento deve ser progressivo e ajustado às mentalidades a que se destina (11, pt. 1, Notícia histórica).

REVOLTA

Revoltar-se é chicotear os irmãos e ferir-se (256, cap. 27).

Escuta, coração: / Quando a mágoa te aflija / E a incompreensão te zurza implacável e rija, / Jamais te dês aos gritos de exaustão!... / Revolta é furacão a sacudir / O campo, o ninho, a escola, o templo, a casa, / E tudo danifica ou tudo arrasa / Quando vem a surgir... (284, cap. 49).

REVOLUÇÃO

[...] A revolução e a guerra não obedecem ao sagrado determinismo das Leis de Deus; traduzem o atrito tenebroso das correntes do mal, que conduzem o barco da vida humana ao mar encapelado das dores expiatórias. [...] (238, cap. 15).

A revolução é sempre o engano trágico daqueles que desejam arrebatar a outrem o cetro do governo. [...] (261, cap. 13).

REZAR

Rezar é repetir palavras segundo fórmulas determinadas. É produzir eco que a brisa dissipa, como sucede à voz do sino que no espaço se espraia e morre (222, Rezar e orar).

RICO

Quanta gente nasce pobre / Para ver que, na verdade, / Rico é quem perde de si / Na soma da caridade (93, cap. 89).

RIDÍCULO

[...] O ridículo não mata senão o que é ridículo em si, tendo de sério apenas a aparência, porque fustiga o hipócrita e lhe arranca a máscara; mas aquilo que é verdadeiramente sério só receberá golpes passageiros e sairá sempre triunfante da luta. [...] (103, cap. 7).

[...] Para o homem, a arma mais perigosa é o ridículo. É o que ele mais teme; é presentemente a que tendes de rebater. Dolorosas são as feridas que ocasiona. [...] (182, v. 1).

RIQUEZA

[...] a riqueza constitui uma prova muito arriscada, mais perigosa do que a miséria.

É o supremo excitante do orgulho, do egoísmo e da vida sensual. É o laço mais forte que prende o homem à Terra e lhe desvia do céu os pensamentos. [...] (105, cap. 16, it. 7).

[...] Se não é um elemento direto de progresso moral, é, sem contestação, poderoso elemento de progresso intelectual (105, cap. 16, it. 7).

[...] a riqueza é [...] a prova da caridade e da abnegação (105, cap. 16, it. 8).

A riqueza quando utilizada de conformidade com a vontade divina, é o mais poderoso recurso para ativar a evolução e o bem-estar da Humanidade [...].

A riqueza é, ainda, o meio que Deus faculta aos seus detentores para que melhor aprendam a discernir o bem do mal e o pratiquem em grande escala, em proveito da coletividade.

[...] a riqueza constitui a prova do altruísmo e da caridade [...] (29, Riquezas).

[...] as aptidões adquiridas e os aperfeiçoamentos realizados; nisso consistem as riquezas imperecíveis contra as quais a morte nada pode (45, cap. 11).

[...] instrumento de perfectibilidade espiritual, depósito sagrado de cujo emprego [o homem] deveria prestar contas, um dia, perante a justiça incorruptível de Deus (152, cap. 1).

Riqueza abençoada é aquela que, obtida no trabalho digno, expande-se, fraternal e operosamente, criando o trabalho e favorecendo a prosperidade. A que estimula realizações superiores, nos diversos setores da atividade humana, convertendo-se em rosas de luz para o Espírito eterno nos divinos jardins do Infinito.

Esse tipo de riqueza e essa forma de aplicá-la favorecem a ascensão do homem, uma vez que, possuindo-a, não é por ela possuído.

[...] A única riqueza, em verdade, que não oferece margem de perigo, é a riqueza espiritual, os tesouros morais que o homem venha a adquirir.

É a riqueza que se não manifesta, exclusivamente, por meio de cofres recheados, nem de palacetes suntuosos e patrimônios incalculáveis, afrontando a indigência.
É a que se traduz na posse, singela e humilde, dos sentimentos elevados (162, cap. 16).

[...] a prova mais perigosa e o compromisso mais sério que pode um Espírito tomar, pelos embaraços cruéis que lhe opõem os dois grandes inimigos da alma: o orgulho e a vaidade, além das exigências a que todo instante nos obriga uma sociedade, como a nossa, sem crença e sem moral! (193, O autor da obra)

[...] a fortuna inerte será um fantasma permanente nos teus dias, impedindo-te a felicidade entre os homens, para converter-se depois do sepulcro numa corrente de angústia para o teu coração (248).

Somente interpretamos por fortuna real as fontes de amor que nos possam entender a sede justa de estímulo na obra redentora (248).
A verdadeira fortuna é justamente essa, a da alma que se consagra ao Senhor, buscando-lhe os divinos desígnios (248).
A fortuna para construirmos a moradia de nossa alma é a vida que Deus nos empresta (254, 1ª reunião).

[...] a fortuna é uma coroa pesada demais para a cabeça que não sabe sustentá-la e costuma arrojar à poeira, através do cansaço e da desilusão, todos aqueles que a senhoreiam, sem horizontes largos de trabalho e benemerência. [...] (264, cap. 14).

[...] Fortuna e pobreza são bancas de provas na escola das experiências terrestres. São continentes da probabilidade. Ambos oferecem horizontes largos e divinas realizações. [...] (289, cap. 27).

Ver também FORTUNA

Riqueza intelectual

Bezerra estava perfeitamente ciente de que a riqueza intelectual é, depois da virtude, o primeiro dos bens, e que, sob o ponto de vista econômico, é a riqueza mais produtiva, porque cambiável para outros planos da vida (203, Vida e obra).

RITMO PSÍQUICO ALPHA

[...] É o ritmo dos ajustados, dos cumpridores do dever, daqueles que auxiliam por amor, dos não egoístas, dos que fazem do bem a trilha de todo momento, enfim, dos simples que entenderam as razões da vida e, por isso, vão conquistando a posição com naturalidade e sem imposições. [...] É o ritmo da ausência de tensões, ritmo da concentração e da prece. É o ritmo observado no médium educado, no médium que sempre está se reciclando pela presença de Espíritos Superiores. [...] (190, cap. 2).

ROMANCE ESPÍRITA

[...] o móvel dos romances espíritas é a propaganda da Doutrina por meio suave e convidativo, tributando os Instrutores Espirituais grande apreço a essas obras, por julgá-las imensamente úteis em virtude dos exemplos vivos oferecidos aos leitores (168, cap. 6).

O Espírito Adolfo Bezerra de Menezes, em certa obra mediúnica a nós concedida (*Dramas da obsessão*), classifica os romances espíritas de similares das parábolas messiânicas, visto serem eles extraídos da vida real do homem, enquanto as parábolas igualmente foram inspiradas ao Divino Mestre pela vida cotidiana dos galileus, dos judeus e de suas azáfamas diárias (175, cap. 6).

S

SÁBADO

[...] quer guardemos o sábado (sábado significa descanso), ou o domingo, o que importa é que o façamos segundo o *espírito* da Lei, e esta o que recomenda é que após seis dias de trabalho, dedicados ao provimento do indispensável ao nosso bem-estar corporal, reservemos pelo menos um dia para o repouso, consagrando-o ao cultivo dos valores espirituais (28, O repouso).

Ver também REPOUSO

SABEDORIA

[...] significa [...] tanto a superioridade intelectual quanto moral. Indica, ainda, que, na ausência desse valor nos investidos de autoridade, a subordinação estaria comprometida, não seria legítima e, por isso mesmo, não exigível [...] (128).

[...] Toda sabedoria, sem a bondade, é como luz que não aquece, ou como flor que não perfuma [...] (247, cap. 23).

[...] [A sabedoria espiritual] é filha das grandes e abençoadas revelações das almas. [...] (248).

[...] é o conhecimento divino, puro e inalienável, que a alma vai armazenando no seu caminho, em marcha para a vida imortal (273, q. 197).

Sabedoria e amor

Sabedoria e amor são as duas asas da alma para o voo supremo às esferas supremas da Divindade (248)

SABER

[...] Quantas criaturas há, no meio espírita, que não têm condições de fazer amplos estudos da Doutrina, talvez até desconheçam os mais credenciados autores de nossa leitura e, no entanto, vivem a Doutrina pelo exemplo... Pode ser que não tenham estrutura intelectual para dissertar sobre uma tese espírita, mas absorvem o pensamento da Doutrina às vezes muito mais do que gente intelectualizada. E entre elas, não poderá haver Espíritos que já trazem muito conhecimento de outras vidas? Parece que sim.

Tudo nos conduz afinal o raciocínio a um ponto de remate: também na seara espírita, como em qualquer seara do conhecimento, o saber da erudição e da pesquisa é necessário, tem o seu inegável valor. Mas o saber daqueles que não são cultos perante os valores intelectuais e, no entanto, vivem a Doutrina através da experiência cotidiana, é claro que têm muita autoridade pelo exemplo! (6, cap. 20).

Saber é o supremo bem, e todos os males provêm da ignorância (48, pt. 3, cap. 22).

O saber é qual árvore de crescimento demorado: todos os anos lhe caem as folhas que serviram para sua nutrição; ela, porém, se mostra, lenta mas firmemente, aumentada na altura e na grossura. [...] (63, cap. 13)

[...] saber é duvidar, porque é apreender que nada se sabe. [...] (134, 13ª efusão).

[...] O saber, no seu verdadeiro e reto uso, é a mais nobre e mais poderosa aquisição dos homens. [...] (226, v. 1, cap. 14).

SÁBIO

O homem sábio é aquele que está desperto para a vida em todas as suas manifestações. A cada fenômeno da existência, ele dedica um reconhecimento emocional; seja o vento, que balança as árvores e as folhagens anunciando a chegada da chuva; seja a criança faminta que passa, carregando a miséria da fome e da falta de carinho; seja um copo d'água, que pode eliminar a sede ou beneficiar a planta, encerrada em um vaso (1, A experiência é minha escola).

[...] O verdadeiro sábio é muito humilde, sabe que ignora um infinito em comparação com o pouco que aprendeu (26, cap. 7).

SACERDÓCIO

[...] O verdadeiro sacerdócio é cumprir cada qual o seu dever. [...] (55, cap. 18).

SACERDOTE

[...] sacerdotes são os ungidos do Senhor; a fim de, por bom caminho, conduzir os inúmeros cegos que tropeçam nas paixões e caem nos vícios. [...] Esta é a missão dos que se chamam ministros de Deus! [...] (55, cap. 6)

[...] o verdadeiro sacerdote é o pai de todos os desgraçados. [...] (55, cap. 18).

[...] Sacerdote é todo aquele que chora com o órfão, que assiste a desolada viúva, que partilha do desespero materno ante um berço vazio; é todo aquele que chora com o preso a sua liberdade, que busca, enfim, todos os meios de melhorar a sorte dos infelizes. Sacerdote é também todo aquele que, por suas faltas anteriores, tem que vir à Terra para viver completamente só, sem tomar parte nos gozos terrenos, e, dotado de claro entendimento, se consagra à difusão da luz, vivendo embora entre sombras, não entre as brumas do erro e as trevas do pecado, entenda-se, mas entre as sombras da própria solidão (55, cap. 29).

[...] Sacerdotes, com ou sem indumento próprio, são todos aqueles que propagam e pregam o bem, a caridade e o amor (99, Def.).

SACRIFÍCIO

O exercício permanente da renúncia divina leva ao sacrifício da própria vida pela Humanidade.
É a renúncia profunda da alma que coloca todos os valores do coração a serviço dos semelhantes, para construir a felicidade de todos.
Seu coração não vive mais para si, não consegue projetar desejos para si, pois coloca o amor à Humanidade em primeiro lugar.
É incansável nos seus trabalhos, multiplica suas forças físicas, morais e espirituais, a fim de ser útil sempre.
Tendo tudo para acolher-se ao bem próprio, procura, acima de tudo, o bem para todos.
É aquela alma que, podendo exigir, não exige, podendo pedir, não pede, podendo complicar em busca de seus justos direitos, não complica.
Não pára de servir em circunstância alguma.
Transforma a dor da incompreensão das criaturas mais queridas em um cântico de humildade.
Suas dores já não são dores, pois transubstanciou-as na doce alegria de servir com *Deus* pela alegria dos semelhantes. A maior manifestação de sacrifício pela Humanidade, em todos os tempos da Terra, é inegavelmente a personalidade divina de *Jesus Cristo* (12, cap. 22).

O sacrifício é a prova máxima por que passam os Espíritos que se encaminham para Deus, pois por meio dele se redimem das derradeiras faltas, inundando-se de luminosidades inextinguíveis... [...] (87, L. 9, cap. 21).

[...] o melhor sacrifício ainda não é o da morte pelo martírio, ou pelo infamante opróbrio dos homens, mas aquele que se realiza com a vida inteira, pelo trabalho e pela abnegação sincera, suportando todas as lutas na renúncia de nós mesmos, para ganhar a vida eterna de que nos falava o Senhor em suas lições divinas! (229, pt. 1, cap. 6).

Sacrificar-se é crescer; quem cede para os outros adquire para si mesmo (248).

O sacrifício é a nossa abençoada oportunidade de iluminação (248).

O sacrifício é a lei de elevação (248).

[...] é o preço da verdadeira felicidade (252, cap. 25)

[...] Todo sacrifício pessoal, tendo em vista o bem e sem qualquer ideia egoísta, eleva o homem acima da sua condição material (345, cap. 7)

[...] os sacrifícios de hoje são, em si, as provas necessárias que nos testifiquem a capacidade para desempenhar mais altos encargos nas atividades de amanhã (352, cap. 6).

SADUCEUS

Seita judia, que se formou por volta do ano 248 antes de Jesus Cristo e cujo nome lhe veio do de Sadoc, seu fundador. Não criam na imortalidade, nem na ressurreição, nem nos anjos bons e maus. Entretanto, criam em Deus; nada, porém, esperando após a morte, só o serviam tendo em vista recompensas temporais, ao que, segundo eles, se limitava a providência divina. Assim pensando, tinham a satisfação dos sentidos físicos por objetivo essencial da vida. Quanto às Escrituras, atinham-se ao texto da lei antiga. Não admitiam a tradição, nem interpretações quaisquer. Colocavam as boas obras e a observância pura e simples da Lei acima das práticas exteriores do culto. Eram, como se vê, os materialistas, os deístas e os sensualistas da época. Seita pouco numerosa, mas que contava em seu seio importantes personagens e se tornou um partido político oposto constantemente aos fariseus (105, Introd., it. 3).

SAL

[...] representa, [no Evangelho], os ensinos que o homem traz consigo e que deve espalhar em torno de si. Sua moralidade, seu amor a Deus, sua submissão às Leis Divinas e, por conseguinte, a observância de todos os mandamentos que venham do *Senhor e do seu Cristo* são o sabor do homem [...] (182, v. 1).

O sal, entre os hebreus, era o *emblema* da purificação de toda vítima oferecida em oblata ao Senhor (182, v. 3).

SALÁRIO

[...] o salário pago ao bom trabalhador é a bênção da paz na consciência tranquila (163, cap. 25).

SALVAÇÃO

Salvar-se [...] é aperfeiçoar-se espiritualmente, a fim de não cairmos em estados de angústia e depressão após o transe da morte. É, em suma, libertar-se dos erros, das paixões insanas e da ignorância. [...] (135, cap. 12).

Ensinar para o bem, através do pensamento, da palavra e do exemplo, é salvar (248).

A salvação é contínuo trabalho de renovação e de aprimoramento (268, cap. 15).

[...] iluminação de si mesma [da alma], a caminho das mais elevadas aquisições e realizações no Infinito (273, q. 225).

Salvação – libertação e preservação do espírito contra o perigo de maiores males, no próprio caminho, a fim de que se confie à construção da própria felicidade, nos domínios do bem, elevando-se a passos mais altos de evolução (307, cap. 8).

A salvação para Jesus, entretanto, era um processo ofertado a todos indistintamente, não excluindo ninguém. Na verdade, um caminho que leva ao Reino de Deus. [...]

[...] definiríamos a salvação como a aceitação das verdades espirituais e a consequente luta de renovação interior. [...] (330, cap. 3).

[...] As práticas já de per si condenáveis, acabaram por dar lugar a posição extrema de afirmar-se que se os gentios não se circuncidassem, não seriam passíveis de salvação (331, cap. 12)

SAMARITANOS

Após o cisma das dez tribos, Samaria se constituiu a capital do reino dissidente de Israel. Destruída e reconstruída várias vezes, tornou-se, sob os romanos, a cabeça da Samaria, uma das quatro divisões da Palestina. Herodes, chamado o Grande, a embelezou de suntuosos monumentos e, para lisonjear Augusto, lhe deu o nome de Augusta, em grego *Sebaste.*

Os samaritanos estiveram quase constantemente em guerra com os reis de Judá. Aversão profunda, datando da época da separação, perpetuou-se entre os dois povos, que evitavam todas as relações recíprocas. Aqueles, para tornarem maior a cisão e não terem de vir a Jerusalém pela celebração das festas religiosas, construíram para si um templo particular e adotaram algumas reformas. Somente admitiam o Pentateuco, que continha a Lei de Moisés, e rejeitavam todos os outros livros que a esse foram posteriormente anexados. Seus livros sagrados eram escritos em caracteres hebraicos da mais alta Antiguidade. Para os judeus ortodoxos, eles eram heréticos e, portanto, desprezados, anatematizados e perseguidos. O antagonismo das duas nações tinha, pois, por fundamento único a divergência das opiniões religiosas, se bem fosse a mesma a origem das crenças de uma e outra. Eram os protestantes desse tempo (105, Introd.).

Organização de espíritos benfeitores em *Nosso Lar* (270, cap. 27).

SANGUE

[...] é, provavelmente, o veículo da vida e, assim sendo, concebe-se que o corpo espiritual carregue consigo elementos vitais. [...] (228, pt. 2).

SANTIFICAÇÃO

A santificação em alicerces do saber e da virtude é obra de crescimento, de esforço, de luta (255, Conheçamo-nos).

SANTO

[...] bons Espíritos [...] são seus mensageiros e os executores de sua vontade [de Deus] (28, A prece).

O mais santo [é] [...] aquele que descer da própria grandeza, estendendo mãos fraternas aos miseráveis e sofredores, elevando-lhes a alma dilacerada aos planos da alegria e do entendimento (261, cap. 24).

Santo – atributo dirigido a determinadas pessoas que aparentemente atenderam, na Terra, à execução do próprio dever (307, cap. 8).

Santo de Deus

[...] o *santo de Deus*, o *filho de Deus*, o *Senhor*, – são locuções respeitosas, indicativas da superioridade de Jesus com relação a todos os Espíritos, quaisquer que sejam, com relação mesmo aos mais elevados que sob a sua direção trabalham pelo progresso do vosso planeta e da sua Humanidade [...] (182, v. 1).

Ver também CRISTO *e* JESUS

SANTUÁRIO

Todos os santuários consagrados a Deus são refúgios da Luz Divina (248).

Ver também CENTRO ESPÍRITA

SARCASMO

[...] é corredor rasgado para a invasão do descrédito [...] (292, Palavra).

SATÃ *ver* SATANÁS

SATANÁS

[...] personificação do mal sob forma alegórica, visto não se poder admitir que exista um ser mau a lutar, como de potência a potência, com a Divindade e cuja única preocupação consistisse em lhe contrariar os desígnios. [...] (106, q. 131).

[...] Satã, segundo o Espiritismo e a opinião de muitos filósofos cristãos, não é um ser real; é a personificação do mal, como

Saturno era outrora a do Tempo. [...] (108, cap. 1).

A concepção de Satanás é, no fundo, essencialmente ateia. [...] é uma negação hipócrita de Deus em alguns dos seus essenciais atributos (5, Comunicações ou ensinos dos Espíritos).

[...] Satanás é o símbolo do mal. Satanás é a ignorância, a matéria e suas grosseiras influências [...] (45, cap. 7).

Em hebraico, Satã não significa apenas Santanás, Espírito diabólico. *Shâtan* ou *Satân* é considerado como o acusador, o tentador (o demônio), o obstáculo. [...] (75, Impermanência e imortalidade).

Satanás, o diabo, o demônio – são nomes alegóricos pelos quais se designa o conjunto dos maus Espíritos empenhados na perda do homem.
Satanás não era um Espírito especial, mas a síntese dos piores Espíritos que, purificados agora na sua maioria, perseguiam os homens, desviando-os do caminho do Senhor (182, v. 1).

[...] satanás, demônio, diabo – se devem entender – os Espíritos impuros, imundos. São sinônimas tais locuções e é sempre essa a significação em que as empregaram os Evangelhos (182, v. 1).

[...] as expressões *Belzebu, Satanás, príncipe dos demônios, diabo* [...] não tinham [...] mais do que um sentido figurado, servindo para designar os Espíritos maus que, depois de haverem falido na sua origem, permanecem nas sendas do mal, praticando-o contra os homens (182, v. 2).

Satanás somos nós, Satanás são todos aqueles que não fazem a vontade de Deus e não seguem a doutrina de N. S. Jesus Cristo.
Satanás é o nosso orgulho, a nossa vaidade, a nossa avareza; são todos os nossos instintos perversos, que nos colocam numa montanha terrível de tentações, para que sejamos atraídos ao abismo, onde devemos encontrar as sombras de uma morte eterna, se eternos forem os nossos maus instintos (198, cap. 3).

Satã é a inteligência perversa (264, cap. 1).

Ver também ESPÍRITO MALIGNO
e ESPÍRITO MAU

SATÉLITE

Antes que as massas planetárias houvessem atingido um grau de resfriamento bastante a lhe operar a solidificação, massas menores, verdadeiros glóbulos líquidos, se desprenderam de algumas no plano equatorial, plano em que é maior a força centrífuga, e, por efeito das mesmas leis, adquiriram um movimento de translação em torno do planeta que as gerou, como sucedeu a estes com relação ao astro central que lhes deu origem.
Foi assim que a Terra deu nascimento à Lua, cuja massa, menos considerável, teve que sofrer um resfriamento mais rápido (101, cap. 6, it. 24).

Ver também LUA

SATURNO

Saturno executa a sua revolução em torno do astro-rei a uma distância de 364 milhões de léguas. Nele, o ano equivale a 30 dos terrestres e se compõe de 10.750 dias. Seu volume é 734 vezes mais considerável do que o da Terra, sem contar com os anéis gigantescos que o circunvolvem e cujo diâmetro é de mais de 70.000 léguas. Esse mundo singular, com os seus numerosos satélites, forma, por si só, um pequeno universo. A temperatura, lá, resulta principalmente do calor próprio do planeta, é constante e mais elevada do que aqui. A atmosfera revela-se muito densa e carregada de vapores. Os materiais são de densidade sete vezes mais fraca do que entre nós, sendo, provavelmente, os saturninos seres aéreos. O mundo que habitam é único no sistema e a sua configuração deve dar lugar a fenômenos de inigualável esplendor (134, 4ª efusão).

SAUDAÇÃO

Saudação fraterna é cartão de paz (217, cap. 6).

SAUDADE

[...] sentimento nobre e profundamente humano, é a doce lembrança de uma presença ausente. [...] (7, cap. 22).

[...] é a partilha de uma dor igual, a fusão de dois pedaços diferentes de corações fendidos em luto... (86, L. 3, cap. 8).

A saudade é a carcereira das almas que amam, constringindo-lhes os corações com férreas garras (218, cap. 13).

A saudade é pena aflitiva, mas, no coração consagrado ao amor puro, é também alavanca invisível, impulsionando-nos ao trabalho que estabelece o merecimento do reencontro com aqueles de cujo afeto recolhemos a luz para caminhar (218, cap. 33).

E a saudade é a tristonha mensageira, que engrinalda de angústia a despedida (248).

A saudade é uma espécie de nevoeiro que nos atormenta a alma, faminta de presença e de amor (248).

A saudade é a esperança que sofre (286, No correio do coração).

[...] significa a própria esperança chorando de ansiedade e alegria (288, pt. 1, cap. 3).

SAÚDE

A suprema saúde [...] é [...] aquela de que goza todo ser, em perfeito estado de equilíbrio e funcionamento do corpo e da alma (2, cap. 9).

Segundo a Organização Mundial de Saúde, o conceito de saúde deve incluir um completo bem-estar físico, mental e social. Com tal abrangência fica difícil a delimitação dos conceitos de saúde e doença. Convém antecipar aqui que, com o Espiritismo, tal conceito ganha uma nova dimensão, que se vem agregar às anteriormente citadas, ou seja, a dimensão espiritual, o que aumenta enormemente a complexidade do tema. É conveniente repisar aqui o caráter científico da Doutrina Espírita, que de modo algum abdica dos modernos avanços da Anatomia, da Fisiologia, da Bioquímica, da Patologia Geral e da Psicopatologia em particular, passando, pois, necessariamente pelos campos da Psiquiatria, da Psicologia, da Antropologia, da Psicofarmacologia etc. etc. [...] (9, cap. 8).

A saúde é compromisso de alta relevância e responsabilidade ainda malconduzida por aqueles que a desfrutam e menoscabando--a, perdem-na, a fim de se afadigarem pela sua recuperação mais demorada e mais difícil (77, cap. 26).

[...] instrumento de realizações sublimes, que nos foi dada para que realizemos a nossa romagem terrestre a coberto dos assaltos microbianos e dos germens patogênicos [...] (151, cap. 6).

Diz-se ter boa saúde aquele que tem em funcionamento normal todos os implementos do corpo (163, Mediunidade e saúde).

[...] a saúde do corpo é reflexo da harmonia espiritual [...].

[...] porque a saúde, na essência, é harmonia de vibrações (255, Saúde).

É questão de equilíbrio vibracional, de conformação de frequências. [...] (255, Mentalismo).

Saúde é o pensamento em harmonia com a Lei de Deus. [...] (260, cap. 38).

[...] A saúde humana é dos mais preciosos dons divinos. [...] (264, cap. 10).

[...] A saúde humana é patrimônio divino e o médico é sacerdote dela. [...] (276, cap. 13).

[...] saúde "é um completo estado de bem--estar físico, mental e social, e não a meramente ausência de doença (328, cap. 1.1; 4.1).

Nada ocorre na área da saúde que não proceda do Espírito em prova de aformoseamento interior. Assim não te desesperes, mais agravando o mal, [...] (341, p. 1, cap. 12).

SEAREIRO DO CRISTO

É sempre servo, e servo do amor (217, cap. 4).

SEGUIR O CRISTO

[...] é *viver* o seu Evangelho. É sentir a presença dele dentro de nós. É o não importar--se em sofrer por amor a Ele, renunciando à vontade própria. É saber perdoar a cada momento, oferecendo a outra face ante as mais cruéis ofensas. É deixar-se abrasar por esse *fogo* renovador e não se acomodar jamais ante os apelos do mundo. Desligar-se deles e caminhar. Caminhar mesmo aparentemente sozinho (196, O nosso Deus é um fogo consumidor).

SEGUNDA MORTE

[...] Quando, com o tempo, nos temos desenvolvido suficientemente, passamos a outro plano, donde já não nos é tão fácil baixar à Terra. Chamamos a isso segunda morte. Os que passaram por ela podem descer a visitar-nos no nosso plano, mas não podemos ir ao plano deles, enquanto também não houvermos passado pela mesma coisa. É o a que vossa *Bíblia* chama segunda morte. Os que por ela já passaram não continuam a vir falar-vos diretamente na Terra, por meio de materialização, como faço neste momento. Eles me transmitem suas mensagens, ou a algum outro do meu plano, e nós vô-las retransmitimos (63, cap. 10).

[...] os ignorantes e os maus, os transviados e os criminosos também perdem, um dia, a forma perispiritual. Pela densidade da mente, saturada de impulsos inferiores, não conseguem elevar-se e gravitam em derredor das paixões absorventes que por muitos anos elegeram em centro de interesses fundamentais. Grande número, nessas circunstâncias, mormente os participantes de condenáveis delitos, imantam-se aos que se lhes associavam nos crimes. [...]

Em verdade, agora se categorizam em conta de fetos ou amebas mentais, mobilizáveis, contudo, por entidades perversas ou rebeladas. O caminho de semelhantes companheiros é a reencarnação na crosta da Terra ou em setores outros de vida congênere, qual ocorre à semente destinada à cova escura para trabalhos de produção, seleção e aprimoramento. [...] (264, cap. 6).

SEGUNDA VISTA *ver* DUPLA VISTA

SEIO

[O seio maternal] é um vaso anímico de elevado poder magnético ou um molde vivo destinado à fundição e refundição das formas, ao sopro criador da Bondade Divina, que, em toda parte, nos oferece recursos ao desenvolvimento para a sabedoria e para o amor. Esse vaso atrai a alma sequiosa de renascimento e que lhe é afim, reproduzindo-lhe o corpo denso, no tempo e no espaço, como a terra engole a semente para doar-lhe nova germinação, consoante os princípios que encerra. [...] (252, cap. 28)

SEITA

Pejorativamente até hoje as religiões dominantes empregam essa denominação para classificar as religiões em minoria (143, Paulo perante o tribunal de Félix).

SELO

O primeiro selo postal espírita emitido no mundo foi em 1957, no Brasil, graças à iniciativa e ao exaustivo trabalho da Federação Espírita Brasileira, na presidência de Antônio Wantuil de Freitas. Tratava-se de comemorar o 1º *Centenário da Codificação do Espiritismo* (em justa e merecida homenagem a Allan Kardec) através de um selo comemorativo, que, na definição oficial, "se destina a assinalar acontecimento digno de homenagem nacional".

Longo requerimento-memorial, dirigido pela FEB às autoridades competentes, levou, após várias *démarches*, à aprovação do selo em pauta, popularmente conhecido como o *selo da Codificação*. [...]

A 14 de junho de 1963, Antônio Wantuil de Freitas, presidente da Federação Espírita Brasileira, dava entrada nos Correios de um bem justificado requerimento, solicitando a emissão do segundo selo postal espírita, a que mais tarde chamariam simplesmente o *selo do Evangelho*.

[...] o selo seria lançado em 18 de abril de 1964, comemorativo do centenário de *O evangelho da codificação espírita*, ou seja, *O evangelho segundo o espiritismo*, de Allan Kardec. [...]

No dia 31 de março de 1969 era lançado no Brasil, na tiragem de 2.000.000 de exemplares, o selo postal comemorativo do *Centenário de morte* de Allan Kardec. [...] À Empresa Brasileira de Correios e Telégrafos foi dirigido, em 18 de abril de 1968, pelo Presidente da Federação Espírita Brasileira, requerimento pedindo a emissão de um selo postal comemorativo do 1º *Centenário da Imprensa Espiríta no Brasil.*

Autorizada a emissão, na tiragem de 1.000.000 de exemplares, o selo foi lançado no dia 26 de julho de 1969 [...] (226, v. 3, cap. 3, it. 8).

SELVAGEM

Os selvagens são Espíritos pouco evoluídos que, um dia, alcançarão o nosso progresso. Todos nós também já passamos por aquele estágio (7, cap. 75).

SEMATOLOGIA

Sematologia – (Do grego – *Sema*, sinal, e – *logos*, discurso) – Linguagem dos sinais. Comunicação dos Espíritos pelo movimento dos corpos inertes (107, cap. 32).

[...] é frequentemente um epifenômeno da tiptologia, tal como a mímica, em relação à palavra. [...] (35, cap. 3).

[...] Um dos nossos amigos encontrava-se certa noite em seu salão, ocupado com manifestações deste gênero. Recebe uma carta; enquanto a lê, [...]. Disto ele deduziu a presença de um Espírito recém-vindo, simpático ao autor da carta e que queria comunicar-se com ele. Tendo-o interrogado por meio da mesinha de centro, teve a confirmação de suas previsões. É a isto que chamamos sematologia ou linguagem dos sinais (319, cap. 4).

SEMEADOR

Aquele que traz consigo o coração vibrando no entendimento fraterno, plenamente integrado na conjugação do verbo servir, é, indiscutivelmente, o semeador que sai com Jesus a semear, sem afligir-se com o tempo de rememoração e sem preocupar-se com os resultados, identificado com a luz da verdade que lhe indica o futuro ilimitado e divino, na direção da seara de sabedoria e de amor em pleno infinito.

O companheiro que traz consigo o coração é o semeador que sai com Jesus a semear, ajudando incessantemente a execução do plano divino e preparando a seara do amor e da sabedoria, em favor da Humanidade, no futuro infinito (248).

SEMELHANTE

[...] Nossos companheiros não são maus e sim Espíritos incompletos nas virtudes divinas, à maneira de nós outros. [...] (289, cap. 8).

SEMENTE

[...] A semente é a palavra de Deus. [...] (187, cap. 4).

Apesar de pequenina, a semente é a gota de vida (307, cap. 10).

SEMENTEIRA

A sementeira é a empreitada, o dever a cumprir, o compromisso de que te incumbes (243, cap. 13).

SENHOR

[...] o Senhor é a luz do mundo e a misericórdia para todos os corações (127, Pelo Evangelho).

SENSAÇÃO

A mais elementar das funções mentais, do ponto de vista psicofisiológico, é a sensação. Ela pode ser definida como o fenômeno psíquico elementar que resulta da ação dos estímulos sobre os órgãos dos sentidos. [...]

As sensações podem ser de origem tanto externa quanto interna, e para que se procedam são necessários o receptor periférico, as vias nervosas aferentes sensitivas e os centros corticais decodificadores. [...]

Entre as sensações externas estão a visão, a audição, o tato, a gustação, a olfação, a sensação térmica, etc. As internas são as sensações motoras, de equilíbrio, proprioceptivas, cenestésicas, além de sede, fadiga e mal-estar.

As sensações são a base do processo do conhecimento, e segundo Lersch, "se os órgãos dos sentidos não proporcionassem à nossa consciência a matéria-prima das sensações, não teríamos consciência alguma do mundo". Já foi feita a crítica e a argumentação, do ponto de vista espírita, contra os autores que consideram as sensações como única via do processo do conhecimento. De modo algum o nascituro é uma *tábula rasa*. [...] (9, cap. 2).

Sensação oceânica

Um exemplo mais primitivo e instintivo de afetos são os eliciados diante de agressões ambientais e expressos pela conhecida reação psicofisiológica de *fight or flight* (luta ou fuga). As emoções e sentimentos mais complexos e diferenciados e, portanto, mais evolvidos, são os representados pelos indescritíveis estados de euforia dos estados de êxtase, denominados por Freud como sensação oceânica, e explicados como uma forma de regressão ao útero materno. Na opinião pessoal do autor não ocorreria uma regressão, mas um alargamento dos limites do complexo do eu, ou até mesmo a perda dos seus limites, num processo algo semelhante à dissolução psicótica da personalidade, mas sem a perda do contato com a realidade, e assimilação de vastas regiões do inconsciente dessa e de outras encarnações e, também, com assimilação de energias oriundas de planos mais elevados do Mundo Espiritual (9, cap. 2).

SENSIBILIDADE

[...] faculdade de sentir o que se passa em nós [...] (42, pt. 1, cap. 2).

É o maior ou menor grau de sensibilização da consciência moral às faltas cometidas e dimensionado pelas reações de sentimento de culpa, desgosto, arrependimento, remorso ou vergonha. *Exemplo*: a) de ínfima sensibilidade: cometer uma falta muito grave, homicídio, por exemplo, e permanecer a consciência moral quase completamente indiferente; b) de grande sensibilidade: cometer pequeníssima falta seguida de grande reação da consciência moral, um profundo e atroz remorso (129, v. 5).

SENSITIVO

[...] médiuns a que chamarei – *sensitivos* [são] dotados, no mais alto grau, das faculdades mediúnicas de expansão e penetrabilidade, porque o sistema nervoso facilmente excitável de tais médiuns lhes permite, por meio de certas vibrações, projetar abundantemente, em torno de si, o fluido animalizado que lhes é próprio (107, it. 98).

[...] [Médiuns] cuja vista atravessa o nevoeiro opaco que nos oculta aos mundos etéreos e que, por um vislumbre, chegam a entrever alguma coisa da vida celeste são designados por sensitivos ou por clarividentes [...] (46, pt. 3, cap. 22).

Sensitivos ou impressionáveis são os médiuns suscetíveis de sentirem a presença dos irmãos desencarnados por uma impressão geral ou local, subjetiva ou ponderável.

[...] Entendamos a classificação *impressionável* como símbolo ou indicação de "maior capacidade para o registro de impressões" (163, cap. 37).

Ver também MÉDIUM *e* MÉDIUM SENSITIVO

Sensitivo e *sujet*

Prefiro a palavra *sensitivo*, dado que a faculdade de alcançar os estados profundos da hipnose me parece uma sensibilidade do tipo mediúnico, que a palavra francesa *sujet*, usualmente empregada, está longe de caracterizar com propriedade. As narrativas produzidas em estado de transe hipnótico ou magnético são, a meu ver, devidas a um fenômeno anímico, ou seja, uma comunicação ou relato do próprio espírito (encarnado) da pessoa em transe que, em vista do desdobramento, tem acesso à memória integral.

Enquanto isso, a palavra *sujet*, ou a sua tradução literal *sujeito*, como muitos adotam, traz na sua estrutura semântica (posto debaixo)

conotação incompatível com o que se observa no desenrolar da experiência de regressão de memória, na qual, ao contrário de estar cativo, sujeito, obrigado, constrangido (ver *Novo Dicionário da Língua Portuguesa*, de Aurélio Buarque de Holanda Ferreira), o sensitivo apresenta-se lúcido, seguro da sua vontade e consciente do que lhe convém ou não dizer e fazer. A opção pelo termo *sensitivo* é também apoiada pela conveniência de distinguir, mas não dissociar, esse tipo de faculdade ou fenômeno da sensibilidade mediúnica habitual que diz respeito à comunicação originada por espíritos desencarnados.
Em suma, o sensitivo sob hipnose profunda é o médium de seu próprio espírito (146, cap. 8).

SENSUALIDADE

A sensualidade [...] arraigada na conduta e vivenciada através de aspirações descabidas, atira-o [o sensualista] nos abismos do sexo pervertido, do prazer exorbitante, dos gozos, cada vez mais refinados uns, grosseiros outros, produzindo tormentos que se avolumam sem controle, à medida que aumenta a caça pelo inusitado, pelo exótico... (75, Impedimentos à iluminação).

SENSUALISTA

O sensualista vive na dependência do que anela, sempre insatisfeito, em razão do que já vivenciou e ansioso pelo que pensa poder deliciar-se. A sua existência se movimenta em torno do que lhe proporciona fruição, satisfação dos instintos e dos desejos descontrolados. Quase sempre narcisista, vive em função do ego, como se fosse destituído dos valores que acrisolam e tornam a vida significativa, oferecendo os recursos para a plenificação na Eternidade (75, Impedimentos à iluminação)

SENTIMENTO

[...] é o princípio e a fonte das obras que nos aproximam da perfeição e de Deus. [...] (5, Comunicações ou ensinos dos Espíritos)

[...] [é] a capacidade, o poder de auto-sensibilização, a disposição pronta, espontânea, pelo sofrimento do próximo, gerando uma identificação empática com os que padecem – física, econômica ou moralmente – injustiças, ingratidões, preconceitos, privação da liberdade, solidão, abandono, calúnias, prejuízos materiais, violências, torturas, mutilações, exploração, abuso de confiança, fome, miséria, defeitos físicos, psíquicos ou morais, etc., justa ou injustamente. [...] É a piedade pelos enfermos, pelo necessitado, ou oprimido. [...] (129, v. 3).

[...] é pensamento, uma *ação interiorizada* que antecipa uma ulterior atividade externa. [...] (129, v. 4).

É o sentimento que plasma e define a personalidade intrínseca do homem e o dirige, paulatinamente, para a perfeição. Quanto mais o sentimento se aprimora, mais o homem se eleva moralmente, diminuindo a distância que o separa de Deus (138, A prece do coração amargurado).
O sentimento cria, edifica, alimenta, ilumina. O sentimento é a luz divina. Só ele é bastante grande, para elevar-se da esfera comum, quebrando as fórmulas rasteiras (248).

[...] é o molde vibrátil em que o pensamento e a causa se formam (260, cap. 41).

O sentimento é o santuário da criatura. Sem luz aí dentro, é impossível refletir a paz luminosa que flui incessantemente de cima (295, cap. 29).

SEPARAÇÃO *ver* DIVÓRCIO

SER

O ser é uno mesmo quando no corpo ou fora dele. No corpo, ocorre a perfeita integração dos elementos que o constituem, e, à medida que se liberta dos envoltórios materiais, prossegue na sua unidade com os vestígios da vivência impregnados nos tecidos muito sutis do perispírito que o transmitem à essência espiritual (75, O sofrimento).

[...] o ser é fruto dos seus atos passados, para agir com as ferramentas da própria elaboração, na marcha ascendente e libertadora (79, L. 3, cap. 5).

[...] cada ser é um universo em miniatura, expansível pelo pensamento e pelo sentimento e que possui como atributo a eternidade (195, pt. 1, cap. 8).

[...] o ser é o artífice da sua própria desgraça ou felicidade, do seu rebaixamento ou elevação. [...] (202, Cristianismo e Espiritismo).

Ser consciente

Se ocorre a dor ou a convencional infelicidade se apresenta, o ser consciente de si mesmo, senhor dos seus valores, ao invés de deixar-se arrastar pela lamentação, realizando a apoteose da desdita, põe-se a considerar que essa, sim, é a melhor forma de felicidade, porque o livra de novas investidas do passado e de perigos na conduta em relação ao presente e ao futuro (75, Inconsciência de si mesmo).

Ser espiritual

No mundo, com os seus valores impermanentes, o ser espiritual desenvolve as inimagináveis possibilidades de que é possuidor, aprimorando-se e ascendendo no rumo da Grande Luz que o arrebata a pouco e pouco, desde que também ele é constituído de luz na sua expressão mais profunda (75, Aflições do mundo).

Ver também ESPÍRITO

Ser essencial

O ser essencial não se compadece do que usa, porquanto reconhece que a utilização é fenômeno transitório, diferente da constituição vibratória que lhe é peculiar na condição de energia pensante. A sua é a necessidade de potencializar-se com os recursos compatíveis com a sua assimilação. O que se lhe faz imprescindível é portador das mesmas características e qualidade íntimas, no campo das vibrações transcendentais. Isto, porque, traz ínsita a certeza de tudo quanto tem e possui, que deixa, em consequência da morte biológica, igualmente outra ilusão, apenas conduzindo aquilo que lhe constitui vigor para a identificação da sua realidade profunda – libertação de todas as coisas – com a integração na grandiosa energia universal (75, A busca).

Ser humano

O ser humano se compõe de corpo, alma e espírito. O corpo é o que vemos; a alma é a nossa mente; o espírito, o nosso corpo etéreo, cópia exata do corpo físico e seu sustentáculo. [...] (63, Introd.).

O ser humano é um feixe de emoções, no seu complexo fisiológico, cada vez mais sensível à medida que evolui e adquire mais amplas e profundas percepções, especialmente aquelas que vão além dos sentidos físicos, das manifestações sensoriais (75, Corpo e mente).
O ser humano é resultado da força dinâmica procedente da consciência que encaminha os pensamentos conforme os seus padrões de *sono* ou de *despertamento* (75, O egoísmo).

[...] O ser humano é Espírito momentaneamente revestido de um corpo de carne, tendo como elo, entre Espírito e corpo carnal, o corpo perispiritual, que maneja – segundo a vontade (a ideia do ser-Espírito) – a substância reparadora e mantenedora, que organiza ou desorganiza. [...] (90, Geley: Apóstolo da ciência cristã).

O ser humano é sem sombra de dúvida a mais elaborada, complexa e maravilhosa criação de Deus a habitar o nosso planeta. A sua condição atual é o resultado de um laborioso processo evolutivo de milhões de anos. No decorrer de todo esse tempo existiram sempre trabalhadores espirituais, especificamente designados pelo Criador, com o objetivo de orientar essa evolução em busca de estrutura orgânica cada vez mais equilibrada e adequada aos diferentes ambientes em que ele precisa estagiar (94, pt. 1, cap. 1).

Ver também HOMEM

Ser íntegro

O ser íntegro é aquele que, em encontrando o conhecimento, converte-o em sentimento de ampla instrução e educação para as massas que se perdem na ignorância, construindo o templo de altruísmo no coração e tornando-se uma luz acesa no caminho por onde transitam os que se equivocaram e se encontram sem qualquer orientação para seguir adiante (75, O altruísmo).

Ser materializado

[...] é um *duplo* do médium, o que quer dizer que o seu corpo espiritual (segundo S. Paulo) ou o seu corpo astral (segundo os ocultistas) ou o seu perispírito (segundo os espíritas) sai dele e forma um *alter-ego* psíquico ou fluídico do médium [...] (57, cap. 5).

Ser pensante

[...] O ser pensante será constituído de duas categorias distintas de elementos psíquicos:

1ª) Os provenientes do funcionamento dos centros nervosos e que constituem o psiquismo cerebral, ou *psiquismo inferior*. [...]

2ª) Os elementos independentes do funcionamento dos centros nervosos, pertencendo ao ser subconsciente e constituindo o *psiquismo superior* (90, pt. 1, cap. 4).

Ser subconsciente

[...] o ser subconsciente (alma e seu psiquismo superior) seria o *eu real, a individualidade permanente, síntese das personalidades transitórias sucessivas, produto integral da dupla evolução terrestre e extraterrestre* (90, pt. 1, cap. 4).

Ser subconsciente exteriorizável

O ser subconsciente exteriorizável é o produto sintético de uma série de consciências sucessivas que nele se embasam e que pouco a pouco o constituíram (96, pt. 1, cap. 3).

SERENIDADE

[...] é suprimento de paz para as decepções de seu caminho (232, cap. 29).

[...] é o nosso caminho de reestruturação espiritual. [...] (252, cap. 37).

Serenidade é constância operosa [...] (304, cap. 33).

SERMÃO DA MONTANHA

[...] resume, em traços indeléveis, o ensino popular de Jesus. Nele é expressa a lei moral sob uma forma que jamais foi igualada (45, cap. 4).

Gandhi, o inesquecível líder hindu, dizia que o Sermão da Montanha é a mais bela página da Humanidade. Por si só preservaria os patrimônios espirituais humanos, ainda que se perdessem os livros sagrados de todas as religiões.
Renan, o demolidor exegeta do Evangelho, via no Sermão da Montanha a essência mais autêntica do Novo Testamento, a conter, em plenitude a inconfundível moral do Cristo (199, Medicina do futuro).
O *Sermão do Monte*, admirado em todos os tempos por cristãos e não cristãos, traduz a Verdade sobre a natureza do homem, essencialmente espiritual. Não é uma mensagem abstrata, antes patenteia a realidade de Deus, tal como os homens podem compreendê-lo através da criação universal, no campo da matéria e do espírito.
O *Sermão do Monte* é uma exortação a cada um de nós a alterar nossa vida para melhor. [...] (207, cap. 43).

O Sermão da Montanha é o hino das bem-aventuranças, suprimindo a aflição e o desespero (290, cap. 14).

SERVIÇO

Convença-se, então, por isso. / Que você tem no serviço / O final da solidão (93, cap. 95).
Serviço é trabalho no bem. É a dinamização da caridade e da compreensão. É a exteriorização do sentimento amoroso, na ajuda, de todas as formas imagináveis, ao nosso semelhante. O exemplo maior deixou-nos Jesus, em suas ações, ao mesmo tempo que declarava ter vindo para servir e não para ser servido. Para servir retamente precisamos compreender, aceitar e amar. A todas as horas deparamos com as oportunidades de servir. Não as aproveitamos porque ainda impera em nós o egoísmo, a chaga moral que precisa ser extirpada (208, cap. 31).

Serviço desinteressado aos semelhantes é a melhor terapia ocupacional (219, Ao encontro da paz).

[...] O serviço para o bem é a mais rica fonte de saúde (233, cap. 38).

O serviço é o melhor dissolvente de nossas mágoas (240, cap. 4).

[...] O serviço é a alma de nossas organizações [instituições espíritas], que se dirigem para o mundo regenerado, com vistas à Vida Eterna (248).

O serviço é o caminho aberto a todas as criaturas, desde o verme até o anjo, na direção de Deus (248).

Desalento é negação / Acorda, avança, porfia! /Serviço de cada dia / É senda de perfeição (248).

[...] é a nossa bênção (252, cap. 11).

O serviço será sempre o grande renovador de nossa vida consciencial, habilitando-nos à experiência reconstrutiva, sob a inspiração de nosso Divino Mestre e Senhor (260, cap. 12).

Em todas as circunstâncias o serviço é o antídoto do mal (262, Sirvamos sempre).

[...] O serviço do bem é a muralha defensiva das tentações (281, pt. 2, cap. 4).

[...] é apanágio de todas as criaturas, terrestres e celestes. [...] (289, cap. 20).

Ver também TRABALHO

Serviço assistencial espírita

[...] todo Centro Espírita deverá realizar serviço assistencial espírita, assegurando suas características beneficentes, preventiva e promocional, conjugando a ajuda material e espiritual, fazendo com que este serviço se desenvolva concomitantemente com o atendimento às necessidades de evangelização (61, cap. 10).

Serviço mediúnico

O serviço mediúnico é, a nosso ver, sementeira de esclarecimento (161, cap. 23).

Serviço social

Os serviços sociais são os braços do humanismo em atividade (76, cap. 7).

SERVIR

Servir, no sentido cristão, é esquecer de si mesmo e devotar-se amorosamente ao auxílio do próximo, sem objetivar qualquer recompensa, nem mesmo o simples reconhecimento daqueles a quem se haja beneficiado (31, Parábola dos primeiros lugares).

Serve e passa, esquecendo o mal e a treva, / Porque o dom de servir / É a força luminosa que te eleva / Às bênçãos do porvir (248).

Servir é criar simpatia, fraternidade e luz (248).

Servir a Jesus

[...] é obedecer à Lei de Amor. Todo aquele que a segue é digno de ser *um filho de Deus* (182, v. 4).

SESSÃO DE IRRADIAÇÃO

Nas chamadas *sessões de irradiação*, os doentes são beneficiados a distância, não somente em virtude dos fluidos dirigidos conscientemente pelos encarnados, como pelas energias extraídas dos presentes, pelos cooperadores espirituais, e conduzidas ao local onde se encontra o irmão enfermo (161, cap. 27).

SEXAGEM

A escolha do sexo do futuro filho é hoje uma possibilidade genética ofertada aos pais. Cumpre-lhes, não obstante, respeitar os desígnios divinos, considerando que desde o primeiro homem na face da Terra tal decisão é divina. Contudo, se Deus delega-a ao homem, que se processe em clima de profunda reflexão e prece, para que a intuição flua do plano maior (116, A genética e a vida).

SEXO

O sexo, na essência, é energia divina. Força da vida, encontra-se na base de todos os processos de evolução dos seres. [...]

O sexo é energia da própria vida. Todos nós somos chamados a administrá-la em nós mesmos e somos responsáveis pelo que fazemos com ela (12, cap. 2).

A definição primária da palavra sexo, segundo o dicionário é: "Diferença física e constitutiva do homem e da mulher, do macho e da fêmea". Esta definição é baseada unicamente no aspecto físico, diferenciando a condição orgânica do masculino e do feminino. [...]

O sexo, para a maioria esmagadora das criaturas humanas, está restrito à função dos órgãos genésicos. É muito natural esta visão, em virtude da profunda ignorância humana com relação ao Espírito. Sexo não é somente o prazer de minutos e a permuta de células sexuais (12, cap. 3).

O sexo, em essência, é psicológico, pois o fisiológico é comandado pela estrutura psíquica que cada um de nós guarda no campo mental. Os Espíritos da Terra, de condição ainda bastante inferior, conservam, na sua *estrutura psicológica profunda*, particularidades marcadamente masculinas ou acentuadamente femininas. [...] (12, cap. 4).

[...] [é] precioso instrumento de equilíbrio psicossomático. [...]

[...] é faculdade criadora da alma, a serviço do amor, sendo os órgãos genitais masculinos e femininos apenas o seu aparelhamento de exteriorização, assim como os olhos o são para a vista, o cérebro para o pensamento, etc. (30, cap. 30).

Os lexicógrafos conceituam o sexo como sendo a "conformação particular do ser vivo que lhe permite uma função ou papel especial no ato da geração". Biologicamente, são os "caracteres estruturais e funcionais pelos quais um ser vivo é classificado como macho ou fêmea..."

[...] é dos mais importantes fatores constitutivos da personalidade, graças aos ingredientes estimulantes ou desarmonizantes do equilíbrio, de que se faz responsável. [...]

O sexo [...] procede do espírito, cujo comportamento numa existência insculpe na vindoura as condições emocionais e estruturais necessárias à evolução moral (74, cap. 20).

O sexo, em si mesmo, é instrumento excretor, a serviço da vida. Programado pela Divindade para servir de veículo à *perpetuação da espécie* nos seres pelos quais se expressa, tem sido gerador de incontáveis males, através dos tempos, em face do uso que o homem, em especial, lhe tem dado. [...]

Seja, porém, qual for a forma sob a qual se expresse o sexo na vida, ele é departamento orgânico importante, credor de respeito e consideração, não apenas máquina de satisfação dos instintos egoístas, imediatistas... [...] (77, cap. 6).

O sexo é departamento divino para a preservação da vida na Terra. Ínsito em todas as criaturas, o mecanismo da reprodução é comandado pela Mente Suprema, que gera automatismos iniciais até o momento da conquista da razão, na Humanidade, quando o discernimento estabelece a ética do comportamento saudável para a dignificação dos seres, arrancando-os dos impulsos meramente instintivos para as eleições do amor, em ascese transcendente.

Face às finalidades elevadas a que se destina, quais a encarnação e as reencarnações, a permuta de hormônios físicos e psíquicos, a união dos sentimentos e a fixação dos afetos, quaisquer desrespeitos às suas finalidades superiores tornam-se fatores de desequilíbrios, de desajustes, de perturbações, gerando ódios inomináveis, rudes embates, sofrimentos dolorosos, sequelas espirituais demoradas...

No sexo encontram-se as matrizes de muitos fenômenos que se transferem de uma para outra existência, atando ou libertando os Espíritos conforme a pauta da utilização que se lhe faculte.

Dessa forma, quanto mais lúcido o ser, mais responsável se torna pela função, conduta e exercício sexual.

Infelizmente, em razão do prazer que proporciona, em todas as épocas e hoje, particularmente, o sexo tem sido instrumento de viciações ignóbeis, de explorações sórdidas, de crimes inimagináveis, tornando-se veículo de promoção social, comercial, artística e cultural, com graves e imprevisíveis consequências.

Combatido tenazmente pelos preconceitos religiosos durante mais de mil anos, liberou-se enfim sob o estandarte das conquistas humanas, porém envilecendo-se, corrompendo-se, exaurindo vidas e se transformando em fator essencial a que quase todos aspiram.

Conduzido corretamente e dignificado pelo amor, torna-se fonte de alegria, gerando felicidade, harmonizando e produzinho beleza ao lado das criações que proporciona (83, Sexo e responsabilidade).

[...] é um santuário onde Deus faz renascer a gloriosa semente da Vida. [...] Ele [...] é a porta da vida nos mundos como o nosso. É a antessala de vivência espiritual. [...] (156, cap. 3).

O sexo é organização específica por onde os mecanismos de sublimação podem dar-se e, também, por onde o amor favorece os impulsos que buscam sempre o equilíbrio das emoções. [...] (189, cap. 4).

[...] em determinada personalidade seria consequência das necessidades que o *eu* reclama para construir-se (190, cap. 1).

O sexo é uma fonte de bênçãos renovadoras do corpo e da alma (217, cap. 34).

[...] substância mental, determinando mentalmente as formas em que se expressa. Representa, desse modo, não uma energia fixa da Natureza, trabalhando a alma, e sim uma energia variável da alma, com que ela trabalha a Natureza em que evolve, aprimorando a si mesma. [...] uma força do Criador na criatura, destinada a expandir-se em obras de amor e luz que enriquecem a vida, igualmente condicionada à Lei de Responsabilidade, que nos rege os destinos.

[...] Contudo, é preciso não esquecer que mencionamos o sexo como força de amor nas bases da vida, totalizando a glória da Criação.

[...] analisado na essência, é a soma das qualidades femininas ou masculinas que caracterizam a mente, razão por que é imprescindível observá-lo, do ponto de vista espiritual, enquadrando-o na esfera das concessões divinas que nos cabe movimentar com respeito e rendimento na produção do bem. [...] no corpo humano é assim como um altar de amor puro que não podemos relegar à imundície, sob pena de praticar as mais espantosas crueldades mentais, cujos efeitos nos seguem, invariáveis, depois do túmulo... [...] é a soma das qualidades passivas ou positivas do campo mental do ser (231, cap. 15).

E, sem dúvida, o sexo será sempre uma das portas mais importantes do sentimento (246, cap. 35).

Pode ser comparado à porta da vida terrestre, canal de renascimento e renovação, capaz de ser guiado para a luz ou para as trevas, conforme o rumo que se lhe dê.

[...] é uma espécie de caminho sublime para a manifestação do amor criativo, no campo das formas físicas e na esfera das obras espirituais, e, se não for respeitado por uma sensata administração dos valores de que se constitui, vem a ser naturalmente tumultuado pelas inteligências animalizadas que ainda se encontram nos níveis mais baixos da evolução (253, cap. 1).

Em qualquer circunstância, recordemos que o sexo é um altar criado pelo Senhor, no templo imenso da vida (286, Sexo).

O sexo se define, desse modo, por atributo não apenas respeitável mas profundamente santo da Natureza, exigindo educação e controle.

Através dele dimanam forças criativas, às quais devemos, na Terra, o instituto da reencarnação, o templo do lar, as bênçãos da família, as alegrias revitalizadoras do afeto e o tesouro inapreciável dos estímulos espirituais (294, cap. 1).

[...] a fonte viva das energias em que a sabedoria do Universo situou o laboratório das formas físicas e a usina dos estímulos espirituais mais intensos para a execução das tarefas que esposamos, em regime de colaboração mútua, visando ao rendimento do progresso e do aperfeiçoamento entre os homens (294, cap. 24).

A sede real do sexo não se acha, dessa maneira, no veículo físico, mas sim na entidade espiritual, em sua estrutura complexa [...].

O sexo é, portanto, mental em seus impulsos e manifestações, transcendendo quaisquer impositivos da forma em que se exprime, não obstante reconhecermos que a maioria das consciências encarnadas permanecem seguramente ajustadas à sinergia mente--corpo, em marcha para mais vasta complexidade de conhecimento e emoção.

[...] O sexo reside na mente, a expressar-se no corpo espiritual, e consequentemente no corpo físico, por santuário criativo de nosso amor perante a vida, e, em razão disso, ninguém escarnecerá dele, desarmonizando-lhe as forças, sem escarnecer e desarmonizar a si mesmo (305, pt. 1, cap. 18).

Sexo e amor

Não podemos confundir sexo e amor, pois, *enquanto o sexo é força instintiva e inconsciente, o amor é energia consciente e espontânea.*

Misturamos muito estes dois valores em nossas experiências afetivas, porque é a energia instintiva sexual, a qual temos sempre definido como sendo "o amor", que tem promovido a maior parte das uniões de homens e mulheres na Terra, em virtude de seu poderoso magnetismo de atração. Para a quase totalidade da Humanidade, acredita-se que o sexo é o próprio amor, porque não conhecemos e nem experimentamos ainda outro grau superior de afeição.

O amor real está surgindo muito lentamente na terra árida dos corações humanos, pois ele é uma conquista da personalidade que deverá fazer uma revolução em seu mundo interior (12, cap. 16).

Sexo nos Espíritos

Se a mente é a sede real do sexo, pode--se entender daí como é o sexo nos Espíritos. Realmente, os Espíritos não podem reproduzir-se, mas conservam, no seu maravilhoso arquivo mental, todos os reflexos resultantes de suas atividades praticadas aqui na Terra, na sucessão das reencarnações, vivenciando as funções masculinas ou femininas que o corpo físico lhes ofereceu. [...] (12, cap. 3).

Os Espíritos desencarnados não têm sexo, enquanto organização para a fecundação e a reprodução, mas todos os Espíritos no Mundo Espiritual da Terra se definem como masculino ou feminino (12, cap. 4).

Os sexos continuam na vida do Além--Túmulo. Os Espíritos não se reproduzem, pois não há organização genésica masculina e feminina para a fecundação e a gravidez, mas o sexo não é somente união fisiológica e reprodução da espécie. Sexo é muito mais a força de atração, o desejo acalentado, a afeição mútua, a emoção experimentada, a troca incessante de vibrações simpáticas, a permuta de qualidades próprias de cada sexo, a necessidade íntima do estímulo revitalizador, a euforia interior pela convivência pacífica e construtiva ante uma alma feminina e uma masculina, seja na vida corpórea ou na vida espiritual. As almas masculinas e femininas não podem ter filhos como na vida terrestre, mas não deixam de se amar, de se unir pelos laços de simpatia, de praticar o namoro e o noivado e realizar o matrimônio no Plano Espiritual. [...]

O Espírito acentuadamente feminino continua com todos os pendores maravilhosos da mulher terrestre e muita vez mais belos; e o Espírito marcadamente masculino permanece com todas as características do homem humano, porque a vida continua, após a morte do corpo, muito mais por dentro de cada um. O sexo está guardado na *mente* e se expressa através dos impulsos e manifestações. As características intrínsecas da alma são muito mais importantes do que as que a organização física temporariamente lhes confere, pois são as que vão perdurar na vida espiritual. [...] (12, cap. 15).

Há muita dificuldade para as criaturas encarnadas, ainda distantes de um conhecimento mais aprofundado da Doutrina Espírita, conceberem sexo nos Espíritos, pois estão muito presas às manifestações físicas, e não únicas, da função sexual.

O Espírito guarda na intimidade de si mesmo, no seu maravilhoso mundo mental, todas as características que foi adquirindo e fixando, nas experiências das reencarnações sucessivas, através dos milênios, ora na feminilidade, ora na masculinidade, embora uma destas características seja predominante no sistema psíquico de cada um.

O sexo, tanto na vida corpórea quanto na vida espiritual, antes de tudo, está ajustado ao campo mental de cada Espírito, porque cada homem ou mulher é, não o que o corpo demonstra, mas sim o que a sua estrutura psicológica expressa (12, cap. 23).

Ver também INSTINTO SEXUAL

SEXUALIDADE

A sexualidade em cada criatura humana será sempre a soma das experiências adquiridas em corpo de homem e de mulher, embora uma delas seja o percentual maior no campo mental, determinando a condição de masculinidade ou feminilidade. [...]

A posição mental de cada Espírito na feminilidade ou na masculinidade não é fixa, mas, transitória, porque evolui sempre. [...]

Com o revezamento das experiências, cada vez mais acentuadas, de homem ou de mulher, na rota dos milênios, o Espírito vai acumulando as qualidades dos dois sexos, fazendo que a entidade imortal enriquecida apresente características femininas e masculinas, não na organização física, mas na sua estrutura psicológica, manifestando virtudes de ambos os sexos, mas com predominância de uma delas. [...] (12, cap. 3).

Sendo porta de santificação para a vida, altar de preservação da espécie, é, também, veículo de alucinantes manifestações de mentes atormentadas, em estado de angústia pertinaz. Através dele, sintonizam consciências desencarnadas em indescritível aflição, mergulhando, em hospedagem violenta, nas mentes encarnadas, para se demorarem em absorções destruidoras do plasma nervoso, gerando obsessões degradantes (78, Examinando a obsessão).

Ver também SEXO

SIBILINO

[O que era] dito por Sibila, mulher que predizia os acontecimentos. A *médium* da Antiguidade (87, L. 1, cap. 8).

SILÊNCIO

[...] é o melhor remédio onde não podemos auxiliar (246, cap. 9).

O silêncio é a gentileza do perdão que se cala e espera o tempo (277, cap. 6).

SIMBIOSE

À medida que a obsessão se faz mais profunda, o fenômeno da *simbiose* – interdependência entre o explorador psíquico e o explorado – se torna mais terrível. Chega o momento em que o perseguidor se enleia nos fluidos do perseguido de tal maneira que as duas personalidades se confundem... [...] (77, cap. 20).

Ver também PARASITOSE OBSESSIVA

SIMONITA

Membros de uma seita fundada por Simão, o Mago, no século I e segundo o qual era legítima a aquisição dos bens espirituais em troca de bens temporais. A palavra *simonita* teve origem no nome de seu fundador, assim como *simonia*, que designa o tráfico de coisas santas, a venda dos bens espirituais (Ver *Atos dos apóstolos*, cap. 8:9 a 24) Também se diz simoneano (178, Glos.).

SIMPATIA

A simpatia que atrai um Espírito para outro resulta da perfeita concordância de seus pendores e instintos. [...] (106, q. 301).

É a permuta de afeição sincera, profunda e permanente entre duas almas. É a afinidade de ideias, sentimentos e ideais de almas que se atraem e se combinam. Há uma alegria interior de depositar confiança na criatura eleita do seu coração.

Simpatia é o resultado da afeição trabalhada nos milênios. Muitas almas plantam mais simpatia do que o outro parceiro ou parceira, em virtude de sua noção de responsabilidade afetiva, sua sinceridade de coração e virtudes já conquistadas. A simpatia constrói o amor-amizade, que é o alicerce de toda união conjugal. [...] (12, cap. 22).

[...] é influência, identidade, atração. [...] (96, Supostas contradições do Espiritismo).

A plantação da simpatia é o único processo de estimular a colheita da verdadeira fraternidade (246, cap. 7).
Simpatia é cooperação (307, cap. 53).

SINAIS DE NASCENÇA

A mente da gestante pode também deixar suas marcas visíveis no corpo do nascituro, e, quando isto acontece, a ciência humana diz serem *sinais de nascença*. No início do processo de formação do embrião, quando a matéria ainda é sutil e mais plasticizante, a força mental da gestante, inconscientemente, em virtude de sua ideia fixa persistente em alguma coisa, pode deixar marcas no feto, as quais vão desenvolver-se e apresentar-se no corpo do bebê, permanecendo por toda a vida. Este fenômeno de apresentação externa prova a ascendência da força psíquica sobre os processos biofisiológicos. [...] (12, cap. 19).

SINAGOGA

Sinagoga (do grego *synagogê*, assembleia, congregação) – Um único templo havia na Judeia, o de Salomão, em Jerusalém, onde se celebravam as grandes cerimônias do culto. Os judeus, todos os anos, lá iam em peregrinação para as festas principais, como as da Páscoa, da Dedicação e dos Tabernáculos. Por ocasião dessas festas é que Jesus também costumava ir lá. As outras cidades não possuíam templos, mas apenas sinagogas: edifícios onde os judeus se reuniam aos sábados, para fazer preces públicas, sob a chefia dos anciãos, dos escribas, ou doutores da Lei. Por isso é que Jesus sem ser sacerdote, ensinava aos sábados nas sinagogas.
Desde a ruína de Jerusalém e a dispersão dos judeus, as sinagogas, nas cidades por eles habitadas, servem-lhes de templos para a celebração do culto (105, Introd.)..

SINCERIDADE

[..] Ela, a sinceridade, considera erro dar troco à baixa e servil lisonja, que somente seduz as almas orgulhosas, lisonja por meio da qual precisamente a falsidade se trai para com as almas elevadas (103, cap. 24).

SINAIS EXTERIORES DE CULTO

Muitas vezes me tem sido perguntado se é útil começar as sessões com preces e atos exteriores de devoção. [...]

É, sem dúvida, não apenas útil, mas necessário, rogar, por uma invocação especial, por uma espécie de prece, o concurso dos bons Espíritos. Essa prática, aliás, não pode predispor senão ao recolhimento, condição essencial de toda reunião séria. Já o mesmo não se dá com os sinais exteriores de culto, pelos quais certos grupos creem dever abrir suas sessões, e que têm mais de um inconveniente, a despeito da boa intenção com que são sugeridos.

Tudo nas reuniões deve passar-se religiosamente, isto é, com gravidade, respeito e recolhimento. Mas não nos devemos esquecer de que o Espiritismo se dirige a todos os cultos; que por consequência não deve adotar as formalidades de nenhum em particular. [...] O Espiritismo, chamando a si os homens de todas as crenças, para uni-los sob a bandeira da caridade e da fraternidade, habituando-os a se olharem como irmãos, seja qual for sua maneira de adorar a Deus, não deve chocar as convicções de ninguém pelo emprego de sinais exteriores de um culto qualquer. [...]
[...] O Espiritismo é um terreno neutro, sobre o qual todas as opiniões religiosas podem encontrar-se e se dar as mãos. [...] (110, Instruções..., 11).

O emprego de sinais exteriores do culto teria o mesmo resultado: o de uma cisão entre os adeptos. Uns acabariam por achar que não são suficientemente empregados; outros, que o são em excesso. Para evitar esse inconveniente, que é muito grave, convém abster-se de toda prece litúrgica, sem excetuar a oração dominical, por mais bela que seja. Como ninguém abjura sua religião ao participar de uma reunião espírita, cada um, no seu íntimo e mentalmente, faça a prece que julgar conveniente; mas que nada haja de ostensivo e, sobretudo, nada de oficial. Dá-se o mesmo com o sinal da cruz, ao costume de ajoelhar-se, etc., sem o que não haveria razão para se impedir que um mulçumano espírita, integrante de um grupo espírita, se prosternasse e recitasse em voz alta sua fórmula sacramental: "Só há um Deus e Maomé é o seu profeta".

Não existe inconveniente quando as preces feitas na intenção de alguém são independentes de qualquer culto particular. Sendo assim, creio supérfluo salientar o quanto haveria de ridículo em fazer-se toda uma assistência repetir em coro uma prece ou uma fórmula qualquer, prática vista por alguém que ma contou.

Fique bem entendido que o que acaba de ser dito só se aplica aos grupos ou sociedades formados de pessoas estranhas umas às outras, mas de modo algum às reuniões íntima de família, nas quais, naturalmente, cada pessoa é livre para agir como bem entender, desde que ali não se melindra a ninguém (110, Instruções..., 11).

SINTONIA

[...] A associação de interesses [sintonia] é regra de conduta que a Divina Lei de Amor impõe naturalmente em toda parte.

[...] cada um de nós conviverá sempre em toda parte e a todo o tempo, com aqueles com quem se afina, efetuando permanentemente, com os seus semelhantes, as trocas energéticas que, em face da lei, asseguram a manutenção de todas as vidas.

[...] Qualquer mudança de sintonia, ou diferenciação de níveis de troca energética vital, sempre decorrerá necessariamente de alteração do potencial íntimo de cada espírito e da natureza de seus pensamentos e emoções.

As forças que nos jungem uns aos outros são, por isso mesmo, as que emitimos de nós e alimentamos em nosso próprio âmago (188, cap. 5).

Ver também AFINIDADE

Sintonia espiritual

[...] a base do fenômeno mediúnico é a sintonia espiritual [...] (145, Introd.).

Sintonia significa, em definição mais ampla, entendimento, harmonia, compreensão, ressonância ou equivalência. [...] é. portanto, um fenômeno de harmonia psíquica, funcionando, naturalmente, à base de vibrações (161, cap. 4).

[...] através de semelhante processo, era mesmo possível comunicar-se com o círculo físico, quando o intermediário terreno possa conservar a mente na *onda de ligação mental* durante o tempo indispensável. [...] a entidade desencarnada é suscetível de manter intenso intercâmbio pelos recursos do pensamento e [...], por intermédio dessa comunhão íntima, encarcera-se o criminoso nas sombras das próprias obras, tanto quanto o Apóstolo do bem vive com os resultados felizes de sua sementeira sublime de renúncia e salvação (297, cap. 11).

Sintonia no tempo

É o processo pelo qual a mente humana, ligando-se ao pretérito distante, provoca a emersão das profundezas subconscienciais, de expressões variegadas e multiformes que ali jazem adormecidas (161, cap. 38).

SISTEMA DA ALMA COLETIVA

Sistema da alma coletiva – Constitui uma variante do [sistema do reflexo]. Segundo este sistema, apenas a alma do médium se manifesta, porém, identificada com a de muitos outros vivos, presentes ou ausentes, e formando um todo coletivo, em que se acham reunidas as aptidões, a inteligência e os conhecimentos de cada um. [...] (107, it. 44).

SISTEMA DA ALMA MATERIAL

Sistema da alma material – Consiste apenas numa opinião particular sobre a natureza íntima da alma. Segundo esta opinião, a alma e o perispírito não seriam distintos uma do outro, ou melhor, o perispírito seria a própria alma, a se depurar gradualmente por meio de transmigrações diversas, como o álcool se depura por meio de diversas destilações, ao passo que a Doutrina Espírita considera o perispírito simplesmente como o envoltório fluídico da alma, ou do Espírito. Sendo matéria o perispírito, se bem que muito etérea, a alma seria de uma natureza material mais ou menos essencial, de acordo com o grau da sua purificação (107, it. 50).

SISTEMA DA ALUCINAÇÃO

[...] consiste em levar os fenômenos à conta de ilusão dos sentidos. Assim, o observador estaria de muito boa-fé; apenas julgaria ver o que não vê. Quando diz que viu uma mesa levantar-se e manter-se no ar, sem ponto de apoio, a verdade é que a mesa não se mexeu. Ele a viu no ar, por efeito de uma espécie de miragem, ou por uma refração, qual a que nos faz ver, na água, um astro, ou objeto qualquer, fora da sua posição real. [...] (107, it. 40).

SISTEMA DA LOUCURA

[...] pretendem então que os que não iludem são iludidos, o que equivale a qualificá-los de imbecis. Quando os incrédulos se abstêm de usar circunlóquios, declaram, pura e simplesmente, que os que creem são loucos, atribuindo-se a si mesmos, desse modo e sem cerimônias, o privilégio do bom senso (107, it. 39).

SISTEMA DAS CAUSAS FÍSICAS

Sistema das causas físicas – Aqui, estamos fora do sistema da negação absoluta. Averiguada a realidade dos fenômenos, a primeira ideia que naturalmente acudiu ao espírito dos que os verificaram foi a de atribuir os movimentos ao magnetismo, à eletricidade, ou à ação de um fluido qualquer; numa palavra, a uma causa inteiramente física e material. [...] (107, it. 42).

SISTEMA DE NEGAÇÃO

[Sistemas de negação são os] [...] dos adversários do Espiritismo.

[...] De duas espécies são os fenômenos espíritas: efeitos físicos e efeitos inteligentes. Não admitindo a existência dos Espíritos, por não admitirem coisa alguma fora da matéria, concebe-se que neguem os efeitos inteligentes. Quanto aos efeitos físicos, eles os comentam do ponto de vista em que se colocam e seus argumentos se podem resumir nos quatro sistemas seguintes: [sistema do charlatanismo, da loucura, da alucinação e do músculo estalante] (107, it. 37).

SISTEMA DO CHARLATANISMO

Sistema do charlatanismo – Entre os antagonistas do Espiritismo, muitos atribuem aqueles efeitos [físicos] ao embuste, pela razão de que alguns puderam ser imitados. Segundo tal suposição, todos os espíritas seriam indivíduos embaídos e todos os médiuns seriam embaidores, de nada valendo a posição, o caráter, o saber e a honradez das pessoas (107, it. 38).

SISTEMA DO MÚSCULO ESTALANTE

[...] Quando as pancadas são ouvidas por todas as pessoas reunidas em determinado lugar, não há como atribuí-las razoavelmente a uma ilusão. Pomos de parte, está claro, toda a ideia de fraude e supomos que uma atenta observação tenha verificado não serem as pancadas atribuíveis a qualquer causa fortuita ou material.

[...] A causa [...] reside nas contrações voluntárias, ou involuntárias, do tendão do músculo curto-perônio.

[...] pode esse tendão produzir os ruídos de que se trata, imitar os rufos do tambor e, até, executar árias ritmadas. Conclui daí que os que julgam ouvir pancadas numa mesa são vítimas de uma mistificação, ou de uma ilusão (107, it. 41).

SISTEMA DO REFLEXO

Sistema do reflexo – Reconhecida a ação inteligente, restava saber donde provinha essa inteligência. Julgou-se que bem podia ser a do médium, ou a dos assistentes, a se refletirem, como a luz ou os raios sonoros. [...] (107, it. 43).

SISTEMA MULTISPÍRITA OU POLISPÍRITA

[...] a opinião que se forme do Espiritismo pode ser verdadeira, a certos respeitos, e falsa, se se generalizar o que é parcial, se se tomar como regra o que constitui exceção, como o todo o que é apenas a parte.

[...] Eis aqui as consequências gerais deduzidas de uma observação completa e que agora formam a crença, pode-se dizer, da universalidade dos espíritas, visto que os sistemas restritivos não passam de opiniões insuladas:

1ª) Os fenômenos espíritas são produzidos por inteligências extracorpóreas, às quais também se dá o nome de Espíritos;
2ª) Os Espíritos constituem o Mundo Invisível; estão em toda parte; povoam infinitamente os espaços; temos muitos, de contínuo, em torno de nós, com os quais nos achamos em contato;
3ª) Os Espíritos reagem incessantemente sobre o mundo físico e sobre o mundo moral e são uma das potências da Natureza;
4ª) Os Espíritos não são seres à parte, dentro da Criação, mas as almas dos que hão vivido na Terra, ou em outros mundos, e que despiram o invólucro corpóreo; donde se segue que as almas dos homens são Espíritos encarnados e que nós, morrendo, nos tornamos Espíritos;
5ª) Há Espíritos de todos os graus de bondade e de malícia, de saber e de ignorância;
6ª) Todos estão submetidos à Lei do Progresso e podem todos chegar à perfeição; mas, como têm livre-arbítrio, lá chegam em tempo mais ou menos longo, conforme seus esforços e vontade;
7ª) São felizes ou infelizes, de acordo com o bem ou o mal que praticaram durante a vida e com o grau de adiantamento que alcançaram. A felicidade perfeita e sem mescla é partilha unicamente dos Espíritos que atingiram o grau supremo da perfeição;
8ª) Todos os Espíritos, em dadas circunstâncias, podem manifestar-se aos homens; indefinido é o número dos que podem comunicar-se;
9ª) Os Espíritos se comunicam por médiuns, que lhes servem de instrumentos e intérpretes;
10ª) Reconhecem-se a superioridade ou a inferioridade dos Espíritos pela linguagem de que usam; os bons só aconselham o bem e só dizem coisas proveitosas; tudo neles lhes atesta a elevação; os maus enganam e todas as suas palavras trazem o cunho da imperfeição e da ignorância (107, it. 49).

SISTEMA NERVOSO

[...] O sistema nervoso é composto de bilhões de neurônios das mais diversas especialidades, interligados entre si por trilhões de conexões sinápticas. [...] (9, cap. 3).

[...] o sistema nervoso não é senão a condição orgânica, terrestre, das ações psíquicas da alma e que, de si mesmo, não é inteligente nem instintivo, visto que, depois de sua destruição, a alma sobrevive, tanto a humana como a animal. [...] ele é a reprodução material do perispírito e toda alteração grave de sua substância engendra consecutivas desordens nas manifestações do princípio pensante (40, cap. 4).

[...] é o veículo natural do perispírito, no estado de encarnação. [...] (175, cap. 10).

[...] No sistema nervoso, temos o cérebro inicial, repositório dos movimentos instintivos e sede das atividades subconscientes; figuremo-lo como sendo o porão da individualidade, onde arquivamos todas as experiências e registramos os menores fatos da vida. [...] (188, cap. 4).

SISTEMA OTIMISTA

Sistema otimista – Ao lado dos que nestes fenômenos unicamente veem a ação do demônio, estão outros que tão somente hão visto a dos bons Espíritos. Supuseram que, estando liberta da matéria a alma, nenhum véu mais lhe encobre coisa alguma, devendo ela, portanto, possuir a ciência e a sabedoria supremas. [...] (107, it. 47).

SISTEMA PESSIMISTA, DIABÓLICO OU DEMONÍACO

Sistema pessimista, diabólico ou demoníaco – Entramos aqui numa outra ordem de ideias. Comprovada a intervenção de uma inteligência estranha, tratava-se de saber de que natureza era essa inteligência. Sem dúvida que o meio mais simples consistia em lhe perguntar isso. Algumas pessoas, contudo, entenderam que esse processo não oferecia garantias bastantes e assentaram de ver em todas as manifestações, unicamente, uma obra diabólica. Segundo essas pessoas, só o diabo, ou os demônios, podem comunicar-se. [...] (107, it. 46).

SISTEMA SONAMBÚLICO

[...] Admite, como o [sistema da alma coletiva], que todas as comunicações inteligentes provêm da alma ou Espírito do médium. Mas, para explicar o fato de o médium tratar de assuntos que estão fora do âmbito de seus conhecimentos, em vez de supor a existência, nele, de uma alma múltipla, atribui essa aptidão a uma sobreexcitação momentânea de suas faculdades mentais, a uma espécie de estado sonambúlico, ou extático, que lhe exalta e desenvolve a inteligência. [...] (107, it. 45).

SISTEMA UNISPÍRITA OU MONOESPÍRITA

Sistema unispírita ou monoespírita – Como variedade do sistema otimista, temos o que se baseia na crença de que um único Espírito se comunica com os homens, sendo esse Espírito o Cristo, que é o protetor da Terra. [...] (107, it. 48).

SITUAÇÃO

[...] a situação da alma, depois da morte, é regida por uma Lei de Justiça infalível, segundo a qual os seres se encontram em condições de existência, que são rigorosamente determinadas por seu grau evolutivo e pelos esforços que faz para melhorar (41, Conclusão).

[...] a nossa situação na vida Além-Túmulo é a resultante do nosso estado moral e dos esforços que fizermos para nos elevarmos no caminho do bem. Podemos trabalhar em nosso adiantamento espiritual, com atividade ou negligência, segundo o nosso desejo, mas também os nossos progressos são apressados ou retardados, e, por consequência, a nossa felicidade aproxima-se ou afasta-se segundo a nossa vontade (43, pt. 4, A Doutrina Espírita).

SOBRENATURAL

[...] O que é contrário às Leis da Natureza. [...] (107, cap. 2, it. 7).

Sobrenatural – definição de fenômenos que ainda não se incorporaram aos domínios do hábito (307, cap. 8).

SOCIEDADE

[...] Toda sociedade composta de elementos heterogêneos traz em si o germe da dissolução; podemos considerá-la morta por antecipação, seja qual for o seu objetivo: político, religioso, científico ou econômico (103, cap. 5).

Numa sociedade organizada segundo a Lei do Cristo ninguém deve morrer de fome (106, q. 930).

A sociedade em geral, ou, a bem dizer, a reunião de seres, tanto encarnados como desencarnados, que compõem a população flutuante de um mundo, numa palavra – a Humanidade –, mais não é que uma grande criança coletiva que, como todo ser dotado de vida, passa por todas as fases que se sucedem em cada um, desde o nascimento até a mais avançada idade. [...] (109, pt. 2, Acontecimentos).

[...] é um agrupamento de vontades que, quando estão unidas, concentradas num mesmo fito, constituem centro de forças irresistíveis. As humanidades são focos mais poderosos ainda, que vibram através da imensidade (52, pt. 3, cap. 20).

A sociedade é um corpo do qual somos partes integrantes. [...] (236, pt. 2, cap. 6).

Sociedade de Estudos Espíritas Deus, Cristo e Caridade

Os mensageiros de Ismael, triunfando da discórdia que destruía o grande núcleo nascente, fundavam sobre ele [Grupo Confúcio], em 1876, a "Sociedade de Estudos Espíritas Deus, Cristo e Caridade", sob a direção esclarecida de Francisco Leite de Bittencourt Sampaio, grande discípulo do emissário de Jesus, que, juntamente com Bezerra, tivera a sua tarefa previamente determinada do Alto. A ele se reuniu Antônio Luiz Sayão, em 1878, para as grandes vitórias do Evangelho nas terras do Cruzeiro. [...] (238, cap. 23).

Sociedade espírita

Uma sociedade espírita requer [...] a assistência dos bons Espíritos – se quisermos obter comunicações sérias. A não ser assim, caso permitamos aos maus tomarem pé, não obteremos senão mentiras, decepções e mistificações. [...] (103, cap. 5).

O objetivo da sociedade é o estudo da ciência espírita, principalmente no que concerne à sua aplicação à moral e ao conhecimento do Mundo Invisível. As questões políticas e de economia social lhe são interditas, bem como as controvérsias religiosas (110, Projeto de regulamento...).

Sociedade Espírita Fraternidade

[...] os mensageiros de Ismael reorganizam as energias existentes para fundarem, em 1880, a Sociedade Espírita Fraternidade, com a qual se carregava em triunfo o bendito lema do suave estandarte do emissário do Divino Mestre. [...] (238, cap. 23).

Sociedade Espírita de Paris

O sinal de prosperidade da Sociedade não está, pois, nem na cifra de seu pessoal, nem no montante de sua reserva bancária; está inteiramente na progressão de seus estudos, na consideração que conquistou, no ascendente moral que exerce lá fora, enfim no número de adeptos que aderem aos princípios que ela professa, sem que, por isso, dela participem. [...] (103, cap. 16).

A missão da Sociedade não é fazer proselitismo, razão por que jamais convoca o público. O objetivo de seus trabalhos, como o indica seu título, é o progresso da ciência espírita. Para isto aproveita não só suas próprias observações, mas as feitas alhures; recolhe os documentos que lhe chegam de todas as partes; estuda-os, investiga-os e os compara, para lhes deduzir os princípios e tirar instruções que espalha, mas não o faz irrefletidamente. É assim que seus trabalhos a todos aproveitam e, se conquistaram certa autoridade, é porque sabem que são feitos conscienciosamente, sem prevenção sistemática contra pessoas ou coisas.

[...] seu papel é trabalhar pelo progresso da ciência pelo estudo; não é junto dela que os que nada sabem vêm convencer-se, mas que os adeptos já iniciados vêm colher novas instruções; tal é o seu verdadeiro caráter. [...]

A posição da Sociedade de Paris é, pois, exclusivamente moral e ela jamais ambicionou outra. [...]

Sem desígnio premeditado e pela força das coisas, a Sociedade tornou-se um centro para onde convergem ensinamentos de toda natureza concernentes ao Espiritismo. Sob esse aspecto, ela se acha numa posição que poderíamos dizer excepcional, pelos elementos que possui para assentar a sua opinião. Melhor que ninguém, pode ela, pois, conhecer o estado real do progresso da Doutrina em cada país e apreciar as causas locais que possam favorecê-la ou retardar o seu desenvolvimento. [...] (103, cap. 16).

Sociedade Parisiense de Estudos Espíritas

[...] ela foi formada sem um desígnio premeditado, sem um projeto preconcebido. Alguns amigos se reuniam em minha casa num pequeno comitê; pouco a pouco esses amigos me pediram permissão para apresentar seus amigos. Então não havia um presidente: eram reuniões íntimas, de oito a dez pessoas, semelhantes às que existem às centenas em Paris e alhures. Todavia, era natural que em minha casa eu tivesse a direção do que ali se fazia, seja como dono, seja também em decorrência dos estudos especiais que havia feito e que me davam certa experiência na matéria.

O interesse que despertavam essas reuniões ia crescendo, embora não nos ocupássemos senão de coisas muito sérias; pouco a pouco, um a um, foi crescendo o número dos assistentes, de tal forma que o meu modesto salão, muito pouco adequado para uma assembleia, tornou-se insuficiente. Foi então que alguns dentre vós propuseram que se procurasse outro cômodo e que nos cotizássemos para cobrir as despesas, pois não achavam justo que eu suportasse sozinho, como até então ocorria. Entretanto, para nos reunirmos regularmente, além de um certo número e num local diferente, era necessário que nos conformássemos com as prescrições legais, ter um regulamento e, consequentemente, um presidente designado. Enfim, era preciso constituir-se uma sociedade; foi o que aconteceu, com o assentimento da autoridade constituída, cuja benevolência não nos faltou. Era também necessário imprimir aos trabalhos uma direção metódica e uniforme, e decidistes encarregar-me de continuar aquilo que fazia em casa, nas nossas reuniões privadas. [...]

[...] somos, antes de tudo, uma Sociedade de estudos e de pesquisas, e não uma arena de propaganda. [...] (103, cap. 5).

Fundada a 1° de abril de 1858.

E autorizada por decreto do Sr. Prefeito de Polícia, em data de 13 de abril de 1858, de acordo com o aviso do Exmo. Sr. Ministro do Interior e da Segurança Geral. [...]

A Sociedade tem por objeto o estudo de todos os fenômenos relativos às manifestações espíritas e suas aplicações às ciências morais, físicas, históricas e psicológicas. São defesas nela as questões políticas, de controvérsia religiosa e de economia social.

[...] é administrada por um presidente-diretor, assistido pelos membros de uma diretoria e de uma comissão (107, cap. 30).

SÓCRATES

Sócrates e Platão foram *precursores* da ideia cristã e do Espiritismo (105, Introd.).

[...] [É] grandiosa [a] figura de Sócrates na Atenas antiga.

Superior a Anaxágoras, seu mestre, [...] o grande filósofo está aureolado pelas mais divinas claridades espirituais, no curso de todos os séculos planetários. Sua existência, em algumas circunstâncias, aproxima-se da exemplificação do próprio Cristo. Sua palavra confunde todos os espíritos mesquinhos da época e faz desabrochar florações novas de sentimento e cultura na alma sedenta da mocidade. Nas praças públicas, ensina à infância e à juventude o formoso ideal da fraternidade e da prática do bem, lançando as sementes generosas da solidariedade dos pósteros.

[...] Sócrates é acusado de perverter os jovens atenienses, instilando-lhes o veneno da liberdade nos corações.

Preso e humilhado, seu espírito generoso não se acovarda diante das provas rudes que lhe extravasam do cálice de amarguras. Consciente da missão que trazia, recusa fugir do próprio cárcere, cujas portas se lhe abrem às ocultas pela generosidade de alguns juízes.

[...] Senhor do seu valoroso e resignado heroísmo, Sócrates abandona a Terra, alçando-se de novo aos páramos constelados, onde o aguardava a bênção de Jesus (230, cap. 10).

SOFREDOR

[...] os sofredores de todos os matizes são criaturas que se acham endividadas perante Deus, são pecadores que têm contas a saldar com a Justiça Divina. [...] (31, Parábola do mordomo infiel).

SOFRIMENTO

O sofrimento – segundo a Doutrina Espírita – é a consequência inelutável da incompreensão e dos transviamentos da Lei que rege a evolução humana (29, Bem-aventurados os que choram).

"[...] é, na realidade, uma ilusão. O homem traz em si infinitas riquezas de que mal se apercebe. Pode ele dominar tudo: a dor, a fome, a sede, o sono. Tendo-se sujeitado voluntariamente à vida material, acreditou vencer as forças más. Entretanto, uma vez encerrado na prisão de carne, perdeu a lembrança do que era, do seu poder espiritual e as faltas em que incorreu o arrastaram para as existências reparadoras, para a expiação. [...] Não sabemos tudo [...] porém, a volta eterna não existe, porquanto, aos olhos de Deus, o sofrimento é um meio e não um fim" (38).

[...] O sofrimento não é um inimigo, como se acredita. É um companheiro que não sabe mentir. [...] (38).

[...] O sofrimento é o instrumento de toda elevação, é o único meio de nos arrancar à indiferença, à volúpia. [...] (46, pt. 2, cap. 13).

[...] O sofrimento é o misterioso operário que trabalha nas profundezas de nossa alma, e trabalha por nossa elevação. [...] (48, pt. 3, cap. 25).

[...] O sofrimento é um meio poderoso de educação para as almas, pois desenvolve a sensibilidade, que já é, por si mesma, um acréscimo de vida. Por vezes é uma forma de justiça, corretivo a nossos atos anteriores e longínquos (50, pt. 1, cap. 9).

[...] Em todo o Universo o sofrimento é sobretudo um meio educativo e purificador (51).

[...] é o amigo íntimo da soledade (55, cap. 33).

Assinalava Buda, nas suas *Quatro Nobres Verdades*, que o sofrimento é uma realidade e a luta em favor de sua superação deve ser a razão essencial da existência humana.

O sofrimento é sem dúvida a *pedra de toque* encarregada de desbastar o erro, a fim de revelar toda a verdade, desde que o indivíduo se nega à experiência do amor que liberta, proporcionando-lhe a luz do discernimento que o capacita ao crescimento interior e à conquista do caminho seguro para a realidade (75, Culto ao sofrimento).

O sofrimento é, portanto, o cadinho purificador que retira as manchas da alma, a fim de que brilhe a luz de que se constitui, irisando de belezas o próprio ser e atraindo o restante da Humanidade na sua direção (75, Culto ao sofrimento).

[...] é impositivo de evolução [...] (80, L. 3, cap. 2).

[...] Sofrer é acelerar o progresso espiritual, é incentivar a alma para as batalhas renhidas que recobrem de glórias imarcescíveis os mais corajosos combatentes, e cujos triunfos consistem na virtude, na mansuetude, no trabalho honesto, no sacrifício, na abnegação, no amor ao próximo! (85, L. 8).

[...] O sofrimento é o melhor veículo para levar as almas ao céu (95).

[...] o sofrimento é inerente ao estado de imperfeição, mas atenua-se com o progresso e desaparece quando o Espírito vence a matéria (96, pt. 4, cap. 36).

[...] única moeda com a qual conseguimos resgatar nossos compromissos, de há muito vencidos nos refolhos da Lei. [...] (135, cap. 6).

[...] é um fator de elevação moral. [...] (164, cap. 36).

O sofrimento é como treva densa, / que novos lumes lépida condensa / nas esteiras fatais da evolução (184, cap. 44).

[...] quando suportado com humildade e confiança em Deus, é sempre recibo de quitação de velhos débitos, habilitando o Espírito a um futuro de bênçãos... (200, Para evitar a deserção).

O sofrimento é a grande escola dos indivíduos e dos povos. Quando eles se afastam do caminho reto e resvalam para a sensualidade e para a decomposição moral, ele, com o seu aguilhão, os faz retomar o verdadeiro caminho (202, O Espiritismo e a guerra).

Os aguilhões, como corrigendas desagradáveis e rudes, são capazes de produzir frutos excelentes de experiência e compreensão. São processos reparadores visando ao reajustamento da criatura nos seus transvios, no curso da evolução (207, cap. 5).

[...] é a forja purificadora, onde perdemos o peso das paixões inferiores, a fim de nos alçarmos à vida mais alta [...] (236, pt. 1, cap. 6).

[...] é criação do próprio homem, ajudando-o a esclarecer-se para a vida mais alta (245, cap. 6).

O sofrimento interior incompreensível e inacessível aos mais amados no mundo é arado do Senhor na terra do coração (248).

[...] é uma espécie de fogo invisível, plasmando-nos o caráter. [...] (252, cap. 35).

É fotógrafo oculto.
Deslinda os mais íntimos aspectos da personalidade, situando-os a descoberto.
Aclara os menores impulsos do coração, deixando-os à mostra (262, Exames).
O sofrimento é reparação ou ensinamento renovador (264, cap. 1).

[...] é apelo à ascensão. Sem ele, seria difícil acordar a consciência para a realidade superior. Aguilhão benéfico, o sofrimento evita-nos a precipitação nos despenhadeiros do mal, auxilia-nos a prosseguir entre as margens do caminho, mantendo-nos a correção necessária ao êxito do plano redentor (265, cap. 48).

[...] O sofrimento dos vencidos no combate humano é celeiro de luz da experiência. A Bondade Divina converte as nossas chagas em lâmpadas acesas para a alma. Bem-aventurados os que chegam à morte crivados de cicatrizes que denunciam a dura batalha. [...] (268, cap. 10).

O primeiro juiz enviado por Deus é o sofrimento, que procura despertar a consciência adormecida. [...] (275, cap. 19).

[...] o sofrimento e a luta são as chamas invisíveis que nosso Pai Celestial criou para o embelezamento de nossas almas que, um dia, serão vasos sublimes e perfeitos para o serviço do Céu (277, cap. 4).

O sofrimento é a luz que nos aquece, / Sinal de Deus que nos aclara o sonho / No porvir de alegria, almo e risonho, / De ventura que nunca desfalece (284, cap. 10).

[...] O catre do sofrimento é um barco de salvação, nas tempestades do mundo, para o crente identificado com a própria fé. [...] (289, cap. 12).

[...] Não é entendido tão somente por recurso expiatório ou regenerativo, mas também por bênção salvadora que aprimora e ilumina sempre. [...] (297, cap. 17).

A despeito, porém, do quadro que se lhe atribui, todo sofrimento compreende fator evolutivo, quer nas espécies irracionais, nas quais se manifesta exclusivamente na dor física, quer nas criaturas humanas em regime de provas e expiações, [...] (329, cap. 15).

Compreendendo o sofrimento como um fator de crescimento espiritual, de promoção após a prova e o testemunho, gerando em nós a reabilitação moral, iremos sofrer sem desespero, [...] (341, p. 2, cap. 28)..

SOIS DEUSES

Sois deuses, no sentido de que, formados, espiritualmente, do princípio vital que de Deus emana, a ele vos achais ligados pela infinidade da vossa existência, desde que fostes criados. *Participais, portanto, da divindade*, do ponto de vista de que, uma vez criados, vos tornastes eternos como vosso Criador. [...]

Sois deuses, no sentido de que a *essência espiritual* tem por domínio a eternidade, pois que emana de Deus, tira dele o ser, isto é, tira o princípio da inteligência e princípio fluídico que constituirão o Espírito livre, consciente e responsável, destinado a ser conduzido a formar uma individualidade eterna, indo do infinitamente pequeno ao infinitamente grande, porquanto, se fosse possível a sua eternização no mal, já ele não seria mais divindade. [...] (182, v. 4).

SOL

[...] é o centro vitalizador do nosso sistema estelar. Mas assim como existem sistemas solares, existem também sistemas anímicos. O Sol dos Espíritos que habitam em nosso mundo é o Cristo Jesus. [...] (187, cap. 1)..

O Sol, gerando energias / – Luz do Senhor a brilhar – / É a força da Criação / Servindo sem descansar (246, cap. 18)

[...] Nosso Sol é a divina matriz da vida, e a claridade que irradia provém do autor da Criação (270, cap. 3).

O Sol é essa fonte vital para todos os núcleos da vida planetária. Todos os seres, como todos os centros em que se processam as forças embrionárias da vida, recebem a renovação constante de suas energias através da chuva incessante dos átomos, que a sede do sistema envia à sua família de mundos equilibrados na sua atração, dentro do Infinito (273, q. 10).

Agradeçamos ao Senhor dos Mundos a bênção do Sol! Na Natureza física, é a mais alta imagem de Deus que conhecemos. Temo-lo, nas mais variadas combinações, segundo a substância das esferas que habitamos, dentro do sistema. Ele está em "Nosso Lar", de acordo com os elementos básicos de vida, e permanece na Terra segundo as qualidades magnéticas da Crosta. É visto em Júpiter de maneira diferente. Ilumina Vênus com outra modalidade de luz. Aparece em Saturno noutra roupagem brilhante. Entretanto, é sempre o mesmo, sempre a radiosa sede de nossas energias vitais! (276, cap. 33).

O Sol constitui para todos os seres fonte inexaurível de vida, calor e luz (307, cap. 42).

SOLIDÃO

A solidão que resulta da necessidade objetiva de presenças, de seguranças e de posses, de dominação e de poder sempre permanecerá como um vazio interior por mais numerosos sejam as pessoas, os tesouros amoedados, as honrarias e os destaques sociais, por faltar o sentido de plenificação que o exterior nunca é capaz de proporcionar (75, A busca).

Joanna de Ângelis esclarece que: "A neurose da solidão é doença contemporânea, que ameaça o homem distraído pela conquista dos valores de pequena monta, porque transitórios" (337, Solidão – uma escolha infeliz).

[...] Compreendendo este impositivo, faze-te amigo e irmão de quem encontres no caminho, não o retendo ao teu lado, nem te fixando no dele. Ajuda-o e segue.

Só Deus, porém, é sempre o constante companheiro. Por isso, nunca te permitas sentir solidão (341, p. 1, cap. 26).

[...] Solidão é reajustamento das engrenagens do sentimento; lubrificante fino sobre as peças da emoção que o abuso enferrujou. O tempo e a constância do esforço resolvem a questão, [...] (341, p. 2, cap. 38).

SOLIDARIEDADE

A solidariedade [...] que é o verdadeiro laço social, não o é apenas para o presente; estende-se ao passado e ao futuro, pois que as mesmas individualidades se reuniram, reúnem e reunirão, para subir juntas a escala do progresso, auxiliando-se mutuamente. Eis aí o que o Espiritismo faz compreensível, por meio da equitativa lei da reencarnação e da continuidade das relações entre os mesmos seres.

[...] Para o Espiritismo, a solidariedade é um fato que assenta numa Lei Universal da Natureza, que liga todos os seres do passado, do presente e do futuro e a cujas consequências ninguém pode subtrair-se. [...] (109, pt. 1, Questões e problemas).

A solidariedade impõe-se a nós como uma condição essencial de progresso social; é uma Lei da Natureza. [...] (41, cap. 14).

[...] é força que impulsiona o progresso social (62, cap. 4).

[...] A solidariedade é um compromisso interior assumido livre e espontaneamente, mediante o qual as pessoas se comprometem a ajudar-se reciprocamente na efetivação de esforços: "todos por um e um por todos".

[...] Antítese do egoísmo [...] constitui-se dínamo da ação bem dirigida, líder da operosidade valiosa, impulsionador dos avanços morais e intelectuais das comunidades que a estimulam (74, cap. 12).

Solidariedade é, sobretudo, doação de tesouros espirituais, que não sofrem, jamais, a destruidora ação do tempo (164, cap. 26).

[...] é um dever elementar, indispensável à edificação da paz no mundo, e à preservação da paz na consciência... (200, Medicina pioneira).

Solidariedade é o sentido moral que vincula cada indivíduo a toda a Humanidade e à vida, em sentido amplo. Confunde-se com a fraternidade e com o amor [...].

Solidariedade é a consciência de que a individualidade se alonga e se embute na coletividade, que pode ser o grupo, a nacionalidade, a raça e, muito mais amplamente, o gênero humano. [...] Também são solidariedade o auxílio, o socorro, a assistência e a simpatia dos Espíritos Superiores pelos que estão em marcha na retaguarda (207, cap. 16).

A solidariedade é a vara mágica que transforma a carestia em abundância, visto como importa no ajustamento à lei soberana e universal que tudo regula e equilibra (221, A multiplicação dos pães).

[...] A solidariedade é a alavanca da paz e do progresso moral da Humanidade e você faz parte dela (340, Diálogo familiar).

Ver também PRÓXIMO

SOMBRA

A sombra e treva são criações mentais inferiores das mentes enfermiças, renováveis e conversíveis em luz confortadora, pela química dos pensamentos harmoniosos e dos sentimentos bons (188, cap. 5).

SONAMBULISMO

É um estado de independência do Espírito, mais completo do que no sonho, estado em que maior amplitude adquirem suas faculdades. A alma tem então percepções de que não dispõe no sonho, que é um estado de sonambulismo imperfeito.

No sonambulismo, o Espírito está na posse plena de si mesmo. Os órgãos materiais, achando-se de certa forma em estado de catalepsia, deixam de receber as impressões *exteriores*. Esse estado se apresenta principalmente durante o sono, ocasião em que o Espírito pode abandonar provisoriamente o corpo, por se encontrar este gozando do repouso indispensável à matéria. [...] (106, q. 425).

Para o Espiritismo, o sonambulismo é mais do que um fenômeno psicológico, é uma luz projetada sobre a psicologia. É aí que se pode estudar a alma, porque é onde ela se mostra a descoberto. [...] (106, q. 455).

[...] o sonambulismo é um estado transitório entre a encarnação e a desencarnação, um estado de desprendimento parcial, um pé antecipadamente posto no Mundo Espiritual (109, pt. 1, Controvérsias...).

O sonambulismo não é nem um estado de vigília, nem um estado de sono rigorosamente falando; é uma combinação desses dois estados. É um modo particular de existir. [...] (141, cap. 11).

Aubin Gauthier, sobre a significação da palavra sonambulismo, diz que ela é francesa, constituída de dois vocábulos latinos: *somnus* e *ambulatio*. Significa, pois, a ação de andar dormindo, e foi criada para indicar o fenômeno do sonambulismo natural. A palavra somente é encontrada nos dicionários franceses a partir de 1758.
O sonambulismo magnético surgiu em 1784; e, na falta de outra expressão, foi usado o mesmo vocábulo sonambulismo para indicar o novo fenômeno. Depois dessa época, diversas outras palavras foram propostas, tendo, porém, prevalecido as expressões *sonambulismo natural* e *sonambulismo magnético* (141, cap. 19).
No Capítulo 8 da Segunda Parte de *O livro dos espíritos*, Allan Kardec trata com os Espíritos Superiores sobre a emancipação da alma, elaborando, ao final de seus estudos, extraordinário resumo sobre as atividades de sonambulismo, êxtase e dupla vista.

Nessas três modalidades de fenômenos, que mais não são do que meras e distintas manifestações de uma mesma causa – emancipação da alma – ocorre o desprendimento parcial do Espírito encarnado, [...] (322, cap. 4 – Sonambulismo).

Pode considerar-se o sonambulismo uma variedade da faculdade mediúnica, ou, melhor, são duas ordens de fenômenos que frequentemente se acham reunidos. O sonâmbulo age sob a influência do seu próprio espírito; [...] (347, p. 2, cap. 38).

Sonambulismo artificial

[...] é [aquele] provocado pelo magnetismo. [...]

O sonambulismo magnético [ou artificial] é comumente caracterizado por inteira insensibilidade da pele; pode-se impunemente picar o adormecido, beliscá-lo, fazer-lhe queimaduras: ele não desperta nem dá qualquer sinal de sofrimento (42, pt. 2, cap. 3).

SONHO

O sonho é a lembrança do que o Espírito viu durante o sono. [...]

Os sonhos são efeito da emancipação da alma, que mais independente se torna pela suspensão da vida ativa e de relação. [...] (106, q. 402).

[...] podem ser: uma visão atual das coisas presentes, ou ausentes; uma visão retrospectiva do passado e, em alguns casos excepcionais, um pressentimento do futuro. Também muitas vezes são quadros alegóricos que os Espíritos nos põem sob as vistas, para dar-nos úteis avisos e salutares conselhos, se se trata de Espíritos bons; para induzir-nos em erro e nos lisonjear as paixões, se são Espíritos imperfeitos os que no-lo apresentam. [...] (107, it. 101).

Os sonhos são o resultado da liberdade do Espírito durante o sono; às vezes são a recordação dos lugares e das pessoas que o Espírito viu ou visitou nesse estado. [...] (108, cap. 3, it. 137).

[...] é a liberdade condicionada que todas as noites experimentamos, como consolo às tribulações da vida encarnada (7, cap. 56).

[...] o sonho ordinário, puramente cerebral [é] simples repercussão de nossas disposições físicas ou de nossas preocupações morais. É também o reflexo das impressões e imagens arquivadas no cérebro durante a vigília. [...]

Por último vêm os sonhos profundos, ou sonhos etéreos, o Espírito se subtrai à vida física, desprende-se da matéria, percorre a superfície da Terra e a imensidade, onde procura os seres amados, seus parentes, seus amigos, seus guias espirituais. Vai, não raro, ao encontro das almas humanas, como ele desprendidas da carne durante o sono, com as quais se estabelece uma permuta de pensamentos e desígnios. Dessas práticas conserva o Espírito impressões que raramente afetam o cérebro físico, em virtude de sua impotência vibratória. Essas impressões se gravam, todavia, na consciência, que lhes guarda os vestígios, sob a forma de intuições, de pressentimentos, e influem, mais do que se poderia supor, na direção da nossa vida, inspirando os nossos atos e resoluções. [...] (48, pt. 2, cap. 13).

Segundo os antigos, existem duas espécies de sonhos: o sonho propriamente dito, em grego, *onar*, é de origem física, e o sonho *repar*, de origem psíquica. Encontra-se esta distinção em Homero, que representa a tradição popular, assim como em Hipócrates, que é representante da tradição científica. Muitos ocultistas modernos adotaram definições análogas. Em tese geral, segundo eles dizem, o sonho propriamente dito seria um sonho produzido mecanicamente pelo organismo, e o sonho psíquico um produto da clarividência adivinhadora; ilusório um, verídico o outro. É, porém, às vezes, muito difícil estabelecer uma limitação nítida e distinta entre essas duas classes de fenômenos. O sonho vulgar parece devido à vibração cerebral automática, que continua a produzir-se no sono, quando a alma está ausente. Estes sonhos são, muitas vezes, absurdos; mas este mesmo absurdo é uma prova de que a alma está fora do corpo físico e deixou de regular-lhe as funções. Com menos facilidade nos lembramos do sonho psíquico, porque não impressiona o cérebro físico, mas somente o corpo psíquico, veículo da alma, que está exteriorizada no sono (52, pt. 1, cap. 5).

[...] O sonho é para a alma o que é o ar para o pássaro, o que a vista das estrelas é para o prisioneiro. [...] (134, 13a efusão)

[...] o chamado processo de controle de sonho [...] [é assim descrito por Mr. Muldoon:] [...] Ao sonharmos, estamos no plano astral ou extrafísico. Assim sendo, entramos no astral cada vez que vamos dormir e o corpo sutil se destaca do corpo físico, conservando-se a maior ou menor distância deste. O objetivo, então, será o de fazer coincidir a ação individual, no sonho, com a ação do próprio perispírito. Quando isso ocorrer, o corpo astral se desdobra. [...] (148, cap. 3).

[...] afora ligeiras intercorrências de fundo fisiológico, é lembrança das atividades do Espírito nos planos em que é chamado à verificação de valores próprios, no campo da compreensão imortalista que edifica situações conscienciais, quando, durante o sono, adquire uma liberdade relativa de locomoção nas esferas extraterrenas peculiares a cada posição evolutiva da alma (153, cap. 2).

[...] os sonhos são fatos ou acontecimentos que já se passaram, estão se realizando, ou vão suceder mais hoje, mais amanhã. [...] (156, cap. 2).

Todos eles [sonhos] revelam, em sua estrutura, como fundamento principal, a emancipação da alma, assinalando a sua atividade extracorpórea, quando então se lhe associam, à consciência livre, variadas impressões e sensações de ordem fisiológica e psicológica (161, cap. 17).

Toda comunicação obtida durante o sono deve ser classificada entre os sonhos, com a diferença, porém, de que os sonhos ordinários provêm geralmente de recordações, ou da luta da matéria com o Espírito, ao passo que os sonhos da natureza do de José são revelações [...] (182, v. 1).

Na maioria das vezes, o sonho constitui atividade reflexa das situações psicológicas do homem no mecanismo das lutas de cada dia. Em determinadas circunstâncias, contudo, como nos fenômenos premonitórios, ou nos de sonambulismo, em que a alma encarnada alcança elevada porcentagem de desprendimento parcial, o sonho representa a liberdade relativa do espírito prisioneiro da Terra, quando, então, se poderá verificar a comunicação *inter vivos*, e, quanto possível, as visões proféticas, fatos esses sempre organizados pelos mentores espirituais de elevada hierarquia, obedecendo a fins superiores, e quando o encarnado em temporária liberdade pode receber a palavra e a influência diretas de seus amigos e orientadores do plano invisível (273, q. 49).

Na Antiguidade, os sonhos não eram vistos como produção da mente, mas como fenômenos sobrenaturais e divinos, [...] (313, cap. 11).

[...] O simbolismo e a confusa linguagem do sonho não seriam mais que artifícios do inconsciente para burlar a vigilância da censura. Essa teoria não explica, no entanto, o sonho profético, [...] (326, cap. 4.6).

Sonho comum

[Sonhos comuns são] Aqueles em que o nosso Espírito, desligando-se parcialmente do corpo, se vê envolvido e dominado pela onda de imagens e pensamentos, seus e do mundo exterior, uma vez que vivemos num misterioso turbilhão das mais desencontradas ideias (161, cap. 17).

Sonho espírita

Nos *sonhos espíritas* a alma, desprendida do corpo, exerce atividade real e afetiva, facultando meios de encontrarmo-nos com parentes, amigos, instrutores e, também, com os nossos inimigos, desta e de outras vidas (161, cap. 17).

Sonho premonitório

A própria Psicopatologia considera as alucinações hipnagógicas e hipnopômpicas como sendo normais. Em relação às imagens oníricas, a simples explicação de que são restos diurnos, satisfação velada de desejos reprimidos, ou mero produto do funcionamento do córtex cerebral, liberada da ativação da substância reticulada ascendente, não abarca fatos verídicos de que alguns sonhos são dramatizações mais ou menos veladas de ocorrências futuras (premonições). A posição espírita explica esses sonhos premonitórios (que seguem o denominado processo secundário freudiano), como sendo fruto da atividade da alma no Plano Espiritual. Por mais inverossímil que seja essa hipótese, do ponto de vista da lógica formal, é plenamente coerente com determinados fatos, ainda que raros (9, cap. 2).

[...] São os *sonhos premonitórios*, complexo de imagens e visões que se referem a acontecimentos futuros e cuja exatidão é ulteriormente verificada. Parecem indicar que a alma tem o poder de penetrar o futuro ou que este lhe é revelado por Inteligências superiores (52, pt. 1, cap. 5).

Sonho reflexivo

Por *reflexivos* categorizamos os sonhos em que a alma, abandonando o corpo físico, registra as impressões e imagens arquivadas no subconsciente e plasmadas na organização perispiritual (161, cap. 17).

SONO

[...] O sono tem por fim dar repouso ao corpo; o Espírito, porém, não precisa repousar. [...] O sono foi dado ao homem para reparação das forças orgânicas e também para a das forças morais. Enquanto o corpo recupera os elementos que perdeu por efeito da atividade da vigília, o Espírito vai retemperar-se entre os outros Espíritos.

Haure, no que vê, no que ouve e nos conselhos que lhe dão, ideias que, ao despertar, lhe surgem em estado de intuição. É a volta temporária do exilado à sua verdadeira pátria. É o prisioneiro restituído por momentos à liberdade (105, cap. 28, it. 38).

[...] O sono é a porta que Deus lhes abriu [aos Espíritos], para que possam ir ter com seus amigos do céu; é o recreio depois do trabalho, enquanto esperam a grande libertação final, que os restituirá ao meio que lhes é próprio. [...] (106, q. 402).

[...] [é] a evasão da alma da prisão do corpo. No sono ordinário o ser psíquico se afasta pouco; não readquire senão em parte a sua independência, e quase sempre fica intimamente ligado ao corpo. No sono provocado, o desprendimento atinge todas as gradações. Sob a influência magnética, os laços que prendem a alma ao corpo se vão afrouxando pouco a pouco. Quanto mais profunda é a hipnose, o transe, mais se desprende e se eleva a alma. [...] (48, pt. 2, cap. 12).

É simplesmente a alma que se desprende, que sai do corpo. Diz-se: o sono é irmão da morte. Estas palavras exprimem uma verdade profunda. Sequestrada na carne, no estado de vigília, a alma recupera, durante o sono, a sua liberdade relativa, temporária, ao mesmo tempo que o uso dos seus poderes ocultos. A morte será a sua libertação completa, definitiva (52, pt. 1, cap. 5).

[...] No sono natural, isto é, no sono de que necessita o corpo físico, todas as funções orgânicas ficam em repouso, exceto o coração, que continua a pulsar. Esse é o sono natural, em que nem sempre o espírito deixa o corpo (63, cap. 12).

[...] é uma forma de morte. Assim, diariamente, o homem, ao deitar-se, realiza, mesmo que inconscientemente, um treino para esse fenômeno biológico terminal (81, Vida, sono e sonho).

[...] é para o Espírito, sempre ativo, [...] um descanso de que ele amiúde aproveita para se emancipar e reconfortar junto de seus amigos do Céu. [...]

[...] o sono é a verdadeira trégua de Deus para todos os desventurados. Por isso, sem dúvida, é que a Bondade Divina lhe consente fechar as pálpebras dos encarcerados (134, 34ª efusão).

[...] desprendimento do espírito no espaço, onde se encontra com outros espíritos, antigos conhecidos. [...] (159, cap. 13).

O sono é uma espécie de morte parcial, temporária [...].

Durante o sono acontece o desprendimento do Espírito que, assim, readquirindo, de modo relativo, a liberdade assegurada pela desencarnação, pode entrar em contato com

Espíritos desencarnados ou com pessoas que estejam também adormecidas (164, cap. 5).

O sono é um estado de emancipação parcial da alma, ocasião em que aguçam as nossas percepções (164, cap. 39).

O sono, em verdade, outra coisa não é que a evasão da alma da prisão do corpo. [...] (202, Exteriorização do ser humano).

Sabem os médicos terrenos que o sono é um dos ministros mais eficientes da cura. É que, ausente do corpo, muitas vezes consegue a alma prover-se de recursos prodigiosos para a recuperação do veículo carnal em que estagia no mundo (231, cap. 13).

No curso do sono, esclarece a Doutrina Espírita, a alma se emancipa do corpo e procura os ambientes e as companhias espirituais que lhe reflitam o teor da onda psíquica. [...] (313, cap. 11).

[...] — Quando o corpo terrestre descansa, nem sempre as almas repousam. Na maioria das ocasiões, seguem o impulso que lhes é próprio. Quem se dedica ao bem, de um modo geral continua trabalhando na sementeira e na seara do amor, e quem se emaranha no mal costuma prolongar no sono físico os pesadelos em que se enreda... [...] (314, pt.1, cap. 5.4.2).

Sono reparador

[...] fenômeno importante, que se dá com o desencarnado após o decesso físico, sem o qual este não poderá, realmente, estabilizar-se no verdadeiro estado espiritual (175, cap. 8).

SORRISO

O sorriso é uma gota de luz (255, Reflexões).

[...] O sorriso amigo é uma bênção para a eternidade (279, cap. 97).

SPIRITUAL TELEGRAPH

[...] o primeiro periódico espírita do mundo, o *Spiritual Telegraph*, subvencionado pelo negociante Senhor Partridge, com o auxílio do Rev. S. B. Britain. Foi vanguardeiro dos novos ideais em toda a América do Norte, em cujas colunas os adeptos mais eminentes respondiam às invectivas de artigos publicados pela imprensa profana. [...] (227, cap. 2).

SUBCONSCIÊNCIA

[...] O subconsciente é simplesmente um estado da memória, cujas camadas profundas, silenciosas na vida normal, despertam e vibram durante a exteriorização [da alma]. [...] (48, pt. 2, cap. 19).

[...] O que se chama subconsciência é o resultado da atividade isolada do psiquismo inferior (subconsciência inferior) ou do psiquismo superior (subconsciência superior) (90, pt. 1, cap. 4).

Na zona subconsciente [da mente] situa-se a “residência de nossos impulsos automáticos”. É a vida mecanizada, dela eclodindo impulsos que contam a nossa história pretérita (164, cap. 21).

[...] O subconsciente precisamente a zona dos instintos, das ideias inatas, das qualidades adquiridas; é o passado transposto, inferior mas adquirido (misoneísmo). Aí se depositam todos os produtos substanciais da vida; nessa zona reencontrais o que tendes sido e o que tendes feito. [...] (188, cap. 4).

[...] essa zona oculta, da esfera psíquica de cada um, é o reservatório profundo das experiências do passado, em existências múltiplas da criatura, arquivo maravilhoso onde todas as conquistas do pretérito são depositadas em energias potenciais, de modo a ressurgirem no momento oportuno (273, q. 45).

Os elos da reencarnação fazem o papel de quebra-luz sobre todas as conquistas anteriores do Espírito reencarnado. Nessa sombra, reside o acervo de lembranças vagas, de vocações inatas, de numerosas experiências, de valores naturais e espontâneos, a que chamais subconsciência (273, q. 205).

[...] é o acervo de experiências realizadas pelo ser em suas existências passadas. [...] (250, cap. 14).

[...] A subconsciência é, de fato, o porão dilatado de nossas lembranças, o repositório das emoções e desejos, impulsos e tendências que não se projetaram na tela das realizações imediatas; no entanto, estende-se muito além da zona limitada de tempo em que se move um aparelho físico. Representa a estratificação de todas as lutas com as aquisições mentais e emotivas que lhes foram consequentes, depois da utilização de vários corpos. [...] (274, cap. 2).

Ver também EXAME CONSCIENCIAL

Subconsciente

[...] A outra instância é o subconsciente, uma gaveta intermediária entre o consciente e o inconsciente. Nele estão recolhidos os arquivos, as memórias que não estamos usando a todo momento, mas que são acessíveis com um pouco de esforço, de consumo de energia psíquica. [...] (311, pt.2, cap. 4).

SUBJUGAÇÃO

A subjugação é uma constrição que paralisa a vontade daquele que a sofre e o faz agir a seu mau grado. Numa palavra: o paciente fica sob um verdadeiro *jugo*. A subjugação pode ser moral ou corporal. No primeiro caso, o subjugado é constrangido a tomar resoluções muitas vezes absurdas e comprometedoras que, por uma espécie de ilusão, ele julga sensatas: é uma como fascinação. No segundo caso, o Espírito atua sobre os órgãos materiais e provoca movimentos involuntários. Traduz-se, no médium escrevente, por uma necessidade incessante de escrever, ainda nos momentos menos oportunos.

[...] Vai, às vezes, mais longe a subjugação corporal; pode levar aos mais ridículos atos. [...] (107, it. 240).

A *subjugação obsessional*, designada outrora sob o nome de possessão, é um constrangimento físico exercido sempre por Espíritos da pior espécie e que pode ir à neutralização do livre-arbítrio do paciente. Ela se limita, muitas vezes, a simples impressões desagradáveis; porém, muitas vezes provoca movimentos desordenados, atos insensatos, gritos, palavras injuriosas ou incoerentes, de que o subjugado, às vezes, compreende o ridículo, mas não pode abster-se. Este estado difere essencialmente da loucura patológica com que erradamente a confundem, pois na possessão não há lesão orgânica alguma; sendo diversa a causa, outros devem ser também os meios de curá-la (108, cap. 2, it. 73)..
A *subjugação obsessional* é ordinariamente individual; quando, porém, uma falange de Espíritos maus se lança sobre uma povoação, ela pode apresentar caráter epidêmico. Foi um fenômeno desse gênero que se verificou ao tempo do Cristo; só um poder moral superior podia então domar esses entes malfazejos, designados sob o nome de demônios, e restituir a calma às suas vítimas (108, cap. 2, it. 75)
Em *O livro dos médiuns*, verifica-se que a subjugação, ou a obsessão simples, não são, a bem dizer, um estado consciencial. Trata-se, mui simplesmente, da intermissão e da imposição constante de um Espírito a comunicar-se, a impedir que outros o façam, ou a substituir os evocados (40, cap. 5).
Na subjugação, antigamente chamada possessão, o domínio do Espírito é completo. O subjugado é um instrumento absolutamente dócil às sugestões do Espírito, que chega mesmo a não lutar contra esse poder oculto, quer física, quer moralmente falando. Torna-se-lhe, assim, inteiramente passivo.
A vontade do obsessor avassalou, substituiu totalmente a sua vontade. Com mais um pouco, acabará perdendo a noção de si mesmo, passando a crer-se um personagem célebre, um reformador do mundo, etc (40, cap. 5).

[...] Domínio moral do Espírito sobre o encarnado, contrariando-lhe a vontade (161, cap. 11).

As manifestações máximas da obsessão, como terceiro e último estágio, estariam nos graus da subjugação, verdadeiro estado possessivo. Nesses patamares encontramos imensas variedades, onde as distonias mentais ocupam lugar de destaque dentro das notórias manifestações neuropsicóticas (190, cap. 3).
A subjugação consiste na ação dominadora que o mau Espírito exerce sobre um outro Espírito que, por mais fraco, se deixou dominar e aquele sujeita temporariamente à sua vontade.

Para produzir esse efeito, o subjugador atua fluidicamente sobre o outro, encarnado, combinando com os fluidos deste os do seu perispírito, utilizando-se de todos os elementos de mediunidade, que lhe ofereça a organização da sua vítima. Fá-la então sentir a sua presença de todas as maneiras, ouvir, falar, ver e praticar os atos a que lhe apraz impeli-lo, efeitos que a medicina oficial capitula de loucura (193).

A subjugação, como a obsessão, em geral, é uma expiação, sempre adequada e proporcionada aos crimes e faltas cometidos pelos que a sofrem e a se verificar em condições de despertar a consciência, de ocasionar o remorso e acarretar o arrependimento, que determina o perdão. [...] (193).

Quando ultrapassam o limite de simples influenciações, enraizando-se na mente da vítima que passa a viver sob o domínio quase total do obsessor, as obsessões assumem caráter de subjugação ou possessão e ocasionam sérios danos ao organismo do obsidiado. [...] (195, pt. 1, cap. 10).

A *subjugação* o domínio completo do Espírito sobre o médium. Este fica com a vontade paralisada, e ainda que deseje repelir a influência do Espírito, sobre si, não o consegue. O médium abdica inteiramente da sua vontade, ainda que o não queira (215, cap. 5).

Ver também OBSESSÃO

SUBLIMAÇÃO

[...] O caminho do equilíbrio é representado pela senda estreita de um mecanismo psicodinâmico denominado sublimação. É um processo extremamente difícil, pois implica processos dolorosos de renúncia, de repressão equilibrada e de investimento da energia libidinal em objetivos mais elevados.

Sublimação difere em gênero, número e grau de repressão, racionalização, intelectualização, identificação, deslocamento, projeção, formação reativa, isolamento, etc. Pessoas puritanas, rígidas, formalísticas tendem a ser intolerantes, susceptíveis, rancorosas, ciumentas e invejosas, enfim, neuróticas, bloqueando o próprio desenvolvimento espiritual (9, cap. 6).

A definição concisa de sublimação, segundo o *Dicionário de filosofias e ciências culturais*, Editora Matese é: Chama-se sublimação ao desvio das energias sexuais para fins não sexuais. Desta forma, as manifestações estéticas do homem são sublimações das energias da libido, desviadas para fins não sexuais. Esta conceituação está de acordo com os esclarecimentos dos Espíritos porque a energia sexual é a energia da própria vida e não existe somente para ser aplicada nas relações sexuais de caráter fisiológico. [...]

Sendo patrimônio do Espírito imortal, ela não está anulada e extinta nem mesmo nas criaturas em vida celibatária severa, pois esta energia manifesta-se no corpo físico, mas não está limitada às expressões simplesmente fisiológicas. [...] O caminho da sublimação das energias sexuais é o caminho do amor, da caridade, do trabalho pelo progresso da Humanidade, materializado em nossos hábitos enobrecidos e ações edificantes. [...] (12, cap. 23).

Sublimação é um dos processos da psicanálise de Freud. Consiste num mecanismo inconsciente que desvia a energia do impulso sexual chamado libido para manifestações de natureza não sexual. Essas novas formas mascaram o instinto grosseiro em representações nobres, altruístas e socialmente úteis e, portanto, aceitas pela sociedade. Estão nesta linha as vocações, os impulsos, os ideais religiosos, artísticos, filosóficos, e mesmo científicos. Equivale figurativamente a uma *purificação*. A pessoa julga-se movida por um ideal nobre. No entanto, está apenas metamorfoseando, ou sublimando, algum apetite instintivo de ordem inferior em outro de natureza superior.

No caso em tela da luta de classes, a sublimação se processaria, segundo nossa tese, pelo desvio do instinto de agressão e de luta manifesto pela sua natureza material socioeconômica para uma exteriorização de ordem socioespiritual. Mas, no sentido da progressiva purificação e espiritualização, e não como mascaramento de impulsos instintivos de ordem primária (tese freudiana). [...] A Codificação Espírita também indica, [...] essa sublimação dos instintos em escala ascendente até o amor:

(EE-XI, 8, §1o): "Em sua origem, o homem só tem instintos; quando mais avançado e (ainda) corrompido, só tem sensações; quando instruído e depurado, tem sentimentos. E o ponto delicado do sentimento é o amor, não o amor no sentido vulgar do termo, mas esse sol interior que condensa e reúne em seu ardente foco todas as aspirações e todas as revelações sobre-humanas. *A lei do amor* [...] *extingue as misérias sociais*" (128).

SUGESTÃO

Existe sugestão quando um sujeito atua, pela vontade, sobre o automatismo de outro, a ponto de fazê-lo realizar certas ideias ou certos atos, sem que esse outro deles tenha a vontade ou até a consciência. [...]

A sugestão consiste [...] em inocular na subconsciência de outrem uma representação, um sentimento, um impulso, que lhe escapa ao crivo racional e se cumpre automaticamente, desde que não colida com seus princípios morais. [...] (35, cap. 1).

[...] A sugestão é a subordinação de uma vontade a outra. [...] (48, pt. 2, cap. 15).

[...] É o ato ou efeito de sugerir. Inspiração, estímulo, instigação. Ideia provocada em uma pessoa em estado de hipnose ou por simples telepatia.

A sugestão é, portanto, a inspiração incidente, constante, que atua sobre a mente, provocando a aceitação e a automática obediência. [...] (78, cap. 4).

Chama-se sugestão à insinuação de uma ideia, à inspiração de um desejo, de um propósito, de uma determinação, de um ato, e consiste em provocar, com meios adequados, num indivíduo as ilusões que, em dado momento, a sua imaginação deve docilmente criar, com vivacidade tal que possa sentir-lhe os efeitos até nas funções orgânicas involuntárias (121, cap. 2).

As sugestões são dadas e executadas durante o sono lúcido, ou são dadas durante esse sono [lúcido] para serem executadas no estado de vigília. Os hipnotistas denominam as primeiras de sugestões *intra-hipnóticas*, e as últimas *pós-hipnóticas* (141, cap. 22).

Entretanto, a sugestão é acontecimento de toda hora, na vida de todos os seres, com base na reflexão mental permanente. [...]

Força mental pura e simples, carreando a ideia por imagem viva, a sugestão, como a eletricidade, o explosivo, o vapor e a desintegração atômica, não é boa nem má, dependendo os seus efeitos da aplicação que se lhe confere. [...] (282, cap. 9).

[...] é a influência que a ideia positiva do magnetizador desenvolve sobre a mente passiva do hipnotizado, criando nele estados alucinatórios, dos quais podem partilhar todas as potências do seu cosmo orgânico (298, cap. 23).

Sugestão a prazo

As sugestões que devem ter efeito, em época mais ou menos preestabelecida, se distinguem com o nome de – *sugestão a prazo* [...] (121, cap. 2).

Sugestão mental

[...] [é] a ação hetero-sugestiva telepática. [...] (35, cap. 1).

Sugestão sobre a consciência orgânica obnubilada

[...] a vontade do magnetizador toma pura e simplesmente o lugar diretor da subconsciência exteriorizada. Desde então, dirige o organismo e a cerebração do paciente à sua vontade (90, pt. 1, cap. 4).

Sugestão sobre a subconsciência exteriorizada

Explica-se essa sugestão pelo fato considerável, se bem que momentâneo – de a vontade subconsciente separar-se de seu instrumento cerebral.

O ser subconsciente passa por uma obnubilação relativa que, facilmente, o fará submeter-se à potente influência do magnetizador. Quanto ao resto, essa obnubilação, além de ligada às fases elementares da exteriorização, é meramente passageira (90, pt. 1, cap. 4).

SUGESTIBILIDADE

[...] é a faculdade de adaptação do ser psíquico ao meio e às influências ambientes, bem como de adaptação dessas influências ambientes ao ser psíquico. É, portanto, a condição primeira do processo de assimilação psíquica, permitindo ao "eu" a aquisição de novos elementos conscienciais (90, pt. 1, cap. 4).

SUICIDA

[...] o suicida é qual prisioneiro que se evade da prisão, antes de cumprida a pena; quando preso de novo, é mais severamente tratado. O mesmo se dá com o suicida que julga escapar às misérias do presente e mergulha em desgraças maiores. [...] (105, cap. 28, it. 71).

O suicida é a primeira e maior vítima do seu próprio engano. Mata-se para fugir dos seus problemas, das suas dores, das suas aflições e logo que recupera, do outro lado da vida, lucidez suficiente para compreender o seu novo estado, descobre, profundamente angustiado, que não conseguiu fugir de si mesmo, nem de seus sofrimentos. Mudou a sua posição na vida, trocou uma série de dores por outras mais aflitivas, mais terríveis, mais dramáticas. Na tentativa pueril de iludir algumas Leis Divinas, infringiu outras ainda mais graves que exigem reparações mais dolorosas (7, cap. 8).

[...] O suicida é uma alma falida que arrasta um ciclo imenso de anos de desolações e de dor, o peso tremendo das suas indignidades e das suas desventuras (34).

[...] O suicida é um espírito soberbo e calceta que, na impossibilidade de atingir o fulcro da Divindade que lhe não permite continuar semeando destruição, alucinado pelas ambições crescentes e selvagens, se destrói, tentando, desse modo, alcançar o Sumo Espírito da Vida. Odiento e infeliz, arroja-se, porém, nos mais fundos despenhadeiros, cujo anteparo não consegue encontrar, experimentando inominável dor, enquanto perdurem as novas impressões que se lhe adicionam às angústias das quais desejou fugir e que o enlouquecem, sem roubar-lhe a consciência da própria insânia (79, L. 2, cap. 1).

[...] é o imaturo desajustado na escola da vida, fugindo da consciência culpada para despertar de coração e mente estraçalhados (79, L. 2, cap. 1).

[...] é um auto-homicida de responsabilidade indiscutível [...] (87, L. 6, cap. 9)

O suicida é um infrator, dos mais graves, das Leis de Deus. A responsabilidade do seu ato é unicamente dele, ou, de algum modo, responsabilidade compartilhada por um obsessor, se este existir agravando a situação (165, Destino e livre-arbítrio).

O suicida é um Espírito criminoso, falido nos compromissos que tinha para com as Leis sábias, justas e imutáveis estabelecidas pelo Criador, e que se vê obrigado a repetir a experiência na Terra, tomando corpo novo, uma vez que destruiu aquele que a Lei lhe confiara para instrumento de auxílio na conquista do próprio aperfeiçoamento. [...]

O Espírito de um suicida voltará a novo corpo terreno em condições muito penosas de sofrimento, agravadas pelas resultantes do grande desequilíbrio que o desesperado gesto provocou no seu corpo astral, isto é, no perispírito (170, pt. 1, cap. 5).

[...] um suicida, tal seja a sua categoria espiritual, não possui nem mesmo condições para compreender advertências doutrinárias. É um alucinado que se debate contra pesadelos incontroláveis, sem noção de senso nem serenidade para refletir e valer-se da própria vontade. [...] (175, cap. 8).

Cada suicida que deixa a Terra, frustrando os esforços da Espiritualidade, é alguém que complica o futuro por fugir do presente, mas é também um atestado eloquente da indiferença que caracteriza o homem comum, de sensibilidade atrofiada para os apelos da

Vida Maior, incapaz de perceber a angústia de seu irmão... (200, Para evitar a deserção).

Suicida involuntário

Há os suicidas involuntários, cuja desencarnação se deve a enfermidades decorrentes de abusos contra o corpo físico ou de acidentes, conforme mencionamos acima, provocados por descuidos ou desequilíbrio. [...] (314, pt.2, cap. 8.1.2).

SUICÍDIO

[...] o suicídio não consiste somente no ato voluntário que produz a morte instantânea, mas em tudo quanto se faça conscientemente para apressar a extinção das forças vitais (104, pt. 2, cap. 5).

[...] O suicídio é um crime aos olhos de Deus (104, pt. 2, cap. 5).

[...] O suicídio voluntário importa numa transgressão desta Lei [divina]. [...]

É sempre uma falta de resignação e de submissão à vontade do Criador (106, q. 944 e 953a).

[...] maior crime contra si próprio e contra Deus (7, cap. 71).

[...] violação do sexto mandamento [não matarás], ainda que se busquem os mais belos ou os mais fortes motivos para justificá-lo (29, Não matarás).

[...] O auto-homicídio é um novo e pesado crime gerador de maiores e irremediáveis sofrimentos (34).

Ato de rebeldia insensata contra os desígnios da Providência, encarna o desespero do réu que se quer libertar, por fraqueza, do compromisso anterior que assumiu por seus erros (34).

[...] é a suprema das infelicidades que atingem um Espírito (34.)

É um dragão, mais feroz do que o de todas as lendas, que alicia os fracos para a caminhada do sofrimento e do horror. [...] (34).

[...] O suicídio é um ato que prova mais ferocidade do que debilidade. [...] (34).

[...] é morte vergonhosa e furtiva; é um roubo feito ao gênero humano (34).

O suicídio é o começo do maior tormento que a criatura humana possa sofrer, porque continua viva (apesar de morto o corpo) e sem receber socorro, nem ter alívio do seu padecer, pois esse alívio só a seu tempo terá lugar (34).

O suicídio é a culminância de um estado de alienação que se instala sutilmente. O candidato não pensa com equilíbrio, não se dá conta dos males que o seu gesto produz naqueles que o amam. Como perde a capacidade de discernimento, apega-se-lhe como única solução, esquecido de que o tempo equaciona sempre todos os problemas, não raro, melhor do que a precipitação. A pressa nervosa por fugir, o desespero que se instala no íntimo, empurram o enfermo para a saída sem retorno. [...] (77, cap. 24).

[...] é crime supremo contra a vida. [...] o autocídio é agressão terrível que se perpetua contra si mesmo, dirigida à Divindade, geradora de tudo... [...] (77, cap. 25).

O suicídio é terrível mal que aumenta na Humanidade e que deve ser combatido por todos os homens.

Essa rigidez mental que resolve pela solução trágica é doença complexa. Conscientizar as criaturas a respeito das consequências do ato, no Além-Túmulo, das dores que maceram os familiares e do ultraje às Leis Divinas, é método salutar para diminuir a incidência dessa solução insolvável.

Dialogar com bondade e paciência com as pessoas que têm propensão para o suicídio; sugerir-lhes dar-se um pouco mais de tempo, enquanto o problema altera a sua configuração; evitar oferecer bases ilusórias para esperanças fugazes que o tempo desmancha; estimular a valorização pessoal; acender uma luz no túnel do seu desespero, entre outros recursos, constituem terapia preventiva, que se fortalecerá no exercício da oração, das leituras otimistas, espirituais, nos passes e no uso da água fluidificada (81, Suicídio – solução insolvável).

[...] é o mais grosseiro vestígio da fragilidade humana, que ata o homem ao primarismo de que se deve libertar (81, Suicídio – solução insolvável).

[...] o suicídio atinge diretamente o Onipotente, é uma revolta contra as provas necessárias à lapidação do Espírito maculado, estatuídas por Ele [Deus] para reparação de faltas abomináveis, e não pode ser punido pelas leis sociais... [...] (86, L. 2, cap. 1).

[...] O suicídio é o egoísmo do que deserta da batalha da vida procurando o repouso eterno; de quem não possui na Terra nenhum elo afetivo, porque, se o tiver, não quererá ferir o objeto de seu amor! (86, L. 4, cap. 3).

[...] a rebeldia contra os decretos do Alto, cometida pelos que não se conformam em padecer com paciência as adversidades, os dissabores e as iniquidades terrenas [...] (87, L. 3, cap. 8).

[...] O suicídio é um crime e aquele que deserta do seu posto no grande combate da vida, condena-se a recomeçá-la em condições mais aflitivas (134, 36ª efusão).

[...] é um duplo crime, porque, ao mesmo tempo que viola as sábias Leis de Deus, corta a existência conferida a uma alma em provas para resgatar o passado de delitos [...] (155, cap. 13).

O suicídio, longe de ser a porta da salvação, é o sombrio pórtico de inimagináveis torturas (164, cap. 35).

O suicídio, ou autoextermínio, constitui sob o ponto de vista do Espiritismo, uma das mais sérias infrações às Leis da vida (164, cap. 36).

O suicídio, como ninguém mais ignora, constitui para o Espírito, que se aventurou em tão adversa hora, um estado complexo de semiloucura, situação crítica e lamentável de descontrole mental, forçando estudos e exames especiais dentro da própria Revelação Espírita. [...] (169, pt. 1, cap. 7).

[...] é um crime [...] que persegue aquele que o pratica, às vezes, durante séculos [...] (174, cap. 5).

[...] é atestado de fraqueza e descrença geral, de desânimo generalizado, de covardia moral, terrível complexo que enreda a criatura num emaranhado de situações anormais. [...] (175, cap. 6).

SUOR

[...] o suor digno é o antídoto de todos os tóxicos mentais que atacam sutilmente os tecidos da alma (248).

SUPERCONSCIENTE

O superconsciente (zona mental) poderia ser designado por "Região da Esperança", nela situando eminências espirituais que nos compete atingir. As intuições dos gênios e as criações dos santos significam penetrações no compartimento superconsciencial (164, cap. 21).

SUPER-HOMEM

[...] O super-homem, com o qual sonhou Nietzsche, não é mera utopia; ele existe nas mais rarefeitas camadas do processo evolutivo, em seres purificados e sábios a um ponto tal de sublimação que, colocados diante deles e de seus pensamentos, não teríamos como entendê-los (147, cap. 25).

SUPORTABILIDADE

É o grau de resistência às consequências, naturais ou não, morais ou físicas, das faltas cometidas, e impostas pela justiça divina ou humana, ou pelas Leis da Natureza. Em outras palavras, é a renitência no mal apesar dos sofrimentos cada vez mais angustiantes. *Exemplo*: a) suportabilidade máxima: suportar dolorosas consequências morais, sociais e até físicas da prática de um vício sem nenhuma modificação da conduta viciosa; b) suportabilidade mínima: a menor consequência, ou castigo, determinar significativa melhora de comportamento (129, v. 5).

T

TABAGISMO

O fumo, pelos danos que ocasiona ao organismo, é, por isso mesmo, perigo para o corpo e para a mente.

Hábito vicioso, facilita a interferência de mentes desencarnadas também viciadas, que se ligam em intercâmbio obsessivo simples a caminho de dolorosas desarmonias... (78, Examinando a obsessão).

Ver também VÍCIO

TABOR

O Tabor é um convite, permanente, para que nos libertemos das mesquinharias humanas, aquecendo-nos no Sol da Boa-Nova da Imortalidade (163, cap. 31).

O simbolismo do Tabor representa a vitória do bem sobre o mal, da luz sobre a treva, no rumo da evolução (163, cap. 31).

[...] foi uma estupenda manifestação espírita, que teve por fim mostrar a elevação espiritual de Jesus, afirmar a sua missão como Cristo, filho de Deus vivo, e estabelecer, *sob um véu que a nova revelação mais tarde levantaria*, as promessas para o futuro (182, v. 2).

TALISMÃ

[...] "Não há palavra sacramental nenhuma, nenhum sinal cabalístico, nem talismã que tenha qualquer ação sobre os Espíritos, porquanto estes só são atraídos pelo pensamento e não pelas coisas materiais". [...] (326, cap. 4.2).

TARA FAMILIAR

[...] é a resultante da conjunção de débitos, situando-nos no plano genético enfermiço que merecemos, à face dos nossos compromissos com o mundo e com a vida. Dessa forma, somos impelidos a padecer o retorno dos nossos reflexos tóxicos através de pessoas de nossa parentela, que no-los devolvem por aflitivos processos de sofrimento (282, cap. 12).

TAREFA

Cada tarefa edificante é degrau com que podemos subir às esferas superiores (246, cap. 58).

TATO-MAGNÉTICO

[...] Em linha geral, consiste no "tato-sem-contato" do médium sobre o corpo do paciente, normalmente com as mãos, a uma distância relativamente curta, sobre o que se convencionou chamar "limites externos da aura", o que em média dá um afastamento de uns 5 a 15 centímetros (137, cap. 8).

TÉDIO

[...] é sempre filho da incompreensão dos nossos deveres (239, cap. 65).

[...] o tédio é um insulto à fraternidade humana, porque a dor e a necessidade, a tristeza e a doença, a pobreza e a morte não se acham longe de ti (248).

Não menoscabes servir / E nem repouses na estrada / O tédio é sempre o infortúnio / De gente desocupada (257, cap. 25).
Trabalha constantemente / se procuras luz e paz. / O tédio é a chaga invisível / Daquele que nada faz (257, cap. 34).

TEÍSMO

O teísmo é a filosofia da religião, de todas as religiões, é o alvo da verdade. [...] (66, t. 5).

TELECINESIA

[...] ação mecânica diferente das forças mecânicas conhecidas, a qual, em determinadas condições, tem, a distância, atuação sem contato sobre objetos ou pessoas (35, cap. 1).

[...] é palavra usada para significar o movimento de objetos sem o emprego de qualquer força conhecida. [...] (63, cap. 4).

Os fenômenos psíquicos, denominados de efeitos físicos, são conhecidos de todos os tempos, notadamente os de levitação e transporte. Na Metapsíquica são eles chamados fenômenos telecinéticos, de tele (distância) e cine (movimento), isto é, movimento a distância (98, Dos fenômenos objetivos).

O movimento de objeto à distância do médium, ou telecinesia, para usar-se o termo moderno, é, atualmente, raro à luz. [...] (316, cap. 12).

Ver também PSICOCINESIA

TELEDINAMISMO

Sendo o teledinamismo a ação de forças que atuam a distância, cumpre-nos esclarecer que, no fenômeno das comunicações, muitas vezes entram em jogo as ações teledinâmicas, imprescindíveis a certas expressões do mediunismo (273, q. 25).

TELEFOTOGRAFIA

[...] aparelho [...] cuja utilidade consistia em reproduzir numa parte do globo, por meio de combinações elétricas, os caracteres de escrita que uma pessoa fizesse num papel colocado na outra parte. Por esse meio, desenhos e planos poderiam ser fielmente transmitidos de um a outro extremo do mundo. [...] Trata-se, sem dúvida, da telefotografia, que principiou a desenvolver-se em 1902, mas que somente depois de 1925 ganhou importância prática (53, cap. 12).

TELEGRAFIA ESPIRITUAL

[...] nomear em voz alta as letras do alfabeto, pedindo ao Espírito para bater uma pancada quando a letra entrasse na composição das palavras que quisesse fazer compreender. [...] este processo é o que vemos aplicado nas mesas girantes (43, pt. 1, cap. 2).

Ver também RAPS

TELEGRAFIA HUMANA

[...] É uma comunicação direta de espírito a espírito encarnado não adormecidos. [...] (129, v. 2).

TELEMNESIA

[...] faculdade selecionadora de informações pessoais nas subconsciências de terceiros, sem limites de distância [...] (20, Conclusões).

Telemnesia onisciente

[...] [teoria] segundo a qual as faculdades perquiridoras dos médiuns teriam o poder de insinuar-se nas subconsciências de pessoas distantes, a fim de aí selecionar os informes de que necessitam para mistificar o próximo, informes esses – note-se bem – que quase nunca dizem respeito à pessoa "selecionada", mas a terceiras pessoas que ela conheceu em épocas frequentemente muito remotas, o que torna sobremaneira fantástica e insustentável semelhante hipótese (20, cap. 2).

TELEPATIA

[...] É uma troca de impressões, conscientes ou inconscientes, entre dois centros de atividade psíquica. [...] (3, v. 2, cap. 3).

Telepatia é a comunicação direta, sem quaisquer intermediários, de uma para outra mente. Segundo alguns autores, admitem-se várias formas de *telepatia*: adivinhação do pensamento de alguém, que não participa da experiência; transmissão do pensamento, quando duas pessoas participam, transmitindo e captando; quando se influi a mente alheia (ST – sugestão telepática) e quando se exerce domínio sobre a mesma (HT – hipnose telepática) (11, Psicologia, Parapsicologia e Espiritismo).

[...] é a forma da linguagem espiritual [...] (19, Conclusões).

[...] é uma coisa *espiritual* e que, por consequência, se manifesta em uma ambiência espiritual [...] (21, Conclusões).

[...] transmissão do pensamento (compreendida na significação clássica de um sistema de vibrações psíquicas que se espalham por ondas concêntricas de um cérebro a outro). [...] (21, Dos fenômenos de telecinesia...).

[...] transmissão do pensamento a distância entre dois cérebros [...] (23, Os fenômenos de telestesia).

[...] processo de comunicação entre todos os seres pensantes na vida superior e a oração é uma das suas formas mais poderosas, uma das suas aplicações mais elevadas e mais puras. A telepatia é a manifestação de uma Lei Universal e eterna (52, pt. 1, cap. 6).

[...] meio de que se servem as humanidades do Espaço para comunicarem entre si através das imensidades siderais. Em qualquer campo das atividades sociais, em todos os domínios do mundo visível ou invisível, a ação do pensamento é soberana; não é menor sua ação [...] em nós mesmos, modificando constantemente nossa natureza íntima (52, pt. 3, cap. 24).

A telepatia consiste essencialmente no fato de uma impressão física intensa, manifestando-se em geral imprevistamente numa pessoa *normal* (isto é, não sujeita a perturbações funcionais ou a alucinações), seja durante o estado de vigília, seja durante o sono, impressão que se encontra em concordância com um acontecimento ocorrido a distância. Observamos que, na telepatia espontânea, aquele que recebe a impressão está geralmente em seu estado normal, ao passo que quem a envia atravessa um estado de crise anormal: acidente, angústia, desfalecimento, letargia, morte, etc (64, v. 1, cap. 5).

[...] Telepatia significa [...] ser advertido, por uma sensação qualquer de uma coisa que se passa ao longe.

[...] a raiz de telepatia significa sensibilidade. [...] (69, v. 1, cap. 3).

[...] uma comunicação harmoniosa entre os cérebros e entre as almas (69, v. 2, cap. 6).

[...] a ação poderosa do Espírito sobre a vontade [...] (155, cap. 2).

[...] Positiva-se a telepatia, que mais não é que a conversação mental de um ser com outro ser, atravessando abismos siderais, vencendo dificuldades cruciantes, porque vencendo, naquele mesmo que a exerce, as barreiras de materialidade que interceptam ou retardam as vibrações, para finalmente chegar, impelida pelo sentimento legítimo, ao pináculo da sua possibilidade. [...] (172).

TELEPATIA E TELESTESIA

[...] Compreende a recepção e transmissão dos pensamentos, das sensações, dos impulsos motrizes. Com esses fatos relacionam-se os casos de desdobramentos e aparições designados pelos nomes de *fantasmas dos vivos*. [...] (52, pt. 1, cap. 5).

TELEPLASTIA

[...] A teleplastia [consiste em] aparições de formas materializadas e tangíveis [...] (57, pt. 1, cap. 1).

[No fenômeno de teleplastia] o *sujet* pode ou desorganizar certos objetos a distância, ou organizar em formas mais ou menos complexas uma trama material emanada ou exteriorizada de seu próprio organismo. [...] (90, pt. 1, cap. 2).

[...] *materializações visíveis* que aparecem formadas com uma substância ou matéria sutilíssima, emanante da pessoa do médium e composta de partículas ou moléculas que interceptam a luz ordinária (*teleplastia*) (130, pt. 2, cap. 2).

Ver também MATERIALIZAÇÃO

TELERGIA

[...] do grego *tele*, longe, a distância, e *ergon*, trabalho – significa qualquer efeito energético extramediúnico [...] (35, cap. 3).

Ver *também* VOZ DIRETA

TELESTESIA

[...] o professor Charles Richet deu uma definição [...] nos seguintes termos: "Conhecimento que tem o indivíduo de qualquer fenômeno não perceptível nem cognoscível pelos sentidos normais, e estranhos a toda e qualquer transmissão mental, consciente ou inconsciente." [...] (23, Os fenômenos de telestesia).

No Glossário que precede a obra principal de Frederic Myers, a significação do vocábulo *Telestesia* vem assim definida: "Percepção a distância, implicando uma sensação ou visualização direta de coisas ou condições, independentemente de qualquer veículo sensorial conhecido, e em circunstâncias que excluem a presunção de serem as noções adquiridas originárias de mentalidade estranha à do percipiente" (23, Os fenômenos de telestesia).

[...] fenômeno de "relação" qualquer a distância, entre um *cérebro pensante* e um *objeto inanimado* [...] (23, Os fenômenos de telestesia).

[...] leitura a distância em livros fechados. [...] (25).

[...] projeção e ação da sensibilidade a distância [...] (93, pt. 1, cap. 2).

Tratando sobre a telestesia, "onde o agente e o sujeito invadido estão reunidos na mesma pessoa, que fez uma incursão clarividente", Myers ([19__?]) diz: [...] (344, cap. 2).

TEMOR DA MORTE

O temor da morte resulta de vários fatores inerentes à natureza humana e à sua existência corporal. Entre eles ressaltam: a) o instinto de conservação da vida, que lhe constitui força preventiva contra a intemperança, a precipitação e o suicídio, não obstante desconsiderados nos momentos de superlativo desgosto, revolta ou desespero; b) a predominância da natureza animal, que nos Espíritos inferiores comanda as suas aspirações, tendências e necessidades; c) o temporário olvido da vida espiritual donde procede; d) o conteúdo religioso das doutrinas ortodoxas, que oferece uma visão distorcida quão prejudicial do que sucede após a ruptura dos laços materiais, elaborando um mundo de compensações em graça como em castigo, conforme a imaginação dos homens vitimados por fanatismos e alucinações; e) o receio de aniquilamento da vida, por falta de informações corretas a respeito do futuro da alma e daquilo que lhe está destinado.. (81, Temor da morte).

TEMPLO

[...] O templo é a casa onde se reúnem os que prestam culto à divindade. Não importa que se lhe chame igreja, mesquita, pagode ou centro. É sempre o local para onde vão aqueles que acreditam no Criador e que em seu nome se agregam, se unem, se harmonizam (99, Def.).

Templo de fé é escola do coração (100, Templo de fé).

Templo é o Universo, a Casa de Deus tantas vezes desrespeitada pelos desatinos humanos (200, Desvios da fé).

A rigor, os homens deviam reconhecer nos templos o lugar sagrado do Altíssimo, onde deveriam aprender a fraternidade, o amor, a cooperação no seu programa divino. [...] (239, cap. 65).

O templo é obra celeste no chão planetário objetivando a elevação da criatura [...] (246, cap. 19).

Ver também IGREJA

TEMPLO ESPÍRITA

ver CENTRO ESPÍRITA

TEMPO

O tempo é a sucessão das coisas. Está ligado à eternidade, do mesmo modo que as coisas estão ligadas ao infinito. [...] (101, cap. 6, it. 2).

O tempo é apenas uma medida relativa da sucessão das coisas transitórias [...] (101, cap. 6, it. 2).

Não podemos dividir o tempo entre passado e presente, entre novo e velho, com a precisão com que balizamos o loteamento de um terreno. O tempo é uno e abstrato, não pode ser configurado entre fronteiras irredutíveis. Justamente por isso, todos os conceitos em função do tempo são relativos. Cada geração recebe frutos da geração anterior, sempre melhorando, do mesmo modo que a geração futura terá de socorrer-se muito do acervo do passado. [...] (6, cap. 12).

[...] é a suprema renovação da vida. Estudando a existência humana, temos que o tempo é a redenção da Humanidade, ou melhor – o único patrimônio do *homem* (55, cap. 7).

[...] a noção do tempo é essencialmente relativa e a medida da sua duração nada tem de real, nem de absoluta – separada do globo terrestre [...].

[...] o tempo não é uma realidade absoluta, mas somente uma transitória medida causada pelos movimentos da Terra no sistema solar. [...] (68).

O tempo [...] somente se torna realidade por causa da mente, que se apresenta como o sujeito, o observador, o Eu que se detém a considerar o objeto, o observado, o fenômeno.

Esse tempo indimensional é o real, o verdadeiro, existente em todas as épocas, mesmo antes do *princípio* e depois do *fim*.
Aquele que determina as ocorrências, que mede, estabelecendo metas e dimensões, é o relativo, o ilusório, que define fases e períodos denominados ontem, hoje e amanhã, através dos quais a vida se expressa nos círculos terrenos e na visão lógica – humana – do Universo (75, Tempo, mente e ação).

[...] O advogado da verdade é sempre o tempo (76, cap. 54).

O tempo é inexorável enxugador de lágrimas (79, L. 2, cap. 6).

[...] As dimensões *tempo* e *espaço* constituem limites para demarcar estágios e situações para a mente, nas faixas experimentais da evolução. [...] (87, L. 3, cap. 1).

Para o Espírito desencarnado o tempo não conta como para nós, e não está separado metodicamente em minutos, horas, dias, anos e séculos ou milênios, e muitos são os que perderam de vista os pontos de referência que permitem avaliar o deslocamento na direção do futuro (146, cap. 4).

[...] o tempo é a matéria-prima de que dispomos, para as construções da fé, no artesanato sublime da obra crística, de que somos humílimos serviçais (186, Mensagem de fim de ano).

O tempo é uma dimensão física que nasce do movimento, mas quando este supera a velocidade da luz, o tempo não consegue acompanhá-lo, anula-se, extingue-se. [...] (187, Tempo e luz).

[...] O tempo é, por definição, a trajetória de uma onda eletromagnética, do seu nascimento até a sua morte. Por isso ele é uma das dimensões fixas do nosso Universo, porque estável é, em nosso plano, a velocidade das ondas eletromagnéticas.

O tempo, porém, somente pode existir em sistemas isolados, ou fechados, e tem a natureza de cada sistema. [...] (188, cap. 5).

[...] O tempo é o maior selecionador do Cristo (196, Só os inúteis não possuem adversários).

A Doutrina Espírita nos mostra que tempo e espaço são limites pertinentes à realidade física, o Espírito não precisa se prender a eles. Quando mencionamos o tempo como recurso imprescindível a uma transformação que depende, na verdade, de força de vontade e determinação, estamos adiando o processo e demonstrando que, no fundo, há o desejo de permanecer como estamos. O tempo é necessário para adquirir conhecimentos e

informações, não para operar uma transformação psicológica (204, Mulher-mãe).
[...] O tempo é a nossa bênção... Com os dias coagulamos a treva ao redor de nós e, com os dias, convertê-la-emos em sublimada luz [...] (231, cap. 10).

[...] O tempo, como patrimônio divino do espírito, renova as inquietações e angústias de cada século, no sentido de aclarar o caminho das experiências humanas. [...] (230, Introd.).

Tempo e esforço são as chaves do crescimento da alma (240, cap. 26).
O tempo é o nosso grande benfeitor (248).
O tempo é um conjunto de leis que não podemos ludibriar.
O tempo é um empréstimo de Deus.
Com ele erramos, com ele retificamos. O tempo é o campo sublime, que não devemos menosprezar.
O tempo, na Terra, é uma bênção emprestada.
O tempo é o mais valioso calmante das provações.
O tempo é o químico milagroso da Eterna Sabedoria, que nos governa os destinos [...] (248).

Sabemos que o tempo é o nosso mais valioso recurso perante a vida; mas tempo, sem atividade criadora, tão somente nos revela o descaso perante as concessões divinas (251, cap. 21).
O tempo é o rio da vida cujas águas nos devolvem o que lhe atiramos (255, Um dia).
Embora a dor, guarda o bem / Por teu nobre e santo escudo. / O tempo é o mago divino / Que cobre e descobre tudo (257, cap. 36).
[...] é o grande tesouro do homem e vinte séculos, como vinte existências diversas, podem ser vinte dias de provas, de experiências e de lutas redentoras (258, Na intimidade de Emmanuel).

[...] O tempo para quem sofre sem esperança se transforma numa eternidade de aflição (260, cap. 10).

O tempo é a sublimação do santo, a beleza do herói, a grandeza do sábio, a crueldade do malfeitor, a angústia do penitente e a provação do companheiro que preferiu acomodar-se com as trevas (260, cap. 20).
[...] O sábio condutor de nossos destinos [...] (260, cap. 42).

O tempo, contudo, assemelha-se ao professor equilibrado e correto que premia o merecimento, considera o esforço, reconhece a boa vontade e respeita a disciplina, mas não cria privilégio e nem dá cola a ninguém (262, Precisamente).
[...] O tempo, que é fixador da glória dos valores eternos, é corrosivo de todas as organizações passageiras na Terra e noutros mundos. [...] (265, cap. 16).

[...] é o nosso explicador silencioso e te revelará ao coração a bondade infinita do Pai que nos restaura saúde da alma, por intermédio do espinho da desilusão ou do amargoso elixir do sofrimento (279, cap. 63).

O tempo é o tesouro infinito que o Criador concede às criaturas. [...]

[...] é benfeitor carinhoso e credor imparcial simultaneamente. [...] (285, cap. 50).

[...] é o nosso silencioso e inflexível julgador (286, Na esfera íntima).

O tempo é um empréstimo de Deus. Elixir miraculoso – acalma todas as dores. Invisível bisturi – sana todas as feridas, refazendo os tecidos do corpo e da alma.
Com o tempo erramos, com ele retificamos (286, Carinho e reconhecimento).
[...] é um patrimônio sagrado que ninguém malbarata sem graves reparações... (289, cap. 8).

O tempo é um rio tranquilo / Que tudo sofre ou consente, / Mas devolve tudo aquilo / Que se lhe atira à corrente (293, cap. 32).
O tempo não volta atrás, / Dia passado correu; / Tempo é aquilo que se faz / Do tempo que Deus nos deu (293, cap. 32).

Tempo real

[...] é o oceano infinito onde o Universo, em fases e períodos, repete as suas manifestações cósmicas. Ciclicamente, os fenômenos ressurgem e se imortalizam no triunfo do Espírito que foi *criado simples e ignorante*, aformoseando-se, mediante o esforço e o trabalho edificante, iluminando-se com a sabedoria (75, Tempo, mente e ação).

[...] constitui a ensancha para a aprendizagem da ação profunda mediante a vivência em que se transforma a imagem do pensamento (75, Tempo, mente e ação).

Ver também TEMPO, TEMPO RELATIVO *e* TEMPO TERRESTRE

Tempo relativo

No começo, passo a passo, avança pelo tempo relativo, o ontem fundindo-se no hoje e este fazendo-se o amanhã que está chegando (75, Tempo, mente e ação).

Ver também TEMPO, TEMPO REAL *e TEMPO TERRESTRE*

Tempo terrestre

O tempo terrestre, limitado, para facultar o entendimento do campo da sua infinitude, somente poderá ser experenciado através da oração e da meditação. A primeira, auxilia a romper-se o círculo dos pensamentos, nos quais a mente se movimenta, concedendo o êxtase, a anulação do tempo e o desaparecimento do espaço, propiciando outra dimensão emocional. A segunda, faculta a ruptura da barreira que dimensiona e encarcera, em cujo bojo uma experiência sucede à outra, dando curso ao mecanismo das medidas. No mergulho de seu campo de vibrações, fora do tempo terrestre, o Espírito – não mais o eu superficial – volve ao seu mundo de origem e participa da vida em sua plenitude, sem a prisão das sensações nem os tormentos da emoção linear.

Essa penetração profunda nas esferas do tempo real é consequência da conquista vertical da experiência que se transformará em ação, ao invés da horizontal dos atos que sucedem indefinidamente... (75, Tempo, mente e ação).

Ver também TEMPO, TEMPO REAL *e* TEMPO RELATIVO

TENDÊNCIA

Tendências, aptidões, percepções são lembranças evocadas inconscientemente, que renascem em forma de impressões atraentes, dominantes [...] (74, cap. 23)

TENSÃO PSÍQUICA

[...] [Tensões psíquicas são] variações do *nível* mental. [...] (35, cap. 1)

TENTAÇÃO

Em assunto de sexo fala-se muito em *tentações*, afirmando-se que são elas as responsáveis pelos desastres morais de homens e mulheres que sucumbem aos atrativos ditos irresistíveis. Acusam as tentações de não dar paz a ninguém. Dizem que é preciso afastar ou eliminá-las do seio da sociedade. Com o Evangelho, porém, aprendemos a conhecer as causas profundas das tentações, para melhor lutar contra elas. O Apóstolo Tiago, no capítulo 1, v. 14, de sua epístola, esclarece perfeitamente as raízes das tentações: *"Mas cada um é tentado, quando atraído e engodado pela sua própria concupiscência"*.

A tentação não é um agente externo das sombras, atraindo-nos para a prática do mal e, sim, as nossas próprias más tendências (concupiscência), gritando alto no íntimo de nós mesmos, impulsionando-nos à recapitulação dos maus hábitos, viciações e perversões, sempre que estivermos invigilantes, displicentes, inconsequentes e possessivos. *Ninguém é tentado, se não traz a tentação dentro de si mesmo*. [...] (12, cap. 14)

As tentações a que somos submetidos constituem [...] uma espécie de exame ou sistema de aferição de nosso adiantamento (29, O Pai-Nosso 6).

Essa influência, sob a qual o Espírito se acha a todo instante, constitui a *tentação* a que ele pode ceder ou resistir, uma vez que é sempre livre de escutar ou não as boas inspirações, de as seguir ou não, de aceitar ou repelir as más. [...] (182, v. 2).

[...] significa, com relação a Jesus: tribulações, provas, a que qualquer outra natureza que não a sua houvera sucumbido (182, v. 3).

[...] é sempre uma sombra a atormentar-nos a vida, de dentro para fora. [...] (231, cap. 18).

[...] Ser tentado é ouvir a malícia própria, é abrigar os inferiores alvitres de si mesmo, porquanto, ainda que o mal venha do exterior, somente se concretiza e persevera se com ele afinamos, na intimidade do coração (239, cap. 129).

Tentação é a força viciada que exteriorizamos, atraindo a escura influência que nos inclina aos desfiladeiros do mal, porque toda sintonia com a ignorância, ou com a perversidade, começa invariavelmente da perversidade ou da ignorância que acalentamos conosco (260, cap. 38).
Tentação – posição pessoal de cativeiro interior a vícios instintivos que ainda não conseguimos superar por nós mesmos (307, cap. 8).

Tentação de Jesus

Poética alegoria evangélica, tão do gosto da literatura oriental, noticiando as prováveis insistências dos admiradores do Nazareno para que aceitasse o trono de Israel e se tornasse rei. Indicam, ainda, as tentações com que o mundo rodeia todos aqueles que se derem aos labores dos ideais divinos (168, cap. 7).

TEODÓSIO

Mas, por volta do ano 381, surge a figura de Teodósio, que declara o Cristianismo religião oficial do Estado, decretando, simultaneamente, a extinção dos derradeiros traços do politeísmo romano. [...] (230, cap. 16).

TEOLOGIA

Dissertação dos dogmas fundamentais nos quais repousa a concepção duma religião humana (43, pt. 2, cap. 3).

[...] é a ciência de Deus (117, v. 2, cap. 28).

[...] a ciência das coisas divinas [...] (147, cap. 6).

TEORIA E TESE

A teoria, ao contrário da tese, é um conjunto de conhecimentos que se propõe a explicar, elucidar, interpretar ou unificar um dado domínio de acontecimentos que se oferecem à atividade prática. É importante que percebamos a intenção de Emmanuel, ao situar seu texto como uma tese. Podemos inferir que ele pretende instituir uma discussão sobre o amor capaz de nos levar, pelo processo dialético, à compreensão de aspectos da afetividade não considerados pelas concepções humanas (204, Juventude – tempo de fazer escolhas).

TERAPEUTAS

Terapeutas (do grego *therapeutai*, formado de *therapeuein*, servir, cuidar, isto é: servidores de Deus, ou curadores).
– Eram sectários judeus contemporâneos do Cristo, estabelecidos principalmente em Alexandria, no Egito. Tinham muita relação com os essênios, cujos princípios adotavam, aplicando-se, como esses últimos, à prática de todas as virtudes. Eram de extrema frugalidade na alimentação. Também celibatários, votados à contemplação e vivendo vida solitária, constituíam uma verdadeira ordem religiosa. Fílon, filósofo judeu platônico, de Alexandria, foi o primeiro a falar dos terapeutas, considerando-os uma seita do Judaísmo. Eusébio, São Jerônimo e outros Pais da Igreja pensam que eles eram cristãos. Fossem tais, ou fossem judeus, o que é evidente é que, do mesmo modo que os essênios, eles representam o traço de união entre o Judaísmo e o Cristianismo (105, Introd.).

TERAPIA GENÉTICA

[...] tratamento de indivíduos, com inserção de genes, mesmo ainda como embrião ou feto, sanando, corrigindo ou amenizando patologias e anomalias diversas (116, Genética).

TERAPIA DE VIDAS PASSADAS

A terapia de vidas passadas é conquista muito importante, recentemente lograda pelos nobres estudiosos das “ciências da alma”.

Como ocorre com qualquer terapêutica, tem os seus limites bem identificados, não sendo uma panaceia capaz de produzir milagres. Em grande número de casos, os seus resultados são excelentes, principalmente pela contribuição que oferece, na área das pesquisas sobre a reencarnação, entre os cinetistas. Libera o paciente de muitos traumas e conflitos, propiciando a reconquista do equilíbrio psicológico, para a regularização dos erros pretéritos, sob outras condições. Mesmo aí, são exigidos muitos cuidados dos terapeutas, bem como conhecimentos das leis do reencarnacionismo e da obsessão, a fim de ser levado a bom termo o tratamento nesse campo. Outrossim, nesta, mais do que em outras terapias, a conduta moral e do agente deve ser superior, de tal forma que não se venha a enredar com os consócios espirituais do seu paciente, ou que não perca uma pugna, num enfrentamento com os mesmos, que facilmente se interpõem no campo das evocações trazidas à baila... Ainda devemos considerar que cristalizações de longo período, no inconsciente, não podem ser arrancadas com algumas palavras e induções psicológicas de breve duração. Neste setor, além dos muitos cuidados exigíveis, o tempo é fator de alto significado, para os resultados salutares que se desejam alcançar.
Inicialmente, em se considerando a intensidade da alienação de Aderson, com o seu total alheamento ao mundo objetivo, nada seria conseguido com essa terapia, em face da sua total ausência de respostas aos estímulos externos. Demais, se fora possível fazê-lo, numa fase menos grave, o seu reencontro com toda a gama de fatos danosos praticados produzir-lhe-ia tal horror, que a demência o assaltaria da mesma forma. Desejando esquecer, não dispõe de forças para enfrentar-se e superar todos os prejuízos ocasionados às suas vítimas. Desta forma, o recurso que ora se lhe aplica, nesta Casa, embora haja outros, fará que, a pouco e pouco, retorne à lucidez, e, quiçá, ao interesse pela vida. Por fim, um recurso terapêutico com eficiência imediata somente resultaria positivo num paciente cujo mérito lhe facultasse a recuperação, porque os fatores que geram a enfermidade, na condição de regularizadores das dívidas, não podem ficar esquecidos, quando da reconquista da saúde por parte de quem os sofre. Isto ocorre em todos os campos da vida, exceto quando a misericórdia de acréscimo funciona, liberando o ser de uma forma de provação, para que outro recurso regenerador, pela ação do bem praticado, seja posto em campo. A verdade é que a dívida se torna o sinal de identificação de quem delinque, esperando a justa regularização. Até esse momento, auxiliemos conforme nos esteja ao alcance (77, cap. 7).

TERCEIRA REVELAÇÃO *ver* ESPIRITISMO

TERRA

[...] berço de criaturas cuja fraqueza as asas da Divina Providência protege, nova corda colocada na harpa infinita e que, no lugar que ocupa, tem de vibrar no concerto universal dos mundos (101, cap. 6, it. 23).

O nosso mundo pode ser considerado, ao mesmo tempo, como escola de Espíritos pouco adiantados e cárcere de Espíritos criminosos. Os males da nossa Humanidade são a consequência da inferioridade moral da maioria dos Espíritos que a formam. Pelo contato de seus vícios, eles se infelicitam reciprocamente e punem-se uns aos outros (108, cap. 3, it. 132).
Disse Kardec, alhures, que a Terra é um misto de escola, presídio e hospital, cuja população se constitui, portanto, de homens incipientes, pouco evolvidos, aspirantes ao aprendizado das Leis Naturais; ou inveterados no mal, banidos, para esta colônia correcional, de outros planetas, onde vigem condições sociais mais elevadas; ou enfermos da alma, necessitados de expungirem suas mazelas através de provações mais ou menos dolorosas e aflitivas (29, Bem-aventurados os que têm fome e sede de justiça).
[...] é oficina de trabalho, de estudo e de realizações, onde nos cumpre burilar nossas almas. [...] (29, Sede perfeitos).

[...] é o calvário dos justos, mas é também a escola do heroísmo, da virtude e do gênio; é o vestíbulo dos mundos felizes, onde todas as penas aqui passadas, todos os sacrifícios feitos nos preparam compensadoras alegrias. [...] A Terra é um degrau para subir-se aos céus (47, cap. 11).

O mundo, com os seus múltiplos departamentos educativos, é escola onde o exercício, a repetição, a dor e o contraste são mestres que falam claro a todos aqueles que não temam as surpresas, aflições, feridas e martírios da ascese. [...] (59).

[...] A Terra é um mundo de expiações e provas, já em fase de transição para se tornar um mundo de regeneração (62, cap. 4).

[...] o Planeta terrestre é o grande barco navegando no cosmo, sacudido, a cada instante, pelas tempestades morais dos seus habitantes, que lhe parecem ameaçar o equilíbrio, a todos arrastando na direção de calamidades inomináveis.

Por esta razão, periodicamente missionários e mestres incomuns mergulharam no corpo com a mente alerta, a fim de ensinarem comportamento de calma e de compaixão, de amor e de misericórdia, reunindo os aflitos em sua volta e orientando-os para sobreviverem às borrascas sucessivas que prosseguem ameaçadoras (75, Corpo e mente).

Quando o homem ora, anseia partir da Terra, mas compreende, também, que ela é sua mãe generosa, berço do seu progresso e local da sua aprendizagem. [...] (79, L. 3, cap. 1).

Assim se compreende porque a Terra é mundo de "provas e expiações", considerando-se que os Espíritos que nela habitam estagiam na sua grande generalidade em faixas iniciais, inferiores, portanto, da evolução (81, Pensamento e perispírito).

Apesar de ainda se apresentar como *planeta de provas e expiações*, a Terra é uma escola de bênçãos, onde aprendemos a desenvolver as aptidões e a aprimorar os valores excelentes dos sentimentos; é também oficina de reparos e correções, com recursos hospitalares à disposição dos pacientes que lhes chegam à economia social. Sem dúvida, é também cárcere para os rebeldes e os violentos, que expungem o desequilíbrio em processo de imobilidade, de alucinação, de limites, resgatando as graves ocorrências que fomentaram e praticaram perturbando-lhe a ordem e a paz (83, Cilada perversa).

O mundo conturbado é hospital que alberga almas que sofrem anemia de amor, requisitando as vitaminas do entendimento e da compreensão, da paciência e da renúncia, a fim de que entendimento e compreensão, paciência e renúncia sejam os sinais de uma vida nova, a bem de todos (100, Hospital).

[...] É um astro, como Vênus, como seus irmãos, e vagueia nos céus com a velocidade de 651.000 léguas por dia. Assim, estamos atualmente no céu, estivemos sempre e dele jamais poderemos sair. Ninguém mais ousa negar este fato incontestável, mas o receio da destruição de vários preconceitos faz que muitos tomem o partido de não refletir nele. A Terra é velha, muito velha, pois que sua idade se conta por milhões e milhões de anos. Porém, malgrado a tal anciania, está ainda em pleno frescor e, quando lhe sucedesse perecer daqui a quatrocentos ou quinhentos mil anos, o seu desaparecimento não seria, para o conjunto do Universo, mais que insignificante acidente (134, 4ª efusão).

[...] Por se achar mais distante do sol da perfeição, o nosso mundozinho é mais obscuro e a ignorância nele resiste melhor à luz. As más paixões têm aí maior império e mais vítimas fazem, porque a sua Humanidade ainda se encontra em estado de simples esboço. É um lugar de trabalho, de expiação, onde cada um se desbasta, se purifica, a fim de dar alguns passos para a felicidade. [...] (134, 8ª efusão).

[...] A Terra tem que ser um purgatório, porque a nossa existência, pelo menos para a maioria, tem que ser uma expiação. Se nos vemos metidos neste cárcere, é que somos culpados, pois, do contrário, a ele não teríamos vindo, ou dele já houvéramos saído. [...] (134, 28ª efusão).

Nossa morada terrestre é um lugar de trabalho, onde vimos perder um pouco da nossa ignorância original e elevar nossos conhecimentos. [...] (140).

[...] é a escola onde o espírito aprende as suas lições ao palmilhar o longuíssimo caminho que o leva à perfeição. [...] (147, cap. 23).

[...] o mundo, para muitos, é uma penitenciária; para outros, um hospital, e, para um número assaz reduzido, uma escola (151, cap. 2).

[...] casa de Deus, na específica destinação de Educandário Recuperatório, sem qualquer fator intrínseco a impedir a libertação do homem, ou a desviá-lo de seu roteiro ascensional (156, cap. 1).

[...] é uma estação de inverno, onde o Espírito vem preparar-se para a primavera do céu! (198, Pref.).

Feito o planeta – Terra – nós vemos nele o paraíso, o inferno e o purgatório.
O paraíso para os Espíritos que, emigrados de mundos inferiores, encontram na Terra, podemos dizer, o seu oásis.
O inferno para os que, já tendo possuído mundos superiores ao planeta Terra, pelo seu orgulho, pelas suas rebeldias, pelos seus pecados originais a ele desceram para sofrerem provações, para ressurgirem de novo no paraíso perdido. O purgatório para os Espíritos em transição, aqueles que, tendo atingido um grau de perfectibilidade, tornaram-se aptos para guias da Humanidade (198, cap. 1).
Antes de tudo, recorda-se de que o nosso planeta é uma morada muito inferior, o laboratório em que desabrocham as almas ainda novas nas aspirações confusas e paixões desordenadas. [...] (202, O Espiritismo e a guerra).

O mundo é uma escola de proporções gigantescas, cada professor tem a sua classe, cada um de nós tem a sua assembleia (219, Colegas invisíveis).
A Terra é o campo de ação onde nosso espírito vem exercer sua atividade. [...] (222, Por que malsinar o mundo?).

[...] é valiosa arena de serviço espiritual, assim como um filtro em que a alma se purifica, pouco a pouco, no curso dos milênios, acendrando qualidades divinas para a ascensão à glória celeste. [...] (231, cap. 1).

A Terra inteira é um templo / Aberto à inspiração / Que verte das Alturas [...] (234, cap. 4).

A Terra é a escola abençoada, onde aplicamos todos os elevados conhecimentos adquiridos no Infinito. É nesse vasto campo experimental que devemos aprender a ciência do bem e aliá-la à sua divina prática. Nos nevoeiros da carne, todas as trevas serão desfeitas pelos nossos próprios esforços individuais; dentro delas, o nosso espírito andará esquecido de seu passado obscuro, para que todas as nossas iniciativas se valorizem. [...] (238, cap. 10).

A Terra é uma grande e abençoada escola, em cujas classes e cursos nos matriculamos, solicitando – quando já possuímos a graça do conhecimento – as lições necessárias à nossa sublimação (246, cap. 53).
O mundo atual é a semente do mundo paradisíaco do futuro. [...] (247, cap. 25).

Servidores do Cristo, orai de sentinela! / Eis que o mundo sangrando é campo de batalha, / Onde a treva infeliz se distende e trabalha / O coração sem Deus, que em sombra se enregela (248).
No macrocosmo, a casa planetária, onde evolvem os homens terrestres, é um simples departamento de nosso sistema solar que, por sua vez, é modesto conjunto de vida no rio de sóis da Via Láctea (248).
No mundo terrestre – bendita escola multimilenária do nosso aperfeiçoamento espiritual – tudo é exercício, experimentação e trabalho intenso (248).
O orbe inteiro, por enquanto, / Não passa de um hospital, / Onde se instrui cada um, / Onde aprende cada qual (248).
O mundo, com as suas lutas agigantadas, ásperas, é a sublime lavoura, em que nos compete exercer o dom de compreender e servir (248).
O mundo é uma escola vasta, cujas portas atravessamos, para a colheita de lições necessárias ao nosso aprimoramento (248).
Apesar dos exemplos da humildade / Do teu amor a toda Humanidade / A Terra é o mundo amargo dos gemidos, / De tortura, de treva e impenitência (248).

A Terra é o nosso campo de ação (248).

A Terra é a nossa grande casa de ensino. [...] (248).

A Terra é uma escola, onde conseguimos recapitular o pretérito mal vivido, repetindo lições necessárias ao nosso reajuste (248).

A Terra, em si mesma, é asilo de caridade em sua feição material (248).

A Terra é o campo de trabalho, em que Deus situou o berço, o lar, o templo e a escola (248).

A Terra é a Casa Divina, / Onde a luta nos ensina / A progredir e brilhar (248).

O mundo em que estagiamos é casa grande de treinamento espiritual, de lições rudes, de exercícios infindáveis (248).

[...] é um grande magneto, governado pelas forças positivas do Sol. Toda matéria tangível representa uma condensação de energia dessas forças sobre o planeta e essa condensação se verifica debaixo da influência organizadora do princípio espiritual, preexistindo a todas as combinações químicas e moleculares. [...] (250, cap. 22)..

O mundo é caminho vasto de evolução e aprimoramento, onde transitam, ao teu lado, a ignorância e a fraqueza (256, cap. 71).

O mundo não é apenas a escola, mas também o hospital em que sanamos desequilíbrios recidivantes, nas reencarnações regenerativas, através do sofrimento e do suor, a funcionarem por medicação compulsória (262, Doenças da alma).

O Universo é a projeção da mente divina e a Terra, qual a conheceis em seu conteúdo político e social, é produto da mente humana (269).

O mundo é uma ciclópica oficina de labores diversíssimos, onde cada indivíduo tem a sua parcela de trabalho, de acordo com os conhecimentos e aptidões morais adquiridos, trazendo, por isso, para cada tarefa, o cabedal aprimorado em uma ou em muitas existências (271, Antíteses da personalidade de Humberto de Campos).

A Terra é uma vasta oficina. Dentro dela operam os prepostos do Senhor, que podemos considerar como os orientadores técnicos da obra de aperfeiçoamento e redenção. [...] (273, q. 39).

A Terra é um plano de experiências e resgates por vezes bastante penosos. [...] (273, q. 338).

A Terra deve ser considerada escola de fraternidade para o aperfeiçoamento e regeneração dos Espíritos encarnados (273, q. 347).

[...] é o caminho no qual a alma deve provar a experiência, testemunhar a fé, desenvolver as tendências superiores, conhecer o bem, aprender o melhor, enriquecer os dotes individuais (273, q. 403).

O mundo em que vivemos é propriedade de Deus (277, Lembranças).

[...] é a vinha de Jesus. [...] (279, cap. 29).

[...] é uma escola de iluminação, poder e triunfo, sempre que buscamos entender-lhe a grandiosa missão (279, cap. 33).

[...] abençoada escola de dor que conduz à alegria e de trabalho que encaminha para a felicidade com Jesus. [...] (285, cap. 28).

Não olvides que o mundo é um palácio de alegria onde a Bondade do Senhor se expressa jubilosa (286, Alegria).

[...] é uma vasta oficina, onde poderemos consertar muita coisa, mas reconhecendo que os primeiros reparos são intrínsecos a nós mesmos (288, pt. 1, cap. 6).

A Terra é também a grande universidade. [...] (289, Do noticiarista desencarnado).

Salve planeta celeste, santuário de vida, celeiro das bênçãos de Deus! ... (289, cap. 15).

A Terra é um magneto enorme, gigantesco aparelho cósmico em que fazemos, a pleno céu, nossa viagem evolutiva (290, cap. 8).

[...] é um santuário do Senhor, evolutindo em pleno Céu (298, cap. 12).

Agradece, cantando, a Terra que te abriga. / Ela é o seio de amor que te acolheu criança, / O berço que te trouxe a primeira esperança, / O campo, o monte, o vale, o solo e a fonte amiga... (298, cap. 33).

[...] é o seio tépido da vida em que o princípio inteligente deve nascer, medrar, florir e amadurecer em energia consciente [...] (305, pt. 1, cap. 13).

Ver também MORADA *e* MUNDO DE EXPIAÇÃO E PROVAS

Terra de Santa Cruz

[...] é a Terra do Evangelho, onde todas as esperanças se dilatam, para o grande sonho da fraternidade universal, onde todas as raças se confraternizam e se fundem no mesmo anseio de liberdade e de paz (178, cap. 8).

Ver também BRASIL

TESE

[...] Uma tese é uma proposição que admite impugnação e defesa; é o primeiro momento da dialética: método de investigação da verdade, cujo processo consiste em combinar e multiplicar a indução e a dedução, em transformação permanente. Pelo processo dialético, podemos alcançar o conhecimento que já existe dentro de nós e, assim, chegar às conclusões de que necessitamos, para ampliar nosso conhecimento sobre o tema em foco, possibilitando a abertura de outros caminhos de perquirição, porque, na verdade, não há como colocar um ponto final ao desejo de entender as coisas e o mundo que é inerente ao homem - ser em trânsito para a perfeição (204, Juventude - tempo de fazer escolhas).

TESOURO

Tesouros da Terra: bens materiais, riquezas, prestígio, posição social, poder... Tesouros do Céu: virtude, conhecimento, sabedoria... (199, Tesouros)

TESTEMUNHO CRISTÃO

Urge considerar, porém, que o testemunho cristão, no campo transitório da luta humana é dever de todos os homens, indistintamente (295, cap. 2)

TIPTOLOGIA

As primeiras comunicações inteligentes foram obtidas por meio de pancadas, ou da tiptologia. [...] (107, it. 139).

(Tiptologia - do grego - *tipto*, eu bato, e - *logos*, discurso). - Linguagem por pancadas, ou batimentos: modo de comunicação dos Espíritos. *Tiptologia alfabética* (107, cap. 32).

[...] em sentido amplo; [corresponde aos sinais] convencionais.

Na tiptologia [...] há sempre uma convenção. Uma série de *raps* não chega a ser tiptologia, embora pelo seu caráter, oportunidade e localização possa ter um significado sematológico. [...] (35, cap. 3).

Linguagem por pancadas, ou batimentos, de que se valem os Espíritos para se comunicarem com os homens (178, Glos.).

A partir de 11 de dezembro de 1847, os fenômenos de Hydesville (NY), provocados com a ajuda mediúnica das irmãs Fox — Katherine e Margareth, criando a telegrafia espiritual por meio de batidas, que recebeu o nome de tiptologia, [...] (311, pt.1, cap. 9.2.2 - Considerações finais).

A tiptologia, ou linguagem por pancadas, oferece mais precisão. Pode-se obtê-la por dois processos muito diversos. O primeiro, que chamamos tiptologia por movimento, [...] (319, cap. 4).

Ver também EFEITOS FÍSICOS *e* *RAPS*

Tiptologia alfabética

[...] consiste em serem as letras do alfabeto indicadas por pancadas. Podem obter-se então palavras, frases e até discursos inteiros. De acordo com o método adotado, a mesa dará tantas pancadas quantas forem necessárias para indicar cada letra, isto é, uma pancada para o *a*, duas para o *b*, e assim por diante. Enquanto isto, uma pessoa irá escrevendo as letras, à medida que forem sendo designadas. O Espírito faz sentir que terminou, usando de um sinal que se haja convencionado (107, it. 141).

A tiptologia alfabética oferece-nos um meio de correspondência mais fácil e mais completo. Ela consiste na designação das letras do alfabeto por um número de pancadas correspondente à ordem de cada letra, formando-se, desta maneira, palavras e frases. [...] (319, cap. 4).

Tiptologia interior

[...] pancadas produzidas na própria madeira da mesa, sem nenhuma espécie de movimento. [...] (107, it. 142).

A *tiptologia interior* – efeito acústico – verifica-se por meio de pancadas produzidas na própria madeira da mesa. [...] (35, cap. 3).

Tiptologia óptica

[...] em que os movimentos ou os *raps* são substituídos por sinais luminosos (35, cap. 3).

Tiptologia por meio de básculo

[...] consiste no movimento da mesa, que se levanta de um só lado e cai batendo com um dos pés. Basta para isso que o médium lhe ponha a mão na borda. Se se quiser confabular com determinado Espírito, será necessário evocá-lo. No caso contrário, manifesta-se o primeiro que chegue, ou o que tenha o costume de apresentar-se. Tendo convencionado, por exemplo – que uma pancada significará – sim e duas pancadas – não, ou vice-versa, indiferentemente, o experimentador dirigirá ao Espírito as perguntas que quiser (107, it. 139).

Efeito mecânico – consiste no movimento da mesa, que se levanta de um só lado e cai batendo com um dos pés (35, cap. 3).

TIPTÓLOGO

Gênero de médiuns aptos à tiptologia. Médium tiptólogo (107, cap. 32).

Ver também MÉDIUM TIPTÓLOGO

TIRANO

[...] [Tiranos] são Espíritos rebeldes, nos quais transbordam [...] os sentimentos de orgulho, cobiça, vaidade, despotismo (87, L. 8, cap. 7).

TODO-UNIVERSAL

[...] conjunto dos seres incorpóreos, conjunto de que cada alma ou Espírito é um elemento (106, q. 152).

[...] é o conjunto dos fluidos existentes no espaço. Estes fluidos são a fonte de tudo o que existe, quer no estado espiritual, quer no estado fluídico, quer no estado material (182, v. 1).

TOLERÂNCIA

Acrescentemos que a tolerância, fruto da caridade que constitui a base da Doutrina Espírita, lhe impõe como um dever respeitar todas as crenças [...] (109, pt. 2, Constituição do Espiritismo).

[...] não consiste na indiferença. [...] ela prescreve o respeito às crenças, aos gostos e tendências dos outros. [...] A tolerância o obriga [o indivíduo] a considerar os outros como a si mesmo e a fazer-lhes tudo aquilo que lhes possa convir (2, cap. 4).

A indulgência, a condescendência em relação a outrem, seja de referência às suas opiniões ou comportamento, ao direito de crer no que lhe aprouver, pautando as suas atitudes nas linhas que lhe pareçam mais compatíveis ao modo de ser, desde que não firam os sentimentos alheios, nem atentem contra as regras da dignidade humana ou do Estado, constitui a tolerância.

[...] é medida de enobrecimento a revelar valores morais e ascendência espiritual (74, cap. 13).

A tolerância, em razão disso, constitui aquisição do conhecimento decifrador das aparentes incógnitas da vida. Quanto mais o homem sabe, melhor compreende os comportamentos humanos, desarmando-se de ideias preconcebidas, da censura sistemática, dos prejuízos de raças, de castas, de crenças, de grupos... (77, cap. 22).

[...] tolerar é uma atitude consciente, humana, sem restrições, compreensiva, livre de ironias como também de indiferenças. [...] (135, cap. 13).

Que é a tolerância? É o apanágio da Humanidade. Somos todos eivados de fraquezas e de erros; perdoemo-nos reciprocamente nossas tolices – eis a primeira Lei da Natureza (147, cap. 9).

[...] É porta valiosa para que você demonstre boa vontade, ante os companheiros menos evoluídos (232, cap. 29).

A tolerância é, acima de tudo, completo esquecimento de todo o mal, com serviço incessante no bem. [...] Tolerar é refletir entendimento fraterno (282, cap. 25).

A tolerância para com superiores e subalternos, colegas e associados, familiares e amigos íntimos é o recurso da vida em que se nos erige o metro do burilamento moral (291, cap. 41).

Tolerância é o cimento da união ideal (292, União).

Ver também INDULGÊNCIA

TOLERANTE

[...] é o que tolera, é o indulgente, o que desculpa, o que respeita a opinião alheia. [...] (135, cap. 13).

TRABALHADOR

O trabalhador de Jesus, neste século, não será tão somente o condutor de si mesmo, mas também o amigo, o orientador, o sacerdote e o médico espiritual dos irmãos sofredores e necessitados (248).

Quando me refiro a trabalhadores, falo dos companheiros não completamente bons e redimidos, mas daqueles que apresentam maior soma de qualidades superiores, a caminho da vitória plena sobre as condições e manifestações grosseiras da vida. Em geral [...] são entidades em débito, mas com valores de boa vontade, perseverança e sinceridade que lhes outorgam o direito de influir sobre os fatores de sua reencarnação, escapando, de certo modo, ao padrão geral. [...] (267, cap. 12).

O bom trabalhador é o que ajuda, sem fugir ao equilíbrio necessário, construindo todo o trabalho benéfico que esteja a seu alcance, consciente de que o seu esforço traduz a vontade divina (267, cap. 18).

Trabalhador da primeira hora

Os trabalhadores da primeira hora são os espíritos que contam com maior número de encarnações, mas que não souberam aproveitá-las, perdendo as oportunidades que lhes foram concedidas para se regenerarem e progredirem. [...] (31, Parábola dos trabalhadores e das diversas horas do trabalho).

Trabalhador da última hora

[Trabalhadores da última hora] simbolizam os espíritos que foram gerados há menos tempo, mas que, fazendo melhor uso do livre-arbítrio, caminhando em linha reta, sem se perderem por atalhos e desvios, lograram em apenas algumas existências o progresso que outros tardaram a realizar. [...] (31, Parábola dos trabalhadores e das diversas horas do trabalho).

TRABALHO

O trabalho é Lei da Natureza, por isso mesmo que constitui uma necessidade, e a civilização obriga o homem a trabalhar mais, porque lhe aumenta as necessidades e os gozos (106, q. 674).

[...] O conceito da Doutrina é a de que o trabalho é toda ocupação útil. Não é apenas um conceito profissional. O trabalho espiritual, que se sobrepõe aos interesses imediatos, não pode ser avaliado segundo os conceitos pragmáticos. Mas é bom recordar que, em decorrência do Tratado de Versalhes, consequência da I Guerra Mundial, surgiu, inegavelmente, uma nova concepção a respeito do trabalho. Foi para aquele tempo o que poderia haver de mais avançado como conquista social, declaram os entendidos. Mas muito antes já a Doutrina Espírita consignava a dignidade do trabalho e a necessidade do repouso, preconizando princípios morais da moderna legislação trabalhista quando ensina textualmente: "O repouso serve para reparar as forças do corpo, e é também necessário a fim de deixar um pouco mais de liberdade à inteligência, para que se eleve acima da matéria". Diz mais ainda: "A ociosidade seria um suplício em vez de ser um benefício". Vejamos que é bem claro o pensamento espírita: além de ser uma necessidade, o trabalho é um dever social e espiritual. Ideia muito avançada para outros tempos, mas incorporada, hoje, à verdadeira filosofia do trabalho. Consulte-se *O livro dos espíritos* - Questões 675 a 684 (6, cap. 36).

O trabalho é uma Lei Natural de Deus e o meio imposto ao homem para aperfeiçoar a sua inteligência, assegurar o seu progresso, o seu bem-estar e a sua felicidade (7, cap. 71).
O trabalho é o instrumento de nossa autorrealização: suprimi-lo equivaleria a sustar o progresso individual e, consequentemente, a evolução da Humanidade (29, Não andeis cuidadosos de vossa vida).
[...] O trabalho não é um castigo, mas sim um meio regenerador pelo qual se fortifica e eleva a Humanidade. [...] (46, pt. 1, cap. 6).

O trabalho é uma lei para as humanidades planetárias, assim como para as sociedades do espaço.
O trabalho é a honra, é a dignidade do ser humano. [...] é também um grande consolador, é um preservativo salutar contra nossas aflições, contra as nossas tristezas. Acalma as angústias do nosso espírito e fecunda a nossa inteligência.

[...] é sempre um refúgio seguro na prova, um verdadeiro amigo na tribulação. [...] é a comunhão dos seres (46, pt. 5, cap. 52).

[...] é a prece ativa desses milhões de homens que lutam e penam na Terra, em beneficio da Humanidade (50, cap. 3).

[...] é a maior fonte de progresso. Com o nosso esforço podemos melhorar o ambiente em que vivemos (62, cap. 4).

[...] Ocupação em alguma obra ou ministério; exercício material ou intelectual para fazer ou conseguir alguma cousa.

O trabalho [...] é Lei da Natureza, mediante a qual o homem forja o próprio progresso desenvolvendo as possibilidades do meio ambiente em que se situa, ampliando os recursos de preservação da vida, por meio das suas necessidades imediatas na comunidade social onde vive. [...]

O trabalho, porém, apresenta-se ao homem como meio de elevação e como expiação de que tem necessidade para resgatar o abuso das forças entregues à ociosidade ou ao crime, na sucessão das existências pelas quais evolute. [...] (74, cap. 11).

[...] nos mundos felizes onde o trabalho, em vez de ser impositivo, é conquista do homem livre que sabe agir no bem infatigável, servindo sempre e sem cessar (74, cap. 11).

[...] é o ascensor que nos leva o espírito aos páramos luminosos (88, L. 2, cap. 5).

[...] evolucionamos à custa do trabalho, que é a lei suprema de tudo que é criado, desde o microrganismo até os mundos e as estrelas (117, v. 2, cap. 31).

[...] [É] toda *ocupação útil* (129, v. 1).

O trabalho foi, é e será sempre excelente e incomparável recurso para que, dando ocupação à própria mente, defenda e ilumine o homem a sua "casa mental", preservando-a da incursão, perigosa e sorrateira, de entidades ou pensamentos parasitários (161, cap. 41).
O trabalho, em tese, para o ser em processo de evolução, configura-se sob três aspectos principais: material, espiritual, moral.
Através do trabalho material, propriamente dito, dignifica-se o homem no cumprimento dos deveres para consigo mesmo, para com a família que Deus lhe confiou, para com a sociedade de que participa.
Pelo trabalho espiritual, exerce a fraternidade com o próximo e aperfeiçoa-se no conhecimento transcendente da alma imortal. No campo da atividade moral, lutará, simultaneamente, por adquirir qualidades elevadas, ou, se for o caso, por sublimar aquelas com que já se sente aquinhoado (162, cap. 3).
Trabalhar, por conseguinte, não é, em absoluto, rotineira execução de tarefas manuais

ou intelectuais, condicionadas a determinado número de horas, especificadas no relógio de ponto.

O trabalho é alguma coisa mais importante e influente no progresso espiritual. É darmos algo de nós, em favor de outrem, em forma de solidariedade e criação, porque o trabalho que não cria, nem opera renovações, é insulamento, a nos confinar nos estreitos limites do egoísmo esterilizante (164, cap. 26).

[...] é realmente a fonte e a mola da vida (184, cap. 67).

A canseira bendita do trabalho, / No suor do dever que desoprime, / É como o martelar de excelso malho / Que nos vai cinzelando, talho a talho, / Para o fulgor da perfeição sublime... (186, Votos de irmã).

[...] é a fonte das águas vivas que amassa o pão de todos e faz a alegria de cada um (218, cap. 23).

[...] é a escada luminosa para outras esferas, onde nos reencontraremos, como pássaros que, depois de se perderem uns aos outros, sob as rajadas do inverno, se reagrupam de novo ao sol abençoado da primavera... (236, pt. 1, cap. 2).

Vai e constrói. Segue e atende ao progresso. Avança, marcando a tua romagem com os sinais imperecíveis das boas obras!... O trabalho, entre a margens do amor e da reta consciência, é a estrada de luz que te reconduzirá ao Paraíso, a fim de que aTerra se transforme no divino espelho da glória de Deus (245, cap. 33).

O trabalho é uma esponja bendita sobre as mágoas do mundo (248).

O trabalho é um refúgio contra as aflições que dominam o mundo (248).

O trabalho retém o mistério divino da iluminação íntima (248).

Nunca é demais qualquer referência ao trabalho, fator de evolução e burilamento (251, cap. 26).

Serve, reconhecendo que o trabalho é nossa herança comum, na jornada evolutiva [...] (251, cap. 45).

[...] o nosso melhor patrimônio é o trabalho com que nos compete ajudar-nos, mutuamente (252, cap. 8).

[...] o trabalho é sempre o instrutor do aperfeiçoamento (256, cap. 29).

[...] o trabalho e a fraternidade são as forças que geram na eternidade a alegria e a beleza imperecíveis (260, cap. 24).

E o trabalho por mais rude, / No campo de cada dia, / É dádiva edificante / Do bem que nos alivia (266, cap. 42).

O trabalho salvacionista não é exclusividade da religião: constitui ministério comum a todos, porque dia virá em que o homem há de reconhecer a Divina Presença em toda parte. A realização que nos compete não se filia ao particularismo: é obra genérica para a coletividade, esforço do servidor honesto e sincero, interessado no bem de todos (268, cap. 2).

Jamais olvidemos que o trabalho é o dom divino que Deus nos confiou para a defesa de nossa alegria e para a conservação de nossa própria saúde (277, cap. 7).

O trabalho é uma instituição de Deus (277, cap. 7).

Quem move as mãos no serviço, / Foge à treva e à tentação. / Trabalho de cada dia / É senda de perfeição (277, cap. 7).

Trabalha e serve sempre, alheio à recompensa, / Que o trabalho, por si, é a glória que condensa / O salário da Terra e a bênção do Infinito (280, Honra ao trabalho).

[...] Está escrito que devemos comer o pão com o suor do rosto. O trabalho é o movimento sagrado da vida (281, pt. 2, cap. 2).

Trabalho – a santa oficina / De que a vida se engalana – / É a glória da luta humana / De que a Terra se ilumina (284, cap. 11).

[...] única ferramenta que pode construir o palácio do repouso legítimo. [...] (285, cap. 13).

[...] qualquer trabalho, desde que honesto, é título de glória para a criatura... (289, cap. 20).

[...] é o guia na descoberta de nossas possibilidades divinas, no processo evolutivo do aperfeiçoamento universal. [...] (289, cap. 20).

[...] todo trabalho honesto, no mundo, é título da confiança divina. [...] (289, cap. 27).

O trabalho é a escada divina de acesso aos lauréis imarcescíveis do espírito (290, cap. 9).

O trabalho, desse modo, é o alicerce da existência produtiva, assim como a raiz é o fundamento da árvore (292, Obrigação primeiramente).

O trabalho é das maiores bênçãos de Deus no campo das horas. Em suas dádivas de realização para o bem, o triste se reconforta, o ignorante aprende, o doente se refaz, o criminoso se regenera (297, cap. 20).

[...] o trabalho se constitui num eixo filosófico do serviço assistência espírita, já que sem ele o espírito permanece na infância intelectual, [...] (327, cap. 2.1).

[...] Outra virtude, tão apregoada por Paulo, era o amor ao trabalho. O Apóstolo condenava a preguiça e a ociosidade, e erigiu para máxima de sua filosofia social o "quem não trabalha, que também não coma". [...] (331, cap. 18).

"O trabalho é Lei da Natureza, por isso mesmo que constitui uma necessidade, e a civilização obriga o homem a trabalhar mais, porque lhe aumenta as necessidades e os gozos." Assim orientam os Espíritos na questão 674 d'O livro dos espíritos (p. 317) (332, cap. 3) [...].

[...] O trabalho é um dos alicerces sobre o qual se levanta o núcleo familiar [...] (332, cap. 3).

Ver também LEI DO TRABALHO *e* SERVIÇO

Trabalho assistencial

O trabalho assistencial é, para o médium em particular, e em geral para todos nós, fator de garantia do amparo dos amigos espirituais (163, cap. 40).

Trabalho da mulher

O trabalho da mulher é sempre a missão do amor, estendendo-se ao infinito (217, cap. 1).

Trabalho de Kardec

[...] Se meu nome tem agora alguma popularidade, seguramente não fui eu que o procurei, pois é notório que nem a devo à propaganda, nem à camaradagem da imprensa, e que jamais aproveitei de minha posição e de minhas relações para me lançar no mundo, quando isto me teria sido fácil. Mas, à medida que a obra crescia, um horizonte mais vasto se desdobrava à minha frente, recuando os seus limites; compreendi então a imensidão de minha tarefa e a importância do trabalho que me restava fazer para completá-la. Longe de me apavorarem, as dificuldades e os obstáculos redobraram minha energia; vi o objetivo e resolvi atingi-lo com a assistência dos bons Espíritos. Sentia que não tinha tempo a perder e não o perdi nem em visitas inúteis, nem em cerimônias ociosas; foi a obra de minha vida: a ela dei todo o meu tempo, sacrifiquei o meu repouso, minha saúde, porque o futuro estava escrito diante de mim em caracteres irrecusáveis. [...] (103, cap. 17).

Trabalho espírita

Fraternidade, respeito ao semelhante, desinteresse utilitarista, trabalho idealista na vivência do "amai-vos uns aos outros", tolerância e simplicidade de coração, humildade de espírito, numa palavra, a prática das virtudes evangélicas, eis o que distingue o trabalho espírita e caracteriza a instituição fundada e sustentada sob a inspiração do Espiritismo (61, Apresentação).

Trabalho material

O trabalho material é fator muito importante na vida do companheiro da mediunidade, preservando-o de tentações que o levariam a insucessos de ordem espiritual, pelo menosprezo aos valores eternos que lhe foram confiados (163, cap. 40).

Trabalho mediúnico

O trabalho mediúnico, essencialmente espiritual, é uma das mais belas fontes de caridade (163, cap. 44).

Trabalho, solidariedade e tolerância

[...] a exortação de Allan Kardec em torno do *trabalho* é de uma eficácia incomum, porque o trabalho edificante é mecanismo de oração transcendental e a mente que trabalha situa-se na defensiva. A *solidariedade* é como uma usina que produz a força positiva do amor, e, como o amor é a causa motriz do Universo, aquele que se afervora à mecânica da solidariedade sintoniza com os Instrutores da ordem, que dirigem o orbe. E a *tolerância*, que é a manifestação desse mesmo amor em forma de piedade edificante, transforma-se em couraça de luz, vigorosa e maleável, capaz de destruir os petardos do ódio ultriz ou os projéteis do desejo desordenado, porquanto, na tolerância fraternal, se anulam as vibrações negativas desta ou daquela procedência (78, Examinando a obsessão).

TRAGÉDIA DE SÃO BARTOLOMEU

Nem todos os massacrados durante os dias terríveis de São Bartolomeu seriam Espíritos abnegados e heroicos que voluntariamente se deram ao martírio por amor ao Evangelho. Muitos outros – e foram a maioria – sofreram a expiação e o resgate de perseguições que, por sua vez, infligiram ao próximo, em épocas diferentes. A tragédia de São Bartolomeu constituiu calamidade social que se prolongou no Além-Túmulo e cujas consequências ainda hoje perduram porque repercutem na sociedade terrena atual, sob dolorosos resgates e reabilitação daqueles que nela tiveram participação, e dos que, vítimas que não souberam perdoar, dos algozes de ontem se vingaram através das reencarnações, criando climas dramáticos para suicídios, obsessões, desastres, etc., amarguras profundas e insolúveis pelas forças humanas, para cada um em particular e para as sociedades da Terra e do Invisível. Alguns desses delinquentes, integrados hoje nas claridades da Terceira Revelação, como reencarnados, reconstroem o que naquela época destruíram (172).

TRANSCENDÊNCIA

Para Roger Garaudy "a transcendência designa a consciência da não realização do homem, a dimensão do Infinito." [...] (129, v. 3).

Transcendência espiritual (vertical e espacial)

Condução vertical, nos dois sentidos, do Plano Espiritual para o plano terreno e vice-versa: a) dos gostos, ideias e sentimentos; [...] b) do modo de pensar e dos atos [...]; c) do objetivo comum [...]; d) das paixões e do caráter predominante [...]. Esses transportes ou vazamentos entre os dois planos se dão: a) pela comunhão de sentimentos, ideias e objetivos; b) pelas reações recíprocas de um nível de vida sobre o outro [...]; c) pela atração dos Espíritos segundo os "costumes, os hábitos, o caráter dominante e as leis, as leis sobretudo, porque o caráter de uma nação se reflete nas suas leis". [...] (129, v. 5)..

Transcendência evolutiva (gradual)

O impulso do povo que se projeta do passado, alcança o presente e se ordena ao futuro, tanto no mundo terreno quanto no dos Espíritos, na busca, em comum, ansiosa e milenar, de níveis evolutivos mais elevados [...], e na mesma rota da transcendência histórica: a) pelo esforço empregado pelos homens de bem para conseguir que a nação se adiante moral e intelectualmente [...]; b) pela atração que a nação, por sua vez, exerce sobre as almas que já progrediram [...]; c) pelos esforços dos cidadãos que pouco a pouco se melhoram e instruem [...]; d) pelo impulso dos homens de gênio e daqueles dotados de autoridade como instrumentos de Deus. [...] (129, v. 5).

Transcendência histórica (horizontal e temporal)

Assim consideramos a projeção horizontal pela recorrência das mesmas gerações de Espíritos no plano social terreno, nacionalmente definido [...] imprimindo unidade histórica a um povo através dos tempos mantendo: a) afinidade de costumes e de hábitos, determinando o seu caráter dominante segundo o espírito de suas leis [...]; b) identidade de sentimentos, gostos e ideias [...]; c) a simpatia e uma certa similitude de pendores, tendências e graus de elevação [...]; d) um objetivo comum [...]; e) espírito de solidariedade intemporal [...]; f) a consciência das necessidades comuns [...]; g) o caráter distintivo do povo [...]. Isso tudo constitui o nexo essencial que liga e solda os tempos, conciliando a continuidade (a nação) com a mudança (a evolução coletiva) (129, v. 5).

Transcendência moral (consciencial)

O transporte das culpas, dos compromissos, das missões e dos méritos coletivos de um povo, do pretérito espiritual para o presente, e já ordenado ao futuro, em encarnações sucessivas e solidárias, através da transmigração das mesmas gerações de Espíritos ligados por uma consciência nacional [...]. Essa transcendência é moral, porque essas nações devem assumir coletivamente a responsabilidade de suas culpas, como também do seu merecimento e valor, mediante compromissos a serem cumpridos. Aqui se juntam as expiações coletivas, as missões dos povos, os resgates das dívidas contraídas em comum e também as provações futuras. Essa transcendência moral é, sem dúvida, um fator aglutinador das nacionalidades (transnacionalidade) (129, v. 5).

TRANSE

Sono sonambúlico profundo (4, Primeiras aparições de Katie King).

Há um estado especial, entre a vigília e o sono, que de alguma sorte abre as portas da subconsciência: o transe. [...] (35, cap. 1).

[...] o estado de transe não significa a supressão, mas a interiorização da consciência. Mesmo nos estágios mais profundos, "algo" não se extingue e permanece vigilante, à maneira de sistema secundário, mas ainda ativo (35, cap. 1).

O transe pode ser definido em termos psicológicos e neurofisiológicos. No primeiro caso "é um estado de baixa tensão psíquica, estreitamento do campo de consciência e acesso ao subconsciente", no segundo, a "inibição do córtex cerebral com liberação das estruturas sub-corticais que passam a reger a atividade nervosa superior.

[...] O transe não se confunde como o sono. No primeiro caso a inibição atinge apenas o córtex cerebral, no segundo se difunde à maior parte do encéfalo. [...] (35, cap. 1).

O estado de transe é esse grau de sono magnético que permite ao corpo fluídico exteriorizar-se, desprender-se do corpo carnal, e à alma tornar a viver por um instante sua vida livre e independente. A separação, todavia, nunca é completa; a separação absoluta seria a morte. Um laço invisível continua a prender a alma ao seu invólucro terrestre. [...] (48, pt. 2, cap. 19).

O transe é um estado de inconsciência, em que caem certas pessoas anormais. Pode comparar-se à imersão num sono profundo, com breves intervalos de vigília consciente. É, todavia, mais do que o sono, porque é um estado muito mais profundo de inconsciência; a personalidade se retira para mais longe do que no sono e o corpo fica mais insensível (63, cap. 4).

[...] No transe, colocamos o espírito um pouco afastado do seu invólucro de carne, mas ligado o seu corpo espiritual, por um cordão psíquico, ao mesmo invólucro carnal. [...] (63, cap. 12).

O transe, durante o qual o supranormal se manifesta em todo o seu poder, é uma espécie de aniquilação da atividade dos centros nervosos, indo, por vezes, até a um verdadeiro coma (97, O acórdão da primeira câmara).

O transe vai do simples desprendimento ao sono profundo (98, Médiuns e experimentadores)

[...] A natureza do médium é variadíssima e o estado de transe vai da insensibilidade absoluta à mais completa normalidade. [...] (98, Nota da 2ª ed.).

[...] É um processo semelhante ao adormecimento [...]; quanto à "volta", parece um despertar. Se o transe foi profundo, [o médium] retorna com a sensação de que fez uma viagem distante. Desperta sempre sentindo-se melhor do que se sentia antes (147, cap. 14).

[...] O transe pode ser entendido, também, como "um estado de baixa tensão psíquica", quando se dá o estreitamento do campo da consciência, podendo acontecer a dissociação, ou seja, o desdobramento do perispírito. [...] (311, pt.3, cap. 1.1).

Transe farmacogênico

Uma outra via de acesso às realidades da alma é aquela constituída pelo transe farmacógeno. Data de tempos imemoriais o conhecimento de substâncias psicoativas, indutoras de um tipo especial, ou melhor, de tipos especiais de transe. É fato notório que durante tais estados podem ocorrer fenômenos mediúnicos ou paranormais, associados a estados alterados de consciência.

As substâncias capazes de induzir tais estados alterados de consciência possuem uma certa similaridade estrutural com as monoaminas cerebrais ou seus derivados catabólicos, e são denominadas drogas eidéticas, psicodélicas, psicotomiméticas, psicolíticas, psicotrópicas, etc. ou pelo termo mais técnico e específico de psicodislépticas. A característica fundamental dos psicotrópicos é a afinidade especial com o sistema nervoso central. Essas drogas provocaram uma verdadeira revolução na Psiquiatria, com o advento dos tranquilizantes, dos neurolépticos, neuroanalépticos, anticomiciais, etc (9, cap. 7).

Transe hipnótico

[...] O que se sabe ao certo é que um paciente pode ser levado, geralmente pela ação de um magnetizador, a um estado denominado *transe hipnótico*, no qual podem ocorrer fatos bastante singulares, sendo o mais comum deles a inibição de alguns de seus centros nervosos (94, pt. 2, cap. 1).

Transe mediúnico

Em geral, considera-se o transe mediúnico, autossugerido, uma forma de autossugestão ou auto-hipnose. Segundo Osty, os médiuns teriam uma tendência hereditária para o transe. Diversos autores espíritas apontam nessa mesma direção, acrescentando, a Doutrina Espírita, a ação heterossugestiva de feição telepática, oriunda de uma personalidade espiritual de um sistema dimensional ainda insuspeitado pela Física das partículas. Para Geley, "o médium é um ser cujos elementos constitutivos, mentais, dinâmicos e materiais são suscetíveis de descentralização momentânea" (ou dissociação).

Contudo, para a posição espírita, o conceito de dissociação adquire extensão jamais prevista pela Psiquiatria, e pressupõe a exteriorização ou a introjeção de uma forma singularíssima de energia, capaz de produzir fenômenos de ordem física, psíquica ou plástica. Essa energia, ou energias, para ser mais preciso, parece ser diferente das energias nuclear, eletromagnética e gravitacional, o tripé da Física Moderna. Uma das modalidades dessas energias que atuam no processo mediúnico são os denominados "átomos mentais", de A. Luiz [...]. A extensão maior ou menor do transe condiciona a dissociação de um segmento maior ou menor da consciência. Cerviño sugere que o transe mediúnico, embora intimamente ligado ao hipnótico, tem fisiologia própria, e merece estudo à parte. Para esse autor, o transe mediúnico receberia, através das faculdades paranormais da subconsciência (Funções Psi), estímulos "não-físicos", oriundos de uma realidade ultrafísica: "poder-se-ia mesmo admitir que o médium, ao reviver uma personalidade póstuma, está em *rapport* com essa personalidade, e mais, que graças ao *processus* sugestivo-telepático, sua conduta dissociada realiza nestas condições um verdadeiro psicomimetismo ("faculdade mimética" do subliminal – Myers) [...] (9, cap. 5).

André Luiz descreve o transe mediúnico: alma e corpo da médium se dissociam parcialmente; o comunicante justapõe-se a ela, semelhante à enxertia de plantas; a intermediária tudo controla e, se preciso, retomará o físico imediatamente, pois permanece com relativa consciência; forma-se uma junção perispiritual que permite ao Espírito dominar o centro da fala da médium e expressar-se. [...] (347, p. 2, cap. 35).

Transe mediúnico de baixo teor

[...] presenciamos um ataque epiléptico, segundo a definição da medicina terrestre, entretanto, somos constrangidos a identificá-lo como sendo um transe mediúnico de baixo teor, porquanto verificamos aqui a associação de duas mentes desequilibradas, que se prendem às teias do ódio recíproco (269, cap. 9).

TRANSEXUAL

Devemos compreender que os transexuais existiriam em duas faixas perfeitamente analisáveis. Os fronteiriços [...] por serem indivíduos com possibilidades de se "endividarem", diante do plano evolutivo, pela persistência na patologia sexual, onde enormes componentes dolorosos o aguardariam. A outra faixa corresponderia aos transexuais que possuem algum desenvolvimento das forças sexuais do psiquismo e em plena fase de equilíbrio construtivo; seriam indivíduos mais bem dotados na evolução, o que lhes daria uma certa defesa diante de possíveis quedas dentro dos mecanismos instintivos inferiores. Casos dessa natureza podem ser observados como resultado da transição de polarização sexual no sentido reencarnatório. Referimo-nos aos espíritos que vêm reencarnando na faixa sexual masculina ou feminina, por algum tempo, e como que de repente ocupam (geralmente pelas missões e nobres experiências) corpos do sexo oposto. O resultado seria que, apesar de construírem um corpo sadio, com as energias hígidas que o próprio espírito carrega e influencia na morfogênese, a força sexual pretérita da alma, aqueles vórtices ainda plenificados das emoções e experiências passadas, não consegue deixar de influenciar o psiquismo do novo corpo que apóia órgãos sexuais de tendências opostas.

[...] são indivíduos que não tendo aquela necessidade de "construção emocional" através do sexo de periferia (utilização dos órgãos sexuais do corpo físico), normalmente constroem-se através da castidade [...] (189, cap. 4).

Os transexuais de transição reencarnatória, aqueles em que os fatores sexuais da alma já demonstraram alguma maturação, atravessam essa faixa de vida com estoicismo e equilíbrio por excelência. São indivíduos que sentem o pequeno desvio psicológico em face da maioria ainda instintiva, mas jamais se permitem ao desregramento e desequilíbrio de sua função sexual no corpo físico. [...] (189, cap. 4).

Ver também HOMOSSEXUALIDADE *e* HOMOSSEXUALISMO

TRANSEXUALISMO

[...] Quando o corpo se encontra definido numa ou noutra forma e o arcabouço psicológico não corresponde à realidade física, temos o transexualismo, que, empurrado pelos impulsos incontrolados do *eu* espiritual perturbado em si mesmo ou pelos fatores externos, pode marchar para o homossexualismo, caindo em desvios patológicos, expressivos e dolorosos... É, no entanto, na forma transexual, quando o Espírito supera a aparência e aspira pelos supremos ideais, que surgem as grandes realizações da Humanidade, como também sucede na heterossexualidade destituída de tormentos e anseios lúbricos, que lhe causam grandes distonias. [...] (77, cap. 6).

O transexualismo deve representar todo aquele caso em que o corpo está perfeitamente definido ao lado da genitália, na faixa masculina ou feminina, contudo, o arcabouço psicológico não corresponde à realidade física. É o que se tem observado em certas estruturas masculinas com atitudes, tendências e emoções tipicamente femininas, ou organizações femininas com a psique masculina (189, cap. 4).

Ver também HOMOSSEXUALIDADE *e* HOMOSSEXUALISMO

TRANSFIGURAÇÃO

Podendo o Espírito operar transformações na contextura do seu envoltório perispirítico e irradiando-se esse envoltório em torno do corpo qual atmosfera fluídica, pode produzir-se na superfície mesma do corpo um fenômeno análogo ao das aparições. Pode a imagem real do corpo apagar-se mais ou menos completamente, sob a camada fluídica, e assumir outra aparência; ou, então, vistos através da camada fluídica modificada, os traços primitivos podem tomar outra expressão. [...]

[...] O fenômeno resulta, portanto, de uma transformação fluídica; é uma espécie de aparição perispirítica, que se produz sobre o próprio corpo do vivo e, algumas vezes, no momento da morte, em lugar de se produzir ao longe, como nas aparições propriamente ditas. [...] (101, cap. 14, it. 39).

[...] em virtude da irradiação fluídica, pode modificar a aparência de um indivíduo [...] (101, cap. 15, it. 44).

[...] Consiste na mudança do aspecto de um corpo vivo. [...]

Figuremos agora o perispírito de uma pessoa viva, não isolado, mas irradiando-se em volta do corpo, de maneira a envolvê-lo uma espécie de vapor. Nesse estado, passível se torna das mesmas modificações de que o seria, se o corpo estivesse separado. Perdendo ele a sua transparência, o corpo pode desaparecer, tornar-se invisível, ficar velado, como se mergulhado numa bruma. Poderá então o perispírito mudar de aspecto, fazer-se brilhante, se tal for a vontade do Espírito e se este dispuser de poder para tanto. Um outro Espírito, combinando seus fluidos com os do primeiro, poderá, a essa combinação de perispíritos, imprimir a aparência que lhe é própria, de tal sorte, que o corpo real desapareça sob o envoltório fluídico exterior, cuja aparência pode variar à vontade do Espírito. Esta parece ser a verdadeira causa do estranho fenômeno e raro, cumpra se diga, da transfiguração (107, it. 122 e 123).

O perispírito das pessoas vivas goza das mesmas propriedades que o dos Espíritos. Como já foi dito, o daquelas não se acha confinado no corpo: irradia e forma em torno deste uma espécie de atmosfera fluídica. Ora, pode suceder que, em certos casos e dadas as mesmas circunstâncias, ele sofra uma transformação [...]: a forma real e material do corpo se desvanece sob aquela camada fluídica, se assim nos podemos exprimir, e toma por momentos uma aparência inteiramente diversa, mesmo a de outra pessoa ou a do Espírito que combina seus fluidos com os do indivíduo, podendo também dar a um semblante feio um aspecto bonito e radioso. Tal o fenômeno que se designa pelo nome de *transfiguração* [...].

O fenômeno da transfiguração pode operar-se com intensidades muito diferentes, conforme o grau de depuração do perispírito, grau que sempre corresponde à elevação moral do Espírito. Cinge-se às vezes a uma simples mudança no aspecto geral da fisionomia, enquanto que doutras vezes dá ao perispírito uma aparência luminosa e esplêndida (109, pt. 1, Manifestações dos Espíritos).

A transfiguração não é mais do que uma modificação de aparência, uma mudança, uma alteração dos traços fisionômicos, operável pela ação do próprio Espírito sobre o seu envoltório, ou por uma influência estranha. O corpo não muda nunca, mas, em consequência de uma contração nervosa, toma aparência diversas (14, Apêndice).

Por meio do corpo etéreo é que, finalmente, podemos explicar o milagre da *transfiguração*. A um Espírito poderoso e puro, possível é operar magnífica transformação no fluido que o envolve. Sob essa camada diáfana, a figura real do corpo pode-se modificar, como através de um prisma, e tomar uma expressão radiosa, conservando a fisionomia que lhe é própria. Se bem que em grau mais fraco, todos os dias vemos operar-se esse milagre. Sob o império de uma paixão má, um lindo semblante assume horrendo aspecto, enquanto um rosto desgracioso se ilumina e embeleza, ao ponto de se tornar admirável, depois de uma ação heróica, ou sob o influxo de um pensamento sublime (134, 34ª efusão).

[...] Isto [uma fotografia] é interessante por lançar luz sobre a gênese da chamada transfiguração, isto é: o médium toma a si o papel do Espírito, esforçando-se por dramatizar o caráter da pessoa em questão, vestindo-se ele mesmo com o material fabricado. [...] (316, cap. 11).

TRANSMIGRAÇÕES PROGRESSIVAS

ver REENCARNAÇÃO

TRANSMISSÃO DO PENSAMENTO

ver TELEPATIA

TRANSNAÇÃO

[...] é o efeito do cruzamento, no tempo e no espaço físico e espiritual, de quatro transcendentalidades, histórica, espiritual, evolutiva e moral, de uma população em número significativo e substancial de seres espirituais afins, encarnados e desencarnados, solidários entre si, na constância da comunhão de ideias, sentimentos e responsabilidades morais; com um objetivo comum de auto-superação espiritual coletiva, e que se estende ao longo das sucessivas existências físicas desses seres, abrangendo os dois planos de vida, estreitamente vinculados, em constante interação e alternância de posições através dos tempos (129, v. 5)

TRANSPORTE

[...] Consiste no trazimento espontâneo de objetos inexistentes no lugar onde estão os observadores. São quase sempre flores, não raro frutos, confeitos, joias, etc.

[...] os fatos de transporte são múltiplos, complexos, exigem um concurso de circunstâncias especiais, não se podem operar senão por um único Espírito e um único médium e necessitam, além do que a tangibilidade reclama, uma combinação muito especial, para isolar e tornar invisíveis o objeto, ou os objetos destinados ao transporte (107, it. 96 e 98)

[...] como o seu fluido pessoal [do Espírito] é dilatável, combina uma parte desse fluido com o fluido animalizado do médium e é nesta combinação que oculta e transporta o objeto que escolheu para transportar. [...] (107, it. 99)

Chama-se transporte (*apport*), um objeto qualquer que os Espíritos conduzem de um lugar para outro. [...].

O Dr. Guillon Ribeiro, que já traduziu várias obras em diversos idiomas, e é abalizado cultor do vernáculo, emprega, no caso, a palavra "trazimento", que serve tanto para o objeto trazido como para a ação de trazer, e, assim, costuma esse provecto escritor dizer "trazimento" em vez de transporte. [...] (42, pt. 5, cap. 3).

[...] Aparição imprevista, sobre mesinha ou na sala, de objetos vindos de longe, e entrados através de portas e paredes, tais flores, raminhos, folhagens, pregos, moedas, pedras, etc (130, pt. 2, cap. 2).

O termo transporte não deve ser aplicado ao fenômeno de deslocamento do Espírito do médium. Talvez seja melhor dizer-se, no caso de Luiz Mirabelli e congêneres, de *translação.* Justamente para evitar confusões, Guillon Ribeiro, ao referir-se ao fenômeno de transporte (usado especificamente para os deslocamentos de objetos por Espíritos, propôs a tradução do vocábulo francês *apport* (trazer) por *trazimento* (ação de trazer). De qualquer forma, o emprego da palavra transporte é desaconselhável para designar qualquer desses dois fenômenos (178, Glos.).

Feita a obscuridade, a médium adormeceu e sem demora uma pancada nos anunciava a realização da surpresa. Dando-se luz, encontramos uma flor sobre a pequena mesa que servia para receber as manifestações, uma flor transportada do jardim.

Essa espécie de fenômenos, chamados de transporte, repetiu-se frequentemente, em crescente intensidade, chegando a realizar-se, em uma sessão, o aparecimento, na sala inteira e cuidadosamente fechada, de mais de vinte flores. [...] (322, cap. 3 – Manifestações Iniciais).

Ver também TRAZIMENTO

TRANSPOSIÇÃO DOS SENTIDOS

[...] é a faculdade que têm certos sonâmbulos de ver sem a intervenção dos olhos, de cheirar sem o órgão da olfação, de ouvir sem o auxílio do ouvido (42, pt. 2, cap. 3).

TRANSTORNOS PSICOPATOLÓGICOS

Nos transtornos psicopatológicos manifestam-se torpes somatizações, que decorrem da ansiedade, do estresse, do medo, do ciúme, do ódio, do ressentimento, que constituídos por emoções perturbadoras, provenientes de estados mentais insatisfatórios e primários, refletem-se no corpo físico em forma de ulcerações, distúrbios gastrointestinais, tumores e, normalmente, afetando o sistema imunológico, assim facultando campo para a instalação de processos infecciosos, degenerativos...
De outra maneira, afecções e infecções orgânicas, em razão das toxinas que produzem nos tecidos da aparelhagem fisiológica, igualmente atingem a emoção, produzindo transtornos psicológicos, como depressão, distúrbio do pânico, às vezes atingindo também a mente e empurrando a criatura para distúrbios psicóticos mais graves como a esquizofrenia, o autismo... (75, Corpo e mente).

TRAZIMENTO

[...] é a condução de objetos de um compartimento para outro, ou de fora para o lugar onde está o médium, por um agente invisível (63, cap. 4)..

Ver também TRANSPORTE

TREVA

[...] trevas são, pois, esses lugares povoados e ao mesmo tempo desertos, espaços em que erram obscuros Espíritos lastimosos, sem consolo, sem afeições, sem socorro de espécie alguma. [...] (104, pt. 2, cap. 4)

As trevas são o mundo material em que vivem os homens da Terra. [...] (46, pt. 1, cap. 3).

[...] A luz sempre chega e triunfa, mesmo porque a treva nada mais é do que a ausência dela, não tendo, portanto, nenhuma significação real (80, cap. 3).

[...] é a moldura que imprime destaque à luz [...] (231, cap. 1).

Chamamos trevas às regiões mais inferiores que conhecemos. [...] preferindo caminhar às escuras, pela preocupação egoística que os absorve, [há seres que] costumam cair em precipícios, estacionando no fundo do abismo por tempo indeterminado. [...] (270, cap. 44).

TRIBULAÇÃO

A tribulação é a tormenta das almas. Ninguém deveria olvidar-lhe os benefícios. Aflições, dificuldades e lutas são forças que compelem à dilatação do poder, ao alargamento de caminho (295, cap. 119).

TRIBUNAL

O tribunal é um santuário para a manifestação da justiça; no entanto, se o magistrado que lhe preside as ações não se honra no culto da reta consciência, inultimente surgirão leis e processos para a exaltação do equilíbrio (246, cap. 19).

TRINDADE

ver ELEMENTOS GERAIS DO UNIVERSO

TRISTEZA

[...] é nuvem nos olhos da saúde [...] (78, cap. 11).

Tristeza de todo instante é ferrugem nas engrenagens da alma. [...] (256, cap. 102).

TRIUNFAR

Triunfar é esquecer o lado menos bom da vida, lembrando o cumprimento das próprias obrigações que, em verdade, sustentam a nossa alegria incessante (307, cap. 90).

TÚMULO

O túmulo é o ponto de reunião de todos os homens. Aí terminam inelutavelmente todas as distinções humanas. [...] (106, q. 824).

[...] o túmulo, que parece o término de todas as coisas perecíveis, é onde ela [a alma] desperta do letargo que a conservava agrilhoada ao limo infecto – o corpo – que se metamorfoseia, no laboratório incomparável da Natureza, em vorazes e repulsivas larvas e em flores olorosas: é o regresso à verdadeira pátria, de onde se achava exilada, depois de um momento de dor infinita, que se afigura durar milênios a vida material (88, L. 2, cap. 1).

O túmulo é grande nivelador da Humanidade. É nessa necrópole imensa que desaparecem as hierarquias sociais, bem como as vaidades humanas (160, Epíl.).
Cada túmulo representa um destino, um caminho ou um exemplo que passaram. A sepultura, para muitas almas, é estrado de repouso, leito hospitalar ou enxerga carcerária.
O berço é o ninho de entrada.
O sepulcro é o museu da saída (219, Museu de cera).
A sepultura não é uma cigana cheia de promessas miraculosas, e sim uma porta mais larga de acesso à nossa própria consciência (232, cap. 18).

[...] é a penetração na luz de novo dia para quantos lhe atravessam a noite com a visão da esperança e do trabalho (236, pt. 1, cap. 6).

[...] é a porta de acesso [da esfera invisível] (239, cap. 67).

[...] é apenas transposição de plano em que a nossa consciência encontra a si mesma, sem qualquer fantasia (260, cap. 57).

O túmulo é apenas uma porta que se abre no caminho da vida, da vida que continua sempre vitoriosa (286, Páginas de saudade e ternura).
A sepultura não é a porta do céu, nem a passagem para o inferno. É o bangalô subterrâneo das células cansadas – silencioso depósito do vestuário apodrecido (289, Do noticiarista desencarnado).

[...] é mudança de casa, nunca de situação espiritual. [...] (289, cap. 30).

O túmulo numa esfera é berço em outra (295, cap. 158).

Ver também DESENCARNAÇÃO *e* MORTE

U

UBIQUIDADE

Não pode haver divisão de um mesmo Espírito; mas, cada um é um centro que irradia para diversos lados. Isso é que faz parecer estar um Espírito em muitos lugares ao mesmo tempo. Vês o Sol? É um somente. No entanto, irradia em todos os sentidos e leva muito longe os seus raios. Contudo, não se divide (106, q. 92).

Dom Salvini faz outros relatos sobre o fenômeno da ubiquidade na vida de Santo Antônio de Pádua: [...] N.E.: Faculdade que tem o Espírito de se irradiar para dois ou mais lugares ao mesmo tempo. Ver O livro dos espíritos, q. 92 (344, cap. 8.2).

ÚLTIMOS SERÃO OS PRIMEIROS E OS PRIMEIROS OS ÚLTIMOS (OS)

Muitos dos que se colocaram na frente, entre os primeiros, serão dos últimos a chegar ao fim, por não terem marchado com perseverança.
Os que confiam *em si mesmos* e *creem* marchar com mais segurança e passar adiante de seus irmãos, se verão obstados pelo seu próprio orgulho e terão igualmente retardada a marcha (182, v. 2).

UMBANDA

A Umbanda é *prática religiosa* dos negros africanos bantos que, juntamente com os sudaneses, foram trazidos ao Brasil, como escravos. Existindo entre os negros bantos, segundo Nina Rodrigues e Artur Ramos, o *culto dos antepassados*, ou a *crença na existência da alma dos mortos*, os negros brasileiros *fundiram* esse culto com as *práticas do Catolicismo* e do *mediunismo*, assimilando-o ao seu ritual supersticioso, daí nascendo então o culto banto-ameríndio da Umbanda, conforme define João Teixeira de Paula *in Estudos de Espiritismo* (11, Espiritismo e Umbanda).

UMBRAL

[...] imenso território da névoa que desempenha as funções de alfândega da Espiritualidade [...] (219, Após inaugurares um túmulo).

[...] situado entre a Terra e o Céu, [é] dolorosa região de sombras, erguida e cultivada pela mente humana, em geral rebelde e ociosa, desvairada e enfermiça. [...] (231, cap. 19).

O umbral [...] começa na crosta terrestre. É a zona obscura de quantos no mundo não se resolveram a atravessar as portas dos deveres sagrados, a fim de cumpri-los, demorando-se no vale da indecisão ou no pântano dos erros numerosos. [...] (270, cap. 12).

[...] funciona, portanto, como região destinada a esgotamento de resíduos mentais; uma espécie de zona purgatorial, onde se queima a prestações o material deteriorado das ilusões que a criatura adquiriu por atacado, menosprezando o sublime ensejo de uma existência terrena (270, cap. 12).

[...] O plano está repleto de desencarnados e de formas-pensamentos dos encarnados, porque, em verdade, todo espírito, esteja onde estiver, é um núcleo irradiante de forças que criam, transformam ou destroem, exteriorizadas em vibrações que a ciência terrestre presentemente não pode compreender. Quem pensa, está fazendo alguma coisa alhures. E é pelo pensamento que os homens encontram no umbral os companheiros que afinam com as tendências de cada um. Toda alma é um ímã poderoso. [...] (270, cap. 12).

Registrando o temor que se apossara de mim, o irmão Andrade, em voz baixa, explicou-me que os planos habitados pela mente encarnada emitiam, de permeio com as criações dos Espíritos inferiores desencarnados, formas perturbadas, quando não horripilantes, de vez que a maioria das criaturas terrestres, na carne ou desenfaixadas do corpo, denunciavamse, no íntimo, através de comportamento quase irracional. Salientou que a esfera próxima do homem comum, em razão disso, é povoada por verdadeira aluvião de seres estranhos, caprichosos e muita vez ferozes. Chegou mesmo a dizer que inúmeros sábios da espiritualidade superior classificam semelhante região de *império dos dragões do mal.* Rememorei a leitura de páginas mediúnicas vindas ao meu conhecimento antes da morte e o companheiro dedicado confirmou-as, declarando que a zona em que viajávamos constituía realmente o umbral vastíssimo, entre a residência dos irmãos encarnados e os círculos vizinhos (297, cap. 7).

André Luiz, por exemplo, registra explicações de Lísias sobre o umbral que [...] começa na crosta terrestre. [...] Funciona, portanto, como região destinada a esgotamento de resíduos mentais; uma espécie de zona purgatorial onde se queima a prestações o material deteriorado de ilusões que a criatura adquiriu por atacado, menosprezando o sublime ensejo de uma existência terrena (314, pt.2, cap. 7.1).

[...] O umbral é a região do espaço onde se encontram, transitoriamente domiciliados, os Espíritos que têm um "inferno" interior. [...] (330, cap. 28)

Ver também ABISMO, GEENA, INFERNO, REGIÃO INFERIOR *e* ZONA PURGATORIAL

UNIÃO

[...] identidade de desenvolvimento, comunidade de interesses, progressão mútua e afetuosa. [...] (149, sec. 6).

A união de todos os credos é meta divina para o divino futuro, mas, por enquanto, a Terra ainda está fascinada pelo critério da maioria. [...] (244, cap. 21).

A união fraternal é o sonho sublime da alma humana, entretanto, não se realizará sem que nos respeitemos uns aos outros, cultivando a harmonia, à face do ambiente que fomos chamados a servir. Somente alcançaremos semelhante realização *procurando guardar a unidade do espírito pelo vínculo da paz* (256, cap. 49).

[...] entendimento mútuo de nossas necessidades, com o serviço da cooperação atuante, a partir do respeito que devemos uns aos outros (292, Aliança espírita).

UNIÃO ANTIPÁTICA

[...] nessas uniões [antipáticas], ordinariamente buscais a satisfação do orgulho e da ambição, mais do que a ventura de uma afeição mútua. Sofreis então as consequências dos vossos prejuízos (106, q. 940).

UNIFICAÇÃO

[...] unidade de ação doutrinária e coesão administrativa, com entrelaçamento de vontades, objetivando a vivência dos postulados do Espiritismo (13, cap. 24).

Então, Bezerra de Menezes, sentindo a importância e a gravidade do problema que se desenvolvia arbitrariamente, aqui e ali, capacitou-se da imprescindibilidade de uma nova unificação do comportamento espírita, naturalmente seguindo a linha sensata e segura do Codificador, nos difíceis tempos da luta pela estabilização da Doutrina, em setores ainda pouco preparados para alcançar a significação da desejada homogeneidade da ação espírita, quer nos trabalhos práticos ou experimentais, quer nas tarefas de doutrinação e evangelização. Desde aí, o Espiritismo brasileiro compreendeu, acompanhando o raciocínio superior de Bezerra de Menezes, que a unificação, indiscutivelmente indispensável e urgente, teria de ser, não um serviço de emergência, transitório, mas um trabalho de caráter permanente, contínuo, destinado a se desenvolver de acordo com as necessidades presentes e futuras, porquanto, além de receber sempre novos contingentes de adeptos, inscientes e carentes de orientação, teria de estimular e ajudar àqueles que, vindo de outros credos, se encontrassem, ainda que inconscientemente, apegados a praxes e costumes diversos, e a outros, mais antigos, que, não havendo ainda assimilado completamente o espírito da Doutrina, pensassem, de boa-fé, mas erroneamente, em introduzir novidades, convencidos de laborarem para o bem da causa por eles abraçada (138, Ser ou não ser, eis a questão).

Ver também ORGANIZAÇÃO FEDERATIVA

UNIFICAR

Unificar, em todos os sentidos e de todas as formas, é o objetivo que todos os espíritas devemos perseguir sem esmorecimento. Para que isso se torne fácil, basta que cada qual siga a Doutrina, exemplifique seus princípios, procure colocar a Doutrina acima de atitudes personalistas e de interesses outros, porque a verdade é que ninguém perderá coisa alguma se se dispuser a obedecer àqueles princípios. Pelo contrário, somente se beneficiará, beneficiando a coletividade espírita e a Humanidade (138, Unificação e doutrina).

UNIGÊNITO

[...] Jesus (178, Glos.).

UNIVERSALIDADE DOS ENSINOS

[...]. Essa foi a metodologia usada por Kardec, que ele chamou de universalidade dos ensinos.

Consultando centenas de Espíritos, por inúmeros médiuns, colheu e confirmou exaustivamente as noções fundamentais sobre a vida Além-Túmulo. [...] (343, Onde vivem os mortos).

UNIVERSO

O Universo é, ao mesmo tempo, um mecanismo incomensurável, acionado por um número incontável de inteligências, e um imenso governo em o qual cada ser inteligente tem a sua parte de ação sob as vistas do soberano Senhor, cuja vontade *única* mantém por toda parte a unidade. [...] (101, cap. 18, it. 4).

A casa do Pai é o Universo. [...] (105, cap. 3, it. 2).

O Universo abrange a infinidade dos mundos que vemos e dos que não vemos, todos os seres animados e inanimados, todos os astros que se movem no espaço, assim como os fluidos que o enchem (106, cap. 3, Epíg.).
[...] o Universo é infinito em todas as direções (40, cap. 6).

[...] O Universo é o campo de educação do espírito imortal [...] (45, cap. 8).

[...] É um organismo imenso animado de vida eterna. [...] (46, pt. 2, cap. 9).

[...] é um prodígio de sabedoria, de harmonia, de beleza, e que já na penetração das leis superiores se realiza a união da Ciência, da Arte e da Religião, pela visão de Deus na sua obra. [...] (52, pt. 1, cap. 1).

[...] imenso laboratório onde se afina e apura a alma humana, através das existências alternativamente celestes e terrestres. O objetivo das últimas é um só – a educação das Inteligências associadas aos corpos. [...] (52, pt. 3, cap. 26).

[...] nada mais, nem menos é do que éter, em diferentes estados de vibração [...] (63, cap. 2).

[...] o Universo todo é feito de matéria em vários graus de densidade e de atividade vibratória; que ela enche por completo o espaço, em todo o qual há vida nos mais variados graus de desenvolvimento. [...] (63, cap. 9).

O universo aparente, o mundo visível, é o cadinho no qual se elabora, incessantemente, o mundo psíquico, único real e definitivo (70, Epíl.).
O *Universo pulsante*, que os modernos cientistas já afirmam ser não mais uma máquina,

conforme os conceitos materialistas do passado, mas sim um *Grande Pensamento*, é o exemplo dessa ação incessante... [do trabalho]. Nele, não há vácuo nem repouso ... A vibração da vida está presente, a tudo interpenetrando e movendo (77, cap. 18).

[...] Para nós, a Casa do Pai é o Universo e as suas diversas moradas são os mundos inumeráveis, que uns servem de campo à atividade dos Espíritos que se depuram, enquanto outros oferecem habitação aos Espíritos purificados. [...] (134, 3ª efusão).

[...] o Universo não é um conjunto de criações díspares e coeternas e sim uma sucessão de seres mais ou menos adiantados, conforme suas idades e seus papéis. [...] (134, 8ª efusão).

[...] O Universo é, pois, a soma de todas as perfeições reunidas e combinadas e o sinal representativo da perfeição suprema (134, 10ª efusão).

O Universo é o Império Divino dos Raios e das Forças, onde tudo e todos se intercomunicam e se sustentam. As árvores, os animais, a terra, as águas e o ar, tudo, enfim, que circunda o ser humano, o atinge com as suas irradiações e é igualmente atingido pelas irradiações dele (188, cap. 5).

O Universo é o templo do Senhor. [...] (193).

O Universo é uma arena em que a alma luta pelo seu engrandecimento, e este só é obtido por seus trabalhos, sacrifícios e sofrimentos. [...] (202, Ligeiros comentários sobre as obras de Léon Denis).

[...] É obra de Deus [...] (207, cap. 7).

O Universo físico é complemento do Universo espiritual. Estão interligados como obra do mesmo Criador (207, cap. 9).

[...] é o moto-perpétuo de Deus [...] (219, Após inaugurares um túmulo).

[...] é um organismo, isto é, um todo composto de partes reunidas, não ao acaso, mas com ordem, com recíproca proporção e, embora momentânea e excepcionalmente o contrário se possa dar, sempre em correlação entre si, como é necessário se verifique num organismo em que, funcionando, as partes componentes têm que se coordenar para um fim único. [...] O Universo é um movimento contínuo. [...] (226, v. 3).

[...] é a exteriorização do pensamento divino, de cuja essência partilhamos, em nossa condição de raios conscientes da Eterna Sabedoria, dentro do limite de nossa evolução espiritual (269, cap. 1).

Universo é a projeção da mente divina [...] (269, cap. 13).

O Universo é plano infinito que o pensamento divino povoou de ilimitadas e intraduzíveis belezas (273, q. 325).

O Universo é o nosso domicílio (295, cap. 130).

[...] interpretaremos o Universo como um todo de forças dinâmicas, expressando o pensamento do Criador. [...] (306, cap. 4).

USO

O uso é o bom senso da vida e o metro da caridade. [...]

Uso é moderação em tudo (304, cap. 7).

ÚTERO

O útero materno é um vaso anímico, porque todos os acontecimentos biofisiológicos acontecem sob a influência poderosa, sutil e desconhecida da força mental do Espírito reencarnante, em conjunção com a mente materna, determinando situações que nem a ciência terrestre e nem mesmo a mulher podem perceber em toda a extensão espiritual.
O seio materno é manjedoura divina que abriga amorosamente um espírito para refundição da forma humana, garantindo sua volta às lutas evolutivas da vida terrena (12, cap. 19).

[...] O útero maternal significa, para nós outros, a porta bendita para a redenção [...] (267, cap. 12).

V

VAI O HOMEM E VENDE O QUE TEM

[...] Quer isto dizer: ele se despoja dos erros, dos maus instintos, dos maus pendores, dos vícios, numa palavra – de tudo que o prende à matéria, como os bens terrenos o prendem ao solo que os encerra (182, v. 2).

VAIDADE

A palavra vaidade possui duas significações: a) "qualidade do que é vão, instável, de pouca duração"; b) "desejo exagerado de atrair a admiração ou as homenagens dos outros" (30, cap. 59).

A vaidade na excursão difícil, a que nos afeiçoamos com as nossas tarefas, é o rochedo oculto, junto ao qual a embarcação de nossa fé mal conduzida esbarra com os piratas da sombra, que nos assaltam o empreendimento, buscando estender o nevoeiro do descrédito ao ideal que esposamos, valendo-se, para isso, de nosso próprio desmazelo (260, cap. 50).

A vaidade é um verdugo sutil (265, cap. 31).

VAMPIRISMO

Vampirismo: ação pela qual Espíritos involuídos, arraigados às paixões inferiores, se imantam à organização psicofísica dos encarnados (e desencarnados), sugando-lhes a substância vital (161, cap. 13).

[Constitui] [...] inquietante fenômeno de parasitose mental. [...]

No vampirismo, devemos considerar igualmente os fatores externos e internos, compreendendo, porém, que, na esfera da alma, os primeiros dependem dos segundos, porquanto não há influenciação exterior deprimente para a criatura, quando a própria criatura não se deprime. [...] Toda forma de vampirismo está vinculada à mente deficitária, ociosa ou inerte, que se rende, desajustada, às sugestões inferiores que a exploram sem defensiva (260, cap. 34).

[...] Pela definição constante da epígrafe, vampiro é a entidade desencarnada que se utiliza das energias do encarnado, nutrindo-se delas. [...] (347, p. 1, cap. 16).

Ver também PARASITISMO ESPIRITUAL,
PARASITOSE ESPIRITUAL *e*
PARASITOSE OBSESSIVA

VAMPIRO

[...] é toda entidade ociosa que se vale, indebitamente, das possibilidades alheias e, em se tratando de vampiros que visitam os encarnados, é necessário reconhecer que eles atendem aos sinistros propósitos a qualquer hora, desde que encontrem guarida no estojo de carne dos homens (267, cap. 4).

Ver também ECTOPARASITA

VARINHAS DIVINATÓRIAS

As varinhas divinatórias foram conhecidas desde a mais remota Antiguidade, pelos judeus, hindus, citas, persas, babilônios, romanos, etc., sendo utilizadas na prática da adivinhação. A *Bíblia* mesma a elas se refere sob outros nomes. A igreja Católica e a Filosofia dos fins do século XVII explicavam os movimentos da varinha pela ação do diabo. [...] No século XIX, e até os dias de hoje, o papel da varinha divinatória se circunscreveu quase que à descoberta de mananciais ou fontes de água subterrâneas, bem como de depósitos metalíferos (227, cap. 25).

VEGETAL

A vida vegetal é moldura protetora da vida humana (217, cap. 32).

VELHICE

[...] é uma sombra da juventude (30).

A velhice é o outono da vida [...].

A velhice é ainda, e apesar de tudo, uma das belezas da vida, e certamente uma de suas mais altas harmonias (202, A velhice).

A velhice, pois, como índice de senilidade improdutiva ou enfermiça, constitui, portanto, apenas um estado provisório da mente que desistiu de aprender e de progredir nos quadros de luta redentora e santificante que o mundo nos oferece (246, cap. 17).

[...] é uma escola rigorosa de meditação [...] (288, pt. 2, cap. 2).

Ver também IDADE ESPIRITUAL

VELHO TESTAMENTO

ver ANTIGO TESTAMENTO

VENCEDOR

Vencedor – é o que vence a si mesmo (232, cap. 16).

VENERANDA

[...] É a entidade com maior número de horas de serviço na colônia [Nosso Lar] e a figura mais antiga do Governo e Ministério, em geral. Permanece em tarefa ativa, nesta cidade, há mais de duzentos anos. [...] Os onze Ministros, que com ela atuam na Regeneração, ouvem-na antes de tomar qualquer providência de vulto. Em numerosos processos, a Governadoria se socorre de seus pareceres. Com exceção do Governador, a Ministra Veneranda é a única entidade, em "Nosso Lar", que já viu Jesus nas Esferas Resplandecentes. [...] As Fraternidades da luz, que regem os destinos cristãos da América, homenagearam Veneranda conferindo-lhe a medalha do Mérito de Serviço, a primeira entidade da colônia que conseguiu, até hoje, semelhante triunfo, apresentando um milhão de horas de trabalho útil, sem interromper, sem reclamar e sem esmorecer. [...] (196, Veneranda – livros infantis).

VENTURA

[...] a verdadeira ventura é a íntima tranquilidade espiritual, a serenidade da alma. [...] (92, L. 7).

VER A DEUS

Ver a Deus é aproximar-se sem nenhum véu do centro da onipotência; é compreender a sua própria essência; é poder receber diretamente, sem intermediário, a ação da vontade divina, para a transmitir, através dos diversos graus da escala da pureza, até ao nível em que vos encontrais e até a níveis ainda mais baixos (182, v. 4).

VERBO

De Deus, Espírito genérico, emana todo princípio espiritual. Nesse sentido é que o Verbo, denominação dada a Jesus, como todo Espírito, estava com Deus desde toda a eternidade, era Deus. A palavra – *Verbo* – designa a causa, o ser. Como causa, entenda-se a ação por efeito da qual a Terra foi tirada do caos, segundo a expressão bíblica, o que quer dizer: foi tirada da massa dos fluidos, que Deus preparara e dispusera para serem os materiais constitutivos desse planeta, fluidos que continham em si as essências espirituais destinadas a se tornarem criaturas do mesmo planeta e os elementos formativos deste. Como "ser" entenda-se a personificação da vontade de Deus em Jesus, sempre, como entidade distinta do ente supremo, que é uno, indivisível, criador incriado, sem cujo querer nada se produz; a personificação de Jesus, como órgão direto de Deus, para sustentação de tudo, respeito à Terra, pelo poder da sua palavra; personificação que tomou forma material *para as vistas humanas*, enquanto o Mestre desempenhou a sua missão terrena (182, v. 4).

[...] São *verbos* de Deus todos os fundadores de planetas, os quais todos são Espíritos de pureza perfeita e imaculada, isto é: Espíritos que conservaram a pureza primitiva, que atingiram a perfeição sideral, sem jamais haverem falido. [...] podeis [...] chamar verbos de Deus, por serem *seus enviados*, aos Espíritos purificados que, tendo chegado à categoria dos puros Espíritos, podendo, conseguintemente, aproximar-se do foco da onipotência, se fazem mensageiros diretos do Senhor onipotente, e, nessa qualidade, desempenham missões nos planetas confiados à direção dos Espíritos que os fundaram e são seus governadores e protetores (182, v. 4).

Verbo Divino ou Agente Executivo de Deus, a que alude o Evangelista, é o nosso Cristo planetário, cocriador e supremo governador espiritual do nosso orbe, Espírito angélico que, nos cimos da evolução, vivia em comunhão com o Criador, *estava com Deus*. E porque agia sob o comando divino, na sua excelsa função de médium do Altíssimo, era "um com o Pai". Estando ele assim identificado com Deus, fazendo a vontade de Deus, em nome e sob a inspiração de Deus, entendeu o Evangelista que o Verbo Divino *era Deus* (187, cap. 1).

O *Verbo*, segundo o Discípulo Amado, na sua divina epopéia, não é mais do que a vontade e a palavra do Eterno.

Jesus sentia a vontade do seu Criador e Pai, e era, pela palavra, o transmissor dessa vontade perante toda a Natureza. No princípio era o Verbo. Sim.

No princípio da criação do planeta Terra, Jesus, podemos dizer, *médium de Deus*, realizava em toda a criação a vontade do seu Criador. [...] (198, cap. 1).

Visível ou oculto, o Verbo é o traço da luz divina em todas as coisas e em todos os seres, nas mais variadas condições do processo de aperfeiçoamento (273, q. 261).

Ver também CRISTO, JESUS *e* MESTRE

VERDADE

Importa que cada coisa venha a seu tempo. A verdade é como a luz: o homem precisa habituar-se a ela, pouco a pouco; do contrário, fica deslumbrado. [...] (106, q. 628).

[...] Desde que a divisa do Espiritismo é *Amor e caridade*, reconhecereis a verdade pela prática desta máxima, e tereis como certo que aquele que atira a pedra em outro não pode estar com a verdade absoluta. [...] (110, Discurso de Allan Kardec aos Espíritas de Bordeaux).

O conhecimento da Verdade liberta o ser humano das ilusões e impulsiona-o ao crescimento espiritual, multiplicando-lhe as motivações em favor da autoiluminação, graças à qual torna-se mais fácil a ascensão aos páramos celestes (75, Impermanência e imortalidade).

[...] é lâmpada divina de chama inextinguível: não há, na Terra, quem a possa apagar ou lhe ocultar as irradiações, que se difundem nas trevas mais compactas (93, L. 5, cap. 3).

[...] A verdade é filha do tempo e não da autoridade. [...] (147, cap. 17).

[...] a verdade é o bem: tudo o que é verdadeiro, justo e bom [...] (182, v. 4).

A *verdade*, a que Jesus se referia [...] é o bem, é a pureza que o Espírito conserva ao longo do caminho do progresso que o eleva na hierarquia espírita, conduzindo-o à perfeição e, pela perfeição, a Deus, que é a *verdade absoluta* (182, v. 4).

[...] A verdade é o conhecimento de todo princípio que, assim na ordem física, como na ordem moral e intelectual, conduz a Humanidade ao seu aperfeiçoamento, à fraternidade, ao amor universal, mediante *sinceras aspirações* ao espiritualismo, ou, se quiserdes, à espiritualidade. A ideia é a mesma; mas, para o vosso entendimento humano, o espiritualismo conduz ao Espiritismo e o Espiritismo tem que conduzir à espiritualidade (182, v. 4).

A verdade é sempre senhora e soberana; jamais se curva; jamais se torce; jamais se amolda (222, A verdade).

A verdade é, muitas vezes, aquilo que não queremos que seja; aquilo que nos desagrada; aquilo com que antipatizamos; aquilo que nos prejudica o interesse, nos abate e nos humilha; aquilo que nos parece extravagante, e até mesmo aquilo que não cabe em nós (222, A verdade).

[...] é o imutável, o eterno, o indestrutível. [...] Verdade é amor (222, Sigamo-lo).

[...] a verdade sem amor para com o próximo é como luz que cega ou braseiro que requeima (254, 3ª reunião).

A verdade é remédio poderoso e eficaz, mas só deve ser administrado consoante a posição espiritual de cada um (255, Reflexões).

A verdade é uma fonte cristalina, que deve correr para o mar infinito da sabedoria (255, De longe).

Conhecer, portanto, a verdade é perceber o sentido da vida (256, cap. 173).

[...] é luz divina, conquistada pelo trabalho e pelo merecimento de cada um [...] (262, Crenças).

[...] é sagrada revelação de Deus, no plano de nossos interesses eternos, que ninguém deve menosprezar no campo da vida (263, cap. 32).

[...] É realização eterna que cabe a cada criatura consolidar aos poucos, dentro de si mesma, utilizando a própria consciência (263, cap. 32).

A verdade é a essência espiritual da vida (273, q. 193).

Todos nós precisamos da verdade, porque a verdade é a luz do espírito, em torno de situações, pessoas e coisas; fora dela, a fantasia é capaz de suscitar a loucura, sob o patrocínio da ilusão. [...] (304, cap. 21).

VETERANO

O veterano é sempre o pólo indutor que segue à frente (219, Trabalhadores sem trabalho).

VIA LÁCTEA

[...] faixa esbranquiçada que atravessa o céu de uma extremidade a outra e que os antigos cognominavam de Via Láctea, por motivo da sua aparência leitosa. [...] As pesquisas dos observadores conduziram ao conhecimento da sua natureza e revelaram que, ali, onde o olhar errante apenas percebia uma fraca luminosidade, há milhões de sóis mais luminosos e mais importantes do que o que nos clareia a Terra. [...] Com efeito, a Via Láctea é uma campina matizada de flores solares e planetárias, que brilham em toda a sua enorme extensão. O nosso Sol e todos os corpos que o acompanham fazem parte desse conjunto de globos radiosos que formam a Via Láctea. [...] (101, cap. 6, it. 32 e 33).

VIBRAÇÃO

[...] As vibrações de amor fraternal, quais as que o Cristo nos legou, são as verdadeiras energias dissolventes da vingança, da perseguição, da indisciplina, da vaidade e do egoísmo que atormentam a experiência humana. [...] (264, cap. 20).

[Os encarnados] [...] ignoram ainda como auxiliar-nos [os desencarnados], harmonicamente, através das emissões mentais [vibrações]. [...] (267, cap. 10).

VÍCIO

A Doutrina Espírita nos esclarece que todos os vícios prejudiciais às forças psicossomáticas, que arruínam a saúde e apressam a morte (e aí se incluem o alcoolismo, a glutonaria, o tabagismo, a toxicomania, etc.), representam formas de suicídio indireto, levando o Espírito, *post-mortem*, a um sentimento de culpa tanto mais penoso quanto maiores tenham sido os abusos cometidos (30, cap. 27).

Ver também TABAGISMO

VICISSITUDE

De duas espécies são as vicissitudes da vida, ou, se o preferirem, promanam de duas fontes bem diferentes, que importa distinguir. Umas têm sua causa na vida presente; outras, fora desta vida (105, cap. 5, it. 4).

[As vicissitudes da vida] [...] são provas impostas por Deus, ou que vós mesmos escolhestes como Espíritos, antes de encarnardes, para expiação das faltas cometidas em outra existência, porque jamais fica impune a infração das Leis de Deus e, sobretudo, da Lei de Justiça. Se não for punida nesta existência, sê-lo-á necessariamente noutra. Eis por que um, que vos parece justo, muitas vezes sofre. É a punição do seu passado (106, q. 984).

VIDA

[...] A vida humana é, pois, cópia da vida espiritual; nela se nos deparam em ponto pequeno todas as peripécias da outra. Ora, se na vida terrena muitas vezes escolhemos duras provas, visando a posição mais elevada, porque não haveria o Espírito, que enxerga mais longe que o corpo e para quem a vida corporal é apenas incidente de curta duração, de escolher uma existência árdua e laboriosa, desde que o conduza à felicidade eterna? [...] (106, q. 266).

A vida é uma demonstração palmar de que o homem vem ao mundo com responsabilidades inatas; logo, a alma humana em quem se faz efetiva tal responsabilidade é preexistente à sua união com o corpo (5, pt. 1, cap. 17).

[...] é um dom da bondade infinita [...] (5, Conclusão).

[...] é uma aventura maravilhosa, através de muitas existências aqui e alhures (7, cap. 16).

[...] É o conjunto de princípios que resistem à morte (11, pt. 2, Postulados e ensinamentos).

A vida vem de Deus e pertence a Deus, pois a vida é a presença de Deus em toda parte.
Deus criou a vida de tal forma que tudo nela caminhará dentro da Lei de Evolução.
O Pai não criou nada para ficar na estagnação eterna.
A vida, em essência, é evolução. [...] (12, cap. 22).

A vida é uma grande realização de solidariedade humana (34).

[...] É a Criação... [...] (41, cap. 2).

A vida é uma ideia; é a ideia do resultado comum, ao qual estão associados e disciplinados todos os elementos anatômicos; é a ideia da harmonia que resulta do seu concerto, da ordem que reina em suas ações (41, cap. 2).

[...] o conjunto das funções que distinguem os corpos organizados dos corpos inorgânicos. [...] (42, pt. 1, cap. 1).

A vida terrestre é uma escola, um meio de educação e de aperfeiçoamento pelo trabalho, pelo estudo e pelo sofrimento (46, Resumo).

Cada vida terrena [...] é a resultante de um imenso passado de trabalho e de provações (47, cap. 18).

[...] é um cadinho fecundo, de onde deves [o Espírito] sair purificado, pronto para as missões futuras, maduro para tarefas sempre mais nobres e maiores (50, cap. 14).

[...] é uma vibração imensa que enche o Universo e cujo foco está em Deus (52, pt. 1, cap. 8).

A vida é o bem maior que nos concede o Criador para o autoaperfeiçoamento espiritual e somente o risco desse bem pode tornar admissível o sacrifício de uma vida que se inicia em favor de outra já plenamente adaptada à dimensão material e, por isso mesmo, em plena vigência da assunção dos seus compromissos para com a família e com a sociedade (54, cap. 6).

[...] é um depósito sagrado e nós não podemos dispor de bens que nos não pertencem (55, cap. 8).

A vida sem virtudes é lento suicídio, ao passo que, enobrecida pelo cumprimento do dever, santificada pelo amor universal, é o instrumento mais precioso do Espírito para o seu aperfeiçoamento indefinido (55, cap. 22).

A vida é um sonho penoso, / Do qual nos desperta a morte (57, cap. 2).

[...] é uma força organizadora, que pode contrariar a tendência da matéria à desorganização. É uma força organizadora e pensante, que integra a matéria e a organiza, visto que, sem ela, toda matéria fica desorganizada (63, cap. 2).

[...] é um turbilhão contínuo, cuja diretiva, por mais complexa que seja, permanece constante. [...] (66, t. 2, cap. 1).

[...] é uma força física inconsciente, organizadora e conservadora do corpo (72, 1ª narrativa).

Considerada a vida uma sublime concessão de Deus, que se apresenta no corpo e fora dele, preexistindo-o e sobrevivendo-o, poder-se-á melhor enfrentar os desafios existenciais e as dificuldades que surgem, quando na busca da autoiluminação. [...] (75, Impedimentos à iluminação).

[...] é uma sinfonia de bênçãos aguardando teus apontamentos e comentários (82, cap. 46).

[...] é uma grande tecelã e nas suas malhas ajusta os sentimentos ao império da ordem, para que o equilíbrio governe todas as ações entre as criaturas (86, L. 2, cap. 9).

[...] é grande fortuna para quem deve progredir (86, L. 3, cap. 7).

Vidas são experiências que se aglutinam, formando páginas de realidade (87, Pról.).

A vida física é oportunidade purificadora, da qual, em regra, ninguém consegue eximir-se. Bênção divina, flui e reflui, facultando aprimoramento e libertação (87, L. 1, cap. 1).

[...] é o hálito do Pai Celeste que a tudo vitaliza e sustenta... (87, L. 3, cap. 5).

[...] a vida humana é uma intérmina cadeia, uma corrente que se compõe de muitos elos, cada qual terminando no sepulcro, para de novo se soldar em ulterior encarnação até que o Espírito adquira elevadas faculdades, ou atinja a perfeição (88, L. 1, cap. 7).

A vida terrena é um relâmpago que brilha por momentos no ambiente proceloso deste orbe, e logo se extingue para se reacender perenemente nas paragens siderais (92, L. 1, Na pista da verdade).

Vida e morte, uma só coisa, / Verdade de toda gente: / A vida é a flor que desponta / Onde a morte é uma semente (93, cap. 173).

[...] a nossa vida é um tesouro divino, que nos foi confiado para cumprir uma missão terrena [...] (95, L. 9, cap. 1)

[...] a vida humana é uma série ininterrupta de refregas e de desilusões... (95, L. 9, cap. 22)

[...] Em suas evoluções, a vida nada mais é que a manifestação cada vez mais completa do Espírito. [...] (134, 28ª efusão).

A vida, portanto, como *efeito* decorrente de um agente (princípio vital) sobre a matéria (fluido cósmico), tem, por sustentação, a matéria e o princípio vital em estado de interação ativa, de forma contínua. Decorrente da mesma fonte original – pois *reside* no *fluido magnético animal*, que, por sua vez, não é outro senão o fluido vital – tem, contudo, a condição peculiar de veicular o contato com o princípio espiritual (137, cap. 4).

[...] é amor e serviço, com Deus. [...] (150, cap. 2).

A vida é a mais bela sinfonia de amor e luz que o Divino Poder organizou (161, cap. 13).

Não vivi, pois a vida é o sentimento / De tudo o que nos toca em sofrimento / Ou exalta no prazer. [...] (185, Nova luz).

[...] é um combate insano e dolorido / Que temos de vencer. [...] (185, Sursum).

[...] A vida é mesmo ingente aprendizado, / Onde o aluno, por vez desavisado, / Tem sempre ensanchas de recomeçar [...] (185, Renovação).

A vida humana não é um conjunto de artifícios. É escola da alma para a realidade maior (219, Mostremos o Mestre em nós).

[...] é a manifestação da vontade de Deus: vida é amor (222, Sigamo-lo).

[...] é a harmonia dos movimentos, resultante das trocas incessantes no seio da natureza visível e invisível. [...] (230, cap. 8).

[...] A vida, na sua expressão terrestre, é como uma árvore grandiosa. A infância é a sua ramagem verdejante. A mocidade se constitui de suas flores perfumadas e formosas. A velhice é o fruto da experiência e da sabedoria. [...] (237, cap. 9).

A vida em si é conjunto divino de experiências.
Cada existência isolada oferece ao homem o proveito de novos conhecimentos. [...] (239, cap. 22).

[...] é trabalho, júbilo e criação na eternidade (239, cap. 68).

A vida é sempre a iluminada escola (246, cap. 16).
A vida é essência divina [...] (246, cap. 17).

A vida por toda parte / É todo um hino de amor, / Serve a nuvem, serve o vale, / Serve o monte, serve a flor (246, cap. 18).
Lembrai-vos de que a vida é a eternidade em ascensão [...] (246, cap. 53).

A oportunidade sagrada é a vida. [...] (248).

A vida é um campo divino, onde a infância é a germinação da Humanidade (248).
[...] é a gloriosa manifestação de Deus. [...] (248).

A vida é máquina divina da qual todos os seres são peças importantes e a cooperação é o fator essencial na produção da harmonia e do bem para todos (248).
A vida é um câmbio divino do amor, em que nos alimentamos, uns aos outros, na ternura e na dedicação (248).
Patrimônio da criação e divindade de todas as coisas, é a vida a vibração luminosa que se estende pelo infinito, dentro de sua grandeza e de seu sublime mistério (248).

[...] é caminho em que nos cabe marchar para a frente, é sobretudo traçada pela Divina Sabedoria (248).

A vida é uma escola e cada criatura, dentro dela, deve dar a própria lição. [...] (248, cap. 26).

[...] é um grande livro sem letras, em que as lições são as nossas próprias experiências (254, 3ª reunião).

A vida é uma corrente sagrada de elos perfeitos que vai do campo subatômico até Deus [...] (255, Notícias).

A vida não é trepidação de nervos, a corrida armamentista ou a tortura de contínua defesa. É expansão da alma e crescimento do homem interior, que se não coadunam com a arte de matar (255, Apreciações)
A vida é curso avançado de aprimoramento, através do esforço e da luta. [...] (256, cap. 54).

A vida é processo de crescimento da alma ao encontro da Grandeza Divina (256, cap. 71).
E perceber o sentido da vida é crescer em serviço e burilamento constantes (256, cap. 173).

[...] é um jogo de circunstâncias que todo espírito deve entrosar para o bem, no mecanismo do seu destino. [...] (258, cap. 1).

Lembre-se de que a vida e o tempo são concessões de Deus diretamente a você, e, acima de qualquer angústia ou provação, a vida e o tempo responderão a você com a bênção da luz ou com a experiência da sombra, como você quiser (259, cap. 39).

[...] é o carro triunfante do progresso, avançando sobre as rodas do tempo [...] (260, cap. 13).

Enquanto no corpo físico, desfrutas o poder de controlar o pensamento, aparentando o que deves ser; no entanto, após a morte, eis que a vida é a verdade, mostrando-te como és (262, Espíritos transviados).

A vida humana, pois, apesar de transitória, é a chama que vos coloca em contato com o serviço de que necessitais para ascensão justa. [...] (279, cap. 6).

[...] afirmação de imortalidade gloriosa com Jesus Cristo! (281, pt. 2, cap. 8).

[...] é uma longa caminhada para a vitória que hoje não podemos compreender. [...] (286, Bilhete filial)

Todavia, é preciso lembrar que a vida é permanente renovação, propelindo-nos a entender que o cultivo da bondade incessante é o recurso eficaz contra o assédio de toda influência perniciosa (287, Tentação e remédio).

[...] é um cântico de trabalho e criação incessantes. [...] (289, cap. 24).

[...] é aprimoramento incessante, até o dia da perfeição [...] (291, cap. 60).

[...] toda a vida, no fundo, é processo mental em manifestação (298, cap. 23).

A vida constitui encadeamento lógico de manifestações, e encontramos em toda parte a sucessão contínua de suas atividades, com a influenciação recíproca entre todos os seres, salientando-se que cada coisa e cada criatura procede e depende de outras coisas e de outras criaturas (304, cap. 24).

A vida é o mais formal testemunho do amor e da Misericórdia do Pai celestial (325, cap. 26).

A vida é simples se nos conduzimos com equilíbrio e aceitação das coisas que não podemos mudar e confiamos no futuro que nos aguarda como Espíritos imortais. [...] (338, A arte de envelhecer).

Ver também EXISTÊNCIA

Vida atual

[...] não é senão uma das fases da vida infindável [...] (28, Heliotropismo espiritual)

Vida corpórea

[...] a vida corporal não passa de uma breve parada na *vida da alma*; [...] não é mais que um albergue ordinário, onde não vale a pena desfazer as malas (103, cap. 1).

[...] a vida corporal é transitória e passageira: não é mais do que um instante na eternidade (109, pt. 1, Profissão de fé espírita raciocinada).

[...] é uma fase temporária da vida do Espírito, que durante ela se reveste de um envoltório material, de que se despe por ocasião da morte (109, pt. 1, As cinco alternativas da Humanidade).

[...] não passa de uma ilusão [...] (134, 36ª efusão).

[...] é a síntese das irradiações da alma. Não há órgãos em harmonia sem pensamentos equilibrados, como não há ordem sem inteligência (269, cap. 10).

Vida e morte

Sempre a esfera dos chamados *mortos* influenciou poderosamente a atividade mental dos chamados *vivos*. Interpenetrando-se os dois continentes da vida: o físico e o espiritual, é muito difícil estabelecer marco divisório, capaz de definir com precisão onde um começa e outro termina. Por isso, *morte* é vida e *vida* no corpo não deixa de ser morte... (87, L. 2, cap. 3).

[...] São simplesmente choques biológicos, renovando oportunidades de iluminação, assimilação e desassimilação da experiência para a alma a caminho da verdadeira purificação para a vida eterna (248).

Vida e tempo

Lembre-se de que a vida e o tempo são concessões de Deus diretamente a você, e, acima de qualquer angústia ou provação, a vida e o tempo responderão a você com a bênção da luz ou com a experiência da sombra, como você quiser (307, cap. 95).

Vida espiritual

A felicidade dos Espíritos bem-aventurados não consiste na ociosidade contemplativa, que seria, como temos dito muitas vezes, uma eterna e fastidiosa inutilidade. A vida espiritual, em todos os seus graus é, ao contrário, uma constante atividade, mas atividade isenta de fadigas (104, pt. 1, cap. 3, it. 12).

A vida espiritual é, com efeito, a verdadeira vida, é a vida normal do Espírito, sendo-lhe transitória e passageira a existência terrestre, espécie de morte, se comparada ao esplendor e à atividade da outra. [...] (105, cap. 23, it. 8).

[...] A vida do Espírito, pois, se compõe de uma série de existências corpóreas, cada uma das quais representa para ele uma ocasião de progredir, do mesmo modo que cada existência corporal se compõe de uma série de dias, em cada um dos quais o homem obtém um acréscimo de experiência e de instrução. [...] (106, q. 191).

[...] é uma ocupação contínua, mas que nada tem de penosa, como a vida na Terra, porque não há a fadiga corporal, nem as angústias das necessidades (106, q. 558).

A vida espiritual é a vida normal do Espírito: é eterna [...] (109, pt. 1, Profissão de fé espírita raciocinada).

[...] é a vida interior, a que, começando a desenvolver-se, quando no ser se faz necessária a expansão da espiritualidade, termina com a completa realização do espírito na matéria, da qual ele se converte em senhor, dominando-a e sublimando-a, tornando-a apta a acompanhar e servir de veículo de manifestação a seres altamente evolutidos (2, cap. 10).

[...] é uma atividade constante. A ociosidade angelical seria um contrassenso diante da incessante dinâmica universal (7, cap. 73).

[...] a vida livre é a vida normal dos Espíritos (134, 36ª efusão).

A vida espiritual é novo renascimento (286, Avancemos).

Ver também VIDA FUTURA

Vida eterna

A vida eterna que, do ponto de vista espírita, é a vida normal e final do Espírito [...] (182, v. 3).

A vida eterna consiste em te conhecer a ti, que és o único Deus verdadeiro, e a Jesus Cristo, que tu enviaste. [...] (182, v. 4).

Ter a vida eterna, que consiste em conhecer ao Pai, é compreender a essência de Deus; é, pela perfeição alcançada, pela pureza perfeita, que só elas permitem que a criatura se aproxime de Deus, estar em comunicação direta com Ele, iniciando-se, assim, cada vez mais, no objetivo e nos segredos da vontade divina; é, vivendo a vida eterna dos puros Espíritos, progredir eternamente em *ciência universal*, na atividade incessante das obras e das missões (182, v. 4).

Vida futura

[...] é um fato estritamente de acordo com o princípio de continuidade, que tem sido a base e o guia de todo progresso científico moderno (57, pt. 2, cap. 2).

[...] A vida futura é uma continuação da presente e será arquitetada pelas nossas experiências, pensamentos e afetos que nos dominaram aqui. [...] (191, cap. 3).

Ver também VIDA ESPIRITUAL

Vida humana

Desde o momento em que o espermatozoide fecunda o óvulo, aquela diminuta célula já é uma pessoa, portanto, intocável [...].

[...] Todo ser que tem um código genético é uma pessoa. Assim, com o genótipo (constituição hereditária) presente no instante da fertilização, o indivíduo é humano, desde a concepção [...] (316, A genética e a vida).

Vida integral

[...] não é a existência terrena, repleta de vicissitudes sem conta; é a glorificação do amor, da atividade, da luz, de tudo quanto é nobre e belo no Universo [...] (250, cap. 32).

Vida material

[...] é a vida das primeiras etapas da evolução espiritual [...] (2, cap. 10).

Vida na Terra

[...] a vida na Terra é sempre o efeito das estruturas profundas do ser espiritual e do mundo causal, que não podem ser postos à margem nas reflexões e estudos da vida e suas manifestações (75, Corpo e mente).

Vida presente

[...] é, para cada qual, a herança do passado e a gestação do futuro. É uma escola e um campo de trabalho; a vida do espaço, que lhe sucede, é a sua resultante. O Espírito aí colhe, na luz, o que semeou na sombra e, muitas vezes, na dor (45, cap. 10).

[...] com suas alegrias e dores, não é senão a consequência das boas ou más ações operadas livremente pelo ser nas existências anteriores (46, pt. 1, cap. 2).

Vida social

[...] A vida social é a pedra de toque das boas ou más qualidades (104, pt. 1, cap. 3, it. 8).

Vida universal

A vida universal está assim, por toda a Natureza, em germens eternos, graças a essa quintessência dos fluidos, que somente a vontade de Deus anima, conformemente às necessidades da harmonia universal, às necessidades de todos os mundos, de todos os reinos, de todas as criaturas no estado material ou no estado fluídico (182, v. 1).

VIDAS SUCESSIVAS *ver* REENCARNAÇÃO

VIDÊNCIA

Vidência ou visão espiritual é faculdade de ver além das possibilidades visuais ordinárias, tanto na dimensão espiritual como na física. [...] (311, pt.3, cap. 3.1).

VIGIAR

O sentido evangélico do termo vigiar não é somente manter-se acordado, observar, permanecer atento; é também discernir, comparar, induzir, deduzir, sopesar, ajuizar, perceber além das aparências, preferir o verdadeiro, escolher o melhor (186, Vigilância) Vigiar não é desconfiar. É acender a própria luz, ajudando os que se encontram nas sombras (232, cap. 28).

VIGILÂNCIA

A vigilância que Jesus nos aconselhou nada tem com o egoísmo, com a cupidez, com os interesses inferiores e com as paixões terrestres; filia-se ao amor humilde e puro de que nasce, ao senso de lealdade ao bem, ao propósito superior de manter fidelidade à justiça e à verdade (186, Vigilância).

VINGANÇA

A vingança é um dos últimos remanescentes dos costumes bárbaros que tendem a desaparecer dentre os homens. [...] constitui indício certo do estado de atraso dos homens que a ela se dão e dos Espíritos que ainda as inspirem. [...] (105, cap. 12, it. 9).

A vingança, qualquer que seja a forma de que se revista, revela baixeza e vilania, constituindo, sempre, prova da inferioridade moral de quem a exerce (30, cap. 60).

VINHA

[...] é o coração imenso da Humanidade (82, cap. 5).

A vinha do Senhor é o mundo inteiro (217, cap. 6).

VINHO NOVO

Constituem o vinho novo os ensinos dos Espíritos do Senhor [...] (182, v. 2).

VINHO VELHO

O vinho velho que deve ser preferido é o que já se despojou de todos os corpos estranhos, é aquele cuja fermentação o livrou de todas as impurezas, é aquele que, posto em odres novos, nestes envelheceu (182, v. 2).

VIOLÊNCIA

[...] é o argumento daqueles que não têm boas razões (108, cap. 1).

Violentia é a palavra latina que se traduz como violência, que foi criada por volta de 1215 para melhor expressar a desrespeitosa utilização da força em detrimento dos direitos do cidadão. Posteriormente, quase trezentos anos transcorridos, passou a significar qualquer tipo de abuso exercido arbitrariamente contra outrem, impondo-lhe a vontade, desconsiderando-lhe os valores e usando a força para submetê-lo cruelmente.

Na atualidade tornou-se uma verdadeira epidemia, transformando-se em constrangimento, agressividade, insulto, dos quais resultem danos psicológicos, morais, sociais, econômicos, materiais e quase sempre culminando em morte. [...]

Não é [...] a violência uma situação inerente à condição humana, como se a criatura fosse equipada de mecanismos destruidores para comprazer-se em agredir e matar.

[...]

A violência, no entanto, irrompe mais flagrantes nos lares desajustados, frutos da indiferença de um pelo outro parceiro, que se torna descartável ante a luxúria que toma conta dos relacionamentos, impondo alterações de conduta emocional e variedade de companhia, numa sede perturbadora de novas sensações, sempre resultado de imaturidade psicológica e primitivismo espiritual (75, Violência humana).

A violência, igualmente herança degenerativa do pretérito, que ainda predomina em a natureza animal de que se reveste o indivíduo, irrompe, sempre que surge ocasião, com ou sem justificação, como se justificativa alguma houvesse para que retorne ao comportamento da barbárie por onde transitou e de que já se deveria ter liberado. Essa violência, que grassa desenfreada sob os estímulos da emoção desarmonizada, necessita ser canalizada para o amor, porquanto a sua é uma força caudalosa que, à semelhança de uma corrente líquida bem aproveitada, movimenta turbinas e gera eletricidade (75, Impedimentos à iluminação).

[...] é o clima próprio da personalidade humana, ainda próxima da animalidade (195, Mansidão).

VIRTUALIDADE

[Virtualidades absolutas] [...] são as que ainda, em nenhuma encarnação, foram realizadas [...] (129, v. 1).

[Virtualidades relativas] [...] são as que já foram realizadas em anteriores encarnações, mas que, na presente, aguardam, em latência, o desenvolvimento orgânico para se manifestar (129, v. 1).

VIRTUDE

A virtude, no mais alto grau, é o conjunto de todas as qualidades essenciais que constituem o homem de bem. Ser bom, caritativo, laborioso, sóbrio, modesto, são qualidades do homem virtuoso. [...] (105, cap. 17, it. 8).

Toda virtude tem seu mérito próprio, porque todas indicam progresso na senda do bem... Há virtude sempre que há resistência voluntária ao arrastamento dos maus pendores. A sublimidade da virtude, porém, está no sacrifício do interesse pessoal, pelo bem do próximo, sem pensamento oculto. A mais meritória é a que assenta na mais desinteressada caridade (106, q. 893).

A melhor das virtudes é a que estiver fundada na caridade mais desinteressada (7, cap. 71).

[...] A virtude é o conjunto de todas as qualidades essenciais do homem de bem. [...] (7, cap. 75).

Compreendeis o que era a virtude que saía de Jesus. Eram os fluidos que, por ato de sua vontade e do seu poder magnético, ele dirigia sobre os doentes e notadamente sobre os que dele se aproximavam (182, v. 2).

[...] não é uma voz que fala, e, sim, um poder que irradia (232, cap. 10).

Virtude não é flor ornamental. É fruto abençoado do esforço próprio que você deve usar e engrandecer no momento oportuno (232, cap. 29).

A virtude é divino passaporte para o paraíso (255, Conto simples).

Virtude eleita e sublime / Que em solidão se consome / É diamante belo e frio / Que não nos sacia a fome (257, cap. 3).

A virtude é sempre grande e venerável, mas não há de cristalizar-se à maneira de joia rara sem proveito. [...] (259, cap. 3).

[...] Jesus ensinou a virtude como esporte da alma [...] (267, cap. 2).

[...] é sempre sublime e imorredoura aquisição do espírito nas estradas da vida, incorporada eternamente aos seus valores, conquistados pelo trabalho no esforço próprio (273, q. 253).

Virtude é o resultado de experiências incomensuravelmente recapituladas na vida (291, cap. 23).

A virtude, no mais alto grau, é o conjunto de todas as qualidades essenciais que constituem o homem de bem. [...] (312, cap. 10).

Virtude aparente

Virtudes aparentes – metais comuns no homem, que se alteram ante a ventania das ilusões terrenas (304, cap. 29).

Virtude cristã

[Virtudes cristãs] [...] são as únicas riquezas *efetivamente nossas*, e só elas poderão dar a felicidade perfeita, nos tabernáculos eternos! (31, Parábola do Mordomo Infiel).

Virtude real

Virtudes reais – metais preciosos no Espírito, que não se corrompem ante as lufadas das tentações humanas, sustentando a vida eterna (304, cap. 29).

VISÃO

No Espírito, a faculdade de ver é uma propriedade inerente à sua natureza e que reside em todo o seu ser, como a luz reside em todas as partes de um corpo luminoso. É uma espécie de lucidez universal que se estende a tudo, que abrange simultaneamente o espaço, os tempos e as coisas, lucidez para a qual não há trevas, nem obstáculos materiais. [...] No Espírito, como a faculdade de ver constitui um atributo seu, abstração feita de qualquer agente exterior, a visão independe da luz (106, q. 247).

[...] A faculdade de ver é um atributo essencial da alma, para quem a obscuridade não existe. [...] (106, q. 257).

Visão telepática

A visão telepática produz-se sem o auxílio dos olhos. A distância, os obstáculos materiais não a prejudicam. O tempo é muitas vezes para ela tão indiferente como o espaço. Vê-se um acontecimento presente, passado ou futuro. Este fato psicológico põe em jogo uma faculdade do espírito independente do nosso organismo (64, v. 1, cap. 6).

VISTA ESPIRITUAL

A vista espiritual, portanto, faculta percepções especiais que, não tendo por sede os órgãos materiais, se operam em condições muito diversas das que decorrem da vida corporal. Efetuando-se fora do organismo, tem ela uma mobilidade que derrui todas as previsões. [...] (101, cap. 14, it. 26).

A vista da alma ou do Espírito não é circunscrita e não tem sede determinada. [...] (106, q. 455).

A vista *espiritual* vulgarmente chamada *dupla vista* ou *segunda vista*, lucidez, clarividência, ou, enfim, *telestesia* e, agora, criptestesia, é um fenômeno menos raro do que geralmente se imagina. [...] (39, pt. 1, cap. 3).

Ver também CLARIVIDÊNCIA, DUPLA VISTA *e* TELESTESIA

VITÓRIA

[...] cada passo que o ser avança em sua evolução é uma vitória. [...] (2, cap. 10).

VIVER

[...] no sentido elevado da palavra, é entrar, gradualmente, na posse de Deus, por uma luz sempre mais viva, por um amor sempre mais ardente; é crescer em potencialidade, avançar na alegria, pelo desenvolvimento indefinido da nossa indestrutível personalidade; é encaminhar-nos para o êxtase pelo enlevo. [...] (134, 4ª efusão).

Viver é escolher e por isso é que, em nosso caso, os roteiros da evolução espiritual estão pontilhados de testes. [...] (144, v. 1, pt. 1, cap. 5).

Ah, viver é sorrir nas próprias dores, / Chorar – na luz dos próprios esplendores, / E não saber que o faz. / É lutar cada hora, cada instante, / Guardando, na batalha esfuziante, / O coração em paz (185, Nova luz).

[...] no sentido exato, é evolver, e ninguém evoluirá sem esforço (200, Dinâmica da resignação).

VIVER NO MUNDO SEM PERTENCER AO MUNDO

Jesus [...] foi peremptório no desafio que lançou para que se pudesse *viver no mundo sem pertencer ao mundo*. Deambular pelo vale estreito e sombrio, pisar em abrolhos e lodo, mantendo-se firme no ideal de crescimento, lutando contra os limites pessoais e as circunstâncias são a técnica que permite o avanço sem detenção no rumo da autorrealização.

Vez que outra Ele buscou, sim, a solidão física, em lugares ermos, para reabastecer-se em Deus, no entanto, impulsionou os Apóstolos a que saíssem de si para servirem o seu próximo (75, Iluminação para a ação).

VIZINHO

Os familiares são parentes do sangue, mas os vizinhos são parentes do coração (304, cap. 19).

VOCAÇÃO

A vocação é o impulso natural oriundo da repetição de análogas experiências, através de muitas vidas (273, q. 50).

A vocação é a soma dos reflexos da experiência que trazemos de outras vidas (282, cap. 16).

VONTADE

A vontade é atributo essencial do Espírito, isto é, do ser pensante. Com o auxílio dessa alavanca, ele atua sobre a matéria elementar e, por uma ação consecutiva, reage sobre os seus compostos, cujas propriedades íntimas vêm assim a ficar transformadas (107, it. 131).

A vontade é a participação consciente, esclarecida e responsável da alma que deseja sinceramente melhorar, depois de muito sofrer e de reconhecer suas grandes imperfeições, seus graves erros e imensas deficiências. O trabalho de vencer a si mesmo não é tarefa fácil (12, cap. 14).

[...] é uma força considerável, por meio da qual, eles [os Espíritos] agem sobre os fluidos; é pois, a vontade que determina as combinações dos fluidos [...] (42, pt. 4, cap. 3).

[...] faculdade máter, cuja utilização constante e esclarecida tão alto pode elevar o homem. A vontade é a arma por excelência que ele precisa aprender a utilizar e incessantemente exercitar (45, cap. 8).

[...] é a faculdade soberana da alma, a força espiritual por excelência, e pode mesmo dizer-se que é a essência da sua personalidade (46, pt. 4, cap. 32).

[...] é a maior de todas as potências; é, em sua ação, comparável ao ímã. A vontade de viver, de desenvolver em nós a vida, atrai-nos novos recursos vitais; tal é o segredo da Lei de Evolução. A vontade pode atuar com intensidade sobre o corpo fluídico, ativar-lhe as vibrações e, por esta forma, apropriá-lo a um modo cada vez mais elevado de sensações, prepará-lo para mais alto grau de existência. [...]

O princípio superior, o motor da existência, é a vontade (52, pt. 3, cap. 20).

[...] é, certamente, uma energia de ordem intelectual (64, v. 1, cap. 3).

[...] é uma faculdade essencialmente imaterial, diferente do que se entende geralmente por propriedades da *matéria* (64, v. 1, cap. 5).

[...] uma das maiores potencialidades que existe no ser humano: a vontade (195, pt. 2, cap. 5).

[...] é atributo essencial do Espírito, isto é, do ser pensante (195, pt. 2, cap. 6).

[...] é o impacto determinante. Nela dispomos do botão poderoso que decide o movimento ou a inércia da máquina.

[...] é, pois, o comando geral de nossa existência. Ela é a manifestação do ser como individualidade, no uso do seu livre-arbítrio. [...] (195, pt. 2, cap. 6).

[...] O princípio superior, o motor da existência, é a vontade. [...] (202, Ligeiros comentários...).

[...] é a força principal do caráter, é, numa palavra, o próprio homem. [...] (222, Sursum corda).

[...] Todos temos a vontade por alavanca de luz, e toda criatura, sem exceção, demonstrará a quantidade e o teor da luz que entesoura em si própria, toda vez que chamada a exame, na hora da crise (262, Exames).

[...] a vontade e a confiança do homem são poderosos fatores no desenvolvimento e iluminação da vida (279, cap. 113).

A vontade é a gerência esclarecida e vigilante, governando todos os setores da ação mental (282, cap. 2).
A vontade é sagrado atributo do espírito, dádiva de Deus a nós outros para que decidamos, por nós, quanto à direção do próprio destino (307, cap. 57).
[...] a vontade é a faculdade soberana da alma, a força espiritual por excelência e pode mesmo dizer-se que é a essência da sua personalidade. [...]

[...] A vontade, nas asas do livre-arbítrio, é ferramenta de conquista e progresso material. Entretanto, é preciso saber dosá-la. Nem tudo é possível num dado momento ou numa só existência (312, cap. 6).

Vontade de Deus

A Vontade Divina é o supremo motor da vida universal (52, cap. 20).
Podemos discernir a Vontade de Deus, em todas as situações.
No sofrimento, é a Paciência.
Na perturbação, é a Serenidade. Diante da maldade, é o Bem que auxilia sempre.
Perante as sombras, é a Luz.
No trabalho, é o devotamento ao Dever. Na amargura, é a Esperança.
No erro, é a Corrigenda.
Na queda, é o Reerguimento. Na luta, é o Valor Moral.
Na tentação, é a Resistência. Junto à discórdia, é a Harmonia. À frente do ódio, é o Amor.
No ruído da maledicência, é o Silêncio. Na ofensa, é o Perdão Completo.
Na vida comum, é a Bondade em favor de todos (277, cap. 4, Reflexões).

VÓRTICE

[Vórtices do êxtase sexual representam] [...] um campo específico de irradiações, como se fora um foco atrativo a convidar almas afins que estivessem em sintonia com os pais para, dentro de estruturas dinâmicas apropriadas, envolverem-se no complexo fenômeno da reencarnação (189, cap. 4).

[Vórtices inconscientes de energias sexuais] [...] são vórtices que traduziriam equilíbrio ou desajuste na zona consciente ou corpo físico, de conformidade com as elaborações e experiências adquiridas. [...] (190, cap. 1).

VOZ DIRETA

A voz direta é uma forma especial de telergia acústica. [...] (35, cap. 3).

[...] os Espíritos dos que supomos mortos podem revelar-se, presentes de novo, ao nosso mundo material, tomando de empréstimo ao médium uma certa substância, que lhe emana do corpo e que os habilita a reconstituir, temporariamente, seus órgãos vocais e fazer vibrar a nossa atmosfera, mediante a utilização desses órgãos (63, cap. 1).

Parece que o ectoplasma, cuja origem principal é o médium (embora, em menor proporção, também provenha dos assistentes), é empregado pelos Espíritos para modelar algo semelhante à laringe humana, a fim de lhes ser possível a produção da voz. [...] (316, cap. 20).

Os fenômenos de voz direta são diferentes dos de mera clarividência e de fala em transe, pois os sons, na voz direta, não parecem provir do médium, mas do exterior. [...] (316, cap. 22).

Ver também PNEUMATOFONIA *e* TELERGIA

X

XENOGLOSSIA

[...] os Espíritos comunicantes falam e escrevem em língua desconhecida de todos os assistentes. [...] (22, cap. 9).

O termo *xenoglossia* foi o professor Richet quem o propôs, com o intuito de distinguir, de modo preciso, a mediunidade poliglota propriamente dita, *pela qual os médiuns falam ou escrevem em línguas que eles ignoram totalmente e, às vezes, ignoradas de todos os presentes*, dos casos afins, mas radicalmente diversos, de *glossolalia* [...] (25, Introd.).

Por fenômenos de *xenoglossia* entendem-se os casos em que o médium não só fala ou escreve em línguas que ignora, mas fala ou escreve nessas línguas, formulando observações originais, ou conversando com os presentes, provando, desse modo, que as frases formuladas foram criadas pela circunstância ocorrente, o que exclui a possibilidade de entrarem em ação outras faculdades supranormais que transformem o suposto caso de xenoglossia num fenômeno de clarividência, com percepção a distância, das frases mediunicamente empregadas (25, Casos de Xenoglossia...).

Xenoglossia – Significa o termo – língua estranha. Os médiuns que possuem esse dom especial, quando em transe, falam idiomas que lhes são inteiramente desconhecidos e, muitas vezes, desconhecidos dos presentes (98, Dos fenômenos subjetivos).

Xenoglossia – ou mediunidade poliglota – é a faculdade pela qual o médium se expressa, oral ou graficamente, por meio de idioma que não conhece na atual encarnação (161, cap. 38).

A xenoglossia é um neologismo cunhado pelo eminente professor Charles Richet, o grande mestre da Universidade de Paris. [...] E os fiéis circuncisos que tinham vindo com Pedro ficaram tomados de assombro ao notarem que a graça do Espírito Santo assim se espalhava sobre todas as nações, pois os ouviam falar várias línguas e glorificar a Deus. [...] (344, cap. 4).

A xenoglossia ou mediunidade poliglota, segundo Allan Kardec, é a faculdade de falar ou escrever em línguas que são desconhecidas do médium. O fenômeno é descrito na *Bíblia*, quando os Apóstolos, em transe, [...] (347, p. 2, cap. 41).

Z

ZOANTROPIA

[...] segundo o dicionário, é uma variedade de monomania em que o doente se julga convertido em animal (145, cap. 2).

[...] É o fenômeno de zoantropia, em que malfeitores desencarnados, como muito bem esclarece o sábio Espírito André Luiz (XAVIER, 1949), tornam-se visíveis sob formas animalescas, expressões de sua degradação moral e espiritual. [...] (344, cap. 7).

Ver também HIPNOSE *e* LICANTROPIA

ZONA CONSCIENTE

A zona consciente está representada por todo o arcabouço nervoso – órgãos encefálicos, medula espinhal, gânglios nervosos e expansões, e mais o sistema simpático e parassimpático. [...] A zona consciente representa, neste estudo, não só as localizações encefálicas, mas também qualquer outra situação onde haja elementos nervosos que se responsabilizem diretamente por um setor ou pequeno ângulo de atividade orgânica. [...] (190, cap. 1).

Ver também CONSCIENTE

ZONA DO INCONSCIENTE

A zona inconsciente com sua imensurável e complexa estrutura representa, para nós, a estrutura básica do próprio Espírito (190, cap. 1)

Podemos dizer que a zona do inconsciente, influenciando no processo da herança, seria uma zona construída pelas experiências que se perdem na noite dos tempos, todas calcadas nos diversos corpos físicos (personalidades) que ocupou e continua ocupando na trilha evolutiva. [...] (190, cap. 2).

[...] A maioria dos processos psíquicos se passam, justamente, na zona energética do psiquismo – zona do inconsciente ou espiritual, zona que está sempre a nutrir e orientar a tela material ou física. [...] (190, cap. 3).

ZONA FÍSICA

É a zona do nosso habitual conhecimento, com a presença de 60 trilhões de células em média, atendendo aos seus diversos departamentos, onde se desenvolvem inúmeras funções das quais desconhecemos muitos dos seus mecanismos (190, cap. 1).

ZONA FÍSICA DO PSIQUISMO CONSCIENTE

[...] é uma tela reflexiva das energias profundas do espírito, onde as fontes sexuais transferem e traduzem o que realmente possuem: harmonia ou desarmonia. [...] (189, cap. 4).

ZONA LÚCIDA

Coisas existem que não estão ao alcance da concepção de certas inteligências: estão fora de sua zona lúcida (91, cap. 2).

[...] zona de compreensão de cada criatura. [...] (127, Pelo Evangelho).

ZONA PURGATORIAL

E esses pesadelos não são realmente meras criações abstratas, porquanto, em fluxo constante, as imagens repetidas, formadas pelas partículas vivas de matéria mental, se articulam em quadros que obedecem também à vitalidade mais ou menos longa do pensamento, justapondo-se às criaturas desencarnadas que lhes dão a forma e que, congregando criações do mesmo teor, de outros Espíritos afins, estabelecem, por associações espontâneas, os painéis apavorantes em que a consciência culpada expia, por tempo justo, as consequências dos crimes a que se empenhou, prejudicando a harmonia das Leis Divinas e conturbando, concomitantemente, a si mesma. [...]

E porque o pensamento é força criativa e aglutinante na criatura consciente em plena Criação, as imagens plasmadas pelo mal, à custa da energia inestancável que lhe constitui atributo inalienável e imanente, servem para a formação das paisagens regenerativas em que a alma alucinada pelos próprios remorsos é detida em sua marcha, ilhando-se nas consequências dos próprios delitos, em lugares que, retendo a associação de centenas e milhares de transviados, se transformam em verdadeiros continentes de angústia, filtros de aflição e de dor, em que a loucura ou a crueldade, juguladas pelo sofrimento que geram para si mesmas, se rendem lentamente ao raciocínio equilibrado, para a readmissão indispensável ao trabalho remissor (305, pt. 1, cap. 16).

Ver também UMBRAL

ZONA SUPERCONSCIENTE

A zona superconsciente seria uma elaboração consciente mais avançada, onde o trabalho analítico consciencial tivesse possibilidades de ampliação numa síntese. Seria como que o consciente percebendo, dentro de suas possibilidades, a desenvoltura do inconsciente; haveria uma percepção consciente em faixas mais desenvolvidas, cuja essência do fenômeno pudesse ser registrada. Seria um fenômeno intuitivo, sem análises, desenvolvido na zona consciente, porém com foros de certeza e veracidade. A percepção superconsciente representaria a posição fenomênica intermediária entre o trabalho do consciente e os complexos mecanismos do inconsciente (189, cap. 1).

[...] seria um consciente dilatado com maiores possibilidades psicológicas, de modo a caracterizar os mais evoluídos. [...] (190, cap. 1).

ZOROASTRO

De longos tempos, talvez imemoriais, Zoroastro ou Zaratustra, fundava uma religião na Pérsia. Não se sabe ao certo quando viveu, nem quando legislou. Inspirava-se no deserto, na solidão. A base da sua doutrina era a grande luta entre o bem e o mal, vivendo as criaturas influenciadas por bons e maus Espíritos. O homem é livre em suas ações – já Zoroastro pregava o livre-arbítrio – o homem é livre, mas se vê sujeito às influências das forças do mal (99, Zoroastro).

Referências

1. ABRANCHES, Carlos Augusto. *Vozes do espírito*. 3. ed. 1. reimp. Rio de Janeiro: FEB, 2009.
2. AGUAROD, Angel. *Grandes e pequenos problemas*. Obra ditada a Angel Aguarod pelo seu Guia Espiritual. 7. ed. 1 reimp. Rio de Janeiro: FEB, 2010.
3. AKSAKOF, Alexandre. *Animismo e espiritismo*. Trad. do Dr. C. S. Rio de Janeiro: FEB, 2 v.: v. 1, 6. ed., 2. reimp., 2011; v. 2, 6. ed., 2002.
4. ______. *Um caso de desmaterialização parcial do corpo dum médium*. Trad. de João Lourenço de Souza. 5. ed. Rio de Janeiro: FEB, 2006.
5. AMIGÓ Y PELLÍCER, José. *Roma e o evangelho*: estudos filosófico-religiosos e teórico-práticos. 9. ed. 1. reimp. Rio de Janeiro: FEB, 2008.
6. AMORIM, Deolindo. *Análises espíritas*. Compilação de Celso Martins. 3. ed. 1. reimp. Rio de Janeiro: FEB, 2008.
7. ANJOS, Luciano dos; MIRANDA, Hermínio C. *Crônicas de um e de outro*: de Kennedy ao homem artificial. Prefácio de Abelardo Idalgo Magalhães. 2. ed. Rio de Janeiro: FEB, 1992.
8. AQUINO. *O inferno*, ou, *A barqueira do Júcar*: novela mediúnica. Dirigido por José Maria Fernandez Colavida. Trad. de Guillon Ribeiro. 8. ed. 2. reimp. Rio de Janeiro: FEB, 2011.
9. BALDUINO, Leopoldo. *Psiquiatria e mediunismo*. 4. ed. 1. reimp. Rio de Janeiro: FEB, 2010.
10. BANAL, Spártaco. *As sessões práticas do espiritismo*. 7. ed. Rio de Janeiro: FEB, 2002.
11. BARBOSA, Pedro Franco. *Espiritismo básico*. 5. ed. 3. reimp. Rio de Janeiro: FEB, 2010.
12. BARCELOS, Walter. *Sexo e evolução*. 6. ed. Rio de Janeiro: FEB, 2010.
13. BÉRNI, Duílio Lena. *Brasil, mais além*. 7. ed. Rio de Janeiro: FEB, 2011.
14. BODIER, Paul. *A granja do silêncio*: documentos póstumos de um doutor em medicina relativos a um caso de reencarnação. Trad. de Guillon Ribeiro. 15. ed. 2. imp. Brasília: FEB, 2016.

15. BOECHAT, Newton. *O espinho da insatisfação*. 4. ed. Rio de Janeiro: FEB, 2002.
16. ______. *Ide e pregai*. 5. ed. Rio de Janeiro: FEB, 2002.
17. BOURDIN, Antoinette. *Entre dois mundos*. Trad. de Manuel Quintão. 9. ed. 1. reimp. Rio de Janeiro: FEB, 2011.
18. ______. *Memórias da loucura*. Trad. de Manuel Quintão. 8. ed. Rio de Janeiro: FEB, 2006.
19. BOZZANO, Ernesto. *A crise da morte*: segundo o depoimento dos espíritos que se comunicam. Trad. de Guillon Ribeiro. 11. ed. 2. imp. Brasília: FEB, 2015.
20. ______. *Animismo ou espiritismo?*: qual dos dois explica o conjunto dos fatos?. Trad. de Guillon Ribeiro. 7. ed. 1. reimp. Rio de Janeiro: FEB, 2010.
21. ______. *Fenômenos psíquicos no momento da morte*. Trad. de Carlos Imbassahy. 7. ed. 1. reimp. Rio de Janeiro: FEB, 2011.
22. ______. *Metapsíquica humana*. Trad. de Araújo Franco. 6. ed. Rio de Janeiro: FEB, 2007.
23. ______. *Os enigmas da psicometria*: dos fenômenos de telestesia. Trad. de Manuel Quintão. 5. ed. Rio de Janeiro: FEB, 1999.
24. ______. *Pensamento e vontade*. Trad. de Manuel Quintão. 11. ed. 2. reimp. Rio de Janeiro: FEB, 2011.
25. ______. *Xenoglossia*: mediunidade poliglota. Traduzido do italiano por Guillon Ribeiro. 5. ed. 1. reimp. Rio de Janeiro: FEB, 2008.
26. BRAGA, Ismael Gomes. *Elos doutrinários*. 4. ed. Rio de Janeiro: FEB, 2000.
27. ______. *O livro de Tobias*: extraído da Bíblia. Introdução, notas, estudos e comentários à luz do espiritismo. 4. ed. 2. reimp. Rio de Janeiro: FEB, 2010.
28. CALLIGARIS, Rodolfo. *As leis morais*: segundo a filosofia espírita. 15. ed. 5. imp. Brasília: FEB, 2016.
29. ______. *O sermão da montanha: à luz da doutrina espírita*. 18. ed. 6. imp. Brasília: FEB, 2016.
30. ______. *Páginas de espiritismo cristão*. 6. ed. 1. reimp. Rio de Janeiro: FEB, 2011.
31. ______. *Parábolas evangélicas*: à luz do espiritismo. 11. ed. 5. imp. Brasília: FEB, 2016.
32. CAMPETTI SOBRINHO, Geraldo. *Biblioteca espírita*: princípios e técnicas de organização e funcionamento. 2. ed. 1 imp. Brasília: FEB, 2013.
33. CASTRO, Almerindo Martins de. *Antônio de Pádua*: sua vida de milagres e prodígios. 1. ed. 3. imp. Brasília: FEB, 2013.
34. ______. *O martírio dos suicidas*: seus sofrimentos inenarráveis. 18. ed. 2. reimp. Rio de Janeiro: FEB, 2010.
35. CERVIÑO, Jayme. *Além do inconsciente*. 6. ed. 1. reimp. Rio de Janeiro: FEB, 2010.
36. CIRNE, Leopoldo. *A personalidade de Jesus*. 6. ed. Rio de Janeiro: FEB, 2006.
37. CROOKES, William et al. *Fatos espíritas*. Trad. de Oscar D'Argonnel. 11. ed. 3. reimp. Rio de Janeiro: FEB, 2011.
38. DEJEAN, Georges. *A nova luz*. Trad. de Guillon Ribeiro. 4. ed. 2. reimp. Rio de Janeiro: FEB, 2010.

39. DELANNE, Gabriel. *A alma é imortal*. Trad. de Guillon Ribeiro. 8. ed. 3. reimp. Rio de Janeiro: FEB, 2010.
40. ______. *A evolução anímica*: estudos sobre psicologia fisiológica segundo o espiritismo. Trad. de Manuel Quintão da 2. ed. francesa. 12. ed. 5. reimp. Rio de Janeiro: FEB, 2010.
41. ______. *A reencarnação*. Trad. de Carlos Imbassahy. 13. ed. 3 reimp. Rio de Janeiro: FEB, 2011.
42. ______. *O espiritismo perante a ciência*. Trad. de Carlos Imbassahy. 5. ed. 1. reimp. Rio de Janeiro: FEB, 2010.
43. ______. *O fenômeno espírita*: testemunho dos sábios. Traduzido da 5. ed. francesa por Francisco Raymundo Ewerton Quadros. 9. ed. 3. reimp. Rio de Janeiro: FEB, 2010.
44. DELGADO, América. *Os funerais da Santa Sé*. Pelo Espírito Guerra Junqueiro. Prefácio de Manuel Quintão. 6. ed. 1. reimp. Rio de Janeiro: FEB, 2008.
45. DENIS, Léon. *Cristianismo e espiritismo*: provas experimentais da sobrevivência. Trad. de Leopoldo Cirne. 17. ed. 4. imp. Brasília: FEB, 2016.
46. ______. *Depois da morte*: exposição da doutrina dos espíritos. Trad. de João Lourenço de Souza. 28. ed. 4. imp. Brasília: FEB, 2016.
47. ______. *Joana d'Arc médium*. Trad. de Guillon Ribeiro. 24. ed. 2. imp. Brasília: FEB, 2015.
48. ______. *No invisível*: espiritismo e mediunidade. Trad. de Leopoldo Cirne. 26. ed. 1. imp. Brasília: FEB, 2014.
49. ______. *O além e a sobrevivência do ser*. Trad. de Guillon Ribeiro. 11. ed. 3.imp. Brasília: FEB, 2016.
50. ______. *O grande enigma*. 16. ed. 1. imp. Brasília: FEB, 2014.
51. ______. *O porquê da vida*: solução racional do problema da existência. 23. ed. 2. imp. Brasília: FEB, 2016.
52. ______. *O problema do ser, do destino e da dor*: os testemunhos, os fatos, as leis. 32. ed. 7. imp. Brasília: FEB, 2016.
53. D'ESPÉRANCE, E. *No país das sombras*. 7. ed. 1. reimp. Rio de Janeiro: FEB, 2011.
54. DIZEM os espíritos sobre o aborto (O que). Compilado sob orientação de Juvanir Borges de Souza. 1. ed. Rio de Janeiro: FEB, 2007.
55. DOMINGO SÓLER, Amália. *Fragmentos das memórias do Padre Germano*. Pelo Espírito Padre Germano. Trad. de Manuel Quintão. 1. ed. 6. imp. Brasília: FEB, 2015.
56. DOYLE, Arthur Conan. *A nova revelação*. Trad. da 6. ed. inglesa por Guillon Ribeiro; traços biográficos do autor por Indalício Mendes. 7. ed. 1. impr. Brasília: FEB, 2014.
57. ERNY, Alfred. *O psiquismo experimental*: estudo dos fenômenos psíquicos. 5. ed. Rio de Janeiro: FEB, 2006.
58. EVANGELIZAÇÃO espírita da infância e da juventude na opinião dos Espíritos (A). 3. ed. Rio de Janeiro: FEB, 1986. Separata do *Reformador* de out. 82.
59. EVANGELIZAÇÃO: fundamentos da evangelização espírita da infância e

da juventude (O que é?). 1. ed. Rio de Janeiro: FEB, 1987.

60. FARIA, Nogueira de. *O trabalho dos mortos*: o livro do João. 6. ed. Rio de Janeiro: FEB, 2002.
61. FEDERAÇÃO ESPÍRITA BRASILEIRA. Conselho Federativo Nacional. *Orientação ao Centro Espírita*. 1. ed. Rio de Janeiro: FEB, 2007.
62. FEDERAÇÃO ESPÍRITA BRASILEIRA. Departamento de Infância e Juventude. *Currículo para as escolas de evangelização espírita infantojuvenil*. 4. ed. 2. reimp. Rio de Janeiro: FEB, 2011.
63. FINDLAY, J. Arthur. *No limiar do etéreo*, ou, *Sobrevivência à morte cientificamente explicada*. Traduzido do inglês por Luiz O. Guillon Ribeiro. Prefácio de *Sir* William Barret. 4. ed. Rio de Janeiro: FEB, 2002.
64. FLAMMARION, Camille. *A morte e o seu mistério*. Rio de Janeiro: FEB, 3 v.: v. 1, 6. ed. 1. reimp., 2008; v. 2, 5. ed., 2. reimp., 2010; v. 3, 5. ed., 1. reimp., 2011.
65. ______. *As casas mal-assombradas*. Trad. de Manuel Quintão. 7. ed. Rio de Janeiro: FEB, 2004.
66. ______. *Deus na natureza*. Trad. de Manuel Quintão. 7. ed. 1. reimp. Rio de Janeiro: FEB, 2010.
67. ______. *Estela*. Trad. de Almerindo Martins de Castro. 10. ed. Rio de Janeiro: FEB, 2007.
68. ______. *Narrações do infinito:* lúmen. Trad. de Almerindo Martins de Castro. 7. ed. Rio de Janeiro: FEB, 1999.
69. ______. *O desconhecido e os problemas psíquicos*. Trad. de Arnaldo São Thiago. Rio de Janeiro: FEB, 2 v.: v. 1, 6. ed., 2001; v. 2, 8. ed. 1. reimp., 2011.
70. ______. *O fim do mundo*. Trad. de Manuel Quintão. 8. ed. Rio de Janeiro: FEB, 2001.
71. ______. *Urânia*. Trad. de Almerindo Martins de Castro. 10. ed. 1ª reimp. Rio de Janeiro: FEB, 2011.
72. FRANCINI, Walter. *Doutor Esperanto*: o romance de Lázaro Luís Zamenhof, criador da língua internacional. Com carta-prefácio do Dr. Mário Graciotti, da Academia Paulista de Letras. 5. ed. 1. imp. Brasília: FEB, 2014.
73. FRANCO, Divaldo P. *Conversa fraterna*: Divaldo Franco no Conselho Federativo Nacional. Org. por Geraldo Campetti Sobrinho. 2. ed. Rio de Janeiro: FEB, 2002.
74. ______. *Estudos espíritas*. Pelo Espírito Joanna de Ângelis. 9. ed. 4. imp. Brasília: FEB, 2015.
75. ______. *Impermanência e imortalidade*. Pelo Espírito Carlos Torres Pastorino. 4. ed. Rio de Janeiro: FEB, 2005.
76. ______. *Lampadário espírita*. Pelo Espírito Joanna de Ângelis. 8. ed. 2. reimp. Rio de Janeiro: FEB, 2010.
77. ______. *Loucura e obsessão*. Pelo Espírito Manoel Philomeno de Miranda. 12. ed. 6. imp. Brasília: FEB, 2016.
78. ______. *Nos bastidores da obsessão*. Pelo Espírito Manoel Philomeno de Miranda. 13. ed. 1. imp. Brasília: FEB, 2016.

79. ______. *Párias em redenção*. Pelo Espírito Victor Hugo. 8. ed. 2. reimp. Rio de Janeiro: FEB, 2011.

80. ______. *Sublime expiação*. Pelo Espírito Victor Hugo. 12. ed. 3. imp. Brasília: FEB, 2016.

81. ______. *Temas da vida e da morte*. Pelo Espírito Manoel Philomeno de Miranda. 7. ed. 2. imp. Brasília: FEB, 2013.

82. ______. *Tramas do destino*. Pelo Espírito Manoel Philomeno de Miranda. 12. ed. 1. reimp. Brasília: FEB, 2015.

83. ______. *Trilhas da libertação*. Pelo Espírito Manoel Philomeno de Miranda. 10. ed. 4. imp. Brasília: FEB, 2016.

84. FREIRE, Antônio J. *Ciência e Espiritismo*: da sabedoria antiga à época contemporânea. 6. ed. 1. reimp. Rio de Janeiro: FEB, 2010.

85. GAMA, Zilda. *Almas crucificadas*. Pelo Espírito Victor Hugo. 1. ed. 2. imp. Brasília: FEB, 2014.

86. ______. *Do calvário ao infinito*. Pelo Espírito Victor Hugo. 1. ed. 2. imp. Brasília: FEB, 2014.

87. ______. *Dor suprema*. Pelo Espírito Victor Hugo. 1. ed. 2. imp. Brasília: FEB, 2014.

88. ______. *Na sombra e na luz*. Pelo Espírito Victor Hugo. 1. ed. 2. imp. Brasília: FEB, 2014.

89. ______. *Redenção*: novela mediúnica. Pelo Espírito Victor Hugo. 1. ed. 2. imp. Brasília: FEB, 2014.

90. GELEY, Gustave. *O ser subconsciente*: ensaio de síntese explicativa dos fenômenos obscuros de psicologia normal e anormal. Trad. de Gilberto Campista Guarino. 3. ed. 1. reimp. Rio de Janeiro: FEB, 2011.

91. GIBIER, Paul. *Análise das coisas*: ensaio sobre a ciência futura e sua influência certa sobre religiões, filosofias, ciências e artes. Trad. de T. 6. ed. 2. reimp. Rio de Janeiro: FEB, 2009.

92. ______. *O Espiritismo*: faquirismo ocidental: estudo histórico crítico, experimental. 5. ed. Rio de Janeiro: FEB, 2002.

93. GUARINO, Gilberto Campista. *Centelhas de sabedoria*. Por diversos autores espirituais. 1. ed. Rio de Janeiro: FEB, 1976.

94. GURGEL, Luiz Carlos de M. *O passe espírita*. 6. ed. 2. imp. Brasília: FEB, 2016.

95. GURJÃO, Areolino. *Expiação*. 11. ed. Rio de Janeiro: FEB, 2006.

96. IMBASSAHY, Carlos. *À margem do Espiritismo*: refutação à crítica feita à parte filosófica do Espiritismo. Prefácio de Guillon Ribeiro. 4. ed. Rio de Janeiro: FEB, 2002.

97. ______. *A mediunidade e a lei*. 5. ed. Rio de Janeiro: FEB, 2002.

98. ______. *O Espiritismo à luz dos fatos*: respostas às objeções formuladas à parte científica do Espiritismo. 6. ed. 1. reimp. Rio de Janeiro: FEB, 2008.

99. ______. *Religião*: refutação às razões dos que combatem a parte religiosa em espiritismo. 5. ed. Rio de Janeiro: FEB, 2002.

100. JACINTHO, Roque. *Intimidade*. 3. ed. Rio de Janeiro: FEB, 1994.

101. KARDEC, Allan. *A gênese*: os milagres e as predições segundo o espiritismo. Trad.

de Guillon Ribeiro da 5. ed. francesa. 53. ed. 4. imp. Brasília: FEB, 2016.

102. ______. *A prece*: conforme o evangelho segundo o espiritismo de Allan Kardec. Trad. de Guillon Ribeiro. Org. por Evandro Noleto Bezerra. 53. ed. 5. imp. Brasília: FEB, 2016.

103. ______. *Instruções de Allan Kardec ao movimento espírita*. Org. por Evandro Noleto Bezerra. 3. ed. 1. imp. Brasília: FEB, 2014.

104. ______. *O céu e o inferno* ou *A justiça divina segundo o espiritismo*. Trad. de Manuel Justiniano Quintão. 61. ed. 4. imp. Brasília: FEB, 2016.

105. ______. *O evangelho segundo o espiritismo*. Trad. de Guillon Ribeiro da 3. ed. francesa rev., corrig. e modif. pelo autor em 1866. 131. ed. 7. imp. Rio de Janeiro: FEB, 2016.

106. ______. *O livro dos espíritos*: princípios da Doutrina Espírita. Trad. de Guillon Ribeiro. 93. ed. 2. imp. Brasília: FEB, 2016.

107. ______. *O livro dos médiuns* ou *Guia dos médiuns e dos evocadores*. Trad. de Guillon Ribeiro da 49. ed. francesa. 81. ed. 5. imp. Brasília: FEB, 2016.

108. ______. *O que é o espiritismo*: noções elementares do mundo invisível, pelas manifestações dos espíritos. Trad. de Redação de Reformador em 1884. 56. ed. 4. imp. Brasília: FEB, 2016.

109. ______. *Obras póstumas*. Traduzida da 1ª ed. francesa por Guillon Ribeiro. 40. ed. 3. reimp. Rio de Janeiro: FEB, 2010.

110. ______. *Viagem espírita em 1862 e outras viagens de Kardec*. Trad. Evandro Noleto Bezerra. 2. ed. 2. reimp. Rio de Janeiro: FEB, 2011.

111. KRIJANOWSKI, Wera. *A vingança do judeu*. Pelo Espírito Conde J. W. Rochester. 23. ed. 2. reimp. Rio de Janeiro: FEB, 2010.

112. ______. *Herculânum*: época romana. Pelo Espírito Conde J. W. Rochester. Trad. de Manuel Quintão. 11. ed. 1. reimp. Rio de Janeiro: FEB, 2011.

113. ______. *O chanceler de ferro do antigo Egito*. Pelo Espírito Conde J. W. Rochester. Trad. de M. Curvello de Mendonça. 17. ed. 2. reimp. Rio de Janeiro: FEB, 2011.

114. ______. *Romance de uma rainha*: la reine Hatasou. Pelo Espírito Conde J. W. Rochester. Trad. de Almerindo Martins de Castro. Rio de Janeiro: FEB. 2 v.: v. 1, 14. ed., 1. reimp., 2008; v. 2, 15. ed. 3. reimp., 2011.

115. ______. *Sinal da vitória*: romance da época romana. Pelo Espírito Conde J. W. Rochester. Trad. de Yolanda de Araújo Costa. 10. ed. Rio de Janeiro: FEB, 2007.

116. KUHL, Eurípedes. *Espiritismo e genética*. 4. ed. 1. imp. Rio de Janeiro: FEB, 2015.

117. LACERDA, Fernando de. *Do país da luz*. Por diversos Espíritos. Rio de Janeiro: FEB, 2003. 4 v.: v. 1, 8. ed.; v. 2, 7. ed.; v. 3, 6. ed.; v. 4, 5. ed.

118. ______. *Eça de Queirós póstumo:* crônicas mediúnicas do Espírito Eça de Queirós; comentários de Almerindo Martins de Castro. 3. ed. Rio de Janeiro: FEB, 1999.

119. LANZA, Celestina Arruda. *O beijo da morta*. 13. ed. Rio de Janeiro: FEB, 2006.

120. ______. *O espírito das trevas*: romance mediúnico. 6. ed. Rio de Janeiro: FEB, 1998.

121. LAPPONI, José. *Hipnotismo e espiritismo*: estudo médico-crítico. Trad. da 3ª edição italiana por Almerindo Martins de Castro. 5. ed. Rio de Janeiro: FEB, 2002.

122. LEITE, Alciene Ribeiro. *O astronauta de Konsolanto*. Rio de Janeiro: FEB, 1992.

123. LEYMARIE, Madame P.-G. *Processo dos espíritas*. Prefácio de Francisco Thiesen; resumo em português de Hermínio C. Miranda. 3. ed. Rio de Janeiro: FEB, 1999.

124. LIMA, Antônio. *A caminho do abismo*. 8. ed. 1. reimp. Rio de Janeiro: FEB, 2009.

125. ______. *Estrada de Damasco*. 8. ed. Rio de Janeiro: FEB, 2006.

126. ______. *Senda de espinhos*. 7. ed. Rio de Janeiro: FEB, 2006.

127. ______. *Vida de Jesus*: baseada no espiritismo: estudo psicológico. 5. ed. Rio de Janeiro: FEB, 2002.

128. LOBO, Ney. *Estudos de filosofia social espírita*. 2. ed. Rio de Janeiro: FEB, 1996.

129. ______. *Filosofia espírita da educação e suas consequências pedagógicas e administrativas*. 2. ed. Rio de Janeiro: FEB, 2002. 5 v.: v. 1, 3. ed.; v. 2, 2. ed.; v. 3, 2. ed.; v. 4, 2. ed.; v. 5, 2. ed.

130. LOMBROSO, César. *Hipnotismo e mediunidade*. Trad. de Almerindo Martins de Castro. 5. ed. 1. reimp. Rio de Janeiro: FEB, 2011.

131. LORENZ, Francisco Valdomiro. *A voz do antigo Egito*. 7. ed. 1. reimp. Rio de Janeiro: FEB, 2008.

132. LOUREIRO, Carlos Bernardo. *As mulheres médiuns*. 3. ed. 1. reimp. Rio de Janeiro: FEB, 2008.

133. ______. *Das profecias à premonição*: passado, presente e futuro se fundem para constituir a eternidade. 2. ed. Rio de Janeiro: FEB, 1999.

134. MARCHAL, V (Padre). *O Espírito Consolador, ou, os nossos destinos*. 6. ed. Rio de Janeiro: FEB, 2007.

135. MARCUS, João (Hermínio C. Miranda). *Candeias na noite escura*. 5. ed. 2. imp. Brasília: FEB, 2014.

136. MATTOS, Kruger. *Irmãos de Jesus*. 4. ed. Rio de Janeiro: FEB, 2002.

137. MELO, Jacob. *O passe*: seu estudo, suas técnicas, sua prática. 17. ed. Rio de Janeiro: FEB, 2006.

138. MENDES, Indalício. *Rumos doutrinários*. 3. ed. 1. reimp. Rio de Janeiro: FEB, 2010.

139. MENEZES, Adolfo Bezerra de. *A loucura sob novo prisma*: estudo psíquico-fisiológico. 14. ed. 1. reimp. Rio de Janeiro: FEB, 2010.

140. ______. *Uma carta de Bezerra de Menezes*. 9. ed. 2. imp. Brasília: FEB, 2016.

141. MICHAELUS. *Magnetismo espiritual*. 10. ed. 3. reimp. Rio de Janeiro: FEB, 2011.

142. MÍNIMUS. *Os milagres de Jesus*: historietas para a infância. 6. ed. Rio de Janeiro: FEB, 1999.

143. ______. *Síntese de o novo testamento*. 6. ed. Rio de Janeiro: FEB, 1998.

144. MIRANDA, Hermínio C. *As marcas do Cristo*. Rio de Janeiro: FEB. 2 v.: v. 1, 6.ed., 2010; v. 2, 5. ed., 2010.
145. ______. *Diálogo com as sombras*: teoria e prática. 25. ed. 3. imp. Brasília: FEB, 2016.
146. ______. *Nas fronteiras do Além*. 5. ed. 2. imp. Brasília: FEB, 2014.
147. ______. *Reencarnação e imortalidade*. 6. ed. Rio de Janeiro: FEB, 2010.
148. ______. *Sobrevivência e comunicabilidade dos espíritos*. 5. ed. Rio de Janeiro: FEB, 2010.
149. MOSES, William Stainton. *Ensinos espiritualistas*. Trad. de Oscar D'Argonnel. 6. ed. Rio de Janeiro: FEB, 2002.
150. Ó, Fernando do. *A dor do meu destino*. 11. ed. Rio de Janeiro: FEB, 2006.
151. ______. *Alguém chorou por mim*. 14. ed. 1. imp. Brasília: FEB, 2016.
152. ______. *Almas que voltam*. 13. ed. Rio de Janeiro: FEB, 2011.
153. ______. *Apenas uma sombra de mulher*. 11. ed. 1. reimp. Rio de Janeiro: FEB, 2010.
154. ______. *...E as vozes falaram*. 7. ed. Rio de Janeiro: FEB, 2006.
155. ______. *Marta*. 12. ed. 1. imp. Brasília: FEB, 2015.
156. ______. *Uma luz no meu caminho*. 9. ed. 2. imp. Brasília: FEB, 2014.
157. OWEN, G. Vale. *A vida além do véu*: as regiões inferiores do céu. Trad. de Carlos Imbassahy. 7. ed. 1. reimp. Rio de Janeiro: FEB, 2011.
158. OWEN, Robert Dale. *Região em litígio*: entre este mundo e o outro. Traduzido da 3. ed. inglesa por Francisco Raimundo Ewerton Quadros. 5. ed. Rio de Janeiro: FEB, 2006.
159. PALISSY, Codro. *Eleonora*. 10. ed. 1. reimp. Rio de Janeiro: FEB, 2010.
160. ______. *Vítimas do preconceito*. 14. ed. 1. reimp. Rio de Janeiro: FEB, 2011.
161. PERALVA, Martins. *Estudando a mediunidade: segundo a obra Nos domínios da mediunidade de Francisco Cândido Xavier*. 27. ed. 8. imp. Brasília: FEB, 2016.
162. ______. *Estudando o evangelho: à luz do espiritismo*. 11. ed. 5. imp. Brasília: FEB, 2014.
163. ______. *Mediunidade e evolução*. 10. ed. 5. imp. Brasília: FEB, 2014.
164. ______. *O pensamento de Emmanuel*. 9. ed. 4. imp. Brasília: FEB, 2016.
165. PEREIRA, Yvonne A. *À luz do consolador*. 4. ed. 3. imp. Brasília: FEB. 2016.
166. ______. *A tragédia de Santa Maria*. Pelo Espírito Adolfo Bezerra de Menezes. 14. ed. 3. imp. Brasília: FEB, 2016.
167. ______. *Amor e ódio*. Pelo Espírito Charles. 16. ed. 2. imp. Brasília: FEB, 2014.
168. ______. *Devassando o invisível*: estudos sobre os fenômenos e fatos transcendentes devassados pela mediunidade, sob a orientação dos espíritos guias da médium. 15. ed. 4. imp. Brasília: FEB, 2016.
169. ______. *Dramas da obsessão*. Pelo Espírito Bezerra de Menezes. 11. ed. 3. imp. Brasília: FEB, 2014.
170. ______. *Memórias de um suicida*. Pelo Espírito Camilo Cândido Botelho. 27. ed. 6. imp. Brasília: FEB, 2016.

171. ______. *Nas telas do infinito*. Pelos Espíritos Adolfo Bezerra de Menezes e Camilo Castelo Branco. 13. ed. 3. imp. Brasília: FEB, 2016.

172. ______. *Nas voragens do pecado*. Pelo Espírito Charles. 12. ed. 3. imp. Brasília: FEB, 2015.

173. ______. *O cavaleiro de Numiers*. Pelo Espírito Charles. 11. ed. 3. imp. Brasília: FEB, 2016.

174. ______. *O drama da Bretanha*. Pelo Espírito Charles. 11. ed. 3. imp. Brasília: FEB, 2015.

175. ______. *Recordações da mediunidade*. Obra mediúnica orientada pelo Espírito Adolfo Bezerra de Menezes. 12. ed. 5. imp. Brasília: FEB, 2016.

176. ______. *Ressurreição e vida*. Pelo Espírito Léon Tolstoi. 12. ed. 2. imp. Brasília: FEB, 2014.

177. ______. *Sublimação*. Pelos Espíritos Léon Tolstoi e Charles. 8. ed. 1. imp. Brasília: FEB, 2013.

178. QUINTÃO, Manuel. *O Cristo de Deus*: resposta ao "Jesus de Nazaré" de H. Rivereto. 4. ed. Rio de Janeiro: FEB, 1998.

179. RAMOS, Clóvis. *50 anos de parnaso*. Prefácio de Francisco Thiesen; apresentação de Hernani T. Sant'Anna. 2. ed. Rio de Janeiro: FEB, 2002.

180. RIBEIRO, Guillon. *Jesus, nem Deus nem homem*: Sua posição espiritual com relação a Deus e aos homens. 4. ed. Rio de Janeiro: FEB, 2002.

181. ROCHAS, Albert de. *A levitação*. 6. ed. Rio de Janeiro: FEB, 2006.

182. ROUSTAING, J.-B (Coord.). *Os quatro evangelhos*: espiritismo cristão ou revelação da revelação. Pelos evangelistas assistidos pelos Apóstolos e Moisés. Trad. de Guillon Ribeiro. Rio de Janeiro: FEB, 4 v.: v. 1, 9. ed., 1. reimp., 2008; v. 2, 8. ed., 1995; v. 3, 8. ed., 1996; v. 4, 8. ed., 1. reimp., 2008.

183. SAMPAIO, F. L. Bittencourt. *A divina epopeia* de João Evangelista: transladada para versos heroicos. 5. ed. Rio de Janeiro: FEB, 2003.

184. SANT'ANNA, Hernani T. *Amar e servir*. 3. ed. 2. reimp. Rio de Janeiro: FEB, 2011.

185. ______. *Canções do alvorecer*. 4. ed. 2. reimp. Rio de Janeiro: FEB, 2010.

186. ______. *Correio entre dois mundos*. Diversos Espíritos. 2. ed. Rio de Janeiro: FEB, 2002.

187. ______. *Notações de um aprendiz*. 3. ed. Rio de Janeiro: FEB, 2002.

188. ______. *Universo e vida*. Pelo Espírito Áureo. 9. ed. 1. imp. Brasília: FEB, 2016.

189. SANTOS, Jorge Andréa dos. *Forças sexuais da alma*. 10. ed. 4. reimp. Rio de Janeiro: FEB, 2010.

190. ______. *Visão espírita nas distonias mentais*. 5. ed. 1. reimp. Rio de Janeiro: FEB, 2010.

191. SARGENT, Epes. *Bases científicas do espiritismo*. Traduzido da 6. ed. inglesa por F. R. Ewerton Quadros. 5. ed. Rio de Janeiro: FEB, 2002.

192. SAUVAGE, Elias. *Mireta*. 7. ed. Rio de Janeiro: FEB, 2005.

193. SAYÃO, Antônio Luiz (Comp.) *Elucidações evangélicas*. 15. ed. 2. reimp. Rio de Janeiro: FEB, 2011.
194. SCHUBERT, Suely Caldas. *Entrevistando Allan Kardec*. 4. ed. Rio de Janeiro: FEB, 2005.
195. ______. *Obsessão/desobsessão:* profilaxia e terapêutica espíritas. 2. ed. 10. imp. Brasília: FEB, 2015.
196. ______. *Testemunhos de Chico Xavier*. 4. ed. Rio de Janeiro: FEB, 2010.
197. SILVA JÚNIOR, Frederico Pereira da. *Do calvário ao apocalipse*. Pelo Espírito Bittencourt Sampaio. 7. ed. 1. reimp. Rio de Janeiro: FEB, 2010.
198. ______. *Jesus perante a cristandade*. Pelo Espírito Francisco Leite Bittencourt Sampaio. Org. por Pedro Luiz de Oliveira Sayão. 7. ed. 1. reimp. Rio de Janeiro: FEB, 2008.
199. SIMONETTI, Richard. *A voz do monte*. 9. ed. Rio de Janeiro: FEB, 2010.
200. ______. *Para viver a grande mensagem*. 9. ed. Rio de Janeiro: FEB, 2010.
201. SOARES, Sylvio Brito. *Grandes vultos da humanidade e o espiritismo*. 4. ed. 1. reimp. Rio de Janeiro: FEB, 2008.
202. ______. *Páginas de Léon Denis*. 4. ed. Rio de Janeiro: FEB, 2002.
203. ______. *Vida e obra de Bezerra de Menezes*. 13. ed. 1. reimp. Rio de Janeiro: FEB, 2010.
204. SOUZA, Dalva Silva. *Os caminhos do amor*. 3. ed. 1. imp. Brasília: FEB, 2014.
205. SOUZA, Juvanir Borges de (Coord.). *Bezerra de Menezes*: ontem e hoje. 4. ed. 6. imp. Brasília: FEB, 2016.
206. SOUZA, Juvanir Borges de. *Novos tempos*. 1. ed. Rio de Janeiro: FEB, 2002.
207. ______. *Tempo de renovação*. Prefácio de Lauro S. Thiago. 3. ed. Rio de Janeiro: FEB, 2002.
208. ______. *Tempo de transição*. Prefácio de Francisco Thiesen. 3. ed. Rio de Janeiro: FEB, 2002.
209. SURIÑACH, José. *Lídia*. Romance seguido de *Alda*, por Amauri Fonseca. 15. ed. Rio de Janeiro: FEB, 2003.
210. ______. *Memórias de uma alma*. Romance real de Adriano de Mendoza. 10. ed. Rio de Janeiro: FEB, 2006.
211. THIAGO, Lauro S. *Homeopatia e espiritismo*. 7. ed. 1. reimp. Rio de Janeiro: FEB, 2010.
212. THIESEN, Francisco (Comp.). *No oásis de Ismael*: ensinos e meditações. 2. ed. Rio de Janeiro: FEB, 2002.
213. TIMPONI, Miguel. *A psicografia ante os tribunais*: o caso Humberto de Campos: no seu tríplice aspecto: jurídico, científico, literário. 7. ed. 3. imp. Brasília: FEB, 2015.
214. TOURINHO, Nazareno. *A dramaturgia espírita*. 2. ed. Rio de Janeiro: FEB, 1992.
215. VALENTE, Aurélio A. *Sessões práticas e doutrinárias do espiritismo*: organização de grupos, métodos de trabalho. 8. ed. Rio de Janeiro: FEB, 2002.
216. VIEIRA, Waldo. *Bem-aventurados os simples*. Pelo Espírito Valérium. 16. ed. 1. imp. Brasília: FEB, 2013.
217. ______. *Conduta espírita*. Pelo Espírito André Luiz. 32. ed. 6. imp. Brasília: FEB, 2015.

218. ______. *De coração para coração*. Pelo Espírito Maria Celeste. 1. ed. 2. reimp. Rio de Janeiro: FEB, 2011.
219. ______. *Seareiros de volta*. Diversos autores espirituais. Prefácio de Elias Barbosa. 7. ed. Rio de Janeiro: FEB, 2007.
220. VINÍCIUS (Pedro de Camargo). *Em torno do Mestre*. Prefácio do Dr. Romeu A. Camargo. 9. ed. 4. imp. Brasília: FEB, 2015.
221. ______. *Na seara do Mestre*. 10. ed. 2. reimp. Rio de Janeiro: FEB, 2011.
222. ______. *Nas pegadas do Mestre*: folhas esparsas dedicadas aos que têm fome e sede de justiça. 12. ed. 4. imp. Brasília: FEB, 2015.
223. ______. *O Mestre na educação*. 10. ed. 4. imp. Brasília: FEB. 2015.
224. WANTUIL, Zêus (Org.) *Grandes espíritas do Brasil*: 53 biografias. 4. ed. Rio de Janeiro: FEB, 2002.
225. WANTUIL, Zêus; THIESEN, Francisco. *Allan Kardec*: o educador e o codificador. Rio de Janeiro: FEB, 2 v.: v. 1, 3. ed., 2007; v. 2, 2. ed., 2. reimp., 2010.
226. ______. *Allan Kardec*: meticulosa pesquisa biobibliográfica e ensaios de interpretação. Rio de Janeiro: FEB, 3 v.: v. 1; 5. ed., 1999; v. 2, 4. ed., 1996; v. 3, 4. ed., 1998.
227. WANTUIL, Zêus. *As mesas girantes e o espiritismo*. 5. ed. Rio de Janeiro: FEB, 2007.
228. WYLM, A. *O rosário de coral*: romance baseado na fenomenologia psíquica. Trad. de Manuel Quintão. 10. ed. Rio de Janeiro: FEB, 2006.
229. XAVIER, Francisco Cândido. *Cinquenta anos depois*: episódios da história do Cristianismo no século II. Pelo Espírito Emmanuel. 34. ed. 4. imp. Brasília: FEB, 2016.
230. ______. *A caminho da luz*: história da civilização à luz do Espiritismo. Pelo Espírito Emmanuel. 38. ed. 5. imp. Brasília: FEB, 2016.
231. ______. *Ação e reação*. Pelo Espírito André Luiz. 30. ed. 6. imp. Brasília: FEB, 2016.
232. ______. *Agenda cristã*. Pelo Espírito André Luiz. 45. ed. 6. imp. Brasília: FEB, 2016.
233. ______. *Alvorada cristã*. Pelo Espírito Neio Lúcio. Prefácio de Emmanuel. 15. ed. 7. imp. Brasília: FEB, 2016.
234. ______. *Antologia da espiritualidade*. Pelo Espírito Maria Dolores. 6. ed. 2. imp. Brasília: FEB, 2014..
235. ______. *Antologia mediúnica do Natal*. Por diversos Espíritos. 6. ed. Rio de Janeiro: FEB, 2009.
236. ______. *Ave, Cristo!*: episódios da história do cristianismo no século III. Pelo Espírito Emmanuel. 24. ed. 8. imp. Brasília: FEB, 2016..
237. ______. *Boa nova*. Pelo Espírito Humberto de Campos. 37. ed. 6. imp. Brasília: FEB, 2016.
238. ______. *Brasil, coração do mundo, pátria do evangelho*. Pelo Espírito Humberto de Campos. 34. ed. 9. imp. Brasília: FEB, 2016.

239. ______. *Caminho, verdade e vida*. Pelo Espírito Emmanuel. 29. ed. 2. imp. Brasília: FEB, 2016.

240. ______. *Cartas e crônicas*. Pelo Espírito Irmão X [Humberto de Campos]. 14. ed. 3. imp. Brasília: FEB, 2015.

241. ______. *Cartilha da natureza*. Pelo Espírito Casimiro Cunha. 1. ed. Rio de Janeiro: FEB, 2009, 3v.

242. ______. *Cartilha do bem*. Pelo Espírito Meimei. 3. ed. 11. imp. Brasília: FEB, 2016.

243. ______. *Ceifa de luz*. Pelo Espírito Emmanuel. 2. ed. 7. imp. Brasília: FEB, 2016.

244. ______. *Contos desta e doutra vida*. Pelo Espírito Irmão X [Humberto de Campos]. 14. ed. 1. imp. Brasília: FEB, 2013.

245. ______. *Contos e apólogos*. Pelo Espírito Irmão X [Humberto de Campos]. 14. ed. 1. imp. Brasília: FEB, 2013.

246. ______. *Correio fraterno*. Por Espíritos diversos. 7. ed. 1. imp. Brasília: FEB, 2014.

247. ______ *Crônicas de Além-Túmulo*. Pelo Espírito Humberto de Campos. 17. ed. 3. imp. Brasília: FEB, 2016.

248. ______. *Dicionário da alma*. Autores Diversos; [organização de] Esmeralda Campos Bittencourt. 5. ed. 1. reimp. Rio de Janeiro: FEB, 2008.

249. ______. *E a vida continua*. Pelo Espírito André Luiz. 35. ed. 4. imp. Brasília: FEB, 2016.

250. ______. *Emmanuel*: dissertações mediúnicas sobre importantes questões que preocupam a humanidade. Pelo Espírito Emmanuel. 28. ed. 5. imp. Brasília: FEB, 2016.

251. ______. *Encontro marcado*. Pelo Espírito Emmanuel. 14. ed. 1. imp. Brasília: FEB, 2013.

252. ______. *Entre a Terra e o Céu*. Pelo Espírito André Luiz. 27. ed. 4. imp. Brasília: FEB, 2016.

253. ______. *Estante da vida*. Pelo Espírito Irmão X [Humberto de Campos]. 10. ed. 6. imp. Brasília: FEB, 2015.

254. ______. *Evangelho em casa*. Pelo Espírito Meimei. 14. ed. 8. imp. Brasília: FEB, 2014.

255. ______. *Falando à Terra*. Mensagens mediúnicas de vários Espíritos. 6. ed. 2. reimp. Rio de Janeiro: FEB, 2010.

256. ______. *Fonte viva*. Pelo Espírito Emmanuel. 37. ed. 2. imp. Brasília: FEB, 2016.

257. ______. *Gotas de luz*. Pelo Espírito Casimiro Cunha. 9. ed. 3. imp. Brasília: FEB, 2016.

258. ______. *Há dois mil anos*: episódios da história do Cristianismo no século I. Pelo Espírito Emmanuel. 49. ed. 10. imp. Brasília: FEB, 2016.

259. ______. *Ideias e ilustrações*. Por Espíritos diversos. 7. ed. 4. imp. Brasília: FEB, 2016.

260. ______. *Instruções psicofônicas*. Recebidas de vários Espíritos, no "Grupo Meimei", e organizadas por Arnaldo Rocha. 10. ed. 1. imp. Brasília: FEB, 2013.

261. ______. *Jesus no lar*. Pelo Espírito Neio Lúcio. Prefácio de Emmanuel. 37. ed. 11. imp. Brasília: FEB, 2016.

262. ______. *Justiça Divina*. Pelo Espírito Emmanuel. 14. ed. 5. imp. Brasília: FEB, 2015.

263. ______. *Lázaro redivivo*. Pelo Espírito Irmão X [Humberto de Campos]. 13. ed. 1. imp. Brasília: FEB, 2014.

264. ______. *Libertação*. Pelo Espírito André Luiz. 33. ed. 6. imp. Brasília: FEB, 2016.

265. ______. *Luz acima*. Pelo Espírito Irmão X [Humberto de Campos]. 11. ed. 4. imp. Brasília: FEB, 2013.

266. ______. *Luz no lar*: seleta para uso no culto do evangelho no lar. Por Espíritos diversos. 12. ed. 5. imp. Brasília: FEB, 2016.

267. ______. *Missionários da luz*. Pelo Espírito André Luiz. 45. ed. 5. imp. Brasília: FEB, 2016.

268. ______. *No mundo maior*. Pelo Espírito André Luiz. 28. ed. 5. imp. Brasília: FEB, 2016.

269. ______. *Nos domínios da mediunidade*. Pelo Espírito André Luiz. 36. ed. 4. imp. Brasília: FEB, 2015.

270. ______. *Nosso lar*. Pelo Espírito André Luiz. 64. ed. 7. imp. Brasília: FEB, 2016.

271. ______. *Novas mensagens*. Pelo Espírito Humberto de Campos. 14. ed. 1. imp. Brasília: FEB, 2014.

272. ______. *O caminho oculto*. Pelo Espírito Veneranda. 8. ed. Rio de Janeiro: FEB, 2005

273. ______. *O Consolador*. Pelo Espírito Emmanuel. 29. ed. 4. imp. Brasília: FEB, 2016.

274. ______. *Obreiros da vida eterna*. Pelo Espírito André Luiz. 35. ed. 7. imp. Brasília: FEB, 2016.

275. ______. *Os filhos do grande rei*. Pelo Espírito Veneranda. 6. ed. Rio de Janeiro: FEB, 1994.

276. ______. *Os mensageiros*. Pelo Espírito André Luiz. 47. ed. 7. imp. Brasília: FEB, 2016.

277. ______. *Pai nosso*. Pelo Espírito Meimei. 28. ed. 9. imp. Brasília: FEB, 2016.

278. ______. *Palavras de Emmanuel*. Pelo Espírito Emmanuel. 11. ed. 1. imp. Brasília: FEB, 2013.

279. ______. *Pão nosso*. Pelo Espírito Emmanuel. 30. ed. 2. imp. Brasília: FEB, 2016.

280. ______. *Parnaso de Além-túmulo*: poesias mediúnicas. Por Espíritos diversos. 19. ed. 4.imp. Brasília: FEB, 2016.

281. ______. *Paulo e Estêvão*: episódios históricos do cristianismo primitivo. Pelo Espírito Emmanuel. 45. ed. 10. imp. Brasília: FEB, 2016.

282. ______. *Pensamento e vida*. Pelo Espírito Emmanuel. 19. ed. 4. imp. Brasília: FEB, 2016.

283. ______. *Pérolas do Além*: extratos de obras mediúnicas. Org. por Sylvio Brito Soares. 6. ed. 3. reimp. Rio de Janeiro: FEB, 2010.

284. ______. *Poetas redivivos: obra mediúnica*. Por diversos Espíritos. 4. ed. Rio de Janeiro: FEB, 2007.

285. ______. *Pontos e contos*. Pelo Espírito Irmão X [Humberto de Campos]. 13. ed. 2. imp. Brasília: FEB, 2016.
286. ______. *Relicário de luz*. Por Espíritos diversos. 7. ed. 1. imp. Brasília: FEB, 2014.
287. ______. *Religião dos espíritos*: estudos e dissertações em torno da substância religiosa de *O livro dos espíritos*, de Allan Kardec. Pelo Espírito Emmanuel. 22. ed. 5. imp. Brasília: FEB, 2016.
288. ______. *Renúncia*. Pelo Espírito Emmanuel. 36. ed. 5. imp. Brasília: FEB, 2016.
289. ______. *Reportagens de Além-Túmulo*. Pelo Espírito Humberto de Campos. 13. ed. 1. imp. Brasília: FEB, 2014.
290. ______. *Roteiro*. Pelo Espírito Emmanuel. 14. ed. 4. imp. Brasília: FEB, 2016.
291. ______. *Rumo certo*. Pelo Espírito Emmanuel. 12. ed. 3. imp. Brasília: FEB, 2015.
292. ______. *Seara dos médiuns*: estudos e dissertações em torno da substância religiosa de *O livro dos médiuns*, de Allan Kardec. Pelo Espírito Emmanuel. 20. ed. 7. imp. Brasília: FEB, 2016.
293. ______. *Trovas do outro mundo*. Por trovadores diversos. 5. ed. 1. imp. Brasília: FEB, 2013.
294. ______. *Vida e sexo*. Pelo Espírito Emmanuel. 27. ed. 3. imp. Brasília: FEB, 2016.
295. ______. *Vinha de luz*. Pelo Espírito Emmanuel. 28. ed. 2. imp. Brasília: FEB, 2016.
296. ______. *Volta Bocage*. Sonetos do Espírito de Manuel Maria de Barbosa du Bocage; com apreciação, comentários e glossário pelo prof. L. C. Porto Carreiro Neto. 5. ed. 2. reimp. Rio de Janeiro: FEB, 2011.
297. ______. *Voltei*. Pelo Espírito Irmão Jacob. 28. ed. 10. imp. Brasília: FEB, 2016.
298. ______. *Vozes do grande além*. Recebidas de vários Espíritos, no "Grupo Meimei" e organizadas por Arnaldo Rocha. 6. ed. 1. imp. Brasília: FEB, 2013.
299. XAVIER, Francisco Cândido; VIEIRA, Waldo. *Almas em desfile*. Pelo Espírito Hilário Silva. 11. ed. 2. imp. Brasília: FEB, 2013.
300. ______. *Antologia dos imortais*: poesias mediúnicas. Por poetas diversos; organização, prefácio e notas de Elias Barbosa. 4. ed. Rio de Janeiro: FEB, 2002.
301. ______. *A vida escreve*. Pelo Espírito Hilário Silva. 10. ed. 4. reimp. Rio de Janeiro: FEB, 2011.
302. ______. *Desobsessão*. Pelo Espírito André Luiz. 28. ed. 11 imp. Brasília: FEB, 2016.
303. ______. *Entre irmãos de outras terras*. Por diversos Espíritos. 8. ed. 3. reimp. Rio de Janeiro: FEB, 2010.
304. ______. *Estude e viva*. Pelos Espíritos Emmanuel e André Luiz. 14. ed. 4. imp. Brasília: FEB, 2016.
305. ______. *Evolução em dois mundos*. Pelo Espírito André Luiz. 27. ed. 5. imp. Brasília: FEB, 2016.
306. ______. *Mecanismos da mediunidade*. Pelo Espírito André Luiz. 28. ed. 4. imp. Brasília: FEB, 2016.
307. ______. *O Espírito da verdade*: estudos e dissertações em torno de O Evangelho

segundo o Espiritismo, de Allan Kardec. Por Espíritos diversos. 18. ed. 5. imp. Brasília: FEB, 2016.

308. ______. *O Espírito de Cornélio Pires*: antologia poética. Pelo Espírito Cornélio Pires. Apresentação de Elias Barbosa. 4. ed. Rio de Janeiro: FEB, 2002.

309. ______. *Sexo e destino*. Pelo Espírito André Luiz. 34. ed. 4. imp. Brasília: FEB, 2016.

310. ______. *Trovadores do além*: antologia. Por diversos Espíritos. 5. ed. Rio de Janeiro: FEB, 2002.

Obras incluídas a partir da edição de 2017

311. ALMEIDA, Waldehir Bezerra de. *A complexidade da prática mediúnica*. 2. ed. 1. imp. Brasília: FEB, 2014.

312. BORGES, A. Merci Spada. *Labirintos da alma: conflitos e soluções*. 1. ed. 2. imp. Brasília: FEB, 2016.

313. CALDEIRA, Wesley. *Da manjedoura a Emaús*. 1. ed. 1. imp. Brasília, FEB, 2014.

314. CAMPETTI, Carlos; CAMPETTI, Vera. *Trabalho mediúnico*: desafios e possibilidades. 1. ed. 3. imp. Brasília: FEB, 2016.

315. COELHO, Humberto Schubert. *Genealogia do espírito*. 1. ed. 1. reimp. Rio de Janeiro: FEB, 2009.

316. DOYLE, Arthur Conan. *A história do espiritualismo*: de Swedenborg ao início do século XX. Trad. de José Carlos da Silva Silveira. 1. ed. 1. imp. Brasília: FEB, 2013.

317. FRANCO, Divaldo Pereira. *Anotações espíritas*. Por Espíritos diversos. Org. por Geraldo Campetti Sobrinho. 1. ed. 2. imp. Brasília: FEB, 2013.

318. ______. *Em nome do amor*: a mediunidade com Jesus. Pelo Espírito Bezerra de Menezes. Org. por Antônio Cesar Perri de Carvalho, Geraldo Campetti Sobrinho e Marta Antunes de Oliveira de Moura. 2. ed. 4. imp. Brasília: FEB, 2016.

319. KARDEC, Allan. *Instrução prática sobre as manifestações espíritas*. Trad. de Evandro Noleto Bezerra. 2. ed. 1. reimp. Rio de Janeiro: FEB, 2011.

320. ______. *O espiritismo na sua expressão mais simples*. Trad. de Evandro Noleto Bezerra. 3. ed. 1. imp. Brasília: FEB, 2016.

321. MACHADO, Leopoldo. A caravana da fraternidade. 1. ed. 1. reimp. Rio de Janeiro: FEB, 2010.

322. MAGALHÃES, Samuel Nunes. *Anna Prado, a mulher que falava com os mortos*. 1. ed. 2. imp. Brasília: FEB, 2012.

323. MENEZES, Adolfo Bezerra de. *A pérola negra*. 1. ed. 2. imp. Brasília: FEB, 2016.

324. ______. *Evangelho do futuro*. 1. ed. 2. reimp. Rio de Janeiro: FEB, 2011.

325. ______. *História de um sonho*. 1. ed. 3. imp. Brasília: FEB, 2016.

326. MIRANDA, Hermínio Corrêa de. *Estudos e crônicas de Hermínio C. Miranda*. 1. ed. 1. imp. Brasília, FEB: 2013.

327. MORAES SARMENTO, Helder Boska de; PONTES, Reinaldo Nobre; PAROLIN, Sonia Regina Hierro (Org.). *Conviver para amar e servir*. 1. ed. 4. imp. Brasília: FEB: 2016.

328. MOURA, Marta Antunes de (Coord.). *Atendimento espiritual pelo passe*. 1. ed. 3. imp. Brasília: FEB, 2016.

329. MOUTINHO, J. *O evangelho sem mistérios nem véus*: textos bíblicos interpretados à luz da Codificação Kardequiana. 1. ed. 2. imp. Brasília: FEB, 2015.

330. KREMER, Frederico G. *Jesus de Nazaré*: uma narrativa da vida e das parábolas. 1. ed. 1. imp. Brasília: FEB, 2016.

331. KREMER, Ruy. *Paulo, um homem em Cristo*. 1. ed. 4. imp. Brasília: FEB, 2016.

332. PAIVA, Aylton. *Espiritismo e política*: contribuições para a evolução do ser e da sociedade. 1. ed. 1. imp. Brasília: FEB, 2014.

333. PEREIRA, Yvonne A. *A família espírita*. 1. ed. 1. imp. Brasília: FEB, 2013.

334. ______. *As três revelações*. 1. ed. 3. imp. Brasília: FEB, 2014.

335. ______. *Contos amigos*. 1. ed. 3. imp. Brasília: FEB, 2016.

336. ______. *Evangelho aos simples*. 1. ed. 1. imp. Brasília: FEB, 2013.

337. RAMOS, Lucy Dias. *Folhas de outono*. 1. ed. 2. imp. Brasília: FEB, 2016.

338. ______. *Gotas de otimismo e paz*. 1. ed. 2. imp. Brasília: FEB, 2014

339. ______. *Lar, alicerce de amor*. 1. ed. 1. imp. Brasília: FEB, 2016.

340 ______. *Luzes do entardecer*. 1. ed. Rio de Janeiro: FEB, 2009.

341. ______. *Maior que a vida*. 1. ed. 1. reimp. Rio de Janeiro: FEB, 2011.

342. ______. *Recados de amor*. 1. ed. 1. reimp. Rio de Janeiro: FEB, 2008.

343. SIMONETTI, Richard. *Espiritismo, uma nova era*. 4. ed. Rio de Janeiro: FEB, 2010.

344. TAVARES, Clóvis. *Mediunidade dos santos*. 1. ed. 1. imp. Brasília: FEB; Araras: IDE, 2015.

345. TORCHI, Christiano. *As leis morais na atualidade*. 1. ed. 2. imp. Brasília: FEB, 2014.

346. TRIGUEIRO, André. *Espiritismo e ecologia*. 3. ed. 2. imp. Brasília: FEB, 2013.

347. TROVÃO, Jacobson Sant'Ana. Psicofonia na obra de André Luiz. 1. ed. 1. imp. Brasília: FEB, 2016.

348. VILLARRAGA, Carlos Orlando. *Espiritismo e desenvolvimento sustentável*: caminhos para a sustentabilidade. 1. ed. 1. imp. Brasília: FEB, 2013.

349. XAVIER, Francisco Cândido. *Família*. Por Espíritos diversos. 1. ed. 1. imp. Brasília: FEB; São Paulo: CEU, 2016.

350. ______. *Fé e vida*. Por Espíritos diversos. 1. ed. 2. imp. Brasília: FEB; São Paulo: CEU, 2015.

351. ______. *Livro de respostas*. Pelo Espírito Emmanuel. 1. ed. 1. imp. Brasília: FEB; São Paulo: CEU, 2016.

352. ______. *Pronto-socorro*. Pelo Espírito Emmanuel. 1. ed. 1. imp. Brasília: FEB; São Paulo: CEU, 2015.

353. ______. *Verdade e amor*. Por Espíritos diversos. 1. ed. 2. imp. Brasília: FEB; São Paulo: CEU, 2015.

Índice dos vocábulos

A

B

D

E

G

H

I

J

K

L

M

N

O

Q

R

S

U

V

FEB editora
Livro espírita para um novo mundo
www.febeditora.com.br
@febeditoraoficial
@febeditora

Produção Editorial:
Elizabete de Jesus Moreira

Revisão:
Elizabete de Jesus Moreira;
Erealdo Rocelhou

Capa, Projeto gráfico e Diagramação:
Thiago Pereira Campos

Normalização Técnica:
Biblioteca de Obras Raras e Documentos Patrimoniais do Livro

Esta edição foi impressa no sistema de Impressão pequenas tiragens, em formato fechado de 155x230 mm e com mancha de 136x195 mm. Os papéis utilizados foram o Offset 75 g/m² para o miolo e o Cartão 250 g/m² para a capa. O texto principal foi composto em fonte Minion Pro 10/11 e os títulos em Minion Pro 105/126. Impresso no Brasil. *Presita en Brazilo.*